浙江省高校人文社科重点研究基地
——浙江师范大学高等教育学研究基地资助出版

非洲教育译丛 徐 辉 顾建新主编

Africa

非洲高等教育：国际参考手册

African Higher Education: An International Reference Handbook

[美]达姆图·塔费拉 [美]菲利普·G·阿尔特巴赫 编
郑 崧 王琳璞 张 屹 等译
顾建新 何曙荣 牛长松 等校

ZHEJIANG UNIVERSITY PRESS
浙江大学出版社

译　序

在步入新世纪的2000年金秋10月，“中非合作论坛”第一次部长级会议在北京召开。这是一次继往开来的盛会，它为21世纪包括教育在内的不同领域的中非合作提供了一个制度性的框架和机制，为扩大和深化中非教育合作提供了机遇。

非洲是发展中国家最多的大陆，中国是世界最大的发展中的国家。教育无论是对非洲还是对中国的可持续发展都具有重要的战略性意义。正是因为如此，它一直是中非关系中的重要内容。在中非合作论坛的框架下，中非教育交流与合作不断深化：多边高层磋商机制初步形成；规模不断扩大，层次不断提升；合作内容不断丰富，合作形式和参与主体日趋多元；中国教育在非洲的影响力不断提升。此外，中非教育合作还带动了国内高校自身的发展和学科建设。

伴随着中非关系的迅速发展，非洲研究也迎来了一次新的发展机遇。21世纪以来的这段时间是我国非洲研究最为兴旺的时期，这主要表现为：学科建设不断完善，研究领域大为拓展；各类学术活动越来越多，与国外非洲学界的学术交流日趋频繁，研究成果不断涌现等。

正是在这样的时代背景下，从1996年开始在喀麦隆从事汉语国际推广工作，并在2002年成为教育部首批四个教育援外之地之一，开始承担教育部、商务部教育援非项目的浙江师范大学于2003年1月成立了国内首家专门研究非洲教育及发展的学术机构——“非洲教育研究中心”。2007年9月，浙江师范大学又在非洲教育研究中心的基础上创建了我国高校首家综合性非洲研究机构——非洲研究院。几年来，浙江师范大学在非洲教育研究方面已经取得了一系列令人瞩目的成绩，为推动国内非洲研究和中非教育合作的不断发展作出了自己的贡献。非洲研究学科也因此成为了浙江师范大学新的学科增长点。

然而，就中非关系发展的巨大需求而言，我国的非洲研究，包括对非洲教育的研究仍亟须加强。从研究力量和研究水平而言，我国的非洲研究与国外许多国家的非洲研究之间还存在很大的差距。即使就与国内其他学科的比较而言，非洲研究仍属于边缘学科。中非合作，包括中非教育合作的深化需要国内非洲研究，包括非洲教育研究不断取得进步。在这个过程中，既需要中国的学者以“中国人的视角”对非洲进行客观的、独立的研究，也需要中国的学者加强国际学术交流，了解国际非洲研究的现状以及非洲发展的动向。基于此，浙江师范大学的非洲教育研究者一边就非洲教育问题进行自主研究，一边开展对非洲教育研究以及非洲教育发展政策走向具有重要影响力的学术著作和研究报告的译介工作。本次推出的“非洲教育译丛”包括世界银行等国际组织有关非洲教育发展的重要报告以及非洲和西方学者有关非洲教育问题的重要研究成果。我们相信这些研究成果能加深国内关注非洲发展的朋友们对非洲教育问题的了解，推动国内非洲教育研究和非洲研究的发展。

徐　辉　顾建新

2008年5月20日

目　录

第三编 高等教育资源

前　言

本书的编撰是一项复杂的工程，需要对其目的、方法和重点作些解释。《非洲高等教育：国际参考手册》是一个标杆——它是第一部全面深入分析非洲高等教育的著作。本书除了广泛涉猎有关非洲高等教育的重点议题外，还包括非洲所有五十四个国家的国别分析文章。我们还罗列了包括非洲高等教育著作、报告和文章的参考书目和涉及非洲高等教育的学位论文目录。我们的目的很简单——就这一重要的话题拓展知识和分析，旨在为决策和建立研究基础贡献力量。

为此，我们力图找到最优秀的研究人员为本书撰稿。我们为每位作者提供一套指导原则，但刻意为作者留出余地，以便他们以自己最好的方式处理各自的议题。本书各章节是各位有才华的研究人员作出的独立分析。每章既有数据，又有分析，但每章也是作者个体的贡献。在一些情况下，高等教育某些方面的数据并不存在，因而，就普通数据展示而言，各章节之间可能并没有完全的一致性。

为本书找到撰稿人并非易事。尽管我们成功地涵盖了非洲大陆所有的国家，但我们感觉有些重要的议题还是有疏漏。原因很简单——受委托的作者并没有交稿。尽管我们为那些早期退出的作者找到了接替人员，但时间并不允许我们为其他一些人找到替代作者。

我们的每一位撰稿人在各自的议题方面均有相关的专长——我们尽力寻找在非洲工作的作者，而且在多数情况下我们成功了；但有一些在非洲之外工作的作者，无论是非洲的还是不是非洲的，都为本书提供了出色的章节。

非洲缺乏专门从事高等教育研究的团体，这使得本书的编撰更艰难。除了南非以外，非洲没有专门从事高等教育研究的重要研究中心。收集有关高等教育的详细分析和数据的非洲国家政府，即便有也是凤毛麟角。在非洲，为国际组织或地区机构、为政府或学术机构工作的高等教育专家少之又少。培训高级学术领袖和行政管理人员的机会在非洲几乎为零。非洲大学协会已在开始填补这方面的一些空缺。我们相信，如果非洲日益壮大的学术系统要有效地发展并走向成熟，有关高等教育方面的专门知识是必不可少的。

语言是长期困扰非洲研究和高等教育的一个问题。本书以英语出版，我们目前还无法提供法语版本，尽管我们希望会有法语译本。本书有几个章节最初是用法语写成的，我们将其译成了英语。我们为不能出版法语版本而感到遗憾。

本书成稿花了两年多的时间。这是四大洲的研究人员通过大量网络工作的结果。我们在工作中大量使用因特网，并体验到了因特网对于高等教育领域发展以及对于知识交流和高等教育分析所具有的潜力。本书综合性强，涉及面广，对于对非洲高等教育和与非洲相关的发展问题感兴趣的人来说，这无疑是一本重要的参考书。

达姆图·塔费拉

菲利普·G. 阿尔特巴赫

2002年12月于美国马萨诸塞州栗山

致　谢

本书涉及面广、内容全面，离开了许多个人和机构的支持、鼓励和参与，本书就不可能成稿。我们谨对所有帮助过我们的个人和组织表示感谢。

我们特别感谢福特基金会的支持。福特基金会为本书提供了经费。我们尤其要感谢乔治·巴兰。毫不夸张地说，本书的集成是一大挑战，因为它所涉及的面和范围前所未有。非洲高等教育研究团体的规模和范围有限，这更为本书的撰写增加了难度。非洲高等教育研究团体不仅规模小，而且其成员担负的责任多。我们深深感谢所有的撰稿人，他们是致力于非洲高等教育的有成就的研究人员。

我们的顾问委员会由时任非洲大学协会主席、现在纽约卡内基基金会（美国纽约州）任职的马西索·麦托斯，世界银行（美国华盛顿特区）的大卫·考特和联合国教科文组织（塞内加尔达喀尔）的高等教育专家祖玛·沙巴尼组成。在寻找撰稿人以及部分稿件的提供方面，他们对我们的帮助特别大。我们在寻找专家撰写国别文章和主题文章的时候，许多同事为我们提供了帮助。

本书是波士顿学院国际高等教育中心研究项目的组成部分。大学里的一些同事也为我们的编撰工作提供了帮助。中心的秘书萨丽娜·库珀拉斯为我们提供了行政和秘书支持。哈桑·埃兹—赞姆帮我们把几篇法语的稿件译成了英语。小川（Yoshikazu Ogawa），艾尔马·马尔多纳多—马尔多纳多，劳拉·伦布利和杰夫·戴维斯帮我们准备了综合的参考书目和博士论文目录。安东尼·阿努夫对大多数的章节进行了编辑。弗朗西斯卡·普塞尔帮助我们校对了所有的章节。罗伯特·巴塞特也为我们编辑了部分章节。艾尔马·马尔多纳多—马尔多纳多帮助编制了索引。印第安纳大学出版社的同事，特别是迪·毛滕森，为我们提供了友好、专业的出版服务。

得益于印第安纳大学出版社的合作和福特基金会的资助，本书向非洲研究机构、图书馆和高等教育的领导免费赠送。

达姆图·塔费拉
菲利普·G·阿尔特巴赫
2002 年 12 月于美国马萨诸塞州栗山

Part 1

第一编

主　题

1 非洲高等教育的趋势及前景

达姆图·塔费拉
菲利普·G·阿尔特巴赫

引 言

新世纪伊始，非洲高等教育面临空前的挑战。在中学后教育入学水平一直很低的情况下，非洲对高等教育的需求不断增长，并且高等教育已经被视为现代化和发展的关键因素。而非洲的学术机构在提供这块大陆发展所需的教育、研究及服务方面却困难重重。21 世纪是知识时代，而高等教育必然在其中扮演关键角色。在这一章里，我们将讨论非洲高等教育面临的一些重要挑战。

要对像非洲这样辽阔而多样化的大陆概括出一些规律，并非易事。但是这当中也有一些共同的要素——当然也面临着一些共同的挑战。[①]在我们的讨论中，不论是对非洲大部分地区的现状分析，还是对未来前景的预期，我们总体上都感到不乐观。事实上，目前非洲的大学是在非常困难的条件下运行着，通往未来成功的道路并不平坦。

非洲要在经济上、文化上、政治上取得成功，就必须建立强大的中学后教育机构。学术机构是将来命运的核心。在被国家政府以及国际机构忽视了近 20 年后，高等教育终于重新被视为非洲发展的关键部门。

非洲是一块拥有 54 个国家的大陆，却仅有不超过 300 所学术机构可以称之为大学。按照国际标准，无论是从高等教育机构还是从入学人数来看，非洲都是世界上最不发达的。这块大陆上的少数国家可以自称拥有完整的学术体系；但是大多数国家仅仅拥有少量的学术机构，而且尚未建立信息时代所需要的分层的中学后教育体系(Task Force on Higher Education and Society, 2000)。尼日利亚、苏丹、南非和埃及分别拥有 45、26、21 和 17 所大学，各国还拥有许多其他的中学后教育机构。少数国家，包括佛得角、吉布提、冈比亚、几内亚比绍共和国、塞舌尔、圣多美和普林西比没有大学，但是在这些国家里，建立一所或多所主要的中学后教育机构的筹备工作已经展开。另外一些国家，包括索马里、安哥拉、刚果民主共和国(DRC)，因政局动荡而丧失了大学层次的教育机构，现在也正努力重建中学后教育部门。

非洲复杂的多样性使我们难以作出一般性概括。几乎每一条规律都能找出例外。比如：我们有时会因为忽略了非大学教育部门而低估了中学后教育的规模。赞比亚仅有 2 所大学，但它还拥有大约 50 所“继续教育”学院。我们基于本土的标准对大学和学院加以区分，而不考虑它们的规模和学习项目。非洲大学在功能、质量、发展方向、经费资助以及其他一些要素方面具有明显的多样特征，而国内环境及现实的差异也相当显著。尽管如此，我们还是可以作一些概括，而且这对于理解 21 世纪初塑造非洲高等教育现实的宽泛主题是至关重要的。

非洲面临极其困难的现实：经费短缺的总体现状、高等教育需求的空前高涨、殖民主义的遗留、很多国家长期的经济和社会危机、部分地区艾滋病的困扰，以及其他的一些重要问题。在此，我们的目的是对非洲高等教育现状进行粗略的勾画，为深入分析和未来变革作铺垫。

---

① 本章的许多观点来自于我们的著作 *African Higher Education: An International Reference Handbook*. (Teffera and Altbach, 2003)。另参见威廉·圣对有关非洲高等教育问题的出色回顾(Saint, 1992)。

非洲高等教育的历史视角

非洲高等教育如同埃及金字塔、埃塞俄比亚的方尖石塔、廷巴克图(Timbuktu)王国一样古老。世界上现存最古老的大学是埃及的爱资哈尔大学。它是作为重要的伊斯兰学府建立的,而且至今仍然在伊斯兰学府中占有一席之地。实际上,爱资哈尔大学是目前世界上仅存的依照原本的伊斯兰模式组织的重要学术机构。非洲其他所有大学,事实上,包括世界各地的大学,都采纳了西式的学术组织模式。尽管非洲可以声称具有古老的学术传统,但事实上,非洲传统的高等学术中心不是消失了就是被殖民主义破坏了。今天,这块大陆被那些由殖民主义塑造及按照欧洲模式组织起来的学术机构所垄断。如同发展中世界的情形一样,非洲的高等教育是典型的殖民政策的产物(Altbach and Selvaratnam, 1989; Lulat, 2002)。

大量的欧洲殖民者——包括比利时人、英国人、法国人、德国人、荷兰人、意大利人、葡萄牙人以及西班牙人,设定了非洲的发展道路。这些殖民时期的遗留影响着当代非洲高等教育。非洲最重要的殖民势力,即英国和法国,不仅在学术组织形式以及在与宗主国保持不断联系方面,而且在教学媒介和交流语言方面,也留下了最持久的影响。

殖民时期高等教育政策有许多共同点,主要有:

- 限制入学。殖民当局害怕高等教育扩张。他们感兴趣的仅仅是培养少数非洲当地人来协助管理殖民地。一些殖民势力,尤其是比利时人,在他们的殖民地禁止高等教育。其他殖民者,如西班牙人和葡萄牙人,仅允许很低的入学率。而法国人更倾向于将极少数殖民地学生送到法国去接受教育。独立时,全非洲的学术系统规模相当有限。世界银行(1991)的一项研究显示,独立时,由非洲人担任的公务员职位不足四分之一,全非洲绝大多数工商业由外国资本所有;仅3%高中适龄学生接受了中等教育。拥有铜矿资源的赞比亚,仅有100名大学毕业生,1000名中学毕业生。1961年,东非大学(面向肯尼亚、坦桑尼亚和乌干达)总共只有99名毕业生,而这3个国家人口总数有2300万。再如扎伊尔(现刚果民主共和国),独立时找不到一个当地的工程师、律师和医生。1952年到1963年间,法语非洲只培养了4名农学毕业生,英语非洲也总共只有150名毕业生(Eisemon, 1982)。
- 语言。教学语言始终采用殖民者的语言。有一些国家,原本在“高等形式的教育”(higher forms of education)中使用的当地语言也被殖民语言所取代。
- 有限的自由。有限的学术自由和院校自治已成为规范。
- 有限的课程。独立时期,非洲的大学课程受到了急剧压缩。殖民者只愿意提供有利于殖民统治而且投资不大的诸如法律及相关领域的课程,科学课程就鲜有开设了。

殖民主义遗留仍然是影响非洲高等教育的核心因素。非洲大部分国家独立还不到40年,总体上讲,与其前宗主国仍保持着紧密的联系。一个最具说服力的事实是,没有一个非洲国家放弃使用殖民语言作教学语言。在对非洲高等教育作出分析时,殖民历史所造成的影响以及前宗主国持续不断的影响是至关重要的。

入学机会

事实上,非洲所有国家对高等教育的需求都在增长,从而使得目前的高等教育机构不堪重负。大量学生挤进原本只能容纳较少学生的教育机构和宿舍里,经费资助却未能随着入学人数的增加而同步增长。在许多国家,财政资金实际上由于通货膨胀、汇率贬值、经济政治混乱、结构性调整计划而减少了,这进一步危害了教育机构和系统的经费稳定性。

我们估计,目前有400万~500万学生在非洲中学后教育机构就读。高等教育与社会特别行动小组(Task Force on Higher Education and Society,2000)早些时候的统计数字为348.9万名学生。在非洲中学后教育机构工作的职员超过15万人。埃及是非洲大陆入学人数最多的国家,超过了150万人(包括约25万名非全日制学生）。埃及的学术人员也是最多的，大约有 3.1 万人，18～22 岁年龄组的入学率约为 22%。

尼日利亚入学率位居非洲第二，中等后教育机构学生数接近 90 万人，拥有 45 所大学、63 所教育学院、45 所多科技术学院，大学数量位居非洲之首。所有学生中，35%在大学就读，55%在教育学院就读。然而，18～25 岁年龄组的总入学率不过 5%左右。

南非入学率在非洲排名第三，50 多万学生就读于 21 所大学和 15 所理工学院（中学后职业学院），其中，55%在大学。突尼斯和利比亚的入学人数分别是接近 21 万人和超过 14 万人。

坦桑尼亚人口 3200 万，2000 年高等教育入学人数还不到 2.1 万人。拥有 6500 万人口的埃塞俄比亚，高校学生数仅有 5 万人。几内亚目前人口 766 万，接受高等教育的学生只有 1.4 万人；塞内加尔人口 797 万，高校学生数 2.5 万人；科特迪瓦人口 1370 万，接受高等教育学生只有 6 万人。

值得注意的是，教育机构的数量和学生数并不总是直接关联的。苏丹有 26 所公立大学以及 21 所私立大学和学院，入学人数却只有约 4 万人。

加纳入学人数不足适龄人口的 3%，在许多非洲国家这个数字还不到 1%。例如，在马拉维和坦桑尼亚，入学人数占适龄人口的比例分别为 0.5%和 0.3%。在非洲，所有接受中学后教育的人口只代表了适龄人口的不到 3%——这一比例在世界上是最低的。正因为如此，非洲掀起了高等教育入学需求的浪潮，这块大陆正试图努力追赶其他地区。

在提供高等教育入学机会方面，非洲面临着重大的挑战。非洲不仅要达到其他发展中国家和中等收入国家的水平，而且要满足那些渴望学习机会且已经完成中等教育并符合中等后入学要求的国民的需求。

资金及财政

21 世纪初，所有非洲高等教育系统面临的最重要现实就是严重的财政危机。不管在哪里，就算是在富裕的工业化国家，学术机构也面临着财政问题，但是这些问题在非洲比在世界上任何一个地方都严重。原因并不难找，本章将对其一一加以讨论。它们包括：

- 非洲大多数学术机构和系统要承受大量学生所带来的高校扩张和高等教育大众化的压力。
- 困扰着非洲许多国家的经济问题，使得为高等教育增加投资，即便不是不可能，也至少变得困难重重。
- 由诸如世界银行、国际货币基金组织这样的多边借贷机构引起的金融环境的改变。
- 政府的部分预算用于照料艾滋病毒携带者所带来的压力。
- 学生无力承担保持财政稳定所必需的学费。
- 财政资源分配不当，例如，为学生提供免费或者高额补贴的食宿条件。

当然，并非每个非洲国家都存在所有这些问题，各国财政状况有别。但是，总体来说，在对非洲高等教育进行分析时，财政问题在很大程度上是不容忽视的。

在非洲，高等教育是一项 40 亿到 50 亿美元的事业。[①] 埃及拥有非洲最大的学生群体，其高等教育投入 12.9 亿美元。尼日利亚高等教育预算约 5 亿美元，占除埃及外非洲高等教育总投入的三分之一。与这块大陆上其他国家相比，南非、突尼斯、利比亚、阿尔及利亚又占去了剩余经费的很大一部分。

对于一个拥有 7 亿人口的大陆来说，高等教育经费实在太少了。非洲高等教育年总投入甚至还不及美国一些最富有大学所获的捐赠。很多工业化国家一所大学的经费预算就超过了非洲很多国家对高等教育的国家总投入。这些比较很清楚地表明了非洲高等教育财政状况与工业化国家之间的显著差距。

由此，事实上所有非洲大学都深受财政资源短缺的困扰，这也就不足为奇了。图书、杂志等出版物严重短缺，基本教学资源匮乏，科研和教学所需的基本实验设备和相应供应品（如，化学试剂）不足，在某些国家薪水拖欠数月，这些只是非洲各国高等教育机构不得不面对的一些共同

① 这些数据来自对塔费拉和阿尔特巴赫有关分析的估算（Teffera and Altbach, 2003）。

问题。

高等教育拨款来自国家财政支出。虽然高等教育投入比例各国有些许不同,但非洲高等教育 90%~95%的经费都来自非洲政府,剩余经费来自学费、服务、咨询、设施出租等其他渠道。此外,外部经费来源有渐趋增长的趋势。例如,科研项目在很大程度上依靠捐赠机构提供的经费。这很自然会对科研的本质以及整个非洲高等教育造成影响。

很多国家,政府给学生发放生活补助和津贴,这占去了大学经费的很大一部分。例如,在几内亚,发放给学生的奖学金占到了政府高等教育总拨款的 55%。在大多数非洲国家,学费在传统上不过是表示象征性支持。

只有极少的国家例外。比如在莱索托,莱索托大学的大部分经费来自学生学费,即学费是大学收入的主要来源。在莱索托,学生毕业找到稳定的工作后,还要尽快偿还学生贷款。而贷款偿还计划依学生最终工作岗位而定,也就是说,在政府、在私企、在区域组织或国际组织等不同部门任职,还款计划也不同。

如今,在许多国家,对非学术活动及设施的巨大投资面临着严格的审查。此类资金不仅消耗了大学预算的很大部分,而且变相刺激学生推延学业。有报告显示,在毕业生不能立即找到工作的情况下,学生们就推迟毕业,这显然阻碍了潜在的新生的入学机会。缩减此类资助计划的行动往往是出于政府削减经费的压力,以及来自国际上要求非洲各国政府压缩公共服务的压力。

通过考察大学向政府提出怎样的要求,以及大学实际上从政府那里得到多少,我们可以了解到非洲高等教育所面临的财政困难到底有多严重。根据保罗·埃法(Paul Effah)的调查,加纳 5 所大学 2000 年申请经费共计 3200 万元,而政府实际拨款 1800 万元——仅占申请经费的 56%。加纳政府对已经升格为大学的多科技术学院采取了同样的资助方式。1999—2000 年度,乌干达教育部门只获得政府可自由支配的经常性预算的 33%,而第三级教育只占其中的 18%。

无一例外,非洲的大学都承受着沉重的财政压力,面临着严重的财务困难。即便如此,某些地方的财政困难状况要相对轻一些,或者甚至已经逐步有所好转。作为过去历经系列军人政权统治,饱经严重的社会、经济、政治动荡的国家,尼日利亚在当前的民选政府领导下,高等教育拨款有望以 252%的速度增长。博茨瓦纳人口少而矿产资源丰富,已经为高等教育提供了足够的资金。

近 10 年来,高等教育增加收入的压力变得非常明显。或是出于自愿,或是迫于政府的压力,各个大学都在试图扩展财源基础,因为支撑不断攀升的入学人数,满足不断增长的教育需求,正在消耗着大量资源。各种增收的办法和计划在许多国家实验并实施。有时迫于外部以及捐赠机构的压力,各国政府有兴趣使高等教育增加收入,并增强高等教育的财源基础,而这又往往招致公众尤其是学生的反对。

尽管如此,还是有一些大学,例如,乌干达的麦克雷雷大学(Makerere University),被认为是成功改革的典范。它们改变了政府资助为大学唯一收入来源这一根深蒂固的传统。据纳坎伊克·穆西西(Nakanyike Musis)报告,1992—1993 年度,麦克雷雷大学只有 5%付费学生,而 7 年之后,80%的学生都是付费上学的(Musisi, 2001)。坦桑尼亚正逐渐采取政府与大学服务受益者共同分担成本的政策。政府规定其只承担直接的教育费用,而余下经费(诸如住宿费、膳食费等)由学生、家长及其家庭成员承担。

某些国家高等教育财政改革获得了成功,而另一些国家却失败了。对影响改革成败的诸多复杂动因,需要仔细分析。这类改革的可持续性,改革可预见的、真实的、潜在的利益,隐藏的缺陷,可能产生的消极作用,以及各种内外力的重要性等均是值得进一步探讨的问题。

本书作者发现,实际上各国由政府分配给高等教育的直接和间接的财政支持在持续减少。这种趋势会带来怎样的影响,这种状况历经时日已经对教学和科研质量造成怎样的损害,对学术职业的精神和物质福祉带来了怎样的伤害,对大学作为一个整体的总体状况的破坏如何,这些仍然是需要深入讨论和分析的话题。

治理与自治

非洲的高等教育机构以公立为主,政府干预大学事务司空见惯。非洲大多数大学当前的治理结构就是这种传统的反映。在非洲的许多国家，由国家元首兼任名誉校长，掌握着任命校长及其下管理人员的最高权力。这种情况在非洲英语国家尤为典型。

权力结构

在非洲英语国家，名誉校长(chancellor)只是一个象征性的职务，而校长(vice-chancellor)，相当于美国大学校长，则拥有董事会授予的行政管理权。董事会主要由政府任命的成员组成，在有些国家，董事会中也有学生代表。众所周知，校长是得到议会甚至名誉校长批准或者不需要经过他们批准，直接由教育部长任命的。例如，在通常情况下，刚果民主共和国的大学校长是由学术界人士提名的，然而，只有共和国总统才有权在教育部长推荐的基础上最终确定校长人选。

行政管理的权力链从校长开始，往下是院长，然后是系主任。大多数情况下，院长要么是由校长或由政府官员直接任命；要么是由董事会指定。多数情况下，系主任由各系成员选举产生。在少数国家，作为大学团体与政府之间的一种妥协，会有一份最高职位的最终候选人名单提交给政府。总体而言，非洲的大学大多缺乏西方工业化国家非常典型的学术权威。非洲的学术职业没有西方的权力大。

职员规模

绝大多数非洲高教机构中，教学、研究人员的规模不及非学术人员/管理人员的规模。非洲许多大学里的官僚行政体系过度膨胀。以下几例就显示了这种差异性。

据马托拉·恩提莫一马卡拉(Matora Ntimo-Makara)的报告，莱索托国立大学的非学术人员数量是学术人员的两倍，60%的经费预算被用来支付人员开销。从中不难看出，该大学的财政资金主要用在了非教学人员花费上，这就限制了教职的增加，无法扩大学术项目的办学能力。

据詹姆斯·斯泰尔斯(James Stiles)的报告，马达加斯加的学生与行政人员之比(6名学生对应1个行政人员)不仅高于其他国家，而且高于该国的生师比(1993年生师比为47∶1，1996年为22∶1)。甚至在1997年行政人员裁减5%、教学人员有所增加之后，这种情况仍然没有得到改变。

据伊曼纽尔·艾迪(Emmanuel Edee)的报告，多哥高等教育机构拥有1136名行政和技术人员，而学术人员不足730名，而且其中只有55%是全职的。非学术人员数量居高不下，他们也面临着诸多问题，例如，人浮于事，提供的各种服务与学生需求之间缺乏沟通。

非学术人员的规模大得出奇，且占有的财政资金比例高得离奇，然而行政干部的素质和效能却有待大幅提高。官僚主义、低效率司空见惯，却鲜有对非学术人员的培训及其技能提高。

非洲教育机构的非学术人员问题是严重的，非学术人员的膨胀占去很多资源，这些资源本该是大学发挥基本教学和科研功能所需的。在财力有限的国家，大学必须想方设法将这项数额巨大而又难以承受的财政负担降到最低，以便使资金流向优先领域。虽然很少将之当成非洲学术发展的关键问题进行探讨，但围绕非洲大学行政人员的种种复杂问题需要引起密切关注。

大学经营管理问题

高效的经营管理和行政体系对任何企业的产出和效能都有至关重要的意义，学术机构也不例外。然而，非洲大学基本都深受糟糕的、低效且高度官僚化的管理体系之苦。各国的教育体系都存在这样的通病：管理人员培训不足且素质不高，管理和行政基础设施效率低、效能差并且过时，员工薪水薄，等等。

虽然非洲大学里严重腐败指控和挪用资金案的报道并不普遍，但本书的某些章节还是引用了一些有关经营不善甚至挪用内外部资金的事例。有人指责滥用拨款以及不分轻重缓急是造成大学财政困难的一个因素。例如，查尔斯·恩格美(Charles Ngome)指出，肯尼亚公立大学的财政危机就是由于紧缺资金的胡乱分拨而加剧的。由于学生仍旧在糟糕的条件下学习和生活，大学的高层管理人员常常因为资金管理混乱以及分配不当而遭国家审计总长办公室的指控。据报道，1995—1996财年，马西诺大学(Maseno University)损失了66万美元(5000万肯尼亚先令)，其中大部分被盗用以及胡乱用于津贴补助开支。即便总体上各国、各个体系中都存在管理不善的问题，但仍然需要引起注意的是，大学的治理模式以及领导层的任命方式往往加剧了问题的严重程度及其范围。

私立高等教育

在许多非洲国家,私立高等教育渐成气候。然而,与世界其他地区相比,大多数非洲国家私立高等教育增长缓慢(Altbach, 1999)。一系列因素促进了私立高等教育的发展:学生入学需求增长,公立大学办学能力下降,外部机构要求削减公共服务压力加大,对适合本地市场的高技能劳动力日益强调和需求扩大,外国投资者对该领域开始产生兴趣,等等。尽管私立院校规模尚小,且往往集中在工商管理等某些特定领域,但从数量上看,有些非洲国家的私立院校超过了公立院校。以下案例展示了非洲私立高等教育的发展:

- 肯尼亚 19 所大学中有 13 所是私立的。
- 在苏丹,据穆罕默德·爱拉明·汤姆(Mohamed Elamin El Tom)的调查,私立高校的数量从 1989 年的 1 所上升到 1996 年的 16 所,再到 2001 年的 22 所。私立院校的学生数 4 年间增长了近 9 倍,从 1990—1991 年度的不足 3000 人增加到 1994—1995 年度的 2.4 万人。
- 刚果民主共和国 1996 年有 260 多所私立院校,其中 28.9% 由政府批准;32.3% 是经由授权的;38.8% 正被考虑授权经营。很遗憾,许多新成立的院校由于组织建构和经营条件的问题,不符合高等教育规定的标准。
- 加纳掀起了创办私立高校的热潮,其中宗教组织尤为热心。到 2000 年 8 月,国家认证委员会(National Accreditation Board)通过了对 11 所提供学位课程的私立院校的认证。加纳有 5 所公立院校,8 所已经升格为多科技术学院。
- 乌干达有 10 来所建成或在建的私立大学。乌干达有 2 所公立院校,并且政府最近宣布将再建 2 所公立大学。
- 多哥有 1 所主要大学和 4 所中学后教育机构,国家已经鼓励创建私立高等教育机构。目前,私立的中学后教育机构有 22 所,其中 18 所是在 1998—2000 年间成立的。
- 埃塞俄比亚的公立学术部门数量十分有限,最近已经开始建立私立的中学后教育机构。

有必要指出的是,这些私立教育机构大多位于生源充足、基础设施相对较好的主要省会城市和大城市。还需要指出的是,虽然非洲大陆私立高校迅猛增长,并且在绝对数量上似乎超过了公立院校,但是几乎在所有非洲国家,公立院校的入学人数还是多于私立院校。例如,马达加斯加 6 所公立院校学生数在 9000 人左右,而 16 所私立院校学生总数不足 2000 人,每所私立院校的学生数都不超过 500 人。

肯尼亚是非洲为数不多的私立教育体系比较完善的国家之一,尽管如此,5 万学生中仅 20% 在 13 所私立院校学习。乌干达的 10 所私立院校的学生总数为 3600 人,相比之下,2 所公立院校入学人数为 2.3 万人。

非洲私立高校既有世俗性质的也有宗教性质的。私立教会大学的拨款,严重依赖建立该大学的国内外教会组织及其附属机构。大多数世俗私立大学依靠收取学杂费创收。因此,这些教育机构的成本,与其他教育机构相比通常要高。

大多数非洲国家政府不给私立院校提供财政支持,然而,在某些个案中,私立院校却接受政府直接的财政支持。例如,利比亚政府给私立和教会大学提供补贴,并为私立院校学生提供包含学费和课本费在内的财政资助。在多哥,提供短期技术学位的私立高校可以和其他院校同样得到政府补贴。在莫桑比克,私立院校的学生可以申请奖学金支付学费。

整个非洲大多数私立院校讲授的课程都比较类似,学科分布比较狭窄。最通常的学科包括计算机科学和技术、会计和管理、金融、财政、市场学和文书学。这些课程基本上针对本地市场需求。

大多数私立院校从公立院校聘请教师。其显著的特点是,大多数教师继续保留其在公立院校的全职职位。在很多国家,教师从公立院校大量流向新成立的私立院校,这已经严重制约了公立院校某些院系的发展。不过,对这些教师来说,私立院校的教学岗位已经成为重要的额外收入来源。

在新成立的私立院校兼职,同时保留在主要公立高校的基本收入,这已经成为一种趋势。在某些情况下，也有这样的报道，有教师受到高薪水和利益的诱惑，放弃公立高校职位到私立院校任全职。由于无法控制这种增长的趋势，一些大学和学院开始与教师进行协商。这些教师所授学科在私立院校和其他机构都具备很有吸引力的市场价值。

在非洲似乎存在一种强烈的公众观念，公立院校的学术水平比私立院校高——尽管一小部分私立院校聘请了最好的教师并拥有新的先进的工具、设备和设施。这种普遍的观念源于在进入有限并且“免费”的公立大学前需要经过严格的筛选过程和激烈的竞争。随着非洲大陆学生入学的增长，空间有限的公立大学的入学要求变得愈加严格，因此，那些被大学录取的学生都是国家的精英。一般来说，由于各种原因，私立院校只能招收那些没被公立院校录取的学生，这也就持续地影响了大众的观念，即认为私立院校总是逊色于公立院校。

但是，私立高校以企业的形式出现是一种新现象，其发展带有严重的问题，包括不合法的身份、质量保障和服务成本。非洲很多中学后私立院校的身份是不合法的。很多院校在没有许可、无足够的资源和适当的基础设施下经营。即使少数的私立院校在本国内拥有比主流大学更好的设备、更好的教学楼、更好的设施，但很多人仍然认为其服务质量是劣质的。

很多中学后私立院校的教育质量已经成为令人担忧的问题。在利益驱动下，现在很多跨国公司提供教育服务。跨国公司和一些海外院校在那些高等教育市场大的国家建立了卫星校园。这些跨国教育机构通常受到批评，因为它们缺乏问责或社会责任，并对所在国的文化网络构成潜在的威胁和破坏。

私立高等教育在非洲的大部分地区呈现不断增长的趋势，并且受到各种力量的推动。私立高等教育的这种多样化和扩张背后的力量，既有内部的也有外部的。对私立院校多样化进程进行全面审视，需要考虑国内和国际的经济、政治和教育现实。

性　别

性别不均衡是非洲大陆教育机构的一个普遍现象。文化、社会、经济、生理、历史和政治的因素造成了这种不平等。尽管性别不平等在所有的教育机构依然存在，但目前已经付出了很多努力去改变这种状况。高等教育领域的性别不平等，在非洲所有的大学和大多数学科几乎都很严重。为增加中学后教育机构的女性学生，已经采取了很多努力和计划。

- 在埃塞俄比亚，根据哈布塔姆·温迪姆(Habtamu Wondimu)研究，为提高女性入学率已经付出了很多努力——过去几年里这个国家的女性入学率大约只有15%——主要采取降低平均分(grade point average)的方式。他指出，这项“肯定性行动”(affirmative action)已经提高了女性入学率。然而，女性的高流失率仍旧困扰着埃塞俄比亚高校女性的整体地位和数量。
- 在马拉维，仅25%的学生为女性。针对女性的肯定性选拔政策已经开始实施。
- 在莫桑比克，1992年以来，女性学生的比例逐渐增加。1990—1996年间，性别比依然很高(在2.79至3.06之间)。1998年和1999年，降到2.45和2.59。女性比例的提高部分是由于私立院校的出现。1999年，私立院校注册学生中平均43%为女性，而公立院校注册的女性仅为25%。
- 大多数坦桑尼亚的高校已经采取措施提高女性入学。目前，女性占入学人数的25%～30%。达累斯萨拉姆大学文学社会学院2000—2001年度一年级注册新生中49%为女性。同埃塞俄比亚一样，坦桑尼亚也采取了降低平均分的措施使更多女性符合入学要求。
- 据报道，乌干达的性别差异在过去10年已经降低。1990—1991学年麦克雷雷大学女学生只占27%，现在已经占到34%。像埃塞俄比亚、马拉维、坦桑尼亚的高校一样，乌干达的大学也给女性学生提供优惠待遇。由于给了额外的加分，女性学生的比例上升到34%。
- 在津巴布韦，为了扩大女性入学人数，大学也降低了入学资格。

然而，在更具竞争性的院系和硬科学领域，性别的巨大差异仍然存在，女性在这些学科和领域的比例相当低。例如，在肯尼亚，女性学生占公立高校总人数的30%,但在工程学和以技术为基础的专业学科,女性仅占10%。整个非洲高等教育自然科学学科中女性都比男性少。尽管不同国家的性别差异比例可能在现实中差别很大,但是这种自然科学中女性比例低的模式确是全世界普遍的现象。

然而,在非洲国家中也有一些特例,女性学生超过男性。在毛里求斯,尽管总入学人数表现出或多或少的性别均衡分布(47%为女性),但不同学院按照性别来看,入学的差异就明显了。工程学院男性占主导(76%),而人文学院却是女性占主导(68%)。

在莱索托,教育、社会学、人文学科的女性都比男性多。总体上,莱索托大学全部女性数量占入学总数的56%。在乌干达的私立院校乌干达烈士大学和库姆巴大学中,女性学生分别占了50%和56%。在突尼斯,女性入学人数从1987—1988学年的21.1%增加到1999—2000学年的50.4%,现在已经增加到51.9%。在大学层面,女性入学人数第一次超过了男性。

在非洲的院校里,女教师的比例比女学生还低。在几内亚,1000名教师中仅有25名为女性——仅为2.5%。埃塞俄比亚2228名教师中,137名为女性,占6%。在刚果、尼日利亚、赞比亚,不到15%的大学教师是女性。在乌干达,女性占现有学术岗位的20%不到。在少数几个国家,这些数字要稍好些:摩洛哥、突尼斯和南非的女教师分别占24%、33%和36%。女教师在较高职位和资格水平以及某些学科领域的低比例现象尤其严重。例如,1997年,南非教授中男性占90%,副教授占78%,高级讲师占67%,在低级职位中仅占47%。

总体上,非洲大陆高等教育性别分化是普遍趋势。受教育的层级越高,这种差别就越大。职称越高,教师性别不平等也越严重,虽然有时也因领域和学科而异。非洲高等教育的性别问题很复杂,需要并值得进一步研究。

正如我们前面所讨论的,为纠正这一不健康的现象,已经推出了各种不同的行动计划。虽然有些行动取得了成效,但有些还有待带来真正的变化。微妙的抵制、若有若无的疏忽、得不到严肃认可以及愚昧无知等,这些是困扰行动计划的因素。

研究和出版

早在世界进入所谓的知识时代之前,研究就被看作是高等教育的核心优先事项。自1810年柏林大学建立以来,研究就一直是大多数学术机构和学术系统的规定性要素(Ben-David, 1968; Ben-David, 1977)。在由知识和信息所构成的不断全球化的世界中,建立强有力的研究基础在这个竞争不断加剧的世界上是必不可少的。

作为知识和信息的生产者和传播者,大学位于知识和信息超市的核心位置。从所有现实目的看,大学仍然是知识和信息的生产和消费的最重要的机构,尤其在第三世界。这在非洲尤其如此,因为非洲仅有少数的这类机构充当传递知识和信息的出色而主要的中心。

从方方面面的情况来看,非洲的研究和出版活动都处于劣势。非洲的研究整体状况很差。研究基础设施不足。缺乏实验室设备、化学药品和其他科学工具,高级专家人数很少,图书馆破旧失修,教师和研究人员工资低得可怜却还在减少,学术机构大量人才流失,本科生教育"扩张",研究的可应用性被忽视,研究经费来源不断减少或根本没有或不可靠,所有这些仍旧是非洲大陆研究能力发展的主要障碍。

实际上,大多数非洲国家在大学预算中没有拨付科研经费。例如,加纳研发(R & D)投入呈现不断下降趋势,从20世纪70年代中期占GDP的0.7%下降到1983—1987年间占GDP的0.1%~0.2%。这个趋势已经有了变化的迹象。保罗·埃法(Paul Effah)的报告显示,2000年加纳大学在10个研究院投入了140万美元。

在乌干达,1999—2000财年麦克雷雷大学专项科研经费仅为8万美元。这个国家的科研仍然是欠发达的,科研经费严重依赖外部援助。在马拉维,1999年整个大学预算仅0.7%用于科研和发表。

追踪知识前沿对科研和发展至关重要。能够获取知识前沿的载体,如期刊、杂志和数据库,是从事可靠的、可持续的、有意义的研究工作的主要前提。在非洲大部分国家,这些资源不是缺乏就是相当稀缺。期刊的成本不断上涨,图书馆和大学经费短缺使这个问题愈加严重。非洲很多大学都缩减了期刊订阅数量，另外的大学干脆停止订阅期刊。如果了解这些大学连正常的工资都发不出来，这些极端的做法也就不足为奇了。

本土出版业的基础也变得很薄弱，而且总体上不可靠。很多竞争性因素造成本土出版问题很复杂，这些因素包括：研究人员规模小，他们不具备使期刊得以可持续发展所需的精力、时间、经费和支持；缺乏合格的主编和编辑人员；出版材料短缺；禁止言论自由的限制性环境；大学行政人员缺乏出版期刊的责任感和使命感。

值得注意的是，尽管大多数非洲国家的研究状况不稳定，本书的很多作者反映，发表却是教师学术晋升的主要依据。即使环境不利于科研，作为衡量学术生产力的普遍工具，发表仍然是非洲学术晋升的标准。很明显的矛盾是，非洲学术人员无法接触对他们跟上世界科学和学术发展而言很关键的期刊、数据库和其他出版物，而另一方面，他们又在这样的学术环境下被要求发表学术成果(Teferra，2002)。

非洲大陆从事的很多科研活动——在一定程度上，都是外部机构赞助、管理和指导的。这些外部机构包括双边和多边机构、非政府组织、基金会和其他机构等。非洲科研受外部赞助的比例占到70％，甚至达到90％。这些外部资助研究的成果，尤其与研究内容相关的成果都影响广泛，已经成为国家、区域和国际研讨会上讨论的焦点。

很多国家的学术机构都参与到国际知识体系传播中，建立了长期的联系。工业化国家的大学是学术知识的主要生产者和传播者。其他国家的学术机构，尤其是发展中国家的学术机构，是其他地方生产的学术资料和研究的主要消费者。

在这个知识与信息主导的世界里，非洲要有效地参与竞争是相当困难的——或许甚至是不可能的，除非非洲有意识并积极不懈地重整其富有潜力且最重要的机构：大学。非洲应该，而且是必须采取行动发展其大学——因为这是唯一生产和利用知识与信息的机构。知识生产和传播方面，世界知识体系存在着中心和边缘。作为一个大陆，非洲正处于知识边缘的边缘(Altbach，1987)，似乎与知识中心越来越远。

研究和出版必须得到加强。政府、主要的援助机构、非政府组织和双边组织应该而且必须制定政策，优先复兴非洲高等教育的这些重要领域。只有这样，非洲才能有效地应对现在和未来的挑战。在非洲从事研究的资金大部分来自援助机构和国际组织，现在这种状况带来了额外的挑战。在不久的将来，实现主要研究资金来自非洲本土是不大可能的，那么，重要的是要确保现时开展的研究，不论其经费来源如何，都要满足非洲科学研究者的需求和非洲社会的广泛利益。

学术自由

学术自由可以产生新想法、新研究和新观点，可以使广为接受的观点得到检验和挑战，可以使批评人员对现状提出评论和批评。学术自由是一个在全世界都面临挑战的理想。不过，毋庸置疑，学术本身对孕育国家学术文化十分重要。理想状态下，学术自由确保教师可以自由教学，依个人兴趣从事科研，公开交流自己的研究结果和观点，不担心遭受迫害。

公民社会使宽容和言论自由兴盛。一个自由言论的国家允许思考、接受和辩驳各种不同的视角和观点。学术自由是公民社会的关键因素。在缺乏言论自由和学术自由的环境下，公民社会的发展就会受到阻碍。

大多数非洲政府不容忍异议、批评、不服从，而且不容忍有争议的、新的或不合习惯的观点的自由表达。阿曼·阿蒂耶(Aman Attieh)指出，自1992年以来，在阿尔及利亚，安全机构、反对派和军队对言论和演讲自由的严厉侵犯，已经使学者和全体公民都不得不保持沉默。查尔斯·恩格美提到，在肯尼亚，政府对学术自由的不合理干预和迫害已经破坏了高等教育机构的自治和质量。埃塞俄比亚亚的斯亚贝巴大学在20世纪90年代中期共驱逐了40多位大学教授和讲师，这是侵犯学术自由的一个缩影，也反映了非洲很多国家政府对学术自由的容忍度很低。

在这个环境里，学术界通常小心翼翼不去公然冒犯掌权者。这就形成了一种自我保全的文化。那些敢于大胆说出想法、表达观点的人通常发现自己不得不面对这样的独裁者：他们使用威胁、绑架、监禁、驱逐、折磨甚至死亡等手段来打压不同声音。

一个国家学术自由文化的稳定性如何,关键要看这个国家对开放大胆的辩论、批评和评论的容忍度。随着非洲国家逐渐从一党专政和专政统治走向民主选举的政府和领导,相信非洲学术机构最终会改善学术自由。非洲的大学承担着特殊责任,要建立一个教学、研究、学习及社会言论等各方面学术自由的文化。在不稳定和独裁的后殖民环境下,建立这样一种文化将是一项艰巨的任务(Altbach, 2001)。

人才流失和能力建设问题

很多非洲国家面临的重要挑战之一是,它们最好的学者和科学家离开了大学。国内学术界出现两种流动:一种是内部流动(本土的);另一种是区域和海外移民。"人才流失"这一术语通常被用来形容高层专家从发展中国家流向工业化国家。很多文献在能力建设的背景下反映这个特殊现象,这些文献通常指出人才外流对眼前和未来造成的严重影响。在有关学术流动(academic mobility)的很多文献里,我们看到的是有关在海外移民背景下的学术人才流失情况。我们这里所使用的分类和术语反映了人才流失的问题,并且我们认识到,高层专业人员的流动是很值得讨论和颇具争议的一个领域。

学者的境内流动(internal mobility)可以较贴切地描述为,高层专业人员从大学流向薪酬更高的政府机构、私立部门和企业。这些机构或许能够,也或许不能够有效地利用他们的专长和智慧。由于非洲大学的状况每况愈下,学术人员就到大学之外寻求就业机会,结果造成院校教师的外流。很多国家的主要公立院校流失了大量重要的教师,他们流向正在兴起的私立高等教育机构和其他商业导向的机构。这种流动不仅表现为离开院校的人的实际流失,而且也指留下来的教师在时间、承诺和忠诚度上的变化。在很多国家,大学教师为了养家糊口,通常在大学之外身兼几份工作。结果,很多教师分散精力太多,无法很好地履行其教学、研究和服务的责任。

学术人员也受到各种政府机构的诱惑。这些政府机构通常提供更高的薪水,工作环境也更舒适。在很多情形下,大学的薪水和福利比公共服务领域的可比职位要低。例如,加纳1993年作的一项薪水比较分析的研究显示,在能源、金融、税收和媒体领域的工资水平都比大学高。

与学界的薪水和待遇比,很多新兴私立机构的薪水和待遇很丰厚。例如,在埃塞俄比亚,据说一所私立院校的月薪是一所公立院校的3陪。在乌干达,公立高校,尤其是麦克雷雷大学的高级学术人员向国外移民在20世纪90年代早期引起了极大的忧虑。纳坎伊克·姆西西(Nakanyike Musis)认为,就业条件、薪水、生活水平和教师额外待遇的相对改善已经发生作用,它中止了乌干达的海外移民和人才流失。然而,薪水高且不断增长的私立机构和更高水平的公务员职位,继续诱惑着经验丰富的学术人员离开大学。这种内部人才流动尽管很少讨论,但对高等教育仍然是很重要的问题。因为这是非洲国家至少自身可以部分解决的问题,因而也就特别重要。

内部冲突、政治迫害和社会动乱驱使很多国家受过高级训练的人员大量外流,这些国家包括索马里、利比亚、埃塞俄比亚、多哥、塞拉利昂和尼日利亚等。由于民族和宗教冲突,卢旺达和阿尔及利亚的学术人员和知识分子被系统地残杀。

区域移民(regional migration)——学者流动到本区域和邻近国家——已经给一些国家造成高层学术人员的短缺。很多学系的杰出教师流向非洲其他地方的区域性大学。例如,埃塞俄比亚亚的斯亚贝巴大学的几个高级学者到博茨瓦纳大学任教职。南部非洲国家,如赞比亚也一直抱怨它们的毕业生和教师流失到南非和津巴布韦。一些人注意到,在这些国家的一些院校的系部里全部都是移居国外的赞比亚人。

1998年的一项研究显示,1990年,大约7000名受过高等教育的肯尼亚人移民到美国。同年,大约有120名医生从加纳移民海外。只在美国一个国家工作的加纳外科医生大约有600~700名,相当于加纳国内医生总量的50%(Sethi, 2000)。然而,根据保罗·埃法(Paul Effah)的研究,通过对加纳第三级教育机构的现有职位空缺情况的分析发现,大学40%教师职位空缺,理工学院超过60%职位空缺。根据蒙扎利·贾布里勒(Munzali Jibril)的报告,尼日利亚36134个职位中三分之二存在空缺。

哈布塔姆·温迪姆(Habtamu Wondimu)引

用了多个资料来源，描述了埃塞俄比亚很多学术人员放弃教职，从事其他工作，或者因出国培训或出于其他原因而在国外滞留不归。尽管学校与学校之间的数量有差异，但估计埃塞俄比亚大学的人才流失可能高达50%。在厄立特里亚，根据谢丽尔·斯特曼·鲁尔（Cheryl Sternman Rule）的研究，大学发展计划的主要瓶颈之一就是高质量学术人员的短缺，而且很大程度上依赖移居国外的教师。

根据乔利·马齐姆哈卡和G. F. 丹尼尔（Jolly Mazimhaka and G. F. Daniel）的报告，在卢旺达，高技能人员和专家或被屠杀或被流放在外，造成知识劳动力的大量空缺，这个现象已经影响了国内的每个领域，阻碍了国家的发展进程。甚至在1994年之前，即臭名昭著的种族屠杀前，卢旺达经济的很多部门就饱受专业人员和管理人员短缺之苦，战争和种族屠杀使情况更加恶化。

马托拉·恩提莫—马卡拉（Matora Ntimo-Makara）指出，莱索托要留住训练有素人员的能力很弱。南非的工作市场提供了更高薪水，很多人为此而离开。因此，莱索托的院校的能力受到侵蚀。在南非院校学习和毕业的莱索托学生，在完成学业后很少回国，他们都在南非找工作。据玛格丽特·佐勒·布斯（Margaret Zoller Booth）的观点，在斯威士兰，不仅中小学教师的流动对教育进步产生了消极影响，大学教授也流失到其他国家寻找更好的职位，尤其是到南非。为解决这个问题，正在考虑如何为教职工改善条件。

尼日利亚的学术人员和其他专业人员移民到其他国家，主要是美国、南非、博茨瓦纳、沙特阿拉伯和欧盟成员国。根据蒙扎利·贾布里勒（Munzali Jibril）的观点，仅在美国，尼日利亚籍的学术人员估计至少有1万名，而尼日利亚籍的医生估计有2.1万名。

报告显示，很多最好、最具有经验的南非学术人员正移民到澳大利亚、英国、加拿大、美国和其他发达国家。具有讽刺意义的是，当其他国家抱怨它们的高技能劳动力流失到南非时，南非自身也哀叹本国人才流失到其他国家。从国家、区域和全球的视野辩证地看待人才流失问题的影响，对理解这种“跳槽”现象更有用。

移民的起因——无论是区域性的还是国际性的——是一个复杂的现象。学者移民或者决定留在国外的原因很复杂，是经济、政治、社会、文化和生理等多因素交织的结果。每个因素的影响和所起的效果因国家的不同而不同，也因人而异，并且随时间变化而变化——甚至对同一个体来说也是如此（Teferra，2000）。

非洲国家和很多主要的区域、国际和非政府组织试图阻止非洲专业人员的大规模流动，然而这些努力的结果都不令人满意。尽管阻止人才流失的各种尝试已经不少，但开发利用已经移民到新居住地的专业人才的努力却极少。随着信息技术在非洲大陆缓慢推广，有形距离已经不再是障碍，要采取积极的政策调动远方外流人才的智力资本和外迁国民这一重要资源，这将是政策的重点（Teferra，2000）。

非洲不是唯一试图阻止人才流失的大陆。其他大陆的发展中国家和一些发达国家也试图在这个不断全球化的劳动市场上使人才流失降到最低。这些努力基本上都不太成功。从较贫穷国家移民到较富裕国家是很正常的，正如从不具有国际性的小学术系统流向处在中心地位的大学术系统。目前，英国有少量的人才流向美国和其他几个国家，因为英国学术人员的薪水比这些国家略低。受过高等教育的人才的国际流动不只局限在非洲，这是一个世界范围的或许是史无前例的现象。

非洲院校能力建设的挑战还源自与健康相关的问题。最近的研究表明，艾滋病的影响使非洲损失了很多教师，艾滋病对非洲学术机构的影响是巨大的。艾滋病病情及其造成的死亡，已经给学术界带来教学、财政和行政负担。

社会动乱、政局不稳、经济的不确定性、真正的和潜在的迫害、恶劣的工作和生活条件是造成人才外流的最常见的变量。大多数非洲国家目前还不足以能摆脱这些促使高素质和训练有素的专家外流的经济、社会和政治障碍。

教学语言

目前，有超过6种语言在非洲高校中使用。这些语言包括南非荷兰语、阿拉伯语、英语、法语、意大利语、葡萄牙语和西班牙语。仅阿拉伯语，或许也算上南非荷兰语，是非洲本土语言。

总体来说,阿拉伯语、英语、法语和葡萄牙语仍旧是非洲高等教育机构使用的主要国际教学语言。在这个全球化已经成为一种强大力量的时代,欧洲语言的主导地位变得更加突出和明显。英语已经很强大,甚至主导了其他主要的欧洲语言。互联网和全球化,连同其他的东西,使英语的主导地位更加稳固。

在一些非洲国家,不同语言在争夺高等教育领域中的主导地位。例如,在卢旺达,一个有趣的趋势是要改变教学语言,因为政府和权力的领导核心在变化。苏丹由于政治偏好在转变,也出现了类似的变化。在赤道几内亚,以及某种程度上在索马里,情况也是如此。在这两个国家,可预见的社会经济利益似乎左右着教学语言的选择。在英语主导的背景下,南非正在讨论把南非荷兰语作为高等教育教学语言的未来。语言仍然是非洲很多国家的一个变化无常的社会问题。

将地方语言(vernacular languages)开发成为高等教育的教学媒介仍将面临很多问题,包括:

- 非洲大陆语言的多样性。
- 围绕某种语言作为教学媒介的认同和代表性所引起的争议
- 语言用于写作和出版所需的开发阶段。
- 出版材料的缺乏。
- 本土语言词汇量小、语法不规范,难以表达观点和概念。
- 生产、出版、翻译、开发本土教学材料的基础设施条件差。
- 全球化的压力。

非洲大学依赖于以欧洲语言为基础构思、开发并组织起来的知识体系。西方世界生产的大部分知识都是使用这些语言传达的。非洲大学没有能力自己生产足够的知识,实际上,也没有能力和基础设施来加工和翻译西方世界现有的知识。高等院校里使用的大部分图书、期刊和数据库都是进口的,并且都是用西方语言传播的。在几种西方语言驱动下的互联网、全球化和知识体系不断扩张的时代,没有一个国家能够担负得起由于语言限制而作茧自缚的后果。这样的隔离不仅是灾难性的,也很可能是无法实现的。

本书的很多作者认为,在非洲高等教育中使用欧洲语言造成非洲高等教育的衰落以及院校与大众的疏远。其他一些作者认为,使用本土语言有利于国家团结。语言的争议不只限于非洲。这也是很多发展中国家和一些多语工业化国家的核心问题。例如,由于不断升级的语言冲突,加拿大就面临魁北克省分离的可能。语言在比利时仍是一个紧张的问题,也仍将是非洲学术发展面临的重要挑战之一。

学生激进活动

学生激进活动在很多非洲国家很普遍。学生抗议所谓的社会、经济、文化、政治和个人不公正,他们积极地保护自己的兴趣和利益。学生抗议对学生服务差、发放补贴不及时甚至被取消补贴和福利,这是今天在很多非洲国家易引起对抗的主要问题。

由于很多大学被迫削减预算,而且合理利用资源已经成为现实,所以学生强烈抗争要维持现状。当学生为确保维持其利益或抵制增加学杂费而积极抗争时,他们对学术质量或课程问题就不太关注。维护自身利益似乎是目前在非洲促使学生动乱的主导力量。

大学抗议导致了政府的不稳定,在政治力量的更替中发挥了不同的作用。在少数几个案例中,大学抗议甚至推翻了政府。当抗议发生时,官员们意识到可能的一些后果,就对这些抗议活动进行残酷镇压和制服。在非洲,数百名学生在抗议活动中严重受伤、被监禁、迫害,甚至死亡。根据菲德瑞茨和卡芬兹斯(Federici and Caffentzis,2000)的一项研究,1990—1998 年间,非洲有记载的学生抗议活动就有 110 起。这项研究表明,政府对待学生抗议的方式是“不人道的”、“残忍的”和“极其残酷的”。

学生抗议通常被看作是更广泛社群的牢骚的一种反映。在非洲,随着公民社会慢慢发展起来,以及随着反对团体变得合法化和被容忍,人们将如何理解这些抗议,以及这些抗议活动将如何演变,跟踪这样的问题是很有意思的。

结　语

非洲高等教育面临严峻的挑战,这是无可争

议的。这一章讨论了21世纪初整个非洲大陆面对的一些关键问题。由于学术和院校扩张与有限资源相互冲突带来的压力，这些问题非常困难甚至将变得更糟。在很多非洲国家，持续的政治不稳定使经济衰退恶化，然而，也呈现了一些进步的迹象。民主政治体系和公民社会的出现具有积极意义。学术自由的复兴，以及许多高教界人士在困境面前仍然投身建设成功的院校，这些都表明了学术系统的生存能力。国际社会，尤其是重要援助机构和主要贷款机构最近承认，非洲高等教育对于非洲发展来说是至关重要的领域，这一认同也具有积极的意义。非洲高等教育正处于转折点上。承认上述问题，再通过合理规划和有效领导，就会有积极的解决办法。

参考文献

Altbach, P. G. 1987. *The Knowledge Context: Comparative Perspectives on the Distribution of Knowledge*. Albany: State University of New York Press.

——. 2001. "Academic Freedom: International Realities and Challenges." *Higher Education* 41, no. 1-2: 205-219.

Altbach, P. G., ed. 1999. *Private Prometheus: Private Higher Educationand Development in the 21st Century*. Westport, Conn,: Greenwood.

Altbach, P. G., and V. Selvaratnam, eds. 1989. *From Dependence to Autonomy: The Development of Asian Universities*. Dordrecht, the Netherlands: Kluwer.

Ben-David, J. 1968. *Fundamental Research and the Universities*. Paris: Organization for Economic Cooperation and Development.

——. 1977. *Centers of Learning: Britain, France, Germany, United States*. New York: McGraw-Hill.

Eisemon, T. O. 1982. *The Science Profession in the Third World: Studies from India and Kenya*. New York, N. Y.: Praeger.

Federici, S., and G. Caffentzis. 2000. "Chronology of African University Students' Struggles: 1985-1998." *In A Thousand Flowers: Social Struggles against Structural Adjustment in African Universities*, edited by Silvia Federici, George Caffentzis, and Ouseina Alidou, 115-150. Trenton, N. J: Africa World Press.

Lulat, Y. G.-M. 2003. "The Development of Higher Education in Africa: A Historical Survey." In D. Teferra and P. G. Altbach, eds., *African Higher Education: An International Reference Handbook* (Bloomington Ind.: Indiana University Press, 2003).

Musisi, N. B. 2001. "A Reflection on and Taking Stock of Innovations at Makerere University." A paper presented at the Ford Foundation conference on Innovations in African Higher Education, October 1-3, 2001, Nairobi, Kenya.

Saint, W. S. 1992. *Universities in Africa: Strategies for Stabilization and Revitalization*. Washington, D. C.: The World Bank.

Sethi, M. 2000. "Return and Reintegration of Qualified African Nationals." *In Brain Drain and Capacity Building in Africa*, edited by Sibry Tapsoba, Sabiou Kassoum, Pascal V. Houenou, Bankole Oni, Meera Sethi, and Joseph Ngu, 38-48. Dakar, Senegal: ECAIDRCIOM.

Task Force on Higher Education and Society. 2000. *Higher Education in Developing Countries: Peril and Promise*. Washington, D. C.: The World Bank.

Teffera, D. 2000. "Revisiting the Doctrine of Human Capital Mobility in the Information Age." In *Brain Drain and Capacity Building in Africa*, edited by Sibry Tapsoba, Sabiou Kassoum, Pascal V. Houenou, Bankole Oni, Meera Sethi, and Joseph Ngu, 38-48. Dakar, Senegal: ECAIDRCIOM.

——. 2002. "Scientific Communication in African Universities: External Agencies and National Needs." Ph. D. dissertation, Boston College.

Teferra, D., and Altbach, P. G., eds. 2003. *African Higher Education: An International Reference Handbook*. Bloomington: Indiana University Press.

World Bank. 1991. *The African Capacity Building Initiative: Toward Improved Policy Analysis and Development of Management*. Washington, D. C.: World Bank.

2 非洲高等教育的发展：历史回顾

Y·G-M·卢莱特

引　言

本章将对从古代到当前的非洲高等教育发展的历史作一描述性和分析性的回顾。就一章的篇幅而言，作这样一个概论是一项艰巨的任务，因为无论是就地理学名词，还是从种族、民族和文化的极大多样性而言，非洲都是一个辽阔的大陆。此外，非洲有着一份复杂多样的殖民遗产，非洲的殖民史最早可以追溯到希腊人、罗马人和阿拉伯人，而后又经历了几乎所有的欧洲殖民大国，包括比利时、英国、荷兰、法国、葡萄牙和西班牙的殖民。50多个国家（占联合国会员国的四分之一）曾在非洲殖民，其他大陆没有一个像非洲这样，遭受过这么多国家的殖民。因此，本章只是对非洲高等教育史及其对理解当前非洲高等教育的意义所作的一个最为宽泛的描述。

本章的第一部分首先关注的地域是阿拉伯非洲。第二部分考察非洲讲英语和欧洲语言的地区在殖民地时期和独立后高等教育的发展状况。第三部分谈谈就殖民主义而言有着特殊历史境遇的国家（埃塞俄比亚、厄立特里亚、利比里亚和南非）的高等教育的发展。第四部分从一个历史的视角，审视当前非洲高等教育的一些特殊问题。本章最后将分析历史的遗产。帮助我们理解现在是历史的基本功能，没有历史就没有现在，就像没有现在就没有未来一样。

在本章中，"殖民地"一词所指是宽泛的，不仅包括从法律上被定义为殖民地的国家，还包括所有欧洲强国统治的地区：托管领土、保护国等。除了有特别说明之外，"高等教育"这个词主要指大学和学院层次的教育。

第一部分：前殖民地时期的非洲

倘若认为今天的非洲与西方国家在高等教育制度方面非常相似，那么常常会有这样一个假设：非洲的高等教育是西方殖民主义的产物。因此，在对非洲高等教育进行历史考察时必须从前殖民地时期非洲是否存在高等教育制度这个问题开始。阿什比（Ashby，1996：147）认为它们是存在的，但他强调它们与非洲今天的现代高等教育的发展没什么关系。为什么呢？因为前殖民地时期的高等教育与现代非洲高等教育之间不存在延续性，在阿什比看来，现代非洲高等教育完全是一个西方的创造物。就发展的连续性而言，阿什比的看法基本上是正确的，但是就第二个结论而言，他绝对是错误的。

无论如何，不论前殖民地时期的非洲高等教育是否与现代非洲高等教育的发展具有相关性，出于两方面原因，我们仍有必要谈谈它。原因之一，非洲的历史并不是在欧洲殖民主义到来时才开始的。要想准确地把握非洲高等教育的历史，那么在回顾非洲高等教育的发展时必须考察它的整个历史。原因之二，考察前殖民地时期的高等教育有助于驳斥没有欧洲的殖民主义就没有非洲高等教育的进步这样的观念。（欧洲人到来之前非洲就存在复杂的文明，这一事实早该让非洲是一个"黑暗的"、停滞的大陆的观念销声匿迹了。）

由于在前殖民地时期，正规的高等教育存在于北非（今天它在很大程度上属于阿拉伯非洲），所以本章也将回顾前殖民地时期阿拉伯非洲的高等教育的发展。

亚历山大图书馆

非洲大陆第一个类似于现代高等教育院校的机构是公元前 3 世纪埃及的希腊统治者——托勒密王朝在亚历山大创建的著名的博物馆和图书馆(Ajayi, Goma, and Johnson, 1996)。

这个综合性建筑群是由托勒密一世索特于公元前 283 年他去世前夕建成的,包括学者自行管理的住宅区、一个演讲厅、一个植物园、一个动物园、一个天文观测台和一个规模宏大的图书馆。他的儿子托勒密二世菲拉德尔修斯在父亲的基础上将这个综合性建筑群进行了扩建。

对于人类知识来说,这座图书馆是一座真正的丰碑,通过购买和系统的复制,它收集了图书管理员知道的每一本能够得到的著作。在那样一个没有纸和印刷机的时代,这个图书馆收藏了 50 多万卷誊写在纸草上的作品。图书馆的存在有助于支撑起一个繁荣的出版"工业",因而促进了图书馆所获得(和生产)的知识的传播。就此而言,这个图书馆也间接地有助于作品的永久性保存。如果没有它,这些作品在经历了周期性的破坏以及最后毁于入侵者之后,可能已经永远消失了。

图书馆和博物馆吸引了来自各地,包括埃及、希腊、罗马和犹太世界的学者。尽管在这个图书馆建筑群里不对学生进行系统的教学和授予证书,但即使就这里所进行的研究和学习而言,它在许多方面也像个研究机构,图书管理员就是居住在这里的学者。从这个意义上来说,图书馆无疑是一种高等教育机构。

这座图书馆成为了巨大的、非凡的理性知识之源,数百年后,通过穆斯林的力量,它促发了欧洲的文艺复兴运动。它因为曾经赞助像阿基米德、欧几里得、希罗菲勒斯、埃拉西斯特拉图斯、马尼托和狄奥弗拉斯图斯等这样的著名学者而引以为傲。不幸的是,图书馆在最后毁灭之前因为火灾、内战和罗马帝国财富的枯竭而衰败了。

伊斯兰清真寺大学

公元 622 年 6 月 16 日,随着先知穆罕默德和三名同伴从麦加逃往麦地那,伊斯兰教事实上就诞生了。仅仅又过了 22 年,穆斯林控制了今天的沙特阿拉伯、叙利亚和埃及等地区,并占领了亚历山大。670 年,他们统治了北非的大部分地区。711 年,他们出现在西班牙,而两年之后,他们到达葡萄牙。这之后一年,即 714 年,他们出现在法国,最后,在 732 年的普瓦提埃战役中,他们被查理·马特阻挡了向西扩张的步伐。

亚历山大图书馆最后毁于穆斯林之手,这件事情具有讽刺意味,原因有二:其一,在所谓的黑暗时期,在知识之光在整个欧洲虚弱到忽明忽暗时,穆斯林成了管理该图书馆所保存的知识的人。其二,前殖民地时期非洲唯一知名的高等教育机构是埃塞俄比亚人创办的学校及穆斯林创办的 4 所学校。这 4 所学校分别是突尼斯的齐图纳(Ez-Zitouna)伊斯兰大学(732 年)、由伊德里斯穆斯林王朝在菲斯创办的卡鲁因(Quaraouiyine)清真寺大学(859 年)、在开罗创办的爱资哈尔(Al-Azhar)清真寺大学(969 年)以及大约在 12 世纪由阿拔斯穆斯林王朝在今天的马里廷巴克图创办的桑科尔(Sankore)清真寺大学。

除了桑科尔清真寺大学之外,其余 4 所学校都延续到今天,不过每一所学校都经历了西方化的大变迁。与后来的伊斯兰大学,例如尼采米亚大学(1065 年创办于巴格达)及其后继者穆斯坦绥儿(Mustansiriyyah)大学(创办于 1234 年)一样,就像博洛尼亚、巴黎、牛津、剑桥等中世纪欧洲最早的大学,这些早期的伊斯兰大学在某种程度上丰富了大学的内涵。这些古老的高等教育机构区别于现代大学的是前者的课程设置和传授知识的方法:课程是狭窄的,绝对以宗教为导向,它们处理知识时缺乏理性主义和科学探索的世俗方法。

由殖民强国传到非洲的现代大学既源于西方,也源于伊斯兰。欧洲人从穆斯林那里获得了后来成为现代西方大学之基的绝对重要的五个要素。首先,他们获得了一个巨大的知识宝库,这些知识是穆斯林通过自己的研究,收集其他文化的成果和翻译亚里士多德等学者的希腊古典著作,经过数百年才积累起来的。其次,他们从穆斯林那里学到了理性主义,用柏克的话说,他们还将这种理性主义与阿拉伯自然科学中那种典型的世俗调查研究方法结合起来(Burke, 1995:42)。

第三个要素是一个精心阐释的、知性深奥的知识图谱。穆斯林为欧洲人提供了以不为他们所知的方式划分的许多学科知识,包括“医学、占星学、天文学、药理学、心理学和生理学”,等等(Burke, 1995:42)。

第四个要素是将个体从里伯拉(Libera, 1997)所描述的“由社会等级、义务和法典明确规定的社会角色所构成的中世纪世界”的控制中解脱出来,从而允许市民社会的存在,没有它就不可能有大学。大学只有在一个由具有个人权利的学者所组成的群体的基础上才能形成。

第五个要素是西方世界从穆斯林那里获得了后来逐渐成长为现代大学的制度性种子的学院,这种学院在伊斯兰世界已是很普遍的机构。因此,毫不奇怪,西方最早出现的学院极有可能是模仿了伊斯兰的学院。1180 年,伦敦人约翰在巴黎创办了狄克斯修特学院(College des Dix-Huit)。按照马克狄西(Makdisi, 1981)的说法,当时的约翰刚刚从耶路撒冷朝圣回来。他很可能是在游经穆斯林世界时对学院这种机构产生了认知。

阿拉伯非洲

殖民主义在不同的时间,以不同的方式来到阿拉伯非洲。几乎所有的欧洲殖民强国在阿拉伯非洲都有自己的代理人,这些代理人有着这种或那种殖民伪装:如所谓的保护国、势力范围要求者或赤裸裸的殖民者。

葡萄牙是最早进入这个地区的殖民国家,它们在 1415 年来到摩洛哥,攻占了休达。不过在 150 年后的 1578 年,摩洛哥人沉重地打击了葡萄牙人,并赶走了他们。250 年后(1859—1860),西班牙人侵入摩洛哥,1904 年,法国人又侵入这个国家,在 1956 年独立之前,这两个国家控制了摩洛哥不同的地区。不过,由于西班牙继续占有一些领土和许多城市,所以一直到 1969 年,摩洛哥才实现完全的独立。鉴于法国和西班牙具有不同的经济力量,法国在摩洛哥的教育部门中发挥着主导性影响。第一所现代大学——拉巴特大学 University of Rabat(1975 年重组为穆罕默德五世·阿加德拉大学 Mohammed V. Agdal University)创立(1957 年)后,使用法语为主要的教学用语,并模仿法国大学办学。除了这所大学之外,1959 年在卡萨布兰卡创办了阿维罗伊应用医学院(Averroes School of Applied Medicine)。这一时期开办的高等教育机构还有位于菲斯的卡鲁因(Quaraouiyine)伊斯兰大学和位于马拉喀什的本尤瑟夫大学(Ben Youssef University)。独立之后,摩洛哥创办了很多高等教育机构,包括 1975 年建立的 3 所大学:哈森二世大学(Hassan II University, 位于卡萨布兰卡)、希迪·穆罕默德·本·阿卜杜拉大学(Sidi Mohammed Ben Abdellah University, 位于菲斯)和卡迪阿亚德大学(Cadi Ayyad University, 位于马拉喀什)。

西班牙除了统治摩洛哥,还统治了西撒哈拉。西班牙的殖民统治方法与法国类似,这些国家把殖民地视为海外省份。在西撒哈拉,不存在地方创办高等教育的情况,迄今为止没有任何高等教育机构,部分原因是西班牙一直在反对摩洛哥争取独立的斗争,后者在 1979 年占领了这个国家。法国在阿拉伯非洲还有其他的殖民地:阿尔及利亚、吉布提、利比亚、毛里塔尼亚和突尼斯。由于有大量的法国移民,所以阿尔及利亚在独立时,其教育系统相对发达。让它引以为傲的是,它拥有阿拉伯非洲最早的现代大学之一——创建于 1879 年的阿尔及尔大学(University of Algiers)。

吉布提在 19 世纪 50 年代经历了法国殖民者的入侵,但直到 1946 年才沦为法国的海外属地。吉希提是非洲最晚获得独立的国家(1977 年)。由于国土面积相对较小,所以吉布提没有创办自己的大学。利比亚在一段时间里处于意大利人、法国人和英国人统治之下。利比亚于 1952 年获得独立。该国最古老的大学是法塔赫大学(Al Fateh University),作为利比亚大学(University of Libya)的它创办于 1957 年。1974 年,随着位于班加西的加尔尤尼斯大学的建立,法塔赫大学一分为二。其他重要的利比亚大学还有塞卜哈大学(Sebha University, 1983 年创办于塞卜哈)、阿拉伯医科大学(Al-Arab Medical University, 1984 年创办于班加西)和明星技术大学(Bright Star University of Technology, 1981 年创办于阿德扎比)。1905 年,随着在西非殖民范围的扩大,法国控制了毛里塔尼亚。1960 年,毛里塔尼亚获得独立。这个国家只有一所大学,即努瓦克肖特大学(University of Nouskchott, 1981 年创办于努瓦克肖特)。1881 年,法国侵入突尼斯。1955 年,在经历了大范围的民族主义运动之后,突尼斯被允许有限自治,一年之后完全独立。在独立前,高等教育主要是由高等学院(Institute des Hautes Etudes,创办于1945年)和以神学为基础的艾兹齐图纳伊斯兰大学(Ezzitouna Islamic University)提供的。1960年独立后,这两所教育机构合并成新的突尼斯大学(University of Tunisia)。

英国于1882年在埃及开始了其在阿拉伯非洲的殖民活动,当时陶菲克·帕夏政府请求英国帮助镇压一支叛军。英国在埃及这一"暂时的"逗留一直持续到1953年一支部队帮助贾迈勒·阿卜杜·纳赛尔上台执政为止,这才结束英国的殖民统治。除了爱资哈尔大学,埃及最古老的大学是开罗大学(Cairo University,1940—1953年称作福阿德一世大学)。这所大学创建于1908年,是非洲规模最大的大学之一,目前有77000多名学生。1942年,文科、法学和工程学从开罗大学分离出来,组成了亚历山大大学(Alexandria University,1953年前称为法鲁克一世大学)。1972年,亚历山大又诞生了一所新的大学——坦塔大学(Tanta University)。

除了埃及,英国还统治了索马里的部分地区,1887年,后者沦为英国的保护国。最后,索马里又落入意大利之手。索马里之后,阿拉伯非洲地区下一个落入英国统治的国家是苏丹。1899年,苏丹成为英国的殖民地,一直到1953年,它才成为一个主权国家。苏丹最古老的大学是喀土穆大学(University of Khartoum)。其次是苏丹科技大学(Sudan University for Science and Technology),其前身是创办于1950年的喀土穆技术学院(Khartoum Technical Institute)。1967年,这个学院发展成为一所多科技术学院(polytechnic),并于1975年升格为大学。1990年,它重组为今天的这所教育机构。第三所最古老的大学是恩图曼伊斯兰大学(Omdurman Islamic University),其前身是创办于1912年的伊斯兰学院。1924年,它成为一所专科学院,1965年获得大学地位。1975年,经过重组,取得了现在的地位。

意大利出现在阿拉伯非洲最初是迟疑不决的。19世纪末,它开始侵入到索马里沿海地区,后来控制了厄立特里亚和埃塞俄比亚。1959年,意大利在一所建于1954年的教育机构的基础上创办了索马里大学。1970年,这所大学变为索马里民族大学(National University of Somali),1979年,它改名为现在的索马里国立大学(Somali National University)。当索马里陷入事实上的无政府状态——分裂为一个个"封建领地"时,教育的发展,包括高等教育的发展,遭受了严重的倒退。

也许有人会认为,伊斯兰高等教育与西方殖民主义的遗产相结合,为后殖民时代的阿拉伯非洲高等教育的健康发展创造了有利条件。在某种程度上,确实如此。但是,由于这一地区许多国家经济混乱和政治动荡,伊斯兰高等教育的发展遇到了障碍。

第二部分:殖民地时期与独立后的非洲

英国殖民统治下的非洲

在非洲,英国的殖民地超过20个,是这片大陆上最大的殖民强国。这些国家分布在从地中海沿岸的埃及到南大西洋沿岸的南非,从大西洋沿岸的尼日利亚到印度洋沿岸的肯尼亚之间的广袤土地上。

在英国的非洲殖民地,最早的一批高等教育机构创建于19世纪,包括位于弗里敦的福拉湾学院(Fourah Bay College,1826年)、位于喀土穆的戈登纪念学院(Gordon Memorial College,1898年)、南非的勒弗戴尔学院(Lovedale Institution,1841年)、开普敦的南非学院(South African College,1829年)、好望角大学(University of the Cape of Good Hope,1873年)和位于斯坦林布什的维多利亚学院(Victoria College,1829年)。在1948年前,福拉湾学院是整个西非地区唯一的一所高等教育机构。因此,用历史学的话来说,福拉湾学院是一所重要的教育机构,不仅因为从时间先后顺序来看是如此,而且因为它在西非民族主义精英的产生中发挥了重要作用。就像英国非洲殖民地上的其他许多高等教育机构一样,福拉湾学院是总部设在英国的基督教传教会的传教士为进行神学培训而开办的。他们创建福拉湾学院的动机类似于在非洲殖民地的其他传教工作。欧洲的基督教传教士从到达非洲那一时刻起,就出于许多原因,特别是出于改变当地人的宗教信仰的使命,参与了正规教育,包括为推进宗教教育而提高读写能力,训练当地的教士和牧师加快福音的传播(Berman, 1975)。

在殖民初期,英国很少进行直接统治,包括提供正规教育,基本上限于为传教士创办和管理的教育机构提供补助。实际上,就像阿什比(Ashby, 1966)所说的,在第一次世界大战之前,英国没有为非洲的殖民地制定过正规教育方面的政策。造成这种状况的部分原因在于,19世纪的欧洲人普遍认为,非洲人智力低下,是不可教育的,尽管传教士对这种看法表示抗议(Lyons, 1970)。根据恩奥瓦(Nwauwa, 1996)的分析,其他原因还包括不希望受过教育的非洲人抢走自己的饭碗的殖民地官员的抵制,以及英国担心殖民地的开支不断增加。

据里昂(Lyons, 1970)的研究,英国官方对殖民地的教育供给状况进行的第一次调查是由理查德·马登博士负责完成的。他以王室任命的委员的身份被派到西非,调查冈比亚、塞拉里昂和黄金海岸殖民地的政治、经济以及其他方面的情况。在他1841年提交的报告中,他信口雌黄,荒谬地指出,尽管非洲人在其童年时期展现了与欧洲人同样的学习能力,但是在他们成年时,这种能力严重萎缩,以至于现在的非洲人智力低下。(与当时关于非洲热带气候的伪科学观一致,他指责这种发展。)他介绍说,非洲的学校教育应该以非智力性职业,特别是职业训练的教学为目标。

马登报告的基本要点,即西方教育应该适应非洲人的特殊状况,在一段时间里以不同的方式一再被重申,最后成为官方教育政策的一部分。在20世纪20年代早期,英国实施了1884年柏林会议后的殖民计划,而且传教士越来越多地涉足非洲殖民地的教育领域,这对英国政府产生了很大的压力,迫使它在殖民地的教育发展中发挥更大的作用。明确提出的办法是于1922年出版了由美国传教士鼓动费尔普斯一斯托克斯调查团完成的有关英国非洲殖民地教育状况的调查报告。这个报告,连同非洲人自己长期以来对教育的要求(在20世纪20年代,英国西非民族大会的创立者卡塞里·海福特等民族主义者吸收了这种要求),以及英国政府日益明确地承认应该逐渐用殖民地“托管权”来取代殖民地的统治权,共同推动了英国政府在1923年建立了一个永久性的咨询委员会。

与殖民地教育咨询委员会一起,英国政府正式、积极地参与了殖民地教育的发展。这个委员会通过向殖民地部长提出建议,为英国非洲殖民地的教育殖民主义政策定下了基调:

- 补充现有的传教士教育活动,而不是与之相冲抵。
- 在资源许可的条件下,使尽可能多的人享有基本读写能力所能带来的好处。
- 培训低级政府官员(例如职员、翻译和邮递员)。
- 提供职业教育机会。
- 允许某些层次的继续教育,特别是教师、农业、兽医和医务辅助人员的培训。

总之,英国官方最早采纳的教育政策主要是由费尔普斯一斯托克斯调查团阐明的教育观点决定的,即西方教育适应非洲人的殖民境遇,以牺牲读写能力和学术教育为代价,重点发展工业和职业培训(Ajayi, Goma, and Johnson, 1996)。

最初,官方的教育政策对高等教育关注很少,不过,这种状况随着第二次世界大战的临近而得到改变。通过许多委员会和报告,英国开始以坚实的步伐在它的许多非洲领地创办高等教育(Ashby, 1996)。随着第二次世界大战的结束,根据英国统治阶层普遍接受的看法,即殖民地的独立只是时间问题,英国殖民部长任命了阿斯奎斯委员会。在贾斯提斯·西里尔·阿斯奎斯的领导下,依据柯里、德拉沃、香农以及其他人所阐述的思想,委员会授权对殖民地大学学院的创建(与英国大学的从属关系)情况进行了调查。许多人承认,如果殖民地获得独立,那么政府文职人员的本国化以及更多的中小学的创办将引起对受过培训的领导人和人力资本资源的需求。

在一个令人难忘的短暂的时间里,根据1945年出版的委员会报告的建议,英国政府提供经费支持(在1940年和1950年殖民地发展和福利法案的推动下),英国大学以殖民地高等教育大学校际委员会(Inter-University Council for Higher Education in the Colonies,成立于1946年)为形式提供专业知识,通过二者非凡的、出色的努力,大量的高等教育机构建立起来。这些机构大多数是由已有学校升格的,实行寄宿制,并提供大学层次教育,重视文科与自然科学。它们的管理与英国的大学(主要是伦敦大学)以及大学校际委员会关系密切。学院附属于伦敦大学,各个阿斯奎斯学院的毕业生从伦敦大学获得学位。委员会负责招募工作人员,大学与学院的教师合作,确定课程和考试标准。类似阿斯奎斯学院的学校还有:加纳大学学院(位于勒贡,开办于1948年10月,当年招收了92名学生)、塞拉里昂大学学院(1960年由已有福拉湾学院升格而成,当年招收350余名学生)、位于伊巴丹的大学学院(创办于1947年,有104名学生)、喀土穆大学学院(创建于1949年,由戈登纪念学院和基奇纳医学院发展而成,到1961年招生近1700人)、麦克雷雷学院(1949年升格而成,自主招生约1000人)、内罗毕的皇家技术学院(创建于1953年,自主招生500余人)、实行种族隔离政策的索尔兹伯里大学学院(创建于1953年,两年后升格为罗德西亚与尼亚萨兰大学学院,隶属于伦敦大学,1961年招生约250人)。

独立前夕,在大多数英国非洲殖民地,已经存在一些大学层次的高等教育。而且,其办学严格程度和质量都可以与大城市中的大学相提并论(Ashby, 1966:256)。不过,要建立可以自己授予学位的完整系统的大学教育,还要等到独立之后。

国立大学时期

殖民统治的结束开启了非洲高等教育历史的一个新阶段:国立大学时期。独立后,非洲国家通过创建全新的教育机构,或者改变原有的机构,一个接着一个建立了国立大学。这一阶段发展的动力来自于国家主义的抱负(与国立大学一起的还有其他一些主权象征,如国旗、国歌、国际机场、国家银行、本国货币等)和对殖民强国建立的大学学院的可以真实感受到的不满。

可以理解,英国在创建各所阿斯奎斯学院时,是以本国的大学为模板的。学院建立后,非洲英语国家的非洲人一般认为英国大学模式是最好的,对它的任何改变都将意味着降低标准。用阿什比的话来说,"这场争论压倒性地支持保留英国的学术传统"(Ashby, 1966:236)。大多数非洲领导人认为,由新创办的学院授予的本土学位是次等的。即使调整课程的思想一开始也遭到非洲人的抵制,他们担心这意味着降低质量和标准。

不过,尽管非洲处于领导地位的精英们最初有这样的偏爱,英国大学模式仍不是最适合于非洲的特殊环境。为了适应这种状况,一些人提出了一种新的模式,这种模式具有美国赠地学院的两个特征:民主招生和民主的学位结构与课程设置(Ajayi, Goma, and Johnson, 1996)。因此,也许毋庸奇怪,第一个重要的为独立的非洲国家提供建议的高等教育委员会是在美国和美国教育学家的资助下建立的。

20世纪60年代早期,其他的前英国非洲殖民地看到东非进行的一个大胆试验,即创建一所独立自主的、能够授予学位的联合大学(在某种程度上仍由伦敦的大学校际委员会监管)——东非联合大学。这所联合大学由3所学院组成:肯尼亚的皇家大学学院(原是一所技术学院)、乌干达的麦克雷雷大学学院和坦桑尼亚新建的达累斯萨拉姆大学学院。在其他方面,这样一所大学将是统一的新东非共同体的一个重要象征,但是随着共同体的瓦解,联合大学也解体了。3所成员学院成为独立的大学:麦克雷雷大学、内罗毕大学、达累斯萨拉姆大学。

约翰·洛克伍德爵士还负责在赞比亚创建一所大学,这所大学的创建是将连成片的英国殖民地在政治上与殖民时期和前殖民时期历史的共同要素统一起来的又一失败的试验:那就是位于南非上游地区的半独立的罗德西亚与尼亚萨兰联邦。洛克伍德在1966年创建赞比亚大学时设立的委员会中担任主席。这所独立的教育机构最初的招生规模是300人左右。

新创建的非洲大学代表着大学教育的某种转变,其特征是结构多样性、灵活性和课程的适切性,但并不是以牺牲高质量与高标准为代价。这一转变所展示的具体变化包括:

- 从授予一个专门的文科单科荣誉学位转变为授予许多不同学科的普通学位,包括专业研究领域。
- 将学科结构拓宽至医学和应用技术,特别是各种工程技术。
- 在课程中增加职业科目。

- 由三年制学位向四年制学位转变,以便取消作为大学入学要求之一的六年级A级普通教育结业证书(入学要求以五年级O级为基础,从而扩大了招生范围)。
- 大学第一学年安排实施全体学生必修的学习计划。
- 将专业化学习推迟到研究生教育阶段。
- 通过提供农业生产技术普及服务、公共卫生教育、校外夜课程、远程函授课程等计划,将大学的使命扩展到社区服务。

独立使得一些非洲国家可以改变英国模式,采用一种在另一个英国前殖民地——美国发展起来的高等教育模式,以更好地适应自己的情况。

比利时的非洲殖民地

1908年,由于国际社会大声疾呼,反对比利时国王利奥波德二世的代理人对刚果人民进行恐怖统治,刚果自由国从国王的一块私人领地转变为叫作比利时刚果的比利时殖民地。这一转变为与传教士合作并发展刚果的教育产生了些许支持。比利时实行的教育政策基于这样一种观念,即殖民地所有的行政官员都将由比利时人担任,因此教育的主要目的是为刚果人提供职业培训。唯一能够接受文雅教育的是少数经选拔将成为神职人员的人。二战之后,政策发生了微小的变化,在中学设置学术性课程,并于1949年在金沙萨建立鲁汶大学中心。1954年,该中心成为比利时鲁汶天主教大学海外分校。

1960年5月30日,比利时刚果突然迅速地获得了独立。比利时措手不及,刚果人也毫无准备。这个国家独立后的历史的明显特征是军事独裁统治、盗贼统治、严重侵犯人权、经济混乱和内战,这不足为怪(Kelly, 1993; Nzongola-Ntalaja, 1988)。鉴于这种可怕的独立后的历史,刚果高等教育的发展,就像市民社会其他的几乎每一个方面一样,经历了巨大的倒退。

除了比利时刚果以外,比利时还统治了邻近刚果的面积狭小但人口稠密的卢旺达—乌隆迪。就像在刚果一样,卢旺达—乌隆迪的教育主要放手给了天主教传教士。只是在比利时刚果和卢旺达—乌隆迪大学建立之后,当地为数不多但经筛选的人才能享有高等教育机会(卢旺达—乌隆迪的学生也可以进入鲁汶大学接受教育。)不过在1960年,随着卢旺达—乌隆迪大学出现在乌松布拉,一所真正的地方高等教育机构得以建立。这所大学最初有两个系(农艺学和应用科学),招收了30名学生。1962年,这块殖民地独立,并且一分为二,成为两个国家:卢旺达和布隆迪。一年之后,在布塔雷建立了卢旺达国立大学,与此同时,布隆迪也已经有了自己的大学,这就是1960年创办于布琼布拉的布隆迪大学。

讲尼罗哈米特语的少数民族图西族与讲班图语的多数民族胡图族之间有长达数个世纪的民族冲突,正因为此,两个国家经历了丧失理智的种族屠杀的灾难(Gourevitch, 1988; Prunier, 1995)。考虑到这种背景,所有形式的教育,包括高等教育,在两个国家都发生了周期性的停滞。尽管在20世纪80年代,两国在发展自己的大学方面都取得了富有意义的进步,但是今天卢旺达的情况是一种衰退,布隆迪只是相对稍好一些而已。

法语非洲

在二战之前的数十年时间里,法国荒谬地声称,它在非洲的殖民地是仅仅在地理上与母国分离的外省。法国正是在这样的基础上在非洲实施同化和联合的殖民政策。这些殖民政策致使非洲殖民地任何形式的正规教育都很薄弱,或者说这样的教育几乎就不存在,更别奢谈高等教育了。造成这种结果的是以下几个因素:首先,法国政府不像英国政府,通常不鼓励传教士建立教育设施,因为它感到西方式教育的主要目的是普及法国的世俗文化,而不是福音传播(Mumford, 1970)。其次,它在殖民地配置的各级文职官员几乎全是法国人,包括教士在内。其结果,极大地压制了对受过教育的非洲传教士的需求。第三,不像在印度尼西亚的法国殖民地的情况,非洲人并没有形成一个自主的、本土的正规教育体系。出于殖民秩序下政治稳定的利益考虑,这样的教育体系应该被取而代之。在伊斯兰教占主导地位的地区,以古兰经学校形式存在一些正规的学校教育,但是法国没有将这种学校教育视为敌对文化的孵化器(Kelly, 1984)。

至于为什么不见高等教育的影子,这里有两

个关键的因素:一是发育不良的更低层次的教育支系统;二是少数有资格接受高等教育的非洲精英最好在法国本土提供教育的信条(Ajayi, Goma, and Johnson, 1996)。阿什比(Ashby, 1966:368)也提到一种社会力量,这种力量一开始就阻碍了法国非洲殖民地高等教育的发展:非洲精英本身。也就是说,即使是在法国更为积极地创建初等和中等教育体系(特别是在二战之后)之时,非洲精英仍担心,无论是内心感知还是现实情况,本土的教育机构都不如法国的教育机构。大城市中教育的诱惑意味着,相对于发展非洲本土高等教育而言,非洲精英时常对确保非洲人能继续在法国接受高等教育的兴趣更大。

因此,一直到1955年,法国非洲殖民地唯一值得一提的几个高等教育机构是塔那那利佛医学院(Tananarive Medical College)(创建于1896年)、位于达喀尔创建于1918年的一所医学院(1948年重组为医学和制药学学校)、黑非洲法国学院(Institut Français d'Afrique Noire)(1936年创建于达喀尔,目的是研究阿拉伯和非洲社会)、提供教师培训和基本医学培训的威廉庞蒂师范学校(Ecole Normal William Ponty)(1903年创办于戈雷岛,以威廉·庞蒂总督的名字命名)、船舶工艺学院(School of Marine Engineering)(位于戈雷岛)以及位于巴马科的一所兽医学校和一所工艺学校。

不过,进入20世纪50年代以后,法国对自己在殖民地所应承担的发展高等教育的责任有了更为深刻的认识,这一方面是因为法国大学培养非洲人的费用不断增加,另一方面是出于一种有意识的、不加掩饰的信条,即它们必须付出更多的努力以便在文化上使殖民地不能摆脱大城市的桎梏,以期出现某种形式的政治自治的结局。

结果,法国开始在非洲殖民地以高等教育机构的形式创建法国大学的海外分校。这些机构后又成为国立大学的基础。例如,在马达加斯加,1941年之后,除了医学校之外,法国大学先后创办了法律学院、理学院和教育学院。1960年,这些学校最终合并成塔那那利佛大学(University of Tananarive),1973年又重组为马达加斯加大学(University of Madagascar)。

在发展这些大学的过程中,法国绝对要确保它们不是独立的教育机构。鉴于它的同化政策,以及法国高等教育体制是高度科层化的,这是可想而知的。法国政府通过颁布行政命令,对大学的日常运转扮演了一个干预的角色。因此,当法国在殖民地建立高等教育机构时,它们是事实上的法国大学海外分校。例如,达喀尔大学建立时,法国教育部长在一个法令中,将它定为法国高等教育体系中的第18所大学。最初,非洲人自己无论如何都不会拥有它。这类机构与法国高等教育机构之间建立了紧密的行政和课程联系,而建立这种联系的前提预设是,要在前殖民地的教育机构与大城市的教育机构之间实现师生的流畅转迁,而且获得的教育资格证书在法语世界都通用,不管授予机构的地理位置在哪里。然而,这种美好的愿望在实践中并不是总能实现的。

实际上,即使在独立之后,前法国殖民地的大学继续与法国的大学保持密切的行政联系。至少在独立之初,当时可以毫不犹豫地说,法语非洲的大学就是法国大学的翻版(Ashy, 1966:371)。法国不仅关心这些教育机构的师资配备,而且甚至负责提供经费,至少在独立之初是如此(Ajayi, Goma, and Johnson, 1996)。

随着政治独立后第一个十年行将结束和20世纪70年代行将开始之际,法国与独立的法语国家之间高等教育的密切联系开始松弛了。法国放弃了自己在这些国家为它们的高等教育提供经费的责任。这发生在人事和课程领域。也就是说,大学非洲化现在开始了,尽管姗姗来迟,但是显而易见。例如,非洲本土的教学人员与来自法国的教学人员之间的比例开始朝着有利于非洲人的方向转变。这种非洲化的出现有着三个方面的主要原因:其一,由于经验不断丰富和不断成熟,教育工作者自信心提高了,他们能够自由发展了;其二,对高等教育必须适应地方需求和环境这一显而易见的事实的认识不断加深;其三,复兴中的民族主义不断发展(Ajayi, Goma, and Johnson, 1996)。

20世纪70年代,还可以看到法语非洲高等教育的两个方面的重要发展:一是独立时还没有自己的大学的较小的国家,现在忙于建立以大学为中心的国家高等教育体系。许多国家是在前十年建立的高等教育中心的基础上进行建设的。二是高等教育机构招生的速度迅速提高,学生人数激增。在一些国家,甚至出现了比前十年的最初招生人数增加了三倍或四倍的情况(Ajayi, Goma, and Johnson, 1996)。

与英国非洲殖民地相比,高等教育来到法国非洲殖民地相对迟一些,但是法国很快就把延误的时间给弥补过来了。同时,前法国非洲殖民地的大学因为与法国大学之间的紧密联系而在基础设施条件方面受益匪浅——远大于前英国非洲殖民地的大学。不过,这种紧密关系也付出了代价:进行实验和调整的余地很小。即使在今天,人们对非洲法语国家的大学继续效仿法国模式而感到震惊。

葡语非洲

葡萄牙在非洲殖民地的教育政策类似于法国。只有少数精英才能享有高等教育,并且是在葡萄牙接受教育,以确保可靠性(Kitchen, 1962)。这样一种政策反映了资源相对贫乏的葡萄牙殖民地政府的兴趣所在。在葡萄牙本土,也有一段很长的忽视本国人民教育的历史(Samuels, 1970)。尽管葡萄牙在非洲的存在比其他任何一个殖民强国都长(从15世纪后期开始),但其教育记录是绝对糟糕的。实际上,据认为,1958年安哥拉和莫桑比克非洲人文盲率接近100%(Kitchen, 1962; Azvedo, 1980)。

在20世纪60年代早期,葡萄牙非洲殖民地不存在任何形式的高等教育。不过在1962年,葡萄牙建立了两所高等教育机构,1968年,相继发展成为罗安达大学(University of Luanda)和洛伦索－马贵斯大学(University of Lourenco Marques)。不过,这两所大学的创办主要是服务于葡萄牙移民子弟的。1966年,洛伦索－马贵斯大学540名学生中只有1名学生是莫桑比克当地的非洲人(Azvedo, 1970:199)。

1975年,由于安哥拉、几内亚比绍、莫桑比克3个殖民地的非洲民族主义者为争取自由发动战争,葡萄牙人被迫放弃了殖民地。然而,在安哥拉和莫桑比克,这种强制性的离去并没有真正带来和平。两国陷入了意想不到的混乱之中,安哥拉至今仍在期待和平(Ciment, 1999; Maier, 1996; Stockwell, 1997)。

这一后殖民时期的历史对教育发展有着非常消极的影响。今天,安哥拉和莫桑比克仍有大学存在。在安哥拉,原来的罗安达大学在1985年变成了阿戈斯蒂纽·内图大学(University of Agostinho Neto)。它在胡安哥(Huango)和卢班哥(Lubango)有分校。在莫桑比克,洛伦索－马贵斯大学于1976年变成了爱德华多·蒙德拉内大学(Eduardo Mondlane University)。莫桑比克还以拥有另外两所公立高等教育机构而自豪:高等国际关系学院(Higher Institute for International Relations)和教育大学(Pedagogical University)。

几内亚比绍、圣多美和普林西比等其他前葡萄牙殖民地没有大学。不过,几内亚比绍有许多教师培训学院。

第三部分:埃塞俄比亚、厄立特里亚、利比里亚和南非

这4个国家的情况值得单独介绍,因为它们有着独特的历史境况:在前3个国家中,埃塞俄比亚和利比里亚没有遭受过西方国家的殖民统治。至于南非,尽管一度沦为英国的殖民地,但它很早就赢得了独立。不过,它的独特性产生于这样的事实,即独立没有带来多数人统治的民主政治,相反在种族主义、军国主义和独裁主义的基础上建立了少数人的统治。

埃塞俄比亚

有关埃塞俄比亚高等教育的讨论,必须从现代与前现代之间的时间划分开始。前现代时期可以向后追溯数百年至公元1世纪阿克苏姆王国的建立,当时高等教育从本质上来说是一种神学教育。4世纪前期,经过圣弗鲁蒙提乌斯(卒于公元383年)的传教,阿克苏丝王国皈依基督教,这为它的高等教育发展创造了前提。埃塞俄比亚基督教会建立了一个修道院教育系统(可能开始于12世纪),这个系统最终实际上变成了统治精英的培养者。从它这里毕业的学生根据他们的血统,注定成为世俗领袖或宗教领袖(或者兼世俗和宗教领袖)。根据瓦高(Wagaw, 1990)的研究,一种名叫Metsahift Bet(或者叫圣书学校)的高等教育机构占据了这一通常需要28年才能结业的教育系统的顶端。瓦高认为,Metsahift Bet"本质上是一所大学,其所有的学习方法,包括教授资格、教学方法、民众对学者领导地位的

态度，都反映了理智的成熟和实行民主制度的理念”(1979:21)。

不过，埃塞俄比亚修道院教育体系没有适应环境的变化——这是所有以神学为基础的前现代教育体系的共同缺陷——最终使之不合时宜。埃塞俄比亚的现代化需要用一个世俗的现代教育体系完全取代修道院体系，建立与前现代时期没有任何切实联系的现代大学。

埃塞俄比亚高等教育的现代时期是从意大利被驱逐出境开始的。埃塞俄比亚就像利比里亚一样，从来没有被真正沦为任何欧洲强国的殖民地。在意大利人入侵期间，它确实遭受了外国占领，但这只是一段短暂的历史。意大利对埃塞俄比亚的占领的一个标志是，不同寻常地阻止发展在海尔·塞拉西皇帝支持下已经开始建设的西方化教育的各种努力。埃塞俄比亚的教育发展不得不等到意大利的失败和二战的结束。

1949 年，随着三一学院的建立，埃塞俄比亚高等教育的发展得以继续。三一学院一开始招收了 21 名学生，教学语言是英语。1950 年 6 月，学校升格，成为亚的斯亚贝巴大学学院。与殖民地非洲其他学院层次的高等教育机构不同，亚的斯亚贝巴大学学院与任何外国大学没有直接的关系。相反，埃塞俄比亚从不同的国家邀请教育工作者前来帮助发展高等教育，有时是通过个别邀请，而在另一些情形下，是通过双边和多边援助协议机制。事实上，三一学院是在加拿大耶稣会的帮助下建立起来的。三一学院曾一度尝试与伦敦大学建立初步的联系，但埃塞俄比亚人决定独立发展，因为他们发现这种关系带来了太多的束缚(Wagaw，1990)。

在 1950—1961 年间，三一学院经历了可观的发展，增加了多个大学层次的学习领域，包括生物学、法学、教育学、社会工作和商务管理。1961 年，在美国以及其他国家的援助下，三一学院成为了海尔·塞拉西一世大学(Haile Selassie I University)。1975 年，随着君主制的废除，这所大学改名为亚的斯亚贝巴大学。目前，它的学生人数约为 2 万人。埃塞俄比亚其他主要高等教育机构还有阿莱马亚农业大学(Alemaya University of Agriculture)。该大学创办于 1985 年，当时合并了创建于 1954 年的农业学院。

厄立特里亚

1952 年，厄立特里亚成为埃塞俄比亚的一个联邦成员，当时的情况是，二战后同盟国结束了意大利的殖民统治。在短暂的联邦时期，1958 年在厄立特里亚的首都阿斯马拉建立了一所高等教育机构。这一机构构成了阿斯马拉大学(University of Asmara)的基础，后者创建于 1991 年，2000 年已经招收了大约 4000 名学生。有趣的是，这所新大学的教学语言不是意大利语，而是英语。在经过长期的武装斗争之后，厄立特里亚于 1993 年获得独立。

利比里亚

1820 年，在梅苏拉多角建立了利比里亚。它是为从奴隶制下解放出来的自由的美国黑人居住的一个沿海殖民地。这一举动的背后推手是美国殖民协会(American Colonization Society)，在美国内战爆发前，这个协会已经设法安置了近 19000名美国黑人移民。

利比里亚的第一所高等教育机构是位于蒙罗维亚的利比里亚学院。这所学院是在位于波士顿的一个慈善机构——利比里亚教育捐赠理事会的资助下建立的。它开办于 1862 年。来自美国的新教福音会在利比亚的传教士教育活动催生了其他高等教育机构的诞生：创办于 1889 年的职业教育性质的霍夫曼学院(Hoffman Institute)和创办于 1897 年的一所神学学校。霍夫曼学院和神学学校是 1949 年升格为克丁顿大学学院的教育机构的前身。在一场大火将利比亚学院夷为平地之后，学校经重建后于 1951 年以利比亚大学的名义重新开放。这所大学还合并了另外两所教育机构：西非学院(一所创建于 1838 年的教师培训学院)和布克·T·华盛顿学院(后来成为利比亚大学的农业和机械工艺学院)。可以想象，这些机构总的管理模式和课程设置是以美国教育机构为样板的。20 世纪 80 年代始，利比亚发生了近 20 年的激烈内战，其正规教育和其他机构出现了严重的倒退。

南非和纳米比亚

与多数其他的英国非洲殖民地一样，南非高等教育的发展是由传教士开创的。诸如巴黎福音传教会、伦敦传教会和苏格兰长老会等传教会都感到作为他们传播福音工作一个必然的延伸,需要在牧师、教师和农业培训等领域建立高等教育机构。在早期由传教士创建的高等教育机构中,较为有名的有 1841 年由长老会传教士创建的勒弗戴尔学院(Lovedale Institution)。这所学校的创办是仿效了当时的美国黑人学院,包括美国的汉普顿学院(Hampton Institute)和塔斯克基学院(Tuskegee Institute)。它强调工业和职业教育,基本回避文科。

从简·万·吕贝克及其船队在 1652 年登陆的第一天开始,种族隔离就一直是南非历史的组成部分,所以传教士的教育活动不限于非洲人。例如,在政府补助金的支持下,那些有志于推动私立高等教育的人率先于 1829 年在开普敦为那些说英语的英裔南非人建立南非学院,在斯坦林布什为说荷兰语的荷裔南非人(布尔人)建立维多利亚学院。早期政府尝试性地介入高等教育,不过最初限于在 1858 年建立一个考试机构——文学与科学公共考试委员会(Board of Public Examinations in Literature and Science),负责管理各个学院毕业生的考试,目的是使高等教育证书标准化。1873 年,这个委员会的职能被一个非教学机构——好望角大学(现在的南非大学)接管。

尽管勒弗戴尔的詹姆斯·斯图尔特博士在 1902 年呼吁建立一所由政府提供资金,面向非洲人的学院,但是它的最终实现还得等到联邦政府的建立。1916 年,这所叫作联邦土著人学院(Inter-State Native College)的学校开办时只有 2 名教师和 22 名学生。很快,这所学院按照白人大学学院的模式发展起来,并获得了帮助学生准备由南非大学举办的学位考试的权利。1951 年,它重组为福特哈尔大学学院(University College of Fort Hare),并与位于格拉翰敦(Grahamstown)的罗德斯大学建立了紧密关系。当福特哈尔大学学院于 1969 年成为一所大学之后,随着“黑人家园”政治体制的建立,它于 1986 年处于西斯凯黑人半自治领地政府的控制之下。今天,与黑人家园体制一起,福特哈尔大学成为南非高等教育体系的一个组成部分,共有学生约 6000 人。

1948 年,简·克里斯蒂安·斯慕兹政府在其所在的统一党败走当年仅仅白人参加的全国选举后,被国民党领导的丹尼尔·马兰政府取代。这一变化预示着产生了一个种族隔离的、高压的、准法西斯的政治、社会和经济结构。这个结构后来被称为种族隔离制(apartheid,南非荷兰语)。在多年巩固种族隔离制度发展的各种法律中,有两个法律关系特别密切:一是 1959 年颁布的大学教育扩充法(Extension of Universities Education Act);二是 1959 年颁布的促进班图自治政府法(Promotion of Bantu Self-Government Act)。前者禁止未事先获得政府批准的黑人进入白人为主的大学接受教育,而后者为多个黑人族群建立叫作“黑人家园”(占黑人保留地面积的 13%)的享有虚假自主权的内部政府。因此,在种族隔离的体制下,在已有的高等教育体系的基础上,形成了三套高等教育机构:一套面向城市中的黑人(如西开普大学);一套面向生活在黑人家园的黑人(如北方大学);还有一套面向白人(如开普敦大学)。在内外动荡和结构性矛盾的压力下,种族隔离制度最终瓦解了。

种族隔离制度废除后的南非(PASA)

1994 年,随着尼尔森·曼德拉领导的非洲国民大会赢得选举,种族隔离制度正式终结。这标志着南非的第二次独立(第一次是 1910 年摆脱英国的殖民统治)。在废除种族隔离制度后的南非,高等教育在不断演进但又完全不同的新政治和经济环境中发生了什么样的变化呢?仁者见仁,智者见智。毫无疑问,废除种族隔离制度后的南非高等教育面临的主要的、也是最为重要的任务——民主化——已经大步前进,特别是在招生方面。历史上几乎完全服务于白人的教育机构一个接着一个经历了重大的学生成分的变化,以至于在一些学校黑人学生现在已占到多数。

不过显然,前进的道路上到处是令人畏惧的障碍,而这些障碍是种族隔离和去殖民化社会存在的普遍问题。在这些障碍中,有学生经费来源的民主化、抵制挪用资金和资金使用不当、保证先前实行种族隔离政策的黑人大学的未来、对先前实行种族隔离政策的白人大学实行肯定性行动政策、保证课程的适切性、阻止大学人才流失、重建高等教育等等,与此相伴的还有处理国家高等教育财政负担日益沉重的问题。

第四部分:主题视角

这部分是从历史的视角讨论许多当前非洲高等教育中集中关注的问题,包括女子高等教育机会平等、外部援助在非洲高等教育发展中的作用、高等教育通过社区服务在发展过程中直接发挥的作用、私立大学的发展等。

女性的高等教育权和性别平等

早在1933年,一项英国政府教育政策报告(居里报告)就女子教育问题提出建议:"在海外,女子教育由于女性不情愿继续接受教育而受到妨碍,这种不情愿是可以理解的。在非洲出现这样或那样的高等教育之前,女性在中等教育之后继续接受教育是极为罕见的。"(Ashby, 1966)这个报告出台后,在将高等教育权扩大到女性方面已经取得了很大的进步。1970年(当时大多数非洲国家已经独立至少10年了)到1997年(可以得到的最新数据是这一年),就整个非洲而言,女性进入第三级教育机构接受教育的比例的提高证明了这一进步。1970年,非洲第三级教育机构录取的女生总数为111000人。到1997年,增加到1802000人,增长1623%(全球增长约288%,发展中国家增长761%)。

这些绝对数字简单展示了女性入学人数增长的图景。我们有必要考虑女性入学人数在第三级教育总入学人数中所占的比例,以及女性的毛入学率(毛入学率是指某一教育层级中实际入学总数和整个测算年龄组可入学人数之间的比例)。从这一角度来看,我们可以发现所取得的进步仍然是很大的,但单单从毛入学率数字来看,进步并不十分明显(见表2.1.和表2.2.)。

表2.1　女性入学人数在第三级教育总入学人数中所占的比例

年份	非洲	所有发展中国家	世界
1970	23	29	38
1997	38	40	47
增长百分比	65	38	24

来源:UNESCO 1999。

表2.2　第三级教育男女性毛入学率

年份	非洲		所有发展中国家		世界	
	男	女	男	女	男	女
1970	0.7	2.4	1.7	4.0	7.1	11.2
1997	5.2	8.6	8.6	12.0	16.7	18.1

来源:UNESCO 1999。

另外两个因素也应该值得注意。其一,这一数据不包括在海外读书的学生(尽管有人会想,由于历史和文化的原因,女性在海外接受高等教育的可能性要比在本地接受高等教育的要更少)。其二,不用说,平均比例掩盖了内部的差异。因此,当对单个非洲国家进行考察时,情况是很不同的。1995年,第三级教育女性入学率在以下国家分别是:乍得,0.2%;布基纳法索,0.5%;莱索托,2.5%;埃及,15.9%;毛里求斯,6.1%;纳米比亚,9.9%;南非,16.5%(1994年数据);坦桑尼亚,0.1%;突尼斯,11.6%(联合国教科文组织,1999)。

尽管如此,无论是从单个国家来看,还是从非洲大陆整体来看,毫无疑问自从独立以来,在扩大女性的高等教育权方面,非洲取得了相当大的进步。但是,说还有很多事情有待去做,这一点也不言过其实。必须提高入学率,直到入学率能反映人口的总体情况。不过,这个目标取决于中学入学率,而这也是有待提高的。与此同时,女性一直以来普遍存在的代表性不足问题要解决,特别是在某些学习领域(例如科学与技术领域)、教学和管理层面的决策岗位、领导岗位、根据与性别有关的问题进行设计课程等关键领域。

在大多数非洲国家,女性占人口多数,有鉴于此,有必要花大力气解决所有这些问题。这样做是出于人权与公民权的考虑,以促进经济的发展,促进民主政治。扩大女性高等教育入学人数与向男性统治发起进攻之间存在着一种辩证关系。今天,男性统治是控制非洲社会关系的主导原则。然而,在整个非洲大陆,由于女性(儿童)的人权与民权被大范围明目张胆地侵犯,男性统治又死灰复燃了。

外部援助与高等教育发展

对于任何一个国家来说,高等教育不仅高度依赖于资源,而且是经济中一个相对复杂的部门。但是就其本质而言,高等教育在教学、科研等方面,不仅需要极大的资金投入,而且其过程需要高度密集的劳动力。高等教育拨款面临的困境是,捉襟见肘的财政和永久的周期性预算拨款(例如为工资、津贴和公用事业拨款)。毋庸感到惊讶,非洲现代高等教育的发展始终依赖于外部的援助。实际上,每一个非洲国家都这样或那样请求得到这种援助(不过独立后,这种援助并没有像最初期望的那样出现)。一开始,外部援助来自传教士和殖民政府。但是,在殖民地时期和独立后,其他的海外参与者和机构也发挥了极其重要的支持作用。在殖民地时期,海外私人慈善组织发挥了最为重要的支持作用。独立后,外国政府、多边发展机构和外国学术团体也成为重要的资助机构。

海外高等教育机构:殖民地时期

在殖民地时期,海外高等教育机构通过三种基本形式对非洲高等教育的发展发挥作用:

- 通过在海外对非洲学生进行培训。
- 通过在外部举办中学(甚至大学层次)的考试。
- 直接通过建立附属院校和授予外部学位。

在大多数非洲殖民地缺乏大学层次高等教育机构的情况下,许多受过教育的并在席卷非洲的民族主义运动中担当领导角色的非洲精英人物,都是在海外的高等教育机构中接受了教育。在海外求学期间,他们不仅接触了丰富多样的课程,而且也接触了由殖民帝国各个国家的海外学生同伴提出的新的激进的政治思潮(例如马尔库斯·加维和W·杜布瓦的泛非洲主义)(Adi,1998)。

无需感到奇怪,非洲民族主义的兴起伴随着在非洲建立自己的高等教育机构的呼声。实际上,几乎所有的非洲民族主义者都与非洲高等教育的发展紧密地联系在一起(J·阿格雷、纳姆迪·阿齐克韦、爱德华·布莱登、阿非利加努斯·霍顿、D·贾巴尤、詹姆斯·约翰逊等人都在海外接受教育)。

海外私人慈善组织:殖民地时期

在殖民地时期非洲高等教育的发展中,费尔普斯—斯托克斯基金会(Phelps-Stokes Foundation)在所有私人慈善基金会中具有独一无二的地位。在一段不长的时间里,基金会通过费尔普斯·斯托克斯非洲教育委员会(Phelps-Stokes African Education Commission)这样一个机构发挥了重要的作用。委员会应北美对外传教会议(由美国浸信会对外传教会发起)的要求于1919年成立,负责就英国非洲殖民地的非洲人教育问题进行研究和提供建议。

费尔普斯·斯托克斯非洲教育委员会于1920年前往非洲,当时的领导人是托马斯·耶西·琼斯博士(一名美国白人教育学家,担任基金会执行秘书和汉普顿学院院长)。有趣的是,琼斯选择一位名叫詹姆斯·K·阿格雷的加纳人作自己的副手。在作出这一任命时,阿格雷已经在北卡罗来纳的利文斯敦学院执教了约20年。琼斯和阿格雷都受当时如何最好地教育美国黑人的主流思想的强烈影响,尤其是布克·T·华盛顿和查普曼·阿姆斯特朗等人提出的思想的影响,二人强调实用(职业)教育胜于强调普通学术教育(King, 1971)。

毫不足奇,费尔普斯—斯托克斯委员会提出的建议并不能让每个人都平静地接受。这些建议遭到大西洋两岸黑人团体的猛烈批评。在美国,W·杜布瓦、马尔库斯·加维和历史学家卡特·伍德逊指责委员会支持旨在“培养一个服从、温顺、大体保守的黑人下层阶级”的教育(Hull, 1990:159)。在非洲,开普敦一位支持加维观点的非国大要员詹姆斯·S·泰勒把阿格雷描述为“半斤八两的老黑”(Hill and Pirio, 1987:229)。泰勒本人曾在美国留过学。

参与后殖民时期非洲高等教育援助的基金会包括卡内基基金会(Carnegie Corporation)、爱德华·W·哈森基金会(Edward W. Hazen Foundation)、W·K·凯劳格基金会(W. K. Kellogg Foundation)、福特基金会(Ford Foundation)、约翰·D和凯瑟琳·T·麦克阿瑟基金会(John D. and Catherine T. Macarthur Foundation)以及洛克菲勒基金会(Rockefeller Foundation)。这些基金会直接或更多的时候是通过与某个美国大学的协议,或者通过像美国教育委员会、国际教育协会(它同时是富布赖特交流计划的执行者)和非洲—美国协会(African-American

Institute)这样的美国组织提供援助。

2000 年,4 个美国慈善基金会组成联合体,开始了首期五年的伙伴项目(可再延续五年),对许多非洲国家挑选出来的大学提供援助。这些国家包括肯尼亚、尼日利亚、莫桑比克、南非、坦桑尼亚和乌干达。这 4 个基金会是卡内基基金会、福特基金会、约翰·D和凯瑟琳·T·麦克阿瑟基金会和洛克菲勒基金会(Carnegie Corporation 2000)。

外国政府:独立后阶段

独立后,特别是在早期,非洲高等教育的发展得到了外部双边政府支持的极大帮助。离开了这些帮助,非洲高等教育就不会取得像现在这么大的进步。这一时期,非洲高等教育还没有陷入世界银行和联合国一些机构制造的政策圈的尴尬境地。独立后的非洲国家高等教育所获得的这种双边支持反映了这一部门的复杂性。也就是说,高等教育几乎每一个方面都想得到支持,包括协助修建大楼,为教师发展提供奖学金,为当地和从国外招募的工作人员支付部分或全部薪水,协助后勤采购(包括图书资料、计算机、实验室设备),以及协助建立学习项目等等。

在主要的捐赠国(和相关的援助机构)中,有比利时、加拿大(加拿大国际发展署)、前东欧社会主义国家集团中的国家、法国、德国(德意志学术交流中心)、荷兰(荷兰大学国际合作基金会、国际培训中心、皇家热带学院、国际农业中心和社会研究学院)、挪威(挪威国际发展署)、瑞典(瑞典国际发展局)、英国(英国国会、支持海外高等教育大学校际委员会)和美国(国际发展署)。

多边机构:世界银行

国际复兴开发银行及其两个下属机构,国际金融公司和国家开发协会(通常合称为世界银行)和联合国教科文组织(联合国教科文组织)是两个在非洲高等教育的发展中作用最为重要的多边机构。在非洲国家独立后高等教育政策制定中,这些机构在所有捐赠者中具有真正垄断的地位。不幸的是,从发展中世界,特别是从非洲高等教育发展的角度来说,其结果通常是十分有害的。

在 20 世纪 60 年代之前,世界银行除了基础设施建设外,没有提供任何其他目的的贷款。但是,正如琼斯(Jones, 1992)所解释的,此后世界银行开始慢慢地进入教育借贷领域,并最终成为非洲以及其他地区教育发展最为重要的国际资金提供者。

罗伯特·麦克那马拉于 1968 年担任世界银行行长,非洲高等教育贷款大量增加,即便如此,与初等教育、中等教育以及职业教育相比,高等教育依然没有得到足够的关心。麦克那马拉强调应该根据社会最为贫困的那部分人的需要来安排发展的重点。然而正如琼斯(Jones, 1992)所提出的,根据"基本需求"来确定发展重点,这种观点更多是口惠而实不至。世界银行经济学家所进行的"回报率研究"的误人偏向(Lulat, 1988),以及由此得出的结论——高回报率来自于初等教育,导致了对高等教育的相对忽视。

20 世纪 80 年代,就恶化中的非洲经济状况问题,世界银行发表了一个重要的政策性文件——《撒哈拉以南非洲教育政策:调整、复兴与扩充》(World Bank, 1988)。这个报告提出不改变援助政策决定的重点。相反,对于高等教育,世界银行呼吁采取私有化和收缴学费这样的措施。1995 年,世界银行发表《教育发展的重点与策略:世界银行评估报告》(World Bank, 1995),其中说道:

> 对于还没有实现初等教育普及和初等教育的充分入学、平等并确保质量的国家,世界银行教育贷款的最优先领域仍然是基础教育……随着基础教育在普及率和效率方面的发展,可以把更多的注意力投向中等高段的教育和高等教育。世界银行给高等教育的贷款将支持各国旨在提高运行效率和降低公共开支的政策改革努力。准备采纳如下高等教育政策框架的国家将继续获得贷款的优先权,即强调院校结构分层和资源基础多样化,并且更为强调私有供应者和私有经费来源。(World Bank, 1995)

上述这段话并不意味着不发放任何用于高等教育的贷款。世界银行依然是非洲高等教育资金单个最大的提供者。不过,如果像有关发展与教育、高等教育与发展的值得信任的报告所揭示的那样,世界银行的教育贷款数目比它应该贷款的数目要低得多。世界银行支付贷款的方法是选择项目而不是选择部门,并且是跟贷款接受国一起提供经费(这是一种本身就极有问题的方法)。就1963—1990年间,世界银行帮助提供经费的所有教育项目的全部支出而言,只有12%左右的经费用于中等后普通教育(Jones, 1992: 137, 182)。

不过,伴随非洲进入21世纪,我们也看到了一些令人鼓舞的迹象:世界银行和其他机构正开始质疑对高等教育的相对忽视(Bollag, 1998; World Bank, 1999, 2000a)。

联合国教科文组织

直到最近,联合国教科文组织也是优先考虑初等教育和中等教育。1998年,它主办了世界高等教育大会,说明它对高等教育的看法正在发生变化。无论如何,联合国教科文组织是一个财政拮据的机构,它向各国提供财政援助的能力是非常有限的。尽管它确实偶尔承担"技术合作项目",但这些项目的经费来源一般出自自身预算之外,例如世界银行。从这些项目中受益的非洲国家包括埃塞俄比亚、加纳、肯尼亚、莱索托、尼日利亚和赞比亚。不过,联合国教科文组织在教育和高等教育领域作出最大贡献往往是以咨询、座谈会、研讨会、会议、出版和收集数据等形式体现的。通过这些途径,联合国教科文组织为教育工作者提供了基准。根据这些基准,人们可以评价所取得的进步,确定目标,同时为项目的制定者、实施者和资金提供者提供相互交流思想的机会。

具体就非洲而言,联合国教科文组织在思想领域所作出的最大贡献之一,是在1962年主办了第一次全非洲高等教育会议。这次会议在塔那那利佛召开,并切合时宜地命名为非洲高等教育发展会议。会议讨论了高等教育在经济和社会发展中的作用、高等教育规划和财源、人才配置、课程的选择与调整、非洲内部的合作、外部援助在非洲高等教育发展中的作用等问题(联合国教科文组织, 1963)。

在联合国教科文组织等多边援助机构支持下,非洲高等教育领导人发表了声明,其中一个重要主题是呼吁非洲大学之间加强合作。1962年联合国教科文组织会议的一个非常重要的间接结果是诞生了非洲大学协会(AAU)。1963年,出席这次会议的几所重要的非洲大学主动在喀土穆进行会谈,草拟了一份旨在增进相互合作,为其成员提供一个研究交流平台的非洲大学协会章程。1967年11月12日,非洲大学协会在摩洛哥的拉巴特正式成立。

一直到20世纪90年代,为筹备1998年世界高等教育大会,联合国教科文组织才召开了第二次有关非洲高等教育的会议。在达喀尔召开的1997非洲高等教育地区会议在内容上基本覆盖了与1962年会议相同的主题,同时涉及了像自治与学术自由、性别平等和信息技术等更具当代性的问题。

当然,联合国教科文组织也主办了许多座谈会和研讨会,资助了一些有关具体高等教育问题的特别项目,这些会议和项目通常由它位于达喀尔、内罗毕和哈拉雷等地的地区官员负责执行。这些会议和项目包括加强非洲社会科学计划(它包括建立非洲社会科学理事会);非洲高等教育院校发展研讨班(1991年在拉各斯开班,与非洲大学协会联合举办,得到联合国开发计划署的资助);大学结对项目(UNITWIN),这是一个旨在促进发达国家和发展中国家的高等教育机构相互合作的计划;非洲工程教育学习/训练材料开发区域计划,旨在帮助科学家和工程师提高科研产出的基础设施和课程计划,等等。

国外的学术团体

通过为非洲的教师提供国外学术团体的会员资格,例如非洲研究学会(美国)、美国经济学学会和美国科学促进会,非洲高等教育得到了非正式的(有时是正式的)支持。这种支持是必需的,因为它不仅促进了教师和科研人员个人在学术上的提高,而且对于非洲的高等教育机构而言,它提供了与国际学术团体建立联系的纽带。随着非洲高等教育自身内部联系的加强,这种国际学术支持的重要性将会进一步提高(McMurtie, 2000)。

这里所描述的援助并非一直全然是一件好事情。特别是在独立之后,对非洲高等教育的援助所带来的益处不时遭到质疑,尤其是当援助没有达到预期目的,或者项目有限不能体现效率,或者被误用的时候。最近几年,许多非洲国家出现的可怕经济困难带来了另一个问题:即援助的效度问题,特别是援助计划完成之后,当地没有经费投入以确保该计划继续发挥作用。非洲需要推出一种新的援助模式。这种模式不仅包括对某一特定计划的经费支持,而且包括计划一旦完成,要有一个成本分担依次递减的经常性经费支持(例如,第一年100%经费支持,第二年90%,第三年80%)。很显然,需要在援助关系中采用富有创造力的方法。经常性经费支持并不是非得来自单一的捐赠者,它可以出自由两个或更多的捐赠人组成的联合体。霍斯(Hawes)和库姆比(Coombe)于1986年出版的一部有关非洲教育援助一般问题的精彩论著在15年后的今天仍然十分入理,这真是悲哀(因为这意味着我们并没有吸取教训)。

社区服务与国家发展

当迫切需要解决许多紧迫的与发展有关的问题时,当大学常常是参与前沿研究的主要机构时(大多数非洲国家就是这种情况),社区服务必须成为大学使命的一个基柱。在两个关于高等教育的,试图影响非洲高等教育创建和发展的重要会议上,这一点得到人们的充分肯定。这两个会议是1962年召开的塔那那利佛会议(联合国教科文组织,1963)和1972年召开的阿克拉研讨会(Yesufu,1973)。

社区服务就是大学在提高社区生活质量的服务中延伸专门知识。它应该是大学使命、结构和组织等各方面不可或缺的组成部分,包括人员的雇用与晋升、课程与教学、研究与出版等。不过,在实践中,非洲大学辜负了对社区服务的上述界定。除了少数例外(例如开办教学医院和允许公众进入大学图书资料设施),大多数大学本质上是象牙塔。

不过,非洲大学比过去更多地参与了社区服务。有许多因素可以说明这种发展。首先,非洲大学严重的预算问题迫使它转而寻找不同于传统资金来源的新财源,这导致大学利用自身的专门知识,参与创业活动。其次,受高通胀率的影响,许多非洲国家教师薪水持续下滑,这迫使许多教师参与"开发咨询"这项越来越有利可图的家庭小工业(在这项工作中,报酬以美元结算)。荒谬的是,将非洲大学的专门知识运用于以开发为导向的研究的过程中,曾经是障碍之一的外国援助机构,现在却成了导致这种家庭小工业发展的推手。外部开发机构对本土研究的通行办法在慢慢发生变化。现在许多人越来越感到,在可能的情况下,创办地方企业更为适宜,更为经济。第三,政府本身开始采用一种更为积极的大学观,因为政府中许多高层次的人受过大学训练,他们中的绝大多数人在本国的大学接受教育。尽管如此,非洲大学要成为真正的社区服务机构,还有一段很长的路要走。

私立大学

如果我们把传教士开办的教育机构排除在外,那么非洲私立教育事业的发展历史是很短的。欧洲国家通常认为教育的供给主要是国家的责任,特别是高等教育,它们把这一模式扩展到了它们在非洲的殖民地。因而,毫不奇怪,非洲最早的私立大学之一——开罗的美国大学(American University)就起源于美国。它创办于1919年,得到美国中部各州学院和学校协会高等教育委员会的认证。

即使在独立之后,非洲国家也不鼓励建立私立高等教育机构。不过,近年来,由于公立高等教育面临经济困难,许多非洲国家开始建立私人投资的高等教育机构发展所需的立法和评估机制。其中例子包括肯尼亚、尼日利亚、乌干达和南非。这种政策的变化也得到世界银行和联合国教科文组织这样的外部机构的支持。联合国教科文组织提出,非洲国家完全没有资源满足对高等教育快速增长的需求,需要私立高等教育机构填补其中的缺口(Schofield,1996; World Bank,1994)。

结语:历史遗产与当前的暴政

自非洲的许多国家处于欧洲统治之下以来,高等教育已经走过了很长一段路。从量的角度来看,已经取得了巨大的进步。但是,当前非洲许多国家的高等教育体系处于重压之下。

非洲的许多教育机构经历过挥之不去的苦恼模式:预算捉襟见肘;物质基础设施大范围恶化;教室爆满;实验室装备落后;甚至连水电这类基本要素供应都不稳定;图书馆萎缩且过时,图书馆馆藏普遍遭受劫掠;教师超负荷工作且收入不足,为了维持收支平衡经常必须兼职;行政管理缺乏效率(许多有才能的管理者为了谋得更好的工作岗位而辞职);教学与科研缺乏最基本的后勤支持(例如粉笔、教科书和影印机);政府限制学术自由,等等(Ajayi, Goma, and Johnson, 1996; Amonoo-Neizer, 1998; Assiè-Lumumba, 1996; Shabani, 1995; UNESCO, 1996; Useem, 1999b)。

现代高等教育体系在一阵非常乐观的号角声中来到非洲。令人沮丧的事实是,即便是这种乐观主义还未完全消失,多数这样的情绪也已消退,反映了市民社会的崩溃、过往高等教育实践的历史遗产和外部援助机构对高等教育的忽视等。

在关注非洲高等教育的人中,很少有人愿意公开谈论许多非洲国家市民社会的彻底崩溃或接近彻底崩溃的事实(这里的市民社会特指所有重要的社会、政治和经济民主制度)。通过本章作者在18年前所作著述与当前正在发生的情况两者的比较,可以对情况的严重程度作出判断:

> 非洲那些民族身陷于历史遗留的困境之中:大规模贫困急剧螺旋爬升;民族的统一受到严重的种族/地区冲突分裂的威胁;负债累累的经济停滞不前;军事接管盛行;在愈加玩世不恭和腐败精英的统治下,国家公然侵犯公民基本人权的现象蔓延;诸如此类,不一而足。……西方工业化国家的大多数民众继续享有一种物质过剩的生活(这种生活建立在一个极为浪费的体系基础之上,为了维持该体系的运转,需要耗费占世界三分之二的重要有限资源),非洲各民族的人民(即那些从当前非洲大规模的饥荒肆虐的地区幸存下来的人民。据估计,整个非洲近四分之一人口正遭受饥饿的威胁)……将面临生活水平更为严重的下降。(Lulat, 11985:555)

如果这就是18年前非洲的状况,那么现在的状况甚至更加黯淡无光。武装冲突和内战四处蔓延。即使未发生武装冲突,由于难以承受的债务负担不断攀升,许多非洲国家也蹒跚不前;艾滋病的流行令数百万人死亡,令数百万孤儿在其童年经历残酷折磨(因为他们被迫一夜之间承担起成人的角色);军阀统治下的腐败继续蔓延;经济面临崩溃,大规模贫困日益严重;对公民人权的公然侵犯大量存在且持续不断。可悲的是,非洲大部分地区继续被吞没在大范围的饥荒和大面积的洪水之中。换句话说,在过去的18年里,非洲大陆的状况变得更糟了。

高等教育政策中有关高等教育的高成本、象牙塔综合征和课程缺陷等加剧了这些问题。即使与其他发展中地区相比较,非洲高等教育的单位成本也算是很高了(World Bank, 1988)。政府相继不再愿意或不再能够为教育提供充足的经费。从历史的角度来看,高昂的单位成本是许多植根于历史中的惯例所带来的结果,其中最为重要的是:

- 全盘从国外进行制度移植,这就需要建立原本与当地经济社会不相关联的物质基础,并因此需要大量的资金和经常性投入。
- 决定坚持对所有学生实行免费的校内寄宿,因而需要修建和维护昂贵的宿舍和提供由纳税人出资的膳食费用。
- 决定向所有学生提供免费的教育,甚至不需要接受财力测试。
- 决定为教师和管理者保持高工资(相对于社会其他部门类似职位的工资)。
- 政府将高等教育机构用作就业的工作母机。
- 由于没有为非传统类型的学生(如非全日制、夜校和短假期的学生)设计教学计划,资源没有发挥最大的效用。
- 没用通过建立区域性的高等教育系统(非细小的系统)实施有意义的跨境合作,从而通过规模经营来节约开支,更别提集中学术专长能节省的费用了。

如何应对由高昂的单位成本衍生出来的困难,一直是困扰今天大多数非洲大学的象牙塔综合征问题。非常类似的是,这些机构的实际位置经常脱离它们的地理和经济环境,它们的活动也在相当大的程度上脱离了它们的社会政治环境。迄今为止,在采取措施使自己从制度上融入社会方面,非洲大学还未付出足够的努力。其结果是部分公民,包括普通民众和占统治地位的精英,对大学的疏远和不信任。无需感到奇怪,当政治组织要求大学承担某些责任时,高等教育机构经常成为政治化的受害者(随之发生对自治和学术自由的攻击)。许多非洲大学在不同的时期曾目睹过武装部队的侵入。在20世纪80年代和90年代,由于政府(有时是行政部门)更替,高等教育机构被迫临时关闭,发生过这种情况的国家有:阿尔及利亚(1992年3月)、布基纳法索(1999年1月)、喀麦隆(1991年4月)、刚果(1990年6月)、埃塞俄比亚(1989年5月)、加纳(1999年9月)、肯尼亚(1982年8月、1987年11月、1992年9月、1997年6月、1998年3月)、尼日利亚(1986年5月、1988年2月、1989年6月、1990年4月、1992年5月、1993年1月、1994年12月、1997年2月、1999年6月、2000年4月)、塞拉里昂(1987年1月、1990年1月)、南非(1984年6月)、苏丹(1982年1月)、多哥(1992年2月)、赞比亚(1989年11月、1990年6月、1991年4月)和津巴布韦(1989年10月、1998年6月)。这些事例还没包括政府并没有关闭整个学校,但因为学生观点过激而导致的军队向学生开枪、绑架或拘禁学生的情况(Hanna, 1975; Altbach, 1989)。

最为有害的课程缺陷是对科学技术训练强调得不够充分。迄今为止,非洲高等教育系统培养本大陆发展所需的科学家、工程师和医生实在是凤毛麟角。这就导致了政治和经济危机情况下高等教育可有可无的观念,更别提对国家发展努力的长期伤害了。

另一个需要关注的重要问题是,在20世纪80年代和90年代,非洲高等教育在很大程度上成了一件摆饰品,由此带来了灾难性后果。正如非洲大学联合会的秘书长纳尔西佐·梅托斯在巴黎召开的世界高等教育大会全体会议上所说的:"尽管高等教育具有重要作用,但在20世纪80年代和90年代早期,大多数机构和非洲政府将高等教育束之高阁。它们的理由是基础教育的社会回报率要比高等教育高得多。没有了经费投入,非洲高等教育濒临崩溃。"(Matos, 1998)

在描绘这些重大的关切时,重要的是强调尽管现实是历史的产物,但这并不意味着现实(或未来)一定是历史的囚徒。如果有关各方将高等教育列为最为优先考虑事项,那么非洲高等教育就有可能实现复兴。第一项任务必须是,让高等教育在发展规划、财政拨款和国际援助的教育金字塔形结构中回复到它该有的位置。

另外一些紧迫的问题也必须得到解决。这些问题包括性别平等,创建全国性或地区性可以授予博士学位的研究型大学(Ajayi, Goma, and Johnson, 1996),为使大学对国家发展的需要承担更多的责任作出切实的努力。这里的问题是公平处理特殊需求与普遍需求之间的关系(Wandira, 1977:132)。

当19世纪末现代高等教育出现在非洲时,电话、收音机、电视、影印机和录像机都还没有发明。然而今天,所有这些发明已经成为西方教育事业日常活动中普遍存在的、不可或缺的组成部分,但在非洲并不是这样。除了改造传统的大学模式,以提供跨越传统空间界线的课程之外,如何将新的信息技术,如国际互联网,融合进高等教育过程之中,这个问题至关重要。为帮助非洲和其他发展中国家进入信息时代,国际大学联合会(IAU)在1993年发起建立了基于大学的信息技术临界点系统(University-based Critical Mass System for Information Technology, USIT),这是朝正确的方向迈出了一步(Hayman, 1993; Oilo, 1998; Useem, 1999a; Blurton, 1999; Jensen, 1999)。

21世纪初,非洲的未来好像从来没有这么黯淡过。非洲的境况与人类其他地区的境况息息相关。因此,只有统一的外部援助计划才能解决这个难题。幸运的是,西方国家一些人正开始意识到这一事实,美国慈善基金会团体最近发起的行动便是明证。一个和平、民主、繁荣的非洲大陆意味着它必然会给世界带来福祉。

参考文献

Adi, Hakim. 1998. *West Africans in Britain, 1900-1960: Nationalism, Pan-Africanism, and Communism*. London: Lawrence & Wishart.

Ajayi, J. F. Ade, Lameck K. H. Goma, and G. Ampah Johnson. 1996. *The African Experience with Higher Education*. London: James Currey, and Athens, Ohio: Ohio University Press.

Altbach, P. G., ed. 1989. *Student Political Activism: An International Reference Handbook*. Westport, Conn.: Greenwood.

Amonoo-Neizer, E, H, 1998. "Universities in Africa: The Need for Adaptation, Transformation, Reformation and Revitalization," *Higher Education Poli-*

cy 11, no. 4 (D)ecember: 301-309.

Ashby, E. 1966. *Universities: British, Indian, African—A Study in the Ecology of Higher Education*. Cambridge, Mass.: Harvard University Press, and London: Weidenfeld and Nicolson.

Assie-Lumumba, N'Dri T. 1996. "The Role and Mission of African Higher Education: Preparing for the 21st Century and Beyond." *South African Journal of Higher Education* 10, no. 2: 5-12.

Azvedo, M. 1970. "A Century of Colonial Education in Mozambique." In *Independence without Freedom: The Political Economy of Colonial Education in Southern Africa*, edited by Agrippah T. Mugomba and Mougo Nyaggah, 191-213. Santa Barbara, Calif.: ABC-Clio.

Berman, E. H., ed, 1975. *African Reactions to Missionary Education*. New York and London: Teachers College Press.

Blurton, C. 1999. "New Directions in Education." In *World Communication and Information Report*, 1999/2000, 46-61. Paris: UNESCO.

Bollag, B. 1998. "International Aid Groups Shift Focus to Higher Education in Developing Nations." *Chronicle of Higher Education*, October 30, A51.

Brown, G. N, 1964. "British Educational Policy in West and Central Africa." *The Journal of Modem African Studies* 2, no. 3: 365-377.

Burke, J. 1995. *The Day the Universe Changed*. Boston: Little, Brown.

Canfora, I. 1989. *The Vanished Library*. Berkeley: University of California Press.

Carnegie Corporation. 2000. "Four Foundations Launch $100 Million Initiative in Support of Higher Education in African Countries." Press Release, New York, April 24, 2000.

Ciment, J. 1997. *Angola and Mozambique: Postcolonial wars in Southern Africa*. New York: Facts on File.

De Libera, A. 1997. "The Muslim Forebears of the European Renaissance." *UNESCO Courier* (February): 4-9.

El-Abbadi, M. 1992. *The Life and Fate of the Ancient Library of Alexandria*. Paris: UNESCO/IIJNDP.

Fraser, P, M. 1972. *Ptolemaic Alexandria*. Oxford: Clarendon.

Gourevitch, P. 1998. *We Wish to Inform You That Tomorrow We Will Be Killed with Our Families: Stories from Rwanda*. New York: Farrar, Straus & Giroux.

Guidice, B. 1999. "New Government in Nigeria Offers Little Hope to Academics: Universities Are Short on Funds and Overcrowded; Brain Drain Depletes Institutions of Top Scholars." *Chronicle of Higher Education*, August 13, A46.

Hanna, W. J. 1975. *University Students and Africa Politics*. New York: Africana.

Hawes, H., and T. Coombe, eds. 1986. *Education Priorities and Aid Responses in Sub-Saharan Africa*. London: Her Majesty's Stationery Office (for the Overseas Development Administration, U.K.).

Hayman, J. 1993. "Bridging Higher Education's Technology Gap in Africa." *THE Journal (Technological Horizons in Education)* 20, no. 6 (January): 63-69.

Hill, R. A. and G. A. Pirio. 1987. "'Africa for the Africans': The Garvey Movement in South Africa, 1920-1940." In *The Politics of Race, Class and Nationalism in Twentieth-Century South Africa*, edited by Shula Marks and Stanley Trapido, 209-253. London and New York: Longman.

Hoffman, A. 1995-1996. "The Destruction of Higher Education in Sub-Saharan Africa." *Journal of Blacks in Higher Education*, no. 10 (Winter): 83-87.

Hull, R. W. 1990. *American Enterprise in South Africa: Historical Dimensions of Engagement and Disengagement*. New York: New York University Press.

Jensen, M. 1999. "Sub-Saharan Africa." In *World Communication and Information Report*, 1999/2000, 180-96. Paris: UNESCO.

Jones, P. W. 1992. *World Bank Financing of Education: Lending, Learning and Development*. London and New York: Routledge.

Kelly, G. P. 1984. "Colonialism, Indigenous Society, and School Practices: French West Africa and Indochina, 1918-1938." In *Education and the Colonial Experience*, second revised edition, 9-32, edited by Philip G. Altbach and Gail P. Kelly. New Brunswick, N.J: Transaction.

Kelly, S. 1993. *America's Tyrant: The CIA and Mobutu of Zaire*. Washington, D.C.: American University Press.

King, K. 1971. *Pan-Africanism and Education: A Study of Race Philanthropy and Education in the*

Southern States of America and East Africa. Oxford: Clarendon.

Kitchen, H., ed, 1962. *The Educated African: A Country by Country Survey of Educational Development in Africa*. Compiled by Ruth Sloan Associates, Washington, D. C. New York: Praeger.

Lulat, Y. G.-M. 1985. "Zachariah's 'Plants' and 'Clay': A Rejoinder." *Comparative Education Review* 29, no. 4: 549-556.

——. 1988. "Education and National Development: The Continuing Problem of Misdiagnosis and Irrelevant Prescriptions." *International Journal of Educational Development* 8, no. 4: 315-328.

Lyons, C. H. 1970. "The Educable African: British Thought and Action, 1835-1865." In *Essays in the History of African Education*, edited by Vincent M. Battle and Charles H. Lyons, 1-32. New York: Teachers College Press.

Maier K. 1996. *Angola: Promises and Lies*. Rivonia, South Africa: W. Waterman Publications.

Makdisi, C. 1981. *The Rise of Colleges: Institutions of Learning in Islam and the West*. Edinburgh: Edinburgh University Press.

Matos, N. 1998. Speech of Professor Narciso Matos, Secretary General of the Association of African Universities. In *Plenary: World Conference on Higher. Education*, UNESCO, Paris, 5-9 October, 1998. Vol. V, Document no. ED-99/1-IEPWCHE Vol. V-NG0-2. Paris: UNESCO.

McMurtie, B. 2000. "America's Scholarly Societies Raise Their Flags Abroad: U. S. Associations Recruit Foreign Members and Start Efforts to Help Them." *Chronicle of Higher Education*, January 28, A53.

Mumford, W. B. 1970. *Africans Learn to Be French*. New York: Negro Universities Press.

Nwauwa, A. O. 1996. *Imperialism, Academe and Nationalism: Britain and University Education for Africans* 1860-1960. London and Portland, Ore: Frank Cass.

Nzongola-Ntalaja, Georges, ed. 1988. *The Crisis in Zaire: Myths and Realities*. Trenton, N. J.: Africa World.

Oilo, D. 1988. *From Traditional to Virtual: The New Information Technologies*. Document no. ED-98/CONF. 202/CLD. 18. Paris: UNESCO.

Prunier, C. 1995. *The Rwanda Crisis: History of a Genocide*. New York: Columbia University Press.

Samuels, M. A. 1970. *Education in Angola, 1878-1914: A History of Culture Transfer and Administration*. New York: Teachers College Press.

Schofield A. 1996. *Private Post-Secondary Education in Four Commonwealth Countries*. Document no. ED-96/WS-3 3. Paris: UNESCO.

Shabani, J. 1995. "Higher Education in Sub-Saharan Africa: Strategies for the Improvement of the Quality of Training," *Quality in Higher Education* 1, no. 7: 173-178.

Stockwell, J. 1997. *In Search of Enemies: A CIA Story. Bridgewater*. N. J.: Replica Books.

UNESCO. 1963. *The Development of Higher Education in Africa: Report of the Conference on the Development of Higher Education in Africa, Tananarive, 3-12 September* 1962. Paris: United Nations Educational, Scientific and Cultural Organization.

——. 1996. Working Group Lead Agency. Working Group on Education Sector Analysis. *Analysis, Agenda, and Priorities for Education in Africa: Review of Externally Initiated, Commissioned, and Supported Studies of Education in Africa*, 1990-1994. Working Group Series No. ED-96/WS/12(E). Paris: United Nations Educational, Scientific and Cultural Organization, published in association with Association for the Development of African Education, International Institute for Educational Planning.

——. 1999. *UNESCO Statistical Yearbook*. Paris: United Nations Educational, Scientific, and Cultural Organization.

Useem, A. 1999a. "Wiring African Universities Proves a Formidable Challenge." *Chronicle of Higher Education*, April 2, A51.

——. 1999b. "University of Zimbabwe Suffers as Economic and Political Turmoil Envelop the Country." *Chronicle of Higher Education*, August 13, A46.

Vergnani, L. 1998. "South African Universities Move to Cast Aside Legacy of Apartheid: Historically White and Black Institutions Face New Era of Recruiting Goals and 'Redress.'" *Chronicle of Higher Education*, September 4, A73.

Wagaw, T. C. 1979. *Education in Ethiopia: Prospect and Retrospect*. Ann Arbor: University of Michigan Press.

——. 1990. *The Development of Higher Education and Social Change: An Ethiopian Experience*. East

Lansing: Michigan State University Press.

Wandira, A. 1977. *The African University in Development*. Johannesburg: Ravan.

World Bank. 1988. *Education in Sub-Saharan Africa: Policies for Adjustment, Revitalization and Expansion*. Washington, D.C.: World Bank.

——. 1994. *Higher Education: The Lessons of Experience*. Washington, D.C.: World Bank.

——. 1995. *Priorities and Strategies for Education: A World Bank Review*. Washington, D.C.: World Bank.

——. 1999. *Education Sector Strategy*. Washington, D.C.: World Bank.

——. 2000a. *Higher Education in Developing Countries: Peril and Promise*. Washington, D.C.: World Bank.

Yesufu, T. M., ed. 1973. *Creating the African University: Emerging Issues in the 1970s*. Ibadan: Oxford University Press.

3 大学治理及大学与国家的关系

基勒米·穆维利亚

引 言

在本章中，大学治理意指使大学作出开明决策和采取适宜行动的正式和非正式的机制(World Bank, 2000)。在制度层面，治理指地方权力结构。这些权力结构受制于大学与大社会，主要是大学与政府之间关系安排的影响。本章论述的前提是，大学内部发生的事情与大学和政府之间的外部联系之间存在紧密的关系。在决定非洲高等教育发展步伐与方向，特别是在改进大学教育质量和改善大学的经营方面，良好的治理具有关键性的意义。

因为作者的经验主要来自于非洲的英语国家，所以本章的大多数事例来自于这些国家。

决定大学与政府关系的关键因素

“外国”强加的早期非洲大学

非洲大学与治理相关的许多缺陷，特别是政府主导大学决策，源于早期非洲大学创建的方式。在19世纪晚期和20世纪早期，非洲大学是以各自的殖民国家的大学模式为样板的。例如，非洲英语国家早期建立的大学“在章程、标准、课程、社会目的等方面(完全顺应)英国本土大学的基本模式……它们成为自治的团体……至于它们的社会功能，就像在英国那样，它们负责培养精英阶层”(Ashby, 1964:18)。同样，非洲法语国家和葡语国家的大学也以促进毕业生的文化和政治同化为目的，允许他们要求获得法国和葡萄牙公民权。就像英语国家的大学一样，法语国家和葡语国家的大学成为法国和葡萄牙大学体系的一个组成部分(Gaidzanwa, 1995)。

对于大学的良好治理及大学与政府的关系来说，这样一种创建大学的理念被证明是相当成问题的。首先，对于新出现的独立非洲的领导人来说，不受国家领导的自治机构的思想是无法接受的，他们中的许多人是从“全知全能的领导者”的传统中走过来的。对于大学来说，自治也不会给它们带来更好的结果，因为它们的发展和经常性的需求几乎完全依靠政府的财政支持。不像大多数非洲大学，殖民地宗主国的大学可以获得个人和私营公司的捐赠。因此，它们从来没有像非洲大学那样依赖于国家的补助。更为重要的是，尽管英国和法国的大学继续获得本国政府的支持，但是并不存在政府控制的正式结构。

非洲大学与政府之间冲突的极端性质，正因为长期存在着一些左右自治大学与国家之间关系的惯例而得到削弱。这些惯例根深蒂固，现已在很大程度上被接受。同时，必须牢记，绝大多数重要的政府工作人员参与过自治的国家机构(包括大学)的运转，或者有过某些经验。

其次，非洲大学的外国血统经常意味着，在国家发展中，不同的利益集团对自己的作用有着不同的理解。一方面，学术界希望享有学术自由，而且常常是绝对意义上的学术自由。这意味着他们享有教学、研究和出版任何东西的权利，而不管这种追求的代价或者与国家发展的相关性如何。学术自由的论点已经证明难以向非洲领导人兜售，因为他们正在与贫穷落后斗争，他们认为大学最重要的功能是减轻贫穷落后的状况。实际上，一些较为有名的独立后的非洲领导人，特别是加纳的克瓦米·恩克鲁玛、坦桑尼亚的朱利叶斯·尼雷尔和津巴布韦的罗伯特·穆加贝，非常清楚需要非洲大学为解决本国的最为迫切的需求作出贡献。他们迫切要求大学少些关注为知识而知识的事情，因为事实是，国家大量的贫困人口没有任何大学教育的经历,对于大多数儿童来说,他们难以获得大学教育。因此,与这种对大学在国家发展中的作用的理解相一致,一些非洲国家将它们对劳动力的要求与大学的产出紧密地联系在一起。皮尤施·科特查(Piyushi Kotecha, 1999:18)的研究揭示了博茨瓦纳大学学生培养计划的扩大是如何与本国的劳动力需求紧密结合在一起的。因而,政府决定大学的整个结构(包括学院和系部结构)、课程设置和师生人数测算。科特查进而谈到,大学在这些领域的工作是在国家发展规划的背景下展开的。

第三,与绝对控制重大国家事务的观念相一致,许多非洲领导人认为,作为国家标石的大学太显眼,声望太高,因此不能赋予其完全自治的权利。他们感到来自于这些机构的领导人、受人尊重的教师以及学生团体的政治威胁。这部分是因为许多非洲国家领导人怀疑本国的国立大学是名义上的领袖,因此感觉需要对大学的事务进行严密监视。作为国立大学的校长,他们有权任命重要的大学行政管理人员和大学管理委员会的成员,主管学位与毕业证书的授予,直接或通过教育部长任命教授。非洲国家领导人也任命大多数重要的大学行政管理人员。这两个因素导致了非洲大学与其各自的政府之间一直存在紧张关系。

最后,后殖民非洲大学的精英气质随后给非洲的大学和政府提出了与治理有关的严肃问题。大学学生通常被称为"未来领导人",这批精英的培养需要在大学就读期间就享有特权的生活方式。正因为此,一旦政府无力承担这类奢侈生活,学生就无法接受。学生和大学行政管理人员与政府这两方面之间的紧张关系,主要与20世纪60年代以及70年代早期非洲大学学生丧失享有的特权有关。

政府对大学的控制,作为大学与政府关系的一个因素

大学名誉校长(chancellor)掌握的大权,导致政府与大学之间产生许多摩擦。大学抱怨,国家领导人对理应独立于国家的大学享有权威,并且并不总是能理解大学的事务。更为重要的是,它们指出了大学名誉校长在大学决策过程中不适当的、没有根据的干涉所造成的各种影响。事实上,一些非洲国家领导人强迫公立大学招收超出其服务能力的学生人数(Hughes and Mwiria, 1990)。一些大学名誉校长发布关闭大学的命令,而另一些大学名誉校长试图直接影响课程的设置。加纳的第一位国家领袖克瓦米·恩克鲁玛告诫加纳大学学术界人士:"如果大学不能从内部进行改革,那么我们打算从外部把改革强加给大学。对学术自由的诉求……阻碍不了我们保障我们的大学是致力于加纳人民利益的健康的(加纳)大学。"(Ashby, 1964:92)本着同样的精神,津巴布韦大学名誉校长罗伯特·穆加贝总统在1983年对各大学说:"大学教育是至关重要的事务,我们不能完全交给大学院长、教授、讲师和大学行政管理人员来决定。"(Mugabe, 1983: 2)同样,前坦桑尼亚总统朱利叶斯·尼雷尔出台的1974年穆索马决议,试图将大学纳入中央集权的政府规划中,甚至规定了入学条件(Mkude, Cooksey, and Levey, 2000:1)。根据这个决议,为了获取大学入学资格,可能成为大学生的人必须完成一年的义务兵役,具有至少两年的令人满意的工作经验,且需由雇主出具一份肯定性的推荐信。穆索马决议同时要求对大学的课程进行评估,并批准建立特殊的科系以解决发展需求。

政府染指大学治理的第二个表现是,名誉校长或国家的教育部长任命重要的大学行政管理人员。在大多数极端的情形下,名誉校长任命执政党的官员来领导大学。1970年,达累斯萨拉姆就发生过这样的事情,当时,执政党的一名前执行秘书被任命为校长(vice-chancellor)职务(Mkude, Cooksey, and Levey, 2000:1)。这些措施旨在加强统治精英对大学事务的控制。除了校长之外,国家领导人还任命校长和教务长,在一些情况下,甚至任命中层官员,例如学院院长和系主任。在更为极端的情形下,大学的领导人随着政府的改变而改变(World Bank, 2000: 62)。在许多国家,名誉校长及其教育部长还任命大学管理委员会的重要(常常是大多数的)成员,特别是大学理事会的成员。这些被任命者包括委员会主席、教育部长、负责监督大学的教育部常务秘书、校长(学院院长)及其副校长。

在一些大学中,大学理事会规定要有教师和

学生的代表参与。不过，在某些此类的事例中，如赞比亚和加纳，被选举出来的师生代表必须得到名誉校长的批准(Mwiria, 1992)。在麦克雷雷大学(乌干达)、博茨瓦纳大学(博茨瓦纳)和内罗毕大学(肯尼亚)，超过一半的大学理事会成员是由国家领导人直接或间接任命的。这就是这些国家和许多其他撒哈拉以南非洲国家大学自主权相对有限的主要原因。在其他情形下，名誉校长可以通过其任命的重要人员，如教育部长和校长，向委员会发送指示。实际上，《赞比亚大学法》规定："部长向委员会主席和校长传达党或政府可能影响大学事务管理的一般或特殊政策。"

大学决策的这种政治化导致在学生的选拔、教职员工的任命和升迁、课程设计、学校经费的使用、合理化的改革政策以及处理其他相关事务时，不考虑对象的优点与价值，而考虑其他因素(World Bank, 2000:63)。在极端的情况中，就像当大学在军事独裁统治和其他专制政体的统治下运转时，大学因国家对其事务的干涉，特别是对教学、研究和质疑这种独裁暴行的自由的干涉而深受其害。由于担心教师和学生方面可能不断增强的政治力量，一些政府未经起诉和审判就任意逮捕和延长拘留时间；将师生监禁在残酷的、有辱人格的环境里；限制言论、集会、结社和活动的自由；解雇工作人员；开除学生；关闭学校；禁止建立学生组织和工会；禁止在校园里组织"政治活动"；因为种族、民族和地区出身而歧视学生；审查教学和阅读材料以及操纵课程。此外，还将程度较轻的高压形式用作威胁手段，如不给直言的学术人员晋升和享有终身职位、限制其到国外做研究或开会、拒绝向积极参加政治活动的学生发放奖学金、要求那些卷入政治骚乱的学生签署"良好行为"保证书才让其复学(Africa Watch, 1990:1)。

政府系统还通过在校园安插告密者等进行学术压制。

有人提出，政府对大学事务的强力干预对大学也并非一无是处。这是因为国家领导人和教育部长都赞成政府支持大学规划和预算拨款。此外，他们也可能批准解决大学扩建所需的土地，等等。同样，在紧要时期如何在院校层面落实具有进步意义的政府指令和重要政策，以及如何推广与民族融合和肯定性行动(affirmative action)有关的政策，在涉及诸如此类的问题上，教育部加大干预也可能是有益的。不过，如何保证这种强力政府的存在对相关的双方都获益，而不仅仅对政府有益，这是一个具有挑战性的问题。

经费投入不足的危机

非洲大学可以获得的资源相对匮乏，其根源在于大学与政府之间的紧张关系以及糟糕的院校管理。在经费上几乎完全依赖于国家拨款，这将典型的非洲大学置于非常脆弱的境地。首先，20世纪90年代以来，大多数非洲政府经常在捐赠者的提醒下，将它们的教育资源不成比例地分配给初等教育。这种状况随着结构调整计划的实施而进一步增强，该计划的实施导致普通教育，特别是大学教育能够得到的经费大为减少。对国家的高度依赖向大学提出了许多与管理有关的问题。部分是因为大多数非洲国家经济衰落的趋势，国家提供给大学的经费减少了，并且经常不知道下一年度的经费预算。这几乎无法进行提前计划，特别是当经费是按月拨付的时候，正如乌干达的麦克雷雷大学那样。不过，更成问题的是，因为经费减少，大学被迫削减了一些教学和研究计划、必需品(包括运输工具)和师生先前受益过的帮助。学生和教师牢骚满腹，这是由这些特权的减少带来的结果。不过，大学教师抱怨政府的真正理由要比学生多，这不仅是因为他们薪水微薄且其他工作条件和环境糟糕，而且因为他们相应的教学环境、他们的研究预算拨款和其他福利(比如，支持参加学术会议)事实上已今非昔比。

与拨款有关的第二个紧张关系与如下事实有关，在一些国家，即使大学主动设法获得独立的经费，大学仍不得不将这些经费交给相关的政府部门(World Bank, 2000)。第三个紧张关系是，批准大学预算的政府官员常常可能对特定院校的资金需求没有给予足够重视。第四，大多数高等教育机构的资金和运行预算没有得到良好的协调，正如拨款建新楼，这些楼要么永远也建不好，要么就是没有安排维护资金。在某些情况下，大学在以自认为最合适的方式使用可支配的经费方面，也缺乏灵活性和自主性。例如，在某些情形下，没有用完的经费不能用于更为需要的地方,也不能用于下一年度的活动预算,这种情形有时导致不必要的过度开支,以免将剩余资金返还国库。在未征得政府意见的情况下,非洲大学几乎没有就经费开支的问题作出重大决策的自主权,这导致了严重的效率低下。

在与拨款相关的问题上,大学本身也造成了与政府以及与其内部相关部门之间的张力。在某些情形下,面对国家的落后和身边大多数团体所处的糟糕局面,大学提出的要求可能是不现实的。不过,尽管可以指责一些学生面对困苦却想过奢侈的生活,但是大多数大学教师并不是这样,他们中的大多数人仅仅能够以微薄的薪水维持生计。政府也有理由指责大学的管理,因为大学对可支配的资金没有善加利用。大学的开支平均超过实际年度预算分配的30%,这样的例子屡见不鲜,这致使政府坚持把不切实际的开支合理化。当然,这样的过度支出可能与拨给这些机构的资源太少有关。不过,在许多事例中,过度支出常常是由管理不善造成的。滥用大学经费的情形成了许多国家审计报告的主题,例如肯尼亚、赞比亚、加纳、坦桑尼亚和南非等国,这只是列举出了少数几个国家而已。在肯尼亚,1995—1997年政府总的审计报告提到,一所公立大学通过支付可疑的津贴和夸大运费,在学校记录中隐瞒价格昂贵的固定资产,加薪不记账,非法买卖交通工具,伪造财产清册和合同,套取了100万美元的经费(Mwiria, 1998:44)。

导致大学管理不善的因素有很多,包括任命不合格的政府雇员管理大学的经费,缺乏培训的行政管理人员受训机会有限,缺乏奖励表现突出者和惩治违规者的政策。还有一个事实是,由于大学行政管理人员与有关的政府官员之间关系紧密,所以不管是否应得,他们仍然能够获得政府的拨款。在这方面,捐赠者并不是无可指责的。尽管他们谈论透明度和善治(good governance),但捐赠者仍然向滥用捐款的学校提供资助。这些捐赠者选择资助院校项目所依据的标准是有问题的。在一些院校里,学者或者凭借与捐助资金管理官员的密切联系,或者因为其性别,其研究计划、学术假及博士后研究以及出席国际会议就可以得到捐赠者的资助。最后,大学也要受到批评,因为大学没有采取主动,去开辟独立的资金来源。不过,这种情况正在发生变化,面对极端的经费投入不足,一些大学正想方设法生存下来。

院校治理体制的状况

政府任命大学高级行政管理人员,这种体制的主要缺点之一是,这些被任命者倾向于对政府比对院校的组成人员负更多的责任。为了不辜负政府的期待,同时鉴于这些被任命者绕过了更具资格承担这些高级职位的同事这一事实,大学高级行政管理人员常常诉诸专制的管理方式。这样的管理者更有贪污腐败的倾向,并且不会与教职员工和学生进行充分对话。事实上,一些大学校长甚至钳制学生和教工团体的言论,而在校园里建立执政党的分支机构(Omari and Mihyo, 1991)。尽管如此,有一些大学校长在对大学造成伤害的事情上对政府的指令说"不"。这种情况在加纳和津巴布韦发生过,不过很罕见。

第二个缺点是,在某些国家,实际上所有的决策权都集中在大学校长(vice-chancellor or rector)办公室手中。决策过程因此经常可能是非常缓慢的,导致管理严重缺乏效率。在某些情形中,大学校长不得不批准100美元这样小笔的开支,批准教师外出参加会议,主持学生与教工的纪律委员会以及所有人事任命会议,参加不重要的日常行政工作。在一些极端的情形中,这些大学的主要行政管理人员的行为就像个独断专行的人,他们知道所有事情,他们阻止别人获得信息,控制资源,他们操纵教工和学生的领导人(Mwiria, 1998:44)。希弗纳(Sifuna, 1990:195-196)将肯尼亚作为一个个案,以说明某些非洲大学所实行的这种管理方式。他认为,肯尼亚大多数新任命的大学行政管理人员被唯唯诺诺的知识分子所包围,这些人的职责是为他们暗中监视学校的师生。

大学行政管理人员还违背大学章程,建立起将所有权力集中到大学校长办公室的决策模式,控制信息并阻止他人获取这些信息。因而,即便是最直接的副校长也几乎无足轻重,他们的地位充其量是阿谀奉承的配角。希弗纳引用了肯尼亚公立大学一名教师的一段话,这段话总结了某些肯尼亚公立大学校长的专制管理行为:

大学校长操纵决策过程方方面面的倾向，因为大学校长管理委员会的建立，现已变得更加"完美"了，这个委员会的权力似乎很广泛，逐渐侵蚀了大学评议会在许多关键领域的权力。大学评议会被用来负责像批准考试结果这样的日常事务。服务文件的条款不再受到尊重。像学术假和进修假这样的事情可能会得到批准，但主要取决于管理委员会的主席（大学校长）对申请的看法。在肯尼亚所有的公立大学里，都建立了一个管理委员会，协助校长管理大学。在某些大学里，委员会的功能和组成在章程中是规定好的，而在另一些大学里，委员会本质上并未获得批准，而是由大学校长亲手挑选出来，用来批准他/她对大学管理事务的个人决定的。在其中的某所大学里，这个管理委员会因为不得人心的决定而让人感到畏惧，以至于它被起了一个绰号，叫作"黑手党委员会"。在大多数大学中，流行的观点是管理委员会篡夺了大学评议会在管理大学方面的职能和权力。（Sifuna，1999：196）

大学行政管理人员也受到控制范围之外的因素的限制。他们中的大多数人缺乏管理方面的训练机会，即使不断接受培训对于他们来说比对于大多数教师来说要更为重要，因为他们中的大多数人在履职前并没有任何管理方面的培训和经验。另一个障碍是在大多数国家缺少现代信息管理系统。随着大学规模的不断扩大，人工处理院校基本的数据日益困难，现代信息管理系统将变得更为重要（World Bank，1997）。

第三个问题与这样的事实有关：在大多数英语国家的大学里，大学行政管理人员不得不既要处理学生学业事务，又要处理福利事务。在法语国家大学里，这个问题则不太突出，在那里，这些服务工作往往是分开处理（Gaidzanwa，1995）。大学行政管理人员人手不足，却承担着太多的管理责任，这种过重的负担和不充分的管理支持结构导致了额外的挑战。例如，学院院长和系主任不得不在处理行政和学术事务的同时，还从事教学和研究工作。然而，这些学术管理人员常常因为学校薪酬微薄而在大学以外个人兼职。

低效率的大学治理团体

在许多非洲大学里，大学评议会、学院委员会和系主任成了橡皮图章，常常不经审查就批准大学主要行政官的要求。大学主要行政官在安排教授、学院院长和系主任的任命时，往往先考虑他们会否在大学评议会上完全支持其决定，是否会牺牲教师和学生利益。在他们看来，这对于管理是非常重要的。这类例子屡见不鲜。伊波夫比尔（Ibonvbere，1993）和希弗纳（Sifuna，1999）在引用肯尼亚和尼日利亚的经历时指出，许多被任命担任这些管理和专业职位的人，只是具有有限的专业经验的年轻员工。在另一些情形里，教授被报之以令人怀疑的任命，其唯一的目的是赢得他们在大学评议会上的合作，而在评议会上所进行的讨论经常是平庸的、非实事求是的。这些重要行政管理人员中很大一部分缺乏相关的专业资格，但对任命者忠心耿耿，所以被提拔到重要的位置上，他们常常利用大学的资源收买教师和学生。例如，在肯尼亚的资金滥用案例中，大学资金"被校长用于为教师举办奢侈的宴会、昂贵的早餐会和午餐会以拉拢他们，而这些教师中的大多数人是无力承受这种奢侈的；用于在蒙巴萨岛昂贵的海边旅馆召开评议会会议；用于在地方和全国选举中资助执政党候选人；用于奖赏忠诚的学生和教授；用于安排校园安全；用于向通报信息的警察支付报酬"（Mwiria，1998：44）。

即使评议会的党派观念不是那么鲜明，但其决策也会因下设委员会众多且通常互不协调的体系而变得很慢。塔普克（Tarpch，1994）和加拉巴瓦（Galabawa，1997）认为，大多数英语国家大学评议会下属委员会缺乏效率，包括决策过程懒散，拖延决策时间，在准备委员会会议的相关文件的过程中浪费时间和精力，对于与委员会无关的紧迫事务无力作出决策，对于所作出的决策的跟踪和问责有限。评议会下设的委员会受到的批评还有更多，说它们一味研究次要的日常事务，而这些事务通过相关学系和个别讲师就可以更轻松地得到处理；说它们人浮于事；说它们没有考虑社会地位或专业经验就把所有系主任都安排进委员会；说它们召开冗长得没必要的会议；说它们没有将会议上做出的决策付诸实施（Galabawa，1997）。尽管这么说，但是评议会委员会体制仍然具有提升大学管理水平的潜力，特别是因为委员会可以促进普遍的参与，并且由一个相对较大的学术团体分担责任。同时,委员会体制可以利用大学内部储备的大量专业知识。这些知识可以善加利用,以解决院校问题。最后,评议会委员会体制向大部分的大学社区提供有关大学内部运行的资料,而且可以促进决策权力的去中心化(Galabawa, 1997)。

评议会之下有学院委员会,负责大学各个学院所有管理和学术方面的事务。学院主要的管理官员是学院院长。在许多大学,学院院长由选举产生。在一些大学中,系主任和研究所所长也是选举产生的。有人评论说,如果环境许可,学院院长、系主任和研究所所长可以通过他们与教授、学生以及大学支持人员的关系网,促进院校文化的建设。不过,这种潜能受到几个因素的限制。首先,大多数大学法案并没有就这些办公室的职责和工作作出清晰的说明。部分由于这种模糊性,其权力往往受到核心大学管理部门和评议会委员会的削弱(Galabawa, 1997)。其次,学院委员会和系科的会议常常很少召开且不定期。即便召开了会议,教师代表也很少,除了那些与考试有关的决议外,许多决议没有被大学的上级管理部门付诸实施。第三,在系和研究所一级,主任或所长大多数不是选举产生,他们往往一个人作出决定,并作为大多数意见提交学院委员会。这种状况不会产生严肃的政策规划和战略思维。最后,学院院长和系主任(或研究所所长)常常会因为教职员工与自己的观点相左,或者因为这些员工不支持政府的意见,或者跟自己不是来自国内的同一个地区,而牺牲他们的利益。这就是为什么有些大学的教师提出要选举产生系主任和研究所所长。不过,这样一种体制有其自身的缺陷,包括可能将党派政治引入校园,缺乏经验的年轻学者可能担任这些职位,而且如果科系很小的话,就缺乏可行性。

非洲学术人员和学生的影响

多数可以获得的有关非洲大学治理以及大学与国家关系的文献,把政府和大学的管理看成是产生困扰非洲大学问题的主要动因。然而,学术人员和学生也促成了这些境况,而他们常常是以院校管理不善和政府干预的受害者的面目出现的(Ibonvbere, 1993; Munene, 1997; Gaidzanwa, 1995)。部分(不是完全)因为担心成为牺牲品,教师通常不会努力对大学治理系统中政府的主导地位这一现状提出挑战,也不会就自身的福利问题提出挑战。泽莱扎(Zeleza, 1996)认为,马拉维专制的总统卡姆祖·班达之所以能有效地对马拉维的大学系统进行审查,不仅仅是因为大学学术人员把太多的政治空间让给了国家,而且因为他们中的一部分人对班达专制统治的合法化起了作用。这种经历在许多其他的非洲国家中都出现过。在那些由国家指派的人中,部分发挥了各种各样的作用,包括扮演反大学的立法的支持者,担任压制大学自治的政府部门的领导,为不民主的国家领袖和大学领导人担任顾问,成为执政党的理论宣传手,等等。因而,许多非洲大学成了识别学术人员的沃土。为了回报其忠诚,这些学术人员获得在政府和非生产性的准国营部门里担任有利可图的职位的奖赏。在大学本身内部,一些学术人员甚至为政府和大学管理部门扮演密探的角色,另一些人员则成为大学哲学信条,特别是学术自由的最激烈的批评者。

迈克尔·切奇(Michael Chege, 1996/1997)描述了在最极端的情形下,一些非洲的学术人员是如何与执政当局为伍,组织系统地清除那些在他们眼里不支持压迫现状的政治活动家或种族群体的成员。在一篇题为“非洲的杀人教授”的言之确凿的文章里,他活生生地描述了卢旺达和肯尼亚的一些学术人员是如何分别通过统治精英所属种族团体的成员,推动了图西族和基库尤族的种族屠杀。关于1994年的卢旺达种族屠杀,切奇描述了图西族背叛并剥削胡图族的“著名”历史教训如何被用来煽动杀人。布塔雷卢旺达国立大学历史教授费德南德·纳西马纳和前政府外交部长卡斯米尔·毕兹莫古组成了电台的思想库。的确,学术人员在这些著述和广播中的影响如此巨大,以至于在大屠杀之后,布塔雷卢旺达国立大学无可指责的新任校长伊曼纽尔·布京戈承认,“卢旺达所发生的杀戮都是由知识分子和那些在这个大学曾经呆过的人精心策划的”。不过,到20世纪90年代早期,政府的胡图族—图西族种族关系政策问题毫无进展。该种族关系在20世纪50年代曾使比利时殖民地居民也卷入其中。对这些问题特别感兴趣的是里昂·穆杰希拉教授和前面提到过的纳西马纳教授。他们提出的解决1993—1994年卢旺达危机的方法,以及他们传播这种方法的方式,本应让约瑟夫·戈培尔印象深刻。这些教授制造出了胡图族至高无上的学说,将所有图西族人描述为这个国家历史中的一个需要坚决切除的恶性肿瘤。正如穆杰希拉在1992年11月的一次极端分子集会上所说的,"我们在1959年犯下的致命的错误是让胡图族逃脱了。我们必须行动起来,将他们彻底清除干净。"(Chege, 1996/1997:34)

在大多数情形下,有必要将一些被同化了的非洲学术人员的行为理解为大多数非洲学术人员物质状况显著恶化所导致的结果。实际上,一些学者将这种就业条件的恶化视为政府故意采取的旨在促进学术人员合作的策略。柯勒曼和诺格维(Coleman and Ngokwey, 1993)在有关扎伊尔的著述中提出,培养政治自满情绪策略的有效性,取决于对那些等着派上用场的人的希望的鼓励,同样也取决于对转变政治立场的人的奖赏。此外,通过终止服务资格或使用武力,学术人员担心受到胁迫和成为真正的牺牲品,因而使其归顺的可能性就更大。但是,也有许多奉行机会主义的学术人员,这些人的主要驱动力是政治方面的。

事实还表明,非洲学术人员可能像政府和大学管理部门的同事一样腐败、任人唯亲、男性至上和专制。学术人员施与恩惠的例子很多,包括根据接受者的民族、种族和地域出身、宗教、性别和对发布指令者的忠诚程度,派送奖学金,提供参加会议的机会,安排有额外报酬的顾问和教学职位,给予更好的等级评定,等等。大学的学院院长和系主任也向同事隐瞒有关学术会议、研究奖学金和研究资助的信息,以保证受益的是自己或其亲信。大学治理中的种族偏袒的例证,在学院院长的选举中表现得最为明显,这种情形导致一些大学行政管理人员希望回复到任命这些行政管理人员的体制,津巴布韦就发生过这类事情(Murapa, 2000)。不过,对被任命者的使用常常是为了加强政府和大学行政管理人员对学术人员的控制。盖德扎瓦(Gaidzanwa, 1995)也描述了在一些国家,例如南非,移居国外的学术人员是如何被用于控制当地起来反对糟糕的院校管理或捍卫学术人员权利和福利的学术人员。在南非,这些移居国外的学术人员的动力,来自于相对于在国内大学工作的同事更好的雇用条件。结果,除了承担管理职位外,许多移居国外的教师没有参与员工结社或抗议活动以及其他由当地学术人员发起的活动。一旦碰到移居国外的工作人员享有比本地人员更好的就业合同,情况就更为糟糕。南非历史上专属黑人的大学的情况尤为如此。在这些大学里,这样的员工就成了国外捐赠组织赞助的慷慨的博士后或学术假奖学金的受益人。

因为治理问题与大学教育质量常常错综复杂地交织在一起,所以学术人员侵蚀教育质量的行为以种种方式加剧了治理危机。首先,如果学术人员不是根据学生的成绩评定等级,如果不更新讲课笔记,如果在学生身上几乎不花时间,如果只关心大学以外的事务,或者如果把他们提拔到不配的岗位上,他们就会给大学的管理带来问题。在大学教育加速私营化的时候,这种情形就特别突出,学生会越来越频繁地要求"物有所值"(value for money)。政府也要求大学应该通过提供高质量和适切的教育,对公众承担更多的责任。当大学没有满足这种期望时,国家与大学之间的关系往往会变得愈加紧张。

学生对加剧多数非洲大学的治理危机也扮演了自己的角色。令人感到奇怪的是,在一些非洲国家,若要找到愿意反对持激进观点的教师和学生,政府与大学行政管理人员不会遇到任何问题。在一些大学,统治精英利用学生来反对要求不断扩大国家民主化和院校民主化的呼声,还利用他们来充当维护校园安全的力量。随着许多大学引入成本分担措施和福利服务的私营化,对学生的这种拉拢正变得更为流行。出身贫寒的学生很容易成为腐败的政府和大学管理部门利用的对象。大学依据政党、政治、民族、种族和其他路线而出现的政治化,促进了学生政治立场的分裂,特别是在津巴布韦、塞内加尔、南非和肯尼亚等,不一而足(Gaidzanwa, 1995)。在许多非洲大学里,人们发现学生因为福利问题而建立的协会激增,这些协会主要是按民族、宗教和性别来划分的。

对于那些与自己意见不同的人,学生也展示了大量不宽容和不民主的行为。激烈的学生示威活动是非洲大学校园里常见的景象,这种活动有时把无辜的百姓作为攻击的对象。学生的暴力行为包括在语言上和在肢体上伤害其他学生、教师、行政管理人员和普通公众,以及经常破坏财产,包括学生自己的设施。盖德扎瓦(1995)引用说,学生还有其他过激行为的例证,如:内罗毕大学的女生殴打一名宿舍门卫,达累斯萨拉姆的学生无视学生宿舍访客制度,斯威士兰的学生领袖以敌对的方式与教师交谈,津巴布韦大学学生针对无辜的、旁观的公众所采取暴力示威行为,多数非洲校园中出现的针对女生的骚扰,等等。这种行为举止与学生圈内民主空间的扩大是背道而驰的,因为少数人可能害怕,如果行使民主权利,他们就会遭到骚扰和人身攻击。

在一些大学里,例如肯尼亚、尼日利亚、加纳和津巴布韦的大学,学生还围绕阶级背景和性别挑起争斗。盖德扎瓦(1995)用津巴布韦和南非的经历来说明,出身农村家庭的大多数学生与来自于享有特权的城市家庭的少数学生之间的分裂正在扩大。这种分裂不仅表现在英语的使用(和不同的口音)上,而且表现在其他行为倾向、穿衣方式和学生政治态度上。女性和其他少数派学生往往成为不太宽容和奉行沙文主义的男同学骚扰和征服的对象。根据盖德扎瓦的论述:

> 非洲校园里通过语言、身体和性骚扰使女性学生处于屈从地位,这反映了学生不能处理因学生差异而出现的校园政治。生活在校园里的学生因种族、阶级、性别和宗教关系不同而出现不同的倾向。在赞比亚和开普敦大学这样的学校所发生的其他事件进一步佐证了这种观察。在这些校园里,女学生往往受到骚扰,而且在所引用的赞比亚的危机中,信仰天主教的学生与其宗教领袖一起受到侵害。南非大学盛行橄榄球和英式足球这样的男子运动,以及喝啤酒、对女性的消费或骚扰,这些文化与扩大提供参与机会的宽容政治是对立的,因为大多数女性、宗教和其他少数派常常担心在行使自由权过程中受到骚扰和人身攻击。这并不是大学民主治理的好兆头,它将大学生政治活跃分子置于与国家政治生活中的政界人士同等的位置上。国家政治生活关注的是遵循民主标准和包容分歧。(Gaidzanwa, 1995:27)

最后,由于大学治理主要事关对学术项目的监督,所以当学生在大学期间对他们的教育满不在乎的时候,大学行政管理人员和相关的政府官员就面临着巨大的挑战。考试作弊猖獗,相当一部分学生旷课,许多学生几乎不使用现有的图书馆和实验设备,酗酒和吸毒,这些在学生生活中变得愈加普遍了。在南非,学生公开鼓吹在学业上不付出任何努力就可以毕业,要求实行"通过一个,就通过全部"(pass one, pass all)的政策,以此作为学术评价民主化的一种方式(Cross, 1999)。

强化大学与国家关系和大学内部的治理结构

建设互惠的和建设性的关系,这符合政府和大学两方面的利益。幸运的是,一些大学受政府的控制在开始减少。一些非洲国家领导人承认,大学校长的职位应该留给对那些机构的功能有着深刻理解并有时间致力于管理大学的人。赞比亚总统弗雷德里克·奇鲁巴和坦桑尼亚前总统阿里·哈桑·穆维伊放弃了他们作为各自的国立大学名誉校长的角色。在这些国家以及非洲其他地区,杰出人士经大学理事会的提名,被任命为名誉校长。在另一些国家,例如尼日利亚,国家领导人所扮演的唯一角色是公立大学的视察员。乌干达新起草的《大学法》赋予国家领导人在其公立大学中一个类似的角色。新的立法还决定减少国家对任命高级大学行政管理人员和重要大学管理团队的代表的权力。在选择这条道路的大多数国家中,校长、学院院长、教授、副教授和委员会秘书的人选是从一个符合资格的人员名单中选拔产生,而名单则是在大学共同体和大学理事会的积极参与下拟定的。重要的大学管理层在吸纳政府代表方面也往往更趋平衡。

政府在大学的办学中将继续拥有较大的发言权,只要政府满足了这些大学绝大部分的财政需求。不过,大学共同体的成员必须要发出声音,这种声音并不一定会排除政府的决策角色。在尼日利亚和南部非洲的大多数国家,校长的职位是登广告公开招聘的。大学评议会和大学理事会然后拟定最后的备选名单,名单提交给名誉校长或视察员,由他从那些据认为可以被大学共同体接受的人选中选择高级行政管理人员。大学理事会和大学评议会在招募其他高级行政管理人员，也就是副校长、教务长和教导主任等职位方面可以发挥同样的作用。这些行政管理人员选拔方式的民主化，可以增进学院院长和系主任对属下的责任感。但是，需要为那些符合选拔条件的人进入最后供选用的名单制定一个标准，这个标准是所有利益相关方，包括大学行政管理人员都是可以接受的。这种方法有助于减少那些不合格、缺乏经验的教师担任这些职位的可能性。

同样重要的是，要设计出一个权力与责任转移相分离的机制，以便管理权不会集中在少数几个大学高级行政管理人员的手中。为了行政管理人员的利益，创建一个合适的教师发展计划也是非常重要的。尽管一些大学已具备这样的教师发展制度，但是大学行政管理人员对于组织类似的训练计划似乎缺乏兴趣。鉴于大多数非洲大学正经历转型的事实，教师的发展是非常迫切的，因为转型需要他们有技巧来提高管理这些变化的能力。管理能力的强化也应该通过改进信息管理系统。学生和人员记录、财务会计、工资系统、空间利用、学校资产管理、日程表的制定和课程表的编排等等，都需要有更好的数据管理(World Bank，1997)。

建立并强化相关的中间机构

第二个重要的改革举措是建立和强化中间机构(buffer bodies)，意在充当政府和大学的中间组织。许多非洲国家正在建立这样的团体，可以看到，肯尼亚、尼日利亚、加纳、莫桑比克、南非和津巴布韦都已建立了这样的中间组织。博茨瓦纳、坦桑尼亚和乌干达在还未实施的新大学法中建议建立这样的团体。这些中间组织的主要作用是协调大学的整体发展，包括认证新创办的教育机构，监督大学的教学和研究计划、学生入学和预算执行情况，收集、存储和分析国立大学体系的基本数据。

这些中间机构的效率受制于许多因素。首先，在许多情形下，中间机构的实际建立和调解权力的转移常常是一个缓慢的过程。其次，许多国家的中间机构的成员是由政府任命的，因此限制了其充当严肃调解人的角色的能力。实际上，有人已经提出，在津巴布韦，政府建立高等教育委员会(CHE)的目的是加强它对津巴布韦大学的控制。在加纳，政府于 1982 年解散了全国高等教育委员会(NCHE)，因为据认为这个委员会中学术界人士代表的观点比政府的观点影响力更大(Mwiria，1995)。取代它的是一个新的团体——全国第三级教育委员会(NCTE)(Benneh，2000)。

在已经建立起中间机构的国家，政府未必依靠这些组织来指导资源的分配或监督大学的学术标准。在肯尼亚，校长直接与政府协商，高等教育委员会(CHE)并不监督公立大学，而是监督私立大学。不过，在某些情形下，中间机构的无为更多是与这些组织可用于各自授权所需的人力资源和财政资源有关。

中间机构可以通过多种方式得到加强。在政府、大学与这些组织之间需要有一个法律约定。这些约定应该清楚地说明政府介入中间机构和大学事务的可接受程度。这些机构的领导人也需要对大学校长享有合理的制约权。要做到这一点，可以将这些中间机构的位置置于一个大学事务部之下，但在组织上独立于教育部。例如，在肯尼亚，大学校长绕过了高等教育委员会秘书，因为他们在级别上是同级的。实际上，当国家领导人任命大学校长时，如果管控高等教育委员会运行的议案由议会批准，那么教育部长就会任命高等教育委员会秘书。如果那些被任命管理这些机构的人是得到全国人民尊重的专业人士，如果没有一个利益群体在其中占据主导地位，那么中间机构也就有可能对大学享有更大的权力。因而，将与大学有关，但是不参与其管理的组织代表吸收进中间机构，这有可能证明是值得的。最后，如果中间机构能就其获得的拨款制定清楚的计划和会计制度，那么它们将更有希望说服政府继续予以财政上的支持(Saint，1992)。

大学与政府之间共同磋商与人员共享

政府与大学之间的张力也可以通过解决冲突的机制予以缓解。许多非洲大学因为政府和大学共同体成员缺乏友好解决分歧的途径而被关闭。在这方面，增进大学管理层和中间组织的代表性是积极的第一步。不过，同样必要的是建立强有力的、具有代表性的员工和学生团体。不幸的是,在大多数非洲国家,这依然是一个较弱的领域,即使这类团体是政府与大学共同体成员之间最符合逻辑的桥梁。如果得到双方的认可,那么这些团体的代表、大学当局和政府工作人员就可以建立特殊的沟通渠道,以处理大学紧急情况(Saint, 1992)。

政府官员与大学共同体成员之间的非正式会议也会促进冲突的解决。如果国家领导人和高级政府官员(例如警察局局长)时常视察大学,那么将有助于改进政府与大学之间的关系。乌干达总统约韦里·穆塞韦尼,前乌干达领导人杰尔·罗林斯和津巴布韦总统罗伯特·穆加贝,在危机时期抽时间视察各自国家的国立大学,根据他们各自国家面临的经济困难,坦率地讨论大学面临的问题。这些造访极大地促进了现有的和潜在的张力的缓解。政府官员视察大学的其他可选时机是大学开放日,这是为向广大公众推介大学而设立的,就像肯尼亚公立大学、津巴布韦大学以及其他大学所做的那样。

大学与政府之间产生分歧的重要领域之一与高等教育机构在国家发展中的使命有关。有鉴于此,双方必须在这些期待上达成一致。中间机构或利益相关方特别委员会的代表可以很好地组织磋商,使大学对学术自由的担心和政府要求大学培训需要的劳动力之间保持适当平衡。达累斯萨拉姆大学就是一个很好的例子。该大学通过科学技术与高等教育部、其他政府部门和机构的官员和会议,不间断地与这些部门和机构交换意见。在个人层面上,这通常会涉及大学校长、部长、常务秘书、名誉校长、理事会主席及其委员会,当然还包括总统。联席会议包括大学理事会及其下属委员会、高等教育认证委员会之间的会议,以及大学对国民大会代表的吹风会。不过,一个更新的发展是就达累斯萨拉姆大学改革计划召开的年度咨询会议。1993 年 9 月举行了第一次会议。这次会议由坦桑尼亚联合共和国总统正式宣布开幕,由大学名誉校长宣布闭幕,会议为大学行政管理人员、全体教师、学术人员及其团体,以及外部各方提供了一个对话的机会。这成为了一个年度性的活动,在会议上,大家审查、讨论和修改改革计划。例如,1997 年 9 月召开的第四次年度咨询会议的活动表明,127 名来自于大学、政府部门和捐赠国(瑞典、荷兰、挪威)、坦桑尼亚其他公立大学和莫桑比克的爱德华多·蒙德拉内大学的代表参加了会议(Githinji, 1999:60-61)。

最后,政府与大学人员共享的体制能在某种程度上改进二者之间的关系,因为双方有了更多的机会以更好地增进彼此的了解。这样做的形式可以多种多样,包括安排实习、客座讲师和研讨会,由政府高级官员介绍情况,联合开展政策导向的研究,由大学培训政府工作人员,为传播研究成果举行联席会议,等等。

资金来源的多样化和财政自主

大学与政府之间的许多张力源自政府对大学的拨款模式和水平。大学可以寻找机会,争取财政独立,以减轻这些张力。在这方面,大学大有可为。乌干达的麦克雷雷大学也许是这方面最成功的案例,但是其他的许多大学也正在这样做。大学在通过教育服务私有化的方式筹集自主资金,如招收自费学生、引入成本分担机制、向普通公众出租大学设施、出租工业设备或提供咨询服务等。尽管其中有些措施不受学生欢迎(特别是那些与成本分担相关的措施),并导致越来越多的学生骚乱,但是这些措施在许多重要的方面促进了大学的稳定。招收自费学生的院校较少出现混乱,因为那些付费的学生期望尽快地完成学业。额外的收入也使大学能够满足自身某些最为紧迫的资金需求,特别是那些与教学设施的扩大和修复有关的资金需求。就改善治理而言,额外的资金意味着教师可以获得更高的工资和津贴,这将减少为从政府那里获得更高的薪水而举行罢工的可能,因为大学本身能够补充政府的拨款。

能独立于政府而筹措经费的大学,正慢慢获得无须寻求政府批准就可以支配这些经费的权力。这就提高了大学进行某些长期规划的可能,特别是在自主收入水平可预测的情况下。不过,建立事先给大学安排整笔拨款的制度,可能更有利于长期规划,就如同乌干达的情况。在这种制度下,政府可以让大学对资金的使用负责,因为整笔拨款直接将实施动议、创新和变化的责任交到了大学行政管理人员的手上(World Bank,

1997)。资金的灵活使用可以使大学有可能将剩余的经费从这一年滚入下一年，使其以最合适的方式决定可使用资金的分配，使其决定工作人员的工资结构和从私人渠道获得额外收入，凡此种种。不过，只有在大学建立了透明的问责制，从而减少腐败和大学资金滥用的情况下，大学才能够取得真正的进步。除了可以带来其他好处之外，这种措施最终可以使大学把更多的资源用于大学的发展计划，改善员工的待遇。

与大学教师和学生有关的许多问题，植根于大学以外的更为广阔的政治和经济环境。尤为如此的是，大学师生政治态度中明显的种族倾向，以及上文所述的与性别相关的冲突。同样，学术人员和学生容易成为政府官员的牺牲品的趋向，与他们相对贫困的社会经济境况和缺乏足够的报酬密切相关。因此，只有不断扩大民主化和发展经济，才能最终减轻非洲大学校园中学生和员工生活中的许多不足之处。然而，有一些临时性的措施，尽管不是彻底的解决办法，可以在师生中提升问责意识。首先是提高大学决策的民主化程度，同时努力将党派偏见排除在大学政治之外。改进交流，达成共识，对于实现这些目标可能大有帮助。其次，在大学行政管理人员的任命、员工的晋升、学生的等级评定以及培训对象的确定等方面，要更多地考虑人员的功过是非。在这方面，大多数任命权应该留给院校本身，通过内外部的透明评估和广泛咨询这样一个适当的过程。一旦他们被录用，要千方百计地确保留住最优秀的工作人员。对于所有的工作人员来说，改善雇用条件都是必要的，这不仅是减小工作人员被政治家和大学行政管理人员利用来损害良好的院校治理的方法，而且因为这会有助于大学教师队伍的稳定。

最后，鉴于学生在福利问题上所面临的困难，所以对于大学行政管理人员来说，有必要将福利服务与教学服务分离开来。最好的解决办法可能是将福利服务私营化。将这些服务私营化会给大学带来种种好处，包括降低如餐饮等服务的运行成本，同时通过市场竞争提高服务质量，减少大学行政管理人员花在非教学计划管理上的时间，缓和大学行政部门与学生之间的紧张关系，促进学生社会化，使其变得更为自立和自足(Daidzanwa，1995；Saint，1992)。

改进交流

推进大学不同成员之间的对话，为加强院校治理提供了另一个机会。能发挥作用的工作人员与学生团体在这方面都有大有可为的潜力。遗憾的是，这在大多数大学中都是缺乏的，或者即使存在也太弱。此外，强有力的学生和教工领导人最后常常沦为大学行政管理人员的牺牲品。随着学生人数的增加和大学推出教育服务和福利服务的私营化，学生在很多方面有反对意见，所以运行中的学生团体现在特别有用。

教工和学生团体可以通过很多重要的方式强化院校治理。首先，这些团体为教工和学生提供机会，去讨论他们的福利与相关的教学问题，并寻找可能有组织地解决问题的办法。在这方面，这些团体有助于约束学生的暴力行为或提出不现实的要求。其次，这些团体使得学生有了一种以有组织的方式表达不满的渠道，可以将学生与行政管理人员放在一起，可以向学校行政发送学生即将罢课的重要信号，这样做就提供了一个能够连接学生团体与大学行政管理人员的有益的纽带。最后，有组织的团体可以增进教工、学生和更广大的社会之间的积极联系。

除了学生团体之外，教导主任如果得到广泛的支持，也可以为解决与学生相关的问题提供重要的途径。不过，在大多数大学里，这个职位相对较弱，因为学生把教导主任视为袒护大学行政的代表，因为教导主任面对大量的学生常常不知所措，因为这个职位在大学行政管理结构中处于边缘的地位(教导主任一般对教务长或副校长负责)。而且，大多数教导主任没有接受过太多的专门培训，并且很难得有进一步培训的机会。除了定期培训之外，让教导主任直接对校长负责或将教导主任的职位提升到与副校长同等的地位，教导主任就可以提高自身在大学权力结构中的位置，从而加强这一岗位的力量。同样重要的是提高这一职务的工资待遇，以便吸引完全符合条件的专业人士。

大学行政管理人员与学生之间临场召开的非正式会议可以进一步促进对话与交流。在这一方面，加纳大学精心设计的年轻人公共空间和宿舍管理委员会等制度为改进双方的关系做了很多事情。在年轻人公共空间和宿舍委员会里,高层行政管理人员可以与学生和员工进行非正式互动(Mwiria, 1992)。在影响员工和学生的事务中,乌干达的麦克雷雷大学也采用了一种相当有效的交流制度(Mwiria, 1999)。从20世纪90年代初开始,这所大学的秘书处就采取了很多措施使大学行政对员工和学生的需要作出更为迅速的回应。为了增进员工事务处理过程的透明度,大学高层行政管理人员使自己变得更容易接近与相处,以便让所有的员工可以和他们讨论任何事情,包括在这所大学的工作。麦克雷雷大学推出了每周一期的时事通信,汇总人事任命和晋升,系、学院、评议会和理事会会议作出的重要决定,学生入学情况,新启动的计划和其他的重要发展等方面的信息。这份出版物极大地减少了流言,因而有助于提高在大学共同体成员中的透明度。

大学秘书办公室也建立了与学院、科系的行政人员每个季度召开管理会议的制度,会上,校长通报上一季度学校发展的情况。此外,大学行政管理人员定期到各个学院视察工作,以便熟悉学院和科系所发生的事情。最后,大学行政管理部门支持建立强有力的教师协会的想法,以此作为大学行政与学术群体之间沟通的桥梁。在20世纪70、80年代,这是一个主要的薄弱环节,当时乌干达处在军事独裁统治之下。麦克雷雷大学的行政管理层认可这些团体的存在与合法性,定期向员工和学生团体的干事咨询与员工福利有关的事务。这样,员工与学生团体在大学所有重要的管理团体中都有自己的代表。为保证行政管理人员与学生之间的张力处于最低限度,大学行政经常性地与学生团体的领导人进行对话。大学高层行政管理人员不时安排会议,向全体学生征求意见。大学行政管理部门还邀请教育部长就当前某些他们面临的问题以及解决这些问题的最佳方式等与员工和学生交换意见。员工与学生现在更愿意与大学行政管理部门和政府合作,学生在一些较小的、但重要的委员会中也有自己的代表,例如纪律委员会和餐饮委员会,他们还会就教学和考试问题以及针对教职员工的不公正歧视行为表达关切。

大学治理及大学与国家关系的未来

非洲大学和大学关系层面许多已经发生和正在发生的变化,在很大程度上归因于民主化浪潮。自从“铁幕”落幕以来,这股潮浪潮席卷非洲大陆。对于大多数非洲国家来说,在这股政治自由化的潮流中,可能不会有回头路。在这样的环境下,大学更有可能继续经历积极的变化,特别是在大学自治方面。这种自由的前景肯定会对大学教职员工及学生与其相应的行政管理人员之间的关系产生影响,也会对他们与国民政府之间的关系产生影响。这种民主的大学文化反过来又会影响国家的政治。同样,自由主义政治活动会影响大学,使得院校更多地对政府和更广泛的公众问责。这是因为更大的自由必然伴随着大学承担更多的责任。在大学内部,学术人员希望了解可支配的经费是如何使用的。他们会要求高质量的教育,特别是伴随更多的大学服务变成私营化之后。他们会坚决要求更大的决策权,包括与确定大学高级行政管理人员有关的决策权。在一些非洲国家,私立大学的数量越来越多,这一发展可能会在影响院校治理和大学与国家关系的发展速度与方向方面发挥重要的作用。随着更多的年轻人和感兴趣的成人选择私立大学教育,政府将丧失某些对国立大学的权力,因为政府对高等教育不再享有垄断地位。政府也可能被迫向公立大学提供更多的支持,以使它们能够提供可以与私立大学相竞争的高质量的教育。实际上,私立大学较之公立大学具有一定的优势。私立大学的运行效率更高,因为它们受逐利动机的驱使,并且不受政治干预。为了与私立大学竞争,公立大学行政管理人员必须使他们的经营风格更富效率和更具创新性,使他们的治理风格更为民主,同时比以往更为关注质量和适切性问题。私立大学很可能会成为改革的先行者,它们无需政府敦促就推行改革,因为政治家们更关注竞争日益激烈的政治地盘。具有前瞻性的大学领导就会利用新近获得的自由,为学校争取利益。

国际和国内捐赠者决定哪所大学和哪项计划值得他们资助的行为,也同样可能对大学变化方向产生影响。部分因为捐赠国的纳税人对所提供的资金问责要求，所以捐赠国可能对资助非洲大学更为严格。日益民主并且对学校的经费问责的院校，可能会得到捐赠者的青睐，这些捐赠者对政府有同样要求。无论是地方的非政府组织还是更广大的公众，也都是如此。由于日益的民主化，他们都越来越清楚自己在维持这些国立的院校正常运行中所扮演的角色。

遗憾的是，一些非洲国家进展缓慢，或者根本未取得任何进展。那些处在独裁统治下的国家更是如此。经济不发达、高文盲率以及某些国家不断增强的政治冷漠，也导致在建设治理不断改善和问责不断提高的大学方面进展缓慢。这些机构继续被视为精英的堡垒，对于绝大多数非洲人的生活毫无意义，这种危险性是很高的。不过，总的来说，推动积极变化的动力要大于倒退的动力。在治理和大学与国家关系这两方面，大学之外的因素，特别是国家政治和社会经济发展趋势，在决定变化的速度和方向上依然至关重要。因此，任何旨在改革大学治理结构的努力，都必须考虑到非洲社会更广泛的政治和社会经济维度及其与非洲大学决策过程的关系。但是，大学内部本身必须进行重大的变革。

参考文献

Africa Watch. 1990. "African Universities: Case Studies of Abuses of Academic Freedom." Paper presented at the Symposium on Academic Freedom, Research and Social Responsibilities of the Intellectual in Africa, Kampala, Uganda, November 26-29.

Ashby, E. 1964. *African Universities and Western Tradition*. London: Oxford University Press.

Benneh, G. 2000. "An Overview of Tertiary Education in Ghana." Paper presented at the Foundation Partnership for Strengthening African Universities, Nairobi, Kenya, October 15-17.

Chege, M. 1996/1997. "Africa's Murderous Professors." *The National Interest* 46 (Winter): 32-40.

Coleman, J., and N. Ngokwey. 1993. "Zaire: The State and the University." In R. M. Thomas, ed., *Politics and Education: Case Studies from Eleven Nations*. Oxford: Pergamon Press.

Cross, M., ed. 1999. *No Easy Road: Transforming Higher Education in South Africa*. Cape Town: Maskew Miller, Longman.

Gaidzanwa, R. B. 1995. *Governance Issues in African Universities: Improving Management and Governance to Make African Universities Viable in the Nineties and Beyond*. Accra, Ghana; Association of African Universities.

Galabawa, J. 1997. "University of Dar Es Salaam Governance Structures, Organs and Role Offices: A Description of Salient Characteristics." Paper prepared for a regional dissemination workshop on the state of Kenyan public universities, Mombasa, May 28-31.

Girdwood, A. 1999. *Tertiary Education Policy in Ghana: An Assessment*, 1988-1998. Washington, D. C: World Bank.

Githinji, P. 1999. "Case III: University of Dar-Es-Salaam, Tanzania." In Svava Bjarnason and Helen Lund, eds., *Government/University Relationships: Three African Case Studies*. London: Commonwealth Higher Education Management Service.

Hughes, R., and K. Mwiria. 1990. "An Essay on the Implications of University Expansion in Kenya." *Higher Education* 19, no. 2: 21 5-237.

Hyden, G. 1991. "Academic Freedom in Africa: A Right Long Overlooked." Mimeo. Gainesville, Fla.: University of Florida, Center for African Studies.

Ibonvbere, J. 1993. "The State of Academic Freedom in Africa: How African Academics Subvert Academic Freedom." *Journal of Third World Studies* X, no. 2: 36-73.

Kotecha, P. 1999. "Case I: University of Botswana." In Svava Bjarnason and Helen Lund, eds., *Government/University Relationships: Three African Case Studies*. London: Commonwealth Higher Education Management Service.

Mkude, D., B. Cooksey, and L. Levey. 2000. "UDSM-2000 and Beyond: A Situation Analysis of the University of Dar es Salaam's Institutional Transformation Programme." Mimeo. Dar es Salaam: University of Dar es Salaam.

Mugabe, R. C. 1983. "The Role of the University in the Process of Social Transformation." University of Zimbabwe Public Lecture Series, no. 1. Harare, Zimbabwe: University of Zimbabwe.

Munene, I. 1997. "The Struggle for Faculty Unionism in a Stalled Democracy: Lessons from Kenya's Public Universities." *Journal of Third World Studies* XIV, no. 1 (Spring): 91-114.

Murapa, R. 2000. "An Overview of Higher Education Reforms in Zimbabwe: Challenges and Prospects." Paper presented at the meeting of the Foundation Partnership For Strengthening African Universities, Nairobi, Kenya, October: 15-17.

Mwiria, K. 1992. *University Governance: Problems and Prospects in Anglophone Africa*. AFTED Technical Note no. 3, Education and Training Division. Washington, D. C.: World Bank.

——. 1995. *Enhancing Linkages between African Universities: The Wider Society, the Business Community and Governments*. Accra, Ghana: Association of Africa Universities (AAU).

——. 1998. "Some Views ort the Internal Culture of African Universities." *NORRAG News* (October): 44-45.

——. 1999. "Case III: Makerere University Uganda." In Svava Bjarnason and Helen Lund, eds., *Government/University Relationships: Three African Case Studies*. London: Commonwealth Higher Education Management Service.

Omari, I., and P. Mihyo. 1991. *The Roots of Unrest in African Universities*. Nairobi: Oxford University Press.

Republic of Zambia. 1987. *University of Zambia Calendar* 1986-1987. Lusaka: University of Zambia.

Saint, B. 1992. *Universities in Africa: Strategies for Stabilization and Revitalization*. World Bank Technical Paper no. 194. Africa Technical Department Series. Washington, D. C.: World Bank.

Sifuna, D. 1999. "The Governance of Kenyan Public Universities." *Research in Post-Compulsory Education* 3, no. 2: 175-211.

Tarpeh, D. N. 1994. *Study on Cost-Effectiveness and Efficiency in African Universities*. Accra, Ghana: Association of African Universities.

Task Force on Higher Education. 2000. *Higher Education in Developing Countries: Peril or Promise*. Washington, D. C.: World Bank.

World Bank. 1997. *Revitalizing Universities in Africa: Strategy and Guidelines*. Washington, D. C.: World Bank.

——. 2000. *Higher Education in Developing Countries: Peril or Promise*. Washington, D. C.: World Bank.

4 非洲高等教育财政和经济

莫林·伍德霍尔

引 言

在最近的几十年里，全世界的高等教育，无论是在发达国家还是在发展中国家，都面临重大的经济和财政挑战。需求急剧增加，而资源变得更受限制。这些挑战在非洲尤为严重。在非洲，尽管公众对扩大高等教育入学和对改进高等教育的质量和公平的要求不断提高，但高等教育机构已面临严厉的预算削减和合格工作人员的严重短缺。此外，经济的发展变化产生了对更熟练的劳动力的需求，对更实用的科学技术研究的需求，以及对变化中的劳动力市场的需求作出更为迅速反应的需求。

在过去的30年里，各国政府、国际机构和捐赠者对高等教育的看法都有了重要的转变。在20世纪60年代和70年代早期，非洲经历了一段乐观主义和增长的时期。在这一时期，许多非洲国家取得了政治上的独立，深深地感到需要发展高等教育（部分是因为需要用受过训练的本地毕业生取代移居国外的工作人员），对此作出的反应是增加各级教育的预算拨款，这既是受日益提高的社会需求水平的推动，又是受有关投资人力资本所带来的经济回报的研究的推动。紧接着这个时期的是一个预算停滞或下降的时期，当时政府正与经济与政治危机、战争和其他紧急事件、结构调整计划和普遍的贫困与失业进行抗争。与此同时，许多捐赠者，部分是对初等教育投资回报率和1990年世界全民教育大会所作决议的回应，从强调高等教育转向强调初等教育。在20世纪90年代，因为日益强调“知识经济”，以及围绕1998年联合国教科文组织世界高等教育大会所进行的研究和活动导致对高等教育的作用又进行了重新评估，所以优先发展领域又再次逐步改变。

这些变化中的态度，在最近召开的许多国际会议和有关高等教育的出版物中得到了反映。世界银行发布了一份题为《高等教育：经验教训》的有影响的报告（World Bank，1994）。联合国教科文组织的一次会议最后形成了《21世纪高等教育世界宣言：展望与行动》的文件（UNESCO，1998）。这两个机构召集了一个发展中国家高等教育特别行动小组（Task Force on Higher Education in Developing Countries）。特别行动小组于2000年提交了报告（Task Force，2000）。1999年，非洲大学校长会议在坦桑尼亚召开，会议名为“复兴非洲大学：21世纪策略”。本章主要参考了这些出版物和会议的资料，也参考了非洲大学协会（AAU）和非洲教育发展协会（ADEA）高等教育工作组所开展的活动的资料。

本章由四部分组成。第一部分概括了有关高等教育的经济学研究所得出的主要结论，明确了非洲高等教育面临的主要经济和财政问题，并对由世界银行和其他机构提出的改革高等教育财政的建议进行了思考。第二部分回顾了高等教育财政模式的变化，考察了非洲在利用新的高等教育财政资源方面所取得的经验。第三部分涉及这些财政变化的公平含义，特别是改善以奖学金和学生贷款的形式为学生提供资助的公平性方面所作的努力。最后，第四部分对成功实现财政来源多样化的必要条件进行了思考，审视了对付有关高等教育财政问题的争论中出现的其他问题的新经验，包括降低成本、改进资源配置，以及强化院校管理与治理。

对高等教育的经济学研究

20世纪60年代人力资本概念的发展引发了

人们就教育对经济发展的贡献、教育的成本和经济利益(使用不同教育水平的收入差别作为直接收益的一个证明)和教育投资的回报率等问题的广泛研究(有关概要论述,见 Pscharopoulos and Woodhall, 1985)。这项研究清楚地证明,教育对社会和个人都是一项有利的投资,但是国家、地区和不同层次的教育受益大小不同。经济学家比较了教育投资对个人(个人回报率)和对社会整体(社会回报率)的回报,比较了不同层次和不同类型的教育的回报,以及世界不同地区教育的回报。现在,已对 50 多个国家的教育回报率作了测算,其中包括撒哈拉以南非洲的 18 个国家。在 20 年的时间里,乔治·萨卡罗普洛斯就所有已知的社会和个人回报率研究定期出版摘要和评论(最近一期摘要,见 Psacharopoulos, 1994)。根据这些评论,我们可以在全世界范围内找出以下几种普遍形态:

- 个人回报率高于社会回报率。
- 初等教育往往有最高的回报率,其次是中等教育,高等教育显然是社会回报率最低的投资。
- 发展中国家各级教育的平均回报率高于工业化国家。
- 教育投资的回报率通常超过资本的平均社会机会成本(也就是说,通常把其他社会投资的平均回报率,即 10%作为近似的标尺),而且在大多数发展中国家,教育回报率超过物质资本的平均回报率。

由于萨卡罗普洛斯在这段时间里多年担任世界银行的高级经济学家,所以他的结论被广泛引用,不仅对世界银行的贷款政策,而且对其他国际组织和捐赠者的投资和援助战略都具有相当大的影响。特别是,世界银行在“发展中国家教育资金的供给”研究中所得出的结论——“在大多数发展中国家,初等教育应该获得投资的最高优先权”和由于高等教育是“社会效益相对较小的投资”,所以“当前的资金安排导致教育资源的分配不当”(World Bank, 1986: 9-10),影响了捐赠优先权从高等教育转向初等教育。这种影响普遍深入,以至于高等教育特别行动小组表示,“世界银行得出结论,它的借贷策略应该强调初等教育,在其发展议程上,把高等教育转到一个相对次要的位置”(Task Force, 2000:39)。

批评人士认为,对教育回报率的预测存在严重的缺陷。特别是,社会回报率低估了教育对社会的间接效益(有时称为外在性或外溢效果),这种效益没有反映在相关的收入上。例如,高等教育与社会特别行动小组提出,有关回报率的分析“完全忽视了基于大学的研究对经济的影响——这是一种具有深远意义的社会利益,在任何支持发展高等教育体系的论点中都处于核心地位”(Task Force, 2000:39)。在一篇对非洲教育回报率研究的详尽的评论文章中,保罗·贝纳尔列举了许多缺陷,包括有关收入资料的不够充分或过时,并得出结论:传统的回报率模式“在撒哈拉南部非洲当前劳动力市场的条件下几乎肯定不会奏效”(Bennell, 1996)。

在过去的几年里,这种平衡状态再次发生细微的变化。现在高等教育的社会收益得到捐赠机构更为充分的肯定,这不仅是因为高等教育培训了教师、医生和其他专业人士,而且这些人在所有其他形式的投资中具有重要的意义。尽管如此,高等教育的个人回报率高于社会回报率的结论对高等教育的成本应该如何筹集和分担的讨论产生了重要的影响。即使对社会回报率的精确性有怀疑,但是大学毕业生可以期望更好的工作机会和更高的终身收入,这方面的证据被广泛用来佐证赞成更多地分担高等教育成本的论点,特别是通过缴纳学费或增加学费,采用学生贷款,而不是采用助学金和奖学金的方式。

学生和毕业生个人应该承担更多的高等教育费用,国家承担高等教育费用的份额应该减少,这种论点并不完全取决于回报率的分析。许多研究得出结论,对国家财政的高度依赖是完全不可持续的,因为在非洲,政府的预算常常在减少,而对有限经费的需求导致了相互竞争。此外,坚决要求公平的论点也支持改变国家与个人承担所需经费之间的平衡。从接受高等教育机会的角度来看,来自城市高收入阶层和能够得到更高质量的中等教育的儿童比来自于农村贫困家庭的弱势儿童要高得多,而因为接受高等教育,就意味着展现了更高的终身收入的前景。如果高等教育几乎完全由国家提供经费,就如同大多数非洲国家依然是这么做的那样,那么根据世界银行 1988 年的研究——《撒哈拉以南的非洲》,其结果是“受高等教育支出锐减的影响,收人的不平等就会扩大。这种体制保证富人更富，穷人更穷”(World Bank，1988:77)。

除了大量有关高等教育财政的研究之外，经济学研究还涉及大学内外的成本与效益。经济学家使用“内部效益”(internal efficiency)这个词来表示大学体制内部(反映在毕业率、复读率、辍学率和师生比等指标上)投入(人力和财力投入)和产出(毕业生、研究成果数量等)之间的关系；使用“外部效益”(external efficiency)一词来表示高等教育与劳动力市场(反映在就业率和失业率、毕业生的短缺和利用以及熟练工人等方面)之间的关系。有关高等教育成本的研究侧重非洲大学毕业生非常高的相对单位成本，得出的结论认为“毕业生单位成本……高得出奇。作为人均国内生产总值(表示购买力的一个合理代表)的一部分，公立高等教育的……单位成本是亚洲的 6～7 倍，是拉丁美洲的 9 倍”(World Bank，1988:75)。

非洲大学校舍、设备和藏书不足，学校过于拥挤，教师工资下降导致人才流失，而且时常有人提及非洲高等教育存在“危机”。鉴于这些迹象广泛存在(例如，非洲大学协会所做的调查中就提到这些迹象)，所以学生单位成本“过高”的结论似乎有悖情理(例如，“在经济衰落时期，在撒哈拉以南非洲几乎所有的国家里，大学因为资源不足而遭受的损害巨大，在一些地区，甚至导致了大学的衰弱。简言之，出现了危机”(Coombe，1991:1)。不过，问题是相对于人均国民生产总值(GNP)，或者相对于初等教育或中等教育单位成本，大学教育的相对成本高。世界银行 1988 年的研究提出，作为人均国民生产总值的一个百分比，非洲法语国家公立高等教育的平均单位成本是 1000，非洲英语国家为 600(亚洲平均为 118，拉美为 88)。乌干达的一项有关教育财政的研究指出，在 1987—1988 年，麦克雷雷大学每名学生一年的培养成本比每名小学生一年培养成本高出 500 倍(Kajubi，1992)。不过，这些数据是以 20 世纪 80 年代的研究为基础的。在此之后，许多非洲大学经历了学生人数的大量增加和高等教育公共开支的大幅减少。然而，高等教育特别行动小组 2000 年的报告引用 1995 年第三级教育生均开支(作为人均国民生产总值的一个百分比)的数据时依然表明，撒哈拉以南非洲的平均值是亚洲平均值的 5～6 倍，是拉美平均值的近 10 倍(见表 4.1)。

表 4.1 1980 年和 1995 年第三级教育生均支出占人均国民生产总值比例

(按地区和国家收入水平统计)

世界地区	1980 年	1995 年
低等和中等收入国家	259	91
撒哈拉以南非洲	802	422
东亚和太平洋地区	149	76
南亚	143	74
欧洲和中亚	67	36
拉美与加勒比海地区	19	43
中东和北非	194	82
高收入国家	39	26

来源：Task Force on Higher Education and Society. 2000:123.

撒哈拉以南非洲高昂的相对单位成本外加高重复率和高损耗率，导致了许多国家学生平均学习时间很长，毕业率很低。相比于高收入国家，撒哈拉以南非洲生师比常常很低，反映在教师教学工作量不高，这反过来又经常导致教师低工资，迫使大学教师兼职。不过，各国之间、各大学之间甚至在同一所学校的不同系之间，生师比差别也很大。非洲大学协会的一项有关成本效率的研究发现，苏丹的生师比为 5，象牙海岸的生师比为 19.2。在尼日利亚的一所大学里，农学院的生师比为 4.6，法学院的生师比为 50(引自 Saint，1992:64)。学生与后勤人员的比例则更为混乱，在许多大学，后勤人员人数超过教学人员，以至于在某些情形下，学生与全体员工的比例为 1，这使得学生单位成本剧增，减少了对如书籍和设备维护等方面的基本教育投入。

在对发展中国家的高等教育，特别是高等教育的财政(例如见 Ziderman and Albrecht，1995)进行广泛的研究之后，世界银行的高等教育政策文件(World Bank，1994)总结道，由于招生人数的快速增长和资源供应的停滞或减少，并由此导致质量的下降和低效，高等教育确实面临危机。世界银行提出了四项改革策略：

- 促进更大的院校分层，包括私立院校的发展。
- 鼓励公立大学开拓多元的资金来源，包括与学生分担教育成本,政府提供经费与大学的绩效紧密挂钩。

- 重新定义政府在高等教育中的角色。
- 引入明确侧重质量和公平目标的政策。(World Bank, 1994:4)

这些建议反映在结构调整计划的设计、教育部门贷款的调整,以及 20 世纪 90 年代在几个非洲国家实施并由世界银行和其他捐赠者资助的高等教育改革计划。这些国家包括加纳、马拉维、毛里求斯、肯尼亚和乌干达。世界银行的建议至今仍在莫桑比克和坦桑尼亚等国正在进行的战略规划中发挥着指导作用。

高等教育资金供给模式的变化

非洲高等教育仍然主要由国家提供经费,由公立大学提供。但是最近数十年在许多国家出现了两个重要的变化:

- 几个国家私立院校的增加。
- 通过引入或者提高学费,增加非政府的经费来源,包括研究和咨询收入和其他创收形式,公立院校的经费来源多元化。

私营部门的作用

一直以来,与亚洲和拉美的私立高等教育相比,非洲的私立高等教育发挥的作用要小得多。但是一项为世界银行开展的研究(Eisemon, 1992)得出这样的结论:

> 非洲政府允许建立私立院校,其好处是将人们对高等教育的需求从饱受财政之苦的公立大学和学院身上转移开,而且可以节省一些外汇。……非洲国家的私立高等教育可以帮助满足社会对高等教育的某些需求并使大学系统多元化,因而值得政府给予扶持。(Eisemon, 1992:27)

有几个国家已经认识到私立院校在满足对大学或中学后教育的某些过度需求方面能够发挥的作用,这些国家现在允许甚至鼓励私立大学或中学后职业教育机构的发展。像肯尼亚、莫桑比克、苏丹、乌干达和津巴布韦这样的国家都建立了新的私立大学。在某些情形下,私立院校的招生人数急剧增加。例如在莫桑比克,一些私立学校坐落于首都之外,它们分布的位置缓解了先前首都与地方大学或学院数量不均衡的状况。不过,私立大学学生所占比例依然很低,即使像肯尼亚这样私立高等教育有相当大发展的国家也是如此。相反,在许多亚洲国家,高等教育注册人数中一半多是在私立学校。

私立院校的增长在非洲是一个新近出现的现象,其发展提出了认证或其他质量控制方式的问题。例如在肯尼亚,高等教育委员会(CHE)负责对所有新办的私立和公立大学的认证,负责高等教育的整体规划和协调。在其他国家,教育部或高等教育部负责私立高等教育机构的认证或批准。建立这种认证的标准现是一个关键的问题。

成本回收

近来的另一个发展是引入成本回收(cost recovery),非洲的高等教育成本传统上比亚洲或拉美低得多。20 世纪 90 年代,政府试图通过收取学费或增加学费,来引入成本回收或成本分担机制,而这常常是世界银行高等教育部门或结构性调整信贷的组成部分。例如,在肯尼亚,1989 年政府第一次宣布上大学要交学费,但是由于政治上的反对和学生的不满,这项政策却从来没有实行过,而学生人数从 1984 年的 8000 人增加到 1990 年的 40000 人,从而给政府资金施加了难以承受的财政负担。每名学生缴纳 260 美元的学费以及为贫困学生提供奖学金(照顾到了不到 20%的贫困学生的需要),这些政策是世界银行教育部门信贷的先决条件之一,但是在实施过程中存在许多问题。一名批评者这样总结道:

> 当前,奖学金方案充满着公平分配问题。非常明显,自从奖学金方案开始实施以来,就出现了缺乏明确的确定贫困学生的标准和程序。目前这种随意的、不协调的过程造成了这样的结果:许多应该得到奖学金的学生没有享受到奖学金,而那些获得奖学金的学生却被证明并非急需的。(Orodhu, 1995:41)

这清楚地说明,成本回收制度的实施若要取得成功,关键是看对学生财政支持体系够不够充分。

在加纳和乌干达这样的国家,减少对高等教

育的公共补助和将教育成本的一部分转移到学生身上的第一步就是逐渐减少对食品和住宿的补助,引入收费制度。例如,在乌干达,学生膳宿生活津贴(boom)和补助成本的提高意味着,到1988年,这些费用吸收了麦克雷雷大学80%以上的年度预算,这严重地损害了教育质量。不过,当政府宣布取消生活津贴,收取适度的膳宿费用时,遭到了激烈的反对,但反对的声音最终被平息了。政府通过一场成功的运动使公众相信,免费的高等教育和为大学生提供大量的膳宿补助既是难以支撑的,也是不公平的。当时的校长W·森特扎·卡尤比教授指出:

> 由于交不起高额学费,即便是小学的学费,一些家长不得不让孩子退学,可他们缴纳的税却要为少数能够上大学的幸运儿提供支持,所以可以说免费教育、膳宿、津贴等说白了就是穷人补助富人家长及其子女的一种方式。(Kajubi, 1992)

自从乌干达朝着引入成本回收制度试探性地迈出最初的步伐之后,政府和麦克雷雷大学已经推行了更为激进的措施,包括各种创收计划。特别行动小组2000年报告描述了麦克雷雷大学如何从"没有一名学生缴纳学费转变为超过70%的学生缴纳学费。在那里,政府原先承担所有的运行成本,现在超过30%的费用出自内部的创收"(Task Force, 2000:54)。其结果包括将额外的资源分配给教学基础设施、图书馆和员工薪水,这反过来又提高了教学质量和员工队伍的稳定性。特别行动小组总结道,麦克雷雷大学的经验"使得国家必须是非洲高等教育唯一的供给者的观念不复存在"(Task Force, 2000:55)。

财政来源多元化的其他形式

许多大学也试图通过引入各种增加预算外其他收入的方式,来提高从私人渠道的筹款。一项关于非洲大学创收的研究得出这样的结论:

> 在非洲大学中,在财政多元化和创收方面进展不大,尽管存在潜力……大学必须变得更富有创业精神、更具成本意识和更以利润为导向……捐赠者可以通过资助并组织旨在向政府、大学和学生宣传改革必要性的项目,通过提供经过检验的、电脑化的信息管理系统,通过支持为实施创收活动而付出的努力,为其提供物质帮助。(Blair, 1992:48)

一些非洲大学通过开办夜校、为行业提供在职培训课程,以及其他以市场为导向的、收取全额成本费用的课程,通过增加研究收入,建立咨询单位,出租大学的设施举办会议,将大学书店或其他服务部门私有化,以商业模式经营它们,从而变得更富创业精神。威廉·圣为世界银行所写的报告描述了博茨瓦纳、加纳、肯尼亚、莱索托、尼日利亚、南非和坦桑尼亚等国的一些做法,也包括一些不成功的例子。他引用了一项研究所得出的结论:很少有人或没有人尝试去确定这些活动是否产生了利润,或者甚至足以支付他们实际上所有的费用(Mbajiorgu, 1991)。圣在1992年得出的总的结论是,"在高等教育资金来源多元化方面,在过去的三年时间里取得的进展很小。不过经费的多元化依然是一个重要的目标,因为它关系到大学的稳定"。圣建议,从长远计,大学资金供给模式应该这样构成:

- 70%由国家拨款,依据与招生人数挂钩的公式予以整笔拨款。
- 20%的资金来自学生及其家庭,包括捐赠者与私营部门提供的奖学金和学生贷款。
- 10%的资金来自创收、募捐和其他来源。

圣指出,资金多元化的一个根本的要求是大学拥有收款和经费使用的自主权。而在大多数大学,情况不是这样,特别是非洲法语国家,那里的大学不能控制学校自己的银行账户。"结果,创收直接流入了公共保险箱,大学没有使它们的资金来源基础多元化的动机"(Saint, 1992:59)。

为学生提供经费支持

经费来源多元化时常意味更高比例的高等教育成本从纳税人那里转移到学生及其家庭身上。这种变化对高等教育入学、公平和机会的平等(对于男性与女性、不同社会或收入群体、城市和农村地区等来说)的影响取决于学生可以获得资助的类型和水平。许多非洲国家传统上提供生活津贴和免费的高等教育。但是近些年来,与高等教育资金来源日益多元化相适应,对学生的支持形式也越来越多样化,特别是在更为谨慎地为那些财政贫困以及其他弱势群体提供奖学金方面。在几个国家,包括加纳、肯尼亚、尼日利亚和南非,已经推行学生贷款。

在20世纪90年代,对学生贷款和缓交学费计划的兴趣越来越高,其中有多方面的原因。就像招生人数的增加和财政的紧张使得决策者相信,高等教育机构不能延续老的资金供给制度,完全建立在助学金基础之上的学生资助系统对于政府来说日益昂贵,并最终难以支撑。人们依据公平原则普遍对助学金进行了批评,因为助学金主要让来自于高收入家庭的子女受益,这些人毕业后,又将享有比平均收入更高的收入。既然助学金的经费来自于普通的税款,那么助学金就意味着将穷人的收入转移到了富人身上。

政治论战时常围绕学生贷款问题展开,许多批评人士指出了学生贷款计划实施过程中存在的困难,特别是在发展中国家。他们有时甚至提出,学生贷款在非洲实际上是不可行的。这导致大量有关发展中国家学生贷款经验的研究(见Woodhall, 1992; Ziderman and Albrecht, 1995)。国际教育规划研究所(IIEP)组织了一系列国际论坛回顾学生贷款的经验,这其中包括一个有关非洲英语国家学生贷款问题的论坛(Woodhall, 1991)。法语国家在提供学生贷款方面几乎没有什么经验。

非洲学生贷款计划有着非常混杂的历史。有几个计划,例如南非第三级教育基金(TEFSA)计划证明是受欢迎的而且是成功的,而其他计划,如肯尼亚的计划,多年来在收回偿还借款方面很大程度上是不成功的。在加纳,产生了相当多的问题。1971年,学生对推行贷款制度的反对导致政府下台和第二年学生贷款计划的流产。在20世纪70、80年代,人们经常引用这一经验来说明在非洲实行学生贷款是不可行的,但是分析过加纳早期实验的彼得·威廉得出结论,没有调动舆论关注学生贷款的好处,以及学生中普遍有一种感觉,即他们成了"国家没有控制高等教育成本的替罪羊",解释了这一计划一开始就遭到强烈反对的原因。但是,他提出,贷款"似乎已经被大多数公众接受,甚至一旦计划付诸实施,学生的反对声音也变弱了"(Williams, 1974)。学生贷款最终在加纳再次推行,最初是在1975年,用以帮助学生购买书籍,然后在1989年,用以帮助学生支付生活费用。加纳目前在推行的计划与众不同,因为它是通过社会保障和全国保险信托(SSNIT)这个机构来提供经费的。在毕业生有资格享用养老金或其他社会保障金之前,他们缴纳的社会保障税用于偿还杰出学生的贷款。一项有关这一计划的研究总结道:

> 学生贷款在加纳被认为是可行的,它被视为学生资助制度的一个重要组成部分,没有这笔贷款,学生将没有能力支付住宿、吃饭和购书的费用。尽管过去存在贷款回收率很低的问题,但是政府对于1989年开始推行的这项新计划取得较高的贷款回收率保持乐观,因为贷款的回收是与社会保障和全国保险计划连接在一起的。(Kotey, 1992:458)

非洲和其他地区的经验表明,要有效地设计并管理学生贷款计划,至少有六个必要条件:

- 有效的院校管理,包括筛选借贷人、支付贷款、保存记录,以及存储并处理数据的恰当的制度。
- 合理的财务管理,包括确定合理的、足以抵消通胀的利率,从而维持贷款的资本价值和偿付管理成本。
- 决定贷款是否符合条件、补助是否合适,以及评估延期或宽免偿还贷款的有效标准和机制。
- 确保合法强制收回贷款的恰当的法律框架。
- 有效的贷款收取机制,使用商业银行、所得税制度(如澳大利亚、英国和其他几个发达国家)或减除偿还额(如肯尼亚),以确保高偿还贷款率和拖欠贷款最小化。
- 实行通告和公示,保证人们对借贷和偿还贷款条件的理解和认可。

建立有效的、为贫困群体或弱势群体(包括女性和来自农村的学生)提供奖学金或贷款的学生资助制度,越来越被视为推行学费制度的一个先决条件。没有充分的财政支持,来自低收入家庭的学生就会失去接受高等教育的机会,或者可能因为财政问题而辍学。过去,有关恢复收取费用或学费的政策与有关奖学金、贷款和其他为学生提供资助的政策过于经常性地被视为两个不相关的问题。实际上,这两者是紧密相连的。建立有效的、为学生提供资助的体系,是确保建立有效、公平、可持续的高等教育财务体制的一个重要的条件。

许多国家出现过的一个问题是，在缺乏检验家庭收入的可靠方式和精确方法的情况下，如何识别最贫困的学生。南非第三级教育基金逐渐形成了相当具体的评估学生家庭收入的机制。这些决定是在制度的层面上作出的，但是涉及许多问题，所采取的措施常常是不够细致。在某些国家，大学采用代理措施(proxy measures)，例如学生以往在中学里的学费水平，来对家庭收入进行粗略计算。如果贫困学生的筛选是在地方层面进行的，那么识别低收入家庭和在学生毕业后掌握其去向就可能会容易一些。不过，如果社区或大学抱的态度是学生都是贫困的，认为无法区别不同的个体需要，问题就出现了。

在许多国家，学生贷款计划带来的一个重大问题是贷款偿还拖欠率很高。齐德曼和阿尔布雷特(Ziderman and Albrecht, 1995)总结道，20世纪80年代在肯尼亚，利息补贴、拖欠偿还贷款和管理成本三者合在一起产生的效果，意味着贷款实际上比直接补助的方式成本更高。这在一定程度是由于学生贷款利率比通胀率低得多、类似记录不全这类的管理缺陷以及法律问题，包括未收回的贷款在数年之后被一笔勾销，雇主缺乏从雇员的薪水中扣除偿还贷款的钱的合法权利。对于收回贷款，并没有予以重视。肯尼亚政府将学生贷款的管理转交给商业银行，但是一些银行的管理者抱着“这不是我们的钱”的态度，这意味着他们几乎不会努力去收回贷款。贷款的回收最近有了相当大的改进，部分是因为世界银行投资改进学生贷款计划的结果。包括：

- 贷款记录计算机化。
- 立法授权雇主从毕业生的工资中扣除偿还贷款的部分。
- 开展一项旨在强调偿还贷款义务的大规模公共计划。

在许多国家，学生贷款带来的问题依然存在，特别是由于毕业生失业和由于延长还贷时间和利息补贴而频繁调整还贷计划导致的拖欠偿还贷款问题。许多国家(包括尼日利亚和莱索托)发现，用于学生贷款的所谓周转资金只不过吸入了越来越多的公共经费，并没有产生存款。不过，围绕20世纪80年代早期非洲学生贷款问题的某些悲观情绪已被克服，一些在90年代早期推行的计划和改革正取得更好的结果。

成功的财政多元化和财政改革应具备的条件

发达国家和发展中国家的国际经验表明，高等教育经费改革和多元化尝试能否取得成功，取决于许多因素，包括院校能力和政治意愿。对非洲大学经验的分析可能有助于找到办学经费多元化成功或者失败的条件。1993年，非洲大学协会提出了一项高等教育财政和管理计划(Program on Higher Education Finance and Management)，以支持和宣传这一重要领域的研究。为启动该计划，还召开了地区性会议，对支持非洲大学办学经费多元化的启示意义作了回顾(Woodhall, 1995)，明确有效的成本分担和经费多元化政策和机制必须具备三个条件：

- 对创收与成本回收进行管理且有效确定资助对象的强有力的合理制度框架。
- 对院校和管理团体予以有力的激励，保证收入的有效管理和征收。
- 政治家、学术领导人、学生、家长及社会对财政改革的必要性和期望取得一致。

该项回顾总结道：

> 经验表明，非洲大学办学经费成功地实现多元化取决于：a)有效的计划设计和监控；b)制定恰当的行政、财政和制度框架的能力建设，以进行有效管理和监控；c)加强舆论的一致性，保证学生、雇主、纳税人和整个社会普遍理解并接受这样一项为高等教育机构制定的政策所带来的好处。(Woodhall, 1995:22)

高等教育特别行动小组最近发布的报告分析了这些条件是如何在一个例子中得到成功实现的。这个例子就是乌干达麦克雷雷大学如何惊人地实现经费多元化的：

> 麦克雷雷大学之所以能取得这一突破传统的成就，是由于支持性的外部环境与创新性的院校背景交互作用的结果。在最重要的背景因素中，带来平稳的经济增长……和政治稳定的宏观

经济改革，增强了政府尊重大学自主的意愿。在大学内部，许多改革成果可以归因于大学领导层的活力与想象力，归因于他们相信专业化、参与式和分权管理的好处，归因于他们对改革进程有一种毫不含糊的责任感，归因于他们坚守学术优异的传统。麦克雷雷大学的成就值得非洲其他面临类似的资源窘境的大学借鉴。……它生动性地说明了这样一点，即支持性的政治和经济环境是院校改革的一个先决条件。它也表明，与建立确保资源利用所需的管理结构相关的各种院校因素取决于不同的情况，这不仅仅是为了扩大院校的供给，而且是为了营造学术风气和创建大学为公共利益作贡献所需的基础设施。(Task Force, 2000:55)

麦克雷雷大学的经验表明，财务、管理以及其他院校改革必须紧密结合在一起。这样的改革可包括：

- 课程改革，提高课程的适切性和灵活性，从而增进外部功效，使之更容易从以市场为导向的半工半读的继续教育项目中创收。
- 建立内部资源配置新机制，改进内部功效，为各部门创收提供激励措施。
- 改进员工的使用，例如增加教学工作量，同时改革或增加教师的薪水，以留住更多的教师并奖励绩效。
- 引入管理信息系统和能力建设，以便大学管理人员掌握更为精确的有关损耗和毕业率这样的成本和绩效指标的信息。

这样的措施有助于大学解决在讨论非洲高等教育财政和经济问题时发现的其他一些重要问题。解决这些问题包括想方设法：

- 减少单位成本而不降低质量。
- 减少复读率和辍学率，提高内部效率。
- 改进现有资源的使用，包括教职员工和物资设备。
- 增强大学在学术和财务上的独立性，同时提供为保证问责所需的信息。

在所有这些领域都有许多积极的实例。世界银行在1994年的高等教育政策文件中建议的院校多样化不仅可以从私立大学的增加，而且可以从远程教育的发展中看出来。例如，在20世纪90年代中期，南非的开放大学招收了13万名学生，学生培养的单位成本只是该国家传统大学单位成本的一半(Task Force, 2000:31)。非洲教育发展协会高等教育特别行动小组(WGHE)委托了一项有关高等教育中远程学习活动的调查，并出版了一个包括在博茨瓦纳、喀麦隆、马达加斯加、纳米比亚、尼日利亚、坦桑尼亚和津巴布韦等国实施的远程学习计划的目录(ADEA WGHE, 1998)。最近的发展包括非洲虚拟大学和法语国家一所类似的大学——法语国家虚拟大学，前者得到了世界银行的支持，后者得到了法语国家组织的支持。其他增进高等教育机构多样化的尝试，包括几个国家多科技术学院或理工学院的发展。所有这些新动向都是为了满足某些人对单位成本低于传统大学的私立高等教育日益增长的需要。

改善资源配置对于强化激励和提高效率是很重要的(World Bank, 1994)。在对大学拨款机制所作的回顾中，齐德曼和阿尔布雷特(Ziderman and Albrecht, 1995)对议定预算(negotiated budgets)、基于投入的拨款模式、基于产出的拨款模式和基于品质或学生的拨款体系作了区分。他们列举的几乎所有例子要么是采用议定预算(加纳、几内亚、肯尼亚、塞内加尔、苏丹和坦桑尼亚)，要么是采用基于投入的拨款模式(尼日利亚和南非)。在齐德曼和阿尔布雷特看来，这两种制度的缺陷是拨款往往不稳定，它们没有激励大学提高效率，因为大学常常不能保留通过改进资源效率而节省下来的任何经费，它们也没有激励大学对劳动力市场或学生的需求作出更为迅速的反应。政府引入大学拨款机制的改革，扩大大学的自主权，并激励大学开辟多元的资金来源和提高效率，这方面的情况最近出现了一些。莫桑比克的爱德华多·蒙德拉内大学和乌干达的麦克雷雷大学就是这方面的例子。

根据南非全国高等教育委员会(NCHE)1996年的报告和1997年教育白皮书——《高等教育变革计划》，南非在这方面走得更远。南非试图为所有高等教育机构设计并实施新的拨款方案，建立指导机制，鼓励大学和理工学院实现某些政策目标。这些机制包括不断提高公平、内部效率或质量；对劳动力市场或社会需求作出更为迅速的反应；引入并改进战略规划。南非高等教育机构将来的拨款包括两个主要部分：基于一个拨款公式的整笔拨款和专项拨款。专项拨款用于提供指导，以实现特定的政策目标，例如在全国学生资助计划的名目下，将资金分配给高等教育机构，用于发放学生的奖学金和贷款。位于华盛顿的高等教育政策研究所最近就指导机制的运用作了一项研究(IHEP，2000)，其中包括其他国家的经验，特别是美国的经验，旨在帮助教育部设计新的拨款系统，并以高等教育试点项目联盟(Pilot Project Consortium on Higher Education)的名义在两所大学(德班—威斯特维尔大学和纳塔尔大学)和两所理工学院(索尔塔理工学院和半岛理工学院)中付诸实施。

政府使用财政和其他激励机制进行指导的这一概念，与在许多非洲国家流行的政府具体控制高等教育的模式很不同。弗兰斯·范富格特区分了两种政府影响高等教育的策略：国家控制和国家监管(van Vught，1994:331-332)。政府指导的概念也是国家监管策略的一个组成部分，在许多国家，人们正在接受这一做法，尽管在非洲仍然相对较少。高等教育特别行动小组引用了一名非洲专家的话，他说："在许多国家，随着政府认为有权任命和免去校长(Vice-Chancellor)，大学的治理因此就变成一个纯粹的国家控制的系统。"(Task Force，2000:62)这样一种制度不仅与为减少大学对公共资金的依赖而付出的努力不一致，而且也没有激励大学对劳动力市场或社会需求作出更为迅速的反应。尼夫和范富格特将国家对高等教育的严格控制说成是这个变化无常的世界中的一种"高风险的事业"，而这一变化无常的世界需要高等教育体制具有灵活性和创新(Neave and van Vught，1994:315)。他们证明，在许多国家，特别是欧洲、亚洲和拉丁美洲的国家，存在一种普遍的，向国家监管模式转变的运动。在他们的书中，对4个非洲案例(加纳、肯尼亚、坦桑尼亚和乌干达)作了研究，研究表明，国家控制仍然是标准模式。例如，肯尼亚是"最突出的国家控制模式"的代表(Onari，1994:72)。不过，所有的非洲作者都提出，变化是不可避免的。在加纳，1988—1993年间推行的大学改革一开始就遭到反对，但是这个研究提出，"最初政府的做法是坚持采取具体的措施和遵守实施时间表，但随着政府做法的软化，以及更多地依靠大学的充分参与，理性地协商现实的结果，一个重要的树立自信心的过程就开始了"(Sawyer，1994:48)。坦桑尼亚和乌干达的个案研究也预示了，在这两个国家，政府与大学之间未来的关系也可能改变(见 Sivalon and Cooksey，1994；Eisemon，1994)。正如上面所述，麦克雷雷大学的经验表明，这种变化已经在乌干达出现了。

近来另一个与扩大财政多元化和大学自主相关的趋势是，越来越的人认识到战略规划的重要性。这是1999年非洲大学校长会议(Conference of Rectors，Vice-Chancellors，and Presidents of African Universities)的一个重大主题。为非洲教育发展协会高等教育特别工作小组所作的有关莫桑比克爱德华多·蒙德拉内大学的经验分析提供了积极的和消极的教训。这项研究得出结论，建立参与式规划的过程不容易，但是

> 它带来的直接好处是能扩展问题意识并且能在学生、教师和行政管理人员中激发出一种更强烈的"主人翁"感。它给予主要的参与者有关规划和预算方面的操作培训……并且为实施必要的改革提供重要的刺激。(Fry and Utui，1999:19)

非洲教育发展协会最近发表了一篇文章，对一份由非洲大学协会和世界银行联合完成的报告进行了概述。文章得出结论："只有当非洲的大学自身调动积极性时，非洲大学复兴的过程才算开始。……大学管理人员和教师必须为自己的未来承担责任，并且为了自身的利益主动进取。"(ADEA，1999:2)

本章对非洲高等教育最近获得的经验进行了回顾。这一回顾表明，非洲的高等教育机构已经采取一些新的举措，包括进行战略规划，开辟新的收入来源，提高内部效率，探究课程改革方式，为适应劳动力市场和社会的需求而引入包括远程学习在内的新课程，等等。不过，经验表明，只有在支持性的环境里，这些努力才会取得最佳效果。政府和拨款机构通过以下途径可以营造这样的支持性环境：通过为弱势学生群体设计有效的资助体系，通过引入旨在提高效率的拨款机制，通过建立有助于院校监控财务变化效果和改进管理能力的信息管理系统和培训体系。

参考文献

ADEA (Association for the Development of Education in Africa). 1999. "Higher Education in Africa: The Way Forward." *ADEA Newsletter* 11, no. 1 (January-March): 1-3.

ADEA WGHE (Association for the Development of Education in Africa Working Group on Higher Education), 1998. *Tertiary Distance Learning in Sub-Saharan Africa: Overview and Directory to Programs*. Washington, D. C.: World Bank, for ADEA Working Group on Higher Education.

Bennell, P. 1996. "Rates of Return to Education: Does the Conventional Pattern Prevail in Sub-Saharan Africa?" *World Development* 24, no. 1: 183-199.

Blair, R. D. 1992. Financial Diversification and Income Generation at African Universities. Africa Region Technical Department (AFTFD) Technical Note no. 2 Washington, D. C.: World Bank.

Coombe, T. 1991. *A Consultation on Higher Education in Africa: A Report to the Ford Foundation and the Rockefeller Foundation*. London: Institute of Education, University of London.

Eisemon, T. O. 1992. *Private Initiatives and Traditions of State Control in Higher Education in Sub-Saharan Africa*, Population and Human Resources Department Education and Employment Division (PHREE) Background Paper 92/48, Washington, D. C.: World Bank.

——. 1994. "Uganda: Higher Education and the State." In G. Neave and F. Van Vught, eds., *Government and Higher Education Relationships across Three Continents: The Winds of Change*. Oxford: Pergamon Press, for the International Association of Universities (IAU).

Fry, P., and R. Utui. 1999. *Promoting Access, Quality and Capacity Building in African Higher Education: The Strategic Planning Experience at the Eduardo Mondlane University*. Washington, D. C.: World Bank, for the Association for the Development of Education in Africa (ADEA) Working Group on Higher Education.

IHEP (Institute for Higher Education Policy). 2000. *Funding South African Higher Education: Steering Mechanisms to Meet National Goals*. Washington, D. C.: Institute for Higher Education Policy.

Kajubi, W. S. 1992. "Financing of Higher Education in Uganda." *Higher Education* 23, no. 4: 433-441.

Kotey, N. 1992. "Student Loans in Ghana. *Higher Education* 23, no. 4: 433-441.

Mbajiorgu, M. S. N. 1991. "Innovative Responses to the Problem of Under-funding of Universities." Paper presented at the Economic Commission for Africa (E)CA/Association of African Universities (AAU) Senior Policy Workshop on Resource Mobilization and Financing of African Universities. Accra, Ghana, December 1991.

Neave, G., and F. Van Vught, eds. 1994. *Government and Higher Education Relationships across Three Continents: The Winds of Change*. Oxford: Pergamon Press, for the International Association of Universities (IAU).

Omari, I. M. 1994. "Kenya: Management of Higher Education in Developing Countries-The Relationship between the Government and Higher Education." In G. Neave and F. Van Vught, eds., *Government and Higher Education Relationships across Three Continents: The Winds of Change*. Oxford: Pergamon Press, for the International Association of Universities (IAU).

Orodhu, J. A. 1995. "Cost Recovery and Its Impact on Quality, Access and Equity: The Case of Kenyan Public Universities." *Higher Education Policy* 8, no. 1: 40-43.

Psacharopoulos, G. 1994. "Returns to Investment in Education: A Global Update." *World Development* 22, no. 9: 1325-1343.

Psacharopotdos, C., and M. Woodhall. 1985. *Education for Development: An Analysis of Investment Choices*. New York and Oxford: Oxford University Press.

Saint, W. 1992. *Universities in Africa: Strategies for Stabilization and Revitalization*. Washington, D. C.: World Bank.

Sawyer, A. 1994. "Ghana: Relations between Government and Universities." In G. Neave and F. Van Vught, eds., *Government and Higher Education Relationships across Three Continents: The Winds of Change*. Oxford: Pergamoii Press, for the International Association of Universities (IAU).

Sivalon, J. C., and B. Cooksey. 1994. "Tanzania: The State and Higher Education." In G. Neave and F. Van Vught, eds., *Government and Higher Educa-*

tion Relationships across Three Continents: *The Winds of Change*. Oxford: Pelgamon Press, for the International Association of Universities (IAU).

Task Force on Higher Education and Society. 2000. *Higher Education in Developing Countries*: *Peril and Promise*. Washington, D. C. : World Bank.

UNESCO. 1998. *World Declaration on Higher Education for the Twenty First Century*: *Vision and Action*. Paris: United Nations Educational, Scientific and Cultural Organization (UNESCO).

van Vught, F. A. 1994. "Autonomy and Accountability in Government/University Relationships. " In J. Salmi and A. M. Verspoor, eds. , *Revitalizing Higher Education*. Oxford: Pergamon Press, for the International Association of Universities (IAU).

Williams, P. 1974. " Lending for Learning. " *Minerva* 12: 326-345.

Woodhall, M. 1991. *Student Loans in Higher Education* 3: *English Speaking Africa*. Paris: International Institute for Educational Planning (IIEP).

——. 1992. " Student Loans in Developing Countries: Feasibility, Experience and Prospects for Reform. " *Higher Education* 23, no. 4: 347-356.

——. 1995. "Financial Diversification in Higher Education: A Review of International Experience and Implications for African Universities. " *Higher Education Policy* 8, no. 1: 16-23.

World Bank. 1986. *Financing Education in Developing Countries*: *An Exploration of Policy Options*. Washington, D. C. : World Bank.

——. 1988. *Education in Sub-Saharan Africa*: *Policies for Adjustment*, *Revitalization and Expansion*. Washington, D. C. : World Bank.

——. 1994. *Higher Education*: *The Lessons of Experience*. Washington, D. C. : World Bank.

Ziderman, A. , and D. Albrecht. 1995. *Financing Universities in Developing Countries*. Washington, D. C. and London: Falmer Press.

5 非洲的私立高等教育——六国案例研究

贝弗·塔福

本章根据国际教育文献中归纳出来的某些视角和主题，分析6个非洲国家私立高等教育的发展。第一部分简要概述文献中出现的观点和主题。第二部分对六国研究进行描述性回顾，对与私立高等教育部门的规模和形态相关的一些要素进行概述，然后根据文献的视角集中提出国别研究中的几个主要问题。第三部分将国别研究中的明显趋势与南非私立高等教育的发展趋势作一简要比较。在结语部分，提出私立高等教育领域中对社会政策具有启示意义的广泛主题。

非洲私立高等教育发展受国内和全球因素的刺激影响，但其发展是一个很不均衡的过程。这个部门的稳步增长导致了从非营利性到营利性的多种院校类型的出现，每一类院校均发挥了独特的社会功能。非营利型院校倾向于宗教导向，强调强烈的道德话语；而营利型院校倾向于商业导向，突出强烈的与市场相关的话语。在南非，市场话语占主导地位。除南非外，6个国别研究的特征是宗教与市场话语的相互竞争。这些不同话语间出现的紧张关系由政府来调解，因为政府要纠正高等教育不公正。

私立高等教育：国际视角和主题

在有关私立高等教育的国际文献中，有几个主题是显而易见的。界定该领域的一个方法是，在整个高等教育体系中为公立和私立划定分界线。但是，“名为私立和公立的学校并不总是会分别表现出私人的和公共的性质”(Levy，1986：15)。例如，财政标准常被用来区分公立和私立，但这一标准也不能清晰地适用，因为“私立大学可能获得政府资助；而公立大学也可以获得商业捐款”(Levy，1986：15)。这一模糊性使得我们难于明晰地对非洲的大学教育作出公立和私立之分。

除了缺乏清晰的概念，私立高等教育的含义也因国而异。一个国家的私立高等教育含义可能与另一个国家不尽相同。例如，因特定国家而异的背景，使私立高等院校在不同国家被赋予不同的地位(Geiger，1986)。

对这一领域进行界定的另一个问题，与国家介入私立高等教育部门的程度有关。界定该领域的一个通行办法是，把独立于国家财政独立办学的高等院校汇集在一起，并称之为私立高等院校。换言之，“只要一所学校的收入来源不是来自政府，它就是私立的；反之，如果依赖政府，它就是公立的”(Levy，1986：16)。但是，试图理解国家介入私立高校的本质，集中反映了这种关系的复杂性。国家在确定私立高校生存的条件时发挥了直接或间接的影响作用(Geiger，1988)。如，印度私立高校的增长与高等教育的政策变化有关(Tilak，1999)。政府的角色是决定私立高等院校发展的关键因素。

私立高等院校发展的原因必须加以审视。公立部门无法满足的教育需求被称为需求吸收(demand-absorption)(Levy，1986)。不同学者用这个观点分析了私立高等教育在拉美(Levy，1986)、日本(Geiger，1986)、菲律宾(James，1991)、肯尼亚(Eisemon，1992)、印度(Tilak，1996)等地的兴起。另一个动力是对差异化教育(differentiated education)的需求(Geiger，1985；James，1991)。支持这一观点的人认为，当社会的某些群体寻求可替代的和特定的教育类型时，差异化教育的需求就产生了(Geiger，1985)。例如，对墨西哥的国别研究侧重差异化这个主题(Kent and Ramirez，1999)。私立高等教育增长的另一个与差异需求有关的因素是对更好教育的需求。这种需求基于私立高校可以提供比公立部门更高质量的教育的主张(Geiger，1985)。除了对高等教育的社会需求等本土因素外，市场理念(market ideology)也被认为会影响私立高等教育部门的发展。这对营利性高校尤其如此。从这一观点来看，私立高等教育被视为可交易的商品。市场理念在高等教育中的应用与国际上日益强调教育是经济增长的关键有关(Altbach，1998)。这些因素的结合导致了私立高等院校在国际范围内的扩张。

对国际文献中的一些主题进行简要梳理之后，很重要的一点是要确定有关非洲私立高等教育论争的范围。有关这一论争的文献目前还很稀少。一项最近的研究发现，到目前为止还没有大规模的研究来追踪非洲私立高等院校的建立及其对高等教育的贡献(Nwamuo，2000)。但是已出现了一些基于国别的研究，包括肯尼亚(Eisemon，1992)和加纳(Ministry of Education，1995b)，以及最近一项有关非洲私立大学的研究(Nwamuo，2000)。这些文献突出了两个主题。第一个主题侧重吸收需求这一命题。例如，埃斯蒙认为，肯尼亚私立高等教育发展的原因之一就是社会对高等教育的需求超出了公立部门可以提供的能力。他还认为，私立高等教育的增长是“20世纪80年代末公立中等和高等教育剧增的结果”(Eisemon，1992:7)。公立部门不能满足这一扩张，于是私立大学就被准予发展。

第二种观点认为，非洲私立大学的发展与高等教育入学增长有关。最近的一项研究涵盖了非洲总共80所私立大学。在财政窘迫导致公立大学标准下降的背景下，出现了建立具有全新授权和使命的新大学的论点(Nwamuo，2000)。

国别案例研究概述

由于缺乏可获得的资料，本研究局限于那些基础数据较好的非洲国家。作为本研究重点的6个国家分别是加纳、肯尼亚、尼日利亚、坦桑尼亚、乌干达、津巴布韦。根据基础数据和委托完成的报告，本章说明了这6个国家私立教育部门的扩张情况(表5.1)。

表5.1 2000年(或已知的最近日期)私立高等教育机构数量

地区国家	学院	多科技术学院	大学	总计
西非加纳	27	—	4	31
尼日利亚	2	1	6	
东非肯尼亚	—	—	8	
坦桑尼亚	—	—	10	
乌干达	—	—	6	6
南部非洲津巴布韦	3	—	4	7
总计	32	1	35	68

来源：Ministry of Education，1995；Nwamuo，2000.

在这6个国家的国别研究中，私立高校的数量在最近几年都有所增长。但是很难准确地描述不同国家私立教育部门的规模。2001年，这6个国家共有68所私立高校。

描述私立高等教育部门规模的难点之一是，学院的办学难以定型。例如，是否所有学院都在高等教育层次办学，这并不清楚。此外，这些学院作为培训、鉴定和标准的提供者的功能也根本没有明确界限。因此，应该谨慎对待加纳的31所私立高校的数据。如果排除学院和多科技术类学院，这6个国家的实际私立大学的数量是35所(Nwamuo，2000)。在私立高等教育部门中，东非国家走在前列(表5.2)。

为了评判私立大学部门的规模，很重要的一点是与公立高等教育部门的学校数量作比较。

东非地区的私立大学数量开始超过该地区的公立大学。在东非的3个国家，我们均可发现私立大学部门增长的迹象。不过，在尼日利亚这一趋势并不明显，那里公立大学规模巨大，而私立大学部门规模较小。另一方面，加纳和津巴布韦私立大学与公立大学的数量相当。在加纳，有迹象表明，一些学院类型的院校获得了大学地位。例如，谷景(Valley View)和中央(Central)20世纪90中期的登记为学院，而目前已登记为大学(Ministry of Education，1995b；Nwamuo，2000)。

表 5.2 1999—2000 年非洲各地区公立和私立大学的数量

地区	国家	公立	私立	总计
西非	加纳	5	4	9
	尼日利亚	35	3	38
东非	肯尼亚	7	8	15
	坦桑尼亚	3	10	13
	乌干达	2	6	8
南部非洲	津巴布韦	4	4	8
总计		56	35	91

私立部门增长的指标之一是私立高校的招生规模。在尼日利亚,公立和私立高校的入学人数的对比表明,私立部门的规模还相当小。例如,贝宁大学的总入学人数是 24230 名(AAU/IAU, 1999),而巴布科克大学(Babcock University)(一所私立大学)的入学人数的范围预计在 500 人至 1000 人之间(Nwamuo, 2000)。最后,津巴布韦大学的入学人数是 12938 名(AAU/IAU, 1999),而索留西大学(Solusi University)(一所私立大学)只有 529 名学生(AAU/IAU, 1999)。

虽然私立部门的入学人数很少,但是私立大学相比公立大学的数量却相当可观。除了尼日利亚,公立大学的数量正受到不断扩张的私立高校的挑战。因此,六国国别研究中大学数量的增长并没有与肯尼亚、津巴布韦和尼日利亚私立大学部门的入学规模的增长保持同步。

院校类型

除了尼日利亚的多科技术学院(polytechnics),私立高校可分为以下三种类型:大学、学院和职业学院或学校。在某些情况下(如肯尼亚),大学领导承诺将私立大学提升为教学—研究型学校。多科技术学院(主要在尼日利亚)和学院(加纳)都开设文凭和证书层次的课程。在加纳,还可以通过公立大学授予某些专业学位和预科学位。加纳的许多外国职业学院提供的课程可获得英国本土院校的职业资格证书(Ministry of Education, 1995b)。这些英国的机构如管理会计师特许学院(Chartered Institute of Management Accountants)和市场营销特许学院(Chartered Institute of Marketing)。这些国家不同类型院校的存在构成了本研究的重点。这些不同类型院校之间的可转移性和关联需要进一步深入研究。

在非洲,非营利性大学似乎占据了主导。由于财政状况和课程导向之间的一贯联系,非营利性高校往往带有宗教导向(伊斯兰教或基督教),而营利性高校往往采取世俗的方法。除了职业学院,这种宗教导向在非营利性学院、理工大学和大学中也十分明显。

项目重点

私立高校提供许多不同层次的项目。在加纳,学院可以分为 4 个子类别,分别侧重不同的项目。非营利性神学院在证书和文凭层次提供培养教士的项目。教会学院的子学院提供商业课程,作为对宗教学习内容的补充。这些课程通常与加纳大学合作提供,可获得学位。学院的第三类别具有职业倾向,提供艺术和设计、无线通信、汽车工程等专业的证书课程。最后一个职业研修学院(也称职业学校或学院)主要通过基于英国的机构举办的考试提供会计、管理、工商管理、销售等方面的职业培训(Minstry of Education, 1995b)。

在肯尼亚、坦桑尼亚、乌干达,私立大学提供一系列项目,从宗教、科学技术、护理、农业、通信到许多人文和社会科学课程,其中一些项目附带宗教学习内容。

在这 6 个国家中,宗教导向的非营利性高校要么侧重伊斯兰教教育要么侧重基督教教育。在某些情况下,宗教的内容与世俗的核心内容相结合。为此,乌干达姆巴莱大学(Mbale University)某些学科的个别课程融入了伊斯兰教的观点(Useem, 1999b)。例如,政治科学项目提供了一个关于伊斯兰教政治思想的模块,在社会科学中,弗洛伊德和达尔文的理论与伊斯兰教关于人类个性与创造的内容一并讨论。基督教导向的非营利性院校的情况与此相似。两者都涉及宗教认识论的宣言。因此,私立高校中出现的一个新兴的主题是强调道德观念与价值。但是,这种宗教话语逐渐受到市场经济话语的挑战,后者强化了营利性院校中商务学习课程占主导的局面。

有几所营利性高校提供适应市场需求的特殊课程。尤西姆认为,这些高校没有仿效“大学的超市模式,项目涵盖所有或大部分领域”(Useem, 1999a: A66)。相反,它们提供选择性课程,因此可以更好地理解为“专卖”院校。其课程专为适应商业市场特别设计,正如乌干达库姆巴大学(Nkumba University)的情况。这样,营利性、世俗和商业导向的私立高校正在提倡满足差异需求。非营利性高校也可以采用类似的差异课程,将宗教作为一种差异需求。

两个关键的因素往往主导着私立高校的课程:宗教训练和商业管理课程。商业学习领域的课程包括销售、行政、经营、会计学、金融和财政。这些课程属于证书及文凭层次(尼日利亚和加纳的情况)和学位层次(肯尼亚和津巴布韦的情况)。对商业课程的强调暗示了市场导向的兴起。尽管乌干达和坦桑尼亚没有可获得的资料,但官方的说法还是显示了类似的动向(Useem, 1999a)。

私立高校财政

这里考察的 6 个国家的私立高校的经费有多种来源。首先,学费是一个重要资金来源。根据收集到的有关肯尼亚和津巴布韦的资料,这两个国家私立高校的学费相差较大。肯尼亚天主教大学(Catholic University)收费 1268 美元,而津巴布韦索留西大学(Solusi University)的学费为 55 美元(AAU/IAU, 1999)。两国的私立和公立高校之间的学费也有巨大差别。如肯尼亚天主教大学的学费是肯雅塔大学(University of Kenyatta)(每学年 415 美元)的 3 倍。另一方面,在津巴布韦,与公立大学(每学年 272 美元)相比,索留西大学收取了最少的费用。肯尼亚私立大学的学费比公立大学高得多,而津巴布韦则正好相反。正如阿特巴赫(Altbach, 1999)所指出的那样,肯尼亚教育的高额费用使入学者仅限于精英阶层。

私立高校,尤其是有宗教背景的非营利性高校的第二个资金来源是主办机构的补助。附属机构的赞助使低学费成为可能,一如在加纳、肯尼亚和津巴布韦的情况。另一个例子是乌干达伊斯兰大学(Islamic University in Uganda),它获得最初的创立者伊斯兰会议组织(the Organization of Islamic Conference)的经费。这些补助附带某些条件,将当地高校与国外主办机构的理念和价值相联系。如在乌干达,沙特阿拉伯的资金援助与支持宗教激进主义密切有关,这与乌干达普遍存在的更具自由主义色彩的版本相矛盾(Useem, 199b)。

私立高校的第三种经费来源是国内和国际高等教育利益相关方制定的贷款计划。乌干达高等教育部赞成世界银行的更多参与,尤其是以政府贷款形式为私立大学创造周转资金(Useem, 1999a)。无独有偶,1998 年,肯尼亚高等教育贷款委员会根据家庭收入审查在私立大学引入了学生贷款制度(Kigotho, 1998)。在坦桑尼亚,公立和私立高等教育部门合作开展了一项政府发起的帮助学生入读私立大学的计划(Useem, 1999a)。在尼日利亚,由尼日利亚教育银行(Nigerian Education Bank)运作的贷款修正计划已经付诸实施(Barrow, 1996)。

除了积极建立私立高校拓宽财政渠道的机制外,政府还以其他直接或间接的方式帮助私立高校。乌干达政府向姆巴莱大学(Mbale University)捐赠了 300 英亩土地,位置毗邻目前的校园。此外,加坎帕拉(Kampala)的一份黄金地产也送给了大学,而大学正用这块土地建设办公场所。其目的是通过租赁赚取收入(Useem, 1999b)。另一方面,虽然肯尼亚政府没有向私立高校提供任何形式的直接资助,但是它在帮助学校自我筹资的过程中发挥了积极的作用。在肯尼亚和坦桑尼亚,政府鼓励私立部门投资私立高校,肯尼亚高等教育委员会(Kenyan Commission for Higher Education)极力鼓动私立部门向大学投入资金和捐赠资源。在坦桑尼亚,政府正和私立部门合作开发系统,使政府赞助的学生可以入读私立大学(Useem, 1999a: A66)。另一方面,尼日利亚不向私立高校提供政府资助。在尼日利亚,私立高校没有从 1993 年制定的公立高等教育税收资金法令中获益(Barrow, 1996)。最后,在加纳,私立高校“获得的待遇与其他私营公司没有任何区别,没有因其作为教育机构而获得特权”(Ministry of Education (Ghana) 1995, iv)。

治 理

私立大学的最高决策层是董事会,其次是大学理事会和学术委员会(Nwamuo, 2000)。在这些管理结构中,校长作为这些机构的创立者拥有很大的决策权,并决定其组成方式能确保私人利益至高无上。与公立大学的管理结构不同,这些机构的组成人员由私立高校决定。在公立大学的情况下,国家控制对这些委员会的关键人物的任命。在国别案例中,非营利性和营利性院校的决策权都控制在个人手中,这些个人或者作为主办机构的代表或作为利益相关方利益的代表。

跨国院校的治理机构中的一个关键问题是,这些院校的价值和治理工具是否分别反映并确保了它们的利益。尽管本地大学附属于跨国院校,但两者有时共享构成结构(Ministry of Education, 1995b)。结果,国际院校校的治理风格和文化最终影响和塑造了当地高校。例如,肯尼亚和乌干达的某些当地私立高校对跨国宗教团体负责。同样,如果治理结构的组成反映了个人利益——如在营利性高校的情况——行政管理人员主要对私人股东的利益负责。与大部分公立大学不同,大部分私立高校拥有独立选择任命员工的权力。既然国家没有控制任命权,那么就可以说,如果员工任命反映主办机构的价值和利益,主办机构也就行使了其对任命本质的控制。例如,乌干达的烈士大学(Martyrs University)寻求雇用那些内化了大学愿景的员工(Useem, 1999a)。

私立高校中,自主权的行使与课程内容有关。从6个国家所收集的资料表明,虽然从国家那里获得的自主权的行使与课程有明显的关系,但在非营利性高校学术内容受到附属团体的影响。例如,在乌干达,沙特阿拉伯母机构提供的赞助与宣扬伊斯兰教原教旨主义有关(Useem, 1996b)。同样,在营利性高校,市场动机影响了课程的学术内容。如乌干达库姆巴大学的课程带有明显的市场导向。

与公立高校相比,私立高校拥有更大的自主权。但是,这并不意味着国家放弃对私立高校的治理机构的监管和塑造(Geiger, 1988)。相反,在一些国别研究中,国家一直试图在私立高校中复制公立高校的治理机构。为此,一些国家提出要在公立和私立部门的学术治理结构之间建立统一和规范的标准的想法。如在肯尼亚,私立大学在历史上曾将其治理结构建立在支持这些大学的跨国机构的基础之上,现在应该模仿公立大学的模式(Ministry of Education, 1995c)。同样,尼日利亚私立高校建立院校治理结构的要求之一是,强调与公立高等教育部门的行政和管理结构保持一致(Barrow, 1996)。在加纳,这种复制治理系统的策略或许受到限制,因为那里的营利性高校中盛行高度个性化的管理风格(Ministry of Education, 1995b)。

学术人员

在6个国家的国别研究中,私立高校的全职学术人员的数量都很少。补充这批全职教师的是来自公立高校的兼职学术人员。私立高校倾向于通过提供比公立高校高、富有竞争力的工资和工作收益来巩固这个群体。在公立大学工资低下和工作条件艰苦的背景下,私立大学决定用工资来吸引员工。另一个策略是鼓励教师开展研究。私立高校大力强调发扬科研文化,以使教职员工能跟踪各自领域的前沿(Useem, 1999a: A66)。私立大学中出现的一个趋势是制定吸引并留住员工的策略。这一点尤其重要,因为私立院校要与东非各国政府争抢员工,东非各国政府正急于在内阁和官员任命中实现宗教平衡(Useem, 1999b)。

由于进一步增加全职教师的财力有限,所以私立高校经常聘用公立大学的教师。加纳和乌干达的情况就是这样。在乌干达,来自公立大学的学者补充了私立大学全职教师的队伍,他们教授经选择的兼职课程。这种第二职业在加纳私立高等教育部门中也十分普遍(Ministry of Education, 1995b)。但是必须注意到兼职引发了一些紧张关系,从事第二职业的教师对院校的忠诚度不如其他全职人员。私立大学试图培养和控制自己员工的力量,如烈士大学青睐"内化了大学的愿景并能构成院校核心"的员工(Useem, 1999a)。因此,该大学采取了一项在校外招聘人员之前优先考虑本校毕业生的政策。

规 制

私立高校的扩张使非洲国家政府的协调和控制成为必要(Altbach, 1999)。非洲国家已经制定了许多法律框架来规制高等教育部门。在国别研究中,法律框架因国而异,肯尼亚、坦桑尼亚和尼日利亚的框架十分严格,而加纳的则十分薄弱。

在肯尼亚,建立私立大学必须符合十分严格的规章制度。肯尼亚详细规定了私立大学建立过程的法律和法规。根据大学法案的条款,建立私立大学要由总统授予特许状。高等教育委员会批准特许状之前(私立高校)必须满足一系列严格的指标,包括录取要求、项目长度、资格水平、招生、项目能力、对员工的学术资格的最低要求、基础设施、管理大学员工的种族标准等(Ministry of Education, 1995c)。坦桑尼亚高等教育认证委员会也规定了类似的条件(Nwamuo, 2000)。

在津巴布韦,负责1990年高等教育法的国家委员会授权国家高等教育委员会(National Council for Higher Education)接受和考虑私立大学和学院的建校申请。委员会向高等教育部长提出建议,然后再呈交总统。通过这一过程,私立高校作为拥有自己特许状的法人团体才得以建立起来。特许状的管理因素明确了私立高校组织结构的标准(如远景和使命、成员资格、治理、员工任命和服务条件)、录取程序、学生的政治权利和纪律(Ministry of Education, 1995a)。在津巴布韦,每所私立高校必须支付注册费,每年向教育部设立的私立学院信托基金捐款(相当于约5美元)。该基金用于“有效监控大学校长和教师的课程/研讨会”(Ministry of Education, 1995a:69)。

尼日利亚的私立高等教育部门要遵守严格的规章制度。这源自对1979年宪法的独特阐释。它引发了私立高校发展的高潮,在其开始实施的6个月里,尼日利亚建立了26所私立大学。这种扩张“没有认真考虑质量、充分的规划和资金等问题”。据说,有迹象表明只有几所学校根据发展目标制定了规划(Aliyu, 1984,引自Barrow, 1996)。考虑到要维护学术标准,考虑到这些大学学生的就业力状况等经济因素,政府于1984年对私立大学实施干预。通过1984年法令,政府废除了私立大学并禁止建立新的大学(Barrow, 1996)。但是,20世纪80年代末,社会对高等教育需求的增长产生了重新审查这个法令的必要。高等教育评价委员会(Commission on the Review of Higher Education)提出了一整套建立新高校的标准。根据新的1992年法令,联邦政府、州政府和其他感兴趣方都可以遵守一定的法律标准建立高等院校。这些标准包括诸如满足可预见需求的学术结构和重点;与尼日利亚社会、政治和经济愿望相符合的远景和使命;足够的资金等因素。此外,标准还包括有关基础设施建设和项目发展的“总规划”;足够的教学资源、设施和工具;充足的生源和基于既定规范的行政结构;专业合作和附设机构体系。这些规定十分严格,十分重视质量保障措施(Barrow, 1996)。

加纳对非大学营利性学校规制很少。1961年教育法规定了加纳所有第三级私立高校的注册和管理,但似乎从未实施过。私立学院与其他私立公司的待遇没有任何区别。在这种意义上,政府主张不应授予私立学院任何特权(Ministry of Education, 1995b)。

加纳早在40年前就制定了私立高校的立法框架。除加纳之外,这种结构最近才被引入肯尼亚、尼日利亚和津巴布韦等国。这些国家的重点各不相同:肯尼亚偏重学术标准,而尼日利亚和津巴布韦分别偏重财政稳定性和组织结构。

重要主题

扩张和差异化

本章考察的6个国家中,私立高校的数量均呈现稳步增长。在乌干达和肯尼亚,高等教育需求的不断增长导致高等教育高层官员支持私立大学部门的发展。在乌干达,议会已在考虑支持建立国家高等教育委员会的立法,并将该委员会作为私立高校的认证机构(Useem, 1999a)。津巴布韦也出现了高等教育供不应求的状况(Ministry of Education, 1995a)。20世纪80年代后期,津巴布韦高级水平学生剧增,形成了申请人学公立大学的高峰,这些公立大学采用选拔性入学标准。但是,公立大学无法快速满足这一增长。高等教育社会需求的增长导致了修正法案的制定,它授权国家高等教育委员会接受和考虑私立大学和学院的建校申请(Ministry of Education, 1995a)。尼日利亚实施1992年法令,允许建立私立高校后也出现了这样的情况。有迹象表明加纳的私立教育部门也出现了增长。

私立高校的发展与特殊群体的需求有关。在所有6个国家中,私立大学都与基督教的许多教派相关。如尼日利亚、加纳和乌干达有基督复临安息日会;加纳、肯尼亚和津巴布韦有卫理会;肯尼亚、尼日利亚和乌干达有天主教会;坦桑尼亚和加纳有英国国教、路德教和五旬节会。尽管基督教占据了主导,伊斯兰教在坦桑尼亚桑给巴尔大学(University of Zanzibar)和乌干达姆巴莱大学也发挥了一定的作用。很明显,基于宗教的私立高校的社会功能是提供专业培训和提升大学层面的宗教知识。可置辩的是,在高等教育层面灌输宗教价值可能是对主导高等教育知识生产的世俗和西化的认识论的一种挑战方式。

私立高等教育财政

私立高校是自我筹资的机构,其经费有多种来源。这种多样性造成了它自身的紧张关系。例如,高额学费可能使入学仅限于精英阶层的学生(Altbach, 1999)。这将最终违背一项重要的"新使命和授权"(Nwamuo, 2000),即开放高等教育入学。就主办附属的跨国教育机构而言,有迹象表明财政与某些条件绑在一起,而这些条件最终限制了学校的自主权。同样,诸如来自世界银行的贷款也影响了学生的课程类型。最后,在所有6个国家的国别研究中,政府对私立高校的直接资助可能招致一片骂声,指责政府资助私立高校而削弱了对公立高校的资助(Altbach, 1999)。

所有权和利润

在所有6个国家的国别研究中,绝大部分院校的办学都是非营利性的,只有少数新兴的高校是营利性的。基于宗教的高校具有不许谋取利润的法定权利(这种权利因国而异),从而有效地确保了这些院校的高度自治(Altbach, 1999)。在所有6个国家的国别研究中,私立院校的办学涉及有各种基督教教派;乌干达和坦桑尼亚另还涉及伊斯兰教。这些宗教群体或"拥有"这些院校的决策权,或间接地影响其决策过程。

自　治

在国别研究中,非营利性和营利性高校都相对独立于国家控制,但这并不意味着没有法律管理其运行。不同的国家用不同的法律框架规范这两个教育部门。除了加纳法律的执行十分有限,肯尼亚、尼日利亚、坦桑尼亚和津巴布韦等国的框架都十分严格。虽然国家设置了私立高校运行的界限,但同时也允许相当程度的自治(Altbach, 1999)。

高等教育跨国化

六国私立高校研究中一个重要的主题,尤其对于营利部门而言,是市场理念对高等教育的影响(Altbach, 1999)。私立高等教育被看作是可交易的商品。在东非,有迹象表明,非宗教且带营利动机的私立高校已出现。这些院校由一群新"教育企业家"运用教育市场原则加以管理(Useem, 1999a)。这种教育企业化的模式在尼日利亚伊格比奈丁大学(University of Igbidion)是显而易见的。市场理念在高等教育中的运用与一个全球理念有关,即将教育界定为促进经济增长的私人物品(Altbach, 1998)。

私立高等教育的比较趋势

20世纪90年代中期,南非私立高等教育部门的兴起与该国种族隔离的遗留问题有关。当时,占主导的白人学生要求"更好的教育"。90年代中期,"当南非黑人开始涌入大学时,南非白人开始由大学转入私立高校"(Thaver, 2001)。这一现象起因于南非从种族隔离转向民主政策框架时所出现的政治条件的转变。

90年代民主政策框架的内容之一是使高等教育向所有符合入学要求的学生开放。它引发了肤色转变的高潮,高校黑人学生越来越多。但与此同时,公众对公立高校的标准产生了负面看法,导致白人学生群体转移到私立高校。重要的一点是,私立高校在90年代中期开始迅速增加。

这些院校利用了1996年宪法带来的有利条件，因为该宪法承认人人拥有建立独立教育机构的权利。由于这些有利的条件，几所本国高校和跨国高校开展许多双联和合作项目。90年代末，私立跨国高校的快速发展成为南非的标志。虽然诸如高等教育过剩需求和差异需求等因素是本章所考察的6个国家私立高等教育兴起的重要原因，但是种族框架内对"更好的教育"的需求是南非私立院校发展的根本原因。

在南非，很难清楚地描述私立教育部门的规模。近期西开普大学（University of Western Cape）教育政策机构开展的一项研究发现，南非拥有大约323所这样的学校（Mabizela, Subotzky, and Thaver, 2000）。这个数字应加以谨慎对待，因为这其中有几所最初为10年级以上水平办学，然后（带着它们的一些课程）升格到高等教育水平。继续教育和高等教育的界限很模糊，致使难以精确描述私立部门在院校数量和入学人数等方面的情况。

就院校类型而言，国别研究中明显的多样性与南非的情况相类似。除了学院，南非还有几所国际职业高校，非常类似于加纳。如南非的营销与会计学院（Institutes of Marketing and Accounting）也在加纳办学。但是，国别研究和南非的一个重大的不同点是私立大学的规模和存在状况。南非的私立大学仅由跨国高校组成，并不存在本土私立大学。

这里考察的6个国家中偏重宗教的非营利性高校占主导，而在南非偏重工商管理学习的营利性高校占主导。从营利动机来看，只有当学生的数量足以获得高利润率回报的时候，（学校）才会提供课程（Thaver, 2001）。既然这些院校主要是营利性企业，课程的提供就取决于经费的可行性。

在聘用教师方面，我们也可以发现类似的倾向。在国别研究中，合格的教师数量很少，因此私立高校严重依赖公立高校的教师。这种兼职的做法在南非也十分明显。尽管南非的私立高等教育部门发展迅速，但仍然依靠小部分全职教师。南非私立高校通过从公立高校吸引学术人员加以补充。不管在国别研究还是在南非，这种兼职的倾向都可能削弱教师对院校的忠诚度。

在国别研究中，有几个国家的私立高校通过多种资金渠道得以维持，然而南非私立高校并非如此，它们的主要收入来源是学费。学费很高，因而限制了入学。此外，不同于其他国家，南非的私立高校没有获得政府的大力支持。

目前，管理南非私立高等教育的法律手段是1997年高等教育法和2000年高等教育修正法。两部法律都明确提出了私立高校注册的界限。在本研究开展之际，南非正在酝酿一个关于私立高校办学的详细的管理框架。

结　语

本章重点论述了加纳、尼日利亚、肯尼亚、坦桑尼亚、乌干达和津巴布韦的私立高校。然后将这些国别研究呈现出的形态与南非私立高等教育部门出现的形态作了比较。这一比较讨论突出了几个需要从政策角度考虑的更广的主题。

其中一个这样的主题是国家在控制高等教育和私有权方面所扮演的角色。所有权问题会造成国家社会经济优先事项与私立市场的优先事项之间的紧张关系。私立高校缺乏问责，这对国家控制高等教育系统的能力构成了挑战。国家对高等教育的控制目标是使其朝着有益于广泛社会的方向发展（Altbach, 1999）。

从本研究可以看出，如世界市场解除管制和教育商品化之类的全球经济过程，导致了高等教育被视为一种经济商品。为此，许多跨国高校与当地私立高校进行合作。这导致了学术项目各种要素的碎片化以及随之而来的市场化。非洲国家也因此而面临着规制教育部门的复杂挑战。非洲国家需要维护国家优先发展事项，寻求在财政紧张、分权和全球化的背景下解决殖民遗产问题。

参考文献

AAU /IAU (Association of African Universities and International Association of Universities). 1999. *Guide to Higher Education in Africa*. London: Macmillan Reference Limited.

Altbach, P. G. 1998. "Themes and Variations in Comparative Perspective," *International Higher Education* 10 (Winter):10.

——. 1999. "Private Higher Education: Themes and Variations in Comparative Perspective," In P. G. Albach, ed., Private Prometheus: *Private Higher Education and Development in the 21st Century*. Westport, Conn.: Greenwood Publishers.

Barrow, M. 1996. "Developments in Private Post-secondary Education in Nigeria." In A. Schofield, ed., *Private Post-secondary Education Four Commonwealth Countries*. Paris: UNESCO.

East African. 1999. "Private Universities Flourish Despite Their Prohibitive Costs."(October 11-17).

Eisemon, T. O. 1992. "Private Initiatives and Traditions of State Control in Higher Education in Sub-Saharan Africa." PHREE Background Paper Series Phree/92/48. New York: World Bank.

Fielden, J. 1996. "World View: Change Out of Africa." *The[London] Times Higher Education Supplement* 26(April): 16.

Geiger, R. L. 1985. "The Private Alternative in Higher Education." *European Journal of Education* 20, no. 4: 385-398.

——. 1986. *Private Sectors in Higher Education*. Ann Arbor: University of Michigan Press.

——. 1988. "Public and Private Sectors in Higher Education: A Comparison of International Patterns." *Higher Education* 17, no. 6:609-711.

James, E. 1991. "Private Higher Education: The Philippines as a Prototype." *Higher Education* 21, no. 2: 189-206.

Kent, R., and R. Ramirez. 1999. "Private Higher Education in Mexico in the 1990s: Growth and Differentiation." In P. G. Altbach, ed., Private Prometheus: *Private Higher Education and Development in the 21st Century*. Westport, Conn.: Greenwood Publishers.

Kigotho, W. 1998. "Private Students Get Loans." *The [London] Times Higher Education Supplement* 13 (November): 10.

Levy, D. 1986. *Higher Education and the State in Latin America: Private Challenges in Public Dominance*. Chicago: University of Chicago Press.

Mabizela, M., G. Subotzky, and B. Thaver. 2000. *The Emergence of Private Higher Education in South Africa: Key Issues and Challenges*. Bellville, South Africa: Council on Higher Education, Education Policy Unit, University of the Western Cape, South Africa.

Ministry of Education [Ghana]. 1995a. "Private Tertiary Institutions in Zimbabwe: Case Study" *In Study on Private Tertiary Education in Ghana*. Ghana: Association of African Universities.

——. 1995b. *Study on Private Tertiary Education in Ghana*. Ghana: Association of African Universities.

——. 1995c. "Private Universities in Kenya: Case Study." *In Study on Private Tertiary Education in Ghana*. Ghana: Association of African Universities.

Nwamuo, C. 2000. *Report of a Study on Private Universities in Africa*. Ghana: Association of African Universities.

Thaver, B. 2011(March). "The Local Conditions That Have Contributed to the Growth of Private Higher Education in South Africa." Paper presented to International Conference on Globalization, Cape Town, South Africa.

Tilak, J. 1996. "The Privatisation of Higher Education." In Z. Morsy and P. G. Altbach, ed., *Higher Education in an International Perspective: Critical Issues*. New York: Garland Publishing.

——. 1999. "Emerging Trends and Evolving Public Policies in India." In P. G. Altbach, ed., *Private Prometheus: Private Higher Education and Development in the 21st Century*. Westport, Conn: Greenwood Publishers.

Useem, A. 1999a. "In East Africa, New Private Colleges Fill a Growing Gap between Supply and Demand." *The Chronicle of Higher Education* 46, no. 3: A65-A66.

——. 1999b. "Muslims in East Africa Develop Their Own Higher Education Options." *Chronicle of Higher Education* 46, no. 13: A69.

6 非洲高等教育的外部援助财政

林恩·伊隆

对非洲高等教育的捐赠者援助(donor assistance)经历了一个援助资金上下波动、援助承诺不断变化的过程。这与一些力量的相互作用密切相关。这些力量包括发展理念、教育在这种发展理念中可预见的角色以及非洲的地缘政治地位。其中每一种力量在世界经济大潮中都随着政治、经济环境的变化而变化。因此,必须在不断演化的发展理念框架中才能理解为什么某一段时期援助资金下降了,而在另一段时期援助资金却增加了。

本章开篇描述了有关援助的世界地缘政治意识形态以及不同阶段的对非洲援助导向。在这些不同阶段中,初等教育、中等教育、第三级教育和非正式教育部门都发挥了各自的作用。

双边援助国在很大程度上受这些趋势的引导或影响,但绝不局限于此。因此,本章的第二部分探讨偏离占主导地位的发展取向的一些做法。双边援助是在这个大的背景下进行的。双边援助的各方都在占主导地位的方法内寻求其特定的作用,遵循其特定的议程。尽管双边机构无疑会遵从宏观发展理念,但当它们追求特定的经济或政治目标时,援助就出现了偏离。

对非洲教育的多边和双边捐赠主要发生在最近一段时期。新兴的知识经济将贫困、疾病和环境等全球性问题推到了前沿;对这些问题的了解意味着,对非洲来说,教育被视为好的投资和必要的人道主义需求。多边和双边援助国及慈善组织开始重新关注非洲,尤其关注高等教育在非洲大陆的地位。不管历史上援助的“增增减减”是否将继续,也不管这个新时期是否代表着优先事项的根本转变,但有一点是明确的,非洲大陆的高等教育值得受到及时而实质性的关注,这样的共识正在出现。

世界发展取向框架下的教育援助

教育在对发展中国家外部援助的历史中发挥了非常独特的作用。第二次世界大战后的发展援助早期,教育不被视为援助对象。当时占主导地位的发展理论认为,最好的投资是在“砖头和砂浆”上,如大型基础设施和建筑工程。在“人力资本革命”后的一段时间,教育援助受到关注(Schultz, 1961),并于20世纪70年代受到追捧。虽然双边援助倾向于在大范围内追随占主导地位的发展取向,但也出现了一些重大的偏离,尤其是在教育部门。在紧随许多非洲国家独立以后的时代里,教育——尤其是高等教育——被视为保留或加强前殖民地与宗主国之间的政治(以及经济)联系的一种方法。

外国对非洲的援助历史错综复杂。尽管非洲曾是,而且到目前为止仍是最最贫穷的大陆,但非洲不得不争取分得较大份额的发展援助。1974年(经济合作与发展组织最早数据年份),在向所有欠发达国家(less developed countries, LDCs)提供的外国援助中,非洲大陆获得大约10%。20世纪80年代,对非援助占外国援助总量的16%~20%。90年代这个比例上升到占所有欠发达国家援助的1/3(不包括转型国家)。(1990年,经济合作与发展组织拆分了外国援助的数据库。援外数据分为“欠发达国家”和“转型国家”两类。本文引用的所有数据来自于“欠发达国家”这一类别。)

本章的大量图表都来自经济合作与发展组织有关捐赠者援助的数据统计。这些数据选自债权人报告系统(Creditor Reporting System, CRS),该系统是从全球范围内的大约66个机构(包括双边和多边机构)采集得来的。1974—

1998 年,双边机构向非洲的中学后教育援助 1 亿美元或以上的国家有澳大利亚、加拿大、法国、意大利、荷兰、挪威、西班牙、瑞典、瑞士、英国和美国。这一时期,为非洲高等教育作出贡献的多边机构有非洲发展银行(African Development Bank)、欧盟委员会(European Commission)和世界银行(World Bank)。

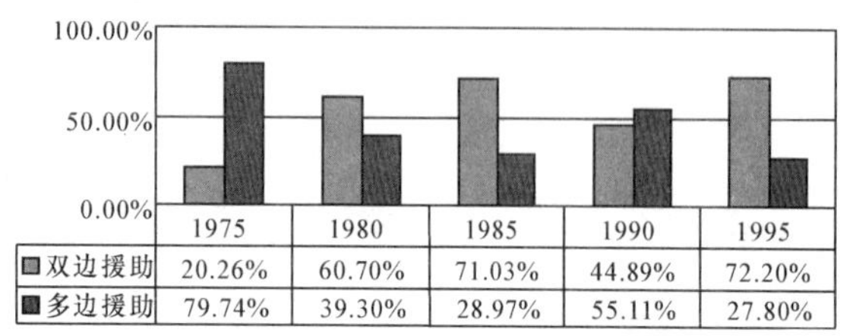

图 6.1　1975—1995 年全球对非洲教育援助——双边援助与多边援助的对比变化

来源:经济合作与发展组织债权人报告系统(CRS)数据。

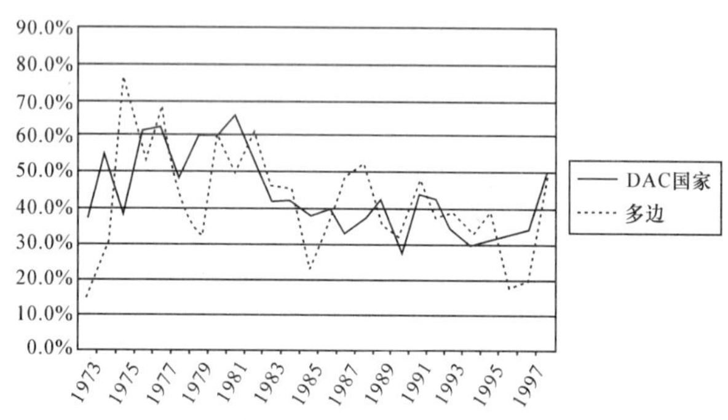

图 6.2　1975—1998 年世界对非洲教育总援助百分比,双边和多边

来源:经济合作与发展组织债权人报告系统(CRS)数据。

遗憾的是,经济合作与发展组织的数据库不包括慈善机构,而且这些慈善机构的历史援助数据很难获得。过去的 40 年中,已经有一些慈善资金用于支持非洲高等教育,但是与捐赠者援助总量相比数量可能不大。卡内基基金会(Carnegie Foundation)的帕特里夏·罗森费尔德称,自 20 世纪 30 年代,卡内基资金会的钱就已经开始定向拨给非洲的大学。洛克菲勒(Rockefeller)基金会和福特(Ford)基金会的援助开始得稍晚些。20 世纪 70 年代,卡内基基金会和福特基金会对非洲高等教育的资助大大减少。它们在最近 10 年才重新调整了兴趣点。

对非洲教育援助的很大一部分来自多边机构。过去 20 年中,虽然多边影响正在减弱,但是多边借贷约占全部对非洲教育援助的一半。1975 年,多边援助几乎占全部教育援助的 80%,而现在多边援助占对非洲教育援助的 1/3。此外,解释这一数据时必须特别谨慎,因为在特定年份报道的援助额度是指那一年的承诺数额(amount committed);在特定年份可能承诺一大笔款项,但是实际的支付可以在随后许多年中分期提供。此外,对非援助的典型特征是“吸收问题”(problems of absorption),也即是说,由于援助国或受援国存在官僚主义问题,所以承诺的资金常常根本就没支出过。另外,正如发展研究所(Institute for Development Studies)所指出的,一些双边援助国只在经济合作与发展组织数据库中公布了实际教育支出的一小部分(Bennell and Furlong, 1997:4)。

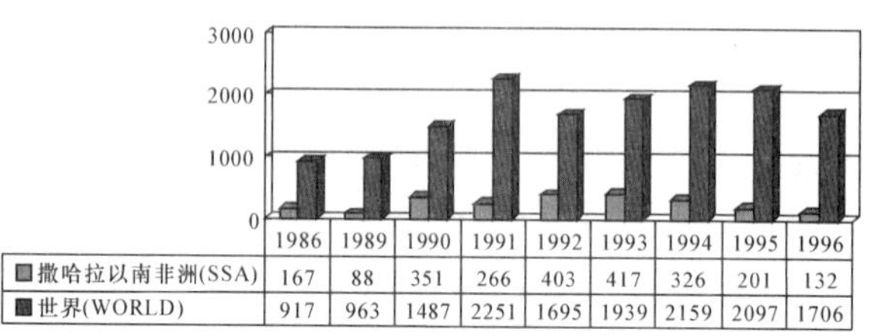

3000
2000
1000
0
1986 1989 1990 1991 1992 1993 1994 1995 1996
撒哈拉以南非洲(SSA) 167 88 351 266 403 417 326 201 132
世界(WORLD) 917 963 1487 2251 1695 1939 2159 2097 1706

图 6.3　1986—1996 年世界银行教育贷款

(单位:百万美元)

来源:Bennell and Furlong (1997),第 11 页,表 4。

这类援助大部分来自世界银行的国际发展署(International Development Agency, IDA)的贷款。这个机构以非常低的利率和特惠条款向世界上最贫穷的国家提供贷款。几乎所有非洲的借贷都来自国际发展署。

在非洲撒哈拉以南地区,约一半的多边援助来自世界银行,欧盟占另外的 40%。在北非,从经济合作与发展组织数据中没有看到世界银行的教育贷款;欧洲占教育贷款的 84%。即便如此,世界银行依然是非洲最大的教育贷方。

捐赠者援助来自多边机构(主要是欧盟委员会、世界银行和非洲发展银行)和经济合作与发展组织的发展援助国(development assistance countries,即 DAC 国家)。23 个发展援助国成员包括:澳大利亚、奥地利、比利时、加拿大、丹麦、芬兰、法国、德国、希腊、爱尔兰、意大利、日本、卢森堡、荷兰、新西兰、挪威、葡萄牙、西班牙、瑞典、瑞士、英国、美国和欧盟委员会。

世界银行很大程度上是主要的多边贷方,它始终坚持促进市场增长的初衷。世界银行通过发展的经济理论这一视角来看待教育借贷。1965年前后,人力资本理论开始渗透到发展援助中,教育也就进入经济发展的方程式。从那时起,世界银行的借贷经历了几个阶段,每一阶段都从不同的角度关注教育如何更好地适应市场发展。

教育援助的第一阶段是人力资本时期。这一阶段的援助理论认为,教育主要是一种投资。因此,教育援助应瞄准该部门回报率最高的那些领域。第二个阶段是结构调整时期。当时所依据的假设是,如果受援国不采纳支持自由贸易和外国直接投资的财政政策,任何援助(无论预计有多少回报)都是徒劳的。第三阶段被称为管理和治理时期。该阶段建立在结构调整倡议之上。所依据的假设是,受援国政府必须进行有效的管理和治理实践,来吸纳由开放市场(和教育投资)催生的增长所带来的好处并使之最大化。第四阶段认识到赤贫和严重的不平等阻碍了市场的发展、增长和稳定。最后一个阶段正开始流行。它认识到知识将是新增长的主要推动力,认为发展和使用知识与生产知识的能力相关。虽然这些阶段划分在方法和时间上有所交叉,但它们对世界银行教育援助进行了有益的分类。它们同样为理解许多双边援助背后的思考提供了指向,因为援助通常是建立在经济利益之上的。

第一阶段:人力资本

世界银行首批教育贷款的理论基础来自一个新出现的经济学理论,称为人力资本理论。该理论认为,个人、家庭、公司或国家应将教育视为一项投资。如果引导正确,教育的资金成本和机会成本将以生产力提高和收入增加的方式带来巨大回报(Schultz, 1963)。在随后的许多回报率研究中,这个逻辑被应用到欠发达国家(LDCs)中(Psacharopoulos, 1973; Psacharopoulos and Woodhall, 1985)。

教育是一种投资的观点产生了国外援助思想的两个明显倾向。首先,教育援助被迅速纳入到发展援助中。教育援助始于20世纪60年代,整个70年代和80年代的大部分时间教育援助都在盲目增加,教育占总援助的比例越来越大。

在一篇有关对非洲高等教育外国援助的综述中,埃斯蒙和库鲁马描述了高等教育财政的共同发展趋势。人力资本时代被他们称为援助大学发展的“黄金时期”:

> 教育扩张是20世纪60年代和70年代非洲和亚洲国家的经济计划、社会政策和促进政治发展战略的基石。这是外国教育援助的黄金时期,并与大部分捐赠国国内高等教育体系的扩张同步。(Eisemon and Kourouma, 1994:276)

运用人力资本理论的早期研究得出结论,教育的回报率随着教育层次的提高而增加(Schultz, 1963; Renshaw, 1960)。尽管后来在欠发达国家(LDCs)所作的教育回报的研究与这一最初的结论相矛盾(Psacharopoulos, 1973),但总体上,教育资金的不断增加意味着高等教育资金也在增加。

第二阶段:结构调整

教育投资热,以及与之相伴的教育投资比基础设施或“砖块和砂浆”投资具有更高的潜在回报的设想,很快开始减退。

> 教育系统按照相对较高的成本发展起来,这在20世纪80年代的经济衰退面前难以为继。当政府收入不再增加反而在某些情况下开始减少时,削减教育预算不可避免。世界银行对这一状况负有一定的责任,因为它在没有认真调查20世纪60年代和70年代教育扩张带来的经常性成本影响的情况下,鼓励教育系统超越可维持限度的扩张。(Ridker, 1994)

教育和其他社会部门的大量贷款导致的结果是,整个非洲大陆的债务日益增加却没有获得理论中的投资“回报”。1970年,撒哈拉以南非洲的公共债务接近60亿美元;到1998年,增加到约1700亿美元(World Bank, 1999)。一种新的发展取向开始责备对受援国财政政策的公共投资而出现的令人失望的回报。这种新取向假设,如果一个国家不能合理地解决内部和外部财政事务,那么投资就不能获得潜在的回报。

作为回应,世界银行为该地区制定了新的贷款政策。结构调整贷款的时代开始于20世纪80年代早期;贷款以减少受援国的公共开支和增加贸易“自由”为前提。

在设计这些项目时,取得内部和外部金融稳定被看作是确保可持续经济增长率的一个重要因素。1986—1992 年,撒哈拉以南非洲国家结构调整努力最显著的一面是,为了强化刺激并提高稀缺资源的有效利用,这些国家的经济自由化取得进展。(Nsouli, 1993)

压缩财政开支产生了后果。世界银行在一份关于这一时期人力资本贷款的评估中承认这一排挤效果。世界银行"几年来限制社会部门贷款预算为结构调整贷款创造了空间。作为反应,它比以往更强力督促借款者追求内部效率和成本回收"(Ridker, 1994:13)。

1981 年前后,因世界银行将资金转移到结构调整贷款,它对教育的援助比例开始长期下滑。这种贷款支持"稀缺资源的有效利用"而不是增加社会部门开支。兰卡斯特称,"调整贷款平均约占 1985—1995 年世界银行在非洲活动资金的 1/3"(Lancaster, 1999:197)。托巴尼(Thobani, 1984)率先建议减少教育的公共资助并增加学费。这一新的逻辑导致了对教育投资均衡的明确预算限制。明盖和萨卡罗普洛斯很快提出相同观点。在为世界银行《金融与发展》(Finance and Development)杂志撰写的文章中,他们建议逐步取消对学生的公共补助(Mingat and Psacharopoulos, 1985)。

埃斯蒙和库鲁马把这个时期称为"人力资本过度投资"(Eisemon and Kourouma, 1974:280),并把趋势的转变归因于世界银行的新研究,新研究显示高等教育的投资回报低于初等教育(Psacharopoulos, 1973)。"只要把关注点集中在以终身收入的增加来衡量不同教育投资所产生的边际回报,就无法从效率或公平的角度证明高等教育投资的合理性"(Eisemon and Kourouma, 1994:282)。

在对社会部门的国外援助不断减少的这一时期,高等教育影响深重。世界银行建议削减对高等教育的投入(Times Higher Educational Supplement, 1998; Ridker, 1994),因此高等院校开始了缩减,其产生的后续影响长达 10 年(MacGregor, 1997; Ping, 1995; Dickson, 1988; Fatunde, 1998)。正如埃斯蒙和库鲁马所言:"整个 20 世纪 80 年代,许多国家支持高校的资源基础受到侵蚀。例如,在撒哈拉以南非洲,算上通货膨胀,1980—1987 年间高等教育公共支出的增长不足入学率增长的一半。"(Eisemon and Kourouma, 1974:282)

结构调整政策本身并不能被认为是减少支出背后的动因。相反,世界银行认为高等教育机构的效率十分低下(World Bank, 1988; Brock, 1996),并建议采用特定的效率"规范"(Eisemon and Kourouma, 1995)。政府与捐赠者之间就高等教育援助产生了分歧(Chronicle of Higher Education, 1988)。世界银行关于撒哈拉以南非洲的教育报告(Moock, 1987)受到非洲学者的强烈批判,世界银行非洲教育报告的最后版本(World Bank, 1988)增加了一个部分,强调高等教育的重要性(Jacobson, 1988)。因此,结构调整阶段末期高等教育被赋予了更高的支出优先权。1990 年,世界银行对中学后教育的贷款从长期的零基点获得了短暂上升,但是增长的时间较短。直到知识经济模式的逐渐兴起,以及世界银行对高等教育的相应强调,高等教育才再次成为世界银行的优先发展事项。

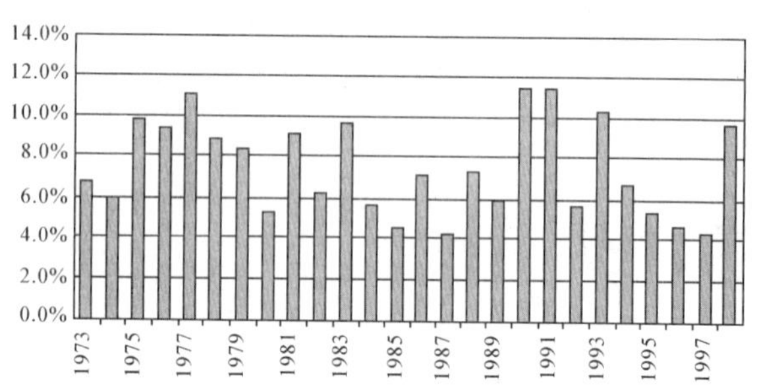

图 6.4 1973—1998 年教育援助在外国对非洲援助中所占百分比

来源:经济合作与发展组织债权人报告系统(CRS)数据。

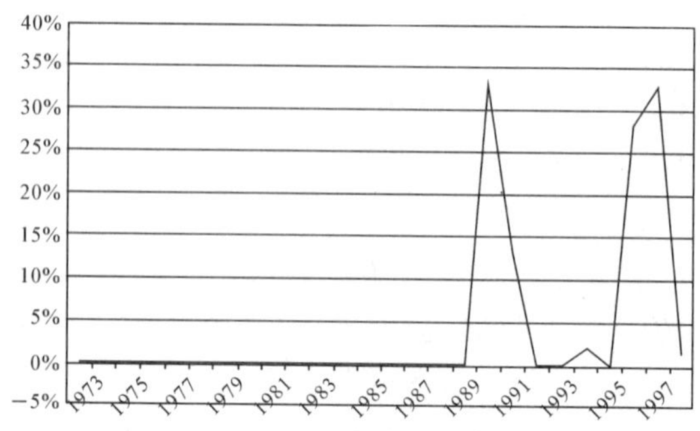

图 6.5 1973—1997 年中等后教育援助占国际对非洲教育援助的百分比

来源:经济合作与发展组织债权人报告系统(CRS)数据。

表 6.1　世界银行对非洲教育援助资金分布
（若干年份不同教育部门所占百分比）

世界银行报告年份	初等教育	中等教育	高等教育	其他
1976	13.9	29.9	14.5	41.8
1983	33.6	16.3	7.8	42.4
1993	22.6	13.2	20.3	44.0
1995	12.8	6.7	0	80.4

注："其他"包括非正规教育、培训、教师培训和政策规划管理。
来源：世界银行年度报告（若干年份）。

直到 1990 年，世界银行的报告中都没有高等教育的支出。但是一份节选的世界银行年度报告评估显示，部分高等教育支出最早可追溯到 1976 年。然而，直到 20 世纪 90 年代，高等教育占非洲教育总支出的比例才比较高。

第三阶段：管理和治理

结构调整政策没能使非洲摆脱严重的经济衰退。在一篇回顾撒哈拉以南非洲结构调整政策的经验教训和未来方向的文章中，索利（为世界银行撰稿）这样总结道："实施（结构调整）改革的进展通常受到能力低下的行政管理和制度基础的阻碍……善治是调整工作成功的重要因素。"（Nsouli，1993：22）

双边援助机构很快相继效仿（Versi，1997）。日本外务省的一份声明称"本国的国外援助政策旨在促进发展中国家的长期'善治'，而不仅仅是满足其当前的需求"（Washio，1993：3）。美国国际开发署宣布"政府能力"（governmental capability）是发展项目成功的主要条件（Vondal，1991）。

高等教育外国援助的理念随着这个更大的发展取向而变化。埃斯蒙和库鲁马指出，"捐赠者的行动'向上'影响到关涉高等教育部门的政策，'向下'影响到关涉大学学术训练和教职员工活动的课程和研究资金"（Eisemon and Kourouma，1994：285）。福特/洛克菲勒（Ford /Rockefeller）基金会的一个报告强调，大学系统要有更好的管理（Coombe，1991）。

结构调整让高等教育蒙受打击，受此批判的刺激，世界银行于 1994 年发布了第一份关于非洲高等教育的政策文件（World Bank，1994）。该报告强调从效率角度审视高等教育的重要性，将重点放在改革高等教育体制和寻求私人资本提供额外资源。非洲大陆的大学开始作出回应，要求加强行政控制，以使院校摆脱政府中普遍存在的"治理"问题（Association of African Universities，1991）。一些大学作出回应，强调需要更好的管理过程和手段（Ingalls，1995；Nakabo，1999；Biraimah and Ananou，1995）或需要更有效地利用资源（Liverpool，Eseyin，and Opara，1998）。

第四阶段：贫困和市场

即使在 20 世纪 80 年代和 90 年代早期的自由和效率贷款上增加"善治"政策，也不能使非洲的发展出现转机。到 90 年代中期，随着全球经济的增长，非洲的经济发展不得不另辟蹊径。世界银行的重债贫穷国债务计划（Heavily Indebted Poor Countries Debt Initiative）包括由世界银行和国际货币基金组织（IMF）通过黄金交易为重债贫穷国的债务再融资。重债贫穷国债务计划的主要目标是，在符合政策条件的情况下，将这些国家的债务负担减少到可维持的水平，以确保调整和改革的努力不会因债务不断攀高和债务负担增加而出现风险。世界银行总结道："除非加强人力和社会基础设施的投资，否则增长就难以维持……世界银行和国际货币基金组织将加强（债务减免）计划，办法是确保部门减免的对象是最贫穷的成员国。"（World Bank，2000c）

将贫困需求（人力和社会基础设施）与市场增长相联系代表了一种新的方法。结构调整政策严重忽视社会部门贷款，而现在却被认为是新投资的一个主要目标（Business Africa，1993）。这个新焦点并不意味着抛弃了基于市场的发展目标，相反，稳定的市场被认为是减贫的一个关键因素。

由于发展取向转向重视减贫，将其作为建设市场的主要策略，非洲的大学再一次陷入了要为增加公共开支提出充分依据的艰难时期（Chronicle of Higher Education, 1993)。1990年,在泰国的宗迪恩(Jomtien)召开的一次会议为恢复教育援助奠定了基础,然而却进一步减少了对高等教育的资助。宗迪恩会议(人们开始这样称呼这次会议)以及世界银行在持续贷款中给大学提供的十分有效的资金,在非洲引起了广泛关注。“人们怀疑捐赠者欲将资源从高等教育转移到初等教育,并迫使非洲政府采取同样的做法”(Eisemon and Kourouma, 1994:294)。

捐赠者和非洲国家的反应演化为两个相关的领域。第一,非洲的大学开始强调有必要加强相互之间的联系,加强非洲大陆与国际上其他地区的大学之间的联系。从某种程度上讲,这一认识的出现先于近期对知识价值的强调,是对预算和投资收缩的回应(Vergnani, 1991; Morna, 1995)。第二,人们认识到,尽管存在巨大的挑战,但技术越来越成为巩固这些联系的好手段(Times Higher Education Supplement, 1995; Useem, 1999; MacGregor, 1998)。为增强非洲大学之间的联合,已有几个计划付诸实施(Cornwell, 1998; Lubbock, 1995; Kigotho, 1997)。

尽管慈善机构弥补了一些资金不足,但重视贫困和市场使非洲第三级教育获得的捐赠者援助短缺。洛克菲勒基金会倡议对非洲学者的论文工作提供资助,但是大部分慈善机构认为第三级教育部门是减贫开支中的一个非优先项目。其他基金会确实向非洲高等教育提供了一些资金。20世纪90年代的10年间,卡内基基金会有约500万美元资金流入非洲的大学(Rosenfield, 2000),福特和洛克菲勒基金会也有连续的资助计划。所以尽管这一时期双边和多边援助不足,一些慈善组织仍将少量资金投到非洲第三级教育中。

第五阶段:知识经济

最近对知识及其价值的强调虽然与市场和减贫的努力紧密相关,但这仍然代表了一个独特的发展理念时代。“知识是世界银行帮助加快非洲减贫的另一种重要资源”(World Bank, 2000c)。非洲发展落后与知识资源的流失直接相关(Kigotho, 1999)。正如一些分析家开始认可的那样,“一流教育和保健是对(穷人)控制的资产的关键投资。这些资产包括自己的劳动力、企业和独创性等”(Times Higher Education Supplement, 2000)。

透过知识经济来看待经济增长、贫穷和市场并存的现象就变得相对清晰了。知识日所具有的市场价值的不断提升,意味着各种知识来源将变得越来越重要(Ilon, 2000)。因此,虽然新的发展取向接受贫穷和市场相互关联的现实,但它已经成为第二股思潮。非洲必须被带入知识经济——既为了自身的发展,也为了更富裕国家知识产业的生产力。

开普林斯基(Kaplinsky, 1994)指出,即使在最贫穷的国家和最普通的加工过程中,知识的投入也可以增加利润和提高生产力。知识和经济的完整理论尚未得到清楚的表达,包括对“知识”和“信息”还要给予合理的工作定义。

世界银行具有知识方面的竞争优势。除了它拥有可观的货币资源,长期以来它一直是数据、信息、出版物的资源库,尽管有人可能会说它还算不上一个知识建构的组织。世界银行现在拥有约6000份在线报告,可以通过因特网获得全文。

世界银行的本土知识工程(Indigenous Knowledge Project)宣称,“它旨在促进当地社区、非政府组织、政府、捐赠者、公民社会和私有部门的多边对话”(World Bank 2000d)。世界银行《1998/99世界发展报告》(1998/99 *World Development Report*)的一份背景文件(World Bank, 1998a)引用了如何利用本土和多种知识帮助市场的好例子:

> 正如卢旺达农学院和哥伦比亚国际热带农业中心的科学家所了解的那样,当地女农民拥有非常有价值的知识。被这些科学家认为最有潜力的两三种豆类产量增长不大。然后,他们邀请女农民到研究站查看了20多种豆类,让她们将她们认为最有希望增产的两三种带回家种植。她们运用自己的实验方法种植了这些新的豆类。她们挑选的豆种产量比科学家选择的超出了60%~90%。(World Bank, 1999)

2000年,世界银行第二次发布了高等教育政策报告(Task Force on Higher Education and Society, 2000)。该报告体现了关于发展中国家高等教育思考的重大变化（*Times Higher Education Supplement* 2000）。新报告面临的挑战是如何对几十年来在经验上表明投资于初等教育胜过高等教育的工作进行再调整。报告用长达一个章节的篇幅讨论了这个问题，并总结道，“但是标准回报率分析就此止步，一直没能反映高等教育的收益远远超出接受高等教育的个人收入增加的幅度”（Task Force on Higher Education and Society，2000）。报告强调新的知识经济，并补充道：“统计分析、案例研究和普通观察都指明，高等教育对发展具有基础性作用。”（Task Force on Higher Education，2000）

高等教育特别行动小组认为，在居民的受教育程度以及生产新知识的能力方面，穷国处于越来越不利的地位：

> 与迅速兴起的全球知识体系联系薄弱的国家，发现自己越来越处于不利的地位。工业化国家和发展中国家在人均收入和生活水平方面的差距将扩大，除非两者之间相应的知识差距和获得知识的差距得以妥善解决……与商品生产的投资相比，新知识生产的投资将产生潜在的更高的经济回报，但是必须承担高风险。如在世界上设计和销售最好的电脑操作系统获利丰厚，而第二等和第三等的操作系统的利润就要差很多。当然这不适用于钢铁厂、石油冶炼厂或食品加工厂的情况。对知识投资所具有的赢家通吃的特点，要求现有知识和技能必须处于高水平，甚至为之展开激烈竞争。很少有发展中国家掌握这种知识。（Task Force on Higher Education and Society，2000）

知识是世界银行正在动用的旨在帮助非洲加快减贫的另一种重要资源。想法和金钱通常一样重要——有时更重要；信息是今天的全球经济中最重要的资源之一，而世界银行正准备发挥作用。世界银行开始“利用诸如非洲能力建设基金、非洲虚拟大学和世界银行的世界联系项目等大力支持高等教育”（World Bank，2000b）。在加拿大、爱尔兰、葡萄牙、欧盟委员会等方面的参与下，世界银行已经将非洲虚拟大学（African Virtual University，AVU）扩展到肯尼亚内罗毕之外的地区。非洲虚拟大学是世界银行在高等教育领域推出的主要计划：

> 非洲虚拟大学课程包括微积分、微分方程、物理、化学、统计等基础课程以及计算机和工程学课程……近来，一个特别课程小组正在构建计算机科学、计算机工程和电子工程的四年制本科学位课程。（World Bank，1998c）

2000年4月，4家美国大型慈善组织发起了一项联合倡议，为非洲高等教育提供1亿美元的援助（Carnegie Corporation，2000）。福特基金会（Ford Foundation）和卡内基基金会（Carnegie Corporation）已经各自向多所非洲大学提供了约100万美元的资助，而洛克菲勒基金会（Rockefeller Foundation）在其计划中增加了额外资金资助妇女教育和非洲学者的论文工作。麦克阿瑟基金会（MacArthur Foundation）正在酝酿一个以尼日利亚为基地开展的教育援助计划。这些都是基于对知识在未来非洲的地位以及第三级教育在公民社会中的重要地位的认识而产生的结果。“实力雄厚的非洲大学可以在保护基本自由、加强智力生活并为政策制定提供信息等方面发挥作用。显然，现在正是‘偏向希望’并增强对大学领导支持的时候”（Carnegie Corporation，2000）。这很可能正是一个新时代的开始。贫穷和市场是新兴的发展和国际援助理念背后的驱动力量。但是，在近期减少贫困、发展市场和建设强大公民社会的努力中，知识的作用依然十分显著。

捐赠者界定教育援助的作用

双边机构在对非洲教育援助中发挥了关键的作用。作为总趋势，高等教育从捐赠者那里获得的资助正日益增多，然而，高等教育仍然只是获得总教育援助中的零星部分。中学后教育获得的援助从未超过总教育援助的1/3，大多数年份比这少得多，过去25年中平均约为总教育援助的11%。

过去的20年中，加拿大提供的中学后教育双边援助数额惊人。在过去几十年中相当稳定的另一个捐赠国是法国。其他国家也有零星捐赠。20世纪90年代中期，加拿大开始通过资助西非和东非的研究和研究成果传播来建设当地知识能力（Akhtar and Melesse，1994）。冷战时期,其他唯一一个主要的中学后教育捐赠国是日本。瑞典在20世纪70年代投入大量资金,但是80年代和90年代大大减少了投入。

加拿大的所有援助去向何方呢?表6.2表明这种资助没有固定的模式。20世纪70年代,塞内加尔获得大部分中学后教育援助,而喀麦隆、卢旺达和肯尼亚是80年代最主要的受援国。90年代,肯尼亚和加纳受到青睐。总体支出模式也不一致,20世纪80年代支出1.61亿美元,而20世纪70年代和90年代则少得多(分别是3000万美元和6800万美元)。

表6.2 加拿大对受援国中学后教育的海外发展援助(按%)

受援国	1970s	1980s	1990s	所有年份(平均)
喀麦隆	0.0	26.6	9.6	19.1
肯尼亚	0.0	15.1	24.1	15.7
卢旺达	9.9	19.9	0.9	13.8
塞内加尔	50.1	8.7	6.1	12.7
加纳	0.0	0.3	16.6	4.6
摩洛哥	0.0	2.7	9.2	4.1
其他非洲国家	40.1	26.7	33.5	30.0
合计	100	100	100	100

来源:经济合作与发展组织债权人报告系统(CRS)数据。

表6.3 法国对受援国中学后教育的海外发展援助(按%)

受援国	1970s	1980s	1990s	所有年份(平均)
阿尔及利亚	0.0	0.0	16.4	11.5
布基纳法索	5.7	15.2	6.8	8.4
喀麦隆	32.6	8.7	11.1	12.6
马达加斯加	0.0	9.7	2.5	3.7
塞内加尔	41.1	8.1	3.4	7.9
突尼斯	0.0	0.0	38.7	27.0
其他非洲国家	20.6	58.4	21.1	28.8
合计	100	100	100	100

来源:经济合作与发展组织债权人报告系统(CRS)数据。

不同意识形态驱动着非洲的双边援助。虽然教育援助背后的理念放之四海而皆准,但每个双边捐赠国认为它应在这个世界的政治和经济环境中发挥特殊的作用。双边援助对总的发展取向有各类模版,而且这些模版经常决定了双边援助的去向和数量(如果不总是哪种类型)。

殖民联系

决定援助分布的一个主要因素仍然是前殖民地与宗主国之间的联系。政治独立并不意味着经济和文化主导的结束。通过将新的精英融入到前宗主国主导的政治、经济、文化实践以及政策中,教育成为保持与宗主国联系的便利途径(Altbach, 1971)。这样,前殖民地通过前殖民宗主国建立了国际联系路线,结果是增加了宗主国的影响和福祉。创造这种联系最著名的双边援助国是法国。

法国在非洲外交的目标一直是维持法国在先前领地的影响——用几个法国学者的话来说,"就是将主权空间转变为影响地带"(Adda and Smouts, 1989, 引自 Lancaster, 1999:12)。结果,法国在世界上的一半双边援助集中在非洲,而其中大部分又集中在法国前殖民地和该地区的其他法语国家(Lancaster, 1999:115)。

指导英国殖民政策的理念是每个国家将最终获得独立,但是实现独立的时限总是远在遥不可及的未来(Chikeka, 1990)。然而,大部分英国殖民地在1957年至1965年期间获得独立。即使在20世纪70年代,英国仍继续将它的大部分援助集中在前殖民地。莫桑比克除外(Lancaster, 1999)。

高等教育在保持这些联系中发挥了特殊的作用。前殖民地的精英们沉湎于一个专门为其设计的教育体系,使其对原殖民宗主国不反感并在与原宗主国保持联系过程中增加筹码(Altbach, 1977; Mazrui, 1975)。大部分殖民后教育援助"意在加强发达国家和发展中国家大学之间的校际联系"(Eisemon and Kourouma, 1994:277)。

超越殖民联系是一个缓慢,而且有时是一个痛苦的过程,这对捐赠国和前殖民地来说都是这样。当美国和加拿大的援助机构明确表示它们准备而且愿意弥补英国的空缺时,英国很快就放弃了"独立后无援助"政策(Lancaster, 1999:133)。

冷　战

双边援助中另一个发挥作用的因素是冷战。施瑞德、霍克和泰勒(Schraeder, Hook, and Taylor, 1998)分析了1980年至1989年冷战时期的援助模式。他们发现,受援国的"意识形态立场"可以准确预测美国、日本、瑞典的援助对象。美国和日本主要以资本主义国家为对象,而瑞典的援助直接给予社会主义意识形态的国家。冷战时期,大部分双边捐赠国将法语国家留给法国。法国欣然接受,因为这符合它在前殖民地维持文化影响的目标。该时期法国的教育援助主要集中在西非和中非法语国家。

高等教育在殖民时期具有特殊重要性,因为它拥有影响第三世界国家的政治社会化并赢得其效忠的能力(Eisemon and Kourouma, 1995)。但是鉴于结构调整和减少贫困的主导理念,高等教育在这一时期几乎没有获得优先权。据记载,1980年和1985年只有3个国家援助中学后教育。法国保持对西非的高额投资,对中非的投资则略少。美国在这一时期远离高等教育,唯一的例外是1980年向埃及提供2700万美元的贷款。加拿大对中学后教育保持了一定的兴趣,它的大部分中学后教育资金投向中非和西非。

表6.4　1980年和1985年对非洲中等后教育援助占比(按捐赠国和非洲区域划分)

		中部	东部	埃及	北部	南部	西部	合计
1980	法国	31.1	0.0	0.0	0.0	0.0	68.9	100
1980	美国	0.0	0.0	94.8	0.0	5.2	0.0	100
1985	法国	17.0	4.1	22.4	0.0	0.0	56.5	100
1985	加拿大	50.5	6.6	0.1	0.0	0.0	42.7	100

来源:经济合作与发展组织债权人报告系统(CRS)数据。

市　场

冷战结束开启了一个新时代。在这个时代,市场运行规模前所未有。突然间,与在受援国保持影响力相比,捐赠国的影响力更多取决于建立贸易和市场。市场获得了新的重要性。

在前一时期,西方(尤其是美国)试图加强和巩固法国在法语非洲的特权地位,以此作为反对共产主义的堡垒。与此形成鲜明对比的是,冷战的结束似乎增加了西方强国之间的经济和政治竞争。因此,法国的决策者不断宣称,美国和日本,以及(在较小的程度上)德国和加拿大,在法语非洲对法国的利益造成潜在的经济和政治威胁。(Schraeder, 1995:540)

曾多年独占西非的法国开始丢失了该地区的一些地盘。1998年,英国进入西非并于当年将其几乎一半的教育援助提供给该地区。大部分教育援助停留在初等和中等教育水平,但是中学后援助的大体趋势依然清晰可见。从1985年开始,加拿大给予中学后教育大量资助,后来意大利和美国也加入这一行列。

当然,法国并不是唯一一个因冷战结束而需要重新思考其捐赠策略的捐赠国。对美国而言,"冷战的结束也许不会对非洲的整体援助水平即刻产生影响,但它的确影响了哪个国家将成为受援国。除了人道主义减免债务,(美国)停止了对过去几个偏爱的国家的援助——尤其是苏丹、索马里、利比亚、扎伊尔"(Lancaster, 1999:90)。

奥沃耶和维伟卡南达(Owoeye and Vivekananda, 1986)认为,日本的商业利益始终是决定非洲受援国的主要因素。兰卡斯特(Lancaster)追溯了日本进入捐赠国俱乐部的缘起,发现日本援助始于对尼日利亚的优惠贷款,(该项贷款)试图减少尼日利亚对日益增加的对日贸易逆差的抱怨。"到1995年为止,日本是非洲第四大援助国,每年向该地区提供10亿多美元"(Lancaster, 1999:167)。但是,在中学后教育方面日本的影响正在滑坡,主要因为其他捐赠国正在加入或更多地参与到中学后部门。就对非洲的总体教育援助比例来看,日本从70年代的18.5%下降到90年代的5.2%。

随着南非重新融入全球市场,20世纪90年代中期,南非成为市场成长最具前景的立足点之一。还没等南非政权完成向多数裁定原则的合法过渡,捐赠国就已敏锐地通过秘密政治努力进入该国(Mary, 1992:181)。1990年对南非的教育援助开始小规模流入,而到1995年种族隔离结束之初则开始真正呈激增之势。外国捐赠者对南非中学后教育援助的首要关切之一是增加高等教育的公平和入学。这个公平和入学策略试图强调政治稳定,并带动市场的发展(Herman, 1995)。然而,这个过程并非一帆风顺。加快将非洲黑人融入先前的白人大学,意味着将南非黑人的第三级教育支柱置于危险的境地,先前的黑人大学不再吸引最优秀的黑人学生(Loxton, 1995; Vergnani, 1999)。为了提高黑人学生高等教育的入学率,欧盟曾拨款2000万美元用于支付他们的学费(MacGregor, 1994; *International Trade Finance*, 1995)。尽管公平是南非中学后教育的首要目标,但它很可能不是长期目标。南非不仅代表了撒哈拉以南非洲最大的潜在市场,而且它也是通往次大陆其他地方的门户。毋庸置疑,南非开始大规模影响次大陆的全球经济联系和市场(*Economist*, 1995b)。

对南非的双边援助始于1990年(至少世界经合组织经济合作与发展组织数据库记载的援助是如此)。1995年至1998年4年间的援助比1990年至1995年6年间的援助翻了一番。最大的捐赠国是美国,1996年注入了近2000万美元,1997年又资助了830万美元。1990年以来,瑞典一直是中学后教育援助中十分稳定的力量。

结 语

近期世界银行重申了高等教育对发展的重要性。世界银行行长詹姆斯·沃尔芬森(James Wolfensohn)在最近一次演说中称教育应该置于"发展的核心"(Wolfensohn, 2000)。把减少贫困与市场稳定联系起来,并且意识到多元的(通常是当地的)知识来源现在具有真正的市场潜力,这意味着教育援助较之前一时期获得了额外的重要性。近期的经济发展和/或主要经济强国的复兴和新经济强国的出现意味着这种援助的资金触手可及,而且这种援助的市场重要性与日俱增。

非洲依然是世界上许多最贫穷的国家的家园。由于非洲面临着巨大的环境、健康和政治问题,所以能否在这个大陆发展消费和生产市场仍然风险重重。与此同时,非洲大陆也是一个基本未开发的生产者、消费者和各种思想家的巨大市场。教育投资作为维护稳定的主要因素,将对非洲的未来发挥重要而日益紧迫的作用。也许有一天,这个新时代将被称为外国对非洲高等教育援助的"黄金时代"。

致 谢

我衷心感谢巴斯瓦提·巴德拉(Bhaswati Bhadra)长时间地分析资料,感谢普瑞提·绍夫-梅塔(Preeti Shroff-Mehta)一贯细致的校对和查阅,感谢保罗·加里纳(Paul Gallina)的结构和逻辑编辑。

参考文献

Adda, J., and M. C. Smouts. 1989. *La France face au sud: Le Miroir brise*. Paris: Karthala. Cited in Thoma Eisemon and Mourssa Kourouma, "Foreign Assitance for University Development in Sub-Saharan Africa and Asia," in Jamil Salmi and Adriaan Verspoor, eds., *Revitalizing Higher Education*. Washington, D. C.: World Bank, 1994.

Akhtar, S., and M. Melesse. 1994. "Africa, Information and Development: IDRC's Experience." *Journal of Information Science* 20, no. 5: 314-322.

Altbach, P. G. 1971. "Education and Neocolonialism." *Teachers College Record* 72: 543-558.

——. 1997. "Servitude of the Mind? Education, Dependency, and Neocolonialism." *Teachers College Record* 79, no. 2: 187-204.

Association of African Universities. 1991. "Study on Cost Effectiveness and Efficiency in African University: A Synthesis Report." Accra: AAU mimeo. Cited in Thomas Eisemon and Mourssa Kourouma, "Foreign Assitance for University Development in Sub-Saharan Africa and Asia," in Jamil Salmi and Adriaan Verspoor, eds., Revitalizing Higher Education. Washington, D. C.: World Bank, 1994.

Bennell, P., and D. Furlong. 1997. "Has Jomtien Made Any Diference? Trends in Donor Funding for Education and Basic Education since the Late 1980s." Working Paper 51 (mimeo). Sussex: Institute for Development Studies.

Biraimah, K., and D. Ananou. 1995. "Sustaining Higher Education in Francophone West Africa: The Togolese Case." *Education Forum* 60: 68-74.

Brock, A. 1996. "Budgeting Models and University Efficiency: A Ghanaian Case Study." *Higher Education*

32: 113-127.

Business Africa. 1993. "Tapping into Japanese Aid." *Business Africa* 2, no. 15: 1-31.

Carnegie Corporation. 2000. "Four Foundations Launch $ 100 Million Initiative in Support of Higher Education in African Countries." Available online at: http://www. carnegie. org subnews/partnership. html

Chikeka, C. 1990. *Britain, France, and the New African States: A Study of Post Independence Relationships*, 1960-1985. Lewiston, N. Y.: E. Mellen Press.

Chronicle of Higher Education. 1988. "Conference on Financing of Education in Africa Reveals Differing Views on Cuts for Universities." *Chronicle of Higher Education* 34 (February 3): A39+.

——. 1993. "Universities Urged to Take Steps to End Africa's Higher Education Crisis." *Chronicle of Higher Education* 39 (June 9): A31+.

Coombe, T. 1991. "A Consultation on Higher Education in Africa: A Report to the Ford Foundation and the Rockefeller Foundation." Mimeo, Department of International and Comparative Education, Institute of Education, University of London. Cited in Thomas Eisemon and Mourssa Kourouma, "Foreign Assitance for University Development in Sub-Saharan Africa and Asia," in Jamil Salmi and Adriaan Verspoor, eds., *Revitalizing Higher Education*. Washington, D. C.: World Bank, 1994.

Cornwell, Tim. 1998. "University of the Air Nears Black Off." *Times Higher Educational Supplement* 1343 (August 14): xi.

Dickson, David. 1988. "Conference on Financing of Education in Africa Reveals Differing Views on Cuts for Universities." *Chronicle of Higher Education* 34: A39+.

Economist. 1995b. "A New Scramble: Foreign Investment in Africa." *Economist*, August 12, 17.

Eisemon, T., and L. Holm-Nielsen. 1995. *Reforming Higher Education Systems: Some Lessons to Guide Policy Implementation*. Washington, D. C.: World Bank. Available online at: www. worldbank. orghtmlextdreducbackgrnd/rhesys2. html

Eisemon, T., and M. Kourouma. 1994. "Foreign Assistance for University Development in Sub-Saharan Africa and Asia," in Jamil Salmi and Adriaan Verspoor, eds., *Revitalizing Higher Education*. Washington, D. C.: World Bank.

Fatunde, T. 1998. "When Demands Are a Part of Education: Deterioration of the Francophone University System." *Times Higher Educational Supplement* 1323 (March 13): 12.

Herman, H. 1995. "School-Leaving Examinations, Selection and Equity in Higher Education in South Africa." *Comparative Education* 31: 261-274.

Ilon, L. 2000. "Knowledge, Labor and Education." *Compare* 30, no. 3: 275-282

Ingalls, W. 1995. "Building Consensus for Change: Developing an Administrative and Management Structure in a Southern African University." *Higher Education* 29, no. XX: 275-285.

International Trade Finance. 1995. "Zimbabwe Meets Commitments - Attracts Finance." *International Trade Finance* 234 (April 7): 10-11.

Jacobson, R. 1988. "World Bank Revises Report on Education in Africa to Emphasize Support for Financing of Universities." *Chronicle of Higher Education* 34 (January 27): A41-42.

Kaplinsky, R. 1994. *Easternisation: The Spread of Japanese Management Techniques to Developing Countries*. Essex, England: Illford.

Kigotho, W. 1997. "Internet Lifeline for a Continent." *Times Higher Educational Supplement* 1392 (July 11): v.

——. 1999. "IMF Links African Slump to Brian Drain." *Times Higher Educational Supplement* 1392 (July 9): 13.

Lancaster, C. 1999. *Aid to Africa: So Much to Do, So little Done*. Chicago: Century Foundation.

Liverpool, L. S., E. Eseyin, and E. Opara. 1998. "Modelling for Resource Allocation to Departments and Faculties in African Universities." *Higher Education* 36, no. 2: 139-153.

Loxton. 1995. "South African Colleges Scramble to Accommodate More Students." *Chronicle of Higher Education* 41: A44.

Lubbock, R. 1995, "Faced with Daunting Challenges, Scholars in Africa Strive for Access." *Chronicle of Higher Education* 41 (June 9): A22.

MacGregor, K. 1994. "Bursaries or Bust in New Age." *Times Higher Educational Supplement* 1135 (August 5): 9.

——. 1997. "Natal Sheds Staff and Courses as Cuts Bite." *Times Higher Educational Supplement* 1289 (July 9): 11.

——. 1998. "Britain Promotes University Links." *Times Higher Educational Supplement* 1318 (February 6): 12.

Marx, A. 1992. "International Intervention in South Africa: The Difficult Transition to Development Assistance." *Journal of International Affairs* 46, no. 1: 175-191.

Mazrui, A. 1975. "The African University as a Multinational Corporation: Problems of Penetration and Dependency." *Harvard Educational Review* 42, no. 2: 191-210.

Mingat, A., and G. Psacharopoulos. 1985. "Financing Education in Sub-Saharan Africa." *Finance and Development* 22, no. 1: 35-38.

Moock, P. R. 1987. *Education Policies for Sub-Saharan Africa: Adjustment, Revitalization and Expansion*. Washington, D. C.: World Bank.

Morna, C. 1995. "African University Leader Call for Broad Alliance to Promote and Protect the Cause of Higher Education." *Chronicle of Higher Education* 41 (February 17): A43.

Nakabo, S. 1999. "Statistical Data: The Underestimated Tool for Higher Education Management." *Higher Education* 37, no. 3: 259-279.

Nsouli, S. 1993. "Structural Adjustment in Sub-Saharan Africa." *Finance and Development* 30, no. 3: 20-23.

Organisation for Economic Cooperation and Development Creditor Reporting System (OECD CRS) Data. 2000. Available online at: http://wwwl. OECD. org/scripts/cde/viewbase. asp? DBNAME=cde_crs

Owoeye, J., and F. Vivekananda. 1986. "Japan's Aid Diplomacy in Africa." *Scandinavian Journal of Development Alternatives* 5, no. 4: 145-155.

Ping, C. 1995. "African Universities Beset by Financial, Social Calamities." *Black Issues in Higher Education* 12 (September 21): 34-35+.

Psacharopoulos, G. 1973. *Returns to Education: An International Comparison*. New York: Jossey-Bass.

Psacharopoulos, G., and M. Woodhall. 1985. *Education for Development: An Analysis of Investment Choices*. New York: Oxford University Press.

Ramphele, M., and H. Rosovsky. 2000. "Educated People Are No Luxury, They're Essential." *Times Higher Educational Supplement*, March 19.

Renshaw, E. 1960. "Estimating the Returns to Education." *Review of Economics and Statistics* 42: 318-324.

Ridker, R. 1994. "The World Bank's Role in Human Resource Development in Sub-Saharan Africa: Education, Training and Technical Assistance." Sector Study 13449. Operations Evaluation Department, Washington, D. C.: World Bank.

Rosenfield, P. 2000. Personal conversation with Patricia Rosenfield, director, Carnegie Corporation International Development Program.

Schraeder, P. 1995. "From Berlin 1884 to 1989: Foreign Assistance and French, American, and Japanese Competition in Francophone Africa." *Journal of Modern African Studies* 33, no. 4: 539-567.

Schraeder, P., S. Hook, and B. Taylor. 1998. "Clarifying the Foreign Aid Puzzle: A Comparison of American, Japanese, French and Swedish Aid Flows." *World Politics* 50: 194-323.

Schultz, T. 1961. "Investment in Human Capital." *The American Economic Review* 51, no. 1:1-17.

——. 1963. *The Economic Value of Education*. New York: Columbia University Press.

Task Force on Higher Education and Society. 2000. *Higher Education in Develpoment Countries: Peril and Promise*. Washington, D. C.: The World Bank. Available online at: www. tfhe. net/about/about. htm

Thobani, M. 1984. "Charging User Fees for Social Services: Education in Malawi." *Comparative Education Review* 28, no. 3: 402-423.

Times(London). 2000. "World Bank Enlists HE to Narrow Poverty Gap." *Times*(London), March 3.

Times Higher Educational Supplement. 1988. "World Bank's Africa Strategy Urges Staffing Cuts." (February 12): 10.

——. 1995. "Development Education: With Reviews of Instructional Materials." *Times Higher Educational Supplement*, November 10, 35-41.

Useem, A. 1999. "Wiring African Universities Proves a Formidable Challenge." *Chronicle of Higher Education* 45, no. 30 (April 2): A51-53.

Versi, A. 1997. "Africa and Aid." *African Business* (January): 36-38.

Vondal, Patricia. 1991. "Social and Institutional Analysis in the African Economic Policy Reform Program." *Studies in Third World Societies* 44, no. 2: 61-78.

Washio, A. 1993. "'Good Governance' to Be ODA Criteria." *Japan Times Weekly International Edition* 33, no. 42: 3.

Wolfensohn, J. 2000. "A Time for Action: Placing Education at the Core of Development." Speech delivered at the World Education Forum, Dakar, Senegal, April 27. Available online at: www2. unesco. org/wef/en-news/coverage-speech-wolfen. shtm

World Bank. 1988. *Education in Sub-Saharan Africa: Policies for Adjustment, Revitalization and Expansion*. Washington, D. C.: World Bank.

——. 1994. *Higher Education: Lessons of Experience*. Washington, D. C.: World Bank.

——. 1998a. *World Development Report 1998/99: Knowledge for Development*. Washington, D. C.: World Bank. Available online at: www. worldbank. org/wdr/wdr98

——. 1998b. "Knowledge for Africa: African Virtual University." Avaliable online at: www. worldbank. org/wdr/wdr98/africa/bpafr9. htm

——. 2000b. "Knowledge for Africa: Knowledge for Development in Africa." Available online at: www. worldbank. org/wdr/wdr98/africa/bpafrl. htm

——. 2000c. "The World Bank Group in Africa: An Overview." Available online at: www. worldbank. org/afr/overview. htm

——. 2000d. "Indigenous Knowledge Program." Available online at: http://www. worldbank. org/afr/ik/default. htm

7 非洲高等教育的大众化及未来趋势

理查德·费内尔

一些非洲领导人经营钻石，为贪婪的战争筹措资金，他们似乎对前所未有的骇人的人类灾难无动于衷。其他一些领导人梦想着复兴，要让21世纪成为他们的21世纪。与此同时，世界上其他地区在迅速迈向新的全球经济秩序，这个秩序可能会让非洲游离在外，使之成为一个与世界经济的其他部分很少进行经济互动的第四世界孤岛（Castells，1998；Carnoy，1995a）。这些完全相背离的现实所体现的不协调性让人怀疑，非洲，尤其是撒哈拉以南的非洲地区，是否还能看到希望。

非洲新的经济发展战略

假如富有勇气和坚定信念的新领导人实施了不同的经济发展战略，假如他们得到了人民和国际社会的重要支持，人们就能看到一线希望。希望背后的基础在于实施将现实的经济规划与大胆的新的人力资源发展相结合的战略。最近由非洲经济研究联合体（African Economic Research Consortium）和联合国大学（United Nations University）所开展的一项研究支持这样一项战略的要义。它是基于所谓的“亚洲四小虎”的发展模式，要让它们的经济从农业转变成一个由制造业、商业和知识产业等相结合的经济（AERC，1998）。

这种模式采用这样一个战略，即制定针对某个地区的经济政策，建设可持续的、富有竞争力的进入全球经济所需的物质和财政基础。实施这个战略的一个重要组成部分是有一支能满足动态的全球市场需求的劳动力。要发展这样一种能力，需要在所有的教育部门和现有的劳动力中均衡地投资教育和培训。许多教育领导者主要根据学龄儿童和寻求进入中等后教育和培训的中学毕业生人数来思考教育的产品，对于他们来说，这样一个转变是人力资源发展规划的一个重大转变。在高等教育与社会特别行动小组（Task Force on Higher Education and Society，2000）最近的一个报告中，已经提出了一个这种性质的战略转变。高等教育与社会特别行动小组关注的是世界上的发展中国家。

随着高等教育日益受到关注，根据一些经济和发展专家的判断，经济发展和整个教育部门的均衡投资的关系是最近10年来最重要的发现之一。这一发现显示，发展中国家改变了早期的教育政策，即基础教育是投资的重中之重（Carnoy，1995b）。正如最近一个关于欧洲和北美教育趋势分析报告所指出的，它导致了教育投资的转变，反映在第三级教育入学人数的增长上（OECD，1999）。这种转变看起来与知识和信息革命相关，并反映了这样一个新现实，即对于一个国家来说，投资熟练劳动者的培养比投资商品生产具有更大的经济回报（Serageidin，2000）。最近另一个关于全球高等教育的研究同样证实了第三级教育入学率的提高与国家收入增长之间的联系（Task Force on Higher Education and Society，2000）。

非洲经济研究联合体提出的战略，是让非洲国家之间发展地区贸易关系，同时通过在被全球劳动力市场所看重的领域进行教育和培训投资，来建设其人力资源能力。就像在韩国和最近的印度所显示的那样，这个战略能及时使产业不断发展，由此产生的生产力则将支持在人力资源和基础设施建设方面进行进一步的、更广泛的投资，包括物质基础设施建设和制度性基础建设，前者如道路和通信设施，后者如金融机构、法院、民主结构和教育体系。在一个相关的比较中，卡诺伊指出，20世纪60年代的加纳和韩国，在人口、国民生产总值、教育投资在预算中所占比例等方面都非常相似。当时的韩国长期致力于扩大各个层次教育的入学机会，并改变课程，更加强调数学和科学，而加纳基本上延续了相同的教育政策。自从20世纪60年代以来，两个国家的经济发展情况明显不同。韩国已经在全球经济中扮演了一个重要的角色，而加纳则失去了活力。教育政策是这种变化的重要因素之一(Carnoy, 1995c)。

需求的含义:大众化和均衡

非洲经济研究联同体所提出的强化地区经济发展和大量投资教育的战略，作为一个全球化战略的第一步可以在非洲产生效果吗？可以，但是这需要非洲大多数国家保证实现前所未有的大规模的教育和培训。大规模的教育和培训意味着什么？总的来看，这意味着学龄群体中很大一部分享有教育机会，并参与中等层次的教育，意味着他们所接受的教育内容足以使他们应对变化中的工作环境，而且需要解决问题的技能，以及经常运用数学和科学知识。另外，这还意味着劳动力中为数不多但是很重要的一部分人(12%～15%)获得中等后教育，劳动力中的多数可以定期参加继续教育和培训项目，以使他们跟上与产业相关的知识基础的变化步伐。强调劳动力发展为多数国家人力资源开发努力方面的缺失提供了平衡。

换言之，撒哈拉以南的非洲要想避免进一步滑向第四世界经济泥潭，传统中学毕业生群体和劳动力对高等教育和培训的需求就要比当前的水平有明显的提高，教育和培训的质量也就可能需要加以改变。

中学毕业生的教育需求

表7.1 1995年教育入学率(占总人口比例)

教育部门	撒哈拉以南非洲	东亚	欧洲和中亚
小学	74	115	101
中学	25	64	83
第三级教育	3	7	32

来源：Task Force on Higher Education and Society 2000,104,Table A.

教育参与率，也就是在一定年龄阶段群体中，教育上处于活跃状态的人口所占的比例。表7.1比较了世界上3个地区(撒哈拉以南非洲、东亚、欧洲以及中亚)的教育参与率。结果表明，在撒哈拉以南非洲，所有三个教育层次的入学人数都远远落后于其他两个地区的相同年龄群的入学人数。在第三级教育，与欧洲和中亚32%的比例相比，1995年在撒哈拉以南非洲的大学年龄群中，教育上处于活跃状态的仅占3%。在整个教育部门，如果撒哈拉以南非洲不能在相应的教育和培训活动中显著提高参与程度，那么就不能建立起该地区在全球经济中占据一席之地所需的广泛的劳动力能力基础。

在本章余下的部分，我们的讨论的重点是第三级，或者说是高等教育。这并不是意味着其他教育部门不是优先考虑的部门。

目前，在撒哈拉以南的非洲，第三级教育的入学比例远远落后于世界其他国家，具有“发展中”的特征。最近一项研究提出，这一地区的入学率大约每10万人有340人。相比之下，东亚的入学比例是它的两倍多，而欧洲和中亚地区的高收入国家的比例大约是每10万人中有2400人(Task Force on Higher Education and Society, 2000:104,Table B)。另一项大致涉及相同时间段的研究展示了一幅更令人沮丧的画面：在撒哈拉以南非洲，第三级教育的毛入学率是3.6%，而阿拉伯国家为14%，亚洲是10.4%，拉丁美洲超过18%(UNESCO, 1998)。

如果撒哈拉以南非洲着手实施与全球经济其他部门齐头并进的战略，那么它至少需要将第三级教育入学率翻一番。1995年的数据显示，在撒哈拉以南非洲，第三级教育的总入学人数约为180万人，其中尼日利亚和南非两国就占到100万人(Task Force on Higher Education and Society, 2000)。毫无疑问，确实有必要将第三级教育入学人数翻一番。问题在于供给这一边：大多数非洲国家并没有顺利接纳更多中学毕业生的高等教育入学政策。在目前经济状况下，预算限制使得变化不可能发生，除非改变高等教育财政政策。

劳动力需求

一些教育经济学家相信,如果要在全球经济中进行竞争,那么一个国家的劳动力至少有12%~15%的劳动者必须接受高等教育,同时必须坚持不懈地开展继续教育,以便劳动力能跟上变化(Sadlak, 1998; World Bank, 1998/1999)。对大多数非洲国家来说,这是最严峻的挑战。很少有非洲国家的专业继续教育和培训体系可以达到使具有高等教育资格的劳动力人数翻倍或三倍所需的规模。满足这个要求需要实现高等教育的大众化,目前这在大多数非洲国家并不在考虑之中。

需要为撒哈拉以南非洲的劳动力提供什么层次的教育和培训呢?依据世界银行数据资料,1997年撒哈拉以南非洲劳动力总数约为2.68亿(World Bank, 2000a)。假设想让12%的劳动力拥有高等教育资格,撒哈拉以南非洲劳动力中大约应该有3200万人接受第三级教育。有关撒哈拉以南非洲劳动力教育水平的数据不易获得,但是实际数据无论如何也不可能接近这个水平。根据国际劳工组织报告《1999年劳动力市场关键指标》这一权威性信息来源,拥有高等教育资格的劳动者不到3%(International Labor Office, 1999)。高等教育与社会特别行动小组的报告指出,1995年,在撒哈拉以南非洲的25岁以上人口中,仅有2%的人获得第三级教育(Task Force on Higher Education and Society, 2000)。这些估计说明在这方面有很多不足。如果只有3%的劳动力拥有第三级教育资格,那么就有约9%的缺口,或者是大约2400万人,比目前撒哈拉以南非洲高等教育入学人数高出10倍。

这些对需求的估测给予教育与培训中的大众化和均衡以更广阔的视野。显然,我们需要更为细致地考虑总体战略或方法与国家发展目标之间的关系。对于要引起注意的经济部门,对于所有人平等获得教育与培训机会的期望,不论种族、性别、民族和地理位置,对于解决教育与培训课程的内容问题所需的努力,我们要作出战略选择。

因此,撒哈拉以南非洲如果想在全球经济中成为一个有意义的组成部分,那么必须重新考虑其教育和培训政策,这一观点可能不存在什么争议。获得受教育和培训机会的要求,就像人口增长和劳动力市场不断变化的性质所起的作用一样,从未有如此之大。如果要实施长期的国家战略和地区战略,那么教育规划制定者和财政部长们就将面临艰难的选择。

供给的含义:全球趋势、选择和挑战

要将教育与培训供给率提高到具有国际竞争力水平,面对这一挑战需要艰难的选择。显然,一个选项是保证物质和人力资源得到最大程度的利用。一些撒哈拉以南的非洲国家(如南非)的能力并没有充分发挥出来。南非高等教育机构已经作出了反应,办法是通过寻找新的学习者市场,尤其是在受训人员短缺的产业劳动力中寻找,还有就是通过在办学能力不足的地区开设分校。

最大限度地运用现有的资源,其另一个方面是提高资源的使用效率。这种做法可以包括提高学生的通过率,降低学生的辍学率,减少或者消除在一个机构或体系中教学计划或课程的重复率,减少或者淘汰从成本效益角度来说不能证明其合理性的低需求高花费的课程。政府可以而且应该通过在政府与高等教育机构之间建立经费安排的"监控机制",来影响是否应该采取诸如此类的措施或如何采取这些措施,从而确保经济和社会发展所需的人力资源的适度生产(Merisotis and Gilleland, 2000; World Bank, 1994)。这种监控机制应该强化高等教育机构的战略规划,而且从长远来看,可以促进高等教育机构办学能力的提高。但是,正如一些大学所经历的,调整学术项目,使之从传统的入学模式转向反映新的国家需求的项目,这个过程有时会给力图裁减员工的学术领域带来短期的不稳定性。受到负面影响的院系和课程偶尔会在自治和学术自由的呼声下寻求保护。情况有时候会是这样:学校管理委员会和行政部门需要与决策者和其他教育相关者合作,以确保学校和国家的需要和行动是相互支持的,确保学校资金的监管机制反映这些需求。

在某些非洲国家,作出艰难的选择同样意味着要面临大学毕业生不能充分就业或者是失业的现实。在某些情况下,这也许是供大于求所造成的结果;学生及其父母在择业时没有考虑工作岗位的增长实际可能会出现在哪里。当这个国家需要农业专家、经济学家和采矿工程师时,学生也许接收培训成为医生、律师或者是传教士。在其他一些情况下,也许是国家经济情况不尽如人意,缺乏在为经济增长所必要的领域雇用新的毕业生的能力。还有一些情形是,问题或许在于新的毕业生缺少与当前的职业需求相应的知识和技能,这反映了课程的停滞不前。雇主可能不愿意雇用他们明知没有得到充分培训的新毕业生。

不管是什么原因,就高等教育与培训项目的产出和专业人员和熟练人员的继续教育而言,许多非洲国家在高等教育供给满足需求预期方面都面临实际的问题。必须承认,在某些情况下,这种供求之间的不匹配是存在的,因为高等教育机构没有预见到新趋势,并对新趋势作出反应。

更大的院校多样性和分层

大多数非洲国家仍然仅拥有一所高等教育机构,这往往是独立后不久建立且标志着摆脱殖民历史的国立大学。鉴于所有学科领域的知识和信息都出现全球性激增,而且获取信息需求日益扩大,许多国家发现高等教育提供者的薄弱基础完全不足以适应变化中的教育需求。因此,在世界各地,通过纵向分层或横向分层实现高等教育机构的多样化,这正在变成为一项国家战略(Task Force on Higher Education and Society, 2000)。在某些情况下,多样化是“纵向分层”的结果,也就是在本科生与研究生教学之间实现机构分离。在另一些情形下,多样化是“横向分层”的结果,也就是产生了类型更多的高等教育机构。

私立高等教育

最近几年,一个值得注意的纵向和横向分层是私立高等教育提供者在世界范围内的增加(Tooly, 1999;World Bank, 1994)。在智利,20世纪70年代引入私立学校,目前私立学校已经提供了很大一部分专业层次和研究生层次的教育。在巴西,大多数本科生是在新近建立的私立大学注册学习的(Task Force on Higher Education and Society, 2000)。同样,韩国和日本也走了一条通过引入私立高等教育来实现高等教育机构进一步多样化的道路。在日本,超过四分之三的接受高等教育的学生就读于私立学校(James, 1995)。在许多情况下,私人提供的高等教育的增加是公立学校应对高等教育入学需求失败的结果。在另一些情况下,私立高等教育的增长反映了对更加多样的学习项目的需求不断扩大。这种扩大或者是由市场的快速变化引起的,或者在某些情况下,是由为满足像妇女或少数民族这样的特殊群体的教育环境的需求所产生的。

其他形式的横向分层具有某种更长的历史。20世纪中期,美国引入了一种不同类型的机构,创办了提供学术和职业学习轨道的社区学院。与美国的经历相比,世界上其他地区引入社区学院的尝试均稍逊一筹,但是一直在不断努力。南非的继续教育和培训部门在某种程度上跨越了中学和高等教育之间的技能缺口,该部门的建立为设立社区学院创造了法律空间,但是公共部门财政资金的短缺限制了这个中等后教育部门的扩张。

远程教育机构

英国开放大学的建立标志着另一种教育机构——远程教育的建立。自20世纪40年代以来,南非大学(UNISA)一直是一所函授机构,并且是世界上规模最大的大学之一。撒哈拉以南非洲的英语国家和法语国家已经在教师培训中大量运用远程教育。远程教育的成功发展创造了另一种分层形式,一种“二元模式”(dual-mode)机构的发展,也就是一所住宿制的大学或理工学院提供的课程拓展到涵盖了远程教育。最近一项关于撒哈拉以南非洲远程教育课程的研究列举了65所采取二元模式的高等教育机构和60所单一模式的机构,这些高等教育机构几乎全部从事教师培训(Roberts and Association, 1998)。遗憾的是,这项研究没有指出在非洲有多少人是通过远程教育进行学习的。这些高等教育机构既包括公共提供者,也包括私人提供者,还包括少数公私混合提供者,以及非政府组织,如1996年由世界银行发起的具有创新性的非洲虚拟大学项目。

大学学院

许多美国教育机构开发课程,满足工作的成年人的需要,这种努力导致另一种形式的横向分层。在20世纪70年代,一些大学为工作的成年人建立了特殊的学院。一些州创建了特殊的大学,如纽约州的帝国州立学院、伊利诺斯州的州长州立大学、新泽西州的托马斯爱迪生大学。这些机构中的大部分尝试新的授课形式和课程创新,包括承认生活经验的学习价值,并给予学分。然而,学校中的传统主义者限制了许多此类的努力,因为他们抵制这种努力。

企业大学

面对教育和劳动者培训等需求的增长,高等教育反应缓慢导致另一种教育机构的发展,这就是"企业大学"。这种形式的高等教育提供者在北美和欧洲已经有很多年的历史。有人估计,美国有1500多所企业大学,其在校生人数与传统的正规的学院和大学相当(Spender, 1998)。由于跨国公司遍及全球,目前在非洲也可以发现企业大学。在尼日利亚,标致公司已经启动了自己的工程师、信息专家和管理者的培训课程,因为它不能依靠公立大学提供合格的毕业生。在南非,石油企业与南非和加拿大高等教育机构合作,创办了一所企业大学,为整个非洲的石油企业培训雇员。导致这种变化的部分动因是,在非洲提供培训比在欧洲和北美提供培训要经济得多。此外,南非和加拿大的机构的参与意味着,由南非企业大学所提供的教育质量高,而且在文化上具有对这个地区适合性。如果学生要到别的地方去接受与工作相关的教育,情况可能就不一样了。

信息通信技术的可获得性大大促进了企业大学数量的兴起和远程教育的普及。在高等教育中,信息通信技术得到广泛应用,包括如教室里有可能接入国际互联网或者内部网的计算机,使用各种电信技术(包括卫星技术)的同步和非同步教学。很明显,信息通信技术是高等教育机构多元化增长最快的形式,这种发展并未局限于美国,在线课程的世界市场估计每年达到100亿美元(Cloete and Moja, 2000)。高等教育机构与公司之间的洲际合作几乎每一天都在形成,以满足日益增长的对使用信息通信技术提供的课程的需求。在这里,信息通信技术既是一种授课的手段,也是重要的教学内容,也就是说教学内容与信息通信技术及其应用有关。例如,2000年11月3日,美国的《高等教育纪事》报道说,希腊、美国、德国、瑞典和荷兰等国大学将建立合资企业,借助全球电子商务提供硕士课程(Ludwig, 2000)。在南非,目前许多大学和理工学院正在宣传网络课程,以回应北美、欧洲和澳大利亚"红砖与鼠标"(brick and click)高等教育机构对非洲高等教育市场的侵入。

高等教育机构多样化的发展同样反映在课程的惊人分化上,也就是世界高等教育机构所提供的学习领域在不断拓展。这种拓展的驱动力量来自于最近几年知识生产的快速增长,以及知识使用者不断自我更新的需求。课程的不断分化是教育机构对拓展与深化学习领域的一种反应,也是为应对处理与全球化相关的复杂而相互联系的问题而越来越转向跨学科研究的需求。这种课程不断分化的趋势是几个因素导致的,包括传统学术领域之外的知识生产的增长。面对知识生产中垄断程度的降低,教育机构的反应是加大知识传播的力度。这是通过寻找更多的"市场利基"(market niches)和参与与私营部门的研究和教育合作实现的(Gibbons, 1998)。市场利基可以是专业化的研究领域,如生态旅游,它将其他领域的研究结合起来,以响应不断增长的市场需求;它们或许也要通过提供常规授课项目在时间和地点上无法满足的教育服务来满足目标学生群体(如在工作的成年人)无法满足的需求。

"模式2"是用来描述出现在20世纪后期的一种新的知识生产、传播和应用的模式。在这种模式中,通过研究而扮演新知识生产者的大学,它的这一重要角色被专业化的智库和实验室所取代。在模式2中,解决与国家需要相关的问题的渴望通常激励着对知识的追求。解决问题往往要超越高等教育所发现的传统的学科限制,要取得成功,往往要更关注知识的应用,而不是传统的对证据的科学检验。这种活动完全不同于“模式 1”阶段的知识生产(Gibbons, 1998)。在模式 1 中,知识生产和传播是围绕学科知识紧密组织起来的,这使得大学的发展在建立重新组织新知识和新知识生产者的“规则”中起着至关重要的作用。

然而,随着 20 世纪中期全球交流的加深,两个不同的社会现象——民主化和经济全球化——相互融合,导致了人们对如何利用知识来应对广泛的社会挑战(对知识相关性的需求)的期待的急剧变化,也导致了人们对谁应该成为知识的生产者和应用者(高等教育大众化的需求)的期待的急剧变化(Scott, 1995;Kraak, 2000)。吉本斯从模式 1 到模式 2 的转变中看到了这一融合,这种融合突出了世界大学正面临的挑战。从模式 1 到模式 2 的转变对教育机构的角色以及谁应该,为了什么目的以及以什么方式接受教育的传统看法提出了挑战。

如果大学要在知识的生产和传播中确立起新的角色,那么大学就必须建立新的合作伙伴关系和新的组织形式。那些完成了这种转变的大学已经繁荣兴旺,而那些没有完成这种转变的大学则衰落了。许多非洲高等教育机构面临的挑战是,它们不仅要学习隐含在模式 2 条件下的新的参与规则,而且还需要获得帮助,以确定和培育模式 2 所需的联盟和合作伙伴关系。在很多情形下,这些新的伙伴也许是国外的机构,这使得事情变得更为复杂。而且在很多情形下,人们普遍担心,建立模式 2 的关系意味着失去控制,而且可能进一步造成人才流失。

总之,全球对高等教育需求的增长导致了很多不同的反应。在撒哈拉以南非洲,可以看到其中的一些反应。在这些选择中,有许多对高等教育研究机构、高等教育系统、传统学科和职业提出了严峻的新挑战,因为它们意味着新的组织模式和新的或不同的目的与期待。不过,除非在提高非洲第三级教育部门的能力上付出深思熟虑的、进一步的努力,否则这些反应所产生的影响也许是微不足道的。

非洲的挑战:建立恰当的高等教育能力

非洲所面临的挑战是如何夯实高等教育体系的能力,以满足参与全球经济所需的教育和培训需求。正如先前所指出的,在撒哈拉以南的非洲,在约 6.27 亿人口中,只有不到 200 万名学生进入高等教育(World Bank, 2000b)。在其他正从低收入、信息产业落后向以信息和技术为基础的产业转型的国家,满足这种需求意味着教育投资,撒哈拉以南的非洲必须为来自学校的新的学习者和那些寻求“第二次学习机会或第二次尝试”的劳动者创造空间(OECD, 1999)。需要多少新的空间,这将取决于不同国家特定的经济部门所制定的战略和这个地区财政资源的可获得性。

能力建设及学费

在政府资源稀缺和受到其他限制的环境下,这给我们带来了提升能力的问题。也许根本问题是如何为能力建设筹措资金(Partnership for Capacity Building in Africa, 1997)。这里有几个选择:

- 在不收学费的地方收取学费以实现成本分担,在已经收取学费的地方提高收费水平。
- 通过其他活动创造更多的收入,以补助教育和培训课程的能力建设。
- 允许私立机构提供高等教育。

许多非洲国家需要考虑在传统上不收费的大学收取学费,或者在原先收费的大学提高学费。这是一个政治家和院校管理者害怕接触的领域,因为学生过去对收取学费或者增加学费的可能性反应激烈。但这是一个必须解决的问题。实际上,非洲的发展正在被一小部分人所劫持,这些人中有许多来自特权阶层,他们要求民众为他们个人的经济未来付费,而民众本身则很少有机会或者没有任何机会获得高等教育(Teferra, 1999)。在很大程度上,这一极其糟糕的局面是由无知的自私自利造成的。例如,在尼日利亚,联邦大学的全日制在校生成功地将收费制度的实施推迟了数十年,即使这些大学的非全日制学生和研究生像州立大学的所有学生一样缴纳学费。在南非,则是另一种情况,学生缴纳的费用约占高等教育机构收入的 15%。20%的亚洲国家和超过 50%的拉丁美洲国家,学费占高等教育经常性支出的10%强(World Bank, 1994)。在许多国家,成本分担开始于政府给予学生食宿资助的减少以及这些服务的私有化。

付费问题必须与津贴和贷款政策一并予以审视,以便真正贫困的学生不被排除在高等教育的大门之外。而且,需要结合优先考虑的人力资源来审视学费的结构,确保稀缺的政府资源发挥最大效用,而不是被用来提升对发展没什么附加值的学习领域的能力。

能力建设与创造收入

在世界上的许多地方,高等教育的一个主要趋势是政府补助之外的收入多样化。尽管在世界范围内,研究经费和研究合同通常总能给大学带来一定的收入来源,这些活动的开展以及教育与培训项目合同成为高等教育机构的重要收入来源,并且通过这些手段,许多机构能够提高质量,夯实师资力量和学校物力。“创业型大学”不仅仅是一个标语,它是教育机构文化的一个范式的转变(Clark, 1998)。形式各异的创收活动的大发展已经改变了许多院校的性质和水平,使得政府委员会提出鼓励和奖励这类活动的政策(South African National Commission on Higher Education, 1996; Dearing, 1997)。最容易开发的创收活动似乎是为企业开设包含正规学术课程以外的课程的培训计划。这类培训计划常常是由个别教师出于个人兴趣而开发的。这类活动有意思之处是,在北美和欧洲的许多机构,它已经演变成新的学术课程,并进而获得政府的额外资助(Jongbloed, Maassen, and Neave, 1999)。蒙特利尔理工学院的虚拟大学坐落在墨西哥,它在整个拉丁美洲招收了大约9000名学位生和35000名非学位生(World Bank, 1999)。这种趋势正出现于许多继续教育课程中,南非的几所创业型院校和尼日利亚、肯尼亚的城市地区正在开发这类继续教育课程。

另有一条路径,但还是在相同的创收活动框架下,许多亚洲、欧洲和北美的大学坚定地与政府以及私营部门合作来开展研究和解决问题,这充分表明了这些合作项目的经济价值(Clark, 1998;Gibbons, 1998)。对于大学来说,类似于这样的动向是大学在知识生产中重新发挥作用的一种方式。这些动向帮助大学找到了通向一种解决问题的研究范式的道路,在许多情况下,这种范式使得大学对当地和国家发展作出的贡献要比“蓝天”(blue sky)研究(指从事那些无价值的研究)更大更有效。由南非国家研究基金和南非政府工业贸易部联合推出的“产业中的科技和人力资源计划”(THRIP)就是这方面努力取得双倍功效的一个明证。该计划将产业、学术界和研究组织捆绑在一起,办法是为获批的项目提高配套资金(Mail and Guardian, 2000)。据估计,该计划今年将针对产业研究为合作各方(包括高等教育机构)提供超过3500万美元的经费。1991年,坦桑尼亚大学启动了收入来源多样化和项目评估进程,致使大学发生了重大的转变,并获得捐助者和私人投资者的青睐(NUFFIC, 1999)。

这种类型的活动也带来了知识产权方面的机遇和挑战。美国哥伦比亚大学计划在2000年从与私营部门合作开发的专利中获得超过1.44亿美元的收入(Arenson, 2000)。然而,一些人认为这种类型的活动是另一种范式转变,事实是,自冷战以来,在欧洲和美国就已经存在这种性质的合作。然而,这类合作在非洲高等教育中仍然是一种尚未发展起来的新趋势(Oni, 1999)。有些人担心,过度的“为了利润而研究”和过多的“带来滚滚财源的培训项目”会削弱高等教育的核心功能。不过,这些担心需要置于许多非洲大学所面临的暗淡现实来平衡。重要的一个问题是:在非洲,高等教育机构的核心功能是什么?难道不包括可以马上大大地直接提升国家和地区地位的活动和责任吗?有多少非洲大学能够坦然地说,它们正在提升推动国家和地区发展的能力?又有多少非洲大学可以明证,收入的多样性和增长是为了提升这种能力?

能力建设和私立高等教育

国际经验表明,转向私立高等教育是许多国家提高系统能力的另一个选择。在这种选择中,有几个选项。例如,肯尼亚、尼日利亚和南非政府已经修改法律,允许建立私立高等教育机构,从而对长久以来没有解决的来自毕业生和成年工作者的需求作出反应。巴西和秘鲁作出了这一选择,为学生大幅度增加了高等教育入学机会。在今天的巴西,在第三级教育登记在册的学生中,有超过50%的学生是在私立高等教育机构学习。20世纪后期,韩国作出了同样的选择,超过50%的适龄成年人注册学习中等后教育课程,这其中又有超过80%的学生就读于私立机构(World Bank, 1999)。

另一个变化就是允许公立高等教育机构招收政府资助数额以外的学生,条件是这些学生自己付费。乌干达的麦克雷雷大学以及南非的一些创业型大学和理工学院就采用了这样的做法。在这些情况下,学生(或者更有可能的是学生的雇主),而不是国家,承担了增加部分办学能力的财政成本。在采用这一计划的两年中,麦克雷雷大学的大多数学生都是自费生(NUFFIC, 1999)。由于获得了两个渠道经费的交互补充,所以大学就可以扩大获得国家资助的入学人数。在美国,许多州教育当局发现,资助学生进入私立机构比建立新的公立机构并为其配备人员要有效得多。

另一个选项是开发公立与私立机构之间的合作项目,南非就是这样做的。这样的合作伙伴关系允许每一个机构利用自身的优势,并通过整合资源,去做合作双方单方面无法做的事情。

教师能力建设

在撒哈拉以南的非洲,迫切需要加强教学人员能力建设,以满足日益增长的教育需求。这不仅仅意味着让更多的研究生通过教育通道并进入教学和研究岗位,而且由于有来自政府和私营部门的竞争以及人才流失的威胁,这本身不是一个小问题。

更大的挑战是,在从当前的经济和政府实践向更适应全球参与的经济和政府实践转变的过程中,培养并留住具备能满足转型需要技能的大学教师队伍。这些技能包括解决问题的能力,真实生活情境下生产知识的能力,跨学科工作能力,信息管理能力,以及在跨文化背景和灵活的组织安排下的工作能力(Gibbons, 1998;Kraak, 2000)。问题在于,在非洲大学中,目前有许多教师缺乏这些技能,也缺乏获得这些技能的机会及承诺。过去那种把个人送到国外培训的老办法在大多数情况下是行不通的。这种做法费用太高,针对性不强,而且通常不实用。这些技能也不是个人通过上网就能获得的,即便我们假设在撒哈拉以南非洲一所普通大学里的教授可以上互联网。

要造就一支领导非洲高等教育变革所需的师资队伍,需要在高等教育提供者之间以及在高等教育与公私营部门之间作出创造性的制度安排。类似于这样的项目已开始出现,而且这类项目通常是在捐助者的支持下建立的,如涉及开普敦大学和其他7所非洲大学的计划(West and Shackleton, 1999)。非洲经济研究联合体(AERC)是另一个在国际捐赠团体资助下建立的针对教师发展的校际合作范例(World Bank, 1999)。非洲大学协会在捐助资金的支持下,也资助教师交流和合作研究。然而,如果要建立一支足以支撑整个撒哈拉以南非洲地区院校能力建设的关键的师资队伍,那就需要进一步扩大这方面的努力。

假设说通过持之以恒的努力有可能建设一支合适的教师队伍,那么许多大学面临的一大挑战是如何留住教师。教师面临着离开大学并加入私营部门政府项目的巨大压力,这是一种"内部的"人才流失。大学及其新伙伴之间可以而且必须通过创造性的承诺来消除这种威胁,以达到分享而不是争夺人力资源的目的。所有的人都需要意识到,短期的竞争将严重削弱或者扼杀长期发展战略。如果高等教育想留住最优秀、最聪明的教师,那么就需要制定、尝试并不断调整事关教职工的离职、联合聘用、知识产权所有权、终身教职以及学术生活其他方面等的新规则。这是可以做到的。在连续多年看到印度的青年才俊为了实现自己在软件产业方面的职业梦想而背井离乡之后,印度的高等教育机构和公司找到了扭转人才外流的办法,实现了人才回流,从而建立了有可能成为世界上最具活力的软件产业。

战略规划

如果高等教育机构及其伙伴要避免犯代价昂贵的错误,并作出能让院校、国家和地区直接受益的决定,那么要在能力建设的各种选项中作出正确的选择,就可能需要制定谨慎而富有创造性的战略规划。西班牙和芬兰的生动案例可以有力地佐证这种规划的价值。在西班牙和芬兰,政府与高等教育机构之间的合作集中在通信产业的发展上。这两个国家在通信产业方面都经历了明显的经济增长,并对其他经济部门产生了显著的积极的影响(Castells, 1999)。在撒哈拉以南非洲,尽管对制定战略规划的必要性的认识越来越强,但高等教育机构真正开始做战略规划还是最近的事情,因此大学和国家都还没有达到可以开始制定统筹协调的战略规划的水平(AAU, 1995; Ekong and Plant, 1996; Fry and Utui, 1999; Task Force on Higher Education and Society, 2000)。然而,如果来自政府、私营部门以及捐赠者的财政资助要确保投放在本地区高等教育变革所需的层次上,那么就有必要进行某种战略性质的协调。

信息通信技术

信息通信技术的快速发展,为撒哈拉以南非洲应对实现高等教育大众化和平衡议程过程中所面对的挑战,提供了极大的便利。以前投向实体项目的钱,现在可以更直接地投资于以信息通信技术为手段随时随地传授内容的人力资源开发。信息通信技术提供了一种实现教师发展与课程发展的快捷方式,可以帮助这个地区的学者和科研人员实现更加紧密的合作,它还有助于形成适合本地区的学习、研究和解决问题的议程。借助信息通信技术,在这个地区运营的跨国公司可以为人力资源开发承担更多的投资。通过这样一种发展,就能实现与世界经济更为紧密的联系。正如圣(Saint)在关于撒哈拉以南非洲的第三级教育与技术的一项重要研究中所提出的,信息通信技术不仅具有将大学校园废置一旁的潜力,而且能够使每一个希望得到大学教育的人得到它(Saint, 2000)。

结　语

如果撒哈拉以南的非洲要在全球经济中继续成为一个积极的伙伴,那么它的高等教育就要扮演一个重要的角色。国际经验表明,持续投资高等教育与参与全球经济而产生的国民收入的增长,这两者之间存在着密切的联系。我们需要把投资导向符合国家和地区发展的优先领域。这些投资还需要包括对提升现有劳动力的承诺,以确保对教育、培训、研究和开发的长期可持续投资所需的生产力得到回报。

就高等教育而言,撒哈拉以南非洲远远落后于世界其他地区。它是世界上高等教育入学率最低的地区,同时,受过第三级教育的劳动力人数也是最少的。撒哈拉以南非洲必须采取行动提高院校能力,满足尚未满足的需求。这就需要作出艰难的选择和战略的规划,既要增加财政收入,以支撑整个地区高等教育的扩充,又要提高质量,以适应区域经济发展政策,还要引导高等教育机构、政府和教育消费者朝着提升这个地区经济发展水平的方向发展。

如果要及时让第三级教育和培训普及到关键的多数,那么高等教育机构应以本地区空前的规模在院校之间并与私营部门、政府机构和捐赠者团体之间建立广泛的新的伙伴关系。

世界范围内的高等教育已呈现出令人欣喜的发展趋势。这些趋势与撒哈拉以南非洲地区不无关联,有些趋势甚至已经在这个地区显现。这些趋势需要得到高等教育利益相关群体,包括私营部门和其他高等教育产品和服务终端用户的更大支持,以使其规模和质量水平能将这个地区推向前进。

参考文献

AAU (Association of African Universities). 1995. "Report of the AAU/UNESCO/CHEMS Workshop on Strategic Planning in African Universities." Accra, Ghana: Association of African Universities.

AERC (African Economic Research Consortium) and United Nations University. 1998. *Strengthening Africa's Participation in the Global Economy*. Tokyo: AERC.

Arenson, K. 2000. "Columbia Leads Academic Pack in Turning Profit from Research." *New York Times*, August 2, 2000.

Carnoy, M. 1995a. "Education and the New International Division of Labor." In Martin Garnoy, ed., *International Encyclopedia of Economics of Education*, 2nd ed. Oxford, England: Elsevier Science.

——. 1995b. "Rates of Return to Education." In Martin

Carnoy, ed., *International Encyclopedia of Economics of Education*, 2nd ed. Oxford, England: Elsevier Science.

——. 1995c. "Education and Technology Change." In Martin Carnoy, ed., *International Encyclopedia of Economics of Education*, 2nd ed, Oxford, England: Elsevier Science.

Carnoy, M., M. Castells, S. Cohen, and F. Cardoso. 1993. *The New Global Economy in the Information Age: Reflections on Our Changing World*. University Park: Pennsylvania State University Press.

Castells, M. 1998. *End of Millennium. Vol. 3: The Information Age: Economy, Society and Culture*. London: Blackwell.

——. 1999. *The Social Implications of Information and Communication Technologies*. Report prepared for UNESCO's World Social Science Report. Paris: UNESCO.

Clark, B. 1998. *The Entrepreneurial University*. Oxford: Pergamon, 1998.

Cloete, N., and T. Moja. 2000. *Vanishing Borders and New Boundaries in the Information Society*. Pretoria: Centre for Higher Education Transformation.

Dearing, R. 1997. *Higher Education in the Learning Society: Summary Report*. Norwich, England: The National Committee of Inquiry into Higher Education.

Ekong, D., and P. Plant. 1996. *Strategic Planning at Selected African Universities*. Accra, Ghana: Association of African Universities.

Fry, P., and R. Utui. 1999. *Promoting Access, Quality and Capacity Building in African Higher Education: The Strategic Planning Experience at Eduardo Mondlane University*. Paris: Association for the Development of Education in Africa Working Group in Higher Education.

Gibbons, M. 1998. *Higher Education Relevance in the 21st Century*. Washington, D.C.: The World Bank.

International Labor Office. 1999. *Key Indicators of the Labour Market* 1999. Geneva: ILO.

James, E. 1995. "Public-Private Division of Responsibility for Education." In Martin Carnoy, ed., *International Encyclopedia of Economics of Education*, 2nd ed. Oxford, England: Elsevier Science.

Ongbloed, J., P. Maasaan, and G. Neave. 1999. *From the Eye of the Storm: Higher Education's Changing Institution*. Dordrecht: Kluwer.

Kraak, A. 2000. *Changing Modes: New Knowledge Production and Its Implications for Higher Education in South Africa*. Pretoria: Human Sciences Research Council.

Ludwig, J. 2000. "A Digest of Recent Corporate News in Distance Education." *Chronicle of Higher Education*, November 3.

Mail & Guardian (Johannesburg). 2000. INNOVATIONS Supplement. September 15.

Merisotis, J., and D. Gilleland. 2000. *Funding South African Higher Education: Steering Mechanisms to Meet National Coals*. Washington, D.C.: Institute for Higher Education Policy; Pretoria: Center for Higher Education Transformation.

National Commission on Higher Education. 1996. *A Framework for Transformation*. Pretoria: National Commission on Higher Education.

NUFFIC, 1999. *The Financing of Higher Education in Sub-Saharan Africa: Results of Workshop Sessions*. April 21, 1999, The Hague: NUFFIC.

OECD (Organization for Economic Co-operation and Development). 1999. *Education Policy Analysis*. Paris: OECD.

Oni, Bankole. 1999. *A Framework for Technological Capacity Building in Nigeria: Lessons from Developed Countries*. Bremen, Germany: Institute for World Economics and International Management.

Partnership for Capacity Building in Africa. 1997. *Revitalizing Universities and Africa: Strategy and Guidelines*. Washington, D.C.: World Bank.

Roberts and Associates. 1998. *Tertiary Distance Learning in Sub-Saharan Africa*. ADEA Working Group on Higher Education. Washington, D.C.: World Bank.

Sadlak, J. 1998. "Globalisation and Concurrent Challenges for Higher Education." In P. Scott, ed., *The Globalisation of Higher Education*. London: Society for Research in Higher Education and Open University Press.

Saint, W. 2000. *Tertiary Distance Education and Technology in Sub-Saharan Africa*. Education and Technology Technical Note Series, vol. 5, Washington, D.C.: World Bank.

Scott, P. 1995. *The Meaning of Mass Higher Education*. Buckingham. UK: Open University Press.

Serageldin, I. 2000. "University Governance and the Stakeholder Society." Keynote Address at the International Association of Universities Conference, Durban, South Africa, August.

Spender, D. 1998. Keynote Address at the Annual Conference of the Council on Adult and Experiential Learning. Phoenix, Arizona, October.

Task Force on Higher Education and Society. 2000. *Higher Education in Developing Countries: Peril and Promise*. Washington, D.C.: World Bank.

Teferra, D. 1999. "Ideas for Financing African Higher Education." *International Higher Education*, no. 17 (Fall): 18-19.

Tooley, J. 1999. *The Global Education Industry: Lessons from Private Education in Developing Countries*. London: International Finance Corporation.

UNESCO (United Nations Educational, Scientific and Cultural Organizations). 1998. *Statistical Yearbook*. Paris: UNESCO.

West, M., and L. Shackleton. 1999. *USHEPiA: Building a Research Capacity in Africa*. Washington, D.C.: Association for the Development of Education in Africa Working Group in Higher Education.

World Bank. 1994. *Higher Education: The Lessons of Experience*. Washington, D.C.: World Bank.

——. 1999. *Knowledge for Development*. World Development Report. New York: Oxford University Press.

——. 2000a. *African Development Indicators* 2000. Washington, D.C.: World Bank.

——. 2000b. *Little Data Book* 2000. Washington, D.C.: World Bank.

8 大学中的女性与接受大学教育的女性:非洲的现状

爱娃·M·拉特格贝尔

引　言

许多非洲国家很关注怎样才能使非洲妇女更好地融入社会和经济发展的过程。尽管对性别问题的强调有所增加,但就真正的平等、获得权利的机会和社会地位等方面而言,非洲妇女在过去的20年里取得的实质性进步并不大。全球高等教育机构中,女性入学率从1980年的44%上升到1995年的47%,但是在大部分非洲国家,妇女的入学率远远低于世界水平(UNESCO,1999)。也许更为重要的是,尽管接受高等教育的女性数量在不断增长,但进入正规劳动力市场(尤其是专业和管理层的工作)的女性并没有增加。在拉美的许多国家,25%或更多的行政和管理职位由女性担任,但在非洲却很少有国家达到20%的比例(United Nations, 2000)。

非洲大学中女性的地位反映了她们的社会状况。非洲大学中女生人数不多,那些有能力追求高等教育的女性也集中在传统的"女性"领域,比如教育、人文和社会科学领域。几乎所有非洲国家中女教师数量都很少,尤其在资深教授层次,女性比例竟占不到总数的10%。女学生经常遭到性骚扰,其技能和潜能遭人贬低,并且很难进入男人主宰的领域。毕业后,她们就业前景不佳,工资低廉,晋升渺茫,而且还经常在工作中遭人歧视。

值得注意的是,许多非洲女性——不管是大学生还是工职场的专业人员——都认为这种歧视是"正常的",也极少有人会采取行动去试图改变这一状况(Nare, 1995)。事实上,虽然许多受过教育的女性加入到各种形式的志愿活动为穷苦妇女改善条件或创造机会,但很少有人会对她们自身的状况作系统分析,也很少有人试图引入合适的机制与公然而普遍的社会性别歧视和性骚扰作斗争。大部分受过教育的非洲女性都强烈支持"妇女发展",或支持给予妇女各种形式的机会,但是相对而言,很少有人会用一种更全面的眼光来理性看待性别问题,即把妇女缺乏机会视为非洲性别关系结构的一种症状,该结构具有内生的歧视特征且经常贬低妇女地位。本章将详细探讨这一话题,笔者将提供目前非洲女大学生和职场女性的统计数据和现状证据。本章结尾部分将会探讨改善非洲女大学生地位的一些策略。首先,必须声明的是"非洲"这一词在这里不加区别使用,当然,国与国、机构与机构之间会存在差异。本章是概述性章节,由此而得出的一般性结论当然难以经得起具体个案的挑战。

概　述

在过去的40年中,非洲高等教育有了大规模的增长。20世纪60年代撒哈拉以南非洲只有6所大学(包括南非),现在这个地区已拥有150多所大学,而且这个数字在持续增长。几乎每个国家越来越多的学生都争取在本国深造的机会,形成了高等教育入学率大大增长的局面。除此之外,许多非洲国家成立了私立大学和学院。在东非(乌干达、坦桑尼亚、肯尼亚),现有私立学院17所,学生总数达到15000人。这些学院通常是与宗教组织相关的,并拥有有限资源的小学院,但在公立大学过分拥挤的情况下,它们提供了一种选择的余地。20世纪90年代,夜校和业余学习在非洲英语国家变得日益流行,各种学校都开始认真地开展远程教育。虽然以上行动并非具体集中于增加女童和妇女接受高等教育的机会,但所有这些举动都促进了非洲高等教育中女性数量的绝对增加。

尽管自20世纪60年代以来学生和院校数量增长了,教育的总体资金却有所下降,尤其是20世纪80年代和90年代受世界银行的结构调整计划的影响,这种现象表现得更加明显。即使在20世纪90年代,当捐赠者重新投资于初等和中等教育时,他们却不愿意投资高等教育,这种观念根深蒂固;在那些不能普及初等教育的国家里,高等教育被视为"奢侈品"。过去20年里,非洲政府已经越来越将捐赠者援助看作扩大教育设施的必要因素。毋庸置疑,这增强了捐赠者在决定非洲各层次教育发展方向上的作用。或者由于上述因素,抑或与国家控制教育等相关的其他原因,近年来,非洲老百姓减少了对教育的参与。民间社会与大学的直接联系很少,这个事实意味着大学没有对其顾客群担负起高度的责任。在某一层面,这意味着大学未能设计出符合社会需要、并保证其学生更好就业前景的课程;在另一层面,对大学的公共审查不足,将会造成对妇女的歧视有增无减。

联合国教科文组织仍然在分析和为全球教育提供方针和政策方面扮演主要角色。有趣的是,联合国教科文组织从未把高等教育中的性别关系定为独立分析的问题。联合国教科文组织已经强调了增加妇女入学率;但它没有系统地倡导对大学结构的批判性分析,从深层上认识和理解女性备受歧视的症结,无论这些女性是学生还是教师。非洲的大学是为了满足男性学生的需要而建立和组织起来的,所以,女学生有时难以"进入",尤其是在非传统学习领域。这不能简单地通过招收更多的女学生和女教授加以纠正,像美国20世纪70年代那样采取肯定性行动政策并不能解决问题。这涉及更为基础的重新思考,思考高等教育过程中的性别本质,以及隐藏在教职员工和学生行为背后的种种推论。世界银行最近一份关于发展中国家高等教育的报告在"妇女和弱势群体所面临的问题"标题下仅用5段文字来处理性别问题(Task Force on Higher Education and Society, 2000:4)。关于性别问题和非洲高等教育,有这样的主流思想并非偶然。妇女被边缘化或被看作"弱势群体",并且人们认为只要在大学里为女性提供更多的位置,她们所遇到问题就可以解决了。

尽管这是一个重要的开端,然而并没有回应以下这个更严肃和困难的问题,即如何改变整个大学的学习文化使之对女性更有利,尤其在自然科学和物理科学方面。有证据表明,非洲男性和女性,尤其是就读理科的男女生,可能会拥有截然不同的大学经历。20世纪80年代对肯尼亚学医女生调查表明,即使女生比男生表现更出色,男生经常将女生的成功归因于所谓的与医学院老师相处时所具有的不公平优势,因为医学院基本都是男教师,因而被推定对女生在性别上有吸引力(Rathgeber, 1991)。

喀麦隆的研究表明,女科学家尽管遭到中小学、大学和官僚机构的反对,但她们的科学生涯很成功(Woodhouse and Ndonko, 1993)。女学生不但没有被鼓励学习理科,反而被微妙地——有时非常直接地——一再告知理科不是一个适合她们学习的领域。这种态度在职场中也可找到翻版。极少有非洲女性担任与理科相关专业的高级学术职位,这就意味着年轻女孩要追求科学就只有为数不多的导师和角色榜样。

女性在学习什么?

表8.1表明,接受高等教育(大学、师范学院、职业学校或其他中学后教育机构)的妇女人数因国家而异。在极少数情况下,第三级教育中的女性数量开始与男性趋于相等。表8.1中,16个国家中9个国家的中学后教育机构超过40%的学生是女性。在少数国家,如莱索托、斯威士兰和博茨瓦纳,第三级教育女性参与率相对较高,这是因为男性在年轻时就有赚钱机会(主要在矿业部门),这样家长就把女儿而不是儿子送去上学。表8.1中16个国家的女性总入学率接近43%。尽管越来越多的妇女接受第三级教育,但她们依然集中在传统的学习领域,我们在表8.2中可以清楚地看到这一点。

尽管在医学领域女性的代表性日益增强,但女性依然集中在教育、人文和社会科学等传统领域。在大部分非洲大学里,医学专业的录取标准是所有学科中最严格的。虽然在几个国家中从事健康科学的女性数量相对较高,但学医女生的绝对人数依然很少。值得注意的是"医学"还包括护理学,很大一部分医学女生实际上被录取在护理项目之中。健康科学经常被当作"软"科学,因为它具有很强的人际互动性。既然诸多研究表明女性更容易被具有社会用途的学科吸引(Wellcome Trust, 1994; Erinosho, 1993),那些进入理科领域的女生倾向选择健康科学也就不足为奇了。

表 8.1 1994—1998 年若干非洲国家第三级教育学生入学情况 单位:人%

国家	年份	学生总人数	女生	女生比例
莱索托	1996—1997	4614	2507	54
斯威士兰	1996—1997	5658	2927	52
南非	1994	468086	230600	49
博茨瓦纳	1996—1997	7275	3449	47
吉布提	1995—1996	130	61	47
突尼斯	1996—1997	121787	54278	45
阿尔及利亚	1995—1996	267142	118368	44
埃及	1995—1996	850051	352902	41
摩洛哥	1994—1995	250919	102720	41
津巴布韦	1996	46673	17016	36
乌干达	1996—1997	34773	11542	33
布基纳法索	1994—1995	9452	2087	22
埃塞俄比亚	1996—1997	42226	8524	20
坦桑尼亚	1995—1996	12776	2075	16
厄立特里亚	1997—1998	3096	410	13
多哥	1994—1995	11173	1487	13
总计		2135831	910953	43

注:以上国家根据地区分布选取,以反映非洲全貌。
来源:UNESCO 1999.

一项对 20 世纪 80 年代以来的数据分析表明,接受高等教育的女性倾向于集中在非理科专业领域。她们更有可能进入护士学校、师范学院或商贸学院而非大学(Rathgeber, 1991),而这些选择在很大程度上是由主要的社会期望所引导的。如在肯尼亚,学校不鼓励女学生在男生主导的领域表现突出,即使在中等教育阶段,老师也鼓励女学生在人生规划中把婚姻和职业生涯放在同等重要的地位。她们从小就接受因未来生育角色而给带来的限制,并避免选择与做母亲相冲突的职业生涯,因此,她们小小年纪就变得适应社会需求。非洲法语国家的研究发现,女学生集中在人文科学领域。尽管非洲妇女在农业中占主导地位,却很少有女性学习农艺学(Assié-Lumumba, 1993)。一些研究者还发现社会阶级根源与学习领域的关系。如在埃及,中等和高等阶层的女性更有可能学习理科和专业学科,而中低阶层的妇女则倾向于学习人文、社会科学、教育、农业和护理(Cochran, 1992)。但是这些情况都是在变化的。近期在坦桑尼亚、博茨瓦纳和马拉维的研究表明,攻读农学文凭和学历课程的女生数量正逐渐增加,高等院校也鼓励女生学习理科。坦桑尼亚的索科伊内农业大学(Sokoine University of Agriculture)有一群女性研究者和学术人员,她们对那些正在中等和第三级教育层次学习农业和林业等相关学科的女性是极大鼓舞(Acker, McBreen, and Taylor, 1998)。

表 8.2 若干非洲第三级教育院校中女性在有关学科中所占比例(按国家) 单位:%

国家	年份	教育	人文	社会科学	自然科学	医学	其他
阿尔及利亚	1995—1996	25.8	65.4	46.7	36.3	49.9	54.9
贝宁	1996	20.6	NA	19.9	12.6	24.3	13.2
博茨瓦纳	1996—1997	49.1	55.6	59.9	23.9	90.8	24.9
布基纳法索	1994—1995	13.6	32.0	22.4	7.7	23.8	NA
乍得	1995—1996	4.9	14.8	12.9	5.6	NA	NA
吉布提	1995—1996	61.1	NA	41.5	NA	NA	NA
埃及	1995—1996	53.9	53.4	35.8	29.4	43.1	27.0
埃塞俄比亚	1996—1997	22.7	34.6	26.7	12.1	17.1	NA
加蓬	1994—1995	22.3	32.6	35.9	NA	58.5	NA

续 表

国家	年份	教育	人文	社会科学	自然科学	医学	其他
几内亚	1996—1997	9.2	14.1	13.0	6.5	17.0	NA
莱索托	1996—1997	70.9	64.4	45.7	31.3	NA	NA
马达加斯加	1996—1997	35.5	65.5	46.2	29.9	47.2	NA
摩洛哥	1994—1995	30.6	51.2	41.7	28.4	49.3	34.1
莫桑比克	1996—1997	30.2	27.4	18.5	20.0	56.1	NA
纳米比亚	1995	57.7	51.5	42.5	35.2	83.3	66.2
南非	1994	63.7	60.9	46.0	29.4	61.2	54.6
斯威士兰	1996—1997	55.3	56.8	59.5	12.3	84.9	85.8
多哥	1996—1997	27.9	20.0	16.5	5.6	21.2	16.1
突尼斯	1996—1997	41.9	61.0	43.7	32.4	55.0	28.5
乌干达	1996—1997	29.1	38.3	40.4	16.7	31.0	50.2
坦桑尼亚	1995—1996	18.1	NA	19.9	9.1	28.3	53.7
津巴布韦	1996	46.0	28.1	41.5	14.0	38.5	20.7

注:NA 表示无数据。
来源:UNESCO 1999.

尽管如此,令人吃惊的是,在表 8.2 所列的国家中,可能除阿尔及利亚外,自然科学专业女性所占比例相当低。在非洲所有地方,自然科学和工程学这两门吸引人的课程似乎普遍遭到女生的排斥。阿尔及利亚大学女生的比例相对较高(44%),占人文科学学生总数的 65%,但只占自然科学学生总数的 36%。斯威士兰女生总体比例为 52%,但仅占自然科学学生数的 12%。乌干达女生总体比例为 33%,与占社会科学的 40% 相比,自然科学女生仅占 16%。女生入学总体比例较低的国家,似乎学习自然科学的女生也就更少,这表明在非洲妇女接受高等教育进步不大的国家里,她们学习自然科学的可能性就更低。科学与技术对非洲的发展至关重要,政策制定者需要对此认真思考。非洲普遍缺乏科学家,尽管他们的技能对于非洲参与不断演进的信息技术革命和全球化的其他方面具有重要作用。但是,围绕非洲只有极少女性科学家从事科学技术问题的公共讨论几乎不见,而且非洲的大学行政管理人员也没有真正认真考察女性拒绝这些学科领域的原因,也没有认真思考是否可以通过修订自然科学和工程学课程,使得它们对女性更有吸引力。一个普遍的看法是,女性对这些领域的学习"不感兴趣",人们往往把错误归咎于女性自身原因,而不是归咎于中学以后这些学科的教授方式,或者讲授这些学科的院校环境(比如女教授十分稀少)。

女性学生面临的问题

在非洲上大学的学生大多来自农村。一项 20 世纪 90 年代早期喀麦隆的研究表明,77% 的学生都来自农民家庭,多哥、贝宁、塞内加尔和加蓬的研究也表明,大约 2/3 的大学生来自农村(Assié-Lumumba, 1993),但是尼日利亚的研究却表明,一所大学中大约有半数以上的学生来自城市,并且女生比男生更有可能来自城市(Biraimah, 1994)。不过,总体来看,大学让大部分非洲学子接触到新观念,这也许是解释男性学生对女性地位所持有的一些传统观念的一个因素。

自 20 世纪 90 年代末以来,许多国家,包括坦桑尼亚、肯尼亚和乌干达,都开展了适度的肯定性行动计划;比如,与男性相比,略微降低女性上大学的入学要求。一个意想不到的结果是,一些男性认为女性是学术上的弱者并公开表达这一观点,这造成了对女性总体不利的氛围。尽管如此,这 3 个国家中接受高等教育的女性有所增加,并且它们还鼓励女性不只获取第一学位。比如，达累斯萨拉姆大学（University of Dar es Salaam）的研究生指导处为女性提供研究生奖学金，而且该校性别管理委员会还赞助女教师攻读博士学位（Mlama，1998）。

一旦女性学生被大学录取，她们又面临其他的问题。许多非洲中学都实行男女分校，因此学生几乎不与异性一起上课。而在大学，女学生经常遭遇性骚扰、约会强奸，更普遍的是口头污蔑或损坏名誉。男教师们自然没有意识到他们无心的评论可能造成的潜在伤害，如说女学生对某些学科缺乏兴趣，强调女性作为妻子和母亲角色的重要性，或对其个人外表品头论足，等等。大部分大学在这种情况下没有足够的制度或根本没有适当的制度来为女性提供支持和建议。为了与此作斗争，1997 年，南非高校反性骚扰和暴力网络（South African Network of Institutions Challenging Sex Harassment and Violence）成立。在南非，教育部性别平等特别行动小组（Gender Equity Task Team of the Ministry of Education）把性骚扰确定为女性面临的一个大问题。

达累萨拉姆大学也意识到性骚扰是个问题，但是，尽管学校不断努力使教师和学生对此问题保持敏感，可性骚扰的问题仍在继续。佩尼娜·玛拉玛（Penina Mlama）指出：

> 达累萨拉姆大学性别问题特别行动小组（Gender Dimension Task Force）在一项研究中论述了令人不快的男女生之间关系。女生面临的骚扰包括诋毁人格的语言……以及包括禁止女生穿短裤子，禁止女生在大学之外找男朋友，禁止进男教师办公室，禁止在大学咖啡厅喝下午茶或禁止在学生活动室看电视等方面的威胁……如果女生学业很好，就会被指控与男教师有染。不幸的是，性骚扰还包括强奸。还有的情况是，当女生否认暧昧关系时，男教师也不惜牺牲女学生。（Malma，1998：480-81）

女学生发现自己无能力与这种遭遇抗争，因而经常默默忍受。因为关于妇女"恰当"角色的传统观念已被广泛接受，一旦性骚扰不那么明显（如传统性观念），女性有时候没有足够的分析能力来理解她们正在一个更广的社会中被贬低。女教师本可以帮助减少校园中针对女性的敌视，可是总体上，非洲大学中女教师相对较少，地位高的更是稀少（Makhubu，1998）。而且，过去的 20 年非洲大学被资金问题困扰，女权主义者难以说服行政管理人员拿出稀少的资源用于与性别相关的活动。在图书馆，实验室和教师薪水都需要额外资源的情况下，对女性学生的公平和公正对待，充其量只是在优先事项表上列入不起眼的位置，糟糕的情况下就是一个不成问题的问题。大部分高层的大学行政管理人员都是男性，本身没有性别歧视的经历，这就更加剧了这一问题。（Mamaddu，1995）。

非洲大学中的女性学者几乎一直集中在较低的职位。肯尼亚的一项研究表明，男性为了获得更高的职位通常从一所大学换到另一所大学，但是女性因其家庭责任和各种关系，流动性不大，通常待在一所院校（Kanake，1997）。20 世纪 90 年代中期，内罗毕大学只有三位全职女性教授，而肯雅塔大学（Kenyatta University）一个也没有（该国最古老、最大的公立大学）。女性学者集中在讲师、辅导员、研究生助理等类别，主要在非科学领域。

莉迪亚·卡纳克对肯尼亚教育制度的研究（Lydia Kanake，1997）发现，大学有时故意推延教职员工的晋升（大概是为了节省薪水）。虽然晋升标准有明文规定，晋升委员会并不总是照章行事。在决定升迁的时候，个人关系可能是个积极或消极的因素。研究得出结论，晋升或任命与裙带关系、种族地位、政治联系和与当权者的个人关系等相关。尽管在文件上说得很重要，但现实中学术水平通常并没那么重要。肯尼亚的另一项关注大学图书馆的研究也得出了同样的结论，在决定提升时，品德和阅历是次要、微不足道的，提升主要取决于某人的种族地位和与大学图书管理员的个人关系（Daily Nation，2000）。在这种情况下，妇女又处于劣势，不仅因为她们不大可能与当权者有私交，也因其生育责任而参与政治活动的时间较少。

高等教育和就业

几乎所有的非洲国家的大学都面临的一个严重问题：男女毕业生就业率很低。这引起了对大学和社会需求之间相关性的激烈讨论。尽管大学生严重失业或不充分就业的证据很明显,研究显示投资高等教育仍是个人不错的选择。

肯尼亚一项近期研究发现,初等教育,尤其是中等教育的回报率大大低于过去(Appleton, Bigsten, and Manda, 1999)。1978—1995年,中等教育费用很高。再加上,肯尼亚经济的恶化导致就业机会减少,中等教育的个人和社会回报减少了2/3以上,但这种情况并没有在高等教育出现。尽管样本较小,有证据表明大学教育的个人回报率很高(这也是20世纪80年代大学体系扩张的巨大社会压力的部分原因)。总体上,女性在所有教育层面上的回报率都比男性略高。

有资料表明,大学教育提高了大学生的就业前景和社会期望,但在男性和女性双方影响不同。对女性而言,有时社会期望会超越就业期望。即使当女性顺利完成了高等教育,一些国家也不鼓励她们毕业后参加工作(Cochran, 1992)。这对穷国来说是重大的人力资本损失,尽管他们投资了高等教育系统发展。这种情况反映了一套确立的社会规范。不可否认的是,现行的社会规范对大多数非洲女性没有任何激励作用,否则她们就有可能追求高等教育或进入男性主导的学习领域。肯尼亚的一项近期研究(Kanake, 1997)发现,女性和男性通常把高等教育看成是女性婚姻前途的障碍。肯尼亚大学的一个女性调查对象解释说:

> 我获得了博士学位,现在我和我先生分开了。在我去学习之前一切都很顺利。当我回来后,我先生开始抱怨我对孩子照顾不周,说我把大部分时间都花在学术上……他父母说我将是个不忠诚的人。原因也许就是我有博士学位而他没有。(Kanake, 1997:22-23)

在一项针对南非女性学术人员的研究中,梅勒妮·沃克(Malanie Walker)引用了一位调查对象的话:

> 我想获得博士学位,但这最终引起了我和那个向我求婚的男人之间的分歧。我说我们可以等,不需要花很长的时间,但是他不需要那些,他只想要一个家庭,所以我提出分手,但我不后悔。(Walker, 1998:342-343)

在大部分非洲国家,人们普遍认为男人应该比他妻子受更好的教育,因此年轻的女性有时候收敛自己的雄心壮志以适应未来的婚姻。尽管生活成本在不断上升,家庭越来越需要依靠双份的收入,但这种观念依然盛行。目前的经济困难可能会影响对女性接受高等教育的社会态度,但是只有在未来几年才可以感受到这种影响。

非洲大学毕业生的工作生产力或满意度鲜为人知。1982年,东南部非洲大学研究项目(ESAURP)的一项研究调查了肯尼亚、索马里、斯威士兰、坦桑尼亚和津巴布韦的1800名受雇毕业生,让他们对工作的成功程度作自我陈述。只有17%的人认为他们在平均水平以上(富有成效的,成功的),42%的人认为他们处于平均水平,而41%的人认为自己在平均水平以下。在最后一组中,医疗/卫生和商业/管理领域(分别是46%和48%)的毕业生最多,农业/兽医(26%)和教育/教学(26%)领域的毕业生相对较少,这些毕业生对自己都不太满意(Maliyamkono et al., 1982,引自Ishumi, 1994)。这个调查结果没有区分性别,却与白瑞玛(Biraimah, 1994)对尼日利亚大学生的研究形成了有趣的对比。她的研究样本中50%以上的男女大学生都期望拥有地位高而成功的职业。这说明大学生工作的实际经历很可能与他们的期望大相径庭,尤其是对女性来说,一旦她们工作后,得到迅速晋升的机会很少。肯尼亚近期一项研究,按照男、女相等的比例,在全国进行了2000份抽样。该研究发现男性和女性都喜欢男老板,那些受过第三级教育的人最强烈支持这种观点(Abagi, Olweya, and Otieno, 2000)。经过深入调查,研究者发现表8.3所列的回答很具典型性。

表8.3 男性和女性对为什么选择男老板的答复

喜欢男老板,因为男老板:	不喜欢女老板,因为她们:
勤劳	情绪化
更专业	器量小
能够处理危机	难以欺骗
周到	容易分心
喜欢男老板,因为男老板:	不喜欢女老板,因为她们:
强势	讨厌比自己更聪明的女人

续　表

果断	更可能不轻易原谅人
有远见	很快把一个人的错误误解为不服从
接近新观念多	不总是高效（总是挂念孩子和家庭）
更公正	
人人服从之	
有声望	
很好的谈判者	

来源：Abagi，Olweya，and Otieno 2000.

调查结果揭示了肯尼亚人所持的固有观念和态度。作者强调，样本中受教育程度最高的人持有最保守、最传统的观念，表明了职业女性要确立自己的价值困难重重。员工对女上司的这种态度反映了当前肯尼亚社会的部分价值观。其他非洲国家似乎也都持有这种观点。近期来自不同非洲国家的数据表明，1985—1997 年间，正规部门从事行政和管理的女性通常不到 20%。例如 2000 年，马里女性管理和行政人员的比例是 20%，埃及是 16%，津巴布韦是 15%，喀麦隆是 10%，阿尔及利亚、尼日利亚和赞比亚均为 6%（United Nations，2000）（见表 8.4）。

表 8.4　若干非洲国家男性与女性参与研发情况（按人员类别）

国家	年份	研究人员		技术员和相当职位人员		其他辅助人员	
		总计	女性	总计	女性	总计	女性
贝宁	1989	749	100	242	64	1651	339
布基纳法索	1997	176	34	165	16	439	NA
布隆迪	1989	170	17	168	NA	476	NA
中非共和国	1990	162	16	92	5	NA	NA
刚果	1984	862	NA	1473	NA	NA	NA
埃及	1991	26415	NA	19607	NA	56274	NA
马达加斯加	1994	159	45	483	175	405	85
毛里求斯	1989	193	33	172	46	656	97
尼日利亚	1987	1338	NA	6042	NA	5500	NA
塞内加尔	1996	19	5	29	7	30	NA
南非	1993	37192	NA	11343	NA	11292	NA
多哥	1994	387	NA	249	NA	837	NA
突尼斯	1997	1145	NA	524	NA	2011	NA
乌干达	1997	422	162	272	34	256	NA

注：NA 表示无数据。
来源：UNESCO 1999.

许多受过教育的非洲女性并没挑战现状，她们只是默默忍受工作中的歧视。造成这种状况的部分原因是她们深受非洲传统价值体系影响。非洲传统价值体系重视母亲的角色，它被视为女性成熟和地位的显著标志。在一些非洲社会中，在女人生下第一个孩子后，尤其是生下男孩，她从那以后就被称为××（孩子的名字）他妈。在斯瓦希里语（Swahili）中，任何成年女性，不管她是否是母亲，对她尊重的称呼都是“妈妈”。因此，与欧洲和北美的女性相比，非洲妇女也许会强烈地感受成为妻子和母亲（至少是母亲）更为强烈的渴望和社会压力。但是在工作中，这会让她们更易受到伤害，男人经常认为女人对家庭琐事太全神贯注而不能专心工作。虽然男性和女性都重视“家庭”，但就照顾家庭日常生活而言，女性却被认为是更合适的人选，这就置职业女性于困难的境地。一方面,她们希望确保履行对家庭的责任;另一方面,如果她们想升职,就必须要在工作中付出额外的时间和努力。当然,每个社会中所有职业女性都面临这种两难境地,但是在非洲的社会环境中这种负担更重。因为盛行的社会规范通常不要求男人承担维护家庭的责任,经济上除外;而且,由于缺乏有效的援助贫困家庭的措施(如养老金计划或医疗和福利体系),所以非洲社会中女性对大家庭的责任仍十分重要,女性的责任通常远远不仅仅是照料孩子。

女性从事科学与学术管理工作

既然学习自然科学的女性相对较少,所以在科学研究机构中女性人数不多,这种情况就不足为奇了。从表 8.5 中,我们可略见一斑。

表 8.5　若干非洲大学理科[*]学系中的学术人员情况(按职称和性别统计)

国家或城市	教授		高级讲师		讲师	
	男性	女性	男性	女性	男性	女性
博茨瓦纳	7	0	15	1	47	1
加纳[**]	73	1	136	17	294	40
肯尼亚内罗毕	111	3	139	15	289	40
莱索托	9	0	15	1	22	2
马拉维	24	1	45	7	64	13
尼日利亚伊巴丹	134	6	169	25	174	38
斯威士兰	6	1	18	0	42	11
坦桑尼亚	56	2	101	3	137	10
纳米比亚	26	3	36	0	178	21
津巴布韦	35	2	70	10	181	38

注:[*] 理科指的是自然科学、农学、工程、地球科学、环境科学、数学、计算机科学、医学以及兽医学。

[**] 综合勒贡、开普海岸、信息科技大学和库玛西的数据。

来源:Makhubu, 1998: 511. 编自 Commonwealth Universities Yearbook, 1993.

很明显,在非洲的研究和发展机构中女性很少。统计资料寥寥无几,很难得出确切的结论。但最值得注意的是,许多非洲国家还没有收集国家机构中研究员、技术员和其他相关科学人员的性别区分资料。离开了这类信息,就不太可能会采取任何肯定性行动来增加女科学家人数。

非洲大学的情况十分类似(见表 8.5)。20 世纪 90 年代末,非洲大学协会中仅 6%的大学由女性领导。英联邦成员国 463 所大学中有 37%由女性领导。很明显,对非洲国家来说,即使在高等教育行政管理人员的层面上,提供更多的女性角色榜样仍然是个艰巨任务。在这一方面,位于肯尼亚内罗毕的非洲妇女教育工作者论坛(FAWE)工作影响重大。该组织定期聚集女性高层教育管理人员来评估并分析这种状况,制作统计数据,并提升对高等教育领域女性的意识和敏感度。

在许多非洲国家,公立大学的校长由政府直接任命,有时由国家元首直接任命。因此,专业能力、管理能力,甚至学术品质等因素都因政治考量而被忽略。任命大学或学院领导通常是对支持政府政治目标的人的一种奖励。几乎总是由男性提出任命推荐,而被推荐人很可能是别的男性,这样就有效地把女性排除在外。卡纳克对肯尼亚体制的研究(Kanake, 1997)发现,校长的选派没有约定俗成的标准,而对政府的忠诚度,与名誉校长(在肯尼亚,就是总统丹尼尔·阿拉普·莫伊)的亲密关系,以及回报同事的必要似乎才是重要的考量。对非洲法语国家的研究发现,20 世纪 90 年代早期没有一个政府任命过女校长。同样,女性成为院长、副院长,或者系、研究所或研究中心的领导的情况也是凤毛麟角(Assié-Lumumba, 1995)。

女性学术人员自身几乎没有采取任何行动来改变这一现状。少数人在大学外游说并赢得了一批同情者。在男性主导的领域,这么做总体上是正确的。两项基于对肯尼亚和喀麦隆非洲女科学家访谈的质性研究表明,当她们完成学业参加工作后,她们接受男性对职业态度、准则和行为的界定(Rathgeber, 1985; Woodhouse and Ndonko, 1993)。为了能经受严酷的科学训练和专业实践,成功的非洲女性不得不采用男人的成功模式。在喀麦隆的研究中,女性没有说明制度性的阻碍和歧视,她们将自己的成功归结为个体生活环境中的个人毅力和勤奋工作。伍德豪斯(Woodhouse)和东科(Ndonko)注意到,受访者没有指出性别的结构性决定因素和性别对个人学术进步的潜在影响是什么。同样,沃克(Walker)对南非女性学术人员的研究发现,女性学术人员认为种族和阶级因素对其成功所造成的阻碍，远比性别因素大得多（Walker，1998）。这些研究再次表明，大部分非洲女性不愿质疑现状，一般不会热衷于结构性改变和社会转型。很明显，这是需要进一步研究的问题。

捐赠者参与非洲大学发展

尽管在20世纪80年代和90年代，多边和双边捐赠者对初等教育和中等教育更感兴趣，但后殖民时代伊始，这些捐赠者就一直参与非洲高等教育的发展。然而，近期钟摆似乎又转回到中学后教育。2000年初，4个美国基金会（卡内基基金会、洛克菲勒基金会、福特基金会和麦克阿瑟基金会）宣布了一项合作倡议，将在5年内为非洲高等教育提供1亿美元的捐款。这些基金会推出的加强非洲大学伙伴计划（Partnership to Strengthen African Universities），有利于与非洲各区域、各国家的教育领导建立联系。尽管每个基金会的方案支持不同类型的项目，但挑选院校的标准包括所在国家是否在进行公共政策改革，对创新和应用新技术的支持，旨在为社会经济发展加强国家能力建设的战略规划，以及基础广泛的、有创造性的院校领导。尽管这个倡议的早期公告没有明确关注扩大女性的机会，但关注女性很可能成为新方案的重要组成部分，因为参与的捐赠方对推进性别平等很感兴趣。这4个美国机构在非洲的良好记录是与当地院校建立伙伴关系，而不是指令性或命令性行为。但是外国捐赠者经常是非洲大学中引出平等问题的背后驱动力。这一事实可悲地反映了非洲大学的管理者没有优先关注女性问题。如果没有受到外部资金强烈的允诺和鼓励，几乎没有几个高层大学管理者会承诺改进妇女受教育和学习的环境。这表明性别公平的理念只是浮于表面，实质上并没有被接受。毫无疑问，捐款是推动非洲大学性别平等的重要力量。佩尼娜·玛拉玛注意到，尽管也有草根阶层、国家和地方的性别积极分子，但“通常情况下，压力来自于支持高等教育的捐赠者，因为这些捐赠者把性别公平问题作为衡量捐赠成效的准绳。许多性别研究得以进行也是得益于捐款的作用，这已经是众人皆知了”（Mlama，1998：474）。

最后，女性参与工作小组（Working Group on Female Participation）的不懈努力值得一提。该小组成立于1990年，是非洲教育发展协会（Association for the Development of Education）的组成部分，它由非洲教育部长和其他高级官员、捐赠机构、研究者、规划员和非洲非政府组织构成。非洲女性教育工作者论坛（FAWE）是其领导机构。在过去的10年中，该小组支持进行个人、私立院校和公立院校的能力建设方面的合作努力，以促进女性参与各层级的教育。尽管其工作集中在初等和中等教育，但非洲女性教育工作者论坛在整个非洲对于提高女童处境、满足女童的教育需求方面成绩斐然。

远程教育和新技术的潜力

过去20年，由于资金不足造成了教育质量下降、教学和科研设施简陋等问题，使得非洲学生处境十分不利。这一问题已引起社会的广泛关注，人们在尽各种努力去改变这种状况。然而，这些努力大多来自捐赠者，非洲政府却没有重建其大学体系的强烈责任感。由于受艾滋病蔓延引起医疗成本高涨，以及其他领域的需求在持续增加因素的影响，在这样的时代背景下，高等教育要想在短期内得到非洲国家政府的大笔资金投入是不可能的，对改善非洲女性的机会是不容乐观的。然而，随着基于计算机的信息通信技术日益发展，有可能会出现一些积极的变化。

新技术已对改进图书馆服务和接触全球各地的思想产生影响。在20世纪80年代和90年代，大部分大学图书馆不能获得充足的图书和期刊，来确保其教师和学生跟上各自领域前沿思想和知识。图书馆人员不足，缺乏掌握通信技术的专业员工。不过，目前正在采取一些改进措施，如肯尼亚管理学院（Kenya Institute of Management）正和肯尼亚教育网络（Kenya Education Network）计划合作。肯尼亚教育网络计划的目标是，到2004年，为该地区大学建立一个在线服务的图书馆。公立大学可以加入并获得在线参考资料、摘要、目录、数据采集、学校网络和咨询服务（*Daily Nation*，2000）。这种区域性的或集中化的服务很可能将更加普遍，最终将让大学没必要提供自己一整套的图书馆服务。一旦大学教师的眼界更开阔,并对其他高校的思想和做法更加熟悉,学校的学习文化就会受到积极的影响,反过来也会有益于女学生。最起码,日益紧密的联系将会有助于国内外的女学生和女教师更便捷地交流、分享经验并加强团结。

信息通信技术可以发挥重要作用的第二个领域是远程教育。远程学习在非洲具有相当大的潜能,因为电信设施正快速拓展,主要是通过引入无线移动设备而不是地面缆线。目前,大多数非洲远程教育依然通过传统教科书和函授方法开展,许多活动还采用录音机、社区广播,有时还采用电视。许多大学都开始提供远程教育项目,但是除了世界银行资助的非洲虚拟大学,完全采用信息通信技术的大学寥寥无几。随着这种技术变得更加普遍,或许是通过社区电信中心的节目,偏远地区的女性通过学习大学提供的课程会更容易提高技能和基础知识。

更广范围的远程教育对女性学生意味着特殊的变化吗?卡伦·埃文斯(Karen Evans,1995)指出,有许多文化上的、态度上的、环境方面的以及院校方面的障碍,造成很多不同文化中的女性难以接受高等教育。远程学习可以帮助女性克服其中的一些障碍,避免一些不利条件,如远程学习不要求女性远离家庭,不必面对男女混合班级。远程学习允许女性在家中或社区中参与学习活动,学费也较低,同时女性也能继续履行家庭义务。但是就课程设计而言,面向女性的远程教育,尤其是在科学技术方面,与传统大学教育一样存在着缺陷。截至目前,这方面的经验喜忧参半。比如,坦桑尼亚在1994年建立开放大学,到1996年底,开放大学在全国建立了36个地区学习中心。目前坦桑尼亚正实施的计划是:利用卫星技术来有效地教授远程学生(Mmari,1998)。尽管如此,开放大学吸引女学生的经验和传统大学并无显著区别。1997年958名注册学生中只有121名是女性,大约占13%,这比达累萨拉姆大学的数字还低。因此,很显然,大学管理者不得不作出特别的努力来吸引女性学生就读远程学习项目。这就要求大学管理者以更加创新的方式解决学术项目中女性学生少的问题。

结　语

大学应该处于社会改革的前沿。大学应该引领并鼓励社会批判性地分析现有的实践,并提供其他可选之策的想法。几乎所有的非洲大学都是有关各自社会的研究的重要来源,但正如凯瑟琳·娜姆杜(Katherine Namuddu,1995)所指出的那样,非洲的大学不能确保其教师创造的研究知识转化为有益于社会的改革。更重要的是,这些大学很少利用那些知识来调整自己的运行。

如果非洲大学的管理者真正有兴趣使自己的学校能更容忍、更支持女教师和女学生,那它们就可以采取以下一些策略。娜姆杜(Namuddu,1995)主张采取肯定性行动计划来将下列事项付诸实践:

- 确保每门课程招收预定名额的女学生。
- 有目的地为大学的每个空缺职位寻找合适的女申请者。
- 设计出侧重于内容或应对技能的过渡课程,以帮助女学生解决入学之前可能存在的不足。
- 针对发现、报告和纠正师生中的性骚扰制定严厉的政策。
- 尽早发现优秀女学生,并给予必要的职业发展机会。
- 确保有目的地、更快地把优秀的女教师提升到更高的学术职位。

这些是已在世界其他地区成功采用的标准技巧,但并没引起大多数非洲大学管理者的重视。

在20世纪80年代和90年代,非洲学术界事实上对性别问题开展了诸多研究。非洲大学目前在性别问题方面拥有系统而丰富的知识。但是非洲的大学几乎没有采取任何行动来改变女教师和女学生的现状,甚至对改变社会态度影响甚微。即便有的话,非洲大学在任命女性到高级学术职位有着少得可怜的记录,显示出他们默认了一些关于妇女地位的最保守的想法。

这个问题部分原因归咎于职业女性和学术女性本身。尽管许多人加入到为妇女争取更好机会的激烈斗争中,但没有几个敢于严肃地挑战她们职业和生活的现状。大部分人都接受在政治、大学和公共服务中女性位居第二的现实。比如,2001年,肯尼亚没有一位女内阁部长,只有两位女常秘,但是这并不是该国受高等教育的女性迫切关注的问题。大部分非洲女性选择把她们的努力和温和的斗争集中在政治异议少、不大可能引来男同事或上级细查的问题上。在某种程度上,这是一种自我保护的策略。只有受过教育的女性开始分析自身的现状,并且意识到她们在社会各个方面受到的歧视,非洲大学或整个社会中妇女的地位才有可能发生大的变化。

参考文献

Abagi, O., J. Olwya, and W. Otieno. 2000. *Counting the Social Impact of Schooling: What Kenyans Say about Their School System and Gender Relations*, IPAR Discussion Paper Series, DP 024/2000. Nairobi: Institute of Policy Analysis and Research.

Acker, D. G., E. L. McBreen, and S. Taylor. 1998. "Women in Higher Education in Agriculture with Reference to Selected Countries in East and Southern Africa." *Journal of Agricultural Education and Extension* 5, no. 1: 13-21.

Appleton, S., A. Bigsten, and D. K. Manda. 1999. Educational Expansion and Economic Decline: Returns to Education in Kenya, 1978-1995. WPS/99-6. Oxford: Centre for the Study of African Economies, University of Oxford.

Assié-Lumumba, N'Dri Thèrése. 1993. *Higher Education in Francophone Africa: Assessment of the Potential of the Traditional Universities and Alternatives for Development*. AFTHR Technical Note no. 5, Human Resources Division. Washington, D. C.: World Bank.

——. 1995. *Demand, Access and Equity Issues in African Higher Education: Past Policies, Current Practices, and Readiness for the 21st Century*. Assosiation of African Universities, Joint Colloquium on the University in Africa in the 1990s and Beyond, Lesotho, January 16-20.

Biraimah, K. 1994. "Class, Gender and Social Inequalities: A Study of Nigerian and Thai Undergraduate Students." *Higher Education* 27(1 January).

Cochran, J. 1992. "Western Higher Education and Identity Conflict: The Egyptian Female Professional." *Convergence* 25, no. 3: 66-77.

Daily Nation. 2000. "Alarm Over Library Services." *Daily Nation* (Kenya), August 14.

Erinosho, S. 1993. *Nigerian Women in Science and Technology*. Dakar: International Development Research Centre.

Evans, K. 1995. "Barriers to Participation of Women in Technological Education and the Role of Distance Education." Vancouver: Commonwealth of Learning. Available online at: http://www.col.org/barriers.htm

Ishumi. A. 1994. *Thirty Years of Learning: Educational Development in Eastern and Southern Africa from Independence to* 1990. Ottawa: International Development Research Centre.

Kanake, L. 1997. *Gender Disparities among the Academic Staff in Kenyan Public Universities*, Nairobi: Lyceum Educational Consultants.

Makhubu, L. P. 1998. "The Right to Higher Education and Equal Opportunity Particularly for Women: The Major Challenge of Our Time." In *Higher Education in Africa: Achievements, Challenges and Prospects*. Dakar: UNESCO Religional Office for Education in Arica.

Mlama, P. M. 1998. "Increasing Access and Equity in Higher Education: Gender Issues." In *Higher Education in Africa: Achievements, Challenges and Prospects*. Dakar: UNESCO Religional Office for Education in Arica.

Mmari, G. 1998. "Increasing Access to Higher Education: The Experience of the Open University of Tanzania." In *Higher Education in Africa: Achievements, Challenges and Prospects*. Dakar: UNESCO Religional Office for Education in Arica.

Namuddu, K. 1995. "Gender Perspectives in the Transformation of Africa: Challenges to the African University as a Model to Society." In *Women in Higher Education in Africa*, 17-57. Dakar, Senegal: UNESCO.

Nare, Z. C. 1995. "Being a Women Intellectual in Africa: The Persistence of Sexist and Cultural Stereotypes." In *Women in Higher Education in Africa*, 1-11. Dakar, Senegal: UNESCO.

Rathgeber, E. M. 1985. "Cultural Production in Kenya Medical Education." *Comparative Education Review* 29, no. 3: 299-316.

——. 1991. "Women in Higher Education in Africa: Access and Choices." In Gail P. Kelly and Sheila

Slaughter, eds., *Women's Higher Education in Comparative Perspective*. Dordrecht: Kluwer Academic Publishers.

Task Force on Higher Education and Society. 2000. *Higher Education in Developing Countries: Peril and Promise*. Washington, D. C.: World Bank.

UNESCO. 1998. "Higher Education and Women: Issues and Perspective." ED-98/CONF. 202/CLA. 14. Available online at www. unesco. org/education/educprogwcheprincipal/women. html.

——. 1999. *Statistical Yearbook*. Paris: UNESCO Publishing and Berman Press.

United Nations. 2000. *The World's Women* 2000. New York: United Nations.

Walker, M. 1998. "Academic Identities: Women on a South African Landscape." *British Journal of Sociology of Education* 19, no. 3: 335-354.

Wellcome Trust. 1994. *Why May Women Science Undergraduates Not Be Seeking to Take Up Careers as Scientists? A Scoping Study for PRISM*. London: Wellcome Trust.

Woodhouse, H., and T. M. Ndongko. "Women and Science Education in Cameroon: Some Critical Reflections." *Interchange* 24, no. 2: 131-158.

9 撒哈拉以南非洲的第三级远程教育与技术

威廉·圣

引言

21 世纪初，尽管教育质量下降，资金不足，但是撒哈拉以南的非洲一直面临着扩大第三级教育机会的压力。入学机会和资金之间这种根本性的不平衡有着多重症状：教室人满为患，学习设施简陋，教师流失，研究产出下降，罢工不时发生和学校关停，课程陈旧而针对性不强，毕业生失业率高，等等。在当前的 10 年中，人口的增长以及初等教育和中等教育入学人数的增加，使得希冀进入第三级课程学习的非洲学生人数猛增。然而，在目前环境下，他们中只有很小一部分能成功地进入第三级课程学习。民主社会为那些焦虑的父母和满怀期望的学生提供了表达无奈的机会，因而，在这些地方，第三级教育将可能是或者继续将是一个反复无常的政治问题。现在该是政府预先争取行动来满足日益高涨的这类要求并采取措施缓解入学压力的时机。与此同时，政府要维护国家对高质量的第三级教育的兴趣，也要保持对国家资源负责任的管理。

本章要解决的问题是，非洲国家如何改善第三级教育入学机会和资金供给之间的平衡，而不牺牲教育质量。答案在于使用远程学习，在某些情形下，辅之以选择性地运用新的信息通信技术。下文的讨论阐述了撒哈拉以南非洲和整个世界在第三级远程学习和技术方面的经验。这一讨论突出了这些经验对正致力于参与 21 世纪全球化知识经济的非洲国家的相关性。结尾部分还就非洲如何适应并逐渐扩大在第三级教育中运用远程学习和技术提出了建议。

本章所使用的“第三级”这个词指的是“高等教育”，因为“高等教育”通常意味着大学教育。使用高等教育容易将目前其他替代大学的第三级教育形式排除在外，包括日新月异的远程教育课程。

为什么需要远程教育？

在非洲，对第三级教育的入学需求显而易见（见表 9.1）。如果采用习惯上与高等教育相联系的 18～23 岁年龄组的人口预测，并保守地假设非洲国家保持目前的毛入学率，那么很显然，在未来的 10 年里，至少有 16 个撒哈拉以南非洲国家需要将其当前的高等教育入学人数翻一番（例如，以每年 7% 的速度增长），只有这样才能使攻读第三级学位的人口在总人口中保持一定的比例。不幸的是，当前在非洲流行的艾滋病（非洲的新艾滋病病例占世界的 70%）要求许多非洲国家培养更多的大学毕业生，以便维持现有的人力资源能力。大学教师规划需要将难以估计的教师流失比例考虑在内。即使这些国家能将高等教育的入学率提高几个百分点，它们也必须在 2010 年之前使目前的第三级教育入学人数增至 3 倍。因此，这些国家是远程教育干预的最佳对象。

表 9.1 1996 年撒哈拉以南非洲国家高等教育入学人数及预测

国家	1996 年第三级教育入学人数[1]	2010 年预计人口总数[2]	2010 年 18～23 岁的预计人数[2]	1995 年或最近年份第三级教育入学率[1]	2010 年第三级教育入学人数(以目前毛入学率计算)[3]	2010 年第三级教育入学人数(以毛入学率+50%计算)[3]
安哥拉	6331	17185000	2027830	1.0	20278	30417
贝宁	14055	8330000	1016260	3.1	31504	47256
博茨瓦纳	8850	1992000	249000	5.8	14442	21663
布基纳法索	8911	15928000	1895432	1.0	18954	28431
布隆迪	4256	8924000	1079804	0.9	9718	14577
喀麦隆	36000	19820000	2279300	2.2	50145	75217
佛得角	*	541000	63297	4.2	2658	3988
中非	3684	4492000	534548	1.4	7484	11226
乍得	3448	9186000	1047204	0.6	6283	9425
刚果	13806	3911000	465409	6.5	30252	45378
刚果共和国	93266	69782000	8373840	2.3	192598	288897
赤道几内亚	*	574000	67158	0.2	134	201
厄立特里亚	3093	4804000	581284	1.0	5813	8719
埃塞俄比亚	35027	89515000	10115195	0.7	70806	106209
加蓬	4655	1566000	169128	2.8	4736	7103
甘比亚	1591	1523000	175145	1.7	2977	4466
加纳	36012	25998000	3119760	1.4	43677	65516
几内亚	8151	10428000	1209648	1.2	14562	21774
几内亚比绍	*	1440000	165600	0.2	331	497
象牙海岸	52228	18976000	2390976	4.5	107594	161391
肯尼亚	43000	38869000	4936363	1.6	78982	118472
莱索托	4614	2927000	336605	2.4	8079	12118
利比里亚	*	4443000	453186	0.3	*	*
马达加斯加	26715	23469000	2839749	2.1	59635	89452
马拉维	5561	14154000	1712634	0.6	10276	15414
马里	*	16733000	1974494	0.8	15796	23694
毛里求斯	6746	1306000	118846	6.5	7725	11587
莫桑比克	7143	25048000	2955664	0.4	11823	17734
纳米比亚	11344	2189000	258302	8.1	20922	31384
尼日尔	*	14751000	1696365	0.7	11874	17811
尼日利亚	260000	168369000	19867542	4.1	814569	1221854
卢旺达	2200	9716000	1185352	0.5	5927	8890
塞内加尔	24081	12241000	1432197	3.4	48695	73042

续 表

国家	1996 年第三级教育入学人数[1]	2010 年预计人口总数[2]	2010 年 18～23 岁的预计人数[2]	1995 年或最近年份第三级教育入学率[1]	2010 年第三级教育入学人数（以目前毛入学率计算）[3]	2010 年第三级教育入学人数（以毛入学率＋50％计算）[3]
塞拉利昂	*	6056000	696440	1.3	9053	13580
索马里	*	15735000	1778055	*	*	*
南非	617897	56613000	6170817	15.9	981160	1471740
苏丹	*	36850000	4053500	3.0	121605	182407
斯威士兰	5658	1263000	143982	6.0	8639	12958
坦桑尼亚	12776	44014000	5281680	0.5	26408	39613
多哥	11639	6082000	735922	3.6	26493	39740
乌干达	30266	30137000	3556166	1.7	60455	90682
赞比亚	10489	11717000	1499776	2.5	37494	56242
津巴布韦	46673	15270000	1939290	6.5	126054	189081

注：* 在联合国教科文组织统计年鉴中没有数据。

[1] UNESCO 1998a.

[2] UN 1998. 采用中位变差数据。

[3] 作者的计算。

在非洲，扩大使用远程教育有着许多潜在的益处。如果加以适当管理，远程教育能以较传统寄宿制校园体制更低的生均成本扩大第三级教育的入学人数。在课程内容的设计和传授上，远程教育课程通常比课堂教育有着更大的灵活性，使之能够适应特定学生的需要或者是工作需求，从而具有更大的适切性。与寄宿制学校课程相比，远程教育也更能适应不断增长的终身学习的需求。

远程教育还有其他好处。它能有效地向那些没有机会接受第三级教育的学习者延伸，如那些由于家庭责任或文化限制而不能接受传统教育的妇女、经济处于边缘化的群体、难民和被监禁者。由发达国家的大学通过网络传授并得到在线虚拟图书馆支持的研究生阶段的远程学习课程，正日益走进非洲那些有自我学习动机且准备攻读研究生资格证书的学生。第三级教育入学人数的扩大，相应增加了对教学人员的需求，研究生培训变得更难以实现，因为海外研究生培训成本提高了，捐赠的奖学金减少了。在这些限制下，国际上可利用的“虚拟”研究生课程增加教学人员的数量。

远程教育是最为现代的教育传授形式。它以工业革命带来的组织结构和技术为基础，是 21 世纪的一项发明。当我们步入 21 世纪时，远程教育正在经历迅速的变革，并且扩大到世界各地。在过去，许多传统的学术共同体常常认为远程教育是低级的教育，因为其毕业率往往较低，师生之间缺少直接的互动。如今，情况已今非昔比。世界范围内积累的经验正在促进更有效的课程设计。学生表现不会因为所使用的教学方法而存在显著的不同，这一结论已经被反复证明（Willis，1994：42；Rumble，1997；Moore and Kearsley，1996：99；Turoff，1997b）。因此，教育传授工具的选择主要取决于学习的特殊环境。然而，多媒体教学已经显示出比单一媒体教学更大的学习影响。值得注意的是，在课堂教学中，经常可以看到教师和学生使用精心设计的远程学习资源，因而推动了课堂教学质量的提高。

这些益处已经使第三级远程教育成为世界上增长最快的教育部门。现在亚洲宣称有 350 万名学生接受第三级远程教育，仅中国就有 140 万（UNESCO，1998a）。拉丁美洲有 100 多万名第三级远程教育学生，巴西、哥伦比亚、墨西哥和委内瑞拉的第三级远程教育特别活跃（World Bank，1998a）。美国有 200 多万名远程教育学生，加拿大有 50 万名。

非洲远程教育的经验

对于非洲的第三级教育机构来说,远程学习和相关技术的应用并不是新手段。在非洲英语国家,南非大学(1998 年入学人数为 117000 人)在 1946 年就已经是一所函授大学,现在已成为世界上最大的开放远程学习大学之一。从 20 世纪 60 年代开始,博茨瓦纳、肯尼亚、马拉维和赞比亚就已经使用远程教育进行教师培训(John,1996)。1985 年,非洲英语国家共有 25 所政府资助的远程教育机构(Murphy and Zhiri, 1992:7)。布拉柴维尔的恩古比大学于 1970 年提供函授课程,这是非洲法语国家中采用远程学习的最早经历。在 20 世纪 80 年代和 90 年代,在贝宁、布基纳法索、布隆迪、喀麦隆、中非共和国、象牙海岸、马里和多哥,教师通过远程教育课程来提高技能。非洲经济和社会发展研究所(INADES-Formation)是一个有经验的非政府组织,1962 年由耶稣会信徒建立,总部在阿比让。现在它通过远程教育为非洲 20 个国家的贫穷人口提供实用技术。

目前在撒哈拉以南非洲,有超过 140 个的公立和私立机构提供第三级远程教育服务(Robert and Associates, 1998:9)。这些课程主要依靠印刷媒介,以书面作业和面对面指导作为补充(Murphy and Zhiri, 1992:36)。其中的一些机构也创造性地运用全国广播电台、录音带,最近还使用了电子邮件。这些课程中的大部分提供旨在提高在职教师技能的培训。其他的主要用途是向从业工人传授工商管理或者信息技术方面的知识。最近一项有关非洲 143 个远程教育课程的研究发现,非洲英语国家 52%的课程和非洲法语国家 67%的课程面向教师和学校的管理者(Robert and Associates, 1998:13)。值得注意的是,两大语言区 12%的课程是针对大学生的,并且这个数据还在不断增长。

同一项研究表明,非洲法语国家和英语国家在将电信技术运用于远程教育方面存在细微的差别。虽然非洲英语国家和法语国家的课程均使用印刷媒介,但是相对来说前者很少使用网络,不过这种状况在迅速改变。在法语国家的课程中,某种程度上通过互联网传授的课程有不少,虽然只占少数,而且使用国际互联网更多的是出于课程协调而不是直接教学。世界银行 1996 年启动的非洲虚拟大学计划中,非洲法语国家和英语国家的参与者目前正在试验使用卫星广播。

在远程教育以外,国际因特网发展非常迅速,但是不均衡。目前,非洲的 54 个国家都在其首都接入了国际互联网(Jensen, 2002),但使用互联网的几乎全是城市上层居民(Bamba, 1999)。特别是在南非、加纳、塞内加尔、莫桑比克、肯尼亚、乌干达、津巴布韦和象牙海岸,建立了非常活跃的互联网市场。1999 年初,一项针对南非以外的撒哈拉以南非洲 15 所大学国际互联网使用能力的调查发现,除了使用信息通信技术的能力取得了更大的进步以外,只有 4 所大学具有充分的国际互联网使用能力,包括网址;有 6 所大学具有有限的国际互联网使用能力;3 所大学的电子邮件只能是通过一个校园网提供;2 所大学具备通过在某些部门的个人连接而实现有限的电子邮件提供能力(Materu-Behitsa and Levey, 1998)。在尼日利亚,通过尼日利亚大学网络(NUNet),24 所联邦大学逐渐实现电子设备的联网。最近一项针对非洲法语国家大学的调查显示,其中至少有 11 所大学已经完全接入国际互联网,并且维持了自己的网址。随着先进的海底光缆铺设完成,明年支持非洲国际互联网接入的国际基础设施将得到极大改进。这条光缆在 2004 年,将把西非和南非与欧洲、亚洲和世界其他各地区连接在一起。它具备将撒哈拉以南非洲的大部分国家推进新千年的内在能力(Farrell, 1999:91)。当这条光缆投入使用后,其余限制非洲国际互联网连接的主要因素是国家电信行业垄断及其不能与时俱进的政策。

表 9.2　若干国家第三级远程教育入学人数(1996 年)

国家	第三级教育入学人数[1]	远程学习入学人数[2]	远程教育入学人数比例
南非	617897	225000*	36
马达加斯加	26715	7864	29
坦桑尼亚	12776	2836	22
斯威士兰	5658	450	7
津巴布韦	46673	3473	7
赞比亚	10489	621	6
法国	2091688	233000**	11

续 表

国家	第三级教育入学人数[1]	远程学习入学人数[2]	远程教育入学人数比例
西班牙	1591863	104429	7
美国	14261778	1000000	7
墨西哥	1532846	103913	7
英国	1820849	110477	6
新西兰	491748	25051	5
德国	2144169	55000*	3
泰国	1220481	456313	37
斯里兰卡	63660	20601	32
中国	5826636	1422900	24
韩国	2541659	482915	19
印度尼西亚	2303469	414061	18

注：* 依据不同的资料粗略估计。
** 国家教育、研究与技术部 1999 年 6 月。
[1] UNESCO 1998a.
[2] 作者的计算。

如今，非洲远程教育的图景正在迅速改变。有关各种远程教育方法的试验正在很多国家展开。纳米比亚和加纳已经正式宣布二元模式教学是其国家政策。博茨瓦纳、喀麦隆和赞比亚正在使用基于大学的国际互联网系统，为远程学习者提供互动区域学习中心的支持(Pecku，1998)。坦桑尼亚、博茨瓦纳和津巴布韦已经建立了新的完全致力于远程教育的第三级教育机构。津巴布韦开放大学在 9 个课程中已经招收了 1 万名学生，最近又为在职教师启动了一个教育硕士学位课程。乌干达在远程商业学士学位课程中招收了 1400 名学生，并计划扩展到法律、技术和科学领域。尼日利亚远程学习中心(阿布贾)提供 14 个学科领域的文科和理科学士学位。马达加斯加已经在大学的法律和社会科学课程中率先使用录音磁带。象牙海岸、刚果、多哥、贝宁在不同阶段建立了基于大学的远程教育课程。在塞内加尔，远程教育支持教师培训和医学与法学硕士学位课程(Republic of Senegal，1997)。一些非洲国家对远程教育的使用，就其比例而言，其规模甚至超过了欧洲或者北美洲国家，但是仍不及许多亚洲国家(见表 9.2)。

新的信息通信技术为这些改变作出了贡献。基于卫星传播和交互式电子邮件的远程教育，正在得到由世界银行资助的非洲虚拟大学计划和由法语大学协会资助的虚拟法语国家大学的检验。远程计算中心，即提供收费的电话、传真、电子邮件和国际互联网服务的公共站点的建设，正在南非、加纳、尼日利亚、塞内加尔等其他地区不断展开。在某些情况下，远程计算中心正在不断扩大学习机会(Farrell，1999:95)。作为南非三个主要的第三级远程教育机构合作伙伴之一，南非开放学习机构联盟(COLISA)正在开发以国际互联网为基础的课程软件，一个以网络为基础的师生互动系统，以及为学生提供一系列本地互联网接入点 (Farrell，1999:99)。

这些发展在整个非洲大陆极不均衡。因此，各个国家在设计、管理、支持和评估第三级远程教育课程的能力上存在很大差异。一项针对 22 个非洲国家远程教育机构能力的调查表明，这些机构能力的发展相当符合逻辑顺序。正如表 9.3 所示，大多数国家拥有参与远程教育的大学远程教育机构，这些远程教育依靠印刷材料，通常得到捐助者的支持。这些核心能力日后会带来更为多元化的供给(例如，私人供给)和更广泛的技术应用(例如，收音机、电视和国际互联网)。只是在相当高级的制度分化的阶段，政府才会制定清晰的远程教育政策，非政府组织才会加入远程教育提供者的行列，才会建立全国性的远程教育专业组织，才会开办开放大学。与非洲法语国家相比，非洲英语国家在远程教育的机构能力上的差异更大，因此得到更大的发展。

表 9.3 撒哈拉以南非洲国家远程教育能力发展排序

国家	第三级函授课程[1]	大学设有专门负责远程教育的机构[2]	存在捐赠项目[3]	教育部设有负责远程教育的单位[4]	大学设有远程教育研究单位[5]	有私人的远程教育课程提供者[6]	通过电台提供远程教育课程[7]	非政府组织参与远程教育[8]	大学是国际互联网服务提供商[9]	有战略文件[10]	有全国性专业协会[11]	大学设置远程教育理课程[12]	有电视远程教育[13]	有开放大学[14]	合计
南非	1	1	1	1	1	1	1	1	1	1	1	1	1	1	14
坦桑尼亚	1	1	1	1	1	1	1	1	1	1	1	1		1	13
津巴布韦	1	1	1	1	1	1	1	1		1	1		1	1	12
加纳	1	1	1	1	1	1	1	1	1	1	1	1			12
赞比亚	1	1	1	1	1	1		1	1	1	1				10
喀麦隆	1	1	1	1	1	1	1		1				1		9
毛里求斯	1	1	1	1	1	1	1		1	1					9
莫桑比克	1	1	1	1		1	1		1	1					8
象牙海岸	1	1	1	1	1		1	1					1		8
马达加斯加	1	1	1	1	1		1			1					7
塞内加尔	1	1	1	1				1	1			1			7
肯尼亚	1	1	1		1	1	1								6
纳米比亚	1	1	1	1	1	1									6
布基纳法索	1	1	1	1			1	1							6
多哥	1	1	1	1	1			1							6
尼日利亚	1	1		1		1	1								5
贝宁	1	1	1	1				1							5
博茨瓦纳	1	1		1					1						4
马拉维	1		1			1									3
苏丹	1	1			1										3
乌干达	1	1	1												3
埃塞俄比亚			1												1
总计	21	20	19	16	13	12	12	11	9	8	5	4	4	3	157

注：

[1]第三级函授课程是在国内进行的。
[2]大学设有负责远程教育的单位。
[3]在远程教育中存在得到捐助者支持的项目。
[4]教育部设有负责远程教育的部门。
[5]大学设有开展远程教育研究的单位。
[6]存在远程教育课程的私人供给者。
[7]通过电台提供远程教育课程。
[8]一个非政府组织提供远程教育课程。
[9]大学是一个经过授权的国际互联网服务提供者。
[10]政府颁布了正式的远程教育战略报告。
[11]有全国性的远程教育专业协会。
[12]大学开设远程教育理论和方法课程。
[13]通过电视提供远程教育课程。
[14]该国有一所运营中的开放大学。

远程高等教育对非洲的潜在益处

作为最现代的教育供给形式，第三级远程高等教育为非洲带来了超越某个教育发展阶段的可能性。另外，它带来了以更具成本效益的方式增加第三级教育入学机会的可能性。在资源日益减少的限制条件下，大众教育的发展是一个全球性的现象，它不仅仅限于非洲大陆。然而，这些趋势在非洲得到明显的放大。这为非洲提供了一个不仅能更为有效地解决它的第三级教育问题，而且为其他国家第三级教育的供给提供更好的解决办法的契机。

对于非洲来说，第三级远程教育有三个主要好处。这三个好处是增加入学机会、提高教育质量，以及更加有效地运用有限的资源。这些话题将在下面依次讨论。

扩大入学

远程教育课程可以通过达及四个通常被传统教育课程排除在外的群体来增加教育机会。这些群体是未能进入大学的中学毕业生、承担着家庭责任的已婚妇女、地处偏远或者居无定所(如难民)的学生和经济上处于弱势地位的群体。在这些群体中,最大的和增长速度最快的群体是由那些在第三级教育竞争性入学过程中失败的中学毕业生构成的。低高等教育入学率意味着高排除率。例如,在加纳,1996 年在 22477 名合格申请入学者中只有 6088 人(27%)被大学录取。在乌干达,1996 年在 11000 名符合入学资格的中学毕业生中有 6000 人(54%)能够获得大学入学资格。在 1996—1997 年,尼日利亚的 475923 名申请入学者中只有不到 20%的学生获得成功。由于居住空间十分昂贵,所以想上大学的人越来越把远程高等教育看成是寄宿制教育的一个替代品。例如,斯威士兰大学从 1995 年起就已经通过其远程教育学院,为那些有资格进入大学,但是由于空间或者设施原因不能获得入学机会的大学入学申请者提供第三级课程。这所学院的学生数量从 1995 年的 100 人增加到 1999 年的 500 人,约占斯威士兰大学学生注册总人数的 13%。

在非洲,目前妇女占第三级教育入学人数的 35%(UNESCO, 1998a:2-14),但是仅占大学生人数的 23%(UNESCO, 1998b:18)。这种代表性明显不足的状况表明有着相当大的发展潜力,这种潜力产生于非洲妇女在第三级教育中参与率的提高。按照灵活的计划在家里学习,这非常适合于那些还有家庭责任的妇女,也许特别适合于穆斯林社会。不同国家第三级远程教育入学情况似乎证明了这一点。例如,在南非,威斯特(Vista)大学(一个远程学习机构)70%的学生是妇女,而南非大学(一所开放大学)50%的学生是妇女。在纳米比亚,77%的远程学习者是妇女。在马达加斯加,46%的远程教育学生是妇女。在斯威士兰,这一比例大约是 44%。不过,应该指出的是,妇女在家学习的好处遭到了质疑。质疑者指出,妇女承担着沉重的家务和农业责任,并提出她们必须离开家才有机会获得教育成就。

远程学习可以将第三级教育的入学机会延伸到农村地区、小城镇以及难民营里的学生,在这些地方学生不方便进入第三级教育机构。对于居住在偏僻地区但是有动力的学生来说,远程教育能带来很大的节约:他们可以节省旅行的时间和费用,能在学习的同时继续谋生。例如,在泰国,70%的第三级远程教育学生生活在农村(Dhanarajan et al., 1994:43)。对于非洲 600 万名难民中的部分人来说,还有对于那些因为社会局势紧张和政局不稳定而离开其国家的人来说,远程学习课程能帮助难民获得自给自足所需的技能,并成为有责任感的公民。这是非洲从未面临过的严峻挑战。但是需要解决一些基本的问题:教育难民是谁的责任?自己的国家和东道国承担什么义务?谁为他们的教育支付费用?自 1994 年以来,位于坦桑尼亚的南部非洲推广机构(Southern Africa Extension Unit)实施了一个难民教育创新项目。在联合国难民署的帮助下,为居住在西坦桑尼亚帐篷里的卢旺达难民开展了一个远程教育计划。这项计划为那些说法语的布隆迪人提供基本的英语学习以及中级数学、历史、地理和斯瓦西里语的学习。其目的是使这些难民能利用坦桑尼亚的其他可以获得的教育机会。目前,这项计划招收了 800 名学生,并已经培养了 2000 多名毕业生。

只要有足够的政治意志,远程学习也可以是贫困或社会边缘群体的一个可行选择。在泰国,研究表明,在校大学生的家庭收入水平要比接受远程教育的学生高四倍或五倍。来自非洲的一些有趣的证据表明,在很多国家存在类似的收入差距。第三级教育入学机会面临激烈的竞争,在这种背景下,精英进入私立中学或得到辅导教师的特别指导,这能够在入学与被拒绝入学之间产生差别。因为允许边工作边学习,因为不需要住校的额外费用,所以远程教育为那些财力有限的学生提供了另外一条接受第三级培训的渠道。随着时间的推移,它有助于不断缩小不同种族之间的教育差距,从而有助于国家长期的政治稳定。

提高质量

远程教育在几方面可以提高教育质量和适

切性。因为教师和学生被距离相隔,所以成功的课程设计在其呈现时需要清晰的交流、连贯的逻辑和良好的组织。这会增进教学的有效性,而且远程教育课程通常是由签过合同的课堂讲师准备的,这常常也有助于改进面对面的教学。此外,运用某一学科专家开发的标准化材料,可以促进高质量的教学和教育机会的公平。而且经验表明,在有优秀的远程教育教学材料的地方,教室里的学生很快就把它们用作学习辅助材料,从而帮助他们提高学习成绩。在纳米比亚、南非和坦桑尼亚,远程教育正被用于为那些没有资格进入大学的中学毕业生提供补偿或者衔接课程。

当国家受到多个外国远程教育提供者影响时,质量控制和学位对等的认定就可能面临挑战。比如,毛里求斯就是个例子。在那里,第三级教育委员会彻底检查了由澳大利亚、印度、南非等国提供的远程教育课程。然而,久而久之,随着第三级远程教育国际市场的发展和变得更具竞争性,认证问题将会更加突出。长远的解决方法不是尽可能地参与决定不断变化的课程与内容的等值关系,而可能是根据国际上承认的技能标准,对每个学生的能力表现进行鉴定。许多技术和专业领域有国家资格或者执业资格考试,它们可以对远程教育毕业生起到一个有效的认定作用(Rumble and Oliveria, 1992)。值得注意的是,美国新的西部州长大学完全根据学生自学,给学生提供获得学位的选择。一旦学生通过一系列基于能力的考试,他就能获得学位。这种方法的使用将来肯定会越来越广泛。

通过谨慎使用新的信息技术,并以直接或者间接的方式支持课堂教学,教育质量同样能得到提高。当教师能运用最新的科学信息,精心开发的教学提纲、参考资料,有效的学习练习,有创意的教学辅助材料时,就实现了对教学的直接支持。当电子邮件和国际互联网被用来促进当地科研活动时,这些活动就会对教学产生积极影响,因而就实现了对教学的间接支持。为了取得这样的益处,塞内加尔国家电信公司(SONATEL)正在为大学、训练中心和公司扩大国际互联网接入。

就近期而言,国际互联网对非洲第三级教育的影响,在研究领域似乎比在教育领域更大(Langlois, 1998)。通过允许在世界范围内访问大量相关资讯,国际互联网降低了研究成本,弥补了书籍和科学期刊的短缺,这个问题常常折磨着大学图书馆。通过电子邮件,可以增进学者之间的相互交流,促进跨越地理界限的研究团队的建立。国际互联网同样可以使研究结果迅速传播,同时更方便同行评审(从而提升质量)。最后,通过共享设备和促进远程使用昂贵的科学仪器,它有助于增强地方研究能力。挖掘这种潜力的最初努力是公用计算机互联网(Uninet)。这是一个学术和研究网络,它将南非和南部非洲的58所大学、理工学院和研究中心(50万名学生和教师)连接在了一起(Knoch, 1997)。一项名为"法语国家研究与教育电子网"(REFER)的类似的研究网络计划正在非洲法语国家建设之中。

大学图书馆的特殊意义

大学图书馆(以及图书馆管理员)通过新电子技术的运用,将在提高高等教育和研究质量的努力中发挥关键的作用。人们寄希望于全球知识经济的兴起,以及导致这种经济产生的信息通信技术能给非洲的大学图书馆带来变革。在知识经济中,价值越来越不取决于对信息的占有,而是取决于发展获取信息和运用信息的能力(Gibbons, 1998)。全世界多数知识不是产生于最需要它的地方。挑战是,在一个特定的解决问题的背景下,如何把在世界其他地方生产的知识传输到可以使其发挥最大效用的地方。因为当前的非洲还不能很好地参与全球知识经济,所以如何识别、获取和运用外部知识,以解决本地的问题,发展这方面的组织能力和电子技术能力,将会对非洲产生发展红利。这对大学及其图书馆有重大意义。在今后的几年中,教育机构不仅能慢慢从其所拥有的知识,而且能从其利用这种知识而组织的服务中创造收入。图书馆将在这个过程中起到一个至关重要的作用。正因为此,大学在制定战略计划的过程中,都应该对图书馆的作用与功能予以特别的关注。

图书馆将成为大学及周边社区的交互式信息资源中心,提供传统的和基于计算机的学习材料。它们将逐渐并入用电子连接的地区性和全球性知识网络。随着时间的推移,它们承担着把大学的研究成果通过电子技术传递给全世界读者的重要角色，从而颠覆作为一个地区的非洲几乎没有生产任何新知识这一肤浅的印象。这样一个研究信息和传播的电子网络的雏形，目前已在11个非洲法语国家中存在。在这些国家，大学在法语国家大学协会SYFED-REFER项目的资助下建立了用国际互联网连接在一起的多媒体资源中心。另外，图书馆可以通过国际互联网或光盘技术为专业化课程交付提供网点，学生和公众都可以获取。事实上，最近津巴布韦大学生物学领域的媒体中心开始采用这种做法。但是对于发展中国家来说，要在知识生产和获取知识能力的激增中受益，教育者和研究者需要捍卫由来已久的科学信息完全公开和自由流动的原则，消除将每一点信息都转化为市场所需的知识产权的倾向(Darch，1998:6)。

要实现这种转变，第三级教育机构的管理者和图书馆管理者需要理解和支持图书馆角色从学术事业的附庸到学术事业的全面合作伙伴这一转变。紧张的机构预算需要支持图书馆工作人员获得技术和培训；大学教师为了公共利益，必须拿出有限的资金。随着电子知识网络的建立，图书馆工作人员将成为课程和研究小组更为活跃的成员。这意味着非洲大学图书馆馆员的工作性质、从业资格和非洲大学图书馆的地位将发生重大转变。

这条转化的道路将是艰难的。在大多数大学，教师和图书馆工作人员没有意识到信息通信技术可以为他们做什么。有关通信技术甚至电脑的信息的获取通常是有限的。没有正常运行电脑的非洲大学图书馆虽然不多但也为数不少。这类图书馆往往处在政府对信息技术依然持怀疑态度的国家。较多的大学图书馆只有一些孤立的可以拨号上网收发电子邮件，或许有一个光盘播放器的计算机。在多数情况下，这些大学图书馆严重依赖捐助者的援助来维持和发展其技术。因此，当资助者停止资助时，这些大学图书馆的信息通信技术就很容易退步。只有极少数大学图书馆——在纳米比亚、南非、坦桑尼亚、赞比亚——通过当地计算机网路可完全连接国际互联网，并且能依靠必要的制度支持，实现信息通信技术的可持续发展。随着塞内加尔首都达喀尔谢赫安塔迪奥普大学图书馆完成翻修，这个数量将会增加。利用世界银行的资金援助，这个图书馆将成为大学的一个电子多媒体和信息中心，并成为当地图书馆网络的国际互联网枢纽。

即使在大学图书馆拥有一些信息技术的地方，它的使用也是非常不均衡。一小部分积极的学生常常是主要的使用者。这其中有两个主要原因。第一，由于电力供应不稳定和设备维护不善，所以技术是不可靠的。后者是因为缺乏技术知识，图书馆拮据的预算不能支撑信息通信技术的维护费用。第二，图书馆和教学工作人员在这些技术的使用上所接受的培训非常少。因此，很少有人知道如何使用技术，或者能够教其他人。

自从有了启动这样一项计划所需的专业技能、经验和资金以来，发展援助机构对图书馆的改造作出了很大贡献。但是为了作出有效的、可持续的贡献，发展伙伴必须就图书馆的重建以及它们所安装的技术的维护和发展作出长期的承诺。发展援助机构常常只是错误地提供技术工具，而没有考虑它们对维护成本和可持续发展能力所需的相关培训的意义。有一些机构实际上忽视了大学图书馆在推进信息通信技术在非洲大学运用的努力中可以发挥的作用。他们和许多大学管理者似乎相信，直接的国际互联网接入最终会减少对图书馆的需求。情况不是这样，即使国际互联网可能会降低图书馆作为一个物质设施的中心地位，但即使这样，它也会提高图书管理员自身的责任。大学图书馆馆员必须学会发挥不同但很重要的作用，也就是通过整合和重组信息，以满足学术需要，并鼓励使用信息通信技术布置课堂作业和从事研究，从而使信息获取变得更为便利。

对非洲专业图书馆馆员的培训课程作重大的改革，这是当务之急。目前的培训课程已经过时。对于所需的变革来说，来自发展伙伴国家的图书馆改革经验可能是一个有价值的贡献。在这方面，5个法语国家(贝宁、喀麦隆、象牙海岸、马达加斯加和塞内加尔)的图书馆学学院将参与到一个名叫"FORCIIR"(formation continue pour l'information informatisee en reseau)的计算机化信息网络使用的继续教育课程中。与达喀尔的图书馆与文献学院合作，这一课程将为在这些学校的学生提供新信息技术使用方面的补充性远程教育课程，以支持大学的教学和研究。

成本效率

远程教育在成本效率上表现为四个方面。

第一，它为学生降低了第三级教育的成本，学生不必为学习而放弃工作去接受教育。远程学习者不需要支付住宿费或者是交通费。随着第三级教育成本分担的实践在非洲越来越普遍，远程教育的收费预计要低于住校教学的收费。

第二，远程教育通常以效率更高的师生比展开，因此减少了机构预算中教师工资所占的比例。同样的，它能够使昂贵的基础设施及其维护的投资需求最小化，从而使更多的资金能够被用于教学投入和学习活动。不过，要取得这些效率必须通过周密计划和创新管理。它们不可能通过简单地输入远程教育课程就能获得。影响远程教育成本的各种因素关系错综复杂。例如，据估计，在远程学习课程中，对于学生学习时间的每一个小时来说，绝对需要多达 100 小时的课程设计和开发时间，虽然这个比例在实践中差别很大。相比而言，高质量的课堂教学，需要为 1 个小时的学习做 10 个小时的准备（Rumble，1997）。其他决定课程成本的因素包括有用的课程生活、学生注册的人数、采用的交付系统的类型（当使用印刷之外的媒介时，成本急剧上升）、学术评价的性质、学生互动的类型与程度，以及在课程设计、开发、交付中所使用的专门知识的层次。

第三，不像传统的校园模式，第三级远程教育的边际成本不断下降。随着入学人数的增加，每名学生的成本降低了（尽管在毕业率很低的情况下，每一名毕业生的成本可能会很高）。加拿大、爱尔兰、以色列的第三级远程学习课程的成本分析显示，它们的生均单位成本大致相当于在校生规模不超过 3000 人的学校在校教学的单位成本（Daniel，1996：62）。在肯尼亚和尼日利亚，教育学学士学位的远程学习课程只提供给较少的学习者，同时维持着这种生均成本的优势（Makau，1993；Cummings and Olaloku，1993）。考虑到通信成本急剧下降和很快将不随距离的变化而变化的事实（Cairncross，1995），逐渐将新技术运用于远程教育的交付，这能进一步提高它的成本效率。

第四，远程学习成本低，效益高，这是因为它使用了模块方法。可以更新或者调整课程材料以适应特殊类型的学生，而不需要彻底再生产。这种灵活性会变得更为重要，因为 21 世纪的第三级教育面临着挑战，即如何服务于学习需求不断扩大、群体日益多元化的学生。

实现这些益处的主要限制因素是什么？

要取得上述可获得性、质量以及成本效益等方面的益处，取决于可靠的项目管理。事实上，与传统的第三级教育课程相比，远程学习课程通常需要更好的管理技巧。学生分散各地，兼职教师来自各方，富有挑战性的后勤管理，不可靠的通信服务，学习资料生产和配送在时间上的敏感性，详细的学生记录，因而成功的远程教育课程需要有一个在组织、后勤和问题解决方面的技能超过平均水平的管理团队。这个管理团队不需要很大，但必须具有能力。

对大部分远程教育来说，它们利用现有的工作人员和设施，因此不需要大规模地招聘员工或者是高昂的建设活动。如果需要，它可以通过坐落在一个现有大学校园里的一个较小的协调小组来管理，就像爱尔兰的全国远程教育中心那样。同样，可以通过当地合同制兼职教师或者其他专业人员以及晚上和周末租用社区教育设施，为学生安排指导和学术支持。

新的信息通信技术有助于远程教育得到更好的管理。目前可以采用计算机化的管理信息系统支持复杂的后勤，包括库存管理和材料分发。在终身学习的时代，计算机化的管理系统对于学生记录的管理也十分重要，例如注册、编排课程计划、评分、评价和修完的学分等等。人们期望，未来通信技术和个人交流工具的发展最终会去除昂贵的来自机构内部的技术体系。对于许多远程学习课程来说，熟练地使用台式打印和激光打印能力已经减少了大量储备教学材料的需要。

制定国家政策

对提高第三级远程教育供给能力感兴趣的国家需要制定政策，以塑造这个特殊的分部门，指导教学，并制定机构发展和能力建设的政策。国家政策的目的，是为一个特定部门确定公共目标，并为实现这些目标规划一条路线。虽然只有少数几个非洲国家拥有正式的政策来指导第三级远程教育的发展，但在这个领域，对于确定优先考虑事项、资源安排和启动富有意义的计划，一项广为接受的战略已被证明是至关重要的。

已经为第三级远程教育制定了政策框架的国家包括南非、马达加斯加和毛里求斯。这些国家的教育政策值得研究。虽然国情决定了政策的具体内容，但所有国家教育政策都需要解决以下四个共同的问题。

远程教育是第三级教育系统一个独立的部分，还是一个有机的组成部分？

经验告诉我们，把远程教育完全纳入目前的正式教育系统是有价值的(Willis, 1994:11)。在还没有将其纳入的地方，存在的危险是，远程教育受到轻视，在教育系统中处于边缘地带，因而得不到充分利用。完全的融合有助于减少目前第三级教育内部革新所遭遇到的不可避免的抵制，并且有助于克服远程教育不如在校教学的观念。例如，澳大利亚非常成功地将远程学习与第三级教育体系整合在一起。因此，对学生来说，上在校课程与远程课程的合成课程是常见的事。二元模式的方法能利用现有的教学人员和设施，减少常常与建立一个新机构联系在一起的对稀缺资源的竞争，并通过提供直接参与的机会减少工作人员的抵制。同样，住校教育学生和远程教育学生采用相同的入学政策，基于相同的标准授予同一所学校的学位，这对于改变远程教育低人一等的观念具有重要意义。

如果多数院系中的许多学生都在接受某种远程学习，那么就能取得最佳的融合效果。例如，在毛里求斯大学，对一年级学生进行远程教育，只有成功地完成第一年的学习后才能转入在校学习。其他为学生提供在校教育和远程教育，或者是混合教育选择的第三级教育系统包括澳大利亚和加拿大。这种方法采用一种混合的模式提供教育，这种模式跨越了一端的面对面教学和另一端的远程学习，从而避免了给特定的学生群体留下瑕疵或某种特殊的地位。然后，学生选择他们喜欢的特殊的在校教育和远程教育班级融合形式。虽然目标仍然是实现在校学习课程和远程学习课程的完全融合，但是像这种融合已经被证明由于前文讨论的僵化和受抵制的原因而在院校中存在政治争议。

开放入学，还是有条件入学？

根据报道，中等教育阶段的教育培训质量差别很大。在非洲，人们对远程教育各种期待意味着接受第三级远程教育课程应该是有选择性的，至少在近期是如此。依据学生的资格或者是能力的评估选拔学生，可以使学生人数更容易控制，并且使通过率更高，从而有助于实现这些课程的成本效益。然而，从公平和平等的角度来说，政府或许希望考虑在资格课程或预备课程中采用完全开放入学的方式以抵消选择性入学这种方式带来的影响。通过资格课程或预备课程是进入第三级远程教育课程学习的一个必要条件。

应该使用什么技术？

来自世界各地的大量研究对这个问题有一个相同的答案：教学媒介的使用并不会对学生成绩、态度或者记忆力产生太大的区别(Willis, 1994: 42; Rumble, 1997; Moore and Kearsly, 1996:99; Turoff, 1997a)。事实上，媒介如何使用已经证明比选择使用什么工具更重要。而且，多媒体似乎比单一媒体更有效，学生与教师的互动有助于对学习产生明显的激励作用。既然技术的选择不能影响学习，技术成本和维持因素就成为决定性因素。在此基础上，平面媒介可能仍然是非洲大多数国家的最佳选择。它们价格低廉，使用可靠，且被广泛接受。学生容易使用，不需要学生拥有特殊的设备或者服务。同时，要注意避免不顾教育需求和环境，不顾难以预料的高昂运营成本，以及低估对良好的教学实践和强有力的学生支持系统的需求，而选择缺乏灵活性的技术(SAIDE, 1999)。由于这个原因，在课程设计早期阶段，教育计划应该优先于技术规划。

远程教育如何筹措经费？

学生和政府在某种程度上分担第三级远程教育课程的成本，这在许多非洲国家已屡见不鲜。这种做法来自一种假设,这就是远程教育学生是有工作的,因此能够承担一部分学费。根据目前限制使用公共资产资助第三年级教育的扩张,这种先例虽是一种偶然,但应该得到保留。远程教育的费用由政府和学校分担,分担比例在世界各地有很大的不同(Mugridge, 1994)。在非洲,第三级远程教育每年的学费从马达加斯加的 40 美元,到津巴布韦的 180 美元,到坦桑尼亚的 185 美元,和到南非工商管理学硕士课程的 1200 美元不等。

私人提供者和他们的学生同样可以分担第三级远程教育的部分财政负担。最近一项对撒哈拉以南非洲 143 个远程教育课程的评估发现,在 66 个英语国家远程教育机构中,41%是私人经营的。与此形成鲜明对比的是,在调查的 67 个法语国家远程教育机构中,没有一个是由私人管理的(Robert and Associates, 1998:12)。在政府资源和技术能力有限的背景下,如果能保证教育质量,这样的私立课程可以在扩大第三级教育机会方面扮演重要的角色。一个例子就是坐落在南非约翰内斯堡附近的由私人提供资金的米德兰德大学(Mid-Rand University),根据规划,它的运作主要是以远程学习课程为基础。另一个私立第三级机构,非洲津巴布韦大学,正准备开展远程教育活动。国际金融公司已意识到这方面私人举措的价值,该机构已经选择私立高等教育和远程教育作为其在私营部门的重点投资领域。

世界经验表明,政府和第三级机构一般对远程教育投入不足,因此使其效果大打折扣。在提供重要的学生支持服务、员工训练和专业发展方面,投入不足司空见惯。一个阻力是远程教育通常需要大量的前期投资,以培训员工,设计课程,准备材料,获取技术。一旦排除这些障碍,通常学费在很大程度上可以支付课程相对适度的经常性开支。

这种前期支出方式表明,第三级远程教育项目是国际发展援助的最佳选择。发展伙伴的资金可以为启动一个远程教育课程提供种子资本和技术支持,最初的周期为 4～5 年,保证课程将来会自我发展。作为一个参照点,毛里求斯政府实施的一个成功的为期四年的第三级远程教育能力建设计划花费了大约 50 万美元,该计划得到了加拿大国际发展署的资助。

教学政策

所有有效的远程教育课程都取决于好的学习材料、有效的学生支持和高效的后勤保障这三个方面(Daniel, 1996:40)。学习材料生产可能是一项昂贵的活动,因此是一个良好的管理能最大限度降低课程费用的领域。例如,肯尼亚和南非最近的经验表明,当使用卫星、电脑和光盘系统的时候,开发一个第三级教育的课程大约花费 40000 美元。购买来自另一个远程教育机构的现有课程材料是启动一个远程教育课程的好的策略,因为材料是经过检验的、容易获得的,并可能得到当地的认证。然而,将一个有效的远程教育课程从一个文化背景移植到另一个文化背景中,这通常需要一些重组和调整。在理想情况下,这应辅之以学生成绩反馈,以使课程管理者可以确定经过调整的课程是否有效。

从长远看,在当地生产课程材料常常是最好的办法。除了有可能节约成本之外,这也是提升地方人员对远程教育课程主人翁意识的好方法。在大多数情况下,购买材料不是一个具有吸引力的选择,除非学生的数量不多,当地课程的开发费用很高(Rumble, 1997:90)。通常,可以接受的做法是,通过设计团队来生产学习材料,在这个设计团队中,每一个成员都贡献一种特殊的技能。设计团队在结构上可以不同,但通常包括一名内容专家,一名教学设计者,一名沟通或者媒体专家,一名编辑和一名同行评审员。

作为影响学生成功的最重要的因素,学生支持普遍得到重视(Keast, 1997;Moore and Kearsley, 1996)。对学生的表现及时给予反馈,对学生进行现场辅导以及使用图书馆和实验室,这些对于第三级远程教育课程中的学生成绩来说都是必不可少的。没有这样的支持,学生辍学率将上升,远程教育的成本优势将丧失。据估计,远程教育学生世界平均辍学率是 40%,虽然一些人觉得这个比例甚至更高;在非洲,这个比例常常超过 50%(Moore and Kearsley, 1996:158;Murphy and Zhiri, 1992:12)。

以下经验可以说明学生支持对于成功学习的重要性。南非大学在 1986 年发现物理课程的通过率仅为 20%,作为回应,该大学开始加强学生支持服务。学校提供第二次机会分配，提供更多的辅导，且把生师比从1986年的201∶1减少到1997年的112∶1，结果通过率达到40%(Cilliers and Reynhardt, 1998)。作为一个总的指导方针，建议学习中心每一名指导老师指导25名学生(Rumble, 1997:108)。在学生分散居住和居住在偏远地区的地方，需要人数更少的小组和更多的指导教师。尤其值得注意的是，许多远程教育课程在晚上和周末利用其他公立教育机构的实验室和教室进行辅导和实践工作，因而就无需完全拥有类似的设施。

高效的后勤是有效的第三级远程学习课程的第三个决定性因素。学习材料必须及时发放。学生表现的反馈应该及时沟通，以维系学生的动机和指导他们的学习。同样，良好的学生记录管理系统为高效的后勤提供了坚实的基础。幸运的是，如今计算机化的信息管理系统使这些工作比过去人工维护这些记录时更为容易和准确，然而，信息管理系统的使用在非洲并不普及(南非是一个例外)。在配备信息管理系统的地方，缺乏计算机维护常常阻碍系统的使用，因而也就抵消了它的预期效果。阻碍计算机化信息管理系统扩大使用的第二个因素是公共机构没有能力支付富有竞争力的薪酬待遇，以留住训练有素的工作人员。

对于第三级远程学习来说，要增加入学人数和放宽入学要求，那么所有的第三级学术课程都需要转化成模块/学分制。在这一制度下，学生成功地修完一门课程就能获得一定的学分，当所有需要的学分拿到后，就能获得学位。转化成模块/学分制虽然费时费力，却是一个重要的过程。模块/学分制适应学生自定学习进程的教学、终身学习，以及学生在在校课程与远程课程之间的流动，没有它，第三级远程教育就不能运行。

能力建设政策

与传统的面对面教育相比，在远程学习中，规划和管理能力更为重要。这是因为与在课堂里的学生相比，与分散在各地的学生群体的沟通成本更高、更费时，因此错误更难纠正。然而，实施有效远程教育课程所需的技能并不是难以掌握的。在很多情况下，对原先有教学经验的教师进行几个月的强化教学就可以了。另外，基于国际互联网的远程教育技术课程越来越普遍。表9.4中的网站包含第三级远程学习组织和实践的参考信息。许多网站提供远程教育培训课程方面的培训材料和信息，这些课程是在一个住宿环境中，或是在国际互联网上提供的。

表9.4 远程高等教育网络资源

机构(国家)	网址
学习联合体	www.col.org
法语国家远程教育国际联盟	www.ciffad.francophonie.org
全球远程教育网(世界银行)	http://wwwl.worldbank.org/disted/sitemap.html
国际远程学习中心(英国)	www-icdl.open.ac.uk
美国远程教育研究中心(美国)	www.ed.psu.edu/acsde
南非远程教育研究所	www.saide.org.za
魁北克电视大学(加拿大)	www.teluq.uquebec.ca
马里兰大学远程教育学院(美国)	www.umuc.edu/ide
威斯康辛大学(美国)	www.uwex.edu/disted
大不列颠哥伦比亚大学(加拿大)	www.ubc.ca
南昆士兰大学远程教育中心(澳大利亚)	www.usq.edu.au/dec
国家远程教育中心(法国)	www.cned.fr
非洲虚拟大学(世界银行)	www.avu.org
法语国家虚拟大学	www.uvf.org
非洲远程教育网	www.bf.resafad.org
远程教育和培训委员会(美国)	www.detc.org
远程教育国际联盟	www.telsup.univ-mrs.fr/
康奈尔大学远程学习资源(美国)	www.sce.cornell.edu/dl
高等教育多媒体教学手段国家信息服务(法国)	educasup.education.fr

经验教训表明，人员培训通常得不到足够的重视(Bates, 1997:11)。有能力的教师是开展所有其他远程教育活动的基石。在使远程学习课程正常运作的过程中，一些机构通常没有安排足够的准备时间和资金进行员工培训。一项有关塞内加尔和肯尼亚的远程学习经历调查发现，许

多远程学习服务,包括学生教学,是由不合格的人员提供的(Chale and Michaud, 1997)。一个优秀的远程教育教师培训课程应该包括:

- 材料设计、生产与呈现的训练。
- 充分的传授技术动手练习。
- 课程人性化的技巧训练。
- 促进学生参与的技巧训练。

(Moore and Kearsley, 1996:152)

在做中学是技能发展的最好途径。

在撒哈拉以南的非洲,可以看出一个相当标准的机构能力发展先后顺序。就像地基必须在砌墙之前打好,墙体需要在房子屋顶可以被支撑之前建好一样,开发远程教育课程需要一个类似于建造大楼的顺序。例如,从表 9.3 中也许可以看出特定国家机构能力之间的差距。这些能力差距成为能力建设主要的着力点。例如,象牙海岸或许在考虑更先进的活动之前,可能要适当地重视建设私立远程教育和基于大学的国际互联网供应者。同样,莫桑比克和塞内加尔的大学或许要考虑建立一个远程教育研究机构,作为其下一步的能力建设。

进行地方性的远程教育能力建设,合作伙伴是一种特别好的方式。远程教育非常适合使用机构联系和合作性网络。鉴于开发优秀的课程材料需要资金和时间,对非洲大学来说,也许与这个地区之外有经验的机构合作生产这些材料,似乎是一个明显的解决方法。一个现成的例子是"非洲远程教育网"项目,参与该计划的国家有贝宁、布基纳法索、几内亚、马里、多哥和法国的一个大学支持网络,它为小学和中学教师在职培训提供远程学习材料。另一个例子是喀麦隆的 TELESUN 项目。在这个项目中,5 所欧洲大学与雅温得大学一起进行行动研究,以测试一个通过电视播放的多媒体科学教育系统,并使之生效。其他的例子包括内罗毕大学与坦桑尼亚开放大学之间的课程材料共享,以及津巴布韦开放大学与博茨瓦纳大学之间的一个合作性教育学士学位课程。

在南非,一个被称作 TELISA 的大有前途的地区合作项目正在开展中。该项目由南非的远程学习多科理工学院南非理工学院领导,目前招收了 8 万名学生,提供 220 种不同的证书和学位。这一合作伙伴关系,叫作"南部非洲技术强化学习倡议"(Technology Enhanced Learning Initiative for Southern African, TELISA),通过公立学校和私立学校的合作,在一个地区扩大社区使用教育信息技术和国际互联网的机会。活动包括在商业、销售和社区发展等领域的非教育性的应用。TELISA 正在南部非洲国家建立信息交换中心,支持教育者通过国际互联网获取与参与国家和机构相关的课程信息。另外,它与社会团体合作,推进在线社区学习中心的建立和地方教育者的培训,以改进技能与资源的获取。目前,在南非的克尼斯纳和莱索托国立大学校外学习学院,社区中心已经处于运行中。另外三个正在南非建设。

实际上,大多数的新远程学习课程得益于更富有经验的机构的指导合作。在某些情况下,地方上与私立企业,如网络服务提供商或者设备供应商建立合作,能减轻管理负担,并获得有价值的营销方面的专门知识。同样,正是由于电子邮件和国际互联网使得机构伙伴能够充分有效地以可以承受的成本参与这样的计划。所以建立一所面向撒哈拉以南非洲所有国家的地区性开放大学的长期努力或许能获得必要的推动力。值得注意的是,在世界银行 1988 年非洲教育政策文件中所提到的为数不多的远程教育建议中,有一项就是建立一所地区性开放大学。这一想法在今天依然有效。

选择何种制度模式?

用什么样的制度机制交付远程教育服务?有四种可能。它们是:二元模式课程、单一模式课程、特许国际课程、直接非特许国际课程。接下来我们依次讨论每一种形式的优势和不足。不过,应该注意到,在这些区别中,有很多会在实践中变得模糊甚至逐步消失,"来自单一和二元模式的大学和来自传统校园的证据表明,我们正在接近一个传统教育和远程教育不再有明显区分的临界点。大学教育将根据不同学生群体的要求,以各种形式,在不同时间和不同地点开展"(Mugridge, 1992:154)。南非大学在运行过程中正越来越多地采用一种混合模式,在这种模式中,学生将面对面授课和远程学习班级与在校住宿结合在一起。这反映了与澳大利亚的一个类似趋势。然而,即便这种交付形式变得模糊的情况在实践中确有发生,但是作为概念范畴,将它们作一区分是有裨益的。

采用二元模式的机构既提供课堂教学,也提供远程教育项目。二元模式机构似乎最适合于1万~2万人的入学人数规模。然而,如果管理出色的话,财政收支平衡点可以下降到5000人的入学人数。如果可以说服传统第三级教育机构把远程教育视为同等质量的重要替代品,在这样的地方,二元模式机构也可以有效地服务2万名以上的学生。

二元模式拥有很多优势。它可以利用现有的学术共同体,并得到学术共同体的支持。课堂教学和远程教学使用共同的学习材料,绩效评价采用共同的标准。若资源许可,它可以被逐渐引入。在实施学分制的地方,学生可以在远程教学与课堂教学之间进行选择,或者是追求两者的结合。在较小的机构中,当教师休假或者学术职位没有人员充任时,可以采用这种方法进行课程拓展和课程讲授。

二元教学的主要缺点是,在以面对面教学为基础的传统第三级教育机构中引入远程学习方法,可能会在现有的教学和管理人员中遭遇强烈的抵抗。在非洲的很多第三级教育机构中,管理的僵化、有限的管理自主权以及课程缺少灵活性等等,都加剧了推进这种变化的挑战。通常情况下,列入特殊的绩效标准可以帮助克服这种保守主义。特殊的绩效标准承认工作人员对远程教育课程所作的贡献,而且给予所需要的额外的工作时间以资金激励。

二元模式大学的远程教育可以以两种方式中的一种进行组织。一种方式是专门学院,在这类学院中,一个由专家组成的核心团队,汲取大学各个系的专业知识,设计课程,制作材料,监督它们的分配和使用。这种方法令人印象比较深刻的一个例子是爱尔兰都柏林城市大学的全国远程教育中心。第二种方式是建立一个在学生与大学院系之间起桥梁纽带作用的协调小组,大学院系直接生产和提供远程教育课程。这种模式已经在赞比亚大学得到使用(Ng'andwe,1995)。因为后一种方法常常在学校中缺乏决策能力,所以它不是很有效。

采用单一模式的机构是一个完全致力于远程教育的机构。在那里,学生的入学是不需要经过选拔的,这种模式通常被称为“开放大学”。它的优势包括有强大的专业人员,对新的、不同的教学法基本不存在制度性的抵制,机构有潜力服务于不止一个国家的学生。它的主要缺点是,要合理建立这样的机构,需要大量的初期投资。这样做也需要调动相当大的政治决心,而且其毕业生也许被认为比那些来自现有的寄宿制学校的学生低一等。目前,单一模式的大学已经在南非、坦桑尼亚和津巴布韦运行。

在特许国际项目下,远程教育课程的国外供应者与当地的第三级教育机构合作,一同提供这些课程。它的做法常常像是一项商业性风险投资。当地的机构使用国外提供者开发的课程材料和版权,但是承担着当地的后勤,学生的支持和管理。这两个合作机构分享学费收入。这种特许经营方式有四个主要的优势:

- 启动远程教育课程不需要很多的地方性专业知识,因此能很快就开始。
- 课程内容也许更符合国际趋势和要求。
- 它或许更容易获得课程认证。
- 它可以得到国际技术(甚至可能财政)援助的支持。

这种模式的不足之处是,它也许不太适应当地的需求,也许对当地的质量保障机制不是非常负责,也许比地方开发的课程更为昂贵。一个特许国际课程的例子是英国怀伊学院提供的农业发展硕士学位课程。这种方式的一个变体是,厄立特里亚和埃塞俄比亚政府与英国开放大学签订协议,为其高级公务员提供在职工商管理硕士课程。特许模式正在迅速扩大。据最近的估计,单单就英国而言,目前有14万名外国学生选择这种特许课程,并带来4.1亿美元的收入(Bennell and Pearce,1988)。

直接从未经授权的国际机构提供远程学习,这种方式才刚刚出现。在这种情况下,已经建立的远程学习设施或者是“虚拟大学”,一般使用国际互联网和交互式电子邮件提供国际性课程。例如,所有的学生都需要拥有一台电脑,一个调制解调器,一个国际互联网外接口和一张信用卡。美国全国科技大学通过卫星把工程学硕士学位课程传递给北美洲和亚洲的学生,就是这样一个例子。在非洲,称为"学生在线"的南非大学新的网络虚拟大学,可以达及非洲大陆任何一个有国际互联网外接口的人。人们预计,在今后的几年里,直接提供的国际远程教育课程的范围将迅速扩大。

这种模式的优点是,当地政府或机构很少需要或根本不需要采取行动。另外,学生不需要离开家或者放弃工作,不需要为出国留学筹集经费而能就地学习。其缺点是可能缺少质量控制,因为提供者名声不好带来相关风险,在输出课程和输入课程的社会间可能存在"教育文化"差异(Moore, 1994:189),缺乏地方性的个别指导,收费水平可能阻止所有人获得学习机会,而只让最富裕的学生独享学习机会。从长远来看,采用未经授权的国际远程学习,其风险是远程教育也许会变成发展中国家必须从发达国家进口的另一个受到保护的商品,从而产生一种新的和更有效的文化帝国主义形式。这种可能性会激发发展中国家培育远程教育能力,以及携手培育远程教育能力。

在对这四种制度模式进行选择的过程中,要作市场分析,以此作为规划和决策过程一个必不可少的组成部分。通常,市场分析要考虑四个方面:

- 学生人口统计数据(年龄、地理位置分布、期望获得的资格、职业兴趣、社会经济地位)。
- 竞争(学生可疑得到的其他服务,提供者的其他交付方式)。
- 监管环境(质量标准、申请许可证、认证、税制、电信)。
- 学生支付的能力和意愿。(Willis, 1994:79)

对有代表性比例的目标人群进行市场调查,可以获得对不同课程层次需求范围和最需要的课程内容等方面的重要信息。例如,孟加拉国开放大学在完成课程规划之前,与16000人进行了面谈。因为远程教育需要在研发课程材料和课程支持中预先进行大量的投资,市场分析对于初始战略选择成功概率的最大化,以及降低教育活动受误导的可能性具有重要意义。许多已经建立的开放大学,如印度、孟加拉国等的开放大学都曾作过市场分析,可以与它们联系,寻求它们在这个领域的指导和技术援助。

必须作出什么样的管理选择?

一旦选择了远程学习课程交付的制度机制,就需要拟订一个实施框架来管理日常活动。该实施框架应以使命陈述为指引,对整个事业进行定位。经验表明,一般来说,最好是从少数高质量的远程教育课程开始,而这些课程是对市场调研所确定的公众需求的重要领域作出的反应。课程应该依据国家的就业需求和相关工作技能进行审慎的选择。

在目前的第三级教育机构中,建立远程教育课程的最大挑战是观念上的阻碍和制度上的抵制(Mugridge, 1992:54;Keast, 1997:42;Evans and Nation, 1996:150)。专业人士的反对产生于这样的信念:教育质量得不到保证,学生无法适应,经过时间检验的方法是最好的方法。另外,人们的一些担忧,如害怕变化和新科技,工作无保障,对职业声望的关注等,也同样起着重要作用。当既定的程序必须改变,得到认可的标准不再适用,组织角色或单位需要转变,或者新的实体为有限的预算资源相互竞争时,制度上的抵制就出现了。这实际上正是建立远程教育必然要面对的种种变化。远程学习若要充分发展,就需要在学术文化方面有重大的变化,从一种个体的学术、研究、学科导向以及独立性的传统转向一种新的文化,这种文化的特征是具有制度使命、团队合作、跨学科和解决问题的方法、解决冲突、经营和问责。如何着手这样的制度文化变革呢?

传统的第三级教育机构着手构建远程学习项目时,通常需要高层的"拥护者"在有阻力的学术文化中启动必要的变革(Moore and Kearsley, 1996:234)。这个人最好地位高而且诚实可信,他相信远程学习方法具有各种优点。此外,高层政治领导人清晰的政策说明和适当的国家干预,强调政府对新政策的承诺,这在一定程度上常常可以加速变革的进程。

实际上,一个机构对远程学习的抵制,主要可能源于运作计划和管理程序的僵化。这些僵化与以下的假设相伴相生,即认为选择远程学习的主要是刚刚完成中等学校教育的学生以及正准备参加工作的学生。这些运作制度阻碍教学人员探索新的教学方法，以回应学生需求和环境的日益多样化。在这种背景下，增强管理的灵活性不仅仅是一个令人向往的"目标"。如果第三级教育机构要对个人、公司和政府不断变化的需求作出响应，那么这就是进行有效竞争的必要先决条件，因为这将决定它们是否会购买该机构的服务。

呼吁增强管理的灵活性，这意味着什么？它意味着重组程序，以便教学人员能允许学生做以下的一件或多件事情：全年都可以登记注册；选修任何时长的课程，积累更多的学分以获得更宽泛的资格证书；以不同的方式组合课程，创建不同的学习项目；可以在许多不同的时间点退出课程；无限期推迟学习；在方便易得的场所学习（包括家里和工作场所）；选择符合他们生活方式的任何时间学习；全年都可以参加笔试和其他评估；在不同的时间以不同的方式支付学费。

远程教育经验评估表明，除了在管理灵活性方面有些欠缺之外，在计划实施过程中还有几个常见的错误。这些错误包括不成熟的技术选择；强调技术规划，忽视教育计划；没有考虑与市场有关的因素，如使用者需求，竞争性选择和监管环境；没有充分挖掘和利用可获得的课程资源（Willis，1994：69）。

只有在拟定了市场导向的教育计划之后，才考虑技术选择问题。提供远程教育过程中使用混合技术，这是主要的实施决定，因为它对课程组织、员工和成本都有直接影响。正如上文已提到，技术选择被证明对学习成绩的影响相对较小。因此，作出技术选择的指导方针应该看是否能在当地的环境中可靠运行以及地方成本如何。技术选择应该遵循技术发展计划，这个计划应该详细说明基础设施要求、硬件要求、培训需要、成本估算、教学、研究、管理和社区服务等的投资优先事项（World Bank，1998b：32）。

下一组重要的管理决策决定了课程的组织结构和人员配备。这些决定应尽可能争取建立在现有的能力基础之上，要意识到与企业和雇主沟通的必要性，同样也要包括一些远程教育项目市场营销的能力。根据爱尔兰国家远程教育中心所制定的方针，对于坐落在现有大学校园里的全国远程教育项目来说，建立一个由专家组成的协调小组是有价值的，这在之前已经提到过。就二元模式而言，经验告诉我们，对于远程学习项目的领导来说，重要的是享有与院系领导同等的学术地位，也就是远程学习课程的领导在机构决策讨论会上要有一席之地，并且为这些课程设置的单独预算项目应该在远程学习课程领导的直接控制之下。没有这样的保护措施，远程教育课程将需要更长的时间来建立。

另一个经验教训是，有效实施第三级远程教育课程需要始终关注教学人员的发展。当教学人员从教学转为辅导的时候，新的职责和技巧是必不可少的。培训重点包括战略管理、教学设计、沟通、培训者方法的监督、技术在教学中的使用等。上面已经提到过，在努力减少开支的情况下，人员培训经常资金不足，这种情况可能会产生不良后果。缺乏受训员工和培训能力不足，会导致出现一个远程教育服务质量差的过渡期。这转过来又可能会降低新办项目的初期信誉。一名具有丰富经验的实践者建议，每一个工作人员每年要在专业发展上花 5 天时间，并在技术能力上再花 5 天时间（Daniel，1996：157）。

目前，非洲大陆的远程教育提供者推出了各种各样的培训项目。在非洲英语国家，南非大学提供学历层次的远程教育课程。坦桑尼亚开放大学近期推出了资格证书层次的课程。在非洲法语国家，在联合国教科文组织的一位专家的支持下，多哥贝宁大学远程教育中心正准备提供第三级远程教育项目。非洲远程教育网计划已经提供多媒体交流方向的远程学习文凭课程。

对于第三级远程学习课程来说，治理与问责安排同样重要，并且会产生实质性的得益。工作人员、雇主和学生的高水平参与，能产生更多成功的课程（Daniel，1996：129）。例如，在南非和印度尼西亚，这些群体积极参与远程学习项目的规划和评估，提高了项目的教育成效。在课程开发采用团队合作方法的地方，一个更具学院风格的院校治理方式被证明更可取。

结　语

在撒哈拉以南的非洲，对于日益增长的扩大入学机会和提高第三级教育质量的需求来说，当明智地使用新的信息通信技术，特别是当这些新的信息通信技术变得日益可获得的时候，远程教育让我们看到了提供部分重要解决方案的希望。尽管每一个国家都将需要精心准备自己建立第三级远程教育项目和机构的方法,但是大量的来自世界各国的经验可以帮助非洲地区进行决策和规划。这一经验说明,以下的一般性指导方针可以帮助非洲国家成功地进行能力建设。为了支持有效的第三级远程教育,能力建设是需要的。

- 对当前其他国家的好做法进行评价,制定第三级远程教育及相关技术发展方面明确的国家战略,而这些战略须牢牢地立足于现有的地方能力(在某些情形下,这些能力是重要的)。
- 初始阶段大力开展机构和人力资源能力建设活动,并将这些活动纳入其他教育部门的计划,以此支持上述国家战略。与海外远程教育项目和地方产业或其他培训机构开展合作,这可以提高这个过程的质量和效率。
- 设计或者重新设计组织结构以适应远程教育的独特要求。课程设计、学生支持、学习评价和服务交付管理的能力将是要考虑的基本问题。
- 将远程教育课程和证书尽可能完整地整合进现有的第三级教育体系,承认选择范围可以从基于校园的面对面教学一直延伸到依靠一种或多种媒体的基于家庭或办公室的学习。对于许多非洲国家来说,远程学习课程被并入现有的第三级教育机构的二元模式似乎是最具成本效益和最易管理的方式。这种整合也应该包括把远程教育学位接纳为公职人员的就业资格。
- 使用印刷材料作为主要的教学的媒介,投资高质量的课程设计和学习指南,努力提供强有力的、高效的学生支持服务。
- 使用新的信息通信技术提高管理效率,提高教育的质量而不只是扩大入学机会;在此过程中,特别要注意图书馆的改造。
- 将开设课程仅限制在有很高学生需求的领域,而且必须根据资源的可得性和管理能力稳步发展。

未 来

如果非洲各国政府致力于发展第三级远程教育能力,那么这些政府,尤其是其教育部可以期待什么?看一看全球第三级教育的未来,也许有助于回答这个问题。

第三级教育的入学人数将在今后的几年迅速增长。在发达国家,第三级教育入学人数最近的扩大趋势还将继续,并将席卷发展中国家。因为各个国家和劳动者都在努力建立和保持竞争力优势,终身学习将成为全球标准。所有年龄的学生可以随时开始学习,随时中断学习,随时又重新开始学习;他们可以在全日制或非全日制的基础上开展学习;他们可以通过自学、数字化学习和面对面地参与学习活动等方式进行学习。学习是高度个人化的、自我管理的。为此,高度专业化的学生指导体系将成为第三级教育的中心要素。在这个体系中,导师针对个人的建议构成了教学的重要组成部分。

未来的第三级教育将更多地基于跨学科学习,而较少地基于单学科学习。它特别强调个人独立学习,与别人有效沟通,在小组和团队中富有成效的合作,展示文化和社会敏感性,表现灵活性,承担社会责任等方面的能力。媒体使用能力将成为一种普遍需要的技能。其目标是让学生为知识经济做好准备,在这种经济中,他们将在虚拟(在线)公司、组织、委员会和项目组中工作(Peters, 1999)。

研究不再主要局限于大学,它将从大学教育结构中逐渐分离出来。研究将变成一种涉及很多类型的知识生产者的互动行动。这些知识生产者在网络化的团队中一起工作,为了解决复杂的跨学科问题,他们可以根据需要临时组织起来、解散或者重新组织起来。学科性的科学将逐渐让位于"应用研究",目的是理解和操控复杂的系统(Gibbons, 1998:42)。

新的技术将使大学校园变得迂腐。学生将使用通过国际互联网传递的非同步的多媒体通信工具,并通过虚拟图书馆和在线视频会议接收学习支持。学生将从与自己学习水平相适应的课程菜单中选择课程,设计自己个人的学习课程。教育的发生取决于学生能否获得时间学习,而不是看学生能否在某一个时间或地点聚在一起。课程的开始和结束都是建立在一个连续的基础之上。乏味的管理任务,如付费、记录成绩、监督学习人数、评价班级参与情况、用图表标识进展情况，都将实现自动化。软件将利用声音识别系统进行操作。可以高速无线接入国际互联网的笔记本电脑，将成为学生主要的学习工具。因此，可能在未来的十年里，第三级教育将真正变成个人化的、手提式的教育(Downes，1998)。

从以上展望中我们要抓住的要点是，发展国家远程教育能力是所有国家步入未来的垫脚石。

致 谢

这一章是威廉·圣的《撒哈拉以南非洲的第三级远程教育和技术》的再版，选自非洲教育发展协会(ADEA)高等教育工作小组(Washington D. C.：World Bank，1999)的文献。波士顿学院的研究生助手佛兰斯撒·珀塞尔为本书对这篇文章进行了重新编排。

参考文献

Bamba，Z. 1999. "Using ICTs in University Libraries to Improve the Quality of Training and Teaching in African Universities." Paper presented at the Conference of Rectors，Vice Chancellors，and Presidents of African Universities，Arusha，Tanzania，February 1-4.

Bates，A. W. 1997. "Restructuring the University for Technological Change." Paper presented at the Carnegie Foundation Conference，What Kind of University? London，June 18-20. Copyright University of British Columbia.

Bennell，P.，and T. Pearce. 1998. *The Internationalization of Higher Education：Exporting Education to Developing and Transitional Economies*. Brighton，UK：Institute of Development Studies，University of Sussex.

Cairncross，F. 1995. "The Death of Distance：A Survey of Telecommunications." *The Economist*，September 30：64-66.

Chale，E. M.，and P. Michaud. 1997. *Distance Learning for Change in Africa：A Case Study of Senegal and Kenya*. IDRC Study/Acacia Initiative，Ottawa，Canada：International Development Research Centre.

Cilliers，J. A.，and E. C. Reynhardt. 1998. "Thirty Years of Physics at UNISA." *South African Journal of Higher Education* 12，no. 1：174-183.

Cummings，C.，and F. A. Olaloku. 1993. "The Correspondence and Open Studies Institute，University of Lagos." In Hilary Perraton，ed.，*Distance Education for Teacher Training*. London：Routledge Press.

Daniel，J. S. 1996. *Mega-Universities and Knowledge Media：Technology Strategies for Higher Education*. London：Kogan Page.

Darch，C. 1998. *The Shrinking Public Domain and the Unsustainable Library*. Cape Town，South Africa：University of Cape Town.

Dhanarajan，G. 1994. *Economics of Distance Education：Recent Experience*. Hong Kong：Open Learning Institute Press.

Downes，S. 1998. "The Future of Online Learning." *Journal of Distance Learning Administration* 1，no. 3 (Fall). Available online at：http://www.westga.edu/～distance/downes13.html

Evans，T.，and D. Nation. 1989. *Critical Reflections on Distance Education*. New York：Falmer Press.

——. eds. 1996. *Opening Education：Policies and Practices from Open and Distance Education*. New York：Routledge Press.

Arrell，G. M. 1999. *The Development of Virtual Education：A Global Perspective*. Vancouver，BC，Canada：Commonwealth of Learning.

Gibbons，M. 1998. *Higher Education Relevance in the 21st Century*. World Bank contribution to the UNESCO World Conference on Higher Education. Washington，D. C.：World Bank.

Jensen，M. 2002. "African Internet Connectivity：Information & Communication Technologies (ICTs)，Telecommunications，Internet and Computer Infrastructure in Africa." Available online at：www3.sn.apc.org/africa

John，M. 1996. "Distance Education in Sub-Saharan Africa：The Next Five Years." *Innovations in Education and Training International* 33，no. 1 (February)：50-57.

East，A. 1997. "Toward an Effective Model for Implementing Distance Education Programs." *American Journal of Distance Education* 11，no. 2：39-55.

Knoch，C. 1997. *Uninet-The South African Academic and Research Network*. /DRC Study/Acacia Initiative. Ottawa，Canada：International Development Research Centre.

Langlois, C. 1998. "University and New Information and Communication Technologies: Issues and Strategies." *European Journal of Engineering Education* 23, no. 3: 285-295.

Makau, B. 1993. "The External Degree Programme at the University of Nairobi." In Hilary Perraton, ed., *Distance Education for Teacher Training*, London: Routledge Press.

Materu-Bahitsa, M., and L. Levey. 1998. *Database of African Theses and Dissertations: Report of a Feasibility Study*. Nairobi, Kenya: The Ford Foundation.

Ministère de l'Education Nationale, de la Recherche et de la Technoloe (France). 1999 (June). Personal communication with author.

Moore, M. G. 1994. "Is There a Cultural Problem in International Distance Education?" In M. M. Thompson, ed., *International Distance Education?" In M M. Thompson, ed., Internationalism in Distance Education: A Vision for Higher Education*. University Park, Pa.: American Center for the Study of Distance Education.

Moore, M. G., and G. Kearsley. 1996. *Distance Education: A Systems View*. Belmont, Calif.: Wadsworth Publishing.

Mugridge, I., ed. 1992. *Distance Education in Single and Dual Mode Universities*. Vancouver, British Columbia: Commonwealth of Learning.

——. 1994. *The Funding of Open Universities*. Vancouver, British Columbia: Commonwealth of Learning.

Murphy, P., and A. Zhiri, eds. 1992. *Distance Education in Anglophone Africa: Experience with Secondary Education and Teacher Training*. EDI Development Policy Case Series no. 9. Washington, D. C.: World Bank.

Ng'andwer A. 1995. "Distance Education at the University of Zambia: Problems of Quality and Management." *Higher Education Policy* 8, no, 1: 44-47.

Pecku, N. K. 1998. *Survey of Current Status of Distance Education in Cameroon*. Vancouver, British Columbia: Commonwealth of Learning.

Peters, O. 1999. "The University of the Future: Pedagogical Perspectives." In Helmut Hoyer, ed., *The New Educational Frontier: Teaching and Learning in a Networked World*. Proceedings of the 19th World Conference on Open Learning and Distance Education, Vienna, June 10-24, 1999. Oslo, Norway: The International Council for Open and Distance Education, Vienna, June 20-24, 1999. Oslo, Norway: The International Council for Open and Distance Education.

Republic of Senegal. 1997. *Using Distance Education for Higher Education in Senegal*. Dakar: Department of Higher Education, Ministry of National Education.

Roberts & Associates. 1998. *Tertiary Distance Learning in Sub-Saharan Africa: Overview and Directory to Programs*. ADEA Working Group on Higher Education. Washington, D. C.: World Bank.

Rumble, G. 1997. *The Costs and Economics of Open and Distance Learning*. London: Kogan Page.

Rumble, G., and J. Oliveira. 1992. *Vocational Education at a Distance: International Perspectives*. London: Kogan Page.

AIDE (South African Institute for Distance Education). 1999. "Distance Education and Educational Technology Choices in South Africa." Available online at: www.saide.org.za

Turoff, M. 1997a. "Costs for the Development of a Virtual University." *Journal of the Asynchronous Learning Network* 1, no. I (March).

——. 1997b. "Alternative Futures for Distance Learning: The Force and the Darkside." Keynote presentation at UNESCO/Open Univer-sity International Colloquium on Virtual Learning Environments, Milton Keynes, UK, April 27-29, Available online at: http://eies.njit.edu/~turofftPapers/darkaln.html

UN. 1998. *World Population Prospects: The 1996 Revision*. New York: United Nations.

UNESCO. 1998a. *Statistical Yearbook*. Paris: United Nations Educational Scientific and Cultural Organization.

——. 1998b. *World Statistical Outlook on Higher Education*, 1980-1995. Paris: United Nations Educational, Scientific and Cultural Organization.

Willis, B., ed. 1994. *Distance Education: Strategies and Tools*. Englewood Cliffs, N. J.: Educational Technology Publications.

World Bank. 1994. *Higher Education: The Lessons of Experience*. Washington, D. C.: The World Bank.

——. 1988. *Education in Sub-Saharan Africa: Policies for Adjustment, Revitalization and Expansion*. Washington, D. C.: World Bank.

——. 1998a. *Knowledge for Development*. World Bank Development Report 1998/99. Washington, D. C. : World Bank.

——. 1998b. Latin America and the Caribbean: Education and Technology at the Crossroads." Discussion paper (April). Washington, D. C. : World Bank.

Young, F., and I. Fujimoto. "Social Differentiation in Latin American Communities." *Economic Development and Cultural Change* 23 (April): 344-352.

10 非洲大学的语言困境

达姆图·塔费拉

引　言

非洲高等教育机构继续将西方语言用作教学媒介，这既是殖民主义残留，也是当前全球化潮流影响的结果。不幸的是，在有关改进非洲高等教育质量的研究中，很少有人注意到占据优势地位的西方语言（如法语和英语）所带来的影响。

来自外部和内部、地方和全国的许多因素不断地对非洲高等教育提出挑战。在非洲大陆的大多数高等教育机构中，连续出现的挑战耗时长，而且相当普遍。

非洲高等教育所面临的最广泛公认的、最为重要的问题包括经费筹措难且不断减少，扩大入学的压力不断增加，性别、种族和地域严重不平等，大规模人才流失，以及学校基础设施普遍恶化。这些问题如此之多，如此复杂，如此严峻，如此广泛地交织在一起，以至于常常难以从症状中清楚地区分出原因，而正是这些原因才导致了非洲大陆难以发展有效、公正的高等教育。

大多数破坏性的因素常常是既不明显，又不是完全孤立的。相反，它们常常为其他问题所遮掩。本章侧重讨论这些被遮掩但具破坏性的因素中的一个，它破坏了非洲高等教育的平等，这就是作为非洲高等教育教学媒介的西方语言的影响。

已有的文献对于作为非洲高等教育教学媒介的西方语言问题并没有予以认真的关注、讨论，更谈不上尝试解决这个问题。在迄今为止的文献中，语言常常处于困扰非洲高等教育的一系列问题的最末端。然而，作为教育传递工具的西方语言问题及其对非洲各国高等教育的影响在本书的许多章节中都有清晰的描述。本书从头到尾所描述的这个问题样式传递了一条清晰的信息，那就是要重视和直面这个问题。

作为教学媒介的西方语言：相互影响

当前，在非洲高等教育机构中使用的语言超过6种：南非荷兰语、阿拉伯语、英语、法语、意大利语、葡萄牙语和西班牙语。除了阿拉伯语（和可以提出证据加以论证的南非荷兰语）之外，在非洲的高等教育机构中，没有任何民族语言被用作教学媒介。总的来说，英语、法语以及某种程度上的葡萄牙语依然是非洲高等教育机构用于教学的主要西方语言。

每当全球化成为一种强有力的力量时，欧洲语言的强势地位在非洲就变得更为突出和明显。特别是英语，在互联网和全球化的经济和文化因素等力量的推动下，更是从其他主要欧洲语言中脱颖而出（Altbach，1987；Altbach and Teferra，1999）。

在许多非洲高等教育机构中，西方语言与民族语言之间的控制权之争成为日趋普遍的现象。例如在政府的领导核心和权力正在发生变化的卢旺达，作为教学媒介的语言存在一种有趣的变迁趋势。这在政治偏爱正在改变的苏丹也是如此。在赤道几内亚，以及某种程度上在索马里，也出现了类似的情况。在这些国家，可预见的社会经济利益似乎决定着教学语言的选择。

苏丹想把该国高等教育教育机构的教学用语从英语转变为阿拉伯语已经有些时候了。最近，政府命令将阿拉伯语定为所有高等教育机构的主要教学用语，从而取代英语。苏丹政府的这个决定在该国大学内部和大学之外招致讽刺，并导致了分裂。

原是比利时殖民地的卢旺达，继续在教育机构的教学活动和商务活动中使用法语。30年来或是在更长的时间里，许多卢旺达人在乌干达、布隆迪、刚果、坦桑尼亚、南非以及西非说法语的国家或肯尼亚寻求避难，在这些国家，他们说英语或法语。他们重返祖国后，改变了卢旺达的语言状况。乔利·马齐姆哈卡和G·F·丹尼尔在本书第52章中提出，语言背景的这种分化影响了新的语言政策。该政策要求在所有层次的教育中安排英语和法语教学，并将这两种语言中的一种作为教学用语。

赤道几内亚的情况揭示了一个国家使用多种语言的复杂性。黛博拉·波默罗伊(第30章)提到，西班牙语是赤道几内亚的官方语言，除了尼日利亚赤道几内亚国际学校(使用英语)和法语学校(使用法语)外，所有的学校都使用西班牙语进行教学。直到最近，法语在赤道几内亚被认为是商务用语，这并不令人感到惊讶，因为这个国家处于非洲法语国家包围之中。尽管在非正式的交谈中，大多数成人使用部族语言，例如方语(Fang)或布比语(Bubi)。此外，那些在当时苏联接受教育的人也说俄语。最后，英语是目前的经济通用语言。尽管赤道几内亚没有与英语有关的官方政策，但是几个政府部门的官员断言，英语是未来的语言。许多中学同时开设英语课和法语课。

20世纪90年代，在索马里陷入混乱和瓦解之前，穆罕默德·努尔阿瓦里在本书第56章中说，通过一所大学及其六个学院，人们可以获得高等教育。那里还有几所中学后的学校，所有这些学校都是由政府创建的。尽管这些教育机构在教育活动中也使用英语和阿拉伯语，但大学里主要的教学语言是意大利语。

这几个例子说明了非洲教育机构成为西方语言大熔炉的程度。接下去将更为详细地分析一下在非洲高等院校中作为教育传授工具的西方语言的状况。

西方语言：对非洲学术的影响

正如下文剖析的那样，许多非洲学生掌握西方语言的能力有许多值得提高之处。本书很多章节的投稿人认为，对教学语言的不精通是导致非洲高等教育质量下降的一个主要原因。一些投稿人也把学生的高损耗率归于学生不能有效地运用教学语言。下面有关各国章节的个案彰显了这一图景。

尼日利亚：尼日利亚有1.2亿人口，是非洲人口最多的国家。它也是非洲南部国家中中学后教育注册学生最多的国家：在包括45所大学在内的200多所中学后教育机构中共有100万名在校学生。英语是尼日利亚的官方语言和小学三年级后各个层次的教学用语。不过，蒙扎利·贾布里勒(第51章)介绍说，在各级教育体系中，英语的熟练程度都在下降，糟糕的交际能力是在中等教育和高等教育的公共考试中失败的一个重要原因。

莫桑比克：在莫桑比克的整个教育系统中，教学用语是葡萄牙语。葡萄牙语也是莫桑比克的一种官方语言，不到1%的莫桑比克人把它作为母语(Pierce and Ridge，1997)。正如阿林多·齐伦多在第48章中所说的，初等和中等学校中的语言理解水平常常很低，这导致学生进入大学前语言准备的状况很糟糕。

几内亚比绍：几内亚比绍也使用葡萄牙语，即尽管只有10%的人口在使用它。胡列塔·蒙德斯在第37章中说，学生进入高等教育机构时有语言问题，并断言这成为学生，特别是小学生表现不佳的一个潜在因素。法律学院和医科学院又额外地开设了为期一年的核心课程，以解决语言和其他缺陷。

马达加斯加：在马达加斯加，法语是高中和大学教育计划的教学用语。不过，由于马尔加什语是教师和学生的第一语言，所以可能由于学生对法语的理解能力低，法语在课堂对话中并不常用，以至于退化为混合语。20世纪70年代，曾经试图创建一个使用马尔加什语的完整的初等和中等教育计划。詹姆斯·斯泰尔斯在第42章中说，由于缺乏资金和来自援助机构持续的使用一种“世界语言”的压力，这最终证明是不成功的。

利比里亚：英语是利比里亚教育系统中的教学用语。帕特里克·塞约恩在第40章中介绍说，整个教育系统中所出现的高重修率和高流失率与语言问题，而不是常受指责的教师素质不高和缺乏教学设备等因素关系更为紧密。

埃塞俄比亚：埃塞俄比亚有6500多万人口，是非洲第三位人口最多的国家。在埃塞俄比亚，2000年底约有5万名大学生登记在册。大多数教育机构,特别是大学,都有一个“新生计划”。哈布塔姆·温迪姆在本书第32章中写道,该计划的主要目的是通过提高学生的英语技能,改进学术上的不足,因为英语是大学和其他高等教育机构的教学用语。

肯尼亚:在本书第38章中,查尔斯·恩格美引用穆维里亚(Mwiria, 1993)的话说,肯尼亚大学考试中学生的不及格率正在上升。劳动市场继续对肯尼亚大学的毕业生的糟糕质量表示关切。大学生对英语运用不熟练,这进一步显示了标准的下降,而英语是肯尼亚教育系统的教学媒介。

摩洛哥:在摩洛哥的高等教育中,阿拉伯语是大多数人文和社会科学的教学用语,尽管在法学和经济学学科中使用阿拉伯语和法语双语模式。与科学技术相关的学科则完全用法语教学。穆罕默德·奥阿克里姆在本书第47章中说,中学时期与科学相关的学科用阿拉伯语教学,而在大学时期用法语教学,这对那些进入大学研究科学的学生造成了消极的影响。尽管人们想出了部分解决问题的办法,但给学生带来的消极后果导致了科学学科招生人数的下降和人文与社会学科招生人数增加的趋势。

毛里塔尼亚:艾哈迈德·卡奇在本书第45章中谈道,1999年,毛里塔尼亚政府对教育体制进行了改革,特别检查了教学媒介问题。卡奇虽然没有明确指出语言的状况,但他提出这场改革旨在稳步推进建立统一的双语系统来取代现行的系统。现行系统分成两个子系统,一个是阿拉伯语系统,另一个是双语系统(使用阿拉伯语和法语)。

纳米比亚:巴纳巴斯·奥塔拉在本书第49章中写道,纳米比亚的许多学生在把英语作为教学语言方面存在困难,因为英语常常是他们的第二或第三语言。结果,他们在听课、做笔记或参与谈论时经常遇到困难,至少是在一开始的时候如此。至于课程的内容,许多教科书并不包含相关的地方性的或背景性的问题或说明。此外,如果教科书使用学生的第二或第三语言来写,可能难得让学生无法理解。

索马里:在本书第56章中,穆罕默德·努尔阿瓦里描述了索马里在其中学后教育机构中一直存在的一个问题——西方语言的多样性。在不同水平的教育中同时使用着索马里语、意大利语、英语和阿拉伯语。根据1983年世界银行的一个报告,这导致在不同水平的教育之间产生混乱和缺乏协调(World Bank, 1983)。在索马里不完善的、缺乏经验的、充满冲突的高等教育中,语言的多样性使目前正影响着这个系统的其他问题更加复杂化。

南非:在南非的大学和理工学院中,有50多万名学生,在南部非洲中,它的在校生人数居第二位(仅次于尼日利亚)。乔治·苏博斯基认为(见本书第57章),在南非,高等教育中存在的一大挑战是提高学生的毕业率。他提出了更好的支持措施,以确保大学和理工学院的学生具备基本的语言和学术读写能力。由于低质量的初等和中等学校教育,学生这些方面的能力经常非常缺乏。

坦桑尼亚:在本书第60章中,丹尼尔·姆库德和布莱恩·库克赛引用罗伊-坎贝尔和夸罗(Roy-Campbell and Qorro, 1997)有关坦桑尼亚的研究成果,指出在坦桑尼亚的公共生活中,英语正面临被淘汰的局面,精通英语的人越来越少。中学教师也说,尽管英语是正式的教学用语,但他们常常为了与学生建立有意义的联系而被迫使用斯瓦希里语。得以进入高等教育机构的学生,是这种摇摆不定的语言政策的牺牲品。他们大多数不能熟练掌握英语口语,他们的英语写作几乎难以理解。学院与大学的教师和外部的主考人不断抱怨学生英语能力低下,这对他们的学习过程产生了消极的影响。

所有这些国家的各种事实依据必然使研究者重视高等教育中的语言使用问题。

- 这种贯连一致的格局证实了什么问题?从这一格局中应该吸取什么教训?
- 这一问题对某一国家的教育系统和整个非洲大陆的教育系统会带来什么样的结果?
- 鉴于当前的这种情景,当时下的教育系统明显依赖西方语言、西方知识与信息以及西方产品的时候,对于非洲的学术来说,什么是可预见的威胁和真实的威胁?
- 学生西方语言技能不足与教育质量、入学机会和成功等错综复杂地交织在一起,大学、政府、捐助组织和非政府组织为解决这一痼疾应该做些什么呢?

在非洲各个国家的高等教育机构中,使用西方语言作为教学语言被证明是非常成问题的。上述事例以及许多其他的例子都表明,运用教学媒介能力的低下对于非洲大陆教育系统中的许多重大失败负有责任。不过,这一因素仍为多数人视而不见。各国难以承受因忽视日益迫近的、真实的威胁而带来的后果。这些威胁使学生和学者无法获得知识和技能,从而在不知不觉中慢慢破坏他们的心智结构。语言问题是其中一个需要面对的威胁。如果非洲国家想培养本地出色而自信的学者,这些国家就应该重新审视其教育系统中教学语言媒介的状况,以解决从小学到大学的各级教育的教学语言问题。

作为国内教育、管理、政府和商业机构的知识和培训枢纽,中等后教育机构对造就平庸或优异至关重要。受训不足的大学毕业生一旦从事教学,就会将更为平庸的学生送入大学,如此形成一个连续的平庸循环。这样,这一问题不仅在高等教育机构中被地方化了,而且从教育机构蔓延到整个国家及其所有的机构中。

为启动解决这个大问题的复杂过程,我们应该做些什么呢?首先应该坚决承认并意识到,必须立即重新审视非洲高等教育系统中将西方语言用作教学媒介的情况。

第二步是设计多种系统策略以解决这种复杂的情况。解决这个问题既不简单,也不直接,但是问题的复杂性不应阻止专家、决策者、非政府组织和政府解决这个问题。对这个复杂的、难以解决的问题作出回应,需要采取一些综合的、开明的和可持续的方法。不论这些解决方法会有多么复杂,语言问题对于有效的教学沟通至关重要,不容小觑。

下文将讨论两种可能的解决方案,其一是开发用于高等教育的地方语言,其二是提高学生使用某种西方语言的流利程度,不过只有第二种方案在当前可算是行得通的。用地方语言和地区语言取代西方语言,以此作为高等教育的教学媒介,这似乎还不现实可行,至少是在不远的将来是如此。书面地方语言的开发、把某一种地方语言作为教学用语所带来的政治敏感性、地方语言的多样性、用地方语言出版材料的短缺、出版设施的不足,以及人力、财力和技术资源的匮乏,这一切对于将地方语言和地区语言提升为高等教育机构中的教学用语提出了极大的挑战。即使国家有这样做的政治意愿和财力,也还有许多因素阻碍着这种解决方案。下面简单分析一下在非洲把地方语言作为教育媒介来开发可能面临的挑战。

推广地方语言:共同的障碍

把地方语言开发成为教学媒介,这面临着大量的问题——保障方面的、技术方面的、政治方面的、经费方面的和情感方面的问题。下面就这些问题作一简单的论述。

地方语言的多样性

非洲语言的多样性增加了语言问题的复杂性。目前,仅仅在南部非洲就有 1200 多种语言。据介绍,作为非洲人口最多的国家,尼日利亚除了英语、阿拉伯语和英阿混合语之外,还有至少 400 种地方语言(Ufomata, 1999)。坦桑尼亚、埃塞俄比亚和赞比亚分别有 120 种、99 种和 70 种地方语言。这些语言大多数还须形成书面形式,并且在较低层次的学校中还远未被用作教学语言,更不用说在高等教育机构中了。

非洲的语言反映了种族的多样性。按人口平均,非洲的语言数量比世界上其他任何大陆更多。具有讽刺意味的是,非洲讲法语的、讲英语的、讲葡萄牙语的人数也比世界上任何地方都要多。就把非洲语言用作母语的种族群体而言,非洲是一座差异性很大的大陆巴别塔(Mazrui and Maerui, 1998)。这种语言的多样性进而说明了非洲文化和种族的多元性,这无疑使多数非洲国家难以指定并推广某几种语言而非其他语言。

由指定用于教学的地方语言引起的论争

指定地方语言作为教学用语是一个非常具有政治性和争议性的事情。这样的决定很敏感,常常会引起公众的强烈抗议甚至暴力行为。在那些历史上有着争夺统治权的种族或部族的国家,政府常常不愿选择一种语言作为教学用语,因为害怕这会导致其他种族或部族的不快。例如,尼日利亚很大一部分人讲伊博语、豪撒语和尤鲁巴语。决定选择这三种主要语言中的任何一种作为民族语言或主导性的教育用语,这在政治上是艰难的(Altbach, 1999)。

不过,从事语言规划领域工作的当代学者为地方语言缺乏地位感到惋惜。地方语言正越来越惨重地输给西方语言(Bloor and Tamrat, 1999)。在某些国家,我们也发现地方语言、地区语言和西方语言之间存在相互竞争的情况。例如,布尼(Bunyi, 1999)认为,在肯尼亚,地区性的语言——斯瓦希里语——与英语竞争,以获取在教育中的突出地位。

在某些情况下,人们发现某些长期被广泛、有效地用作学校教学、政府和商务媒介的地方语言的地位在下降,这引发了许多争议。马拉维使用齐切瓦语的情况(Ufomata, 1999),以及埃塞俄比亚使用阿姆哈拉语的情况(Bloor and Tamrat, 1996; Teferra, 1999)就是这方面的例子。

在其他的情况下,地方语言得到坚决的承认。为了满足尽可能多的利益相关方并推动这些地方语言的发展,一些国家指定许多地方语言作为官方或民族语言。例如,南非现在承认11种官方语言,每一种都被用作教学媒介。纳米比亚赋予13种地方语言以民族语言的地位(Pierce and Ridge, 1997)。

使开发地方语言问题变得更为令人气馁的是存在跨越国界的语言。例如,索马里人、肯尼亚人、吉布提人和埃塞俄比亚人都讲索马里语。不过,索马里语并没有以同样的方式成为一种重要的地区性语言,就像斯瓦希里语那样。政治的敏感性和论争继续突出了跨国语言及其使用的问题。其他语言,例如豪撒语、弗尔富德语、卡努里语和刚果语等,也是跨国的,并被用于地区贸易与合作(Heugh, 1999)。

出版与著述中存在的困难

文字书写符号的选择也是一个富有争议的政治问题。在埃塞俄比亚,关于使用古埃塞俄比亚语、拉丁语还是使用阿拉伯语的书写符号来表示被指定为教学媒介的语言,曾有过一场激烈的争论。古埃塞俄比亚语的书写符号可能是现存唯一的、真正的非洲书写符号,它在埃塞俄比亚的学校中一直使用到20世纪90年代初。当时,它在这个国家的许多地方被拉丁语书写符号所取代,并在有限的范围内也被阿拉伯语的书写符号取代了。

许多非洲语言没有设法使自己被用作一种出版和教育的媒介,它们没有书写符号,没有语法习惯,也没有标准用法。为传统语言创造书写形式,不仅使教育出版和普通目的的出版更具挑战性,也使学校课程开发等原本就复杂和费钱的过程变得更艰难(Altbach, 1999)。

非洲是世界上出版基础最为薄弱的地方。出版界的主要任务是为小学和中学提供教科书和读物。当前在非洲大陆许多地方出版书籍、期刊和其他教育材料仍需要重大的改进。而且,使用多种语言制作和出版材料常常是成本高,过程复杂,且保障难。

语言的多样性问题,把某一语言确定为教学媒介的问题,书写与出版语言的发展阶段问题,印刷材料的匮乏问题,为表达思想和概念所需的词汇与语法习惯的贫乏问题,用于制作、出版、翻译和开发本地教学资料设施的薄弱问题,所有这些都会继续成为地方语言用作教育,尤其是高等教育教学媒介的障碍。而且,世界的日益全球化为原本复杂的程式又增添了另一个维度。

我们从其他国家可以汲取什么经验教训?

用地方语言出版教育材料面临挑战,制作、翻译和出版高等教育材料缺乏设施,以及在本章中提到的许多其他问题都阻碍了地方语言成为非洲高等教育中的教学媒介。一些北非的国家或许是例外,它们正在着手将阿拉伯语确定为高等教育唯一的教学媒介。

在一些非非洲国家,例如马来西亚,所采取的类似的主动行动对于非洲来说也许具有参考价值。英语是马来西亚处于殖民统治时期的语言,通过持续的和具体的政策,在20世纪70年代,大学里的教学语言转变成马来西亚语。尽管如此,部分是因为马来西亚强烈希望成为世界知识网络中的组成部分,并在日益全球化的世界中确保自己的地位,所以当今的马来西亚在某些领域中重又开始使用英语。

东欧也有一些语言演变方面的生动例子,不仅仅是教育用语的演变,而且包括政府、司法制度和商务用语的演变。随着冷战的结束和苏联的解体,东欧经历了剧变。俄语不再是前苏联国家的主要商务和交流用语。事实上,像爱沙尼亚、拉脱维亚、立陶宛、格鲁吉亚、阿塞拜疆和阿美尼亚这样的国家,要么不再把俄语作为教学媒介,要么仅把俄语作为一种教学用语,而更偏向于使用其他语言。霍尔和托马斯(Hall and Thomas, 1999)说,1990 年之后,蒙古也放弃了俄语,而把英语确定为学生的第一外语。

决定是否把某一特定语言用作教学媒介不只是一个地方性的偏好。它已经成为了一件越来越需要考虑全球和国际影响与发展的事情。

告 诫

语言的问题既复杂,又重要。在地方语言完全发展成为高等教育中的教学媒介过程中,将继续面临上述这些挑战。不过,这些挑战绝不能被当作忽视地方性和地区性语言开发的借口。

一些国家和地区正处于能够更好地利用当前现状的时机当中。在北非和东非,很多人将阿拉伯语和斯瓦希里语用于交谈、印刷,并在商务、教育和司法体系中广泛使用这两种语言。因此对于北非和东非来说,或许有一个更好的发展这些语言的机遇。

语言是所有国家文化遗产的一个重要组成部分,它必须得到保护、培育和发展。非洲政府必须自觉地保护和传承这一遗产,即使因为语言问题伴随着巨大的挑战。毫无疑问,地方语言具有极为重要的认知、文化和教育意义。

结 语

本章的主要目的是强调非洲高等教育机构中普遍存在的西方语言技能不足的发展状况。在这些机构中,西方语言继续是主要的教学媒介。由于开发地方语言面临着上述这些难以应对的挑战,因此迫切需要有一项重大的举措来改进学生使用现有西方语言的能力,毕竟这些语言仍将被用作非洲高等教育机构的教学语言。要取得这些改善,需要有坚定的承诺以及财政资源、后勤资源和技术资源方面的实实在在的投入。

非洲大学依赖于使用西方语言发展起来的知识系统。以西方国家为首的发达世界创造出了不成比例的知识份额,然后又用西方语言传播这些知识。非洲大学既没有能力创造足够多的可供他们自己消费的知识,也没有能力创建处理和翻译外部资源的基础设施。事实上,大多数非洲高等教育机构使用的所有书籍、杂志、数据库和其他资源都是进口的,这些资源使用西方语言进行传递。非洲无法在不丧失获取世界其他地方提供的重要教育资源的前提下,放弃把西方语言作为教学媒介,而在一夜之间使用自己的地方语言。在由少数几种西方语言主导的互联网、全球化和知识体系不断扩大的时代,没有一个国家可以因语言限制而作茧自缚。这种与世隔绝既会带来灾难性的后果,而且也是不可能实现的。对于非洲国家来说,外部力量简直是强大得难以抵制。

与此同时,各国仍然应该不断地努力开发自己的语言。因此,最可行、最实际的方法是两条腿走路:对西方语言的使用情况进行全面的检查,同时培育地方性和地区性语言。不过,在基于西方语言的教学媒介中,努力提高学生的交流技能,同时促进地方性和地区性语言的发展,这依然是一个艰难的挑战。

西方语言与地方语言的和谐、平衡和共存问题,应该放在地方、国家、地区和国际背景中进行思考。语言问题需要被视为一种充满多种变数的现象,应该不断地检查它、调整它和引导它。这可能说起来比做起来容易。

截至目前,语言问题在很大程度上被认为是非洲教育制度境况不佳的一个症状。相反,语言问题应该被提升到整个非洲教育制度衰落的主要原因之一这样的高度来认识。必须承认这个问题,并且将这一问题从其他问题中分离出来,以便引起更大的注意。理想地看,这会导致更多的直接行动。承认问题的存在就赋予了问题的可见性,问题的可见性必然导向行动。当前非洲使用西方语言的效率低下,并且对非洲高等教育以及整个非洲教育体系的入学机会和效率产生了不良影响,这实在是非同小可,我们不能简单地认为这是其他问题的一个表征。应该正式宣布,语言问题是阻碍非洲教育质量改进的主要因素之一。

当前为复兴非洲高等教育所做的各种努力,

必须认真思考语言因素对高等教育的影响,并提出解决问题的实际策略。在处理这一重要的教育传授问题过程中,非政府组织、国际组织、重要的基金会和政府所发挥的作用再强调也不为过。

参考文献

Altbach, P. G. 1987. *The Knowledge Context: Comparative Perspectives on the Distribution of Knowledge*. New York; State University of New York Press.

——. 1999. "The Dilemmas of Publishing in African Languages." In P. G. Altbach and D. Teferra, eds., *Publishing in African Languages: Challenges and Prospects*, 1-10. Chestnut Hill, Mass.: Bellagio Publishing Network, Boston College.

Altbach, P., and D. Teferra, eds. 1999. *Publishing in African Languages: Challenges and Prospects*. Chestnut Hill, Mass.: Bellagio Publishing Network, Boston College.

Bloor, T., and W. Tamrat, 1996. "Multilingualism and Education: The Case of Ethiopia." In G. M. Blue and R, Mitchell eds., *Language and Education: British Studies in Applied Linguistics*, vol. 11, 52-59.

Bunyi, G. 1999. "Rethinking the Place of African Indigenous Languages in African Education." *International Journal of Educational Development* 19, nos. 4-5 (June): 337-350.

Hall, D., and H. Thomas. 1999. "Higher Education Reform in a Transitional Economy: A Case Study from the School of Economic Studies in Mongolia." *Higher Education* 38, no. 4 (D)ecember: 441-460.

Heugh, K. 1999. "Languages, Development and Reconstructing Education in South Africa." *International Journal of Educational Development* 19, nos. 4-5 (June): 301-313.

Mazrui, A. A., and A. A. Mazrui. 1998. *The Power of Babel: Language and Governance in the African Experience*. Chicago: University of Chicago Press.

Mwiria, K. 1993. *University Education in East Africa: The Quality Crisis*. Kenyatta University, Nairobi.

Pierce, B. N., and S. G. Ridge. 1997. "Multilingualism in Southern Africa." *Annual Review of Applied Linguistics* 17, nos. 4-5: 170-190.

Roy-Campbell, Z., and M. Qorro. 1997. *Language Crisis in Tanzania: The Myth of English versus Education*. Dar es Salaam: Mkuki na Nyota Publishers.

Teferra, D. 1999. "The Politics of Multilingual Education and Publishing in Ethiopia," In P. G. Altbach and D. Teferra, eds., *Publishing in African Languages: Challenges and Prospects*, pp. 75-109. Chestnut Hill, Mass.: Bellagio Publishing Network, Boston College.

Ufomata, T. 1999. "Major and Minor Languages in Complex Linguistic Ecologies: The Nigerian Experience." *International Journal of Educational Development* 19: 315-322.

World Bank. 1983. *Somalia: Education Sector Memorandum*. Washington, D. C.: World Bank.

11 非洲高等教育中的学生激进活动

艾伦古·穆内内

引 言

从历史观点来看,学生激进活动是世界高等教育中学生生活的一个重要方面。自从在发达世界和发展中世界建立现代大学体系以来,大学生就参与了激进主义分子的活动,这些活动不仅对高等教育机构,而且对更为广泛的社会政治形势产生了深远的影响。尽管在学术研究中在很大程度上被忽视,但是学生的激进活动依然是非洲高等教育中最持久的特征之一(Federici and Caffentzis, 2000)。非洲高等教育的历史表明,学生激进活动遍布于这个大陆的整个高等教育体系之中,包括独立之前。阿尔特巴赫(Altbach, 1981, 1989)提出,区别于发展中国家(包括非洲)和工业化世界其他国家的学生激进活动的变量有两个:其持久力和其重大的社会政治影响力。为了更好地理解非洲高等教育中的学生激进活动,详细说明它的内涵是重要的。对它进行充分的界定,还要求我们描绘出非洲激进主义不同于发达世界的激进主义的特征。

一般认为,激进活动是指任何"对既定的秩序或指定的权威和准则构成严重挑战或威胁"的学生反抗或骚乱活动(Nkingyangi, 1991:158)。这种反抗包括各种活动,如挑战性的政治活动、罢课、破坏学校的财产、攻击学校的教工和造成学生和普通公众伤害的大范围的骚乱。在其发展过程中,非洲大学中的学生激进活动就表现出了其中的一个或几个特征。这个定义强调了非洲学生激进活动的可变特征。它是非常易变且有影响力,本地化的院校问题被放大,最终与流行的政治体制中更为广泛的社会政治问题熔合在一起。实际上,对于非洲高等教育中的学生激进活动来说,最为重要的是它的政治意义和社会后果,在独立后的很长时间里存在的一党专制的压迫性政治体制刺激了这种政治意义和社会后果的产生。

即使有这样的一个定义,也还不能提出任何令人满意的理论,以解释非洲学生激进活动抑或世界其他地区学生激进活动的产生、形成及其结果。尽管如此,非洲的学生激进活动与发达国家的激进活动相当不同,与后者相比,非洲的学生激进活动与民族主义关系更为密切。正如后面所揭示的,在历史上,非洲学生一直是非洲摆脱殖民统治,争取自由斗争的先锋。独立后的激进活动往往也遵循了这一行动路线,许多学生抗议活动关心的是捍卫民族特性和保护公民的民主权利。汉纳(Hanna, 1979:130)指出,非洲的大学生关心"两个重大的政治问题:种族因素与民族因素;民主统治与专制统治",强调民族主义热情处于中心地位。这与发达国家的状况形成了鲜明对比,在发达国家,这种争取解放和民族认同的热情并不是学生激进活动的一个突出特征。

学生激进活动生来就具有对抗性(Altbach, 1991:248)。就像在肯尼亚、坦桑尼亚和赞比亚等国家所看到的那样,非洲的学生激进活动具有左翼倾向。在那里,列宁主义和马克思主义意识形态是最近过去这段时间所发生的学生抗议活动的有力的哲学支柱。在西方工业化国家,马克思主义远远不是激进活动的一个共同特征。西方国家的学生激进活动往往着眼于多样性、多元文化和民权这样的问题。即使是20世纪80年代所发生的西方国家学生抗议活动也不带有马克思主义意识形态的特征。在那次抗议活动中,学生反对大学和那些与实行种族隔离制度的南非做生意的公司进行合作。

在非洲的政治舞台上,学生的抗议活动被社

会接受,它享有一种在发达国家所不具有的政治合法性。因而,对于本国的学生激进活动,非洲国家要比工业化国家予以更多的同情。例如,在肯尼亚,学生在各种场合直接支持政府或反对党(导致了不同的后果;Munene, 1997)。在任何一种情形下,这些活动都被社会认为是合法的政治活动。相反,在工业化国家,社会并不认为学生是合法的政治行动者(Altbach, 1991:250)。这清楚地证明了社会理解学生激进活动的合法性时,历史背景是多么重要。

非洲学生激进活动引起的统治权力的反应进一步突出了它相对于工业化世界学生激进活动的不同之处。政治权力在应对学生激进活动行动时,通常有多种选择。这些选择包括从像发达国家常常表现的那样完全漠视抗议活动,到非洲国家通常采取的残酷镇压(Altbach, 1991)。非洲的这种反应是基于这样一种流行的信念,即学生运动构成对现行统治秩序的一个直接威胁。正如后面将要讨论的,撒哈拉以南非洲国家比一般国家更多地采取残酷镇压学生抗议活动的方式。结果是学生运动减少,但更多的情形是加剧了斗争的规模和激烈程度。

从国际背景来看,非洲的学生激进活动比发达国家的学生激进活动反响更大。非洲学生激进活动所带来的结果有时是革命性的,导致重要的变化。学生的抗议活动影响了重大的政治上的重新调整,包括在一些非洲国家推翻政权。在最近的过去,发达世界的学生很少实现这样的重大变化(除了 20 世纪 60 年代的法国和美国之外)。学生激进活动的力量归于许多因素:缺乏可行的民主结构和制度,这增强了有组织的学生团体的相对影响力,学生在政治活动中的相对合法性,大学与政治权力中心相对的紧密关系(二者通常都位于这个国家的首都),以及来自社会经济地位处于上层的家庭的学生对大学的控制力,这种社会经济地位使他们能够直接进入社会中的强力部门(Altbach, 1991:258)。

本章的其余部分将从历史和当代的视角分析非洲高等教育中的学生激进活动。分析的目的是为了提供认识这种激进活动产生的背景所需的广阔的政治、社会和经济框架。此外,这个分析会使我们意识到学生激进活动的起源,说明基于大学的微观层面的条件是如何与社会经济宏观层面的环境共同决定学生激进活动运动的总趋向。

学生激进活动与独立运动

通过对非洲学生激进活动历史的仔细研究,可以看到,它的政治作用可以追溯到独立运动。学生在殖民地时期进行的政治动员活动提高了民众的政治意识,从而导致国内外的反殖民主义情绪。在海外参与独立斗争的学生组织中,较为突出的是西非学生联盟(WASU)。1925 年创建于伦敦的 WASU 成为当时殖民主义暴行,包括种族主义、强迫劳动、土地转让和将剩余商品从非洲输往欧洲宗主国的出口导向的经济政策等最为激烈的批评者(Ayu, 1986; Hanna and Hanna, 1975:52; Segal, 1962:230)。该联盟主张归还所有的被夺走的土地,发展重视地方粮食生产的多元的农业体系,建立没有阶级的社会,为所有殖民地人民提供教育。WASU 留下来的永久性遗产是它作为尼日利亚民族主义者一个培训场所的作用,和它所阐述的后来成为非洲非殖民主义化模式之一的详细计划。

在非洲大陆,学生也参与从开普敦到开罗,从塞内加尔到苏丹的反殖民主义运动。在莫桑比克,一个全国性学生组织的成员(包括像爱德华多·蒙德拉内、阿金·希萨诺和马里亚诺·马蒂辛荷这样的后殖民地时期著名领导人)帮助组织解放运动,表达民族自由和抵制葡萄牙殖民统治的思想(Mondlane, 1983:113-115)。在西非的塞内加尔,大学生联合工会会员、新兴的非洲商人和伊斯兰宗教领袖在战后争取独立的过程中,共同决定了民族主义进程(Bathily, Diouf, and Mbodj, 1994; Gellar, 1982:32)。20 世纪 70 年代,来自赞比亚、坦桑尼亚和乌干达的非洲学生积极参与推动南罗得西亚(今津巴布韦)摆脱英国殖民统治的解放运动,以及安哥拉和莫桑比克的独立运动(Lulat, 1981:250; Cefin, 1975)。

非洲独立后第一代领导人的出现也归于殖民统治时期的学生激进活动。值得一提的是,像加纳的夸梅·恩克鲁玛、肯尼亚的佑摩·肯亚塔、马里的莫迪博·凯塔、马拉维的卡穆祖·班达、南非的纳尔逊·曼德拉这样的国家领导人在大学时代都是学生领袖和激进活动分子。学生激进活动为这些未来领导人提供了一个表达反殖民主义情绪和施展领导才能的论坛和组织基础。

尽管在非洲高等教育的历史上很重要，但独立前的学生激进活动与独立后的运动相比，其影响是有限的。在一个相当大的程度上，它的影响受到高等教育机构数目有限的限制。这使得大学生成为一个被文盲大众包围的精英孤岛。大学生不仅在地理上孤立于其他民众，而且因为他们的新语言、新知识和新观点而在社会中与普通民众保持着距离。他们用殖民统治者的语言表达他们的思想，并常常渴望过一种西方式的生活。菲德瑞茨评述道，这一时期的激进活动是“一个受过教育的精英阶层对其在殖民主义体系中被边缘化的反应”，当时“国际资本的主导部门正准备向殖民主义的终结让步，并正式考虑让受过教育的非洲人担任未来的统治者”(Federici, 2000:90-91)。这种力量抓住了殖民地时期学生激进活动的社会政治现实。因为大学生在文化和智力上不同于他们的同胞，所以他们的激进活动似乎在政治行动上从殖民政府那里获得了一种广泛的自由。与受到殖民政府实际镇压的工人组织、本土教会和民族主义者运动形成对比的是，殖民政府一般听任学生组织及其领袖自行其是。

尽管如此，独立前的激进活动仍作出了重要贡献。首先，它证明了大学生能够像工会和政党一样，参与解放在殖民主义统治下的祖国的活动。第二，它表明，学生愿意面对对于更为广泛的社会变迁具有重要意义的社会政治问题，而反对只是关注微观层面的制度问题。这些贡献至今仍阐释着学生激进活动的意义。

独立后的学生激进活动：20 世纪 60、70 时代

独立后学生激进活动所具有的显著特征是它的重要性和范围的扩大。恩金延基(Nkinyangi, 1991:159-160)估计，在 1970—1979 年间，共有 29 个国家发生过学生抗议活动。这几乎占到南部非洲国家总数的 3/4。在 1980—1989 年间，25 个国家经历过抗议活动。这些数据强调了非洲大陆激进活动的频率和范围，这与更早的独立前时期的学生激进活动形成了对照。在整个独立后时期，学生政治激进活动在非洲大陆的社会政治背景中占据了重要的位置。

20 世纪 60、70 年代的激进活动活动更多地关注意识形态问题，较少关注制度问题。这些抗议活动的意识形态基础是以独立后国家的普遍觉醒为中心的。学生组织及其领导人着迷于过多的意识形态问题，最突出的问题是国家发展、对外关系、冷战时期与超级大国的结盟以及南部非洲国家的解放等。围绕这些问题爆发的学生抗议活动使其卷入了与政府领导人的冲突之中，并重新解释了学生与国家之间的关系。

学生的意识形态倾向对 1960 年尼日利亚大学学生抗议政府与英国政府签订军事协定的活动影响很大。阿马杜贝罗大学、伊巴丹大学、拉各斯大学和恩苏卡大学等学校的学生组成了一个声势浩大的全国性运动团体——尼日利亚学生联合会(NUS)，它成功地发起了反对英尼防卫协定的运动。根据这个协定，英国将在尼日利亚的领土上建立军事基地(Africa Diary, 1962:375-376)。1966 年，当文官政府在一次政变中被军人推翻后，尼日利亚学生联合会随后中断了活动。

在 1971 年和 1976 年，赞比亚爆发了类似的抗议活动，赞比亚大学的学生因为外交政策而与政府发生冲突。具有讽刺意味的是，1971 年的骚乱开始于一场支持赞比亚政府对南非的政策的游行。不过，由于在示威活动导致骚乱之后，卡翁达总统没有谴责警方所采取的野蛮行为，学生开始谴责政府对待南非种族隔离制度的外交政策的伪善(Legum, 1972; Rothchild, 1971)。在 1976 年的抗议活动中，学生举行示威，反对赞比亚对待邻国安哥拉的内战的外交政策(Burawoy, 1976)。其他独立自主的国家也曾经历过抗议外交政策的活动。在 1961 年的象牙海岸，学生抗议伍弗耶布尼总统欢迎印度支那种植园主重返这个国家的单方面决定(Zolberg, 1975:114-115)。学生还在刚果发生帕特里斯·卢蒙巴遇害事件，南非发生沙佩维尔(Sharpeville)大屠杀事件，安哥拉、莫桑比克、几内亚比绍发生葡萄牙人暴行以及法国人在撒哈拉沙漠测试原子弹等事件的时候举行反对帝国主义的示威活动(Ayu, 1986:80-81)。

外交政策不是这一时期引发学生激进活动的唯一原因。早在此之前，学生就曾针对与某个

国家发展过程中内部的社会政治和经济状况有关的大量问题举行过抗议活动。在肯尼亚,内罗毕大学的学生在1975年深受欢迎,被视为下层社会代言人的国会议员J·M·卡利克遇刺之后每年参加抗议活动。加纳的学生对军事独裁者阿昌庞的暴行深感愤怒,他们在1975年的学生示威活动中对阿昌庞的统治合法性提出了质疑(Yeebo, 1991:108)。1978年,尼日利亚学生就教育费用问题与奥巴桑乔将军的政府发生冲突,冲突在“阿里必须下台”的运动中达到高潮。在11名学生在反对拉各斯、扎里亚两地的政策时被杀害之后,这次抗议活动才平息下来(Federici, 2000:105)。除了发展和问责之外,学生还着迷于非洲化、大学管理和新殖民主义等问题。这些问题在20世纪60年代后期和70年代的扎伊尔、塞内加尔和埃塞俄比亚促成了学生骚乱(Hanna and Hanna, 1975:72-75)。

就学生参与对抗性政治活动所造成的影响,最引人注目的也许是学生参与1974年埃塞俄比亚革命,在这次革命中,海尔·塞拉西皇帝的统治被推翻了。1974年的这一戏剧性事件是由亚的斯亚贝巴大学学生于1965年开始发动的一系列抗议活动的顶点,这些抗议活动反对的是塞拉西皇帝政权所实施的政策。除了1967年,在1965—1969年间的每年春天,都有反对政府政策的抗议活动。1965年,学生举行示威游行,在国会门前支持土地改革法案。1966年,他们举行抗议活动,要求关闭政府在亚的斯亚贝巴城外为关押穷人而修建的“一个集中营”。1968年,他们举行示威活动,反对大学中美国影响力的增强。1969年,学生激进活动的焦点是教育体制的不足(Wagaw, 1990, 1984; Grey, 1979:152-171)。

一般认为,20世纪60、70年代非洲高等教育的学生激进活动反映了学生对后殖民地时期国家作用的关注。而且,它强调了他们自封的先锋角色,目的是保证政治领导人不会偏离独立时就预想好的国家发展道路。针对外交政策爆发的抗议活动试图确保政治领导人不会屈服于新殖民主义的利益。他们的批评意见反映了他们相信学生是社会的良心。换言之,大学生认为他们自己是一个合法的政治阶层,保护和拥护更广泛的人民的利益。合法的政治反对派的缺乏(大多数非洲国家要么实行一党制的政治体制,要么实行军事专政)赋予这种政治角色相当大的合法性。

因而,与20世纪80年代以来的这段时期相比,在20世纪60、70年代,学生激进活动受到了社会中流行的更为广泛的社会政治关怀的驱动。大学生享有很高的社会声望,生活在得到充足资金支持的学校设施所营造的相对舒适的环境中,因此较少卷入大学层面的危机。他们的注意力转向国家、地区和国际问题,特别是统治方式、学术自由和发展观等问题。学生的著述和演讲反映了这种情况,显示了一种高度的诡辩、智力上的精细和言辞上的复杂,就像下面这段摘自赞比亚大学的话所说明的那样:

> 学生又这样干了。他们拒绝与U.N.I.P(联合民族独立党)建立从属关系。他们拒绝成为模糊意识形态和模糊计划的一部分。他们拒绝根据“人中的动物”来审视世界,因为就像他们已经显示的和将继续显示的历史力量,人类中不存在像邪恶利益这样的事物……
>
> 正是人所生活的社会类型决定了人的未来。就像资本主义社会使人变成了野兽,它在他的头脑中创造了不真实的价值观,并在他的头脑中逐渐形成对其他人的原子论式的态度……假如我们看上去像是用马克思主义的观点看待一切事物,那是因为马克思主义是被压迫人民的一种分析工具。它是科学的,是资本主义生产制度长期痛苦发展的一个产物。(UZ Spokesman, 1977, 引自Lulat, 1981:245)

鉴于诸如此类的陈述,对于学生抗议活动引起政治当局的愤怒,就一点也不用感到惊讶了。许多集团认为学生是非正式的反对力量,谴责他们与外国力量合作损害国家利益。在同一座政治城镇中,王权与师生几乎是难以共存的,冲突不可避免。在20世纪80年代以后,学生激进活动的性质与范围将会发生急剧的变化。

20世纪80年代及之后的学生激进活动

20世纪80年代初以来的当代学生激进活动有几方面的独特性。第一,它否定了政治与教育是互相独立的神话。这一时期的激进活动将政治现实推到了前台,院校层面的微观因素可以与更广泛的全国性的问题融合在一起，这类全国性的问题如对政治多元主义的追求和经济衰落引起的巨大变化。第二，也许是更为重要的是，学生的政治活动和激进活动不再完全受制于更广层面的全国性和国际性意识形态因素，现在他们更为关注与大学有关以及与生存有关的问题。

20 世纪 80 年代是非洲经济衰落过程中的一个分水岭。根据人均国内生产总值的变化来衡量，南部非洲超过三分之二的国家在 1965—1989 年间经历了经济衰退。这种趋势一直持续到今天。安哥拉、乌干达、刚果民主共和国（前扎伊尔）、赞比亚和马达加斯加是其中经济衰退最为严重的国家（Elu，2000：54）。经济的衰退如此严重，以至于这一地区的大多数国家不能有效应对 20 世纪 80 年代中期以来糟糕的经济表现。数据显示，在 1987—1997 年间，安哥拉、布隆迪、喀麦隆、刚果共和国、塞拉里昂、刚果民主共和国和赞比亚的经济出现了相当大的衰退（Elu，2000）。

20 世纪 70 年代早期出现的一大堆内部和外部因素解释了非洲经济表现令人沮丧的原因，而糟糕的经济表现又导致了空前的贫困水平和经济的停滞。从内部来看，这一地区的国家经历了普遍存在的政府腐败、设计拙劣的国家发展政策、对国家资源与发展计划管理不善、不断发生的干旱、内部冲突和大量的侵犯人权行为（Mbaku，1994）。诸如与工业化国家不平等的贸易条件、石油价格的上涨、官方发展援助的减少以及外债的管理不善等外部因素进一步加剧了内部因素（Elu，2000：54）。除此之外，还有非洲人口的增长。南部非洲有着世界上最快的人口增长率，它的生育率是世界最高的（World Bank，1999）。随着非洲大陆经济财富的萎缩，贫困水平提高了。许多国家不能充分地满足像卫生保健、教育、饮水、粮食和住房这样的基本需求，更不用说其他大量的需求了。

自从 20 世纪 80 年代初以来，为了改善这些不利的经济发展条件，世界银行与国际货币基金组织（IMF）提出了政策改革的明确建议，帮助非洲国家寻求财政援助。通常称作结构调整计划（SAPs）的政策改革包含了以下措施：

- 在教育与健康这样的社会服务中实行成本分担。
- 取消教育补助，包括学生和教师的个人津贴。
- 实行成本补偿计划，包括在高等教育中缴纳学费、膳宿费和寄宿费。
- 公共部门活动的私营化。（World Bank，1991，1989，1988）

在高等教育机构中实施这些措施是新一波学生抗议活动和骚乱产生的一个主要原因。对实施交费和学生贷款这样的成本补偿计划的不满在肯尼亚和赞比亚引发了校园骚乱。取消学生的个人津贴在肯尼亚、塞拉里昂、象牙海岸和塞内加尔导致了校园的关闭。取消过高津贴的改革在马达加斯加遭遇了骚乱。马里的大学考试改革导致了类似的抗议活动。引发抗议的最为常见的原因是膳宿私营化的成本。其中象牙海岸、肯尼亚、尼日利亚的大学一度被抗议食宿费用的反应激烈的学生搅得很不安宁（Kamotho，2000；Wekesa，2000；Bako，1994；Nkinyangi，1991）。

伴随财政和货币状况的拮据，大学注册人数也开始增加，这是这一地区大多数大学的特征。20 世纪 90 年代的一个明显特点是高等教育机构学生注册人数急剧增加。根据世界银行的报告（World Bank，1994：2），在低收入国家中，注册人数年均增长 6.2%，中高收入的国家年均增长 7.3%。肯尼亚的经历代表了一种典型的情况。这个国家的公立大学的注册人数从 1985—1986 年的 8900 人急剧增加到 1997 年的 40000 人（Republic of Kenya，1997：221）。表 11.1 反映了 1980—1990 年间南部非洲许多高等教育机构学生注册人数变化的趋势。可以看出，中非共和国、多哥、贝宁、布基纳法索、尼日尔、喀麦隆以及马达加斯加等国的学生注册人数经历了不同寻常的增长，所有这些国家的增长率都达到了 50% 或更高。

表 11.1　1980—1990 年若干非洲国家大学入学人数

国家	1980 年	1990 年	增长率(%)
贝宁[3]	4000	8883	122
布隆迪[2]	1900	2762	45
布基纳法索[3]	1600	4760	198

续 表

国家	1980 年	1990 年	增长率(%)
喀麦隆[4]	11500	34000	196
中非共和国[2]	1700	2600	53
乍得[1]	2000	2048	2
加蓬[2]	2000	2741	37
马达加斯加[4]	22000	37181	69
尼日尔[3]	1400	3317	137
卢旺达[2]	1200	1650	38
多哥[2]	4800	7348	53

注：[1] 规模小且几乎没有增长的体系；
[2] 规模小但有增长的体系；
[3] 规模小但快速增长的体系；
[4] 规模大且由多种机构组成的体系。
来源：Saint，1992：69.

学生注册人数的快速增长有利于增加接受高等教育的机会，否则的话，有些社会群体就无法享受到接受高等教育的权利。尽管如此，在经济状况不断恶化以及节约开支的情况下出现的这种增长导致了生均费用的下降。1980 年，生均费用为 6300 美元，1990 年这一数字下降到 1500 美元(World Bank，1994：2)。大学在相当不同的条件下运行：重要的教学资源，例如教室、设备和图书室不仅数量不足，而且陈旧过时。教师的日子也过得不好，士气空前低落，而人才流失则向非洲大学敲响了警钟。结果，能够提供的研究成果和学术计划的数量大为减少。这些状况导致在大学的组织、规划、评估和监管之间存在巨大的矛盾。而人们要求大学完成自己的使命和成功应对由于学生注册人数的增加而产生的挑战(World Bank，1994；Assié-Lumumbs，1993：12-14)。大学生存条件的恶化刺激了对学生学习和生活条件的不满，因而形成了一个不稳定的环境：

> 非洲各地的学生骚动不安，抗议、示威和骚乱造成了停工和人员伤亡等后果。不满的病毒扩散到了扎伊尔、刚果、喀麦隆、尼日利亚、贝宁、塞内加尔、苏丹和津巴布韦。在抗议声的高涨中隐含的不只是快乐和政治姿态，而是一种对教学、条件差、奖学金不兑现、价格的上涨、负责人的不关心以及教育条件的普遍恶化等的严重不满。(Baffour，1989：9)

大学糟糕的管理与领导也导致了学生对大学的不满。撒哈拉以南非洲国家大学重要管理人员的任命往往是政府的特权。这些任命常常不是根据任命对象的学术成就或管理能力，而是基于个人对任命他们的当局的忠诚(Mwiria，1992：5)。他们意识到能否继续留任取决于政府是否乐意，因此管理者往往更多地向国家负责，而不是向学生和员工负责。为了满足政府的期望，这些高级管理者在管理上诉诸高压手段和独裁主义。结果，许多非洲大学流行的管理组织往往是高度集权、等级鲜明并且很严厉。在决策过程中，学生位低言轻或没有任何发言权。在马拉维、内罗毕(肯尼亚)和赞比亚等地的大学中，学生联合会曾经一度被废止(Ajayi，Lameck，and Johnson，1996：177-179；Mwiria，1992；Assié-Lumumbs，1993)。学生还抱怨，当他们大声表达他们的要求时，学生领袖被大学管理者给欺骗了。鉴于参与大学管理的机会如此有限，那么罢课就是学生喜欢选择的可以令管理者倾听他们呼声的方式。

权力强化的政府对学术自由的侵犯加剧了大学领导层的糟糕表现。南部非洲的政府参与了危害师生学术自由的行动。政府没有对其政策友好地采取建设性的批评态度，相反，诉诸敌视探究自由的行为，例如禁止在校园里发表公开演讲，禁止师生结社，拒绝向自由发表意见的学生发放奖学金，驱逐学生领袖和使用其他高压手段(Daily Nation，2000；Mwiria，1994)。对学术自由的不断攻击造成了这一地区许多国家流行的、学生与政府之间的大量紧张状态，并导致了学生骚乱。在相当大的程度上，国家对学术自由的侵犯反映了在更为广泛的社会中流行的境况。直到最近，许多非洲政府还不允许反对派的存在，还控制着大众传媒，还没建立起核查和平衡的机制。

当前学生抗议活动的影响

当代学生抗议活动的波澜壮阔和频繁是 20 世纪 80 年代以来学生激进活动最重要的特征。由于学生激进活动分子与其他参与社会政治抗议活动的社会群体结成联盟，所以学生的这些抗议活动具有重大的政治意义。例如在 1990 年的象牙海岸，学生在反对食宿费用上涨的同时，与民主政治的支持者和部分军人一起要求扩大言论自由和实行多党制。学生还要求官方承认刚刚发起成立的全国学生联盟(Barrin，1990)。

在尼日利亚，对结构调整计划(SAPs)的抵制活动也更具组织性、挑衅性，同样产生了相当大的政治影响。1986年，尼日利亚的学生开始反抗世界银行和国际货币基金组织强加给该国高等教育体制的条件，并在此后的每一年都升级为一场全国性的危机。1988年，学生在由工人和公务员组织的反对燃料价格上涨、削减公务员的附加福利和解散尼日利亚劳工大会的抗议活动中发挥了重要作用。1989年，数十名学生在抗议SAPs的示威活动中被杀，第二年，军人政权又杀害和逮捕了数百名反对世界银行提供用于尼日利亚大学合理化改造的1.2亿美元的教育信贷的学生。结果，尼日利亚的大学被关闭了一年(Caffentzis，2000:16；Jega，1994:165-167)。关于贷款条件，尼日利亚学生全国联合会(NANS)说：

> 我们反对信贷致命条款的斗争首先是揭露它的卖国主义企图及其致命的后果。这些制约性条款(显然用“合格标准”来掩饰)包括冻结录用各类教师，裁减必不可少的员工，引入学费缴纳制度，逐步淘汰补习和学位预先计划的课程，教育商业化，从“世界”银行授权的制造商那里采购60%的设备，由“世界”银行审查所有课程，强行引入移居国外的员工，且为这些人支付高昂的薪水。(Solidarity，1990，转引自 Bako，1994:166-167)

学生认为SAPs象征着将尼日利亚高等教育(财政、管理和课程)的控制权完全移交给外部和外国机构。

学生围绕大学福利问题进行的动员扩大到抗议更广泛的社会政治和经济问题，这种情况在非洲大陆到处可见。在津巴布韦，1990年津巴布韦大学的学生针对学费举行抗议活动的同时参与反对政府腐败及其革命借口的示威活动(Cheater，1991)。在苏丹，反对结构调整计划为校园设定的条件的斗争，与反对教育逐渐伊斯兰化以及经济不断恶化的斗争纠缠在一起。因而，伴随1988年食糖价格上涨500%，以及诸如面包、食糖等重要日用品和其他基本食品的短缺，学生抗议活动此起彼伏(Al-Zubeir，1995)。

学生与工人以及支持民主制的激进主义分子联合起来与这种残酷的经济现实作斗争。虽然这是一个可以理解的必然结果，但他们与军队联合反对文官政权则是令人不安的，它否定了学生致力于民主管理与共享民主的行动。在1989年的扎伊尔，受命镇压大学生骚乱的军队无视命令，转而与学生联手，要求改善服役的条件和环境。他们一起攻击了扎伊尔电视台，抢劫属于黎巴嫩人和西非人的商店。同样，肯尼亚(1982年)和贝宁(1989年)的学生支持发动政变的士兵接管政府，苏丹(1985年和1989年)的学生在军事政变中发挥了重要作用，尼日利亚的学生参与了1966—1985年期间的6次政变(Baffour，1989)。

很明显，在国立大学中流行的状况导致了学生无限支持而不是反对军人干政的客观形势。即使这样的联合预示了可能非常令人不安的场景，但他们似乎符合非洲大学生已经开始扮演的未来领导人，以及反对政治压迫与政治统治阶级操纵的社会卫士的历史角色。这种联合也突出了体制中的政治真空，在这个体制中，反对党在很大程度上是被禁止的。在这样的体制中，军队、有组织的学生群体和工会可以发挥非正式的反对派的作用。

一种强烈的挫折感和紧迫感解释了在结构调整计划时期学生抗议活动如此猛烈的原因，而这是当时学生抗议活动的特征。现在在大多数非洲国家，激烈而具有破坏性的示威使学生抗议活动变得引人注目。这种激烈的行为伴随着对财产的肆意破坏、众多的伤人行为，有时还发生人员死亡的情况。这些后果不是仅限于学生，它还影响到无辜的公众。学生抗议活动的激烈程度是空前的，并成为引起非洲政治当局关注的原因。在2000年10月，肯尼亚的肯亚塔大学的学生罢课抗议学校上网收费过高。在抗议的过程中，学生在与警察搏斗时，对大学的财产和附近公路上的公共交通工具造成了大量的破坏(Daily Nation，2000)。同样在10月，姐妹学校埃格顿大学的学生在抗议学校糟糕的生活和学术条件时，烧了一座行政楼(Daily Nation，2000)。而在早些时候，也就是1997年的11月，3名肯尼亚大学的学生被杀，当时学生正向市中心行进，准备抗议校园状况恶化,结果在校外与警察发生了搏斗。

在赞比亚大学的卢萨卡校区,激烈的学生抗议活动导致1986年5月大学被关闭。据报道,在这一事件期间,学生向大学官员投掷了汽油弹。抗议者要求无条件释放工会领导人,改善食品质量。早在两年前的1984年,学生已经与警察进行过激战,坚持要求获得在大学自助餐厅用餐的餐卡。他们采取的行动是计划清除大学生带校外的朋友到自助餐厅吃白饭的习惯。在抗议过程中,当军警阻止学生前往肯尼思·卡翁达总统官邸表达不满时,有平民受伤(Mwiria,1992:11-12)。

学生与国家之间这些冲突导致非洲大学的逐渐军事化。警察对大学事务的干预在许多大学中成为一个事实。大多数大学的安全力量被国家警察力量控制,比起为学术研究提供一个安全的环境,他们更精于收集学生抗议活动的政治方面的情报。警察密探还隐身于教室和学生宿舍楼里。自从20世纪80年代中期以来,肯尼亚公立大学已经被一个精心建构的警察密探网络渗透,他们的工作是监控和报告学生的活动(Munene,1997)。一些国家的警察胁迫行为更为无情。尼日利亚在对学生的镇压中使用了"秘密团体",而喀麦隆则使用了"自卫队"来胁迫学生激进主义分子。这些重重武装起来的学生在驱散学生集会,骚扰学生领袖和恐吓普通学生的时候,会受到学校警察的保护(Federici,2000:100)。在这些情况下,毫不奇怪,即使当非洲社会通过采用多党制,采取了一些相关的民主改革措施的时候,国立大学继续成为独裁统治的最后残余。

总的来说,学生抗议活动加剧了教育质量的下降。这些抗议活动的一个重大影响就是导致大学频繁被关闭,关闭的时间从数周到一年多。1986年,马达加斯加大学在学生骚乱后关闭了6个月。内罗毕大学在1982年学生支持一次未遂政变之后被关闭了13个月。在1970—1988年间,内罗毕大学由于学生举行示威活动先后关闭了17次(Nkingyangi,1991)。学校的关闭中断了教学计划,并对教师的精神造成灾难性的影响,而且,关闭学校伴随着开除学生领袖(Daily Nation,2000)。这些被开除的学生领袖通常被认为是麻烦制造者,他们被剥夺了在祖国继续接受教育和工作的机会。除了浪费宝贵的人才之外,它还在更广阔的社会中造就了一批受挫的、满腹牢骚的前学生领袖。

学生的抗议活动还对大学内部的运作带来许多消极的后果。它们导致大学目标的错位。在冲突爆发期间,学校的管理者与学生一开始就花费大量的时间、精力和资源试图挫败对方,之后又试图解决他们的冲突,而不是携手实现大学的院校使命。此外,学生的抗议活动增加了学校管理的成本。由学生骚乱造成的损坏、教学时间表的重新编排以及在大学关闭期间为没有工作的员工支付薪水,所有这些都提高了受学生骚乱影响的大学运转的成本。而且,在潜在的捐赠者眼里,这样的骚乱侵蚀了大学的可信度,进而减少了急需的财政援助的可能的流入。

教育计划的破坏以及随之而来的影响导致一种引人注目的情形,这就是教学管理的危机。骚乱之后或长或短地突然关闭学校干扰了教学计划的制定,而这进而又影响了中学。例如在肯尼亚,由于学生骚乱导致公立大学错过了一个学年,中学毕业生不得不在获准进入大学之前等待一年。奥马里肯定地说,学生的抗议活动最终导致"学术界的非专业化,公众对教师的尊敬和尊重之感的丧失,高等教育中的人员的不必要的变化,人力资源发展与配置规划的混乱,资金、咨询服务和智力联系的损失"(Omari,1991:3)。

社团主义者的利益还是政治上的觉悟?

学者对20世纪80年代中期以来到处发生的学生抗议活动的潜在动机进行过讨论。世界银行的学者(Saint,1992)承认,学生抗议者代表着一个精英和享有特权的阶层,这个阶层试图保护其天赋地位。他们认为,大学生享受着其他人无法享有的舒适的和物质丰裕的生活。他们享受着免费的膳宿和教育,此外还享受着学业结束时的工作保障。总的来说,这些好处是在其他学院学习的学生难以得到的。学生对诸如食品、住宿和学习设施这样的与大学有关的问题的抗议证实了这种观点。

而且,每当大学教育经历民主化的进程时,就会发生抗议活动。大学教育的民主化使得许多学生得以享受到高等教育，从而使更多的人获得了原本只有精英才享有的权利。大学毕业生数量的增加与非洲大陆经济表现的恶化共同导致毕业生大量失业和非充分就业。这些因素对于大学生不满情绪的激化是很重要的。不满反映了大学作为服务于学生向上层社会流动的工具的失败。

其他学者拒绝接受这一作为学生抗议基础的精英一社团主义者命题。他们提出，学生的抗议行为是以自决的要求为前提的(参见 Federici，2000:101-102)。在这些学者看来，学生的抗议活动是对外部力量控制国家最为重要的机构——大学的一种挑战。学生主张，控制非洲大学，决定教学内容和学生管理方法应该是国民政府，而不是国际机构的权利，世界银行和国际货币基金组织提出的附加条件侵犯了国立高等教育发展中最为重要的自决原则。学生起来反对成本分担计划(就像 SAPs 所要求的)这一事实进一步说明了这种观点，因为这类计划减缓了公立高等教育民主化的进程。此外，并不是所有学生都有精英和社团主义者倾向，相反，许多学生出身贫困和处境不利，他们在抗议的过程中冒着坐牢和被杀的危险。而且，当学生与工会、反对党以及其他利益相关方团结起来争取社会公正的时候，他们是在抗议国家层面经济决策中主权的丧失。这种倾向说明政治觉悟不断高涨，而政治觉悟是基于对院校层面普遍情况的批评性审视。鉴于这些因素，提出自决命题的学者认为，学生在抗议中只是被精英和社团主义者的利益所驱使，这样的假定是站不住脚的。

在最后的分析中，上述两种观点对理解学生抗议的潜在动机都是非常有用的。与其把这两种观点视为相互矛盾和相互排斥的，还不如把它们视作是相互补充的解释。学生也许会因为捍卫他们作为国家最高学府的服务对象应具有的地位和权利而作出激烈的反应，也许还希望享有与世界其他国家的大学生一样的地位和权利。这不仅值得期待，而且是十分合理的。从阶级角度来看，学生抗议活动的意义在于，它反映了非洲政府对学生在食品问题上的不满情绪的回应。学生对食品的抗议突出了更为严重的问题，因为“如果作为精英群体的学生都吃得不好……那么它预示着整个国家食品的短缺”(Rhode，1986:124)。

另一方面，学生对院校教学与生活条件的抗议并与社会中的其他社会力量进行合作，这清晰地证明了集团利益与在全球化的背景下要求维护国家主权和自决权之间的关系。学生政治意识不断提升以及他们愿冒风险追求更广的社会政治变革，这超越了形成中得精英阶层所期望的改善物质舒适条件的目标。为这种大规模变化而斗争，隐含着为更广的社会民众争取更为美好生活的宏大愿景。

非洲学生激进活动的前景

在过去的 30 年间，非洲高等教育政治图景中的学生激进活动的主要作用是不容否认的。激进主义运动的影响远远超出了大学校园的围墙。当非洲大陆在宏大的社会政治和经济变迁的背景中进入新千年之际，追问学生激进活动的步调在可预见的将来是否可持续是恰当的。如果美国、欧洲、拉美和东南亚地区发生的事件会全然消逝的话，那么非洲的大学生抗议活动在规模和范围上会增大，或者会在未来产生引人注目的社会政治变化。许多因素可以解释这种预言，首先就是宏观的政治背景；第二个因素是高等教育背景。

宏观的政治因素中最为重要的是，自从 20 世纪 90 年代早期以来，非洲大陆大多数国家的政治体制经历了重新民主化的过程。重新民主化涉及在实行一党制或军人政权掌权的国家重新推行多党制。这种新的政治环境为限制学生激进活动的范围和影响创造了条件。非洲大陆的政治图景不再是缺乏以政治参与和积极的市民社会为形式的反对力量的真空。这些反对力量逐渐取代了大学生作为一直来受制于一党制国家的代表所发出的不同声音。无论如何，这些新出现的群体比大学生更富有经验，并且比大学生具有更高水平的积极参与政治的合法性。在像马拉维、尼日利亚、扎伊尔和赞比亚这样的国家，反对党取代了主宰了政治舞台的专制的寡头政治。因而，新出现的政治形势在相当大的程度上说明了学生激进活动社会政治意义为何日益衰退，这样的说法并不牵强，在不久的将来，这一状况很可能更为鲜明。

冷战的结束也加速抑制了学生激进活动浪潮的兴起。作为世界超级大国的苏联的解体使学生在与资本主义导向的国家的意识形态斗争中丧失了一个重要的参考点:大多数前苏联及其东欧的盟国现在都信奉作为国家经济组织和管理模式的资本主义和民主政治。马克思主义意识形态学说的使用曾为学生在面对实行剥削制度的国家时,为增进他们的团结创造了一个强有力的心理氛围。没有苏联提供给学生运动以意识形态上的刺激,左派学生领袖很可能就不会具有道德优势或力量,正是这种道德优势或力量使这些人得以充当运用了马克思主义意义框架的抗议活动的先锋。如果缺乏这样一种强有力的意识形态基础和意识形态上的领导,未来的学生抗议活动在活力上很可能不如过去。

当学生作为一个团结的群体发挥作用时,激进活动就具有更大的影响力。高等教育中最近所发生的变革改变了学生群体的趋同性。第一种变革是20世纪80年代后期以来大学注册人数的极大增加。越来越多的学生获得了进入数量不断增加的高等教育机构的机会。这种系统范围的扩增伴随着起着分化作用的院校多样化。像半工半读学生这样的非精英学生进入大学的权利的扩大,意味着大量学生在大学之外活动,以获取更多的知识。这削弱了学生属于某个统一的团体的归属感。

系统范围的扩增与起着分化作用的院校多样化在学科领域与在学校类型中一样明显。在过去,激进的学生一般出自于法学、社会科学(例如社会学和政治学)和人文科学(例如文学、历史与哲学)等专业,但是随着新近系统的发展与多元化,由于与商务和与科学技术相关的领域招生人数的快速增长,原来这些学科的招生人数下降了。表 11.2.显示了 1995—1996 学年一些非洲国家不同学科的招生情况。这些数据表明,与教育学、人文科学和社会科学等学科的招生人数相比,自然科学和医学的招生人数增加了。

表 11.2 1995—1996 年若干非洲国家不同学科的入学比例

国家	招生总数	教育学	人文学科	社会科学	自然科学	医学	其他学科
阿尔及利亚	267142	0.7	13.4	25.0	49.8	10.0	1.1
埃塞俄比亚	42226	24.5	2.7	31.5	35.5	5.8	NA
几内亚	8151	3.6	17.4	21.7	41.9	14.4	1.0
莫桑比克	7143	18.3	7.9	21.3	46.1	6.4	NA
纳米比亚	11344	25.9	12.1	13.8	4.4	19.1	24.7
尼日利亚	207982	14.9	10.9	22.4	41.2	10.6	NA
坦桑尼亚	12776	14.3	NA	41.4	39.3	3.2	1.7
津巴布韦	46673	47.4	3.9	22.1	23.4	2.4	0.7

注:NA 表示无数据。
来源:UNESCO, 1999, 2:470.

与学科多样化紧密相关的是学校的增加。在过去的10年里,非洲出现了各种各样高等教育机构,包括公立的和私立的。一个国家被单一的、富有声望的国立大学主导的时代似乎已经结束了。学校的增加使得学生的联合更难以实现,因为学校不同,学生的背景、社会活动、目标和生活条件也不同。

另一种强有力的影响学生激进活动的制度变迁是私营化。大多数非洲国家现在有了私立大学和学院,即使这些学校的招生人数现在可能还很少。不过,私立学校的数目一直在增加。这些私立学校的特征之一是不存在学生激进活动。一般来说,私立学校的学生出身于社会经济地位处于上层的家庭。而且,这些学校专门从事与商务有关和神学学科的教育,这些学科在历史上与激进的行动主义联系较少。学校的筛选加上学生的自我选择,往往可以保证激进活动在私立学校中声音微弱。在存在公立学校和私立学校的地方，对于学生来说，很难在论点上达成共识。学生群体的分裂削弱了对更为广泛的社会政治阵线的影响。这在将来可能变得更为明显，因为私营化渗透到私立和公立学校中高等教育的各个方面。

结 语

学生激进活动是非洲高等教育中的一个重要特征。在20世纪20年代的殖民统治时期，学生就开始抗议社会政治和经济上的不公正。独立后的激进活动可以一分为二进行描绘。正如我们所看到的，从20世纪60年代到70年代晚期的这段独立后时期，特征之一是学生抗议活动受深层的意识形态信念的激发。学生不时对国家的合法性，特别是国际关系中国家的合法性提出直接的挑战。这一时期的激进活动通常避开学校的问题，因为学生在校园里的相对舒适的环境是有保证的。

20世纪80年代初至今，这是一个结构调整计划(SAPs)主导非洲经济的时期，它代表着激进活动的第二个发展阶段。抗议活动常常是在大学中不断恶化的生活和教学条件的推动下发生的，造成这种情况的原因是在结构调整计划实施之后学校经费削减了。围绕着以学校为基础的福利问题而出现的学生运动，其意义超越了校园的界限。在对国家激进的挑战中，学生在很多情形下与政党、工会、宗教组织，甚至与军队合作，试图影响多党民主政治或军人独裁这样的政治变化。

学生激进活动的未来社会政治潜力仍值得观望。高等教育机构与社会所发生的广泛的变迁也许会削弱这类抗议活动的影响。大多数国家政治体制的再民主化意味着学生不是唯一代表大众表达观点的反对力量。目前在许多国家起作用的反对党常常比学生更善于表达。最后，大学经历了扩增、多元化和私营化，所有这一切使得学生团结一致变得更为困难。

参考文献

Africa Diary. 1962. 11, no. 6, February 3-9.

Ajayi, J. F., K. H. G. Lameck, and G. A. Johnson. 1996. *The African Experience with Higher Education*. Athens, Ohio: Ohio University Press.

Altbach, P. G. 1981. "Student Activism in the 1970s and 1980s." In Philip Altbach, ed., *Student Politics: Perspectives for the Eighties*, 1-14. Metuchen, N. J.: Scarecrow Press.

——. 1989. "Perspectives on Student Political Activism." In Philip Altbach, ed., *Student Political Activism: An International Reference Handbook*, 247-260. New York: Greenwood Press.

——. 1991. "Students' Political Activism." In Philip Altbach, ed., *International Higher Education: An Encyclopedia*, 247-260, New York: Garland Publishing.

Al-Zubeir, A. 1995. "Sudan." In J. Daniel, N. Hartley, Y. Lador, M. Nowak, and F. deVlarning, eds., *Academic Freedom 3: Education and Human Rights*. London: Zed Books and World University Service.

Assie-Lumumba, N. T. 1993. *Higher Education in Francophone Africa: Assessment of the Potential of the Traditional Universities and Alternatives for Development*. Washington, D.C.: World Bank.

Ayu, I. 1986. *Essays in Popular Struggle*. Qguta, Nigeria: ZIM Publishers.

Baffour, A. 1989. "Students in Ferment." *New African* (London), May: 9-12.

Bako, S. 1994. "Education and Adjustment in Nigeria: Conditionality and Resistance." In Mamadou Diouf and Mahmood Mamdani, eds., *Academic Freedom in Africa*, 150-191. Dakar: CODESRIA Book Series.

Bathily, A., M. Diouf and M. Mbodj. 1994. "The Senegalese Student Movement from Its Inception to 1989." In Mahmood Mamdani and Ernest Wamba Dia Wamba, eds., *African Studies in Social Movement and Democracy*, 127-168. Dakar: CODESRIA Book Series.

Barrin, J. 1990. "Marxism is Losing Its Way on the African Continent." *The Manchester Weekly Guardian*, February 1-6, 16.

Bwrawoy, M. 1976. "Consciousness and Contradiction: A Study of Student Protest in Zambia." *British Journal of Sociology* 27, no. 1:78-97.

Cattentzis, G. 2000. "The World Bank and Education in Africa." In Silvia Federici, George Caffentzis, and Ousseina Alidou, eds., *A Thousand Flowers: Social Struggles against Structural Adjustment in Af-*

rican Universities, 3-23. Trenton, N. J.: Africa World Press.

Cefkin, L. 1975. "Rhodesian University Students in National Politics." In Judith Hanna and William Hanna, eds., *University Students and African Politics*. New York: Holmes and Meier Publishers.

Cheater, A. 1991. "The University of Zimbabwe: University, National University, State University or Party University?" *African Affairs* 90:189-205.

Daily Nation, 2000. "How to End Unrest at State Universities." *Daily Nation*, November 27, 4.

——. 2001. "Varsity Suspends 11 More Students." *Daily Nation*, January 23, 4.

Elu, J. 2000. "Human Development in Sub-Saharan Africa: Analysis and Prospects for the Future." *Journal of Third World Studies* 17, no. 2 (Fall): 53-71.

Federici, S. 2000. "The New African Student Movement." In Silvia Federici, George Caffentzis, and Ousseina Alidou, eds., *A Thousand Flowers: Social Struggles against Structural Adjustment in African Universities*, 87-112. Trenton, N. J.: Africa World Press.

Federici, S., and G. Caffentzis. 2000. "Chronology of African University Students' Struggles." In Silvia Federici, George Caffentzis, and Ousseina Alidou, eds., *A Thousand Flowers: Social Struggles against Structural Adjustment in African Universities*, 115-150. Trenton, N. J.: Africa World Press.

Cellar, S. 1982. *Senegal: An African Nation between Islam and the West*. Boulder, Colo,: Westview Press.

Grey, R. 1979. "Education and Political Socialization." In Victor Uchendu, ed., *Education and Politics in Tropical Africa*, 152-171. New York: Conch Magazine.

The Guardian. 1990. Manchester, February 27.

Hanna, J., and W. Hanna. 1975. *University Students and African Politics*. New York: Holmes and Meier Publishers.

Jega, A. 1994. "Nigerian Academics under Military Rule." University of Stockholm Research Report, no. 3, Department of Political Science.

Kamotho, K. 2000. "Revealed: Rot behind Varsity Unrests." *East African Standard*, November 5, 381.

Legum, C. 1972. "The Year of the Students: A Survey of the African University Scene." In Colin Legum, ed., *Africa Contemporary Record*, A3-A30. London: Rex Collins.

Lulat, Y. G.-M. 1981. "Determinants of Third World Student Po Political Activism in the Seventies: The Case of Zambia." In Philip Altbach, ed., *Student Politics: Perspectives for the Eighties*, 234-266. Metuchen, N,J.: Scarecrow Press.

Mbaku, J. M. 1994. "Africa After More Than Thirty Years of Independence: Still Poor and Deprived." *Journal of Third World Studies* 11, no. 2 (Fall): 13-58.

Mondlane, E. 1983. *The Struggle for Mozambique*. London: Zed Books.

Munene, I. 1997. "Origins and Perceptions of Universities, Students and Students' Organizations of Kenyatta University Student Leaders." In Akim Okuoni and Juliet Tembe, eds., *Capacity Building in Educational Research in East Africa: Empirical Insights into Qualitative Research Methodology*, 279-298. Bonn: Deutsche Stifung, fur Internationale Entwicklung.

Mwiria, K. 1992. *University Governance: Problems and Prospects in Anglophone Africa*. Washington, D. C.: World Bank.

——. 1994. "Democratizing Kenya's Public Universities." *Basic Education Forum* 4 (January): 45-50.

Nduko, J. 2000. "Students' Rights and Academic Freedom in Kenya's Public Universities." In Silvia Federici, George Caffentzis, and Ousseina Nidou, eds., *A Thousand Flowers: Social Struggles against Structural Adjustment in African Universities*, 207-214, Trenton, N. J.: Africa World Press.

Nkinyangi, J. 1991. "Students Protests in Sub-Saharan Africa." *Higher Education* 22, no. 2 (September): 157-173.

Omari, I. M, 1991. *Student Unrest and Qualitative Improvements of Higher Education in Developing Countries: Notes for Discussion*. Washington, D. C: The World Bank.

Republic of Kenya. 1997. *Economic Survey* 1997. Nairobi: Government Printer.

Rhoda, H. 1986. *Human Rights in Commonwealth Africa*. Totowa, N J.: Rowman and Littlefield.

Rothchild, D. 1971. "The Beginning of Student Unrest in Zambia." *Transition* 8 (D)ecember: 66-74.

Saint, W. 1992. *Universities in Africa: Strategies for Stabilization and Revitalization*. Washington, D.

C. : World Bank.

Segal, R. 1962. *African Profiles*. Harmondsworth (Middlesex): Penguin Books.

UNESCO. 1999. *Statistical Yearbook*. New York: UNESCO Publishing.

Wagaw, T. 1984. *The Burden and Glory of Being Schooled: An Ethiopian Dilemma*. Proceedings of the Seventh International Conference of Addis Ababa.

——. 1990. *The Development of Higher Education and Social Change: An Ethiopian Experience*. East Lansing: Michigan State University Press.

Arekesa, B. 2000. " Student Activism through the Years. " *East African Standard*, November, 5, 381.

World Bank. 1988. *Education in Sub-Saharan Africa: Policies for Adjustment, Revitalization and Expansion*. Washington, D. C. : World Bank.

——. 1989. *Sub-Saharan Africa: From Crisis to Sustainable Growth*. Washington, D. C. : World Bank.

——. 1991. *Education and Adjustment: A Review of Literature*. Washington, D. C. : World Bank.

——. 1994. *Higher Education: The Lessons of Experience*. Washington, D. C. : World Bank.

——. 1999. *World Development Report*, 1998/99. New York: Oxford University Press.

Yeebo, Z. 1991. *Ghana: The Struggle for Popular Power*. Rawlings: Saviour or Demagogue. London: Beacon Books.

Zolberg, A. 1975. "Political Generations in Conflict: The Ivory Coast Case. " In Judith Hanna and William Hanna, eds. , *University Students and African Politics*. New York; Holmes and Meier.

12 非洲大学的科学交流和研究:21世纪的机遇与挑战

达姆图·塔费拉

引 言

科学交流是科学家的智力生命线。正是通过这条大路,科学家阐述、分享和传播知识、范式和思想。合理的科学交流基础保证了科学家能够经常性地、可靠地接触到国内外最新的知识和信息。这样一个可靠的基础的存在推动了科学研究,激励科学家推进对知识的探究,站在学科的前沿。

世界正日益受到信息和知识的推动,科学技术的突破使得这成为可能。其结果,在那些拥有大多数科学技术革新成果的国家,科学技术在国家社会经济发展中的重要作用获得了越来越多的认可和强调。科学技术发明的水平和程度成了判断某一国家社会、经济和政治地位的一个指标。

在世界大多数知识的生产、组织、包装和传播中,西方国家继续处于主导地位。结果,它最终控制和决定了游戏的性质、活动和规则。第三世界,特别是非洲,非常依赖于这些知识:在世界"主流"知识中,由非洲创造的仅有0.3%。

在非洲,大学支配了主流科学知识的创造(Davis, 1983)。总的来说,非洲的大学构成了所在国家的最为重要的知识资本。大学是国家的学术神经中心,在那里,一大批受过高度训练和教育的学者在努力完成自己的学术责任;大学为当前的学术、技术和物质资源提供了一个中心。在决定所在国家的智力、科学和学术的发展方向和发展议程时,非洲的大学是主要的推动者和鼓励者。

非洲的大学和研究中心——作为非洲大陆科学知识和信息主要的生产者、消费者和传播者——是释放出挑战和机遇的焦点。因而,有必要对大学及其科学团体进行广泛的讨论,以便更好地理解非洲大学科学交流的状况。

因为科学研究依赖于对信息、数据和知识的获取及其流动,所以在科学交流的范围内建立研究基础是推进科学研究的重要因素。由于非洲生产知识的能力有限,因而正确地理解限制或促进其发展的潜在因素是重要的。

科学交流的途径正急剧扩大。互联网、电子邮件、联机数据库和在线期刊是其中的一些新发展,这些发展正在改变研究发展、研究交流和知识生产与传播的范围。这些发展对在科学上处于边缘地位的国家很可能具有不同寻常的影响,在这些国家中包括很多非洲国家。

一个国家中科学交流的状况在很大程度上取决于该国科学研究的成熟程度。因此,对科学交流状况的讨论很自然地引向对科学研究范围的仔细审视。因而,下文对非洲的科学研究的范围作一简要分析。

在本章的写作过程中,作者使用了各种资源,查阅了各类研究报告、评论文章、正式和非正式的访谈以及在线资源。而且,本章的主要内容还基于100余个开放式的调查问答,这些调查是从8个非洲国家的大学收集得来的。

非洲大学科学研究的范围

在撒哈拉以南非洲的许多国家里,大学是最重要的科学研究机构之一。它们常常在国家的研究经费中占有很大的比例,并且集中了相当多的从事研究和开发活动的科学家,创造了大多数在全国有影响的科学研究成果(Eisemon and Davis, 1993)。在从过去到现在的政治和经济现实中,许多因素影响了非洲科学研究的发展。

非洲科学研究团体的数量

对某一研究领域进行长期的研究,并取得相应的成果,这样的机会似乎与同一地区是否有一批关键的同事有关(Crane, 1972)。在非洲,这样的关键的科学家群体从来只是一小部分。

在40年前的独立运动时期,非洲的大学毕业生一开始就为数很少。独立时期,非洲大陆只有6所大学,招生人数有限(Yesufu, 1973)。例如,扎伊尔在独立时没有一名本国的工程师、律师或医生。赞比亚只有100名大学毕业生。面向肯尼亚、坦桑尼亚和乌干达的东非大学在1961年总共只有99名毕业生(World Bank, 1991)。

20世纪60年代几乎从头开始,非洲大学经历了重大的学术发展,尽管许多观察者感觉结果依然不能令人满意,大学只是部分达到了发展的要求,并没有解决非洲国家的苦恼,即它们感觉自己在世界经济舞台上越来越边缘化(Gaillard and Waast, 1993)。即使在这种学术发展中,大多数大学毕业生是来自人文学科和社会学科,而不是来自自然科学和以自然科学为基础的学科。1961年非洲大学制定的理科总招生人数提高到60%的目标到2001年在许多国家中仍然没有实现。大学没有培养出足够的科学技术劳动力,这是研究缺乏进展的基本因素,也是开发中普遍运用科学技术不足的基本因素(Makhubu, 1990)。

在科学团体规模不大的国家,关键人员规模微不足道,难以在许多科学专业中建立强有力的、可行的专业交流的地方网络。在无法受益于同行或相关专业同事的研究成果的情况下工作,这是小规模、孤立的科学团体的成员的典型状况(Eisemon and Davis, 1989)。在研究和交流方面,科学群体的缺乏损害了科学文化的发展。例如,这种现象使得维持没有偏见的地方性期刊成为一个日益严峻的挑战。斯托特一海斯卡恩(Stolte-Heiskanen, 1986)曾建议,要谨慎地挑选专家以解决个人和范式的偏见——例如通过增加评审人员的数量。他认为在处于边缘的相对小而封闭的科学团体中,就如同非洲的那些科学团体,实施这些改进措施要困难得多。

如果一国的科学界中关键团体规模不大,其科学互动往往也有限。当这样的科学团体构成经济落后、政治动荡、基础不稳的国家的组成部分时,这类互动甚至更受限制和削弱。非洲科学界大多处于这种状态之中。

在质量方面,不仅中学毕业生——他们所具有的实验科学经验即使有也是非常少,而且那些拿着理科学位的毕业生也都只有有限的实践知识和专门技能。由于中学和中学后教育机构注册人数的急剧增加以及财政状况与政府责任的下滑,学术机构的质量下降了。埃斯蒙和戴维斯(Eisemon and Davis, 1991)指出,非洲许多大学的实验室难以支持大学生的理科教学,更难以提供高质量的研究生教育和教师研究所需的设备和条件。在自然科学、生物学、农学和工程学这样的领域,观察者注意到研究生研究的许多基本条件几乎是完全不具备的。

简言之,非洲的科学界规模小而且不稳定。学术团体数量非常少、力量薄弱,许多学科甚至根本就没有建立自己的学术团体。非洲的研究活动开展得有限,被认为是主流的知识微乎其微。地方性的会议、研讨会和其他大规模的学术会议数量和规模都有限,且常常是无果而终和不重要的。

"人才流失"与"跳槽"

自从独立以来,非洲就经历了一段非常混乱的时期,其间充满着人祸天灾。内乱、经济萧条、旱灾、饥荒和疾病阻碍了在所有行业中产生有利于发展的环境。实际上,20世纪60年代出现的原生学术环境以及创建强有力的学术和公民基础的努力好不容易取得了一些进展,却在之后混乱的数十年间丧失了活力。非洲设法建立了一些规模虽小但充满活力的学术团体,但许多学者迫于国内环境而远走海外,到其他地方寻找更好的工作和生活环境。这导致人才大量的流失,而那些尚处于观望之中的人在学术上也变得毫无进展和碌碌无为。

1998年,近120名医生从加纳移民国外;仅在美国就有600～700名加纳的内科医生在行医。这大约占到加纳医生总数的50%。据估计,有大约1万名尼日利亚学者受雇于美国,1997年有超过1000名专业人士离开津巴布韦。1980—1991年间,在总共22700名埃塞俄比亚留学生中只有39%的学生回国(Sethi, 2000)。

有理由说,一个国家遭受人才流失的严重程

度大体上与该国社会经济以及社会政治的健康状况成反比。事实上,非洲似乎将继续产生一种进一步加剧人才流失严重性的强力。

科学技术的"普遍性"不仅使科学家和技术人员大批离开非洲大陆变得容易,而且对非洲的研究、科学与技术的发展提出了挑战。这是第三世界国家长期存在的一个问题,这些国家难以确保其专家有充足的工作和生活条件。尽管新的信息技术可能抑制科学家和工程师移民的动机,但对人才流失现象可能仍将束手无策(Task Force on Higher Education and Society, 2000)。

除了人才流失之外,所谓的"跳槽"已经成为非洲大学和研究机构科学生活复兴的严峻挑战。留在大学里的科学家大多数脱离了研究和开发活动,因为许多挑战困扰着那些机构。其他学者在大学之外的其他地方寻找市场,在那里,他们可以找到更好的工作机会,或者充当顾问,或者兼职,结果忽视了他们的研究责任。随着普遍缺乏研究要素的私立高等教育机构的发展,这在许多国家成为一个共同的现象。少数专家人群中活跃的研究人员坐上了政府高级领导和行政职位,或者接受了政府之外待遇更高的工作,而他们这么做是以牺牲研究职责为代价的。到后来,许多人就难以跟上自己的研究领域的发展——也正是这种专长和成就才可能使他们走上升迁之路。

监督和管理全国研究工作的内部结构需要能够调和学者个人利益和国家利益的专门技能。在非洲国家,由于政府在政策制定和实施中扮演了重要的角色,所以官僚机构的组织结构及其专门技能就尤为关键。沙伊杜拉(Shahidullah, 1991)强调政府组织领导科学技术发展的重要意义。富杰(Furje, 1993)更是直截了当地指责说,政府是"非洲科学技术问题的根本之所在"。

非洲的科学技术和研究面临着许多挑战,非洲至今既未形成可持续的科学研究基础,也未形成成功的科学文化,这就不足为怪了。因此,非洲依然在科学知识的创造、组织、传播和消费方面落后于世界其他地区。

全球市场中的非洲科学知识

大多数发展中国家在科学技术上的投入只占 GDP 的 0.5%,甚至更少(Task Force on Higher Education and Society, 2000)。就国家在研究上的投入和主流研究取得的成果而言,大多数亚洲国家在研究上投入的 GDP 比例要高于非洲国家。当大多数亚洲国家科学产出的增长比世界主流科学的发展速度更快时,非洲科学的发展常常因为慢于世界科学的发展而给人留下深刻的印象(Eisemon and Davis, 1992)。实际上,许多非洲国家的状况在过去的 20 年里变得更糟糕了,环境的日益恶化不利于促进科学和学术研究。

由于非洲大陆面临着社会政治和经济上的巨大倒退,所以大多数非洲政府反复作出的增加科学技术投入的保证都没有兑现。1964 年,在一个由联合国教科文组织发起的会议上,为引导这个地区未来 20 年的科学发展,会议草拟了一项雄心勃勃的计划。会议提出,1980 年每百万人口中科学家和工程师达 200 人(UNESCO, 1964)。国家保证将 0.5%的 GDP 投入科学研究。这些目标是当时科学发达的工业化国家计划实现的目标的两倍。10 年后确定的投入目标甚至更高,当时非洲国家一致同意将 GDP 的 1%投在科学技术上。几乎没有任何国家遵守了在这些重大会议上达成的有关科学技术投入的建议,尽管所有这些会议都意味深长地强调作为发展手段的科学技术的重要性(Forje, 1993)。20 世纪 70、80 年代大多数非洲国家经济状况令人担忧,这意味着国内外给予大学的财政资源不断减少,从而导致经费水平其实不能满足对设备、书籍和期刊等关键投入的要求,以维持可接受的教学、研究和服务水准(Ajayi, Goma, and Johnson, 1996)。

对非洲科学产出的衡量:障碍之所在

科学引文索引(SCI)依然是评价科学研究产出的最为常用的工具之一,它依据在有声望的主流期刊上发表的文章。在全世界近 5 万~7 万种科学期刊中,SCI 收录了其中的 5%,这些期刊几乎全是在科学发达的西方国家出版的(Eisemon and Davis, 1993)。鉴于 SCI 声称已经将世界 90%重要的科学研究成果收录在内,非洲在科学上的贡献事实上是可以忽略的(Teferra, 1995)。实际上,非洲使用了全世界 0.4%的科学技术研究经费,生产出了 0.3%的"主流科学"(Gaillard and Waast, 1993)。

不过,作为一种衡量发展中国家,特别是非洲的科学产出的工具,SCI因为不适当、无效和不公平而受到批评(Altbach, 1987; Canhos, Canhos, de Souza, and Kirsop, 1996; Eisemon and Davis, 1989; Teferra, 1995; Krishna, 1997)。"主流"科学与可能"非主流"科学之间的区别——国际科学信息服务做索引时就是根据这种区别来选择科学期刊的——似乎将发展中国家大量值得尊重的科学研究成果边缘化了(Davis, 1983)。"考虑到发展中国家科学研究规模很小",弗雷姆(Frame, 1985)继续质疑说:"(像这样的)的指标能为改进科学事务的管理有多大的助益呢?"

作为衡量科学生产率的标准工具,SCI极为依赖于数据。然而撒哈拉以南非洲有关科学活动的量化数据很少,特别是时间序列数据(Davis, 1983)。令人遗憾的是,要衡量非洲——或者第三世界——高等教育机构及其学术和研究团体的科学生产力,还缺乏一个可行的、可靠的和公正的工具。

我们知道,很多来自非洲或关于非洲的研究成果常常难以在主流期刊上发表,因此无论刊载什么,事实上都被主要的国际数据库忽视了。而科学生产力的衡量仍继续依赖于这些数据库。早就应该发展一种适用的评价体制,但是完成这项工作似乎还有很长的一段路要走。在科学交流和科学研究体制中发展另一种实用的、不同的话语,需要仔细研究和全面理解非洲和第三世界科研活动的方式、范围和重要性。

在衡量一项成果之前,应该明确识别测定的要素,充分理解该成果产生的特征,完全确定该成果形成的条件。如果我们要开发一种可以更好地认识非洲研究生产力的工具,那么关键是我们要理解非洲科学家交流的方式,确定他们创造的产品的价值,并且确定促进或限制他们交流的因素。

有关非洲科学交流的知识基础是有限的、不足的,缺乏系统的调查(Alemna, Chifwepa, and Rosenberg, 1999)。多数现有的这类知识要么无法获取,要么没有得到很好的组织。为解决这个问题尽管采取了很多措施,但要满意地、可持续地处理好这个问题,仍有大量的工作要做。

鉴于当前这种状况,人们不得不怀疑,当各国政府没有一种有效的衡量工具时,它们是如何评价科学生产力的。在缺乏一种合理的评价工具的情况下,政府或其他资金提供者是使用什么标准来进行评价的呢?科学生产力的衡量需要很好地把握在不同的环境中科学交流的方方面面。

在这方面,非洲以及其他发展中国家的科学家重复地开展别人已做过的(或正在做的)研究,主要因为他们缺乏能够引导他们到达专业前沿的可靠而经常性的足够的知识信息流。尽管为科学家提供最新的知识和信息对于高等教育机构来说花费很高,但是对它的忽视同样代价高昂。非洲的学术事务管理者、决策者和其他人员尚需充分理解,有效的科学交流基础具有节约费用、节约时间和节约资源的特征,对此予以强调是很重要的。

因此,对于那些财政资源有限的国家,在首先考虑国家利益的同时,明确识别各自最具生产力和效率的学校,这一点尤为重要。由于没有一个可以有效决定科学生产力的工具(甚至在具有全国性意义的,得到高度支持的研究领域),在相互竞争的学校和相互竞争的利益中配置资源将依然是一个挑战。要研制这样一个工具,首先要做的是彻底考察和理解非洲大陆科学交流的文化和方式。

建立地方学术团体:基础

科学一般被视为具有普遍性的存在,而技术——科学共同的派生物——是一种具有普遍性的商品。不过,发展中国家科学技术交流的作用稍许不同于它在发达国家中的作用。在文化上,所有的知识都是特殊的,尽管从心理学和生理学的角度来说,某些基本特征对于所有人都是共同的。但是由于并不是所有人都生活在相同的自然和文化环境里,所以不同人群获得的知识和他们基于知识的行为都是不同的(Vilanilam, 1993)。许多学者一致认为,一个国家研究文化的发展不是一个直线前进的或简单的过程。他们坚持认为,第三世界需要形成一个知识创造和传播的坚实基础,例如研究和出版基础(Shahidullah, 1991; Molnar and Clonts, 1983; Gaillard, Krishna, and Waast, 1997)。

第三世界非常需要西方国家创造的科学知识和技术,但是第三世界本身必须有能够在它们自己的社会文化背景中理解、复制和组织这种知识和技术的科学家和工业技术(Shahidullah, 1991)。西方国家的支持会以某种方式产生一个可行的技术基础,这样的假设是难以实现的(Psacharopoulos, 1980)。

盖拉德、奎师那和瓦斯特(Gaillard, Krishna, and Waast, 1997)提出,从当前商贸和信息交流的发展来看,第三世界国家迫切要求发展全国性的研究团体。鉴于在北方国家(the North)研究、工业和贸易组织已经结合在一起,国际性的知识产权体制正在形成,因此对于南方国家(the South)来说必然会在某些重要研究领域,例如农业和生物科学研究领域发展地方的科学潜力。

非洲的科学交流

知识的传播——学术交流——在当代世界中是一个日益复杂的现象。它涉及许多相互关联的要素——生产知识的个体研究者或学者;在知识的创造中可能提供帮助或提供评论和评价的看不见的同行;像期刊、书籍出版商等这样的出版机制;图书馆;以及越来越多通过数据库和版权影印这样的基于新技术的参与者(Altbach, 1987)。

大多数领域的学术期刊——特别是自然科学领域的学术期刊——是知识传播网络的重要组成部分,它甚至比书籍更为重要。即使在基于计算机的数据网络时代,期刊依然是大多数学术领域最新知识交流的标准方式(Altbach, 1987)。哪怕是在信息通信技术领域快速发展,电子期刊正不断增长的西方国家,情况也是这样。对于信息通信技术与电子期刊的发展影响有限的第三世界,特别是对于非洲来说,情况仍将如此。

期刊是学术生活的活力之源:通过期刊,学者得以进行交流和对话,思想得以传播和消化,研究结果得以散布和讨论(Zeleza, 1998)。塔尔斯特鲁普(Thulstrup, 1992)也强调,通过科学期刊将研究成果自由地传播到其他研究者和更广泛的使用者,可能仍是所有基础研究成果传播中最为重要的机制。

最近有一项研究证实,基于印刷的期刊也是非洲科学交流最重要的途径。该研究还证实期刊是被调查的科学家唯一的最重要的交流载体——十人中有七人认为期刊是他们主要的科学交流途径。期刊在非洲科学机构中的地位之所以如此突出,其原因是多方面的,但一般可以归纳为五个方面:可获取性、规律性、可靠性、简明性和可用性(Teferra, 2002)。

接触最新的信息对于科学研究者来说至关重要,但这在非洲依然非常有限。在非洲,研究可资利用的资源极度贫乏。面对订阅费不断上升(实际上每六年翻一番),各地的学术图书馆发现越来越难以获得全部出版物(Zell, 1998)。尽管这个问题很普遍,但情况的严重性在非洲最为突出。在非洲,图书馆处境悲惨,在最为贫穷的国家,期刊订阅得不到更新(Gaillard and Waast, 1993)。

考虑到非洲大陆研究活动规模不大,在非洲诞生的科学出版物为数很少,这不足为奇(Teferra, 1995)。根据1990年非洲科学编辑联合会出版的一份老报告(AASE, 1990),非洲总共出版150余种学术期刊。根据杰格贝(Jaygbay, 1998)的新报告,撒哈拉以南非洲48个国家共发行了400多份学术期刊(这不太可能包括南非)。

国际性期刊与地区性期刊:可获取性、适切性和态度

在塔费拉的研究中,十分之九的科学家说他们能够接触到国际性期刊。这又进一步佐证了一个已被确立了的事实:非洲大学非常依赖于西方大学创造的知识。但是在这项研究中,许多科学家——大约四分之一——也暗示,他们接触这些期刊的机会有限。他们在答复的脚注中说他们使用的国际性期刊是“不定期的”、“不完整的”和“过时的”。

塔费拉的研究发现,地区性期刊是非洲科学家了解最新信息的另一源泉。有回复的科学家中有一半证实,他们能够接触到这些出版物。鉴于人们普遍认为地区性期刊在非洲大陆发行有限,所以这是一个很高的比例。不过,值得注意的是,四分之一的受调查者也谈到,他们对这些期刊的接触和使用也是有限和不定期的。

出版界的许多学者和专家一致认为,非洲的

科学研究出路是有限的,大多数现有的出路充其量是不稳定的(Altbach, 1998; Rosenberg, 1999; Zell, 1996)。在C·C·阿果鲁和E·阿果鲁有关尼日利亚的论述中(C. C. Aguolu and E. Aguolu, 1998),雷格斯有关埃塞俄比亚的论述中(Legesse, 1998),加努有关加纳的论述中(Ganu, 1999),贝克里有关阿尔及利亚的论述中(Bakelli, 1999),以及其他人的论述中(ZEIL, 1993, 1996)普遍谈到了期刊出版的不定期和全国性期刊的不确定问题。

有趣的是,在塔费拉的研究中,接受调查的科学家在谈及地区性期刊时都相当积极。许多人强调,地区性期刊在解决具有普遍意义的地方性和地区性问题方面是相当实用的。在那些作出答复的科学家中,超过三分之二(70%)的人作了肯定性的回答,说地区性期刊与其他(类似的或相关的)国际性科学期刊一样重要和实用。以下是其中的一些答复:

- (它们)很重要,因为它们处理的是与我们相同的科学问题。国际性期刊常常过于关注工业科学(往往相关性较低)。
- 地区性期刊更具有应用性,对地方性问题和论题有着更到位的理解;国际性期刊在理论上更为先进,但是常常不切实际或过于抽象。
- (它们是)重要的,因为它们(提供了)获得(相关)工作的信息的机会,还(有助于追踪)同在这一领域工作的人的姓名和地址。

总的来说,那些在答复中对地区性期刊表示肯定的科学家把它们描述为一种更为实际、更为相关和更为重要的科学交流载体,可以帮助发展和推动共同的地区性议程和研究兴趣。

在阿勒姆纳、切弗韦帕和罗森贝格所做的另一项研究中(Alemna, Chifwepa, and Rosenberg, 1999),加纳和赞比亚大学的大多数教师——刚好近70%——认为,非洲出版的期刊与其他地方出版的期刊同样重要或比后者更为重要,其中近一半(49%)的人认为同样重要。他们给出的理由类似于塔费拉研究中的那些科学家的看法:非洲出版的期刊是以非洲为背景的,提出和讨论的研究成果与非洲的环境和状况相关联。

在塔费拉的研究中,一些科学家持不同的看法。有鉴于这类期刊不定期、专业意义有限、广度和覆盖面不足、内容不专业,他们表达了保留意见。达累斯萨拉姆大学的一名有机化学家详细地写道:

> 老实说,国际性科学期刊得到人们广泛的认可,它们所提供的信息常常是高质量的,与我们领域的工作相关。尽管我不想忽视地区性期刊的重要性……但每一名科学家努力(或应该努力)使自己的工作尽可能得到最广泛的公众的了解和认可,因而努力使自己的工作成果在国际刊物上发表。地方性期刊会面临缺乏高质量的投入问题,这首先是因为研究上受到的限制;其次是因为如果科学家知道研究成果可以发表在国际公认的期刊上,那他就面临着是否应该在这些发行有限的(最初甚至可能质量有限)期刊上发表高水平的研究成果的两难选择。

设在美国的非洲科学协会的一名理事会成员写道:"说老实话,非洲教育期刊的质量与其他地区发行的期刊或者国际性期刊相比,要差很多。"

阿勒姆纳、切弗韦帕和罗森贝格也作了类似的评述(Alemna, Chifwepa, and Rosenberg, 1999)。他们谈到,总的来说,在该项研究中访谈过的大学教师对在非洲出版的材料没有表现出任何特殊的兴趣,也不认为它们对教学和研究有多重要。他们宁愿阅读西方国家出版的期刊,和在这些期刊上发表研究成果。盖拉德对766名来自发展中国家的科学家所做的综合性研究(Gaillard 1991)发现,四分之一的答复者也感觉,在自身所从事的领域中,全国性出版物对于研究"不是非常重要"或者根本"不重要"。

大多数人认为,没有订阅地区性和国际性期刊的原因出在经费上。其他理由包括:缺乏这类全国性的期刊、期刊出版无规律和不可靠(当它们存在的时候),以及期刊在内容上过于普通的趋向。

电子期刊:非洲科学家对它的认知、态度和看法

在西方国家,电子期刊已经成为越来越重要的学术交流途径。许多期刊现在是以印刷(硬拷贝)和电子期刊的形式出现的。实际上,一些期

刊现在一诞生就是电子期刊,也就是说,它们一开始就是被视为电子期刊和作为电子期刊创办的。在非洲,某些获取期刊的重大举措就是基于电子的。

在线期刊是一种新颖的、快速发展的现象,非洲在这方面的经验十分有限(ADEA, 2000)。这一断言在塔费拉的研究中得到部分的证实,该研究认为,近90%的被调查的科学家说,他们"不知道在他们学科中有不再用纸发行,也就是只有上网才能得到的期刊"。应该强调的是,可能有很多因素导致了这种否定性的回答。在三个答复者中有两个说,由于电子期刊易管理、质量高、速度快、更便于获取和传播等因素,他们会在这样的期刊上发表研究成果。

一些人也反思了对这些发展的疑惑,他们写道,"电脑在大多数非洲国家是新生事物,因此能阅读到这类期刊的读者将是有限的";"由于许多非洲大学没有订阅付费的在线期刊,对于非洲大学及其学者来说,它没什么用";"我认为大多数第三世界的人民难以得到它们,即使它们可能可以得到,但实际上电话线、电源和电脑性能不可靠,而且没有电脑网络";"我个人并不介意(在在线期刊上发表研究成果),但发表的材料在本地是得不到的,这一点让我担心"。

对于在线出版物,非洲科学家的主要担心是如何获取的问题——对于他们自己、他们的同事和他们的学校都如此。他们肯定这类期刊和交流载体的重要性,但考虑到大多数非洲大学在提供这种服务方面基础设施无法保证,他们同样担心他们会落伍。其他人则表达了他们对这类期刊的质量和声望的关注。

专业会议

讨论会、专题学术会议、研讨会、研习会、座谈会和例行会议是科学交流的其他重要方式。这类会议对于及时将有用的信息传播给专业人士特别重要。它们常常是最早公布公共信息的论坛。它们具有现场性,为所采用的程序与方法和所得出的结论提供了争论、批评、证实或否定的机会。

许多这样的会议是地方性的。不过,非洲举办的重大的学术会议为数很少。大多数重要的、具有影响的会议是在发达国家召开的。非洲科学家要千里迢迢地赶去参加这些会议。由于大多数非洲大学变得越来越无生气,越来越贫困,海外旅行实际上变得不可能。肖特林和阿瓦尼提(Chatelin and Arvanitis, 1988, 引自 Gaillard and Waast, 1993)说,现在学校管理者对科学会议的支持更少了。他们写道,接受邀请到国外开会使科学家必须克服许多障碍:出境签证、外国入境签证、外币、高昂的旅行预算,以及管理人员的种种疑心:旅行是为了取乐或对于一名高级公务员来说,旅行是不正当的特权(Gaillard and Waast, 1993)。即使管理人员予以支持,许多科学家也不知道有这回事。

这种境况迫使非洲科学家在提交给这类会议的材料以某种形式出版之前难以脱身,而这常常要经过一段很长的时间。当然,这取决于所在学校的图书馆或系部能不能找到这些出版物,取决于能不能订到这些资源。在大多数情形下,非洲科学家不仅缺少参加这些会议的资源,而且缺少追踪已经作过介绍的材料的能力。

会议是重要的,因为它们使得科学家可以直接接触读者,可以当场获得评议,可以在介绍材料时无需那么严密且可以更轻松自在,不适合于在期刊上发表的可以换种方式展示数据,可以相对容易碰到赞助方。在接受调查的科学家中,没有参加专业会议的主要原因是受经费的限制。其他限制因素包括课时太多,来自其他工作的压力,会议内容与个人从事的专业没什么关系,以及缺少可以发表的和可以介绍的材料。

与同事和朋友的个人交流显示,有许多名不副实的学者和管理人员到国外去参加会议。在那些任人唯亲、徇私偏袒和裙带关系盛行的学校,涉及这样的旅行决定往往一时受到强大的、有影响力的因素的左右。上级和地位较高的学者滥用旅行,这并不罕见,特别是当会议主办方全额支付参加会议的费用时。有几个人甚至将会议描述成为地位较高和有权力的人提供"购物机会"。在这样的情形下,这些人难以代表同事的利益,而且使得学校难以从会议中获得潜在的帮助。

姆韦利亚(Mwiria, 2003)注意到,许多非洲学者可能与政府或大学管理层中的同伴一样腐败、任人唯亲、具有宗派思想和专制。大学教师热衷于获取奖学金、参加会议的机会,以及担任能给他们带来额外收入的顾问和教学工作(这要根据民族/种族/地域出身,宗教信仰,性别,以及对施与予者的忠诚度来决定),这样的例子屡见不鲜。其他人也注意到了其中的一些不端品行(Teferra, 2001; Murapa in Mwiria, 2003)。姆韦利亚继续指出,大学的院长和系主任还扣留有关学术会议、奖学金、研究资助的信息,不让同事知道,目的是为了确保受益者是其本人或其亲信。

使对学术旅行的置疑更复杂的是,一些国家甚至对本国学者的自由旅行强加限制。这常常是作为阻止人才大量外流的策略而强制实行的。例如,前埃塞俄比亚政府要求出国旅行的学者交纳旨在确保他们回国的保证金,以此限制学者的旅行。尽管埃塞俄比亚最近恢复这项法案的努力没有成功,但许多国家,例如厄立特里亚,正试图使这样的措施合法化。

事实上对于所有的科学家来说,使用自己的资源参加科学会议是不可能的,因为他们的薪水一直在减少,当地的货币不断贬值,通货膨胀在加剧。随着大多数大学资源的减少,到国外旅行的要求通常是可笑的,科学家也忍住不向学校寻求资助。结果,非洲科学家为参加学术会议而继续依赖于外部机构的资助,就如同他们开展研究活动离不开外部机构的资助一样。

在塔费拉的研究中,50%的回复者报告说,外部机构是他们参加会议最典型的资金来源。尽管五人中有三人说资金来源是多方面的,但五人中只有一人说大学是他们参加这类活动最典型的经费来源。来自埃塞俄比亚(他们占到被调查对象的45%)和莫桑比克的回复者非常依赖外部的支持,尽管那些来自博茨瓦纳——一个相当富裕的国家——回复者说他们的学校是旅行费用主要的提供者。

由于技术发明使得距离在交流因素中的重要性下降了,所以讨论会和其他学术会议的举办方式也发生了变化。在西方国家,虚拟会议现在成为了一种生活方式。电子会议、视频会议、电话会议和其他基于电子技术召集会议的方式已经变得更简单、更容易、费用更低,同时也变得更节省时间。使这一切变得可能的技术在非洲和第三世界仍未普遍和有效地得到运用。即使信息通信技术在非洲正不断普及,但全方位地利用这样的设备和机会——这要求有稳固的基础设施、可靠的服务和一个更大的宽带——似乎相差不止一点点距离。

随着非洲大陆通信技术的不断改进和发展,随着复兴高等教育和科学技术的努力获得新动力(Task Force on Higher Education and Society, 2000),人们希望这种状况会得到改善,并通过真实的和虚拟的会议方式帮助推进科学交流。

科学交流中存在的挑战与困难

这部分将分析各种科学交流的途径和非洲科学家不断面临的问题和挑战。

科学期刊的现状

出版期刊的非洲机构面临着许多复杂的问题,这些障碍如此严峻,以至于很多非洲期刊似乎从未解决经验不足的问题。正如柴尔所描述的:

> 在非洲,每年都会有许多新的杂志创刊,其中只有小部分取得成功,它们得到来自国际社会的喝彩,办得相对红火。但是其他杂志中有许多在发行完第一期后就消失了,或者仅仅过了一年或两年就停办了。许多期刊由于创意极好,有时由于最初几期办得不错(尽管在一开始出版时常常盲目乐观)而大受欢迎,尽管如此在发行了第一卷第一期之后却销声匿迹了。(Zell, 1996: 1)

在塔费拉研究中,一名埃塞俄比亚信息科学家认为,这些挑战包括"缺乏足够的资金,过重的编辑工作量,以及过于狭小的支撑期刊生存的市场"。

许多科学家在写文章,但地方性或全国性的期刊似乎不是他们投稿的首选目标。尽管一般很难在西方国家出版的期刊上发表研究成果,并且要面临不平等的竞争环境(Altbach, 1998),但非洲科学家常常将这些期刊作为努力的方向。理由是充分的,西方国家出版的期刊发行面更广,声望更高,可见度和可信度更高,宣传机会更多,主动寻求合作的机遇也更多。

期刊的购置

在这些年里,大多数非洲大学期刊购置的数

量减少了,这主要由于订阅费用的逐渐上升、经费的不断下降和外汇的控制。1993 年,一项由美国科学促进会(AAAS)对 13 个非洲国家 31 家大学和研究图书馆所作的调查显示,在 20 世纪 80 年代中期,除了 3 家机构之外,其他的图书馆期刊订阅数量的削减很大。亚的斯亚贝巴大学(埃塞俄比亚)图书馆、尼日利亚大学图书馆和雅温得大学医学图书馆(喀麦隆)削减幅度最大,分别删去了 1200、824 和 107 份期刊,原因主要是外汇控制(Levey, 1993)。亚的斯亚贝巴大学在 1983 年订阅了 2700 种期刊,而在 1993 年只是利用瑞典发展中国家研究合作局(SAREC)资助的经费获得了 126 份期刊(Patrikios, 1994)。

例如,尼日利亚大学图书馆实际上除了从美国科学促进会那里获得的 80 份期刊外没有订阅其他期刊。在利维所作的一项研究中(Levey, 1993),超过一半的图书馆利用国际资金订阅了不到 100 份期刊。根据来自其他材料的报告,非洲许多大学的医学图书馆没有订阅最新的期刊。一些幸运的大学图书馆,例如津巴布韦大学图书馆,在捐赠者的帮助下设法保留了 72% 的 1983 年订阅的期刊(从 3100 份减少到 2240 份)(Patrikios, 1994)。即使津巴布韦——由于其"科学技术研究和开发基础发达"而不被视为典型的非洲国家——在订阅和购置期刊时也面临财政上的困难。

在大多数非洲大学图书馆可资利用的资源减少的同时,期刊的费用急剧上升。今天,每年订阅费用达 1000 美元的期刊比比皆是,特别是在自然科学领域(Zeleza, 1996)。比伦鲍姆所作的一项研究(Birenbaum, 1995)估计,北美期刊的费用上涨了 115%,同期专著的费用上涨了 55%。不仅非洲和第三世界国家的期刊订购能力下降了,而且连美国影响力要大得多的研究机构(包括那些因为订购能力而享有声望的研究机构)的期刊订购能力也下降了。比伦鲍姆(Birenbaum, 1995)说,在总部设在美国的研究图书馆协会的成员中,1986—1994 年间期刊购置数量减少了 4%,专著购置数量减少了 22%。

限制科学交流的编辑困境

在编辑领域,相当多的非洲编辑缺乏西方国家编辑所能得到的专业上、技术上和来自同行与管理者的支持。在非洲,评审过程以及对科学工作进行公正批判性判断的文化常常没有得到健康发展。在大多数非洲国家,关键科学家人数不多,难以确保评审者或作者不为人知,这就会牺牲研究的完整性与学术道德。在缺乏专家的情况下,编辑可能不得不从国外寻找评审专家。然而,在通信基础设施不稳定的大陆,编辑、评审者和作者之间的交流是一项极为困难的工作,它可能要花费数月,甚至数年。编辑通常独自工作,经常得不到任何文秘或管理方面的支持,工作环境既缺乏激励,其努力也得不到肯定(Altbach, 1987; Negash, 1998; Teferra, 1996; Thulstrup, 1992)。

在页面设计、制图、版面编辑、印刷质量和装订方面,许多非洲学术出版物的生产质量依然普遍很差。尽管桌面出版技术极大地提高了学术出版物的质量和数量,但拼凑出一份"出版物"的容易程度又导致了大量以次充好和过度设计的出现(Teferra, 1998)。

尽管非洲许多科学家面临着各种各样的挑战,但他们还是在创造知识,即使交流条件很糟糕,或者在大多数情形下根本没有交流。尽管许多出版物因缺少可供出版的材料而受阻,但许多科学家手头仍有许多颇具出版潜力的资料。例如,有关阿尔及利亚"灰色文献"的最新调查显示,各种研究中心推出了许多种材料(文章、学报、论文、报告、专利和软件)。但不幸的是,这些机构及其研究人员在推广其论文方面做得很少或根本没做什么(Bakelli, 1999)。巴克利(Bakelli)继续说道:"大量的学术知识被遗失、遗忘和被扔在研究桌、实验室或大学图书馆的抽屉里。这与作者的行为有关。""我们的研究人员没有接受过将'灰色文献'转变为'白色文献'的训练。"

加努(Ganu, 1999)在撰写加纳学术出版的情况时表示,由于大学出版社(University Press)要对付五所大学,所以堆满了需要排队等候一些时间才能发表的来稿。他接着指出,尽管在这一系统中有大量的学术人员,但是审稿仍是推迟出版的一个缘由,而这最终导致"灰色文献"的堆积。

只有极少数大学拥有自己的出版社。即便是这些为数不多的出版社,也缺乏出版学术期刊所需的合适技能和管理专长。这些期刊常常不能定期出版，发行有限，缺乏吸引力。这严重地侵害了非洲期刊的销售、发行和声望，不仅在挑剔的、竞争激烈的国际知识市场如此，而且在非常缺乏出版物的国内市场也是如此。

在非洲，期刊的出版时常与非洲高等教育机构，特别是大学紧密地联系在一起。大学的教师一般都是当地某一期刊编辑委员会的核心成员。因而，许多继续在大学任职的编辑与这些期刊的生存有着直接的关系。一份期刊的运作时常是由一个人承担的，这个人扮演着主编、编辑、通信员、文字编辑、常务编辑、技术编辑、评审人、设计者和(与印刷商、发行商和大学官员进行磋商)的谈判代表，常常很少得到或得不到大学管理者的认可、理解和帮助。例如，塔费拉对参加某次研讨会的非洲期刊编辑作了一次问卷调查。结果显示，与会代表所在的编辑部几乎都只有两个工作人员，且大多数是业余的(Teferra, 1996)。

难怪这些期刊面临着无数的问题，从质量(设计和排版)到印刷和销售，从发行和市场销路到保持定期发行。随着传统的出版活动向电子出版的复杂世界转变，对编辑的义务、职责和资格提出了更高的要求——如果说不上更难得话。正如胡塞(Hussein, 1999)所坚决强调的，电子出版世界需要一支掌握 HTML 文档、图像文档、网页和电子营销技能的编辑队伍。此外，还必须考虑到期刊未来的电子存储和存档，软盘、硬盘和 CD-ROMs 的保质期，软件的兼容性，以及存储材料和数据库的创建与维护工作。非洲的编辑团体很大程度上没有就处理这些复杂活动做好准备。

非洲科学家的出版工作还受到许多其他因素的制约，例如教学负担过重、学术著述经验有限、出版方面的知识不足，等等。

对非洲科学的偏见与成见

在发展中国家实验室工作的科学家发表的文章(即便是那些在国际期刊上发表的文章)，很少在评论刊物中被引证或引用。这不是来自于对这些文章价值的真正评价，也不是因为文章选题与评审者感兴趣的领域是否相关，而是由于这些科学家不为人所知，以及对来自发展中国家的科学家可能存在的漠视(Radhakrishna, 1980)。这些国家的科学家身处特别险恶的圈子里，因为即使当他们的研究成果在很有影响力、声望很高的科学期刊上发表，他们的著作被引用的次数也远低于西方同事的著述(Arunachalam and Garg, 1985)。

对非洲科学、研究和出版的偏见与成见有过广泛的报道和思考。许多人认为，对于非洲大陆的科学活动和创新，存在一种普遍的、一贯的、令人不快的态度。一些人甚至指责西方科学界存在某种思维定式，即认为非洲出不了卓越的科学。

在塔费拉的研究中，一名埃塞俄比亚的植物生态学家报告说，“在国际期刊上发表的文章受到高度重视。而国际期刊对第三世界的科学存在严重的偏见。实际上，人们很少关心文章的质量，而更关心在哪里发表。我就是这种偏见的见证者和受害者。”“有一种信念，”一名博茨瓦纳的地球学家写道，“那就是对本地教师的考核不够严格。”这助长了对非洲科学工作的偏见。一名埃塞俄比亚植物学家写道，“(存在)对当地本土材料的严重偏见。”他补充说，“如果得到认真对待的话，任何来自第三世界的人应该比来自第一世界的人更优秀。”

一名承认存在偏见的毛里求斯化学家写道，“要让你的论文在一份国际期刊上发表，特别是当所有的工作是在地方上完成时”，这是巨大的挑战。一名乌干达化学家言词激烈地断言：“要在西方国家的期刊上发表研究成果，这对于任何一位名字看似非洲人的学者来说都是非常困难的。”他接着说道：“我们需要可以发表我们论文而无需检查作者是否系西方名字的非洲期刊。在此之前，我们总是发现有发表问题。”

本章和其他研究所提到的偏见，以及在许多私下和公开会议上所表达的针对地方性或地区性期刊的偏见——无论是察觉到的还是感觉到的——侵害了科学知识的交流，并因此阻碍了非洲科学的发展。追求利益的最大化和避免冲突是人的本性，即使在期刊的学术质量这样的问题上也是如此。但是在非洲，这种话语阻碍了本土期刊和非本土期刊出版高质量的学术成果。

作为生产力要素的时间

大多数非洲大学的特征是过于拥挤和入学

人数不断攀升。这导致教师教学负担过重,用于研究和发表研究成果的时间太少。薪水低,再加上通货膨胀,促使许多教师在各种非学术机构和学术界之内之外的私立高等教育机构中兼职,这种情况现已严重威胁到研究生产力。

在塔费拉所作的研究中,接受调查的科学家中约有四分之一的人说,缺少时间是影响他们发表研究成果的因素之一。他们写道,"我没有足够的研究时间。教学负担也太重";"由于有沉重的教学任务,所以没时间考虑发表研究成果的事情";"要将发表研究成果、研究和教学结合在一起是困难的";"太多的教学和管理工作影响了研究成果的发表数量,很少去关注促进科学交流的问题"。

站在电子技术的前沿

信息通信技术的发展使得交流变得更为方便、简单和便宜,全球交流系统也因此发生了翻天覆地的变化,即便如此,非洲科学界的受益程度依然落后于世界其他地方。例如,在加拿大和美国,使用互联网的人口大约占 55%,欧洲为 24%,亚太地区为 17%,拉美为 3%,而非洲只有 1%。每千人中拥有个人计算机的数量,布基纳法索不到 1 台,津巴布韦为 3 台,南非为 27 台,智利为 38 台,新加坡为 172 台,瑞士为 348 台。对于孟加拉国人来说,一台计算机的价格相当于平均年工资的 8 倍,而对于一名美国人来说,它还不到一个月的收入(Hallak, 2000)。非洲只有 1400 万条电话线——不到欧洲和美国大多数大城市电话线的数量(Barrow, 1999)。整个非洲的统计数据完全是令人沮丧的,甚至连大学的数据也不可观。

对新的交流手段接入有限是科学家时常谈到的一个挑战。在塔费拉的研究中,部分科学家写道,"它们不是随手可以得到的";"(我)接入有限,因为它属于我的学校,所以有好几个用户!!";"(国际互联网)设施不是每个人都可以用到的";"没有很多时间可以使用它们,(因为)它们是共享的资源";"其他机构和办公室领导的意愿决定了(它的使用)";"(我)个人无法(直接接入)"。

其他科学家谈到了与获取现有资源相关的技术难题,包括电话连接信号差、速度慢,缺少对系统的有效管理和维护,不断需要升级软件和硬件设施,没有可靠的基础设施和服务。特别是电话接线信号差的问题常常被谈起。在影响非洲大学电子交流的最常见的障碍中,有经常断电、电话线路差和宽带速度慢等。

一些科学家谈到了利用和管理国际互联网上的大量资源过程中存在的困难。他们面临的挑战包括:"不用浪费太多的时间就能找到我需要的信息";"更新如何使用它们的知识";"总是可以在市场上找到新软件,并且有很多东西可以学";"时间管理";"找到能够真正有效地使用它们的充足时间"。一名电子工程师说:"在我所在的学校里,科学交流所面临的主要挑战是,由于缺少文化,缺少必要的资源(用于订购电子期刊和开通国际互联网的经费),缺乏对如何找到信息,特别是在国际互联网上找到信息的了解,缺少时间(我们的大部分活动是常规性的和费时的),所以这一领域的专家之间的知识流动有限。"

科学交流中的发展与机遇

本部分论述非洲大学科学交流中所取得的积极进展和面临的机遇。本部分还将论述信息通信技术在改进非洲大陆科学交流状况方面的影响,以及这些发展所带来的后续效应。

地区性和国际性行动

为了解决科学交流问题中的某些方面,非洲大学已经采取了许多行动——主要是在出版和发行领域。这些行动包括启动非洲期刊发行计划(AJDP)和非洲期刊交流计划(APEX),建立非洲期刊支持和发展中心(AJSDC,在合并 AJDP 与 APEX 之后建立的),捐赠者的支持与补助,组织研讨会并在随后出版有关这个主题的研究成果(Alemma, Chidwepa, and Rosenberg, 1999).

名为非洲期刊在线(AJOL)的项目是另一个类似的行动。该项目由科学出版物国际网络(INASP)发起。目前,该项目把 17 份科学、技术和医学方面的期刊的内容目录挂在网上,有时甚至将全文也挂在网上(INASP, 2000)。

AJDP 是最具创造性的主动行动之一,它"是为了支持非洲学术期刊在非洲的发行。这项计划的长远目标是,通过在非洲内部提供可靠的、定期的交流渠道,为非洲科学研究质量的提高与改进作出贡献”(Zell, 1996)。

从2002年1月开始,非洲最贫穷的国家与亚洲、拉美最贫穷的国家(人均收入在1000美元以下)获得了通过国际互联网免费访问近1000种研究期刊的权利。人们期望,这项由6家重要的出版公司与世界卫生组织共同发起的为期三年的倡议能让非洲的大片地区受益。

4所北欧大学与10所东非大学联合推出了一项合作行动,旨在用国际互联网提供发展研究和工商管理两个学科的文章全文。这项名为SAP计划——“发展中国家大学学术出版物交流”(Supply of Academic Publications to and from Universities in Developing Countries)——始于2001年7月,今后的目标是扩充网上期刊的内容,增加参与该项活动的大学数量(Bollag, 2001)。

康奈尔大学也有一个为发展中国家低价提供电子期刊的计划。这项名为“基础农业书库”(Essential Agricultural Library)的计划将多年来出现在许多农业和生命科学出版物中的文本刻录在CD-ROMs上。100多个发展中国家的大学和其他研究机构有资格接入这个书库,其费用相当于订阅这些期刊费用的3%(McCollum, 1999)。

长期以来,瑞典发展中国家研究合作局(SAREC)与美国科学促进会(AAAS)一直为许多非洲大学获得期刊和其他学术出版物提供特别的支持。美国科学促进会在推动CD-ROM支持和在某种程度上改进设施方面处在前列,SAREC则在知识的获得与发展两个领域提供支持。

“非洲虚拟大学”(AVU)是一项目前正在许多非洲大学实施的行动计划。该计划正试图通过它的数字图书馆来解决获取最新期刊的问题。这项行动计划最先在肯尼亚的肯亚塔大学推出,目前该大学能通过AVU的数字图书馆享用到1700多份期刊,这个数字预计要增加到2400种以上(Eshiwani, 1999)。

在非洲的法语国家,“法语国家虚拟大学”(Université Virtuelle Francophone)在“法语国家大学协会”(Agence Universitaire de la Francophone)的支持下,创办了一份名为*Médiathèque*的网上出版物,收录了医学、农学、健康和计算机科学等领域专门的参考书目(期刊、论文和参考文献全文),以便传播由非洲科学界完成的学术著作(Saint, 1999)。

对于整个非洲大陆来说,特别是对非洲大学来说,电子媒体成为一种发展中的、重要的交流手段。毋庸感到奇怪,大学往往是最早获得技术的地方,因为它们常常有相对较为丰裕的资源和利用电子媒体的专长。在像非洲这样的许多发展中地区,情况更是如此。在非洲,大学是国家最重要的学术机构。

信息通信技术对于非洲科学交流的意义

信息通信技术前所未有的发展得到了广泛的支持和赞誉。即使非洲及其高等教育机构在信息通信技术的使用上仍然落后于世界其他地区,但非洲大陆所取得的进步还是很显著的。尽管当前新老交流途径都面临许多问题,但一些机构有更好的接触机会,如位于首都和某些大城市的大学和科研院所,在这些单位,对这些途径的需求与使用这些途径的诀窍并存。

1994年,世界国际互联网连通图显示,非洲只有两个国家——埃及与南非——可以完全接入国际互联网。詹森(Jensen, 1999)报告说,实际上,55个非洲国家中的49个可以接入国际互联网,特别是在各国的首都。2000年11月,厄立特里亚成为最后一个开通国际互联网的国家。国际团体和捐赠机构对于帮助非洲发展国际互联网的兴趣越来越高。根据最新的统计,大约有100项这样的计划正在实施当中(Akst and Jensen, 2001).

目前,有很多地方让人感到乐观。随着一条新的,每秒能够传输40千兆字节的海底光导纤维电缆的建设,不久非洲将被一条32000公里长的激光带所环绕。专家说,这项名为“非洲一号”的计划将使非洲与高速的国际互联网相连。它耗资16亿美元,准备在2002年完成,预期将改变非洲大陆的高速交流(Whitehouse, 1999; Akst and Jensen, 2001)。

在非洲,计算机密度已经达到了每300人拥有一台个人计算机的水平。今天,大多数非洲大学有基本的电子邮件连接,同时 25 个国家的大学可以完全接入国际互联网,尽管这种接入主要是限制在教师和研究生范围里。几乎所有的大学都有着某种形式的环球网络,主机或者是位于当地,或者是位于其他地方。不过,在扩大大学和研究机构接入国际互联的势头后面,并没有后续的具体行动来改进内容,推进科学交流与出版(Adam, 1999)。首都之外的高等教育机构的情况在整个非洲通常都差不多,在这些地区,电话、电力和其他基础设施都很糟糕。例如,喀麦隆的 6 所大学中,只有 1 所有完备的、现代的计算机中心。其他 5 所大学"只有处于初步发展阶段的信息体系"(Njeuma et al., 1999)。尽管在大城市工作的非洲科学家之间的相互影响趋向改进,但远离大城市的学者仍然处于边缘化和孤立的境地。

计算机的使用减少了原始出版(建立、复制和添加手稿)的辛苦程度。同行评议过程和研究人员相互联系往往要耽搁很长时间,但国际互联网大大地降低了这种耽搁,并且可以使交流更加充分。在广泛使用国际互联网之前,一篇纸质的文章从非洲一所大学邮寄到另一所大学可能要经过数月。现在,同样的报告只需花十分钟(Adam, 1999)。

许多报告指出,非洲科学研究机构从信息通信技术的发展中受益很大。在塔费拉的研究中,超过 80%的回复者认为信息通信技术"非常重要"(54%)或"重要"(26%)。一名电子工程师写道:"电子邮件和万维网的使用极大地改进了我的工作和出版能力,我可以购买教学用书,浏览其他地方上传的,与我的教学相符合的课程,为学生下载材料,等等。我把万维网当作一个基本的研究工具,特别是通过它获得新的见识。"一名埃塞俄比亚植物学家写道:"电子邮件使我有更多的时间准备笔记和教学,因为它速度更快。在显示器上阅读和答复,或写作和发送,速度也很快,而且费用更低,在大多数情形下,无需打印,从而节省了费用。"一名莫桑比克理论物理学家也表达了相同的看法,他说,"它是一个非常迅捷的消息来源,显示了我所在的研究领域的有关最新发展。它使我能够与同行中的专家保持联系,从而有助于我在教学活动中运用他们的经验。"一名坦桑尼亚的有机化学家说,"我不能想象,如果离开了它们,我该如何工作……它们实际上使我能够不受限制地访问图书馆,使教学材料的准备变得非常容易。"

达累斯萨拉姆大学的一名有机化学家是这样描述新的交流媒介是如何有助于研究、教学和科学交流的:"在研究中,(我把它们用作)组织工具和(用于)撰写报告","在教学中,把它们用于教学材料的扩充,将来还将把它们用于设计教育网页","在科学交流方面,电子邮件极大地改变了我们的科学合作,用信函交流的方式已经被远程通信方式所取代"。

一些人还赞同,信息通信技术促进了合作性研究,提高了有效使用时间的能力。亚的斯亚贝巴大学的一名分类学者写道:"国际互联网与电子邮件发挥了重要作用。它对于合作来说意义重大。例如,我们现在正在从事一项在非洲和欧洲三个地方进行的研究计划……对于这项在不同国家开展的计划,现在有可能在一周时间里完成以往需要三个月才能完成的工作。因为交流已变得非常顺畅和迅捷。"

一名达累斯萨拉姆的有机化学家以同样的观点写道:"国际互联网使交流最优化,它使与国外其他机构的合作变得更为可行。某些分析在国外进行",由于使用国际互联网,交流速度很快。他认为,"这种交流的剧增也提高了非洲科学家在科学上的可信度"。

长期以来,人们承认学术上的孤立是科学研究发展的一个重要挑战。科学家认为,新技术的使用是缓解这种科学孤独感的力量。塔费拉研究中的许多科学家都表达他们对全球科学界有一种积极的归属感:"因为我们借助于电子邮件和国际互联网,与各地的其他同行保持联系,所以我们并不感到孤立。"一名纳米比亚的数学家写道:"(信息通信技术的使用是一个)重大的进步,孤独感因此不复存在。"一名毛里塔尼亚物理学家赞同这种观点,他说:"(我)现在真的没有(感到孤立),因为有电子邮件和国际互联网。我经常使用它们。"

CD-ROM 技术

光盘只读存储器(CD-ROM)技术在非洲的大学中一度被认为是解决科学技术资源长期不足的一个方法,因为 CD-ROM 在速度、性能、持久性、用户友好、邮递的方便性以及简单性等方面具有独一无二的品质。对于非洲研究人员获取学术数据和文献来说,这种技术具有巨大的潜力。光盘可以存储大量的信息,而且运送费用低,不需要特殊的操作和存储空间,或者磁性介质所需的大驱动器。这个系统相对便宜,今天随着光驱价格的下降,它甚至更为便宜了。它不需要在线的电话连接,同样重要的是,断电不会影响光盘或它的内存。CD-ROM 比微缩胶片或胶卷更方便阅读,更容易存储,而且在恶劣环境中,它有可能比微缩胶片或胶卷更耐用。全文压缩光盘或许还能证明比印刷版本更安全,因为不可能通过裁切页码来损坏它们(AAAS, 1990)。

CD-ROM 服务使坦桑尼亚全国,尤其是达累斯萨拉姆大学的教师和研究人员接触到了最新信息,缓解了那个地区学者和科学家的孤立状况。事实上,自从"可以使用这种服务以后,学术人员聘用委员会就不再接受有关接触学术出版物不足的抱怨了。学校期望全体师生都能使用这种新的服务,提高他们自身的学术水平"(Newa, 1996)。

津巴布韦大学使用 CD-ROM 技术的经验与之类似。这种媒介的主要作用是大大扩大了对最新的健康信息资源的享用权和使用,无论这种资源是以摘要的形式,还是以期刊文章全文的形式,抑或以不断更新的教科书片断的形式。随着这方面的扩大,很大一部分教师和学生的信息获取行为产生了非常重要的变化(Patrikios, 1996)。

许多大学、研究机构和公司在使用 CD-ROM 技术传递、推销和交流知识、信息和数据库。康奈尔大学是一所用 CD-ROM 技术储积知识,并且专门供发展中国家使用的开发院校。康奈尔大学的"CD-ROM 基础电子农艺书库"对于非洲农艺研究质量的提高可能具有直接的贡献(Useem, 1999)。虽然 CD-ROM 技术依然是科学交流的重要途径和资源(尽管通常还有人抱怨它的订阅费用贵),但它的魅力似乎由于虚拟技术的提高和前所未有的发展而受到影响。

结 语

科学知识的创造与传播是复杂的,它基于流动的和富有活力的过程,出版商、图书管理员和学者很少意识到这个过程。即使那些假定科学知识具有普遍性的人也会承认,合法化的过程(同行评议、引用和编纂索引)差异很大,学者完成神圣的职业所处的社会经济条件(自我审查、集体审查和国家审查;语言障碍;社会压力,等等)也千变万化(Jaygbay, 1998)。

阿尔特巴赫在20世纪80年代所描述的学术交流世界已发生了天翻地覆的变化,即使在知识体系中存在的基本原则依然如故。学者继续在做研究和创造知识,同行评议过程仍然没有改变,由同行组成的无形的自治组织依然是形成和塑造知识和观点的主要力量,期刊与书籍出版商、学术团体和图书馆在很大程度上依然是知识体系事务中的主要玩家。

在过去的10年里,学术知识和信息世界在许多方面取得了重大的进展,一个最为显著的发展是电子期刊的出现和增加,与学术交流有关的信息与交流技术领域的革新使这种发展成为可能。不用说,信息与交流技术中的这些发展对我们能想到的生活的每一个方面,包括知识与信息的创造、组织、包装、管理、传播和交流等都产生了影响。光盘只读存储器、在线数据库、电子邮件、国际互联网和其他设施使(虚拟)交流变得更加简单、速度更快而且费用更低,使交流获得前所未有的发展。这种发展影响了一般的交流,特别是科学交流。这些发展为西方国家广泛而强烈地感受到了。在西方国家,科学设施发达坚实;财政资源足以支付这些服务;技术资源也足以建立、运转、维护、升级有关设施;学术界的规模很大,足以为其进一步改进创造需求,并且为要求并获得这些服务显示强有力的学术肌肉。

尽管非洲学者创造知识的背景、交流知识的媒介和所有这一切所依据的社会政治图景在每个国家不尽相同,但是这些变量中所包含的一般趋势和文化仍然是相同的。大多数非洲国家的科学界规模小且缺乏经验,在知识的创造方面能力不够,而知识的创造是知识交流和消费的前提条件。非洲的科学界是世界上规模最小的,因而它在世界知识创造中贡献率不到0.5%。

基于印刷的期刊继续是非洲高等教育机构最重要和最有效的科学交流手段,尽管期刊运作的困难普遍存在。非洲生产科学文献的能力受制于它生产可用于交流的产品的能力。这击中了科学交流问题的核心。除非有源源不断的、可靠的知识源泉,否则谈论它的包装是徒劳无益的。除非产品有可靠的来源,否则就难以找到需要这种产品的赞助人。除非有一种能稳定提供产品的能力,否则对该产品及其来源与包装提出要求只会有非常有限的价值,而且最终很少能够取得成功。

只要第三世界和非洲在知识和信息上仍然依靠西方,那么它们就将继续追随西方国家形成的发展模式。只要基于印刷的期刊的发行一如既往,那么非洲和其他第三世界国家可以期望的最佳结果是维持现状。但是现状面临着来自不同的变革领域的压力,特别是来自技术领域的压力,非洲有理由感到警觉,因为那些变化的发生不会顾及非洲或第三世界的需求。

在非洲,科学交流的范围和重要性在过去的几年里扩增了,并且多元化了。这些发展使非洲科学界的孤立状况得到了控制。人们坚信,坚实而可靠的信息通信技术设施特别对科学交流缺陷问题来说是一剂灵丹妙药,对科学研究总体上来说也是很好的解决办法。

为了扩大国际性以及地区性期刊和出版物的发送范围和可享用程度(地区性期刊只能在有限程度上做到这一点),尽管国际和非政府组织、重要的商业出版商和发达国家的大学都采取了大量的行动,但必须持续付出自觉而执着的努力,以使非洲大学生产知识、传播知识的设施和过程得到复兴。

参考文献

AAAS. 1990. *Computer and CD-ROM Capability in Sub-Saharan African University and Research Libraries*. Washington, D. C.: American Association for the Advancement of Science.

AASE (African Association of Science Editors). 1990. *Directory of Scholarly Journals Published in Africa: A Preliminary Survey*. Nairobi, Kenya: Academy Science Publishers.

Adam, I. 1999. "Connectivity and Access for Scientific Communication and Publishing in Africa." Paper presented at the workshop on Scientific Communication and Publishing in the Information Age, Oxford, UK, May 10-12. Available online at: http://www.inasp.org.uk/psiscpwpapers/adam.html

ADEA (Association for the Development of Education in Africa). 2000. *ADEA Working Group on Higher Education Report*. Working Group on Higher Education Meeting in Abuja, Nigeria, December 1-3, 1999.

Aguolu, C. C., and I. E. Aguolu. 1998. "Scholarly Publishing and Nigerian Universities." *Journal of Scholarly Publishing* 29, no. 2 (January): 118-129.

Ajayi, J. F. Ade, K. H. Goma Lameck, and G. Ampah Johnson. 1996. *The African Experience with Higher Education*. Accra, Ghana: Association of African Universities.

Akst, D., and M. Jensen. 2001. "Africa Goes Online." *Carnegie Reporter* 1, no. 2 (Spring): 2-8.

Alemna, A. A., V. Chifwepa, and D. Rosenberg. 1999. *African Journals: An Evaluation of the Use Made of African-Published Journal in African Universities*. Education Research, serial no. 36. London: Department for International Development, UK.

Altbach, P. G. 1987. *The Knowledge Context: Comparative Perspective on the Distribution of Knowledge*. New York: State University of New York Press.

——. 1998. "The Role and Nurturing of Journals in the Third World." In P. G. Altbach and D. Teferra, eds., *Knowledge Dissemination in Africa: The Rote of Scholarly Journals*, 1-12. Chestnut Hill, Mass.: Bellagio Publishing Network, Boston College.

Arunachalam, S., and K. C. Garg. 1985. "A Small Country in a World of Big Science: A Preliminary Bibliometric Study of Science in Singapore." *Scientometrics* 8, no. 5-6: 301-313.

Bakelli, Y. 1999. "Scholarly Publishing in Algeria: Initiatives for Greater Accessibility by Scientists." Paper presented at the workshop Scientific Communication and Publishing in the information Age, Oxford, UK, May 10-12. Available online at: http://www.inasp.org.uk/psiscpwpapersf bakelli.html

Barrow, G. 1999. "Africa Gathers to Bridge Technology Gap." Available online at: http://news.bbc.co.uk/hi/english/world/africa/newsid_485000/485275.stm

Birenbaum, R. 1995. "Scholarly Communication under Siege," *University Affairs* (Association of Universities and Colleges of Canada) (August-

September): 6.

Bollag, B. 2001. '"East African Universities Will Gain Journal Access in New Online Project." *International Higher Education* 23: 8-9.

Canhos, V, P., D. A. L. C. Anhos, S. De Souza, and B. Kirsop. 1996. "Electronic Publishing and Developing Countries: Trends, Potential, and Problems." Paper presented at the Joint ICSU Press/UNESCO Expert Conference on Electronic Publishing in Science, UNESCO, Paris, February 19-23.

Crane, D. 1972. *Invisible Colleges: Diffusion of Knowledge in Scientific communities*. Chicago: University of Chicago Press.

Davis, C. H. 1983. " Institutional Sectors of ' Mainstream' Science Production in Sub-Saharan Africa, 1970-1979: A Quantitative Analysis." *Scientometrics* 5, no. 3: 163-175.

Lisemon, T. O., and C, H. Davis. 1989. "Publication Strategies of Scientists in Four Peripheral Asian Scientific Communities: Some Issues in the Measurement and Interpretation of Non-mainstream Science." In P. G. Altbach, C. H. Davis, T. O, Eisemon, S. Gopinatthan, H. S. Hsieh, S. Lee, E. F. Pang, and J. S, Singh, *Scientific Development and Higher Education: The Case of Newly Industrializing Nations*. New York: Praeger.

——. 1991. "Can the Quality of Scientific Training and Research in Africa Be Improved? " *Minerva* 29: 1-26.

——. 1992. " Strengthening Research and Training in Sub-Saharan African Universities." *McGill Journal of Education* 27, no. 2 (Spring): 122-149.

——. 1993. "Universities and Scientific Research Capacity." In Aqueil Ahmad, ed., *Science and Technology Policy for Economic Development in Africa*, 68-93. Leiden, the Netherlands: E. J. Brill.

Eshiwani, G. S. 1999. " Higher Education in Africa: Challenges and Strategies for the 21st Century." In P. G. Altbach and P, McGill Peterson, eds., *Higher Education in the 21st Century: Global Challenge and National Response*, 30-38. Annapolis Junction, Maryland and Boston, Mass.: Institute of International Education and the Boston College Center for International Higher Education.

Forje, J. W. 1993. "The Role and Effectiveness of National Science and Technology Policy-making Bodies in Africa." In A, Ahmad, ed., *Science and Technology Policy for Economic Development in Africa*, 12-30. New York: E. J. Brill.

Frame, D. 1985. "Problems in the Use of Literature-Based S & T Indicators in Developing Countries." In H. Morita-Lou, ed., *Science and Technology Indicators for Development*. Boulder, Colo.: Westview.

Gaillard, J. 1991. *Scientists in the Third World*. Lexington: University of Kentucky Press.

Gaillard, J., and R. Waast, 1993. "The Uphill Emergence of Scientific Communities in Africa." In A. Ahmad, ed., *Science and Technology Policy for Economic Development in Africa*, pp. 41-67, New York: E. J. Brill.

Gaillard, J., V. V. Krishna, and R. Waast, ed. 1997. *Scientific Communities in the Developing World*. Thousand Oaks, Calif.: Sage.

Ganu, K. M. 1999. "Scholarly Publishing in Ghana: Role of Ghana Universities Press." *Journal of Scholarly Publishing* 30, no. 3 (April):111-123.

Hallak, J. 2000. "Global Connections, Expanding Partnerships and New challenges: A Report Presented on the Occasion of the Conference." In Don Perrin and Elizabeth Perrin, eds., *Collaboration Beyond Borders*, 13, Washington, D. C.: UNESCO.

Lussein, J. 1999. "Science Journals in Zimbabwe: Will Electronic Publishing Improve Their Long Term Viability?" Paper presented at the workshop Scientific Communication and Publishing in the Information Age, Oxford, UK, May 10-12. Available online at: http://www. inasp. org. uk/psiscpwpapers/hussein. html

INASP (International Network for the Availability of Scientific Publications). 2000. "African Journals Online: An Evaluation of the Pilot Project 1997/1999." Pamphlet. Oxford, UK: INASP.

Jaygbay, J. 1998. "The Politics of and Prospects for African Scholarly Journals in the Information Age in the Third World." In P. G. Altbach and D. Teferra, eds., *Knowledge Dissemination in Africa: The Role of Scholarly Journals*, 64-73. Chestnut Hill, Mass,: Bellagio Publishing Network, Boston College.

Jensen, M. 1999. "Information & Communication Technologies (ICTs) Telecommunications, Internet and Computer Infrastructure in Africa." Available online at: http://www3. sn. apc. org

Krishnar , V. V. 1997. "A Portrait of the Scientific Community in India: Historical Growth and Contemporary Problems." In J. Gaillard, V. V. Krishna, and R. Waast, eds., *Scientific Communities in the Developing World*, 236-280, Thousand Oaks, Calif.: Sage Publications.

Legesse, N. 1998. "SINET: An Ethiopian Journal of Science-The Tribulations of an African Journal." In P. G. Altbach and D. Teferra, eds., *Knowledge Dissemination in Africa: The Role of Scholarly Journals*, 75-84. Chestnut Hill, Mass.: Bellagio Publishing Network, Boston College.

Levey; L. A., ed. 1993. *A Profile of Research Libraries in Sub-Saharan Africa: Acquisitions, Outreach, and Infrastructure*. Washington, D. C.: AAAS.

McCollum, K. 1999. "Cornell Offers Developing Nations Digital Journals Agriculture." *The Chronicle of Higher Education*, December 3: A47.

Malkhubu, L. P. 1990. "Universities and Institutions of Higher Education and Scientific and Technological Research." In A. A. Kwapong and Barry Lesser, eds., *Capacity Building and Human Resource Development in Africa*, 69-77. Halifax, N. S.: Lester Pearson Institute for International Development, Dalhousie University.

Molnar, J. J., and H. A. Clonts, eds. 1983. *Transferring Food Production Technology to Developing' Nations: Economic and Social Dimensions*. Boulder, Colo.: Westview Press.

Mwiria, K. 2003. "University Governance and University/State Relations." In P. G. Altbach and D. Teferra, eds., *African Higher Education: An International Reference Handbook*. Bloomington: Indiana University Press.

Newa, J. M. 1996. "The CD-ROM Service for the University of Dar es Salaam." In *Bridge Builders: African Experiences with Information and Communication Technology*, pp. 13-25. Washington, D. C.: National Academy Press.

Njeuma, D, L., D. L. Njeuma, Herbert N. Endeley, Francis Fai Mbuntum, Nalova Lyonga, Dennis L. Nkweteyim, Samuel Musenja, and Elizabeth Ekanje. 1999. *Reforming a National System for Higher Education: The Case of Cameroon*. Washington, D. C.: ADEA, The World Bank.

Patrikios, H. A. 1994. "A Minimal Acquisitions Policy for Journals at the University of Zimbabwe Medical Library." In *Survival Strategies in African University Libraries: New Technologies in the Service of Information*, 93-99. Washington, D. C.: AAAS.

——. 1996. "CD-ROM for Health Information in Zimbabwe." In *Bridge Builders: African Experiences with Information and Communication Technology*, 27-44, Washington, D. C.: National Academy Press.

Psacharopoulos, G. 1980. *Higher Education in Developing Countries: A Cost-Benefit Analysis*. World Bank Working Paper, no. 440. Washington, D. C.: The World Bank.

Radhakrishna, ed. 1980. *Science, Technology, and Global Problems: Views from the Developing World-UN Conference on Science and Technology for Development*, Kuala Lampur, Malaysia, 27-30 April 979. Oxford: Pergamon Press.

Rosenberg, D. 1999. "African Journals Online: Giving Journals Published in Africa a Presence on the Web." Paper presented at the Workshop on Scientific Communication and Publishing in the Information Age, Oxford, UK, May 10-12, Available online at: http: //www. inasp. org. uk/psiscpwpapers/rosen,htrnl

Saint, W. 1999. *Tertiary Distance Education and Technology in Sub-Saharan Africa*. Washington, D. C.: The World Bank.

Sethi, M. 2000. "Return and Reintegration of Qualified African Nationals." Paper presented at the Regional Conference on Brain Drain and Capacity Building in Africa, Addis Ababa, Ethiopia, February 22-24.

Shahidullah, S. M. 1991. *Capacity-Building in Science and Technology in the Third World: Problems, Issues, and Strategies*. Boulder, Colo.: Westview Press.

Stolte-Hciskanen, V. 1986. "Scientific Assessment: Evaluation of Scientific Performance on the Periphery." *Science and Public Policy* ll, no. 2 (April): 83-88.

Task Force on Higher Education and Society. 2000. *Higher Education in Developing Countries: Peril and Promise*. Washington, D. C.: The World Bank.

Teferra, D. 1995. "The Status and Capacity of Science Publishing in Africa." *Journal of Scholarly Publishing* 27, no. 1 (October): 28-36.

——. 1996. "Workshop for African Journal Editors." *Bellagio Publishing Network Newsletter* 18 (November).

——. 1998, "The Significance of Information Technology for African Scholarly Journals." In P. G. Altbach and D. Teferra, eds. *Know-ledge Dissemination in Africa: The Role of Scholarly Journals*, 39-61. Hestnut Hill, Mass.: Bellagio Publishing Network, Boston College.

——. 2000. "Revisiting the Doctrine of Human Capital Mobility in the Information Age." In Sibry Tapsoba et al., eds. *Brain Drain and Capacity Building in Africa*, 62-77, Dakar, Senegal: IDRC, IOM, and ECA.

——. 2001. "Academic Dishonesty in African Universities: Trends challenges, and Repercussions-An Ethiopian Case Study." *International Journal of Educational Development* 21: 163-178.

——. 2002. "Scientific Communication in African Universities: External Agencies and National Needs." Ph. D. Dissertation, Boston College.

Thulstrup, E. W. 1992. "Improving the Quality of Research in Developing Country Universities." Document no. PHREE/92/52. PHREE Background Paper Series. Washington, D. C.: The World Bank.

UNESCO. 1964. *Outline of a Plan for Scientific Research and Training in Africa*. Paris: UNESCO.

Useem, A. 1999. "Wiring African Universities Proves a Formidable Challenge." *The Chronicle of Higher Education*, April 2, A51.

Vilanilam, J. V. 1993. *Science Communication and Development*. Newbury Park, Calif.: Sage Publications.

Whitehouse, D. 1999. "Circle of Light Is Africa's Net Gain." June 23. Available online at: http://news.bbc. co, uk/hi/english } scitechnewsid 376000/376016. stm

World Bank. 1991. *The African Capacity Building Initiative: Toward Improved Policy Analysis and Development Management*. Washington, D. C.: World Bank.

Yesufu, T. M. 1973. *Creating the African University: Emerging Issues of the 1970s*. Ibadan: Oxford University Press.

Zeleza, P. T. "Manufacturing and Consuming Knowledge: African Libraries and Publishing." *Development in Practice* 6, no. 4: 293-303.

——. 1998. "The Challenges of Editing Scholarly Journals in Africa." In P. G. Altbach and D. Teferra, eds., *Knowledge Dissemination in Africa: The Role of Scholarly Journals*, 113-38. Chestnut Hill, Mass.: Bellagio Publishing Network, Boston College.

Zell, H. 1993. "African Scholarly Publishing in the Eighties." In P. G. Altbach, ed., *Readings on Publishing in Africa and the Third World*, 20-30. Chestnut Hill, Mass.: Bellagio Publishing Network, Boston College.

——. 1996. *A Handbook of Good Practice in Journals Publishing*, Pilot Edition. London: International African Institute.

——. 1998. "African Journal Publishers in a Digital Environment." In P. G. Altbach and D. Teferra, eds., *Knowledge Dissemination in Africa: The Role of Scholarly Journals*, 85-97, Chestnut Hill, Mass.: Bellagio Publishing Network, Boston College.

13 非洲高等教育与世界

菲利普·G·阿尔特巴赫

从一开始，非洲高等教育就受到国外的影响。非洲大学也许比世界其他任何地方的大学都更依赖于别的地方的学术政策与实践，并且模仿国外的课程与其他模式。非洲高等教育的源起主要是19、20世纪期间统治大部分非洲大陆的殖民列强的政策(Ashby，1966；Lulat，2002)。在后殖民时期，非洲高等教育继续在相当程度上受外部影响。在21世纪初，全球化是一个新的影响因素。本章的主题是把非洲高等教育与外部世界连接在一起的复杂关系。

21世纪的矛盾

本章的分析基于很多核心因素。学术机构必须是国家公共机构综合体的组成部分，其目的是推进国家建设，刺激公民社会的发展，培养非洲国家所需要的能够使其在一个复杂的全球环境中获得成功的人才。尽管非洲大学是全球网络的组成部分，是国立机构，但必须保持基本的独立。在全球化的背景中，保持独立与自治对于21世纪的非洲是一个特殊的挑战。

全球化以多种方式冲击着非洲高等教育。一些人提出，高等教育会通过当代思想交流和产品贸易为非洲社会打开开放之门，从而轻松地将非洲带入21世纪。但是，全球化的消极影响是相当大的，需予以谨慎关注。在许多方面，非洲从高等教育与知识的全球化中获得的好处与损失大体相当。例如，让高等教育接受世界贸易组织(WTO)的规制，剥夺了单个非洲国家监管自身高等教育机构的许多权力。根据世界贸易组织的规定可以自由进口和输出的机构和项目，使非洲国家难以确保形成中的非洲高等教育体系免遭其侵害。

本章所依据的假设是，大学和其他高等教育机构在本质上是独立的，而且是致力于服务国家公共利益的国家教育体系中不可分割的组成部分。学术界与全球力量和院校间相互作用的方式，必须通过这一承诺来调和。在全球化的世界中，保持自治越来越难。对于非洲来说，处境尤其困难，因为大多数非洲高等教育机构相对比较薄弱，非洲大学的科研经费主要依靠外部援助。

中心与边缘

世界范围内的大学都是国际知识体系的组成部分。理解这个知识体系的本质及特定国家如何在这个体系中找到合适位置，这很重要。最大、最强有力的学术体系位于中心，而大多数其他学术体系在某种程度上处于这些中心的边缘。位于中心的学术体系和机构拥有发达的教学和研究设施，有研究经费和一个相当大的科学群体，而且越来越多地使用英语作为教学和交流的语言。21世纪初，这个主要操英语的学术体系是高等教育和研究的中心。美国和英国，某种程度上也可以加上加拿大和澳大利亚，是当今世界最重要的学术强国。其他较大的学术体系，包括日本、德国和法国，也具有研究能力和知识传播所需的基础设施及凭自身实力处于中心的科学群体。因为不把英语作为其主要的教学和学术语言，所以这些国家在有些方面也是处境不利。因此，它们越来越多地使用英语交流。科学力量集中在少数几个国家手里，这是21世纪学术体系的一个特征。美国几乎占全世界研发支出的近一半。如果加上其他主要的西方工业化国家和日本，那么这些少数的富裕国家分配给高等教育机构的研发经费便占到世界总量的90%。美国有60多万名学术人员，是世界上最大的学术团体，这个学术团体的成员占到世界总数的25%。

世界上大多数占主导的学术与科学期刊都用英语出版，并在其中主要的一个讲英语的国家编辑出版(Altbach，1998b)。

世界其他国家都处于这些国际中心的边缘。在某种意义上，即使像丹麦、荷兰和瑞典这样有着规模很大、设施完备大学的富裕国家，也处于边缘地位。这些国家的学术体系有赖于主要中心的引领，它们的学者在国际范围流通的期刊上发表研究成果。印度与中国规模大、基础好的大学也处于边缘(Altbach，1998a；Altbach and Selvaratnam，1989)。尽管这两个国家有世界级的学术机构、为数众多的科学家和学者以及活跃的本土学术团体，但印度与中国仍然要向主要的国际中心看齐。在许多方面，这两个国家是庞大的边缘。

非洲更是遭受处在多重边缘之苦。非洲大陆有赖于主要的国际中心在学术与科学方面的领导。非洲的学术体系很少从事科学研究，非洲发行的期刊很少。非洲大学既无法提供研究所需的科研设备，又无法提供与当前世界科学发展保持同步的期刊与数据库。非洲的科学产出几乎根本没有在国际舞台上注册。许多非洲大学相对于前宗主国的学术机构来说，也是处于边缘地位。非洲英语国家大学依然在某种程度上寻求英国的领导，而非洲法语国家的大学则向法国看齐，在某种程度上，也向加拿大看齐。

依附的传统

除埃塞俄比亚之外，非洲国家都有被殖民的经历。大多数大学要么是由殖民者创建，要么是在独立之后在前宗主国的指导下创建的。此外，几乎所有的非洲大学都是在20世纪下半叶建立的，因此它们还没来得及建立自己的学术传统。

殖民学术传统是一种依附性的，甚至是屈从性的学术传统。学术机构不得不克服这种传统，以成为完全独立的机构(Lulat，2002)。在整个非洲，基本的学术制度模型是由殖民列强强加的，教学语言是殖民者的语言，而不是一种本土语言。在非洲英语国家，英国人依照英国的模式建立了大学(Ashby，1966)。法国的学术思想与模式是非洲法语国家大学协会的唯一模式。葡萄牙尽管不太重视高等教育，但还是将它的学术模式输出到它的殖民地。在所有这些情况中，宗主国的目标绝非发展独立、自治的学术机构。实际上，情况恰恰相反，殖民者希望大学忠于殖民政府，为殖民地管理培养接班人，而不希望大学站在争取自由斗争的最前沿。学术自由是有限度的，(大学)管理结构确保了与政府保持紧密联系。毕业生一般受雇于殖民政府部门。一般情况下，少数需要深造的毕业生会到宗主国继续学习。

殖民学术发展模式在非洲许多地方基本上没有变化。政府不鼓励大学成为自治、独立的机构，总体上保持殖民地时期对大学的严密控制。除个别情况外(例如坦桑尼亚)，欧洲语言继续完全在高等教育占主导地位。在许多方面，殖民地时期处于屈从地位的大学，服务于后殖民政府的狭隘利益。不过，许多人会提出，如果学术机构享有更大的自主权而且更多地确保学术自由和创新，它们就会更好地服务高等教育和社会。埃塞俄比亚尽管从未持续遭受殖民统治，但它为其高等教育机构选择了西方学术模式(主要是美国模式)，并且从一开始就将英语用作大学的教学媒介，这具有重要意义。

殖民地宗主国在前殖民地的势力依然强大。传统的学术纽带有助于维持非洲国家与其前殖民者之间的密切联系，这些学术纽带包括拥有许多毕业于宗主国大学的毕业生、使用来自宗主国的教材与课程材料、实验设备以及其他资源。旨在发展和维持与前殖民地高等教育之间坚强关系的外国援助项目也发挥了作用。毫无疑问，高等教育的殖民传统抑制了非洲完全自主和独立的学术机构的发展。

全球创业主义与竞争

21世纪有可能成为高等教育竞争空前激烈的时期。正如许多国家的学术界变得更富有创业精神，大学开始尝试开发一些能够创收和减少对政府拨款依赖的项目与结构(Clark，1998)。这意味着，工业化国家的很多学术机构已经制定了国际策略，向海外推销教育产品，吸引自费留学生，并普遍提高其国际声望。非洲不可避免地被视为海外机构推销教育项目和产品的市场。非洲高等教育发展的现状——也许埃及和南非是极少例外——不允许非洲的学术机构在国际高等教育市场上竞争。

非洲正处于这一竞争时代的开端。迄今为止,海外的教育供给者只对南非感兴趣,将它作为教育输出的一个市场,而这已经给南非当局带来了认证与监管的问题。随着其他非洲国家经济状况开始好转,随着人们对高等教育的需求不断超越政府提供入学机会的能力或意愿,私人与海外的高等教育供给者就会继续进入这个市场。对生源的竞争,包括在远程教育市场和在企业管理与信息技术等广受欢迎的领域,会进一步加剧。

私立高等教育机构正成为全球范围内高等教育新的竞争环境中一个日益重要的部分(Altbach,1999)。尽管包括肯尼亚、乌干达和津巴布韦等国家现已拥有重要的私立部门,但私立高等教育在非洲出现相对较晚。一些私立高等教育机构以营利为目的,而大多数不以营利为目的,但常常与宗教组织有关。海外营利性高等教育供给者越来越多涉足跨国高等教育领域,经常与对当地大学合作。毫无疑问,在不远的将来非洲会受到这些趋势的影响。活跃的私立教育推广将不可避免地会成为非洲高等教育图景的一部分。

作为高等教育新创业主义的接受者,非洲的挑战是,需要分析高等教育需求,评估海外的供给者,并在提供高等教育入学机会的环境中确保教育的公共属性受到保护。这将是一项艰难的任务。即使在一国范围内,评估教育项目的质量也并非易事。评估海外教育机构提供的项目就更为困难,尤其是当这些供给者通过远程教育提供服务时。非洲评估和认证本国的学术机构尚且能力不足,对国外的高等教育供给者就更难以进行评价了。

随着非洲的发展及其高等教育市场变得更复杂,来自国外的压力将会增强。非洲内部学术机构之间的竞争也有可能会出现。大学教师已经把整个非洲大陆作为市场,其中不乏众多杰出学者选择在南非、博茨瓦纳和纳米比亚这些薪水相对较高、学术环境较好的国家任教。学生从一个非洲国家流向另一个非洲国家的情况目前非常有限,但这可能是一个未来趋向。

国际学术界的竞争已经很激烈。全世界150多万学生在海外求学。最优秀的教授们拥有一个国际性的劳动力市场。学术机构进一步向海外提供学术项目和学位。国际互联网使得获取全世界的知识产品变得更为容易,结果这些知识产品正被推向国际市场。外国供给者或许希望与非洲的学术机构合作,甚至希望与私营公司合作来提供学术学位或证书。非洲会不可避免地受到这些或其他竞争趋势的影响。在这种国际竞争中,非洲处境不利,但是理解这种竞争的性质并制定应对策略将是有益的。

科研的作用

科研是高等教育的核心职能之一。许多人将科研看作是一流大学和学术体系的特点(Ben-David,1968)。对于非洲来说,科研是一个特别复杂的问题。一方面,对基于非洲的研究有极大需求——这种需求的目的是理解和阐释非洲社会和历史,洞察非洲国家面临的社会和政治问题,建立一个涉及非洲社会方方面面的知识基础。同时,也需要从非洲的视角研究物质与自然环境,研究对非洲有特别重要意义的产品。医学研究中有些领域与非洲特别相关,例如艾滋病和其他一些传染病的研究对非洲非常关键。此外,大多数非洲大学强调科研与研究成果的发表,将之视为学术进步的要求以及跟上科学发展步伐的一种方式。献身科研是非洲学术精神中非常重要的内容。

科研事业本身和研究交流是国际科学网络的重要组成部分。如前所述,非洲处于世界科学体系的边缘。大多数研究是在其他地方进行的,促进科学与学术交流的期刊和数据库都在主要的工业化国家。非洲大学与学者在研究体系中没有任何的控制力,他们必须遵守控制这个体系的那些人所制定的标准,这给非洲的科学研究带来了困难。非洲的科学家必须遵守控制世界科学与学术的那些人的方法论取向和主导的研究范式。而且,主要期刊常常没有兴趣发表有关非洲问题的文章。科学的国际看门人或许没有发现非洲工作的相关性。这常常意味着,与非洲特别相关的主题不可能被发表在国际性的期刊上。然而涉及地方、国家和区域问题的相关研究对非洲发展特别有益。

非洲的学界面临着既要从事与非洲相关的研究，同时又要遵守世界科学规范的双重挑战。此外，非洲大学通常缺乏研究所必需的很多基础设施。可获得的重要科学期刊十分有限，实验设备，特别是需要昂贵仪器的研究领域的实验设备要么不足要么找不到（Teferra，2002）。由于无法参与到科学与学术主流圈，非洲学者在尝试全面进军研究与学术前沿时面临着巨大困难。

科研是所有高等教育机构的核心和价值所在。如果非洲大学要发展，它们也必须继续强调科研。然而，它们面临如何在资源匮乏的环境下开展高质量研究的问题。非洲科学家与学者需要加强与世界科学界的各种联系，同时关注本土的和国家的科研需求。非洲大学需要为研究提供适当的资源。在非洲高等教育中，一种新兴的研究模式是将大量资源集中在最优秀的非洲大学，让他们搞科研，而其他学术机构必然在科研中扮演次要的角色。在大多数非洲国家正出现的这种学术体系，即一个分层的学术体系中，大多数中学后教育机构将主要关注教学，而不是研究（Task Force on Higher Education and Society，2000：46-58）。要在整个系统建立一种教学和科研的合理有效模式，非洲面临特殊的挑战。要在研究与开发的更宏大国际背景下和世界科研体系极度不平等的情况下改进非洲的科研地位，非洲尤其面临特殊的挑战。

移居在外的非洲人及其在非洲高等教育中的作用

学术人才有一个国际网络。当代的学术界比中世纪以来的任何时候都更具流动性与国际性。中世纪，欧洲的学者与学生跨越国界，到其他国家的学术机构学习与教学。非洲也许比世界其他任何地区更多地受到这种国际主义的影响，而这种影响多半是负面的。

非洲科学家与学者遍布全世界，移居在外的非洲学者相当多。例如，据估计，在国外工作的加纳医学博士比在国内工作的还要多。南非学者及很多其他领域的专业人员大批流散，前往欧洲和北美。非洲法语国家的许多最优秀的教授在法国、比利时或加拿大工作。此外，还存在一个区域性的移居在外的群体。在南非、博茨瓦纳、纳米比亚或津巴布韦这些学术设施较好和薪水较高的国家，可以看到来自像埃塞俄比亚、马拉维或赞比亚这些更贫穷国家的学者。

糟糕的工作条件、微薄的薪水、社会动荡以及在某些情形下存在的对学术自由的严格限制甚至镇压，都导致了非洲学者大批离开本土。非洲大学使用英语或法语作为主要教学语言，这个事实使当地的学者到其他地方找工作变得特别容易。

当然，非洲并不是唯一的面临学术人才流失的地方。接受过较高教育的人在全球流动波及世界大部分地区。北美、澳大利亚和欧盟国家从国际智力流入中受益巨大。在许多情形下，移民政策鼓励受过良好教育者的流入。人员的流动是非常复杂的。“输出”国主要是发展中国家，不过并不全然如此。例如，当英国从非洲、南亚和其他地方接收了许多受过高等教育的人的同时，也向澳大利亚、加拿大和美国派出一些学者，因为在这些国家薪水更高。如前所述，南非向欧洲以及其他地方输出人才，同时吸收来自非洲其他国家的受过高等教育的人才。在许多阿拉伯语国家里，大学教员中都可以看到埃及人。有时，曾经移民国外的科学家和其他人又重返故土。不过，除了少数例外，这些复杂的模式与移民的流动给发展中世界带来了不利的影响。

鉴于当前的状况，人才从发展中国家不断地流向发达国家是不可避免的。学术机构可以通过在国内提供尽可能好的工作条件使这种人才的流失降至最低限度。不过，在可能的范围内，大学教师必须能够享用世界最新的知识，至少能够有一些教学与研究所必需的实验室和其他设备。但非洲大学难以像世界大多数大学那样，为教师提供最新和昂贵的实验设备。能够在一个学术自由的氛围中工作，在社会中受到尊重，学者与科学家移民国外的可能性就会降低。然而，即使有再好的设备和适宜的学术环境，许多最优秀的非洲学者在高薪和国外前沿科学探索工作机会的诱惑下，仍然可能选择离开本土。

在这样的情况下，一个关键的挑战是与现已散居在世界各地的非洲人建立起纽带和关系。重要的第一步是加强对散居在外的人才重要性的认识。尽管当前有许多个人之间的联系，也努力与散居在外的非洲人建立有组织的科学联系，但是仍有许多工作有待去做。大多数学术人员对他们的祖国相当忠诚,并怀着强烈的感情,即使他们移民国外,许多人仍愿意为祖国的学术发展作出贡献(Choi, 1995)。认为那些离祖国而去的人无论怎样都令人怀疑,这种倾向虽然可以理解,但有必要消除,而且必须努力让散居在外的学者和科学家参与非洲科学与大学的发展。毕竟大多数移居国外的学者和科学家具有高度的爱国主义情感,非常愿意献身于祖国。也许可以采取建立学术网络、合作研究、访学以及其他许多方式充分利用这一重要资源。

外部的影响:捐赠与自主

外国的影响在非洲高等教育中发挥了重要作用。在非洲,不仅欧洲的学术组织样式和模式占据支配地位,而且国外援助对非洲同样有很大影响。实际上,在这个方面,非洲比世界其他任何地方都具有更大的依赖性。有人指出,非洲大学开展的大多数研究的资金都来自国外捐赠。捐赠者提供经费设立奖学金,购买实验设备、计算机、设施以及书籍和期刊。许多非洲大学花费相当多的时间和精力寻求国外组织与政府的资金支持。

这种状况导致非洲学术发展的不平衡和对国外资金的过度依赖。这些国外资金缺乏可持续性,常常在没有事先通知的情况下,由于捐助者或政府政策上优先发展事项的变化而消失了。对援助资金的依赖不仅降低了非洲大学的自主性,而且使得学术机构和研究者屈从于援助者的优先考虑事项。无论是私人的还是政府的捐助者都有自己的优先事项和关注点,这些事项和关注点并不总是与非洲高等教育和科学中最急需解决的问题相吻合的。有些人指出,资金援助无异于现代形式的新殖民主义(Mazrui, 1984)。尽管捐赠者通常会适当考虑受援国的兴趣,但事实上,这种情形依然是一种依赖。

外部援助在非洲学术界有很多种类型。有些是直接拨付给大学、院系、学者个人的资助,他们在使用这些资助时,可以有很大的自主性。更普遍的是,指向特定目标的援助项目需要各方作出种种努力。需要认真协调好外部援助者的目标和资金与本土机构或政府之间的关系。这些援助项目涵盖广泛,既有具体的科研或教学项目,也有建设基础设施和院系的项目。一些项目,例如主要是世界银行的改革项目,会对整个学术体系产生影响。援助者会给非洲学术人员提供奖学金或博士后研究资助,或者加强当地机构的能力建设,帮助这些机构在本国提供高级科学训练。事实是,援助者的优先领域和援助条件通常决定了援助项目的性质。

非洲大学拒绝外部援助,以努力保持自主立场,这种情况即便有,也极少。整个非洲大陆面临的挑战是,在本土院校和国家政府的政策和关注点与外部援助者的优先事项之间取得平衡。

确保未来

本章的分析对非洲大学在当代全球环境中的角色并未呈现十分乐观的图景(Saint, 1992)。非洲是全球学术体系中规模较小、相对薄弱的部分,不可能摆脱外部对高等教育和科研的影响。科学和学术是无国界的。学术一直是国际性的——即使强大的美国大学体系在19世纪也曾受到德国学术思想的影响,而在18世纪曾受到过英国的影响。非洲面临的挑战是,保持国家优先项目和国家需求与本章所讨论的各种国际影响之间的平衡。要做到这一点,必须要注意以下一些因素:

- 解决问题的第一步是承认这个问题并理解其特征和范围——这样就可以认真分析非洲当前的环境及特定学术机构和中学后教育体系的未来前景。
- 那些对非洲的大学和政府同外部世界之间的各种项目和联系负有责任的人需要了解所面临的挑战和困难,也要看到这种不平等关系中潜在的机会。这些关系对非洲学术发展是不可避免的,甚至是必要的。但是这些关系仍然问题重重。
- 援助者必须始终认识到他们的责任,保证援助项目和计划建立在相互理解和平等协商的基础之上。
- 必须牢记项目和计划需具有长期意义和可持续性。将努力花在那些不具有可持续性的项目上是很不明智的。

- 在非洲与拉丁美洲和亚洲之间建立联系，有助于改变非洲与欧洲和北美所建立的排外性关系的历史垄断。扩大非洲的外部联系将有助于将更宏观的全球化理念带入非洲。
- 在很多情况下，移居在外的非洲人可以成为全球化对非洲高等教育影响的某种缓冲。必须使之建设性地参与非洲的全球联系。

或许最重要的是，非洲需要审视21世纪的全球环境所带来的利益与挑战。没有必要逃离外部世界，与外部建立一种长期的、现实的联系有助于非洲高等教育建设性地参与到全球化中，并从中受益。

参考文献

Altbach, P. G. 1998a. "Gigantic Peripheries: India and China in the World Knowledge System." In P. Altbach, ed., *Comparative Higher Education: Knowledge, the University, and Development*, 133-146. Greenwich, Conn,: Ablex.

——. 1998b. "The University as Center and Periphery." In P. Altbach, ed., *Comparative Higher Education*, 19-36. Greenwich, Conn,: Albex.

Altbach, P. G., ed. 1999. *Private Prometheus: Private Higher Educationand Development in the 21st Century*. Westport, Conn,: Greenwood Publishers.

Altbach, P. G., and V. Selvaratnam, eds. 1989. *From Dependence to Autonomy: The Development of Asian Universities*. Dordrecht, the Netherlands: Kluwer.

Ashby, E. 1966. *Universities: British, Indian, African*. Cambridge, Mass.: Harvard University Press.

Ben-David, J. 1968. *Fundamental Research and the Universities*. Paris: Organization for Economic Cooperation and Development.

Choi, H. 1995. *An International Scientific Community: Asian Scholars in the United States*. Westport, Conn.: Praeger.

Clark, B. 1998. *Creating Entrepreneurial Universities: Organizational Pathways of Transformation*. Oxford: Pergamon.

Lulat, Y. G.-M. 2003. "The Development of Higher Education in Africa: A Historical Survey." In D. Teferra and P. G. Altbach, eds., *African Higher Education: An International Reference Handbook*. Bloom-ington: Indiana University Press.

Mazrui, A. A. 1984. "The African University as a Multinational Corporation: Problems of Penetration and Dependency." In P. G. Altbach and G. P. Kelly, eds., *Education and the Colonial Experience*, 273-290. New Brunswick, N. J.: Transaction.

Saint, W. S. 1992. *Universities in Africa: Strategies for Stabilization and Revitalization*. Washington, D. C.: The World Bank.

Task Force on Higher Education and Society. 2000. *Higher Education in Developing Countries: Peril and Promise*. Washington, D. C.: The World Bank.

Teferra, D. 2002. "Scientific Communication in African Universities: External Support and National Needs." Ph. D. dissertation, Boston College.

Part 2

第二编

国别

14 阿尔及利亚

阿曼·阿蒂耶

国家及教育概况

阿尔及利亚，全称阿尔及利亚民主人民共和国，是非洲大陆上领土面积第二大的国家。它坐落在非洲大陆的西北部，与7个邻国接壤，分别是：利比亚、马里、毛里塔尼亚、摩洛哥、尼日尔、突尼斯和西撒哈拉。在其238万平方公里（918923平方英里）的国土中，仅有四分之一是可耕地，且集中于北部地区，人口和高等教育机构也集中于此。2000年，阿尔及利亚人口估计达到3000万，平均年增长率2.9%（Turner，2000：134）。1998年，国民生产总值达465亿美元，相当于人均1550美元（Europa Publications Limited，2000：392）。

各级教育的学生分布呈金字塔状。九年义务教育被称为基础教育，在这之后是三年的中等教育。基础教育从6岁到15岁，包括了六年的初等教育和六年中学教育中的前三年。1996年，超过94%的适龄入学儿童接受了初等教育（男孩的比例为97%，女孩为91%），而中等教育阶段（七至十二年级）的此项比例则仅为56%（男孩58%，女孩54%）（UNESCO，2000：148）。这就带来了一个问题，即教育当局实施义务教育的严肃性，以及如何采用更有意义的方法报告入学数据，以确定初等教育层次义务教育入学率的情况。对于高等教育，1996年的数据显示，其入学人数比例更是陡然下降到了仅占适龄人口的12%（男性14%，女性9.8%）（UNESCO，2000：156）。

文盲现象在年轻的一代中已经减少。1997年，15～24岁年龄组的平均文盲率，男性为8.7%，女性为19%。15岁及以上年龄组的文盲率为35.8%（男性24.5%，女性47.3%）（UNESCO，2000：132）。1997年，约12.5%的国家预算用在了教育上（Europa Publications Limited，2000：398）。

教育现状的历史背景

阿尔及利亚的高等教育在过去的200年里经历了数次变革。1830年法国人入侵之前，阿尔及利亚拥有若干所高等学府，这些机构深深植根于伊斯兰教科学及其从属学科的高度发达的知识体系。这些教育机构在阿尔及利亚被称作扎维亚学校（*zaawiyahs*），所招收的学生从统一的教育结构中脱颖而出，接受过古兰经读写学校（*kuttaab*）的初等教育，并在享有盛誉的马德拉沙学校（*madrasah*，伊斯兰学校，相当于中学）接受了预备教育（Chabou，1988：84）。Kuttaab这个词的词根有“书写”的含义。学校提供算术和读写的训练，教学内容主要是背诵和抄写古兰经，有时候也包括学习一些阿拉伯文学中最著名的诗歌。扎维亚学校中的优秀学生去开罗的爱资哈尔（al-Azhar），突尼斯的al-Qayrawaan，或是摩洛哥菲斯的al-Zaytuunah这些更为著名的学术中心进一步学习伊斯兰教科学，以使自己能够胜任阿尔及利亚穆斯林法庭的管理和各级司法职位。总体而言，这种形式的第三级教育以及前几个阶段的教育都是通过捐赠的方式由私人开办的，并且由行业内富有学识的乌力马（ulama，穆斯林学者或宗教、法律界权威）或是专业声望与其所属机构相称的学者实施管理。这种蛛网般的教育网络确保了民众能够得到某种程度的教育。这是实践伊斯兰核心理念，即虔诚生活的基础，同时也满足了广大农村以及城市商业社会的经济需求。报告显示，当法国人在1830年到达阿尔及利亚的时候，当地的文盲率为30%，这比当时法国的文盲率要低（Chabou，1988：84）。

法国殖民势力带来的变化突如其来且具破坏性。拥有一千年历史洋洋自得的阿尔及利亚教育传统面临日趋严峻的挑战,不得不直面外来的精英式教育体制的冲击。该体制以1909年阿尔及尔大学创办为顶点。学生要进入该大学就读,需符合两个条件:其一,必须顺利完成被称为公立中学(lycée)提供的初等和中等教育。这些公立学校服务于殖民主义需求,而且传授的是现代世俗知识,尤其重视数学和科学。其二,大学仅对欧洲文职人员和法国军事人员的子女开放。这种状况导致了教育的双轨制:为殖民主义者服务的公立中学教育系统和为当地人服务的宗教教育系统。历史上,这两类教育机构是对立的,关系也很紧张。宗教界和伊斯兰教育机构对世俗化教育和法国文化霸权主义日益扩大的影响感到不满。而在另一方面,法国殖民主义者担心本土教育体系会与其教育相抗衡,因而将本土教育置于严格的法律和行政控制之下。随后,到了20世纪20年代,伊斯兰学府,随同其道德权威以及乌力马的声望,开始在数量上和质量上日渐式微。它们只是培养一些仅能在传统学校里任教,在伊斯兰教法庭担当裁判和抄写员,或是能承担双语翻译的劳动力。这样的训练既不足以满足日益增长的对法语以及公立学校中现代专门化学科的需求,也不能为法国殖民者发展新兴的市场经济和工业服务。

在很长一个时期里,“公立”教育和“私立”教育,在大众的心目中的意蕴是颠倒的。法国政府设立的“公立”教育系统要么把阿尔及利亚人排除在外,要么就是限制他们的入学。直到1895年,公立学校都还只是对欧洲儿童开放,采用与法国相同的课程。那一年之后,单独为阿尔及利亚儿童设立的学校开放了,但是仅仅招收殖民管理当局的雇员或是协助其管理的阿尔及利亚人的子女。之后,法国政府增加了阿尔及利亚人受教育的机会,先是通过两次世界大战之间设立的实施隔离政策的中学,提供大学预备阶段的教育,然后是依靠统一的综合学校制度。然而,这些学校仍然容纳不了高等教育的适龄儿童(Chabou, 1988:84)。阿尔及利亚解放战争前夕,全国仅有1000名大学毕业生,其中354人是律师,165人是执业医生、药剂师和牙医(El-Kenz, 1991:12-13)。法国为阿尔及利亚当地人开办的公立教育,在范围上是非常有限的。因而,教育大多数阿尔及利亚人的重任就落到了靠“私人”捐赠的宗教学校身上。这种状况持续到了民族独立的前夕。在那个时候,扎维亚学校已经非常遗憾地沦落到了仅以死记硬背古兰经为教学内容的地步。

数据的局限

阿尔及利亚高等教育各个组成部分在数量发展方面的统计数据很稀缺而且相互之间不一致,这是本研究的一个局限。首先也是最重要一点,没有任何渠道发表过完整的历史或系统的统计数据。要分析入学情况的发展趋势,就不得不对不同的数据、各种来源的资料进行比较,以重建更为宏观的有关入学情况的概貌。有时候,这项工作让人望而却步,尤其是当所掌握的各种数据互相不一致的时候。本章所采用的数据,集合了三个来源(Wannas, 1989: 165-167; UNESCO, 1999a; Bu'Ishshah, 2000:33)。第二个缺陷在于,有关特定对象的各部分内容之间相互矛盾。第三方面的不足是,缺少一份根据教育机构类型并依照学生的层次、性别、地域等记录的更为详细的学生分布情况统计年表。入学总人数不仅掩盖了退学率,而且无法从中对某一群学生进行跟踪以估算辍学率。而考虑到学生在这些教育机构中对学科的选择余地相当有限,辍学率的统计又显得尤为重要。此外,高等教育支出趋势方面的统计数据也很难收集。所有这一切难以使作者更好地进行推论,并给出政策建议,以便为那些有兴趣为满足阿尔及利亚高等教育某方面需求提供帮助的外部捐赠人提供指导。

高等教育目标

尽管在数据上存在着这样或那样的缺陷和误差,但阿尔及利亚政府和人民近40年来在增加阿尔及利亚人受教育机会方面所取得的成就是有目共睹的。为了实现这一目的,政府设定了四大目标。“高等教育民主化”是民族解放战争之后历届政府坚持的箴言。受其驱使,第一大目标就是为构成阿尔及利亚社会和文化架构的各类人群扩大高等教育入学。至少在原则上,现在的教育已经对所有具备学习能力的个人开放了，不论种族、经济地位，也不论社会阶层。第二个目标是要把高等教育与国家发展和社会生产过程紧密结合起来。这意味着要注重培养足够数量的科学家、研究人员和师资，使其直接参与发展进程，为满足对国家需求至关重要的市场经济各部门输送合格人才。第三个目标是阿拉伯化。这涉及一项庞大的工程，实现使用阿拉伯语改写所有学科、专业的中学后教育课程，并且把阿拉伯语作为教学语言。这一目标具有深刻的文化和历史意义。通过建立基于内容的阿拉伯课程，现代阿拉伯语将再一次成为研究、科学以及知识的载体，以逐渐恢复其国际地位。这一目标因为受到一些反对阿拉伯化群体的反对而尚未完全实现。与之相对的是第四大目标——阿尔及利亚化，这似乎已经基本实现了。阿尔及利亚在增加入学，通过国内外途径培养教职人员方面的集中努力已经取得了丰硕的成果。到20世纪90年代早期，所有的行政管理岗位和几乎所有的教学、科研岗位都已经是由阿尔及利亚人来承担了。在某些情况下，教育岗位的过分阿尔及利亚化已经阻碍了录用所需的更为称职的非阿尔及利亚人(Saleh and Musa，1996:362-364)。

高等教育入学

为了更好地评价当前的入学状况，应该以1962年，也就是阿尔及利亚独立那一年的入学情况作为参照的基准。表14.1和表14.2显示，除1993年之外，直到1999年入学人数一直大规模地持续增长。独立之初，阿尔及利亚集中力量和资源，物资和人才，扩大支持国家建设所需的教育入学，同时也是对殖民地时期教育不公正的弥补。因而1962—1965年入学率的增长速度最快，平均年增长率达到了62.2%。这一时期的稳定增长过后，增速逐渐减慢。1965—1970年年均增长28.5%，之后的1970—1975年为22.9%，而1975—1980年为19.9%。随后的1980—1986年增长幅度急剧加大，年均增长达到25.9%，但是在这之后增幅剧减，1986—1990年为10.4%，1990—1995年仅为4.3%，1995—1999年增速略有回升，增长率近5.4%。尽管这些数字令人印象深刻，然而却还有很大的增长空间。1996年的数据显示，每10万阿尔及利亚人中仅有1238人接受高等教育(UNESCO，12000:156)。如果作一横向比较，1996年，相对于所有公布了此项数据的非洲国家而言，阿尔及利亚排名第四，居埃及(每十万人中有1895人)、南非(每十万人中有1841人)、突尼斯(每十万人中有1341人)之后。其入学率相当于美国当年入学率(每十万人中有5341人)的四分之一。按当年男女学龄分组，阿尔及利亚(分别为14%和9.8%)同样排名第四，居埃及(24.2%和15.9%)、南非(18.0%和16.8%)、突尼斯(15%和12.5%)之后(UNESCO，2000:156-157)。

表14.1 1962—1970年阿尔及利亚高等教育学生入学情况

年份	总数	男生	女生人数(所占百分比)
1962	2809	2230	579(21.0)
1963	3853	3039	814(21.0)
1964	4926	4727	199(4.0)
1965	8053	6422	1631(20.0)
1966	9272	7421	1851(20.0
1967	9720	7500	2220(23.0)
1968	10681	8253	2398(22.0)
1969	13830	10422	3408(25.0)
1970	19213	14375	4838(25.0)

来源：Wannas，1989:103.

表14.2 1975—1999年阿尔及利亚高等教育学生入学情况

年份	入学学生总数	增长百分比	男生数量	女生数量(百分比)
1975	41847	114.3	NA	NA
1980*	79351	89.6	58337	21014(26.0)
1986	201982	154.5	NA	NA
1987	203529	0.8	NA	NA
1989	258995	27.3	NA	NA
1990	212413	10.4	NA	NA
1991	236185	4.3	142714	93471(40.0)
1992	257379	1.7	150451	106928(41.0)
1993	250939	1.6	144239	106700(42.0)
1994	252334	0.2	145080	107254(42.0)
1995	267135	16.3	148774	118361(44.0)
1999**	423000	—	—	—

注：* Wannas，1989.

** Bu'Ishshah，2000:33.

NA 表示无数据。

来源：UNESCO，1999b.

教师增长及聘任

第三级教育的民主化和阿尔及利亚化,已经深刻地影响到了教职人员的招聘与其队伍的扩大。大学前教育阶段大量毕业生的出现,自然对高等教育阶段合格教师队伍的迅速扩大提出了要求。1962 年,阿尔及利亚人还只占全体教师中的 10%;到了 1995 年此项比例就已经高达 98%,并一直保持在该水平,几乎实现了完全的本土化。对表 14.3 中几项数据的分析(Saleh and Musa, 1996:365)显示,1962—1979 年教师数量年均增长 323%。1970—1986 年的年均增长跌至仅为 13%,1985—1995 年间年均增长稳定在 10%。而在 1995—1999 年间,教师人数下降了 0.6%,这是自独立以来教师人数首次出现负增长。

表 14.3 1962—2000 年若干年份阿尔及利亚高等教育教师数量

年份	教师总数	阿尔及利亚教师	阿尔及利亚教师所占百分比
1962—1963	950*	95	10
1979—1980	7900	5315	67
1986—1987	12000	10210	85
1990—1991	15171	14167	93
1995—1996	18000	17640	98
1999—2000	17480	17130	98

注:* 根据作者的计算。
来源:Salch and Musa, 1996:365.

尽管尚无文献资料对教师人数出现的负增长作过原因分析,但我们可以放宽视野,从政治、经济的动态变化中找出一系列引起教师人数减少的因素。其一,也许因为国内的经济不景气,部分教师寻求去国外收入更好的地方任教。其二,大批的阿尔及利亚人外逃,以躲避国内的流血冲突。1992—1997 年,超过 40 万阿尔及利亚人,大多数是讲法语的专业人员逃离了祖国,他们中就有大学教授(Associated Press, 1997)。外逃的教师自 1997 年以来数量有所增加,但要得到外逃教师所占百分比的统计数据,这仍非易事(A. Megatali, 2001)。此外,一部分教师遭伊斯兰武装组织谋杀,另一部分人同情这些武装组织,他们又被政府安全部门拘留("Unholy Cycle of Abuse", 1-5; Europa Publications Limited, 2000:387-391)。

教师的减少无疑影响了前些年健康的总体生师比。1995 年,生师比为 17 ∶ 1(300000 对 18000)(Saleh and Musa, 1996:365),不过两份统计资料上显示的入学人数有所出入(在 300000 和 347410 之间)(参见表 14.2)。此项比例逐渐升高,在 1999 年达到了约 25 ∶ 1(423000 对 17,130)(参见表 14.2 和 14.3)。这已经给一些大学教育机构的某些专业带来了课堂上过分拥挤的问题(Bu'Ishshah, 2000:33)。

教师被视作公务员,其任命、薪酬、晋级均有标准可依。政府针对不同的门类详细规定了资格、学位、受教育年限、经历、服务、研究活动、各领域的专业发展等方面的要求,并为各级各类院校规定了其在公务员序列中的位次。尽管如此,近十年来,因为裙带关系和弄虚作假的风气,标准出现了不断下滑的情况(al-Sha'b, 2000)。

院校类型、结构与课程

第三级教育的结构和类型可以分为五类(International Association of Universities 2001),虽然由于这样或那样的原因,此种分法并不能精确地描绘所有的高等教育机构的类型。原因之一,在于某些教育机构的属性和功能界定不清。原因之二,在于不同名称的混用,尤其是同样表示"教育机构"的阿拉伯语中的"al-madrasah"和法语中的"ecole"的随意使用。再一个原因是高等教育结构的不断变化,这是政策和/或者人口结构变化以及出于实验的目的所造成的。情况的确如此。举个例子来说,人们很难确切地知道阿尔及利亚有多少所大学。一份资料提到有 12 所大学(Rhodes University Library, 2002),而教育部却只列出了10所，联合国则列出了13所(Ministère de l'Enseignement Supérieur et de la Recherche Scientifique, 1999; Permanent Mission of Algeria to the United Nations, 2001)。

阿尔及利亚的大学，包括伊斯兰科学大学(University of Islamic Sciences)，在结构和内容上仍然深受法国模式的影响。除了两所注重基础科学的高教机构外，所有的大学都开设体现法国大学核心的专业学科。每所大学都被划分为多个学院(faculty)，美国大学称之为学院(colleges)，这些学院又被再细分为学系。1971—1974年，在以创建更为分权的管理模式、鼓励自治为目标的教育改革中，"faculty"被"institute"取代。直到1998年，在教育部政令要求在"college"的大伞下重组大学各学科的号召下学系才得以恢复。这似乎是因为某些院校的入学人数在持续降低。例如阿尔及尔大学先前的历史研究学院，近10年来招生人数的减少已使其无法作为独立的实体而存在(Bu'Ishshah, 2000:44-45)。

安纳巴大学(University of Annaba)开设的课程，为综合程度较高的大学提供了范例。这些课程包括基础的自然科学、数学、工程学、医学、法学、经济学、企业管理、人文学科以及社会科学(Université Badji Mokhtar-Annaba, 2001)。具体学位的授予视学习研究领域或学科而定，而非取决于具体哪个学院。

阿尔及利亚的大学学制分为三个连续的阶段。第一阶段，也就是本科教育阶段，同时有两期，两者是并行的而非前后的。其中一期的学制较短，三年毕业，毕业生授予大学应用文凭(DEUA)。另一期学制较长，学生有四年的时间对专业进行深入的学习。这一期学习结束，如果合格，将被授予层次更高的学位，学士学位或文凭(LES or DES)，相当于美国的文学士和理学士，这是进入下一个阶段学习的必要条件。工程学、医学以及建筑师、工程师、牙医、药剂师、兽医为取得毕业文凭，需要五年的专业训练，而医师的毕业文凭需要七年。

第二阶段，招收已经获得了学士学位或文凭的学生中的最优秀者。这一阶段的教育至少需要四年，并且要求通过论文答辩。答辩通过的学生将获得硕士学位(Magister)，这使他们具备了申请在大学里担当讲师教职，教授自己所学专业领域知识的资格。与美国大学里的硕士论文相比，阿尔及利亚人的毕业论文不论在长度还是质量上，分量都更重，是严肃认真的学术创作，强调创新。有的毕业论文可以和美国某些大学的博士论文相媲美。

第三阶段，需要三到五年时间，培养国家博士(Doctorat d'Etat)。招收拥有硕士学位的人，这一阶段的学术活动并不包括对专门领域课程的学习。他们有一位教授做导师，所有的训练都由导师监督指导。论文答辩对公众开放。

大多数授予高级学位的大学分布在阿尔及利亚的东北部、中部偏北以及西北部地区。在这些地区，人口大多集中在适宜耕种的高地，以及沿海平原地区。

阿尔及利亚的5所大学中心构成了另一类型的中学后教育。这些机构的兴起是对如阿尔及尔大学(University of Algiers)、特莱姆森大学(University of Tlemcen)和瓦赫兰大学(University of Wahran)等骨干大学面临巨大入学需求所作出的及时反应。这些机构的兴起，也为那些远离首府的人拓宽了入学途径。起初，它们的课程计划与大学相比往往比较少，但它们着力于培养能满足当地社会和经济需要的专业骨干和技术能人。1980—1984年的教育五年计划重申了教育民主化的任务，因而大学中心有意识地增加所涉及的专业领域，以满足日益增长的个人兴趣的需求。专业的显著增加已经使某些中心成了完全的大学，就如原先的提济乌祖(Tizi-Ouzou)大学中心已经成为大学那样。这样的升格还会继续，同时，新的大学中心也将会继续设立起来。

阿尔及利亚的第三类高等教育机构是极具吸引力的多科技术学院。这类学院致力于提供严格的理论和应用科学训练，招收在高中理科毕业会考(scientific baccalaureate)这一全国性选拔中学毕业考试中取得较高平均积分的合格学生。国家多科技术学院(Ecole Nationale Polytechnique)的课程包括工程学(电子、电气、化学、工业、采矿、土木工程、水力、机械、环境)、基础科学和精密科学，以及科研所需的外国语。多科技术学院力图在国家的经济发展中起到引领的作用。

第四类中学后教育机构可以以无固定教学时间、无固定教学组织的国家学院(Institut National)为例来加以说明。这类教育机构的数量在快速增长,所提供的学习领域也在激增。教育技术学院(Institute of Technology of Education, ITE)就是这样的一所学校,它培养前五个年级的基础教育教师。然而,独立之初的十年里对速成的、集中式的短期教师训练的需求已经不复存在,而当前现实所需的长期的教师培养计划正在由高等师范学校(École normale supérieure)提供,因而教育技术学院的学生数量在减少。其余的,也是占了大多数的培训机构,关注的是科学和技术教育。正如四分之一个世纪以前所确立的那样,这些教育机构最初的使命是改进对那些没有通过全国性选拔高中毕业会考的学生的教育,使他们接受基本的、专业化的训练。通过培养合格的半专业工人以及高层次的技术人员,使其就业以后能够获得丰厚收入,这些院校可为国家服务部门、管理部门、工业部门和农业部门服务(International Association of Universities, 2001)。这些院校的教育持续两年半,进行的大多是诸如环境科学、经济学、农学、医务辅助训练这些科学技术领域的基础性的和较为实用的教育训练。课程合格者将获得高等技师证(Diplôme de Technicien Supérieur),这将保证他们在市场经济的职场里顺利就业。此类院校几乎已经减少了一半。仅统计那些名称中带有"学院"(institute)字样的学校,2001年有人统计出了33所(Permanent Mission of Algeria to the United Nations, 2001),而在15年前大约有63所(Wannas, 1989:84-87)。但并不清楚的一点是,这是否意味着这些院校的地位发生了变化,还是这仅仅是名称发生了改变而已。

公众接受进一步教育、培训的需求,以及将学生从传统大学里分流的需要,推动了当局进一步对这一类教育机构进行扩充,使之成为另一类高等教育。于是,现在有些学院招收取得高中毕业会考文凭的学生,在各个工程学专业里进行五年制的教育,毕业时颁发与大学的学位相当的工程师文凭(Diplôme d'ingénieur)。原则上,除行政管理机构和收费外,此类教育机构中的五年制工程学课程与大学里开设的同类课程在质量管理上并没有差别。大学仅仅处于高等教育及科学研究部的管辖范围下,而各所国家学院则受到了该部以及其他许多部的共同支持,相关部委名目繁多,其数量几乎与内阁的大臣职数一般多,包括国民教育部、职业教育部、农业部、工业部以及别的许多部委。当前,面临经济不景气造成就业竞争激烈,政府相应有意提高了就业准入标准和学历要求,这些院校以及其他中学后教育机构中的短期培训正逐渐被淘汰(Rouwaq, 2001)。

第五类中学后教育机构是教师培训学校。这些学校被称为高等师范学校(École normale supérieure)。这类学校为希望在九年制基础教育或是四年制中等学校任教的人提供教师专业训练。学生若要进入此类学校就读,必须顺利通过高中毕业会考(baccalaureate)。学生通过三年制的基础教育教师培训,获得基础教育小学教师证书(Diplôme de Maître d'Enseignement foudamental)。通过四年制的培训,学生则获得基础教育初中教师证书(Diplôme de Professeur d'Enseignement foudamental)。中学教师培训需要五年,学生毕业获得中等教育教师证书(Diplôme de Professeur d'Enseignement secondaire)。学生入学后,接受理论和实践内容相结合的教育学课程。他们就读的最后一年一般被用作专业训练,进行课堂教学实践,而之前的那几年则用来学习专业知识。

教师培训机构中最新的要算20世纪90年代初建立的终身和远程教育大学(University for Lifelong and Distance Education)。其目标是为没有接受过大学教育的全职雇员和工人提供接受高等教育的机会,让他们利用晚上的时间学习知识,掌握技能。该大学招收已经取得了高中毕业会考文凭的学生,也同样招收那些没有高中毕业会考文凭的学生,只要他们至少接受了三年的中等教育并且年龄至少在24岁以上。这所大学利用其他大学的现有设施开展办学活动。据报道,由于后勤管理效率低下、支持服务有限、低薪造成教师缺乏激励、课程过时陈旧等因素,这所大学在创办之初就遇到了许多困难。

私立教育

至今为止,阿尔及利亚的高等教育中不存在私立教育。这主要是因为无处不在的社会主义国家意识形态所致;历史上,人们认为私有化对国家建设是有害的。政府声称:国家所有,加上对教育机构的严格管理不仅能够促进不同种族、性别、社会、地域之间受教育机会的平等(因为这些不平等长期以来阻碍着阿尔及利亚的发展),还能够使公民接受尽可能好的教育,以推动经济发展。累积下来的沉重的国际债务,国际市场对石油需求的减少,以及由此带来的国家石油税收的减少,货币的贬值等因素,导致阿尔及利亚的经济出现了10多年的萧条,这促使政府近些年来向公众出售一些制造企业和生产部门,尝试推行私有化,但是在高等教育领域尚无类似的计划措施。

教育系统的控制

大多数教育政策的制定,以及对其执行的监督管理仍然是国家政府的特权。这种权威被赋予承担着不同责任的几大部门。其中最主要的部门当属建于1971年的高等教育及科学研究部(MHESR)。该部的创建使国民教育部从第三级教育大规模扩张的沉重负担中解脱了出来。该部由总统行政任命的部长领导。部长下设两名官员。其中一人被称为秘书长(相当于副部长),由两名行政主管辅助。秘书长负责处理与本部提供服务有关的行政管理事务,负责与地方教育当局的沟通。另一人被称为内阁长官,由七位官员(被称为业务主管)和四位随员(attachés)辅助。该内阁长官负责与课程有关的事务。课程事务被划入五个管理部门(称为司 directorates)的职权范围,每个部门都设司长。这五个部门是教育与培训司,协调、科研与技术发展司,管理与合作司,发展与规划司,以及财政事务司。每个司又设立若干处室,由副司长分管。这些部门涉及课程从内容、学位要求、教学方法、训练、追踪、评价到文献、聘任、职称晋升和研究的方方面面(Ministère de l'Enseignement Superieur et de la Recherche Scientifique, 1999)。部长任命杰出的科学、教育及研究人员,也任命一些著名教授。这些教授担负咨询职能,并负责起草不同科目的课程和教学大纲。他们的建议一旦得到部长的背书,就成为政策,并下达给省一级的教育当局执行。

经济的缩水以及生产企业的减少,再加上社会弊端日益蔓延,导致了管理与学术状况的失常。这促使阿尔及利亚总统在1996年设立了高级教育委员会(High Council of Education),为总统在恢复大学及高等教育的标准和整体性等方面提供建议。该咨询机构受命研究教学过程中的种种问题。在诸多事务中,它通过协调、评估、评价、追踪、调查、研究与地方和国际机构开展交流等方式,对国家教育政策和规划进行持续的评估。该委员会由横向和纵向的复杂下级机构网络构成,由教育、科学、文化、经济专家以及技术专家、知识界、工会、家长协会的代表广泛参与。该委员会收集呈报给总统的所有信息,也与高等教育及科学研究部以及其他部门共享,尤其是宗教教育部和职业与技术教育部,这些部门对其下属的高教机构拥有管辖权。

省级的教育代表体现在被称为大学区(university academies)的管理机构,它们分布在阿尔及利亚的东部、西部和中部,其最主要的任务是通过对教育进程进行持续地评估以使教育法规、法令得以执行。它们的职责包括激活、协调所有的教学行为;汇总、记录、分析教育统计资料;评估大学区的需求;对建筑设施以及所有的辅助性单位、服务设施项目规格作出评价;为未来的规划发展提供合理建议(Jaami ' at al-Jazaa'ir, 2001)。

最后,我们来看看高等院校内部的管理和组织机构。例如:大学处于名誉校长(rector 或 chancellor)的管理之下,下设大学校长(president),其下再设秘书长一名、副校长若干。校长及其办公室人员监管各学院院长,院长监管各系主任。只有系主任由教职员工从教师队伍中选举产生,而整个管理层级中的其他人都由政府任命。相应的内部管理体系(尽管并非完全相同)也存在于多科技术学院、大学中心以及国家学院中。大学学术委员会(academic council)是大学校园里的另一个管理机构,它是名誉校长的咨询机构。该委员会由管理人员和一名教师代表组成,就课程计划、后勤保障、研究取向以及与其他院校合作方面提供建议。该委员会所担负的职责与大学行政管理人员的职责在很大程度上似乎是重合的,因为多数行政管理人员同时也是委员会的委员。

分 权

很显然,在阿尔及利亚教育文献中的“分权”一词的使用与大多数语境中有所不同。政府对教育管理的控制导致了省和地方的教育当局很难参与到决策过程中来。地方中学后教育当局能够决定的事务在范围上非常有限,且在整个高等教育事业中是微不足道的。结果就使得整个高等教育事业高度集权,受到规制的标准化至少在理论上等同于社会公平与公正。

财政及拨款类型

高等教育拨款同样是高度集中的:教育由中央政府资助,地方不直接在这方面扮演角色。国家政府,通过教育部门以及其他部门,负责为教育的方方面面提供经费,并且为包括留学生在内的注册学生提供免费教育。每位学生还享受奖学金,用于补助其生活开销。此外,高等教育及科学研究部在大学校园内或附近建设综合宿舍和自助餐厅,形成“大学城”,学生在这里只要象征性地花费就可以获得食宿,其他的服务就更不用说了。1999—2000 年度,政府在高等教育上的总支出约占 GDP 的 7%,而该年度阿尔及利亚的 GDP 总额为 463 亿阿尔及利亚第纳尔(Energy Information Administration, 2001; Bu‘Ishshah, 2000:33)。尽管自 20 世纪 90 年代以来有关数据缺乏,使得我们难于考察过去 10 年里确切支出的变化发展,但是基于以往的实践、人口变化以及对改革的呼唤,我们可以预计,在下个 10 年里经费的支出会增加(Metz, 1994:113)。

语 言

众所周知,语言与种族紧密相关。显然,在阿尔及利亚也是这样。两大占统治地位的语言,阿拉伯语和柏柏尔语是两大不同族群显示其自身民族身份的载体。随着殖民主义的到来,虽然不情愿,这些语言不得不与第三种入侵的语言,即法语分享地盘。三种语言并存的状态从那时起就稳固了下来,每种语言代表着特定的社会地位或是政治立场、宗教身份。国家大舞台上一场意识形态运动的发生已充分说明了这一点。

高等教育的教学语言视所及的高教机构类型所而定。马德拉沙学校(Madrasahs)和扎维亚学校(zaawiyahs)从 8 世纪中期起就将阿拉伯语作为教学语言,当时穆斯林阿拉伯人在阿尔及利亚建立了稳固的统治。法语是阿尔及尔大学以及所有高等教育预备阶段教育的公立中小学的教学语言。这是由官方政策有意强制推行的,意在消除阿拉伯语和阿拉伯一伊斯兰文化的影响。因而,法语就成了阿拉伯人、柏柏尔人和说法语的阿尔及利亚人在大多数非宗教圈里的通用语。作为一种文学形式、书面表达方式,阿拉伯语在法国人统治时期衰退严重。当第二任总统,陆军上校胡阿里·布迈丁(Houari Boumediene)在 1965 年 6 月掌权时,60%的阿尔及利亚人读不懂阿拉伯文。

除了新闻以外,书面出版的各种题材的智力创作和话语均采用法语。理论、学术及研究成果和文学著作很少采用阿拉伯语(Muhammadi, 1999:65-70)。尽管这种情况在许多非洲国家都是如此,然而阿尔及利亚出现的这种现象现象在阿拉伯国家里,包括在其他那些北非的马格里布国家里,又具有独特性。此外,在很大程度上以口头形式存在的柏柏尔语中,还没有任何一种能在宗教学校或是公立中学里占据一席之地,在这些学校里也没有人学习柏柏尔语。

1962 年,阿尔及利亚独立之后,阿拉伯语言的地位马上发生了改变。阿拉伯民族主义强力推动了阿拉伯语,尤其是现代标准阿拉伯语(MSA)的复兴。阿拉伯语和法语一同被宣布为新生共和国的官方语言,这就有必要编制新的课程以重塑阿尔及利亚新的文化认同,体现其作为阿拉伯、伊斯兰和社会主义国家的经历。迅速而激烈的阿拉伯化进程占用了一部分国家预算,尤其是为了给来自各阿拉伯国家的教师支付丰厚的报酬。这些教师在阿尔及利亚学校里教授阿拉伯语,并且采用这种新的目标语言编写课本和教材(Wannas, 1989:112-121)。

尽管阿尔及利亚大部分的课程都已经实现了阿拉伯化,但是要在大学教育阶段实现阿拉伯化要比在大学前教育阶段花费更长的时间。原因之一,高等院校还在等待第一批采用阿拉伯化课程的中学毕业生。原因之二,也是更为重要的一点，鉴于西方世界在知识领域的统治地位，尤其是在科学、技术、工业以及电子通信方面，一些阿拉伯人因而质疑对大学课程进行阿拉伯化是否有效。这场争论仍在继续。许多民族主义者以及各类伊斯兰团体将阿拉伯化视为对阿尔及利亚民族自决以及民族认同的加强，同时也象征着其与法国殖民主义遗留以及当前西方文化帝国主义的决裂。争论的另一方则认为，阿拉伯化会使阿尔及利亚成为自我封闭的孤岛，而法语课程则能为阿尔及利亚融入全球经济、世界新秩序提供更好的机遇，这对经济的好转是至关重要的，是决定性的。后者包括了许多柏柏尔族人，他们坚持不懈的示威迫使当局不得不认真考虑在授课时使用柏柏尔语言。他们通过令人信服的辩论以及颇具战斗精神的集体行动向政府施加了巨大的压力，从而使柏柏尔语言在高校课程里占有了自己的位置，尽管所占的份额还很小。位于卡比尔(Kabyle)地区中心地带的提济乌祖大学现在已经将卡比尔方言作为卡比尔民族研究的一部分进行教授。最近，就在2001年10月，阿尔及利亚见证了一场大规模的柏柏尔人示威，他们要求柏柏尔语在学术和其他方面得到与阿拉伯语一样的尊重。这些争论和事件推迟了在高校层次上实现阿拉伯化的最终日期(Metz，1994：86-90)。

与此同时，许多阿尔及利亚人也在看近十年来大学层面上英语学习的扩大所带来的好处。这场讨论越来越热烈，一方面因为许多人认识到英语已经成为国际交往、全球银行业、交易、商业的通用语；另一方面在于它是中立的政治符号，不会引起法国在阿尔及利亚殖民的负面联想。在大学生中甚至还存在着这样的争论，是否用英语取代法语来教授某些科学和技术科目(A. Megatali，2001)。据称，公布在网站上的阿尔及利亚高等教育机构的信息除了用阿拉伯语和法语外，还采用了英语。

教育研究现状

教育研究得到了阿尔及利亚政府的大力支持。许多研究都受到国家和地方各级政府机关、办公室的监管。高等教育及科学研究部对许多研究活动进行管理，对与单个的大学或其他高等教育机构合作开展项目所签订的正式协议进行监管。某些研究机构侧重教学法，课程材料与教材开发，教职人员的培训监管，以及旨在提高内部结构及实践效率的测试和评估。大多数研究似乎侧重实证与实用研究，产生的知识用于促进各就业和经济部门的改进。阿尔及利亚共有62个研究机构，其中的50多个偏重于自然科学、应用科学与技术的研究。应用科学与技术与促进各经济和环境部门的健康及生产力休戚相关。

然而，从教师参与科研的情况看，政府对研究活动的支持似乎更多是口惠而实不至。尽管教育部门强调科研在教师晋级、涨薪以及教师发展中的重要性，然而实际采用的却是长久沿袭下来的依据服务年限的教师自动晋升制度，这就助长了对研究重要性的忽视。各项调查也指出，对教师与研究人员的尊重也不够：他们的工作并不被看好，而且研究活动所需的设施也不足。大学图书馆里缺乏书籍、期刊以及其他的资料，电子资源，尤其是互联网和商业数据库，更是奇缺。

这些矛盾的态度及不利的环境，再加上微薄的收入，促使那些有心从事科学研究的人移居海外，去那些科研活动能够获得较高物质、精神回报的国家，这就带来一波又一波的人才向欧洲和美国外流。另一些教师则在海湾国家那些收入更好的大学里寻求职位。因而，高等教育日益成为低水平科研机构的堡垒。尽管国家仍然急切需要学术、经验、科学实验，以使疲软的国内工业获得新生，提高生产力，并重现20世纪70年代在经济上的辉煌，然而阿尔及利亚培养出来的学生却没有科研能力(即便有也很有限)。按照阿卜杜勒—阿齐兹·布特弗利卡(Abdelaziz Bouteflika)总统的观点(al-Sha‘b，2000)，经济停滞是20世纪80年代早期以来困扰阿尔及利亚政局动荡的根源。

学术自由

教师科研以及求知过程受学术自由氛围影响。究竟有多少教师因为追求学术自由而被骚扰、拘留甚至谋杀，尽管这方面的资料匮乏，但阿尔及利亚当局和伊斯兰武装组织违反人权的记录是有据可查的(UN Mission to Algeria，1998)。成千上万的公民，包括大量的学者和新闻记者,从 1992 年开始就沉默了。阿尔及利亚武装安全力量采用从囚禁到拷打、搞失踪、超出法庭职权的裁决、随意的处决等一系列粗暴手段来压制公众对政府政策和行为的批评(”Unholy Circle of Abuse”)。代表不同立场的教师,不论是支持武力的,还是世俗的,或是传统伊斯兰教的,都因为畏惧国家政权或是各种伊斯兰武装组织甚至是所在集团内部的报复,而不敢自由表达自己的观点。自我审查的风气由此而生,导致学术的荒芜和停滞。

教育与失业

阿尔及利亚面临的另一个严重的问题是,连续几个国民发展计划对人力资源培训的数量预测,与市场实际所需的高等教育技能之间存在巨大差异。经过多年的学习与训练之后,许多学生(毕业生或是非毕业生)发现,尤其是 1988 年之后,所学技能并非市场所需,也不能为其谋取收入可观的职业。国际调查(Energy Information Administration, 2001)显示,失业率现已攀升至 30%左右。根据国内官方资料估计,失业的阿尔及利亚人约有 250 万,其中六分之一拥有中等教育文凭和大学学位,而且不仅仅局限于人文和社会科学的毕业生,也包括那些以医生、工程师和律师为培养目标的毕业生(Bu'Ishshah, 2000: 33)。

大学在校生同样普遍感到不满,他们经常抱怨因为通货膨胀货币贬值导致大学设施和宿舍的保养维护状况恶化,以至离合格标准渐行渐远,所得奖学金的购买力也日渐减弱。许多人不满政府的政策以及国家财政的分配。学生们非常不满政府严格控制的财政政策以及取消教育补助金。经济上被忽视引发了各种各样的要求,其中就包括主张废除当前的政府结构;建立伊斯兰国家,用教法来支配一切;复兴世俗主义、泛阿拉伯主义和社会主义;加强劳工组织的力量;倡导人权;要求农业补助和改革;要求承认柏柏尔人的身份和语言。伴随学生团体表达对政府缺乏信心并质疑其合法性,他们频繁地进行示威、抗议、罢课,政府也不时用冷酷粗暴的手段对待他们,造成了学生和政府之间的暴力循环。从 1990 年至 1999 年,政府对学生团体的报复行动尤为粗暴,因为这些学生团体坚定支持致力于以伊朗政府的模式在阿尔及利亚创建伊斯兰共和国的救国阵线党(Salvation Front Party, FIS)。当救国阵线党在全国大选中以出人意料的高票获胜,军方就以捍卫阿尔及利亚国家赖以建立的民主、社会主义、阿拉伯国家性质和伊斯兰教的基本原则为借口,立即攫取了政权,并以强力进行统治,直到 1999 年 2 月。政府采取囚禁、处决来胁迫学生的策略,结果激起了越来越多的暴力,很多人认为这是自 1988 年以来困扰阿尔及利亚的民众抗命不从的原因(Mortimer, 1991, 1993; al'Ammar, 1996)。

性别问题

尽管女学生也面临着与男学生一样的问题,但她们接受高等教育还具有一些不同的特点。其一是入学人数的惊人增长,某些学科的增长势头比另一些学科要强劲。1962 年以来,女大学生数量每年逐步稳定的增长导致入学人数的整体增长:到了 1996 年,女生在阿尔及利亚的高校学生中占 45%(UNESCO, 1999b: 213)。1996 年大学各学科的性别分布显示:教育学科(教育学与师资培训)中女生占 26%,人文学科中占 65%(美术、戏剧、宗教、经院式的神学),法学和社会科学中占 47%(包括行为科学、工商管理、商业学、家庭经济、人际关系和社会服务),自然科学、工程学和农业科学中占 36%(包括数学、计算机科学、建筑学、城市规划、交通和商业),医学中占 50%(UNESCO, 2000: 126, 160)。教师中女性占了 25%左右。

女性受教育浪潮的原因在很大程度上要归功于立法。1976 年,阿尔及利亚宪法明确规定男女享有同等地位。宪法禁止任何性别歧视,保证女性享有与男性同等的政治、经济、社会和文化权利。它承认女性在解放战争中的重要作用,并进一步断言:如果没有女性在变革、在国家建设中的广泛参与,如果没有她们完全融入阿尔及利亚社会,阿尔及利亚革命的目标是难以彻底实现的。1989 年宪法更为概括地表达了上述内容,再一次对其加以确认。然而也是从那时起,男性拥有了更多的社会控制力。

尽管在教育上取得了一些成绩,公共生活中

女性的就业状况仍然很糟。1977 年、1982 年和 1990 年,她们分别只占就业人口的 6%(183234 人),7%(244787 人)和 8.5%(360000 人)。政治领域中的状况就更糟糕了。解放战争过去了约 20 年,1980 年,女性仅填补了城市选举中 1%和地区选举中 3%的职位。1981 年的国庆日集会,数百名代表中仅有 10 名女性。从那以后,尽管有几位女性获得了政府内阁和各部中的高级职位,在全国大选中获胜,然而她们在这些机关中也只是扮演着边缘的角色。

许多因素阻碍了女性进一步融入阿尔及利亚社会。其中一大主要原因在于经济运行的不正常,这造成了争夺有限就业机会的竞争异常激烈,加剧了性别歧视。另一原因是救国阵线党意识形态的影响,它反对女性公众的、世俗的形象。因而,女性在主张自我表达的自由方面失去了某些原先得到过的来自丈夫、父亲、兄弟甚至是政府的支持。这无非就是不让女性寻找工作,抑或就是在说服她们去扮演传统的作为家庭妇女的角色。

极端保守主义者也采取了各种胁迫手段来阻止女性在公共生活中发挥积极的作用。或许最为骇人听闻的就是对女性的致命袭击。也许是极端的原教旨主义者所为,1995 年的头九个月,就有 190 多名女性死于暗杀。其他对女性的侵犯还包括从诱拐、强奸到临时婚姻、毒打、致残等(UN Mission to Algeria, 1998)。攻击者解释他们的行为是得到伊斯兰教教法授权的,因为他们从事的是伊斯兰教圣战,打击的是敌人。那些不遵从“伊斯兰教”操行,不戴面纱的女大学生就成为大学里恐怖行动的袭击目标。有关女性遭受此种暴力胁迫事例的文学作品日益增多(Germain-Robin, 1996)。一些女性决定要通过公开抗议,或通过其议会代表来与此种虐待进行抗争。后一条途径,取决于国内的政治氛围,有时却不能回应女性要求,归还阿尔及利亚宪法赋予女性的基本权利和自由的请求。1983 年,一个名为 mujaahidaat 的组织(这是对积极参加解放战争的女斗士们的称谓),在国民议会前发起的示威活动就是这样一个例子。该事件是女性为了表达她们对新颁布的家庭法的严重关切。她们认为该法迫使女性屈从于男性的控制,从而剥夺了她们原先被承认享有的某些基本权利。作为回应,警察奉上级的命令逮捕了她们中的 385 人(Germaine-Robin, 1996:26-28)。据国际特赦组织(Amnesty International)报告称,布特弗利卡(Bouteflika)总统掌权后,释放了许多囚犯,表示出与激进分子和解的姿态,暴力活动的程度以及冲突各主要派别之间的谋杀和暗杀活动“在 1999 年大幅减少”。

现有挑战与建议

阿尔及利亚高等教育面临的挑战,如果说不比高等教育及科学研究部的诞生更为久远,至少也和它一样的古老。以下的建议要点曾为国内外的教育专家多次提出,然而阿尔及利亚却一再地未能付诸实践。

首先也是最重要的一点,就是迫切需要对阿尔及利亚的弱势人群开放学校教育,尤其是那些农村人口、城市贫民和妇女。他们面临着接受初等和中等教育的限制,以至于其后的高等教育也受到限制。

第二,国民教育部(MNE)和高等教育及科学研究部(20 世纪 70 年代从前者中独立出来)这两大教育事业的管理机构之间有必要更好地合作与协调。两大机构各自为政,导致两者关系日益紧张,损害了国家利益(Bu ‘Ishshah, 2000:94-95)。

第三个挑战是,日益臃肿的集权式官僚体制的困扰。显然,独立以来的历届政府都在横向和纵向上建立了盘根错节的官僚系统来应对教育中的痼疾,这个系统有委员会、顾问团、理事会、大学区以及后来设立的新的全国教育改革委员会等。解决当下问题或是进行改革的努力很少取得成功,问题依旧;而官僚的繁文缛节又激起了普遍的不满,因为各个环节都效率低下。阿尔及利亚必须深刻地反思其管理方式。它需要尝试别的管理模式,尤其是教育分权和教育私有化。

第四,迫切需要提高课程质量,尤其是人文和社会科学课程的质量。课程的知识基础应该在两大方面取得平衡:一方面是发现事实、获取知识与单纯记忆,另一方面是训练学生开展定性和定量研究设计的能力。因为课程材料通常已经过时而且信息量严重不足,所以应该对其加以扩充,使之包括更新了的文献目录以及利用图书馆进行研究的训练。此外,应该在实践中加强学校教学、生活教育和生产活动之间的关系,而不是仅仅停留在口头上。

第五,需要提高教师的质量,允许教师行使特权。其一是要推行与准入水平教师选拔程序相关的政策,这种选拔应以资格和能力为标准。其二,要通过强化激励、强调义务来推广在职教师定期的短期培训。另一方面是要让教师享有自主权和学术自由,以使其在课程事务中发挥更大的主动性,而不仅仅是履行某些官僚主义的职责,完成分派给的任务。最后一方面的挑战,是要加大科研在职称晋升和绩效奖励方面的权重,以鼓励教师生产新的知识。

第六,要重新强调大学教育和学位的价值。教育的大规模发展却造成了大学学位的贬值,“剩余”毕业生难以就业。不仅仅学位应该带来可观的经济回报,大学毕业生也应该具有社会和文化声望。否则,政局的不稳与暴力活动就很有可能会持续下去(El-Kenz, 1991:13-14)。坦白地说,要指望阿尔及利亚大量过剩的毕业生在10年之内减少是难以想象的,尤其是因为经济回升的迹象渺茫,而高等教育大扩张仍在大踏步地推进。

第七,要改变对图书馆在教育中作用的认识。迫切需要改善那些维护不善的图书馆的条件,增加馆藏,鼓励大学生经常去查阅学术著作和期刊。这是开展科研的前提条件。

第八,要给予阿尔及利亚的大学以学术自治。20世纪80年代以来,许多院校因为缺少经费进行质量控制而在政治压力面前显得脆弱不堪。一些管理者忽视自身肩负的应有职责,不顾作为教学活动保护者的身份,滥用职权虐待教师,玩弄标准,为个人谋求物质利益。

布特弗利卡总统在胡阿里·布迈丁(Houari Boumedien)大学毕业典礼上的讲话,用大量篇幅坦陈困扰阿尔及利亚大学的一系列问题(Al-Sha'b, 2000),其中包括管理模式低效,人浮于事,违反资格标准对教师和管理人员进行雇用和晋级,学生教育标准过低,研究技能训练欠缺,学位和档案造假,贿赂,裙带关系严重,支持性服务(图书馆、互联网、数字技术)不合格,最重要的是,研究出版物质量低、数量少,等等。

今天,阿尔及利亚正站在一个比以往更为明显的转折点上。如果布特弗利卡总统能够坚持他不满当前教育的立场,按照他所说的那样进行教育改革,实践发展战略;如果来自国际市场的石油收入持续促进国民生产总值的提高,那么高等教育是很有希望发生积极改变的。然而,就在作者写作本文的时候,大多数的阿尔及利亚人(除了布特弗利卡总统的坚定支持者之外),尤其是各政治团体、政治派别只是勉强同意总统的政治、经济和社会政策。如果在接下来的两年内还看不到积极的变化,尤其是经济形势的好转,那么高等教育的痼疾将很可能变得更为糟糕。

参考文献

al-Ammar, M. 1996. "al-Jazaair wa al-Ta'addudiyyah al-Muklifah" [Algeria and the Costly Multiparty System]. In Sulayman al-Riyaashii, ed., *al-Azmah al-Jazaairiyyah* [*The Algerian Crisis*]. Beirut: Markaz Dirasaat al-Wihdah al-Arabiyyah [Center for Studies of Arab Unity].

al-Riyaashi, S., ed. 1996. *al-Azmah al-Jazairiyyah* [*The Algerian Crisis*]. Beirut: Markaz Dirasaat al-Wihdah al-Arabiyyah [Center fro Studies of Arab Unity].

al-Sha b [newspaper]. 2000. July 9.

Amnesty International. 1997. Amnesty International 1997 *Report: Middle East and North Africa Regional Summary*. Available online at: http://www.amnesty.org/ailib. aireportar97mdesum. html.

Associated Press. 1997. Algeria: More Than 400,000 Fled Since Insurgency Began. " AP Newswire Online, April 27.

Bu Ishshah, M. 2000. *Azamatu al-Ta liim al-Aalii fii al-Jazaair wa al-'Aalam al-Arabiyy*[*The Crisis of Higher Education in Algeria and the Arab World*]. Beirut: Dar al-Jil.

Chabou, M. D. 1988. "Algeria." In T. Neville Postlethwaite, ed., *The Encyclopedia of Comparative Education and National Systems of Education*. Oxford: Pergamon Press.

El-Kenz, A. 1991. *Algerian Reflections on Arab Crises*. Translated by Robert W. Stooky. Austin: Center for Middle Eastern Studies. University of Texas at Austin.

Energy Information Administration(E)IA. 2001. "Arab Maghreb Union." Accessed April 4. Available online at: http://www. eia. dog. govemeucabs/algeria/ html.

Europa Publications Limited. 2000. "Algeria." *In The Europe World Yearbook* 2000. London: Gresham Press.

Germain-Robin, F. 1996. *Femmes Rebelles D'Algerie*. Paris: Editions de l'Atelier.

International Association of Universities. 2001. "Higher Education Systems." Accessed March 7. http:// www. unesci. org/iau/whed-2000. html.

Jaami at al-Jazaa ir [The University of Algiers]. 2001. Accessed May 10. Available online at: http://univalger. dz

Megatali, A. 2001. Interview by author, Austion, Texas. May 7.

Megatali, K. 2001. Interview by author, Austin, Texas, May 15.

Metz. H. C., ed. 1994. *Algeria: A Country Study*. Washington. D. C.: U. S. Government Printing Office.

Ministère de l'Ensignement Supérieur et de la Recherche Scientifique. 2001. "Higher Education and Scientific Research." Accessed April 4. Available online at: http://www. mesre. edu. dz/french/INDEX. HTM

Mortimer, R. 1991. "Islam and Multiparty Politics in Algeria." *Middle East Journal* 45 (Autumn): 575-594.

——. 1993. "Algeria: The Clash Between Islam, Democracy and the Military." *Current History* 92, no. 570 (January): 37-41.

Muhammadi. H., ed. 1996. "Shay An al-Adab al-Faransiyy." *In Fayd al-Ghorbah [The Deluge of A lienation]* Cairo: al-Hay ah al-,asmmah al-A,,aj]

Oermanent Mission of Algeria to the United Nations. 2001. Universities and Institutions and Research Centers. Accessed April 3. Available online at:http: www algeria-un. org/msiepag

Rhodes University Lirary. 2002 "Directory of University Libraries in Algeria." Available online at: http:// www. ru. ac. za/library/coontacts/african/algeria. htm

Rouwaq. J. 2001. Telephone interview by author. May 7.

Saleh. S., and Musa. 1996. "Dawr al-Jaami ah wa al-Bahth al-llmiyyfii Tanmiyat Buldaan al-Maghrib al-Araviyy" [The Role of the University and Scientific Research in the Develpopment of the Arab Magreb, with Particular Reference to the Algenan Experience. In Sulayman al-Riyaashii, ed., *al-Azmah al-Jazaairyyah[The Algerian Crisis]*. Beirut: Markaz Dirasaat al-Wihdah al-Arabiyyah [Center for Studies of Arab Unity].

Shrukh. S. al-D. 1996. "al-Takwin al-Jaami iyy al-Arbiyy al-Mutawaasil bi-Hasb al-khibrah al-Jazaa iriyyah" [Arabic Further Education Regarding the Results of the Algerian Experience]. In Sulayman al-Riyaashii, ed., *al-Azmah al-Jazaairiyyah[The Alherian Crisis]*. Beirut: Markaz Dirasaat al-Wihdah al-Arabiyyah [Center for Studies of Abrab Unity].

Turner, B., ed. 2000. *The Statesman's Yearbook*. London: Macmillan Press.

UN Mission to Algeria. 1998. "To Assess Pverall Situation in Algeria. U. N. Mission to Algeria Must Tackle Human Rights Issues." July 21. Available online at: http://www. hrw. Org/Press98julyun-algr. htm

UNESCO. 1999a. Statistics. Accessed March 2001. Available online at: http://www. uis. unesco. org/ en/stats/centre. htm

——. 1999b. *Statistical Yearbook*. Paris and Lanham. Md.: UNESCO Publishing and Bernan Press.

——. 2000. *Taqriir an al-Tarbiyahv fil al-Aalam. Report on Education in the World]*. al-Mukallis, Lebanon: Matba at Hasiib Durghaam wa Awlaaduhu.

"Unholy Cycle of Abuse." 1996. *Middle East*: 1-S.

Université Badji Mokhtar-Annaba. 2001. *Les Facultés*. Accessed March 4. Available online at: http:// www. univ-annaba. net/facultes. htm

Wannas, al-M. 1989. *al-Dawlah wa al-Masalah al-Thaqaafiyyah fii al-Jazaair [The State and the Question of Culture in Algeria]*. Tunis al-Matba ah al-Arabiyyah [The Arabic Press].

World Bank Group. 2000. Algeria in Brief. Accessed May 20. Available online at: http://wbln0018. worldbank. org/mna/mena. nsf/Countries/Algeria/

15 安哥拉

保罗·德·卡瓦略
维克托·卡基班加
弗朗兹—威廉·海默

引 言

安哥拉位于中部非洲的西侧。领土面积1246700平方公里(481350平方英里),人口分布极不均衡,平均每平方公里6.6人。2000年,人口约达1340万,其中略超50%的人口居住在城市里——其中高达400万居住在首府卢安达及其周边地区。该国分布着3个主要的民族和6个少数民族。

葡萄牙人在经营(今安哥拉)沿海的一些定居点500多年之后,19世纪开始了征服内陆的进程,而今天的这个主权国家原本就是20世纪初在葡萄牙人的殖民统治下建立起来的。作为葡萄牙的殖民地,安哥拉见证了大规模的葡萄牙移民,重要的族群——混血人的出现,以及"土著劳动力"所承受的系统的剥削。殖民时代后期1961—1975年间的显著特征是反殖民战争,但同时也伴随着经济上的大发展,争取全民拥有完全公民身份的政治改革,以及数量巨大的前"土著"争取拥有"向上流动性"的激烈的社会变革。与此同时,将这一领土范围纳入整体社会结构的缓慢的历史进程也突然加速。随着20世纪20年代葡萄牙专制政体的瓦解,1975年安哥拉赢得了独立。90%以上的白人离开了这个国家。独立之初,安哥拉成为一个一党制国家。安哥拉人民解放运动(MPLA)是该国唯一的合法政党,该党自1962年以来就一直与葡萄牙的殖民统治作斗争。宪法授予安哥拉人民解放运动领导国家的职能,它致力于实践人民共和国的社会主义体制。安哥拉国家解放阵线(FNLA)和争取安哥拉彻底独立全国联盟(UNITA)这两个同样也参与了反殖民战争的组织被排除在了政治体制之外,它们选择武装抵抗安哥拉人民解放运动的政权。这场甚至在独立之前就已经开始的内战一直持续到了1990年。这场战争是被东西方世界的国际争端和南非种族隔离政权的地区政策所支配的。卷入冲突的各派达成一系列协议之后,1992年举行了大选,宣告了多党制民主政治的建立和当时所谓的第一共和国的终结。安哥拉人民解放运动赢得了绝对的多数,控制了议会和政府,并仍然保有总统的职位。其他的各派,包括安哥拉国家解放阵线和争取安哥拉彻底独立全国联盟的各个派系,也成为政治体系中的组成部分,但它们的影响力却很有限。大选后不久,由于争取安哥拉彻底独立全国联盟的主要派别继续试图通过军事手段夺取政治优势,此后内战一直未能停歇。尽管争取安哥拉彻底独立全国联盟在过去的几年里受到了一些削弱,仅仅能够在一些农村地区发动游击战争,但是它仍然严重地制约了经济、社会和政治的发展(参见Heimer,1979;Gonçalves,1991;Roque,1993;Messiant,1994;Kajibanga,1996;Anstee,1997;Hare,1998;Jorge,1997,2000;Kissinger,1999;Schubert,2000;Carvalho,2000a,2000b;Hodges,2001)。2002年初,争取安哥拉彻底独立全国联盟历史性的领袖,乔纳斯·沙文比(Jonas Savimbi)的离世,几乎立即就终结了这场战争,为全新的政治局面开辟了道路,新的政治格局还有待形成。

第一共和国时期的经济体制是资产由国家或集体所有,实行中央计划和控制的。第二共和国时期开始了资产管理、企业经营和进出口管制逐步自由化的进程。与此同时,诸如确定价格和汇率之类的行政管理措施开始放松或废弃。在两个共和国时期,安哥拉的经济发展依赖近海石油的开采,1999年,石油收入占安哥拉预算总收入的87.2%。安哥拉第二大的收入来源是钻石的采掘，之后是比重低得多的木材和咖啡生产。自独立以来，工业生产和经济作物的产量下降明显，现在这个国家在食品生产方面已经不能像之前那样实现自给了。1999 年，安哥拉的预算赤字达到国内生产总值（GDP）的 7.8%。在过去的 10 年里，人均年收入下降了 47.5%。存款少，储蓄的动力也就小了。2000 年，81.5%的银行存款是外币。非正式经济对于民众的生活而言至关重要，这一部门吸收了大多数的劳动力。在正式经济最为发达的罗安达，非正式经济部门仍然占据了 58%（见 Meyns，1994；Roque，1991；Aguilar and Stenman，1993；Ferreira，1993—1994，1999；Messiant，1994；Cerqueira，1996；Carvalho，1997；Rocha，1997；Queiroz，1998；Sousa，1998）。

贫困与社会不公平指数极高。在城市里，约 40%的人口生活在绝对贫困之中；在农村地区，这一比例近乎 80%（PNUD，2000）。超过一半的安哥拉人生活在贫困线下。61%的总收入集中在收入最高的 20%的家庭里，而最贫困的 20%的家庭只占有总收入的 3.2%（PNUD，1999b：20）。人类发展指数非常低，1999 年，该系数是 0.398，这使得安哥拉在全世界 174 个国家中排名第 160 位（PNUD，1999a）。

1961 年之前的殖民地安哥拉拥有发展良好的白人教育，但是“土著”所能享受到的教育却极为有限。1962 年之后，安哥拉的教育经历了爆炸式的扩张。教育成为安哥拉混血种人和黑人得以向上流动的关键，也成为葡萄牙语迅速得以传播的决定性因素。独立之后，安哥拉努力推动教育的进一步发展，除了正规的学校教育外，它还在独立之初的几年里发动了扫盲运动。然而，内战和经济困难很快就造成了后退。因此，在过去的数十年里，教育事业实际上是在持续地衰退。现在，全国约有一半的人口是文盲。适龄儿童的入学率约为 30%。学校一至六年级的入学率约为 50%，在入学的儿童中只有 30%能够坚持到四年级，15%能够坚持到六年级——这是全世界最糟糕的情况之一。辍学率如此之高，以至于生均总支出是通常状况的 2.5 倍（Instituto Nacional de Estatistica and UNICEF，1997）。尽管教育发展存在着种种的问题，但是后殖民时代的教育，以及电台、电视、兵役、兴盛的基督教教会和教会团体仍然持续地推动了葡萄牙语的普及。葡萄牙语是各个层次教育中唯一的教学语言。如今，大多数的安哥拉人都说葡萄牙语，在城市地区，葡萄牙语已经成为通用的交际语言。在那里，年轻的一代越来越脱离了在这个国家原本使用的非洲语言。

本章试图盘点安哥拉在高等教育发展中已经实现的和没能实现的目标，同时揭示发展中存在的种种问题与不足。在当前，这正是安哥拉高等教育的主要特点。

安哥拉高等教育史

在今天被称作安哥拉的这一地区，初等教育的产生可以追溯到 17 世纪，中等学校在 20 世纪早期开始建立，而高等教育则要等到殖民时代末期才开始出现。1958 年，在罗安达和万博（Huambo）出现了为培养未来的神父而创设的天主教高等教育。1962 年，在罗安达创办了隶属葡萄牙大学体系的安哥拉普通教育大学（Estudos Gerais Universitários de Angola）提供农业、林业、土木工程、医学、兽医学和教育学的课程；1966 年，林学和兽医学专业被转移到了万博，教育学专业被转移到威拉（Huila）（Oliveira and Leite 1972）。1968 年，普通教育大学成为独立的罗安达大学（Universidade de Luanda），它开设了自然科学专业（罗安达），地理、历史和罗曼语言与文学课程（威拉）。1972 年，有 3336 名学生就读于这所大学，同期有 604 名安哥拉的学生在葡萄牙的大学里念书（Silva，1992—1994）。与此同时，天主教教会的高级教会研修班（higher ecclesiastical seminars of the Catholic church）继续在罗安达和万博举办，1962 年，天主教教会在其位于罗安达的庇护十二世学院（Instituto Pio XII）里开办了社会福利方面的本科（M. A.）课程。①

安哥拉独立，也就是葡萄牙人开始大规模地

① 安哥拉的高等教育体系从阶段上看，B. A. 相当于专科，M. A. 相当于本科，Mestre：相当于硕士，Doctorate：相当于博士。——译者注

撤离时,罗安达大学已经有了20个本科(M. A.)专业(12个在罗安达,6个在威拉,2个在万博),吸纳了2354名学生和274名教师。该校由6个院系组成:在罗安达的自然科学系、经济学系、工程学系和医学系,在万博的农学系,在威拉的文科/教育系。1965—1975年间,开设的专业数量增加了4倍,学生数量增加了8.2倍,教职员人数则增加了15.2倍。

独立后不久,所有的非国有教育机构都被关闭,其中也包括了天主教的高等教育机构。1979年,罗安达大学改名为安哥拉大学(Universidade de Angola)。在之后的几年里,在罗安达设立了法学院,开始提供法学本科(M. A.)的课程。文学院被关闭,取而代之的是高等教育学院(ISCED),这个学院是为培养中学教师而设立的,如今它在本格拉(Benguela)、卡宾达(Cabinda)、万博、罗安达、卢班戈(Lubango)、松贝(Sumbe)和威热(Uige)开设有13类的本科(M. A.)专业(生物学、化学、英语语言与文学、法语语言与文学、地理学、历史学、数学、教育学、哲学、物理学、葡萄牙语语言与文学、心理学和社会学)。1985年,大学以共和国首任总统的名字更名为安哥拉阿戈斯蒂纽·内图大学(Universidade Agostinho Neto)(他同时也是安哥拉大学的首任校长)。它的法定使命是为这个国家的文化、经济和社会发展事业培养高层次的骨干人才。

表15.1　安哥拉公立大学本科(M. A.)专业设置的变化

课程	1963年	1968年	1975年	1980年	2000年
农学与林学	X	X	X	X	—[1]
建筑学	—	—	—	X	X
生物学	—	X	X	X	X
中学生物学教学	—	—	—	X	X
商学	—	—	—	X	X
化学工程	X	X	X	X	X
化学	—	X	X	X	X
中学化学教学	—	—	—	X	X
土木工程	X	X	X	X	X
经济学	—	—	X	X	X
教育学/教学法	X	X	X	X	X
电工工程学	X	X	X	X	X
中学英语教学	—	—	—	X	X
中学法语教学	—	—	—	X	X
地理工程学	—	—	—	X	X
地理学	—	X	X	—	—
中学地理教学	—	—	—	X	X
地质学	—	X	X	X	X
地球物理学	—	—	—	X	X
历史学	—	X	X	X	X
中学历史教学	—	—	—	X	X
信息工程	—	—	—	X	X
法学	—	—	—	X	X
数学	—	X	X	X	X
中学数学教学	—	—	—	X	X
机械工程	—	—	X	X	X
医学	X	X	X	X	X
矿山工程学	X	X	X	X	X
教育学	—	—	—	X	X
中学哲学教学	—	—	—	X	X
物理学	—	X	X	X	X
中学物理教学	—	—	—	X	X
中学葡萄牙语教学	—	—	—	X	X
中学心理学教学	—	—	—	X	X
罗曼语言学	—	X	X	X	
中学社会学教学	—	—	—	—	X
兽医学	X	X	X	—	—[1]

注:[1] 因其设施遭到内战的破坏而没有实施。

来源:DPSE, 1965 and 1969, Ministerio da Educaçao, 1978, 1992; UAN, 1998, 1999a.

作为20世纪90年代初政治变革的结果,安哥拉政府在1995年赋予这所学校以新的法律地位和组织结构。在有关阿戈斯蒂纽·内图大学的法令中,学校的性质和使命被重新定义为"为培养各知识领域内的高层次骨干人才而组建的拥有在科学、教学、行政、财政和纪律方面的法定自主权的公法实体"。

1998年，安哥拉阿戈斯蒂纽·内图大学设有8个院系(系和高等学院)。它提供35类本科(M. A.)专业和45个可选的专业方向。学生注册人数达8536人，教职员工736名。大学的机构分布在7个省：罗安达省、本格拉省、卡宾达省、万博省、威拉省、南宽扎省(Kuanza-Sul)和威热省。

需要强调的是，自殖民地时代以来，安哥拉的教育体系一直服务于制造和维持社会差异，巩固社会控制关系(Heimer, 1972, 1973; Carvalho, 1989; Silva, 1992—1994)。这在高等教育中表现得尤为明显。直到独立时，在高等教育体系中的绝大多数学生都是葡萄牙人或他们的后代；1974年，只有约5%的学生具有其他的背景(USAID, 1979:62; Fundação, 1996:50)。造成这种局面的部分原因要归咎于社会歧视，但是最主要的原因还在于中等教育和高等教育的收费。学费的数额超出了绝大多数非洲人的承受能力。

独立以后，从初等教育直到高等教育全部实行免费，教育的规模有了明显的扩大，同时种族歧视也被消除。社会各阶层的学生大量地涌入了学校。在高等教育中也出现了同样的情形。然而也就是在这时，迅速形成的新的城市中产阶级很快就发现，在第一共和国里他们几乎立刻就构成了一个“国家阶层”，这个阶层把持着政治、行政、军事、意识形态和经济机构，并从本阶层的利益出发对教育加以利用。

实施大众教育却又没有足够的措施来满足学习的需求，尤其是缺少合格的教师，再加上持续不断的内战和经济困难，数年之后造成了整个的教育体系，也包括大学，教育质量明显下滑。这样的结果并不符合国家阶层的利益。作为首先的反应就是建立起了一个庞大的海外高等教育奖学金制度，这一举措得到了外国，尤其是，但不仅仅是东欧国家和葡萄牙，以及安哥拉本国的大力支持。该制度不可避免地被国家阶层加以利用，他们往往利用该制度向受益人提供比大学教职员工资还高的奖学金，他们还成功地将比大学的预算还高得多的国家预算分配给了这一制度(Carvalho, 1990)。

过渡到第二共和国后不久，该制度被替换。取而代之的是允许甚至鼓励建立在一定程度上受到国家间接资助的私立高等教育机构的政策(Messiant, 1999)。早在1992年天主教会就已经启动了安哥拉第一所私立大学，安哥拉天主教大学(Universidade Catolica de Angola)的创建工作，这所大学于1997年在罗安达正式投入运行，如今它已经开办了法学、经济学、商学和计算机科学方面的本科(M. A.)专业。

追随着先行者的脚步，迄今又有3所“私立商业性”的大学建立了起来。1999年，在罗安达建立了安哥拉卢斯埃达大学(Universidade Lusiada de Angola)，该校是位于里斯本的私立卢斯埃达大学的一所分校，迄今为止，它提供法学、经济学、商务和会计等方面的课程。同年，(也是位于罗安达)的安哥拉私立高等学校(Instituto Superior Privado de Angola)开始招生，它提供药学、护理、物理疗法和口腔医学等方面的课程。2001年，该校又增设了建筑与都市化、行政管理与经营、通信与新闻、管理学和计算机科学等方面的课程。2000年，安哥拉让·皮亚杰大学(Universidade Jean Piaget de Angola)在维亚纳(Viana)(罗安达外围)开张，它是位于里斯本的同名大学的分校。该校开设了法学、经济与商务、工程、护理、医学、心理学和社会学专业；2000—2001年间，它又开设了食品工程、土木工程、建筑与土地规划、社会工作、教育与教学、运动，以及特殊教育与康复方面的专业。

这些大学都是营利性的机构，依靠学生支付可观的学费来运作。尽管它们在某种程度上弥补了公立大学的不足，但是它们首先都是服务于国家阶层以及由国家阶层衍生出来的企业家阶层的利益的。

在法律意义上，爱德华多·多斯桑托斯基金会(Fundacao Eduardo dos Santos)在1999年建立了安哥拉诺瓦大学(Universidade Nova de Angola)。该基金会由时任共和国总统创建，并以他本人的名字命名。但是，这所大学至今尚未正式投入运转，就目前的状态来看，该校的前景尚不明朗。

在同一时期，阿戈斯蒂纽·内图大学宣布了建立“中心大学”的计划，该计划覆盖全国所有的地理区块和文化地域，以此来显示对“发展的文化向度”的关注(Kajibanga, 1999b, 2000a, and 2000b)。其声称的目的是要“为国家的，更为重大的发展创造机会”(Universidade Agostinho Neto (UAN), 1999b)。

高等教育的发展趋势与模式

高等教育政策

独立后不久,在1977年,第一共和国为安哥拉制定了新的学制,并于1978年开始实施。该学制包括:

- 基础教育第一阶段,该阶段包括学前教育(introductory year)和四年制的小学教育(1—4年级)
- 基础教育第二阶段,该阶段包括第5、6两个学年
- 基础教育第三阶段,该阶段包括第7、8两个学年
- 中间层次的教育,它提供两种选择:大学升学教育(三年制,第9—11学年),学生在毕业后接受高等教育;以及狭义上的中间教育(四年制,第9—12学年)

该学制由安哥拉人民解放运动制定,并且得到了政府的自动认可。推出新学制的目的是要普及教育,并以此来回应社会平等和国家发展的呼声。所有的教育机构均被收归国有,由国家来举办教育,并且免除了学费。按照计划,所有的孩子应该至少都能够完成基础教育的第一阶段。学校与社会之间的关系是建立在教育能够实质性地推动农业与工业发展的这一假设的基础上的(Sousa, 1997: 48-54; MPLA, 1977: 122-125)。对于大学来说,就是要通过培养接受过良好教育的精英来发挥其服务国家发展的作用,同时还要充当政治体制的拥护者和国家主权的象征(Fundação, 1996:50-51)。

安哥拉人民解放运动在1981年详细地阐明了大学所要遵循的路线(MPLA, 1977: 122-125)。其后五年的路线规划如下:

- 制定全面改革高等教育的计划并逐步实施。
- 建立学生选拔制度。
- 加强与其他大学的交流,以便通过与国外人员(多数来自社会主义国家)的合作来改进教学。
- 将教学与研究结合起来,并让学生参与其中。
- 将教学和研究的重点放在对国家的社会、经济发展最为重要的领域。

为了体现以上最后一点的要求,高等教育推动经济发展的作用受到了特别的重视(Ferreira, 1999:45-52, 207-210)。作为执政党的安哥拉人民解放运动要求大学直接参与经济生产,这就意味着技术与农业学科得到了重视,而社会与人文学科的地位下降(Sousa, 1997)。在这种局面下,大学精英化的趋向受到了批评,大学被认为应该向所有有能力有资质的学生敞开大门。所有的大学均采用了马克思—列宁主义作为分析理论和研究方法也成了势所必然。

1992年,向多党民主制的过渡引起了政府高等教育政策的重大转变。政治和经济自由化的浪潮几乎很快就波及了大学,意识形态的框架被废除。新宪法肯定了教育的极端重要性,所有的有关教育的基本决策权都被授予了议会。议会将教育的发展置于高度优先的地位,并且在1993年初组织了圆桌会议,推出了新的“教育体制基本方案”(Projecto de Lei de Bases do Sistema de Educacao)。新方案将教育体系分成了四个子系统:

- 学前教育。
- 普通教育:初等和中等教育。
- 技术与职业教育:职业培训和中等专业教育。
- 高等教育:大学除开设普通大学教育(B. A., M. A.)和研究生(硕士 mestre、博士 doctorate)教育外,还将引入修习时间较短的“多科技术”课程。

新制度的出台使安哥拉的教育开始进入了过渡期,且当前仍然还处在过渡期。新的教育结构正在逐步推行,而旧有结构的痕迹尽管越来越少,但也还依然存在。

在过去的15年里,也就是自第一共和国行将结束以来,以改进高等教育的公共政策为目标涌现出了不少的研究成果(见 Varii, 1985; Fundacao, 1987; Fundacao, 1996; UNESCO, 1993; MPLA and UAN, 1999),召开了许多次的有关安哥拉高等教育状况的会议(1984年、1986年、1988年分别召开了第一次、第二次、第三次大学会议;1988年举办了UAN和高等教育论坛)。2000年初,安哥拉人民解放运动就此问题组织了深入的大讨论,并且提出了改进高等教

育的几个方面的问题：

- 正确的教育政策和持续的公共和私人教育投资。
- 教学与研究的密切联系。
- 科学与技术课程对于国家的发展至关重要，尤其是农学、兽医学和商务管理方面的课程非常重要。
- 立足发展安哥拉自己的高等教育。派遣海外留学仅限于对安哥拉的发展十分重要的那些研究生教育。

除了最后一条以外，所有这些结论其实早在20世纪80年代就已经被提出过，但却从未得到实施。从以下三个方面可以断言，2000年是安哥拉高等教育政策的一个决定性的转折点：

- 先前被用于海外留学的大量的资金从今往后将被用在国内的高等教育发展上。
- 私立大学的出现给国家造成了相当大的压力，现在必须采取更为充分有效的政策来推动公立高等教育的发展。
- 新出现的对跨学科、学科间和多学科，以及对更加符合安哥拉乃至非洲整体实际情况的科研活动的重视，已经深远地影响到了所有课程结构的调整。

高等教育的财政资源与管理

在当前安哥拉的高等教育体系中，政策的决策与政策的实施泾渭分明。在政策决策层面上，行动者是议会，笼而统之的政府，以及教育部。具体而言，议会中的教育、文化、科学和技术委员会、政府，以及教育部是这方面最为突出的权力实体。在政策实施的层面上，在新宪法下，公私立大学享有组织、教学与研究方面的自主权。将来还会有一个校长理事会来协调大学自身的决策，甚至制定共同的规则与措施。

当前，高等教育的财政资源主要来自于四个方面：国家预算、学生缴纳的学费、私人或国际援助组织的捐献，以及向个人、企业提供服务的收入。

公立大学完全依赖于国家的预算。每年，它会得到一项经常性预算和一项基本建设预算。前者由政府直接拨给大学，主要由四部分组成：人事费用、物品采购费用、服务费，以及其他的费用。尽管工资的调整时常远远地滞后于生活成本的持续上涨，但是人事费用仍然往往会占到全部预算的80%以上（Ministèrio da Educação，1992；MPLA，2000）。年复一年地，一般性预算总是甚至无法满足大学最基本的开销。

基本建设预算由教育部下拨，交由大学管理。像经常性预算一样，它也没有为科研活动预留经费，结果就使得科研活动受到了极大的制约（Camarada，1992；Kajibanga，1998，1999a）。财政资源的匮乏实际上使得大学的功能被减少到了只剩教学这一项维持课程专业最为基本的活动了。

这个国家糟糕的经济表现和连年内战所造成的损失，导致整个国家的预算中用于教育支出的比例大幅度地被削减。

图15.1显示了国家预算中高等教育份额的大幅波动和急剧减少。很显然，安哥拉政府已经宣布的教育政策并没能付诸实施，而这对于国家发展的影响是非常明显的。

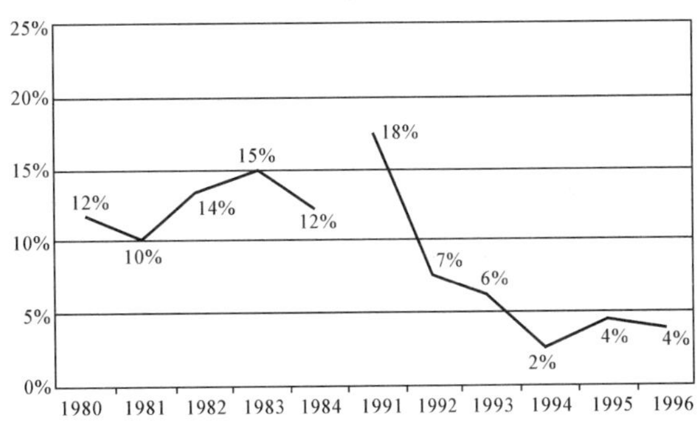

图15.1　1980—1996年安哥拉高等教育在国家预算中的比例

来源：World Bank，1991；Instituto，1992；IMF，1997.

尽管有关其财务状况的公开资料非常有限，但是对于私立大学而言，顾名思义，学生缴纳的学费构成了其主要的收入来源。这些学校的出现与数量增多，显然要仰赖安哥拉国家阶层和企业家阶层购买力的增强——这已经足够来证明最初的海外投资（主要是葡萄牙）是明智的。至于阿戈斯蒂纽·内图大学，它才刚刚开始为有固定工作的人开设收费的夜间课程。

公立大学与一部分私立大学都能够得到在安哥拉国内开展业务的赞助商，比如，石油和钻石公司，以及一些各种各样的跨国集团的捐赠。

安哥拉诺瓦大学的财政经费就来源于安哥拉的一个基金会的捐助(Messiant,1999)。

大学也能够获得一部分的服务收入,服务的方式包括:向其他的机构开放设施,出借设备,和编制教材等。不过,迄今为止这方面的潜力还很少得到发掘,主要的原因就是缺少相关的立法。

高等教育机构

2001 年,安哥拉高等教育机构的名录如下:

- 阿戈斯蒂纽·内图大学(Universidade Agostinho Neto):罗安达、本格拉、卡宾达、万博、卢班戈、松贝、威热(公立)
- 安哥拉天主教大学(Universidade Catolica de Angola):罗安达(私立)
- 安哥拉卢斯埃达大学(Universidade Lusiada de Angola):罗安达(私立)
- 安哥拉让·皮亚杰大学(Universidade Jean Piaget de Angola):维亚台纳(私立)
- 安哥拉私立高等学院(Instituto Superior Privado de Angola):罗安达(私立)
- 安哥拉诺瓦大学(Universidade Nova de Angola):(私立,尚未投入运行)

迄今为止,阿戈斯蒂纽·内图大学仍然是安哥拉最重要的高等教育机构。在一方面,该校多年来深受财政困难和基础设施缺乏的困扰。基础设施往往处于极度被忽视的状态,图书馆、实验室、工作间和学生宿舍都很缺乏。但在另一方面,在 20 世纪 90 年代,该校扩张了几乎遍布全国的教育网络。尽管此时的分校区还只能提供对资源需求较少的人文与社会科学类课程。当前,该校设立了下列院系:

- 自然科学学院,罗安达:生物、地理工程、地球物理学、地质学、物理学、数学、化学
- 农业科学学院,万博:农艺学、兽医学
- 法学院,罗安达(分校在卡宾达和卢班戈):法学
- 经济学院,罗安达(分校在卡宾达和松贝):经济学、经营学
- 工程学院,罗安达:建筑、电气工程、土木工程、计算机工程、机械工程、化学工程、采矿
- 医学院,罗安达:医学和外科学
- 教育学院,本格拉:教育学;中学法语、地理、历史、数学、心理学教师培训
- 教育学院,万博:化学、教育学、英语、法语、地理、历史、数学、心理学(因为战争的破坏没有运行)
- 教育学院,罗安达:教育学、英语、法语、历史、数学、哲学、葡萄牙语、心理学、社会学。卡宾达分校(教育学、历史学、心理学),松贝分校(教育学、心理学)和威热分校(教育学、心理学)
- 教育学院,卢班戈:生物学、化学、教育学、英语、法语、地理、历史、数学、葡萄牙语和心理学
- 护理学院,罗安达:护理

2002 年,安哥拉将创建第二所(自治的)公立高等教育机构,高等政治社会科学学院(Instituto Superior de Ciencias Sociais e Politicas)。该校将建在罗安达,开设社会科学、战略研究与国际关系、大众传媒、政治经济与商业管理、政治科学与政治营销,以及公共管理等专业。

私立大学的情况,简述如下:

- 安哥拉天主教大学,罗安达:经营学、计算机科学、经济学、法学
- 安哥拉让·皮亚杰大学,维亚纳:经营学、经济学、工程学、法学、医学、心理学、社会学(2002 年,将开设建筑与城市规划、土木工程、食品工程、社会工作、技术学校教师培训、特殊教育与康复,和运动方面的课程)
- 安哥拉卢斯埃达大学,罗安达:会计学、经营学、经济学、法学
- 安哥拉私立高等学院,罗安达:行政与管理、建筑与城市规划、信息与管理、新闻与大众传媒、护理、口腔医学、药学、物理疗法
- 安哥拉诺瓦大学,罗安达:2002 年将开设人文和技术领域的课程

需要指出的是,所有大学的课程结构都与葡萄牙及其他的欧洲国家的大学的课程结构类似。当前,在安哥拉的高等教育机构中,尚未开设专科课程(bacharelatos),只有学制 4—5 年的本科课程(licenciatura)。在安哥拉高等教育的学制体系中也包含了硕士教育阶段(mestrados),即学士后教育(post-M. A.)。在这一阶段中,首先是学术性的硕士(mestre)教育。硕士教育同时也是获得博士(Ph. D)(或医学博士 M. D. 等)学位的必

经之路。不过,直到 2002 年初为止,安哥拉还没有任何真正实施的学士后(post-M. A.)教育。

高等教育的入学

升入安哥拉任何一所高校的首要前提就是要已经完成中等(中间)教育,也就是说要完成升学教育这一轨的第十一年级,或是中间教育的第十二年级。此外,所有的私立大学还组织了大学的预备教育,学生在被本科(M. A.)专业录取之前必须达到预备教育的要求。安哥拉天主教大学还要求学生的年龄不得超过 25 岁。

阿戈斯蒂纽·内图大学的生源数量总是远远地超出它所能承受的范围,这不仅仅是因为在很长的一段时间里,它是这个国家唯一的高等教育机构,而且还因为该校是免费入学的。因此,自独立以来,该校就有必要从每年持有正式文凭的广大毕业生中挑选出最优秀的入选者。选拔的制度和标准多年来已经发生了变化:自 1992 年以来,阿戈斯蒂纽·内图大学的校长就已经有权设置入学标准了。除了学校会设置一系列各专业通用的入学基本条件外,各专业还设置了单独的入学考试。各院系有权自定考试的核心科目和考试的形式(采用单一考试还是多次考试)。1999 年以来,各院系都出台了各自的入学条件。为了获得入学考试的机会,考生还须满足另外的一个标准:即在中等/中间教育阶段获得总分至少 14 分(满分 20 分)。

私立大学最基本的入学条件是要能够支付每月 200～350 美元不等的学费:在安哥拉私立高等学院,多科技术专业的费用是 200 美元,健康保健专业的费用为 250 美元;安哥拉天主教大学统一收取 250 美元的学费,安哥拉卢斯埃达大学则为 350 美元;在安哥拉让·皮亚杰大学,医学专业收费 350 美元,护理与工程专业为 300 美元,(必修的)大学预科收费 200 美元,其他的所有专业均为 200 美元。

教师与学生

表 15.2 和表 15.3 显示了 1964—1971 年和 1977—1998 年间大学生人数的变化。

表 15.2 殖民地时期(1964—1971)安哥拉高等教育中的学生人数

专业	1964 年	1965 年	1966 年	1967 年	1968 年	1969 年	1970 年	1971 年
安哥拉大学	418	477	607	827	1074	1570	2125	2435
农学与林学	38	36	38	40	55	71	90	91
自然科学[1]	—	—	—	—	63	135	236	231
教育学	91	32	22	53	75	160	152	180
经济学	—	—	—	—	—	—	210	243
工程学[2]	180	242	298	400	464	586	649	774
兽医学	26	37	56	70	78	99	118	122
医学与外科学	83	123	163	214	283	394	520	549
文科[3]	—	7	30	50	56	125	150	245
天主教研修班	89	79	92	95	104	121	145	131
社会工作学院	24	28	7	67	74	66	79	94
师范[4]	—	—	—	—	—	27	20	8
合计	531	584	706	989	1252	1784	2369	2668

注:[1] 生物学、化学、地理学、数学、物理学;[2] 土木工程、电气工程、机械工程、采矿、工业化学;[3] 包括教师培训;[4] 教师培训。

来源:DPSE, 1965:96-97; 1966:96-97; 1967:96-97; 1968:89; 1969:95; 1970:91; 1971:87; 1972:87.

表 15.3 后殖民地时代(1977—1998*)按专业领域分类的高等教育学生分布

专业领域	1977年	1997年	1998年
自然科学(罗安达)	404	665	713
农学(万博)	86	300	290
法学(罗安达)	—	891	1134
经济学(罗安达)	172	1115	1201
工程学(罗安达)	78	621	428
医学(罗安达)	260	506	672
教育学(本格拉、万博、罗安达、卢班戈)	109	3818	4098
合计	1109	7916	8536

注:* 只含阿戈斯蒂纽·内图大学的数据。

来源:Ministèrio da Educação, 1978:9; UAN, 1998:83; UAN, 1999a:14.

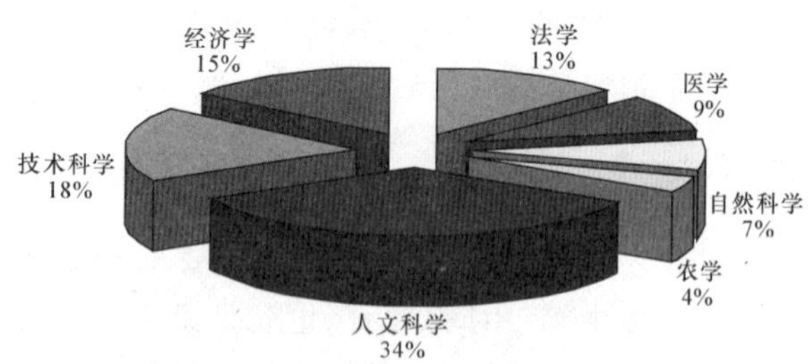

图 15.2 1998 年安哥拉高等教育各专业学生人数

来源:A calculations based on UAN, 1998:19-28, UAN, 1999a:34-56.

以上两表显示,独立前,接受高等教育的学生人数在逐年增加。而在独立时,大学生的人数急剧减少(73%)。造成这种现象的主要原因是:在1975年当年及之后不久,大多数的白人都离开了安哥拉,而与此同时,安哥拉国内的所有其他的高等教育机构都被关闭了。1977年以来,学生人数再次呈现出了增长的态势。1998年与独立时相比,学生人数增加了1倍。1977年之后的年均增长率为10.2%,而在1974年之前为27.6%。

除了这些笼统的数据之外,还需要注意的是不同专业领域里的学生分布情况的重大变化。在殖民地时期,工程学与医学的学生比例占学生总数的49%~65%,独立之后,这一比例在1977年迅速下降到39%,并在此后逐步下降到1997年的14.2%和1998年的12.9%。1998年,人文学科的学生所占的比例是最高的,之后是技术科学、经济学、法学、医学、自然科学和农业,但都与人文学科所占的比率相去甚远,如图15.2所示。

换言之,经济学、人文学科和法学的学生几乎占据了安哥拉大学生总数的三分之二,而自然科学与生命科学的学生人数所占的比例相当有限。这不仅是因为学生的偏好,更是因为后几种学科的发展面临着不利的状况,这些学科缺少甚至根本就无法获得相应的投入。就农学和林学而言,该学科领域的发展还受到了内战破坏的影响。无论怎样解释,这种分布状况是与安哥拉政府所宣称的政策背道而驰的。

总体而言,安哥拉约60%的大学生是男性。技术科学,尤其是工程学则完全是男性的天下,而生命科学与(在稍低的程度上)人文学科则吸纳了比较多的女性。

1998年,21~30岁的学生占到了入学总人数的44%。在殖民地时期,这一比例要高得多,且逐年稳步增长(从1964年的59%增加到1974年的74%),该年龄段学生所占的比例在独立后是下降了的。简言之,作为增加入学机会政策的副产品,学生的平均年龄被显著地拔高了。1998年,有10%的大学生的年龄在40岁甚至40岁以上。

有关师资情况的最新资料是1998年的,因此只涉及安哥拉阿戈斯蒂纽·内图大学。当年,该校共有736名教师,其中有10%的外国人。师资队伍的等级分明:11%的教授,7%的副教授,21%的助理教授,61%的助教。只有前两类的教师拥有博士(或医学博士等)学位。当年的生师比为11:6。

所有的私立大学都才创立不久,有关这些机构的统计数据非常零散,而且往往可信度不高。把所有的私立高校加在一起也只占安哥拉高等教育体系中很小的一部分。因此阿戈斯蒂纽·内图大学的情况可以基本反映出高等教育的整体发展状况。

学生社团

在去殖民地化的进程中,安哥拉的大学生就已经开始将自己组织起来了。1974年,政治上中立的罗安达大学生联合会成立。但是由于不利的政治环境,联合会到了1976年年中的时候就已不复存在(AEES, 1983:8)。1979年,所谓的活跃团体以高等教育学生联合会(AEES)的名义在大学的各个院系里建立起来。这种组织最早是在工程学系、医学系和自然科学系里出现的。这些团体与工会相似,它们以捍卫学生的利益,保障学生能够“积极主动地”在学术问题的解决中发挥作用为目标(AEES, 1983:9-11)。在1977—1982年间发生的,包括高等教育研讨会和学生运动在内的一系列的活动中,这些组织对广大的学生起到了显著的动员的作用,而且还推动联合会(AEES)在1983年转变成了一个事实上全国性组织。它与第一共和国的政权保持着一致,是当时唯一存在的学生组织,并在体制内发挥作用。

在1992年开始的政治变革的进程中,高等教育学生联合会解体了。取代它的是在阿戈斯蒂纽·内图大学的各个院系里各自组建起来的独立的学生组织,这些组织之后又加入了新的上级组织,安哥拉学生联盟(UEA)。该联盟将来自各层次教育系统中的学生组织联合在了一起。其中的大学生组织代表了阿戈斯蒂纽·内图大学所有院系里的学生。

尽管安哥拉的大学生是非常活跃的,甚至在私立大学里也很快就形成了联合会的骨干核心,但是联盟仍然在2000年正式宣告解散。造成联盟解体的最主要的原因可能是来自于几个主要政党的巨大压力。它们迫使统一的学生组织分裂为与各个不同的政党相联系的多个不同的学生组织。此外,学生领袖为了个人的利益而对组织加以利用也在学生组织的消亡中起到了重要的推动作用。就目前而言,学生组织的未来还是充满不确定性的。

问题与挑战

政治干预

自独立以来,安哥拉高等教育所面临着的主要问题之一就是来自于握有政治权力的当权者的频繁干预。

直到1992年,仅有的一所大学被授予依附于教育部的公共实体的法律地位。这种依附既是政治性的,也体现在行政管理上。该校的校长和副校长都由执政党安哥拉人民解放运动提名,并由共和国总统任命。校长享有副部长级的政治地位。各院系的负责人则由教育部长任命,同样也是依据安哥拉人民解放运动的提名来任命的。大学被要求:

- 贯彻执行安哥拉人民解放运动的政策和方针。
- 制定和实施政府的高等教育政策。
- 开展教学、研究与科学知识的传播。

执政党可以直接或间接地干预任何一名教师的任免,这已经足够说明政治干预实际达到了怎样的程度(UAN and UP, 1996)。在社会与人文学科领域,只有坚定信仰马克思列宁主义的党员才会得到任命。在这些学科领域中,甚至连教学大纲都是由安哥拉人民解放运动所谓的意识形态部制定的,教学内容往往与苏联或古巴这样的国家保持一致。简言之,大学受制于安哥拉所隶属的当时世界上的两大阵营之一。

20世纪90年代初以来的政治变革给这所大学带来了深刻的变化。1995年,全面的立法得到批准,大学被赋予了充分的自主权。这使得大学在体制上不再受制于安哥拉人民解放运动或教育部的指令。大学里推行内部民主,保证了各个机构和行政官员都是由教师自由选举产生的。人事选拔的依据将完全取决于学术上的业绩。

新的法规旋即被付诸实施,法定的各项选举得到了实行。然而,新的政策框架仅仅是削弱了教育部的权力,却没有真正地厘清大学与政府之间的关系。因此早在1996年,矛盾就已经出现。1997年,政府终止了选举产生的阿戈斯蒂纽·内图大学校长的职务,1999年,政府任命了一个临时委员会,2000年又发布了“高等教育法”,该法在相当大的程度上加强了政府对公私立大学的控制。这就意味着高等教育又回到了受到相当程度的政治干预的法律地位上。不过,在一次空前的大学争取独立的运动中,最高法院于2001年7月裁决,政府停止选举产生的校长的职务是非法的。由此可见,政府如果再要制度性地干涉大学的事务也许将会变得越来越难。但是即便在2001年,阿戈斯蒂纽·内图大学除法律系外的所有院系的负责人都还是安哥拉人民解放运动的激进分子和党在各个院系里的支部成员,他们须对这些支部和安哥拉人民解放运动中央高等教育委员会负责,他们执行的也是后者提出的路线方针。

这种现象可以从安哥拉人民解放运动在第一共和国时期对公立教育施加控制,以及在第二共和国时期仍然试图保持这种控制的大背景中去理解。按照马克思列宁主义政党的组织模式,在安哥拉人民解放运动的中央委员会层面上有一个专门的委员会来负责对大学的控制。尽管安哥拉已经肯定不再是一个一党制的国家了,但是安哥拉人民解放运动在很大的程度上仍然占据着主导地位。它利用并没有进行过根本性改组的组织机制来试图保留尽可能大的权力。这种政、党互通的对高等教育的系统性干涉是一个主要的问题,它对高等教育的巩固与发展显然是有害的(Kajibanga, 1998)。

质量问题

安哥拉高等教育所面临的第二个挑战是质量的普遍低下。我们可以利用许多指标来评价和分析效能与生产力方面的严重缺陷。

首先是教职员缺乏科学训练。其标志之一就是,由阿戈斯蒂纽·内图大学的教师完成的会议论文和学术出版的数量极少。1998 年,加在一起也只有 49 篇会议论文(大多数还不是以书面形式提交的),发表在科学期刊上的 5 篇文章,和 12 本著作(其中 9 本是提供给学生的教材,只有 3 本汇报了研究成果)(UAN, 1999a:34-56)。另一个标志是人文与社科领域的许多教师拒绝公开讨论他们的课程方案(内容与参考文献)。实际上有许多的课程方案自 20 世纪 80 年代以来就再没有更新过(有个别甚至在 20 世纪 60 年代以后就没有更新过)。这意味着仍有不少第一共和国时期在马克思主义影响下编制的课程仍在使用。科学素养的缺乏还表现在相当一部分的教师,甚至包括教授,都没有本科(M. A.)以上的学历(UAN, 1999a:11)。

此外,绝大多数的教师,甚至也包括教育系的教师,要么没有接受过充分的教学法训练,要么根本就没有做过这方面的准备。1997 年,联合国教科文组织与阿戈斯蒂纽·内图大学就这一问题举办了一次国际研讨会,并提出了许多措施,然而迄今还没有哪一条措施被付诸实施(UNESCO and UAN, 1997; MPLA, 2000: 9-11)。这一问题也是导致教师所采用的学生学业评价制度之所以存在很大缺陷的主要原因。

科学素养与教育素养这两方面的不足都与教师的薪酬低有关,这也在很大的程度上解释了教师的职业动机为什么这么弱的原因。由于大学提供的薪酬很低,有许多教师不得不从事经常性的或是临时性的校外工作(安哥拉生活成本的稳步上升与公共部门薪资的日益不足,见 Ferreira, 1992, 1993—1994; Aguilar and Stenman, 1993; Carvalho, 1995—1996, 1997,1999; Instituto Nacional de Estatisitica, 1996; PNUD, 2000)。安哥拉社会当今遍地都是的腐败现象,在高等教育领域表现得尤为突出(见 Carvalho, 1994, 1998; Júnior, 1994; Ministério da Justiça, 1990, 1996; Gonçalves, 1999; Andrade, 1999; Ngonda, 1999; Rocha, 1999a, 1999b; Sousa, 1999)。除了少数确实优秀的学生外,要获得入学的机会就得向负责录取工作的教职员行贿 300～2000 美元不等。也是因为同样的原因,"出钱完成学业"往往是录取之后的必然结果:教师们常常向学生销售教学材料或是单独上小课;报酬既可以是金钱也可能是各种服务(包括性服务),这都得由学生本人或其亲友承担。

低薪酬和糟糕的工作条件导致了大学教师工会和大学雇员工会自 1996 年以来组织了许多次的罢工(Rocha, 1997:40; MPLA, 2000)。这也是导致在大多数的教学计划中安排的课时数都偏少的主要原因。在 20 世纪 90 年代,上课的时间只有 4～6 个月,而非 9 个月,因此总的教学时数也远远地低于联合国教科文组织以及其他的国际机构对本科(M. A.)课程教学的要求,有时甚至低于专科(B. A.)课程的最低标准。

与此同时,大多数的学生都不能"正常"地全身心地投入学习。1998 年,有 68% 的学生在校外有全职工作,有 4% 的学生还在军队服役(UAN, 1999A:112)。

此外,现有基础设施的残破、危旧,缺少装备充足的图书馆、实验室和工作间,再加上各种教学材料的不足,也都是造成大学整体教育质量存在缺陷的原因。

另外还有一些原因则根源于学术课程脱离国家经济、社会和文化的现实,尤其是培养的人才与所需的人力资源类型不相适应(Guerriro, 1985; Delors, 1996:121-123)。私立大学的情况也大抵如此,它们大多不过是移植它们的葡萄牙"母校"或阿戈斯蒂纽·内图大学的模式。

这一切所造成的负面影响,可以从学生的学业成功/失败率上体现出来。1998 年,在所有的 7502 名参加了阿戈斯蒂纽·内图大学年度考试的学生中,只有 1291 人,或者说 17%的人通过了考试。这就是说,在被录取的所有学生中只有 24%,或者说 4 人中不到 1 人,可以升入各自专业的下一年级的学习(MPLA, 2000)。当然,现有的统计数据应该要放到前文已经解释过了的教育腐败的大背景中去解读。

所有的这些情况都意味着,实际上只有很少一部分的学生能够完成学业,获得学士(M. A.)学位。

如表 15.4 所示,安哥拉的高等教育在 12 年(1980—1991 年)里,只培养了 2, 070 名学士(M. A.)学位的获得者,平均每年 173 人。1998 年,这一数字更少,获得学士(M. A.)学位的 163 人只占当年毕业班学生人数的三分之一(32.7%)。不仅毕业的人数少,这些获得了毕业证书的人也通常要耗费比正常学制 4—5 年更长的时间才能获得学位,有时甚至得要花费正常时间的两倍。如前文所述,安哥拉的大学至今尚没有培养出一名学士后(post-M. A.)。

表 15.4 阿戈斯蒂纽·内图大学颁授的学士(M. A.)学位的数量

院系	1980—1991 年	1998 年
自然科学	183	49
法学	221	40
经济学	461	27
教育学	204	24
农学	172	10
工程学	338	9
医学	491	4
合计	2070	163
年均	173	163

来源:UAN, 1999a: 22; Ministèrio da Educação, 1995:50.

教育质量存在问题的另一个表现是那些成功地完成了本科(M. A.)学业的学生所达到的能力水平偏低。关于这一点,尽管没有相关的数据来支撑,但是根据前面描述的情况,任何一名负责任的观察家都不会抱有较高的期望。

很显然,与安哥拉政府声称要通过给予高等教育优先地位来推动国家发展的政策背道而驰的是,安哥拉高等教育的质量之差是全非洲最糟糕的之一。由此导致的后果就是,"教育体系的低效加剧了失业和不充分就业的情况,损害了国家经济的生产力,削弱了薪资的购买力,降低了人力资源的价值,限制了企业竞争力指数的提高"(Rocha, 1997)。

本国高等教育质量的低下也是许多安哥拉人赴国外攻读专科/本科(B. A. /M. A.)课程的主要原因之一。他们中的大多数都前往英国、美国、法国、葡萄牙、巴西、南非,和纳米比亚。出国求学的第二个原因是为了逃避兵役。此外,还有一些人是到国外去攻读学士后课程(post-M. A.)的,因为研究生教育在安哥拉尚不存在。除了前面提到过的安哥拉政府的奖学金制度外,国外的各种机构也为留学生提供了奖学金资助。但是现在,已经有越来越多的安哥拉留学生是依靠其属于国家阶层和企业家上层的父母所提供的私人资金来完成学业的。尽管没有获得相关的统计数据来佐证,但是可以肯定的一点是,取得学士(M. A.)学位之后再留学海外的至少有数百人,甚至上千人。有相当一部分在国外获得学位的人没有回国,但是这也同样没有得到相关统计数据的证明。据信,实际上还没有任何一个安哥拉人是凭借其在国内获得的大学毕业文凭移民海外且找到工作的。

人力资源开发与利用

直到 20 世纪 80 年代末,凭借在安哥拉或是在国外获得的大学毕业文凭就能确保在安哥拉找到一份不错的,或者至少是合适的工作。但是自那以后,由于各种各样的原因,这种状况发生了急剧的变化。其中的一个原因就是安哥拉高等教育的质量低下,以及本国大学的毕业文凭声誉不高。另外的一个原因则在于要在服务部门(包括公共行政)谋求工作的机会往往并不取决于成绩和能力。第三个原因则在于正规经济的衰退,以及与之相联系的薪资水平不高。对于大学毕业生而言,这种状况导致了两个后果:失业的增加,或是被迫转移到非正规经济部门就业。自独立以来,在罗安达就有72%的劳动力脱离了正规经济部门(Sousa, 1998:35)。

据统计,在19岁及以上的安哥拉人口中,只有约0.4%的人持有高等教育的文凭,他们绝大多数是男性,且居住在城市地区(Instituto and UNICEF, 1997:54-56)。遗憾的是,这一类人的就业资料仅涉及罗安达一地(Sousa, 1998:18-20)。1995年,持有大学毕业文凭的就业者仅占首都经济活跃人口中的2.4%和全国所有就业人口的2.6%。他们在正规经济和非正规经济中的比例大体相当。有12%的大学毕业生处于失业状态。除了之前讨论过的原因以外,尽管在安哥拉不乏推动大学毕业生就业的立法,但是这种就业的困境表明:政府缺少重视学业成绩,能力导向,且与发展需求相协调的高层次人力资源(即大学毕业生)政策,或者即便有,也是效率低下的(Carvalho, 1995—1996)。

在这样的形势下,数千名在国外大学学成后归国的毕业生的处境更加艰难。他们中的大多数,尽管不是全部,都是在第一共和国时期留学前社会主义国家的,他们所获得的学历被质疑含金量不足。与那些在安哥拉完成学业,且已经就业的人相比,持有国外毕业证书的这些人的处境要被动得多。显然,安哥拉政府还没有能够全面地解决这个问题的办法。

科学研究

在第一共和国时期,组织科学研究的任务分别属于不同的政府部门和阿戈斯蒂纽·内图大学。在阿戈斯蒂纽·内图大学,建有国家科学研究中心(CNIC)。第二共和国成立后,这一体制得到了些微的调整。1997年,政府建立了科学与技术部。国家科学研究中心被调整到了这个新的政府部门之下。

在第一共和国时期,科研经费的投入很少。在社会与人文学科领域,安哥拉人民解放运动沿着马克思主义的路线开展或委托开展了一些研究。党外的一些研究也被要求须采用同样的思想方法,而其他的研究路线均被粗暴地压制,在极端的情况下甚至不惜动用警力。总体而言,科学研究不受重视。造成这种现象的根源在于缺少开展科学研究的传统,以及在大学里教育与科研完全脱节,那些从未开展过科研活动的教师可以达到等级体系中的最高层次就是证明。阿戈斯蒂纽·内图大学的自我评价也描绘出了高等教育领域中科研状况的黯淡局面。此项自我评价分析了科研工作之所以得不到重视的原因:(高校)缺少实验室和研究中心,缺少资金,有关教职员职业发展的法令规定中缺少对科研活动的激励,没有建立社会与人文科学学院(UAN, 1979,1987)。

到了第二共和国时期,除了在方法论的选择上相对地有了一些自由外(尽管政治与意识形态的压力依然存在),局面并没有大的改观。1999年,阿戈斯蒂纽·内图大学通过了建立科研与学士后(post-M. A.)教育中心的决议,但是这一文件尚待付诸实施。因此,当前安哥拉的高等教育仍然既忽视实实在在的科学研究,也忽视科研能力的培养。20世纪90年代,在安哥拉开展的少数的一些科研项目毫无例外地都是由研究者个人推动的,科研经费也由研究者自行筹措,通常都是依靠来自校外的资源。

结 语

在安哥拉,高等教育始于20世纪五六十年代,当时国家还处在葡萄牙的殖民统治之下。首先创办高等教育的是天主教会,之后殖民当局也介入进来。当时高等教育的入学机会严格地受到社会出身的限制:学生基本上都是白人。1974年国家独立时,安哥拉的高等教育系统中约有4400名学生。

独立后,公立大学,即现在的阿戈斯蒂纽·内图大学稳步发展。1998年,它吸纳了约8500名学生,拥有750名教师,不仅在首都罗安达,还在遍布全国的许多城市里共开设了35类本科(M. A.)专业。1999年以来,安哥拉至今已经建立了5所私立大学。

在安哥拉政府的所有政策声明中,教育,尤其是高等教育都被声称享有优先地位。然而,给予该领域的实际资金投入却远远称不上享有优先发展的地位。1992年以来,教育事业的发展甚至遭遇了投入减少的压力。安哥拉当前的教育经费投入低于撒哈拉以南非洲国家和所有发展中国家的平均水平。

安哥拉高等教育的质量非常成问题。有四分之三的学生通不过年度考试，不得不重修课程计划中或多或少的部分，或者被迫退学。

大学对这个国家的发展所起的作用是颇受争议的。概而言之，安哥拉的高等教育不仅反映了这个国家深刻的政治、经济和社会危机，同时也被认为应该对这种混乱的社会秩序长期得不到纠正承担一定的责任。

在现阶段，安哥拉高等教育所面临着的主要的挑战是要解决严重的教育质量的问题。而要解决这个问题的先决条件是：

- 在政治上要坚定投入资源发展高等教育的决心，要在国内而不是到国外去为安哥拉学生寻找教育机会。
- 给予教师、研究者和大学以科学思想和学术活动上的自由。
- 为教学和研究活动提供足够的基础设施，特别是图书馆、实验室和工作间。
- 建设装备充足、人员配备得当的研究中心。
- 更新教学计划，使之能够适应这个国家的现状。
- 安排教学和科研的优先领域要考虑国家发展的需求。
- 对教师进行培训，使之具备教育理论、方法和技巧。
- 培养学生具有对社会和学术负责任的态度。
- 出台重视科学和专业能力的国家人力资源政策。
- 出台与高等教育对社会的重要性相称的薪资标准。
- 通过坚持不懈地反腐败，将道德规范重新带回到大学系统中去。

参考文献

AEES (Associação dos Estudantes do Ensino Superior). 1983. 1ª *Conferencia nacional dos Estudantes do ensino superior. Documentos.* Luanda: Associação dos Estudantes do Ensino Superior.

Aguilar, R., and A. Stenman. 1993. *Angola* 1993: *Back to Square One*? Gothenburg: Department of Economics, Gothenburg University. Andrade, Vicente Pinto de. 1999. "Corrupção e crescimento económico." Public lecture in series on A promoção de uma gestão ética e transparente, Luanda.

Anstee, M. 1997. *Orfaoda guerra fria. Radiografia do colapso do processo de paz angolano.* 1992/93. Porto: Campo das Letras.

Camarada, C. 1992. "A universidade. Aspectos para reflexão." Conference at the Centro Universitario do Huambo.

Carvalho, P. de. 1989. *Struktura spoleczna spoleczenstwa kolonialnego Angoli.* Warsaw: Institute of Sociology of Warsaw University.

——. 1990. *Studenci obcokrajowcy w Polsce.* Warsaw: Institute of Sociology of Warsaw University.

——. 1993. "Velhos dogmas no ensino." *Correio da Semana*, December 19,7.

——. 1994. "Valores e aspirações de dual turmas de jovens do ensino médio de Luanda." In *Paix, Progres et Democratie en Angola*, 63-75. Paris: Editions du Centre Culture Angolais.

——. 1995-1996. "Reflexoes sobre Política Salarial." Africa (Sao Paulo) 18-19, no. 1: 257-268.

——. 1997. "Política cambial selectiva." Ngola-Revista de Estudos Sociais (Luanda) 1, no. 1: 217-247.

——. 1998. "A adaptação ao meio académico e o sucesso escolar." Paper presented to the Forum sobre a Universidade Agostinho Neto e o Ensino Superior em Angola, Luanda.

——. 1999. "0 impacto da crise político-economica angolana na qualidade de vida das populações." Paper given at colloquium on Veneer a Fome e a Miseria, Luanda.

——. 2000a. "Guerra e paz aos olhos dos luandenses." In *La Reconciliation en Angola. Une Contribution pour la Paix en Afrique Australe*, 92-110. Paris: Editions du Centre Culturel Angolais.

2000b. "Natureza do conflito angolano." In Ismael Mateus, Reginaldo Silva, and Bernardo Vieira, eds., *Angola. A festa e o luto. 25 anos de independência*, 87-99. Lisbon: Vega.

Cerqueira, J. 1996. "Probabilidades econónicas dos angolanos a curto e longo prazos." In *Les Perspectives de Reconstruction de l'Economie de]Angola*, 57-72. Paris: Editions du Centre Culturel Angolais.

Delors, J., ed. 1996. *Educação: um tesouro a descobrir. Relatório para a UNESCO da Comissão Internacio-*

nal sobre Educação para o século XXI. Porto: Asa.

DPSE (Direccao Provincial dos Servicos de Estatistica). 1965, 1966, 1967, 1968, 1969, 1970, 1971, 1972. *Estatística da Educação. Ano lectivo* 1964/65 (1965/66 etc.). Luanda: Direcção Provincial dos Servicos de Estatística.

Ferreira, M. E. 1992. "Despesas militares e ambiente condicionador na política económica angolana (1975-1992)." *Estudos de Economia* 12, no. 4: 419-438.

——. 1993-1994. "Performance económica em situação de guerra: ocaso de Angola." *Africa* (S. Paulo) 16-17. no. 1: I 35-156.

——. 1999. *A indústria em tempo de guerra (Angola*, 1975-91). Lisboa: Edições Cosmos & Instituto de Defesa Nacional.

Fundacao, C. G. 1987. *Universidade Agostinho Neto. Estudo global*. Lisbon: Fundação Calouste Gulbenkian.

Fundacao, G. T. 1996. *Contribuição para a revitalização da Universidade em Angola*. Porto: Universidade do Porto.

Goncalves, J. 1991. *Angola a fogo intenso*. Ensaio. Lisboa: Cotovia.

Goncalves, M. 1999. "Eficacia jurídica dos instrumentos legais no corn-bate a corrupção: procuradoria Geral da República, Tribunal de Contas e Alta Autoridade Contra a Corrupção." Public lecture in series on A promocao de uma gestao publica, etica e transparente, Luanda.

Guerreiro, M. G. 1985. *A Universidade. Factor de desenvolvimento e mudança*. Faro: Universidade do Algarve.

Hare, P. 1998: *Angola's Last Best Chance for Peace: An Insider's Account of the Peace Process*. Washington, D. C.: United States Institute of Peace Press.

Heimer, F. W. 1972. *Educação e Sociedade nas Áreas Rurais de Angola. Resultados de um inquérito*. Vol. 1. Luanda: Missão de Inquéritos Agricolas de Angola.

——. 1973. "Estrutura Social e Descolonização em Angola." *Analise Social* X, no. 40 (1975): 621-655.

——. 1979. *The Decolonisation Process in Angola: An Essay in Political Sociology*. Geneva: Institut d'Etudes Internationales.

Hodges, T. 2001. *Angola from Afro-Stalinism to Petro-Diamond Capitalism*. Oxford: James Currey and Bloomington: Indiana University Press.

Instituto Nacional de Estatistica. 1996. *Perfil da Pobreza em Angola*. Luanda: Instituto Nacional de Estatística.

Instituto Nacional de Estatística and UNICEF. 1997: MICS. *Inquérito de Indicadores Múltiplos*. Luanda: Instituto Nacional de Estatística and UNICEF.

Jorge, M. 1997. *Pour Comprendre l'Angola*. Paris: Presence Africaine.

——. 2000. "0 conflito em Angola: natureza e perspectivas." Paper presented to the colloquium on La Reconciliation en Angola: une Contribution pour la Paix en Afrique Australe, Paris, Editions du Centre Culturel Angolais.

Junior, S. 1994. "Crise no ensino. A corrupção segue dentro de momentos." *Correio da Semana* 3, no. 43 (October): 23-30.

Kajibanga, V. 1996. "0 Estado pós-colonial e a questão da defesa nacional." Paper presented to the Simpósio sobre a Defesa Nacional, Luanda.

——. 1998. "Liberdades Académicas e Instituição Universitária em África." Opening conference at the Forum sobre a Universidade Agostinho Neto e o Ensino Superior em Angola, Luanda.

——. 1999a. "Ensino Superior e Dimensão Cultural do Desenvolvimento." Paper presented to the Semana Social "Educação para a Cultura da Paz," Luanda.

——. 1999b. "Culturas Étnicas e Cultura Nacional. Uma reflexão sociológica sobre o caso angolano." Public lecture at the Universidade Catolica de Angola, Luanda, for the 2° Encontro Internacional dos Delegados da Igreja Católica dos Paises Lusofonos.

——. 2000a. "Sociedades Étnicas e Espaços Socioculturais. Uma contribuição ao estudo das culturas étnicas e da cultura nacional em Angola." Public lecture at the Africa Institute of the Russian Academy of Sciences and at the School of Arts of Lomonosov University, Moscow.

——. 2000b. "Tradição, educação e dimensão cultural de dcsenvolvimento. Notas avulsas para tuna perspectiva sociológica do caso angolano." Public lecture at the Semana Cientifica da Universidade Jean Piaget de Angola.

Kissinger, H. 1999. *Years of Renewal*. New York: Simon & Schuster.

Messiant, C. 1994. "Angola: Les coies de l'ethnisation et de la decomposition." *Lusotopie* 1-2: 155-210.

——. 1999. " La Fondation Eduardo dos Santos (FESA): autour de l'investissement de la societe civile par le pouvoir angolais." *Politique Africaine* 73: 27-44.

Meyns, P. 1984. "0 desenvolvimento da economia angolana a partir da independência: problemas da reconstrução nacional." *Revista Internacional de Estudos Africanos* 2: 121-161.

Ministério da Educação. 1978. *Princípios de base para a reformulação do sistema de educação e ensino na R. P. A.* Luanda: Ministério da Educação.

——. 1992. *Exame sectorial da educação.* Luanda: UNESCO, UNICEF, Ministério da Educação.

——. 1995. "Plano Quadro de Reconstrução do Sistema Educativo (1995-2005)." Unpublished manuscript. Luanda: Ministério da Educação.

Ministério da Justiça. 1990. *Estudo sobre o fenomeno da corrupção.* Luanda: Ministério da Justiça (d)raft.

——. 1996. "0 fenomeno corrupção e sua influência na educação." Paper presented to the conference on A educação em Angola Para uma melhor qualidade de ensino, Luanda.

MPLA (Movimento Popular de Libertacao de Angola-Partido do Trabalho). 1977. *Orientações Fundanientais para o Desenvolvimento Economico-Social no período* 1978/1980. Luanda: Secretariado do Comae Central.

——. 1981. *Orientações fundamentals para o desenvolvimento economico-social. Período* 1981-1985. Luanda: Secretariado do Comite Central.

——. 2000. "Diagnostic° e perspectivas do desenvolvimento do ensino superior." Luanda: MPLA (d)raft.

MPLA and UAN. 1999. *Proposta de política de expansão geográfica da Universidade Agostinho Neto.* Luanda: Universidade Agostinho Neto.

Ngonda, L. 1999. "A percepção da sociedade civil sobre o fenomeno da corrupção." Public lecture in the series on A promoção de uma gestão pública, ética e transparente, Luanda.

Oliveira, C., and F. Leite, eds. 1972. *Legislação Universitária. Parte geral.* 1930-1971. Luanda.

PNUD (Programa das Nações Unidas para o Desenvolvimento). 1999a. *Relatório do Desenvolvimento Humano.* 1999. Lisbon: Trinova.

——. 1999b. *Relatório do Desenvolvimento Humano.* Angola 1999. Luanda: PNUD.

——. 2000. "Políticas de Redução da Pobreza. Procurando a Equidade e a Eficiência." Luanda: PNUD (draft).

Queiroz, F. 1998. "A economia tradicional e a transição para a economia de mercado." Paper presented to the 1as Jornadas sobre Economia de Angola, Luanda.

Rocha, M. A. da. 1997. *Economia e Sociedade em Angola.* Luanda: Luanda Antena Comercial.

——. 1999a. " Subsidios para uma analise sobre a corrupção em Angola." Public lecture in the series on A promoção de uma gestão pública, ética e transparente, Luanda.

——. 1999b. "A corrupção e o seu impacto no desenvolvimento económico de Angola." Public lecture in the series on A promoção, de uma gestão pública, ética e transparente, Luanda.

Roque, F. 1991. *Economia de Angola.* Venda Nova: Bertrand.

——. 1993. *Angola: Em nome da Esperança.* Venda Nova: Bertrand.

Schubert, B. 2000. *A Guerra e as Igrejas. Angola* 1961-1991. Basel: Schlettwein.

Silva, E. M. da. 1992-1994. "O papel societal do sistema de ensino na Angola colonial (1926-1974)." *Revista International de Estudos Africanos* 16-17: 103-130.

Sousa, C. de. 1999. "O Papel dos tribunais no combate a corrupção." Public lecture in the series on A promoção de uma gestão pública, ética e transparente, Luanda.

Sousa, J. P. D. Araujo de. 1997. "A educação e o Desenvolvimento Endogeno em Angola. Evolução, problemas, perspectivas." M. Sc. dissertation, Universidade Portucalense.

Sousa, M. A. de. 1998. *Sector Informal de Luanda. Contribuição para um melhor conhecimento.* Luanda.

UAN (Universidade Agostinho Neto). 1979. "Perspectivas sobre a Investigação Científica e o desenvolvimento da República Popular de Angola." Unpublished manuscript. Luanda: Universidade Agostinho Neto.

——. 1987. "A Investigação Científica na Universidade Agostinho Neto." Unpublished manuscript. Luanda: Universidade Agostinho Neto.

——. 1998. *Relatório de actividades. Ano civil de* 1997. *Plano de acção* 1997-2001. Luanda: Universidade Agostinho Neto.

——. 1999a. *Relatório de actividades*. Ano civil de 1998. Luanda: Universidade Agostinho Neto.

——. 1999b. "Política de expansão geografica da Universidade Agostinho Neto." Unpublished manuscript. Luanda: Universidade Agostinho Neto.

UAN (Universidade Agostinho Neto) and UP (Universidade do Porto). 1996. *Contributos para a revitalização da universidade em Angola*. Porto: Universidade do Porto.

UNESCO. 1993. *Estudo sectorial do ensino superior*. Luanda: UNESCO.

UNESCO and UAN. 1997. "Pedagogia universitaria nos paises africanos de língua portuguesa." Unpublished manuscript. Luanda: UNESCO and Universidade Agostinho Neto.

USAID. 1979. "A Report to the Congress on Development Needs and Opportunities for Cooperation in Southern Africa." Annex A: "Angola." Unpublished manuscript. Washington, D. C.: United States Agency for International Development.

Varii. 1985. *Ensino superior na República Popular de Angola*. 1975 *a* 1985. Luanda: Ministry of Education and Universidade Agostinho Neto.

16 贝　宁

柯宾·米歇尔·古德哥比

引　言

贝宁,1975 年前称达荷美(Dahomey)共和国,是法国的前殖民地,1960 年独立。贝宁地处西非,北接布基纳法索、尼日尔,东邻尼日尔、尼日利亚,西接多哥,南濒大西洋。贝宁的国土总面积 112334 平方公里(43372 平方英里),总人口约为 560 万。贝宁主要的经济活动是农业生产,约 90%的劳动力从事农业生产。贝宁的平均成人识字率是 66%,小学毛入学率为 78%。就人均国民生产总值和人类发展指数而言,贝宁属于最不发达国家行列。贝宁的官方语言是法语,流通货币是西非法郎(1 西非法郎相当于 0.01 法郎)。

就贝宁的政治历史而言,1960 年独立至 1972 年间,贝宁经历了政局动荡,期间发生了几次军事政变;1972 年政变后经历了 17 年的一党统治,1990 年贝宁开始了民主进程,进入了新的时代。

贝宁的高等教育体系仿效法国的教育结构而建。这是一个由单所大学系统控制的公办体制,经历了多个阶段。虽然该教育体系在一定程度上满足了国家人力资源的需求,但教面临着严重的困难,导致内部和外部效率减弱。国家和国际发展,需要高等教育体系能适应不断变化发展的社会经济环境。

中学后教育的历史背景

与非洲其他法国殖民地一样,在殖民统治期间(1890—1960),贝宁没有建立高等教育体系。殖民地的人民到法国接受高等教育,自一战后在塞内加尔建立达喀尔大学以后,又转到塞内加尔接受高等教育。由于地区殖民行政总部设在达喀尔,该大学实际上成了法属西非的事实区域中心。

独立后,贝宁的高等教育发展经历了几个阶段,包括在波多诺伏(Porto-novo)建立大学一年级文科预科班,以及 20 世纪 60 年代末与邻国多哥联办高等院校,多哥和贝宁各办一个分校(人文艺术在多哥,理科在贝宁)。通常,学生前两年在各国附属于法国大学的分校学习,然后再到达喀尔大学或到法国继续攻读学士学位。

1970 年,贝宁决定建立自己的大学。在创办之初,该大学名为达荷美大学。1975 年,达荷美共和国改名为贝宁共和国之后,达荷美大学更名为贝宁国立大学(Université National du Bénin, UNB)。该大学根据 1970 年 8 月 21 日的总统令建立,不同于多哥的国立大学——贝宁大学(Université du Bénin)。

贝宁的高等教育体系主要是公立中央体系。贝宁国立大学满足了国内对中学后教育的大部分需求。20 世纪 90 年代私立院校开始出现,现已成为贝宁高等教育体系的主要特色。

结　构

根据入学模式的不同,贝宁国立大学的下属机构可以分为以下几类:

- 开放入学的通识教育机构。获中学毕业证书的学生可入学,入学不受限制。这些机构有:
  1)人文科学学院;
  2)理学院;
  3)法律和经济学院。
- 须选拔性考试的专业教育机构。除须持有中学毕业证书外,申请者还须通过入学考试。这些机构入学人数有上限。学生入学后通常可享受全额奖学金,且不需付学费。20 世纪 80 年代中期前,只有一次入学考试,竞争非常激烈。现在,除了这一入学模式外,大多数专业性学院允许根据考试成绩招收第二批学生。这类学生的学习费用全部自理。这类机构有:

1)国立经济学院;

2)国立公共管理学院;

3)国立青年和体育学院;

4)国立社会工作学院;

5)农学院;

6)医学院;

7)大学多科技术学院;

8)师范学院:高等 1 所,其他 3 所。

- 研究生院和附属机构。它们有:

1)地区公共卫生学院;

2)阿拉伯语言与文明学院;

3)贝宁外国语中心;

4)高等数理学院。

- 服务性机构。它们有:

1)大学图书馆;

2)国家学生福利中心;

3)法语出版与信息传播集团(SYFED)中心,该中心是法语大学网络(UREF)的组成部分。

20 世纪 70 年代末建立的选拔性入学学院,以专业为导向,并为毕业生提供更好的就业机会,所以刺激了对高等教育的需求。但是,20 世纪 80 年代以来,开放入学的学院入学人数出现增长,特别是法律和经济学院,其入学人数增加了 5 倍。1999 年,法律和经济学院共有学生 6193 人,占贝宁国立大学在校生总数的 38%。如果计入文学或相关学科的入学人数,贝宁国立大学约有 65%的学生在非理科院系学习,就业机会非常有限。

总体而言,贝宁国立大学由 19 个下属机构组成,分布在 6 个校区。主校区为阿波美一卡拉维(Abomey-Calavi),距贝宁的主要城市科托努 8 英里。

学 生

表 16.1 显示了 1970—1999 年学生入学人数的变化发展情况。自 1970 年大学建立后,入学人数增长相当可观。1970 年有学生 350 人,1986 年增至 7253 人,1995 年增至 11007 人,而 1999 年增至 16284 人(包括 3346 名女生,占 20.5%)。高等教育入学人数仅占同龄人群的 1%。1999 年,3 个所谓的老牌学院(即人文学院、经济和法律学院、理学院)入学人数为 12959 人,占全校总入学人数的 79%。

表 16.1 1970—1999 年贝宁高等教育学生入学人数

年份	入学人数
1970	350
1975	1896
1980	3390
1986	7253
1990	9201
1995	11007
1996	11227
1997	14055
1998	14486
1999	16284

来源:2000 年贝宁国立大学(阿波美一卡拉维校区)校长办公室的入学记录。

学生无论在校园内还是在社会上一直都是强大的力量。贝宁学生搞激进行动、闹学潮的历史由来已久,这些活动都与国家的政治、经济气候密切相关。1982—1989 年统治国家的一党政权试图控制学生运动,采取的办法是禁止成立任何学生团体,强推国家学生联合会,即隶属于执政党的大学生合作社。1990 年,贝宁政府民主制度开始出现,学生运动的焦点集中在贝宁的经济、政治生活和人民对前途的不安等方面。几个学生组织得以建立起来。学生经常罢课、示威,要求改善居住条件,要当局增加就业机会。只要不触犯相关法律,学生就可以自由示威。学生的激进行为引起校园内的骚乱,政府不得不封闭大学数日甚至数月,对教育质量产生了负面影响。

学术人员

表 16.2 表明了自 1992 年以来教师人数的变化情况。1992 年有 614 人,1994 年下降到 559 人,而到 1997 年才保持基本稳定,1999 年达到

638 人。由于财政困难，政府好几年停招公务员（教师在贝宁属于公务员）。新的招聘近年才得以恢复。

表 16.2　1992—1999 年贝宁高等教育学术和教学人员

年份	教授	副教授	助教	其他	总计
1992	88	272	194	60	614
1993	88	284	196	35	603
1994	90	287	150	32	559
1995	67	266	228	0	561
1996	81	304	177	0	562
1997	85	346	170	0	601
1998	88	357	165	0	610
1999	101	371	166	0	638

来源：2000 年贝宁国立大学（阿波美一卡拉维校区）校长办公室的入学记录。

一般来说，副教授要拥有博士学位，教授要拥有国家博士学位。最后一类（助教）是那些还没获得博士学位的教师。他们是贝宁国立大学或国外大学的毕业生，经大学推荐并由教育部招聘。他们主要从事教学，待获得奖学金便到国外完成博士学位。不过，由于财政困难，奖学金项目已停止 10 多年，直到 20 世纪 90 年代中期才得以小规模地恢复。因此，很多助教永远也无法获得博士学位，而学位是成为学术专业全职成员的必要条件。

贝宁是非洲和马尔加什高等教育委员会（CAMES）的成员国，因此采用该委员会的学术标准和规范。非洲和马尔加什高等教育委员会有 17 个成员国，它们一致同意在高等教育体系内采用共同的标准，学位、课程和教师职称晋升均在协议范围之内。1972 年 4 月 26 日，17 国政府首脑齐聚多哥洛美，签署了建立非洲和马尔加什高等教育委员会的协议。该委员会现在的成员国有：贝宁、布基纳法索、布隆迪、喀麦隆、中非共和国、乍得、刚果、科特迪瓦、加蓬、几内亚、马达加斯加、马里、毛里求斯、尼日尔、卢旺达、塞内加尔和多哥。

非洲和马尔加什高等教育委员会的教师职称晋升制度以出版为依据。每年评一次，各大学推荐申报者晋升到相应的职称级别。委员会的相应小组开会，根据现行规则对提名人进行评审。最高等级的职称（教授）和一些学科的职称（如法律、医学、经济学和政治学），每两年举行一次评审。

学术专业普遍存在的问题影响了教师队伍的质量。这些问题主要是：

- 大量助教仍在等待完成博士学位。
- 在法语国家外获得博士学位的教师认为教师职称晋升制度不公平。法国几年前采用的单一博士体系下，哲学博士和新的博士学位被认为是等同的，通常情况下两者均有条件申请和竞争非洲和马尔加什高等教育委员会确定的学术职称等级。
- 兼职教师大量存在。兼职教师在全体教师中所占比例相当大。他们大多数在政府部门或国营机构工作。他们水平参差不齐，人数众多，尤其在贝宁国立大学需要选拔性考试的学院更是如此。尽管他们解决了师资短缺的问题，但是他们的水平不可能再有所突破。显然，只要有这么多兼职教师存在，贝宁国立大学要想有高水平的全职教师队伍是很困难的。

财　政

政府将全部预算的 30% 划拨给教育部门。在整个教育系统中，高校学生人数占学生总数的不足 2%，所用经费却占教育总预算的 20%。高等教育几乎全靠政府拨款，也受益于一些针对特定活动的外国援助项目。大部分预算用于支付教师的工资、学生的奖学金和其他各种补助。只有一小部分（约 4%）用于研究和添置设备。图书馆、实验室和教学设备通常不够用。外国的资金援助有助于大学的创办，这些外资主要来自法国和加拿大。其他国家，如比利时和荷兰，在教学和研究方面提供了援助。

效　率

大学的学位项目参照法国体系而建，分三个阶段。第一阶段为期两年，通过考试的学生在这一阶段末可获得大学文凭（diplôme universitaire）。第二阶段也是两年，修完第一年获学士学位（licence），修完第二年获硕士（maîtrise）文凭。

在一些专业性的学院,第一阶段三年,第二阶段两年,修完每一阶段获相应文凭。第三阶段(攻读博士)近来在少数一些学科已开设。医学院的学生毕业时获医学博士学位,此外,在经济学、法学、数学和物理学等领域也与国外大学联合授予博士学位。

内部效率

内部效率指系统(或分系统)的产出(学习成绩)与相关投入之间的关系。贝宁高等教育的内部效率是相当低的。只有一小部分学生能毕业,尤其在那些开放入学的学院。升级率和毕业率在需要选拔性考试的学院要好一些(Lamoure,1990)。内部效率低的部分原因是,贝宁国立大学没能成功地控制学生的流动。人力浪费严重,重读率高,这些人为因素使得学生人数暴涨。结果,平均学习期限长得令人难以置信。据估计,在贝宁国立大学培养一个四年制的毕业生平均需要耗费11年时间。

最近的数据显示,总的来说,1993—1998年间,约有54%的注册学生顺利完成学年学习(指升入下一学年学习或获得学位),33%的学生要重读,13%的学生被学校除名。普通学院学生的表现(总学位获取率51.5%)不如专业性学院(总学位获取率66.2%)。

多年来,行政管理部门不能精确掌握学生入学人数。现在在推行中的学生入学和成绩的信息化管理,将使学校有可能控制学生的流动,并提高整个系统的外部效率。

外部效率

教育系统的外部效率(或外部生产力)是指在特定时间内生产学习成果(产出)的成本与由此而产生的长期累积效益(个人的和社会的,经济和非经济的)之间的关系。

贝宁高等教育的外部效益很低,因为其累积效益多年来在衰减。外部效益恶化的一个主要特征是,目前毕业生失业率居高不下,这是由于经济低迷和很多学生学非所用造成的。

行政管理和治理

在贝宁建立大学并创办高等教育的最早一项法令,由贝宁共和国总统在1970年签署。1973年的法令对此进行了修正。之后,由负责高等教育的部长签署的一些规章和大学校长发布的一些训令,为实施这些法令提供了指导方针。其中,特别值得一提的是,1991年2月13日发布的第92号校长训令(涉及校长办公室的组建和运作)和1995年7月5日发布的第7号部长令(规范普通学院院长的选举程序)。

大学系统的治理与国家的政治局的演变势密切相关。1972年的军事政变发生在大学正式建立后才2年。该政变标志着长达17年的一党执政的开始。在这期间,大学受当局的严格控制和严密监视。很多不认同当时政治观点的教师受到迫害,甚至被监禁。大学高层管理人员(校长、副校长、秘书长、院长等)的任命完全是政府的特权。大学的自治和学术自由非常有限,这迫使一批教师离开祖国。政治干预是学术、经费和行政问责的真正绊脚石,也是高等教育善治的障碍。

随着20世纪90年代初民主进程的来临,这种局面已逐步改观。现在校长虽然还是由政府任命,但院长已由教师选举产生。教授享受充分的学术自由,有助于推动学术活动开展。

危机中的高教体系

贝宁的经济形势和高等教育的绩效清楚地表明,正如撒哈拉以南的大多数其他国家一样,高等教育无法有效地为国家的发展服务。1992年的研究显示(Guedegbe,1994),大多数接受调查的大学教师承认,高等教育体系存在着危机。他们认为"不断恶化的工作环境"是这一危机的主要特征,接下来是"人才培养与国民经济发展对人力资源需求不匹配"。

今天,贝宁的高等教育的确面临严重的危机。高等教育缺少资金来源,内部效率和外部效率低下。资金来源缩减了,各种需求却在不断增加。经济困难、国际货币基金组织管理下的结构调整项目要求、1998年非郎(大多数法语非洲国家的通用货币)贬值50%等因素,大大限制了对高等教育的资金投入(Guedegbe,2000)。结果,学术环境恶化,校园里弥漫着一种不稳定的气氛。多方面的问题和困难酿就了多元危机,这包括机构臃肿,学生人数失控,教学质量低下,基础设施和设备不足,资金来源不足,学生、教师和行政管理人员的工作、生活环境差,等等(Agbodjan, 1997)。

学生通过一系列的抗议和示威对危机作出反应,主要是要求改善学习和生活环境以及提高就业率。

危机的另一表现是,许多学术人员需要到校外兼职非学术性工作,这是学术环境脆弱性的迹象。这种局面由以下因素造成:

- 经济危机和不断上涨的生活成本导致教授的生活水平下降;
- 政府职位就意味着威望、权力和财政收益;
- 高等教育领域实用主义观念当道。

外出兼职之风助长了教师随遇而安的倾向,消磨了他们对学术工作的投入。他们身兼两种完全不同的工作(校内的教学和校外的兼职)完全是由他们对目前危机的理解决定的。既然忠于职守、甘于奉献的教师无论对本校还是全国高等教育的有效发展都是不可或缺的,那么改善学术环境势在必行。限制给高等教育的正常教学活动带来负面影响的兼职行为正在努力付诸实施。上文提及的有关选举院长的校长训令就是措施之一,该训令规定院长不能在外兼职。

应对危机:高等教育改革

到目前为止,政府只是零星地采取一些措施,来处理教育面临的危机。不过,由于缺乏资金和缺乏进行大刀阔斧改革的决心,这些努力收效不大(Chede, 1989a; Chede, 1989b)。近期政府采取的一大举措是,对高等教育体系进行全面的外部评估。评估报告既涉及高等教育与国家总体发展之间关系的政策问题,也涉及高校内部存在的特有问题。报告分析了大学的全面运作过程(组织结构、教学、研究、财务管理、人事管理以及学生服务等)以及大学与国家的关系,并建议处理高等教育方方面面存在的各种问题。在影响贝宁高等教育的外部因素中,报告着重指出当局的失策:未能让高等教育走上有计划的发展之路,未能使经济更自由地发展(Ministry of Education, 1999a, 1999b)。

入学多样化:贝宁高等教育私有化

私立教育无疑将是未来几年高等教育发展过程中的主要特征之一。公立高校不能满足劳动力市场不断变化的需求,也不能提供短期的培训,私立院校便应运而生(Guedegbe, 1999)。贝宁的科技发展对专业技能的需求与日俱增,而目前的大学没有这样的课程。私立院校的出现填补了这一空白。上文我们说过,民主时代的到来促进了自由市场经济的发展,建立了有助于私有化企业发展的环境。

很多私立小学、中学和职业院校相继建立。在过去五年间,高等教育领域也有相同的趋势。近期的研究显示(Gnansounou, 1998),有 27 所私立高等院校,入学人数从 20 人到 521 人不等,而 20 世纪 90 年代初还没有私立院校存在。这些院校大多数建在主要城市,规模很小,开设工业、商务和秘书学等领域的两年制课程。一些院校附属于国外的高等院校(主要是法国高校),联合开设高等教育课程。贝宁的私立高等院校共招生 2700 人,占全国高校招生人数的 16%;共有教师 670 人,行政人员 236 人。大多数教师是来自贝宁国立大学和政府部门的兼职教师。

教育部颁布了法令,规范从小学到大学阶段私立学校的开办。该法令规定了开办、管理私立学校的条件。法令对创办私立高等院校的规范不够充分,需出台专门法规。私立高等院校的认证问题亟待解决。近来,大学和私立院校创办人之间展开了辩论,涉及私立院校教育和培训的质量问题,以及私立院校是否可以不受控制地涉足一些敏感的领域,比如护士和医学实验室技师的培训,等等。这场辩论清楚地表明,具体的规范是必需的。来自大学和私立院校的压力迫切需要解决这一问题。

结 语

贝宁 1970 年建立的公立高等教育经历了不同的阶段。它一直并依然在为不同发展部门提供高水平的人才。在全球化背景下,高等教育逐步普及;面对不同性质的挑战,具有 30 年历史的全国性单一公立大学系统所具有的优缺点暴露无遗。很明显,这种系统能否作为国家发展工具生存下去,取决于教育部门是否有能力对其进行必要的改革,以适应现在和将来由于内外环境变化而带来的不可避免的挑战。改革必须在对教育制度全面评估(如 1998 年的评估)的基础上进行,必须动员全体有关人员参与。

重建现行公立大学体系,顺应私立院校不断增长的趋势,这是贝宁不得不应对的挑战。很显然,公立大学体系缺乏回应个人和社会需求的灵活性,尤其是在全球化背景下消除贫困依然面临挑战的情况之下。很有必要采取其他的办法,比如私立高等教育采取的那套做法。近期通过对公立高等教育进行全面评估之后提出的建议,为深化贝宁的教育改革提供了参考依据。成功将取决于当局的意愿和能力,如何去破解阻力与反对,实施迫在眉睫的变革。

参考文献

Agbodjan, J. P. 1997. *Higher Education in Benin: A Study Conducted in Preparation of the Donors Round Table on Education*. Cotonou, Benin: UNDP and Ministry of National Education.

Chede, A. G. L. 1989a. "La fontion sociale de l'Enseignement Supérieur au Bénin." *Ehuzu* (April):3443.

——. 1989b. "Le Mal-Développement de l'enseignement supérieur au Bénin." *Ehuzu* (May):3464.

Gnansounou, S. C. 1998. "A Diagnostic Study of Private Higher Education in Benin." Cotonou, Benin: Ministry of National Education, USAID.

Guedegbe, C. M. 1994. "The Professorate and Academic Life in Africa: A Case Study of the Academic Profession at Benin National University." Ph. D. dissertation, State University of New York.

——. 1999. "Higher Education Reform in Benin in a Context of Growing Privatization." *International Higher Education* (Summer): 16. Available online at http://www. bc. edu/bc_org/avp/soeciheindex. html

——. 2000. "Currency and Crisis: Higher Education in Francophone Africa." International Higher Education (Winter): 3. Available online at http://www. bc. edu/bc_org/avp/soeciheindex. html

Lamoure, J. 1990. *L'enseignement supérieur au Bénin: bilan et perpectives*. Cotonou, Benin: UNESCO/UNDP.

Ministry of National Education. 1999a. *Proposals (Draft) for Reform of the Benin National University: Audit Report*. Vol. 1: Proposals. Cotonou. Benin.

——. 1999b. *Proposals (Draft) for Reform of the Benin National University: Audit Report*. Vol. 2: Annexes. Cotonou. Benin.

17 博茨瓦纳

谢尔登·G·威克斯

引 言

英国的保护国贝专纳在1966年独立后成为了今天的博茨瓦纳。按照1991年人口普查的结果，在71个人口少于150万的所谓小国(其中13个国家在非洲)中，博茨瓦纳是领土面积最大、人口最多的一个。博茨瓦纳的人口从1966年的约45万，上升到了2001年的约170万。

1983年，除人均国民生产总值(GNP)为2550美元的南非以外，博茨瓦纳以920美元的人均国民生产总值在11个南部非洲发展共同体国家中位居第一，这些国家人均国民生产总值的平均值为324美元(Makoni，1994：179)。相对的富有，为这个越来越被认为是非洲最稳定、发展最快的民主国家的各项发展提供了支持。自从20世纪70年代钻石的发现，铜镍铳、苏打灰、采煤业以及主要集中在奥卡万戈三角洲有限的高成本旅游业的发展，博茨瓦纳摆脱了对养牛业以及并不发达的农业的依赖，使得经济多样化成为可能(Salkin et al.，1997)。2000年，博茨瓦纳人均收入2000美元左右，失业率为16%，正式就业岗位约有26万个，政府外汇储备达64亿美元。

博茨瓦纳是第三世界国家中采用硬通货策略、采取最小限度外汇管理的少数几个国家之一(Hope and Somolekae，1998)。尽管相对其他国家而言比较繁荣，博茨瓦纳在地缘政治上受制于南非，经济上仍然要依赖南非，并且仍是世界上最古老的关税联盟之一的成员。博茨瓦纳是反抗南非种族隔离，支持津巴布韦(1980年独立)和纳米比亚(1990年独立)独立的前线(Edge and Lekorwe，1998)。不断发展的经济、稳定的政府使博茨瓦纳教育系统的稳定发展成为可能。博茨瓦纳已经摆脱了世界上最贫困国家的境地，跻身中等收入国行列(Holm and Molutsi，1989；Salkin et al.，1997)。

第三级教育的发展

博茨瓦纳大学(UB)的发展历程可以划分为七个阶段。第一阶段是根据1962年协商的结果批准对位于莱索托罗马(Roma)的一所天主教学校进行改造，以此为基础建立巴苏陀兰(即莱索托)、贝专纳(即博茨瓦纳)及斯威士兰大学(UBBS)。在福特基金会和英国政府的帮助下，购买了各种设备。该大学在1964年正式对外开放，招生188人。1966年莱索托和博茨瓦纳赢得独立后，博茨瓦纳大学(UB)开始了第二阶段的发展。1967年该大学第一次授予学位(以取代先前由位于南非比勒陀利亚的南非大学授予的学位)。博茨瓦纳、莱索托和斯威士兰大学(UBLS)由三国政府平均分担经费。起初，学校主要的基础设施都位于莱索托境内，博茨瓦纳仅提供校外课程和教育课程，斯威士兰则注重农学。1970年进行一次调查，之后大学的规划者们决定各个校区要平等地进行基础建设。

1975年博茨瓦纳大学的发展进入了第三阶段。当年由一个工作小组拟订的报告将博茨瓦纳、莱索托和斯威士兰大学分解成三个大学学院。莱索托将位于罗马的校区收归国有，创办了莱索托国立大学(NUL)；将来自博茨瓦纳和斯威士兰的学生送回各自国家。这一行动是政治干预的结果，它导致了博茨瓦纳和斯威士兰学生的大量离去，斯威士兰建立了一个法学专业，博茨瓦纳建立了一个社会科学专业，不久以后博茨瓦纳及斯威士兰大学(UBS)成立。这种状况维持到1992年双方才同意将其分离为博茨瓦纳和斯威士兰两所独立的大学(第四阶段)。

莱索托国内政治议程导致了博茨瓦纳、莱索托和斯威士兰大学的突然瓦解,这引起了博茨瓦纳方面大学规划和决策者的高度警惕。正如斯瓦特兰(Jakes Swartland)所评论的那样:"当他们将莱索托国立大学从三方合作的博茨瓦纳、莱索托和斯威士兰大学中脱离出来的时候,地区合作(办学)的信念就破灭了。"(Swartland, 1997)

1992 年,博茨瓦纳大学处于大规模的建设中,这包括建设一个拥有 6 个发展良好的学系的理学院,建造 7 所学生公寓(计划容纳 1600 名以上的学生),一家主餐厅,建设教育技术系、计算机科学系、人文系、社会科学系,以及建造行政管理大楼。在弗朗西斯敦(Francistown)建立了继续教育中心(Center for Continuing Education),而在马翁(Maun)建立了研究中心(Weeks, 1993)。按照国家发展计划(NDP7),大学的学生规模将从 1990 年的 2700 人扩大到 1997 年的 6500 人(Republic of Botswana, 1991)。大学的规模还在扩大,第八个国家发展计划(NDP8)期间,2001 年的学生人数将达 10000 人(Republic of Botswana, 1997)。2009 年预计将会增加到 15000 人。2001 年在哈博罗内发展的附属设施包括新建的一所继续教育中心,对大学图书馆进行大规模扩充(将其馆藏能力扩大到 50 万册),新建的学生宿舍以及一座达到奥运场馆规模的游泳池。

来自钻石和其他资源的税收收入的增长,使博茨瓦纳具备了启动有效的高层次人力资源培训计划的能力。在没有捐赠人提供奖学金的情况下,政府资助学生在博茨瓦纳大学就读,尤其对那些国内或本地区尚无法提供的专业的学生,政府还资助他们去南非、欧洲、北美、澳大利亚和新西兰求学。大多数大学生毕业后很快就能就业。与科尔克拉夫(Colclough, 1988)早先的观点相反,博茨瓦纳并没有经历"高等教育悖论"。按照这个悖论,第三级教育的进一步扩张,事实上反而会加重由于技术人员短缺而对国家发展造成的制约。

在津巴布韦于 1980 年独立后的 10 年里,博茨瓦纳试图与津巴布韦大学就兽医科学的本科教育建立联系。起初,博茨瓦纳方面被告知没有校舍来容纳博方的学生。于是,博茨瓦纳政府就在哈拉雷(津巴布韦首都)买了一所大房子,并将其改造成宿舍。津巴布韦大学坚持要由它来"经营"这所房子,因为它不会允许因为国籍的不同而区别对待。接下来,津巴布韦大学每年仅接收两到三名博茨瓦纳学生,拒绝接纳更多的博方学生,辩解称其还没有足够的空间来容纳本国的学生。这个立场得到了津巴布韦议会一份决议的支持。哈博罗内(博茨瓦纳首都)的教育部试图在哈拉雷另外再购买一所房子提供给津巴布韦大学的努力被哈博罗内的财政与计划部否决。地区合作(办学)的信念再一次破灭了(Swartland, 1997)。

南部非洲发展共同体(SADC)范围内的高等教育合作的一项主要任务是建立南部非洲农业及自然资源研究、培训合作中心(SACCAR)。该中心在坦桑尼亚莫罗戈罗(Morogoro)的索科伊内农业大学,马拉维大学的本达(Bunda)学院,赞比亚大学,津巴布韦大学开办土地和水资源管理、动物学、种植科学和农业经济学的两年制理科硕士项目。多年来这些项目得以取得成功的关键在于北美和斯堪的纳维亚的捐赠者持续不断的支持。南部非洲发展共同体贡献了总开销的 10%,而其余的 90%都来自捐赠人(主要是美国国际开发署和瑞典国际开发合作署)。这使这些计划得以持续下去。

博茨瓦纳大学发展的第六阶段伴随着第一次民主大选和 1994 年 4 月新南非的建立。南非加入了南部非洲发展共同体,这就为博茨瓦纳与南非的大学之间达成新的协议,建立新的合作形式提供了可能。伴随着南部非洲发展共同体教育和培训协议的签署,卓越中心(centers of excellence)的创办,促进学生和教职员交流,鼓励探索新的合作形式得到认可,博茨瓦纳大学在 1997 年进入了发展的第七个阶段(Mbuende, 1997)。(南部非洲发展共同体)作出了一项令人关注的决定,那就是向来自南部非洲发展共同体国家的学生收取的学费应该与本国公民的相同;南非已经这样做了(尽管某些南非的大学现在实质上收取的是国际生的学费)。博茨瓦纳大学仅在研究生阶段执行了这项政策。

有意思的是这三个 BOLESWA 国家(博茨瓦纳、莱索托、斯威士兰)各自仍然仅有一所国立大学,而在非洲别的地方,公立、私立的大学数量都在增长(Coleman and Court, 1993; Girdwood，1997；Saint，1992；Sifuna，1997）。

除了博茨瓦纳大学之外，博茨瓦纳还有很多第三级教育机构。最重要的教育和卫生培训机构都与博茨瓦纳大学建立了联系，它们的证书和文凭都由这所大学来颁发。这些附属的教育机构是第三级教育中的重要创新，已经得到了广泛的认同（Hopkin，1993，1996）。

6所教育学院中的2所建立于1966年国家独立之前。历史最长的是洛巴策（Lobatse）小学教师学院，1947年创办于卡内，1956年迁至洛巴策，1996年成为教育学院。另一所创办于独立前的小学教师学院位于塞罗韦（Serowe），这所仅向女性开放的学院于1963年开办，在1997年成为教育学院。另外2所教师学院位于弗朗西斯敦（开办于1968年）和洛克温（Tlokweng）（开办于1984年）。2所中学教师学校坐落于莫莱波洛莱（Molepolole）（开办于1985年）和多诺塔（Tonota）（开办于1990年）。此外，9所卫生培训学校也与博茨瓦纳大学联合办学。

2000年，教育部不仅将6家职业教育中心转变成了第三级教育的技术学院，还在哈博罗内新开办了1所学院，以帮助吸收“双重输出”的中学毕业生。这是青年社区服务期（Tirelo Setshaba）结束带来的结果（Molefe and Weeks，2001）。尽管作出了这些改变，博茨瓦纳仅能招收第三级教育适龄人口的6%接受进一步的教育。相比之下，该比例在发展中世界为10%，而在发达国家为50%。博茨瓦纳仅有2%的人完成了第三级教育，而在高收入国家中此项比例为26%。

博茨瓦纳的远程教育发展仍然不完善。1998年以来，政府着手建立博茨瓦纳远程教育和开放学习学院（BOCODOL），以提供足够的第三级教育预备阶段的教育服务。更高层次的远程教育则有赖于大学的继续教育中心（CCE）来实现。1983年，大学引入成人教育证书，之后又引进会计和商务证书、文凭（CABS/DABS）。20世纪90年代，大学在全国主要的中心城市都开办了“学习中心”以支持会计和商务证书、文凭项目。1999年，继续教育中心开始为满足博茨瓦纳社会更广泛的需求提供服务。采取的第一个步骤就是为小学教师提供提高自身能力的机会。

博茨瓦纳第三级教育合作发展的历史阶段在表17.1.里作了总结。

表17.1 1964—1997年博茨瓦纳高等教育合作发展史

第一阶段	1964年1月1日：在斯威士兰王国的贝专纳建立巴苏陀兰大学
第二阶段	1966年，巴苏陀兰、贝专纳及斯威士兰从英国独立，巴苏陀兰、贝专纳及斯威士兰大学改为博茨瓦纳、莱索托和斯威士兰大学
第三阶段	1975年10月20日，莱索托大学脱离博茨瓦纳、莱索托和斯威士兰大学（UBLS），建立莱索托国立大学，因此UBLS改为博茨瓦纳和斯威士兰大学
第四阶段	1982年10月23日，博茨瓦纳大学正式创建
第五阶段	1982—1994年，致力于在南非建立各种合作关系，部分成功
第六阶段	1994—1997年，南非共和国建立并加入南部非洲发展共同体，达成一致建立博茨瓦纳大学第一个卓越中心
第七阶段	1997年9月8号，南部非洲发展共同体各国负责人在马拉维的布兰泰签署人类关系与培训（human relations and training）协定，该协定将在之后的年会上由各国批准和确认

战略规划

与大多数非洲国家比，博茨瓦纳的战略规划要先进得多。规划包括了六年期的滚动计划以及对各部门不定期的检查。博茨瓦纳正在执行它的第八个国家发展计划，2002年将着手准备其第九个发展计划（Republic of Botswana，1997）。当前这一轮计划是从1997年执行到2003年。博茨瓦纳大学非常依赖国家为实现计划所采取的措施，因而它也受制于国家对资源的分配和投入。

以出台博茨瓦纳大学评审委员会报告（University of Botswana，1991a）为成果的调查研究尚在进行中的时候，1991—1996年的大学发展计划就已经确定了。尽管只有1所学院（当时，一共4所学院）严格执行了所有计划，但在此期间要对大学作出任何重大的改变都是非常困难的。

博茨瓦纳大学通过一轮轮的国家发展计划和年度预算来获得资金和周期性预算。尽管这所大学坐落于非洲发展最快的城市中心，是这个稳定、富有的国家唯一的大学，它在当前扩张中的需要仍然没有得到满足。在过去的10年里，该大学为其4个主要学院（理学院、人文学院、社会科学学院和教育学院）建造了相关设施，目前正计划为工程学院(前身是教育部经营的多科技术学院)建一座主楼,这意味着该学院将会被搬迁至主校区。240人的研究生村大概是撒哈拉以南同类设施中最好的。商学院的新大楼也已经成为第八个国家发展计划(NDP8)的一部分,将在2002年底启动。

该大学还有长期的发展议程,包括建设一个多功能厅、第二个研究生村、建人文学院和教育学院的新大楼、文化综合设施(包括博物馆和剧院),以及其他所需的设施。当前办学所需地皮的不足,迫使大学不得不在临时营地里为新员工提供办公室,迫使比估算数量更多的学生住在校外(大约为50%,目标是使住在校外的学生数压缩到30%)。

因为是博茨瓦纳唯一的大学,博茨瓦纳大学一直得到政府的优惠待遇。1999—2000学年之前,该大学每年比预算少开支400万美元(或者说节省预算的近10%)。这是因为岗位空缺所造成的薪水开支的节省。1999—2000学年,显著上涨的薪水抵消了这部分盈余。给予该大学的"政府补助金"逐年显著提高。1998—1999学年,补助金约为4000万美元,次年就上涨到了5000万美元。大学年度预算的约20%来自于学费和其他收入(主要来自食堂、宿舍和书店)。每年生均6000美元的开支在很大程度上是由资助金解决的。2000年,博茨瓦纳大学的资产约合1.5亿美元。一个新的博茨瓦纳大学基金会已经建立起来,从私人部门那里寻求资金以鼓励大学的新举措。

博茨瓦纳的教育系统有过两次重要的评估:一次在1977年,另一次在1993年(Repub lic of Botswana, 1977, 1993, 1994, 1997; Weeks, 1993, 1995b)。两次评估都支持第三级教育系统和博茨瓦纳大学的发展。第二届国民教育委员会和国民教育政策修正案都要求增加入学机会,建立第三级教育委员会(TEC)。

青年社区服务

青年社区服务始于1980年,当时只有28名志愿者(Fako, Selabe, and Rowland, 1986)。到了1997年,该计划每年吸收6300名参加者,耗资8.4亿(Mudariki, Ndzinge, Tsayang, and Weeks, 1997)。博茨瓦纳建立了独特的服务国家的制度,这是一个非军事的民事项目。它将参加者个人分配到小学、乡村法庭和卫生诊所之类的机构里,服务期间他们生活在当地社区的寄宿家庭里。

青年社区服务计划吸收所有的V类学校毕业生,然而随着教育系统毕业生人数的增长,该计划远远实现不了目标。到1999年,该计划仅能容纳一半的O级毕业生(O-level leavers)。该计划也是为了促进国家的发展,让国家未来的精英们承担起发展农村的责任。到了20世纪80年代后期,尽管越来越多的参加者被派往城中村(urban villages)和市镇,计划的迅速扩张带来了策略的变化,而变化了的策略是对计划目标的否定(Molefe, Mudariki, Tsayang, and Weeks, 1997)。计划还意图使之成为学生的第十三年教育,然而这一目标从来都没有实现过(Molefe and Weeks, 2001)。

1999年,博茨瓦纳政府决定从2000年4月起终止青年社区服务。虽然从表面上看这会显著地节省开支,但是国家服役的终止同时还会带来许多隐性的开销。例如,青年社区服务的终结使得寻求接受第三级教育的学生人数增加了一倍,这包括了那些已经完成了社区服务的人,还有那些1999年11月完成第十二年级教育的人。因而寻求进一步教育机会的人数从12000人左右上升到了超过20000人。博茨瓦纳大学同意在2000年8月的招生中,在其通常的2800人的招生名额基础上再增加700人。这就使博茨瓦纳大学变得非常拥挤,因为其设施还没有增加,满足不了这一入学需求。教育部保证要在国外找到3000多个入学机会,但是别国均要求入学者达到A级标准,这就使得这一目标难以实现。因此,一些学生被送往马来西亚和南非的一些低等的私立教育机构,在那里,少数学生已经要求回国。

博茨瓦纳大学

1998年2月1日,博茨瓦纳大学迎来了它的第三任校长。1982年大学创办时的首任校长是来自英国的教育学教授约翰·D·特纳(John D. Turner)。该职位在1984年实现了本土化,当时历史学教授托马斯·特娄(Thomas Tlou)成为第二任校长。1997年,任职13年之后,特娄教授宣布他有意从校长的岗位上退下来,重新回到教学和科研岗位上。

新任校长沙荣·希弗茨(Sharon Siverts)是来自美国的一位教育家。她是由名誉校长,也就是1998年3月退出政坛的博茨瓦纳前总统凯图米莱·马西雷(Ketumile Masire)爵士任命的。希弗茨教授既是作为一所非洲大学的领导人,也是作为468所英联邦大学之一的领导人。她是从北达科他大学和位于科罗拉多州丹佛的大都会州立学院来到博茨瓦纳大学的。在前两所教育机构里她都担任主管学术事务的副校长。

希弗茨校长在博茨瓦纳大学还没有得到百分之百的支持。博茨瓦纳大学理事会未透露姓名的成员向新闻界泄露了有关此次校长任命的负面消息。博茨瓦纳大学理事会主席,勒邦·姆波托瓦尼(Lebang Mpotokwane)不得不两次公开为此次任命辩护。关注的焦点在于该职位的去本土化,选拔标准过于苛刻,忽视有竞争力的博茨瓦纳人,没能在南部非洲找到一个候选人,以及过于丰厚的薪水报酬。有批评者主张应该重新登广告招聘校长。姆波托瓦尼为委员会的行动辩解称,该委员会有责任保持这一岗位的专业水准,保持大学的自治;招募这位新任校长的办法是透明的;提供的薪水报酬已经得到了政府的批准;在任命的程序中现在重新寻找合适的人选为时已经太晚。

希弗茨校长担当的是一所变迁中的大学的领导职责。1995年以来,博茨瓦纳大学创办了3所新的学院,以作为原有教育学院、理学院、人文学院和社会科学学院的补充。新的学院分别是工程与技术学院、商学院和研究生院。此外,还有作为第八个自治学院的博茨瓦纳农学院通过博茨瓦纳大学授予学位。8位院长中的5位是博茨瓦纳公民(包括第一位女院长)。第九个国家发展计划(NDP9)中将建立一所新的健康科学学院。专门的医学预科计划(pre-medical)已经在2000—2001学年启动。在约700名学术人员中,57%是本国公民。该大学立志成为南部非洲精英人才的中心。它的某些教育计划已经得到南部非洲发展共同体、联合国以及其他机构的认可。

中部、东部和西部非洲的教职人员迁移到了博茨瓦纳大学以寻求更好的工作条件。同样是这些人,其中许多后来又转到纳米比亚、南非以及别的地方,在那里他们得到晋升,获得终身教职,得到购买住房的资助(这些待遇对于在博茨瓦纳的外国人是享受不到的)。大学里会出现职位的空缺,尤其是高级职位。于是,现有的教职员负担过重,而大学预算又节余过多。第八个国家发展计划(NDP8)期间的师生比(从1∶12变为1∶15)也许加重了这些问题。

尽管当前大多数毕业生最终都找到了工作,财政和发展规划部已经开始担心毕业生过剩的问题,尤其是社会科学方面的毕业生。

使命、愿景和价值

博茨瓦纳大学的梦想是"成为非洲乃至世界领先的卓越的学术中心","提升本国以及国际社会知识分子与人力资源的能力"。公开宣称的大学"价值"是为了促使这些目标的实现。但是又存在着以下这些主要的矛盾:

- 政府提供了大量经费却不够用。政府自认为是慷慨的,然而大学的快速发展以及由此带来的对资源需求的增长已经超出了所提供的经费水平。
- 招聘新毕业的本科生而不是已获得硕士学位的人作为教职员培养对象的政策。
- 教职员的起点是硕士(M. A.),而在所有的世界级大学里,起点都是博士。

20世纪90年代,博茨瓦纳大学理事会坚持反对将教职员的起点从硕士提高到博士,给大学带来了意想不到的严重后果。这一政策仅仅是保持平庸,而不是鼓励卓越。

博茨瓦纳大学的组织变革

1990年启动了一次对博茨瓦纳大学的组织、管理、内部结构和规章的大回顾。通过回顾,推动成立了7个特别小组以及其他着眼于大学将来的临时工作组。他们的建议得到了规划委员会、评议会(senate)、理事会(council)的重视,并且被整合到了建立新的大学管理结构的提议中去。

对博茨瓦纳大学的回顾(University of Botswana, 1991a)试图设定某些指导方针以使这所规模不大的传统英式大学转变为一所更大的教育机构,使之在2003年能够达到1万名学生的规模。其中一条主要的建议就是在信息化、财政、院校资讯、科研和学生事务等方面引入主任制度(更多的是参照美国模式)。评审后在1992年组建的7个特别小组以及委员会的正式报告原计划应该在6个月之内作出,但是持续到数年后这些机构仍在开会协商(Ingalls, 1995)。这一过程不仅反映出了极度的谨慎,以至于改革的步伐相当缓慢,同时也反映了人们期望重要的相关群体能够继续保持协作关系,在改革中争取保持一致意见。这种谨慎也许与这是一个小国所拥有的唯一一所国立大学有关,但同时也反映了人们期望避免在其他国家已经可以看到的急躁冒进的错误。例如,如果博茨瓦纳大学要建立大学的出版机构,那么它就必须成功,而不是开了张就陷入困境。但是过于谨慎带来的意料之外的后果就是改革迟滞不前。

博茨瓦纳大学遵循协商以求取意见一致的院校管理风格(Ingalls, 1995)。这种求取意见一致的过程与该国传统的决策结构,克古塔拉(Kgotla),或者说首领和人们一起开会协商有关。英格斯(Ingalls)对博茨瓦纳大学的管理风格印象深刻,他在文章的总结部分是这样评述的:

> 博茨瓦纳大学求取意见一致的程序可以作为试图改革自身管理结构、管理实践的其他非洲教育机构的范例。如果它们确实借鉴了,那么它们就在解决阻碍其为经济增长、国家发展充分发挥作用的许多问题方面迈出了一大步。(Ingalls, 1995:284)

问题的反面就是:极力避免犯错带来了决策的迟滞,小心谨慎引起了拖拉。这样的谨慎导致了梦想以及实现梦想的过程之间的平衡问题。其他的例子诸如:没能创办一所大学书店而不仅仅是面向学生的"课本书店",以及创办博茨瓦纳大学出版社决策的拖延。书店预计在2002年实现私有化。创办出版社也最终得到了资金,也许最早在2002年能够启动。

大学实现目标的预期能力与现实能力之间也存在矛盾。博茨瓦纳大学在1991年到2001年之间校园面积扩大了200%,本土化(本国教职员取代外籍教师)实施至今已经达到了50%以上,大多数教职员工作努力、负责,但是却很年轻,经验不足。此外,很少有人晋升到高级讲师以上。在接下来的6年里,他们是否能够经受得住采用"管理效率"而带来的不断增大的压力,是否能够凭借有限的资源做得更多,都还有待观望。

博茨瓦纳大学新的规章与改组计划于1998年8月由大学理事会批准,并于1999年付诸实施。该计划的主要特点就是设置了第三位副校长(主管学生事务)和18个主任职务(构成了管理中的第三层级,独立于院长领导的七大学院)。

新的管理结构中包括了下面这些主任职位:

- 主管公共事务、法律资讯、学校规划、内部审计的主任,向校长汇报。
- 主管学术服务、学生福利、就业和咨询服务、以及文化、体育、娱乐和卫生事务的主任,向主管学生事务的副校长汇报。
- 主管财政服务、人力资源,以及校园服务和信息技术的主任,向主管财务和行政管理的副校长汇报。
- 主管学术发展、图书馆服务、继续教育、研究与发展,以及哈里·奥本海默·奥卡万戈研究中心(Harry Oppenheimer Okavango Research Center)的主任,向主管学术事务的副校长汇报。

大学结构上的重大改变在于取消了教务长(registrar)和财务主管(bursar)的职位。在新设立的18个主任职位中,其中5个被赋予了新的职能,而其余的则是对原有活动的重新组织。新的主任们(图书馆馆长和其他两个职责没有发生变化的职位除外)必须针对登广告招聘的职位提出申请。为提高责任感与工作表现,每一任主任都要与学校签订为期3年可更新的合同。因此,最高的3个管理层级的人员都是合同制的。

博茨瓦纳大学已经决定要实行"学期化"(将原先每年对完整的课程进行一次考试转变为每学期考试一次),但由于复杂的因素此项改革的实施要推迟到2002年。被作为学期化组成部分的其他已经被提上日程的事项包括:允许学生重修课程而不是极其浪费时间地复读全年的政策;

对校外考官(邀请自其他大学的对本校学术标准、著述、学年作业、考试做出年度评审的资深学术人员)角色的重新审视;对当前学生评价教师(每一门课程的授课教师)制度的重新审视;强化泛大学交流与学习技能中心;在大学的计算机网络、顾问工作以及防止性骚扰方面的新政策。

统计数据

表17.2显示了1999—2000学年博茨瓦纳大学按学院的学生人数。表17.3显示了教师与员工本土化的情况。总体而言,博茨瓦纳公民占大学里85%的岗位,但是在讲师和高级讲师中只占了53%,而在所有教授中仅占了16%。这是那些觉得外国人将他们排挤到了低层的博茨瓦纳职员产生挫败感的一个原因。博茨瓦纳大学有一个强大的教职员发展计划,2000年该计划支持了130多人去世界各地就各自的研究领域继续深造。

表17.2 1999—2000年博茨瓦纳大学学生学习领域分布

学　院	人　数
商务	685
教育	1897
工程和技术	998
人文	1629
科学	1354
社会科学	1231
研究生学习	419
继续教育	1966
总　计	10161

来源:University of Botswana, 2000:43.

表17.3 1999—2000年博茨瓦纳大学教职员工国籍分布

教职员类别	博茨瓦纳籍	侨民	总计
教学人员	397	300	697
教辅人员	1487	42	1529
总计	1884	342	2226

来源:University of Botswana, 2000:44.

研究生教育的发展

研究生教育在非洲的大学里发展极其缓慢。刚一启动,就遭遇有关合格的高层次教职人员短缺,财政资源减少,图书馆、计算机和其他设施不充足的问题(Coleman and Court, 1993; Girdwood, 1996; Saint, 1992, 1993; World Bank, 1994)。

> 如果教育质量是好的,那么硕士教育计划对准备出国接受更高层次研究生教育尤其有用。然而,有些研究生计划尚未成熟就已经启动了,其教育质量也被证明是令人怀疑的。此外还有学术近亲繁殖以及终身目光短浅的危险。……一所教育机构用自己的研究生计划来提高本校教职员水平的做法显然是有缺陷的,应该谨慎。(Coleman and Court, 1993:262-263)

在非洲,以与初等教育相比高得多的成本来争取发展第三级教育设施,使得发展的焦点落在了提供大学本科阶段的教育——证书、文凭和学位教育层次——而忽视了研究生教育。各种各样的援助机构为赴海外接受研究生教育提供资助,而这被认为是更为值得、更好的选择——隐性地对本土能力和学术水准作出了负面评价,这也许反映了对本土能力的殖民地式评价(Nwa and Houenou, 1990)。

在非洲,学位层次以下的教育极易消耗大学的资源,而证书和文凭教育仍由大学提供,因为此类教育由大学而非由国内的其他第三级教育机构来提供,成本效率也许会更好,而且教育水准也更高。大学教育关注的焦点必须改变,尤其是需要将课程扩展到文凭教育以上,学位教育以至研究生教育和科研,而这一点还有待于得到充分的认识(Dubbey, 1994; Husen, 1997)。

非洲大学发展中的这一矛盾在南非表现得最具戏剧性。1990年,南非历史上的黑人大学颁发了占74%的大学毕业文凭,而颁发的硕士、博士学位仅占5%;与之相对照的是,白人大学仅颁发了占7%的大学毕业文凭,而其颁发的硕士、博士学位高达85%(Wolpe, 1995:282)。沃尔普(Wolpe)认识到了研究生教育与科研的联系及两者间协同作用的关系:需要有科研强的项目来吸引研究生。我要补充一点,从本科学院向完全意义上的大学转型中的大学,需要有强大的研究生教育计划来吸引并留住高水平的教职员。比如,近年来,博茨瓦纳大学专家层次的教职员缺口高达30人。

由本科学院转变为大学的过程并不是自动进行的。第一步就是要在引进研究生教育之前，建立强大的本科教育部门。“过早地引入研究生教育，最常见的原因是迫于本土的压力，但有时也是由于出国热以及一些基金会的鼓动造成的。这已经被证明是通病了”(Coleman and Court，1993:50)。科尔曼(Coleman)和科特(Court)认识到了在国内发展研究生教育的重要性：

> 这是为了实现教育、文化独立的需要；也是课程内容和科学研究本土化的根本。而实现这一切最好的办法是在本土发展博士教育计划。他们也认识到了本国教授参与高层次研究生教育，并将其作为自身专业发展一部分的重要性。虽然认识到了这些因素的重要性与有效性，有人认为在发展中世界，很少有国家已经具备了人力和基础设施资源，足以支撑起在国际大学市场中能够享有一定声望的高质量博士教育计划；此类计划只有在教育机构本身已经得到了充分发展之后才可以启动。(Coleman and Court，1993:263)

1990年的博茨瓦纳大学，在884名毕业生中，39.7%的人得到的是证书和文凭，53.5%的人得到的是学位，而仅有6.8%的人获得了研究生毕业文凭和硕士学位——但是在这一小群人中只有0.7%的人是得到了硕士学位的(University of Botswana，1992:35)。这是否意味着当时的博茨瓦纳大学与南非历史上的黑人大学具有可比性？并非如此，这是因为博茨瓦纳政治、社会、经济发展的环境都与南非完全不同。2000年，硕士毕业生的比例已经上升到了4.2%，而总数为2730人的毕业生中，50%仍然只是获得大学毕业文凭和证书。

博茨瓦纳高年级的本科教育得到了国际社会的广泛支持(大多数的理科生赴国外继续学业以完成在工程学、医学、兽医学、药理学等方面的本科学位教育)。20世纪80年代早期，博茨瓦纳大学还没有意识到要发展研究生教育(Turner，1984；Setidisho and Sanyal，1988)。博茨瓦纳大学毕业生在北美、欧洲、澳大利亚、新西兰得到由所在国提供全额奖学金继续深造的机会很多。1993年开始，主要的援助机构和援助国倾向于逐渐终止与博茨瓦纳的援助协议，因为它们认为博茨瓦纳已经成为中等收入或者说富裕国家了，因而也就不再需要此种援助(Hopkin，1993；Burchert and King，1995)。这促使博茨瓦纳的规划和决策者重新考虑应该为研究生教育付出些什么。培养一名硕士的花费仅为北美或欧洲三分之一的博茨瓦纳大学，现在正考虑采取另一种富有吸引力的选择。就历届硕士生的表现以及校外考官肯定的评价来看，博茨瓦纳大学研究生阶段学位的质量可与在许多国外大学取得的学位质量相匹敌，甚至更好。

此外，一些援助机构已经将博茨瓦纳大学视为“卓越中心”，并将其作为被认可的第三国培训的目的地(例如加拿大国际发展署资助纳米比亚人在博茨瓦纳求学，而不是远赴加拿大；德意志学术交流中心为非洲其他教育机构的毕业生赴博茨瓦纳学习科学方面的学科提供奖学金)。一个重要的例子是成立于1988年的非洲经济研究联合体(African Economic Research Consortium，AERC)。1994年，该联合体发起了一项有13个国家的18所大学参加的联合培养硕士计划。该计划资助150名学生在6所大学，包括博茨瓦纳大学，接受为期两年的硕士阶段教育。评价结果显示，这些计划对本科阶段的经济学教育质量产生了重要的“级联效应”(cascading effect)(Fine，Lyakurwa，and Drabek，1994；AERC，1996)。

博茨瓦纳大学的研究生教育始于20世纪80年代早期，最早引入的是宗教、英语和非洲语言文学专业的硕士教育计划。在这之后，第六个国家发展计划(1984—1990)期间开办了新的教育硕士(M. Ed.)项目，但是招生人数只有6～11人。第七个国家发展计划(1991—1996)期间，博茨瓦纳大学为在全校范围内开设硕士点亮起了绿灯(University of Botswana，1991b)。但是仅有少数的研究生教育计划能够吸引学生，吸收到赞助，得到国际认可，比如教育学、环境科学、工商管理、图书馆和情报学的硕士教育计划。因此，原先预计的研究生入学人数和毕业人数增长的状况并没有出现。

20世纪80年代后期一直到90年代早期，各种各样的因素综合在一起，减缓了博茨瓦纳大学研究生教育发展的速度。在所有因素里，贯穿其中的，是大学追求质量、追求卓越，在其学术计划中力求达到最高水准的高度责任感所带来的影响。

20世纪80年代早期，博茨瓦纳大学设计并实施了两年制的硕士学位计划，该计划直到1996年4月一直由一个评议委员会，即大学研究生教育委员会(University Graduate Studies Committee)负责协调。尽管在计划实施的过程中保持了相当的灵活性，尤其是在课程数量、同等课程(course equivalents)、学位论文与研究论文加权方面，但是所有的研究生教育计划都相当于要求在两年之内修习九门完整的课程。与之相对照，欧洲和北美的许多硕士学位计划只要一年就能完成，因而对资助者和学生而言更加富有吸引力。

尽管第一批宗教研究、教育和环境科学的研究生教育计划在20世纪80年代中期得到了支持，但是当教育部和其他机构对在美国和英国进行硕士阶段教育的提议作出响应之后，这种支持很快就消失了。宗教研究的教育计划终止了，教育学硕士的培养被搁置了，而环境科学的招生人数降到了只剩下一个人。在20世纪90年代，当优先发展权从海外转移到了国内和第三国的硕士层次研究生教育，当"卓越中心"(诸如在经济学、工商管理、图书馆和情报学方面的硕士学位)的地位得到认可之后，这种状况发生了变化。20世纪90年代后期，博茨瓦纳大学的研究生教育取得了显著的发展，不仅来自另外14个南部非洲发展共同体国家的学生，还有来自肯尼亚、乌干达、埃塞俄比亚、喀麦隆、尼日利亚、加纳和塞拉利昂的学生都向往博茨瓦纳大学。

对博茨瓦纳大学研究生教育需求的旺盛，促使了下午4点到8点之间的硕士生班的开办，以方便非全日制学生。这些学生每周至少两天，最远的每次往返200公里来上课。就这样，博茨瓦纳大学打开了当地的市场，满足了当地的需求。大多数非全日制学生是自费的，其中的少数人甚至拒绝了政府提供的资助，因为如果接受资助的话，在两年里他们将只能拿到薪水的75%。像工商管理硕士和教育硕士这样的项目，尽管没怎么进行市场推广，需求也远远超过了所提供的教育机会。

博茨瓦纳大学一直被认为主要是一所本科学院，因而也就难以吸引并保留住合格的高级教师。而一个院系得以开办研究生教育并持续下去，有赖于此类教师的存在。本科生数量的快速增长带来了重要院系的扩大以及高级教员岗位的显著增加(9个人的小系只要2名教授就可以了，而一个24人以上的大系也许就要5名教授或更多)。

博茨瓦纳大学也不能幸免世界各地大学所面临的"结构调整"的问题——或者是高等教育的"麦当劳化"(Berman, 1995; Gurrie, 1995; Hartley, 1995; Ronan and Ronan, 1995)。硕士研究生教育计划的引入，结果造成了一些教师教育、指导更多的学生而得不到额外的报酬，因为他们在履行本科教育职责的同时，也许又被额外强加了研究生教育的任务。在博茨瓦纳大学，这是与新教师招聘以及教师发展本土化相关的结构问题，因为在许多院系里已经建有合格的岗位体系，但是也许并没有那么多人来填补岗位的空缺。大学面临的招聘教授级人员的困难使得这一问题更为严重。因而，一些教师就得承担更多的工作，但只能获取相对较少的薪酬，然而这并不是因为世界其他地方所经历的高等教育大裁员所造成的(Welch, 1996)。

1992年，评议会和委员会批准了管理博茨瓦纳大学哲学硕士(M. Phil.)和博士研究生教育的总则。1992年的晚些时候，教育学院和大学研究生教育委员会批准了招收第一位博士生。尽管她得到了国外捐助者的全额资助，而且完全符合博士生的要求，但却不被允许进行注册，这是因为教育学院和教育基础系(Department of Educational Foundations)既没有通过管理哲学硕士和博士的专门规章，也显示不出它们已经具备了进行博士生教育的能力(教师、图书馆、计算机以及其他资源等等的数量和质量)。据称在招生之前，哲学硕士和博士计划应该得到广泛的宣传。

1995年，大学研究生教育委员会批准招收了两名研究生，一人接受数学的哲学硕士教育，一人接受天然产物化学的博士教育。这两名学生在1996年1月进行了注册。而有关这些教育计划的专门规定则在1996年中期才在研究生院董事会(Board of the School of Graduate Studies)获得通过。理学院率先在环境科学、化学、数学、物理学和生物科学专业为哲学硕士和博士教育建立基于研究的教育计划。目前,人文学院增设了历史学、图书馆和情报学的博士计划,教育学院增设了成人教育、数学和科学教育,以及教育基础(Educational Foundations)专业的博士计划。2001年的500名研究生中,只有23人被录取在已经批准的10个哲学硕士和博士计划中的7个,剩下的人则分布在19个硕士学位计划中。两个阶段原本都可以招生更多的研究生,但是在寻求资助方面遇到的困难减少了入学机会。

研究生院分别于1994年3月经博茨瓦纳大学评议会,同年7月经博茨瓦纳大学理事会批准设立。博茨瓦纳大学以谨慎的速度设立该院。招聘院长的宣传在1995年就开始了,但是这一职位的空缺在1996年4月才由大学内部人员填补。

该大学的计划是,只有在依靠其高水平的教师(尤其是高层次的教师)与资源(图书馆、计算机、实验室等)的组合能够确保质量卓越的条件下,才支持发展哲学硕士和博士教育。该大学试图确保绝不开展平庸的教育计划。尽管系、院、研究生院、学术政策评审及计划委员会以及大学评议会和委员会的层层审查程序会带来时间上的迟滞,但是这也确保了对新的教育计划进行严格慎重的考虑,并在引进之前达成广泛的共识。

将来博茨瓦纳大学将会支持那些有助于构建“卓越中心”的教育计划。有一项开始于1995年,依靠社会科学学院的人口与可持续发展研究生文凭计划曾经得到过国际资助,但是到了2001年就因为外部资助终止而停办了。该计划受联合国人口基金(UNFPA)人口与发展全球计划的资助,它是在激烈竞争之后,从海牙的社会学研究学院转移到博茨瓦纳大学的。1995年,从非洲和亚洲的17个国家共招收了20名学生。该计划与在智利、埃及、印度、摩洛哥与荷兰开展的其他计划具有联系。对研究生教育计划的主要捐赠方是联合国人口基金人口与发展全球计划(资助人口与可持续发展研究生文凭计划)和比利时政府(资助应用微生物学公共管理硕士和理科硕士的南部非洲发展共同体奖学金)。1999—2001年间,它们的捐赠占到了博茨瓦纳大学所获得的资金捐助的50%。

可以预见的是其他教育计划也将伴随着南部非洲发展共同体范围内教育计划本土化的进程而得到发展。另一个引进博茨瓦纳大学以后,很有可能得到广泛支持的提议是非洲经济研究联合体的经济学博士计划(Coleman and Court,1993;Fine,Lyakurwa,and Drabek,1994)。可以预见,2002—2003学年(第八个国家发展计划的最后期限),大约会有72名学生被录取在博茨瓦纳大学的各个博士计划中。非洲昆虫科学地区性研究生计划(ARPPIS)也将来到博茨瓦纳。这是泛非洲研究生教育合作的一个范例(Aboderin,1995)。

博茨瓦纳大学硕士计划的一个显著的特点,至少到目前为止,是高保持率。这也许要归功于它所坚持的入学标准——在攻读第一级学位时至少达到2.0或更高的平均积分。在大多数计划中,第一年到第二年的保持率至少在90%,而毕业率几乎一样高。即使是比较有可能通不过或毕不了业的非全日制学生也做得非常好。工商管理硕士计划是个例外。该计划设计为三年制,部分采用模块。相比其他计划的学生,在该计划中的非全日制学生更有可能会中途退学或最终不能毕业。

作为第七个国家发展计划的一部分,1990年的一项计划最初是要使一些硕士教育计划外部化,或是对其采用远程教育的模式。尽管得到了教育部的支持和鼓励,然而,这一计划却并没有实现。因为继续教育中心缺少教授来领导、缺少教师来支持远程教育的教育硕士计划,该计划的实施由此被拖延了。教育部遭遇了拖延带来的挫折,转而安排接受伦敦的海外发展局(Overseas Development Administration)和巴斯大学的支持,以发展非全日制、三年制模块化的教育管理硕士学位计划。该计划的入学要求较低,但是提供了三种毕业方式(高级证书、高级文凭和文科硕士(M. A.))。哈博罗内的教育部进而期望博茨瓦纳大学能在1996年接手、实施巴斯计划。但是,这也没有成为现实,因为无法按照原有的形式实施该计划。巴斯学位计划是为满足世界各地国际性院校里海外人员的需要而发展的。而一所大学采用另一所大学的学术内容也不是通行的做法。两个研究生计划所达到的类似水平以及巴斯学位计划所要求的较低的入学要求需要加以谨慎评估。2000年,教育学院实施了其“灵活模式”的教育硕士计划,现在已经招收了20

名学生。

为了使新的硕士计划能够为大学所接受，各院系必须通过市场调查来证明国内对这一课程计划已经有了足够的需求。此项工作还包括了说服各部委获取同意资助学生的承诺证明书。理学院的数学系试图启动一项理科硕士计划，但是却没有得到认可，就是因为无法证明国内对该学位计划的支持。后来博茨瓦纳大学认为如果大约三分之一的硕士生来自国外，外国政府和捐赠机构资助在博茨瓦纳大学开设研究生计划，那么该计划应该被接受。例如，始于 1997 年的应用微生物学硕士计划就得到了其他非洲国家的广泛支持。

作为第七个国家发展计划的一部分，受到大学支持的另一个项目(但是被推迟到了 1996 年 8 月才启动)是护理科学的硕士计划。该计划于 1994 年就已经被各委员会和评议会批准，原本应该当时就启动的，但是委员会不同意签署，认为当时其第一级学位是(护理教育)文学士(B. A.)，而不是护理科学学士。委员会当时坚持护理科学硕士必须首先具备护理科学学士作为基础，但是后来他们改变了这一决定，承认护理教育文学士的资历足以攻读护理科学硕士。

正式启动研究生院所带来的预料之外的结果是博茨瓦纳大学理事会决定逐渐终止教育学院的教育研究生中心(CGSE)。教育研究生中心作为第七个国家发展计划的一部分于 1990 年建立，由一位同时也负责协调教育学院科研工作的副教授担任主任，进行管理(Youngman，1994)。其他学院没有全职付薪的专门协调人员管理研究生工作。教育学院认为这一职位是有必要设立的，这是因为它们开设的研究生计划是跨系的——甚至跨到了人文学院的一个系，而其他的一些硕士学位计划是基于单独的某个系。这种全院范围的硕士计划具有成本效益，因为它避免了重复(学生们学习共同的科研方法和综合基础的核心课程)，第一年统一上课，第二年就分化出 10 多个专业(其中有一些也是跨系的，如科研和评价)。创建了研究生院之后，委员会认为大学不能够接受两个协调机构。尽管硕士计划在增加，学生数量在迅速增长，计划之间的协调仍然是由各系选拔的教师来承担。20 名高级学位计划的协调员中只有工商管理硕士协调员一人享受津贴，因为这是一个跨三个系的普通学位。

博茨瓦纳大学对其高级学位计划质量的执着，反映在它强烈要求保留两年制的硕士计划上。尽管教师也意识到了学生们抱怨学习年限太长，尤其是那些了解到有些人去国外最快仅用了九个月就取得了硕士学位的人，但是第七个国家发展计划期间所作的所有改变，以及在第八个国家发展计划中，都没有人提议要缩短全日制硕士的学习年限。似乎任何有可能被认为是降低学术标准的改变都是不可接受的。与此同时，博茨瓦纳大学对模块化以及想办法使学生可以按照学期晋级而不是学年，表现出了越来越大的兴趣。2001—2002 年的新规定允许异常优异的学生可以三个学期拿到硕士学位。

目前，在博茨瓦纳大学，研究生可以利用的资源显得非常丰富，条件比许多其他的“世界的大多数”(第三世界)国家要好得多。但是这些资源，尚不足以与第一世界相比，如研究生助教奖学金、实验室、计算机、带书架的阅览桌、研究室、科研以及参加会议的经费。研究生助教制度尚未建立(当前非本国公民的学生打工尚属非法)；尽管也有研究生计算机实验室，但是计算机的数量有限；带书架的阅览桌很少，还没有提供给研究生的研究室(教师的办公室都不足)；而且，除非有赞助人或是援助者提供，博茨瓦纳大学没有经费为研究生购置笔记本电脑，资助他们参加会议，或是资助他们做田野研究。正如在接下来的五年里将要扩大 50%的规模，大学所面临的挑战包括努力发展研究生教育，提供所需的资源，保持领先的地位以及作为学术卓越中心的声誉。

学生权力

博茨瓦纳的学生权力通常反映了谋求私利、机会主义的学生领袖的个人需求。在学生代表委员会(学生代表委员会)中担当领导角色被认为是将来参与国内政治的训练。主要的政党(当权的和反对党)都与学生领袖个人保持着联系，并且操纵着学生政治。他们并不关心危害到了什么，关心的是把持权力控制局势。20 世纪 90 年代，这导致了大学管理者与当局的直接对抗。教育部长行使大学法赋予他的权力两度关停了大学。与邻国以及文献上记载的学生活动相比，这造成了非常困顿的局面(Altbach，1998:117-129)。在2001年3月的学生代表委员会大选中，博茨瓦纳民族阵线(议会中的反对党)赢得了学生代表委员会所有的席位。

刚开始的时候，学生示威、罢课往往只是很平常地抱怨伙食差，但是很快地情况就会升级，扩展到其他问题上。博茨瓦纳大学的学生示威活动很少有与非洲或是国际上其他地方的学生联合进行的。来源于更广阔社会的问题持续困扰着博茨瓦纳大学。过去的10年里，学生代表委员会倾向于在2月中旬组织罢课(现在称之为“全国学生日”)。

博茨瓦纳，长期以来被北方世界推崇为非洲现行的稳定民主政治的永恒典范，但是它也不能免于冲突对抗。1995年的例子记录了一次冲突的全过程。1995年2月16日，麻烦从博茨瓦纳大学的学生游行到国会，并与其他示威者一道冲击国会大楼开始。从国会出来以后，抗议者一路上损毁车辆，打砸商店，破坏其他建筑。在民主制下，每个人都有权抗议，但是任何人都不可以破坏他人的财产。警察，作为防暴队，还有博茨瓦纳国防军被派驻哈博罗内和莫丘迪(Mochudi)恢复秩序。教育部长高希薇·志皮(Gaositwe Chiepe)博士依据博茨瓦纳大学法案第五节第三款(CAP57:01)授予她的权力发表了声明。之后依照政府命令，博茨瓦纳大学于1995年2月17日下午1点被关停。教育部长宣称此次关停，是因为“博茨瓦纳大学的学生进行的非法示威引发了对私人和公共财产的无故恶意破坏，并且暴力侵入了正在召开的国民大会”，这是政府第一次适用这一条款关停大学。关停令适用于所有的学生和班级，但是不针对大学教师。当时的校长特委要求他们“继续履行正常的职责”。

学生代表委员会将政府告上了法庭，要求重开博茨瓦纳大学。政府胜诉，并于1995年3月中旬将权力交回博茨瓦纳大学及其校长手中。之后，政府又撤销了这一决定，宣布大学仍处于关停状态。之后，又以在非法示威活动中的行为为由逮捕了学生领袖，并决定继续关停大学，以避免进一步的示威活动以及学生挑头的罢课。

科研能力

国家发展研究与文献学会(NIR)是博茨瓦纳大学皇冠上的一颗明珠。国家发展研究与文献学会成立于1975年，在其建立之初的10年里，就以80多种出版物赢得了国际声誉(Morapedi，1987:415-422)。它的研究视野包括土地与环境，教育与社会，健康与营养，移民与定居问题，以及农村发展。国家发展研究与文献学会是国际援助机构的宠儿。进入20世纪90年代以来，拥有的资源减少了，职员的变化破坏了生产力，最终，在90年代末期它转变成了科研与发展理事会，在2001年变成了科研与发展部，仅留下了少量的职员。

伴随着国家发展研究与文献学会消亡的，是博茨瓦纳北部的一个主要的研究中心的迅速发展。2000年2月底，博茨瓦纳大学正式启动了位于恩加米兰区马翁的哈里·奥本海默·奥卡万戈研究中心(HOORC)。2001年3月，该中心搬迁到了位于马翁城外的新址。

在拉尔斯·拉姆伯格(Lars Ramberg)教授的领导下，奥卡万戈研究中心自1994年底开始运作。2000年，该中心已经配备了8名学术人员和10名支持人员，在接下来的五年内计划拥有24名学术人员和30名支持人员。此外，来自博茨瓦纳大学和世界各地大学的研究生和博士后研究人员也与哈里·奥本海默·奥卡万戈研究中心建立了联系，参与到它的研究项目中来。该中心与南部非洲、欧洲和北美的许多大学建立了重要的联系，是非洲各个研究网络的组成部分。该中心还维护着一个植物标本室和一个图书馆。奥卡万戈研究中心当前的关注点是本地的自然资源管理，尤其是水文与水资源管理、生态学、国际资源政策与法律、自然资源管理的社会学研究以及旅游管理。

私立教育部门

博茨瓦纳仍然只拥有一所国立大学。私立教育机构对第三级教育的贡献主要集中在商学和计算机领域;主要的国际运营者是南非的达米林(Damelin)和印度国家信息技术学院(NIIT)。政府不愿资助学生在私立教育机构就读，而是全力支持新举措。

2001年,一小群企业家将在博茨瓦纳的弗朗西斯敦开办第一家私立第三级教育机构。他们相信时机已经成熟,因为高中在增加,而博茨瓦纳大学满足进一步学习需求的能力有限。他们希望能够吸引那些不得不在60岁退休,但是还可以通过教育与培训为国家的发展作出很大贡献的人。新学院刚开始的时候将提供基础教育年级的课程,尤其是理科。

教师,包括本国的教师常常离开大学受雇于私立教育机构,因为在这里的薪水更高,尤其是计算机科学、会计和管理、经济学专业。甚至是那些半国营性质的机构提供的薪水也是博茨瓦纳大学的两倍。

创办第二所大学

在博茨瓦纳,政府创办第二所大学仍然是一个政治问题。国民委员会在有关2016年(独立50年后)远景的问题上,将建立第二所大学的建议推迟到了那一年。在长远规划(称为"超越一万",或是万名学生)中,博茨瓦纳大学确认在现有体系中至少还可以开设12个新的学术计划。工作组认为建立第二所大学仍然是政府的决策,是第三级教育委员会要研究的问题。是否需要建立第二所大学应该在第九个国家发展计划结束的时候加以评估。

第三级教育机构的发展需要与博茨瓦纳大学联合办学的状况将会继续。接下来的10年里,卫星校区的模式也许会被博茨瓦纳大学用来引导进一步的发展,而一些附属的教育学院将会最终成为"大学学院"。到2020年,这将会在博茨瓦纳带来大学的完全独立与扩散。

这些行动不会使博茨瓦纳北部的政治家和其他人(以及那些非茨瓦纳语族的人群)平静下来。他们希望拥有自己的大学,以得到认同、发展与尊重。当前,政府在北部开办了一些技术学院和两所教育学院。博茨瓦纳大学在北部拥有奥卡万戈研究中心以及一些推广机构。在弗朗西斯敦和马翁的这些第三级层次的教育机构,长远地看并不能延缓对地区平衡以及第二所大学的需求。创办第二所大学的行动一定会在2016年之前开始。

博茨瓦纳大学的未来

据我的估计,2016年之前博茨瓦纳大学很可能会实现下列目标:

- 这所大学将会成为非洲第一流的大学,得到国际上广泛的认可。它也将会在南部非洲发展共同体地区发挥重要的作用。
- 该大学将会更少地依赖政府补助,更为积极地通过项目、提供顾问服务、课程收费、受资助的课程计划以及其他途径寻求经费。在这一过程中,新的博茨瓦纳大学基金会将会发挥关键的作用。
- 大学所有职能的80%将会实现本土化,而20%的高层次外国专家将会被保留下来以保持大学的国际特征。
- 该大学将会提供所有专业的高质量,高知名度的学位教育。大学证书和文凭计划将会逐渐停止(除了那些其他第三级教育机构提供不了的专业),研究生课程将会逐渐取而代之。
- 受益于所有所需领域的研究生研究计划,该大学将会有非常强大的研究基地。该基地是为了满足国内外需要而设立的。
- 受到跨国企业、国际组织和慈善家的资助,该大学将会在诸多领域拥有带头人。
- 该大学将会与其他大学、研究与发展组织达成相互谅解的备忘录,建立国际联系。
- 该大学将会拥有至少10个公认的学术卓越中心,并以此为豪。
- 所有师生将更容易接触到计算机设备,享有更好的连通性。
- 远程教育将结合现代技术,以加强教育的传播。

终身教育与将来

博茨瓦纳终将营造出终身教育的文化氛围。现有的培训已经在员工中深入人心,得到他们的支持。将来的终身教育将会把大学教育和研究生教育包括在内,因为人们会发现,如果每隔几年充一次电将会使自己在工作中表现得更为出色(Walters, 1999)。

哪一层次的教育对发展最有帮助?经济学家的指标更倾向于初等教育。然而结论背后的依据与方法却被发现是不合理的。但是新的解读也并没有被广泛地接受。其中一个问题就在于高等教育回报率的分析并不足以细分大学教育与研究生教育所带来影响的区别。如果,正如所声称的那样,投资高等教育利润更高,那么投资研究生教育是否就更加划算了?一项现实的社会调查最终表明研究生教育更为有利。研究生教育带来的科研成果与发展对社会发展的贡献要大于初等、中等乃至大学本科教育。

未来的图景是怎样的?

我们是否在非洲采取行动,解决那些困扰着世界的难题?这些问题如农业生产力、人口控制、文化保存、语言继承、财富的平等分配以及维护和平与社会和谐。生活的方方面面是否会因为技术的发展而得到改观?我们对第三级教育将在发展和提高生活质量方面发挥何种作用作出某些推断。唯有时间能够证明这些推断是否会成为现实。在博茨瓦纳,只有不到4%的第三级教育适龄人口在接受各种形式的教育。将来,相关人群的三分之一将会接受进一步的教育(而不是现在的7%)。这一愿望的实现,有赖于开放式入学的发展而不是当前有限的精英教育。保持高标准与争取所有人教育机会的两难局面仍会继续。万维网上唾手可得并可以验证的国际资质将对此构成挑战。

有关非洲大学控制权的变化将会出现。消费者(学生)与创造者(学术人员)能够推进大学的发展,他们将比管理人员与职员施加更大的影响,掌握更大的控制权。这将会受到供求的影响。"职业"课程的需求将会增长(美国凤凰大学的成功是这种变化的典范)。

未来的非洲,第三级教育所需的经费将通过新的机制,由新的来源得到。新的模式可能会包括保证金的使用、自由入学(收益将会大于其开销)、额外的所得税以及其他途径。

第三级教育的内容和形式将会因为全球化而发生改变。教育将变得更有针对性,更为实用,将会重视经验,鼓励内省式的学习。研究与发展将会继续在学术中心里进行,但是也会在家里、在实际环境中进行。"我思故我在"将会变成"我思,故我创造、写作与沟通。"法国一位瘫痪的作家通过眨眼睛创作了《蝴蝶、铃铛与蜡烛》,他向我们展示了我们将能实现的目标。

结 语

在过去的20年里,博茨瓦纳大学已经成长为令人印象深刻的南部非洲最优秀的学府之一。它享受着作为一个小国唯一的一所国立大学所能享受到的优惠,而这个小国不仅局势稳定而且拥有富足的资源来支持其快速的发展。这所大学得益于政府强大而持续的支持,得益于能够建立重要的基础设施,能够吸引而且留住来自整个非洲乃至全世界的优秀教师。这所大学的特质是行动谨慎,并极力避免非洲大陆上其他国家高等教育中过度拥挤、教师和教学设施欠缺、学术标准下滑,以及士气低落与衰退等各种错误。在这方面,博茨瓦纳大学是成功的。与此同时,缓慢的发展也使大学失去了许多机会,未能把所有的潜力都发挥出来。但是过去20年的成就远远盖过了其仍然存在的问题与矛盾。未来的挑战仍然是要继续提高各层次的能力。大学永远不会停止前进。

参考文献

Aboderin, A. 1995. *On the Feasibility of Inter-university Cooperation in Joint Graduate Training and Research in Africa*. Accra: Association of African Universities.

AERC(African Economic Research Consortium). 1996. *An African Based Doctoral Program in Economics*. Nairobi:African Economics Research Consortium.

Altbach, P. G. 1998. *Comparative Higher Education: Knowledge, the University and Development*. Greenwich. Connecticut:Ablex Publishing.

Burchert, L. and K. King. eds. 1995. *Learning from Experience: Policy and Practice and Aid to Higher Education*. The Hague:Center for the Study of Education in Developing Countries.

Colclough, C. 1988. "Higher Education Paradox in African Development Planning. "In Ansu Datta and Kenneth King. eds. , *Botswana: Education. Culture and*

Politics, 99-117. Edinburgh: Centre of African Studies.

Coleman, J. S., and D. Court. 1993. *University Development in the Third World: The Rockefeller Experience*. Oxford: Pergamon Press.

Currie, J. 1995. " Globalization Effects on Academic Work: Case Study of One School in an Australian University. "Paper presented at the Comparative and International Education Society Annual Conference. Boston, Massachusetts.

Dubbey, J. 1994. *Warm Hearts, White Hopes: Memoirs of a British VC in Malawi*. Pretoria: West Penrose Books.

Edge, W. A., and M. H. Lekorwe, eds. 1998. *Botswana: Politics and Society*. Pretoria. J. L. van Schaik Publishers.

Fako, T. T., B. B, Selabe. and M. J. Rowland. 1986. *The Principle and Practice of Tireio Setshaba: A Comprehensive Evaluation of the Botswana Community Service Scheme*. Gaborone: Government Printer.

Fine, J. C., W. Lyakurwa. and A. G. Drabek. eds. 1994. *PhD Education in Economics in Sub-Saharan Africa*: Lessons and Prospects Nairobi: East African Publishers.

Gaolathe, B. 2001. *Budget Speech. 5th of February.* Gaborone: Government Printer.

Gridwood, A. 1997, "The University in Africa: Evolving Roles and Responsibilities." In K. Watson. S. Modgil. and C. Modgil. eds., *Educational Dilemmas: Diversity and Debate*. Vol. 2: Reforms in Higher Education. 256-258. London: Cassell.

Hartley, D. 1995. "The 'McDonaldization' of Higher Education: Food for Thought." *Oxford Review of Educational* 21, no. 4: 409-423.

Holm, J., and P. Molutsi. eds. 1989. *Democracy in Botswana*. Gaborone: Botswana Society and University of Botswana.

Hope, K. R.. G. Somolekae. eds. 1998. *Public Administration and Policy in Botswana*. Kenwyn, South Africa: Juta.

Hopkin, A. G. 1993. "Botswana the Blessed Aid to Education in Botswana." *Mosenodi: Journal of the Botswana Educational Research Association* 1. no. 1: 51-62.

——. 1996. "External Examining and Moderating at the University of Botswana. In P. T. M. Marope and S. G. Weeks, eds., *Educatiohn and National Development in Southern Africa*. 85-100. Gaborone: Saches.

Husen, T. 1997. "Quality in Higher Education: Conceptual Framework and Operational Criteria." In K. Watson, S. Modgil, and C. Modgil, eds., *Educational Dilemmas: Diversity and Debate*. Vol. 4: Quality in Education. 30-41. London: Cassell.

Ingalls, W. B. 1995. "Building Consensus for Change: Developing an Administrative and Management Structure in a Southern African University." *Higher Education* 29. no. 3: 275-285.

Makoni, S. 1994. "Economic Co-operation and Development in Southern Africa. In S. Brothers, J. Hermans, and D. Nteta, eds., *Botswana in the 21st Century*. 169-181. Gaborone: Botswana Society.

Mbuende, K. 1997. "SADC Summit to Review and Rationalise Programmes." *The Botswana Guardian*, September 5: 3.

Molefe, D., T. Mudanla, C. Tsayang, and S. Weeks. 1997. "Maximising Learning Opportunities for Tirelo Setshaba (Botswana's Unique NonMilitary National Service)." *Journal of Research in Post-Compulsory Education* 2, no. 1: 69-81.

Molefe, D., and S. G. Weeks. 2001. "National Service-Is It a Thirteenth Year of Education? The Rise and Fall of an Innovation in Botswana." *Africa Today* 48, no. 2: 105-126.

Morapedi, N. T. 1987. "The Role of the National Institute for Development Research and Documentation (NIR, University of Botswana) in Improving the Research Environment in Botswana." In Robert Hitchcock, Neil Parsons and John Taylor, eds., *Research for Development in Botswana*, 415-422. Gaborone: Botswana Society.

Mudariki, T., S. Ndzinge, G. Tsayang, and S. Weeks. 1997. *Evaluation of Tirelo Setshaba: Final Report*. Gaborone: Government Printer.

Nkambule, N. 1997. Interview with the author, August, Gaborone.

Nwa, E. U., and P. Houenou. 1990, *Graduate Education and Research and Development in African Universities*. Accra: Association of African Universities.

Republic of Botswana. 1977. *Education for Kagisano: Report of the National Commission on Education and Volume 2: Annexes*. Gaborone: Government Printer.

——. 1991. *National Development Plan* 7, 1991-1997. Gaborone: Government Printer.

——. 1993. *The Report of the National Commission on Education*, 1993. Gaborone: Government Printer.

——. 1994. *The Revised National Policy on Education*. Government Paper no. 2. Gaborone: Government Printer.

——. 1997. *National Development Plan* 8, 1997-2002. Gaborone: Government Printer.

Ronan, N. J., and C. H. Ronan. 1995. "One More Time: How Do You Finance Higher Education?" *Mosenodi: Journal of the Botswana Educational Research Association* 3, nos. 1 and 2: 55-64.

Saint, W. S. 1992. *Universities in Africa: Strategies, for Stabilization and Revitalization*. World Bank Technical Paper no. 194. Washington, D. C.: World Bank.

——. 1993. "Initiating University Reform: Experience from Sub-Saharan Africa." *Zimbabwe Journal of Educational Research* 5, no. 1: 1-20.

Salkin, J. S., D. Mpabanga, D. Cowan, J. Selwe, and M. Wright, eds. 1997. *Aspects of the Botswana Economy*. Gaborone: Lentswe la Lesedi and Oxford: James Currey.

Setidisho, N. O. H., and B. C. Sanyal. 1988. *Higher Education and Employment in Botswana*. Paris: International Institute for Educational Planning, UNESCO.

Sifuna, D. 1997. The Crisis in the Public Universities in Kenya. In K. Watson, S. Moclgil, and C. Modgil, eds., *Educational Dilemmas: Diversity and Debate*. Vol 2: *Reforms in Higher Education*, 219-229, London: Cassell.

Swartland, J. 1997. Interview with the author, January, Gaborone.

Turner, J. D. 1984. "The Role of the University of Botswana in Meeting National Manpower Requirements." In M. Crowder, ed., *Education for Development in Botswana*, 225-236. Gaborone: Botswana Society and Macmillan Botswana.

University of Botswana. 1991a. *Report of the Review Commission of the University of Botswana*. Gaborone: University of Botswana.

——. 1991b. *Decisions of the University of Botswana Council on the Report of the University of Botswana Review Commission*. Gaborone: University of Botswana.

——. 2000. *UB Annual Report* 1999-2000. Gaborone: University of Botswana.

Walters, S. 1999. "Lifelong Learning within Higher Education in South Africa: Emancipatory Potential)." In Crain Soudien and Peter Kallaway with Mignonne Breier, eds., *Education, Equity and Transformation*, 575-587. Hamburg: UNESCO Institute for Education and Dordrecht, the Netherlands: Kluwer Academic.

Weeks, S. G. 1993. "Reforming the Reform: Education in Botswana." *Africa Today* 40, no. 1: 49-60.

——. 1995a. "Educational Research Policy and Planning: A Third World Perspective." In Shirley Burchfield, ed., *Research for Educational Policy and Planning*, 32-39. Gaborone: Macmillan Botswana.

——. 1995b. "Executive Summary of the Second National Commission on Education's Recommendations and Those of the Revised National Policy on Education: Government Paper Number 2." *Mosenodi* 3, nos. 1 and 2: 84-102.

Welch, A. 1996. *Australian Education: Reform or Crisis?* Sydney: Allen and Unwin.

Wolpe, H. 1995. "The Debate on University Transformation in South Africa." *Comparative Education* 31, no. 2: 275-292.

World Bank. 1994. *Higher Education: The Lessons of Experience*. Washington, D. C.: IBRD and World Bank.

Youngman, F. 1994. "The Role of the University in Developing Educational Research Capacity and Influencing Educational Decisions." In S. Burchfield, ed., *Research for Educational Policy and Planning*, 195-235. Gaborone: Macmillan Botswana.

18 布基纳法索

温登古蒂·古恩达

引 言

布基纳法索位于西非中部，属撒哈拉沙漠国家，国土面积 274000 平方公里（105874 平方英里）。布基纳法索是内陆国，自然资源贫乏。布基纳法索经历了农村和城市人口的飞速增长，可耕地、植被和水资源得以开发，并面临土地风蚀、肥力下降和沙漠化的威胁。

布基纳法索人口约 1200 万。50％以上人口为女性，15 岁以下人口占 52％。人口密度为每平方公里 39.3 人，出生率 45‰，死亡率 16.4‰，人口年增长率 3％。人均寿命约 52.5 岁。布基纳法索有 400 万移民。工作人口占 54％，其中 92％务农，2％从事工业生产。国民生产总值 23.36 亿美元。1995 年外债占国民生产总值的 55％，45％的人口生活在贫困线下。人口增长使小学、中学和高等教育的需求急剧增多。尽管一再努力增加入学率，入学率维持在 40.92％，而高等教育入学率只有 1％。根据联合国开发计划署的数据，布基纳法索的人类发展指数是 0.267，在世界 176 个国家中，排名第 172 位。

经济以农业为主。农业是经济发展的动力，但农业既不能为本国人口提供充足的粮食，也不能提供出口产品换取经济发展所需的资金。

1991 年以来，布基纳法索的政治局势以多元立宪民主为特色，总统由全民投票选举产生，宪法规定的所有政府机构都已建立。政治的稳定促进了经济的增长。经济有时发展缓慢，但社会绝大多数领域都能稳步发展。

布基纳法索遭遇了国际经济环境的恶化，这导致很多问题，比如原材料价格下降，利率和国债上升，接踵而来的是 1994 年非郎贬值 50％。这使得政府在 1990 年引入结构调整计划，旨在刺激公共金融，振兴经济。布基纳法索的经济政策集中体现在对次区域性和区域性经济的融合上，这是西非经济和货币联盟（West African Economic and Monetary Union, WAEMU），以及西非国家经济共同体（Economic Community of the West African States, ECOWAS）的主张；取消区域性和次区域性关税使经济自由化的努力也以此为目的。

高等教育的历史

布基纳法索（曾为上沃尔特共和国）的高等教育要追溯到 1961 年 4 月 21 日，当时政府与法国签署了合作协议。该协议让法国按照其高等教育模式和质量标准在布基纳法索建立了一个高等教育中心。

1965 年 10 月 20 日，教师培训学院（Institute for Teacher Training）的成立标志着高等教育在布基纳法索的开始。该学院下设中等教育培训中心（CPES），为初中教师提供培训。

中等教育培训中心是第一个大学实体，后来发展成瓦加杜古高等教育培训中心（Higher Education Training Center of Ouagadougou, CESup），具有独立的法律地位和财务自主权。当时，瓦加杜古高等教育培训中心汇集了全国的整个高等教育和研究结构，包括大学人文学院、大学教育学院、大学技术学院（IUT）、上沃尔特科研中心以及文献和教育发展中心。1972 年 9 月 25 日，上沃尔特科研中心与瓦加杜古高等教育培训中心分离。

根据 1974 年 4 月 19 日的第 74－03 号总统令，瓦加杜古高等教育培训中心升格为大学，改名为瓦加杜古大学，当时有学生约 374 人。

自成立之日起，瓦加杜古大学经历了 1985

年和1991年两个时期的改革。1985年改革的结果是增加了学院的数量，这些学院包括大学技术学院、人文学院(INSHUS)、大学语言、文学和艺术学院(INSULA)、数学和物理学院(IMP)、化学学院(INC)、自然科学学院(ISN)、农村发展学院(IDR)、教育科学学院(INSE)、国立电影学院(INAFEC)、法学院(ESD)、健康科学学院(ESSSA)、经济学院(ESSEC)和计算机科学学院(ESI)。

1991年，这些学院被重组成若干专业学院(school)，旨在根据国家的现实情况，发挥瓦加杜古大学的作用，提高其绩效。不过，这种模式在1995—1996学年最终又被拆分。

1996—1997学年，瓦加杜古大学有3个校区。瓦加杜古校区有5个学院(faculty)：人文学院(FLASHS)、科技学院(FAST)、经济与管理学院(FASEG)、健康科学学院(FSS)以及法律和政治学院(FDSP)。博博一迪乌拉索校区有2个专科学院(institute)和1个专业学院(school)：大学技术学院、农村发展学院和计算机科学学院。库杜古校区设有库杜古教师培训学院，目标是培训教师、教学顾问和中小学巡查员。

直到1997年6月，3个校区只由1名校长监管。自1997—1998学年起，博博一迪乌拉索多科技术学院取代了博博一迪乌拉索大学多科技术中心，并与库杜古师范学院(ENSK)一起成为自治机构，尽管两者与瓦加杜古大学依然保持各种联系。

自2000年11月起，瓦加杜古大学被分成7个培训和研究单位(UFR)：文学、艺术与传播科学(UFR/LAC)，健康科学(UFR/SDS)，精密应用科学(UFR/SEA)，经济与管理(UFR/SEG)，人文(UFR/SHS)，法律与政治科学(UFR/SJP)，地球与生命科学(UFR/SVT)；1所专科学院：布基纳艺术与贸易学院(IBAM)。

私立高等教育在布基纳法索起步相对较晚。1992年成立的高等计算机科学学院是布基纳法索高等教育领域的第一所私立院校。1996年起，一批私立院校相继诞生，其中有1996年在博博一迪乌拉索建立的应用科学学院(ESSA)，1997年建立的计算机科学与管理培训中心(CEFIG)，1998年建立的私立多科技术学院(ISPP)，1999年建立的商学院(ESCO-IGES)，以及2000年建立的布基纳自由大学(ULB)。

瓦加杜古大学的改革

自1974年建立以来，瓦加杜古大学经历了三次改革。第一次改革在1985年，目标是拓展受到缩减的服务项目，更好地控制入学人数，使各个学院更加专业化，并在大学开展四项生产性活动。改革的结果是建立了9个学院和4个培训学院。这次改革的主要问题是太注重低年级的培训，忽略了核心课程的需要。

第二次改革发生在1991年，集中改造培训课程，建立综合性服务以替代先前各自封闭的体系。政府、家长、教师、学生和工会多方参与的讨论引发了这些改革。计划的制定者想在大学所建议的培训模式与国家的需要之间保持恰当的平衡。改革使可用的人力和物资资源得以更合理利用，新建立培训部门注重技术和专业化，但改革遭到教师工会的抵制。

第三次改革始于2000年11月，当时正值1999—2000学年学校停止运转期间。这一学年的特别之处是，前四级的教学缺少评定，一年级学生的考试大面积不及格。学生组织了长时间的罢课。新闻记者诺伯特·扎恩古(Norbert Zaongo)被暗杀引发的全国政治危机，以及学生提出的改善物质和经济状况的要求，都与这期间的罢课有关。以学生派系之间的对抗和师生之间的对立为特征的无政府状态在校园蔓延。大学在2000年10月6日停课，12月复课。改革在复课前进行，重点是管理不断增长的一年级学生人数、专业化以及改善学生和教师的物质和经济条件。

根据改革措施，大学采纳了新的体系：将普通学院的基础训练与专业性学院的专业化融合起来，建立新的培训和研究单位。教师工会再次拒绝参与负责组建新结构的委员会，尤其反对用培训和研究单位取代学院的做法。

高等院校的能力

布基纳法索现有11所高等教育院校，其中3所为国立，其余为私立。

国立院校有：

- 瓦加杜古大学，由7个培训和研究单位以及1

所专科学院组成。2001 年 3 月的招生数为 11277 人，常任教师 303 人，兼职教师 175 人。

- 博博一迪乌拉索多科技术大学，由 2 个学院和 1 个专业学院组成。该校有学生 370 人，教师 134 人。
- 另有高等专科学校 1 所：库杜古师范学院，有学生 286 人，教师 60 人。

私立院校有：

- 位于瓦加杜古的布基纳自由大学，有学生 135 人，教师 19 人。
- 高等计算机科学和管理学院，有学生 550 人，教师 60 人。
- 私立高等多科技术学院，有学生 279 人，教师 35 人。
- 高等技术学院，有学生 62 人，教师 24 人。
- 应用科学学院，有学生 231 人，教师 38 人。
- 商学院，有学生 300 人，教师 62 人。
- 计算机科学与管理培训中心，有学生 81 人，教师 28 人。
- 法索科学与计算机科技学院(E)STIF，有学生 43 人，教师 17 人。

2000 年，布基纳法索现有高等院校的在校生总数为 14000 人。

瓦加杜古大学就占布基纳法索招生总数的 80%，尽管该校实际容纳能力只有 8000 人。1999—2000 学年的学业无效，4000 多重修学生增加了正常的招生总人数。表 18.1 表明从 1995—1996 学年到 2000—2001 学年学生性别比例和总人数。

表 18.1　1995—2001 年瓦加杜古大学按性别入学人数

学年	性别		总计
	男生(%)	女生(%)	
1995—1996	6399(75)	2086(25)	8425
1996—1997	6112(77)	1856(23)	7965
1997—1998	6061(77)	1809(23)	7870
1998—1999	6764(77)	2049(23)	8813
1999—2000	7993(77)	2407(23)	10400
2000—2001	8687(77)	2599(23)	11277
总计	41947	12806	54753

来源：《学术活动及学校事务管理，1995—2001》，瓦加杜古大学，2001 年 3 月 27 日。

在过去 10 多年间，布基纳法索致力于促进新科技在教育领域和提高行政管理效率方面的应用。于是，20 世纪 90 年代计算机科学学院应运而生，并与国家电信办公室、国家信息处理中心、计算机总会等机构密切合作。私立院校对计算机在布基纳法索的推广起了重要作用。

计算机行业正在世界范围推广，布基纳法索也不例外，因为计算机在所有经济领域的使用越来越广。

国家促进就业办公室认为，就业问题与职业培训有关。为了从经济浪潮中获益，在西非经济和货币联盟的背景下保持有技能的劳动力资源，布基纳法索应该更注重职业培训和循环课程。

培训周期有三种：

- 第一阶段包括大学一、二年级的学习。完成该阶段学习的学生获得大学基础文凭(DEUG)，健康科学学院学生获第一阶段证书(PCEM)，专业性学院学生获科学技术大学文凭(DUTS)。
- 第二阶段为期两年，与学士学位和硕士学位的学习期限一致。
- 第三阶段包括两个层次，深入研究文凭或继续大学文凭需一年，博士需三年。也有第三层次的博士，称为国家博士。博士后将由论文博士取代。

学生入学

高中毕业考后，绝大多数毕业生升入大学。因此，瓦加杜古大学的招生人数与当年高中毕业生的总人数直接相关。比如，1990—1991 学年总共 1575 名高中毕业生中有 1210 人就读瓦加杜古大学；1992—1993 学年，高中毕业生 2803 人，招生 2673 人。新生人数的大量增加加速暴露了很多问题，比如缺少足够的校舍来容纳数量众多的一年级学生、实验室工作组织管理有关的问题，以及对学生的全面监管存在的问题等。1995—1996 学年到 2000—2001 学年期间，瓦加杜古大学的在校学生总人数从 8425 人增加到 11277 人(见表 18.1)。

2000—2001 学年，97%的学生是布基纳法索人，3%为外籍学生。不在布基纳法索出生的学生入学几率越来越小,这已成趋势;6年前,瓦加杜古大学10%的入学者不是在布基纳法索出生的(见表18.2)。2000—2001学年,女生只占1/4,而奖学金获得者中女生比例更少于1/4。

表18.2　瓦加杜古大学1995—2001年入学人数

学年	本国学生		外国学生		难民	
	男生	女生	男生	女生	男生	女生
1995—1996	5712	1883	602	198	25	5
1996—1997	5369	1634	724	218	19	4
1997—1998	5515	1641	530	164	16	4
1998—1999	6241	1863	510	182	13	4
1999—2000	7417	2225	566	180	10	2
2000—2001	8429	2543	242	55	7	1
总计	38683	11789	3174	997	90	20

来源:《学术活动及学校事务管理,1995—2001》,瓦加杜古大学,2001年3月27日。

大多数学生获得国家资助,国家对学生以财政援助或国家教育和研究基金(National Fund of Education and Research, FONER)贷款等方式提供扶持。

各院校的师生比差距很大。瓦加杜古大学的师生比是1∶23,是最不理想的;博博—迪乌拉索多科技术大学的师生比最为合适,为1∶3。

1998年,在名为"21世纪的瓦加杜古大学:追求效率和绩效"的研讨会对师生比问题展开了讨论。随着招生人数的不断增长,对能进行有效教学的教师人数的需求超过现有的教师人数。举个例子来说,实验室工作是非常重要的工作。在实验过程中,老师指导学生把理论概念进行实际运用,老师帮助学生评估、理解并做必要的调整。显然,在这样的实验场合,如果师生比太高,效果一定不会很好。一个老师指导的学生超过25～30人,就很难获得预期的实验效果。

行政结构

国立大学的行政结构可参见表18.3。校长经高教部部长提名后由政府任命。校长主管行政并监督所有部门的运作。副校长和秘书长各一名,辅助校长工作,协同配合处理重要校务。

表18.3表明职员在瓦加杜古大学非学术部门的分布情况。表18.4表明所有教师和学生在瓦加杜古大学各研究和培训单位的分布情况。

表18.3　瓦加杜古大学的非学术部门的工作人员

服务机构	工人	员工*
校长办公室	24	87
大学主图书馆	9	33
学位办公室	7	9
后勤维护	2	20

注:*员工指行政人员、技术人员和辅助人员。

来源:《学术活动及学校事务管理,1995—2001》,瓦加杜古大学,2001年3月27日。

表18.4　2011年教师和学生在瓦加杜古大学各研究和培训单位的分布

部门	教授	副教授	高级讲师	助教	全职教师	兼职教师	学生
经济与管理	—	3	11	12	—	—	2357
精密应用科	7	10	25	3	1	33	1098
生命与地球科学	5	9	17	2	1	57	1371
法律与政治	1	2	15	3	2	21	1526
文学、艺术与传播科学	2	4	38	9	4	46	1547
人文	—	6	37	4	1	—	2356
健康科学	7	19	22	21	—	18	1150
总计	22	53	165	54	9	175	11405

来源:《学术活动及学校事务管理,1995—2001》,瓦加杜古大学,2001年3月27日。

各培训和研究单位、专科学院以及专业学院的主管由本单位选举后，再由高教部部长任命。

瓦加杜古大学主要的服务部门包括：

- 学术活动部
- 学生就业和信息行政部门
- 人力资源管理
- 教师晋升及与非洲和马尔加什高等教育委员会(C)AMES关系部
- 信息及新通信科技开发部
- 职业及在职培训部
- 教学创新部
- 研究和咨询部
- 规划部
- 财务部

相关的服务中心有维修中心、中心图书馆、大学书店、大学出版社和高中毕业会考办公室。师范学院由一位总经理主管，秘书长、教学干事和培训干事各一名辅助其工作。

布基纳法索的私立高等院校有两种体制。布基纳法索自由大学由一名校长主管，行政主任和秘书处辅助其工作。专业学院和高等专科学校由创办人主管，一名负责院校运作的行政官员辅助其工作，各部门的会计、秘书、巡视员或督学则辅助该官员工作。

治　理

瓦加杜古大学和博博一迪乌拉索多科技术大学的行政管理大致由五个决策层组成：董事会(board of directors)、大学大会(university assembly)(或负责培训和大学生活的理事会)、大学理事会(university council)、学院和系。

董事会由来自中高等教育及科学部、财政部、公共服务部、卫生部、就业部、商会、行政人员、工会、教师和学生代表组成。董事会成员任期三年，只能续任一期。

大学大会和大学基金和生活委员会(Council of the Foundation and the Life of the University, CFVU)负责大学政策的决策。该机构兼管学术和行政事务。重大决策须经大会通过。校长一年至少两次召集大会。大会讨论诸如教材的修订和考试制度的改革等重大事件。大会的成员有正副校长和教职员工代表，有学生、国家科技研究中心、就业部和商会的代表，各服务部门的处长作为顾问出席大会。

大学理事会或科学委员会是一个纯学术性的机构。它决定大学的政策。其成员人数固定，由高校教工(教授、副教授和助理副教授等)代表组成。

校长监管大学所有部门的运作。副校长辅助校长的工作，秘书长辅助大学的管理工作。校长监管社会事务并负责各项事务、机构之间的行政和技术性的协调工作。研究和培训单位对各自工作负责，并向校长汇报工作。

系是学术活动的基本组织。系开发、管理各领域和专业的培训课程。大学由教育研究性的学院、图书馆和大学出版社等辅助单位组成。每个教育研究型的学院都设有系，由教师担任的协调员负责管理其工作。系主任负责处理各系管理方面的工作。学院本身由一个团队管理，该团队由理事长、院长、负责学术活动的副理事、负责行政事务的秘书各一人组成。学院管理机构在校长的监管下开展全面管理工作。

1998年进行的调查发现，56%的教师认为行政管理效率不高。学院经常抱怨行政管理的薄弱、学院自主权的缺乏，以及校长选举程序的不合理。

财务与预算

国立大学的预算主要依靠国家的补助，但是公共基金不足以支付所有的开支。电费、水费和电话费的开销数目巨大，瓦加杜古大学长年赤字，每年都难以支付这些开支。为大学寻求额外的资金来源势在必行。目前的一些额外经费来自双边或多边的合作项目，以及大学的其他渠道。学生方面提供的经费数目不大，但在大学年预算中所占比例逐年增加。比如，从1995—1996学年到2000—2001学年期间，瓦加杜古大学享受奖学金的学生比例由30%下降到16%。2001—2002学年80%的学生没有奖学金，而在1995—1996学年63%的学生可获得奖学金(表18.5)。注册费收入也可抵消部分预算开支。2001年，布基纳法索学生和难民支付每年9美元到16美元的注册费，其他外国学生需支付高达286美元的注册费。

表 18.5 瓦加杜古大学学生的奖学金情况(1995—2001)

学年	奖学金生人数(%)	非奖学金生人数(%)	带薪学生人数(%)
1995—1996	2553(30)	5342(63)	530(6)
1996—1997	2167(27)	5167(65)	634(8)
1997—1998	1806(23)	5522(70)	542(7)
1998—1999	1682(19)	6433(73)	698(8)
1999—2000	1625(16)	7903(76)	872(8)
2000—2001	1765(16)	9003(80)	509(4)
总计	11598	39370	3785

来源:《学术活动及学校事务管理,1995—2001》,瓦加杜古大学,2001 年 3 月 27 日。

过去,货币贬值给预算的货币值带来负面影响。因此,政府有必要增拨 15%的经费以维持大学的购买力。

1995 年瓦加杜古大学学生总人数由 4216 人增加到 9523 人,1999 年达到 10000 人。学生人数的增加和政府补助的不足迫使大学寻求更好的途径管理其资金来源渠道,尤其是通过大学图书馆、大学出版社和宾馆获取收入以补充财政预算。

大学可以通过完善服务管理来帮助克服长期的预算赤字问题。但这些努力对减轻赤字所起的作用微乎其微,部分原因是受人手缺乏、基础设施不足等因素制约。

目前外国学生的注册费很高,不过这与本地区其他法语大学所收取的费用大致相当。

1998 年 10 月,为增加财政收入,提高了布基纳法索学生的学费。瓦加杜古大学应该谋求舆论支持进一步提高注册费。实际上,瓦加杜古大学应该向一、二年级学生收取培训费以弥补实验室设备、药品以及教师加班费的开支。

经费管理

尽管财政来源少得可怜,但出色的管理使大学正常运作,没有经历危机。为提高大学财务管理的效率,应对各级官员进行行政和管理方面的培训。对理事长、各部门头脑以及教师的培训应注重大力提高其专业水准,为大学的高效运转服务,并强化其对公民社会的重要性。

为实现这一目标,大学应该鼓励挖掘各机构潜力,加强南北合作、南南合作。这种合作有助于发展中国家大学的技术和法律能力的提高,加强区域合作。

毕业生就业

长期以来,政府是主要的用人单位。过去,人数不多的大学毕业生意味着那些完成学业的学生可以马上找到工作。但是这种情况已完全改变。现在,越来越多的毕业生找不到工作。国立大学的专业性学院和私立大学在培训学生就业方面比国内其他高等院校做得出色的多。攻读人文、语言、法律、和经济专业学位的学生毕业后最难找到工作。目前,精密科学和卫生专业的毕业生在找工作时面对不一样的困难。

1998 年对瓦加杜古大学应届和往届毕业生的调查发现,几乎所有的被调查者(92.3%)认为,技术和专业学院的学生人数大大超过社会需求。91 名往届毕业生中,只有一人自己当老板,其余的均为工薪族(这也说明创造的就业机会很少)。30%的人没有工作,88%的人抱怨缺少与往届学生的沟通。尽管 96%的人想参加毕业生协会,但瓦加杜古大学没有跟踪毕业生专业发展的部门。1998 年的研究证实,很有必要采取一项战略,实行专业化训练并关注毕业生所面对的找工作难的问题。

教学语言

布基纳法索是法语国家。法语是行政管理及一切培训和研究所用的语言。不过,英语作为第二语言在中学和大学得到普遍教授。

研究与出版

研究是大学的基本任务之一。在布基纳法索,教师在各自领域进行基础性和应用性研究。此外,国家科学与技术研究中心还致力于国家农业和科技的发展。

瓦加杜古大学有许多促进研究的资本,包括它在普及知识方面的经验、它的出版基础和它拥有的高技能教职员工。一些实验室和创造性研究中心有待增强,另外还要着手建立新型研究机构。

在非洲和马尔加什高等教育委员会组织的各项测试中，瓦加杜古大学的教师和研究人员在本地区的表现最优异。非洲和马尔加什高等教育委员会是由 17 个法语国家组成的团体，它对所属地区教师和研究人员的晋升材料进行全面科学的分析。它对瓦加杜古大学的评估表明该大学拥有一支足以拓展实用性研究的教师队伍，不过，只有高年级的学生在教师的指导下才能进行先进的研究，这一问题不容忽视。

大学研究的局限性

1993 年，非洲的一批大学校长出版了一个题为《振兴非洲大学十大措施》的文献。该文献确认了非洲学术研究所面临的很多问题，包括教师工作量过重，报酬没有吸引力，专业学院缺少合适的书籍、基础设施和科学设备，一些研究是带着对立情绪开展的，很多教师或研究人员被吸引到高级政治或行政岗位上，非洲的研究人员孤军奋战，研究没有被恰当地评估。

所有这些制约因素都适用于瓦加杜古大学。这也说明为什么大学开展的实用性研究对布基纳法索社会的影响力非常有限。瓦加杜古大学对实用性研究的组织和协调不力、科学设备和特殊仪器缺乏、研究经费不足等因素使研究更加举步维艰。

要提高效率，学术研究必须以团队为依托，在资深研究人员的指导下由一组教师和学生开展研究项目。然而，瓦加杜古大学的特点是我行我素，在没有集体研究结构的学院更是如此。

有些人希望 1991—2000 年起在各学院设立副院长专管研究和开发，这可使研究活动更加协调，研究成果更好地在全国范围推广应用，但是这一愿望没有实现。实际上，这些服务很难实行。瓦加杜古大学一直没有注重开展以实用性研究为基础的研究中心。

瓦加杜古大学的大多数实验室缺少关键的实验设备，很多实验室面临的问题更加严重，缺少如建筑等必要的硬件设施。有时，布基纳法索的研究缺少科学文献，包括高质量研究所必需的实地调查和取样。

瓦加杜古大学的研究受到经费短缺问题的进一步困扰。检查学校的预算后发现，研究经费没有明确立项。这种做法妨碍了实用性研究的发展。

1996 年，布基纳法索制定《科研战略规划》(Strategic Plan for Scientific Research，PSRS)，提出了国家社会发展和人民生活富裕的基本需要。大学负责的研究与《科研战略计划》中提及的优先发展项目密切相关。如果我们说的“实用性”研究指的是解决阻碍国家经济发展的日常性问题的话，那么瓦加杜古大学是在开展实用性研究。但是我们不应忽略，研究的首要社会功能是整合过去和现在的数据，为未来做好规划。

但是，不幸的是，这些与社会和经济发展相关的研究结果却不为公众和发展的利益相关方所知。研究结果的推广应用不单是研究人员的责任，政府部门也义不容辞。学校的培训研究部门应该与部委协调一致，保证研究结果得以妥善推广。有关部门应该鼓励建立基金以促进研究成果在布基纳法索的推广。只有到那时，大学研究才会引导国家进入 21 世纪。

出版现状

布基纳法索有几家出版学术研究的刊物。它们包括：《瓦加杜古大学年报》、《国家科学与技术研究中心年度科技评论》、《半年评论：CEDRES 研究》、《布基纳法索法律年度评论》等。这些刊物有评议委员会，其成员包括布基纳法索高校的教授和国家科学与技术研究中心的研究人员。

政治对校园的影响

各种政治势力都对控制大学感兴趣。人们认为谁要是控制了大学，谁就获得未来的政治保票，因为今天的学生是未来的领导者。因此，布基纳法索的历届政府都采用各种手段谋取对大学的政治控制权，这是情理之中的事。

尤其是当选的行政官员、执政党、其他合法的政党以及一些小党派都竭力通过试图控制学生会、教师、行政人员、技术员、实验员，增加对大学的影响力。由于高等教育由政府拨款，政府保留对大学的行政管理和政策的施行进行监督的权力，但是学院在教学和管理上享有一定的自主权。

实际上，政府任命校长的行为被认为是对学术自由的威胁。执政当局通过任命校长巧妙地对大学施加控制力，这种做法会产生紧张的政治气氛。如果在任命校长时完全摒弃政府的意见，那么会酿成危机：校长的权力过大或政府会对大学的要求置之不理。

在1998年召开的一次研讨会上，讨论了学术机构缺乏自治的问题。有教师提出信息不畅、行政部门和教师沟通不够等存在的问题。教师（不要说学生了）真正知道大学的行政管理在职能和程序方面应该是什么样的吗？在校教师每次需要特定的服务时，真正了解更多有关大学的行政功能了吗？在这样的情况下，他们或许不会意识到一些行政程序。

当然，大学面临一些经济困难，但也有关于人的难题。这些包括人的习惯、思维方式和行为举止变成"第二天性"（第二天性：一种经过长久实践形成以致看起来像是天生的行为或特性，译者注）以及抵制变革。然而，大学是一个稳步发展并不断变化的环境。我们所面临问题的解决取决于职员适应变化（新科技）和大学改革的能力。大学的未来取决于职员尽心尽责的工作、高效和人性化的行政管理、出色的领导能力、吸引和稳定优秀学生（包括女生）的能力以及教师的优异表现。

就私立高等院校而言，政治的影响力是显而易见的；尤其在法规和教学要求方面，政治相对国家要求而言，影响力尤其明显。

学生的激进活动

在国立大学，学生由各种协会组织起来。其中组织最完善的两个是左翼的全国学生协会和右翼的全布基纳法索学生联合会。总的来说，协会在物质上和精神上要维护学生的利益。不过，瓦加杜古大学1999—2000年的事件表明学生会与政治派别有一定的联系。当年，全国学生协会是各学生团体的主要领导，领导学生与敌对政党进行激进的对抗，结果导致学校停课，该学年成绩被判无效。

私立院校的学生协会具有社团性质，倾向于关注学生毕业后的就业机会。国立大学的学生协会也有类似的发展趋势。2001年1月，为了提高公立、私立院校学生从商的积极性，学生企业家俱乐部就此成立。

学生的生活状况对其注意广度和对授课的理解能力都有一定影响。当然，绝大多数学生处境相当困难。很多人解决不了基本的温饱问题，更不用说有钱买书和其他教学物品了。在布基纳法索这样人均年收入极低的国家，父母通常提供不起孩子的教育费用。在这样的情况下，国家的资助，尤其是提供奖学金，对高等教育体制的生存是非常必要的。

布基纳法索已经考虑学生的社会地位，设立了学生资助标准。这样，大多数接受奖学金的学生可以获得高达185美元的资助以应付基本之需。

教师的条件

布基纳法索教师的收入和社会地位在下降。瓦加杜古大学成立之初，大学教师的经济收入相当不错，但现在该大学已留不住教师，尤其在与私立院校竞争激烈的领域。尽管薪水和福利保持稳定，通货膨胀和非郎贬值使教师的生活水平大大下降。为此，教师到私立学校上课、外出当顾问以及从事其他活动，这就意味着他们不能全身心地尽其研究和教学的职责。教师获取教学材料和各自学科的最新出版物面临重重困难，而这些材料是必要的研究工具，也是更新课程内容所必需的。他们不能充分享用诸如电脑等新的信息和通信科技，也无力承担长期在国外从事研究和个人发展的费用。这些无疑严重地阻碍了教学和科学的进步。

因过分的物价稳定措施和经商领域的薪酬，教师职业地位下降更加严重。教师经历了社会地位的下降，沮丧不已，这当然会影响到他们的教学表现。通常，教师既不被人尊重，也不受学生尊敬，这严重破坏了师生关系。如果教师不被当作社会资源看待，他们就不会得到学生应有的敬重。再者，与教师的研究工作相应的图书资料和实验室不足，很多领域的研究甚至没有这些条件。比如，瓦加杜古大学在理论物理领域有博士点，而在应用物理领域却没有博士点。瓦加杜古大学已开始关注教师方面的这些问题，并得到更多资金援助，尤其支持休假年和减少工作时数。

私立院校的教师目前不从事研究活动。

布基纳法索高等教育的前景

到 2010 年，瓦加杜古大学的学生人数将达到 22000 人，2020 年将达到 58000 人。如果现在的大学不能容纳 12000 名学生，怎么能维持这么快的增长？

瓦加杜古大学需要在全布基纳法索开设地方大学，开展远程教育。

结　语

在布基纳法索，理论培训课程占主导地位，目前吸纳了 80%的学生就学于全国最多样化的瓦加杜古大学。所有其他的院校都是专业性的，学生数只占全国的 20%。

未来的大学应该有所变革使其更具适应性。尤其在全球化时代，大学不得不培训个体以适应新的环境。新的信息通信技术应该受到欢迎。人们应该大力推广、使用这些新技术，要克服对它们的恐惧感。

参考文献

Agbangla, C., and N. Charpentier. 1999. *Rǒle et place de l'université dans la société du XXle siècle face à la mondialisation*. Quagadougou: Cinquième Colloque, Université sans frontière.

AESO (Association des élèves du secondaire). 2001. "Dèclaration." *Sidwaya* 4214 (March 1): 18.

Badini, W. E. 2001. "Université de Quagadougou: un syndicalisme dévoyé." *L'Opinion* 178 (February 28 - March 7): 15.

Groupe ESCO-IGES. 2000. "Un établissement de rigueur pour les étudiants d' élite!" *Le Pays* 2203 (August 18): 15.

MESSRS (Ministère des Enseignements Secondaires Supérieur et de la Recherche Scientifique). 2000. Décret no. 2000-559/PRES/PM/MESSRS/MEF portent approbation des statuts de l'Université de Quagadougou. Visa cf no. 8460, Décembre.

——. 2001. "Université de Quagadougou: Le Ministre aux syndicates SNESS et SYNTER." *L'Observateur PAALGA* 5362 (March 19): 7.

Quampeba, A. 2001. "Club d'entrepreneurs étudiants du Burkina." Letre et declaration d'existence, January 29, 2001, Quagadougou, Burkina Faso.

Sawadogo, F. M. 1998. "Priorité à l' education et à la formation des jeunes: Forces et faiblesses de l'Université de Quagadougou." *Afrique Education*, no. 45 (May): 22-24.

Sawadogo, L. 2000. "La réforme de l'Université de Quagadougou." *Wattitingol* 7 (November-December): 6.

Semde, I. 2001. "Université de Quagadougou: la nécessaire refondation." Interview du TRAORE A. S. Chancelier de l'Université de Quagadougou. *L'Opinion* 178 (February 28): 16.

SYNTRE (Syndicat National des Travailleurs de l'Enseignement et de la Recherche). 2000. *A propos de la refondation de l'Université de Quagadougou*. Quagadougou: Assemblée générale du syndicat.

Tia Luc, A. 2000. "l'Université de Quagadougou: La refondation enmarche, la vie reprend." *La Depeche* 33 (December): 3-21.

Traore, S. A. 2001. "Rapport explicatif de quelques aspects institutionnels et pédagogiques de la refondation de l'Université de Quagadougou. MESSRS/UO/Chancellerie." Direction des presses universitaires, January.

——. 2000. "La refondation de l'Université de Quagadougou." *Wattitingol* 7 (November-December): 7-13.

Toguyeni, Y. A., F. Sib Sie, and A. P. Quadraogo. 1998. *Rapport de la sous commission Efficacité interne de l'Université de Quagadougou*. Quagadougou: OU/CRDI.

Université de Quagadougou. 1998. "l'Université de Quagadougou au XXle siècle: à la recherché de l'efficacité et de la performance." Université de Quagadougou, Centre de Recherche pour le Développement International (CRDJ), Septembre 1998. Quagadougou: Direction des presses universitaires.

19 布隆迪

朱玛·沙巴尼

引 言

布隆迪地处中部非洲，是一个拥有27834平方公里(10747平方英里)面积的小国家，位于卢旺达、坦桑尼亚和刚果共和国之间。1995年，布隆迪的人口估计为606万，人均国民生产总值(GNP)160美元。1985年到1995年间，人口和人均国民生产总值年均增长率分别为2.5%和1.3%(UNESCO, 1998)。

根据人类发展指数(UNDP, 1998)，布隆迪在1998年位于世界最不发达国家之列，人均寿命为44.5岁，成人文盲率为57.7%，各级教育的毛入学率为23%。

布隆迪是一个农业国，主要靠出口茶叶和咖啡赚取外汇。布隆迪于1962年获得独立。自1993年10月以来，该国经历了一场内战，人民生活水平一落千丈。

普遍认为，布隆迪的高等教育从1964年开始以来至内战爆发期间颇有成效。它为国家公务单位、半国有企业培训所需要的人力资源，为发展教育体系作出了重大贡献。然而，1993年10月以后，这个国家陷入了一场影响极其深刻的社会政治危机，这场危机严重影响了布隆迪的社会和经济发展。

国家政治利益相关方以及布隆迪的地区和国际伙伴几年来的努力显示，布隆迪在不远的将来就可以享受到和平与安全。和平一开始，布隆迪政府就开始构想并实施重建、恢复和发展计划。考虑到高等教育在人类可持续发展中所起的重要作用，高等教育应该在倡议的计划中占有中心地位。

在这一章里，我对布隆迪高等教育从创立之初到2000年的情况作了分析；侧重分析了院校的表现，包括其成就及缺点。我也分析了布隆迪高等教育入学人数增长、学术人员的规模、教育预算总量的发展趋势，并对其作出预测。通过上述分析，我发现了一些值得关注的领域，可藉以为布隆迪高等教育改革提供建议。

布隆迪高等教育的主要发展阶段

20世纪60年代初，布隆迪的高等教育由三个学院组成：卢安达—乌隆迪农业学院(Institute of Agriculture of Ruanda-Urundi)、乌松布拉大学学院(Institut Facultaire of Usunbura)和乌松布拉科技学院(Faculty of Science of Usumbura)。1962年，卢安达、乌隆迪和乌松布拉易名为卢旺达、布隆迪和布琼布拉。1964年，三校合并成为布琼布拉官方大学(UOB, Universite Officelle de Bujumbura)。

1965年，负责培训教师的学校高等师范学院(ENS)建立，其使命是培训初中教师。1972年，负责培训公务员的国家行政学院(ENA)建成。

1973年，布琼布拉官方大学、高等师范学院和国家行政学院合并成布隆迪大学。这一过程并未一步到位。1975年，国家行政学院并入布隆迪大学的经济和管理学系，1977年布隆迪大学和高等师范学院合并。

20世纪80年代初，布隆迪又建立了4所非大学层次的高等教育机构，为国家公共事业培养技术人才。这些学院包括新闻学校、商科学校、城镇规划和发展学院以及农学院。

1989年，这些学院都被并入布隆迪大学。这次合并的主要目的是优化使用分配给高等教育的资源。在合并过程中，商科学校更名为商学院。

到2000年7月，除了布隆迪大学，还有以下公立和私立教育机构提供高等教育。公立机构有高级军官培训学院、国立警察培训学校、工商管理学院和新教师培训学院。私立机构有布琼布拉神学院(Seminary of Bujumbura)、管理和控制学院和恩戈齐大学(University of Ngozi)。

从布隆迪高等教育目前的发展趋势可以看出,私立机构的数量在不远的将来将急剧增加。私立高等教育机构的在校生人数已经超过学生入学总数的10%。

在这一章中,我将重点分析布隆迪大学。

布隆迪大学的结构和管理

1989年9月颁布的关于重组布隆迪大学的100/178号法令第二条指出,布隆迪大学的使命是:

- 提供最高水平的科学和技术知识。
- 促进科学、文学和艺术研究。
- 致力于为国家的社会、经济和文化发展作出贡献。
- 致力于学生的公民教育和道德教育。

建校以来,布隆迪大学注重培养公共事业所需的各类人才。该使命卓有成效。相比之下,大学并没有在履行研究使命方面取得令人满意的结果。

在参与社会、经济和文化发展方面,布隆迪大学并没有实施这个目标所需的院校结构或项目。不管怎样,应该承认大学教师在各种国家顾问委员会里有很强的代表性。

大学理事会

布隆迪大学的理事会(council)包括大学的代表和其他公立和私立部门的代表。

一般来说,理事会主席和副主席从大学外部的理事成员中选举产生。理事会成员有当然成员,即校长和副校长以及经高等教育部部长推荐并由国家元首任命的成员;另有4名来自公共行政管理部门的代表,2名私立部门的代表,2名大学行政管理和支持人员的代表,3名教师和(或)研究人员的代表,以及2名学生代表。

理事会的职责是确保大学的顺利运行。为此,理事会有以下任务:

- 确定大学总体的政策和规章。
- 批准上一年的核算,提出下一年的预算。
- 聘任学术人员,负责其职称晋升。
- 与大学生福利管理服务部门和其他相关国家服务部门合作,采取必要的行动,发展并维护大学资产。
- 创立新的行政和研究部门。

行政部门

校长全面负责大学的管理,主管行政和学术事务。此外,校长还监管学生福利管理服务处和教学医院。紧急情况下,校长可采取措施,确保大学正常运行。这些措施要经过理事会的批准,但也有可能被驳回。

校长在大学理事会和高等教育和科学研究部部长的监督下工作,但部长只能取消那些虽经理事会通过但却违背大学法律规定的措施。

校长在副校长,三名处长(分别是负责学术、行政和财务、研究的处长),顾问团队和被称作校长委员会(Rectoral Council)的咨询委员会辅佐下工作。校长委员会由上述三位处长、学生福利管理服务处处长、教学医院院长、各学院院长以及学生代表组成。

校长、副校长和处长都是在高等教育部长推荐的基础之上由国家元首任命,任期四年,只能续任一届。

在1993年10月发生的社会政治危机之前,大学整体的管理还是非常有效的。某些部门所发现的一些不足可能由以下因素造成:

- 各部门的任务以及监督、评估各部门绩效的机制没有明确界定。
- 一些部门的管理能力相对较弱。
- 大学群体内部的沟通以及信息发布策略效果不佳。
- 一些与教职工利益挂钩的规定未能付诸实施。

自1993年10月以来,布隆迪饱受学生和教职员罢工、大学关闭、杀戮、学术项目实施推迟以及大学高层管理人员变动频繁等事件的困扰。比如,在1993—2000年间,布隆迪大学先后有六任校长。此外,1999—2000 学年的开学时间是 2000 年 4 月,而不是 1999 年 10 月。

学术部门

如今布隆迪大学由 8 个学院(faculty)、5 个专科学院(institute)和 1 个语言教学中心(CELAB)组成。这 8 个学院分别是法学院、经济和管理学院、艺术和人文学院、心理和教育学院、理学院、农学院、医学院和工程学院。5 个专科学院分别是商业学院、农业学院、技术培训学院、体育与运动学院和应用教育学学院。

1989—2000 年间,布隆迪大学学术部门的发展有两个标志性的事件。第一件事是非大学层次的高等教育于 1989 年被并入大学。这次合并的目的是优化高等教育资源的配置。如今,合并 11 年以来,没有对合并进行任何评估,以检查合并的目标是否达到,或者是否有必要为了大学的多样化发展而将商业学院和农业学院从大学中分离出来。

第二件事就是应用教育学学院的创建。布隆迪教育面临的主要问题之一,就是缺乏合格的中学教师。事实上,1985—1992 年的学生平均增长率为 12%,但是大学培训教师的能力依然很低(UNESCO, 1999)。这一情况迫使政府大规模招聘外籍教师,这些外籍教师的人数在 1993—1994 学年占到教师总人数的 40%(Republique du Burundi, 1993)。

1994 年,卢旺达政治变革之后,好几位卢旺达籍的教师提出辞呈返回卢旺达,这样布隆迪大学的教学岗位就出现了空缺。

随着社区学校(community school)数量的增加,中学教师的需求将会显著增加。结果,创建应用教育学学院成为大量培训教师的有效策略。不幸的是,过去参加教师培训的学生数量非常少,而且也都是些成绩最差的学生。

每个学院(faculty or institute)都由一名院长来管理。院长人选经征询学院的相关人员的意见后由校长提名,交大学理事会任命。每个院长任期两年,只能延续一届。然而,实际上一些院长任期已超过两届。

院长在一名院长助理的协助下履行职责(医学院有两名院长助理)。分配给院长助理的任务主要是准备课程安排和考试日历(Universite du Burundi, 1989)。考虑到学院需要振兴发展研究,需要加强教师发展项目、加强与生产部门的联系,需要提高教师教学技能,普遍认为院长助理的这些任务是远远不够的。

研究部门

随着由学术事务处长监管的出版和研究部门的创建,1978 年大学开始学术研究的整合(Universite du Burundi, 1989)。1985 年,为协调和监督大学研究政策的实施,学校设立了研究处长一职。

1986 年大学理事会创建了大学研究理事会,这是一个负责规划和监督所有研究和出版活动的咨询机构。大学的研究政策针对四种不同的研究:学术质量达标研究、咨询、特殊领域的研究和教学法研究。

大学里的研究政策没有对基础研究和应用研究进行区分。然而,大学和国家层面的各种权威都不断建议,研究计划应当考虑布隆迪的国家需要和发展的优先领域。该建议促进大学确立了五个优先研究领域。它们分别是粮食自给、健康、教育体制、地方材料在工业上的应用,以及国际发展趋势及其对国家经济的影响分析(University du Burundi, 1989)。不幸的是,大学没有确立各研究领域应该实施的研究项目。

大学开展的研究对国家社会经济发展的贡献很小。这一情况主要由以下几个原因造成:

- 研究人员的培训没有考虑布隆迪国家发展的需要。其后果之一就是难以组织起大量的研究人员,即便是在优先发展领域。
- 全职研究人员和实验室技术人员的数量非常少。
- 研究用的公共资金不足,研究计划的实施也经常被耽搁。事实上,尽管用于研究的预算很少,但可用的资源总还是有一些(Shabani, 1995)。在这里值得一提的是,1993 年 10 月后,因为安全问题,所有需要开展田野工作的研究活动都被搁置。

大学组织的四类研究中,咨询服务和教学法研究在教师职称晋升时并未考虑在内。这一情况与大学期望加强同生产部门的联系这一想法，以及与希望提高学术人员教学技能的目标相矛盾。

研究中心处于研究处长的全面监督之下。总的说来，研究中心的创建没有前期的可行性研究。这些中心本应当在动用资源提升研究生项目和研究水平方面起到重要作用。不幸的是，布隆迪大学这些研究中心的运行效果很糟糕。

教学和研究支持服务

这些服务包括图书馆、文印和大学书店等，都在研究处长的监督范围内。

大学图书馆网络由 1 个中心图书馆和 6 个学院图书馆组成。分配给图书馆购买图书和期刊的预算从 1989 年占一般性经营预算的 2.8%下降到 1993 年的 1%。一般性经营预算由普通的大学预算、学生福利管理服务预算、奖学金预算和外部渠道的捐赠组成。虽然分配给图书馆的预算越来越少，图书馆仍然由于各种原因没有将预算全部用光(Shabani, 1995)。图书馆的预算远远不足，尤其是以非洲大学协会建议将 5%的一般性经营预算分配给图书馆这一标准作参照时(AAU, 1991)。

图书馆系统预算的减少直接导致生均图书数量减少，从 1989 年的生均 65 本减少到 1993 年的 46 本。20 世纪 90 年代初期，美国大学的图书馆生均图书量为 78 本(Saint, 1992)。生均图书数量当然不是教学质量的可靠指标，特别是在布隆迪大学，因为布隆迪大学经常收到以礼品形式赠送的图书，教师也经常为其教学和研究活动订购图书。虽然如此，生均图书数量意味着学生获取知识时可用学习资源的多少。

其他支持性服务

学生福利管理服务处(ROU)的任务包括学生宿舍管理、餐饮以及为学生提供其他社会服务、大学里建筑和财产的维护、学术项目的后勤支持，等等。

学生福利管理服务处由一位处长全面管理，该处长由高等教育部长推荐、国家元首任命。处长在学生福利管理服务处的理事会和大学校长的指导下工作。校长对学生福利管理服务处的监管包括：审批年度报告和内部章程，理事会决定付诸实施之前给予批复。

学生福利管理服务处的工作人员按照布隆迪大学的行政和技术人员法规管理，须遵循布隆迪的劳动法规。

教学医院(CHUK)也在大学校长的行政监管之下，不过医院的全面管理必须遵循管辖布隆迪医院和健康中心的医学法规。教学医院的管理委托给院长。该院长经教育部长推荐由国家元首任命。院长在医院理事会和大学校长的指导下工作。

分配给教学医院的任务包括组织培训并为员工在健康科学、医疗护理以及健康研究方面提供发展项目。

教学医院的工作人员有医学院的教师，他们按照大学教学人员的规章进行管理；有医院雇员，他们按照医院的规定进行管理。各类人员之间的工作关系在医学院和医院签署的谅解备忘录上予以界定。备忘录的执行比较顺利，因为其实双方都是在大学校长的指导下工作。

双边和国际合作

如表 19.1 所示，1985—1996 年间，好几个国家和组织都为布隆迪大学的运作和发展作出了努力。双边和国际上的支持主要包括提供外国讲师和教授、提供留学奖学金、支持教学和研究计划、采购科研设备以及教学资料等。

此外，1987—1992 年间，大湖经济共同体(包括布隆迪、卢旺达、刚果)的高等教育机构之间建立了许多合作项目。这些项目主要关注教师和学生的交换，以及联合研究项目的开展。

自 20 世纪 90 年代初以来，很多合作机构逐步取消了对研究生项目的支持。这些机构原本通过研究生项目资助年轻的学术人员去发达国家花四年或五年的时间攻读博士学位。这一改变迫使布隆迪大学开设商务计算硕士学位项目，在数学物理以及医学专业开设所谓的三明治研究生项目(sandwich postgraduate program)。三明治研究生项目就是学生在本国大学入学，由一位本校教授和一位国外院校的教授联合培养。

表 19.1 1985—1996 年为布隆迪大学的办学发展作出贡献的国家和组织

学院/专科学院	国家	国际合作机构	双边合作机构	
理学院	比利时;苏联	联合国教科文组织;联合国大学	比利时法语社区[1]	部分或全法语大学协会[2]
工程学院	德国;苏联	联合国开发计划署	—	部分或全法语大学协会
经济与管理学院	瑞士	联合国开发计划署	—	部分或全法语大学协会
艺术和人文学院	法国	—	—	部分或全法语大学协会
医学院	法国	—	—	部分或全法语大学协会
农学院	比利时	—	—	部分或全法语大学协会
心理和教育学院	—	—	—	部分或全法语大学协会
法学院		—	—	部分或全法语大学协会
技术培训学院 农业学院	加拿大,苏联 埃及;中国	—	比利时法语社区	—
商业学院	—	—	—	—
体育与运动学院	—	—	—	—
教学法学院[3]	比利时	—	—	—

注:[1] 比利时法语社区(French Community in Belgium)。

[2] AUPELF 代表部分或全法语大学协会(Association des universites partiellement ou entierement de langue francaise,AUPELF)。1998 年,该联盟更名为法语国家大学协会(Agence Universitaire de la francophonie)。

[3] 1993 年,教学法学院被应用教育学学院取代。

来源:布隆迪大学年鉴。

1993 年 10 月以来的社会危机加剧后,所有在布隆迪大学实施的合作计划在 1996 年被搁置下来,一直到 2000 年 7 月才得以恢复。

布隆迪大学的入学条件

到了 20 世纪 80 年代末,布隆迪于 1989 年 7 月 13 日颁布了重组布隆迪教育体系的 1/105 号法令,规定了大学的入学条件。根据该法令,欲进入大学的学生必须获得高中毕业证书。该证书由高教部长设立的专门委员会认可,相当于法国的高中毕业会考文凭(baccalaureate)和英国教育体制中的高级水平(A-Level)证书。

多科技术学院为数学、物理和工程专业的学生提供本科生培训项目。该部分的学生还必须通过数学入学考试,不过中等技术学校的在校生根据高教部长规定的特殊条件可升入大学。

自 1996—1997 学年起,学生在进入学术项目学习之前必须在国家军队服兵役一年。可是,1999 年以后,新的法令规定了大学的入学条件,要求所有的学生通过专门的大学入学考试。从中学到大学的通过率较高。仅就公立中学而言,1993 年的通过率达到了 80%(Republic of Burundi, 1999)。

学生入学趋势

从表 19.2 可以看出,撒哈拉以南非洲高等教育的学生入学人数明显高于其他教育阶段。布隆迪情况有所不同,布隆迪中学教育入学率达到最高。这有可能是社区中学数量迅速增加的缘故。

表 19.2 1985—1993 年布隆迪和撒哈拉以南非洲学生入学年均增长率

国家	教育层次		
	小学	中学	高等教育
布隆迪	7.8	12.0	11.0
撒哈拉以南非洲	3.0	3.5	9.4

来源:UNESCO 1999.

布隆迪高等教育的入学率略微高于撒哈拉以南非洲的其他国家。考虑到撒哈拉以南非洲高等教育的入学率在本研究开展期间比其他地区增长更快,可以想象布隆迪高等教育入学率已经相当高。事实上,如果高等教育的发展没有受到社会政治危机的影响,按照表 19.2 和复合增长率等式(compound growth rate equation),到 2000 年学生入学总人数可达到 8840 人。

然而,尽管有着很高的入学率,其他一些指标显示布隆迪高等教育体制在撒哈拉以南非洲还是处于最不发达之列。比如,布隆迪高等教育的毛入学率为 0.7%;相比之下,撒哈拉以南非洲为 2.4%,发达国家为 51%。此外,1990 年布隆迪每 10 万人中有 65 人是学生,撒哈拉以南非洲为 162 人,这就意味着撒哈拉以南非洲国家的儿童享受高等教育的机会是布隆迪儿童的 2.6 倍。在该年份,北美每 10 万人中有 5000 名学生,大多数发达国家也达到了 2500 人。

考虑到高等教育系统发展与人类可持续发展之间的高度相关性,这些数据表明布隆迪政府应该继续增加高校入学人数。然而,由于大学可用资源有限,行政部门就业机会少,很有必要鼓励发展其他形式的高等教育,提升毕业生自己创造工作机会的学习计划,而不是将现有学习计划当作其享有的权利。1989 年,行政部门录用了 92%的大学毕业生。自 1993 年起,毕业生的数量超过了行政部门就业岗位的数量。

在校学生的水平和学习领域分布

从表 19.3 可以看出,艺术与人文学院的学生人数已占总在校生学生人数的 60%;在第一、第二学年,这个比例已经占到了 66%,是理学院学生人数的 2 倍。不过,在第三、第四学年,理学院在校生人数又比文科学院的学生多。

所有现存的研究生计划都是理科的。研究生项目的低入学率反映了法语非洲大学的总体情况。在很多英语非洲大学,研究生学习项目的入学人数超过总在校生人数的 10%。

表 19.3 1992—1993 学年在校学生按学习水平和学科领域分布情况

学科领域	一、二年级		三、四年级		研究生项目		总计	
	学生数	比例	学生数	比例	学生数	比例	学生数	比例
艺术和人文	1945	66.4	624	49.6	0	0	2569	60.3
理学	985	33.6	633	50.4	71	100.0	1689	39.7
总计	2930	100.0	1257	100.0	71	100.0	4258	100.0

来源:1994 年布隆迪大学学术部年度报告。

内部效率

表 19.4 显示,1990—1992 年间布隆迪大学的通过率为 70%~76%,前两年的通过率为 53%~69%,后两年的通过率为 79%~95%。这些通过率表明,20 世纪 90 年代布隆迪大学在提高大学合格率方面的努力卓有成效。在其他非洲法语国家,大学考试合格率极少有超过 25%的(Saint, 1993:13)。以马达加斯加为例,1990 年其大学第一年的通过率约为 13%。

1989—1993 年期间,整个大学复读和辍学率分别达到 16%和 6%。在第一年的计划中,复读率为 26%,这个比例是很低的。事实上,1989 年刚果的复读率超过了 40%,而马达加斯加接近 50%(Saint, 1992)。1992 年,乌干达麦克雷雷大学的辍学率是 20%(Salmi, 1992)。

从 1993 年 10 月到 2000 年的 6 月,尤其是在对布隆迪实施经济制裁期间,布隆迪大学被学生和教师的罢工、校园关停、外部合作搁浅、专任教师大量流失、难以购买图书和设备等问题所困扰。这种情况导致布隆迪教学和科研的质量严重下滑。

表 19.4 1990—1993 学年成绩合格率百分比

学年	一年级	二年级	三年级	四年级	平均
1990—1991	57	69	79	95	70
1991—1992	53	56	85	95	76
1992—1993	63	81	84	94	73
平均	57.7	68.7	82.7	94.7	73

来源:1994 年布隆迪大学学术部年度报告。

专任教师招聘和服务条件

布隆迪大学专任教师主要职级有助教、高级助教、讲师、高级讲师、副教授和教授。各种职称的晋升条件汇总于表 19.5。

表 19.5 专任教师招聘和晋升要求

级别	获得学位	其他条件
助教	一级荣誉学士	无
高级助教	一级荣誉学士	三年助教工作资历
讲师	硕士或同等学力	无
高级讲师	哲学博士或同等学力	无
副教授	哲学博士或同等学力	三年高级讲师工作资历、科研成果
正教授*	哲学博士或同等学力	五年副教授资历、科研成果

注:* 除了上述要求,医学院的教师还必须通过由非洲和马尔加什高等教育委员会组织的证书考试(concours d'agregation)。

薪水、补助和其他给员工的福利都由大学理事会决定。目前各类人员的薪水等级是 2000 年核定的。与公务员的薪水相比,大学付给教学人员的薪水相当高。比如,大学助教的工资几乎是同级别公务员的两倍。

专任教师监督和评估工作是通过每年的绩效评估和职称晋升进行的。用于年度评估的表格不够全面。事实上,表格中所列的七类有五类与教职工在大学社团的社会生活有关。评估应涉及专任教师职责的所有方面:教学,研究,对社会、经济和文化发展的贡献,以及参与学生的公民教育。

根据大学的规定,每年最少的教学工作量在 180 小时到 220 小时之间。但是一直没有制订对教师的教学技能进行评估的标准,特别是评估教学大纲和教学方法的标准。评估只是看教师是否完成了规定的教学任务。

与教学的要求相反,学校没有规定教师从事科研的时间,也没有设立机构管理教师参与社会、经济以及文化发展的活动。所有的学院和研究院开设公民课,这就达到了教育者必须参与公民教育活动的要求。总的说来,这门课程也没有被重视,经常由年轻的助教或兼职教师来授课。

为了使年度绩效评估更加有意义和具备针对性,有必要设计新的评估机制,将学术人员的所有职责考虑在内。

目前,教师晋升的标准没有考虑教学技能。根据有关教学人员规定,教师晋升的评估必须考虑其学术资格、教学任务、研究活动、论文发表数量、教学技能以及工作年限等因素。目前,晋升标准仅看论文发表数量。

教师:教学技能

因为教学活动在学术人员的职业中占据中心位置,所以有必要拓宽评估和晋升的标准,把教学活动纳入其中。近年来在教学领域开展的研究使得我们对高校教师的合适教学形象进行界定成为可能(Obanya, Shabani, and Okebukola, 2000)。

总体上,大学教师没有受过专门的教学法培训。所以,有必要为大学教师提供机会,获取教学技能。1988—1992 年,由于有来自联合国教科文组织和世界银行的经费支持,布隆迪大学为专任教师组织了几期教学法培训研讨会。

教师发展计划

继续教育是各类学术人员的权利。1993 年,大学将 2060 美元用于教师和行政人员发展项目,28830 美元用于学术人员参加各种国际会议。这些资金占整个大学运行预算的 0.26%。这个数字还远远不够,特别是相比于非洲大学协会提出的将大学预算的 5% 用于教师发展计划而言(AAU, 1991)。而且,1989—1993 年这些预算拨款也没有用完。

布隆迪的教师发展计划受益于双边和国际合作。在本文讨论的期限内,主要的财政捐助来源于一些机构:

- 比利时负责发展合作的机构为先前的奖学金得主提供赴比利时的大学研究访问的机会,每 3 年一次,每次 3 个月。
- 联合国计划开发署提供资金,支持经济与管理学院的教师到欧洲大学进行短期研究访问。

- 法国开发合作署支持人文学院与医学院的教师到法国的大学进行短期研究访问。
- 阿布杜斯·萨拉姆理论物理国际中心支持理学院的教师到位于迪利亚斯特的研究中心以及一些意大利的实验室进行短期研究访问。

此外,理学院在1984—1992年组织了几次教师发展活动。特别是每周的研究生数学和物理研讨会、数学物理国际研讨会,以及地球科学研究生培训课程。

外籍教师和兼职教师

1985—1993年,撒哈拉以南非洲的学术人员年均增长率为5%;相比之下,布隆迪大学为8.6%(UNESCO, 1999)。这样的快速增长使得对外籍教师的依赖下降;外教人数比例从1985年的54.9%下降到1993年的22.6%。

布隆迪政府给予教师接受最高层次的培训很大的优先权。1994年,布隆迪大学42%的学术人员都有哲学博士学位(Universite du Burundi, 1994),全校27.4%的学术人员曾在发达国家攻读研究生学位。

不幸的是,自1993年10月发生社会危机后,大多数在国外参加研究生培训的教师都没有回到布隆迪。再者,1994年到2000年,因为社会危机的加重和双边与国际教育合作的搁浅,另有很多大学教师离开了布隆迪。那些未完全离开布隆迪的教师,其大部分时间通常是在卢旺达和刚果任教。他们在这两个国家按照教学时数获取报酬,而在国外期间,他们在布隆迪大学的工资和福利待遇照样保留。

除了外籍教师,布隆迪大学非常依赖兼职教师。在1992—1993学年,兼职教师占到了所有学术人员数量的35%。在农学院和商学院,这个数字分别高达50%和85%(详见表19.6)。

1994年,布隆迪大学教师的构成为副教授和教授占13.3%,讲师占34.5%,助教和高级助教占52.2%。

表19.6 1985—1993年布隆迪大学教师增长情况

学年	专任教师总人数	外教人数	外教百分比
1985—1986	315	173	54.9
1986—1987	462	217	46.9
1987—1988	474	175	36.9
1988—1989	537	155	28.8
1989—1990	516	123	23.8
1990—1991	436	131	30
1991—1992	501	140	27.9
1992—1993	560	127	22.6

来源:1994年布隆迪大学学术部年度报告。

学术自由和院校自治

学术自由和院校自治是高等教育机构有效完成其使命的基本要求。学术自由包含了大学教师的一套权利和职责,院校自治则是指机构和政府之间关系的自由程度。

根据联合国教科文组织大会在1997年采取的与高等教育有关的建议,学术自由至少包括不受干涉实施以下活动的权利:

教学、开展科研、出版科研成果、设计课程、对大学发表意见不被审查、参加专业团体。

通常认为,教师在享受学术自由的同时也要承担很多职责,特别是有效地教学,公平公正地对待学生,尊重道德和专业标准,充分响应社会需求,等等。

布隆迪大学教师的权利和职责在1990年通过的教师守则中有明确规定。总体上,布隆迪大学和政府确保教师充分享有学术自由的条件。在过去,不恪守职责的教师非常少。从1993年的社会危机开始,根据自己的种族出生给予本族学生好处的教师越来越多。

高等教育公共开支

各种用来衡量财政开支的指标——特别是高等教育的开支占政府财政开支的比重——表明政府资助高等教育的贡献是很大的(Republique du Burundi, 1993, Shabani, 1998)。

教育公共开支总量已经从1989年占政府当年开支的20.5%上升到1993年的27.1%(Republique du Burundi, 1993)。在撒哈拉以南非洲,1993年这个数据大概是17%。1993年,布隆迪政府将公共开支的25%用于教育;在撒哈拉以南非洲这个数字则是17%(UNESCO, 1999)。

大学常规预算

学术预算由政府拨款和收取的学费组成。为了研究常规预算的结构和增长,我们把它分成以下四类(Banderembako and Minani, 1994):

- 教学预算:用于教学材料和教学活动。
- 科研预算:用于科研活动。
- 人力资源预算:用于员工薪水和员工发展计划。
- 行政和总务预算。

在1989—1994年间,人力资源预算平均年增长率为25%。对于教学和科研预算,这一增长率分别为-10%和-9%。1994年,人力资源预算占整个大学常规预算的71%。

从表19.7可以看出,如果大学的预算不受1993年后的社会政治危机影响,那么到2000年大学的常规预算将是1993年的3.2倍,预算将呈如下分布:

- 人力资源:83.7%;
- 行政和总务:15.6%;
- 教学活动:0.4%;
- 科研:0.3%。

表19.7 1990—1993年布隆迪大学一般性经营预算结构及增长率

预算构成	1990	1991	1992	1993	年均增长率
外部合作	30	19	22	13	-15.8
布隆迪大学	29	36	30	35	18.9
学生福利管理服务处	17	17	18	20	15.3
奖学金	24	28	30	32	20.3
总计	100	100	100	100	—

来源:1994年布隆迪大学财务处和学生福利管理服务处数据;以及高等教育部数据。

大学一般性经营预算

该预算由以下几部分组成,主要用于保证大学的常规运行:

- 大学常规预算;
- 学生福利管理服务处的预算;
- 奖学金预算;
- 外部合作捐赠。

1990到1993年,奖学金预算增幅要比其他部分的一般性经营预算增长得快。在这段时间内,奖学金预算的年均增长率是入学率的5.7倍。就绝对值而言,1992年奖学金预算占大学常规预算的98%。

在本文讨论的期间内,合作预算的年均增长率为-15.8%。合作预算的份额从1990年的30%降低到1993年的13%。如前所述,1996年布隆迪大学所有的合作计划都搁浅了。

如果社会政治危机没有打乱大学的正常运转,到2000年奖学金预算的绝对值将会与大学常规预算持平。

结 语

人们普遍认为,布隆迪大学在培训行政部门工作人员方面是相当高效的。布隆迪大学也为国家的社会发展作出了很大的贡献,特别是以学术人员参加各类国家顾问委员会、参加各种半公立企业的理事会的方式。

1993年以来大学的发展被社会政治危机严重打乱,特别是学生和教师的罢课、各种学术计划的延迟、校园的关闭、获取书本和设备的问题,以及大量学术人员的流失。所有这些都导致了教学和科研质量的严重下滑。

只要布隆迪实现和平,政府就要在国民生活的方方面面实施重建和振兴计划。鉴于教育在人类可持续发展中发挥着重要作用,教育体系将在国家重建和振兴努力中占据中心地位。

本章的分析表明,高等教育的改革至少应该包括以下领域。

高等教育入学

随着高中入学人数的大量增加,以及和平协

议签署后可以预见的难民和流离失所者大量回归,高等教育的入学需求也将剧增。为了有效回应高等教育的入学需求以及其他需求和挑战,有必要明确并建立高等教育的各级系统和形式。布隆迪的社会政治危机导致私立高等教育机构的兴起。在鼓励这种创新精神的同时,很有必要建立有效机制保障高等教育的质量。

高等教育财政政策

大学的常规预算和一般性经营预算都显示出严重的不平衡,特别就人力资源和奖学金预算而言。对高等教育预算的预测显示出目前的政策从长远来看是不可持续的。有必要建立一个国家咨询机构,决定改革的本质和范围。这一改革将保证高等教育财政政策的可行性和可持续性。

大学学术人员

近几年,布隆迪经历了学术人员的大量流失。这表明目前这种将教师送到国外培训几年的教师培训政策不可行。可用数据表明,这种政策代价高昂,并且从长远来看,这也是不可持续的。此外,出国培训也没有考虑到布隆迪的切身需要。这在一定程度上可以解释为什么即便是在优先发展领域也难以整合一大部分专家。所以,有必要考虑一下研究生培训的其他方法和形式,特别是所谓的三明治计划,该计划在撒哈拉以南非洲一些国家已经取得了令人满意的结果。

糟糕的工作条件导致了大量学术人员流失。有必要改善工作环境,包括采取增加工资以外的各种措施。大学更应该谋划策略,便利定居国外的高水平学者和研究人员短期或永久回国。在这方面,联合国开发计划署推出的通过海外侨民回国传授知识(TOKTEN)项目也许会很有用。

参考文献

AAU (Association of African Universities). 1991. *Study on Cost Effectiveness and Efficiency in African Universities: A Synthesis Report*. Accra, Ghana: Commercial Associates.

ADEA (Association for the Development of African Education). 1995. *A Statistical Profile of Education in Sub-Saharan Africa*, 1990-1993. Paris: Gauthier-Villars.

Bandeiembako, D., and E. Minani. 1994. "Contribution ā l'étude institutionnelle et financière de l'université du Burundi. Partie III: Le système de gestion du budget et du patrimoine de "université du Burundi." Unpublished report. Bujumbura: Université du Burundi.

Ndayisaba, J. 1994. "Contribution ā l'étude institutionnelle et financière de l'université du Burundi. Partie II: Les performances pédagogiques de l'université du Burundi." Unpublished report. Bujumbura: Université du Burundi.

Obanya, P., J. Shabani, and P. Okebukola. 2000. *Guide to Teaching and Learning in Higher Education*. Dakar: UNESCO-BREDA.

République du Burundi. 1993. "Stratégie de developpement et de financement de l'éducation." Document provisoire. Ministère de l'éducation nationale, Bujumbura, September.

Saint, W. 1992. *Les universités en Afrique: Poru une stratégie de stabilisation et de revitalization*. Banque mondiale, Document technique no. 194 F. Washington, D.C.: Banque mondiale.

Salmi, J. 1992. "Perspectives on Financing of Higher Education." *Higher Education Policy* 5, no. 2: 13-19.

Shabani, J. 1995. "Etude institutionnelle et financière de l'université du urundi." Rapport intérimaire. Accra: Association of African Universities.

——. 1998. "Lifelong Higher Education for All in Sub-Saharan Africa." In J. Shabani, ed., *Higher Education in Africa: Achievements, Challenges and Prospects*. Dakar: UNESCO-BREDA.

UNDP (United Nations Development Program). 1998. *World Report on Human Development*. Paris: Ed. Economica.

UNESCO (United Nations Educational, Scientific, and Cultural Organization). 1998, *World Education Report* 1998. Paris: UNESCO Publishing.

——. 1999. *Statistical Yearbook* 1999. Paris: UNESCO Publishing and Bernan Press.

Université du Burundi. 1989. *25ème anniversaire rétrospective* 1964-1989. Bujumbura: Presses universitaires, Université du Burundi.

——. 1994. "Etude institutionnelle et financière de l'université du Burundi." Rapport préjiminaire, Unpublished report, Bujumbura: Université du Burundi.

20 喀麦隆

多罗西·L·恩基乌玛

引 言

喀麦隆是以英语和法语为官方语言的中非国家，国土面积475442平方公里(183569平方英里)。它位于北纬4度和13度之间，从大西洋绵亘到乍得湖。据估计，喀麦隆有1500万人口，分属于200多个种族和语族，喀麦隆的气候和植物像它的人口一样具有多样性。

喀麦隆经济以农业为基础，主要出口产品为可可、咖啡、棕榈油、香蕉、茶叶和橡胶。其他天然资源包括石油、天然气、木材和矾土矿。世界银行1999—2000年世界发展报告显示1998年喀麦隆的国民生产总值为87亿美元，人均国民生产总值610美元，年均增长率6.7%。人均寿命男性55岁，女性58岁。成人识字率男性21%，女性35%。城市人口约47%，1980年为31%，城市化趋势相当明显。

1961年，独立之后的喀麦隆才有了高等教育。1961年时喀麦隆只有一所大学，现在的它已有7所大学，其中国立大学6所，私立大学1所。6所国立大学中，1所为英语制，1所为法语制，其余4所为英法双语制。这些大学的总注册学生数为6万人。为数众多的中学后教育院校不属于大学体系，它们有的是公立的，有的是私立的，很多私立学校的办学未经政府批准。

我将在本章仔细分析喀麦隆的高等教育，探讨其历史背景、发展、所面临的挑战，以及为此而施行的改革措施。

历史背景

喀麦隆的高等教育深受本国殖民历史的影响。1884年，喀麦隆沦为德国殖民地。1918年，国联(League of Nations)把它当成战利品交给法国和英国托管。约80%的大部分国土划归法国，约20%的小部分划归英国。1918年至1961年期间，两个托管领地经历两种不同的殖民历史。1960年1月法语区的托管地已摆脱法国统治而获得独立，称为喀麦隆共和国。在联合国的监督下，南部的英语区喀麦隆决定以与喀麦隆共和国结合的方式获得独立。

1918年至1961年托管期间，南部的英语区喀麦隆由英国和尼日利亚一起管理，沿用的是英国的教育制度。学校主要由教会开办。虽然有一些本土语言在小学低年级使用，教会也用本土语言传播福音，但教学用语是英语。

法国托管领地采用的是法国的教育体制。教学用语是法语。一些本土语言在小学低年级使用，也用于传播福音。

1961年统一时，喀麦隆成了一个联邦制国家，由西喀麦隆(英语区，人口占20%)和东喀麦隆组成(法语区，80%人口)。

两个联邦州不同的殖民历史影响了全国高等教育的发展。独立时，喀麦隆没有中学后院校。

喀麦隆高等教育的开始(1961—1973)

伴随国家的独立，需要通过高等教育来培训专业人员，为公务员、中学、师范学院以及作为国家经济支柱的农业服务。

在联合国教科文组织和法国政府的援助下，1961年国家大学学院(National Institute for University of Cameroon)成立。1962年，该学院成为喀麦隆联邦大学(Federal University of Cameroon)，下设法学、经济学、文科、人文科学和纯科学等学科。与此同时，成立了行政管理学院、农业学院、军事学院、教育学院等专业院校。

1967年,高等教育注入了新的活力。高等教育委员会成立,负责制定政策、起草发展计划。1969—1971年,新的专业学院相继成立:商学院(1968)、医学院(1969)、新闻学院(1970)、国际关系学院(1971)、工程学院(1971)。

行政管理学院和军事学院是独立的院校,不隶属于联邦大学。6个专业学院(教育学院、农学院、医学院、新闻学院、国家关系学院、工程学院)和3所学院(文科和人文学院、理学院、法律与经济学院)组成了联邦大学。专业学院的建立满足了曾在国外接受高等教育的学生的需求。专业学院的入学是有限制的,遴选以入学考试为依据。而其他学院向所有通过高中毕业考试的学生开放。

这些学院要同时满足讲英语和讲法语学生的需求,它们是双语学院。教学用英语还是法语取决于授课教师本人。不过,学生写论文和答题时可以任选英语或法语。原则上说,这样安排的结果应该是令人满意的,因为自1961年起第二官方语言的教学已纳入全国各地中学的课程;之后,该模式又延伸到小学最后三年的教学中。大学开设英语和法语课程,而且它们是所有学生的必修课。不过,实际情况有所不同。首先,大学由法国资助并由法国人管理,其教学安排更接近于法国或其他法语国家的模式。再者,说法语的人口占多数(80%),说法语的教师也占优势,他们对法国的教育体系更熟悉,授课也用法语。这种状况造成紧张局面,由此便有了建立英语大学以保障英语区学生利益的要求。有关喀麦隆高等教育发展的详情可参见盖卫(Gwei, 1975)和纽玛(Njeuma et al.,1999)的著作。

治　理

法国对喀麦隆高等教育理念和资金援助的贡献最大。如考虑到喀麦隆80%的人口是说法语的这一事实,喀麦隆高等教育体制与法国和其他法语国家极为相似,这是可以理解的,尽管有些方面必须照顾双语并存的现状和复杂的殖民经历。比如,法学专业在开设英国的法律体系课程的同时,也开设法国的法律体系课程。

从1961年到1973年,喀麦隆联邦大学主要由法国基金会进行管理并提供资金援助。副校长、一些行政人员和相当一部分教师(尤其在初期阶段)都是法国人。法国和喀麦隆两国政府在大学资金投入和教师编配上的份额由法喀委员会每年一次的磋商决定,磋商轮流在法国和喀麦隆举行。

据1967年的法令,联邦大学校长由国民教育部长兼任,是大学的行政首脑,负责大学的行政和财务管理以及教师的聘任。实际上,行政和财务由副校长分管;一直到1973年,副校长主持大学的行政和学术工作。国民教育部部长保留对大学的监督权。部长推荐学院和专业学院院长的人选,呈报总统任命。系主任由校长任命,系主任的人选由教师按选举程序产生后交由副校长向校长推荐。

大学设有管理委员会,由副校长主持。各学院、专业学院的院长和来自各院系不同年级的教师代表都是委员。总统,以及教育、财经、公共服务、规划、劳动等部委在该委员会都有席位。管理委员会负责制定大学的管理和学术政策,包括教师的聘任、晋升和行为规范以及预算方案。不过,委员会的决议须经教育部长批准。日常事务的政策由政府制定。国民教育部下设高等教育司,专门负责处理与高等教育有关的事务。

自治与学术自由

喀麦隆政府对大学的控制相当严格。不过,大学本身是相对自治的。比如,管理委员会中教师占大多数。教学内容的制定、学术计划的实行以及学生的评估完全取决于教师。每个学院有全院教师组成的学院大会和一个由院长和全体教授组成的教授委员会,后者负责与学院有关的教学、科研和财务以及对教师的聘任、晋升和纪律约束提出建议。这两个委员会负责学院的学术发展方向。大学通过委托各院长,有时或者委托系主任,全面负责预算资金的管理。

资　金

政府补助和法国政府的捐赠是联邦大学资金的主要来源。学生不需付学费,只需缴纳少量的注册费,这笔费用在预算中所占份额微乎其微。教学、研究、建设投资、教职员工工资，以及学生各项福利开支占预算的大头。

下文我们可以看到，大学预算的很大一部分用于支付教职员工工资，以及学生的奖学金和膳宿等福利。其余部分用于校舍扩建和购买教学、科研设备。

教　师

大学教师分四个等级：教授、副教授、讲师和助教。教师晋升根据1969年政府法令所列的英法教育体制的相关规定实行。工资等级和加工资的标准在该法令中都有明确规定，主要视教师出版的著作和教学经验而定。不过，主观地解释这些标准不久便引起教师间的紧张局面，尤其在那些从法国获得学位的教师与从其他诸如从英国、美国、德国或苏联等国获得学位的教师之间。随着合格应聘教师的增多，应聘标准也提高了。比如，到1973年，大学不再聘硕士毕业生为助教。原本可以当副教授的博士毕业生也只能做讲师甚至是助教。此外，根据喀麦隆和法国之间的协定，法国籍教师的晋升参照法国现行的标准。

学　生

英语区和法语区的学生入学均以高中毕业时的选拔性考试成绩为依据，进入专业性学院还须参加复试。

普通学院采取开放入学政策后很快引起了未曾预见的结果，随着独立后开办的中学数量的增加，招生人数猛增。从1961—1962学年的213人增加到1973—1974学年的5533人，超出了容纳5000名学生的建校标准（1984—1985年雅温得大学大事记）。教师人数357人，师生比为1∶15。这是一个比较合理的比例，不过，学生的辍学率很高，尤其在理学院。

学生每年仅付3300非郎（约13美元）的注册费。但普通学院的学生每月可以得到30000非郎（约120美元）的补助，这一补助额远高于最低工资标准，而专业性学院学生的月补助金更是高达60000非郎（约240美元）。除此之外，食宿的补助率也很高。学生每餐仅需85非郎（约34美分），房租（含水电费）每月仅需3000非郎（约12美元）。

学生积极参与学生会活动，在大学管理委员会里也有学生席位。

1973—1992年阶段

1973年是喀麦隆高等教育的重要转折点。1972年5月20日喀麦隆全民公投后，喀麦隆联邦共和国成为喀麦隆联合共和国。喀麦隆联邦大学也因此在1973年8月被改名为雅温得大学。法国基金会对联邦大学的管理也随之结束，新的组织机构和管理体系代之而起。部长不再兼任大学校长，校长代表政府主持大学的行政和财务工作，副校长仅负责学术和科研工作。不过，大学还是受国民教育部的监督。

专业性学院的学生数通过选拔性复试得到控制，但是普通学院的招生数呈几何级数猛增。很大一部分预算用于学生奖学金和福利方面的开支。到1974年，雅温得大学有6000名学生，其中3693名在普通学院。教室拥挤不堪，辍学率居高不下。大量从普通学院毕业的学生无法找到工作，令人忧心不已。

1974年12月，成立于1964年的高等教育委员会首次集会。主要的提议是：

- 筹办科技大学。
- 普通学院的培训专业化。
- 通过选拔性考试和其他手段减少普通学院的学生人数。
- 助教受合同年限限制（这意味着助教职位不再是终身制）。

按照这些提议，教师聘任和晋升的条件变得更加清晰、精简。讲师、副教授和教授有终身制职位。职称晋升标准有明确规定，任何人不能越级晋升。助教聘任期为2年，可续聘2次。在试用期间，助教必须获得博士学位并出版著作才能晋升终身职位的讲师，否则将被辞退。

1976年10月18日的第76－462号法令规定给教师提供特殊津贴并详细规定了教师工作应该享受的条件。该法令的出台大受欢迎。教师享受的特殊月津贴从讲师的每月10万非郎（200美元）到教授的每月15万非郎（300美元）

不等。法令条款还规定了特殊科研津贴，数额从助教的每年 10 万非郎到教授的每年 20 万非郎不等。

在筹办科技大学的过程中，4 个大学中心于 1977 年 4 月成立，各具专业特色：布埃阿大学中心以语言、笔译和口译见长；杜阿拉大学中心的专长是商务和技校教师培训；德昌大学中心以农学为特色；恩冈德雷大学中心的强项是食品科学和食品工艺。建立这些大学中心的目的不仅是为优秀学生提供入学场所，也是为了让高等教育在全国更平衡的发展：布埃阿在英语区，杜阿拉位于沿海的经济首都，德昌位于西部草原地带，恩冈德雷位于北部。此举也有望缓解雅温得大学的压力。原本计划招生规模 5000 人的雅温得大学在 1977 年有 8000 多学生，人满为患。同时成立的还有大学协调委员会，让各大学的校长与国民教育部部长以及其他政府部门(总统府、总理办公室、财政部、规划部、公共服务部)的代表商讨有关事宜。

1979 年，拟订了新的学位培训方案，培训期限如下：

- 学士学位，3 年；
- 硕士学位，1 年；
- 博士学位，2 年(等同于哲学硕士学位)；
- 国家博士，4 年以上。

入学条件和规章制度是限制学生人数的手段。报考普通院系和专业性学院的考生，完成其高中最后三年学业的期限不能超过五年，截至入学当年 1 月 1 日的年龄不能超过 25 岁，而且大一、大二任何一年的重读次数不能超过一次。出勤率、实习、个人辅导等都受严格监管，缺课将受取消考试资格或取消奖学金的惩罚。

尽管高等教育和科研委员会预期每年一次集会，但第二次会议直到 1982 年 10 月才召开。这次会议宣布特招 1700 名大学毕业生，并提议建立两年制中学后的继续教育院校培训中等科技人员，促进经济和工业发展。

尽管 1979 年采取了限制学生人数的措施，雅温得大学的学生数持续攀升。1991—1992 学年，学生人数超过 32000。教室过分拥挤，师生比极高。虽然 735 名教师和 32327 名学生的全校师生比是 1∶44，但在普通学院的师生比高得吓人：理学院为 1∶252，法律和经济学院为 1∶132，文学院为 1∶58。学生通过率急剧下降，辍学率升高。

同时，各大学中心的学生数却很少，有些设备没有被充分利用。比如布埃阿大学中心可容纳 2000 名学生，而实际只招了 52 名(见表 20.1)。

表 20.1 1961—1962 年到 1998—1999 年喀麦隆公立大学招生学生人数

年份	布埃阿大学	杜阿拉大学	德昌大学	恩冈代雷大学	雅温得大学	雅温得第一大学	雅温得第二大学	总计
1961—1962	—	—	—	—	213	—	—	213
1970—1971	—	—	—	—	2011	—	—	2011
1981—1982	—	343	617	—	9462	—	—	10422
1991—1992	52	1062	518	327	32327	—	—	34286
1998—1999	5380	11376	8776	3082	—	21273	10657	60544

来源：1999 年喀麦隆高等教育数据年鉴，MINESUP。

学生福利制度名目繁多，需优先考虑的预算日益本末倒置。43%的预算花在学生奖学金、食宿上，46%用于支付教职员工的工资。仅剩约 10%的资金用于作为大学主要职能的教学、科研和为国家发展作贡献。

1990 年和 1991 年，全国政治相当动荡，要求政治多元化。这种政治活动在大学里有雄厚的根基，雅温得大学校区尤甚。同时，20 世纪 80 年代起的经济危机使得大学的资金来源逐渐减少，给学生提供奖学金和食宿补助变得越来越困难。在政治活动人士的鼓动下，学生罢课日渐普遍。

1993 年改革

面对上述困难，政府下决心着手改革大学体制。最初的方案 1991 年 5 月公布，1992 年 4 月

获批准。该方案将布埃阿和恩冈德雷两个大学中心升格为独立的大学。到1993年1月,出台了一系列法令,改革面扩大:

- 建立6所大学:布埃阿、杜阿拉、德昌、恩冈德雷、雅温得第一大学和雅温得第二大学。位于雅温得的2所大学是在原雅温得大学的基础上拆分而成,其余4所大学是在原大学中心的基础上升格成独立大学的。此项改革举措的直接结果是缓解原雅温得大学拥挤的局面,提供更多样化的大学教育和更多的机会。如1991年宣布的,布埃阿大学是英语大学,恩冈德雷大学是法语大学。
- 组织结构和学位课程视各校具体情况而定。
- 新的大学以学期学分制运行或模块制运行,允许一定灵活度。
- 学位课程需更多样化、专业化,以更好地满足劳务市场的需求。
- 入学须经选拔性考试,招生须考虑可用资源因素,尤其是场地因素。
- 收取5万非郎(约100美元)注册费,取消全员奖学金制度。此举目的是增加学生对大学经费的负担额。

改革详细情况参见1993年高等教育部出版的《喀麦隆高等教育改革》。

成 就

改革发生在一些方面,尤其在捐赠机构之间。改革发生在严重的经济危机时期,可以看作高等教育的"扩张"。不过,在当时的情况下,改革势在必行,而且取得了一些积极的效果。

有效缓解拥挤局面

改革使得创办于1977年的大学中心得以合理使用。这些中心自创办以来未能很好地缓解雅温得大学的就学压力。表20.2显示,自1993年改革后,雅温得大学的入学人数减少,而大学中心的入学人数增加。

表20.2 1992—1999年喀麦隆公立大学中招生学生人数

大学	1992—1993	1993—1994	1994—1995	1995—1996	1996—1997	1997—1998	1998—1999
布埃阿大学	807	2005	3249	4099	4185	4559	5380
杜阿拉大学	1635	4782	7475	7301	8389	9744	11376
德昌大学	2092	1824	2248	3711	4880	7342	8776
恩冈代雷大学	776	789	950	1225	1526	2039	3082
雅温得第一大学	25166	19440	17756	15935	13947	19276	21263
雅温得第二大学	13279	9586	8382	5874	5747	6265	10657
总计	43755	38426	40406	38145	38674	49265	60534

来源:Ministry of Higher Education, 1999.

提高入学率

改革使大学在全国的地理分布更为均衡。大学离学生的家更近了。

这是提高大学入学率的主要因素,尤其是女生的入学率增加明显。在布埃阿大学,女生占总入学人数的47%。另外,改革前一些不能进入唯一一所大学的学生可以在自己所在的地区上学。

组织和学术特性

法令赋予新办大学创建组织特色的权利。如布埃阿大学,它由一位副校长负责行政和学术并主持学校评议会。学校委员会由第二副校长主持。教学语言是英语,学位名称沿用英语国家的体系:学士学位、硕士学位、哲学博士学位等。大学采用学期课程学分制。大学保留了原先大学中心时就有的语言、笔译和口译等方面的专长。

而在其他大学,虽然除恩冈德雷大学之外都是双语大学,却都采用了法国的组织体系,由校长负责行政和学术工作并主持评议会和管理委员会。教学语言有英语也有法语,由授课教师自定;学生在写论文和考试时课任选英语或法语。大学有按学期的课程学分制,也有模块式学分制,或两者结合。学位的命名采用法国体系:学士学位、硕士学位、博士学位等。各大学都保留了改革前的专业特色:杜阿拉大学的商务和科技教师培训,德昌大学的农学,恩冈德雷的食品科技,雅温得第一大学的医学和工程学,雅温得第二大学的法学、经济学、新闻学和国际关系学等。

学术组织

学年分成学期。既有学分制(如布埃阿大学),也有模块制(其他大学)。这种灵活的模式使学生有更大的自由选择攻读学位。学位课程越来越多变。很多专业保留下来,新的专业得以引入。它们有:计算机科学、秘书学、新闻学和大众传媒、笔译、口译、护理学、实验室医学、会计学、银行学、金融学和妇女研究等。

学士学位的学习期限使 3 年,硕士学位 1～2 年,博士学位 3～5 年。现在只能攻读一个博士学位,而在改革前可读两个。

就业机会增加

新大学的建立提供了更多的就业机会。1992—1993 学年有教师 1164 人,现在有 1792 人。这降低了师生比,提高了教学效果。更多的行政后勤人员也得以雇用。

优先预算开支更合理

改革最重要的成就是取消全员奖学金制并收取注册费。预算主要开支由学生的福利转向教学、科研等大学的首要任务上来。当国家对高等教育的投入减少 70%的时候,学生的注册费占了预算额的 30%,是大学经费的可靠来源。

私立高等教育

1990 年以来,喀麦隆在创办私立大学方面也取得成就。现在喀麦隆的私立高等院校有:

- 雅温得高等信息科学与管理学院
- 杜阿拉高等管理学院
- 雅温得高等信息发展与商业学院
- 杜阿拉高等管理学院
- 杜阿拉高级科技学院,
- 南加埃博科基督教大学
- 巴门达科技大学
- 杜阿拉英国专业管理学院
- 雅温得天主教大学
- 巴富萨姆坦库集团(Groupe Tankou)
- 杜阿拉信息科技学院
- 巴门达国际大学
- 巴门达那图大学
- 巴门达珀那多科技术工学院
- 雅温得桑巴高等学院
- 雅温得塞安杜高等学院

上述很多院校的基础建设、设备和教职员工等未能达到政府的最低办学标准,还没获得政府的办学许可。仅有少数几个已获批准,其余的难免有非法办学之嫌。它们的收费是公立大学的 5～10 倍。有的大学自己没有全职教师,主要依靠聘请公立大学的教师上课,这样它们的教学质量令人生疑。这些大学吸引人之处在于它们开设秘书学、保险、会计、银行、金融、商务、管理、新闻学、信息科技、酒店管理和电子等专业课程的短期培训。它们培养学生参加高教部组织的高级技术人员证书(BTS)(职业培训证书)考试和其他国外证书的考试。

高等教育基本政策的草案正在起草之中。私立高等院校的创办和运作等标准会相应出台。

困　难

看得出来,改革的目的大部分已实现。不过,在实施改革的过程中,碰到了一些困难,尤其在资金、基础建设、设备、教职员工、学位、过度拥挤和学生表现等方面。

资金缩减且不稳定

人们认为原雅温得大学和其他大学中心在 1991—1992 学年获得的政府补助在 1993 年改革后会得以维持。这样可以使新建大学扩建基础设施、添购设备、提高教学、科研水平。

不幸的是,1992—1993 学年和 1993—1994 学年政府拨款骤降,以后一直走低。总预算从 1991—1992 学年的 477.56 亿非郎(约 0.87 亿美元)到1992—1993学年的214.77亿非郎(约0.43亿美元)到1993—1994学年的130.80亿非郎(约0.22亿美元),两年内减少近74%。1993年公务员降薪和1994年2月的非郎贬值使得这种局面更加恶化。

即便大学教师工资从1993年11月起由财政部直接支付,也难以挽回雪上加霜的局面。从1992—1993学年到1998—1999学年,政府补助没有划拨给大学。1999—2000学年之前,周期性开支的预算拨款很少,且不能保证。有的年份,只有25%预算拨款能到位。

一些大学,比如布埃阿大学和德昌大学,设立发展基金作为另外的收入来源。不过,一开始热情高涨,后来日渐冷落。出人意料的是,学生积极抗议这种做法。

学生不愿付费

目前,学生缴纳的学费占喀麦隆公立大学周转性预算额的25%。不过,学生对1993年起增收的注册费有很大的抵制情绪。只要想一想其实根本没有收取学费,就会觉得这种态度是令人遗憾的。再说,5万非郎的注册费远低于私立幼儿园、小学和中学的学费,也只相当于天主教大学学费的10%,其他中学后私立院校学费的20%。

基建设施和设备匮乏

这些因素使原本用于基建的基金减少,新大学难以续建,设备也无法添购,这不但使场地不足问题严重,教室、实验室、教师办公室都不足,也对教学和研究产生负面影响。

对研究与出版的负面影响

由于预算一再约束,新大学首先看重支付教职员工工资的做法势必影响研究、图书资料的添购以及书籍和专著的出版。研究项目主要由外部资金赞助。

学生人数不断增加和校园过度拥挤

同时,学生人数的增加在1992—1993学年超出了新大学的容纳能力。布埃阿大学在1998—1999学年有5380名学生,比1992—1993学年增加了250%。杜阿拉大学从1992—1993学年的1635名学生增加到1998—1999学年的11376名学生,却没有新建任何校舍。结果,人满为患的局面从原雅温得大学转移到了新建的大学里。

导致学生人数持续增长的另一因素是行政当局不愿或无法限制报考普通学院,这违背了改革的相关规定。在学生入学要求的压力下,同时也是为了从注册费中维持原有收入或获取更多的收入,大多数大学的招生人数远超出了其场地、设备甚至是人力资源的限制。

师资质量下降和人才外流加剧

自1993年降薪和1994年非郎贬值后,大学教师工资很低,大学再无能力招收合格的教师。1994年以来,很多教师到国外谋职。大学回到靠招聘硕士毕业生当助教的地步,而这一做法早在1973年已被放弃。在一些大学,助教占教师比例的70%。有时,从雅温得第一大学和雅温得第二大学转调到其他大学的讲师拒绝赴任。有些大学极大程度上依靠外校兼职教师授课。

教师素质的负面影响相当大。表20.3显示了从1992—1993学年到1998—1999学年教师人数的变化。尽管教师人数从1992—1993学年的1066人上升到了1998—1999学年的1792人,但教师素质下降明显。

表20.3 1991—1992学年到1998—1999学年喀麦隆公立大学的师资力量

学年	布埃阿大学	杜阿拉大学	德昌大学	恩冈代雷大学	雅温得第一大学	雅温得第二大学	总计
1991—1992	54	144	115	61	790	—	1164
1992—1993	67	108	127	62	702	—	1066
1993—1994	92	144	126	97	712	161	1332
1994—1995	82	155	127	94	702	158	1318

续 表

年份	布埃阿大学	杜阿拉大学	德昌大学	恩冈代雷大学	雅温得第一大学	雅温得第二大学	总计
1995—1996	133	159	127	98	646	193	1356
1996—1997	135	203	195	103	664	195	1495
1997—1998	155	221	188	117	673	203	1557
1998—1999	161	249	235	156	742	249	1792

来源:Ministry of Higher Education, 1999.

课程出现趋同化趋势

1993 年改革旨在使高等教育多元化并提供更多的大批喀麦隆年轻人出国攻读的学位项目。据估计。每年有 1 万多名喀麦隆人在法国、美国、加拿大、德国、意大利、南非、尼日利亚和其他一些国家留学。遗憾的是,由于上文所述的财政困难,提供医学、工程、和科技等领域专业学位培训已不可能,尤其在改革以后的短期内根本无法实现。此外,所有大学呈现出课程标准化的趋势,这有悖改革精神。

学生成绩差

改革以后,考试不及格率居高不下。很多因素对此有影响。新的课程学分制和模块学分制对于学生甚至是对一些教师来说比较陌生。学生被要求通过每一门单科考试,不同课程修的学分不能相互弥补。注册也无最后期限,即便有注册期限规定也很难实行。这就使学生有余地推迟上课。旷课率很高,然而对学生旷课、不参加个人辅导和实习没有惩罚措施。只要学生能坚持下去,他们可以不断地重读、补考,而在 1993 年改革前对此有严格规定。学生无需购买图书,但图书馆的设施却很落后。

所有这些因素导致学生考试成绩糟糕。可以连续补考的做法在改革前就早已有之,但改革的条文中原则上不赞同这种做法。允许连续补考有其合理的一面,但让教学和行政管理人员疲于应付。此外,补考在 9 月进行,新学年的开学往往很迟,要到 10 月下旬或 11 月。1977 年中学已经终止了连续补考的做法,鉴于此,大学还在坚持这样做显得有些另类。

结 语

喀麦隆的高等教育仅从独立时开始。它深受英法殖民,尤其是法国殖民遗产的影响。从 1961 年起,3 个普通学院的学院教育给喀麦隆培养了为公众服务的毕业生,并得以迅速扩展。1968—1971 年间,很多专业性学院建立。尽管大学在政府的控制下,它还是享有相应的自治和学术自由。

名目繁多的学生福利制度和开放的入学政策的实施是为了吸引学生并阻止人才外流。资金相当充足,主要由喀麦隆政府和法国政府通过法国基金会提供。

不过,1973 年法国基金会撤销援助后,问题开始出现:拨款和基础设施不足、预算开支本末倒置、学生人数无法控制、学校过度拥挤。1977 年建立的 4 所大学中心并不能成功缓解雅温得大学人满为患的局面。1993 年开始更为广泛的改革,创办了 6 所大学,这使高等教育在全国的地理分布更为均衡,改善了入学,引入了多样化的结构体系和学位项目。大学取消了全员奖学金,通过提高高等教育受益人的入学费用建立起更宽泛的资金基础,预算支出更加合理化。私立中学后的院校教育开始出现,但教学质量往往不理想。

喀麦隆的教育体系还面临着严重的问题。这些问题包括:资金减少且不能保证,学生抵制分担成本,基础设施、设备和图书匮乏,教师素质下降;还有 1993 年的一些改革措施实施不力,使得学校过度拥挤的局面和学生考试成绩差的问题更加恶化。这些问题需要用更加令人满意的方式加以探讨。

参考文献

Ajayi, J. F., A. Goma, L. K. H. Johnson, and G. Ampah. 1996. *The African Experience with Higher Education*. Accra: The Association of African Universities.

Gwei, S. N. 1975. "Education in Cameroon: Western, Pre-colonial and Colonial Antecedents and the Development of Higher Education." Ph. D. dissertation, University of Michigan.

Ministry of National Education (Cameroon). 1974. *Actes du conseil de l'enseignement supérieur et de la recherché scientifique et technique*. Yaounde: University of Yaounde Press.

Ministry of Higher Education (Cameroon). 1982. *Actes du conseil de l'enseignement sup rieur et de la recherché scientifique et technique*. Yaounde: Société de Production et d'Edition du Cameroun.

——. 1993. *Higher Education Reforms in Cameroon*. Yaounde: Centre d'Edition et de Production pour l'Enseignement et la Recherche.

——. 1999. *Statistical Yearbook of Higher Education in Cameroon*. Yaounde: Ministry of Higher Education.

Njeuma, D. L., H. N. Endeley, F. F. mbuntum, N. Lyonga, D. Nkweteyim, and S. N. Musenjia. 1999. *Reforming a National System of Higher Education: The Case of Cameroon*. Paris: ADEA Working Group on Higher Education.

Njeuma, M. Z. 1999. "Territorial Regions: Pioneering Knowledge." In L. Holtedahl, S. Gerrard, and M. Z. Njeuma, eds., *The Power of Knowledge: From the Arctic to the Tropics*. Paris: Editions Karthala.

Tsala, G. et al. 1998. " Raport de sythèse sur l'evaluation de la réforme du systéme de l'enseignement supérieure." Unpublished manuscript. Yaounde: Ministère de l'Enseignement Supérieure.

University of Yaounde. 1985. *Annuaire de l'Université de Yaounde*, 1984/85. Yaounde: Société de Production et d'Edition du Cameroun.

World Bank. 2000. *Entering the 21st Century. World Development Report* 1999/2000. Oxford: Oxford University Press.

21 佛得角

小理查德·A·洛班
理查德·利瑞

引 言

佛得角群岛位于距非洲西海岸(塞内加尔西海岸)约300英里的大西洋上,与撒哈拉大沙漠纬度相同。1462年,葡萄牙人首次在佛得角的9座岛屿上建立了殖民地。那里被作为奴隶贸易的地区中转站,经营着小规模的种植园经济。不久,各种非洲奴隶群体与葡萄牙殖民者混血的克里奥尔人出现了。一场历时11年的武装斗争(1963—1974)在非洲的海岸线上爆发,并最终在1975年将这些岛屿从葡萄牙的殖民统治下解放出来。

岛上资源匮乏。更为严重的是淡水供应紧张,这使得常规农业生产难以保证,收成也往往很低。佛得角的出口物品包括盐、动物皮革、鱼、香蕉和咖啡。其经济发展的关键在它处于战略性的地理位置,这使得它成为重要的地区贸易中心。除此之外,佛得角接受来自大量流散海外人口的巨额汇款。岛上的进口物品包括工业产品、燃料和食品。

尽管参照欧洲标准佛得角人的文化程度、收入水平都很低,但是比照附近的非洲国家,这样的水平已经是较高的了。政府要求7～14岁的男孩、女孩接受义务初等教育,然而直到20世纪80年代后期,该年龄段仍有至少三分之一的儿童没能上学。从那时以后,入学率有所提高,但是在穷困的农村成人中仍有33%是文盲。殖民时期在教育上遗留的影响确实是破坏性的。

在法西斯时期的葡萄牙(1926—1974),国内的教育也不被重视,文盲率高而接受初等教育入学率低。佛得角独立前夕,葡萄牙本国接受初等教育的人数只占总人口数的9.8%,而美国当时已达到了19%。与此同时,佛得角的初等教育入学率只有4.7%,邻近的葡属几内亚(几内亚一比绍)只有总人口的3.8%在初等学校就读。像现在一样,两国在当时都只有高中而没有大学。

独立后,佛得角和几内亚一比绍的初等教育入学率迅速提高。尽管葡萄牙殖民者在1975年撤离时,遗留下来了100所左右的初等学校和2所中等学校,但这远远满足不了佛得角当时的需求,更不用说是今天了。独立后,教育取得了重大进展。据官方统计,除了一些极端贫困的人口和老年人,到1990年将彻底消除文盲(识字率从1950年的28%上升到1970年的63%),初级阶段的全民识字已经在很大程度上实现。

性别差异仍然是教育系统中的一大问题。随着年级的升高,女生数不成比例地下降。政府制定的7～14岁儿童接受义务教育的政策仍然有效,但是强制接受教育的措施应该得到加强,由于贫困原因而造成辍学应该受到进一步的关注。

后殖民地时期佛得角面临的问题

独立25年来,佛得角面临着经济发展、进口代替、经济多样化等许多紧迫的问题,尤其是多党民主政治的出现。解决交通、通信以及教育基础设施严重缺乏等问题已经取得显著成效,但是仍然需要保持相当的发展势头。佛得角没有中学后的大学。当前教育体系的最高层次包括了4所中学、1所工业学校和1所商业学校。尽管教育体系有严重缺陷,许多佛得角人还是接受了中学后教育,并取得了专业学位。此外,政府也制定了积极的方案来弥补这种缺陷。

教育中精英主义和殖民主义价值观这一主观特征的遗留久久没有消除,这很难适应教育国民以启迪民主、促进发展的现实关切。葡萄牙殖民主义教育使价值观念带上了种族主义和法西斯主义的特点,而这都还需要付出很大的努力来消除。许多课本都已经过时。技术领域的变化日新月异,也同样很快就会过时。因此,佛得角高等教育未来使命另一方面,就不仅仅是要用砖块、灰浆建造校园,培养教师和员工,而且要在全国引发有关社会本质的大讨论。佛得角人希望建立最能实现这一目标的课程与教学。

佛得角的中等教育

佛得角建立中等和高等教育所遇到的诸多复杂问题之中,就有发展所需基础设施、壮大教师队伍、建立图书馆所需的资金问题。课程内容的问题也受到了高度的重视,以确保中学后教育体系不仅在资金投入上是高效的,而且能满足佛得角发展所需。另一项充满情感色彩的实际努力,是在学校教育和字典里使克里奥尔语正字法合法化和正规化。在初等教育层次上,已经采取了重要的措施来实现这方面的努力。但是在中学后教育层次上,仍然有待解决教学用语的问题:采用当地的混合语——克里奥尔语(Kriolo),还是更为正式的葡萄牙语,或是更为国际性的英语,还是几种语言通用。采用佛得角克里奥尔语讲授的课程在美国学校和社区活动中心定期开设,受众有限,然而有关克里奥尔语在佛得角中学后教育中地位的讨论仍然很难开展。

教育资源

佛得角推广教育的其他资源包括一个有着浓重葡萄牙色彩的电视频道以及两个政府举办的广播台。Semana, Terra Nova, Voz di Povo等报纸的出版,引起了政府的焦虑。佛得角图书大档案协会是国立的出版机构。为了研究的目的也可以访问国家历史档案馆。葡萄牙语和其他外文图书已形成一个小规模的市场。一座新的文化历史人种学博物馆也已经在普拉亚(Praia)的普拉图(Plato)开放,并且还计划要在每座岛屿上建立一座小型博物馆。在明德卢(Mindelo)建水族馆的计划也正在推进中。

佛得角的教育资源有一部分来自其加入的各种国际组织,包括非洲统一组织、联合国(尤其是联合国教科文组织、联合国开发计划署、联合国粮农组织、世界卫生组织、联合国儿童基金会),以及非洲葡语国家组织(PALOP)。联合国教科文组织的项目致力于技术和教育合作。该组织通过其资助项目支持了佛得角国家电台编辑部的计算机化,而这对公共信息和教育产生了直接的影响。

一些私营企业通过引进合作培训的方式对佛得角教育进行了提升。丰田公司和非洲发展基金会开展的合作为其员工提供了技术维修、修理、库存管理和创业培训。政府在银行、人口统计、卫生、税收、法律、住房供给、交通、旅游、农业、海洋资源、水源保护、抗旱、生态和能源等部门设立各类规划机构,这代表这些领域不仅需要受过良好教育的员工,同时也提供培训和有指导的实习机会。

遗憾的是美国国际开发署(USAID)对佛得角的援助已经结束,但是和平队(Peace Corps)仍然在为佛得角人提供一些培训。和平队先前是为农业和公共卫生领域服务,而现在则更多地集中到了国家教师培训学校,在这里提供托福培训。他们也为佛得角的中等教育编写课程和教材,从而促进中学后教育需求的增长。和平队还开展了一些城市规划、环境保护和信息技术方面的项目。

就像以美国康涅狄格州哈特福德为基地的圣弗朗西斯交流计划(Saint Francis Exchange Program)致力于促进佛得角的医科培训那样,许多双边计划都力图在对佛得角国家发展有重要影响的相关领域发挥积极的作用。圣弗朗西斯计划促成佛得角医生访问康涅狄格,美国医生访问佛得角。佛得角和美国的一些双边培训也在麻醉品(narcotics)、执法领域(law enforcement)开展。此外,欧洲经济共同体与佛得角就其至关重要的捕鱼业签署了相关的科学、技术、法律以及经济方面的进修项目协议。世界银行也对佛得角的财政改革提供帮助,这包括了银行管理方面的培训。这些项目有助于基础事业的发展,公共部门能力的建设。例如世界银行的国际开发协会为发展中国家提供了长期的低息贷款,受益者也包括佛得角。

美国新闻总署在佛得角和亚述尔群岛的学校合作计划中有一个规模不大的项目,它资助中学师生的交流。而德国和奥地利等其他一些外国政府则已经或将要扩大它们对初等教育发展的参与。上述这些国家的一些私人基金会也参加了进来，由于先前殖民地时期的联系，葡萄牙也参与到佛得角的教育开发。1980年由葡萄牙银行协会(Portuguese Bank Association)发起，成立了一个专业的银行家协会。此类计划在佛得角近10年来的私有化进程中得到了进一步的扩大。

佛得角的识字率因社会阶层、性别、年龄段、岛屿而各不相同。圣尼古劳岛(São Nicolau)以其高达77.3%的识字率而著称，紧随其后的是圣安唐(Santo Antão)的74.7%。而首府所在地的圣地亚哥岛(São Tiago)因为有大量贫困的农村人口，其识字率仅为41.4%。据1990年的数据，佛得角共有初等学校在校生64895名，预备学校在校生97401名，中等学校共招收学生18341名(Halter, 1993)。所有的岛屿都分布有初级中学，提供九年级水平的教育。在迎风群岛(Barlavento，北部的向风群岛)中圣伟森特(São Vicente)岛上明德卢市的Liceu Baltasar lopes da Silva(Baltasar lopes da Silva中学)从国家独立以来就一直发挥着作用。对于背风群岛(Sotavento，位于南部)，最主要的中学一直以来就是建立在圣地亚哥岛岛普拉亚市普拉图区(Platô)的Liceu Domingos Ramos(以武装斗争中一位英雄的名字命名)。尽管每天多批次上课，学校还是人满为患。因而在首都的瓦尔泽亚区(Varzea)又开办了第二所中学。第三所较小型的中学建立在阿扎达(Achada)，为该市的海滩区(Prainha)服务。

显然，佛得角人对中学后教育的需求是迫切的。据联合国教科文组织的数据，超过60%的佛得角教师只接受过初等教育，约有30%的人可能没有接受过正规的教师培训。尽管国民生产总值和人均收入的稳定增长将有助于使教育投入增加和学生支付学费成为可能，得以实现，然而人口迅速增长，已经高达430000人，这使得佛得角对高等教育设施的需求更为迫切。

1982年，佛得角的中学生还只有192人，但在大规模的动员之后，1988年人数飙升到了6439人，而截至1990年更是达到了18341人。入学人数还在持续增长，而现在大量中学毕业生对接受进一步教育的需求也日益迫切。在某种程度上，佛得角中学教育的最后一年实际上就相当于高等教育的第一年。因而，人们可以预见现行教育制度的进一步完善，并期待独立的佛得角大学的建立和发展。在这个过渡时期，夜校课程和/或者进修班课程也在共享这些现存的教育设施。

同样值得一提的还有圣尼古劳岛岛上的神学院。它是在1866年为了培养佛得角和其他葡萄牙语非洲国家的牧师和传教士而建立的。它促使经典教育和文学艺术在一定程度上得到了发展。殖民当局和警察们经常压制佛得角的知识分子和艺术家，以阻止任何支持独立或者民族主义情绪的表达。神学院有限的资源就成为佛得角知识和文学的绿洲，它为19世纪和20世纪初期少量出国留学的佛得角人中的一部分人打下了教育基础。神学院悠久的历史终于随着圣伟森特岛上吉尔·埃阿尼什(Gil Eanes)学校的开办而在1971年结束。吉尔·埃阿尼什学校的一项任务就是将佛得角人训练成替在非洲的殖民事务服务的人。

旅居海外的佛得角人

佛得角中学后教育最主要的来源密切依靠其最重要的出口资源，那就是人。对于许多岛国来说，共同的生存之道就是大量的国民移居海外，形成流散在世界各地的群体，以此来弥补本岛自然资源、就业和教育机会的不足。学术界的研究已经证实了这种持续几个世纪的大流散，既有国外更好未来的“拉动”因素，也有逃离岛内干旱、贫穷、缺少机会的“推动”因素。因而，事实上佛得角流散在外的公民，或者至少是拥有佛得角国籍的人，要多于仍然留在岛上的。佛得角人主要的海外聚居地包括欧洲(尤其是葡萄牙、荷兰、西班牙和意大利)、非洲(尤其是塞内加尔、几内亚－比绍以及别的葡萄牙语国家)、巴西、古巴以及北美洲(尤其是东南部的新英格兰地区)。这种特殊的环境是当前佛得角中学后教育最重要的来源，因为这些地区大都提供了合适的教育机会。但是另一方面，许多佛得角人即便在提供了教育机会的国家定居，也因为语言能力和职业技能的欠缺，被高等教育机构录取的机会受到了限制。更糟糕的是,那些在国外接受了高等教育的人,又往往会人才外流。他们回到佛得角不是为了就业而主要是为了探亲或者养老。

国外教育的重要性,从佛得角所有的医生和律师都是在岛外接受正规教育中可见一斑。那些拥有高级技能的人,比如拥有工程或其他学术领域学位的人,同样也都是在流散地接受的培训。政府一方面积极吸引海外汇款,将流散的佛得角人与祖国联系起来;另一方面又在努力吸引他们归国参与国家建设,传授技术、技能,开展科研和培训项目。

创办佛得角自己的大学

在殖民统治的5个世纪里,葡萄牙人未曾为该群岛草拟过一份已知的建立大学的计划。已经发表的创建大学的最早提议出现在几内亚和佛得角非洲独立党(PAIGC)在1962年提出的计划中,该党在佛得角人领导下于1956年创立。独立党计划的VII. b. 1部分专门提出了要创建大学教育,建立科学和技术学院。这主要是由几佛独立党总书记、佛得角革命知识分子,曾在葡萄牙里斯本大学就读的农学家阿米尔卡·卡布拉尔(Amilcar Cabral)提出的。估计当时的想法是要创建一所几内亚比绍和佛得角的联合大学,因为在那个时候是这个共同的政党把两个国家联系到了一起。早期另一次公开提议在佛得角建立大学的事件发生在1974年4月葡萄牙推翻殖民法西斯政体之后。在这样的背景下,当时居住在安哥拉罗安达的一小群佛得角人向里斯本救国团(Lisbon Junta of National Salvation)发表了一份宣言,要求在佛得角群岛上建立大学。1974年5月4日的罗安达宣言由佛得角地球物理学者汉贝托·杜阿尔特·丰塞卡(Humberto Duarte Fonseca)以及别的一些人签署,他们中有:尤兰达(Yolanda Morazzo),埃德加(Edgar Gomes Santos),阿尔喀德斯(Alcides dos Santos Fialho),阿尔弗雷多(Alfredo Furtado de Azevedo),曼纽尔(Manual Duarte),安德鲁(Antero Barros),以及弗朗西斯科(Francisco Correia)(Lopes, 2000)。

当然在1975年赢得独立之前是不可能为了实现这一计划而采取行动的。1978年,瓦雷拉(João Manuel Varela)再次提出了建立几内亚一佛得角联合大学的构想。瓦雷拉目前是圣伟森特岛上海事技术学校(ISECMAR)的校长。然而在1980年,比绍发生政变导致政治共同体破裂之后,当时创办佛得角大学(UCV)的努力就停滞不前了。20世纪90年代初,反对党争取民主运动(MpD)在选举中战胜了佛得角非洲独立党(PAICV)(继几佛独立党之后的政党)之后,又恢复了创办佛得角大学的计划。

随着1995年创办高等教育学院(ISE),1996年10月创办工程和海洋科学高等学院,1997年创办国立农业研究与发展学院(National Institute of Agricultural Research and Development),1998年创办高等经济与商学院(ISCEE),相关的立法也取得了进展。1999年,进一步的立法产生了负责教育的技术委员会,并通过后者在1999年产生了两项法令,以据此制定涉及高等教育和科研中教职人员的各项法令条例。1999年6月,佛得角最高立法机构国民议会为构想中的佛得角高等教育系统作了更为细致的规定,涉及招生、拨款、文凭、办学资格等内容。这些内容都被记录在1999年9月27日至30日的一份文件中,也就是《高等教育基本法》。它不仅逐条列述了佛得角高等教育计划中的诸多事项,还对已经建立的高教机构进行了认定,列述了对其资助,促其巩固发展的规定。国民议会1999年的其他文件确定了佛得角大学的战略和财政计划、教学课程计划以及佛得角大学可授予的学位类型:学士、硕士、博士还有荣誉学位。

2000年8月7日的官方公报宣告佛得角大学在法律意义上诞生了。佛得角大学正式的目标被确立为要使之成为文化、科学和技术的传播中心。自诞生之时起,它就被置于主管教育的国务秘书迪加多(Filomena Delgado)的管理之下。按照计划,佛得角大学要在两年内正式开始运行。

初生的佛得角大学与葡萄牙的埃尔加夫大学(University of the Algarve)建立了合作关系。双方在海洋科学、电子工程、计算机科学等领域签署了合作协议。与葡萄牙的埃武拉大学(University of Evora)也签署了类似的在中学后数学教育方面的协议。这些安排,真切地体现出了佛得角政府创办中学后教育培训机构的意愿。

也许,现有教育机构的课程和相关院系将被整合到创办构想中佛得角大学的计划中来。目前佛得角的卫生和社会事务部主管着护士、实验室技术人员、社会工作者的专门培训项目。明德卢的海事培训中心提供相关的专门培训,而其他的培训项目则由行政管理培训和进修中心提供。1985 年,佛得角政府创办了国家农学研究中心(INIA)以促进农学和相关社会科学的研究。其他的高等教育机构包括了高等教育学院,从事档案和历史研究的国家历史档案馆(AHN),以及一所私立大学皮亚杰(Piaget)学院。

然而,要实现佛得角大学的梦想还有很长的路要走。积累财政资金、完善规划需要艰苦而漫长的努力。招募、培训管理人员、技术人员、后勤人员,以及教职人员还需要大量的工作。学院和大学运转费用的高昂是众所周知的。此外,还会有围绕课程设置的争斗,更不用说还要处理好许多政治上的问题以维持大学的生存,保护其学术自由。当然,创办佛得角大学的需求和潜力是非常大的,意愿也是很强烈的。但是却很难预料它是否能够如期开学。目前佛得角国家预算的50%投入到了教育领域。但是这些资金大部分还是分配给了初等教育,其次是中等教育。对于佛得角而言,政府花费在资助出国留学上的费用仍旧居高不下。然而国内却没有大学来吸纳这些接受了良好教育的知识分子,这就使得此项投入的回报率和回报速度令人怀疑。1980 年,约有 688 名佛得角人在国外的大学和技术学校就读。到了 1982 年,这个数字上升到了 1000 人;据估算,此后该人数又翻了一番多。尽管自费出国留学的人数很难准确测算,一项研究表明 10%的佛得角留学生学习医学,而其中的一些人依靠佛得角政府的资助(Lobban and Lopes, 1995)。

与此同时,在大学能够完全运转之前,各方面的工作仍然在进行着。一项与罗得岛罗杰·威廉姆斯大学(Roger Williams)的交流计划被提了出来。与罗得岛学院(RIC)和罗得岛大学(URI)合作的佛得角海外留学计划也已在 1997 年启动。罗得岛大学凭借丰富的海洋学资源,在其位于罗得岛的纳拉甘塞特(Narragansett)和金斯顿(Kingston)校区为佛得角人提供了培训计划。罗得岛学院有佛得角研究专门收藏(Cape Verdean Studies Special Collection),这些资料被国际上广泛使用。俄亥俄大学(University of Ohio)参与了 1994 到 1997 年在佛得角的托福项目。马萨诸塞大学(University of Massachusetts)在波士顿(Boston)和北达特茅斯(North Dartmouth)的校区也以各种形式参与了佛得角的教育,这在很大程度上是因为在其学生群体中有大量的佛得角人。各种各样的佛得角网站都正式或非正式地为佛得角进行了宣传。

结 语

几个世纪以来,佛得角实际上都不存在中学后教育。但是另一方面,资助学生赴海外接受高等教育是一项长期的传统制度,这又体现了对教育的重视。佛得角的中等教育非常有限,因而继续学习的需求总是得不到满足。独立后,中等教育的招生人数显著增加。随着几所培训教师、医疗保健人员和商人的高等学校的开办,满足继续学习的需求被提上了日程。在国外接受教育的费用非常高,而国内对教育的需求又进一步扩大。因而,20 世纪 90 年代,提出了创办独立的佛得角大学的更多具体的计划。这些计划都正在付诸实施,未来的佛得角大学将会整合原有的高校并扩充大量其他的中学后教育计划。这一切也许会在 21 世纪的头十年里,当佛得角大学和它的分支机构正式设立的时候成为现实。

参考文献

Carreira, A. 1982. *The People of the Cape Verde Islands*. Hamden, Conn.: Archon Books.

Direcçâo Geral do Ensino Superior e Ciencia. 1999. *Forum Sobre o Ensino Superior ern Cabo Verde*. Praia: Assembleia Nacional.

Duncan, T. B. 1972. *Atlantic Islands*. Chicago: University of Chicago Press.

Foy, C. 1988. *Cape Verde: Politics, Economics and Society*. London: Pinter.

Government of Cape Verde, n. d. "Proposta De Lei de Bases Do Ensino" [Basic Law of Higher Education]. Draft of the 33-article protocol creating and legitimating the proposed University of Cape Verde and its official and legal functions.

Government of Cape Verde. 1999. *O desenvolvimento do*

ensino superior em Cabo Verde. Praia: Ministry of Education.

Halter, M. 1993. *Between Race and Ethnicity: Cape Verdean American Immigrants*. 1860-1965. Champaign-Urbana: University of Illinois Press.

Hamilton, R. 1975. *Voices from an Empire: A History of Afro-Portuguese Literature*. Minneapolis: University of Minnesota Press.

Irwin, A., and C. Wilson. 1998. *Cape Verde Islands: The Bradt Travel Guide*. Old Saybrook, Conn.: Globe Pequot Press.

Lobban, R. 1995. *Cape Verde: Crioulo Colony to Independence*. Boulder, Colo.: Westview Press.

Lobban, R., and M, Lopes. 1995. *Historical Dictionary of the Republic of Cape Verde*. Lanham, Md.: Scarecrow Press.

Lopes, J. V. 2000. "Criada Universidade de Cabo Verde." Semana (Praia), September 1, 5.

Macedo, D. 1983. "The Politics of an Emancipatory Literacy in Cape Verde." *Journal of Education* 165, no. 1: 99-112.

Meintel, D. 1984. *Race, Culture, and Portuguese Colonialism in Cabo Verde*. Syracuse: Syracuse University Press.

22 中非共和国

加斯顿·M·恩基雷卡塔

引言与历史背景

中非共和国(CAR)位于非洲大陆腹地,是前法国殖民地。中非先前被称为乌班吉沙里,人口3200万,不均匀地分布在622984平方公里(240535平方英里)的土地上。平均人口密度每平方公里5.1人。大部分人口集中在西北部的产棉区、首都班吉和乌班吉河流域,这些地区经济和道路网相对比较发达。北部和东北部人口稀少。大约45%的人口在14岁以下,51%的人口为女性。人口年均增长率是2.5%。63%的人口是文盲,年轻妇女文盲率超过75%。

基础农业部门吸纳了约85%的劳动人口,1998年农业产值占国民生产总值(GDP)的三分之一。棉花和咖啡是主要出口农产品。1998年,钻石出口是国民收入的主要来源(5900万美元),其次是棉花(2700万美元)。木材也在出口收入中占相当大的比重。

自独立以来,中非共和国的GDP增长不稳定。20世纪60年代,GDP年均增长率是4.5%,当时大部分经济活动是在私营部门;1970—1981年期间,由于经济管理不善,GDP年均增长率下降至3%。20世纪80年代中期,随着棉花、咖啡、木材和钻石价格的上升,工农业生产呈现增长。1989—1993年的政治动乱和1996—1997年的兵变严重影响了经济。自此,国民生产总值增长率一直徘徊在3.5%~5.2%之间。这与良好的国际环境以及国际货币基金组织的结构调整计划有关。当时,国际货币基金组织推行长期的财政紧缩措施。1999年,另一积极因素是与1998年相比,进口下降了2.4%。由于是内陆国,中非进出口需经由邻国喀麦隆(经陆路)、刚果民主共和国和刚果(布拉柴维尔)共和国(经乌班吉河和刚果河)。因此,它的经济很大程度上取决于这些国家的政治局势。比如,自2000年5月以来,由于刚果民主共和国内战,中非石油严重短缺。不过,据法新社(1999年10月15日)报道,中非和中部非洲国家银行(Bank of Central African States)的国际专家依然看好2000年中非的经济前景。

自20世纪60年代中期以来,中非的政治局势一直不稳定。1966年,这个国家的第一任国家元首——戴维·达科(David Dacko)总统被军事政变废黜。新的强硬派人物让·贝德尔·博卡萨(Jean-Bedel Bokassa)残暴地统治这个国家,直至1979年。在此期间,中非经历了即便在非洲也是最可耻、最残暴的独裁统治。1976年,博卡萨在极度奢华的加冕典礼中称帝,这一典礼使这个国家的经济陷于崩溃。1979年9月,在法国军事和政治支持下,戴维·达科再度执政。两年后,安德烈·科林巴(Andre Kolingba)将军废黜达科,开始了又一轮军事独裁,直至1993年昂热—菲利克斯·帕塔塞(Ange-Felix Patasse)的民主选举。不幸的是,几次军事政变,再加上经济管理不善和政治独裁,严重危害了帕塔塞对民主的所有承诺。

中非的教育体制结构与其他曾受法国统治的非洲国家相似。六年的小学之后是四年的初中,结业后可以获得第一阶段的证书。之后,学生可以进入普通高中或班吉的技术中学学习,这两类学校都是为学生获得高中毕业证书或进入中学后学校做准备的。

法语和桑戈语(Sango)分别为外来和本土的官方语言。不过,尽管政府努力在学校中推广和使用桑戈语,但是法语仍然是教育系统各级机构的教学语言。

像大多数发展中国家一样,中非面临扩大并

改善其高等教育部门的巨大压力。自1960年独立后,中非没有大学。中非学生只能到国外,尤其是法国的高校获取学位。20世纪60年代初期,这个国家与加蓬、乍得、刚果共和国共享一个中学后教育机构:中部非洲高等教育基金会(FESAC)。该基金会由法国人创办,为非洲赤道地区前法国殖民地的人民提供一个地区性的培训机构。农业学院设在中非的瓦克姆博(首都班吉以南105公里),中学教师在刚果共和国布拉柴维尔的教育学院接受培训。在加蓬,提供林学课程,而乍得则为来自这些国家的学生提供畜牧技术方面的培训。

之所以选择瓦克姆博,是因为该市除了拥有一个植物研究中心外,还是名为瓦克姆博农业研究中心(CRA)的法国农业中心的所在地。中心对咖啡、可可和胡椒树等热带植物开展高水平的研究。从20世纪40年代中期到1966年这个中心国有化为止,这个中心与法国自然历史博物馆合作,出版了一份享誉度很高的国际性期刊——《马伯克手册》(Cahiers de la Maboke)。

1969年12月,独裁者博卡萨在中非创建了一所国立大学。加蓬和乍得的统治者在他们各自的国家也分别效仿这一做法,结果导致中部非洲高等教育基金会的解体。

高等教育体系述评

2000—2001学年初,中非共和国的高等教育部门只有两所公立高等教育机构和一所私立学校。两所公立机构是班吉大学(University of Bangui)和国家行政与司法学院(National School of Administration and Judiciary, ENAM),私立学校是国际预备学院(International Preparatory College,CPI)。中等后教育系统的入学人数约6500人。整个系统处于高等教育与科学研究部的管理之下,不过国家行政与司法学院除外,该校是在政府秘书长的控制之下。

国家行政与司法学院

国家行政与司法学院是一所培养文职公务员和地方法官的专业学院。由于公共行政在过去的20年里缺少工作职位,这所学校的学生注册人数大为减少。目前的课程设置是为公共部门的工作人员开设短训班。

国际预备学院

国际预备学院是对持续存在的专业和技术培训需求的回应。在修完学院两年的课程之后,可以获得计算机科学、会计、市场营销和文秘职业的学位。这些文凭是在班吉大学的领导下授予的。尽管缺少终身职位和合格的教师,但是这所学院为数以百计的国内学生和来自喀麦隆、乍得、加蓬和刚果民主共和国的国际学生提供了高质量的教育。这是一个成功的私立高等教育机构的典型例子,需要给予鼓励和支持。

班吉大学

使命、目标与治理

班吉大学创建于1969年。当时,中非面临的一个主要问题是,提供受过训练的劳动者逐步取代现代经济部门的侨民。高中阶段获得的中学毕业会考证书是进入大学的唯一要求。不过,一些中等后培训项目,例如医药和管理,在入学之前要经过特殊的测试。

1980年和1981年,博卡萨于1976年建立的帝国崩溃、共和政体恢复后,高等教育部门启动了第一次改革。这次改革在一些从欧洲回国的学者的推动下展开。尽管重新界定了大学的使命,但大学仍然以法国模式为基础,包括将研究作为重要组成部分。新政策赋予大学部分行政和财政自主权。教师是公共行政中特殊的群体,新政策为教师的招募、任期和晋升提供了指导方针。大学建立了一个监事会(Board of Trustees),负责监管大学的整个行政管理和规划。不过,与法国一样,高等教育依然是政府的责任,大学官员的自主权是有限的。因此高等教育部部长(也是大学的名誉校长)并不是真正的协调者和决策者,因为理事会连会都开不了。1987年,根据一个全国高等教育研讨会所提出的一项建议,在内阁成员中任命了一名高级委员,这名委员被赋予了广泛的权力,负责指导和协调国家科学与技术研究政策,包括班吉大学的研究。然而，制定和改进高等教育部门研究决策和实施决策的强烈需求并没有得以实现，目前在中非共和国几乎没有开展研究活动。20 世纪 90 年代初，解决社会和经济发展问题的要求使得政府将服务纳入大学的使命。

班吉大学是中非共和国重要的高等教育机构。校长是大学理事会主席，也是院校的最高决策者。委员会决定课程、入学政策、学位要求、教师任命和晋升决定等事务。师生代表以及各学院院长是委员会的成员。高等教育部的一名代表也是委员会成员，委员会每年开会两次。

事实上，学术自由在中非共和国受到尊重，如果我们将学术自由理解为学者拥有不受雇用机构的控制或束缚而从事研究、教学和出版的权利的话。

理论上，班吉大学被赋予有限的行政与财政自主权。正如先前所提到的，高等教育部实际上是真正的决策者。例如，大学官员不能聘用教授，而政府可以。大学的预算由中央政府决定，每一年都执行得不彻底。没有政府的同意和支持，大学的任何一项议程都不能实施。

教学与研究组织

班吉大学有 8 个教学单位：

理学院　理学院提供生物学、化学、物理学、数学和地理学等学科的四年制学位课程（硕士学位）。2001—2002 学年将提供五年制数学学位课程，为学生攻读博士学位课程做准备。理学院是最好的学院之一，它有着良好的通过率。尽管存在一些实验室设备问题，但是培训质量非常高。该学院出国留攻读各自专业更高学位的毕业生普遍训练有素，为进一步深造做好了充分的准备。此外，许多毕业生目前在这个学院拥有教职。

健康科学学院　健康科学学院有两个专业：(1)七年制医学课程，授予医学博士学位。1982 年的毕业生是这个国家完全由本国教授培养的第一批医生。因为这个专业的精细性，所以决定开设这一专业课程是真正的挑战。在世界卫生组织的技术和财政支持下，经过负责博士学位论文评审的法语国家医学院院长会议（由法国、加拿大和非洲其他法语国家的代表组成）的认证，这个学院的教育质量最初几年是不错的。来自几个国家（喀麦隆、乍得、科摩罗、刚果、贝宁和刚果民主共和国）的国际学生拿着国际组织资助的奖学金，在班吉学习医学。(2)这个学院也提供护理课程，并培训卫生服务各领域的人员。

健康科学学院对中非的卫生部门有着巨大的影响：中非共和国 85%的医学博士毕业于这所学院。建院 25 年之后，学院正面临着资金问题。而且，许多专职教授面临着退休。一些人在校外从事收入更高的工作。教育质量最近出现了下滑。

法律与经济学院　这个学院是班吉大学校园里第二大学院。学院建于 1970 年 10 月。目前，学院提供四年制法学与经济学的所谓准专业性硕士学位课程，强调实习和通识教育。例如，经济学硕士学位有两个选择：农村经济学和工程经济学。来自工商业的专家受邀在每年的科学研讨会上演讲，帮助学生在毕业之前更好地理解这个部门的实际问题。这一改革成功地将训练有素的学生带到地方就业市场。这样的改革应该受到鼓励和继续。

这个学院还为律师事务所和法庭的中层专业人员组织短期的法学课程。学院还没有和国家行政与司法学院（ENAM）进行充分的合作，这是令人遗憾的。这些教育机构应该在人力和财政资源上联合起来，以实现共同的目标。

法律与经济学院的许多毕业生目前是这个国家的领导人。不过，学院还没有足够的享有终身教职的教授。对于经济工作者和法律工作者来说，班吉大学的薪俸无疑是缺少吸引力的。许多教师在过去的五年里改行从事律师工作。由于缺少合格的教授，开设博士预备课程的计划也流产了。

文学与人文学院　这个学院学生人数最多。课程包括哲学、社会学、历史学、地理学、语言学、英语和现代文学等专业的硕士学位课程。在这个学院，培训依然是传统的，与就业市场和国家社会总体背景缺少联系。我们相信，社会科学家应该在增进对社会价值观的理解和建立最适合于这个国家的民主政治方面发挥关键的作用。为此，学院应该改革培训与研究项目，解决发展问题，促进开明的公民群体的发展。

高等农村发展学院　(ISDR)高等农村发展学院为农村发展部门的中层人员提供短期课程。

过去,这个学院在这个地区享有声望。它为加蓬、乍得、刚果共和国、中非共和国培训农业工程师,并从欧洲发展基金(European Development Fund)获得资助。高等农村发展学院的校园位于班吉以南一个宜人的、繁茂的林区。正因为此,学院举办过几次国际性会议和研讨班,包括美国和平队队员夏令营。学院是一个市场驱动的机构,有潜力。遗憾的是,学院的财政投入严重不足。远离班吉(距离100公里)是其运营的一个重大障碍。目前,大多数教师是兼职员工,他们要面对每周前往学校的昂贵的、不确定的旅途。大学没有为这些旅途提供补偿。开设远程学习课程也许是这严峻局面的解决之策。

大学管理学院 这个学院提供四年制的商务管理课程。20世纪90年代初,其毕业生经历了就业问题。来自雇主的抱怨包括学生没有做好充分的准备。作为回应,这个学院在瓦尔德马恩一巴黎第十二大学的科学支持下进行改革,以满足地方就业市场的期望。学院还采纳了一个新的流程图,包括由来自工商企业代表组成的理事会对学院进行严密的监督。这个学院与私营部门有密切的关系,所有学生在毕业之前都可以到私营部门的企业进行实习。

高等技术学院 (IST)高等技术学院培养了大量的采矿和地质学方面的专家。在罗马尼亚强有力的支持下,高等技术学院因为优质的教育,其国际学生的比例非常高。20世纪80年代末,中非共和国采矿部门对人员需求下降。这个学院之后采用了新的短期课程。它现在为地方工厂的中层人员提供电力和电信方面的培训。这个国家只有一所技术中学。中非共和国自1972—1982年在世界银行的资助下实施了第一个教育项目以来,就没有在中学开发技术课程或培训技术教师。结果,这所学院的学生与合格教授匮乏。此外,设施不足,设备陈旧。因此,如果没有新的物质和财政资源,高等技术学院就不可能实施其他相关项目。

教育学院 这所学院提供中学教师培训,也为在教育部任职的其他行政人员提供培训。其基础设施是足够的,但是就这个国家所面临的教师短缺而言,学院的注册学生人数太少。准备获取数学和科学教师文凭的学生比例依然是微不足道的。

班吉大学有四个研究中心:应用语言研究所、中非共和国历史和考古文献中心、法语国家研究中心和大学教育研究中心。

应用语言研究所与国际语言协会合作,从事桑戈语以及其他民族语的研究。它的工作对于这个国家来说具有重大的意义,因为桑戈语是85%的人使用的官方语言。这个研究所也吸引了对桑戈语和其他非洲语言感兴趣的国际学生。例如,许多和平队志愿者就对在这个研究所学习桑戈语非常感兴趣。

其他的研究中心都只是一个空架子,如果能与社会科学或教育学的学术部门相结合,那么就有可能更具效率。

入学与其他学生问题

1998—1999学年的注册学生人数为5486人,这说明在过去的30年里增长了近80%。这个国家历次教育改革有两个主要目标:

- 增加初中毕业生(七至十年级)的人数,提高这个教育阶段课程的质量。
- 增加接受过科学技术培训的(高中)毕业生(十一至十三年级)的数量,提高其质量。

这些目标在量的方面实际上达到了。注册学生数据意味着准备攻读数学和物理学学士学位的学生人数有了明显的增加。班吉大学的注册情况反映了这一状况。数学和科学专业的学生比例在2000年跃升到35%,而1981年仅为8%。

女生比例依然非常低。不同专业比例不同,理科为3%,法学和人文科学为16%。年轻女性在这个社会中面对强大的压力而选择离开学校,去承担其传统家庭主妇的角色。少数民族,例如俾格米人(Pygmies)和博洛洛人(Bororo)在高等教育中代表性不足。政府应该解决这个将少数民族排除在高等教育系统之外的地方性文化和社会问题。必须引入公平政策,鼓励弱势群体接受高等教育。

尽管为解决国民经济的需求作出了大量的努力,但是班吉大学仍然反映着前法国模式,强调理论培训。学术课程没有满足就业市场对制造业和服务部门中层人员的需求。人文学科的一些课程内容没有体现中非共和国的民族文化和环境。尽管一些课程(技术、农村发展、健康科学和管理)的名称看起来是适切的,但实际上并非如此。培训和实际问题之间相脱节,这正是中非面临的实际问题。

课程、毕业生与就业

高中毕业证书是进入大多数课程学习的必要条件。在科学和数学领域,学生的入学准备还不错。如在医学、工商、农村发展等领域,入学学生需要通过一项特殊的测试。班吉大学的大多数课程受法国模式的启发。一门课上课时间为一年,考试通常每学期安排两次。学生要获得通过,必须要在6月份总分为20分的考试中获得10分的总平均分。在10月份,一般会重新组织考试。没有通过考试的学生会被自动取消那一年所获得的所有成绩,即使是学生考得不错的课程成绩也被取消。课程缺乏弹性,使得学生不容易改变其学术课程或在新的学系注册。对于半工半读的学生来说,没有任何机会。这种严格的时间安排阻碍了在职人员进入大学学习,以提高技能。这些人也就无法为这个国家的发展作出更为有效的贡献。

因为大学没有提供充分的信息和指导服务,学生修习课程,却不知道任何与工作机会相关的信息。过去,高等教育毕业生可以毫无困难地找到工作,时过境迁,现在,很难在与所受教育相关的领域中获得受雇用的机会。医学博士和教师有时要在毕业之后等上几年才能被政府雇用(政府依然是这个国家主要的雇主)。

大量毕业生到海外,特别是到法国攻读更高的学位。自1994年以来,随着货币的贬值,留学发达国家变得过于昂贵。学生现在正重新回到西部非洲的大学。

中非共和国高等教育的质量在过去的10年中出现了下降。政治混乱,极度财政困难,长时间和经常性的罢工,这些因素是导致这种急剧恶化的主要原因。任何改进高等教育的努力,都与这个国家总的经济和政治状况密切联系在一起。

拨款与财政问题

中非共和国的高等教育的经费来源基本上是靠公共资源。20世纪70年代,当时班吉大学处于法国的统治之下,法国支付某些费用,例如法国工人的工资、办公室和其他学术供应品。自1980年以来,法国对中非共和国高等教育的公共援助逐渐减少。现在,法国的援助只用于支持法国的教员。由于过去10年极度困难的财政,所以中非政府担负不起整个高等教育部门的责任。

在2000财年,班吉大学的财政大约占国家预算的1.7%(见表22.1)。预算主要用于发放薪水和奖学金。人们无法指望大量的投资。名义上有1.62亿中非法郎的拨款用于投资。实际上这笔钱仅用于设施维护。到2000年10月为止,政府仍然不能提供这些财政资源。

教师和其他大学工作人员不能按月领到薪水。这种状况导致了几个问题。许多教授选择在私立中学上课或者在商业部门工作,以满足他们的日常需要。他们中的一些人为了能按时领到薪水或得到更高的报酬而决定移居发达国家。腐败在校园中迅速滋长,危及教师公正评价学生的学习。这种困难状况的直接结果是糟糕的培训质量和低下的教师绩效。学生也完全受教师的摆布。对于高等教育部门的未来来说,政府及时并稳定地解决教师薪水问题显得尤为重要。

对于中非共和国的高等教育来说,缺少充足的财政资源是整个国家极端贫困和极不稳定的一个直接结果。2000年8月,公共部门工作人员被拖欠的工资已经达到了17个月。这个国家仍在为1996—1997年的兵变支付高昂的代价。私营组织和国际社会总的来说不相信政府和主要政党表达的要结束政治争吵的意愿。

表22.1 中非共和国2000财年预算(单位:1000西非法郎)

国家总预算	123574940
运转支出	
高等教育	1165629
教育(幼儿园、小学、中学)	8246093
奖学金	
班吉大学	400000
合计(国内外)	1483380
投资	
高等教育	162000
教育(幼儿园、小学、中学)	484000
总计	11941093

注:1美元=745西非法郎

来源:Loi des Finances RCA 2000.

1995 年春季学期时,在仔细地剖析了政府没有能力为学校的学术活动提供充分支持之后,大学官员决定开展以市场驱动的活动,以创造财政资源。例如,高等技术学院与来自喀麦隆雅温得多科技术学院的专家一起,计划在一家由师生经营的非营利性大学公司中制造和出售价位更为便宜的圆盘式卫星电视天线。学生从中获得技能和经营经验。遗憾的是,政府禁止这些创举,没有为高等教育的资金不足提供任何其他的解决方法。

物质资源和设施

班吉大学创办之初可以容纳 300 名学生。他们被全部录取在数学、化学、生物学、物理学、法学、经济学和文学等课程中。由于其他领域的大量需求,所以必须建设更多的设施。

1976 年,在世界卫生组织的技术和财政援助下,新建的医学院拥有着宽敞的教室、充足的实验室以及供教师与行政人员使用的办公室。这个学院也使用班吉巴斯德研究所(Pasteur Institute)的一些设施。班吉巴斯德研究所是著名的法国健康研究中心,即巴斯德研究所的一部分。

科林巴(Kolingba)将军(中非共和国的新强人)掌权没几天,于 1981 年 9 月造访了班吉大学,他意识到大学需要更多的教室。他决定收回属于博卡萨皇帝的一处规模宏大的宫殿并把这份房产赠予大学。这个名为科龙戈校区的地方的整修工作迅速展开,该校区位于一个没有公共交通的地方:车库变成了简单的阶梯教室,卧室变成了办公室。遗憾的是,缺少电力和黑板使得学生的学习变得困难。在严酷的天气里,根本无法上课。

20 世纪 80 年代中期,利用世界银行的贷款建造了一座图书馆。图书馆设施简陋,只有 3000 多本书,其中大多数是陈旧的。没有计算机,只能通过一个单调乏味的卡片目录系统才可以找到书。大学官员从来没有解决学生经常报告的关于开放时间和使用的问题。实际上,图书馆只在公共行政办公时间开放,而在这个时间,大多数学生在教室里上课。图书馆的职员拒绝在周末或晚上上班。

除了图书馆之外,世界银行还资助在高等技术学院(IST)修建了 1 个计算机房和 12 个工作站。设备至今还是相当好的。一名法国教师负责管理计算机房,它在财务上享有部分独立自主权。它是一个市场驱动的中心,为私营部门以及公共服务部门的工作人员组织培训。但是,到 2000 年,设备过时了。经政府同意,中部非洲的一个非政府组织,也即中部非洲联合会(Coeur d'Afrique Association),正在计划提供校园网和必要的因特网接入服务。这将缓解学校的智力孤立状况,为学校提供获取最新科学信息的机会。众所周知,因特网提供了使用新的、现代的教学形式的机会,如远程学习和电话会议,发展中国家可以从中大为受益。

总的来说,班吉大学的基础设施和设备远远不足。它迫切需要更多的教室、实验室和办公空间。教授没有办公室,因此,难以或不可能组织像同行办公或同行会议这样的课外活动。

自 1971 年以来,没有实质性的投入来改善不符合标准的学生生活条件。学生宿舍几乎住不下 250 人。要在校园里得到一间房间,简直就是一个挑战,特别是对新生来说。学生无力承受在城镇里的住宿费。大学不提供学生贷款,那些住在校园里的幸运儿时常分租他们的房间以增加收入。80 个位置的小小的自助餐厅提供便宜但通常是不卫生的食品,因为政府财政部没有提供足够的经费。运动设施只有一个足球场和一个篮球场。大学的运动队常常是在校外的其他公共设施里训练。

研究与出版

在中非共和国,所有的高等教育机构都是教学导向型的。研究活动,即使在所谓的研究中心,也是有限的。20 世纪 70 年代,班吉大学出版了《班吉大学年刊》(Annals of the University of Bangui),其中收录了数学、物理学、经济学和法学等领域的文章。尽管这份期刊发表了一些优秀文章,却未有国际读者群。

数学教育研究所出版了一些关于桑戈语和数学的资料。这些成果包括民族语言桑戈语对学生数学学习的影响,桑戈语中的计算研究、数学和中非文化等。但是这个研究所现已失去活力。

地理系在 1992 年创办了《马萨拉格巴》(Masaragba)(在桑戈语中,它的意思是犀牛)。

《马萨拉格巴》是一份侧重环境问题的期刊。班吉大学为庆祝在巴西里约热内卢召开的联合国环境与发展大会而创办了这份期刊。该期刊办得很成功，编辑委员会在一个德国非政府组织的财政资助下继续发行这一期刊。

医学、经济学、农村发展、地理学、语言学、社会学和哲学的学生在教师的指导下，完成了几篇论文和多项研究。这些论文依然是内部文件，不能被视为研究出版物。

教科书严重缺乏。在大多数情形下，教授上课时口授的笔记是学生一门课唯一的资料来源。为了弥补书籍的不足，各个学系（例如法学和数学）的一些教授提供自己编写的讲义材料。一个典型的例子是班吉大学的数学教学。1983年，一名教授编写了一系列的教科书，作为学生自学微积分的有益的辅助材料。在总部设在巴黎的文化机构——法国文化技术合作处——的资助下，这套已有些时日的系列教材非常成功。

教　师

在班吉大学的第一个十年（1970—1979），大多数教师是外籍人士。法国和苏联的一些有能力的教授占据着这所学校的教职，主要是在数学、物理学和化学专业领域。法国任命副校长和各所学院的院长。这是一个鼎盛时期，法国提供经费，收录高水平研究文章的《班吉大学年刊》定期出版，校园里洋溢着学术热情，该校的毕业文凭得到了法国和其他欧洲国家的认可。

1979年，戴维·达科总统在法国强有力的政治和军事支持下，罢黜了博卡萨皇帝。达科解雇了苏联教师，禁止他们在中非共和国的任何学校任教。法国政府撤走了大多数国民，包括副校长。班吉大学之后在中非管理者和教师的领导下运行。大多数管理者和教师是合格的学者，他们在博卡萨独裁统治时期在法国和加拿大的院校里任教。

2000—2001学年初，教师人数达到300人，包括合同制教师和兼职教师（表22.2）。只有5%的教师是外籍人士，几乎没有女性教师。一半的教师没有获得他们所在专业领域的博士学位。作为非洲和马尔加什高等教育委员会的一个成员机构，班吉大学应停止雇用没有博士学位的求职者，取消助教职位，给予助教充分的攻读博士学位和晋升的机会。在不具备连续性的教师培训与发展体系的情况下，这个问题依然要靠大学领导者来解决。大多数教授是医学博士，他们通过法国医学委员会的考试而获得终身职位。他们的晋升不是基于教学经验或研究能力。不过，他们应当受到尊敬，因为他们是第一代杰出的教师，他们培训并指导了数以百计的年轻医学博士，这些医学博士目前管理着这个国家的卫生部门。

表 22.2　1999—2000 年班吉大学教师人数

名称	人数
教授	5
副教授	5
助理教授	124
讲师	75
客座教授	8
兼职讲师	7
侨民	19
助理实验员	57
合计	300

来源：2000年7月班吉大学校长办公室。

教师的薪水不高。另一方面，教学负担似乎颇为合理。教授每周教学时数为5个小时，助教为8个小时。像所有国家雇员一样，大学教师可被任命到其他服务岗位。这样的话，他们必须在所在的学校保持每周一小时的最低教学工作量。鉴于大多数课程缺乏教师，这个决定是明智的。这一决定也使教师与其所属的学科保持了联系。

聘用与晋升

班吉大学的聘用与晋升方式与非洲和马尔加什高等教育委员会成员的大多数大学一样，采用同行评议。不过，没有关于职位空缺的公告。职位申请者由一个系委员会和一个由校长任命的大学委员会进行评议。大学理事会再提出建议。负责公共管理的部长依照负责高等教育的部长的建议，雇用大学理事会拟聘请的求职者。晋升过程也按此程序。

毕业证书是招聘的主要标准，而晋升取决于教学和出版。政治家妨碍这个过程的情况时有发生。为了避免晋升决定的主观性和其他时常出现的外部压力，为了提高教师的研究绩效，大学理事会在1994年决定将所有申报材料送呈非洲和马尔加什高等教育会批准。基于某些最近的决定，似乎政府采取了一种不同的态度。例如，2000年8月，也许是预料到教师工会准备在2000年10月举行罢工，帕塔塞总统出人意料地同意给班吉大学所有教师以特殊的晋升和终身职位，而不考虑这些教师的学术表现、同行评议，甚至是教学效果。

我们坚信，党派性的政治决定不能将这所大学变成为一所伟大的大学。对于学位要求，需要确定一些关于学生成绩、教师资格和成就等方面的标准。只有奖励优秀和绩效，高等教育质量的提升才有可能实现。

政治激进活动与其他问题

在班吉大学的校园中，抗议和骚乱时常发生。具有讽刺意义的是，这所大学的创建者，博卡萨一世皇帝，是在一次军事政变中被推翻的。那次军事政变源于学生中的暴乱者，因为他们在1979年受到了严厉的惩罚。大学官员以及教育部长常常在校园游行示威之后丧失立场。政党和政府时常操纵教育，特别是班吉大学。政治家向学生社团和教师工会领袖大献殷勤。

发生在1989年的第一次教师罢工导致这个国家的政治剧变。罢工之后，在强大的压力下，再加上极为糟糕的经济状况，科林巴总统被迫在1990年恢复民主政治，并在两年之后组织了自由选举。1993年，就在帕塔塞总统上任后没几天，他就庄重地请求学生团体指派代表进入他的内阁。

一些游行示威的爆发是由于政府推迟发放奖学金。自1970年班吉大学创办以来，这些每月发放的奖学金被视为是薪水，而不是学习津贴。当学生获得学士学位之后，对其未来来说，这不仅仅是一个希望——全家人庆祝这一事情，部分原因是奖学金意味着对学生亲属的直接经济支持。

结　语

中非共和国的高等教育正处于危机之中。当前的问题是错综复杂的。这个系统面临着严重的质量问题，无法满足劳动市场的实际需求。

经济停滞不前。历届政府不能为教育系统提供充足的资金，不能确保为其工作人员定期发放像样的薪水。20世纪90年代，学校被连续关闭两年。因为教授和学生的罢课，学年经常被缩短。可靠的教育政策还没有出台。

对于这个国家来说，2000—2010年颁布实施的新的国家教育发展规划（National Plan for the Development of Education）是一个唯一的机会。如果该计划能得到资金并得到充分执行，这将是令人鼓舞的一步。

尽管当局缺乏数据和后续行动，但过去30年在校生人数的不断增长表明，中非共和国的青年渴望学习。他们对数学、科学、技术课程表现出了特殊的兴趣。大多数父母亲难以承受送子女出国留学的费用。毫无疑问，随着民主政治和善治的到来，就业市场会变得更好。到那时，政府就可以抓住国家教育发展规划的机遇，实施强有力的高等教育议程。这个议程包括：

- 高等教育机构的有效自治。国家控制不应该理解为政府频繁干扰学术、财务和人事决定。对班吉大学的管理必须放权，将其委任给一个强有力的、稳定的领导层。
- 充足的拨款。没有充足的财政资源，高等教育机构不可能实现其目的和目标。在财政独立的背景下，大学的经营者应从国库中获得明确的、充足的运行经费。大学管理者还必须控制学费和讲座费等内部收入。
- 私有化。政府应该通过向私立院校学生提供更多奖学金的方式，鼓励私立学校，尤其是那些举办针对性培训项目的专业学校。
- 通过相关的课程推广创业文化，鼓励创造更多的生产性工作。应该提供更为全面的劳动市场的信息。
- 根据教学、研究和社区服务的业绩记录，调整聘用和晋升程序。这包括每年的同行、学生和学系的评价。教师的薪酬结构必须改善，要考虑增长薪酬的和奖优罚劣。
- 将受人尊敬的学者任命到高层行政职位，借以在班吉大学建立一个强有力的、稳定的领导层。班吉大学不仅仅是一个创造和传承知识的地方。发展中国家的大学教师必须为追求科学真理和技术进步而发动群众。他们是社会的榜样和变革的力量。

- 应该通过定期评估课程和所有学术活动，始终如一地将优质教育作为目标。大学官员必须鼓励竞争和奖励优秀与绩效。
- 必须通过国际合作协议和私营部门，充分利用一切可以获得的资源。

参考文献

BanqueMondiale. 1995. *L'enseignement supérieur*, *Les leçons de l'expérience*. Washington, D. C. :. Publication de la Banque Mondiale.

Ministère de l'Education Nationale, République Centrafricaine. 1999. *Plan national de développement de l'education* (PNDE), 2000-2010.

Programme des Nations-Unies pour le Développement. 1997. Projet CAF/97/021/A/08/13, Elaboration du PNDE, Seminaire national de validation du Plan Nationale de Développement de l'Education, 21-23 Juillet 1999.

RépubliqueCentrafricaine. 1969. Ordonnance 69.063 du 12 Novembre 1969 portant création de l'Univerité de Bangui.

——. 1985. Décret 85.264 du 21 Aout 1985 portant statuts de l'Univerité de Bangui et ses modificatifs subsequents.

——. 1997. Loi 97.014 du 10 Decembre (1997). Portant orientation de l'éducation en R. C. A.

23 乍　得

穆罕默德—阿哈默德·哈伯

引　言

根据联合国发展计划署公布的人类发展指数，在174个受调查的国家中，乍得排名第164位。根据世界银行的统计口径，大多数乍得人生活在贫困线以下。虽然乍得作出了很大的努力和投资，但其文盲率仍然超过80%。1997年，小学入学率为57.5%，各教育阶段的总入学率为27%，且入学率存在明显的地区差异。

1990年，乍得政府及其伙伴实施了一项名为"教育—培训—就业"（Education-Formation-Emploi，EFE）的发展战略。该战略是在1998年开展的评估之后实施的，一直持续到2000年。战略由5个计划组成，分别对应教育体系的5个部门。该战略试图提高教育系统的效率，并提高入学率。它针对不同的领域，如教师教育、课程设计、教育体系的管理等等。尽管有这样的动员（这种动员更为系统地反映在对教育的重视上），但是迄今为止，这些努力所取得的成效却不明显。

乍得教育体制面临的问题，来自于人口的快速增长，以及社会对教育需求的不断扩大。教育体系的扩张未能满足期望，效率受到限制。教学基础设施不足，且常常陈旧过时。生师比非常高，合格的教师和管理人员又缺乏，教学设备陈旧而且开办的专业质量不高，这些都是导致乍得教育政策失败的原因。尽管技术教育和职业培训对于国家发展而言至关重要，但这依然处于边缘地位。培训与就业市场机会之间的关联不够密切。

乍得的各教育部门难以实现教育战略中确定的目标，高等教育部门概莫能外。乍得政府致力于改善公共资源的管理，以满足结构调整计划的要求，政府将注意力转向投资和基础教育，而没有给予高等教育发展所需的资源。教育—培训—就业战略决定增加学生入学人数，给予科学与技术学科以特别的关注。不过，1992年后的增长，尤其是在1996年和1999年期间，只是加剧了原有的不平衡。

高等教育和研究网络

乍得的教育体制受法国模式的影响。在此模式下，大学处于政府的直接监管之下。就研究而言，高等教育和科学研究部(MESRS)依靠一个名为国家科学和技术研究委员会(CNRST)的咨询机构。高等教育和科学研究部负责对大多数开展教学与科研活动的教育机构（大学、学院与研究中心）的管理，而一些特殊的专业院校则受其他政府部门监管。

1994年10月，在恩贾梅纳（N'Djamena）召开的教育国民会议（States General for Education）上，乍得政府批准了教育—培训—就业战略和分项计划，为出台新的教育政策奠定了基础（Ministère de l'Eclucation Nationale，1994a，1994b）。教育—培训—就业国家计划中与高等教育和科学研究相关的目标之一是，适度增加高等教育入学人数。第一年入学人数达到1800人，到2001年底，高等教育总在校生人数达到4000人，而相比之下，1993—1994学年在校生人数为2800人。教育—培训—就业计划也试图增加科学与技术院校的学生人数，同时控制经济学、法学、文学专业的学生人数。

为了更好地整合毕业生，乍得需要在教育与就业市场之间建立起更紧密的联系。教育—培训—就业行动建议：设立两年制的学习项目，推出针对公务员培训的继续教育，并采取措施将恩贾梅纳大学(University of N'Djamena)学生的成功率从 1989 年的 25%提高到 2000 年的 60%。建议还包含一项新的奖学金政策,鼓励学生攻读专业性与科学类专业等。教育—培训—就业行动特别重视加强乍得的高等教育与科研基础设施的建设,鼓励与国家发展相关的科研。总体而言,建议实施的政策针对的是专业、课程、基础设施和设备的翻新,获取院校支持的途径,修订与奖学金相关的政策等问题。

自 1992 年以来,高等教育和科学研究部因为缺乏手段,所以就没有采取明确的措施来实施教育—培训—就业战略。

高等教育和科学研究部与科学研究

高等教育和科学研究部并不负责所有的教育机构。一些专门的教育机构由不同的部实施管理。这种情况削弱了整个高等教育部门有效协调的可能性。在高等教育和科学研究部监管下的机构和独立组织有:恩贾梅纳大学、高等教育学院(ISSED)、国家研究支持中心(CNAR)、萨尔农学与环境大学学院(IUSAE)和阿贝希科技学院(IUST)。

高等教育和科学研究部承担着广泛的职责,包括实施并评估政府的教育政策,创办新大学,监督行政管理,设计教学手册和教学文件,确定合适的教学方法,组织测试和入学考试,等等。

在科研领域,高等教育和科学研究部负责启动、协调和评估科技研究项目,会同其他部门对研究结果进行比较梳理。高等教育和科学研究部还负责各个专业的研究人员培训、聘用和晋升以及研究成果的出版。

为了确保各种特权的履行,高等教育和科学研究部设立了一个理事会(board of directors)。一旦有需要,高等教育和科学研究部的各个行政部门就会咨询如认证与同等学位委员会(CAHED)、国家科学与技术研究委员会(CNRST)和国家奖学金委员会(CNB)之类的组织。

高等教育和科学研究部监管下的院校

高等教育和科学研究部所辖的院校基础设施与资源都是有限的。这些院校的产出及其所提供的培训的质量起伏不定。

恩贾梅纳大学

恩贾梅纳大学由 5 个院所组成:法律与经济学院(FDSE)、人文学院(FLSH)、精细与应用科学学院(FSEA)、健康科学学院(FSS)和国家人文科学研究所。虽然恩贾梅纳大学是乍得主要的大学,其学生占乍得高校学生的绝大多数,但它仍然缺乏设备和对学生的指导。学生(有时是教授)与当局之间每年都会发生的冲突困扰着这所大学,这对学校的正常运转产生了不利的影响。尽管困难重重,但恩贾梅纳大学仍试图通过创办专业性的主修科目来维持自身的发展,并适应环境的变化。然而,恩贾梅纳大学的科研活动没有组织且非常有限,大学的文献系统不能满足教学和科研的需要。

教育—培训—就业战略预测学生人数将适度增长,并在 20 世纪末达到 4000 人。目前,学生人数增长迅速,不过 4000 人的目标可能无法实现,除非一直保持这一增长速度(表 23.1)。

表 23.1 1994—1997 年恩贾梅纳大学在校生人数

学院	1994—1995	1995—1996	1996—1997
法律与经济学院	792	916	1021
人文学院	1426	1613	1780
精细与应用科学学院	433	483	435
健康科学学院	105	107	140
合计	2756	3119	3376

大学理事会完全控制着大学新生招生名额的决定权,因而也就控制着新生的流入。各学院根据学生核心课程的成绩来选拔新的高中毕业生,完成确定的招生指标。这一制度似乎运行良好。该制度选拔性强,因为不到三分之一的中学毕业生最终得以进入恩贾梅纳大学。学校的容纳能力是决定入学名额的主要因素。

在各专业间建立平衡,是教育—培训—就业战略的主要目标之一。然而值得注意的是,各专业学生数量的增长无助于预期目标的实现。尽管根据预测,科学和技术专业学生人数将增加,而人文、法律和经济等学科的学生人数将减少,但是自1994—1995年以来情况正好相反。随着人文、法律和经济等学科注册学生日益增多,科学和技术的人数不断减少,专业间差距进一步拉大。

主修科学的高中毕业生不足以填补恩贾梅纳大学精细与应用科学学院的招生名额。平均成绩为D的毕业生人数超过平均成绩为C的学生人数,中学生数学课与物理课的成绩差得出了名,导致大学新生第一年不及格率很高。在本质上,问题源于中学阶段,承担中学阶段科学教学的合格教师人数极为有限。

总的来说,大学体系产出率低。一年级学生只有一小部分能够获得学士学位,虽说不同学院之间,乃至同一学院的不同专业之间情况有所不同。恩贾梅纳大学的一个显著特点是,期末考试不及格率高,包括二年级和三年级的学生也是如此。

导致学生不及格率高的原因有很多。首先,高中毕业生数量不足。第二,学生的生活环境不利于学习,在某些学院(如法律与经济学院、人文学院),合格教师人数不足,导致对学生的指导不到位。设施不够迫使学生只好在室外听课或上实践课。图书馆的条件也很差。大学没有餐厅,没有集体交通,没有完整的校园设施。第三,教学方法普遍不当,尤其是针对大一学生的教学方法。

恩贾梅纳大学的女生分布依然很不均衡:法律与经济学院的女生占13.8%;人文学院女生占14.9%;精细与应用科学学院女生占5%;健康科学学院女生占3.8%。理科学学系的女生人数非常有限,在任何一所学院中都不超过15%。恩贾梅纳大学通过给每个系实施配额制度,有意识地支持融合女性的政策。这项政策允许以低于男生的成绩招收女生,从而扩大中学女毕业生的入学人数。这项肯定性行动政策当然也有缺点。事实上,解决这个问题要追溯到中学。

恩贾梅纳大学的师资由人数分布不均的全职教师和兼职教师组成。有些系的临时教授人数在50%左右。同样,师生比也体现出学院之间的差异。如果我们不把学生人数受到严格控制的健康科学学院这一特殊情况考虑在内,我们就会发现,在法律与经济学院和精细与应用科学学院之间,全职教授与学生之比差别很大(如表23.2)。

尽管在过去几年已有具体改进,但是教师的资格依然不够,值得予以特别关注。

自从建校以来,恩贾梅纳大学就有一个明确而基本的使命——培养公务员。大部分的毕业生受雇于乍得的公共服务部门,或者担任中学教师,或者担任行政岗位。然而,为了执行结构调整计划,乍得政府已冻结公务员编制人数。不过,这一冻结不是全方位的,在诸如基础教育与卫生等具有特殊专业背景的领域,政府仍在继续招聘毕业生。

表23.2　1995—1996年恩贾梅纳大学教师

学院	教师						比例*
	合计	全职	兼职	助教	讲师	学生	
法律与经济学院	51	12	39	6	6	977	1:81
人文学院	86	53	33	16	37	1613	1:30
精细与应用科学学院	58	45	13	21	24	480	1:11
健康科学学院	59	17	42	0	17	105	1:6
合计	254	127	127	43	84	3175	1:25

注:* 全职教师与学生之比。

恩贾梅纳大学深受公务员聘用冻结政策的影响。大学担心培养的毕业生找不到工作,所以就考虑将某些专业的学生去向定位于在私营部门就业或自我就业。这一情况解释了一些职业性高级特色专业最近得以开办的原因。这些专业有着全新的、特定的课程,鼓励教授采用新的教学方法。这些新开设的专业并没有独特性,不过,其组织结构似乎不一样。其共同的特征是,在各学位层次培养学生,以使其承担私营部门的工作岗位。这些专业选拔性强,均通向三年制学位。通过与现有的学士学位挂钩,这些专业为学生提供了更多的选择。在开始招生之前,这些专业要在有可能雇用毕业生的公司和非政府组织开展实验研究。同时,经常邀请专业人士来与学生分享知识,并资助实习。这些专业的不同之处表现在:试图在理论与实践经验之间,以及在提供初始(基础)教育或者提供初始教育与继续教育这两者之间保持平衡。同样,这些专业在专业导向教育的时间长度上也表现出某种特殊性,有的在第一年共同核心课程结束后就开始,而如果核心课程延伸到第二年的话，则是在第二学年结束后才开始。

必须特别重视对以职业导向的专业的分析，因为它们构成了乍得高等教育发展的一个重要因素。专业化不能靠法令来创建，它需要坚持特定的标准和原则。有必要与用人单位建立密切的联系，通过精心控制的对话，使得专业人士能够参与到各种课程的准备与认证中来。不过，我们不能忽视这样一个事实，即专业人士的培养花费巨大。它需要资助学生实习的公司加大培训力度并增加可观的物质投入。专业化还要求在教学方法以及各个教育伙伴（即政府部门与各方）之间的关系上有一个深刻的转变。学校对学生的就业责任越来越大。各方的目标与承诺都要加以明确厘定，并进行量化评估。这些规定和要求所带来的挑战常常使大学不愿开设过于专业化的专业。

研　究

恩贾梅纳大学的研究主要由攻读博士学位的博士生来承担。在博士后层次，恩贾梅纳大学几乎没有开有组织的研究。恩贾梅纳大学只有一个学院设立一个研究单位、一个研究实验室和一个研究项目。处于初创期的精细与应用科学学院是这方面的一个例外。事实上，精细与应用科学学院研究实验室的出现还要归功于与多学科团体以及不同的系合作开展的集体项目。大学之间的校际协议在组织研究活动方面起着重要的作用。

即使某些大学院系有动机开展研究，但研究设施和资源（如图书馆与设备）的匮乏，也阻碍着各个专业领域的研究者开展研究。

学生服务

基础设施不足是恩贾梅纳大学所面临的主要挑战之一。学生住宿容量有限，严重影响了大学的正常绩效。

恩贾梅纳大学教室不够，使得一些班级只能在室外上课。学生必须在非常拥挤的空间内学习。对于法律与经济学院及人文学院来说，这种状况尤为突出。这两个学院学生注册人数占恩贾梅纳大学在校生人数的80%。位于法沙（Farsha）的精细与应用科学学院有较大的空间，因为在校学生数量较少。位于恩贾梅纳国家参考总医院附近的健康科学学院也存在基础设施不足的问题。事实上，恩贾梅纳大学于1971年创办时只计划招收600名学生，看到这点就足以明白上述不足的严重性。1996年，其学生人数已经超过3300多人，但是在过去25年的时间里，除了图书馆稍有扩大之外，最初的建筑未增加过一平方米。

其他不足包括大学没有餐厅，也不能为来自偏远地区、只能住在远离恩贾梅纳市中心的学生提供公共交通。教育—培训—就业战略预见到学生人数将会出现一个有控制的增加，并计划投入基础设施来容纳新的学生。

奖学金是另一个问题之源。大二和大三的学生有权获得不附加条件的助学金。这一权利过去所有学生都享有，但由于预算问题导致这个权利只有大一的学生才享有。而且，乍得政府连及时发放补助金都成问题，结果，每年都有学生为此举行长时间的抗议，而这又阻碍了学校的正常运作。

图书馆和文献资源

恩贾梅纳大学的文献系统由中心图书馆和学院图书馆组成，收藏了多数的出版物和期刊。中心图书馆收藏了部分文献，其中有研究论文、回忆录、档案、地图集以及期刊。小资料室和阅读室只能有限获取这些文献。学院图书馆构成了这个文献系统的重要组成部分。法律与经济学院图书馆座位数为70个，人文学院图书馆为120个，精细与应用科学学院图书馆为70个，而健康科学学院图书馆则为30个。而且相对于学生人数而言，馆藏图书数量不足，基础手册数量尤为不足。为了避免漫长的等待借阅时间，学生们宁愿选择成为私人图书馆的会员。

大学当局意识到恩贾梅纳大学的图书馆不足以为研究活动提供支持，而且专业图书少而过时。在乍得，很多图书馆在20世纪80年代被毁坏，当时大学被迫关闭了很长一段时间。每个图书馆都有年度预算更新馆藏，此事由图书馆馆长负责。

法律与经济学院

就注册学生和全职教授的数量而言,法律与经济学院是恩贾梅纳大学的第二大学院。法律与经济学院分为两个系:法律系和经济学系。该学院为今日乍得研究型教授所面临的艰难提供了最好的写照。

在过去两年里,法律与经济学院的入学学生人数大幅度增加,增长了29%,而相比之下,整个大学的增长率为22.5%。法律与经济学院的学生增长率是最高的。法律系学生人数的增长幅度低于经济系,前者为19%,而后者为45%。这与教育—培训—就业战略定下的目标是相反的。该战略的目标是相对减少法律与经济学院的学生人数。

尽管取得了一些明显的改进,但是法律与经济学院的教师不仅人数少,而且缺少相应的培训。正因为拥有博士学位的教师人数少,而且为学生授课的课时少,所以许多基础课程都交给了兼职教师。

法律与经济学院引入新的课程是非常重要的。直到最近几年,乍得公共服务当局招聘了很多法律与经济学院的毕业生,而与此同时却忽视了可能有益于国家发展的生产性部门。这个状况说明了所授予的学位的通才性,它削弱了诸如私法(特别是商法和某些法律专业和管理学科)这样的学科的重要性,说明学生所获得的学位与雇主所需的特定技能之间不匹配。

在法律与经济学院,缺乏有组织的研究是另一个需要解决的问题。法律与经济学院的研究是研究人员的个体行为,主要是为了获取学位,没有成果发表。文献资源非常缺乏,只有咨询与研究办公室是个例外。该办公室在过去几年时间里开展了一些应用研究项目,但似乎缺乏开展研究活动的真实意愿。

人文学院

人文学院的学生和教授数量最多。这个学院由8个系组成:英语系、阿拉伯语系、阿拉伯历史系、语言学系、历史系、地理系、现代文学系和哲学系。这些系当中有一些已经或正在创办一些专业性主修科目。

在过去两年里,人文学院学生入学人数的增长落后于法律与经济学院。人文学院有着大量的生源,因为大多数高中毕业生主修文科。这一局面并没有让各个系的不及格率高的现状得到改变,大一期间的情况尤其如此,只有阿拉伯语系是个例外。

为了培养未来的大学教授,人文学院又开设了现代文学和地理学这两个新的学士学位课程。这些由恩贾梅纳大学、奥尔良大学、阿维农大学联合开设的课程也有助于培训计划出国攻读研究生学位的学生。1993—1994年开设的现代文学学位项目培养的是法国文学专业的学生。

人文学院至少有3个学士学位项目:阿拉伯语与文学专业、古代史和应用语言学。人文学院还开设了一个专业性主修科目,培养将来从事信息技术和通信工作的学生。这个专业在1995—1996年开设,学制两年。

人文学院大多数系缺少清晰的研究政策。不过,除了语言学系之外,人文学院的研究情况并不比法律与经济学院好。其他系的研究都是个体行为,以获取学位为导向。公开发表的研究成果凤毛麟角。

精细与应用科学学院

精细与应用科学学院的学生人数比法律与经济学院和人文学院都要少,但这也是一个较大的学院。学院分成6个系:生物系、化学系、技术系、地理系、数学系和物理系。在开办技术系之后,精细与应用科学学院比其他学院更早地开设了专业性主修科目。

与大学其他院系相比,精细与应用科学学院组织得更好,它是唯一一个致力于有组织的研究的学院。精细与应用科学学院还是唯一一个支持与其他系所合作,开设多学科科目的学院。这种态度推进了学院的协同效应。

精细与应用科学学院的学生入学模式体现了严格的入学政策。学生入学人数从1994—1995年的433人增加到1995—1996年的483人,随后又降到了1996—1997年的435人。虽然通过资助和外部干预(每6名新生中有近1人获得资助)招收学生,但是精细与应用科学学院选择控制入学人数，希望以此提高其教育的整体质量。

相对于学生入学人数而言，精细与应用科学学院的师资队伍是比较大的。它有58名教授，24名副教授。与其他学院相比，精细与应用科学学院的教师的资格水平更高。

自1988年以来，毕业于精细与应用科学学院的所有工程师都找到了工作，或者从事教学，或者从事维修工作。未来几年，乍得预期将开采石油，这将使精细与应用科学学院毕业生的就业前景实现多样化。

精细与应用科学学院近期的一些研究进展提升了它在恩贾梅纳大学中的声望。这个学院开始围绕与乍得国家发展息息相关的问题组织实验室研究。这样的举措让大学受益匪浅。这类研究或许可以让它赢得国际声誉，也可以让恩贾梅纳大学与其他大学以及私营或公共财政机构建立关系。通过这种方式，教授们也可以获得晋升，并赢得国际认可。

健康科学学院

健康科学学院是恩贾梅纳大学最新建立的学院。学院创办于1990—1991年，其第一批博士生毕业于1999年。大多数毕业于外国大学的乍得内科医生没有回国，健康科学学院的创办就是为乍得培养合格的内科医生。

进入医学院要经过严格的选拔。最初因为学院接纳能力很小，所以健康科学学院的入学考试每两年举行一次。由于采取了紧急措施，所以这个问题目前暂时解决了，从1995—1996年起，入学考试每年举行一次。

健康科学学院的学生选拔非常严格，第一年有577人竞争30个名额。开放竞争的名额数量是由健康科学学院经与卫生部的规划小组协调之后决定的，同时考虑学院的接纳能力和可用于奖学金的财政资源。所有学生都享有乍得政府奖学金，作为回报，他们需要在毕业后在乍得公共卫生部门工作10年。

健康科学学院培养全科医生，除了常规的医疗培训之外，学生还要掌握外科手术、妇科和产科等方面的特定技能。恩贾梅纳大学没有建立新的医学专业的中长期规划。健康科学学院的教师由20余名全职教授和40余名兼职教授组成。

自创建以来，健康科学学院所面临的主要问题之一是缺乏材料和设备。就设施、设备或文献而言，健康科学学院没有达到真正的医学院的标准。

从好的方面来说，健康科学学院的活动引起了各国际机构的注意。为健康科学学院提供支持的国际组织包括：世界卫生组织、欧盟、法语大学联合会、瑞士热带研究所、无国界医生等，这些组织都在努力帮助健康科学学院实现其培养目标和改进其办学条件。最重要的技术支持来自于世界卫生组织。该组织在健康科学学院资助了一个研究协调员的岗位，提供资金组织教授培训会，提供海外进修的机会，并为教师提供机会以及参加由认证机构——非洲和马尔加什高等教育委员会组织的认证考试。

国家人文科学研究所

国家人文科学研究所是唯一一个在并入恩贾梅纳大学后专注于研究的机构。国家人文科学研究所创建于1961年，1974年进行了重组，1989年并入恩贾梅纳大学。近些年，它在运行方面经历了极大的困难。

国家人文科学研究所有雄心勃勃的计划，包括开展和协调有助于促进乍得经济、社会、文化发展的人文研究，确保研究评估，启动新研究，鼓励出版，助推社会科学领域专业研究人员的培训，确保有考古、艺术以及审美价值的历史遗址和遗迹的编目分类，就与相关服务部门的协调制订研究指南。

这个研究所的活动主要侧重领导并实现研究计划，传播研究成果，通过实习、研修班和会议等培训研究者。研究所还确定了重点领域，也就是教育与培训、卫生(人与动物)、农业和环境。从其发表的研究成果的数量来看，国家人文科学研究所早些年似乎比现在更加活跃。2001年，没有迹象表明它所开展的活动达到了其使命中所规定的要求。事实上，国家人文科学研究所正在探索新的方式来恢复其活动。

国家人文科学研究所由10名同时兼具教职的研究人员组成。然而，尽管研究所努力制定共同的战略,但它仍然是一个个体化研究项目的中心,而不是一个能够围绕重大研究课题组织研究项目的研究部门。当然研究所有着建立研究单位和详细制定年度计划的意愿,但是因为缺乏资金,这些努力一直没有付诸实施。更严重的问题是,在国家人文科学研究所内部,研究项目缺乏协调。各学院也似乎忽略了这个研究所的存在。只要恩贾梅纳大学对未来的人文研究没有共同的看法,那么该研究所的命运就似乎永远是飘忽不定的。

高等教育人力服务学院

高等教育人力服务学院是一个公共的高等教育与研究的机构。它建于 1989 年,以培训高中教师为目的,依照培养小学教师的国家教育科学学院的模式而建。该学院的使命也包括教育研究和学校课程设计。

高等教育人力服务学院是一个由专门小组领导的自治机构,而专门小组由一名主任领导。它由 3 个系组成:小学系、中学系和教育研究系。高等教育学院的活动由 50 名拥有高级学位的教师来承担,他们都是受过训练的研究人员。

国家研究支持中心(CNAR)

国家研究支持中心是一个公立机构,向主管高等教育和科学研究的部长负责。国家研究支持中心的行政管理结构很简单,由 8 位全职工作人员组成。

国家研究支持中心的构想很有创意且独树一帜。其作用有限但十分重要。事实上,国家研究支持中心支持研究,但并不发起或制定任何研究计划。这个中心支持新的研究举措,但并没有研究人员以任何法定形式与之挂钩。国家研究支持中心理应通过为特定的科学项目提供资金,从而为研究人员提供高效的支持。该中心的优势还在于可以获得包括恩贾梅纳大学在内的高等教育机构都无法得到的设备。

国家研究支持中心的使命是收集、使用并传播来自于国内外的有关乍得的科技文献。它还打算建立计算机系统,以管理数据和新近获得的图书资料。为加强研究、发展、培训以及与经济领域之间的关系,国家研究支持中心恢复了科技氛围的生机。

国家研究支持中心通过组织研讨会、学术讨论会和圆桌会议支持研究。中心还为促进国内研究人员与国际研究人员交流提供了组织保障,办法是通过实施联合研究项目,并为开展当前的研究项目所需的专门化提供支持。最后,国家研究支持中心正在建设一个处理有关乍得的卫星成像的站点。

国家研究支持中心收藏了重要而多样化的文献,包括参考书、期刊、报告、研究、微缩胶片、卫星成像、光盘文献、胶片和地图等。对于中心所支持的研究领域来说,这个在乍得都属独一无二的文献库构成了一个很好的信息数据库。这个中心有 20 个数据库,包括法国的国家科学研究中心(CNRS)的数据库。作为国家科技研究成果的一个法定存储站,国家研究支持中心为联合国粮农组织、农业发展研究国际合作中心(CIRAD)提供有关乍得的信息。

除了组织系列会议之外,国家研究支持中心还发行了许多出版物,包括《研究与开发通信》(这是一份联络简报)、《乍得科学》(发表科学类文章)以及《乍得科学文献工程》(也是一份科学出版物)。特别是《乍得科学》,它可能成为一份高质量的科学刊物,从而鼓励乍得研究人员发表研究成果。

高等教育部监管之外的院校

除了在高等教育和科学研究部监管下的机构之外,还有许多其他的高等教育机构也从事教学或研究,它们隶属于其他的政府部门。尽管这些机构性质不同,但它们具有专于自身领域的共同特点。

国家行政与司法学院(ENAM)

国家行政与司法学院向政府秘书长负责。该学院创建于 1963 年,目的是为新独立的乍得培养行政官员。国家行政与司法学院既提供初始教育也提供继续教育。自 1992 年以来,公共部门人事招聘冻结严重影响了其毕业生。学院已经以慢于惯常的速度运行了几年,并将自身的活动主要集中在继续教育上。

学院的课程由三部分组成。第一部分招收高中毕业生；第二部分招收大学基础文凭(DEUG)持有者；第三部分招收学士学位持有者。学制两年，自从进入国家行政与司法学院那年开始。自1986年以来，国家行政与司法学院共培养了600名各种周期、各专业领域的公务员。

不过，学生的流动性非常有限。国家行政与司法学院目前有50～60名实习生在接受培训，目的是满足乍得公共服务部门在缺乏连贯性的教育政策的情况下的即时之需。国家行政与司法学院的教学人员急剧减少。它由2名全职教授和60名兼职教师组成。这些兼职教师要么是作为全职公务员，在恩贾梅纳大学定期授课，要么在司法部门任职。

国立公共工程学院(ENTP)

国立公共工程学院创建于1966年，是一所隶属于公共工程、住房与交通部的公立办学机构。国立公共工程学院具有地区性办学使命，它接收的学生主要来自其他非洲法语国家，如中非、尼日尔和加蓬。直到1992年，乍得国立公共工程学院毕业生都能够在公共服务部门成功找到工作。然而，自1992年以来，国立公共工程学院将自身定位转向私营部门。公共工程局(Office of Public Works)的创建，尽管存在一些困难，但无疑是一个积极的进展。

国立公共工程学院的培训分为两个阶段。第一个培训阶段通向技术助理证书(technical assistant certificate)；第二个培训阶段通向技术工程学位(technical engineering degree)。要获得修习这些学位课程的资格，乍得学生必须通过入学考试，外国学生必须通过选拔认可。这两个学位都需要学习三年。

1999年，共有800名申请入学者竞争25个工程学位课程的名额。技术助理学位课程也有着很高的选拔标准。1999年，有900名申请入学者，而名额只有36个。公共服务人事冻结迫使国立公共工程学院将培训导向转向私营部门，并将每年招生的政策改为每三年招生一次。由于名额有限，学生毕业一批招收一批，没有交叉。

精细与应用科学学院和可再生能源与地方材料研究实验室建立之后，开启了伙伴关系的新可能。在此之前，国立公共工程学院没有开展研究活动。国立公共工程学院的教师由15名全职教授和40名兼职教授、工程师和来自公共工程部的公务员组成。

尽管取得了这一很有希望的进步，但国立公共工程学院仍然面临许多障碍。第一个障碍与学院的地区性使命相关。1986年，加蓬停止向国立公共工程学院输送学生，而其他国家，如中非和尼日尔，仍然向国立公共工程学院输送学生，但多年没有在财政上为学生的教育提供经费。尽管这些国家反复承诺支付所欠款项，但是乍得不得不用自己的资金负担这些学生的经费。国立公共工程学院也暴露出在某些领域普遍缺乏地方专门知识。由于缺乏足够的设备供学生开展实践项目，这一问题不断恶化。

私立高等教育机构

乍得的私立高等教育当前涉及两所有着不同使命的机构：一是高等管理学院(ISG)；二是法塞勒国王大学(King Faiçal University，URF)。

高等管理学院创建于1989年。因为它类型独特，所以没有来自于其他学校的竞争。学院的项目以管理和服务为导向，多样化倾向明显，从职业性向证书(CAP)或职业学习证书(BEP)(两者等同于高中毕业证书)到职业培训证书(高级技术人员证书，BTS)不等。这个学院的专业有会计、文秘和商业等。

这个学院也为没有获得高中毕业证书的人提供培训模块，以使其获得职业学习证书。以西方国家的工商管理硕士学位课程为模板的计算机和高级管理短期培训课程，是面向已经获得高等教育学位的专业人士。这个学院还在管理和计算机信息系统方面提供量身定制的培训。学生必须参加实习。

高等管理学院的各项目加在一起共有400名学生和实习生。教师包括5名全职教授和30名兼职教授。大多数教师是其他大学的教授。因为在学校所获得的技能和培训适应于工作市场的需要，所以毕业生的专业整合总体是成功的。获得职业学习证书的学生所找到的工作大多数通向中层职位。这构成了学校在整个教育体系中的强有力的优势之一。就业市场的积极反应证明了毕业生的实用性。就继续教育而言,该学院的活动也是成功的,因为学院得益于与政府、恩贾梅纳市政厅以及工商企业所签订的各种合同。

法塞勒国王大学于1991—1992年招收第一批学生。该学院取得了非营利性机构的地位,这使它有资格获得国家补助。大学的主要目标是培养在乍得的阿拉伯语学校从事教学的阿拉伯语教授。另一个目标是培养高级行政管理人员。法塞勒国王大学是埃及伊斯兰大学组织(Islamic Universities Organization)的成员,并与埃及、苏丹、利比亚、阿尔及利亚和沙特阿拉伯的阿拉伯大学签订了很多协议。法塞勒国王大学由两个学院组成:阿拉伯语学院和教育学院。

1996—1997年,法塞勒国王大学有359名学生,107名学生注册于阿拉伯语学院,218名学生注册于教育学院,另外34名学生注册于高级研修课程(DEA)。如果想要被录取,学生需要有乍得高中毕业证书或同等学力。值得一提的是,该校10%学生是国际学生,来自于9个非洲邻国——喀麦隆、利比亚、尼日尔和苏丹以及距离远一些的国家,如布基纳法索、吉布提、冈比亚、象牙海岸和马里。

法塞勒国王大学的教师包括23名教授,他们国籍各异,拥有不同大学的博士学位。法塞勒国王大学正计划创建一些新专业,特别是医药、科学和技术、农学和伊斯兰法。它也希望高等教育和科学研究部考虑这些要求,并客观评价它们的影响。

乍得高等教育:展望

因为政府不够重视,所以乍得的高等教育和研究深受其害。尽管恩贾梅纳大学的某些单位和研究机构取得了一些小小的成功,但是这些机构的日常经营正变得日益困难。财政资源的缺乏限制了大多数研究机构的活动。除非政府通过资助和帮助成为这个体系中不可或缺的伙伴,否则整个教育体系不可能取得积极的进展。

高等教育新政策

乍得政府专门建立了高等教育和科学研究,这显示了政府对研究的承诺。不过,高等教育和科学研究部还一直未能给予这个部门真正的推动力,也未能解决影响高等教育与研究各个组织的根本问题。不过,高等教育和科学研究部建立了两所有技术方面使命的大学学院。同样是由于缺少足够的资金和人力资源,高等教育和科学研究部控制和管理大学研究的能力依然是低效的。

管理这一部门的方法之一是,就高等教育与研究的未来拟定远景目标。很有必要制定一项激励院校关注国家目标确定的政策。这意味着要制定与乍得高等教育研究活动主要目标相符合的目标和原则。不过,目前乍得的研究计划还没有准确的最后期限。这个国家缺乏一个总的战略和一个具体的办法来实现其研究目标。乍得需要实施教育—培训—就业战略,以确保在教育与就业市场之间建立起紧密的联系,使高等教育适应乍得经济发展的需要。

高等教育和研究:适应经济和社会变化

对于任何国家发展计划来说,教育都是一个基础的组成部分。高级技术与行政管理人员的培训至关重要,其重要性已超过乍得作为发展中国家的任何一个历史阶段。离开了掌握必要专门知识的有能力的行动者,人类的可持续发展就无法想象。组织劳动与生产的新技术、新配方和新策略的涌现,各种东西在世界范围内的交换,以及社会经济行动者互动网络的发展,所有这一切都使得掌握技术知识成为必要,这是缩小发达国家与发展中国家之间差距的一种途径。

乍得的封闭状态需要逐步加以改变。能够整合非洲与国际信息通信网络的高素质毕业生起着重要作用。很多非洲国家已经在迎接挑战。除了打破这种封闭状态,乍得别无选择。毕业生的质量及其适应复杂组织与先进技术的能力是重要的资产。大学必须成为一个培育和传播创业精神的地方。大学也应该靠各个单位,通过提供有见识的专长来创造源动力。为满足合作伙伴的经济和社会需要,大学应当建立新的伙伴关系,开发新的资源来补充国家的补助。

一般来说,乍得需要训练有素的个人,其能力符合发展的特点,而且考虑到公共服务部门人员招聘的相对停滞，其能力也要适合可获得的工作，特别是私营部门的工作。这种情形要求高等教育某些学科找到新的定位，也需要研究型教授参与能够直接用于国家发展的项目。最后，足够多的年轻人有机会获得高等教育和知识，这符合乍得的利益。个人发展是一种权利，应建立在每个学生优点和性向的基础之上。

高等教育和研究是乍得得以应对21世纪挑战的战略工具。智力正成为一个国家的重要资本，这种情形将高等教育和研究作为一个优先事项推向前列，并要求保障其建设和发展所需的资源。然而，这也意味着大学必须要毫无限制地完全融入社会，融入生产系统。这一事实意味着，高等教育应该认识到它作为社会、经济和个人变化和流动的一个矢量而要发挥的作用，认识到其管理应该适应其新的责任。

质量问题

今日乍得的高等教育面临着大众教育的问题，然而它缺少完成这一使命的人力和物质资源。在未来几年，一个主要方向是放宽阻碍教育发展的限制。这并不意味着只是提高教育能力，它还意味着确保教育各个方面的质量。高等教育的发展应该强调对学生定位的改善，对学术经历更为严格的管理，不断加强研究型教授的培养，以及为女子高等教育设计一套不带偏见的、公平的制度。其他实践应该包括：通过系统的跟踪和评估，改进教育项目；创建若干开设了可以帮助学生在私营部门找到工作岗位的专业性专业的学校（Merlin，1998，2000）；通过扩大多元入学和鼓励非传统学生，将终身学习引入到高等教育；改善图书馆、数据库和信息技术；扩充和翻新大学的基础设施。其他应予优先考虑的事项有：在主要城市建立恩贾梅纳大学的分支机构，借以实现大学的分权管理；制定奖学金分配新政策，更为明智地使用资源；改善学生在校生活；实现高等教育机构（包括各个政府部门和各所院校）管理专业化；加强地区与国际大学的合作。

对高等教育和研究质量的探求也应该成为国家政策的当务之急。乍得各级教育和行政管理部门应该强化专业主义精神。

师资的现代化构成另一个重大的挑战。恩贾梅纳大学过去主要为公共部门培养毕业生，但高等教育现在需要更多地关注更有可能在私营部门就业的毕业生的培养。公共部门和私营部门需要有着不同技能和知识基础的劳动者。这并不意味着大学应该放弃传统的学科。公务员的培训，包括中学教师和教育管理者的培训，仍然是必不可少的，特别是因为对这类个体的需求在增长。

创建以私营部门为导向的专业

乍得的经济最近几年在朝着私有化方向发展。公有公司私有化，外资企业进入乍得。这样就出现了新的工作岗位，特别是在服务部门。原本定位于公共管理和公有公司的大学课程应该针对这些经济变化作出调整，开设新的专业性专业，培养在私营部门、非政府组织和非政府职业工作的专业人员，并鼓励自我创业。恩贾梅纳大学已经开始这样做了，它在3个学院开设了5个专业化的高级专业，还创办了2所针对技术科学的大学学院，其定位是技术与科学研究，以回应地区的经济活动。这个导向与教育—培训—就业战略相一致，因而应该得到加强。乍得高等教育应当考虑在每个学院都开设专业性的大学专业，这样接受过高等教育的毕业生在完成基础训练之后就能在工商业界找到工作。

这些专业性专业的培养时间可视专业领域和所追求的资格证书而定。从普通训练开始，学生可以转入一个专业，既可以在大学经历的初始阶段启动，也可以在大学第二年或第三年启动，在某些情况下甚至可以在大学第四年启动。初始培训从来不应是孤立的，它应始终辅之以更为宽广的、不断发展的学习进程。

应用研究也是教育的一个重要方面。与商业的联系有助于高等教育专业人员理解在这一领域遭遇的具体困难，并有助于推进关于新技术和新工序传播的对话。

结语：未来何去何从？

尽管乍得贫穷，但这个国家南部地区石油的发现和潜在开采价值预计会带来重大的发展利益。乍得未来几年的发展依然与农村地区的发展息息相关。工业和服务业会直接受益于石油的开采过程，但是仍不够多样化。在这方面，潜在的开发商已经表达了投资意愿,满足这个国家的金融需求。

乍得不仅仅需要丰富的自然资源和发展伙伴的补助。自从独立以来,乍得已经经历了很长时间的政治动荡,以暴力和内战为标志,这触发了合作伙伴和外国投资者对乍得的不信任感。

在过去的10年里,乍得已能恢复其发展进程。乍得的政治稳定、初生的民主政治、公共财政的改善和自由经济的推进(私营部门被视为发展的主要贡献力量),所有这一切都为国家的发展提供了一个充满希望的氛围。

教育在乍得的发展过程中发挥着重要作用。通过教育,乍得人有了参与国家经济、社会和文化发展的机会。教育有着多种目的,但是主要目的之一是培养可以在私营部门和行政管理岗位任职的年轻毕业生。另一个目的是帮助毕业生自主创业。

乍得的高等教育和研究体系缺乏一个有效的结构和清晰的目标。其存在依靠公立和私立教育机构,而这些机构总体依然不够稳定。如果没有富有活力和持久的研究,高等教育将只是中等学校体系的延伸。研究必须成为高等教育体系的一个重要维度。研究应该以乍得的社会和经济发展为导向,而不是以个人兴趣为基础,国家科学和技术研究委员会(CNRST)应该参与选择和平衡研究活动。

要达到这些目标,需要制定一个国家研究政策,规定大学和非大学研究的目标;需要为研究的发展设立特殊基金;需要为这些活动制定研究政策和建立专门的单位;需要制定激励科研者的机制;需要围绕研究中心和研究小组组织研究活动;需要在地区、国家和国际层面启动研究项目;需要按照国际标准出版研究成果。

应该在大学建立研究团队,申请国际研究经费。应该以体面的奖励制度鼓励研究者继续博士后研究活动。与此相对应,相关的政府部门应当支持和游说大学开展它们认为重要的研究项目。

为了在各高校的容纳能力与乍得就业市场的需求之间建立起平衡,对高中毕业生实施选拔和控制入学是必要的,特别是在恩贾梅纳大学。如何实现这种平衡,决定权应该属于大学,外界不应该有任何的干涉。法律、经济、文学、人文科学等学院也应该稳定入学人数。不过,应该有更多的学生定向到科学和技术专业。总体上,乍得高等教育需要根据国家需求(培养经营者而不是经济学家,培养私法法律工作者而不是公法法律工作者,培养笔译工作者、口译工作者和旅游工作者),鼓励对专业作出更好的规划。

基础设施是恩贾梅纳大学必须解决的另一个重要问题。在整个院校层面,图书馆、阶梯教室、实验室、阅读场所、设备、语言实验室以及教学手册和参考书,大学都缺乏这些东西。另一个问题是需要合理、有效地利用恩贾梅纳大学未被用于教学和研究的设备。在这方面,应该在萨尔和阿贝歇建立新的大学,正如同在恩贾梅纳建立大学那样,以减缓某些高校学生过于集中的状况。应该根据客观公正的标准授予奖学金,出国留学资助应限于乍得无法提供的学术专业。

所有学生现在都需要掌握特定的一些能力,不管他们的职业目标如何。这些能力多种多样,但都与沟通相关。大学毕业生应该掌握电脑基本使用技能,能熟练使用商务世界最为常用的交流媒介——英语。所有的大学专业都应该在第二学年开始就提供满足这些需求的课程。

通信和信息技术对于高等教育和研究有着其他重要的意义,包括远程教育、大学连接国际互联网、进入更多的数据库、与世界各国的大学交流的可能性。这些都应该是未来几年高等教育政策优先考虑的事项。

高等教育与科学研究部应该优先考虑某些方面的改进,比如加强管理效能;招聘合格的人员,培训该部现有的工作人员以实现其使命;建立信息系统,使高等教育与科学研究部能够进行统计和质性分析,改进下属各单位的协调(Ministère de l'Eclucation Nationale, 2001);制定创建与评估私立大学的新规章;加强高等教育机构的管理能力,特别是行政与财务管理能力,等等。

参考文献

Bendima, S. A., M. Yaya, F. Kimto, and G. Pierre. 1996. *Diagnostic de l'enseignement supérieur et de la recherche scientifique et technique*. N'Djamena: Ministère de l'Education Nationale.

Merlin, C. 1998. "L'Enseignement Supérieur et la Recherche Scientifique. Diagnostic et Perspectives." Unpublished report. Secrétariat Exécutif du CONEFE (Comité National EFE).

——. 2000. *La professionnalisation des filières d'Enseignement dans l'Enseignemeut Supérieur (Rapport de mission)*. N'Djamena: Ministère de l'Enseignement Supérieur.

Ministère de l'Eclucation Nationale. 1994a. *Actes des Etats Généraux de l'Education National: Rapport Général des Travarux*. N'Djamena: Cooperation Française et Ministère de l'Education Nationale.

——. 1994b. *Documents de la Stratégie EFE. Sous programme Enseigriement Supérreur*. N'Djamena: MEN.

——. 2001. "Données Statistiques sur l'éducation: 1999/2000." Report realized with help from UNDP, UNESCO, EFE. Housed at the MEN: Direction des Statistiques Scolaires. N'Djamena: MEN.

Ministère du Plan et de 1'Aménagement du Térritoire, 1998. "Reformulation du Programme National EFE: Sous-programme." Unpublished ministry document. N'Djamena

Téguidé, S, D., R. Toraira, and B. N. Roné. 1998. "Proposition de strattégie pour l'education de base, secondaire et supérieur d'ici l'an 2015." N'Djamena: MEN (Direction des Projets Education).

UNESCO. 1998. " Vers un agenda 21 pour l'enseignement supérieur (Conférence mondiale sur l'enseignement supérieur: l'enseignement supérieur au XXI siècle, vision et action. Paris, 5-9 October 1998)." UNESCO working document: ED-98/CONF. 202/CLD. 19.

24 科摩罗、留尼汪及塞舌尔:印度洋岛屿

哈桑·埃兹一赞姆

科摩罗

科摩罗诸岛坐落于莫桑比克海峡,位于莫桑比克北部与马达加斯加北部之间。1975 年,科摩罗伊斯兰联邦共和国从法国的统治下赢得独立。两年后,昂儒昂(Anjouan)、莫埃利(Moheli)两岛脱离新生的共和国,宣布独立。科摩罗诸岛屿面积 2170 平方公里(838 平方英里)。按照 1999 年人口普查的估算结果,其总人口约为 706300 人。

科摩罗的中学后教育是公立的,而且仅仅局限在教师培训、农业教育、健康科学教育等方面的一些项目以及一所商业学校,总共只能容纳 200 名学生。1997 年世界银行的报告指出,1995 年估计有超过 1000 名学生赴海外接受大学教育。考虑到国内资金紧缺的经济形势,政府决定仅从捐赠资金里提供奖学金(World Bank, 1997)。15 年时间里,主要在渔业、农业、贸易和卫生保健领域建立了少量的教育机构。职业训练由6 所公立学校提供,共能容纳 1000 名学生(1997 年的估算)。此类学校中有 3 所为政府机构输送毕业生的学校已经被关闭。

中学后教育由基于法国教育模式的官办学校(l'Ecole Officielle)提供。官办学校把学前教育、初等教育、中等教育和更高层次的教育联结到了一起。一直到 20 世纪 80 年代后期,教育还完全是公立的,私立学校是最近才出现的事物。科摩罗的教学语言是法语和阿拉伯语。表 24.1 显示了 2000 年科摩罗学校、教师和学生的数量。

科摩罗的部级代表在 1998 年召开的世界高等教育大会上的发言中指出,高中毕业生人数的增长与大学基础设施的衰弱造成了很大的反差,导致这些毕业生离开祖国,而在多数情况下他们缺乏继续深造所需的财力(UNESCO, 1998)。

表 24.1　2000 年科摩罗学校、教师和学生数量

层次	学校	教师	学生
学前	—	600	17778
小学	327	1508	78527
普通中等	—	591	21192
教师培训	—	27	237
职业教育	—	64	711

来源:Macher 2001.

科摩罗在教育方面的合作伙伴包括世界银行、联合国人口基金、联合国开发计划署、联合国教科文组织和联合国儿童基金会。科摩罗也接受来自他国家的技术援助,如在世界银行指导下,1997 年教育改革中接受了法国和比利时的援助。

大多数非洲国家所面临的主要问题之一就是文盲率高,尤其是女性的文盲率。在不具备针对性的初等和中等教育体系的情况下,高等教育的发展和繁荣是非常困难的。这也就解释了为什么大多数这类国家,包括科摩罗在内,如此优先发展初等和中等教育。这种优先地位可以从改革计划的层次以及分配给这两个教育部门的资金数量中看得出来。科摩罗的文盲问题造成了严重的障碍,三分之一以上的学龄儿童不能接受六年的正规初等教育,而在接受初等教育的儿童中,仅有十分之一可以继续接受低层次的中等教育。初等、中等和中等后层次教育的入学率分别为约 64%、11%和 2%。辍学率随着教育阶段的提高而上升;世界银行报告的群组分析(cohort analysis)显示,一年级时的 1000 名学生中,仅有 13 人坚持到了高中毕业(World Bank, 1997)。

政治改革、经济调整计划、教师罢课、教学设备匮乏、基础设施陈旧而且不足,这一系列问题

再加上管理不善，为教育系统的发展增添了不少障碍。

留尼汪

简介

留尼汪是马达加斯加以东的一座南部非洲的海岛，面积为 2512 平方公里（970 平方英里）。留尼汪，或者称为留尼汪省，是法国的海外省，有居民 732570 人（2001 年 7 月估算）。留尼汪的人口由多民族组成，有法国人、非洲人、中国人、马来人和马拉巴尔印度人。法语是官方语言，通用克里奥尔语。

与其他海外省一样，留尼汪是法国的属地，施行与法国本土同样的宪法和法律。但同时享有相应的组织上的自治地位。法国宪法第 72 条规定“乡镇、省、海外属地……是共和国的行政单位。这些地区应该由选举产生的委员会，在法律规定的条件下实行自我管理”。尽管属于非洲大陆的一部分，但留尼汪作为法国组成部分的地位不受主要区域地缘政治潮流的影响。

留尼汪的高等教育

留尼汪拥有一所中等规模的大学。1998—1999 学年，留尼汪大学在圣但尼（Saint-Denis）和圣皮埃尔（Saint-Pierre）的 2 个校区，共招收近 1 万名学生（表 24.2）。大学下设 3 个学院（法律、经济与政治科学学院；科学与技术学院；人文学院），5 个专科学院：技术学院（Institut Universitaire de Téchnologie, IUT），工商管理学院（Institut d'Administration des Entreprises, IAE），食品加工大学职业教育学院（Institut Universitaire Professionnalisé Agroalimentaire, IUP）以及教师培训学院。此外，大学提供了从继续教育、文献管理、职业定向、就业指导到健康保健、国际关系的六大服务。

1991 年以来，大学在建筑数量、入学人数、新增教师岗位、增设学位种类等方面获得大幅发展。大学颁发 31 个专业的大学基础文凭（Diplôme D'enseignement Universitaire Général, DEUG），21 个专业的学士学位，还有 13 个专业毕业时授予其他类型的学位。其他研究生学位，尤其是硕士阶段的学位，由留尼汪大学与一些城市大学共同颁发，如马赛第一大学、马赛第二大学、阿维尼翁大学、土伦大学等。

学生可以通过国家奖学金、部级补助金以及地方委员会的补助金得到财政资助体系的帮助，其中后两种主要提供给博士生。由于宪法规定留尼汪是法国的一部分，因而留尼汪的学生可以申请就读法国本土的学校和大学。

表 24.2 1989—1999 年留尼旺大学学生入学情况

项　目	法律、经济及政治科学	科学与技术	人文学院
基础法律资格学位	92	—	—
本科	2375	2182	3771
研究生	157	78	176
小计	2624	2260	3947
继续教育			
终身学习服务	764		
工商管理学院	249		
小计	1013		
总计	9844		

来源：Universite de la Reunion.

大学治理

1984 年，法律规定留尼汪大学是一所公立学校。它由一位校长和四位副校长。四位副校长分别负责行政、科研、教学和大学生活以及国际关系事务。学校的管理由大学的三大委员会分担：学习和大学生活委员会、行政委员会和科学委员会。行政部门、教职员与学生按适当的比例参与到学校的管理之中。上述三大委员会的成员是按照 1985 年所颁布法令的规定选举产生的。教师、职员代表一经选举，任期四年，而学生与大学社区外部成员代表的任期为两年。

行政委员会负责制定大学教育、科学、管理和财政政策。科学委员会授权向行政委员会提供科研、科学技术文献、研究生课程方面的建议。课程与学生事务由学习和大学事务委员会负责。

科研与合作

留尼汪大学教职员中共有 180 位教授参与

了三大学院的科研活动。科研致力于加强在印度洋地区的国际地位,并为地区发展作贡献。更明确地说,大学里的科研围绕着四大目标进行:研究人员培训计划的发展与后续活动,与邻国合作以实现科研国际化,对科研活动给予经费支持,最后就是开始开展一些合作研究项目。

留尼汪大学与各类组织和研究中心保持着各种各样的合作。与留尼汪大学有联系的各类机构为数众多,合作地点分布广。在当地的合作者中包括了大学师范教育学院(Institut Universitaire de la Formation des Maîtres, IUFM),发展研究院(Institut de Recherche pour le Développement, IRD),农业发展研究国际合作中心(Centre de Coopération Internationale en Recherche Agronomique pour le Développement, CIRAD),法国海洋开发研究院(Institut Français de Recherche pour l'Exploitation de la Mer, IFREMER),法国气象局(Météo-France),地质与矿业研究办公室(Bureau de Recherches Géologiques et Minières, BRGM),地球物理学会(Institut de Physique de Globe, IPG Paris),国家健康和医疗研究院(Institut National de la Santé et de Recherche Médicale, INSERM),糖业生产技术中心(Centre Technique de la Canne et du Sucre),国家统计与测量学会(Institut National de la Statistique et des Études, INSEE),法国电力公司(Electricité de France, EDF),法国海外广播/电视局(Radio/Télévision France Outre-mer, RFO),以及留尼汪水文站(l'Observatoire Réunionnais de l'Eau)。

此外,留尼汪大学与营养学领域和食品工业的许多产业建立了联系。留尼汪大学在科研国际化上作出了相当大的努力,有着丰富而多样的合作网络。科学委员会确定了五大研究领域:多元文化、火山与气候、植物资源保护、文学与人类学,以及海洋资源。

塞舌尔

塞舌尔是印度洋上的群岛。在结束了英国人长达162年的统治以及此前法国人一段时期的统治,塞舌尔于1976年成为共和国。塞舌尔领土面积为455平方公里(175.8平方英里),1999年拥有人口约8万(Europa, 2001)。官方语言为法语和英语,通用克里奥尔语。

塞舌尔没有高等教育系统。然而,主要由中国政府资助的塞舌尔多科技术学院是一所中学后教育机构(Ministry of Education, 1999)。该校开设了三个中学后教育项目:建筑学、教师教育和社区研究以及卫生保健(表24.3)。

表24.3 1996年塞舌尔的学校、教师和学生数量

层次	学校	教师	学生
学前	35	180	3262
小学	21	577	9886
普通中等	—	589	8151
教师培训	—	27	237
职业教育	—	64	711

来源:Macher 2001.

总体而言,塞舌尔的教育是公立的。但是,1994年以来开办了两所营利性的私立教育机构,塞舌尔学院和里贾纳·门迪学院(Regina Mundi)。后一所学校创办之初是伊丽莎白公主护理学校,颁授护理(三年)、牙科治疗(三年)、牙科技师(两年)的学位。希望继续求学的学生只能去国外的大学深造。

塞舌尔政府已经仔细研究了发展远程教育的选择。1998年由外国顾问提交的一份报告中,创办远程教育机构的呼声达到了顶峰(Murphy and Walker, 1998)。塞舌尔多科技术学院招收约1600名全日制学生,1200名非全日制学生。希望继续学业的学生大多远赴英国求学。

1998年政府的教育支出约为2930万美元(Maher, 2001)。公立学校的生均开支从1992年的832美元上升到了1997年的908美元。塞舌尔的教育合作伙伴包括联合国儿童基金会、联合国教科文组织、非洲开发银行、尼日利亚信托基金、工作/家庭管理顾问公司(WFD Consulting Inc)、美国国际开发署,以及法国、英国和中国政府。其他如澳大利亚、印度和古巴等国家,也为多科技术学院最优秀的毕业生提供大学奖学金。

塞舌尔教育系统的诸多变化与发展是在1978年和1980年的改革计划中出现的,受到英国综合学校体系的启发。

在教授法语和英语之前的一、二年级,塞舌

尔的教学语言采用的是克里奥尔语(Trayte 1999)。法国与英国统治塞舌尔期间,教学语言也相应转变。英国人在1880年将英语引进了课程,从那以后英语和法语就成了塞舌尔仅有的"官方"语言。而克里奥尔语仍被认为主要是课堂外使用的语言。在这方面,塞舌尔与许多非洲国家的高等教育系统面临着同样的问题:遗留下来的殖民语言与母语之间的斗争。

1947年以前,塞舌尔没有一所学校是由官方系统地经营的。从这一事实可以看出,在160年的殖民统治中,英国人对塞舌尔并没多大兴趣(Franda, 1982)。

结　语

印度洋诸岛的高等教育仍处于发展的初级阶段。这些国家的中学后教育机构面临着许多共同的特殊挑战。与其他非洲国家一样,它们要培养经过必要训练的公务人员来填补政府空缺的职位,满足日益增长的学生人数对高层次教育的需求,应对扩大和发展高等教育系统所必需的高中毕业生人数的不足问题。但从总体上看,这些高等教育机构在受到各种社会、政治、财政制约的条件下,仍然能充分利用现有资源来解决这些问题。

由于这些国家面积小、人口少,所以,与外国机构开展合作,以及积极开展其他的合作活动,仍是应对当前和未来挑战的最重要途径。

参考文献

Constitution de la république française [Article 74]. http://www. conseil-constitutionnel. fr/textes/c195 Sweb. htm

Franda, M. 1982. *The Seychelles: Unquiet Islands*. Boulder, Colo.: Westview Press.

Legum, C., ed. 1992. Africa Contemporary Record: *Annual Survey Documents*. Vol. 23. New York: Africana Publishing Company.

Maher, J., ed. 2001. *The Europa World Year Book 2001*. London: Europa Publications.

Ministry of Education. 1999. "The Major Development of Education in Seychellers [1977 to 1998]: ADEA Prospective Stock-Taking Review." Paris: Association for the Development of Education in Africa.

Murphy, D., and R. Walker. 1998. "Distance Education in the Seychelles: Future Directions." The Commonwealth of Learning—Consultancy Report, Seychelles 1998. Available online ar: http://www. col. org/Consultancies/98Seychelles. htm.

Trayte, S. K. 1999. *Seychelles: Country Guide Series Report*. Washington, D. C.: American Association of Collegiate Registrars and Admissions Officers.

UNESCO. 1998. *Conferencemondiale sur l'enseignement supérieur: l'enseignement supérieur au XXI siècle-Visions et actions*. Vol. V: *Plénière*. Paris: UNESCO.

Université de la Réunion. "L'Université française de l'Océan Indien." Available online at: http://www. univ-reunion . fr/tl_presentation_universite/tl_avant-propos. html

World Bank. 1997. *Comoros: Third Education Project*. Report # PIC5055. Washington, D. C.: The World Bank.

25 刚果(布拉柴维尔)

加斯帕德·姆贝姆巴

引　言

刚果是一个位于非洲中部的国家，面积342000平方公里(132053平方英里)。1995年，刚果约有260万人口，人口年均增长率为3%。首都布拉柴维尔，有100多万居民。其他城市，如黑角(经济中心)、多利西(也叫卢博莫)、恩卡伊、印普丰多、奥旺多、马夸和韦索的人口大约在1万～50万之间。1996年，刚果的国民生产总值(GNP)约为18.8亿美元，主要依靠木材和石油生产(Union Congolaise，1999)。

根据1997年教育圆桌会议上向贷款提供者提交的报告，像撒哈拉以南非洲大多数国家一样，自20世纪80年代以来，刚果(Gouvernement，1997a)经历着严重的经济滑坡，人口增长速度超过经济发展速度。私营部门只雇佣了17%的劳动力，其余的受雇于公共部门。刚果是世界上负债最重的国家之一，人均负债2100美元。1994年，经济危机因为货币贬值而加剧，这一年，债务负担超过2200亿法郎，超过刚果国民生产总值的一半。在社会层面，这种状况产生了许多不良的影响，因为许多社会基础设施，如卫生服务、教育和就业，开始显现出恶化的迹象。经济滑坡的迹象可从以下方面略见一斑：购买力下降，向外移民增加，薪水减少，公务员旷工、缺乏动力，对高级行政人员需求减少等。1993—1994年的社会政治形势加剧了经济滑坡。为了渡过危机，政府只好勘探新的采油点。不幸的是，在1997—1998年间，发生了两场新的战争。这两场新战争对这个国家产生了更为深刻的影响。然而，随着该地区逐步恢复和平和安全，一个新的重建和发展阶段开始了。我们将在这一背景下分析刚果的高等教育系统。

高等教育体系概况

刚果的教育体系由四类不同的院校组成：公立院校、私立院校、培训院校和继续教育院校。1990年9月颁布的与教育相关的法律对各教育类别作了规定。1995年11月的法律(008/90)对上述法律作了修正，对刚果教育体系的组织结构进行了界定。这部法律对许多方面作出了规定，如入学机会平等，免费公共教育，6～16岁的义务教育，政府对于教育组织的责任，对私立教育的认可等。根据同一个法律，教育体系的建构分为4个层次：学前、初等、中等(初中和高中)和高等教育。1995—1996年，各类学生的总数约有715000人，占国家总人口的27.5%，该数字是1970年的3倍。那时，马里安恩古瓦比大学(Marien Ngouabi University)有学生约18257人。

就学前、初等和中等教育而言，立法明确规定了其组织、职能、入学要求、各层次教育结束时授予的学位和证书。尽管高等教育在教育部门内有专门的建制，并且为了更好地领导这一部门还两次任命了局长(1984年和1998年)，但是没有明确的法律文本对高等教育的运行作出清晰的界定。在1990年9月的法律被批准之前(该法授权私营部门开办教育机构)，马里安恩古瓦比大学是唯一的中等后教育机构。因此，现有的大多数法律文本是专门针对关于马里安恩古瓦比大学的。

自1995年11月的法律公布以来，刚果(布)通过高等专业学院、大学学院、专科学院等层次的公立和私立教育机构提供高等教育。这些院校大多位于市区，主要分布在布拉柴维尔和黑角。

公立高等教育

公立高等教育包括两个层次：大学教育和非大学教育。刚果有一所国立大学——位于布拉柴维尔的马里安恩古瓦比大学。在某种程度上，这所大学一直履行着1971年11月4日建校时由法令赋予的使命。其使命是创造和传播知识，培养个体，组织终身学习以及培养各个领域的领导者。

如今，马里安恩古瓦比大学由一个委员会来管理，该委员会由高等教育部长任主席，由大学校长领导的技术理事会实施管理。一名副校长和一名秘书长辅助校长履行职责。校长直接负责校长办公室、会计和审计办公室等部门。副校长负责研究、学术事务、合作、大学图书馆、课程和考试。秘书长负责人力资源、行政和财政事务、住宿生活、建筑、设备和维护。

马里安恩古瓦比大学的每个学院都由以相应的院长为主席的委员会来管理。一名学术秘书、一名中心秘书和一名会计师协助委员会主席的工作，而系主任负责各自的单位。

大学校长、副校长、秘书长、院长和主任都是通过高等教育部的委员会任命的。高等教育部部长任命理事和学术秘书，而教师和系委员会的委员选举产生系主任。任命最后须获得高等教育部部长的批准。

马里安恩古瓦比大学实行开放的入学政策。这所大学几乎无所不及，除了以下这些领域：建筑、药剂学、牙科、医学、兽医学、渔业和美术。

马里安恩古瓦比大学由11个高等教育机构组成——5个学院(faculty)、3个专业学院(school)和3个专科学院(institute)。这5个学院包括文学和人文科学院(FLSH)、理学院(FS)、经济学院(FSE)、法学院(FD)和健康科学学院(FSS)；3个专业学院包括国家行政管理学院(ENAM)、教师培训学院(ENS)和多科技术学院(ENSPS)；3个专科学院包括农村发展学院(IDR)、运动与体育学院(ISEPS)，以及管理学院(ISG)。专科学院有自己的建筑，与之不同，其他的学院都坐落于从殖民时期继承下来的建筑中。这些建筑最初是为教育以外的目的设计的，它们无法达到任何一所大学的建筑标准。马里安恩古瓦比大学招收了18250名学生，雇佣了900名工作人员，有725名终身教师(其中只有41名是女性)，学生与教师的比例因此为25比1(Gouvernement, 1997b; 表25.1; UMNG, 1998b)。

表25.1 1997—1998年马里安恩古瓦比大学各个院系学生教师比

机构	学生数量	教师数量*	学生教师比例
国家行政管理学院	286	27	10.6
教师培训学院	647	78	8.3
多科技术学院	316	31	10.2
法学院	1527	33	46.3
文学与人文科学学院	5799	126	46.0
理学院	1526	85	18.0
经济学院	4499	37	121.6
健康科学学院	312	49	6.4
农村发展学院	431	33	13.1
运动与体育学院	232	30	7.7
高等管理学院	269	21	12.8
总计	15844	550	28.8

注：* 终身教师总数。
来源：马里安恩古瓦比大学副校长办公室。

入学与学位

马里安恩古瓦比大学的入学要求是由高等教育部的法令决定的。通常马里安恩古瓦比大学接收刚果籍的申请者和国外拥有中学文凭或者同等学力的学生，学生要缴纳申请费。这所大学也为政府雇员提供培训机会，以使其达到一定的学术和管理资格。高等教育部的法令也决定其他大学层次的入学要求。入学费用取决于教育机构的能力，大多数学院是免费的，健康科学学院除外。这个学院和其他高等学院和研究所一样，需要通过一个入学考试。每年根据高等教育部的日程安排监测这些考试，10%的入学名额分配给外国学生和不需要中学结业证书的报考者。1997年，国际学生的人数减少，在19000名学生中只有60名国际学生。

除了健康科学学院外，其他学院的教学分为三个阶段：第一个阶段为期两年，授予大学基础文凭(DEUG);第二个阶段为期四年,授予学士学位;第三个阶段包括深入研究文凭(DEA)、高级专业研究文凭(DES)和博士学位。在健康科学学院,学位分为三个层次:学完三年发给学士学位,学完六年授予医学博士,还有就是专业研究证书(CES)。

在专业学院和专科学院,学业是由三年的短阶段和五年的长阶段组成的。这些课程是为学生获得各个学科的专业学位做准备的。这些学科包括技术、教学、咨询、工程、管理和体育等。经大学科学委员会的同意,专业学院和专科学院有权提供大学教育。一个例子就是联合国教科文组织教育学教席。该教席设在一所教师培训学院,通向教学评价和评估方向的博士或博士后。

马里安恩古瓦比大学授予 140 个学位(UMNG, 1998b),因而响应了国民教育、行政管理、农村发展、技术、人文科学、法律和经济领域的职业需求。非大学中等后教育主要是由职业与技术院校提供的,如初等教师学院(CENI)、国家行政管理学院、辅助医务培训学院(最初是中部非洲高等教育基金会的一个医学社会分部)。这些院校的教师大多毕业于马里安恩古瓦比大学,尽管他们与马里安恩古瓦比大学本身没有正式的关系。

私立高等教育

私营部门逐渐进入高等教育,主要提供工商管理、办公室和计算机技能等课程的技术和专业培训。在过去 10 年中,大量的私立高等教育机构得以创办,尤其是在布拉柴维尔和黑角。然而,这些院校数量的增长,与监督和管理这个部门的机构数量并不成比例。对于私立高等教育机构来说,可以通过许多不同的方式获得运营授权。一些学校获得了高等教育部部长的许可,而另一些学校得到了技术和职业教育部部长的批准,还有一些学校则是从劳动部部长那里获得了许可。私立院校根据特定的准则和标准运行,并授予自己的特定学位。不幸的是,由于缺乏私立高等教育的准确数据,所以不可能给出精确的数据。不过,应该提一下最近创建的 4 所学校:刚果自由大学(ULC)、悖论学院(Paradox Institute)、工商管理学院(IGE),以及高级工商管理学院(ESGAE)。

刚果自由大学由 3 个系组成:食品工业技术系、国际贸易和管理系、法律系。迄今为止,刚果自由大学的早期毕业生已经成功融入就业市场;一些毕业生尽管也是成功的,但因为战争被迫继续在马里安恩古瓦比大学学习。

悖论学院建于 1996 年,在 1999—2000 学年有 525 名学生,其中有 300 名女学生。这所学校提供两年制的管理和计算机职业培训证书(高级技术人员证书,BTS)。优秀的学生同样很容易融入就业市场。工商管理学院有 525 名学生(女生超过 50%)和一支有着 60 名教授的教师队伍,提供办公室秘书技能和通信方向的两年制学位。此外,它也提供会计、金融、管理、市场营销和计算机管理技术等专业的学士学位。

高级工商管理学院提供 3 个专修领域,申请入学者希望获得办公室文秘、信息技术、人力资源管理、财务管理、公司管理和规划等领域的两年制职业培训证书(高级技术人员证书,BTS)。学校也提供除秘书与信息管理专业以外的上述相同领域的五年制工程学学位。为了获得高级技术人员证书,报考者必须拥有高中结业证书或同等学历证书,或者修完一年的预科课程。工程学学位的报考者需要有学士学位,且每年支付费用。自从 1993 年开办以来,高级工商管理学院已经授予了 37 个工程学学位和 490 个学士学位,其中 290 个学位是由金融系授予的。不过,有关这所学校发展情况的数据显示,在过去三年中,学生数量处于下降之中。在 1996—1997 年,有 492 名学生进入高级工商管理学院,而在 1999—2000 年,学生入学人数下降到 242 人。入学人数减少可能是由于这个国家经受了战争。另一个原因是家庭收入的下降,这让很多家庭难以支付接受私立教育所需的费用。

历史视角

刚果的高等教育产生于殖民统治时期。1958 年至 1960 年期间,殖民地政府为整个法属中部非洲(AEF)的高等教育体系建立了基本的结构。的确,1958 年见证了布拉柴维尔高等学院的创建。之后的 1959 年又建立了高级行政管理与技术学习中心。后者包括一个文学专业、一个科学专业和一所培养中学教师的学校。殖民地政府的目的是培养地方行政管理人员。

1960 年,中部非洲的 4 个法国殖民地独立。一年以后,乍得共和国、中非、加蓬、刚果与法国之间签署了一项协定,标志着中部非洲高等教育基金会的创立。通过该协定,一个高等教育领域的合作协议将建于各个国家的学校合为一体。这一网络的一部分是位于布拉柴维尔的高等教育中心,由法学院、高等管理学院、高等人文学院和医学社会系组成。除此之外,这个网络还有中非共和国农业学院、乍得的动物学学院、加蓬的多科技术学院和位于布拉柴维尔的中非师范学院。

这个高等院校网络的目标是为刚刚独立的国家输送必要的中高层行政管理人员。从一开始,该网络就优先培养行政管理人员,而忽视了经济生产部门。为了实现这一目标,该网络采用了一项借助于函授的远程教育策略,它构成了日后函授教育服务的基础。1965 年,教育系统通过立法实现了国有化,同时随着隶属于各个宗教派别的旅居本地的教学团体的离去,教育系统对行政管理人员的需求变得迫在眉睫。1964—1965 年,共有 608 名大学生(Document Congrès, 1989)。由于新建立的国家迫切要求宣示各自的主权,再加上刚果的革命政策,1971 年中部非洲高等教育基金会最终瓦解。基金会共培养了约 1480 名学生,教育工作者主要来自国外。

刚果继承了中部非洲高等教育基金会的基础设施,在 1971 年通过总统令创办了布拉柴维尔大学。这所大学的创建是第一个教育研讨班(1970 年)的结果。这个研讨班产生了一个新的概念:人民学校宣言。布拉柴维尔高等教育中心之下运作的高等学校转变成为学院:文学和人文科学学院、理学院、法学院和经济学院。创建布拉柴维尔大学的立法规定了上文提到过的相同使命,这一使命与“部分或全法语大学协会”(AUPELF)的使命几乎没有什么区别,即“创造和传递知识,服务社区,开展公共服务”。政治性质的文本同样描述了大学的使命。1972 年在共和国总统会议上发布的“人民学校宣言”强调:“每一个新社会,(应该有)一所新大学”。根据人民学校的理念,布拉柴维尔大学的构想源自高等专业教育周期,它由专科学院和专业学院组成,以科学社会主义精神培养国家行政人员为使命。

1971 年至 1983 年,布拉柴维尔大学进入重建时期。它建立了新的机构,如高等教育科学学院(INSSED),这个学院代替了原来的高等教师培训学院;农村发展学院(IDR);高等体育学院(ISEPS)、高等法律、行政管理与经济学院(INSSEJAG);健康科学学院(ISA);高等技术培训学院(ENSET);卢博莫高等教育学院(ISPL),这所学院取代了从 1977 年以来在高等教育学院下运行的技术教师培训系。这一重建期通过总统令的形式颁布了许多法律文本。

1977 年,布拉柴维尔大学改名为马里安恩古瓦比大学。从那时起,很多属于刚果劳动党这一单一政党的分支机构开始在大学中建立,如刚果劳动党委员会、青年刚果劳动党、中央劳动联盟和妇女组织。这个阶段的特征是,大学高级行政人员的任命和教师职称晋升,主要依据政治标准。因此,大学自治受到影响,师生关系恶化。

因为人民学校这一概念一开始就呈现出民主的色彩,因此刚果是非洲入学率最高的国家之一。学生人数,特别是在校生人数的增长速度超过学校的承受能力,使得所有的提供良好教育的努力都化为乌有。教师培训学院的建立就是一个例子。它最初建立时是要接收 300 名学生,但由于开放入学政策,实际学生入学人数超过了 1000 人。大学社会服务部在马里安恩古瓦比大学里非常活跃,不幸的是,日益增强的社会和政治压力(这种压力已严重影响到高等教育的运作)对这一服务产生了负面效果,成本超过了收益。同样,同一时期大学的学习项目的组织形式也发生了很多变化,除了学位项目的重组,还要求学生参加入学考试。马里安恩古瓦比大学还制定了规章制度,实施课程学分制,建立了一个函授学习项目。

这个阶段,培养了第一批农村发展工程师、体育督察和教授、医学博士,组织了关于教学方法的研修班(UMNG, 1998f)。随着工资的调整和教师晋升制度的实施,马里安恩古瓦比大学的员工和教授的财务状况在 1985 年也有了很大的改善。1988 年,高等法律、行政管理与经济学院一分为三:法学院、经济学院和高等管理学院。这一重组说明人民学校概念难以实现高等教育中的专业化。1988 年的会议呼吁反思整个教育系统,并提出了许多改善高等教育状况的措施,共 275 条建议。结果,在 1990 年,主管的委员会决定关闭高等教育学院,将其使命赋予高等教育科学学院,而后者又转变为一所教师培训学院。由于财政困难,函授学习项目被暂时中止,学院层次的学习项目再一次作了调整。一项新的法律加强了私立高等教育。1991 年全国最高会议提出的两项建议在马里安恩古瓦比大学付诸实施。第一项建议要求就大学问题组织一次会议,第二项建议与博士学位课程的启动有关。随着 1991 年法令的颁布,马里安恩古瓦比大学获得了一个新的地位;健康科学研究所在 1993 年变成了健康科学学院;技术培训学院在 1996 年变成了国家高等多科技术学院;马里安恩古瓦比大学坚持遵守非洲一马尔加什高等教育委员会(CAMES)的晋升标准。

在同一时期,缓解马里安恩古瓦比大学压力的必要性导致了要搬迁农村发展学院、运动与体育学院、教师培训学院、理学院等机构的想法。不过,这一想法引起了激烈的争论,并最终被放弃。高级资格证书(CES)项目最初是在理学院开设的,随后在 1996 年开设了两个研究生学位项目,并在经济学院开设了一个授予硕士学位的课程。而且,根据联合国教科文组织和马里安恩古瓦比大学达成的一项协议,在教师培训学院设立了教育学教席,专注于教学论和教学评价。这一学术课程提供硕士、博士和博士后学位。其他的很多活动补充了发生在高等教育中的许多变化。这些活动包括:通过建立新的实验室加强科学活动;出版马里安恩古瓦比大学年鉴和其他专业期刊;建立科学研究小组和学习共同体;组织研修班、会议和其他科学活动。在行政层面,设立了一些岗位来招募新的员工。

刚果高等教育的发展,加上得益于国家奖学金和国际合作而留学海外的刚果学生,为刚果输送了一批政治、行政和技术管理骨干,保证了今日刚果高等教育的运行。

当前高等教育的趋势与未来展望

过去几年,刚果的高等教育已成为不同层面的许多反思和讨论的主题。充满社会政治冲突的氛围,工作条件的恶化,进入本已饱和的就业市场的毕业生人数的增加,使得持续的经济危机雪上加霜。尤其是就高等教育内部而言,教育形势的变化反映在马里安恩古瓦比大学大会的筹备上。这一会议是以全国上下各教育机构组织的大会为基础的。这些会议最终迎来了马里安恩古瓦比大学大会的召开。在国家层面上,1988 年召开的一次会议对人民学校计划的可行性进行了分析和评估。会议认为这项计划不适当。1991 年的全国最高会议对高等教育状况进行了更为细致的分析,要求组织召开马里安恩古瓦比大学大会。政府在 1997 年布拉柴维尔圆桌会议上提出了一个报告。在次地区层面上,1996 年在布拉柴维尔召开的中部非洲大学校长会议上采纳了一项行动计划,推出了若干措施,支持此前会议所提出的意见建议。

马里安恩古瓦比大学的使命

尽管在过去几年里,社会政治环境充满冲突,但马里安恩古瓦比大学保持了量的发展,高级执行官的培训是有效的。不过,这种量的发展只是发生在特定的学科,如人文和社会科学,而牺牲了科学技术的那些系。因为入学的学生成绩差,难以适应新的课程,所以成功率普遍很低,尤其是在早些年(成功率只有 10%~30%),这没有表现出任何进步的迹象。问题的另一方面是马里安恩古瓦比大学缺乏有效的学生定位和合理的教学方法。尽管如此,鉴于许多已经毕业于马里安恩古瓦比大学的刚果学生能够成功地在国外继续深造,所以其质量还是保持在一个可以接受的水平上。其他的一些毕业生能够实现他们的职业生涯,还有一些成为工商业界的领袖(Etats Généraux; UMNG, 1998d)。然而,对大学基础设施的劫掠使教育设备遭到了严重的破坏。

院校能力

虽然许多研究生教育机构由负责技术教育和职业培训的政府部门监管,但公立高等教育主要还是在高等教育部部长的监管之下。为重组高等教育内部组织而颁布的许多法律文本(例如

1976 年有关马里安恩古瓦比大学组织机构的法令)已经修订过,为的是改善内部组织。这些法律修改已经触及决策、行政、教学和研究结构等问题。与内部细则和高级官员(校长除外)选举相关的事务,仍在马里安恩古瓦比大学大会的议程中。

高等教育机构能力现状仍然难以令人满意,尽管为建设新的设施作出了一些努力,实现合理教学目标所必需的基础设施甚至更为难以承受。现在急需新的校舍和现代化的设备来替代在战争中被破坏的设施。文献资源也需要补充和现代化。在 1994—1997 年国内战争之前,图书馆收藏了约 67000 本书和 627 本期刊,但今天只有 30000 本书,除了通过双边合作协议所获得的捐赠,没有任何期刊。自 20 世纪 80 年代中期以来,马里安恩古瓦比大学的翻修一直是一个被强调的主题,现在我们深信重建马里安恩古瓦比大学的时候到了。

教　师

教师和行政管理人员都对学生进行管理。在 1997—1998 年,教师队伍包括 550 名教授,其中 41 名为女性。职称分布见表 25.2,从表中可以看出高级教授人数较少,助教一直占多数。

与教师相关的一个主要问题是招聘政策。在过去几年里,一直不允许更新大学的教师队伍,许多教师都接近退休。1997—1998 年,由于立法将工作量限制在一天三小时,所以兼职教师人数超过了终身教师人数。

表 25.2　1997—1998 年马里安恩古瓦比大学教师分布(按职称和学院)

机构	教授	讲师	助教	助理	辅导员	教师总数*
国家行政管理学院	—	—	16	10	1	27
教师培训学院	—	2	55	20	1	78
多科技术学院	—	—	12	19	—	31
法学院	—	—	25	8	—	33
文学与人文科学学院	2	14	75	35	—	126
理学院	3	14	55	13	—	85
经济学院	—	1	20	16	—	37
健康科学学院	9	10	13	13	4	49
农村发展学院	—	1	21	11	—	33
运动与体育学院	—	1	9	20	—	30
高等管理学院	—	—	7	12	2	21
总计	14	43	308	177	8	550

注:* 终身教师总数。
来源:马里安恩古瓦比大学副校长办公室。

学生入学

尽管在 1963 年至 2000 年间就业市场衰退,但是每年的中学毕业生人数并没有减少。在 1972 年至 1996 年间,对高等教育的需求达到高峰。在 1976—1997 年间,进入大学的刚果中学毕业生人数增加了 5 倍,1976 年为 3785 人,1997 年为 19000 人。1985 年,每 10 万名刚果人中有 555 人在接受高等教育,1991 年为 582 人,1997 年为 703 人(UNESCO, 1998;UNMG, 1998c:18,20),高于撒哈拉以南非洲国家平均每 10 万人中有 100 人在接受高等教育的比例。刚果高等教育入学率每年的增长幅度(1991—1997 年年均 2.8%)接近于人口增长率(3%),相比较而言,依然低于塞内加尔(1985—1994 年年均 4.2%)

和象牙海岸(1985—1994 年年均 8.86%)(UNESCO,1998)。

刚果的入学率是其他撒哈拉以南非洲国家平均入学率的 5 倍。在国家层面上,尽管提供高等教育的私立机构的数量不断增加,但是马里安恩古瓦比大学可能提供了最有趣且最能支付得起的教育选择。

中学毕业生既可以申请进入本国的高等教育机构,也可以申请进入国外的高等教育机构学习。与早些年相比较,除了国家行政管理学院、运动与体育学院、高等管理学院和文学与人文科学学院,最近几年接受高等教育的学生数量在减少。一个有说服力的例子是经济学院的入学情况:1997 年至 2000 年间,该学院学生注册人数减少 30%,而理学院的学生注册人数在 1997—1999 年间减少了 42%。

根据一项法令(MENRST/UMNG),马里安恩古瓦比大学仍然对刚果人和外国人实行免费入学政策。该法令规定了马里安恩古瓦比大学的入学条件(Ministere de l'Education Nationale,1995)。一旦符合所有的入学条件,申请者就有资格获得奖学金和享受所有其他的大学社会服务,包括住宿、餐饮、社会服务、医疗服务和运动服务。奖学金和住宿的管理不在大学的直接管辖之下,而是由附属于高等教育部长办公室的社会事务与大学社会服务办公室负责。大学社会服务的资金来源和奖学金的授予深受预算问题的影响,常常不能一揽子解决。

1997—1998 学年,各个高等教育机构各年龄段学生分布情况(表 25.3)显示,不到 5%的学生年龄在 22 岁以下,而这是法律规定的有资格申请奖学金的最高年龄。

表 25.3　1997—1998 年马里安恩古瓦比大学学生分布(按年龄组和机构)

机构	年龄组				
	18～21	21～25	25～30	30+	总数
国家行政管理学院	—	—	7	279	286
教师培训学院	5	91	262	289	647
多科技术学院	20	174	109	13	316
法学院	86	692	605	144	1527
文学与人文科学学院	151	2125	2890	633	5799
理学院	189	926	405	6	1526
经济学院	206	1814	1939	540	4499
健康科学学院	21	117	91	83	312
农村发展学院	11	143	164	113	431
运动与体育学院	4	39	82	107	232
高等管理学院	25	177	58	9	269
总计	718 (4.5%)	6298 (39.8%)	6612 (41.7%)	2216 (14.0%)	15844

来源:马里安恩古瓦比大学副校长办公室。

在同一学年,44.3%的学生年龄在 18 岁至 25 岁之间。性别分布存在差异,女性占学生总数的 24%。这一比例虽然令人鼓舞,但依然远远低于男性,而在理科和专业学科中,女生比例在 16%(教师培训学院)到 21%(多科技术学院)之间。超过 50%的女生就读于私立高等教育机构,如高级企业经营与管理学院、工商管理学院和悖论学院。

许多中学毕业生寻找机会到国外接受大学教育。事实上,在过去几年,对国外高等教育的需求扩大了,这是由于战争极大地干扰了马里安恩古瓦比大学的校历和运行。这同样解释了参加中学毕业会考的学生人数与这10年间实际申请进入大学的学生人数之间的差异。不同的研究得出了一个共同的观点:为了改善教育的总体状况,恢复大学教育的质量,有必要采取措施,控制入学人数。

课程的多样化和专业

在学生监管的能力和条件方面,马里安恩古瓦比大学处于饱和状态。也许课程和学科的多样化提供了一个解决办法。在开设新课程和创建新机构方面有相当多的思考,因为为了迎接国内和国际的挑战,高等教育迫切需要扩充和重生。私立高等教育已经朝着这个方向发展了,看来这种趋势将给其生存提供更好的机会。由于根深蒂固的传统和习俗,马里安恩古瓦比大学在这方面难以改变,且选择的余地很少。全国各地创办其他大学,这将允许马里安恩古瓦比大学保持它作为中心大城市大学的地位。新的高等教育机构侧重现代技术学科,而且教学方法和技术,包括远程高等教育应该多样化。许多刚果学生非常欢迎由马里安恩古比大学开设的函授课程。1990年,由于财政原因,指导委员会决定终止函授课程。此后,通过其教师培训学院,马里安恩古瓦比大学现已成为法语地区各种远程教育课程体系的组成部分。不愿启动远程教育当然不是因为法律原因,因为1995年通过的法律就已对这种教育作出规定。1996年6月颁布的最近一项法令修改了1976年颁布的组建布拉柴维尔大学的法令,同样也规定建立远程高等教育部门。恢复远程高等教育也是马里安恩古瓦比大学教育大会一个分委员会提出的建议之一。部长会议所采纳的一个法令提到创建新的大学机构和一个国家高等教育中心。1997年的战争阻碍了高等教育中心计划的实施,指导委员会最近改变了这个决定,它将远程教育项目融入到继续教育计划之中。就像《马斯特里赫特条约》所提到的,世界范围的远程高等教育的发展通常与新的信息通信技术的发展相联系。在这个时候,许多撒哈拉以南的非洲国家正在建设数字化校园和课程。马里安恩古瓦比大学已经被选中主办下一届非洲－马尔加什高等教育委员会的会议,并正在规划新的教学方法。在这种背景下,刚果远程教育的取消是一个失败之举,它违背了先前提到的将远程教育作为解决高等教育需求不断扩大这一问题的一个辅助手段的法律。考虑到大学能力实际上是有限的,这样的解决办法当然是现实的。然而当前在教学上能为学生所提供的并不能承担有效组织远程教育的任务。马里安恩古瓦比大学可能应该等待一个更好的时机来实施这项计划。

管理与沟通

随着计算机工具的引进,如为校长办公室接入国际互联网,多年来一直薄弱的马里安恩古瓦比大学的管理能力正在以一种令人满意的方式得到改进。在很多层面,计算机的运用带来了重大的变化,如使工资管理、数据管理和处理各种类型的统计工作变得容易。使用计算机和信息系统的趋势不断增强,现在马里安恩古瓦比大学开设了计算机科学专业。不过,尽管更为年轻的私立高等教育机构一开始就将计算机融入到其办学之中,或者将其作为一种管理工具,或者作为一门学科,但马里安恩古瓦比大学却没有开设计算机信息系。

伙伴关系与合作

伙伴政策

在国家层面上,马里安恩古瓦比大学的伙伴包括像共和国总统办公室、财政与公共服务部、国民教育部、大学卫生中心、学生联合会(12个)、工会(3个)、学生家长协会、中学和一些企业这样的机构。除了学生家长协会,这些伙伴的代表与大学管理机构一起参与审议活动,他们的部分工作是协商改善工作条件。在健康科学学院开办的课程的日常运行过程中,大学卫生中心是一个成熟的伙伴,这是一个高等教育机构与就业市场之间保持密切和牢固联系的好例子。健康科学学院的教师具有双重身份,因为他们也是大学卫生中心的终身工作人员。在某些事务中,学生管理员有时会得到补偿,这为学生的实习提供了一个良好的环境。尽管高等教育与其不同的伙伴之间在互动过程中存在这样或那样的困难,但这两方面的关系依然是非常积极的。

合　作

马里安恩古瓦比大学已和世界各地不同的研究和教育机构,尤其是来自中部非洲、西欧、北美地区国家的研究和教育机构签署了60多个协议(UMNG, 1998f)。这些协议使马里安恩古瓦比大学启动了许多项目,如合作办学和合作研究项目、教师研讨班、研讨会和会议、教授的实地考察、实验设备的现代化与获取。目前,大部分协议名存实亡,要么是因为刚果没能履行协议承诺,要么是因为协议没有得到有效实施。马里安恩古瓦比大学仍然受益于法国合作组织所提供的援助,与部分或全法语大学协会－法语大学网络、非洲—马尔加什高等教育委员会、非洲大学协会、联合国教科文组织、美国国家航空航天局、非洲科学教育办公室(BASE)、英国文化委员会、比利时法语区等国际组织保持了联系。关于在教育科学学院设立的联合国教科文组织教席,目前正准备在邻国开设分部办公室,为的是将这个地区的研究人员聚在一起。另一部分目的是从位于利伯维尔和雅温得的数字化校园中受益。

规划与改革

自刚果教育自由化以来,有关马里安恩古瓦比大学的各项研究指出了很多问题。这些问题指向规划缺失、大学缺乏清晰的愿景、项目设计和学生导向糟糕(UMNG 1998e)、政府缺乏严谨的政策。由于这些需要关切的事情,马里安恩古瓦比大学承担了加拿大非洲法语国家院校技术强化计划(PRIMTAF)的实施。这一计划使得高等教育机构意识到战略规划的重要性,鼓励它们实现学习项目的现代化并对项目进行深化和评价。很明显,这样一个计划并没有解决这样一个问题,即制定清晰的政策,以在国家层面带来所需的变化。多科技术学院是第一个通过战略规划进行变革的机构。根据高等教育的新愿景,同样的过程必须扩大到所有的机构。其他已经实施的改革包括将短期课程学习时间从两年延长到三年,将长期课程学习时间从四年延长到五年,将奖学金资格年龄上限从23岁改为22岁,将大学社会服务机构并入高等教育部长办公室。1996年的一个政府法令批准了高等教育私有化,对达到议定标准的院校予以承认。对所有新创办的院校的经营者,人们期待他们取得优异的成就。

财政与资源

刚果公立高等教育的主要资金来源是国家。1985年,国家将34.4%的公共支出用于高等教育。在20世纪80年代,就分配给这个部门的公共资源而言,刚果在撒哈拉以南非洲国家中名列前茅。10年后,这种努力明显下降,而在邻国,高等教育的资金则增加了(UNESCO, 1998)。其他资金来源有联合国教科文组织、法国合作组织、部分或全法语大学协会－法语大学网络和非洲大学协会。根据29－71法,布拉柴维尔大学是一个被赋予公共权力、法定资格、财务独立的法人实体,所有这些意味着这所大学有资格从国家那里获得预算,满足其运营成本和设备的需要,同时也意味着它享有特别的财务结构、独立的会计系统,以及独立的收入与支出预算。

然而,大学预算的执行事实上并未遵照这一财务结构。马里安恩古瓦比大学的办学主要依靠来自国家的财政收入,很少从非政府的渠道获得财政资源。自1985年和1991年的章程颁布以来,整个预算增长明显,然而依然存在许多问题:人头支出吸收了大部分国家补助,大学收入不足,用于运行支出的那部分预算不断减少。目前,大学收入的主要来源是出租大学设施,如宿舍和阶梯教室,以及来自学生医疗费和学费的收入。本国学生学费每年654美元,国际学生是每年2060美元。刚果为国际学生提供了最低的教育成本。在2000学年,学生学费收入仅占总预算的1.34%。

至于私立部门,1996年有关私立高等教育的法令规定,国家可以为某些类型的获得认可的私立机构提供资助。然而,迄今为止没有一所私立机构能够从这一规定中受益。大多数私立高等教育机构依靠自己的收入生存,这些收入主要来自于注册费。私立高等教育机构收入的多少取决于学校及其所提供的课程类型(见表25.4)。

表 25.4 刚果若干私立高等教育机构的学费(单位:西非法郎)

机构	Chris-Roi 学校		Actuelle 学校	高级工商管理学院		悖论学院	工商管理学院	
水平	中学	小学	职业培训资格证(BTS)	工商职业培训资格证(BTSE)	工程学学位(DI)	职业培训资格证(BTS)	职业培训资格证(BTS)	专业学习学位(DES)
年费	3000	2500	10000	30000	30000	10000	75000	75000
月费	12000	10000	25000	30000	35000	28000	275000	310000

来源:所引机构。

学习项目

各教学委员会设计马里安恩古瓦比大学的学习项目。这些委员会特别关注每个系的使命与目标,同时要遵循大学的总定位。在实施之前,这些项目要提交给校外的机构审议和批准。

马里安恩古瓦比大学的大多数学习项目得到了非洲一马尔加什高等教育委员会的批准。总的来说,学习项目设计者的灵感来自于自身的培训经历,这就解释了中学毕业生在大学第一年所遭遇的适应问题,因为这些专业不是出自对学习项目需要提供什么这一问题的明智决定。在马里安恩古瓦比大学,11 个学院中有 7 个提供由理论和实践组成的专业训练。总的来说,这些学院提供了质量良好的培训。表 25.5 所列的是马里安恩古瓦比大学所提供的所有学习项目。

表 25.5 1998 年马里安恩古瓦比大学学习项目

机构	性质	授予学位	专业
国家行政管理学院	行政管理 法律研究	技术学位 毕业文凭	9 16
教师培训学院	通识教育	中学普通教育教师证书(CAPCEG) 中学教师证书(CAPES) 普通教育督学证书(CAICEG) 教学指导文凭(DCPP) 技术类中学教师证书(CAIEP)	6 7 6 1 1
多科技术学院	工业技术 技术教育	大学技术学位(DUT) 技术类中学教师资格证(CAPCET) 技术教学文凭(CAPET)	6 11 4
法学院	法律	大学基础文凭(DEUG) 三年制学位 文学士	2 2 2
文学与人文科学学院	语言和文学 人文科学 交际	大学基础文凭 三年制学位 文学士	10 10 11
理学院	应用硬科学	大学基础文凭 三年制学位 文学士	4 7 7
经济学院	经济学	普通学位 三年制学位 文学士	1 4 6
健康科学学院	健康研究 医药学	健康学文学士 医学博士	3 1
农村发展学院	农业技术 农林业	农业发展 工程学位	3 1

续 表

机构	性质	授予学位	专业
运动与体育学院	体育和运动	教学指导证书(DCPP) 体育助教证书(CAPAEPS) 体育教学证书(CAPEPS) 体育督学证书(CAIEPS)	1 1 1 1
高等管理学院	秘书技巧与管理	职业培训证书(BTS) 三年制学位	3 2

来源:1998 年 9 月恩古瓦比大学学术事务指南。

教学语言及其影响

刚果是一个法语国家,从幼儿园到大学,都是用法语进行教学,法语是官方语言,也是殖民统治的残留。甚至在进入学校之前,就要求学生学习法语,因为在各个层次的学校教育中,学业的成功取决于是否精通这种语言。语言是文化的工具,在当今的刚果,法语的地位影响到了生活的方方面面。不过,由于法语不是母语,也因为口语和学术语言存在差异,所以一些学生发现难以在学习中获得成功。

研究与出版

研究是马里安恩古瓦比大学的主要使命之一。正是通过研究,教师才有资格得到非洲一马尔加什高等教育委员会的职称晋升。在马里安恩古瓦比大学,全职教授每周的教学工作量为 6 个小时,助教为 8 个小时,助理为 12 个小时。教师应该将其余时间用于研究,为此他们获得补偿。有关高等教育体系的研究指出,需要法律条文规定研究活动的计划和评估。在这方面,刚果仅有的法律条文是关于刚果技术与科学发展导向与规划的 15/98 号法案。这一法律指定技术与科学研究总代表团(DGRST)作为国家的研究协调机构。马里安恩古瓦比大学没有与技术与科学研究总代表团之间建立正式的合作联系。

在某些科学部门,如理学院、健康科学学院、教师培训学院、多科技术学院,研究活动通常在生物技术、化学、物理、材料科学、生理学、营养学、机械学、电机工程、环境学、教育和保健等众多主题的教学和研究实验室中进行。在其他机构,研究是在中心和实践培训单位的层面上组织的,例如人类学实验室、法律研究实验室、经济文献中心。学生通常是在论文撰写阶段参与这些研究中心的活动。然而,经济危机对研究预算产生了重要影响,过去十年的内战所带来的破坏性影响使得这些研究中心的活动明显放缓或者完全停滞。大学年报的出版在经过多年的沉寂之后最终又得以恢复。对于马里安恩古瓦比大学的研究人员来说,缺少研究出版物是一个主要的障碍,从而影响了非洲一马尔加什高等教育委员会为他们设定的职称晋升标准的达成。

连同联合国教科文组织的教育教席,一份期刊在计划出版之中,以便为研究者提供出版机会。得益于这一教席,组织召开了许多国际会议和研讨会。1997 年和 1998 年,出版了与中部非洲教育和教学方法状况相关的会议论文集。表 25.6 列出了 1998 年,也就是 1997 年战争结束后若干学院的研究活动数据。从各学院的工作情况可以看出,除个别例外,全职教师人数多的机构,其科学研究活动也更为活跃。

表 25.6 1998 年 9 月马里安恩古瓦比大学研究项目

机构	科研实验室		科研产出			研究生
	现有	运转中	出版	论文	博士学位论文	
国家行政管理学院	2	1	3	—	—	—
教师培训学院	8	4	3	—	—	联合国教科文组织教席
多科技术学院	1	1	3	—	—	—
文学与人文科学学院	6	6	50	—	—	项目阶段

续 表

机构	科研实验室		科研产出			研究生
	现有	运转中	出版	论文	博士学位论文	
理学院	14	0	150	5	15	项目阶段
经济学院	1	1	12	0	0	研究生国际项目(PTCI)
健康科学学院	4	2	55	23	35	专业学习证书(CES)
农村发展学院	2	1	12	—	20	—
高等管理学院	1	1	9	—	—	—

来源:恩古瓦比大学和教师培训学院学术事务办公室。

特定问题

学生激进活动

学生通常组织成社团,这些社团得到内政部长所颁布的法令的认可。法令规定了社团的地位、政治形象和其他相关活动。这些社团在与高等教育部以及大学当局的谈判中扮演着重要的角色,尤其是在大学社会服务方面。自从一党制解体以来,这些社团参与大学生活不再讲究其政治色彩。

政治和大学

刚果的高等教育总是得益于国家政治领袖的特别关照。马里安恩古瓦比大学的高级管理人员仍然积极参与这个国家的生活。他们隶属于他们选择的政党,某些管理人员参与其他政治领域的活动,如国民大会或者政府本身,在这些政治领域中,他们的服务期限各有不同。这种状况对大学的运行不是没有影响,尤其是在投票支持削减预算方面。然而,相对于一党制盛行的那段时间,政治对大学运行的干预不像以往那样频繁。

毕业生和就业市场

从 20 世纪 80 年代中期以来,随着经济危机的加剧,政府的就业岗位由于国际金融组织强加的结构调整计划而被终止。在很多中等后教育机构被关闭的同时,马里安恩古瓦比大学继续培养人数不断增加的毕业生。公立或私立院校的技术和科学专业的学生比来自于其他专业的学生更容易融入就业市场,多科技术学院、高等管理学院和高级工商管理学院就是这种情况。其他院校设法融入贸易、工业和电信产业。教师培训学院的大部分毕业生在私立教育部门工作。许多教师培训学院的毕业生在等待最终成为公务员之际被国民教育部招募为志愿者。在 2000—2001 学年,政府为这些志愿者提供了 100 个职位,以回应对工作的需求,而这一需求 5 倍于所提供的职位。许多职业培训学院的毕业生待业多年,然而在缺乏统计资料的情况下,不可能给出精确的数字。如今,毕业生找不到工作是一个涉及每个家庭的问题。人们逐渐意识到政府不再像过去那样是工作提供者。学生感受到越来越大的压力,他们选择更具就业导向的专业,同时被要求创造自己的就业机会。许多人被迫离开家乡去寻找更好的就业机会。这种状况不仅影响到马里安恩古瓦比大学的毕业生,也影响到那些在国外高等教育机构拿到学位的毕业生。政府在他们身上花了不少钱。经济形势以及购买力的下降,是数学、物理等科学学科人才外流的根源,以至于可以得到的职位数量超过了申请者的数量;而在另一些情形下,没有符合要求的学者可以填补空缺的职位。

高等教育当前和未来的挑战

高等教育在国家发展中起着重要的作用,同时也面临着各种各样的障碍。由于政治和社会环境,马里安恩古瓦比大学,在履行大学基本使命方面存在困难。这种形势要求高等教育在促进国家重建和恢复被战争摧毁的民族传统的过程中扮演全新的角色。其新使命还延伸到恢复实现这些目标所需的物质、道德和智力资源,特别是通过改善工作环境和探索新的发展与和平道路。在另一层面上,高等教育需要通过获取新的信息通信技术,采用新的和有效的管理方法。除了维护文化丰富性和多样化之外,它还需要能够在不同层面上为不可避免的全球化作出贡献。公共部门就业机会缺乏,这意味着有必要让毕业生适应私营部门。这一定位使得修订学习项目和教学方法、获取新设备、培训员工、替换老龄教师成为必要。应该就马里安恩古瓦比大学的最大容量确定标准,尤其是在生师比方面。尽管要让高等教育适应私营部门的要求,但是也有必要保证教师不完全涉入私营部门的创业使命。

另一个挑战是选择有效的教学方法,因为在国家层面上缺少专业知识,或者专业知识的价值被低估。其他需要回答的问题涉及财政资源的可及性,也就是在公共预算不断减少的情况下,私营部门如何成为公立高等教育的好伙伴,如何为毕业生提供潜在的就业机会,扩大公立高等教育(Shabani, 1998)。

高等教育的未来只能在多元化的框架下进行构想。在这个框架中,马里安恩古瓦比大学应被赋予新使命,并在清晰的法律框架下与其他能较好发挥作用的私立和公立高等教育机构合作。这个清晰的法律框架要对刚果高等教育的定位、课程、目标和结构进行界定。马里安恩古瓦比大学大会将提出新的使命陈述(UMNG, 1998a)。这一使命将侧重于培养这样的毕业生,他们能对国家民主生活作出贡献,能改善人类的生存条件,能应对私有化挑战,能开展有助于在研究与发展之间形成动态关系的基础和应用研究活动。这一目标将靠利用自身的学术潜力,靠提供所需的建议和专业知识来服务于刚果。这一新愿景寻求采用新技术,如虚拟图书馆、数据库和其他各种研究工具,所有这一切都是为了让毕业生更好地融入私营部门,使他们能够应对现代世界的挑战。

尽管公共权力机构方面已经为推动刚果高等教育付出了巨大的努力,但马里安恩古瓦比大学仍存在许多缺陷。私营部门的不成熟、经济危机以及内战的影响,导致高等教育对刚果社会发展贡献效力下降。不过,随着和平的逐步恢复,刚果仍有希望重建现代的高等教育体系,一个能够通过提供高质量的服务来满足这个国家当前和长远需要的高等教育体系。

参考文献

Gouvernement de la République du Congo. 1997a. "Table ronde du secteur de l'éducation, docunient de synthèse." Brazzaville, Congo: Secrétariat Général du Gouvernement.

——. 1997b. "Termes de référence de la consultation sectorielle sur l'education." Brazzaville, Congo: Secrétariat Général du Gouvernement.

Gouvernement de la République Populaire du Congo. 1989. "Document du 4e Congrès du Parti Congolais du Travail (PCT)." Brazzaville, Congo: Bureau Politique du Parti Congolais du Travail (PCT).

Ministère [français] des Affaires Étrangères, Ambassade de France Congo. 2000. LAgenda 2000. Brazzaville, Congo: Ministère [français] des Affaires Étrangères.

Ministère de l'Education Nationale, de la Recherche Scientifique et Technologique. 1995. "Arrêté no. 1311, du 20 juillet 1995 fixant les conditions d'accès a l'Université Marien Ngouabi." Brazzaville: Ministère de l'Education Nationale, de la Recherche Scientifique et Technologique.

Shabani, J. 1998. "Enseignement Suupérieur pour tous tout au long de la vie en Afrique subsaharienne." In J. Shabani, ed., *Enseignement Supérieur en Afrique: Réalisations, défis et perspectives*. UNESCO, Bureau Regional pour l'Education en Afrique.

UMNG (Université Marien Ngouabi). 1992. "Document des Etats genéraux de l'ENS." Brazzaville: UMNG.

——. 1998a. "Document des Etats Généraux de l'UMNG: Rapport de la Sous-commission Pédagogie et recherche." Brazzaville: UMNG.

——. 1998b. "Document des Etats Généraux de l'UMNG: Rapport de Ia Souscommission Pédagogie et recherché." Brazzaville: UMNG.

——. 1998c. "Document des Etats Généraux de l'UMNG: Rapport de la Sous-commission Pédagogie et recherché." Brazzaville: UMNG.

——. 1998d. "Document des Etats Généraux de l'UMNG: Rapport de la Sous-commission Historique de l'enseignement supérieur." Brazzaville: UMNC.

——. 1998e. "Document des Etats Généraux de l'UMNG: Rapport de la Sous-Commission Perspective de l'enseignement supérieur." Brazzaville: UMNG.

——. 1998f. "Rapport [non official] de la Commission de réflexion sur l'enseignement supérieur et la recherche scientifique au Congo." January. Brazzaville: UMNG.

UNESCO. 1998. *L'enseignement Supérieur dans le monde: Statistiques* 1980-1995, *document de travail de la Conference mondiale sur l'enseignement supérieur*. Paris: UNESCO.

Union congolaise des banques. 1999. Agenda 1999. Brazzaville, Congo: Union congolaise des banques, 1999.

26 刚果民主共和国(扎伊尔)

马吞杜·莱洛

刚果高等教育综述

20世纪60年代初期非洲兴办大学期间,刚果高等教育应运而生并得到发展。独立前,刚果拥有两所大学:1954年创办于金沙萨(旧称利奥波德维尔)的刚果鲁汶大学(Université Louvanium),和1956年创办于卢本巴希(旧称伊丽莎白维尔)的刚果官方大学(Université Officielle du Congo)。

刚果的高等教育历史可以分为四个主要的时期,从1954年(金沙萨的刚果鲁汶大学开办之日)开始一直到1996年1月开始的教育国民会议(Etats Généraux de l'Education)时期。

1954—1971年

这一时期的特点是在操作层面上享有一定程度的自治。1954年和1963年分别建立了两所非营利性的公立大学:刚果鲁汶大学(附属于天主教会)和刚果新教自由大学(Université Libre du Congo)。它们由自选的行政董事会进行管理,董事会中包括一名教育部委派的代表。1956年在卢本巴希成立的第三所大学刚果官方大学,尽管受到教育部长的控制,并由部长担任行政董事会主席,但学校仍然享有内部自治。

为了更广泛地听取意见,在学术和管理目标之间寻求更好的兼顾,成立了大学校际委员会。以前,三所大学的校长会在教育部长或其代表的主持下进行磋商。

1971—1981年

1971年8月向中央一级的集权标志着刚果高等教育的重大改革。新建的国立扎伊尔大学(Université Nationale du Zaïre, UNAZA)将现有的所有大学事务进行重组,置于一个系统之下。现存的3所大学被整合到了一起,原有的学系也在3所教育机构之间进行重设。高等学院(Instituts Supérieurs)被改组为两大类:高等技术学院(Instituts Supérieurs Téchniques, IST)和高等教育学院(Instituts Supérieurs Pédagogiques, ISP)。革命委员会(Conseil Révolutionnaire)成了唯一的管理机构。1971年这次改革主要受三大目标驱使:维护国家主权;在教学、科研层面上加强国家的完整性;在更为高效统一的领导之下确保教学的合理化改革和规划。

1981—1989年

为了试图将在集权化进程中遗失的大学自治重新找回来,又重新将高校划分成3所大学(金沙萨大学、基桑加尼大学、卢本巴希大学),18所高等技术学院,16所高等教育学院和1所农学学院(Institut Facultaire des Science des Agronomiques)。革命委员会也一分为三,即大学行政管理委员会(Conseil d'Administration des Universités, CAU)、高等技术学院行政管理委员会(Conseil d'Adminis-tration, IST)和高等教育学院行政管理委员会(Conseil d'Administration, ISP),以适应各种不同类型的教育机构。从法律的角度看,每所院校都是非营利性的实体。各教育计划承担各自的任务,同时要维护整个高等教育体系学术原则的统一。类似的,大学从业人员的地位与公务员不同。为支持相关部委的努力,创建了5个专门机构以满足这一网络运作的需求:学务常务委员会(Commission Permanente des Etudes, CPE),跨学科发展与继续教育中心(Centre Interdiscip-linaire pour le Développement et l'Education Permanente, CIDEP),审计处(Collège des Commissaires au Comptes, CCC),总务办公室(Intendence Générale, IG),以及扎伊尔大学出版社(Presses Universitaires du Zaïre, PUZ)。

一系列已经被证明对大学产生了重要影响的事件,构成了这一时期的特征。1984年,召开圆桌会议回顾了1971—1981年改革所带来的问题,并对此作出回应。此外,在长期的政府垄断之后,1984年12月5日总统发表演讲,允许私营部门投资高等教育。1985—1990的五年计划主要就是要解决1984年圆桌会议和总统演讲所提出来的问题。1986年颁布的与国家高等教育相关的法律,重申了政府高等教育政策对一切全国性教育事务的统治权。

1989年以来

1989年4月29日的政府法令,宣布放宽大学的有关限制,给教育系统指明了新的方向。任何私人团体只要满足法人实体的要求就可以设立中学后教育机构。除了消除国家对大学的垄断之外,该法还引入了许多重要的新措施。它允许大学和高校在国内其他地区设立新的分支机构。它还鼓励建立教育伙伴关系,正如对初等和中等教育机构所做的那样。这些变化是由一系列因素引起的。首先,持续的经济危机使国家与高等教育之间的对应关系变得脆弱。例如:教育拨款从1980年的24.2%(7.4%投向高等教育)下降到1988年的7.9%(1.5%投向高等教育)。其次,刚果高等教育的需求在增长。1988—1989学年,公立的金沙萨大学、基桑加尼大学、卢本巴希大学和杨甘比农学院(Institut Facultaire des Sciences Agronomiques)据估计能容纳9927名学生,而实际的学生人数则达到了27166人,饱和度高达274%。

该国还需要解决招生地区差异的问题。1989—1990学年,只占总人口10.4%的金沙萨市,却拥有学生人数的53.1%。与此同时,其他的地区级大学,诸如Upper Congo(占人口的13.8%)和加丹加(占人口的13%)分别拥有学生数的10.9%和29.6%。

教育官员们在寻求办法来弥补政府津贴的削减。高等教育改善计划(Projet de Rationalisation de l'Enseignement Supérieur et Universitaire, PRESU)的研究指出"近来众多私立教育机构的出现,表明了有一部分的高等教育需求得不到公立高教体系的满足。它也表明了有一部分人愿意为接受高等教育付费,这就意味着高等教育可以从其他途径获得财政来源"(Eduplus, 1991:48)。

在1981年改革中付诸实施的原则和体系结构在今天仍然有效。尽管如此,值得注意的是,在政府采取高等教育松绑措施之前,有一些中学后教育机构是向其他政府部门负责的,如国防部、财政与预算部、公共卫生部以及劳工部。此外,还有一些私立教育机构是在教会的领导下运作的。这些学校包括:金沙萨天主教学院(Facultés Catholiques de Kinshasa),金沙萨新教学院(Facultés Protestantes de Kinshasa),以及金温扎圣皮埃尔卡尼修斯学院(Kimwenza Saint-Pierre Canisius)哲学院(Philosophat Saint-Pierre Canisius de Kimwenza)。另一层面上,在"政治过渡"期间(1990年4月到1997年5月),作为在全国范围内"重新分布"高教机构的前奏,主管高等教育的政府部门创办了许多大学中心和公立高等技术和教育学院。

20世纪90年代初期,多党政治体系的启动,为刚果高等教育历史带来了重大进步。的确,由1991—1992年度最高国民大会发布的全国教育委员会会议纪要提供了灵活多变的解决方案:制定教育宪章,重申致力发展教育伙伴关系,将1971年改革期间被国有化的高校归还原主,组织了教育圆桌会议,即教育国民会议。后者在1996年1月举行,并由此生产生了现在的新教育体系计划。然而不幸的是,迫于近些年来刚果面临的特殊形势,该计划尚未能付诸实施。

现状与高等教育的趋势

结构、组织与管理

当前大学系统的一般组织是依据1981年10月的法律建立的。该法律的规定构成了1981年改革的基础,直到今天仍然有效。多年来,其他法律文本和规定对其进行了补充,如1986年9月22日的86—005号法令。政府也发布其他法令支持现有法律文本的实施,1989年发布的高等教育自由化法就是如此。

针对大学当前的趋势，以及与其组织和管理相关的问题，德巴什(Debbasch)断言"遇到的有些问题是可以将其作为教育部门的基本主题加以区分的"。德巴什强调了四个问题：整个教育系统中的权力再分配，高校的结构，高校实际上拥有的权限，以及高校的管理模式(Debbasch，1996:12)。

按照刚果的法律，决策途径过多，结构层次过于复杂。在国家一级，各种部门都对高等教育进行干预：财政部(Ministère des Finances)负责预算分配，提供贷款；公共教育服务部(Ministère de la Fonction Publique)管理人事；规划部(Minstère du Plan)，负责处理人力资源计划方面的事务。

国民教育部(Ministère de l'Education Nationale)是负责刚果高等教育的主要部门，下设五个机构，分别有各自的目标，对各自的上级负责。它们是学务常务委员会，这是一个学术问题的专门咨询机构；跨学科发展与继续教育中心，为官员提供继续教育，通过讨论会和继续教育计划将大学与更广阔的刚果社会联系起来；总务办公室，作为技术和后勤部门，为大学和高校获取科研设备、交通运输、供给、食品，以及基础设施建设、研发出成果提供支持；刚果大学出版社(前身是扎伊尔大学出版社)，与大学和其他专门服务机构紧密合作，负责书籍和期刊的出版；最后一个部门是审计处。

大学管理委员会、高等技术学院管理委员会和高等教育学院管理委员会构成了另一些管理和决策中心。原则上讲，这些单位对高校的管理拥有广泛的权力。它们的职责包括制定总体的政策、设定一般目标、控制财政管理、审批预算、执行规章制度、授权对房产进行买卖、管理开支等。

院校层面上，大学和高校管理各自可操作的投资预算。高校的决策机构包括大学/高等学院委员会，管理委员会、大学校长、部门负责人、院/部委员会以及系委会。

实际上，尽管1981年改革呼唤高校自治，政府仍然是教育政策制定的主导力量。它决定有关大学组织的事务，决定高校、学院、研究院在全国的分布，制定适用于全国教育机构的一般措施与规定，编制高等教育的总体发展规划，协调并管理教授、管理人员与技术人员。

高教机构的结构及其地理分布是在政府层面上决定的。类似高校的组成、经营方针、组织、法定框架的界定等事务都由政府决定。类似的，高校专业类型的界定，新学院或新的学位项目的开办也都由政府决定。

囿于结构的复杂，决策机构的重复，特定部门的实际权限很难界定。此种权力包括财政管理，院校管理，协调及雇用各种学术官员、员工以及某些专门人员。就此而言，主管部门的权力和任务是过于宽泛的。

大学自治

刚果高等教育的自治是从教学、财政和政治三个层面上来衡量的。院校的自治主要表现在四个方面：入学政策、教学助理的雇用、学术计划的选择和考试的设计。在大学就读是免费的。然而，相对于需求水平来说现有高校的容纳能力有限，再加上大多数家庭购买力弱，严重地限制了大学的入学人数。大学有权在编制内按照现有的标准招聘教学助理。项目主管之外的级别晋升需要得到教育部的批准。通过所在机构的管理委员会提出晋级申请。政府还界定教育计划和教学标准。教育计划与教学工作量始终伴随着执行指令，并受其控制调节。最后，尽管考试的具体细节按照各校的学术考试规则来决定，但是有关学生评价的一般规定直接由政府制定。

财政模式有两种：国家津贴和院校收入。国家津贴占教育经费的90%，包括了薪金、运行经费和补助金。院校收入所占各校预算的份额不到10%，主要来自注册费和服务收入。在法律文本和规定中(包括1981年10月的高等教育组织法，1986年9月的国民教育法，以及1989年4月对私营部门开放高等教育的政府法令)提到了财政来源的其他途径，如家长、企业、国内国际组织以及私人捐赠者的资助。企业对大学的资助往往不太正式，大多是依靠人际关系。大学和企业部门间的合同或合作协议并不常见。加丹加的卢本巴希大学与矿业总公司(Générale des Carrières et Mines，GECAMINES)，以及金沙萨大学与刚果自来水公司(Régie Congolaise de Distribution d'Eau，REGIDESO)之间的合作则是例外。放宽对大学限制之后,促成了一些类似的举动,尤其是在地方私立高校层次上,如姆布吉马伊大学与钻石矿业公司开展了合作(Minière de Bakwanga, MIBA)。

多个决策中心对人力资源进行管理,预算与财政活动程序复杂,阻碍了刚果的大学自治。考虑到现有资源的分配,或是利用预算抓住发展机遇的可能性,高校实际上并没有发言权。某些收入,比如注册费,都集中在政府部委一级,但是却并没有政策明确指出要在政府层面上来分配财政资源。

至于政治自治,刚果的大学都依照相同的普通法规,这些制度全国通行,一视同仁。尽管1997年新政权掌权以来政治上有了进步,但是形势并没有真正好转,因为指导方针并没有因重大变革的发生而得到改进。

大学管理模式

个人任命与选举:一般而言,选举原则对任命的官员是不适用的。各部门的高级官员——比如高级学术人员、学术和科学人事部门成员以及行政管理与技术人员主管——都由共和国总统或主管高等教育的某个部长任命。

任命高级行政管理人员:一般而言,大学校长由学术团体的成员提名产生。同时,共和国总统参照部长的提议,任命名誉校长。对于需要一定技术或特定技能的助理职位,则是由管理人员进行选拔。这类职位有总务秘书和预算管理员。

大学高级官员的选拔:大学的高级官员通常由学术团体来选拔,但并不一定要来自本校。

值得注意的是,当局对法律和规则文本的应用是有选择性的,视具体情形而定,对私立高等教育部门更是如此。

私立高等教育

私立高校往往是非洲国家中学后教育机构的先驱。事实上,许多非洲国家的高等教育就是在私立院校里最早开始的。毛吉奈斯特(Maugenest, 1994:175)确认"私立高等教育不是新近出现的。至少就刚果和莱索托而言,最早的高等教育体系就是在这个框架里被引入到这些国家里来的。后来被新建立的独立政府收归国有的刚果鲁汶大学和莱索托罗马(Roma)大学,是新的国立大学的雏形"。

对刚果私立大学进行回顾后发现,第一代大学之后出现的此类院校分为三种类型。

附属于教会的私立大学:金沙萨天主教和新教的神学院就是私立教会大学的例子。1974年,当独立的私立大学刚开始的时候,国立扎伊尔大学的校园里禁止开办此类宗教学校。同一时期出现的其他中学后的新教神学院包括位于该国东部的戈马神学院。

个人资助的私立大学:受宗教人士办大学的启发,1976年前后全国出现了许多私立大学,这既是为了满足日益增长的高等教育入学的需要,也是为了盈利。

私立地方社区大学:这一新类型大学建立于20世纪90年代早期,是由许多因素促成的。这些称为社区大学的高校,设在各省(非城市地区),将公立和严格的私立部门结合了起来。它们由社区民众而不是私人发起,学校作为非营利机构运行。此外,它们由当地的各种私人实体提供资助。这些实体提名高校的管理者,并通过遍布高校结构中各岗位上的大多数被提名的代表以确保对高校的控制。这一类高校是依照政府1989年对大学放宽限制的决定而合法设立的。1989年4月的政府法令,鼓励地方建立私立大学。创办大学的想法往往在宗教团体的帮助下得以实现。国民教育部的数据表明,1996年共有263所私立教育机构,其中28.9%通过审批,32.3%已授权开办,38.8%正考虑对其授权。

这些大学中有的教学质量很好。这方面的例子有私立的金沙萨天主教神学院(Facultés Catholiques de Kinshasa),布卡武天主教大学(Université Catholique de Bukavu),布滕博的格拉本天主教大学(Université Catholique du Graben),戈马的大湖自由大学(Université Libre des Pays des Grands Lacs),金沙萨的刚果新教大学(Université Protestante du Congo),以及像刚果大学(Université du Kongo, 前身是下扎伊尔大学)这样的地方性大学。另有一些成功的私立高校,是由宗教人士赞助下成立的,比如姆布吉马伊大学(Université de Mbuji-Mayi)和金沙萨的马罗拉主教大学(Université Cardinal Malula de Kinshasa)。不幸的是,近来建立的许多大学因为其组织结构和所处的办学环境不利,未能达到所需的高等教育标准。

齐班古(Tshibangu, 1998:43)指出"不仅要加强大学系统布局的分散,还要赋予其管理的自由,这将会是真正的进步。这不仅将增加高校的数量,还将激发广泛的竞争,而这种竞争只要加以认真引导,对国家有利无弊。"

今天,有必要以标准、规则来明确规范私立大学、公立大学以及政府之间的关系,并将整个高教系统纳入国家计划。

大学合作

刚果高等教育长久以来就有与其他机构建立合作关系的传统。早在殖民地时期,通过当地团体、殖民公司或是宗教团体,教育伙伴之间的交流活动就开始了。先前的宗主国比利时确保了与外部世界的整体交流。在大多数情况里,天主教会主动创办了许多中学后教育机构,如 1935 年创办的高等护理学校(Ecole d'Assistants Médicaux),1937 年创办的鲁汶大学基础医学部(Fondation Médicale de l'Université de Louvain),1947 年创办的管理和商业高等学校(Ecole Supérieure des Sciences Administratives et Commerciales),1949 年创办的鲁汶大学农学中心(Centre Agronomique de l'Université de Louvain, CADULAC),以及 1954 年创办的刚果鲁汶大学。

独立后不久,联合国、联合国教科文组织、联合国开发计划署、美国国际开发署等国际组织,以及私人基金会也参与教育,教育伙伴关系变得更为多样化。所有这一切都有助于将殖民地时期开始的教育合作继续下去。

非殖民地化以来,刚果的高校与亚地区(中非和大湖区)、地区(非洲)以及国际层次上的合作不断加强。这一趋势持续到 20 世纪 80 年代,直到刚果大学孤立时期的到来。

国内的大学合作主要是刚果公立、私立大学之间的交流与互相借鉴。不幸的是,此种合作,因为是非正式的,也没有制度化,因而大多数时候只是个体行为。

亚地区合作产生一些地区组织,如大湖区共同体成员国大学校长会议(Conférence des Recteurs des Universités des Etats Membres de la Communauté des Pays des Grands Lacs, CEPGL)和中部非洲大学名誉校长和校长会议(Conférence des Recteurs et Chanceliers de l'Afrique Centrale, COREVIC)。

地区合作由非洲的两大著名的组织发起,即 1973 年在金沙萨成立的法语大学校长会议(Conférence des Recteurs des Université Francophones d'Afrique, CRUFA);1967 年在摩洛哥拉巴特成立的非洲大学协会(Association des Universités Africaines, AUA)。CRUFA 在塞内加尔达喀尔组织的第一次活动将部分或全法语大学协会(Association des Université Partiellement ou Entièrement de Langue Française, AUPELF)与在达喀尔的高等教育局联合了起来。

国际大学校际合作可以在部分或全法语大学协会和法语国家大学协会(Agence Universitaire de la Francophonie, UREF)的活动中见到。尽管 1961 年刚果是这两个协会的发起会员国,但是参与其中的刚果大学已经减少到了只剩 11 所,而其中将近一半是私立高校。刚果也是国际大学协会(Association Internationale des Universités, AIU)的会员,这是国际间大学合作的又一个例子。

其他的教育合作是将大学与其所处社会经济和专业环境联系在一起的伙伴关系,如大学与工业部门(GECAMINES 和 REGIDESO)的合作;大学与私立非政府组织以及与洛克菲勒基金会、福特基金会、弗里德里希·诺伊曼(Friedrich Neumann)基金会、康拉德·阿登纳基金会,以及汉斯赛·伊德尔基金会等基金会的合作。

刚果发展高等教育之初就与各国开展了双边合作。合作国家包括比利时、法国、德国、加拿大、波兰、罗马尼亚、美国、巴西、英国和日本。

多边合作是通过联合国教科文组织、先前的文化和技术合作署(Agence de Cooperation Culturelle et Technique, ACCT)、联合国开发计划署、联合国非洲经济委员会、非洲统一组织(OUA)、欧盟以及联合国大学进行的。

刚果高等教育的特定问题

刚果已经持续了10年的政治危机,影响到了该国任何一个部门的活动。整个高等教育系统都感到了战争带来的冲击。问题之间盘根错节、相互影响,因而很难将它们一一区分开来加以处理。

刚果战乱(1996—1997年和1998年以来)的历史背景影响了高等教育,留下了一些值得反思的东西。

学生激进活动:刚果学生激进活动发展的一些事实有助于说明当前的趋势。1964年,原刚果鲁汶大学的学生要求采用合作管理的模式,更多地参与到大学的组织和经营中去,要求教学与科研的概念、取向与方法论实现非洲化。

1969年和1971年,也就是在1967年和1981年两次重大变革之间,学生们推动了许多有关改善校园生活、工作条件,增加教育拨款的社会变革。

20世纪90年代,随着多党政治体系的引入,学生之间因为种族对抗而冲突不断。第二次过渡政府任命了多名与前总统蒙博托(Mobutu)关系密切的人物,之后的政治冲突引发了学生动乱。学生们在全国组织了圆桌会议,要求通过提供更多适合的教育和研究计划,以改善大学系统。学生们还要求改革财政与行政管理,改进现有的基础设施和设备的使用,投资建造新设施(Ngoma, 1994)。

这些学生运动对大学产生了相当程度的影响,这种影响直到今天还能感受得到。政府作出反应,采取很多严厉的手段应对这些学生运动。1971年,大学被关闭,学生被征招入伍。政治当权者不再对大学那么宽容;他们视其为潜在的反对派的来源。大学改革是为了控制校园,而不是为了解决教育部门中存在的问题而寻求合适的方案。从这个意义上讲,大学是被用来为某种政治利益增加筹码(Sabakinu, 1991)。

毕业生失业与人才流失:发展中国家,尤其是撒哈拉以南非洲地区,以牺牲可以为发展服务的研究人员、专家、专业人员为代价,培养了过剩的高级政府官员。世界银行的研究将这一状况与失业联系起来。世界银行还指出,培训并不与这些国家的发展相适应(World Bank, 1988)。一国大学毕业生的就业机会在很大程度上依赖于该国经济的发展,这也就解释了刚果所面临的失业问题(Norro, 1991)。

为解决毕业生失业问题,高等教育改善计划(PRESU)组织了一项研究。该研究基于对1991—2009年间估算的岗位需求以及在此期间预计从大学和高等院校毕业的学生人数的比较,关注大学教育与就业。研究结果显示,就业市场与大学毕业生的相符程度,因专业、教育层次,以及对毕业生教育质量的主流看法而不同(Semagroup, 1991)。

学生数适当的专业、过度招生的专业,以及学生数不足的专业之间存在着明显的数量差异。在质量评价的时候,许多因素应予以考虑:缺乏实践训练;缺乏管理技巧;缺乏符合条件的候选人,甚至根本没有人符合条件;不论是就其毕业生还是雇员,都对大学系统缺乏信心。

为了弥补这些缺陷,高等教育改善计划/世界银行提出了许多建议。在数量层面上,重点被放在平衡各系之间学生数的过剩与不足。为改进课程质量,修改了教育计划并鼓励进行创新。在结构上,强调在企业、政府和大学之间建立合作网络。建议提出已经10年了,但是还没有一条建议经被付诸实施。

10年前,刚果有11万名大学毕业生。所有的高级政治职位、国家级的岗位都由大学毕业生来承担。毕业生占据了5%~15%的技术顾问职位,80%公共部门岗位和60%的私营部门职位。大学毕业生的质量在国际上也得到认可。对科研、研讨会、学术会议和科学团体的诸多贡献可以证明这一点,许多刚果学者还在国外担任教职(Tshibangu 1998)。但是现在,随着整个刚果的社会、社会文化、经济和政治结构的改变,高等教育受到了损害。

在多哥首都洛美召开的一次会议上,非洲俱乐部指出,20世纪80年代见证了失业率的增长,甚至对一些拥有高级学位的大学毕业生也是如此。该俱乐部对现状的评估,以及所提出的解决方案大体与西玛集团(Semagroup)在1991年提出的结论和建议相符合。我个人认为,只有当所有的社会层面,即民主、经济和稳定都重建了必要的平衡,改变才会发生。

研究与出版:研究是大学第二项传统的使命。独立早期,在非洲就有一些早期的努力来促进研究,发布成果,并将其与发展策略整合到一起。参与发起科研活动的组织和政治实体包括其他的非洲政府、联合国教科文组织、联合国、联合国非洲经济委员会(Commission Economique des Nations Unies pour l'Afrique, CEA)、联合国科学和技术促进发展委员会(Commission des Nations Unies sur la Science et la Téchnologie au Service du Développement, CNCUSTD)、非洲统一组织,以及其他的非洲大学。

在独立后的最初几年里,高等教育中的研究与出版受益于特别的关注。当时,当局设置了适当的组织以促进科学研究。每所院校都指派了一名副院长负责科研事务,并设立了新的研究中心。规范研究活动的规则、条例得以制定。此后,在1978年,设立了科研常务委员会(Commission Permanente de la Recherche, CPR)和学务常务委员会(Commission Permanente des Etudes, CPE)。它们对教育质量的影响是毋庸置疑的。

作为扎伊尔国立大学一部分的刚果大学出版社,在非洲乃至国际上都被当做参照点。经费不足,预算分配中出入,以及预算管理中决策中心的多元所引起的预算问题阻碍了该出版社完成其使命。各种改革与大学降级所带来的负面影响也影响到了出版工作。研究人员不够专注缺乏动机甚至不能安心工作,这助长政治力量对研究者的专权,于是研究人员纷纷出走,栖身国外。当前大学的状况在很大程度上是这些政治问题造成的后果。

政局不稳与大学:大湖地区在过去的10年里遭遇了其历史上最深刻、最复杂的危机。战乱带来了许多严重的问题,包括人口被迫迁移,学校系统遭受干扰。尽管有时也向大学成员与地区性大学的科学专家进行个别咨询,但大学并没有在解决冲突中发挥作用。

由于为现政府掌权扫清道路的1996—1997年战争,以及1998年8月2日爆发的刚果与其邻国之间的战争,刚果东部地区的大学无法正常运转,处于困难时期(Matundu, 2000)。

对刚果大学发展的黄金时期的回顾表明,团结一致、校际交流,或者最好有大学合作对高等教育来说是必需的。非洲的大学通常还负有拯救刚果大学的道德义务,这些大学是旷日持久的政治危机的牺牲品。在撰写本章的过程中,我收集了资料,与那些直接或间接参与卢旺达、布隆迪和乌干达教育项目的个人以及西方教育机构的人员进行了交谈。显然,这些国家的大学没有像刚果那样深受此危机的影响。

无序中的前进之路

谈论刚果高等教育的前景,既可以说很容易也可以说很复杂。如果考虑到对刚果教育所作的越来越多的研究,那么很容易就可以确定问题。大量的研究是在1971—1989年间进行的,研究的结论可以通过下面的途径找到:1996年召开的教育国民会议;刚果新教育体系计划;以及高等教育改善计划和世界银行根据1989—1991年间研究所作的建议,尽管这些建议并没有完全被付诸实施。其他的资料包括个人的看法,或是从联合国、西方大学或是刚果以前的教育伙伴等涉足高等教育的国际组织获取的反思。

然而,确定刚果高等教育的前景又是困难的。事实上,正如Peter J. Murphy所说,"即便我们对前景的研究是基于对过去、现在和总体趋势的了解",在当前的形势下还是很难对刚果的未来作出预测(CEPES/UNESCO, 1985:37)。

紧急措施:迫切需要采取的措施应该在三个层面上进行,即结构与活动、财政与预算规划,以及内外部关系。

在大学的结构和活动方面,支配大学的整套法律和规定文本应该得到修正以确保政府对公立、私立教育机构一视同仁。此类规定应该能够给予私立教育机构非营利机构地位,以使它们能够支持公立部门。高等教育还需要能够通过各种宗教、非宗教和公共的网络推动学术团体的发展。自治是在大学里必须恢复的另一重要要件,政府必须成为平等的合作者而不是官僚的管理者。

预算对高等教育的高效运行至关重要。大学能够依据契约政策进行协商以取得经费是非常重要的。按照政策,任何高校都可以凭借反映其长远目标、涵盖高校生活各方面的院校计划协商预算。

内外部关系对高校来说也是极为重要的。教育合作的原则应该通过各方面参与到教育过程中来得以实现。此外,合作应该以这样的模式得到提升:合作中的各方都得到尊重,都是平等的合作伙伴,利益共享。

刚果的大学应该积极参与重大事件,而不只是受害者。如果刚果能依靠其散布于全世界的最宝贵的人力资源,而且能进行长期的投资,那么这个愿望是可以实现的。尽管长期深重的危机将刚果弄得一团糟,但其高等教育系统仍然在世界大学之林中占有一席之地,并且在大学合作网络的帮助下终将再次承担起振兴国家的重任。

参考文献

CEPES/UNESCO. 1985. "La gestion de l'enseignement: le role des administrateurs." Bucharest, Romania. ARTEXIM: *Revue trimestriel du Centre Europeen pour l'enseignement superieur* X, no. 3 (July-September 1985).

Coupez, A. 1952. " L'utilisation des langues et ses problèmes." *In Cooperation et Choc de Civilization: Svmposium*. Bruxelles: Decembre 12, 1980. Brussels: Académie Royale des Sciences d'Outre-Mer.

Debbasch, C. 1991. L'adiminisration de l'enseignement en Europe" In CNRS. ed., *Annuaire Européen d'administration Publique*. Paris: Edition CNRS.

Eduplus. 1991. *Activités*: A. 3. 1 Suppl. 48.

Lamour-Rontopoulou, J. 1994. "L'université Africanine a la croisée des chemins." *Afrique contemporaine. La documentation française* 172. Edition Speciale (4ème trimestre. October-décembre 1994): 149

Matundu, L. 1995-1996. "[Pour de nouvelles fpr, I; es d'administration universitaire, une étude prospective sur les universités du zaire." Mémoire de Master en Gestion e: Administration Publiques, Université d'Anvers.

——. 1997-1998. "La coopération universitaire: support de l'université pour la réalization de ses missions en période de crise. Uneétude sur l'enseignement supérieur et universitaire en. R. D. du Congo." Mémoire de D. E. S. en Coopération an Développement. ULB

——. 1995-1999. " Coopération Universitaire et prévention des cnflits dans la région des Grands Lacs." *In L'Afrique des Grands Lacs Annuaire* 1998-99, 336-354. Paris: Centre d'Etude de la région des Grands Lacs, Université d'Anvers. l'Harmattan.

——. 2000. "Détérioration et coopération universitaire dans l'est du Congo. " In *L'Afrique des Grands Lacs Annuaire* 1998-99. Paris: Harmattan.

Maugenest. D. 1994. "L'Emsconement supérieur privé." In *Afrique contemporaine. La documentation française* 172. Edition Spéciale (octobre-décembre 1994):175

Ngoma. B. 1994. "Faut-il privatiser les universités officielles de Zaïre?" *Zarïre Afrique* 288 (October): 495-499.

Norro, M. 1991. "Les universités et l'avenir du Zaïre." Conférence donée à Anvers, 21 Février.

Pool de Kinshasha. 1997. "Pré-rapport sur les travaux préparatoires à la rencontre Belgo-Congolaise sur la relance de la coopération universitaire." Unpublished report.

Sabakinu. K. 1991. "Le rôle de professeur d'université dans le Zaïre de demain." Paper presented at Association des Professeurs de l'Université de Kinshasa, message aux travaux de la conférence Nationale Souvraine, Kinshasa.

Semagroup. 1991. "Activité Cl. Adéquation Formation-Emploi: Synthèse, présentation condensée des résultats et recommendations." PRESU/World Bank.

Tshibangu, T. 1984. "L'Enseignement supérieur et le développement de l'Afrique d'ici l'an 2000." Dakar: Consultation UNESCO-BREDA.

——. 1998. *L'Université Congolaise: Etapes historiques, situation actuelle et défis à relever*. Kinshasa: Edition Universitaires Africaines, ACCT.

——. 1999. "L'université Africaine et l'humanisme spirituel et scientifique pour le XXLe siècle." Paper presented at the symposium Jubilé 2000, Rome. September.

Tshibagu, T., ed. "La contribution de l'enseignement supérieur au développement des sociétés africaines." Part IV, ED-82/MINEDAF/REF. Paper presented at a meeting of African ministers of education, n. d.

UNAZA (Université National du Zaïre). 1980. "Bilan de la Cooperation: lors du 25ème anniversaire de l'ESU." Report written by the Direction of the Cooperation for the 25th anniversary of the Higher Education in

Congo. Kinshasha: Direction de la Coopération.

UNESCO. 1986. *L'enseignement supérieur et universitaire du Zaire, République du Zaire*. Paris: Départment de l'Eseignement Supéricur et Universitaire, Paris.

——. 1999. Annuaire statistique. Berman Press. Tables II-18, II-19, II-15.

UNESCO/BREDA. 1987. *Amélioration et rénovation de l'enseignement supérieur en Afrique*. Actes du Colloque. Senegal: Breda.

UNESCO/CEA. 1986 "Recherche scientifique et formation en Afrique." Paper presented at Conférence intergouvememementale, Lagos, Nigeria: UNESCO.

World Bank. 1988. *L'education Subsaharienne: Pour une stratégie d'ajustment, de revitalization et d'expansion*. Washington. D. C.: World Bank.

27 科特迪瓦

帕斯卡·瓦伦丁·韦努
伊薇琳·豪恩一艾格博
（与斐特·俄内斯特·科菲、凯瑟琳·古丽娜·库利巴利、
艾撒塔·布古安·图雷、托休日·本那贝·古自列合作）

引　言

科特迪瓦是西非的法语国家，领土面积322462平方公里(124503平方英里)。人口年增长率3.8%，有望从1988年的10815000人上升到1995年的14208000人，换句话说每平方英里约27人。人口中的48%是15岁以下的年轻人(Houphouët-Boigny and Mansilla，1999)。

1980年以来，该国遭遇了经济、社会和政治危机，对高等教育产生了剧烈的影响，影响了人力资源的开发，科研的质量，以及高等教育对社会总体发展的贡献。尽管在全国、地区以及国际层次上制定了重要的政策，召开了会议，举办了研讨会，但还是越来越难以维持1960年独立以来取得的成就。本章将讨论科特迪瓦高等教育的发展，将会涉及总体目标、高教机构的能力、课程、产出、科研活动、设备维护、与其他机构的合作以及未来面临的挑战。

科特迪瓦的高等教育包括大学和学院。学院主要面向专业培训。官方语言是法语。全国共有超过60种地区语言或方言。中东部地区和北部地区分别使用像巴欧乐(Baoule)和迪欧乐(Dioula)这样的语言或方言。可可迪大学(University of Cocody)的文学院教授这两种语言。

1958年依据法国政府的法令建立了第一所高等教育中心。1964年该中心得到了完全的大学地位。今天，科特迪瓦拥有3所大学，在达洛亚(位于中西部)和科霍戈(位于北部)建有地区性高等教育机构，还拥有许多科研中心。此外，国立多科技术学院以及其他的公私立院校也对高等教育作出了贡献。1996—1997学年，55所私立大学中的37所得到了教育及科学研究部的认可(Ministère de l"Enseignement Supérieur de la Recherche Scientifique，1997a)。它们中的大多数位于阿比让地区。在大巴萨姆(Grand Bassam)城开办的第一所美国大学预计会在2001—2002年或2002—2003年开始投入使用。

高等教育组织

为描述高等教育组织体系，我们可以将其分为1958—1992年以及1992—2000年这两个时期。

1958—1992年间的组织体系

依照1966年法令组织起来的阿比让大学，包括了三大核心组织：高等教育教学委员会、高等教育教学常务委员会和大学理事会。

由政府官员主持的高等教育教学委员会被指定要实现下列目标：

- 按照政府设定的优先顺序，发展科特迪瓦的高等教育发展计划；
- 采取措施确保计划的实施；
- 通过聘任更多教职员以及提高全职教职员的教育标准，以整合相关政府部门的建议。

高等教育教学委员会可以召集有能力的专家以协助实现上述任务。

高等教育教学常务委员会由国民教育部长主持。它的职责包括向负责决策的各个高等教育教学学院提出预算建议，涉及校园生活、管理、教授职位产生、课程开发的组织等问题。

大学理事会的职责包括批准预算；设定学

分;分配教学计划;为课程、讲座、图书馆制定规则;以及就高等教育的教学纪律、证书颁发、教学科研机构的设置向常务委员会提出建议。

大学理事会由校长任主席,另有院长、各学院两名教师代表以及大学的秘书长组成。

除了这些核心机构之外还建立了教职员会议,由各院校的院长主持。该会议确定教职员的任务以协调不同的教学方法,并对使用中的各种教学方法(讲课、指导作业、图书馆工作)进行比较。学生代表团体(非法定组织)也被组织起来,以消除学生现象被歪曲而带来的后果,促进信息共享以及师生之间的沟通。

大学的管理机构包括大学信息和规划中心(CUIP)以及大学数据处理中心(CUTI)。信息和规划中心是日常智囊团,以发展并整合系统,管理大学活动的计划、控制、机能以及评价事务为己任。大学数据处理中心创办于 1974 年,它的任务是组织协调各种计算机课程,发展计算机网络,以及管理各种资料及教职员。

大学国家社会活动中心(CNOU)管理学生日常的社会生活。它负责住宿、自助餐厅、奖学金支付、交通安排和社会服务(卫生、运动、休闲)的管理。当时,来自象牙海岸四分之三的学生被授予了奖学金。住宿和餐费相当低廉,交通费全免。

1992 年至今的组织体系

1977 年的改革法从未真正实施过,组织体系在 1992 年前也基本上没有发生变化。可可迪校园里学生数量的增长,以及设施不足而不断引发的问题促使政府试图实施 1977 年改革法,对现状作出改变。因而,这所国立大学的分散管理成为现实,它被拆分为 3 个校区:可可迪大学中心、阿波波一阿贾梅(Abobo-Adjamé)大学中心(还负责地区性的达洛亚高等教育中心)和布瓦凯大学中心(负责地区性的科霍戈高等教育中心)。每个中心由一名副校长负责,该副校长接受国立大学校长的领导。

1996 年,这 3 个中心都得到了完全的大学地位,成为了阿波波一阿贾梅大学、布瓦凯大学和可可迪大学。在这 3 所大学里,科研与教学单位(UFR)取代了学院,以更好地在教学机构里整合科研工作(decree No. 96-611 of August 9, 1996)。这些大学采用互补的多学科原则,但是也有其主要的职责。每所大学至少能提供下列管理、财政和技术服务:管理与财政服务,大学财产及维护服务,数据处理服务,文献、科学情报、出版服务,注册、接待、信息服务。科特迪瓦的大学首次采取了明确的专业教育取向。阿波波一阿贾梅大学在生产性部门或是其他发展部门的支持下,通过整合性、参与性、跨学科的方式,以终身发展为目标,率先在发展长短期学术性和专业性教育计划方面取得重大进步。该大学还启动了有关环境、食品以及森林保护问题的研究与开发项目。

伴随着大学专业化的进程,亚穆苏克罗地区的工程学学院进行了重组,定名为乌弗埃博瓦尼(Houphouët-Boigny)国立多科技术学院(INP-HB)。此外,政府也鼓励私立大学的发展,因为国立大学无法吸收所有的中等教育毕业生。

科研政策的历史背景、当前趋势及发展

题为《国家总体研究活动》(Actes des Etats Généraux de la Recherche)(Ministère de l'Enseignement Supériéur de la Recherche Scientifique 1999)的报告是科特迪瓦最新的科研活动文献。该报告介绍了历史背景,参与大学内外科研活动的国家机构的数量信息,院校以及正在进行中的科研项目的信息。

从赢得独立的 1960 年到 1970 年间,一批重要的国家科研中心得以建立,如农学研究院(IRAT)和阿比让林业技术中心(CTFT)。它们主要从事农业和林业开发——为木材、可可、咖啡出口服务,同时也为了实现粮食的自给(稻米种植、动物繁育等)。发展完善真正的国家科研政策始于 1971 年,因为人们越来越相信科学与技术是通向未来之路。1971 年设立了第一个主管科研的政府部门。在该部门的领导下科研活动计划的具体手段与方法得到了发展;计划委员会、预算委员会以及年轻科研人员和研究生的委员会被安排到了现有的机构中去。与此同时,研究兴趣扩展到了农学以外,如生态学、技术学和海洋学。1991 年建立了非洲发展国际科研学会。

刚开始的时候,主管科研和高等教育的是两个独立的部门。但是 20 世纪 90 年代开始,这两

大领域被置于一个部门的管理之下，那就是高等教育及科学研究部，该部有五大职能：促进国家发展；在科研和发展领域做出预判；协助本科毕业生和研究生的教育；开发数据库和信息系统；推广科研成果。

国家教育及培训部门发展规划(1998—2008年)

尽管愿望是美好的，也有一些相关的政策出台，但是近几年来大学教育的质量还是在下降。原因是多方面的，教育机构自身能力弱，国内社会、经济、政治不稳定也是根源。高等教育的焦点主要集中在以下这些方面：管理能力弱；教育、培训计划不足以满足社会需求；有关高等教育政策以及科学、技术发展水平有限导致的科研计划、项目不足。基于上述事实，以及1995年8月26日国家领导人发表的亚穆苏克罗宣言，整个教育部门所面临的挑战是要使科特迪瓦在进入第三个千年的时候成为一个后工业化社会，重视信息、知识、继续教育、创造力和创造精神。为应对这一挑战，1995年9月7日教育法第95－696指出，首要的是要寻求公平，招聘合格的人力资源，营造全国上下崇尚科学技术的文化。为此，出台了国家教育培训部门发展计划(PNDEF，1998－2008)，以使每一个象牙海岸人能够终身接受教育与培训。其目标的实现将有赖于以下方面：

- 在计划、项目、预算方面加强能力建设。
- 发展新的技术情报系统。
- 贯彻执行高等教育以及培训科研项目分散化管理的行动计划，以满足地方需要。
- 有关活动及部门的私有化。
- 后续活动制度的实施。

国家教育培训部门发展计划预测1998—2008年期间高等教育将花费约73142465美元。该计划包括大学质量的提升，机构建设，以及包括网络、因特网、研究与开发、文献在内的新部门的发展。当前进行的有关高等教育的活动是依据国家教育培训部门发展计划执行的，但迫于1999年以来该国面临的严峻的政治、经济形势，这些活动很难吸引到捐赠者的资金。

院校能力

阿比让大学最初能够容纳6000名学生。1990年之前，曾有过一些努力以新建大楼和教室。不幸的是，这些努力不足以满足大学真正的需要。此外，图书馆因为缺少大笔资金以购买书籍、期刊而荒废了。最后，尽管政府和捐赠者试图作出努力，教学科研设备还是老旧，或者说严重欠缺，尤其是在自然科学学科。个人计算机是新近才出现在校园里的。国家科研与高等教育联盟(SYNARES)启动了一项工程以使每一位学术人员能够用上个人计算机。只有阿波波一阿贾梅大学的师生能够用上自己学校的因特网系统。负责高等教育的政府部门将支持其他大学用上因特网。亚穆苏克罗的工程学学院的情形是较好的。不同于其他学校，这里的基础设施不论对行政管理人员还是对学术人员、学生而言都是充足的。

人力资源

按照国家与非洲和马尔加什高等教育委员会规定的标准，学术人员分为四个层次：讲师、高级讲师、副教授和教授。一直到1988年，讲师的数量都是增长的；1990年阿比让大学经历师生示威的重大危机之后，讲师人数大幅减少。这次减员之后又是人数的回升，到了1996年再次减少。1988年到1990年间人数的减少是因为私立教育部门从国立和国外大学吸引了大量的年轻毕业生，而与此同时国立大学又无力支付新招聘讲师的薪水。1992年政府被迫减薪，以便在分配的预算大体不变的情况下招聘更多的人。1991—1996年，在招聘讲师方面取得了进展，但是因为讲师的薪水过低，新一轮的减员似乎又开始了。具体到高级讲师，他们的数量随着讲师数量的减少反而增加了。这种现象很难解释，也许这是因为讲师们努力发表科研成果，这是获得晋升的基本条件之一。

最后，1995年之后副教授的数量并不多，而教授的数量就更少了。这种趋势会影响教学与科研的质量，削弱大学的实力，因为还有许多资深教职员逐渐会退休。政府已经意识到了这个问题，最近已经决定要把教授和副教授的退休年龄从60岁提高到65岁。

1998年,在国家科研院所或中心工作的研究人员共219名,占科特迪瓦研究与开发人员总数的14.2%(Tapsoba, 2000)。他们中很少有人具有哲学博士或博士学位。尽管该国的相关实验室得到了发展,高质量科研人员队伍的状况仍不容乐观。

管理和技术人员不论是数量还是质量都不够。1995年前,在所有大学里的人员总数还能够保持稳定(828人)。在那之后,只有412人还坚持在自己的岗位上。可以用1997年之后的一个事实来解释人员的减少,在那以后不允许大学使用非学术人员承担兼职的工作。

法国在帮助实现注册过程和教务工作计算机化方面的合作非常积极,一定程度上这也是作为对邀请其参与国家教育培训部门发展计划的回应。1998年全国仅有112名技术人员,占研究与开发人员总数的7.2%(Tapsoba, 2000)。技术人员的缺乏也影响到了研究与教育活动。而高水平的技术员更倾向于受雇于私立机构,因为在那里可以确保得到较高的薪水。因而,大学正面临着严重的维护问题。

财政与筹资类型

来自政府的经费,占了高等教育财政预算的95%以上。1997年,政府为高等教育的一般工作预算(BGF)提供了60389041美元:39.2%(23668493美元)用于发放薪水,25.2%(15209589美元)用于学校管理,24.3%用于学生贷款,还有11.3%(684931美元)用于支持私立学校。私营部门对高等教育经费的贡献微乎其微。含债务在内,1997年科特迪瓦全部的一般工作预算为1857671233美元,除去债务为926849315美元。用于高等教育的一般工作预算相当于全部一般工作预算的3.2%(包括债务;除去债务为6.5%)。1997年,用于高等教育的专项投资预算(BSIE)为11071233美元,占全国专项投资预算的1.9%。这笔专项预算使教育部可以修建更多的阶梯教室、课堂和实验室,但是这并不能满足设施和设备方面所有的实际需求。

事实上,大学和其他高校依赖政府经费引起了很多困难。大学现在被要求研究如何从发展银行、捐赠机构、私人部门以及通过学费吸收更多经费的策略。但是有一项政策非常值得一提:尽管在当前的财政状况下有些难以理解,教育部的统计资料显示,最近的三个学年(1997—1998,1998—1999,1999—2000学年),政府为赴海外求学支付了11057638美元。这笔钱被用于仅仅为1469名学生提供奖学金,平均每年3685880美元每年,或是生均7527美元。与国内一些大学的工作预算相比,每年的此项开销相当巨大。如阿波波一阿贾梅大学的一般工作预算为4530137美元。每年生均开销约为480美元;国立大学生均支付学费仅10美元(估算开销的2%),私立大学生均支付学费约2000美元。10美元的学费非常低,但是目前学生们也不太可能会接受任何涨价。因为他们的家长已经为他们支付了13年中等教育费用,每年200~500美元。

政府已经展开了学生贷款计划。98-405号法令建立了高等教育学生贷款基金。成功的申请者可以用这笔贷款支付其在国立高教机构或国外接受教育的费用。

课　程

20世纪90年代的调查显示,需要对高等教育机构的课程进行评估。现在,这些院校正在采用基于单科计分(Unites de Valeur, UV)的课程体系,非常类似于北美的课程学分制。阿波波一阿贾梅大学是最早采用这种方式取得重大进展的学校,它被选作了示范院校。

这种课程模式对应于三个层次的课程。第一层次为被称作大学基础文凭(DEUG)的两年制中学后教育计划。第二层次颁发学士学位(licence),是大学基础文凭之后的一年制教育计划,相当于北美的学士学位。硕士是学士学位教育之后的一年制教育计划。第三层次包括了研究生学位。深入研究文凭(DEA)和高级专业研究文凭(DESS)相当于研究或专业硕士学位(硕士教育后再接受一到两年的教育)。博士学位有两类:阶段博士(doctorat de cycle)和国家博士。只有阿波波一阿贾梅大学的博士计划非常类似于哲学博士。

课程计划大多按照学期来安排。报到注册在学年之初进行,通常是9月或10月。

大学教育层次(研究生教育层次以下),学生最长允许在四年之内完成学业。没有大学基础文凭不能申请学士学位教育,没有学士学位不能申请硕士教育,没有硕士或同等学位不能申请深入研究文凭或高级专业研究文凭教育。通常每学期末进行学业评价。在新学年开始之前,往往是在 9 月或 10 月会为那些没有拿到所有学分的学生组织第二次考试。

在所有层次的教育,实验室的实际工作都非常重要,尤其是应用科学学院或部门。但是因为严重的经济危机以及学生人数的急剧增长,大学不得不限制通过了理论考试的学生在大学基础文凭第二年进行此项活动。

入学与产出

入　学

完成了六年基础教育以及七年中学教育的人可以进入大学学习(研究生教育以下的层次)。在 1997—1998 学年,100724 名学生在高等学校注册。他们中的 81%(82173 人)就读于依赖高等教育部的公立院校。这些人中的 66%在国立院校和大学求学。8%的学生在国立技术学校就读(Houphouët-Boigny and Mansilla, 1999)。尽管创办了阿波波—阿贾梅和布瓦凯大学,1991 年到 1998 年的入学数据显示,在可可迪大学就读的学生仍然为数众多。法学、经济学、艺术等学科以及研究部门(如学院)的入学人数非常多。阿波波—阿贾梅大学负责全国第一年医学专业学生的教育;每年超过 2000 名学生注册医学专业,几乎是该校学生总数的 40%。

专业院校层次的招生数量相当稳定,因为它们一般只招收私人部门需要的合格学生。然而培养中学教师的教育学院(ENS)的入学人数自 1987 年开始就一直下降,从将近 1500 人减少到不足 200 人。因而,一边是中学生人数持续增加,一边是国家面临中学教师短缺的困境。这影响到中学的教学质量与成果。女性教育应该得到加强,她们的年入学率只有 15%,在科学与技术领域的人数尤其少。最后,申请进入高校的学生人数的增长还会持续许多年,这是因为出生率在增长,初等教育小学生的人数也在增加(Houphouët-Boigny and Mansilla, 1999)。由于以上的事实,再加上经济危机,已经被证明不能马上对社会趋势作出回应的公立高校,将会因为基础设施和学术人员的缺乏而面临许多困难。私立大学将会有助于弥补这种不足。

毕业生数

高等教育的毕业生人数因为 1990 年以来大学内部的危机而不能够从通常的渠道获得。非洲大学协会 1987—1988, 1988—1989, 1989—1990 学年的报告给出了阿比让—可可迪大学的一些信息(Nwa and Houenou, 1990)。1997—1998 学年,阿波波—阿贾梅大学有 198 人获得了大学基础文凭,113 人获得了学士学位,151 人拿到了硕士学位。

科研活动

科特迪瓦在大学内外建立了各种国立研究院和发展中心。这些机构接受政府各部门和机构的管理,如高等教育及科学研究部、农业及动物资源部、公共卫生部、工业及中小企业部、环境与林业部以及发展与规划部。

科研机构包括:

- 全国性的科学协会,如象牙海岸农业科学协会(AISA)和科特迪瓦社会科学跨学科研究团体(GIDIS-CI)。
- 私营部门的实验室。
- 非大学的国家研究中心:海洋资源研究中心、象牙海岸热带技术协会、国家农学研究中心,以及其他的机构,例如国家农业发展促进实验室(LANADA)、国家气象利用研究实验室(LANEMA)。
- 外国的研究中心:瑞士科研中心、农学研究国际合作中心、热带林(Tropenbos)基金会(荷兰)、西非稻米发展协会,以及皮埃尔·里夏研究所(Pierre Richet Institute)。这些机构往往与国内的研究人员、研究中心进行合作。

研究活动大多由国内的学术人员和科研人员在诸如农学、技术、海洋学、社会科学、经济学、法学、健康科学、生物学、生态和环境、土木工程、教育以及方言等领域进行。尽管设施和经费缺乏,研究工作还是取得了一些专利及其他的成果——主要是农学领域,在全国性、地区性或是国际性的期刊、评论上发表了文章。但是要获取这方面的信息非常困难。高等教育部为解决这一信息获取上的不便利,计划建立科学和技术机构名录。接入互联网同样会使这一情形得到改观。对科研活动和项目的一次简短的调查显示,就同一课题进行研究的不同科研机构往往没有进行任何合作。这样的成本效率很低,应该避免重复。

研究生教育计划存在,但是在论文方面并没有多大的成果。因为直到近些年科研活动一直主要靠法国这些国家的资助,它们关注的都是北方感兴趣的课题。一方面大学试图增强自身实力,减轻人员匮乏带来的压力;同时又没有能力开展项目或是寻求经费。农学是例外,相关研究得到国际机构基于双边或多边计划的资助。目前,这些机构是通过技术服务层面上的发展计划而不是高等教育和科学研究层次上对研究活动提供经费资助。研究活动的低水平在很多时候要归咎于研究人员更倾向于担当顾问;研究没有被看做是制度化的活动,而研究者个人可以通过担任顾问轻易地得到更多的钱,这有助于补偿他们过低的薪水。

教学、科研设备的维护

尽管捐赠者与政府通过专项投资预算努力提供设备和其他设施,Nwa 和 Houenou 在其 1990 年的非洲大学联和会(AAU)报告中描述的情形仍然符合实际:"大学没有为教学和科研设备的维护分配资金,尤其是在学术单位的层次上。有些单位分配了资金,但是许多并没有对这些资金做过记录。在有记录可查的单位里,许多单位分配的经费数额又非常少。"(Nwa and Houenou, 1990:59)设备的维护仍然是科特迪瓦的大学所面临的重大挑战之一,这不仅要求具备充足的设施,还要拥有合格的高薪的技术人员。为解决这一问题,已经作了一些尝试以使不同的用户可以共享某些设施。

高等教育部负责高等教育政策的制定,但是每一家国立高教机构都有自己的合作单位。大学或高校与外部院校、机构建有双边或多边伙伴关系。这种关系适用于教职员发展与学生交流计划、合作科研或培训计划以及现有设施的共享,比如设备。科特迪瓦的大学目前是非洲大学联合会,非洲和马尔加什高等教育委员会(CAMES),非洲及印度洋地区法语大学校长会议(CUFRAOCI),法语大学网络(RUF),以及国际大学协会(IAU)的成员。此外,高等教育机构还与欧洲(法国、比利时、西班牙、德国等)、亚洲(日本和中国)、南美、北美(美国和加拿大)以及非洲的大学或机构签有协议。其他机构(联合国环境规划署、联合国开发计划处、粮农组织、世界银行、世界卫生组织、非洲开发银行、国际开发与研究中心等)也对通过科研、管理和培训活动实现的能力发展作出了贡献。与北方世界的合作非常重要:可可迪大学签订了 100 多份协议,大多是与法国签订的。这类活动大多是由大学或高校发起的,有时候也由高等教育部发起;国立的象牙海岸的大学与乔治亚和密歇根州的州立大学之间的协议就是由高等教育部牵头签订的。

与贝宁、中非、刚果共和国(刚果一布拉扎维)、加蓬、尼日尔、塞内加尔、多哥、摩洛哥、阿尔及利亚、埃及和突尼斯这些国家的南一南合作发展得很好,但并不总是按照正式协议来进行。此类合作从联合国教科文组织,法语国家及非洲大学联合会的基金里得到资助。科特迪瓦国内,在教职员交流、培训计划以及设备共享方面进行着大量全国范围内的合作。为此也签订了一些协议,如阿波波一阿贾梅大学与 INP 和 LOKO 集团(该集团是科特迪瓦最重要的私立技术高校之一)之间的协议。

在合作方面,高等教育面临以下问题:

- 南一南合作水平低。
- 南一南合作中科研机构、大学之间的关系不能持续(非正式)。
- 在构建联系网络或开展区域计划时缺乏全国性项目和国家层面的参与。
- 对北方国家的过度依赖。
- 高等教育领域的政策软弱无力。

特定问题

科特迪瓦遭遇的特殊问题包括政治激进主义、政治对大学的干预、毕业生就业困难,以及人才流失。

学生政治激进活动

1970—1980 年这 10 年间，主要的学生团体科特迪瓦学生运动(MEECI)，与总统乌弗埃一博瓦尼的科特迪瓦民主党(PDCI)有密切联系。尽管也有许多的困难，但科特迪瓦学生运动一直都保持着稳定，直到 1990 年伴随着科特迪瓦进入多党派时期，科特迪瓦大学生联盟(FESCI)诞生，情况才发生变化。首任联盟秘书长是 Ahipeaud Martial。科特迪瓦大学常常被要求得到更多自由、更多设备以及社会公正的学生示威者搅扰。但是不久科特迪瓦大学生联盟就面临着内部的分化，以 Blé Goude 和 Soro Guillaume 为首的两大集团出现了，相互争夺对运动的控制权。这种状况造成了大学整体的不稳定。1999 年 12 月 24 日政变后，国家被军方控制，他们宣称其目的是要清理国家，伸张社会公正，组织民主大选。新政府承诺允许学生参与所有的决策制定。尽管有军方的声明在先，也许是因为政治团体试图控制学生团体，散布其观点，要求学生在大选中支持他们，在科特迪瓦大学生联盟内部还是出人意料地出现了暴力危机。现在事件过去的时间还太短，还不足以清晰地勾勒出当前的形势；几年以后应该会有一个比较清晰的认识。

政治对大学的干预

很显然，政治对大学进行了干预。教师和科研人员都热衷于政治活动。政治家也试图影响校园。有时候，教师和研究人员像是为了科特迪瓦人民而呼喊的团体，或被看成是对学生产生影响的主心骨(Memel-Fote, 1997)。不久以前，SYNARES 主宰了可可迪的校园和整个国家。1990 年之后，一个新的教师和研究者工会——全国科研及高等教育联盟(UNESUR)出现了，该组织被认为与统治该国直到 1999 年的科特迪瓦民主党关系密切。

大学里相当数量的教师和研究员是政党的成员，而且常常在政府里担任要职。事实上，重要党派的大多数领导人都来自大学。总体社会经济形势使专业学者的设施不足、薪水过低，学者和政府之间的矛盾难以消除。经济危机，以及世界银行和其他国际基金组织针对结构调整计划(SAP)施加的压力，使科特迪瓦面临着严重的预算削减。因此，政府无力招聘更多的学术人员。1992 年政府决定减少 20 世纪 80 年代就开始向教师和研究员发放的特殊津贴。这也就可以解释人才流失的现象了(表 27.1)。

表 27.1　1992 年前后科特迪瓦高校教师工资

职称	工资		工资减少百分比
	1992 年之前	1992 年之后	
讲师	723	263	64
高级讲师	983	286	71 副教授
教授	1718	535	69

注：1992 年前，1 美元＝450 非洲法郎；2001 年，1 美元＝730 非洲法郎。

来源：Featernite Matin, Journal Fratemite Martin, March 7, 2000.

人才流失

人才流失是由下列因素造成的：

- 公共政策，这足以破坏现有的学术能力；如果管理不善，还会引起人才流失。
- 西方资本主义国家从发展中国家吸引高质量劳动者的能力，这使非洲的知识分子精英们受到移民之后所能享受到的经济利益的诱惑。
- 全球化中人员流动的加强。

2000 年 2 月 22—24 日，由加拿大国际发展研究中心、非洲经济委员会和国际移民组织在埃塞俄比亚联合召开的非洲人才流失及能力建设地区性会议上，相当数量的论文都提到了这个问题。不久以前，人才流失在科特迪瓦并不常见(Houenou, 2000)。但是现在，高等教育和科研机构受到了这一现象严重的负面影响。教学质量也下降了，因为除了高等技术学校或是高等师范学校(ENS)之外，生师比居高不下(许多地方超过了 30∶1)。以每周用于大学(研究生教育以下的大学教育)和研究生教学、指导研究生科研、从事管理活动以及承担校外任务时数来衡量的工作量偏高，这也影响到了高等教育的质量。工作量是非洲大学协会资助的一个研究课题(Nwa and Houenou, 1991)，但是工作量很难进行评价。大学和其他高校经费的短缺对能力建设造成了严重的阻碍。1992 年以来，只招满了所需的或是计划内、得到劳工部批准的学术人员名额的 20%。这与低薪策略之间的联系是显而易见的。

因此,人才流失的问题在接下来的几年里需要得到迫切的关注。新政府决定在2001年6月将讲师的薪水标准恢复到1992年之前的状况。这将有助于改善教育、科研的质量,尤其是如果该国能够从非洲开发银行(ADB)用于促进非洲大学能力建设的专项设备资金(68493150美元)中获益的话。

未来的挑战

科特迪瓦高等教育未来的挑战将会是引进优良的管理,通过合适的、专业导向的教育计划持续培养合格的人力资源,以及发展私立大学。

引进真正的管理手段以使大学能够依靠专业的教育计划、研究与开发,为地区发展作贡献,服务社会,这将会是一大挑战。人力资源的能力建设有赖于充足的预算以支付薪水,补足教室、可用设备,以及其他那些当前仍然欠缺或质量不够好的设施(图书馆里的书籍、期刊,计算机设备)。此类设施的匮乏或老化,以及近些年来低效的管理导致了一些教职员生产力下降,一些学生学习成绩滑坡。

在结构调整时期,保持高等教育财政的稳定是大学面临的一大主要挑战。这有赖于为各项计划求得足够的经费。高等教育财政的主要来源是政府和捐赠。教育机构得到的经费不足以满足预算的要求,这导致了培训活动和实习锻炼的减少,对所提供的教育的质量产生了不利的影响。因而,大学应该建立稳定的财政制度,并使经费来源多样化。收取学费以及与私营部门合作的敏感话题应予以考虑,因为现在有些捐赠者似乎已经不堪重负。为第三级教育寻找新的经费来源的时候已经到来。唯一已知的此类慈善活动是总统乌弗埃博瓦尼在1980年给予象牙海岸农业科学协会(AISA)的活动经费(225000美元)。显然,不关心研究与开发,社会的发展与进步就不能够持续下去。因而,本土的研究生教育应该得到发展,而不是把学生送到欧洲的大学以完成研究生阶段的教育。

过去的10年里,高等教育局采用"入学标准来纠正不公平,但是此类政策往往会以牺牲质量或效率为重大代价"(Eisemon et al., 2000)。因为较高的人口增长率影响了在大学里的教师发展,科特迪瓦以及非洲其他地区的高等教育机构应该"意识到远程教育在应对教育挑战方面的潜力"(Darkwa and Mazibuko, 2000)。在捐赠的资助下,高等教育部正在领导一项不断发展中的工程,以应对这一问题并建立虚拟学习社区。私立大学的发展似乎对获取知识方面的社会公平作出了响应。尤其是在基础和自然科学单位里,性别平等应予以重视。

大学需要更加倾向于专业教育,与私营部门建立可靠的关系,帮助学生凭借其教育和技能实现就业,并促进小型企业的发展。国际非政府组织青年成就联盟(Junior Achievement)在政府的支持下正在向大学提供帮助。最后,国家教育培训部门发展计划的实施很有希望使科特迪瓦的高等教育取得重大进展。

结 语

促进劳动力发展以满足社会的需要,是大学和其他高校为国家所作的贡献之一。从这方面看,科特迪瓦高等教育所面临的主要挑战与教育成果的质量有关,而这又依赖于管理、学术人员、设施及教学材料的质量。所有的利益相关方——主要是私营部门——都应该为维护独立之初所获得的胜利果实而付出努力。

寻求公正,追求教学、科研质量,推进能力建设,实施国家教育培训部门发展计划的策略以满足新的要求,应对新的挑战,这将使科特迪瓦的高等教育从容不迫地跨进第三个千年。但是国内社会经济和政治环境的急剧恶化严重地影响了教育与科研的质量,引起了人才流失,这一状况必须在接下来的几年里得到重视。

参考文献

Darkwa, O., and Mazibuko, F. 2000. "Creating Virtual Learning Communities in Africa: Challenges for the Future." Available online at: http://firstmonday.org/issues/issue5_5/darkwa/index.html

Eisemon, T. O. 2000. "Increasing Equity in Higher Education: Strategies and Lessons from International Experience." Available online at: http://www.worldbank.orghtmlextdreducbackgrnd/equity 1.html

Houenou, P. V. 1998. "Stratégies de la Recherche Environnementales." Programmes National de Gestion de l'Environnement et des Ressources Naturelles. Rapport. Abidjan: Ministère du Logement. du Cadre de Vie et de l'Environnement.

——. 2000. Développement des capacités et exode des compétences: le cas de l'enseignement supérieur en Cote d'Ivoire. In Sabiou Kassoum, Pascal V. Houénou, Bankolé Oni, Meera Sethi, and Joseph Ngu, eds., *Brain Drain and Capacity Building in Africa*. Dakar, Senegal: ECAIDRCIOM.

Houenou, P. V., M. T. Tahoux, and L. Nago. 1995. *Renforcement des capacités en matière de formation dans le domaine de l'interaction énergie-environnement: cas de l'Afrique de l'Ouest et du Nord*. Rapport réalisé pour le compte de la Banque Africaine de Développement(B)AD. Abidjan: BAD.

Houphouët-Boigny. D., and F. K. Mansilla. 1999. *Femme et education scientifique: Cas de l'enseignement supérieur. Ouagadougou*: Forum organisé par l'UNESCO.

Memel-Fote, H. 1997. "De la stabilité au changement: Les représentations de la crise politique et la réalité des changements." *In Le Modèle Ivoirien en questions*. Paris: Editions Karthala et ORSTOM

Ministère de l'Enseignement Supérieur de la Recherche Scientifique (MESRS). 1997a. *Plan National de Développement du Secteur Education/Formation (PNDEF)*. Volume 0 to IV. Abidjan: MESRS.

——. 1997b. *Annuaire statistique de l'Enseignement Supérieur, année* 1996-1997. Abidjan: MESRS.

——. 1997c. *Les grandes rencontres de fratemité matin, lundi* 27 *janvier* 1997. Abidjan: MESRS.

——. 1999. *Actes des Etats Généraux de la Recherche*. Abidjan: MESRS.

Nwa. E. U., and P. Houenou. 1990. "Graduate Education and Rand D in African Universities." Report submitted to the Association of African Universities. Accra. Ghana. In author's possession.

Tapsoba, S. 2000. "Création et rétention du savoir en Afrique." In Sabiou Kassoum, Pascal V. Houénou, Bankolé Oni, Meera Sethi, and Joseph Ngu, eds., *Brain Drain and Capacity Building in Africa*, 18-34. Dakar. Senegal: ECA/DRC/IOM.

UNESCO. 1998. Enseignement supérieur en Afrique: Réalisations. défis et perspectives. Bureau Régional de Dakar: UNESCO.

University of Dar es Salaam. 1998. "The USDM Transformation Programme." Proceedings of the Fifth Annual Consultative Workshop. Council Chamber 17th-18th September.

28 吉布提

纳比尔·穆罕默德
（与达姆图·塔费拉合作）

引　言

吉布提领土面积23200平方公里(8958平方英里)，位于非洲之角。它濒临亚丁湾和红海，被厄立特里亚、埃塞俄比亚、和索马里所包围。今天，吉布提已经被公认为是非洲之角上的交通要冲。

按照联合国(1998)的估算，吉布提1999年的人口约为629000人。与其他撒哈拉以南的非洲国家不同，吉布提的人口主要是城镇人口。四分之三的人居住在城镇，三分之二以上的人口集中在首都吉布提市。

教育体系的背景

吉布提的教育体系套搬法国，采用了与之相同的教学模式和管理结构。因此，这一系统运行起来花费高昂，而且也不太适合本国的社会经济发展。

这一教育体系没能适应当地的需求，是因为它与法国的体系在学术安排、学位计划、教学手段、管理以及教师培训方面保持着紧密的联系(MEN，1999；UNDP，1999)。此外，经费不足、预算削减、拖欠薪水等问题阻碍了教育系统的改进。吉布提本国合格的教职员人数太少，对来自国外的合格教职员的需求很大。一些法语国家，比如阿尔及利亚，就已经与吉布提签署协议派员过来以解决这一问题。

识字率很低，只有48.4%(MEN，1999)；而且性别差异极大，男性为73.3%，女性则只有43.1%(Direction Nationale de la Statistique，1997)。平均每个吉布提人只能接受3.6年的教育。该体系包括六年的初等教育，之后是分为两个阶段共七年的中等教育：第一阶段四年，第二阶段三年。年满7岁可以在初等学校注册就读。

中学当前的毕业率为58%。1977年国家独立后，中学生人数有了显著的增加(表28.1)。中学毕业生被授予称为高中毕业会考文凭的高中一般教育证书。高中毕业会考文凭是进入高校和大学的必要条件。

表28.1　1993—1994学年到1997—1998学年吉布提中学入学人数

年份	入学人数
1993—1994	7296
1994—1995	8182
1995—1996	8917
1996—1997	9812
1997—1998	10976

来源：MEN 1999.

表28.2　吉布提参加高中毕业会考人数及高校可入学人数

年份	高中毕业会考考生数	高校可入学人数
1998—1999	650	377
1999—2000	798	463
2000—2001	859	498
2001—2002	961	557
2002—2003	1083	626
2003—2004	1232	714

来源：MEN 2000.

表28.2显示了注册攻读高中毕业会考文凭的学生人数以及估计能够达到高等教育入学标准的学生人数。多年来，中学入学人数以及高等教育的合格候选人数都在增加。

学生的辍学率很高，这表明了该教育体系的不完善。结果是，初等学校第一年的注册学生中只有8%能够坚持到中学毕业。从初等学校到中学毕业的总体辍学率高达 92.3%。单是初等教育结束时的辍学率也超过了 58%。中学第一阶段和第二阶段结束时的辍学率分别高达 53%和48%。此外,女生的退学率尤其高。

高等教育现状

高等教育是当前国家政策的重点之一。这种优先发展的标志之一是与法国大学签订协议进行合作以提高吉布提的教学质量。吉布提教育机构颁发的证书得到法国的承认,学生可以申请法国的大学以继续学业。

但是吉布提的高等教育仍然还只是处于初创阶段,整个国家还没有一所严格意义上的大学。为了加强中学教师的能力,推动吉布提人取代法国教师,在法国政府的财政和技术支持下,由国家教育人员培训中心(Centre de Formation des Personnels de l'Education Nationale, CFPEN)主持启动了一些两年制的高级学位计划——相当于副学士学位(大学基础文凭,DEUG)和数学、计算机科学和应用科学大学基础文凭(DEUG MIAS)。在这两年的学习期间,所有学生每月能够得到相当于 340 美元的奖学金。

为提供经济、管理和计算机科学领域的高级人员另一个高级学位,职业培训证书(高级技术员证书,BTS)被提了出来。这些教育计划中的学生每月能够得到 120 美元的津贴。毕业时,由监督这些培训计划的法国大学授予证书。

副学士学位(文科大学基础文凭及数学、计算机科学和应用科学大学基础文凭)

1990 年起,国家教育人员培训中心组织了两种类型的教育:文科大学基础文凭和数学、计算机科学和应用科学大学基础文凭。取得高中毕业会考文凭的学生进入两年制的文科大学基础文凭教育计划后有两个选择,从中确定自己的专业。

课程主要由法国老师教授。有些老师常驻吉布提,而另一些人则从法国蒙彼利埃大学每年到这里来授课两到三个星期。这种教职员交流活动是依照国家教育人员培训中心和蒙彼利埃大学达成的协议进行的。

为适应吉布提的地区性和环境背景,文科大学基础文凭计划对蒙彼利埃大学原有的计划稍作调整。例如为使学生对亚区域的文学有充分的了解,有关非洲之角地区的语言和文学专门课程被用来取代拉丁语课程。

此外,教授历史、地理和阿拉伯语的重要课程也特别关注地区性和环境背景。自从引进这一培训,已经有 114 人获得了大学基础文凭,另有 23 人预计将于 2000 年毕业。

在法国贝尚松远程教育中心(Centre de Télé-Enseignement de Besançon)的支持下,1996 年创办了数学、计算机科学和应用科学大学基础文凭。该文凭学制两年;每年两个学期,共有八门课程。

职业培训证书(高级技术员证书,BTS)

高级技术员证书是始于 1990 年的两年制专业教育计划,它为满足吉布提经济现实的需要培养合格人员,为提供训练有素的吉布提职员以取代法国技术助理服务。教育计划包括会计、管理、秘书、国际贸易、计算机科学和旅游。1990—1999 年间共培训 302 人,毕业 173 人,通过率为57%。90%的毕业生在吉布提就业。

1999—2000 学年高级技术员证书计划共招生 134 人。学生数从 1990 年的 17 人到 1997 年的 137 人,增加了 8 倍;1993—1994 学年增长幅度最大。

基础设施

国家教育人员培训中心的图书馆拥有 1 万多册图书,涵盖了从自然科学、文学、哲学到文化、宗教、社会学和教育学等广泛的主题。

除了 1 座视听设施,国家教育人员培训中心在其计算机中心凭借 12 个计算机工作站为数学、计算机科学和应用科学大学基础文凭学生提供接入互联网、登录个人电子邮件账户的条件。

科研及能力建设

法令与组织

高等科学与技术学院(Institut Supérieur

d'Etudes et de Recherches Scientifiques et Téchniques，ISERST）是全国唯一的一所研究机构。

高等科学与技术学院是官方机构，它通过总统事务部和政府的秘书长接受共和国总统的领导。它的使命是促进调查、研究以及科学和技术活动的发展，并对其进行协调，以推动它们在吉布提经济、社会发展中的应用。

表 28.3 高等科学与技术学院教师情况

院系	教师和资格	数量	性别	年龄
生命科学	植物生物和物理学博士	1	男	小于 40
	土壤科学硕士	1	男	小于 40
	农学工程师	1	女	小于 35
	技师	4	3 男 1 女	小于 35
	农业劳动者	3	男	40
水文地质学	水文地质学博士	1	男	小于 40
	水文地质学硕士	1	男	45
	技师	2	男	小于 40
水化学	水化学博士	1	男	小于 40
	技师	2	1 男 1 女	35
能源	硕士	1	男	45
	技师	3	男	小于 35
地质学	地质学博士	2	男	40
	地质学学士	2	男	45
	技师	4	男	小于 35
人文科学	博士	1	男	32
管理	——	40	20 男 20 女	35

来源：Institut Superieur d'Etudes et de Recherches Scientifiques et Techniques.

高等科学与技术学院在土壤科学、生态生理学、农学、可再生能源及能源保护、水文地质学、水质化学、地质学和社会科学等国家优先发展的领域进行技术和科学研究。该院分为六个部门：水文地质学、地球化学、生命科学、地质学、能源和人类科学。在该院工作的科学家拥有与各部门相关的各类学位。这些部门通过跨学科的环境项目相互联系到了一起。

高等科学与技术学院有一个由国际研究人员组成的国际科学委员会。它的职责是就研究院项目的实施提出建议。高等科学与技术学院各部门的职员（表 28.3）是水、能源、土壤、种植研究方面的专家。该院共有 16 名研究员（其中 5 人拥有博士学位）。

运行模式

没有科学与技术大学，因而科研与教育之间也没有建立联系。科研与教育由吉布提总统办公室和教育部这两个不同的部门管理。总的来说，科研受到经费不足、预算减少的制约。与用于支付薪水的预算相比，科研的运行经费是微不足道的。因此，研究院不得不通过寻求捐赠或是向私营部门提供服务获取经费。

作为唯一一所负责全国所有科研问题的机构，高等科学与技术学院的任务过于繁重，没有办法认真关注教育问题。吉布提高等教育体系很不完善，只培养出了数量有限的专家，所从事的科学研究也极为有限。尽管如此，还是有一些在法国念大学的学生和一些法国的教授作出了重要的研究成果，尤其是在史学、社会学和宗教领域。

通常，高等科学与技术学院的研究人员在国际专业期刊上发表其研究成果。高等科学与技术学院发行一份名为《科学与环境》（Sciences et Environnement）的半年刊，发表国内外作者的文章。

语　言

1977 年吉布提摆脱法国统治独立。官方语言是法语和阿拉伯语，整个六年初等教育的教学语言只有法语；阿拉伯语是作为课程进行教授的。不幸的是，因为缺少此类课程计划，教职员不够称职，用阿拉伯语授课是低效的。当地语言不被作为教学语言。

依赖外国财政资助使得教学语言、课程以及教学体系稳定性等受到了限制。显然，在一个讲英语和阿拉伯语的地区，将教学语言局限在一种特定的语言上(在吉布提是法语)，不仅限制了技术交流，限制了与本地区的大学建立联系，还阻碍了在本地区的其他国家寻求就业机会。

国外留学

估计当前有 865 名吉布提学生依靠政府奖学金在国外就读，其中高达 70％的人在法国。1999 年，政府用于海外求学的年度开支约为 434 万美元(MEN，1999)，就当前该国的财政状况而言这一开销数额巨大。

一些海外留学生归国的时候获得了各种证书，相当于大学基础文凭、学士学位(Licence)、硕士学位和深入研究文凭(DEA)，分别对应于两年、三年、四年和五年的高等教育。有关其数量和研究领域还没有可靠的统计数据。鉴于吉布提当前的经济困境，大多数毕业生都选择留在求学的国家，绝大多数留在法国。

为应对人才流失的挑战，增加国内的高技术劳动力，政府在 2000 年开始创办大学。

发展前景

1999 年总统大选期间表达出了在国内创办大学的政治意愿。新大学将与法国大学进行合作，于 2000 年 9 月启动，两年的教育之后开始颁发证书。

大学预期由 3 个学院组成：吉布提高等教育学院(Institut de Formation Universitaire de Djibouti，IFUD)、吉布提高等商学院(Institut Supérieur des Affaires de Djibouti，ISAD)和吉布提高等技术学院(Institut Supérieur de Technologie de Djibouti，ISTD)。

结　语

高等教育是吉布提新的优先发展的领域。到目前为止，教育体系的主要目标是培养教师以满足中学扩招所带来的迫切需求，以及以吉布提人取代法国的技术助理。

作为本地区唯一的法语国家，吉布提遭受了本地区英语和阿拉伯语国家对其造成的孤立。吉布提与本地区，东部地区，非洲之角或是阿拉伯国家的大学没有建立任何有意义的联系或关联。语言上的孤立，严重制约了与其他地区性高教机构建立合作网络、交流技术。

本国培养学生的高就业率的确是一项成就。对教育计划、课程进行改编、设计，使其适应吉布提社会经济现实，这一新趋势带来了很好的就业机会，满足了市场对本国受教育雇员的需求。

政府建立大学的承诺面临着严峻的挑战。这其中的许多挑战起初似乎难以克服，例如要是不再次求助于外部支持，就缺少合格的人才来管理这样一所院校。

参考文献

Direction Nationale de la Statistique. 1996. "Enquête Djiboutienne auprès des Ménages." Ministère du Commerce et du Tourisme. Djibouti: Direction Nationale de la Statistique.

MEN (Ministère de l' Education Nationale). 1999. "Réflexion Préliminaire à la tenue des Etats Généraux de L'Education Nationale en République de Djibouti." Document d'Orientation. Djibouti: Ministè re de l'Education Nationale.

——. 2000. "Service de planification DGEN." Djibouti: Ministère de l'Education Nationale.

UNDP (United Nations Develop Programme). 1999. "Coopération au Développement Bureau de Coordination Résident du Syst me des Nations Unies." Rapport. Djibouti: UNDP.

UN(United Nations). 1998. World Population Prospects: The 1998 Revision. Bolume II: *Sex and Age Distribution of the World Population*. Djibouti: UNDP.

29 埃　　及

穆森·艾尔马蒂·萨义德

历史背景

埃及的高等教育系统可以说是世界上最古老的。公元前第二个千年，世界最高级教育的排名由位于开罗东北部的欧恩大学(Oun University)颁发。下一个千年，约公元前300年，国家教育中心转移到亚历山大。爱资哈尔(Al-Azhar)是开罗的一个伊斯兰机构，已有1000多年历史(建立于公元975年)。它的主要目的是传授伊斯兰教和古兰经(Quran)。建造爱资哈尔清真寺用了大概17年时间(971—988)，后来该寺庙被用作教育中心。埃及现代教育始于穆罕默德·阿里·帕夏(Mohamed Ali Pasha，1798)时期，他建立了很多工程、医学、法律以及其他学科的学校。那时优秀的毕业生被送到西欧，尤其是法国去深造。他们一回国就可以为埃及高等教育的发展作出贡献。

1908年埃及建立了一所国立大学。1925年它被并入公立大学。1940年，以埃及已故国王福阿得阿瓦尔(Fouad El-Awal)的名字命名该大学。1953年埃及革命以后，学校更名为开罗大学。此后，埃及大学的数量持续增加。

1923年，埃及的现代教育正式建立，当年颁布的第一部宪法规定"每一个埃及儿童都必须参加义务基础教育"。1952年，革命政府开始统一的义务基础教育。

埃及参加了《经济与社会权利全球协定》的修订，该法案的内容成了埃及法律的一部分。1971年，宪法修正案规定"国家保证全体公民机会均等"。同年，另一个修正案规定"所有公民在法律面前平等，不论其身份、职位、性别、宗教或信仰"。为了实施这两条修正条款，制定了针对整个教育体系的宪法框架，包括以下原则：

- 教育是最基本的权利。
- 政府有责任为所有公民提供教育，同时监督教育以保证公平。
- 各级公立学校(国家举办的机构)教育免费。
- 扫除文盲是国家的责任。
- 基础教育与预科教育都是义务教育。

1981年，埃及国会通过一项法律，将预科教育和九年义务教育都定为义务教育。不过1988年颁布新法律要求实行八年基础义务教育，小学由六年改为五年。1999年，另一法律又将义务教育的年限改为九年，即六年小学，三年预科，回归到1988年前原有的体系。1988年法律的初衷是减少义务教育的开支，因为教育系统难以维持所需投入的水平，但是此举却造成了严重的不良后果。在六年级被取消那一年，中学的入学人数翻了一番。六年后，大学人满为患，导致很多问题。这一现象持续了很多年。如今的教育系统还受着那一次改革的影响。留级的学生和新招的学生一起，年复一年抬升学生人数。

因为埃及政府的主要战略目标之一就是让所有的中学毕业生进入大学，这使得大学的学生数几乎翻了一番。然而政府教育机构的基础设施无法容纳激增的学生。有限的破旧设备，加上人数激增导致高校毕业生的平均质量下降，尽管"中上"水平的毕业生按照国际标准衡量表现还不错。每年被美国、欧洲和其他国家一些顶尖大学录取的学生数量及其表现可以说明这一点。每年有1000多名毕业生受高等教育部留学司(Missions Department of the Ministry of Higher Education, MOHE)资助。政府当前的五年计划(1997—2002)里，留学司有12.5亿埃及镑(约合2.9亿美元)资助留学预算。

约有三分之一的学生进入普通中学，这是进

入大学的传统路径。约70%的学生进入职业技术学院,他们毕业后只有不到20%的人能够找到工作。这种低就业率要求相关部门重新考虑职业技术教育的适切性,包括考虑从双轨制合并成高效单轨制的可能性,让学生有将自己的能力与学习机会进行匹配的内部选择机会。一开始,在世界银行、欧盟、美国国际开发署和其他组织的部分支持下,制定了一些雄心勃勃的改革方案,目前正在付诸实施。改革方案的目标是在2002—2007年间让将近一半的中学生进入普通中学学习。这次中学的改革举措又将造成将来高等教育人数的激增,进一步加重高等教育的负担。

埃及最近经济状况的背景

在20世纪后半叶,埃及的经济被三场战争所拖累,很大一部分资源耗竭。战争结束后,经济改革计划成了后任政府的主要目标。在20世纪90年代,埃及政府实行大范围的改革,让国家向更具竞争力的以市场为基础的体系发展。开始阶段的改革任务包括消除价格体系的失真现象,扫除贸易和投资的障碍。改革的结果在宏观经济层面上效果显著。埃及的预算赤字减少了,流动性创造得到管理,通货膨胀降低,汇率保持稳定,外汇储备增加,增长加速。改革的第二阶段注重微观经济层面,通过深化结构改革,激发私营行业强劲、可持续的供给响应。

近年来,实际国内生产总值一直稳步增长,1998—1999年的增长率估计为6%。加速的增长归功于私有企业参与经济活动,以及政府对经济改革的承诺。政府投资基础设施建设,提升生产率,这也促进了经济增长。

埃及当局在控制预算赤字方面也比较成功(现在是GDP的1%~1.3%)。同样的方法被应用到控制货币增长和国内通货膨胀,1998年和1999年通胀率维持在3.8%。值得注意的是埃及的财政赤字在1999年显著增长,达到GDP的4.2%,这在一定程度上是因为大型国家项目拉动公共开支增加的缘故。但埃及领导人认为财政赤字将通过完善税务管理,增加私有企业的税收而得到改善。然而,最近几年,在2000年的最后一个季度和2001年初,埃及镑突然贬值,对美元的汇率下降接近20%,这将给国家经济的稳定带来负面影响。

整体教育结构

提及高等教育,人们不得不考虑到高等教育之前的其他教育阶段。所有从学前教育(托儿所和幼儿园)毕业的学生进入六年小学教育,接着是三年预科学习,完成基础义务教育。六年的小学毕业后,学生可以去读三年的普通预科,或读职业预科,时间也是三年。职校预科毕业后,学生可以直接进入劳动力市场或者在进入劳动力市场前继续三年的职业技术中学。这种体系也可以让优秀的职业技术中学生读非大学的高等教育。另一方面,完成普通预科教育的学生进入三年制中学有四个不同的方向可选,即普通中学、工科(三年制或五年制)、农科和商科以及职业技术。相比三年制的学生,五年制的学生进入大学的机会更多,就业机会也更好。中学的入学取决于预科阶段的成绩。那些完成了四个方向之一的中学生有如下选择:

普通中学的毕业生直接进入四年制、五年制或六年制的大学教育,而其他三类毕业学生全部进入非大学教育。在这种情况下,学生可以选择中等或者高等技术学院所提供的两年制、四年制或者五年制的教育。普通中学毕业生的分数达不到大学入学要求时,可选择就读非大学高等教育的中等或高等技术学院。工科、农科和商科的中学生可以读大学,前提是他们的成绩必须在75分以上,并且通过为这三类学生举行的入学考试。虽然招生名额有限,但灵活的教育系统为每一个中学毕业生都提供了平等的机会。在2000—2001学年,只有326名学生的成绩达到了大学入学考试的标准。

识字率与入学

1992年,埃及总统宣布教育对保持经济强劲增长,维持可持续发展,建立强大的社区和有凝聚力的和社会至关重要。政府为提高识字率和整体教育水平作了很大的努力。总识字率从1986年的50%增长到1999年的65%,年平均增长都超过1%(见表29.1)。

表 29.1 1986—1999 年埃及不同性别成年人识字率情况

年份	男性识字率	女性识字率
1986	62.2	38.2
1990	64.5	44.8
1996	71.0	49.8
1999	76.0	55.0

来源:中央公共动员与统计局,2000 年 9 月。

人口增长与入学

在义务教育阶段,几乎所有相应年龄段的人都参加了教育。在 12～14 岁年龄段的人群中,约 62%的人接受了中等教育。义务教育阶段年龄段的毛入学率在 98%～107%之间浮动。低入学率(低于 100%)表明不是所有义务教育年龄组的人都入了学,而更高的百分比表明有更大或更小年龄组的学生加入该组学习。

在高等教育阶段,全国 18～22 岁年龄组人数约为 690 万,在公立、私立大学以及高等教育研究机构的本科或研究生的入学人数约为 129 万。该年龄段约 19%合格学接受了中学后教育。如果将半工半读的学生(约 25 万)算在内,人数将达到 153 万,占相应年龄组总人数的 22%。很显然,这个高等教育的入学率可以和大多数经济合作与发展组织(OECD)国家相比(Task Force on Higher Education and Society, 2000)。在接下来的 10 年内,埃及制定了雄心勃勃的计划,准备将入学率提升到 25%～30%。然而,要达到这个目标,需要筹集大量的资金。

学生入学增长模式

1990 年以来,政府对大学前教育的预算按不变价格计算增加了 150%。这使得基础教育阶段几乎全部可以入学,中学的入学率也达到 62%。加上有的年龄组入学人数在扩增,这一成功使中学后教育的需求激增。如上文所述,1995—1999 年间,18～22 岁年龄组大约有 22%(约 153 万学生,其中约 40%为女性)的人入学。他们中的 75%进入大学,其余的 25%进入非大学的高等学校。绝大多数(约 99%)到公立院校学习。值得一提的是,随着女性识字率的提高(过去的 20 年里,从 30%上升到 50%),女性的入学人数持续增加。

大学入学情况

埃及的高等教育系统由 12 所公立大学(分布于 20 个校区)和私立大学(其中 4 所为营利性机构,另一所在开罗的美国大学为非营利机构)构成。高等教育部正在审批很多要求增设私立营利性大学的申请(法国、英国和德国的大学都提出了申请)。高等教育部正在制定建立私有大学的规范和标准,并根据已建私立大学的经验不断对其进行完善。表 29.2 是埃及所有公立和私立大学的名单,上面注明了这些大学建立的年份、地点以及学系或学院的数量。院系分为两类:科学技术类和人文社科类。爱资哈尔大学在表中特别列出,因为它不隶属于高等教育部。

表 29.2 2000—2001 学年埃及公立大学和私立大学情况

公立大学系统					
大学	建校时间	所在城镇	学系/研究院数量		
			总数	科学和技术	人文和社会科学
开罗大学	1908	开罗	22	21	43
亚历山大大学	1942	亚历山大	13	14	27
艾因·夏姆斯大学	1950	开罗	8	9	17
艾斯尤特大学	1954	艾斯尤特	9	9	18
坦塔大学	1972	坦塔	10	11	21
曼苏拉大学	1972	曼苏拉	10	11	21

续 表

大学	建校时间	所在城镇	学系/研究院数量		
			总数	科学和技术	人文和社会科学
公立大学系统					
扎加奇克大学	1974	扎加奇克	15	15	30
赫尔万大学	1975	赫尔万	6	12	18
明亚大学	1976	明亚	8	10	18
姆努菲亚大学	1976	姆努菲亚	7	9	16
苏伊士运河大学	1976	苏伊士运河	12	10	22
南谷大学	1994	南谷	7	10	17
总数			127	141	268
爱资哈尔大学					
爱资哈尔大学	975	开罗	9	13	22
私立大学系统					
开罗美国大学	1919		2	2	4
十月六日大学	1996	十月六号城	7	4	11
米思尔科技与人文大学	1996	十月六号城	2	1	3
十月科技与人文大学	1996	十月六号城	6	2	8
米思尔国际大学	1996	开罗伊斯梅利亚路	2	2	4
总数			19	11	30

来源：大学最高委员会，2000 年 9 月。

表 29.3 表明，1988—1989 学年到 1998—1999 学年期间毕业的本科生人数。同期拿到中学后文凭的学生人数如表 29.4 所示。表 29.5 是 1988—1989 财年到 1999—2000 财年公立大学年度总预算的分类情况。1991—1992 财年的预算增长(35%)是过去 12 年中最高的。1997—1998 财年的增长率(4%)最低，之后每年保持 10%的稳定增长。

表 29.3 1988—1989 学年至 1998—1999 学年埃及本科录取、在读以及毕业生人数

学年	本科		
	录取	在读	毕业
1988—1989	75375	484206	90452
1989—1990	66990	467611	94300

续 表

学年	本科		
	录取	在读	毕业
1990—1991	69949	443120	94211
1991—1992	74310	431863	92488
1992—1993	110333	471358	88542
1993—1994	131007	519536	81320
1994—1995	148378	597964	85609
1995—1996	237873	755606	103963
1996—1997	268967	926325	118309
1997—1998	240904	1043765	139631
1998—1999	221530	1167891	216226

来源：大学最高委员会，2000 年 9 月。

表 29.4 1988—1989 学年至 1998—1999 学年在埃及高校获得研究生学位的学生数量

学年	文凭	文/理科硕士	博士	总数
1988—1989	9539	5158	2108	16805
1989—1990	10636	5859	2054	18549
1990—1991	10632	4471	2185	17288
1991—1992	11899	4495	2128	18522
1992—1993	12745	4741	2176	19662
1993—1994	14118	5053	2324	21495
1994—1995	13923	5342	2597	21862
1995—1996	13937	5388	2508	21833
1996—1997	15513	5329	2455	23297
1997—1998	17050	5154	2744	24948
1998—1999	16280	5240	2600	24120

来源:大学最高委员会,2000 年 9 月。

表 29.5 1988—1989 财年至 1999—2000 财年公立大学年度支出 单位:百万埃镑

大学	1988—1989	1989—1990	1990—1991	1991—1992	1992—1993	1993—1994	1994—1995	1995—1996	1996—1997	1997—1998	1998—1999	1999—2000
开罗大学	161	259	233	445	465	585	643	724	840	893	944	1130
亚历山大大学	104	115	154	180	232	253	269	325	344	390	460	482
艾因·夏姆斯大学	142	159	162	212	263	286	337	384	465	522	566	604
曼苏拉大学	73	95	98	158	191	197	159	206	256	244	311	278
扎加奇克大学	62	68	78	86	118	126	141	164	206	213	276	259
赫尔万大学	84	80	134	133	149	159	196	274	326	317	292	408
明亚大学	103	115	130	164	199	214	244	290	337	330	352	391
姆努非亚大学	55	60	71	83	99	100	128	165	199	157	190	221
苏伊士运河大学	32	39	41	48	70	70	84	108	123	134	133	168
南谷大学	44	46	60	58	87	100	101	110	152	149	163	167
曼苏拉大学	29	42	51	72	95	89	107	110	132	138	164	158
扎加奇克大学	—	—	—	—	—	—	49	79	102	129	134	131
公立大学总预算	889	1078	1212	1639	1968	2179	2458	2939	3482	3616	3985	4397
预算增加百分比	—	21	12	35	20	11	13	20	18	4	10	10

注:1 美元=3.4 埃镑。
来源:大学最高委员会,2000 年 9 月。

在埃及大学,新录取的男女学生比例约为 2∶1,然而这个比例对在校生和毕业生而言接近 1∶1。有趣的是,爱资哈尔大学录取新生人数最多,其在校生人数与埃及最大最古老的开罗大学相当(SCU, 1999)。

表 29.6 包含了 2000—2001 学年根据大学最高委员会(SCU)确认的 18 个不同专业划分的埃及大学的学院和研究院数量。共有 268 个学院和研究院。其中人文科学和社会科学的大学数量最多,学生数量也最多。法学院和商学院的在校生人数也很多。然而这三类专业的毕业生却很难找到工作,这也成为改革方案的挑战之一。

表 29.6 2000—2001 学年不同专业的学院、研究院数量

领域	学院数量	研究院数量	总数
工程学	19	1	20
医学、物理疗法、护理	26	5	31
农业	17	1	18

续　表

领域	学院数量	研究院数量	总数
兽医学	11	—	11
药学	11	—	11
基础科学	18	1	19
牙医	7	—	7
基因工程和生物技术	1	—	1
统计学	1	—	1
音乐	1	—	1
艺术研究	6	—	6
体育	17	—	17
教育	28	2	30
政治学	1	—	1
法律	11	—	11
文学、人文和社会科学	37	22	59
贸易与工商管理	18	—	18
计算机科学和信息学	6	—	6
总数	236	32	268

来源：大学最高委员会，2000 年 9 月。

公立大学有 25 万多半工半读的学生注册在读，这进一步加重了高等教育系统的负担。这些学生数量在 1995—1996 年间增长 55%，随后稳步下降，在 1998—1999 学年和 1999—2000 学年稳定在 13%。这个趋势反映出政府控制该层次教育扩张的意向。

研究生入学情况

在 1998—1999 学年，埃及公立学校包括爱资哈尔大学在内的所有研究生注册人数约为 13.5 万人，当年的毕业生有 2.6 万人。除了开罗美国大学（AUC），私立学校还未设有研究生课程。因为很多学校才有第一批毕业的本科生。开罗美国大学不开设哲学博士项目，但它有很好的公共服务系，为埃及整个社区提供继续教育和培训服务。此外，开罗美国大学和其他大多数公立大学开设研究生层次的普通学位和非学位项目。

非大学入学情况

非大学教育系统吸引了很多第三级学校的学生。埃及有 51 所公立的非大学学院，其中 47 所是两年制的中等技术学院（MTIs），4 所为四年制或五年制的高等技术学院（HTIs）。表 29.7 显示了 1987—1988 学年到 1997—1998 学年从工科和商科中等技术学院毕业的男女生数量。1998—1999 学年期间，有 111,500 名中等技术学院的学生入学，大多数所学专业为技术专业（48200 人）或工业（48100 人）。其他人就读酒店和旅游服务专业（2200 人）和教育（13000 人）。1996—1997 学年之前入学率有稳定增长。1997—1998 学年之后就稍有下降。

表 29.7　1987—1988 学年至 1997—1998 学年工科和商科中等技术学院毕业学生数量

学年	工科中等技术学院毕业生数量			商科中等技术学院毕业生数量		
	男生	女生	总数	男生	女生	总数
1987—1988	10292	1839	12131	—	—	—
1988—1989	10524	2404	12928	19750	10289	30039
1989—1990	10696	3059	13755	12664	9567	22231
1990—1991	10276	2925	13201	12577	9036	21613
1991—1992	11927	3394	15321	13049	10466	23515
1992—1993	12090	4598	16688	15156	14541	29697
1993—1994	8054	3390	11444	8170	9758	17928
1994—1995	7352	3954	11306	6687	9934	16621

续 表

学年	工科中等技术学院毕业生数量			商科中等技术学院毕业生数量		
	男生	女生	总数	男生	女生	总数
1995—1996	5585	4573	10158	4314	7850	12164
1996—1997	14903	12152	27055	10141	20079	10141
1997—1998	29887	20526	50413	34044	44987	79031

来源:高等教育部,1999 年 10 月。

政府教育开支

埃及宪法规定,政府负责为埃及公民提供所有层次的免费教育。表 29.8 为政府 1990—1991 学年到 1998—1999 学年期间每年的教育支出情况。支出分为三类:小学和预科,高等教育,其他支出。小学和中学的支出分摊在教育部、各省(governorate)和伊斯兰学校。高等教育支出分别拨给高等教育部、非大学教育机构和大学,爱资哈尔大学的经费单独划拨。1998—1999 学年的政府教育预算是 1990—1991 学年的 3 倍多。

表 29.8 不同层次的政府教育支出 单位:百万埃镑

教育层次	1990/91	1992/93	1994/95	1996/97	1998/99
	实际支出	实际支出	实际支出	实际支出	预算
小学和中学	2831	4499	5720	8068	9540
中央部委(教育部)	348	825	882	1249	1459
省	2260	3326	4234	5923	7097
伊斯兰学校(爱资哈尔)	204	348	605	896	984
高等教育	1707	2485	3352	4550	4223
中央部委(教育部)	127	222	328	542	375
非大学机构	—	—	—	—	691
大学(不含爱资哈尔)	1438	2069	2751	3581	2632
爱资哈尔大学	142	194	273	427	525
其他	262	157	1830	2462	1176
总教育支出	4782	7141	10902	15080	14939

来源:财政部、教育部、高等教育部,1999 年。

埃及高等教育的优势和劣势

埃及高等教育的优势包括师资力量雄厚,主要由大学教授组成;教育和研究学科多样;现存教育机构有悠久的高等教育经验。劣势主要在两个方面:教师工作负担非常重,这就直接影响毕业生的总体质量;效率低下。比如 1974—1975 学年,每个教师平均有 4 位助教,到了 1987—1988 学年,每位教师大概只有 1 位助教,而到了 1998—1999 学年,平均只有 0.6 位助教。财政资源有限,学生过多,基础设施不足,一些领域的教师资历不够,教材和教学设备陈旧,缺乏现代化的教育技术,这些都导致毕业生质量不高。效率低下从缺少可持续的财政政策、责任性差、缺少正规的评估和认证机制可以看出。因此,埃及高等教育也相应地面临很多挑战:

- 全系统的治理和管理。
- 大学层面的质量和适切性。
- 中等技术学院层面的质量和适切性。
- 国家资助在校生财政政策的可持续性。

每一项挑战都将在下文予以简要讨论(MNSHD, 2000)。

治理和管理

政府和管理体系受制于四大基本缺陷:

- 复杂、过时的立法和机构组织。
- 资源分配机制和筹集基金模式低效。
- 质量监控体系缺失。
- 无论在系统还是学校层面,战略规划和管理都不足。

立法和制度框架

目前的立法框架不足以应付高等教育面临的挑战。因为它不允许在开办和资助高等教育方面出现多样化,在埃及开办私立学校很难。此外,埃及宪法规定全国所有教育机构提供的不同层次的教育都是免费的。

另一个有待改革的问题是学校缺少充分的自主权。如参照国际标准,行政人员同教师人数的比例过高(4∶3)。结果是实际教学分摊的公共支出很低。然而,大学的官员不能立马改变现状,因为人事管理受条条框框的限制,像公务员管理一样。工资的高低与教学业绩不挂钩,而且教师一旦被任命,就很难被辞退,此外,埃及没有强制退休年龄,这就形成了一个相对非正态的年龄分布,倒金字塔的上部是众多的资深教师,初级教师很少,他们要承担教学、辅导以及与大多数学生联系的任务。几乎所有的全职教师从被任命开始就是终身制的。

埃及立法规定的行政安排需要调整。部门治理涉及两个独立的框架,受两套单独的法规管辖,一套对应于大学,另一套对应非大学类学校。大学有一个治理机构,名为大学最高委员会,由教育部长担任主席,理论上独立于大学。在非大学的高等技术学院里也有类似机构,也设主席,只不过它自主权要小得多。中等的非大学机构,如中等技术学院,没有此类机构,它们直接隶属于高等教育部。所有重大决定,如大学入学水平和标准、专业和课程的制定,新学术岗位的设立,招聘和任命,资源的分配,学术标准的设立以及这些标准的评估等等,都由高等教育部通过大学最高委员会来制定。

资源分配机制和筹资模式

僵化和低效在整个高教系统和院校机构都存在。首先,在全国性的教育系统层面上,确定教育需求以及利用公共资源来满足这些需求的决策机制匮乏。教育项目由大学最高委员会决定,经常性的财政资源由财政部定夺,投资资源由规划部负责。所有这些需要更有效的规划和紧密的合作。因缺乏提供资金的准则,大学预算由规划部和财政部根据各自的讨论以及对每所大学需求的评估决定。高等教育部在预算过程中起的作用很小。此外,没有有效的政策制定咨询机构为政府提供有关资源分配、与其他机构合作的信息,或帮助决策者规划系统的发展。大学最高委员会和教育部没有技术秘书处来开展政策分析、提供咨询服务、指导系统发展、定期监控教学质量和毕业生的表现。

其次,院校机构层面的资源分配过程已过时,需要重新调整。财政资源不多,仅限于政府资金,学生学费,一些院校内卓越中心提供社区服务、研究和咨询活动的获益。在各预算名目下,学校对内部资源重新分配的支配权非常有限。大学内,预算短缺很难对提高效率、改善教育质量提供奖励,当前的管理机构也不去激励其高级管理人员充分利用资源。校长、副校长、院长、系主任创新使用资源的权力非常小。这些预算都有支出明细,在不同项目间转账的空间极小,除非由校长本人拍板;这种调整在大多数大学都存在,即便是小额转账也得由校长同意。政府预算分配额度的不确定、学年初新生人数多少未知,这些都有碍院校预算的合理性。

质量保障机制

无论对教师个人还是对教育项目或院校本身,都缺乏检测教育产出质量的机制。无论是对特定项目还是对集体,都没有评价教学的机制。绩效评估,尤其是教学评估的标准很不完善。院长们面对员工糟糕的表现也是束手无策。

就总体的质量保障而言,除了一些个别孤立

的举措外,关于有效绩效标准的专门知识极少,而且通常手头也没有资料可以作为评估教育质量的指标。大多数院校似乎都不关注对学生问题的评估,也不关注学生对学习经历的反映。一些特定情况下学生对教育项目有创造性的革新想法时,他们极少能得到院校的支持。

战略规划和管理

过去的30年里,历任教育部长都几次尝试制定高校战略规划,但由于资金有限,加上管理和战略规划的大氛围,没有一个能得到满意的实施。高等教育行业的管理部门(如高教部和大学最高委员会)或大学也都没有建立现代管理信息系统帮助战略规划和资源分配。虽然这些机构收集了很多数据,却极少加以利用。尽管有个别院校想把它们用电脑进行自动化处理,但绝大多数数据的收集和转换是用手工方式完成的。开罗大学、曼苏拉大学(EL-Mansoura)、艾斯尤特大学(Assiut Universities)等已成立信息科技中心,开始着手打造自己的现代管理信息体系。

大学层面的质量和适切性

本科院校统计数据中有个数字十分惊人,那就是留级生的人数。留级生年复一年就读,累及教育系统。如苏伊士运河大学(Suez Canal University)工程类学生第一年通过率为60%~65%,完成第一年学业的学生中只有80%按时毕业。这说明现有的学生遴选标准以及专业划分的过程都不够健全。其他的原因还有缺乏学分制,有些课程不及格需要重修一年,而在某些学系则是要留级重读全部课程。

显然,并不是每个学生都有进入大学深造的能力。选拔过程要以一些能预示成功的特征为基础。这些基础可以是基础知识、学习能力、写作能力、智商、动机和英语熟练程度;对于用英语授课的科目,如医学和工程学,英语水平尤为重要。私人家教只是某些学系的专任教师为学生提供此类服务,需支付相应的报酬。据报道,医学专业的学生每门功课要花费约6000埃镑(1美元相当于3.4埃镑)请家教。私人家教普及的程度说明学生对课程的准备不充分或学生发现自己在课堂上学到的东西很少。另一因素是中学教育阶段学生就过分依赖家教,此举持续下去给第三级教育带来负面影响。

教育投入

教育质量低下和适切性低可归咎于教育投入不足和教学过程的缺陷。教育投入不足可分为两类,与基础设施和学术人员相关。

基础设施

埃及高等教育系统的规模对其基础设施的建设、运作和定期维护的巨额投入构成特殊挑战。另外,图书馆不够多,教育过程中信息技术整合低效,直接导致高等教育质量的低下。

缺乏整体技术规划:在整个高教系统和大学层面,短期资助模式、缺少衔接有序的购买和替代计划,导致信息技术运用起来不连贯,生产力低下。治理机构的缺乏显然和技术计划的缺失有关,两者须齐头并进才能达到理想的显著效果。

信息技术和因特网:在大学内部,教学、图书馆和研究缺乏现代信息技术。在全国层面,埃及的12所大学和埃及大学网(EUN)相连,大学最高委员会起到网络中心的作用。大学最高委员会和因特网相连,向大学提供因特网服务。不过从埃及大学网得不到什么资讯(研究材料、图书馆目录以及学习媒介等)。

图书馆:图书更新缓慢,很多图书的内容过时,这导致图书馆的利用率很低。管理不善使得它不可能优先得到财政拨款以改进现状。现有能进入埃及和国际研究数据库的网络要么很差劲,要么费用高用不起;提供原始文献的系统也是如此,只能通过次要的书目数据库获得资料。网络要么直接给教师和研究人员使用,要么必须通过图书馆工作人员的帮助才能上网,极不方便。也许这种情况和时下流行的一种趋势有关:将图书馆设施的管理和配备分散开来,而不是运用规模经济来运作。大学图书馆各立门户,由学系或系独立管理,没有实现资源共享。因此,埃及12所公立大学拥有200多个图书馆,其馆舍和设备都没有得到很好的维护。在世界银行工程技术发展项目的资助下,埃及建立了一个自动化

图书馆,把 12 所大学的所有 18 个工程类学院联网,不过该网络有待进一步扩展。

学术人员

遴选、招聘、学术资质和能力、报酬和其他奖励等因素都给学术人员带来不利影响。

遴选和招聘:当前体系下,招募学术人员的主要途径是从大学本科毕业生中遴选。这种做法有问题,大致有四方面主要原因。第一,招聘似乎是鼓励和支持优秀大学生的奖励手段,而不是满足专业的需要和提升战略发展规划的有意义措施。第二,几乎没有给系统注入“新鲜血液”,因此,教学和研究模式也几乎一成不变;即便学生在别的学校获得学位,他们经历的培养模式也是如此。第三,因为是从很小的一部分人员中遴选,使得招聘到最优秀人选的可能性大打折扣。第四,该做法假设本科生学习成绩好就预示着将来他们从事研究、教学也会有不俗表现。

学术资格和能力:通常,本科生教师由资历尚浅、专业技能不足的大学毕业生担任。自 1975 年起,埃及有一个为期 3～4 周的新教师教学培训。任何人从讲师晋升到助理教授(assistant professor)必须参加此培训项目。该项目的主要缺点是教师教学技能发展方面缺乏连续性。培训没有强制要求教师进一步发展其教学技能,因此,它从新教师刚开始从教就限制了其教学能力的发展。

报酬和其他奖励:教职人员的工资很低。所有级别的工资由基本工资(同一级别内都一样)和额外增量工资构成。增量工资的数量由工龄和所从事的额外工作量决定。高级管理人员(院长和讲座教授)担任行政职位的补贴也是微不足道。根据法律,所有教师可从事其他工作。低级教师(助理教授以下)可以做家庭教师,但是不可以做咨询师,除非工作已满三年。教师经常利用此规定做其他兼职,以增加收入。兼职两份,有时是三份工作使得教师缺勤率很高,尤其是在专业教学方面。

教职工很少能得到公共资金支持他们的奖学金项目。据报道,科学研究院的学术研究基金很有限,竞争很激烈,因为这种财政支持可以帮助教师与国际学术界建立联系。除了 1～2 年的科研项目,教职工没有带薪学术假,也没有系统性的激励措施鼓励其专业发展。不过教师在职业生涯中有多达 10 年的无薪假期,在此期间他们可以去当地其他学校或国外任教,甚至可以去工厂企业。

教育过程

教育过程的问题可以分为八类:

- 教学方法。
- 工作量和教学负担。
- 工作条件。
- 教师晋升、绩效评估和问责。
- 学术人员的职责。
- 现代教育技术的使用。
- 研究和发展。
- 学生活动。

下面就每一类作简单描述。

教学方法

除了早已形成的传统教学方法外,很难使用新的教学法,因为:

- 教师面对的学生数量庞大。
- 很多高层管理者对新的教学技术了解甚少,也不支持,不太愿意把这些技术手段作为更合适的学习方式。
- 用于购买新的教学辅助工具的资金有限。
- 可用于促进创新的场所和设施有限。

工作量和教学负担

正常的工作量分配(教授 8 小时/周,副教授 10 小时/周,讲师 12 小时/周)是很有问题的,尤其对那些在某个学系给所有的系上基础课的教师而言。这样就几乎没有时间备课。讲师(约占拥有博士学位教职人员的 44%)只要每周上 12 小时的课,再加上同样的备课时间,这样就大约占了一周的 2/3。几年前一个新的法律规定,教职人员要承担正常工作 2.5 倍的任务。而发给所有教职员的月薪(基于等级的固定工资)很少,只要工作量在 2.5 倍以内就不予考虑发额外工资。于是,每周花一两天时间到校外兼职赚外快的人越来越多。估计至少有 44%的教师几乎没有时间备课,或履行其学术职责。

工作条件

大多数学系学术人员的工作环境不利于其教学创新或开展科研。办公场所不够用,也没有被充分利用。按规定,大学里不给教师配备计算机。称职的实验技术员很少,这是学系要重点考虑解决的,尤其对那些依靠实验室设施进行教学和研究的学科而言。

教师晋升、绩效评估和问责

大多数学术人员根据其本科阶段的学习成绩被聘永久性的职位(终身教职)。学校对其教学和科研方面的实际能力甚至是潜能不加以特殊考察。整个教学职业生涯只需两次正式的晋升。没有绩效工资等机制用于区分教师贡献,鼓励优秀教师。各等级间的晋升每五年一次(从讲师到助理教授,再到正教授)。晋升由大学最高委员会任命的教育行业委员会评审,委员会成员包括最资深教师代表(任教授 5 年以上),还接受外部同行评议(限埃及国内)。埃及既不采用学生课程评级,也不用其他机制,比如采取同行评议或建立教学档案,以便评价教学质量。也没有内部或外部的问责机制,比如教师汇报自己工作的年度报告。教师的工资很低,奖金也不多,这是真的;但是他们也不用为时间和教学效果负责,只要去上安排的课程即可。

学术人员的职责

除了繁重的教学任务,学术人员,尤其是教授们被各种教学以外的工作压得透不过气。大学最高委员会指派了 120 个晋升委员会,每个委员会至少有 3 位教授。资深学术人员还担任很多其他委员会的成员,这更使他们难以积极地、全身心地投入本科教学和研究实践。再者,参与这些委员会占用这些资深教师的大量时间,而本来他们可以用这些时间获取奖学金。

现代教育技术的使用

在埃及,现代教育技术和课程相结合,并且在课堂以外能起到改进和拓展教材内容作用的例子很少。缺少财政资源就难以满足购买更好设备、上网、专业发展、寻求专家帮助和发放奖金等方面的要求。学生抱怨大学没有提供使用现代技术的机会,让他们学到更多的知识,深化其批判性思维技能。大多数学生还抱怨计算机不够,上网受限制,学习计算机新技能的机会有限。这些学生认为,如果他们准备在就业市场上有竞争力,就必须学会这些技能。

研究和发展

大学的大环境不利于教师研究出成果,搞创新。大学的研究和发展活动完全依靠教师个人,他们中的一些学者发表的研究成果具有很高的国际水准。大多数教师发表研究成果是为了达到职称晋升要求,而不是为了高质量、创新性的研究。设备和检测设施不足、大学的研究经费有限、研究奖励缺失、校企之间缺少良好关系无法支持研究工作,这些都是影响埃及大学科研成果质量和数量的因素。国际上引用埃及大学的高质量研究成果极为稀少,这与埃及高校数量庞大的教师队伍不成比例。

学生活动

埃及的高等教育系统给学生提供了通过学生会组织多样化活动的合法渠道。这些学生团体每年在各院校选举一次。高校行政部门要确保选举过程的安全,候选人没有极端政治和宗教倾向史,没有犯罪记录。学生有参与校园内众多活动的自由。活动的前提是不牵涉政党,但是与当前热点问题有关的政治文化和讨论受欢迎和鼓励。校内和平游行非常普遍,高校管理方不予反对。但是校外的游行被禁止,不予鼓励,因为怕学生自己或其他外部人员引发暴乱和破坏行为。

政府建立的另外一个学生团体是领导人预备中心。它的目标是为国家培养未来的领导人。每年期中或暑假期间,都有一批批学生参加此中心为期 1～2 周的活动。中心举行的活动包括同部长或政府官员的辩论、与各领域著名人物的文化类会议、社交性体育竞赛等。

中等技术学院层面的质量和适切性

培训和就业市场不匹配最触目惊心的例子是中等技术学院。这些学院招收的学生太少(少于10%)，满足不了现代经济社会需求。中等技术学院的毕业生在非大学教育机构的就业率最糟糕(超过60%的学生至少失业两年以上)。由于这些学校的教育质量很糟糕，导致恶性循环：

- 培养的中级技术人员数量不足。
- 毕业生对就业准备不充分。
- 学生受培训所设想的工作被更高级学校(高等技术学院或工程学院)的毕业生抢走，国家为此付出更大的单位成本代价。

以上不幸的结果也许由如下因素导致：

- 缺乏相关的愿景和足够的在校生。
- 管理体制不完善。
- 专业和经济发展相关度不大。
- 没有受过良好训练的教学人员在恶劣的环境下工作。
- 仪器、设备过时。
- 学生转学、学位衔接受阻碍。

下面简单描述一下上述各种原因。

缺乏相关愿景和足够的在校生

中等技术学院已存在50年，但其使命、战略、理念自成立起没有太大的改变。中等技术学院面临仪器设备维护不到位、教材过时等苦恼。教师培训多年来一直被忽视，使教师队伍的素质不能满足现代经济的需求。47所中等技术学院中的大部分规模都很小(50%的学校学生不足2000人，25%还不足1000人)，它们在社区中的形象也很糟糕。

治理框架

高等教育部全面控制中等技术学院的管理，甚至连一般的设备采购和基础性维修开支也需要它授权。

专业和经济发展脱节

中等技术学院的学术项目应该反映经济社会劳动力市场制造业和服务业对中等技术人才的需求。尽管很多专业的名称(比如计算机系统、信息技术、生产技术、机电一体化)似乎符合社会需求，但实际情况相去甚远。课程、学习资料、实验室设备质量低下，教师的受教育水平低，使这些学院的整体教育质量不高。技术人员和中级人才的培养需进行合理化改革，使教育与经济需求更加相关。中等技术学院和高等技术学院甚至连在市场需求基础上开发专业的有限自主权都没有。

没有受过良好训练的教学人员在恶劣的环境下工作

很多中等技术学院的教师没有校外工作的经验，从教期间很少或没有受到在职培训。他们被看作是高等教育部的雇员，工作量很大，工资却比大学教授低得多。中等技术学院教师在很艰苦的环境下工作，这包括基础设施和教学设备质量差。没有明确的问责制度——学系对学院管理层负责，个人对行政部门负责或个人对学系负责。

教学设施和设备过时

中等技术学院的很多设备都老化(有些出于安全考虑不得不停用)，绝大多数已破旧不堪，需要进行大修和更新。

缺乏学生转学、学位衔接的政策

目前，中等技术学院的学生无法转入大学，虽然有一些很有限的途径可以使他们转入高等技术学院。不让转入大学是可以理解的，因为中等技术学院学生的整体入学门槛低，所受培训的质量不高。不过，随着中等技术学院教学质量的提高，缺乏合理的转学政策会成为问题。应该建立全国性的资质框架来解决这一问题。

招生的财政可持续性

1997—1998年度，埃及5.9%的GDP用于教育，相当于OECD的水平。这些拨款中，28%用于高等教育。教育总开支占GDP的比例从1991年的3.9%增加到1998年的5.9%。尽管埃及公共教育开支(无论是绝对值还是占GDP的比例)增加，但埃及高等教育人数的增长使高校的生均资源反而减少。

在20世纪90年代的快速增长期，生均政府拨款连年下降，从1992—1993年度的6600埃镑降到1998—1999年度的4000埃镑，平均年降幅

8%。拨款下降对教学和设备的质量有重大影响。在学生持续增加的情况下,为了将高等教育的生均拨款提高到1993年的水平(到2008—2009年度,生均拨款需年增5%),政府拨款需进行重大调整。虽然总统和政府强调高等教育对埃及国家发展的重要性,但如果公共资金还是高校唯一财政来源的话,这种努力在财政上和政治上都难以行得通。目前,埃及宪法要求各层级实行"免费教育",收取学费难以实现。为了长远的改革计划,不能不考虑修订宪法允许收取(至少部分收取)学费,以支持高等教育。

埃及高等教育的规模对提供优质教育提出了特殊挑战。埃及拥有世界最大规模的高等教育系统之一。在1998—1999年度,它招收了128万名学生,雇佣了47700多名教师。据往年数据估算,学生人数将以每年4%的速度增长(MNSHD, 2000)。尽管埃及过去10年人口增长率显著减缓,但一批批涌向高校和劳动市场的学生人数在快速增长;鉴于过去的高出生率,这种增长将会持续下去。就这样,高等教育入学率在1992—1993年度到1998—1999年度期间每年增长17%。据保守估计,在中学改革计划(SERP)下,中学入学率将会快速增长(但不像过去10年那样),每年约增长5%~6%,一直持续到2009年(MNSHD, 1999)。另外一种算法是:考虑到人口高速增长,为了保持18~22岁年龄段人口目前19%的入学水平,未来10年每年将新增60000名学生。很显然,若要在未来10年将入学率保持在至少25%(政府雄心勃勃的改革目标),每年要扩招大量新生,需要大量投入,这超出了政府自身的能力。

改革行动

回顾一下以前针对当前和未来改革行动的革新动议和政府策略,对于了解改革全貌很有必要。事实上,激烈的竞争和快速的变化是新的全球社区的主要特征。要在竞争的环境中立足,传统的改革方法需要改进。如果像埃及这样的发展中国家在教育水平上要缩小与发达国家的差距,需要实施完全不同的"跳跃式方法",也就是必须加大步伐加快速度。随着通信、信息技术方面的进步,发展中国家现在迎来了实施"跳跃式方法"的黄金机会。埃及已签署有约束力的国际协议,致力于地球村建设。该协议已开始生效。

工程和技术教育计划(ETEP)

通过高等教育部及其计划实施部门,埃及政府开展了一个世界银行资助的工程和技术教育计划,为期七年(1992—1998)。项目资金包括世界银行资助的3050万美元,当地政府配套的相当于1400万美元的当地货币。该计划旨在改善和加强埃及的工程和技术教育。为了应对这一挑战,该计划的目标有:1)提高埃及大学工程教育的质量和职业相关性;2)通过支持和发展一种新的、更有效的职业教育机构模式,提高埃及中学以及中学后技术教育的质量,这样可以满足日益增长的对准备更充分、素质更高的技术师资的需求。

为实施工程和技术教育计划下的改革项目,建立了两个工程部门。下面对每个部门的成就简单描述如下:

工程教育发展计划(EEDP)

在六年的时间里,该计划开展了很多活动:

- 在竞争基础上开展了159个项目,建设实验室和新的项目来培训教师/技术员。据同行评估委员会报告,所开展项目的成功率达到97%。
- 超过15%的工程教师参加了工程教育发展计划的发展活动。
- 开发了6门基础工程学的样板课程,在所有18个工程类学系中推广。
- 支持学术界与业界的联系。
- 开发了现代化教学工具(电子版格式)。
- 引入机构化自我评估和质量保障机制,作为建立认证机制的第一步(先行在3个学系实行)。
- 建立了一个综合的工程类教育数据库,面向所有工程类学系。
- 18个学系的图书馆实现自动化,因特网实现联网。

技术教师教育发展计划(TTEDP)

目前,随着工程教育发展计划的实施,技术

教师教育发展计划下又建立了很多部门：

- 建立了两所工业教育学院(IEDs)，培养综合素质的师范毕业生，能将理论与实践结合进行教学。
- 两所工业教育学院都建立了教师培训和发展中心。
- 两所工业教育学院的基础设施已被翻新，装配了76个实验室和车间。
- 10个专业开发了180门课，聘用来自大学、技术学院、企业的超过65名当地专家，并由英国文化委员会进行国际评估。
- 核心教学人员在荷兰和英国接受培训(31人获硕士学位，7人由高等教育部派遣攻读哲学博士学位)。
- 实施在职教师培训项目。
- 在两所工业教育学校都建立了网络实验室和自动化的图书馆。
- 多媒体课程软件和最新教学材料(有些是电子版)都向两所学校提供。

政府改革策略

在工程和技术教育计划成功完成之后，最近政府采取行动，在高等教育改革问题上达成了政治共识，这创造了一种有利于实施进一步具体改革的氛围。政府意识到日益扩大的贸易、金融和信息流动的全球化加剧了竞争，这增加了埃及将落后于竞争对手的危险。信息改革和知识经济所带来的启示需要写进埃及的发展议程中。小学教育入学人数成功增长(入学率几乎达到100%)，中学教育中信息技术的学习和教学方兴未艾；受此鼓舞，政府正在努力提高终身学习的教育质量和机会，以求与世界的发展趋势协调一致(UNESCO, 1998)。

为了抑止高等教育质量的下滑，1997年高等教育部部长任命了一个高等教育提升计划(HEEP)委员会，成员由来自学术团体、业界和议会的人员组成。这个25人委员会和另外50多位来自不同专业背景的人一起组成6个分委员会。这50多人有公立和私立大学的代表，有高等教育机构的代表，有行业和企业的代表。每个委员会都有一个特定的议题，每月举行会议和公开的听证会，让主要的利益方为改革项目达成全国性共识。这意味着要给在受审议的关键领域发现的问题给出答复。

在改革计划的准备阶段发生了一些事。世界银行为一些高等教育提升计划委员会的成员安排了两次学习访问(本文作者参与了这两次访问)。1998年1月去苏格兰和法国(El-Sharkawy, Anis and Said, 1998)，1998年4月到5月去新西兰和澳大利亚(Elsalmi, 1999)。在接待国，参加学习访问的成员获得了关于高等教育改革的宝贵的"第一手"信息，结合预期的埃及高等教育改革，他们汇报了调研结果、经验教训并提出建议。选择访问这些国家是因为它们近年来都在实施改革计划(Dearing, 1997; Allport, 1998)，可使来访者学习其最新的改革经验。虽然这些国家同埃及有着各种文化和教育的差异，但改革举措和经验还是有相似之处，值得借鉴。

另一重要活动发生在1999年7月，当时与世界银行合作举办了一个国际专题研讨会。该会议选取一些国际上著名的改革国家，目的是了解世界范围高等教育发展的趋势，以及存在的重要问题，比如质量、多样化、经济和财政来源替代渠道等。为此，世界银行邀请了5位有丰富国际经验的高等教育专家，就影响高等教育改革的主要问题进行研讨。国内和国际上的专家就高等教育改革总体政策和战略构架的形成交换观点和看法，这对埃及改革计划的发展大有裨益。研讨会的会议记录已分两卷出版(National HEEP Committee, 1999; MNSHD, 1999)。

在准备高等教育改革构架过程中，国家高等教育提升计划委员会注重研究高等教育问题。委员会审议和考虑了很多有价值的观点，这些观点都包含在世界银行指导21世纪高等教育改革的3个报告(World Bank, 1998b)、高等教育质量保障(World Bank, 1998c)和高等教育的财政管理(World Bank, 1998a)等文献中。

这些改革计划促成了2000年2月13和14日开罗全国大会的召开。1200多名与会者在会议宣言中达成了共识，建议对高等教育的法律、财政和结构进行改革。会议记录包括了过去两年应对各类改革问题的研究、报告和建议的全方位的信息。总理和总统签署了这一宣言。媒体评论和公众对这项声明的反应促使教育改革成为一项运动,公众呼吁政府要将宣言付诸行动。虽然埃及报纸报道了教职员工中对某些问题的消极反应,但是埃及已经搭好舞台,开始了意义非凡、势在必行的教育改革。

宣言的改革议程极为宏大。政府正着力解决会议所提出的问题,已着手就问题的轻重缓急进行安排。改革的关键领域有:

- 发展统一的高等教育框架(包括新的立法)。
- 建立新的高等教育最高委员会,主张高校自治原则。
- 建立全国质量保障委员会,为定期评估提供特殊指导。
- 建立一揽子拨款的资金构想和全国层面的高等教育"总体计划",包括改革入学政策。
- 制定变革计划,提高教育投入(信息技术、图书馆、教学人员的聘用、教学方法的改进),完善新的专业和课程标准(比如对社会需求、标准实现以及社区发展动向的反应)。
- 拓展中等技术学院和高等技术学院,将现有的中等技术学院整合成地区多科技术学院,隶属于当地的某所大学,与当地的业界相联系。

政府干预的其他目标还有建立全国资质认证体系(NQF)、卓越中心和多媒体中心,以及埃及开放大学等。另一目标是通过改善实验室和设备等基础设施,提高毕业生的学习和研究能力。全国资质认证体系的建立将给教育系统带来活力和灵活性,它也是全国高等教育提升计划会议的核心建议之一。全国资质认证体系的一大特征是不同专业可以无缝对接,只要另一个专业的学术水平通过统一的学位或考试来保证。高等教育提升计划会议通过了另外 25 个项目的实施。单子上列出了每个项目在入学、质量、效率、适切性、管理和财政等五方面问题上的预期影响,以及对每个项目主要实施实体的影响。

院校能力评估

很有必要开展院校能力评估,以确保实施改革项目的单位有成功实施项目的能力和措施。院校能力评估分析主要涉及组织设置,领导和管理,财政、物资和人力资源以及其他的关键工作。评估的主要目的是找出能力的缺陷,并提出改进方法。已开展了一项院校能力的研究,来评估参与高等教育提升计划委员会 25 个项目的政府部门和高校。研究报告包括了所有上述活动对研究作出的反应(Said, 2000)。

高等教育提升计划(HEEP)

会议宣布的改革计划规模宏大,需要广泛、多样化的金融支持。埃及政府已向世界银行寻求帮助,希继续支持其整个教育领域的改革,将对基础教育和中学的支持延伸到第三级教育领域。在过去 10 年里,世界银行一直支持埃及政府改革教育部门。目前,基础教育和中学改革项目的实施得到世界银行和欧盟的支持(MNSHD, 1999)。

世界银行支持埃及当前改革举措的实施。会议的绝大多数建议(虽然不是全部),将得到高等教育提升计划的支持。该战略选择源于埃及教育系统面临亟待解决的问题,很多这样的问题盘根错节,而政府和全国高等教育提升计划委员会实施综合改革的愿望十分强烈。此外,大家观点一致,认为全面的改革计划可以得到政府、世界银行和其他援助方的资金支持,这将给全面改革注入催化剂。欧盟委员会和美国国际开发署已分别对支持埃及中等技术学院和教师培训项目表示兴趣。

更具体地讲,高等教育提升计划将解决:

- 教育系统陈旧的治理和管理体系。
- 与大学毕业生素质低下、适切性低相关的所有问题。
- 与中等技术学院毕业生素质低下、适切性低相关的所有问题。

另一重要的问题是公共经费资助在校生的财政可持续性,该事态还在发展中,也将是今后进一步持续讨论的话题。不过,政府应该确定其招生目标是什么,该如何资助学生,这很重要。政府领导人常常宣称给所有的中学毕业生提供接受高等教育的机会。据预测,入学人数增加后,在更有效使用现有能力的基础上,一些公立学校的容量将增加,如中等技术学院、远程教育以及私立学校接收学生的人数也将提高。

结 语

埃及已经开始实施整个教育领域的主要改革计划。总体改革，以及高等教育提升计划特别项目的改革成败将取决于政府、学校、教师和学生如何在改革计划中起作用。高等教育运作方式的重大改变，对这种改变本身的态度变化，都需要营造妥善的发展环境氛围。高等教育的改革是一个持续的过程，不可能单凭发布法律、法规，提出建议就一蹴而就。只有所有参与改革的利益相关方致力于达到预期的变化，改革才能继续，才能成功。支持高等教育改革和埃及的发展计划，每个人都要发挥最起码的作用（Said，1999）。

埃及提出的很多改革项目仅需要学校出最少的经费，或不向学校要额外的资金。在新兴的全球化世界，埃及如果要应对大量扩招并且提高毕业生素质的挑战，必须按高等教育的国际标准和实践办事。

参考文献

Allport, C. 1998. "Thinking Globally. Acting Locally: Life Long Learning and the Implications for Unversity Staff." Keynote address presented at Re-working the University, a conference held at Nathan Campus. Griffith University, Australia. December.

Dearing, R. 1997. "Higher Education in the Learning Society." Report for the National Committee of Inquiry into Higher Education, Norwich, England.

Elsalmi, A., ed. 1999. "Higher Education in Australia and New Zealand: Lessons Learned." Study tour report presented to the World Bank Human Resources Group, Middle East & North Africa Region.

El-Sharkawy, A., I. H. Anis, and M. E. Said. 1998. "Higher Education in Scotland and France." Study tour report presented to the World Bank and the Egyptian Ministry of Higher Education.

AMNSHD (Middle East and North Africa Sector for Human Development). 1999. Secondary Education Reform Project(SERP). Arab Republic of Egypt, Project Appraisal Document. World Bank.

——. 2000. "Higher Education Enhancement Program (HEEP)." Arab Republic of Egypt, Project Concept Document. World Bank.

National HEEP [Higher Education Enhancement Program] Committee 2000. "Higher Education in Egypt." Proceedings of the National HEEP Conference, February 13-14. Egyptian Supreme Council of Universities (SCU) AND mohe.

National HEEP Committee and The World Bank. 1999. Higher Education Enhancement Program. International Symposium, June 24, Cairo. vol. 1: *Excerpts*; vol. 2: *Monographs*. Cairo: World Bank Print Shop.

Said, M. E. 1999. "Higher Education Vision for the 21st Century: A Future Outlook." Keynote paper presented at CAINET99 Fourth Internet Conference and Exhibition, Cairo.

——. 2000. "Institutional Capacity Assessment of Government Agencies: Institutions Selected to Implement the Proposed Development Project HEEP." A World Bank Report.

Said, M. E., H. I. Anis, and M. K. El-Said. 1999. "Implementation Completion Report: The Arab Republic of Egypt, The Engineering and Technical Education Project (E) TEP." Report No. 19445 of World Bank Human Resources Group, Middle East & North Africa Region.

SCU (Supreme Council of Universities) Statistical Department. 1999. Annual Statistics. University Education Development Research Center, Ministry of Higher Education. 7 vols. Cairo.

Task Force on Higher Education and Society. 2000. *Higher Education in Developing Countries: Peril and Promise*. Washington, D.C.: The World Bank.

UNESCO Declaration. 1998 "Higher Education in the Twenty-first Century: Vision and Action. Proceedings of the World Conference on Higher Education, October." Available online at: http://www.unesco.org/educationwchepdf/participants_doc.pdf

World Bank. 1998a. "The Financing and Management of Higher Education: A Status Report on Worldwide Reforms." A World Bank Report.

——. 1998b. "Higher Education in the 21st Century." A World Bank Report.

——. 1998c. "Quality Assudurance in Higher Education: Recent Progress, Challenges Ahead." A World Bank Report.

30 赤道几内亚

黛博拉·波默罗伊

引 言

了解赤道几内亚共和国(赤几)的地理、历史、文化、政治和经济背景,将有助于了解这一人口60万,领土面积28050平方公里(10830平方英里)的非洲小国的高等教育。这些因素给该国的高等教育带来了一些独特的挑战。本章将展示这些背景性的因素,呈现赤几教育的概貌,对其国立大学——赤几国立大学(La Universidad Nacional de Guinea Ecuatorial,UNGE)进行介绍。我还将介绍西班牙远程教育大学——国立远程教育大学(Universidad Nacional de Educacion a Distancia,UNED),以及该国其他的高等教育机构。

赤几地处加蓬和喀麦隆之间,位于非洲西海岸的中段。共和国包括该国最大城市巴塔(Bata)所在的大陆省,此外还有许多岛屿,其中最重要的是比奥科岛(Bioko)。该岛是赤几最大的岛屿(2020平方公里;780平方英里),位于几内亚湾,是该国首都马拉博(Malabo)的所在地。与到大陆省的距离相比,奥科岛更接近尼日利亚和喀麦隆。该岛与更大的人口群体以及大陆分离,带来了许多问题。

赤几两大主要的文化和语言群体是大陆上的芳族人(the Fang)和比奥科岛上的布比族人(the Bubi),他们都是班图族移民大浪潮中的班图人(Bantu)后裔(Diamond,1997;Vansina,1989)。芳族人的文化相当复杂,基于紧密的家庭纽带。他们的技能和文化结构最初是为了适应商贸活动的需要,在这方面他们非常成功。对商贸活动的依赖,却造就脆弱性,带来极大的艰难困苦。他们与西班牙人的关系如果不是完全不信任的话,总体上相互之间也是存在猜疑的(Fegley,1989)。独立后,国家领导人大多是芳族人。因此,许多为政府、能源企业以及国立大学服务的芳族人现在都生活在马拉博。布比人有孤立主义的传统,这一特质保护了他们,也使他们被排除在国家发展的主流之外。尽管如此,随着比奥科岛的发展,一些布比人也得到了相对较高层次的教育,在当地经济中得到了重要岗位。

15世纪70年代早期,葡萄牙船长费尔诺·德波(Fernao de Poo)是发现比奥科岛并宣布拥有该岛的欧洲人。1778年,西班牙通过条约取得了对该岛以及大陆部分的控制权。1827—1843年间,英国人按照协议建立了克拉伦斯港(Port Claarence),作为海军基地阻止奴隶贸易。该港口的所在地现在成为马拉博。该国一直处在西班牙的统治下,直到1968年赢得独立(Fegley,1989)。

马西埃·恩圭马(Macias Nguema)领导了为实现独立的和平过渡,但当其与西班牙的关系恶化后,他成了一个独裁者。1975年,他关闭了学校,终结了正规教育。1977年,西班牙与其断绝了外交关系。1978年所有的教堂都被迫关闭。1979年,马西埃政权被其侄子特奥多罗·奥比昂·恩圭马·姆巴索戈(Teodoro Obiang Nguema Mbasogo)中校领导的政变所推翻。美国国务院的一项研究指出,马西埃政府的恐怖统治"导致该国高达三分之一的人口死亡或流亡他乡"(U.S. Department of State,1989:4)。多项访谈和/或直接观察显示,许多知识分子受迫害尤甚。

政变之后,赤几的生活逐步趋于正常化。与西方国家的关系得到了恢复。一些流亡者返回了故乡,国家举行了多轮选举。赤几有一个占据支配地位的政党,保持着相对的稳定。多年来,国际特赦组织的各种报告(1996—2000)表达了对政治压迫和缺乏言论自由的担忧。不过,赤几正在缓慢地发展其出版和广播事业。本国报纸,包括一份反对派的报纸,都很容易获得,但是国际报纸无法买到。因为电话线不多,服务器也极少,提供的服务非常有限,接入互联网受到了很大的限制。很少有个人拥有计算机,甚至在马拉博也仅有一家商业机构向公众提供使用计算机的服务。

马西埃时代,赤几与苏联、古巴、中国和朝鲜发展了紧密的联系(U. S. Department of State, 1989)。但是近来大量开发的近海石油矿藏,使该国向西方靠拢。非洲公司委员会(2001)预计,赤几将是2001年全球发展最快的国家。这些资源的开发给比奥科岛带来了重大的改变。巴塔近海发现的石油也为大陆地区带来了类似的变化。能源收入注入经济中,带来了银行业、商业和教育发展的需求。因为这一新的经济来源,赤几正从多年被忽视、有些地方甚至是被毁坏的物质、社会和教育基础设施中发展起来,但这过程缓慢且不均衡。

伴随宝贵资源而来的是责任。在能源公司庞大的经济规模面前,保持经济健康平衡的发展已成为一大挑战。赤几必须避免重蹈邻国的覆辙,才能充分利用好自身的石油财富。欧尼史(Onishi, 2000)指出了邻国没有解决这些问题所带来的反面案例。尽管有人持怀疑的论调(Hecht, 1999),欧尼史指出,政府首脑们正试图避免其他非洲国家所犯过的错误。这也许会是教育系统所面临的终极挑战。

普通教育的背景

殖民地时期,赤几的正规教育只是专门执行传教的职能。尽管在比奥科岛上早期就有许多新教徒存在,但在西班牙统治下,天主教成为官方的信仰。传教团提供的初等教育是免费的,到了1943年,赤几全境的儿童都有机会接受初等教育。想要接受中等教育的学生只能出国求学,因为直到二战结束之前赤几实际上不存在中学(Fegley, 1989)。尽管明显没有受高等教育的机会,西班牙还是制定了政策以鼓励当地人在高等教育领域、高工资岗位或是文职岗位中寻求就业。因而,在独立时,赤几的识字率和人均收入水平在非洲大陆上是较高的(U. S. Department of State, 1989)。

目前赤几有一个的公立学校系统,由教育部管理。该国还有一定数量的私立和传教士学校。一些私立学校,如西班牙学院(Colegio Español)、法国学校,以及尼日利亚—赤几国际学校,由外国机构经营,依靠学费维持。其他的学校则完全独立。该国的传教士学校有着悠久的历史,备受推崇。尽管这些独立学校大多采用自己的课程,但其教育水平与公立学校不相上下。

公立教育计划由5个等级的义务初等教育组成,最后是全国性的考试。顺利通过该考试可以升入中学。中学教育有7个等级,最后一年是大学预科教育。通过了七级的考试之后,学生可以参加大学入学资格考试。在这次考试中取得优秀的成绩将使学生能够进入大学,或是有资格申请奖学金去国外大学就读。另外还有一些公立的多科技术学院进行职业教育。

1993年以前,西班牙合作署(the Spainish Cooperation)通过提供课程、教科书和培训教师对赤几的公立学校给予直接帮助。此后,西班牙合作署的关注点转向了西班牙的传教士学校、西班牙学院和国立远程教育大学。这增强了本国对学校的控制和拥有,但与此同时,公立学校的宝贵资源被转移流失,办学难度加大。许多赤几人认为公立学校的教育质量下降了。

教育部报告称,1997—1998年度,中学毕业生的比例为10.1%(Asuma 2000)。尽管教育部官员们非常重视,但公立教育系统的总体条件还是非常糟糕。学校缺乏受过培训的教师,城市学校的教室非常拥挤,有的教室里挤满了60多个孩子。小孩子常常三四个人围坐一桌,有的时候还不得不席地而坐。许多教学楼维修不善,城市里的学校采用复式班教学,没有课本、教材以及设备。大多数学生上了12年的学,都没用过课本。一部分原因在于书籍和资料的短缺,更主要的原因在于殖民地时期遗留下来的传统,教学模式就是单一的说教和背诵。学校没有图书馆、实验室或是体育馆之类的专门设施。农村学校的条件就更为糟糕。传教士学校和私立学校提供的学习环境和机会要好得多,但即便是这样,它们也得为提供书本、教材而大费周章。

赤几国立大学培养教师,但教育部报告称受过培训的教师欠缺。为了弥补差额,大学聘用没有资格证书的教师。公立学校教师的工资很低,有许多报告表明教师们为了养家糊口兼有两三份工作。许多被访者报告,教师所承受的经济压力对学校教育的质量有着深远的影响。尽管近些年来国家财富有了大幅增长,但所有证据都表明普通教育的经费并没有明显增加。

高等教育:赤几国立大学

赤几国立大学创立于1995年1月。它的主校区建立在原国立农业学校的旧址上。主校区内建有行政管理中心,农业、渔业及林业学院以及文科和社会科学学院。能够容纳200名学生食宿的学生综合宿舍楼位于主校区以外1公里处。管理学院与师范学院分别位于马拉博的其他地方。大学也在巴塔设有一些教育项目:护理学院、新开办的医学院,以及师范学院的一个分部(仅培养小学教师和中学低年级教师)。新的工程与技术学院也在巴塔,2001年首次招生。在巴塔的教育设施都分布在各处。现在工程学院已经建立起来,暂时没有计划要再建其他的学院。大学管理层的目标是要巩固和加强现有的教育计划而不是进一步扩展。

教育项目

农业、渔业及林业学院(马拉博):农学院是赤几国立大学最早设立的学院,它由国立农业学校(La Escuela Nacional de Agricultura)发展而来。因为它是同一校址上原有学校的延续,该学院的课程与设施都是现成的。多年来,一些教授增加了本土样本的收集供实验室使用。该院副院长表示,学院过去每年可以招生150名左右,但后来因为赤几国立大学开办了许多新的教育项目,再加上相关领域毕业生就业困难,招生人数急剧减少(Nchama, 2000)。表30.1的入学数据显示,所有一年级学生都学习共同核心课程;二、三年级开始专业分流,学习各自专业的课程。尤其值得关注的是各专业二、三年级入学人数总共不过43人。这一数据意味着这些专业中有大量的学生中途流失了。学生中途退学在能源公司谋职的轶闻也印证了这一结论。

该学院有一个技术工程专业,学业三年,除了常规的学期课程外,还包括了两个夏天的实习。最后还要求学生花6个月的时间完成一篇高年级的论文。农业机械学和渔业专业要求286个学分,而林业应用与农业应用专业分别只需170和183个学分。石油技术的学分要求无处可查。专业的负责人解释,学分的差异在于实验室工作和实习科目;一学分等于预定的10个学时。所有专业都不开设选修课。

该学院共有教师38名,其中3人拥有博士学位。其他教师则拥有学士学位或技术工程学位。因为有这样一个现成的课程计划,尽管教师们自己没有时间或是经费支持从事科研,他们也非常有经验来指导高年级的论文和研究。

表30.1 2000—2001学年赤几国立大学农业学院学生入学情况

项目	2000—2001学年录取人数
一年级公共核心课	51
林业发展	6
石油技术	14
渔业	12
农业和林业机械	6
农业发展	5
总计	94

来源:赤几国立大学校长办公室,2000年,马拉博。

表30.2 2000—2001学年赤几国立大学文科和社会科学学院学生入学情况

专业	2000—2001学年录取人数
法律	69
政治科学和社会学	38
信息科学和传播学	16
西班牙语言学	10
总计	133

来源:赤几国立大学校长办公室,2000年,马拉博。

文科和社会科学学院(马拉博):在5位西班牙阿尔卡拉大学(Universidad de Alcala)教师的协助下,文科和社会科学学院的教职员们设计了学院的教育项目。法学、政治学、社会学、信息科学与西班牙语言学的专业是五年制的,毕业后取得学士学位。所要求的学分数则从信息科学的

240 学分到法学的 289 学分不等。所有这些课程计划中都没有选修课。学生要在最后一年完成一篇高年级论文。

该学院是新办的，尚无毕业生。入学的第一年，所有学生都学习公共核心课程再加上几门专业课。社会学和政治学项目的前三年课程相同，专业分流只在后两年才出现。正因为如此，表 30.2 中这两个专业的入学人数没有加以区分。据教师们说，因为法学和政治学领域的毕业生有较好的就业机会，这两个专业从建立之初就一直在扩招，而其他专业的入学人数则保持稳定。表格中的数据显示了各专业的入学总人数。

该学院共有教师 31 人，其中一人拥有博士学位，其他人都是学士。部分教师还在国立远程教育大学任教。

管理学院（马拉博）：该学院设有 3 个三年制专业，所有专业第一年都采用共同核心课程。要求的学分数从 214 学分到 219 学分不等，没有选修课。除了常规的学术性教育项目，该院还开办了一个两年制的证书教育项目，教授基本的办公室技能。表 30.3 显示了第一年公共核心课程的入学人数，以及其他课程第二、三年入学人数的总和。

表 30.3 2000—2001 学年赤几国立大学管理学院学生入学情况

项目	2000—2001 学年入学人数
一年级公共核心课	18
公共管理	14
人力资源	3
工商管理学	39
旅游	—
总计	74

来源：赤几国立大学校长办公室，2000 年，马拉博。

此外，该院开办的两年制办公技能证书教育招生 25 人。

管理学院的教师中一人为博士，其他人均为学士。

小马丁·路德·金师范学院（马拉博/巴塔）：从殖民时代开始，这所师范学校几易其名，也有过很多院长，但其校址一直没变。最初，这是一所寄宿制学校，但是现在它已经成了赤几国立大学的一所下设学院。在巴塔的师范学院建立于 1984 年。师范学院开设有两个证书教育项目：一个是两年制项目，颁发初等教育教师证书；另一个是三年制学士学位项目，培养中学教师，有学科区分。这两种教育项目都要求教育实习。专业可细分为学前教育、初等教育、外语、中学基础文科、中学基础理科。在巴塔开设的项目只培养小学和中学低年级的教师。

马拉博校区有 20 名教师；巴塔校区有 35 名，其中 2 名有博士学位。2000—2001 学年，马拉博校区招收了 122 名学生。按照管理者的说法，学院面临的一大问题在于：许多学生来师范学院就读仅仅是因为他们没有别的事情可做。

卫生与环境学院（巴塔）：该学院开设有三年制的护理项目，目前招收了 41 名学生——29 位男生和 12 位女生。护理项目设置完备，独立于医学院办学。

医学院（巴塔）：该学院在设施和管理上与护理学院分开。它开办于 2000 年秋季，当时招生一个班，共 30 人。医学项目学制六年，毕业后授予医学博士学位。除了赤几教师外，该院还有 9 名古巴医师在这里担任教职。该院的课程是按照古巴医学教育的模式设置的。

工程学院（巴塔）：这所新的学院计划在 2001 年初开办，将会开设包括机械、电气和建筑工程在内的三年制学位项目。

语 言

大多数赤几人使用多种语言。西班牙语是官方语言，除了尼日利亚人学校用英语教学，法国人学校用法语教学外，其他所有学校的教学语言都是西班牙语。赤几被法语非洲国家所包围，所以直到最近几年，法语一直是商业语言。在随意的交谈中，大多数成年人使用各自的民族语言，比如芳语和布比语。那些在苏联接受过教育的人也说俄语。而现在，经济领域的语言是英语。尽管政府没有为使用英语制定官方的政策，但政府几个部门的官员们主张英语是未来的语言。一些中学开设英语课和法语课。赤几的儿童新闻杂志有用英文写成的特写故事，还有英语语法和词汇方面的课业。赤几国立大学开设基础技术英语课。这些课程由第三或第四语言为英语的本国人教授。这些教师大部分说英语,但他们并没有作为英语教师受过专门训练。能源公司提供英语培训,由一些移居国外的人来辅导或教英语。会说英语的人在能源公司就业有很大优势,因此许多人离开了学校以寻求更赚钱的工作。

赤几国立大学的教师

下列数据摘自教师及其课时表。一共有四类教师:

- 特殊教师(教学少于 8 小时);
- 兼职教师(至少 8 小时的教学;在校内共 12 小时);
- 全职教师(教学 15 小时;在校内共 25 小时);
- 专任教师(教学 15 小时;共 25 小时全在所属院系)。(见表 30.4)

某些情况下,教师划分时间给不同的学校上课;他们在两所学校里都被认为是兼职教师。

大学管理层非常清楚这一缺陷。当前的构想是要发展与其他大学的合作关系,以使赤几国立大学加强其专业与师资。大学愿意为教师提供更多的接受更高层次教育的机会,期待各个学院里能有更多的全职教师和专任教师,让他们有时间从事科研。而当前,因为没有时间并且缺少高级学位教育,没有教师从事科研活动。赤几国立大学将制定高级学术论文规则视为向科学研究制度化迈出的第一步。

表 30.4 赤几国立大学教师分配情况

学院	特殊	兼职	全职	专职	总数
文科和社会科学	0	27	1	3	31
管理	19	9	3	0	31
农业、林业和渔业	4	16	7	11	38
马拉博教师教育	13	6	1	0	20
巴塔教师教育	2	10	17	6	35
医学和护理	*	*	*	*	*

注:* 无数据。
来源:赤几国立大学校长办公室,2000 年,马拉博。

技 术

尽管管理者、教师、学生高度重视,赤几国立大学仅拥有非常基本的技术设备。到了 2000 年 11 月,整个大学里还只有一个互联网连接口,而且是在校长办公室里。主校区的两所学院分别拥有一台计算机;而其他学院则一台也没有。主校区有个非常有限的计算机实验室,只有三个功能单元,而且都不是联网的。赤几国立大学基本上依靠的是石油公司提供的淘汰计算机设备,软件全部卸载干净。不幸的是,这种捐赠带来了问题,因为许多组件运行很慢而且难以修复,组件之间互不兼容,与新的软件也不兼容。西班牙文键盘与英文键盘也不一致。

设 施

赤几国立大学的图书馆设施相当有限,图书不能外借。主校区的图书馆藏书约 3500 册,位于一间小房间里,仅能容纳有限数量学生。师范学院的藏书相似,存放在一个宽敞明亮的大房间里。管理学院只有几百册图书,放在一个小房间里。图书馆的大部分藏书是课本,这是为那些买不起课本的学生准备的。在雅温德的美国大使馆向赤几国立大学捐赠了 19000 美元,用于图书馆建设。

总体而言,赤几国立大学的设施干净,地面整洁。主校区的建筑基本都维护良好。教室面积够大,室内设施也不少,但是缺少视听设备。科学实验室缺水缺电,设备也很差。马拉博其他校区几乎没有设施完善的,它们缺少基本的设备,已有的设备也需要修理。师范学院拥有八间教室,一间办公室,一个图书馆,没有实验室。管理学院有五间教室,一个图书馆和一个办公室。其中一间教室配备了八台老旧的手动打字机,供办公技能证书项目使用。

主校区已经没有空间可以继续扩展,而各项设施的分散,使教学、管理资源得不到高效利用。校区之间没有联网(只有主校区拥有一台计算机),电话和传真机也很少。马拉博各校区之间的书面信息需要人工传递。马拉博和巴塔之间的交流非常有限。因为缺少基本的技术,各校区之间的合作与信息交流异常困难。

财 政

赤几国立大学平均97%的运行开支由国家资助，余下的3%依靠援助、捐赠、合作活动的收益以及学生支付的少量注册费。举一个外部援助的例子：1998年联合国教科文组织与赤几政府各自分担50%的费用建设中央管理大楼。

下面这些是造成大学财政问题的主要因素。按照联合国开发计划署的《2000年人类发展报告》，赤几用在教育上的开支约为发达国家平均投入的三分之一。实际上，这所大学所有的财政支持都来自这点数额很少的国家教育预算。与此同时，陷入绝境的公立学校系统也在争取那点国家预算。大学在发展，需要开设医学和工程学方面新的专业，但是同样重要的是现有的学位项目需要作出重大改进。大学的附属学院没有计算机，有的甚至没有传真机。尽管有迹象显示大学的经费有所增长（比如，新专业的进展，行政中心得到了一些新的计算机，购买了一辆新车），但是总体的财政状况还是很糟糕。

伙伴关系

赤几国立大学与西班牙的亨纳雷斯阿尔卡拉大学，新墨西哥大学（UNM），在费城的阿卡迪亚大学（Acadia University，前身是比弗学院）建立有合作关系。与阿尔卡拉大学的合作包括课程规划、教师与管理人员培训、图书馆的现代化以及对外西班牙语课程。阿尔卡拉的教师帮助赤几国立大学的一些教师对课程进行评估，以使之达到西班牙的标准。赤几国立大学的教师与管理人员还访问阿尔卡拉大学，参加工作坊和培训。

与新墨西哥大学的合作开始于1996年。1997年美孚石油资助赤几国立大学的30名教师和管理人员赴新墨西哥大学，花6周时间学习大学的运作。美孚还向2名赤几国立大学教师提供奖学金，资助其在新墨西哥大学学习9个月。两所大学计划开展进一步的合作活动，但是还没有得到经费赞助。

1999年，阿卡迪亚大学与赤几国立大学签署了合作协议。1998年开始，阿卡迪亚的比奥科岛生物多样性保护计划（BBPP）就邀请赤几国立大学师生，参与其每年以普查岛屿上7种猴子为目的的卢巴大火山口（Gran Caldera de Luba）探险。这些探险使来自赤几国立大学的参与者得到了训练，他们与美国师生并肩工作。所有赤几国立大学方面的参加者都得到了新发行的简报，以及探险活动的报告。林业部的技术助理也参加了这些探险。因为参与过这些活动，好几个大学毕业生现正受雇于比奥科岛生物多样性保护计划，其中一人已经开始填报自己的研究资助申请。

比奥科岛已经被认为是几内亚森林“热点地区”的一部分，这是地球上生物多样性保护最有价值的地区之一，因而自然对科学家们极具吸引力。阿卡迪亚与赤几国立大学以及赤几的很多政府部门建立了合作关系，它在赤几国立大学和来自其他大学的科学家之间发挥着促进作用。这些大学如杜兰大学和纽约大学，它们都渴望能够在赤几开展研究活动。作为对赤几国立大学责任的一部分，阿卡迪亚大学的教师们开展的所有研究都通过赤几国立大学，并确保在这过程中赤几国立大学的师生能得到训练。阿卡迪亚尽可能保证相关样本保留在赤几国立大学。阿卡迪亚大学雇用赤几国立大学师生，协助自己的各种保护计划收集数据。这些合作的目标是要在赤几营造科研文化。实现这个目标对一个采用角色学习（role learning）的教学方法，不熟悉用探究法或问题解决策略进行教学的国家来说，显得尤其困难。为解决这一问题，阿卡迪亚发起一些针对教育的举措。

阿卡迪亚的教师一直与赤几国立大学的管理者和教师一道，通过国际知名的阿卡迪亚海外学习中心，为美国学生开发一个海外学习点。该计划中的课程将利用计算机，通过辅导教师进行远程教学。赤几国立大学的教师将与美国教授结对，赤几国立大学的学生将与美国学生结对。所有学生都将得到阿卡迪亚的学分。该计划的目的是要帮助赤几国立大学师生在本国发展基于国际质量标准的教学文化，同时也为美国学生带来丰富的非洲学习经历。

其他方面，赤几国立大学就设施的使用与西班牙国立远程教育大学开展了有效的合作，此外还与加纳大学建立了合作关系。

高等教育:国立远程教育大学(UNED)

国立远程教育大学是西班牙最大的大学,在西班牙全境和国外设有分部。赤几的分部设在马拉博和巴塔,每年招生约500人。国立远程教育大学面向25岁以上的学生提供高等教育,参加者免费。

国立远程教育大学提供五年制的课程,颁发法学、政治学、社会学、教育科学、西班牙语言学、历史学和哲学的理学士学位。2000年,国立远程教育大学开始提供硕士项目,目前这一层次招收了两名学生。该校还开设了法学、社会学、人类学和教育科学的博士学位课程。到目前为止,国立远程教育大学还只有一位人类学的博士毕业生。2000—2001学年,国立远程教育大学招收了大约10位博士生。

到目前为止,国立远程教育大学规模最大的专业是教育科学专业。学生可以五年都在国立远程教育大学求学;或者,因为赤几国立大学和国立远程教育大学的专业几乎相同,学生也可以在赤几国立大学完成三年的学习,通过一次考试,然后转入国立远程教育大学完成剩余两年的学习。尽管顺利完成赤几国立大学三年的学习就已经有资格担任教职,但是许多学生选择继续到国立远程教育大学学习,以便将来能得到更高的工资,获得更好的教职。

从赤几国立大学转入国立远程教育大学的学生,其在赤几国立大学所修课程的学分得不到承认。修国立远程教育大学课程的学生,既可以自己独立学习也可以参加赤几辅导教师组织的夜间辅导班。辅导教师进行讲授,并对学生的作业做出反馈,但是所有的评分都仅仅依据学生在书面考试中的表现,这次考试由专程前来的西班牙教授组织。试卷由教授们带回西班牙批阅打分。学校所有课程都用西班牙语教授。

申请入学者必须通过中学教育结束时进行的大学入学资格考试。入学唯一的限制因素是大学入学考试的截止期限。学生免收学费和书费;经费全部来自西班牙合作署。

设　施

在马拉博,国立远程教育大学位于赤几国立大学的主校区内。国立远程教育大学有自己的办公室和图书馆,在夜间使用赤几国立大学的教室。可外借的图书馆设施完善,有1万多卷藏书。但是因为对设备需求的竞争,人们希望国立远程教育大学能很快腾出赤几国立大学的设施。

教　师

国立远程教育大学的专业得到两类不同教师的支持。西班牙的正式教授设计课程,选择教材,并负责对学生进行评价。此外,在赤几的教学点上有辅导教师。这些辅导教师是赤几的国民,他们在国立远程教育大学取得了至少学士层次的学位,或是拥有同等的国际承认的学位。辅导教师负责组织授课、讨论,辅导学生准备考试。

技　术

目前,国立远程教育大学的负责人有一台计算机。办公室可能会搬迁,因此计算机尚未连接互联网。国立远程教育大学正考虑明年在巴塔开办计算机技术的专业。

外国大学

只要有机会,具有学术潜质的学生会选择出国求学。外国政府或某些机构会提供奖学金,由赤几政府进行管理,个人也可筹集经费,这样就使出国留学成为可能。赤几没有资助出国留学的国家奖学金项目。一些赤几人报告说,一旦学生获得出国学习的奖学金,他或她也许会拿不到支持其进一步深造的后续奖学金。这对于增加出国留学机会有积极的效果,但是也减少了有天赋的学生得到高级学位的机会。

结　语

赤几是一个相对年轻的国家,从殖民统治中独立出来才只有34年,而其中的21年又处于野蛮的独裁统治之下。直到近些年,这个国家一直在依靠极其有限的资源苦苦奋斗。其思想和经济传统由殖民主义的价值而非自身的文化价值所决定。它缓慢但坚定地发展起基于自身价值的国家机构,与此同时,它也被强行推到全球化的经济中。赤几正试图平衡对现代技术的需求,但其目前所依靠的只是初级的通信系统。政府面临着在能源企业的财富与其他资源短缺之间平衡经济的需要。它还面临着地理上相互区隔的两个不同地区对所需资源的竞争。2000 年,为了有均等机会接近政府,所有国家部委的官员都搬到巴塔办公一段时间。这平衡了国内不同地区的需求,但也使得马拉博居民接近政府官员变得更加困难。

另一大挑战在于,尽管美国在比奥科岛上的合作活动在增加,而这种合作也有希望很快能够扩展到大陆地区,但是事实上赤几并没有接待外国商务访问或是旅行者的基础设施。现有少量的设施已不堪重负;此外,也看不到政府有鼓励旅游业的激励措施。

赤几的高等教育面临着几大挑战。一大挑战是教学语言。赤几国立大学和国立远程教育大学为符合要求的学生提供免费的教育,使学生大受其益。但是,这两所学校采用的教学语言都是西班牙语,而大多数好工作都要求英语能力。大多数会说英语的人进入了商业部门,因而公立学校和赤几国立大学合格英语教师的数量就很有限。

普通教育的状况对高等教育也有重大影响。从公立学校升入大学的学生,没有实验室的经历,很少接触书本,其所受的教育基本上完全靠背诵。这自然就限制了布置给他们的课业的难度和类型。

满足经济发展的需要向国立大学提出了又一大挑战。随着赤几迅速融入世界市场,对受过良好教育的劳动力的需求也日益增长。尽管许多赤几国立大学的教师非常尽心尽责,然而他们普遍缺乏高级学位教育,这成了大学发展的一大制约因素。

尽管还不到 10 年,赤几国立大学正在缓慢地调整、加强所开设的课程,开发满足本国需求的专业。凭借有限的资源,大学带着新技术在缓慢地步入新世纪,同时它也将就着让那些陈旧的设备发挥作用。大学在与其他部门竞争财政资金,更重要的是争夺国内的人才。任何与受过教育的赤几人相处过的人都会明显地感受到干劲、希望与才干。赤几教育所面临的困难归根到底是财政、物质和技术方面的资源,以及利用这些资源的机会。

致 谢

作者谨向阿卡迪亚大学的生物学教授盖尔·赫恩(Gail Hearn)博士表示感谢,感谢她对本章编写所提供的宝贵帮助。

参考文献

Asumu Mongo, A. 2000. Data prepared for interview with Ministry of Education.

Clist, B. 1998. "Nouvelles données archéologiques sur l'histoire ancienne de la Guinea-Equatoriale." *L'Anthropologie* 108: 213-217.

Corporate Council of Africa. 2001. "Equatorial Guinea: A Country Profile for U. S. Businesses." Washington, D. C.: Corporate Council of Africa. Available online at: http://www. africacncl. org/programs/EGGudie. htm

Diamond, J. 1997. *Guns, Gems, and Steel*. New York: W. W. Norton.

Fegley, R. 1989. Equatorial Guinea: *An African Tragedy*. New York : Peter Lang.

Hecht, D. 1999. "Gushers of Wealth, But Little Trickles Down." Christian Science Monitor, July 7:21.

Myers, N., R. A. Mittermeier, C. G. Mittermeier, G. A. B. da Fonseca, and J. Kent. 2000. "Biodiversity Hotspots for Conservation Priorities." Nature 403. No. 6772: 853-858.

Nchama. N. N. M. 2000. Interview with author.

Onishi, N. 2000. "Oil Riches, and Risks. In a Tiny African Nation." *New York Times*, July 23, A1-A6

U. S. Department of State, Bureau of Public Affairs. 1989. Background Notes: *Equatorial Guinea*. Washington, D. C.: State Department.

U. S. Department of Energy, Energy Information Administration. 1999. Eqquatorial Guinea. Washignton. D. C.: United States Energy Information Administration.

Vansina, J. 1990. *Paths in the Rainforest*. Madison: University of Wisconsin Press.

31 厄立特里亚

谢丽尔·斯特曼·鲁尔

引 言

多年来，厄立特里亚历经被殖民、成为联邦和被吞并的历史，最后经过一场历时30年的战争而脱离埃塞俄比亚，终于在1993年5月24日迎来了独立的庆典。从那以后，厄立特里亚开始着手艰苦的重建工作，在多重意义上讲，是要重建其基础设施、经济和政府。而最紧迫的需要之一，就是要教育厄立特里亚的公民，使之掌握建设国家的技能。为实现这一目标，厄立特里亚重新组建了该国唯一的国立大学——阿斯马拉大学(University of Asmara)，为其重新安排了教职员，而实质上是对其进行了彻底的重建。现在，阿斯马拉师范学院(Asmara Teacher Training Institute, TTI)和帕沃尼技术学院(Pavoni Technical Institute, PTI)正与阿斯马拉大学大学一道培养学生，使之能够参与新的民主政治。

我之所以把阿斯马拉师范学院和帕沃尼技术学院也包括进来，是因为它们的入学条件都要求具有高中学历，因而从严格意义上讲，也属于高等教育机构。此外，学生往往是在完成中学之后直接就进入上述学校就读的。厄立特里亚管理学院和麦依那非(Mai Nefhi)公共管理培训中心是其他类型的教育机构。它们对公务员和政府官员进行培训，但却不属于高等教育。对于厄立特里亚的4所技术学院，沙农(Shannon, 2000)指出"没有哪所技术'学院'能够做到像帕沃尼技术学院这样。目前，它的学术/技术教育水平是最先进、最高级的。也许这在不久的将来会发生改变，但是在这方面我并没有得到任何具体的信息。另外的4所学校采用'12+1'模式，颁发文凭；而帕沃尼技术学院采用'12+3'模式，颁发高级文凭"。然而，许多厄立特里亚人，包括一位美国国际开发署(USAID)阿斯马拉分部的厄立特里亚员工，都认为阿斯马拉大学是"厄立特里亚唯一的高等教育机构"。

阿斯马拉大学的历史

1890年，意大利国王签署了一项法令，宣布厄立特里亚成为意大利的殖民地。二战中，英国人在1941年战胜了意大利，将厄立特里亚变成托管地。1952年，联合国促使厄立特里亚与埃塞俄比亚结成联邦。这种联合保持到了20世纪60年代早期，直到埃塞俄比亚解散联合国支持的联邦，吞并厄立特里亚(Connell, 1992)。

据《阿斯马拉大学简史》(University of Asmara, 1997)介绍，阿斯马拉大学建立于联邦时代后半期的1958年。学校旧称神圣家大学学院(Holy Family University Institute)，由坎博尼修女会(Camboni Sisters Missionary Congregation)经营，学院最初的目标是为学生赴意大利接受大学教育做准备。1960年，得到了意大利大学协会高等委员会的授权后，该校于1964年正式更名为阿斯马拉大学。课程最初用意大利语教授(1958—1963)，之后是英语和意大利语并用(1964—1974)，最终教学语言仅保留了英语(1975年后)。

1990年，厄立特里亚独立战争进入最后阶段，埃塞俄比亚政府解散了大学，将教师、职员、学生和资源转移到了埃塞俄比亚。实际上，此时的大学"回到了零起点"(Rotella, 2000)。次年，战争正式结束，厄立特里亚临时政府(PGE)重建了阿斯马拉大学，并将其作为自治的机构。因为原先的许多教师并不适合在大学里担任教职，新的大学管理层在临时政府的支持下解聘了三分之一的教师，并将他们重新分配到厄立特里亚的其他岗位上。1993年大学关闭了6个月,这不仅是为了进行重组,还为管理者争取到了时间来招募合格的教师,而其中相当一部分新招聘的教师来自流散在海外的厄立特里亚人(Useem, 1998)。当年晚些时候,大学重新对外开放,将大学置于国家发展中心地位的艰巨任务就真正开始了。

入 学

厄立特里亚的中学教育持续到第十一年级。中学最后一年的春季,高中生要参加厄立特里亚普通证书考试(Eritrean General Certificate Examination),也就是俗称的"入学考试"(大学入学考试的简称)。所有那些考分未达总分50%,也就是没有达到最低及格分数线的学生必须马上服为期18个月的兵役。按照教育部规定(Eritrea Profile, 1995),通过了考试的学生将会接受一年的预备课程,使之符合大学的入学条件。在这一年的年末,为进入大学,他们还要参加一次考试。通过入学考试的学生可以连续进行大学教育,只要在毕业后服兵役即可。没有通过这次考试的学生则有机会通过职业培训或学习其他课程,以获得证书、文凭或类似的证明。

不到10%的申请者可以如愿进入大学。大学免学费。

使命、规模和专业

一份题为《阿斯马拉大学的使命与目标》的文件(University of Asmara, 1997—1998)指出:

> 大学的使命是为服务社会而发现、生产、传播知识。为实践这一使命,阿斯马拉大学热切期望成为全国高等教育和科学研究的中心,成为真正自由、包容、文明的所在,成为变革与社会进步的强大催化剂。作为厄立特里亚社会重要的组成部分,它将一直努力服务社会,致力于应对民众所面临的挑战并为解决困扰国家的难题作出努力。

当前,大学开设了以下领域的学士专业:自然科学、健康科学、文科与社会科学、商贸与经济学、农学与水产学、法学、工程学、教育学,另有新生项目。据美国国际开发署阿斯马拉分部的文件,新生项目规模最大,共招收1152名学生(1999—2000学年),而法学专业规模最小,仅招生124人(1999—2000学年)。大学学位项目的招生总人数四年间增长了28%,从1995—1996学年的2836人上升到1999—2000学年的3912人。此外,大学还在选定的一些领域颁发文凭(diploma)(1999—2000学年432人)和证书(certificate)(1999—2000学年125人)。大学总共颁授文学士(12个领域)、教育学士(9个领域)、理学士(14个领域)、法学士(1个领域),以及文凭(15个领域)和证书(7个领域)。

1994年,大学可授予46种学位和80种文凭(Semere, 1994)。到了1999年,授予的学位数量增加了10多倍。当年有800多名学生大学毕业,其中550人获得了学位,109人取得了文凭,151拿到了证书(Yisak, 1999)。1999—2000学年,该校的入学总人数高达4500人。

研 究

管理者把大部分大学启动资金与精力都投在了教学上,因而研究活动还仅仅处于"起步"阶段(Yisak, 1997)。大学的一份名为《强化研究》(*Strengthening Research*)的文件显示,当前的研究活动仅围绕三大"重要的"主题:地球物理学、药用植物和材料科学,三大主题都属于理学院。在接下来的五年里,大学计划增加科研活动,启动跨学科研究项目。在过渡时期,大学的官员们承认"阿斯马拉大学的科研基础设施……几乎一无所有"(*Strengthening Research*, 2)。

随着越来越多的教职员从国外学成归来,取得了设计、开展有意义的研究计划所必需的资格和分析工具,大学计划要加强其对科研的关注。官员们非常清楚加强大学这方面职能的需要。《强化研究》提出了需要努力实现的远大计划:"新的科研设备将会得到配备";"通过引进大型实验室设备,现有的小型设施将会得到扩充";放置设备所需额外空间的问题将会"通过新建房屋或是整修现有校舍"的办法得到解决;还"需要建立强大的计算机化的数据库"。尽管这些目标所涉范围令人印象深刻,其导向作用令人赞叹不已,然而却鲜有证据表明已经为弥补这些明显的缺陷采取了切实的步骤。

处于国家发展核心地位的大学

阿斯马拉大学是当今厄立特里亚国家发展图景中最鲜明的特征。教育在厄立特里亚“与其说是被看作教育本身,不如说是被当成谋求发展的战略工具”(Yisak, 1998:1)。正如总统所解释的:

我们的经济政策特别重视国家科技水平的发展,这要通过加强和扩充包括大学在内的现有教育机构来实现。发展知识密集、出口导向型的产业,以及推动适用的最新技术转让,是国家发展政策和战略的基本组成部分。正如所有的非洲国家那样,由于我们自身所处的环境特殊,使得大学作为国家发展引擎的作用比其他任何地方都更为重要,尤其是与工业化国家相比。(Yisak, 1999:4)

确实,厄立特里亚学生上大学为了实现个人的雄心壮志或是家庭的理想,同样也是为了服务他们新生的祖国。

女性参与高等教育是一大挑战。看一下入学数据(University of Asmara, 1999)就可以发现:男性与女性参与高等教育的状况是完全不同的。1991—1992学年,在3994名学生中,女生为577人(2942名被大学日间和夜间项目录取的学生中有19.6%为女性)。1998—1999学年,女生人数为540人,占13.5%,女生比例7年间下降了6%。换句话说,尽管大学入学总人数增加了1052人,同一时期女生数量实际上减少了37人。性别上的不平衡也反映在学术和管理人员的人数上。1991—1992学年,62名学术人员中3人(4.8%)为女性,与之相对照,1998—1999学年的223人中24人(10.7%)为女性。管理人员中,女性人数显然要高一些,尽管这并不必然意味着状况会好一点。1991—1992学年,305名管理人员中的183人(60%)为女性,而1998—1999学年的359人中女性为199人(55%)。因而,自1991年以来,尽管女性占据了大多数的职员岗位(1995—1996学年除外,当时她们仅占有48%的此类职位),正如在高等教育机构中通常的那样,这些岗位并不如学术职位那样富有声望和影响力。

考虑到这些数字,人们也许会推断女性显然在厄立特里亚的整个教育系统中缺席了,然而实际上却并非如此。虽然女性在厄立特里亚的高等教育中代表性不够,但是不论作为学生还是教师,女性在小学和中学的入学比例都是合理的。联合国教科文组织(1999)的数据显示,1991—1996年间,每年女性占小学入学总人数的44%~45%。1993—1996年间,女性在中学入学总人数中占42%。那么,为什么她们仅占大学学生群体的不到五分之一呢?

答案多种多样且很复杂,足以引发非常具体的探讨,远非本章所能尽述。简言之,厄立特里亚的女性往往在青少年时期中断学业,结婚生子。运水、碾磨谷物、洗衣这些日常活动占去了她们生活的大部分时光。长期根深蒂固的文化规范,再加上作为世界最贫穷国家之一的艰苦的生活现实,使得阿斯马拉大学招收的学生中出现性别不平衡的现象也就不足为奇了。在30年游击战争中,女性战士的地位近乎与男性平等,这倒是令人称奇。女性力争在新的岗位上站稳脚跟;然而,厄立特里亚仍然是一个男权极尊的社会。库纳马族(Kunama)是个例外,它是一个母系部落,主要分布在西部低地地区。进一步探讨厄立特里亚的性别问题,可以参考J. Rude(1996)的研究。

另一个挑战是入学机会。前文已提及增加厄立特里亚女性接受高等教育机会的需要,然而增加各类学生,尤其是不同民族学生的入学机会,是又一个亟须优先解决的问题。

按照任何标准来衡量,厄立特里亚都是一个小国。然而其400万人口却相当多样化。大致上一半人口是基督徒,而另一半是穆斯林。该国有9个民族——阿法尔、比伦、希达赖伯、库纳马、纳拉、拉沙伊达、萨霍、提格雷、提格雷尼亚,以及同样多的民族语言。各民族占据着不同的地域:阿法尔族生活在红海沿岸低地,西部低地是库纳马族,提格雷尼亚族在阿斯马拉和大部分东部高地都占优势。然而,大学的学生分布却并没有体现出这种多样化。事实上,大学绝大多数的学生是提格雷尼亚的男性(Yisak, 2000)。提格雷尼亚族人仅占厄立特里亚人口的50%(CIA, 1999),因而,他们在受高等教育的精英分子中的过高比例会拉大与其他民族另外一半人口的距离。只有增加所有人的入学机会,包括女性和没有得到足够教育机会的民族,厄立特里亚才能以均衡的比例改善其人口成员的状况。

不考虑性别和民族问题,即便是最优秀的中学生也会发现要在大学里找到自己梦寐以求的一席之地是相当困难的。1993 年,全国参加大学入学考试的 11000 名高中生里,仅有 611 人(5.6%)达到了大学的入学要求(Eritrea Profile, 1994)。1998 年,这一数字在 10%左右徘徊(Useem, 1998)。然而,在教室找到一个属于自己的位置,这还只是刚刚开始。1994 年,新生的辍学率为 25%(Semere, 1994);女性的辍学率则更高。

阿斯马拉大学的教师队伍不仅性别不平衡,而且缺少受过博士教育的学术人员,缺乏厄立特里亚本国的教师。在巴黎举行的世界高等教育大会上,依撒克博士(Wolde-ab Yisak)在其演说中确认了这一严重的缺陷,他指出,"大学发展计划中的一大严重制约瓶颈是合格学术人员缺乏,以及过分依赖国外教员"(Yisak, 1998:3)。1991 年,62 名教学人员中仅有 8 人(12.9%)拥有博士学位。1994 年,大学新招聘 50 多名教师,其中的 37 人拥有博士学位(Eritrea Profile, 1994)。到了 1998 年,这一数字上升到了 85 人(38.1%),而全部教师为 223 人。然而,这一数字却掩盖了拥有博士学位教师中相当大的比例为外籍教师这一事实。1999 年,共有 210 位教师在大学里执教;90 人拥有博士学位。这 90 人当中只有 38 人(42%)是厄立特里亚人(Yisak, 1999)。海洋生物学系的状况生动地说明了这一问题。1999—2000 学年,该系 10 名教学、科研教师中,仅有 1 人——也是该系唯一的一名外籍教师拥有博士学位。

大学面临的另一最紧迫的挑战是办学空间急缺。校园原本设计容纳 1700 名学生,但是 1999—2000 学年入学人数超过了 4500 人。"物质设施的严重不足……极大地限制了我们增加大学入学机会的能力"(Yisak, 1999:6)。如一名学生所说,"当有足够的设施"能够用来满足所有入学者需求的时候,大学的生活将会得到显著的改善。

争论的焦点

一个关键问题,也是一直影响校园士气的问题是教师工资过低,而且差别很大。1998 年,教授每月收入大约 400 美元,其中一半的收入用来支付房租,剩下的用于购买食品(Useem, 1998)。诸如健康保险、退休账户供款等额外的福利根本就不存在,也没有工会或是职工协会。此外,许多教师是受各种国际基金组织资助的外国人,他们的工资不是按标准定级。本国教师的报酬取决于厄立特里亚政府所能够支付给他们的数额,而这往往远低于他国政府所能支付的工资。比如,来自印度的教师在该校的外籍教师队伍中占了很大的比例。他们中的许多人除了得到高薪外,还有住房补助。

另一争论的焦点是自上而下的治理。带领大家为复兴大学,应对其诸多复杂挑战而努力的人是该校 56 岁的校长依撒克(Yisak)博士。1993 年 9 月,国家独立的数月之后,依撒克博士作为厄立特里亚人民解放阵线(EPLF)的成员,担任了阿斯马拉大学的校长。

大家一致认为,依撒克博士是一位强力的领导,他对大学保持了严厉的控制。实际上,这所大学的领导似乎就是校长领导的同义词;共同治理尚未在这所学校里广泛实行。校长对一切事务事无巨细地严格管理,对学校是有利还是有害?这在很大程度上取决于各人的观点。

以前的一位数学副教授说过,这所大学"是在沿着等级和独裁的路线运行……所有的权力来自大学的校长,通过校长实施"(McConnell n.d.)。他举了一些例子:校长在日常人事决策中的决定性权力,对预算事务的强力干预,对诸如申请更换损坏的黑板这样平常工作的过度干预。尤西姆(Useem, 1998)也指出,"教职员和学生们抱怨管理过于集权,尤其是权力集中在大学校长依撒克手中"。她举例说校长干预学生的选举;按照某些人的说法,校长安排了学生的选举。某些人将其描述成了独裁者,但是另一些人则指出依撒克博士是一个比他看起来要"复杂"得多的领导(Rosen, 2000)。

毫不掩饰地说,大量的访谈都没有提及大学里的其他领导者——教学人员或是管理人员。

尽管学校有评议会,但是也由校长来领导。

战略规划(1995—2010)

阿斯马拉大学的战略规划立足于三条相互交织的原则:适切性(满足本国需要)、质量(通过有选择的联系(selective linkage)实现)和可持续(基于合作而不是依靠捐赠的计划)。

双重联系模式

受殖民历史以及长期的解放战争直接影响,厄立特里亚缺少受过良好训练的专业人员和学术人员,因此大学的质量取决于其与国外大学建立的一系列正式联系(至少暂时是这样),更为重要的是取决于其与本国政府及社会机构之间的可持续合作。

与本国政府以及社会机构的联系构成了大学战略计划的核心。为努力加强正在实施的国家发展举措,大学除了与社会团体,还与"公共和私营部门建立了持久的合作关系",它们被称之为"大学的股东"(Yisak, 1998:2)。每一位教师都与相关领域的社会活动家一道参加某个筹划指导委员会。比如商学和经济学系的人员与"来自金融部门……诸如银行、保险公司、财政部、贸易与工业部、旅游部以及商会的代表"一起参加指导委员会。这些委员会确定需要解决的问题,并按短期、中期和长期加以区分;决定"解决已确定问题所需的技能水平和期望的专业背景";促进并协调"通过自由共享信息、设备和人员以实现合作科研活动";作为教学和科研项目的"内部质量保障部门,对其运作标准进行评估";并使大学能够"参与部门战略发展的准备与评估"(Yissak, 1998:2-3)。简言之,这些国内的联系确保了大学的教学、科研与国家发展日程上的各部分保持了"适切与相关"。

双重联系模式的第二方面在于国际视野。大学不仅与欧洲、美国、印度和澳大利亚的高等教育机构建立了合作关系,还与流散海外的厄立特里亚籍学者协会建立了联盟。这些都是为了提高教育质量以及师资队伍的素质。对外部的关注基于以下的原因:

> 厄立特里亚是一个非常小的国家,其经济的繁荣必然要以出口导向型经济为基础。因而,如果其要在竞争激烈的开放市场中生存,就必然要重视通过高质量的教育使投资产生出高质量的产品。通过大学外部合作的努力,利用技术转让、培训引进,以及相关的研究活动,为我们的学术项目带来高质量。(Yisak, 1998:3)

1999—2000 学年,农学系与挪威农业大学(Agricultural University of Norway),以及荷兰的瓦赫宁根农业大学(Wageningen Agricultural University)建立了联系。文理学院与美国的北卡罗莱纳大学(University of North Carolina),在洛杉矶的加利福尼亚大学(University of California),以及佛罗里达大学(University of Florida)建立了联系。而教育学院则与丹麦的皇家丹麦教育大学(Royal Danish University of Education)建立了联系。当前,阿斯马拉大学与国外教育机构有超过 27 个校际合作项目,这些分别由挪威、荷兰、美国和丹麦政府资助的校际联系仅仅是其中的 6 个。

建立这些联系是为了使阿斯马拉大学社区(学生与教职员)以及国外院校双方都能受益。来自合作院校的资深教授赴阿斯马拉任教、访学一个学期或一年。他们参加当地的指导委员会,为研究生确定研究课题,指导讲师和其他低级别的教师,为学生授课,以此将其知识与技能贡献给阿斯马拉大学。如北卡罗莱纳大学教堂山分校(UNC-CH)和北卡罗莱纳中央大学(North Carolina Central University)

> 已经是阿斯马拉大学提高自身实力以完成厄立特里亚政府赋予使命所必不可少的合作伙伴。合作中的师生交流已经培养了四名教师(公共管理专业两位,新闻专业两位)在阿斯马拉大学任教。目前,另有四名厄立特里亚学生在北卡罗莱纳大学学习,以求能成为新闻学、地理学和人类学的教授。因而,得益于此项合作,阿斯马拉大学这些院系师资培养方面自给自足的能力得到了显著的提高。(http://cehd.ewu.educehd-faculty/ntodd/GhanaUDLP/EritreaUNC.html)

通过对当地环境的研究,客座教师可以得到宝贵的第一手资料。厄立特里亚濒临红海,那么,比如来自荷兰的海洋生物学家,可以在为阿斯马拉大学贡献其才能和知识的同时,开展自己的厄立特里亚海岸线研究。厄立特里亚是一个新生国家。这种状况也意味着来到这所大学的政治学家们可以从在这个新生国家生活、工作的经历中汲取学术知识，这些知识几乎与他们贡献给这所大学的聪明才智一样多。大家可能也都是这样想的。

这些联系还带来了某些额外的好处，包括物质资源和国际善举。合作院校向这所大学提供了实验室设备和课本，而这两者都是极度紧缺的(Useem，1998)。此外，1995 年，来自 3 所以色列大学的研究人员与他们的阿斯马拉大学同伴一道进行了一次联合航行，研究厄立特里亚的珊瑚以及红海的其他自然资源。据《耶路撒冷邮报》报道，以色列研究者认为此次航行是“两国关系上的一次突破”(Siegel，1995:12)。

这些联系的另一方面，是向厄立特里亚人提供了赴合作院校深造的机会。那些表现出众、大有前途、充满活力的低级别教师，刚刚毕业的大学生都能从此类计划中受益(研究生归国后必须至少担任教职两年)。200 名被送往国外攻读研究生的人中，已有 47 人获硕士学位归国，11 人拿到了博士。那些还在继续求学的人当中，39%在攻读博士，61%在攻读硕士。这些外部联系是改善厄立特里亚大学教学人员学历背景，从而提高拥有高级学位的厄立特里亚教师对外籍教师比例的一条有效途径。当前，每一外部联系的预算是每年 500000 纳克法(大约合 52000～58000 美元)或更多。用于开展这些计划的大部分资金，有时是所需的全部资金，都来自国际社会和各种组织。例如，美国国际开发署资助阿斯马拉大学与美国的教育机构建立联系。

最后，用大学校长的话来说，这种建立联系的系统致力于引发“反向”的人才流失(Legum，1996)。大学将顶尖的教学人员引到自己的门前，鼓励他们与厄立特里亚正在成长中的学术人员一道工作，而不是眼睁睁地看着大学最优秀最聪明的毕业生消失在更为发达的国家。最终的目的，当然是鼓舞新培训出来的厄立特里亚人留在本国，将其学识传递给下一代的学生。

这方面最明显的问题是，如果这些联系对教育质量有影响的话，那么到底产生了什么样的影响。不论是出国求学的厄立特里亚人还是被派往阿斯马拉的外国人，个人所受的影响都是显著的。从增进跨文化理解到给予个人在异国他乡学习的机会，这种校际联系促进个人发展的潜力是巨大的。然而，将这种个人受益转化为对学生具体、积极的影响，更进一步地说，转化为对国家发展的积极影响，在校际联系发展的早期还没有得到证明。

此外，双重联系的模式尚未“完全确立”，而合作的本质却已经怀疑是发生了“偏斜”(Yisak，1998:4)。在国内，大学比与之合作的社会机构拥有多得多的人才，也许在资金和能力上也略胜一筹。然而在国际上，与阿斯马拉大学相比，发达国家的合作伙伴在资金、教育、科研以及规划等方面的资源显然更丰富。换言之，国内的合作阿斯马拉大学有优势，而外部合作则是国外的合作伙伴占优势。在两方面都取得相对的平衡是必需的，以避免各方面参与者之间的“怀疑与不信任”(Yisak，1998:4)。最后，一旦平衡得以建立，大学就必须向其国内外的委托人证明：此种模式为学生，最终为国家带来了具体的好处。

向社区学院体系迈进

为增加入学机会，以使大量希望接受中学后教育却未能在大学里求学的学生得以接受高等教育，管理者在意大利政府的支持下设计了类似于美国社区学院(community college)系统的初等学院(junior college)体系。这种多校区的体系将会是对阿斯马拉大学进行的补充，而后者计划逐步停办一年制的证书和 2～3 年的文凭课程，集中精力发展研究型的研究生和本科生教育。虽然时间表是模糊的(考虑到近期政治不稳定，以及建筑大面积被毁等因素则更是遥遥无期)，分布于全国各地的 6 所初等学院，将会颁发自然科学和护理医学、教师培训、社会和管理科学、海洋与海事科学、农业科学，以及技术方面的证书和文凭。这些初等学院的毕业生，如果愿意，最终将可以申请在阿斯马拉大学进一步深造。

其他的中学后教育机构

其他的一些机构也在厄立特里亚高等教育系统中发挥着作用，它们包括阿斯马拉教师培训学院和帕沃尼技术学院。1946 年英国托管期间，阿斯马拉建立了一所教师培训学院,招收了 15 名实习教师。“入学要求是……至少读完了中学二年级,并且通过了入学考试”(Taye, 1991:57-58)。在接下来的几年里,这所为厄立特里亚培养了大多数初等和中学教师的学院,提高了入学标准,仅招收那些读完了十一年级的学生。1962 年,与埃塞俄比亚组成的联邦解体,海尔·塞拉西(埃皇 Haile Selassie)吞并了厄立特里亚。教师培训学院也被并入埃塞俄比亚的教育系统中。

1974 年,厄立特里亚争取独立的斗争开始后,教师培训学院被关闭了 6 年。这一决定让厄立特里亚的教育系统付出了高昂的代价,正如塔耶(Taye)所解释的,“按照教师教育部门的计划,与埃塞俄比亚其他地方的教师培训学院一样,每年该学院的职前教育项目原本可以培养出约 400 名未来的教师,其在职教育项目可以为 10000 名教师服务”(Taye, 1991)。

1995 年,在首都开办了一所新的教师培训学院。阿斯马拉教师培训学院仅培训小学教师。“它招收中学毕业生,提供为期一年的课程。课程结束,授予小学教师证书”。教师和学校负责人也可以在暑期开设在职培训课程以提高培训层次。

据《厄立特里亚概况》(Eritrea Profile)介绍,1999 年,440 多名教师从阿斯马拉师范学院毕业。现在,这些毕业生正在厄立特里亚全国各地担任小学教师。

帕沃尼技术学院是一所私立技术学院,由意大利非政府组织阿斯马拉传教团(Gruppo Missione Asmara,GMA)资助。据帕沃尼技术学院的一名前顾问(Cairns, 2000)介绍,该学院最初是向高中毕业生提供高级机械技术培训的。确切地说,其课程是与阿斯马拉大学合作设计的,要把学生培养成机械师、机械车间的主管和技术指导。学院于 1996 年 10 月首次招生,学费全免。

学生必须通过大学入学考试才能被帕沃尼技术学院录取。尽管该学院曾经把持着自身严格的入学申请程序,但现在是由教育部来决定哪些学生可以被录取(Shannon, 2000)。完成了三年的课程后,学生将获得证书或高级文凭。大学的官员们希望一些学生能成为机械工程专业工程预科的合格候选人(Cairns, 2000)。

帕沃尼技术学院的预算约为 600 万纳克法(约合 60 万~70 万美元),经费全部来自阿斯马拉传教团和欧盟。尽管厄立特里亚政府没有在财政上支持帕沃尼技术学院,但它对该学院的某些业务进行指导和评估。

1999 年,帕沃尼技术学院管理层与阿斯马拉大学、教育部紧密合作,研究使帕沃尼技术学院成为工学院(technical college)的合格鉴定程序。教育部要求帕沃尼技术学院改善、增加计算机教室,物理、化学实验室以及电脑数控(CNC)机器。按照凯恩斯(Cairns)的说法,计算机实验室已经就位,其他计划的申请已经呈请教育部批准(Cairns, 2000)。

女性在帕沃尼技术学院的参与程度不高。1996 年,18 名学生中 2 人(11%)为女性,而且都在入学后不久就辍学。1997 年共有 28 名学生,2 人(7%)为女性,其中 1 人已经辍学。1998 年,24 名学生中 4 人(17%)为女性,且只有两人仍在读(Cairns 2000)。

政治动荡对大学的影响

1998 年 5 月 6 日,因为几处边界存在争议,以及(按照某些人的说法)关税、货币和入海口等问题,埃塞俄比亚和厄立特里亚局势紧张(Radin, 2000)。冲突时断时续,2000 年 5 月演变成全面战争,达到高潮。“因为成百上千的学生整理行装参加了军队”,2000 年 5 月 19 日,在学年结束之前几周,大学正式关闭(Agence France-Press, 2000)。一位系主任说:“总统还有他所代表的政府……明确要求大学应该一直开放,教学、科研活动应该像战前一样继续进行。然而……大学,尤其是学生们却无法专注学业了。”(Pedulli, 2000)

许多完成了兵役训练的学生,还有许多的教师,参加了厄立特里亚救济和重建委员会(Eritrean Relief and Rehabilitation Commission,ERREC),以救助国内的难民。另一些人则协助政府组织调查以评估战争带来的破坏。一些教师和学生在一起工作,登记伤亡情况,对受战争破坏最严重地区进行监控。

结 语

厄立特里亚的高等教育体系是一项正在进行的事业。阿斯马拉大学无论是招生还是规模都在扩大,其管理层也正采取具体的措施以提升教师的质量。尽管不足之处很快就可以举出很多,比如局促狭小的校园,极其有限的入学,严格的等级管理等等,但学校对未来的规划构思缜密,雄心勃勃。社区学院体系是否意味着大学能够如同预期的那样,很快就可以提供高级学位教育,仍有待观察。类似于阿斯马拉师范学院和帕沃尼技术学院所提供的技术教育,为寻求进一步学习实用技能的学生,为重建惨遭战争蹂躏的国家,提供了一个值得为之努力的选择。然而囿于视野、信心和过分谨慎的计划,高等教育系统也只能走这么远。政治是否稳定,能不能为新项目和设施提供经费,将最终决定厄立特里亚是否能够实现其梦想——为所有渴望接受高等教育的公民提供高质量的教育。

参考文献

Agence France-Press. 2000. "Eritrean Students Demand to Fight for Nation." May 19.

Cairns, J. 2000. Personal communication, April 23.

Central Intelligence Agency. 1999. *The World Factbook* 1999. www. cia. gov/cia/publications/factbook/er. html

Connell, D. 1992. "Eritrea's Path to Independence." *The Christian Science Monitor*, January 15:10.

Eritrea Profile. 1994. "Rebuiding the University." 1994. Eritrea Profile 1, no. 37 (November26). Available online at: http://www. eritrea. org/cgi-local/epelectronic. cgi? v=02&is=02&ank=EFFCI#EFFCI

——. 1995 "Ministry of Education Issued on March 25. 1995 the Following Statement." *Eritea Profile* 2, no. 2 (March 25). Available online at: http://www. eritrea. org/EIB/control/main. html

——. 1999a. "Dr. Wolde-ab Again Lays Stress on Relevance, Quality in University Education." *Eritrea Profile* 6. no. 28 (September 18): 4-8.

——. 1999b. "More Than 440 Graduate from Teacher Training Institute." *Eritrea Profile* 6, no. 27 (September 11). Available online at: http://www. eritrea. org/EIB/Eritrea_Profile/vol06/27/EP062709119906. html.

Legum, C. 1996. "A Model Third World University." *Eritrea Profile* 2, no. 50(February 24): 5.

McConnell, Alan. n. d. "Observations on a Stay at the University of Asmara." www. geocities. com/~hornafrica/eritrea/education/u/works/auniversity1. html. Accessed on July 5, 2000.

Pedulli, M. 2000. Personal communication, June 16.

Radin, C. A. 2000. "Horn of Africa War Has Deep Roots." *The Boston Globe*, May 24:A2.

Rosen, R. 2000. Telephone interview, July 26.

Rotella, S. 2000. Office of the President, Riverside Community College District. Telephone interview, April 20.

Rude, John C 1996. "Birth of a Nation in Cyberspace." *Humanist Magazine*(March/April).

Semere, A. 1994. "Better Hopes for Asmara University." *Eritrea Profile* 1, no. 26 (September 10). Available online at: http://www. eritrea. org/EIB/control/main. html

Shannon, J. 2000. Personal communication. July 12.

Sidgel, J. 1995. "Scientists Sail With Eritrean Colleagues." *The Jerusalem Post*, June 8:12.

Taye, A. 1991. *A Historical Survey of State Education in Eritrea*. Asmara: Educational Materrials Production&Distribution Agency.

UNESCO (United Nations Educational, Scientific and Cultural Organization). 1995—1996. "Eritrea-Educational Systerm." Available online at: http://www. unesco. org/iau/cd-data/er. rtf

University of Asmara. 1997. "Brief History of the University of Asmara, 1968—1991." Avaiable online at: http://www. eritrea. org/EIB/Education/ASM_UNI. HTML#BriefHistory

——. 1997-1998. "Mission and Objectives of the University of Asmara." Unpublished document provided to the author by Laurie Kessler, Asmara.

——. 1999. "Statistical Summary: Students and Staff at the University of Asmara, 1991/92-1998/99." Unpublished document.

——. N. d "Strengthenng Research." Unpublished document.

USAID. 1999. Global Education Database. Available online at: http://www.. usaid. gov/educ_training/ged/trml. Accessed in 1999.

——. 1999/2000. "Institutional Linkages." Unpublished

document, Asmara. In author's possession.

Useem, A. 1998. "Eritrea Strives to Transform a Struggling University into a Vital Institution." *The Chronicle of Higher Education*, May 29:A47.

Yisak, W. 1997. Sept. 24. "University of Asmara Developing Educational Partners." Keynote address at a forum for historically black colleges and universities, Washington. D. C. , September 24. Sponsored by the U. S. Agency for International Development (USAID), by the Predident of the University of Asmara, Wolde-Ab Yisak. Available online at: www. asmarino. com/asmarino/AsmaraUniv/AamaraUnivNews1. htm

——. 1998. "The Role of Higher Education in National Development." Speech at the World Conference on Higher Education, October5-9. In Vol. V of *Higher Education in the Twenty-first Century Vision and Action*. Paris: UNESCO.

——. 1999. "Opening Address by Dr. Wolde-Ab Yisak. Presedent of University of Asmara. on the 29th Commencement Ceremony of the University." *Eritrea Profile* 6. no. 28 (September 18).

——. 2000. Telephone interview. May 1.

32 埃塞俄比亚

哈布塔姆·温迪姆

引 言

埃塞俄比亚拥有6300万人口，其中60%是文盲，44%的人口不到15岁。小学适龄儿童（7～14岁）有1261万，中学年龄段（15～18岁）的人数是558万（CSA，1998）。20岁以下人口为3486万。女性约占了全国人口的一半。埃塞俄比亚人的平均寿命为50岁。全国约90%的劳动力从事农业及其相关产业。85%的人口分布在农村。

1998—1999学年，小学（一至八年级）入学人数为570万，中学（九至十二年级）入学人数为53万。因此，小学和中学阶段的总入学率分别是45.8%和9.7%（MOE，1999）。埃塞俄比亚的高等教育（中学后教育）入学率还不到适龄人口的1%。

高等教育简史

埃塞俄比亚正式建立起现代教育只不过是大约100年前的事情，现代高等教育的起步则始于1950年3月20日亚的斯亚贝巴大学学院的成立。亚的斯亚贝巴的农业和手工艺术学院（College of Agriculture and Mechanical Arts），工程学院以及巴赫达尔（Bahir Dar）的建筑技术学院（Institute of Building Technology）、贡德尔公共卫生学院（Gonder Public Health College），神圣三一神学院（Theology College of Holy Trinity）、科特贝师范学院（Kotebe College of Teacher Education）以及多科技术学院（Polytechnic Institute）都建立于20世纪60年代（参见表32.1）。20世纪七八十年代，建立起一批新的高等教育机构，原有的则进行了重组，部分高级中学和职业技术学院也在这一时期进行了升格，如季马和安博农学院（Jimma and Ambo Agricultural Colleges）、亚的斯亚贝巴商学院，以及温多基内特林学院（Wondogenet College of Forestry）等。

1961年，大多数学院进行重组，归并到了主校区位于亚的斯亚贝巴王宫旧址的海尔·塞拉西一世（Haile Selassie I）大学。1974年社会革命开始，该大学也随之更名为亚的斯亚贝巴大学（AAU）。自20世纪90年代中期起，亚的斯亚贝巴大学的规模缩小到了仅剩亚的斯亚贝巴和德布拉塞特（Debre Zeit）两个校区。而亚的斯亚贝巴以外的那些分校都成了彼此独立的大学或独立学院。

虽然也试图在边远地区设立高等教育机构，但是大多数高教中心仍然集中分布于中部、北部和西北部地区，主要是在亚的斯亚贝巴、巴赫达尔、默克莱、阿莱马亚、阿瓦萨和季马。

20世纪50年代末，亚的斯亚贝巴大学学院学生不足1000名，教师不到50名，而且其中的大多数教师还是外籍人士。在过去的50年里，这所大学取得了入学人数的巨大增长，专业更加多样化，办学水平提升，教职员工队伍壮大，预算增长以及科研成果增加等。2000年12月，亚的斯亚贝巴大学庆祝了它的50周年华诞。

院校和专业设置

一直到2000年初，埃塞俄比亚还只有2所大学和17所学院。亚的斯亚贝巴大学和阿莱马亚农业大学（AUA）是全国规模最大、历史最为悠久的两所高等院校。阿莱马亚农学院于1985年升格为大学。

本章的“专业”指所学习的领域（主修或专修），包括了生物学、化学、会计学、经济学、植物学、电气工程、护理学和心理学等领域。

能够授予文凭的专业有50多个,修业年限为两到三年。这些专业有会计学、财政金融学、兽医学、图书馆学、护理学、建筑技术、通用农学、文秘学、实验室技术、健康科学等。埃塞俄比亚开设了60多个本科专业,学制四到六年。这些专业包括生物学、化学、物理学、数学、统计学、地理学、历史学、心理学、英语、会计学、管理学、经济学、商务教育、各种工程学、法学、社会学、政治学、兽医学、教育管理学、医学、公共卫生学以及各种农学。研究生专业大约有50个,包括各医科专业以及各种农学、工程学和社会科学专业,学制两年或两年以上。这些专业课程由表32.1中所列的教育机构开设。其中研究生项目仅由亚的斯亚贝巴大学和阿莱马亚农业大学开设。

表32.1　1998—1999学年埃塞俄比亚高教机构入学人数、学术人员及辅助人员人数

高教机构名称及创办时间	总人数	女生人数	研究生数	学术人员人数	辅助人员人数
亚的斯亚贝巴大学(1950)	10448	1475	1855	750	1688
亚的斯亚贝巴商学院(1979)	1977	842	737	77	88
阿莱马亚农业大学(1954)	2185	168	542	162	590
安博农学院(1979)	471	108	170	42	189
阿巴明奇水利技术学院(1986)	829	38	74	69	208
阿瓦萨农学院(1976)	768	117	219	95	259
巴赫达尔工学院(1963)	630	39	500	60	121
巴赫达尔师范学院(1972)	1070	102	62	64	171
迪拉师范与卫生学院(1996)	1215	187	101	87	183
埃塞俄比亚行政学院(AA*)(1994)	1602	161	371	116	126
贡德尔医学院(1955)	821	155	183	89	345
季马农学院(1979)	504	107	207	51	191
季马卫生学院(1982)	1826	273	283	228	319
科特贝师范学院(1969)	590	274	325	93	196
默克莱商学院(1991)	621	110	107	38	93
默克莱大学学院(1993)	642	44	47	68	83
拿撒勒技术学院(1993)	807	44	201	110	197
医学实验技术学院(1997,AA*)	101	23	38	3	NA
温多基内特林学院(1977)	238	10	89	26	114
总计	27345	4277	6111	2228	5161

来源:教育管理信息系统1999。AA*表示校区位于亚的斯亚贝巴。

作为表32.1中所列19所教育机构的补充,另有4所初级师范学院(阿比阿迪学院有学生455人,阿瓦萨学院有学生691人,贡德尔学院有学生633人,季马学院有学生474人)。此外,还设有14所平均注册学生为550人的师范学院(TTIs)。这些师范学院由地方政府开办,是中学后教育层次的教育机构。一年制项目的毕业生能够承担小学第一阶段(一至四年级)的教学工作。而初级师范学院的毕业生(学制两年)能够胜任小学第二阶段(五至八年级)的教学工作。所有上述教育机构都由政府资助。除此以外,学生也可以选择中学后的职业培训学院,如护理学校、银行和保险学院、警察学院、传媒学院、埃塞俄比亚航空飞行员及技师培训中心。这些学校的总入学人数不足2000人。

20世纪中期以来,新办的私立学院接受了教育部的合格认证。四大官方认可的私立学院是:亚的斯亚贝巴的联合学院(Unity College),阿尔法远程教育学院(Alfa College of Distance Education),哈勒尔的国民学院(People to People College),阿瓦萨基督复临学院(Awassa Adventist College)。除联合学院外,其余3所学院都有约2000名学生。联合学院的学生约为5000名。它们提供的专业包括商科(会计学、管理学、法学、经济学)、自动机械和农学等。

大量中学毕业生在寻找培训机会,而另一方面,对技术型劳动力的需求又在许多领域里广泛地存在。因此,面向最好的就业领域开办更多私立学院的机会很大。当然,只有在政府政策、投资、认证这些因素形成一个支持性外部环境的前提下,这一切才会成为可能。

按区域把高等教育机构整合发展成大学是政府和教育部的政策。2000年4月,在阿瓦萨、巴赫达尔、默克莱和季马都成立了大学整合办公室并任命了校长。大学的总办公室设在这些城镇里,同一地区和附近地区的学院归其管辖。例如阿瓦萨农学院、迪拉师范和卫生学院、温多基内特林学院将受埃塞俄比亚南部大学(阿瓦萨)管辖。巴赫达尔教师学院、巴赫达尔工艺学校将归属巴赫达尔大学。季马大学和默克莱大学的管辖权也是同样。初等师范学院是否纳入大学尚无定论。初等师范学院和教师培训学院继续接受地方教育部门管理的可能性较大,因为它们满足的是初等教育师资培养的需要,而初等教育由地方政府管理。

在埃塞俄比亚,完成文凭项目需要2～3年的时间,第一级学位项目需要4～5年,医学学位除外,它需要6～7年。亚的斯亚贝巴大学和阿莱马亚农业大学开设了两年制的研究生项目(主要是硕士研究生项目)。哲学博士(生物学、化学、英语等领域)和某些医学专业(外科学、小儿科等)在文学硕士或医学博士的基础上还需要3～5年时间。1978年亚的斯亚贝巴大学建立研究生院,开始了埃塞俄比亚的研究生教育。开办研究生教育没有额外的资源分配,消耗了部分原属于本科教育的资源(包括教职员工),因此对本科教育质量带来了负面影响。

各种政策性文件(如教育和培训政策文件、教育部的报告、政党的计划)反映了埃塞俄比亚高等教育机构的如下目的和功能:

- 教育、培训、提供技术型劳动力。
- 探索、产生、培育知识(包括调查研究)。
- 促进科学技术的发展及应用。
- 保护埃塞俄比亚各民族的文化并促进其发展。
- 提供支持埃塞俄比亚社会经济发展的各种社会服务。

全国的高等教育机构开设学位项目、文凭项目,开展科研,提供继续教育和顾问服务。虽然工作得失并没有经过严格的评估,但是所有的迹象都表明这些机构还是实现了教学、科研、社会服务方面的预期目标。这些院校的毕业生在国内经营着许多政府和非政府组织。绝大多数小学高段和中学的教师是埃塞俄比亚高等教育机构培养出来的。

课程及其实施

各院校的教师为每个文凭或学位项目设计了一整套课程。而这套课程必须得到所在院校相关部门的认可。所有课程都要包括名称、课时数、学分数、课程描述、大纲以及参考书目清单等。

有时政治家和学者会抱怨某些课程与埃塞俄比亚的实际相脱离。有的人认为这些课程从发达国家照搬而来,几乎没有改动。迫于政界和高教机构内部的压力,各院校每10～15年定期修订课程。在过去的25年里,尽管政权更替,大多数高教机构的课程也经历了至少两次修订。

大多数高教机构,尤其是大学,都开设所谓的新生项目。该项目的主要目的是让新生适应高等教育并且弥补其学术能力上的一些缺陷,如英语语言技能,基本的自然科学知识,量化研究的方法。该项目是按照大学科领域来实施的(如社会科学、农学或者自然科学)。学生在新生项目的中期或项目完成之后选定自己的专业。

除了特定的埃塞俄比亚语言专业(阿姆哈拉语(Amharic)、奥罗莫语(Oromiffa)、提格里尼亚语(Tigrigna)),教学语言都为英语。所有的高教机构采用学期制。一年两学期,每学期16周(从报到注册开始一直到期末考试结束)。要求学生每学期修完15～18个学分的课程。一个学分的课时量是每周一课时(通常是50分钟),为期16

周。学生缺课不得超过课程总学时的四分之一,否则将不能参加期末考试。参加两年制文凭项目的学生要求获得 60～74 个学分,成绩平均积点(CGPA)至少达到 2.0(C 级)。注册四年制学位项目的学生(如生物学、经济学、心理学),要求获得 128～144 个学分,成绩平均积点达到 2.0 或更高。所有不及格的课程必须重修,直至通过。

课程设置包括通识教育、选修课程和主修课程。通常主修课程的学分占总学分要求的一半左右,即学位课程中的 60 个学分或文凭课程中的 24 个学分。

硕士研究生教育要求学生获得 24～42 个学分,成绩平均积点达到 3.0(B 级)。大多数研究生项目还要求学生写一篇硕士论文并公开答辩(AAU, 1987;AUA, 1994)。

新生课程和部分其他课程有课本,人手一册,或者两三个人共用一本。而大量的课程采用的是参考资料、阅读材料和讲义。师生时常抱怨缺乏教科书,以及紧跟前沿的相关阅读材料。而实验室设备和化学试剂的状况也和教科书的情形大致相同。

教学采用讲授、小组讨论、练习、实地调查、课程论文、学生演示以及实验的方法。其中最主要的是课堂讲授法。学生的学习效果采用小测验、期中考试、课程论文、课堂表现以及期末考试的方法来评定。在班级规模较大的情况下,教师多采用客观题试卷来进行考试,例如多项选择、正误判断、连线题和填空题。而在研究生班里或者针对规模较小的班级(少于 40 人),更多的是采用论文考试。

通常情况下,埃塞俄比亚的学生成绩分级系统如下所述:

- 得到 90%～100% 的分数为优秀,标为 A 级(4 分);
- 得到 80%～89% 的分数为良,标为 B 级(3 分);
- 得到 70%～79% 的分数为好,标为 C 级(2 分);
- 得到 60%～69% 的分数为及格或通过,标为 D 级(1 分);
- 得不到 60% 的分数为不及格,标为 F 级(0 分)。

教师要采用上述分级体系,或者常态分布曲线的分级方法。但在实践中,似乎依靠教师个人的判断力以及各院系的习惯分级办法操作性更强。

大多数学位项目即将毕业的学生撰写毕业论文或者承担有一定专业性的研究项目。而这些研究项目要求至少能达到 C 级水平。混日子或者成绩平均分数低于 2.0 的学生,视成绩等级的不同将面临警告、留校察看直至开除的处分。

高等教育机构的管理

1994 年开始,各高等教育机构都组建了学校董事会(board)、评议会(senate)(针对大学)、学术委员会(academic commission)、系委会(department council)。这些组织形成了高校管理的层级体系,教育部处于最顶层。1977—1991 年,高等教育委员会(CHE)负责指导并协调各高等教育机构。高等教育机构董事会(Higher Education Institutions Board)负责审核并调整各高校最终提交给政府的计划预算,批准各校的教育项目,并对其完成情况进行评估,向教育部提供有关本地各高校教工、学生的建议。该董事会由一名教育部代表(担任主席),地方教育、卫生、农业、规划办公室负责人以及其他的一些教育部任命的相关人员(包括高教机构负责人)组成(Council of Ministers, 1994;FDRE, 1999)。

各院校的学术委员会(AC)负责商讨并提出有关教育项目、计划、课程、认证、晋级和学生地位的建议。学术委员会的成员由本机构的第一负责人(担任主席)、第二负责人、系主任、教务长以及三名选举产生的学术人员代表构成。部分学院的学术委员会还包括了学生处处长,科研及出版事务的负责人。

系委会由所有全职教学人员组成,由系主任担任主席。系委会向学术委员会提出专业、课程设置、科目、人员晋升、研究项目、教学材料以及考试方面的建议。学术委员会对建议进行讨论,并对具体问题根据自身权限,作出决定或者向上级提出建议。

大学设有评议会(senate),职权介于校董事会和学术委员会之间。校长担任主席,两位副校长(分管教学和行政)、各学院院长、科研机构负责人、教务长、科研及出版事务负责人，以及选举产生的来自各教师团体的学术人员都是成员（AAU，1987）。

上述管理机构通过下设的各个委员会来协助其履行职责。其中最常见最活跃的委员会有：学生事务委员会、教职员发展和晋升管理委员会、科研和出版事务委员会。某些事务则通过各种常务委员会或者特别委员会来处理。

大学校长、副校长以及各学院院长由政府直接指派或者通过教育部任命。被委派的行政人员往往是各高校的高层管理人员。系主任的产生各高校有所不同，或通过系委会选举，或由学院院长任命。然而一直到 1993 年，学院院长和系主任还是通过学院学术委员会和学系大会选举产生的，由获得绝大多数票的候选人当选。

学　生

过去的 15 年，埃塞俄比亚每年平均有 6 万学生完成了中学教育，参加了埃塞俄比亚毕业证书考试（ESLCE）。毕业证书考试既是中学教育的毕业考试，又是高等教育机构的入学考试。每年只有大约 10%～15%的高中毕业生能够被大学录取，攻读文凭或学位。1999 年，包括师范教育在内的文凭项目录取了 5154 名新生，学位项目录取了 7199 名。录取人数包括了 1999 年以前中学毕业的往届生。

高校的新生录取要通过教育部，这是高等教育委员会定下的惯例。申请人必须已经完成中学教育，并在毕业证书考试中 5 门课（包括英语和数学）的平均积点（GPA）达到 2.0 以上。另外，只要在下列任何一种考试中，或者在与其同等的外国举办的考试中通过 5 门课程，其中英语、数学的平均积点要达到 2.0，在剩余最相关的课程里选择 3 门考分最高的，就可以用来代替毕业证书考试成绩。这类考试有：伦敦大学普通教育证书考试（General Certificate of the University of London）、剑桥海外学校证书考试（Cambridge Overseas Certificate）、西非教育证书考试（West Africa school Certificate）和牛津考试（Oxford Examination）。

以上这些只是原则上的入学标准。而实际上，每年的平均积点分数线是根据招生数和报考人数划定的。因此，有好几年只有平均积点 3.2 及以上的考生才能被学位项目录取，而平均积点 2.6 及以上的考生才能进入文凭项目。落榜生可以申请继续教育（continuing education）项目，但该项目也有名额限制和分数要求。

农村和边远地区的师资水平欠佳、设施不完备，教育质量往往比较差。这些地区的中学毕业生在考试中很难得到高分。因此，高校录取的学生中相当大一部分是来自中部地区和城市，而非边远地区和农村。

研究生院的入学资格是：本科成绩优秀，已经获得学士学位，并且通过由相关院系举办的入学考试。

女生的录取率近几年只有大约 15%。为提高女生入学率，采取了一些措施，比如将录取的平均积点分数线下浮 0.2（例如在同一专业，男生平均积点要 3.0 才被录取，而女生只要 2.8）。这种平权行动（affirmative action）提高了女生的录取率，但并没有对女生接受高等教育的状况带来显著的改观。女生群体的辍学率还是高于平均数。为期数月的以语言（英语）、量化方法、笔记方法、学习技巧提高为内容的预备教育对女生和那些来自欠发达地区的学生很有帮助。一两周的激励性谈话（pep talks）和“自信心训练”（assertiveness training）对于帮助这两类学生顺利完成学业是不够的。

所有正规生都享受免费的食宿。只有继续教育的学生（周末或晚上上课）需要支付报名费、注册费和学费。埃塞俄比亚的学费多年来一直在增长。1998—1999 学年在亚的斯亚贝巴大学每学分需支付 32 比尔（4 美元）。外国留学生的学费差不多要加倍。

1998—1999 学年各高校共有 27345 名在校正规生，其中女生占了 15.64%（参见表 32.1 各校学生数统计部分）。1999 年的毕业生为 6111 名，其中女生占 14.1%。

亚的斯亚贝巴大学和阿莱马亚农业大学研究生入学和毕业的人数在增加。例如 1990—1991 学年两校共招研究生 657 人，毕业 136 人；其中只有 51 名新生为女性，毕业生中仅有 9 名女生（EMIS，1994）。相比之下，1994 年共录取 634 人，毕业 201 人。1998—1999 学年按学科和性别录取的情况如下（MOE，1999）：

- 社会科学类(地理、历史、社会人类学、人口统计学):共 71 人,其中女生 4 人。
- 商业与经济学科类(经济与地方发展研究):共 77 人,其中女生 8 人。
- 教育类(课程、教育规划、心理学):共 61 人,其中女生 4 人。
- 医学类(妇产科、小儿科、外科学等):共 227 人,其中女生 23 人。
- 自然科学类(生物学、化学、统计学等):共 195 人,其中女生 12 人。
- 工程学类(土木工程、电气工程等):共 50 人,其中女生 1 人。
- 语言类(英语、阿姆哈拉语、语言学等):共 76 人,其中女生 7 人。
- 信息科学:共 30 人,其中女生 3 人。
- 药剂学:共 4 人,没有女生。
- 农学类(农业经济学、园艺、动物饲养、农艺学等):共 73 人,没有女生。

在被录取的 864 名研究生中,女生只有 62 人(占 7.18%)。工程学、农学和药剂学这 3 个学科女生录取人数最少,或者没有女生。

有关埃塞俄比亚当前就业和失业状况的可靠统计数据无从获得。不过,粗略估计 1998 年全国共有 50 多万政府雇员,有近 100 万求职者(Habtamu, 1999)。在所有的求职者中只有很少的一部分(也许不到 10%)拥有文凭或学位,而社会对工程师、会计师、职业医师、经理人、经济学者、农技师、合格中学教师的需求量很大。因此,继续教育项目门庭若市,录取了 24960 名学生,其中女生 5712 名(占 22.88%)。

值得注意的是,女生大多被录取在社会科学、教育科学以及文凭教育项目里(详见表 32.2 关于不同学科招生规模的情况)。

表 32.2 1999 年埃塞俄比亚各学科正规教育项目入学人数

学科	文凭教育	本科教育	研究生教育	总人数
农学	1540	1712	73	3325
工程与技术	746	3218	50	4014
医学	1487	1900	231	3618
语言	—	682	76	758
教育学*	289	2667	61	3017
法学	86	806	—	892
自然科学	—	3950	195	4145
商学和社会科学	2376	5022	178	7576
总人数	6524	19957	864	27345
女生所占百分比	25.86	11.56	7.18	14.10

注:* 初等师范学院入学人数未包括在内。
来源:教育部,1999。

近几年高校学生的辍学率在 10%~15%之间,其中一年级新生的流失情况最为严重(Abebayehu, 1998)。

大多数高校都设有学生委员会,主要负责食堂、寝室及文娱设施的管理。早期,尤其是 20 世纪 60 年代晚期到 70 年代初期,学生联合会还在国内扮演着重要的政治角色。它们积极争取民主,主张尊重人权和社会经济改革。

一些报告指出,埃塞俄比亚高校学生面临的主要问题有经济问题(没钱买衣服、学习材料和娱乐用品)、没有课本、相关参考资料不足,以及情感和健康问题(MOE, 1989)。还有许多学生抱怨自己不是第一或第二志愿被所在专业录取。因此,许多人需要一段时间来培养对录取学科(主修专业)的兴趣。

教学人员和教辅人员

高校按照一定的标准录用教师。遴选教学岗位申请者的标准因学院而异,不过主要包括以下内容:平均积点高(通常是 3.0 以上);热爱教学、科研工作,并且/或者在这方面有经验;此外,还要有两到三封导师推荐信。有些学院还要求候选人通过为选聘教学人员而专设的特别委员会的面试。

一旦被聘用,教师就要在每学期末(一年两次)接受学生、同事、系主任的评价。只有获得一般以上等级的评价,才能继续受聘。聘用合同每两年续签一次。连续两个学期表现在平均水平以下的教师不予续签聘约。在过去的 5 年里,好几位教师因为学生对其评价很低而被终止聘约。

高教机构按照研究生助教、助理讲师、讲师、助理教授、副教授、教授的等级对所有教学人员授予学术职称。专业的图书馆员也有类似的职称。职称及其晋升都基于学术资质(所获学位),在著名期刊上发表论文的数量,教龄,教学效果,对社会的贡献等因素。通常最难以达到的标准是发表足够的论文。教师的工资按照职称标准发放。许多教师抱怨自己的工资太低。一个教授每月的工资大约是350美元。校长、副校长、院长、处长、系主任有额外的津贴。外籍教师享受住房、差旅补助以及其他的一些津贴。

表32.3显示,1998—1999学年埃塞俄比亚共有2228名教师在高校任职,其中134人为外教。大多数教师的学术职称仅为讲师,甚至更低。教授和副教授分别仅占2.29%和6.78%。超过66%的教师拥有硕士或博士学位。其余的教师则拥有学士或与其等同的学位。在整个教师队伍里,女教师仅占6.15%。

表32.3 1998—1999学年埃塞俄比亚高教机构教师职称情况

学术职称	人数	百分比
教授	51	2.29
副教授	151	6.78
助理教授	391	17.55
讲师	895	40.17
助理讲师	147	6.60
研究生助教	224	10.05
其他	369	16.56
总人数	2228	100
女教师人数	137	6.15
外教	134	6.01

来源:教育部,1999。

专职教师每学期须承担最高达12个学时(credit hour)的工作量。2~3小时的实验室工作等同于1课时(lecture hour)。如果承担了被正式承认的研究项目,那么每学期承担9个课时的工作量就可以了。

大多数高教机构的学术人员都享有以下自由:开展任何自己所选领域的研究,对学生讲授与课程相关的争议问题,以及传播"不违反道德、不触犯法律、无碍秩序或埃塞俄比亚国家安全"的任何发现(AAU, 1987:73)。教师享有学术假和科研假,尤其是大学教师。为某高教机构富有成效地连续工作7年(可休学术假)或4年(可休科研假),且将继续留任的教师将获准此类休假。理论上的退休年龄是55岁,但大多数教师,尤其是那些具有高职称的人,只要健康状况良好往往继续受聘直到65岁。

人们希望学术人员展示良好的行为举止,从而赢得社会大众的尊敬。任何违纪或渎职行为通常都要受到由所在机构负责人设立的纪律检查委员会的调查。通常这个委员会的成员就是其他教师。处罚包括警告、批评(reprimand)、扣工资、延迟晋升,直至解职(AAU, 1987)。

相当数量的学术人员辞去教职从事其他工作,或者以进修或其他理由出国。尽管各校具体的辞职人数并不相同,迪杨和约汉恩斯(Dejene and Yohannes)估计大约有50%经验丰富的教职员移居国外(Dejene and Yohannes, 1998)。这两位研究者以及西尤姆·塔费拉(Seyoum Teferra, 1997)的调查报告指出,政局不稳、政治迫害、工资低、住房条件差、缺乏自由以及工作(教学及科研)条件差是造成人才流失的主要原因(推动因素),而吸引他们的是接收国(发达国家,主要是西方国家)更高的工资,更好的住房和工作条件,更好的施展技能的机会,学术自由以及政局稳定等因素。

大多数教师通过所在院校的教师协会加入了埃塞俄比亚教师协会。各联合会召开会议,举行研讨,有时也出版新闻通信。近几十年来,教师协会在争取更高的工资、更多的福利、更好的工作条件以及学术自由方面所发挥的作用受到限制。埃塞俄比亚各级政府已经对这些联合会有所关注,并用与现状相匹配的方式对其施加影响。1994年,当时的政府解雇了41名亚的斯亚贝巴大学的教师,因为他们猛烈批评政府。他们中许多人正是亚的斯亚贝巴大学教师协会的领导人物。20世纪70年代以来,反对现状的人士被直接或间接镇压,至少是被控制。

缺乏更好的民主实践(更广泛的参与、开放式的讨论、透明度、问责),工资及其他待遇过低,教学、科研条件不足,评价教师的过程中学生评估所占的比重过大,政府对高校各项活动的直接干涉，这些都不利于学术人员投入工作，作出贡献。值得一提的是“教学实效”(teaching effectiveness)由学生评价(占 50%)、同事评价(占 15%)和系主任评价(占 35%)相加的办法来评定。大多数教员都抱怨学生评价所占的比重过大，25%的比重已经足够。

1998—1999 年在埃塞俄比亚高校工作的辅助人员(有时被称为管理和/或者一般事务人员)有 5161 人(见表 32.1)。这些雇员提供各项服务，包括学生自助餐厅、门卫、财务、安全保卫、供水、电话、供电、书店、档案管理、出版，以及各种文书和人工服务。提供专业和半专业服务的人员只占所有辅助人员的 13.04%。辅助人员并不直接参与教学或科研活动。1998—1999 学年，48.36%的辅助人员为女性。大多数辅助人员只接受过小学教育，甚至还不到小学教育程度。只有 16.92%的人教育程度超过十二年级水平。

辅助人员的雇用、晋级、退休以及解雇是按照埃塞俄比亚文职人员管理机构的规章制度来进行的。他们的退休年龄是 55 岁。许多人抱怨工资太低，不少人便辞去了在高教机构的工作，转而从事一些收入更好的工作。一些国际性的非政府组织以及私人企业提供了这些较高收入的岗位。

表 32.1 显示了各高教机构拥有辅助人员的数量。亚的斯亚贝巴大学的学术人员和辅助人员分别占全国所有高等教育机构相应人数的 33.66%和 32.71%。

研 究

高等教育机构的研究目的很广，主要在于产生知识，促使教学更有针对性，使理论联系实际，评价并改进课程，以及解决已发现的社会需求问题。人们期望并要求学术人员承担一些研究工作。研究工作可以由个人完成，也可以通过团队，或者由研究单位(院所)来承担。一些外籍学者也通过独立承担的方式，或者与埃塞俄比亚研究人员或机构合作的方式参与研究活动。一般认为，埃塞俄比亚高教机构中的学术人员 75%的时间花在教学上，25%的时间用在研究上。而那些研究机构的学术人员则花 25%的时间用于教学，75%的时间用于研究。

该国第一个研究单位是埃塞俄比亚研究所(IES)，成立于 1963 年。截至 1999 年，在高教机构内部已经设立了 6 个设施完善的研究单位。它们是埃塞俄比亚研究所、德布拉塞特农业研究中心(Debre Zeit Agricultural Research Center，设在阿莱马亚农业大学)、地球物理学观测所、发展研究所、教育研究所和病理学研究所。设立这些研究所的主要目的是为了推动各自授权领域的研究工作，提供交流观点、信息的场所，以及开展研究活动。它们通常发起、协调并且指导研究项目，还通过期刊、各种出版物、专题学术讨论会、讨论会、会议的方式宣传研究成果。各研究所由所长及各自的顾问委员会管理。该顾问委员会通常由 7 名左右的相关学术人员代表组成。

以下是由各研究所、专业联合会、学院出版的著名科学期刊：

- 《化学会刊》(*Bulletin of Chemistry*)
- 《埃塞俄比亚农学学报》(*Ethiopian Journal of Agriculture*)
- 《埃塞俄比亚发展研究期刊》(*Ethiopian Journal of Development Research*)
- 《埃塞俄比亚教育期刊》(*Ethiopian Journal of Education*)
- 《埃塞俄比亚健康发展期刊》(*Ethiopian Journal of Health Development*)
- 《埃塞俄比亚医学学报》(*Ethiopian Medical Journal*)
- 《埃塞俄比亚药学学报》(*Ethiopian Pharmaceutical Journal*)
- 《埃塞俄比亚法学学报》(*Journal of Ethiopian Law*)
- 《埃塞俄比亚研究期刊》(*Journal of Ethiopian Studies*)
- 《SINET：埃塞俄比亚科学学报》(*SINET：Ethiopian Journal of Science*)
- 《ZEDE：埃塞俄比亚工程师及建筑师联合会会刊》(*ZEDE：Journal of Ethiopian Engineers and Architects*)(Bekele，1996)

尽管埃塞俄比亚经济协会(Ethiopian Economic Association)和埃塞俄比亚语言文学研究会(Ethiopian Languages and Literature)名声不响，但它们也发表严肃的研究成果。许多社会科学研究员还利用《东非社会科学研究评论》(*Eastern Africa Social Science Research Review*)的学术资源。这是一份由东部及南部非洲社会科学研究组织(OSSREA)主办的著名期刊。该组织设立在亚的斯亚贝巴大学主校区。

期刊的知名度由各大学评议会根据其下属的研究、出版常务委员会的推荐评定。评审依据包括:对投稿者是否有明确的政策和指导方针,是否有称职的编辑和顾问委员会(董事会),是否有能干的编辑,同行的匿名评价如何,是否能保证按时出版。与亚的斯亚贝巴大学有关的期刊每2~3年就会被由7人组成的常务委员会评估一次,其成员来自各个学科。研究和出版事务的主管担任秘书,会议通常由研究生院院长主持。该委员会还对教材质量、新课本、主要研究项目的经费申请进行评估并作出决定。

埃塞俄比亚高教机构的教师们正在开展数百项研究。本文将这些研究工作划分为六大类,并指出每类所包括的部分研究领域。

- 农学类:动物饲养、种植、食品、农作物生产与保护、园艺、旱地生物多样性、资源保护、改良农业技术的应用。
- 工程学与技术类:能源、水资源、适用技术、灌溉工程、地基问题。
- 健康科学类:常见病、某地的卫生状况、动物健康及各种疾病、血吸虫病和利什曼病的流行病学研究、饮食与营养、性传播疾病与艾滋病、哮喘、湿疹、肝炎、麻疹的流行,呼吸道感染。
- 自然科学类:埃塞俄比亚动植物及鱼类的特征、鸟类、蠕虫和寄生虫、药用植物、地质学、自然产品的化学性质。
- 社会科学类:干旱与饥荒、城市与农村的贫困问题、埃塞俄比亚各民族的历史与语言、社会经济形势、食品援助、土地所有制、法律与管理问题、社会价值、育儿实践、殖民地遗留问题、流浪儿童问题。
- 教育科学类:课程、学习问题、测试问题、教师教育、教育政策执行、教育质量、职业教育、特殊教育、扫盲计划。

研究经费来自政府预算和捐赠。一些斯堪的纳维亚国家和欧洲大陆国家,以及联合国提供了大量的捐赠。各国或各机构对研究项目的可靠的捐赠数据无法得到。

一些报告(如 Habtamu, 1990; Endashaw, 1996)指出,科研"文化"并没有像高教机构所期望的那样得到很好的发展。经费不足、有科研能力的学术人员承担了过多的教学和管理工作、教师工资过低(这迫使他们去做一些兼职工作)、研究设备欠缺,以及缺少发布研究成果的平台,这些都是揭露出来的部分主要问题。许多资深研究员还抱怨研究人员与政策制定策者以及研究成果的使用者之间没有对话沟通。

高等教育财政

埃塞俄比亚的高等教育历来都是主要依靠政府提供经费。资本性支出和经常性开支的经费通过财政部拨付。然而也有一部分补助来自联合国的各类机构以及其他的双边捐赠者,诸如某些国家和组织。

分配给高教机构的经常性预算逐年提高。大约12%的教育经费被用于高等教育。例如:1996—1997学年高教预算约为9700万比尔(约合1180万美元),1997—1998学年为1.45亿比尔(约合1770万美元),1998—1999学年则达到了2亿比尔(约合2440万美元)。而在经常性预算中,约有50%被用于支付工资(MOE, 1998和1999)。

联合国开发署、联合国教科文组织、联合国人口基金(UNFPA)、世界银行、瑞典研究合作机构(SAREC)、瑞典国际发展机构(SIDA)、英国文化委员会以及德国、瑞典、前苏联和其他的机构和国家通过捐赠、派遣专家、提供顾问服务、设立奖学金、提供贷款(瑞典国际发展机构对基建和设备提供贷款)、提供书本和设备等方式对埃塞俄比亚的高等教育提供了援助(Habtamu, 1994)。有些高教机构还与外国大学,尤其是美国、英国、德国、瑞典、挪威的大学,建立协作关系或成为姐妹学校。此类例子有:阿莱马亚农业大学和俄克拉荷马州州立大学,亚的斯亚贝巴大学和德国的卡尔马克思大学,科特贝师范学院和东英格兰大学,亚的斯亚贝巴大学和伦敦大学。

正如前文所述,埃塞俄比亚政府承担了普通生的伙食、住宿、卫生保健费用。亚的斯亚贝巴商学院是唯一一所没有住校生的大学。它每年提供给每个学生 10 个月的津贴,每月 120 比尔(约合 14.60 美元)。新的教育和培训政策(TGE,1994)以及教育部的各种文件表明,在不久的将来,学生要承担部分的教育费用。贷款体系、勤工助学、奖学金以及别的一些安排都在考虑之中。当前的高贫困率(50%以上的人口处于绝对贫困线以下),周期性的干旱与饥荒,地区之间接受良好中学机会的不平等,日益严重的年轻人失业问题,这些都会给不久以后实行高教费用共担计划带来激烈的争议。笔者建议在实施该政策之前应进行全面彻底的研究,举行公开辩论,做到政策透明,使公众充分理解,并制定出详细的指导方针。

当前和未来的挑战

埃塞俄比亚是一个拥有约 6300 万人口的大国。其中年轻人占了全部人口的大多数。而其接受小学、中学及第三级教育人数的比率分别只有 45.8%、9.7% 和不到 1%。小学和中学 1998—1999 学年的入学人数分别是 570 万和 52 万。第三级教育的需求很大。笔者估计大约 90%完成高中学业的埃塞俄比亚人,只要有机会都愿意进入大学深造。与许多发展中国家以及撒哈拉以南的非洲国家相比,27345 人的大学入学人数以及埃塞俄比亚政府在高等教育上的投资都偏少。而没有足够的技术工人,要实现埃塞俄比亚社会经济的大发展是难以想象的。

近 25 年来,入学人数每年增加约 10%。设立了新的高教机构,启动了新的培养项目。现有的培养项目得到升级,而另外的一些则被废止。例如,1996 年开办了迪拉学院,1993 年创建了默克莱大学。除保留健康和体育专业外,科特贝师范学院逐步停止其他学位项目。巴赫达尔工学院已经升格为本科院校,正逐渐停办以前的一些证书项目。同样,亚的斯亚贝巴大学在 1999 年进行了专业评估,目前正在进行重组,并对课程进行修订。可以预见某些院系将进行整合。

毫无疑问,修订课程使之更有针对性,调整专业,重组高教机构是必要的。进行严肃、客观的研究,开展公开的讨论,邀请利益相关方参与进来会对这项工作大有益处。遗憾的是,亚的斯亚贝巴大学、科特贝师范学院还有别的一些高教机构所经历的大多数变革,都没有进行上述的实践,也没有带来实际的好处。

埃塞俄比亚经济、农业、社会、政治等领域需要能力突出的人才。高教机构承担着培养各部门所需人才的主要责任。除了入学人数少,高教部门还存在着许多问题,诸如:(1)师资质量不高、班级规模过大、教材欠缺等造成教育质量不高;(2)缺少参与式的领导,缺乏透明度,缺少上至教育部下至基层单位的问责制;(3)由于经费欠缺以及在经费分配上的官僚主义作风造成的不利于科学研究的环境;(4)人才流失严重,教师更换过快。

政府和教育部已宣布,将成立“另外”4 所大学(对现有学院按照地域进行组合),所有的大学都要有章程以及一定程度的管理自主权。先前社会主义政府首倡的地区性大学的理念在原则上是得到支持的。然而可用于分配的资源、各大学的决策权力,以及其下属各单位部门的问题都需要认真对待。尽管是国立大学,对政府过多的干预、对教职人员参与内部事务决策的限制都应加以改变,以促使本部门健康、积极地发展。

鼓励创办私立学院(例如免费提供土地以及免税进口教材),扩大处于初始阶段的远程教育是高等教育发展所必需的另一些重要活动。1996 年,亚的斯亚贝巴大学的教育学院在美国国际开发署援助下开办了远程教育。在世界银行和联合国教科文组织的协助下,亚的斯亚贝巴大学理学院设立了一个非洲虚拟大学部。尽管可以多招一些学生,边远地区的学生似乎也很有希望上大学,但对这些努力作出定论还为时尚早。远程学习与私立学院需要灵活性、保证、明确的指导方针和支持。正因为私立高教机构与远程教育具有诸多优点,鼓励其发展值得引起政府、教育部、高教机构、利益相关方以及社会大众的认真思考。

最后,笔者要指出政治体系和高校(教师、学生以及辅助人员)之间,尤其是与亚的斯亚贝巴大学之间存在着,或者说已经存在着一定的“距离”。利用世界上日新月异的知识和技术来减少或解决国内的诸多问题,如贫困、食物短缺、周期性干旱和饥荒、环境退化、社会冲突、文盲、疾病、人口过快增长等,需要共同努力大力开发人力资源。高校在这方面可以发挥重要的作用,但需要民主的工作氛围、相对充足的资源，以及稳定的环境。它们需要参与国家的领导。加强高校内部和对外的沟通，选举称职且有远见的领导者，加强利益相关方之间的联系，政策制定者、决策者、高教团体之间实现一定程度的自由和互信等举措会非常受欢迎。

参考文献

AAU (Addis Ababa University). 1987. *Senate Legislation fo Addis Ababa University*. Addis Ababa: Addis Ababa University Printing Press.

Abeyayehu, A. 1998. "Problems of Gender Eguity in Institutions of Higher Education in Ethiopia." In Amare Asgedom, William Cumings, Ddrebssa Dufera, Johnson Odharo, Habtamu Wondimu, and Girma Zewdie, eds., *Quality Education in Ethiopia: Visions for the 21st Century*. Addis Ababa: Institute of Educational Researh/Addis Ababa University.

Aredo, D., and Y. Zelalem. 1998. "Skilled Labor Migration from Developing Countries: An Assessment of Brain Drain from Ethiopia." In Senait Seyoum and Alemayehu Seyoum, eds., *Human Resources Development in Ethiopia*. Addis Ababa: Ethiopian Economic Association.

AUA (Alemaya University of Agriculture). 1992. *Annual Research Report of the Alemaya University of Agriculture*. Alemaya: AUA.

——. 1994. *School of Graduate Studies Catalogue* 1994/95. Alemaya: AUA.

Bekele, E. 1996. *Biannual AAU Research Book: With Highlighted Information on Twenty Years of Research Activities at AAU*. Addis Ababa: AAU Printing Press.

Commission for Higher Education. 1985. *Higher Education in Ethiopia: Special Issue*. Addis Ababa: Artistic (in Ambaric).

Council of Ministers. 1994. "Administration of National Higher Education Institutions Located in Regions." Regulation No 197/1994. Addis Ababa: Berhanena Selam.

CSA (Central Statistics Authority). 1998. *The* 1994 *Popolation and Housing Census of Ethiopia*: Results at Country Level. Addis Ababa: CSA.

EMIS(Education Management Information Systems of the Ministry of Education). 1994. *Basic Education Statistics*. Addis Ababa: EMIS/M()E.

FDRE (Federal Democratic Republic of Ethiopia). 1999. "Bahir Dar/Mekelle/Southern Ethiopia/Jimma Universities Establishment Regulations." Addis Ababa: Berhanena Selam.

Higher Education Institutions. 1984-1992. Catalogues (e.g, Addis Ababa University, Aleyama University of Agriculture, Kotebe College of Teacher Education. Addis Ababa College of Commerce).

Ministry of Education. 1989. *Education Policy Study*. 8 vols. Addis Ababa: Education Materials Production & Distribution Agency (in Amharic).

——. 1996, *Education Sector Development Program*, 1997-2001. Addis Ababa: Ministry of Education.

——. 1997. Future Direction of Higher Education. Addis Ababa: Ministry of Education (in Amharic).

——. 1999. *Education Statistics Annual Reprort*, 1998-1999. Addis Ababa: Educational Management Informaton Systems, Ministry of Education.

Teferra. S. 1992. "Brain Drain among Academics in Two Higher Education Institutions in Ethiopia." *The Ethiopian Journal of Education* 13. no. 2:1-37

TGE (Transitional Government of Ethiopia). 1994. *Education and Training Policy*. Addis Ababa: Education Materials Production&Distribution Agency.

Wondimu, 11. 1990. *Research and Development Prioriries in Higher Education Institutions*. Addis Ababa: Higher Education Main Department.

——. 1994. "Education. Training and Manpower Planning and Policy in Ethiopia. Paper prepared for the UNDP Ethiopia. Addis Ababa: UNDP.

——. 1999. *Ethiopia's Educational Policy Reform and the Trends on Human Resource Development: Some Observations*. Addis Ababa: Forum for Social Studies.

33 加　蓬

文森特·明特萨·米伊亚

引　言

依照一份由前法属赤道非洲联盟国家(Fédération de l'Afrique Equatoriale, AEF)首脑会议签署的法令，中部非洲高等教育基金会(Fondation de l'Enseignement Supérieur d'Afrique Centrale, FESAC)在布拉柴维尔宣告成立。通过1961年12月12日签署的这项法令，首脑会议采纳了中部非洲这一高教组织的宪章。基金会设在布拉柴维尔的前技术和管理中心旧址上，该中心成立于1959年。基金会只为那些先前的法属赤道非洲领地服务，但不包括喀麦隆(受法国监管)和比属刚果(扎伊尔)(Mintsa, 1994)。

高等教育机构分布在各个新建立的国家中。加蓬在利伯维尔办了一所多科技术学院。乍得有一所兽医和动物学学院，另一所法学院在恩贾梅纳(N'djamena，旧称拉密堡)。中非共和国建了瓦克姆博农学院(Agronomy Institute of Wakombo)，而布拉柴维尔(刚果)拥有人文、自然科学以及其他学科的高等教育中心。

这一大学网络散布在许多国家里，因而在新生国家的各种独立运动中难以幸存下来。这些运动将原先的殖民地从法国的殖民统治中独立出来，各国的国立大学应运而生。喀麦隆在1962年开办了雅温德大学，而加蓬国立大学创立于1971年。1962年到1970年间，所有的中部非洲国家都开始将各种教育机构转变为国立大学。

中部非洲这个次区域的大学结构说明了高等教育机构是如何按照西方的观点和标准构想建立的。不论是从比利时还是从法国，这些模式都被机械地照搬过来。

加蓬国立大学

有着殖民主义传统遗风的大学模式拥有自上而下的层级结构，是集权式、标准一致的教育机构。这种院校极力推崇集权，反对授权。专制君主唯恐失去特权，大学也是按照其形象构造出来的，牢牢把控授予学位和验证专门知识方面的特权。与此类大学相反，传统非洲大学的构想是由一个坚定的团体领导，为实现某一特定目标而组建的机构。

1970年，加蓬提供了3种院校层次的教育，有文学、法学和经济学，以及自然科学的高等学校。5年后，这些中心转变成了人文科学、法学和经济学、自然科学、医学、地方行政、工程学(利伯维尔)、职业教师培训、林学，以及行政助理培训的学院或高等学院。

1978年，国立加蓬大学更名为奥马尔邦戈大学(Omar Bongo University, OBU)，但是直到1986年在弗朗斯维尔(France-ville)建立了马苏库科技大学(Université des Sciences et Techniques de Masuku, USTM)后，才改变了其一校独大的局面。对于奥马尔邦戈大学理学院和国立工程学院所提供的科技培训来说，马苏库科技大学标志着一种新的方向。

加蓬高等教育的多重目标围绕着四大主要观点。首先，加蓬再也不能忍受仅仅满足生存的经济。加蓬应该具备生产工业产品的能力，产品不仅能满足自身需要，还能与其他国家进行交换。为实现这一目标，加蓬应建立工业化国家的基础设施，而大学是其根本。

其次，大学有责任塑造加蓬的独特形象，重建其尊严，赋予加蓬决定自身命运的自由。大学应该积极参与应对可见的或是不可见的基于开发、援助、屈服、顺从的殖民主义思想。

再次,大学应该回答一系列急切的人口统计方面的问题,这些问题对加蓬的发展至关重要。加蓬须明确如何增加人口,如何使人口在各地得到平均分布,以促进生产力的增强,进而实现发展。

最后,高等教育应该确保识字率的提高和教育普及。它应该生产并传播知识以根除文盲。没有文化是造成大多数冲突、战争,以及缺乏理解的根源。

奥马尔邦戈大学的入学人数约为 2000 人,马苏库科技大学有 700 名学生。这两所大学聘用了 600 名常任教师,其中包括 80 名法国教授,20 名加拿大人,此外还聘用了 70 多名来自各国的合同制教师。生师比总体良好,但是教师结构层级性明显:大学教授极少,助理教授较多,助教数量庞大(占教师总数的 57%以上)(Ministère de l'Education Nationale, 1983)。

尽管管理和技术人员的数量庞大,奥马尔邦戈大学达到 272 人,马苏库科技大学也有 96 人,但是加蓬籍雇员的比例是非常低的,尤其是在监督管理层:奥马尔邦戈大学为 78 人,而马苏库科技大学为 52 人。

就课程而言,在社会学和人文学科课程的基础上补充了以促进国家发展为指向、更为具体的专业训练。在这一方面,通过为学生提供更好的教育,大学在满足国家对专业的需求上变得更为现实。

加蓬高等教育面临着严重的障碍,包括财政资金紧张,这些困难阻碍了一切反思与变革的发起;图书馆资源不足,而图书对任何高校都至关重要;随着国际货币基金组织等国际组织强制要求的结构调整计划的开展,文职岗位减少导致就业前景黯淡;经济体系缺少活力;大学的使命与合法性出现危机;以及没有任何科研活动。

中学后教育

总体而言,中学的招生能力是令人满意的,大约 50%符合接受高等教育条件的学生在加蓬的学校里接受中学教育(54000 名学生中的 25000 名;另有约 47%在私立学校)。中学里的专业分流直到十年级和十一年级才进行(Ministère de l'Enseignement Supérieur, 1998)。

除了公立学校,加蓬还有私立天主教和新教学校,由基督教联盟开办的学校,以及无任何附属关系的私立学校。在公立学校中,其中的 8 所依照与法国达成的协议运作,同时招收加蓬本国学生和外国学生。全国统考区分出一流和二流的学校。前者执行入学的高标准,吸引到了最好的学生,而后者采用的是门户开放政策以招收学生填满教室里空余的座位。这种状况对某些学校有利,但不利于其他的学校。在教育质量方面,它还引起了学校的地方差异。与农村学校相比,城里的高中往往设置较高的入学标准。

基础教育对任何人都免费,但是加蓬上学的女性显然要比男性少得多。

在加蓬的教育系统中,职业技术教育看起来像个贫困不堪的孩子。此类教育是在遍地都是就业机会的时期构想出来的,当时它被视作辍学学生的一条出路,也被认为是发展第三级工科教育的好方法。但是近年来招生数量的增长却导致职业技术教育的衰退:毕业人数激增、监管质量滑坡、就业机会稀少。

教师教育

学校教师的培训在一所小学教师培训学校和两所高等师范学院(Ecole Normale Supérieure, ENS)里进行。后者同时培养普通中学教师,以及中等工业和技术教育教师(高等技术教育师范学院,ENSET)。加蓬目前还没有单独的技术教育师资培训项目。

总体上,加蓬政府积极吸引师范生源。将来的中小学教师一进入师范学校就能享受财政补助,这使得教师这一职业更为吸引人。班级规模较小,每班不到 30 人,中等师范学校,以及中等工业和技术学院的某些班级规模甚至更小。中学阶段大量的外籍教师(80%以上的数学教师)引起了国家当局的担忧,它们在努力争取实现教育的本国化。

就学校的接纳能力来看,小学的教室和课桌椅数量比招生数量少,而中学实验室和科学教室的短缺也很严重。

小学教师无论是质量还是数量上都不理想,而某些科目的中学教师,比如法语、数学和物理等科目的教师数量更少。

整个加蓬教育系统的毕业率低，学生考试不及格、辍学、成绩低下等问题严重。鉴于这些问题，教学方法应该进行反思，科学教育应该从小学就开始加强。为此，近年来建立了幼儿园系统。类似的努力应该持续下去，相关人员应该从困扰小学和中学系统的错误中吸取教训。

高中的总体毕业率不高，参加考试的学生只有少数能够获得文凭。高校教师大多对进入大学的高中毕业生的平均教育水平表示不满。

在所有的高中毕业生（1999 年共 2090 人）中，1305 人主修文学，785 人主修自然科学，112 人主修数学和物理。这些数字满足不了国家的需求，尤其是对理科教师的需要（Office of the Baccalaureate，1999）。

现状与结构变化

加蓬改革的三板斧被认为是——教学、管理与财政。着眼于解决人力资源和物资资源的改革措施将很快带来管理上的显著改进，而长期性措施将会集中在教育系统的结构、课程的重新设计，以及加蓬自己的教师队伍培养上。

大学系统的总体改革将依照高等教育改革法进行。为增强内部的生产力，减少高等教育面临的问题，大学系统需要进行调整，以便更好地选拔并指导学生，对教学方法进行重新评估。

此外，私营部门开办高教机构的举动应该得以继续。实际上，私立高等教育提供了另一种选择，总的来说也是高等教育的宝贵财富。私立高等教育能够增加入学，无需国家投入即可扩大高等教育，有助于培养具有特定专业技能的毕业生，能使专业多样化，因而它能填补国家教育系统的空白。

财　政

加蓬的高等教育是按照传统的模式建构的，国家是主要的经费来源。经营这种模式，需要大量投资来建立、维护基础设施和设备，向教师和管理人员支付工资。国家承担的部分高达生均费用的 95%。财政资助十分慷慨，该系统的开支包括向学生提供奖学金、食宿和医疗等，占分配预算额度的 40%。近年来高等教育系统被施加了巨大的压力，要求将可用资源发挥更大的作用。向学生收取的费用约占预算总额的 3%（Ministère de l'Enseignement Supérieur，1997）。

为使经费来源多样化，减少对国家的依赖，加蓬的高教机构正努力争取吸引捐款，创造收入，让学生分担教育成本。但是这些努力的效果还远不能满足加蓬的总体需求。

课程与教学语言

学生成功地通过高中的考试，取得文学、法学、经济学类学校的 A 类、B 类证书，或是医学、自然科学学校以及多科技术学院的 C、D、E 类证书，就可被大学录取。此外，另有为年龄 22 岁及以上，且最少有两年工作经历的加蓬公民组织的专门考试。

两年的学习之后，大学生被授予文科或理科的大学普通学业文凭（Diplôme d'Etudes Générales Universitaires，DEUG）。学士学位需要四年，而医学博士需要七年。在工程学院学习五年可以获得工程学的学位，而学习三年则可以取得高级技术学位。

加蓬的教学大纲采用法语。法语既是教学语言也是官方语言。

科学研究

1976 年以来，国民教育体系（介于大学和高等学院之间）中在科学和技术研究方面发生了许多变化。这些改变反映出政府对科研的重视，要求科研应该与国家当前的经济、社会、文化发展需求息息相关。

以促进国家发展为己任的大学，必须把资源同时分配给科学研究与教学。大学在科学及其他领域拥有的能力与专长应该被用来改善社会生活。基础研究应该得到保护，而应用研究则应该得到大力加强。大量的财政资金应分配给科研人员，以促使其实现既定的目标。

许多研究项目有助于增强大学的实力。将加蓬的民族语言整合进教育系统的研究，有助于加深对历经岁月的民族文化演进的理解，捍卫自身的文化价值，推动加蓬向现代化过渡。考古学上利用碳的同位素测定年代，这有助于加深对加蓬人类学历史的认识。马苏库科技大学的医学和健康科学学院开展了针对某些热带疾病的研究，非常令人鼓舞。马苏库科技大学和马苏库多科技术学院研究肥料以增加土壤肥力，而理学院则进行重要的土壤研究。

教师和研究员们在国际和非洲的期刊上发表各自专业的文章。大学也发行诸如英语期刊《浪潮》(*WAVES*)这样的刊物，以及由奥马尔邦戈大学出版的《奥马尔邦戈大学年鉴》(*Annales de l'Université Omar Bongo*)。

大学特有的问题

独立后，学生会基本上附属于单个政党。这些协会与高等教育管理部门的关系是以团结和支持政府的政治行动的精神为基础的。但是自从引入了多党政治，这些关系就变得日益紧张，冲突导致了罢课和暴力。学生激进行为逐渐演变成了政治大抗议。罢课和频繁的关闭大学也危及南南合作。

加蓬一些不太重要的行业就业饱和，而那些重要的领域却缺少受过教育的劳动力。从大学和高中里退学的人往往也加入了规模相当可观的失业大军。因此，妇女常常沦落风尘，而男性则往往耽于吸毒和酗酒。

通过发展继续教育以及与社会其他部门进行合作，加蓬的高等教育可以在这方面带来重大的改变。在就业人群中，30000 名文职人员中仅有 5000 人(16.7%)专业对口。在许多部门，加蓬对外国雇工的依赖非常严重。

加蓬高等教育目前面临的挑战

加蓬高等教育的危机是多方面的，在财政、制度、管理、教学和行政等许多层面上都很明显。

在财政和物质资源方面，政府的努力是至关重要的。但是政府关注的却是学生的社会生活方面，而非支持教学改革、推动科学研究。大学的设施和设备总体上不足，规模也小，也常有未完工的建设项目。

在管理上，加蓬高度集权。因此，国家科技研究中心的研究人员无法全面开展合作；因为官僚体制的障碍使他们不可能与其他学术机构进行合作。

加蓬高等教育的特点是学生评分程序不完善，对学生的引导不充分，学术支持层次低。学生面对的是一个效率低下的系统，他们无法确证自己取得了什么样的成绩，获得了怎样的能力。

此外，加蓬并没有明确的目标要使其科研政策与社会经济发展、加蓬生态系统生物多样性等国家优先发展领域结合起来。利用科学期刊、科研装备来推动教学和科研活动势在必行。

加蓬的高等教育往往屈服于政治人物的威慑，这包括了国家对大学学术事务的干预。这种情形破坏了所有学术自由的构想。最重要的一点在于：加蓬的大学渴求创新的观念，使其摆脱严重的官僚主义和死气沉沉的状况。

总而言之，加蓬高等教育的危机从本质上看表现在两个方面：教育的质量和科研的质量。现在迫切需要的是实现加蓬高等教育的使命，使高等教育系统与国家发展的需要协调一致。大学毕业生数量在增长，而学生会、教职工协会、大学管理者之间的关系却在恶化。这些关系处理不好将遗患无穷。另一些必须应对的问题包括改进服务条件，以及提高管理、学术和研究人员的能力。

结 语

加蓬的高等教育对国家的发展起到了重要的作用，尤其是其培养的合格毕业生在各层次的公共和私营部门里承担起了管理的职责。然而，近年来学生数量的增长再加上经费的欠缺，对教学和科研的质量产生了负面的影响。尽管当前面临着危机，高等教育的效率在降低，但高等教育是一种能让社会各方面都受益的国家投资，这已成共识。

在大学与社会发展的其他方面之间建立合作网络，是使高等教育能够为学生提供良好教育，为教师和研究人员提供履行职责所需工具的唯一途径。

加蓬的教育应该在观念和制度上开展重大的改革。改革中，应该特别关注全球化和市场经济对就业市场的影响。其他需要考虑的方面包括知识的快速发展，以及通信技术的出现。

参考文献

Campus Perspectives. 1999. "Quelles Orientions après le bac?" *Magazine de l' Etudiant Africain* (June 1999).

Ministère de l'Education Nationale. 1983. *Compte Rendu des Etats Généraux de l'Education*: Libreville, Gabon. France: Berger Levrault Editions.

Ministère de l'Enseignement Supérieur. June 1997. "Première session du Conseil National de l'Enseignement Supérieur." June. Unpublished paper. Librevile, Gabon.

——. 1998. *Grands Choix de la Politique Scientifique et Universitaire au Gabonà l'aube du 21ème siècle: Actes des Etats Gènèraux. Volume* 1 *and* 2, 3-6 *mars* 1998. Libreville. Gabon: Imprimerie Louis.

Minsta minsta mi Eya, V. 1994 " L'Enseignement Supérieur au GABON." Unpublished paper presented at the University of California.

UNESCO. 1992. " Principaux exjeux et problèmes prévisibles de l'Enseignement Supérieur en Afrique au XXème Siècle, 28 fé vrier-ler Mars 1991". Unpublished report. Dakar, Senegal: UNESCO.

——. 2000. "Projects d'appui a l'élaboration d'un programme de réforme et de developpement de l'Education: Mars 2000." Unpublished report. Dakar, Senegal: UNESCO.

34 冈比亚

卡巴·E·科雷

引　言

冈比亚的高等教育与大多数非洲国家很不相同。这是因为五年前冈比亚都还没有高等教育系统。要了解高等教育的发展及其现状，就必须了解其发展的环境。本章首先将探讨冈比亚高等教育发展的社会经济、政治和历史背景。之后将简略地回顾本土教育以及西方教育的引进。再之后将讨论早期传教士和殖民政府在冈比亚教育形成过程中所扮演的角色。本章其余部分将侧重讨论后殖民时期的冈比亚教育，以及冈比亚高等教育从殖民时期至今的发展演变过程。

社会经济、政治和历史背景

冈比亚位于非洲西海岸，处在北纬 13～14 度之间，领土面积约 11295 平方公里(4361 平方英里)。除了面朝大西洋的一边，全境都被塞内加尔共和国所环绕。冈比亚人口 120 万，年增长率为 3.6%(依据 1993 年人口普查数据)，人均收入约 800 美元(Government of Gambia, 2000)。大多数冈比亚人生活在农村，直接或间接地从事农业活动。冈比亚的经济支柱是花生种植和销售，这是殖民时期的遗产。其他主要的农业活动包括渔业、棉花生产、养牛和园艺。国内生产总值(GDP)为 4 亿美元，农业占了 30%，工业占 15%，旅游及其他服务业占 55%(UNDP, 1999)。

冈比亚的官方语言是英语，这是殖民时期的又一遗产。不过，大多数人将中小学和大学都把英语作为通用语言看做是件好事，因为这是说国际语言的机会，能够使自身在全球经济中更好地发挥作用。

历史上，冈比亚包括冈比亚河流经的所有地区，也就是被称作塞内冈比亚的地区。它作为没落于 13 世纪的西苏丹大帝国的一部分而存在(Faal, 1991)。尽管只是帝国很小的一部分，但它深受那段历史的影响。这段历史不在本章的讨论范围之内，其他学者已对此作了广泛的研究与分析(Clarke, 1994; Faal, 1991; Davidson, Buah, and Ajayi, 1990; Diop, 1987; Davidson, 1984, 1985; Rodney, 1983; Du Bois, 1965)。大帝国没落之后，这片土地和土地上的人民被置于葡萄牙、法国和英国人的统治之下。后者建立了冈比亚殖民地，统治了大约 300 年，直到 1965 年 2 月 18 日，殖民地宣告独立。

殖民统治之前，非洲人民，尤其是塞内冈比亚次区域的人民，享受着丰富的本土教育。该教育系统的目标是要培养人，使之得到全面的发展，继承前辈的传统价值观念。本土教育功用性强，与个人和社会都息息相关。从出生到长大成熟，儿童由大家族的长者进行指导。社会的传统、习俗、道德价值观念通过故事、仪式、游戏和实践的方式得以传递。儿童在日常工作的参与中，通过在生产和服务中充当帮手，学习知识，掌握技能。专门技术的训练通过工作实践，或是学徒制来实现。学徒制要求学徒在男女艺人师傅的指导下进行长期的工作实践，直到掌握了技能。

除了基础教育和技能训练外，本土教育还包括各种形式的高等教育。阿加依、戈马和约翰逊指出，"本土高等教育生产和传播新知识，有助于人们理解世界，理解男男女女、社会、上帝和诸神的本质，并促进农业、卫生、文学、哲学发展"(Ajayi, Goma, and Johnson, 1996:5)。高等教育主要是为统治者和牧师服务的，选拔过程很复杂。学习的课程因接受者文化和语言的不同而有所差异，教与学是通过跟班和学徒的方式进行的。非洲本土高等教育体系,尤其是塞内冈比亚次区域的本土高教体系的存在,迪奥普(Diop)做了很好的记录。在其著作《殖民前的非洲》(*Pre-Colonial Africa*)一书中,迪奥普指出存在于西部非洲的繁荣的智力生活深受伊斯兰教的影响(11世纪早期,伊斯兰教通过商贸、征伐、殖民和传教活动传播到了西非)。

迪奥普认为,"在非洲,正如同一时期拉丁语对于欧洲那样,高等教育的语言是阿拉伯语。古兰经就相当于圣经;它是学习的主要课本,所有其他的一切都由古兰经引发开来。古兰经包含了过去、现在和未来整个的世界存在的一切"(Diop, 1987:177)。尽管本土高等教育主要受宗教因素的驱动,而且在某些方面是为了迎合统治阶层的需要,但它为许多人提供了掌握高深学问和高级技能的机会。本土高等教育能很好地满足社会的需求。它是适切的,有助于社会的稳定。

欧洲奴隶贸易的开展减少了非洲许多地区的人口,尤其是塞内冈比亚地区,掠夺了这些地方最好的人力和自然资源,从而破坏了本土的高等教育。尽管欧洲人的奴隶贸易已经在几个世纪以前结束了,但其长远的影响至今仍能感受得到。这是因为在奴隶贸易终结之后的殖民时期,很少采取措施来解决教育的问题。当我们在考察殖民地冈比亚的西方教育史时,这一点显得尤为正确。

冈比亚的西方教育:教会的影响

冈比亚的西方教育史可以追溯到1823年。这一时期,来自伦敦公谊会(Society of Friends)的一个传教小组抵达了冈比亚首都班珠尔(Banjul,旧称 Bathurst)开展传教活动(Gray, 1966)。传教小组的首领汉娜·基曼(Hannah Kilman),是卫理公会新宗(Methodist New Connection)创始人约翰·卫斯理(John Wesley)的遗孀。基曼与小组里的修女们在班珠尔安顿下来,在那里她们开办了一所女子学校。她们教授圣经、读、写、烹饪和缝纫。传教团的修士们在圣玛丽角(Cape St. Mary)创办了男校,教学生耕作和其他的农业技术。在公谊会修女团(Sisters of Friends)之后,卫理公会派教、英国国教、罗马天主教都派出了传教团。后两个传教团在上河区(Upper River Division)开办了学校(冈比亚共划分为5个行政区域,上河区位于距首都280英里的内陆)。

西方教育的一个主要目标是要使冈比亚人成为基督徒。但是,有些传教团,比如公谊会,向学生提供农业和技术培训。别的传教团则热衷于培养"西式'牧师',他们在冈比亚的能力范围有限,结果是损害了这片土地上耕作者的尊严"(Southorn, 1952:226)。西方教育在冈比亚的引入,遭遇了人们不同的反应。例如有些家长拒绝将子女送到传教士开办的学校,他们担心自己的子女会因此疏远了传统的非洲价值和文化。另一些人则欢迎西方教育,因为把子女送去学校,就意味着孩子们将会有一个美好的未来。这一时期,殖民政府没有为教育投入任何财政资金。因此,所有的学校都由传教团资助、经营。大多数学校开设在班珠尔及其周边地区,主要面向当地居民和刚刚获得自由的奴隶。课程深受基督教价值观的影响,教学语言是英语。学校里禁止讲当地的语言。儿童更多的是了解大英帝国而非自己祖国的地理和历史。还没有从奴隶制的冲击中恢复过来的本土教育系统,又一次遭受了传教士的影响所带来的冲击。任何使之能够演化为更为先进的高等教育系统的机会都丧失了(正如在延巴克图发生的那样)。许多家长所担忧的传统价值和文化的丢失正在成为现实。

按照西方的观点来看,提供高等教育并非英国殖民政府的本意。罗德尼认为,"殖民学校将非洲人培养成职员和代言人。过多的学识对于职员和使者来讲是多余且危险的。因此,中等教育很少见,而其他形式的高等教育事实上根本不存在"(Rodney, 1983:267)。教育被认为是危险的,这一事实得到了阿加依、戈马和约翰逊的回应:"无论如何,殖民当局的态度是忽视教育或试图限制教育的提供。初等阶段的教育明显受到了忽视和限制,中等教育阶段更为严重,而高等层次上的教育则实际上完全被忽视和限制。"(Ajayi, Goma, and Johnson, 1996:28)。从上面可以看出,高等教育绝不是英国殖民政府优先考虑的问题。因而,当独立到来的时候,像冈比亚这样新独立的国家,没有任何政策或基础设施可以作为高等教育的发展基础。

独立后的冈比亚教育

冈比亚获得独立已经37年了。1970年，国家从一个以首相和英国女王为政府首脑的议会民主制国家转变成了以总统为政府首脑的共和国。达乌达·贾瓦拉爵士(Dawda Jawara)，一位在苏格兰学习兽医的冈比亚人成为首位总统。1975—1980年，冈比亚政府实施了重要的五年发展计划。该计划的主要目标是，通过进一步集中农村的资源，减少城乡收入差距(Government of Gambia，1975)。为实现这一目标，政府依靠的是自力更生的哲学。为了实现自力更生，人们被鼓励参与各层次的决策制定。为发展计划投入大量经费。农村地区的计划得到最优先发展。尽管在理论上该发展计划中包含了一些积极的因素；然而在实施中却广受诟病。麦克弗森和拉德勒指出，“计划中用于发展项目的开销过于巨大，且管理不善，不能为经济增长和发展带来长期的积极影响”(McPherson & Radelet，1989:4)。

贾瓦拉时代不仅继承了基于控制、剥削冈比亚人民的经济、政治体制，还继承了为维护这一体制服务的教育制度，认识到这一点是重要的。因为有更多的需求亟待满足，高等教育不是殖民时期之后冈比亚的优先选择。这一时期，政府和援助机构给出了高等教育为什么没有成为优先选择的几大原因。最常提到的原因是国家规模和经济资源有限，承担不起建立高等教育系统的费用(Njie et al.，1989)。此外，发展高等教育系统所需的学生、教师和职员的数量不足。再则，人们觉得高等教育系统在冈比亚只能使少数人受益。投资基础性的初等教育被认为更加现实，更具成本效率，因为它可以使更多的人受益。尽管为没有在冈比亚建立高等教育体系作了这么多的合理化解释，有一些人认为，真正的原因在于政府担心公民受到教育后，会拥有政治头脑而对抗自己的政策。

1981年7月，冈比亚野战军(该国唯一的准军事国防部队，兵力约800人)不满国家的经济状况，组织了一次成功的武装政变，这引起了塞内加尔军队的干涉。贾瓦拉总统在塞内加尔政府的支持下重新掌权，作为回报他签署了被称为塞内冈比亚联盟(Senegambian Confederation)的协议。该联盟主要的目标是建立货币同盟、两国的共同防卫和对外政策。因为两国就具体实施计划存在分歧，该联盟很快夭折，最终于1989年废止。

第二个五年发展计划在1981—1986年间实施。政府再次承诺要“消灭贫穷、饥荒、无知和疾病，建立一个自由、繁荣、人民自力更生的国家”(Government of Gambia，1983:vii)。尽管许多冈比亚人响应了自力更生的号召，然而在五年计划期满的时候国家仍然受到普遍贫困、饥荒、疾病和腐败的困扰。政府开支巨大，却没有相应税收的增长，带来了严重的预算赤字，国家被迫向国外借债，为经济发展提供资金。国外借款使冈比亚背上了沉重的债务，也使国家更加依赖于国际援助。五年计划期间公私营部门猖獗的腐败现象，再加上石油开支的上涨、花生价格的下跌和周期性的干旱，引发了严重的经济危机和政局动荡。这种现象持续了多年。

1987年，政府召开了第一届全国教育会议，讨论冈比亚日益恶化的教育危机。代表教师、学生、家长、管理者、决策者、宗教组织、私营企业、政府各部门、非政府组织以及援助机构的250多名人士出席了大会。大会讨论的主要议题是受教育机会、合格教师的缺乏、中等技术学校的角色、非正规教育、考试、课程、语言政策以及女孩的教育。会后，冈比亚政府制定了1988—2003年的第三教育政策(Third Education Policy)。其中，政府首次承认，需要制定冈比亚高等教育的政策。政府明确地表示：

> 教育培训的实用性日益增强，世界各地对大学教育的公共拨款日益减少，海外学生学费随之上涨，另由于本地需求的增加，海外学生在这类大学中进修受到限制。有鉴于此，政府在这一政策期内的诸多目标中，制定明确的高等教育政策的时候到了。(Government of Gambia，1988:42)

第三教育政策(1988—2003)提出解决高等教育问题的策略之一是在冈比亚学院(Gambia College)里建立起冈比亚大学(University of the Gambia)的核心要素。这就是说要利用冈比亚学院现有的课程，对其进行发展，并最终将其转化为学位课程。此外，政策还指出，这些课程将会集中在那些对冈比亚的人才需求最为重要的领域,比如农学、教育、公共卫生和护理。政策中建议的另一策略是与国外大学合作建立国立大学,同时还要组织一支多学科的团队来研究这一问题。

以冈比亚学院作为平台建立冈比亚大学的想法并没有成为现实。原因之一是缺少,或者说是难以找到潜在的捐助者或合作者。这也可能是政治原因。这是冈比亚大型计划开展中的通病,对控制权的争夺(尤其是与国立大学相关的威望与权力)也许已经拖延甚至是扼杀了这一计划。

1994 年 7 月,叶海亚·贾梅中尉(Yaya Jammeh)(总统卫队成员)率领低级军官推翻了贾瓦拉政府,指责其腐败,对公共资金管理不善。贾梅中尉及其武装力量临时执政委员会(Armed Forces Provisional Ruling Council,AFPRC)将宪法束之高阁,发布了恢复文官统治的四年时间表。但是,迫于西方国家政府和国外援助者的压力,武装力量临时执政委员会将恢复到文官统治的时间表缩短为两年。

1996 年 8 月,举行了第二共和国宪法草案的公民公决。注册选民中有约 80%的人投票支持新宪法。同年 9 月举行了总统大选,四大主要的政党参与了竞争。贾梅中尉(辞去了军职)领导的爱国调整与建设联盟(Alliance for Patriotic Reorientation and Construction)赢得了 56%的选票,贾梅当选第二共和国的首任总统。

贾梅的第二共和国继承了贾瓦拉政府遗留的许多社会、经济问题,如广泛存在的贫困、失业、不完善的医疗保健体系、每况愈下的教育体系、巨额外债以及依赖国外援助的经济。1996 年掌权以来,第二共和国政府发誓要打击腐败,重建对政府的信心。它还采取了一些经济和社会改革措施。但是,对政府的腐败和对公共资金管理不善的指责依旧存在(New African, 1997)。一些冈比亚人认为,第二共和国给他们生活带来的改变微乎其微。高等教育就是在这样的背景下发展而来的。

冈比亚的高等教育

在冈比亚,直到 1995 年才出现以建立颁发学士、硕士和博士学位的教育机构为标志的高等教育。在这之前,冈比亚人寻求高等教育的唯一途径就是被中学后教育机构录取,或是去国外学院或大学念书。冈比亚主要的中学后教育机构是冈比亚学院和冈比亚技术培训学院(GTTI)。

冈比亚学院成立于 1978 年,由一所教育学校和一所农业学校组成的云顿学院(Yundum College,该国最早的中学后教育机构)与另外两所中学后教育机构(冈比亚公共卫生学院和冈比亚护理与产科学院)合并而成。当前,冈比亚学院各系的入学要求不同。例如教育和农学学院,证书课程要求四个普通教育证书(General Certificate of Education,GCE)普通水平(O-level)的学分,但是最高级的教师证书和农学的高级文凭课程要求申请者具有五个学分。[①] 公共卫生系、护理系和产科课程都要求五个普通水平的学分,包括英语和一门核心的自然科学科目。产科课程要求申请者必须学完护理课程并有五年的工作经验。

冈比亚学院开设证书和文凭项目。这类项目有初等教育、中学教育、通用农学、动物科学、农业教育、农业推广、合作社、公共卫生、护理和产科。学习年限视课程而不同。例如,初等教育课程学制两年,而中学教育课程则为期三年。普通农学课程颁发两年制的证书或三年制的高级文凭。动物科学和合作社教育为期两年,而农业教育和农业推广要求学习三年。公共卫生课程颁发公共卫生的高级国家文凭和西非卫生考试局(West African Health Examination Board)文

① GCE 是普通教育证书的简称。它是由西非考试委员会(West African Examination Council,WAEC)主持,针对西部非洲英语国家(冈比亚、加纳、利比里亚、尼日利亚,和塞拉利昂)所有高中毕业生的地区性考试。GCE 有两种:普通水平(O-level)和高级水平(A-level)。普通水平的考试是为那些十二年级的学生准备的,而高级水平考试是为那些十四年级或是大学预备课程的学生准备的。参加 GCE 普通水平考试的学生可获得及格分,取得学分,或获得优秀。大多数英语非洲、英联邦国家的大学和学院,以及部分西欧的学院在大学或学院招生时承认 GCE 证书。各教育机构对普通水平和高级水平通过的科目数量及通过层次的要求各不相同。GCE 是从英国殖民教育体制中继承下来的,并已经为满足各成员国的需求而进行了改革。

凭。该课程学制四年。护理课程为期三年，颁发国家注册护士证书。有五年工作经历的持证护士可申请国家认证助产士证书项目。

1990年，冈比亚学院入学总人数为350人，大多数被录取在教育系(World Bank，1990)。1993年学院的教师总数为43人。其中7人是主要讲师，12人是高级讲师，22人是讲师，2人是助理讲师(Government of Gambia，1994)。有关学生入学和冈比亚学院特点的新近数据很难得到。但是，来自学院内部的信息(Personal Communication，2000)表明，1999年公共卫生系招收了18名学生，护理和产科系招收了38名学生。

冈比亚技术培训学院是作为冈比亚世界银行教育项目的一部分，于1980年依照议会的法案建立起来的。1983年学院对外开放，提供全日制、部分时间制、延长日制(extended-day)、脱产(day-release)课程。开设课程的学科如下：建筑建设、木工与细木工、商业、石工、普通工程、汽车工程、电机工程、机械工程、管道和煤气装置、制冷与空调设备、教师培训和计算机研究。学制一年到三年不等。冈比亚技术培训学院的招生依据学院组织的选拔性考试以及/或是普通水平(O-level)学分的成绩。冈比亚技术培训学院的毕业生参加内部考试以达到国家培训标准，以及/或外部考试以获取伦敦城市行业学会证书(City and Guilds of London Institute Certificate)，皇家艺术学会证书(Royal Society of Arts Certificate)，或是皮特曼证书(Pitmans Certificate)。1987年入学学生为505人(Directorate National Vocational Training Program，1987)。1993年，学院全职教师有70名，包括1名教师教育工作者，6名系主任，7名主要讲师、11名高级讲师、29名讲师和16名助理讲师(Government of Gambia，1994)。

除了冈比亚学院和冈比亚技术培训学院，学生还可以在管理发展学院(Management Development Institute，MDI)和农村发展学院(Rural Development Institute，RDI)求学。所有这些中学后教育机构都是在20世纪80年代建立起来的，为的是培养能够在冈比亚政府经济和社会发展计划的实施中发挥领导作用的受过培训的专业骨干。管理发展学院的主要任务是为政府文职机构和私营部门的中层和上层管理者、行政人员、审计员、会计师、技术员提供专业发展课程。

除了专业发展课程外，管理发展学院还提供工商管理、管理和会计的文凭课程。文凭课程的入学要求是四个普通水平(O-level)学分。

尽管管理发展学院主要集中在培训公务员和私营企业雇员，它也提供研究和咨询服务。当前有关学生入学及其特征的资料无法获得。尽管如此，根据一份政府评估进行估算，再加上1993年到1994年间的周期性收支显示，管理发展学院拥有1名骨干管理培训师、3名高级管理培训师、7名管理培训师和3名助理管理培训师(Government of Gambia，1994)。管理发展学院由世界银行/国际开发协会和冈比亚政府资助。

农村发展学院是唯一一所建立在冈比亚农村地区(距离首都约115英里的曼萨孔科 Mansa Konko)的中学后教育机构。该学院的任务是培养地区开发的顾问人员，这些顾问将与农村社区的人员一道工作，帮助他们改善生活条件。该学院的入学要依据普通水平考试的表现(包括英语在内，至少三学分)和致力于在农村地区服务。培训通常持续两年，课程包括社区发展、农村社会学、经济学、工程规划与管理、青年人工作、社会心理学、农村工程学、成人教育、适当的技术课程、农学、园艺学、合作社、家政学、健康、簿记、管理和英语。农村发展学院的毕业生被授予国家社区发展证书(National Certificate in Community Development)，他们往往通过社区发展部推荐，作为社区发展助理受雇于政府。

很难获得有关中学后教育机构入学趋势的数据资料。但是，冈比亚学院和冈比亚技术培训学院在过去的10年里入学人数都在上升，而且上升趋势还会持续。这主要是因为人们对这两所学校所提供的课程有很大的需求(例如对教师、护士、医疗保健人员、农业人员、木工、焊接工、泥瓦匠、电工和技工的需求)。过去，管理发展学院的入学人数有限，这是因为其生源是政府部门和私营部门——因为资金有限，这些部门每次只选送数量有限的雇员参加学习。不过，这种情形正在发生改变，因为政府和私营部门已经认识到它们需要受过良好训练的劳动者。此外，世界银行、欧盟、联合国开发计划署已经将具备受过良好训练的劳动者这一条作为其继续提供经济援助的前提条件。20世纪80年代，农村发展学院的入学人数稳定。这一时期,有许多的农村开发计划,政府的政策非常鼓励培养“(地区)开发工作的骨干,只要得到足够的支持,能够将他们分布到尽可能大的区域,就可以使人们自己帮助自己促成变革”(Government of Gambia,1978:7)。到了20世纪90年代,因为资金短缺,大多数满足农村开发人员培养需求的政策和计划都被搁置或终止了。

冈比亚所有的中学后教育机构都是政府资助和经营的,因而所有的管理人员、教师、辅助人员都是政府的雇员。除了冈比亚学院是由校长(principal)领导,所有其他的中学后教育机构都由主任(director)领导。冈比亚学院和冈比亚技术培训学院都有经任命的管理董事会。校长或主任负责学校日常的管理,由一名助理校长或助理主任辅助。系或部的领导负责所在系课程的实施。大多数中学后教育机构都以技术援助的形式接受外部(例如联合国教科文组织、世界银行、欧盟以及国外的大学)某种形式的援助。值得注意的是,冈比亚学院和冈比亚技术培训学院都是像学院那样建立起来的,因而也具有与非洲其他国家的学院相类似的组织结构,但是管理发展学院和农村发展学院更像是作为社会团体的培训机构建立的。它们的师生人数都非常有限。

为接受中学后层次之上的高等教育(有时候称之为进修),冈比亚学生只能去国外的学院或大学求学。已知冈比亚学生在各大洲都有分布,但他们中的大多数在西非、英联邦国家、西欧、美国、前苏联、东欧国家以及中东地区的学院和大学里寻求接受高等教育。

为了能被国外的学院或大学录取,冈比亚学生不仅必须要满足接纳其入学的对方学院或大学的入学要求,还必须得到赞助。赞助往往是以东道国提供给冈比亚政府的捐赠或奖学金的形式存在。教育部通过国家奖学金委员会管理针对高等教育的捐赠和奖学金。其程序如下:首先,学生要申请某所大学并被其接受,然后再向政府申请奖学金。有时候政府的奖学金是预先确定了的,申请者最后得到的也许并不是他/她所感兴趣的奖学金。除了国家奖学金委员会,单独的政府部门也为其员工的海外进修提供助学金,这往往通过某种形式的双边外援。奖学金、捐赠、助学金的分配受到一些冈比亚人的批评,他们认为那些得到了奖学金的并不都是最有资格的。尽管1965—1988年间,大多数冈比亚人都是通过这种方式,依靠政府奖学金、捐赠款或是助学金接受高等教育的。但值得一提的是,有些冈比亚人是依靠家长或是生活在国外的亲戚的帮助而设法留学海外的。还有一些人则是通过工作攒钱,然后自费赴国外接受高等教育。

尽管外向型的高等教育制度为冈比亚培养了一批训练有素的专业人员,但是这一制度也给国家带来了诸多问题。首先,在国外受教育的人无法将所掌握的知识、技能成功地在冈比亚运用。这是因为所接受的训练并不总是与本国需要最适切或相关的。比如:有这样的例子,在国外受训的医生不允许在东道国的公民身上实习看病。当他们回国开始医疗实践的时候,缺乏动手经验在许多案例中被证明是致命的缺陷。

外部驱动的高等教育体制所带来的第二个问题是人才流失。受过教育的人力资源流向了东道国。这是因为在国外受训的人员发现留在东道国工作比回国更有吸引力。有时候,接受完教育决定不回国是个人的选择;而有的时候,人们则是担心回国后会遭受政治迫害。在国外受训加入到人才外流行列中的冈比亚人的人数资料很难得到。但是,人们相信人数不下数千,他们中的大多数留在了美国、英国和斯堪的纳维亚半岛。人才外流带来的影响包括政府计划严重依赖外国人来开展。尽管这些外国人训练有素,但他们也许并没有充分了解受雇要服务国家的人民和文化。人才流失带来的其他后果包括人均科学家、医生、工程师和建筑师比例低,高中和中学后教育的教师、艺术家、作家、经济学家、律师和企业家的人数少。

外部驱动的高等教育制度所带来的第三个问题是外汇的流失。每年冈比亚送学生出国留学,都是在拿外汇冒险,因为谁都不知道此项投资是否能够得到回报。冈比亚花费在高等教育上的资金数额的数据资料非常粗略。但是,恩杰等(Njie et al.,1989:1)的一项研究指出,“1981年到1985年间,大约300万美元被用于40名冈比亚人在美国接受理学士(BS)水平的教育”。在国外大多数大学都在提高学费的时代里,政府要继续维持外向的高等教育制度将会变得很难。

为应对上述问题,1995年召开了第二次全国教育会议。大会主要关注的是基础教育和生存技能,技术、职业和科学教育,以及规划、管理和能力建设。大会期间,人们强烈呼吁建立冈比亚的高等教育体系:"现在是政府在这一政策期的诸多目标中明确制定高等教育政策,描绘出这一特定的重要教育领域前进道路的时候了。"(Government of Gambia, 1996:43)

政府尚未制定出明确的冈比亚高等教育政策。但是,与一所加拿大大学合作的大学扩展计划已经被作为建立冈比亚大学之前的过渡性措施而得以确立。此外,冈比亚高等教育委员会(Commission for Higher Education in Gambia)已经成立。该委员会的成员包括教育部的常务秘书;冈比亚学院、冈比亚技术培训学院、管理发展学院和农村发展学院的负责人;大学扩展计划的协调人;以及 5 名公众人士。该委员会的任务是:

> 制定并实施建议,旨在 1997 年 10 月建立冈比亚大学;建立治理和行政管理结构;建立服务于大学的冈比亚管理者、学术人员、行政人员和其他专家的数据库;根据国家对高层次人才的需求确定研究领域的优先项目;推动大学扩展计划与大学整合,并确定现有第三级教育机构所要承担的角色,以及它们将在大学的发展中作出怎样的贡献。(Government of Gambia, 1996:43)

冈比亚高等教育委员会最终将由高等教育理事会(Council for Higher Education)取代。该理事会将会是一个自治实体,承担有关建立和管理高等教育体系方面更多的职责和责任。

大学扩展计划

大学扩展计划(University Extension Program, UEP)始于 1995 年 11 月。这是冈比亚政府、加拿大非政府组织新斯科舍一冈比亚协会(Nova Scotia Gambia Association, NSGA),以及加拿大新斯科舍省哈利法克斯市的圣玛丽大学(St. Mary's University)之间合作的成果。按照该计划,圣玛丽大学将在冈比亚以政府能够承受的开支向符合要求的冈比亚学生提供大学教育。经费主要由冈比亚政府投入。但是,新斯科舍一冈比亚协会,加拿大国际发展署(CIDA),以及其他加拿大非政府组织也提供了援助。主要开设的是文学士学位课程。因为实验室设施还没有建成,所以尚未开办理学士课程。录取的学生大都通过了高级水平(A-level)考试或是持有专业证书且具备工作经验。

1999 年,大学扩展计划培养出了第一批毕业生。获得圣玛丽大学文学士学位的毕业生中,英语 5 人,国际开发 26 人,经济 31 人,数学 9 人,地理 3 人,历史 6 人。大多数毕业生为男性,只有 8 位女性获得了文学士。这引起了冈比亚高等教育中一个很重要的公平问题:为什么被大学扩展计划录取的女性这么少?解决这一问题的办法尚未找到。也许明确的高等教育政策将会提出如何更好地实现性别平等的指导方针。

当前第二批学生共招收了 250 人。这些学生中,76 人自筹经费,其他人则依靠某种形式的政府奖学金。迄今为止,圣玛丽大学的 41 名教师参与了这一计划,他们中 26 人拥有博士学位,2 人具有 20 年的大学教学经历,14 人曾有过在非洲任教的经历,2 人曾是主管学术的大学副校长,3 名院长,约 12 人曾是系主任,还有 1 人是罗氏奖学金获得者(St. Mary's University, 2000)。

除了大学扩展计划,冈比亚政府实施了建设冈比亚大学(UoG)的第一步。到 2000 年,已建立了 3 所学院。它们是文理学院、健康科学学院和农学院(Chronicle of Higher Education, 2000)。被冈比亚大学录取,要求五个普通水平学分,其中要包括英语、数学和一门核心的自然科学科目。学生入学、教师数量、管理、辅助人员、学术计划、教学、科研,以及经费来源的数据资料暂时还无法获得。冈比亚大学的建立迈出了大胆而又令人激动的一步,尽管这一步带来了许多重要的问题:

- 大学扩展计划、冈比亚大学以及国内现有的中学后教育机构之间应该是何关系?
- 如何将这些院校纳入高等教育体系之中?
- 如何才能使这样一所高等教育机构在经济上可维持下去,且免受政治干预?

这些重要的问题都还有待解决。

冈比亚高等教育的未来

正如本章所述,冈比亚的高等教育并非在真

空中存在。相反,它仍然受国家社会经济、政治,和历史现实的影响。本章,我通过对其历史的探寻,追溯了高等教育在冈比亚的演化过程。我认为这两者是不可分割的。本章说明了冈比亚的殖民主义西方教育从来都不是为了使这个国家受益。因而,独立后掌权的国家领导者所继承下来的体制并不能推动高等教育的发展。独立后冈比亚的领导者不敢在国内建立高等教育体系,因为这项举措被认为花费巨大而且多少有些精英主义。但是,建国 35 年以后这种论调终于开始消亡。不在冈比亚建立基于本国的高等教育系统的代价太高昂了。让冈比亚人去海外接受教育从长远来看太过昂贵,无法得以持续。此外,这种做法引起了国家人才的外流,这给国家的经济和社会带来了长期的不良后果。而随着世界经济一体化的深化,经济更加富有竞争性,也更加依赖于技术的驱动,只有那些能够利用人才来满足各自需要的国家才会最终取得成功。

迫于国内外现实的需要,冈比亚第二共和国政府决定要推动冈比亚高等教育的发展。冈比亚政府与圣玛丽大学的合作就是正确的步骤。但是,有一个重要的问题要问:合作能够持续多久?过去的经验表明,这种合作尽管也许是积极的,但却不能持续很久,往往经费用完就终止了。在冈比亚能够依据自身独特的需求、资源和现实发展起大学系统之前,外部的影响将一直会塑造冈比亚发展高等教育的愿景。

参考文献

Ajayi, J. F. A., L. K. H. Goma, and G. A. Johnson. 1996. *The African Experience with Higher Education*. Accra, Ghana: Association of African Universities.

Chronicle of Higher Education. 2000. "Bulletin Board." *Chronicle of Higher Education XLVI*. no. 20 (January 21): B18.

Clarke, J. H. 1994. *Christopher Columbus and the Afrikan Holocaust: Slaverry and the Rise of Capitalism*. Brooklyn. N. Y.: A and B Publishers Group.

Davidson, B. 1984. *The Story of Africa*. London: Mitchell Beazley Publishers.

——. 1985. *Africa in History*. London: Granada Publishing.

Davidson, B., F. K. Buah, and J. F. A. Ajayi. 1990. A History fo West Africa 1000-1800. New Edition. Essex Longman.

Diop, C. A. 1987. *Precolonial Black Africa. Brooklyn.* X. Y. Lawrence Hill Books.

Directorate National Vocational Training Program. 1957. *Annual Report of Training Activities*. 1986-87. Banjul, Gambia: National Vocational Training Program. Office of the Vice President.

Du Bois, W. E. B. 1965. *The World and Africa: An Ibquiry into the Part Which Africa Has Played in World History*. New York: International Publishers.

Faal, D. 1991. *Peoples and Empires of Senegambia: Senegambia in History*. A D1000-1900. Latri Kunda, Gambia: Saul's Modern Printshop.

Government of Gambia. 1975. *The Five Year Plan for Economic and Social Development* 1975-76 *to* 1978-80. Banjul. Gambia: Government Printers.

——. 1978. *Rural Vocational Training Project Document. Banjul.* Gambia: President's Office.

——. 1983. *The Five Year Plan Economic and Social Development* 1981-82 *to* 1985-86. Banjul. Gambia: Government Printers.

——. 1988. Education Policy, 1988-2003. Sessional Paper no. 4. Banjul, Gambia: Book Production and Material Resource Unit.

——. 1994. Estimates of Recurrent Revenue and Expenditure 1993/94 with Estimates of Development Expenditure 1993/94. Banjul. Gambia: Government Printers.

——. 1996. Revised Vational Education Policy. 1988-2003. Banjul, Gambia: Book Production and Material Resource Unit.

——. 2000. *Fact Sheet: The Gambia at a Glance*. Available online at: http://www.gambia.comgovtpaper/whitepaper,html#factsheet

Gray, J. M. 1966. *A History of the Gambia*. London: Frank Cass&Co. McPherson, M., and S. C. R. edelet. 1989. *Economic Rrform in the Gambia: Policies. Politics, Foreign Adi and Luck*. Cambridge, Mass.: Harvard Institute for International Development, Harvard University.

New African. 1997. "Gambia's Missing Million." New African (January): 10-13.

Njie, N. S. Z., J. Manneh, W. Clarke, and J. Murdock. 1989. *A Proposal for Strengthening Gambia Col-*

lege: *A Program to the Year* 2000. Brikama. Gambia: Gambia College.

Rodney, W. 1983. *How Europe Underdeveloped Africa*. London: Bogle-L'Ouverture Publications.

Southern, L. 1952. *The Gambia*: *The Story of the Groundnut Colony*. London: George Allen & Unwin.

St. Mary's University. 2000. "St. Mary's University Extension Program in the Gambia. "Available online at: http://www. stmarys. ca/administration /publicaffairs/gambiagrad/background/background. html

UNDP (United Nations Development Programme). 1999. *Human Resources Report*. 1999. New York: Oxford University Press.

World Bank. 1990. *Staff Appraisal Report*: *The Gambia Education Sector Project*. Report no. 8359-GM. Population and Human Resources Operations Division. Sahelian Department, African Region.

35 加　纳

保罗·埃法

概　述

加纳高等教育的传统是值得骄傲的。加纳的高等教育最初就以大学为中心，且大学数量极少；除了与其所继承的模式有关的一些局限外，在20世纪50年代和60年代，它是非洲利用现有资源发展起来的最好的高等教育体系之一。加纳最初把重点放在发展基础教育上，它认为这是提高经济整体表现的最佳途径。现在则越来越清楚地显示出，如果没有足够的高等教育机构，发展中国家就无法有效地吸收和应用现代技术，或者甚至不能为促进发展作出自己的贡献。

发达国家和快速发展的发展中国家的经验表明，高等教育，尤其是理工科教育，与经济增长和国家发展之间存在着正相关。确实，最近的一项研究强调"没有发展中国家高等教育体系的复兴，就无法持续地消除贫困"(Ramphele and Rosovsky，2000:7)。

顺应非洲大部分地区以及非洲大陆以外的潮流，加纳的高等教育也正经历着深刻的变革，尤其是在过去的20年里。在内外因素的影响下，入学人数的增长速度远远快于物质和学术基础设施的扩张速度，这成为一大问题。这一问题部分原因在于资源的减少。

加纳经济很大程度上依赖农业，1998年农业对国内生产总值(GDP)的贡献占到了40.5%；其次是服务业(32.1%)和工业(29.4%)(ISSER，1999)。因而，当1999年可可价格急剧下跌了40%，黄金价格下挫到最低水平的每盎司253美元时，原油价格同时上涨近100%达到每桶超过23美元，而外资流入缩减到了自1983年引入政府结构调整计划以来的最低水平。尽管存在着这些外部引起的问题，统计、社会与经济研究院(Institute of Statistical, Social and Economical Research, ISSER)发布的《1999年度加纳经济状况》(The State of the Ghanaian Economy in, 1999)指出，1999年经济整体运行令人满意。国内生产总值增长率为4.4%，略低于1998年的4.7%，而预算赤字从1998年占国内生产总值的6.3%略微升高了一点，达到1999年的6.5%(ISSER，2002:2)。

尽管1999年国内生产总值总体增长4.4%，但是却低于《加纳愿景2020》(Ghana's Vision, 2020)所设定的7%～8%的年增长率。就人口统计趋势来看，加纳人口从1948年的410万增加到了1984年的1230万。按照加纳统计局发布的最新数据，2000年加纳人口为1840万。1992年的人均国民生产总值(GNP)为450美元，之后下滑到了在400美元左右徘徊(ISSER，2000:2)。

《加纳人类发展报告》(Ghana Human Development Report)(UNDP，1997)将这些发展对加纳教育的影响进行总结，认为设施和数量快速扩张但是质量却没有得到相应的提高。发展报告还指出，67%的女性和40%的男性不会读写，教育经费更多的是使富人而非穷人受益。

尽管面临着这些困境，高等教育部门创造性地应对了加纳社会的需求，尤其是1987年政府开始改革以来的迫切需求。

本章首先介绍加纳高等教育的简史，之后将探讨加纳第三级教育所面临的主要挑战，以及应对挑战所采取的措施。在这一过程中，将提出各类建议。

加纳高等教育的开端

1924年，黄金海岸(现在的加纳)建立了阿基莫塔学院(Achimota College)，提供从幼儿园到大学一年级工程学课程的教育。它提供了部分大学课程，在这个意义上讲，阿基莫塔学院非常有资格被认为是黄金海岸的第一所高等教育机构。但是，黄金海岸没有制定任何高等教育政策，没有建立任何高等学校，直到1943年英国政府才指派了两个强有力的委员会——阿斯奎斯(Asquith)委员会和埃利奥特(Elliot)委员会处理此类事务。阿斯奎斯委员会在西里尔·阿斯奎斯(Cyril Asquith)的领导下，广泛调查了殖民地的高等教育；而埃利奥特委员会在沃尔特·埃利奥特(Walter Elliot)的领导下，专门针对西非的高等教育提出了建议(Odumosu，1973)。两个委员会都在1945年提交了报告。

阿斯奎斯委员会毫不怀疑应该在黄金海岸建立一所大学。正如它为其他殖民地所构想的大学那样，委员会很自然地认为最适合黄金海岸的大学应该尽可能地像英国的大学那样经营。这解释了阿斯奎斯委员会所持有的观点，它认为将要在殖民地建立的大学应该完全是寄宿制的，是多学科的研究中心，是自治的团体，对学生的要求和标准与英国的大学相同(Odumosu，1973)。

一点也不奇怪，英语成为黄金海岸教学的载体。埃利奥特委员会建议在尼日利亚和黄金海岸各建一所大学学院。但是，由于中学教育尚未充分普及，或者说中学的教学质量无法满足在尼日利亚和黄金海岸各建一所大学所需要的生源数量，于是一份少数派报告认为只要建立一所大学层次的教育机构来服务整个英属西非即可(引自Daniel，1997)。

尽管倾向于采纳少数派的报告，英国政府最终屈从于黄金海岸人民的压力，以及这个国家愿意投入经费支持的热诚。按照1948年8月11日的一项法令，黄金海岸大学学院成立，并与伦敦大学建立了特殊的联系。1961年，按照独立加纳的一项议会法案(1961年8月22日第79号法案)，大学学院获得了独立大学的地位，有权自己颁发学位。

黄金海岸大学学院效法英国大学的模式，其原因并不难理解。争取政治独立的民族主义运动以各种形式的骚动出现，20世纪40年代中期殖民地自治政府呼之欲出。因而，培训能够接管殖民管理当局的人才就成了英国政府的当务之急。

该国第二所高等学校是建立于1951年10月的库马西技术学院(the Kumasi College of Technology)。摩西·安特威(Moses Antwi)在《加纳的教育、社会和发展》中记录了该学院发展的各个阶段(Antwi，1992)。1952年1月库马西技术学院正式招生，1961年升格为大学，改名为克瓦米·恩克鲁玛科技大学(KNUST)。1966年政府更迭之后更名为科技大学。1998年依照一项议会法案(1998年559号法案)，大学的名称恢复为克瓦米·恩克鲁玛科技大学。

在海岸角建立的第三所高等学校与低层次教育的发展不无关联。殖民地政府1946年拟订的《教育发展十年计划》，1951年的《加速发展计划》，以及随后使小学和中学教育成为免费义务教育的1961年《教育法案》，带来了小学、中等、技术教育和教师培训的大扩张与大发展，所有这些都要求专业教师数量大规模增长。1962年海岸角大学学院(Universtiy College of Cape Coast，UCC)建立，以满足这一急迫的需求。海岸角大学学院最初叫科学教育大学学院(University College of Science Education)，它的建立与加纳大学有“特殊的关系”。这种状况一直持续到它取得了完全的大学地位，并依照1971年的议会法案(390号法案)改名为海岸角大学为止。

1992年以来，建立了两所新的大学。一所是总部设在北部省塔马利市(Tamale)的发展研究大学(University for Development Studies，UDS)，另一所是温尼巴教育大学学院(University College of Education of Winneba，UCEW)。除了要增加入学机会，建立发展研究大学是为了在优先发展的领域里引入了行为导向的学位项目，为了强调实用性的实地训练，为了采用基于社区的教育系统和基于问题的学习方式。在这点上，大学的主要目标是解决困扰加纳北部地区和全国农村地区的贫困和环境问题。发展研究大学将在加纳北部的4个行政区建立校区(布朗—阿哈福省(Brong-Ahafo)、北部省、上东部省和上西部省)，它的建立还是为了确保大学在地域分布上的公平，因为其他的公立大学都位于南部和中部地区。

温尼巴教育大学学院建立于1992年，与海岸角大学有着特殊联系。它是由加纳教育服务局(Ghana Education Service)以前的 3 家下属文凭颁发机构合并而成,它们分别位于温尼巴、库马西和曼庞(Mampong)。

除了入学增长的压力,宪法要求全面实行免费的义务基础教育引发基础教育专业教师培养的巨大压力,要缓解这一压力在很大程度上有赖于温尼巴教育大学学院的建立。

第三级教育当前的发展趋势与模式转变

到了 20 世纪 80 年代,改革加纳教育体系的需要变得显而易见了。海岸角大学教育学院院长得佐波(N. K. Dzobo)教授在 1973 年担过教育委员会主席职务。1987 年 1 月 14 日,他在一次教育改革工作坊的讲话中,极富情感地将教育改革的需要放到了历史的视野中。他说:

> 尽管在 20 世纪 20 年代及以后,采取了一些大胆的教育创新措施,加纳的正规教育系统仍然是西式的,以学术型和精英型为主导。1951 年的《教育加速发展计划》导致大学前的教育系统功能变得日益失常,培养出一大批既不具有市场适应性技能,又没有创业头脑的毕业生。他们看不到自己的将来,反倒成为我们这个社会需要去解决的经济和社会问题。(N. K. Dzobo, quoted in Ministry of Education, 1998:12-13)

为此,1987 年加纳开始了新的教育改革,以弥补国家教育系统的缺陷。改革有许多目标,其中包括寻求:

- 增加各层次教育的入学以实现教育扩张和公平。
- 改善学校基础设施、教学效率和效果。
- 增加学校课程,提供学术、文化、技术和职业科目。
- 通过将大学之前教育的学习年限从 17 年缩短到 12 年以改革教育结构。

包括六年小学教育和三年初中教育的基础教育对所有儿童强制实施(之后是三年的高中教育),而所有的中学后教育都被划归第三级教育。

1987 年,受临时国防委员会(Provisional National Defence Committee, PNDC)政府指派,由教育副秘书艾斯·赛瑟兰德一爱迪(Esi Sutherland-Addy)主持的大学合理化委员会(University Rationalization Committee, URC)拉开了第三级教育改革的大幕。该委员会的报告成为 1991 年第三级教育改革政府白皮书的蓝本。改革试图达成 11 个政策目标,包括:

- 扩大第三级教育入学,包括大幅提升女生比例。
- 建立稳定、可持续的体系资助第三级教育。
- 逆转教育质量的下滑局面,调整招生,按照国家需求重构科学、技术、社会科学和人文学科的技能传授。
- 在第三级教育部门进行质量监控和评价政策的院校能力建设。(Ministry of Education, 1991)

第三级教育面临的主要问题

非洲的第三级教育面临着严峻的挑战。约翰(John S. Daniel)对其作了恰当的概括:

> 高等教育危机包括了五个方面:无法容纳的学生数量,无法满足学生多种多样的需求;教育过于昂贵,且与就业市场的关联性不大;教学方式不够灵活无法适应不同的学生;教育质量得不到保证;大学作为学术团体的意味正在淡化。(Saint, 1999:1)

也许有人还会加上一条:经费不足。在接下来的部分里,将会探讨这些问题,首先要谈的是扩大入学的需求。

第三级教育的入学

现有的统计资料显示,自加纳教育改革开始以来,第三级教育层次的入学规模有了显著扩大。以大学入学为例,从 1991—1992 学年的 11857 人上升到 1998—1999 学年的 31460 人,增长了 165%。而多科技术学院则从 1993—1994 学年刚刚升格为第三级教育机构时的 1558 人,上升到了 1998—1999 学年的 12926 人,增长了 730%。多科技术学院入学人数显著增加,其部分原因在于 1996 年在苏尼亚尼(Sunyani)和科福里杜亚(Koforidua)新开办了两所多科技术学院,引进了更多的专业。

因而,在1983年到1996年的13年间,大学和多科技术学院的总入学人数增长了162%。如果还要考虑其他第三级教育机构的入学情况,比如专业研究学院(Institute of Professional Studies)和加纳语言学院(Ghana Institute of Languages),那么这一数字还会更高。值得一提的是,1995—1996学年大学没有招生,这是因为加纳大学教师协会(University Teachers association of Ghana, UTAG)为争取改善工作条件组织了罢课,造成了大学关闭。

女生在大学入学总人数中的比例从1991—1992学年的21%上升到了1998—1999学年的26%。在1993—1994学年和1998—1999学年,多科技术学院的相应数据分别是16%和21%。尽管第三级教育层次的入学规模得到扩大,但是加纳18~21岁年龄组参与第三级教育的比例还是不到3%,而发达国家相同年龄组的参与率则在30%~40%之间。

加纳教育服务局中学司提供的资料显示,1996—1997学年公立高级中学毕业班学生共有57708名,公私立高级中学共有83198人可以参加1997年的大学入学考试(university entrance examination, UEE)。在些人中,只有9730人入围录取名单。大学入学考试在1999年被废止,因为人们发现学生在大学入学考试中的成绩与其在高中证书考试(senior secondary school certificate, SSSC)中所达到的水平高度相关。于是从1999—2000学年开始,大学依据学生高中证书考试的成绩录取新生。

按照加纳现在的人口发展趋势,现有的政策框架显然无法再满足对第三级教育的需要。在西非次区域内,加纳人口1840万(比象牙海岸估计的人口多了约400万),1996年第三级入学人数为36000人,相当于象牙海岸入学人数52228人的69%(Saint, 1999)。扩大第三级教育入学的问题相当急迫。满足这一需求的重要途径是发展远程教育。

直到20世纪80年代后期加纳才开始认真探讨引入远程教育。但是,远程教育也并非完全没有先例。20世纪60年代以来,加纳大学成人教育学院就以各种形式作了尝试。远程教育具有课程设计、授课灵活的优势。非洲及非洲大陆以外的经验表明,比起传统方法,它能够以更低的生均成本吸纳更多的学生,尤其是女生。

过去远程教育在加纳并不成功,因为它没有上升为国家的战略。此外,它的发展忽视了信息通信技术的进步。远程教育课程材料的设计、编写也不充分。这一系统还要求具备足够的信息和通信基础设施。教师和学生不仅仅要懂电脑,还要有用电脑以及相关的各种软件的机会。

加纳采取了双模式的办法,将校内教学与远程教育结合起来。1994年,加纳任命了一名国际协调员,1995年成立了国家远程教育委员会。除了发展研究大学外,其他所有大学都将参加远程教育计划。教师被要求编写课程材料。虽然总体上进展缓慢,温尼巴教育大学学院已经招收了第一批远程教育的学生。

远程教育的进一步实施将取决于各利益相关方能否实现目标:使远程教育成为扩大教育规模,尤其是第三级教育规模的重要途径之一。利益相关方要为远程教育的实施承担更多的责任。大学教师和管理人员也要在确保必需的学术基础设施方面发挥作用。

如果实施得力,远程教育将扫除当前学生住宿问题对入学造成的障碍。尽管如此,必须要强调的是,远程教育应该是传统教学方法的补充。它不能被用来取代传统教学,因为还需要一些时间来培养对远程教育系统必要的信心,以及为其提供所需的基础设施。

作为第三级教育改革计划的一部分,政府将多科技术学院升级到了第三级教育层次,并建立了两所新的大学。尽管采取了这些措施,第三级教育的入学人数仍然有限。这些机构逐步面临物质和学术基础设施的局限,这使得旧有的第三级教育机构的扩张变得更为复杂。合格申请者中约有60%未能被第三级教育机构录取。

20世纪80年代以来,发展第三级私立教育机构的方法在亚非许多地区得到了越来越多的尝试。例如,南非估计约有一半接受第三级教育的学生被私立机构录取。

在加纳,建立私立大学的高潮已经来临,尤其是宗教实体办学。2000年8月,国家认证委员会(National Accreditation Board)通过了对11所私立第三级教育机构的认证,允许其开设宗教和神学研究、管理学及会计学等学位项目。

加纳的天主教、新教和穆斯林团体正在狂热地筹建自己的大学。严峻的考验在于私立大学能否在教学和第三级教育的管理方面有所作为。而在这方面它们有优势:因为没有传统大学所承载的机构历史,它们可以在课程设计和授课方面进行创新,更快地对劳动力市场的变化作出反应。

如果宗教实体建立的私立大学延续学校教育的旧模式,结果因为资金缺乏而陷入困境,最终被纳入公立系统的话是很遗憾的;国内先前的一些私立中学就有这样的先例。尽管现在下结论还为时过早,但是就目前的探讨来看,还没有多少证据显示教会大学将会与现有的传统教育机构有明显的区别。

政府应该尽量鼓励私立大学的发展,让它们扩大招生,以减轻公立大学的压力。此外,因该激励它们,鼓励它们在教育方法上富有创造性。

20 世纪 50 年代和 60 年代早期,人们担忧的是学生数量不足,但是 80 年代早期的征兆显示,沿袭英国的寄宿制将无法维持下去,这种制度的特征是要为学生提供食宿条件。学生数量已经远远超过了现有物质基础设施的容纳能力。虽然大学引入了走读制以应对学生数量的扩张,但是被录取的走读学生最终还是要与他们的同学挤在一个课堂里,教学设施的容纳能力已到极限。80 年代中期,政府为了摆脱提供大学生食宿的负担,着实与学生团体斗争了一番。进一步的政策变化在 1998—1999 学年生效,作为政府实施的成本分担新措施的一部分,学生每学年需要支付 15.40 到 23.10 美元不等的住宿设施使用费。

学生支付住宿设施的费用鼓励了私营企业在所有的校园里提供宿舍。2002 年,经与社会保障和国家保险信托(Social Security and National Insurance Trust, SSNIT)协商,大学与该组织签署了在各校园里建造宿舍的协议。在加纳大学,一些校友还同意捐出自己三年内工资的 1%,用来建设一座拥有 500 个房间的五十周年宿舍(Jubilee Hall)以庆祝大学的五十周年校庆。如果这些积极的发展态势能够持续下去,那么就将会有充足的住宿条件满足第三级教育大举扩招的需要。

为进一步扩大入学规模,尤其是为了满足那些无法脱产人士受教育的需要,要探索开设非全日制和工读教育项目。温尼巴教育大学学院的建立及时应对了这种需求。该大学的许多项目,尤其是教育学的证书和文凭后层次的项目,是在长假期间开设的。海岸角大学采取类似的做法,面向教师和加纳教育服务局的其他教育官员开办了教育管理的硕士学位项目。在塔夸(Tarkwa)的克瓦米恩克鲁玛科技大学矿业学院,也有一个面向专业人士的非全日制硕士学位项目。各种教育背景下多种机会混合在一起,有利于让更多的人接受第三级教育。

质量与适切性的问题

加纳享有撒哈拉以南非洲最为发达和高效的教育体系之一的声誉。但是,近年来这种声誉受到了质疑。

衡量质量有许多标准,包括学生在标准化测试中的表现、教师的质量、学生接触最新知识和信息的机会、生均学术开支、生师比,以及学习环境的总体状况等。

全国第三级教育委员会(National Council for Tertiary Education, NCTE)核准的理科生师比为 12∶1,人文学科为 18∶1,但是大学校长委员会(Committee of Vice-Chancellors and Principals)的统计结果显示,大学里理科这一比例高达 30∶1,而人文学科则达到了 40∶1。现有的师资队伍渐趋老化,而年轻教师难以招聘,这种情况进一步恶化。例如,位于莱贡(Legon)的加纳大学的教学和科研人员统计数据显示,仅有 0.3% 的人在 30 岁以下,15.1%的人年龄在 31~40 岁,40.2%的人在 41~50 岁之间,33.4%的人在 51~60 岁之间,而 11%的人则超过了 60 岁(University of Ghana, 2000)。对第三级教育机构中现有空缺的分析显示,情况比这还要糟糕。大学里约 40%的教师岗位,多科技术学院超过 60%的教师岗位仍然缺编。

就生均公共开支而言,全国第三级教育委员会委派的第三级教育政策目标评估委员会计算得出,1997—1998 学年大学生均公共开支为 918 美元,多科技术学院为 230 美元(NCTE, 1998),低于生均 1000 美元的底线。在当今世界,投入低于这一底线很难提供充分的教育(Partnership for Capacity Building in Africa, 1997)。

尽管通过信贷、接受捐赠机构的援助,大多数第三级教育机构的基础设施有了相当大的改善,但是物质和学术设备不充足仍然是影响加纳第三级教育机构质量的因素之一。

提高第三级教育部门质量的手段是多方面的,包括改善工作条件以吸引和留住教师,引进新的信息技术,改善图书馆设施和服务,引入结构合理的教师培训和专业发展计划等。在第三级教育机构中设立教师发展部门,以提供教学、课程开发、测试、评估的培训也有助于提高教学质量。

教育机构还需进行需求相关性的评定。相关性可以从几个角度来看,包括教育机构、受益人(学生及其家庭)、政府、公共和私营经济部门以及社会整体的视角。不管以什么样的形式,教育必须承担人类的使命,也即为社会作贡献的目标。这支持了以下的观点,"名副其实的教育应该具备相互区别又相互补充的两个方面:一方面,希望它能够增强个人对其所处社会及需求的了解;另一方面,它应该激励人们采取行动,为巩固和提升社会福祉作贡献"(Dickson, 1986:4)。

第三级教育应该努力满足《加纳愿景 2020》(Ghana's Vision, 2020)中列述的国家发展目标。它还应该为学生的个人发展及进入劳动力市场做好准备。在当今的现代社会里,这也意味着要为进入全球化的市场做好准备。教育机构的利益与生存也同样重要。最重要的是,第三级教育部门应该帮助社会发现问题、解决问题。

一些学者对英国遗留给前殖民地的教育类型作了评价。例如,鲍顿勋爵(Lord Bowden)对加纳在早期没有抓住学习其他大学制度的机会表示遗憾。他哀叹:"也许是因为[英国]的大学与财富的创造无关,它们满足于成为特权的中心,以与工商业无关而自豪。"(Lord Bowden, 1997:18)然而,发展过程中却充满了大学与工业合作如何有助于推动经济增长和发展的例证。更为重要的是受过教育的中级技术人员如何起到工业发展催化剂的作用。法国的多科技术学院(école polytechnique),还有德国的技术学院(Technische Hochschulem),即现在的技术大学,都以传授应用技能著称,其毕业生已经为法国和德国的工业改造作出了贡献(Bowden, 1977)。正因为这样,耶素夫(T. M. Yesufu, 1973)指出,效法英国大学模式培养出来的毕业生往往是学术型的通才,缺乏实用性的专业技能。

1987 年开始的教育改革引起了课程的重大改变。全国第三级教育委员会为大学和多科技术学院制定了标准和规范。文科与理科课程之比被规定为 40:60;男女生之比为 50:50;大学的入学增长率被设定为 10%,多科技术学院为 15%。

加纳尚未达到所设定的文理科课程之比。1999 年,大学向 31501 名学生中的 12288 人(39%)提供理科课程,多科技术学院中相应的数字为 12963 人中的 6382 人(49%),都未达到 60%的国家目标。

制约理科教育的主要因素是实验室和工作场所不足,合格的科学、数学教师数量不够。为摆脱这一困境,培养理科教师所采取的一项措施是引入激励机制,比如提高此类教师的增量工资(NCTE, 1998)。值得一提的是,引入高级中学制度对解决这一问题已开始发挥作用。现在,大量的理科生正在从这些学校毕业,如果能够提供所需的资源,这会带来第三级层次理科入学人数的增长。

教育部建立的科学资源中心(Science Resource Centers),加纳教育服务局的女子科学、技术和数学教育讲习班(Science, Technology, and Mathematics Education Clinic for Girls)都已经开始产生积极的成果。为了解决大学层次入学中的性别不平等问题,尤其是在理科中,阿纳木哈一门萨教授建议重新采取以前的做法,向成绩不好的女生提供补习教育(J. Anamuah-Mensah, 1995:21)。

尽管还有许多的问题,发展研究大学的建立已经开始对加纳北部的社会带来了积极影响。如果大学能够得到很好的组织和整合,如果它的创新使命和关注焦点得以维持,大学就能够培养出面向社会的应用型专门人才,推动 21 世纪的发展。

多科技术教育也被加以改组升格,用来培养国家发展所需的中等技术劳动力。因为职业教育和技术教育未受重视,而且缺少设备与合格的教师,再加上它们没有被很好地整合进教育系统,过去这两类教育在加纳发展不理想。1987 年教育改革开始前,加纳仅有 24 所技术学院,而中学却有 240 所。

新的教育改革带来了重大的变化。职业教育和技术教育现在得到了重视。建筑、电气和机械工程等项目的专业大纲和考试已经实现了本土化,多科技术学院现在提供高级国家文凭(Higher National Diploma,HND)项目。

尽管多科技术教育的目标明确——培养应用型中等技术人员,但是缺少提升学术层次的途径,这成了多科技术教育发展的一大主要障碍。将多科技术学院整合到第三级教育系统中可方便学分转换,使进一步深造成为可能。温尼巴教育大学学院库马西校区开设了职业技术教育的两年制文凭后学位项目,这将部分地满足此类需求。

20 世纪 60 年代早期,毕业生失业不被认为是个问题,但现在则不然。过去,公共服务和文职部门可以吸纳每年相对为数不多的大学毕业生。现在,公共部门已经饱和,而私营部门的发展又很缓慢。找工作成了问题,尤其是那些普通文科和人文学科的毕业生。教育服务也许是唯一还有空缺的部门,但即便在这儿,想要在城市里就业的毕业生往往要失望,因为空缺主要在农村地区。

近来许多毕业生额外修习诸如会计和市场营销等领域的专业课程,或是攻读研究生以提高自身在就业市场上的竞争力。解决该问题的一条可能途径是使课程多样化,以更好地反映劳动力市场的需求。另一途径是以实用的创业技能武装学生,培养其自主创业能力,这正是发展研究型大学和多科技术学院的职责。

第三级教育的经费

如非洲其他地方那样,到目前为止,加纳高等教育所面临的最严峻挑战是经费短缺。加纳的第三级教育机构在很大程度上依赖政府投入资金。过去 10 年里,在政府弹性预算(discretionary budget)中教育所占的份额从没超过 40%。平均起来,子部门第三级教育的份额约占经常性教育预算(recurrent education budget)的 12%。例如,2000 年政府批准的弹性预算中,教育所占份额为 204824621 美元(占 32%),其中的 23870359 美元(12%)分配给了第三级教育部门。

1998 年,批准的大学经常性预算满足了 50%的预估经费需求。2000 年相应的数字为 56%。多科技术学院的经费有显著改善,经常性预算经费占预估经费的比例从 1998 年的约 30%上升到了 2000 年的 58%。尽管有增长,2000 年的预算还是给这些机构留下了严重的经费缺口(详见表 35.1)。

表 35.1 2000 年加纳大学和多科技术学院的经常性预算

机构	预计需求(美元)*	实拨(美元)	实拨百分比
大学			
加纳大学	10318233	6329543	61.34
恩克鲁玛科技大学	9521265	5297720	55.64
海岸角大学学院	5530265	3003068	54.30
发展研究大学	1792600	1188907	66.32
温尼巴教育大学学院	4682476	2123708	45.35
所有大学总计	31844839	17942946	56.34
多科技术学院			
阿克拉	109342	54209	49.58
库马西	105061	55749	53.06
塔科拉迪	102366	52207	51.00
霍噢	70888	50359	71.04
海岸角	57536	26643	46.31
塔马利	65066	44045	67.69
孙亚米	71873	45277	63.00
科福里杜亚	33003	20020	60.66
所有多科技术学院总计	615135	348509	56.66

注:* 加纳银行 2000 年 8 月中间利率:1 美元=6493.36 赛地。

来源:全国第三级教育委员会,2000。

考虑到全球经济的趋势,尤其是加纳主要的创汇项目可可和黄金价格的下跌,再加上其他经济部门,诸如卫生和农业部门对经费需求的竞争,在未来的几年里第三级教育不能指望从政府那里得到更高的经费资助份额。有迹象表明,除非经费来源实现多样化,否则第三级教育的质量可能受影响。

在多个论坛中,包括 1999 年 11 月举办的全国教育论坛,加纳教育系统的利益相关方就第三级教育成本分担的必要性达成了一致。尽管加纳国民是免学费的,政府在第三级教育系统改革白皮书中对有关成本分担的政策作了规定:“计划在政府、学生和私营部门之间建立成本分担制度”(Ministry of Education, 1991:8)。尽管成本分担的原则已经为大多数利益相关方所接受,但实施起来却往往很成问题。1999—2000 学年引进学术设施使用费,额度从从人文学科的 44.66 美元到医学专业的 100.10 美元不等。这导致了学生的抗议、示威,引起大学关闭。迫于学生的压力,政府在费用上打了 30%的折扣。学生们还是不满意,于是加纳全国学生联盟(National Union of Ghana Students, NUGS)进一步诉诸议会寻求决断。

考虑到加纳只有不到 3%的 18~23 岁年龄段的人有机会接受第三级教育,达姆图·塔费拉(Damtew Teferra)主张的“贫穷的纳税人完全不必资助富人子女接受教育”也显得合情合理(Teferra, 1999:7)。尽管教育成本分担在加纳实行起来困难重重,但学生们为使用学术和住宿设施支付的费用能够改善加纳第三级教育的提供。

尽管有政府的免学费政策,私立第三级教育机构的出现——在加纳这已经得到国家认证委员会的授权——强化了有能力并且愿意支付费用的学生和家长应该为在公立第三级教育机构中接受教育支付费用的理由。这一制度在乌干达已经取得了一定程度的成功。在加纳实施这一制度的可能性应该进一步研究。但是,仍有必要确保在这一过程中,贫困地区的学生、穷人和女性不被剥夺接受第三级教育的权利。

2000 年,政府建立了教育信托基金(Education Trust Fund),这是加纳教育史上重大的里程碑式的事件。在这一基金制度里,相当于按通行增值税税率(12%)征收上来税款的 20%被交给加纳教育信托基金,用于教育目的。该基金对政府提供的各层次教育资金进行补充,用于发展并维护教育基础设施,用作奖励优秀贫困生,发放学生贷款,提供科研津贴,以及培养超常学生成为教师(Ghana Education Trust Fund Act, 2000, Act 581)。

多年来,政府还设立了奖学金和补助金,颁发给很有学术前途的优秀学生,以及那些满足国家特定人才需求的学生。研究生和残疾学生也从该计划中受益。

近年来,公众对提供奖学金重新产生了兴趣。其中特别重要的是由阿善堤(Ashantis)地区的传统领袖,阿善堤土王(Asantehene)图图二世(Otumfuo Osei Tutu II)建立的教育基金。地方议会、工商实体、传统权威人士都在各自领域设立了奖学金计划。这是一种积极的趋势,将使许多希望上学的孩子得以圆梦。

10 多年前引入的学生贷款政策带来了复杂的结果。它使诚实的贫生得以继续在大学求学,最近多科技术学院和其他第三级教育机构的学生业也由此受益。但另一方面,因为政府无力支付协议中的贷款利息,再加上学生的低偿贷率,计划的经营者社会保障和国家保险信托组织无法收回的累计债务数额巨大。学生贷款计划对就业人员的社保费用造成了很大的压力,这些资金原本用于发放养老金和其他社会保险福利。

贷款的学生数从 1989 年的 8138 人上升到 1999 年的 50000 人,而生均贷款额从 7.70 美元上升到了 154 美元。学生贷款的利息由政府补贴。通行的利息率约为 22.3%,但是贷给学生的利息率为 10%。用学生总数 50000 名和补贴 12.3%的利息率来计算,单 1999—2000 学年政府补贴的贷款利息就约达 954822 美元。

学生贷款计划要进行检讨,做到自我维持。要对建立一家公司来代表社会保障和国家保险信托经营该计划的可能性进行研究。担保人的引入改善了还贷状况,利用私营中介来代表社会保障和国家保险信托追踪学生去向,收回贷款,将进一步促进还贷。现有法律,PNDC276 号法(1992),也应予以审查完善,以使雇用毕业生的组织机构有义务代表社会保障和国家保险信托在发放的工资中扣除还款额。

1997 年,在阿科索姆博(Akosombo)召开的第三级教育经费资助论坛上,大家提出政府、学生、私营部门和第三级教育机构分担经费的理想比例分别为 70%、10%、10%和 10%。如果这些标准能够为所有的利益相关方所接受并付诸实施,那么就能够看到第三级教育的明显改善。

在加纳,第三级教育机构与私营部门的合作

尚未得到有效的开发,但是存在诸多合作的可能性,包括建立合作研究项目、从企业部门里聘任客座教授、设计满足各行业专门需求的培训项目、为第三级教育机构的学生提供业务训练和实习机会等。通过合作,大学和多科技术学院可以得到额外的收入,并且可以用企业的专门技能来丰富自己的专业内容,而企业则可利用高校的新知识和技术改进其产品。

有人争辩说,大学的任务是教学、科研和提供公共服务——而不是赚钱。然而,只要不损害大学的核心使命,从事创收活动也是可以的,这也能促进学术事业目标的实现。在过去,创收对第三级教育没有产生多大的影响,这是因为还没有专门地来从事这项活动。从校友捐赠、顾问服务和其他商业投机中创收是有可能的。利用校友捐款在加纳大学建造五十周年宿舍楼就表明,如果进行有效动员,校友们是愿意捐款的。

创收活动将使院校和教师得到额外的收入,也可提高院校和教师的个人能力,提升效率,促进和谐。

结构、行政管理与治理

加纳第三级教育机构建立了两级的治理体系。这些机构设有对财政、发展、任命和学科负总责的理事会。此外,评议会或学术委员会对所有的学术事务负责。典型的大学理事会(University Council)由一名主席和政府任命的其他三名成员,校长(vice-chancellor),教师、学生和工会代表以及校友组成。某些情况下,理事会还包括教育部的代表。

尽管在大多数理事会里,私营部门没有自身权利的代表,但是政府任命的委员通常会反映企业的利益。第三级教育全国委员会或是教育部的代表、副校长(pro-vice-chancellor)、财务主管以及担任秘书的教务长(registrar)通常会参加理事会的会议。大学名义上的领导者是名誉校长(chancellor)。1992 年宪法生效以前,名誉校长是国家元首。

第三级教育机构的综合管理是通过复杂的委员会系统实行的。该管理体系的细节在各院校的校规中有明确规定。大学最基本的单位是系,系主任由教授轮流担任,任期两到三年。研究兴趣和活动相关的系联合在一起组成学系(faculty),由院长领导。院长通常从该院的学术人员中选举产生。

学生管理通过全校性的学生代表委员会(Students Representative Council)以及各宿舍学生活动室(Junior Common Room)的代表来组织实施。加纳全国学生联盟,以及后来建立的加纳多科技术学院全国学生联盟(Ghana National Union of Polytechnic Students,GNUPS)则在全国范围内活动。

教育部长统辖所有层次的教育。第三级教育全国委员会就有关第三级教育发展的所有问题向教育部长提出建议,同时也充当政府和第三级教育机构之间的缓冲器。大学和多科技术学院还设有大学校长委员会和多科技术学院院长会议(Conference of Politechnic Principals),这两者都不是固定的实体,是作为就有关各院校共同利益的问题进行非正式磋商的论坛。

直到 20 世纪 80 年代中期,政府才将自己从学生膳食计划的管理中脱身。与食宿有关的问题始终是罢课和学生示威的一大重要根源。1987 年,引入了新的教育改革之后,与成本分担相关的问题成了学生抗议活动日程表上更为优先的项目。1999 年,加纳全国学生联盟抗议由学生来增付学术设施使用费,导致了大学关闭。

就学术人员和大学其他工作人员而言,冲突的一大根源是工资过低且工作条件差。为支持提高工资和改善工作条件的要求,加纳大学教师协会(University Teachers Association of Ghana)在 1995 年罢课 9 个月。之后,在 1997 年,加纳多科技术学院教师协会(Polytechnic Teachers Association of Ghana)(POTAG)也因为类似的原因举行了罢课。

大学与政府间的关系也有矛盾,尤其是在学术自由和自治这些核心问题上。自由和自治的理念是知识的创造、科研成果的传播与应用过程中所必不可少的价值观念,而这些过程正是大学的核心职能。自由和自治意味着大学不受政府干涉,有选择学生,任命、解聘人员,决定专业,以及控制学术标准的自由。

过去,政府试图将不受欢迎的措施强加给大学。例如,20 世纪 60 年代,政府决定任命直接对总统,也就是名誉校长(chancellor)负责的"特殊教授”。政府还试图控制系主任的任命(Ajayi, Goma, and Johnson, 1996)。

总体上可以这么说,院校的结构、通过法案和立法构建起来的法律体系,以及赋予委员会和董事会这一复杂体系的巨大权威,将学术界与外部势力和干扰隔离开来。研究活动可在任何领域不受外部限制地开展,教授们也可以就任何问题自由表达自己学术的或非学术的观点。加纳学术自由和自治的证据比比皆是,这在学术界的就职演说、院际授课及告别演说,还有公开的讨论,以及出版物中都有充分反映。

尽管这样,学术界还是常常对学术自由与自治表示担心。各部委和政府部门经常要求各院校遵守规章制度,这些学术机构对此深表不满。

对于解决影响高等教育部门的问题,许多人觉得教育部缺少这方面的专门知识。这些问题比基础教育中所面临的要复杂得多。于是一些人主张建立独立的高等教育部,而另外一些人则认为不必大动干戈,在教育部里指派一名经验丰富的官员主管高等教育即可。

虽然我们承认政府插手学术机构的事务会扼杀其活力,但是只要政府还在继续资助高等教育,绝对的院校自治就不可能实现。在一个资源越来越稀缺,在高校被敦促减少浪费,以更少的资源办更多事情的年代,对资源有效管理的要求将会继续受到强调。政府仍然会继续通过适当的机构对公立和私立第三级院校进行总体指导。

科研:挑战与两难境地

科研是大学使命不可分割的组成部分。实际上,它是如此的重要,以至于常常被认为是大学的标志。除了有助于留住教师,训练学术和专业人员,它的重要性还在于通过科研的过程将新知识传播到社会中去。迈克尔(Michael Daxner)强有力地说明了这一点,“未来的大学将在很大程度上由它的科研来界定,没有科研就称不上大学”(Daxner, 1999:59)。

按照黄金海岸(现在的加纳)大学学院首任院长(principal)的观点,如果一所大学在试图解决某个应用问题的时候,没有将其与基础科学理论相联系,那么它所给出的答案不会是个好答案,大学也背叛了寄托在它身上的信任(Sey, 1989)。

科研大致可分为两大类:基础研究和应用研究。基础研究是以获取新知识为主要目的的实验性质或理论性质的工作。大学如果不想缺乏知识,基础研究就是非常重要的了。但是应用研究也同样重要,它是直接指向某一具体的应用目标或目的的独创性研究(OECD'S, 1993 Frascati Manual, cited in Daxner, 1999:61)。

对创办教学型大学(teaching university)的想法展开了一场深入的讨论。这场讨论的基础是第三级教育层次急剧扩张的入学规模。一些人认为创办纯粹的教学型大学可以解决这一问题。有些优秀的教师因为在科研方面表现不佳而遭解聘或得不到晋升,此类案例被用来支持这一论点。在欧洲和非洲的大多数大学里,合同约定要求学术人员通过科研、教学和推广服务,推动本学科的发展。三者依重要性排序,这体现了科研的重要性。如果不从事科研,纯粹教学型大学的教师将会在当今的知识经济和经济全球化中落伍。

除了大学还有其他类型的第三级教育机构;学院、多科技术学院和其他第三级教育机构的科研就不那么强了。各层次的职业教育机构都会专注于改善教学,会关注直接与职业或工作相关的实用知识的传播,而多科技术学院则主要是提供涵盖理论和实践经验的广泛知识和专门技术。

在题为《大学:确实有未来吗?》”(The University: Does it Have a Future?)的讲演中,纽约城市大学(City University of New York)的亨利·沃瑟(Henry Wasser)教授强调了大学使命的独特性,他指出,“除了核心职能是专属于大学自身的之外,任何其他的,甚至是其他所有的职能都可以交由其他团体来承担”(Wasser, 1996:10)。大学可以让其他的第三级教育机构来承担补习或是辅助教学的工作,但却不能让其来承担仍然是大学核心职能的科学研究。依赖其他机构生产的知识来运作的大学无法长久地生存下去。

科研对经济的重要性不容小视。据估计,加拿大大学的科研每年为加拿大经济增加约155亿加元的收入,创造约15万～20万个就业机会(Association of Universities and Colleges of Canada, 1998)。

加纳独立的早期,有相当数量本国培养的大学毕业生被授予奖学金,赴国外攻读研究生。毕业后,这些学生中的许多人得到机会出版了他们研究工作的各种成果。除了有可用的出版途径外,还有学徒制度,由更富经验的学者指导年轻学术人员从事科研活动。科研活动大多是基础类的研究,其过程深受学界影响:研究项目要通过同行评审和评估,院校层面的资助要通过大学研究与学术会议委员会(University Research and Conferences Committees)批准获得。

在过去的大约 20 年里,非洲大学整体的科研表现明显不行(Ajayi, Goma, and Johnson, 1996)。科研产出与新知识的生产远远落后于非洲大学在培训上所取得的成就(Saint, 1992)。原因包括:无论在在国家层面还是院校层次上都缺乏对教育和科研优先的明确阐述(Kwapong, 1979);因为学生数量的增长,导致学术人员更多地参与大学本科教学工作,从事科研活动变得日渐困难;缺少学术休假、参加学术会议和研讨会的机会;各学系、学院、研究单位普遍缺乏强有力的学术领导(Ajayi, Goma, and Johnson, 1996)。

到目前为止,科研领域所面临的最大障碍似乎就是财政的匮乏。据估计,非洲大约仅有 0.1%的国民生产总值被用于科研,相比之下发达国家这一比例约为 2%(Saint, 1992)。大多数非洲大学分配给科研的年度预算通常很少,份额 0%~3.8%不等(Ajayi, Goma, and Johnson, 1996)。

现有数据表明,加纳研发方面开支呈现出了下滑的趋势,从 20 世纪 70 年代中期约占国民生产总值的 0.7%,降低到了 1983—1987 年间的占国民生产总值的 0.1%~0.2%(More, 1989; 引自 Biggs, Shah, and Srivastava, 1995)。很少有或者说还没有证据表明这一趋势已经改变。2000 年,第三级教育部门的预算估计显示,相当于 1392499 美元(核定预算的 22%)的资金分配给了加纳大学的 10 所研究院,资助其开展研究活动;克瓦米恩克鲁玛科技大学 8 所研究院得到的相应研究经费为 291375 美元(5.5%),而海岸角大学学院 3 所研究院的为 102104 美元(3.4%)(NCTE Budget, 2000)。

学术人员也能得到科研津贴以资助他们从事科研活动。自 2000 年 3 月 1 日起,此项津贴已经从每年 92.40 美元增加到了 338.81 美元。个体研究人员和院系更多的是依靠自己想办法来开展研究活动。一些人在这方面更富有进取心,也能够吸引到比别人更多的研究经费,这是因为他们具有学术领导力的禀赋,以及相对较强的科研能力。

尽管在过去的 10 年里,学术人员的工资有了一定的增长,但是工资相对较低的制度仍在持续。班科勒(Bankole Oni)选择了几个非洲国家学术人员的工资作比较,指出加纳教授的全部报酬约为其南非同事的 8.7%,津巴布韦同事的 10%(Oni, 2000)。

薪资调查委员会(Salary Review Commission)主持的一项 1993 年,加纳行政机构和其他部门薪资状况的比较分析显示,能源、财政、税收、媒体这些部门的薪资水平都高于大学(Salary Review Commission, 1993)。由此带来的结果是,一些个体研究者和院系倾向于把精力集中在提供顾问服务上,这往往是在为研究者狭隘的专业兴趣服务(Ajayi, Goma, and Johnson, 1996)。

加纳大学的研究生教育存在了三四十年之后,仍然处在发展的最低潮。2000 年,加纳大学招收的全部 11865 名学生中,仅有 1265 人(10.66%)攻读研究生。在海岸角大学,研究生仅占入学总数的 6%。

为促进科研的发展,需要考虑一系列的问题:正确的政策导向,洞察力和领导力,影响深远的制度变革,给研究人员以授权,为有才干的年轻人创造发展空间,以及足够的经费等等都是最为重要的问题(Bandaranayake, 2000)。解决发表研究成果困难的一条途径,尤其是对一些年轻的学者而言,是通过学徒或是监督制度让年轻学者跟着他们的资深同事学习,以使他们得到必要的经验,帮助他们得到国内和国际上的承认(Effah, 1998)。

近期采取的一项措施是评估大学和科研机构的能力,以鉴定或提升大学运作和创收活动的效率。许多科研机构,诸如科学与工业研究委员会(Council for Scientific and Industrial Research),加纳原子能委员会(Ghana Atomic Energy Commission),以及加纳艺术与科学学院(Ghana Academy of Arts and Sciences),都对知识的探求和人民生活质量的提高作出了贡献。

以加纳大学为基地的联合国大学非洲自然资源研究所(United Nations University Institute for Natural Resources in Africa)的存在,同样使科研机构的能力得到了加强,它还协调了非洲自然资源管理与利用方面的科研和高级培训。大学需要强化与政府机构、非政府机构、科研院所、援助机构的联系和合作,促进跨部门、跨学科的研究,避免重复努力,并且在这一过程中提高科研产出,促进研究成果的传播与应用。

人才流失

当今,加纳和许多发展中国家面临的日益严峻的一大问题是人才流失——有才干的合格专业人员流失他国。人才流失是非洲大陆财政和经济的一大损失,它使非洲的公共和私营部门损失惨重。按照非洲、加勒比和太平洋地区与欧洲联盟(African Caribbean and Pacific-European Union,ACP-EU)的报告,1985—1990 年间,非洲流失了 6 万名专门人才(医生、工程师、讲师等等),给这块大陆造成了约 12 亿美元的损失。实际结果是造成所有部门人力资本、知识以及重要能力的损失。

为应对人力资本从非洲大陆流向发达国家,以及由此对发展能力造成的影响,人才流失和能力建设问题成为 2000 年 2 月 22—24 日在埃塞俄比亚亚的斯亚贝巴召开的区域会议的主题。现有统计数据证实,有许多加纳的专门人才在其他国家为东道国的社会能力发展作贡献。尽管人力资本外流的问题已经影响到了几乎所有的职业,但是这种情况在医生中更为严重。以 1998 年为例,据估计约有 120 名医生从加纳移居海外。已经知道的,单就在美国从业的加纳内科医生就有 600~700 名,约占加纳医生总数的 50%。其他职业的状况也许同样令人担忧,只是因为缺少足够的数据还没有凸显出来而已。

造成人才流失的原因包括工作条件差、报酬低、缺少设备、缺少退休津贴和就业保障、政局不稳、研究生阶段深造机会有限(尤其是科学和技术领域),以及培训项目与劳动力市场需求严重脱节等。

政府和家庭通过培训和教育对人力资本进行投资的时候,都希望受训个体毕业后能对经济建设起积极作用,从而使投资得到某些回报。就此而言,人才流失就是经济损失。为此,政府采取一些策略以抵消这种损失,包括:

- 推出限制性政策,诸如签署要求服务一定年限和服义务兵役的书面协议。
- 推行激励性政策,减弱向海外移民的吸引力。
- 制定向移民者个人或其接收国征税的政策,以补偿移出国人力资本的损失。

因为一系列原因,这些政策总体上并不那么有效。限制性政策只能暂时阻止移民,激励性政策很难持久,因为发展中国家并不能提供可以与发达国家相抗衡的薪资和基础设施,而补偿性政策则问题重重,因为用货币来量化移出国的损失是有困难的。

一些人提出了新的解决办法,称之为“人才引进战略”(brain gain strategy)。该战略包括两个方面——回归人才和流散人才。

从 20 世纪 70 年代开始在非洲实施的回归计划,指的是政府试图鼓励移居海外掌握了高级技能的人才回归祖国。在国际移民组织(IOM)的框架内,符合要求的非洲人得到帮助回到非洲。该计划帮助了 70 多名加纳的专门人才回归祖国。尽管取得了一些成就,但因为难以与更发达国家现有的薪资和基础设施相抗衡,加纳与大多数别的非洲国家一样,还不能有效地实施回归计划。

流散计划要依靠网络的手段。该计划不把人才流失看作是损失,反而是移出国潜在的收获。移居海外,掌握了高级技能的人才被视作移出国潜在的有用人力资源宝库。通过网络的连接,该战略给予移居海外的人才以机会,让他们不必永久回国就能将专长和技能转移给自己的祖国。

为了利用分布在世界各地的加纳专门人才的专长和技能,需要采取一些措施:

- 建立机制,收集加纳在国外专业人员的信息,形成目录。目录要载明专业人员的技能和专业领域。除了大学和其他科研及第三级教育机构外,加纳派驻海外的大使馆和使团,可在这方面提供帮助。
- 采取更为积极的政策与移居海外的学者建立网络。为实现这一目标,鼓励专家组建团体与现有网络建立联系。

- 连接教育机构与流散海外的专家网络系统,通过诸如互联网和远程会议这样的信息通信技术推动教、学、研,以及远程教育的发展。
- 鼓励各部委、部门、机构通过诸如短期停留、技术援助、休假年和咨询等方式利用加纳海外专业人员的服务。

未来的发展

前面的讨论得出两个主要的结论:其一,加纳经济的增长和发展与其第三级教育系统发展的联系不可分割。其二,在 21 世纪,第三级教育的需求和所承受的压力一定是复杂而影响长远的。有一些大的障碍要克服。从各种障碍中,高等教育与社会特别行动小组(Task Force on Higher Education and Society, 2000)指出了没有远见,缺少政治和财政上的承诺,发达国家与发展中国家在知识上的差距,以及在全球化带来的富裕国家对人才的吸引力等重点问题。

由于人口趋势的变化,第三级教育的需求压力增加,而财政资金却继续萎缩,这很有可能使教育质量受到损害。在这种状况下,须立即采取三项主要应对策略。首先,对第三级教育进行重新定位,以反映所有利益相关方的优先顺序。其次,应该有意识地努力增加第三级教育的可用资源。再次,往往被看作理所当然的资源使用,必须作重大的改进。

作为提示,下面列出了需要采取的一些重要步骤:

- 改善学术和物质基础设施。
- 审核对课程和项目,以满足社会和劳动力市场变化的需求。
- 招聘、激励、保留、发展合格的教师。
- 扩大入学,尤其要关注女性和经济上或社会上处于劣势的人群。
- 推动科学、技术和研究的发展。
- 加强院校的经营和治理。
- 使经费来源多样化。
- 提供各种受教育机会,开设组合课程,以迎合工作人群的需求。

在新的千年里,有迹象表明经济增长的驱动力将从公共部门逐渐转向私营部门。这将要求第三级教育机构的产出发生质的变化。

远程教育应该成为传统教学模式更为重要的补充。这些计划的实施无法脱离信息技术的发展,而信息技术必须整合到第三级教育系统中,以利用全球化经济的发展。

如果加纳关注可持续发展,那就必须改善第三级教育。作为推动第三级教育发展的促进者,政府将来的责任和作用将会越来越重要。

参考文献

Ajayi, J. F. A., L. K. H. Goma, and G. A. Johnson. 1996. *The African Experience with Higher Education*. Accra: AAU (Association of African Universities).

Anamuah-Mensah, J. 2000. *The Race against Underdevelopment*: A Mirage or Reality. Accra: Ghana Universities Press.

Antwi, K. M. 1992. *Education, Society and Development in Ghana*. Acrcra: Unimax Publishers.

Association of Universities and Colleges of Canada. 1998. *Higher Education in Canada: A Tradition of Innovation and Success*. Ottawa: Association of Universities and Colleges of Canada.

Bandanayake, S. 1999. "Social Science Research in Sri Lankan Universities." *The Bulletin of Current Documentation of the Association of Commonwealth Universities*, no. 139:11.

Biggs, T., M. Shah, and P. Srivastava. 1995. *Technological Capacities and Learning in African Enterprises*. Washington. D. C.: World Bank.

Bowden, L. 1977. "The Role of Universities in the Moded World." Paper delivered at the R. B Baffour Memorial Lectures, Kumasi. University of Science and Technology.

Daniel, G. F. 1997. "The Universities of Ghana. *In Commomwealth of Universities Yearbook*. 1996/97. London: Association of Commmonwealth Universities.

Daxner, M. 1999. "Strategic Partnership in European Higher Education." In G. B. Freedman and G. A. Goerke, eds. *The Future of International Higher Education: Directions and Opportunities*. Vol. 1: 49-92. Houston: Institute for the Future of Higher Education. International Higher Education Monograph Services, University of Houston.

Dickson, K. A. 1986. "The Chllenges of Education." In *Education, Human Values and Nation Building*. Proceedings of the Ghana Academic of Arts and Sciences, XXV, 1-16

Effah, P. 1998. "The Training and Development of Academic Librarians in Ghana." *Library Management* 19. nos. 1 and 2: 37-41.

ISSER (Institute of Statistical, Social and Economic Research). 1999. *The State of the Ghanaia. Economy in* 1998. Legon: ISSER. University of Ghana.

——. 2000. *The State of the Ghanaian Economy in* 1999. Legon: ISSER, University of Ghana.

Kwapong, A. A. 1979. *Higher Education and Development in Africa Today: A Reappraisal*. The J. B. Danquah Memorial Lectures. Twelfth Series. March. Accra: Ghana Academy of Arts and Sciences.

Ministry of Education. 1991. "The White Paper on the Reform to the Tertiary Education System." WP No 3/91. Accra: Ministry of Education.

——. 1998. "A Decade of Educational Reforms: Preparation for the Challenges of a New Millennium." A background paper prepared or the Ministry of Education by the Forum Technical Committee, November, 12-13.

NCTE (National Council for Tertiary Education). 1998. *Report of the Committee on Evaluation of Policy Objectives of the Reforms to the Tertiary Education System*. Accra: NCTE.

National Education Forum. 1999. A Background Paper Prepared for the Ministry of Education by the Forum Technical Committee. Accra: National Education Forum.

Odumosu, T. P. 1973. "Government and University in a Developing Society." Public lecture delivered during the University of Ife tenth anniversary celebrations. October. Ibadan: Abeodun Printing Works.

Oni, B. 2000. "Capacity Building Ebaba, Februffort and Brain Drain in Nigerian Universites." Paper presented at the Regional Conference on Brain Drain and Capacity Building in Africa . Addis Ababa, February.

Partnership for Capacity Building in Africa. 1997. *Revitalising Universities in Africa: Strategv and Guidelines*. Washington, D. C. : World Bank.

Ramphele, M. , and H. Rosovsky. 2000. "New Report on Higher Education in Developing Countries." *International Higher Education*, no. 20 (Summer): 7-8.

Salary Review Commission. 1993. "Report of the Review of the Salary Review Commission." November. Accra.

Saint, W . 1992. "Universites in Africa : Strategies for Stabilization and Revitalization." World Bank Technical Paper No. 194. Washington, D. C. : World Bank.

——. *Tertiary Distance Education and Technology in Africa*. Washington, D. C. : World Bank.

Sey, S. 1989. *Tributes to David Mawbray Balme*. Accra: University of Ghana, Legon.

Task Force on Higher Education and Society, World Bank. 2000. *Higher Education in Developing Countries*: Peril and Promise. Washington, D. C. : World Bank.

Teferra, D. 1999. "Ideas for Financing African. Higher Education." *International Higher Education*, no. 17 (Fall): 7-8.

UNDP (United Nations Development Programme). 1997. *Ghana Human Development Report* 1997. Accra: UNDP.

University of Ghana. 2000. *Basic Statistics*. Legon, Ghana: University of Ghana.

Yesufu, T. M. 1973. "Emerging Issues of the 1970's." In T. M. Yesufu, ed. , *Creating the African University: Emerging Issues of the* 1970*'s*, 37-87. Ibadan: Oxford University Press.

36 几内亚

索里巴·塞拉
（与哈桑·埃兹—赞姆和达姆图·塔费拉合作）

引言

1958年10月2日，几内亚成为一个独立的国家。该国陆地面积245857平方公里(94926平方英里)，人口估计为760万。51%的人口为女性，46%的人年龄在15岁以下，平均寿命估计为45.91岁。20世纪90年代，逃离利比里亚、塞拉利昂和几内亚比绍武装冲突的大批难民涌入几内亚。

几内亚分为五大区：下几内亚（Lower Guinea)、中几内亚(Middle Guinea)、高地几内亚（Highlands Guinea）、林地几内亚（Forest Guinea)和首都科纳克里(Conakry)。尽管拥有丰富的水、土地和矿产资源，几内亚仍然属于高度负债的欠发达国家，1997年的人均收入估计为570美元。约40%的人口生活在贫困线下(人均约300美元)。几内亚的经济困难状况的根源在于它的政治历史。法国开始去殖民地化进程以后，向殖民地提供了两个选择，独立或是继续留作法国的一部分。塞古·杜尔(Sékou Touré)总统宣布了国家要求独立的愿望。当时戴高乐统治下的法国将这一决定视作公然冒犯。法国人在离开几内亚之前破坏了所有的档案和设备，切断了一切财政援助，对几内亚货物征收关税(Theobald，1960)。直到弗朗索瓦·密特朗(François Mitterand)政府上台，两国的合作联系才得以恢复。

1985年，政府实行了经济自由化。但是，宏观经济政策实施后，经济困难和社会问题却变得更为严重，导致失业和贫困加剧。铝矾土矿占几内亚出口收入的97%。世界上三分之二的铝矾土矿蕴藏在几内亚(Oliver and Crowder，1981)。国际市场上铝矾土的贬值使几内亚的经济形势趋于恶化。20世纪90年代以来，石油产品价格的上升，以及周边国家的军事冲突使几内亚的处境变得越发艰难。

教育状况

20世纪90年代以来，几内亚的教育取得了一些进步，但水平仍然很低。1999年，小学教育阶段的入学率为57%，成人识字率为36%。成人识字率因性别、地区、居住地(科纳克里达到了84%，而高地几内亚为38%)、社区的不同差异明显。据估计，男孩的入学率为65%，而女孩只有37%(Ministère，1999)。

教育水平低下由多方面因素造成，如基础设施简陋，设备短缺，各层次教育中教学和管理人员不足等。政府开展了重大的改革计划以增加入学，提高教学质量。为了实施小学教育层次的改革，1990年启动了一项教育复兴计划。“高等教育培训的人才远不能满足经济发展的需求，而且单位成本极高”，鉴于此，在世界银行的帮助下，大学于1995年发起了“国家扶持战略”(Country Assistance Strategy)(CAS)，号召进行高等教育改革(World Bank，1995a)。

高等教育的分支

1962年，科纳克里多科技术学院(Polytechnic Institute of Conakry，IPC)成立。这是第一所高等院校，目的是培养工程师和管理人员以满足国家经济和社会的发展需要。20世纪70年代以来，建立了几所以农学为主的院校。这类院校数量增长迅速，80年代早期达到了近40所。院校数量的显著增长伴随着入学规模的激增(1984年接近20000人)，尤其是农学专业。虽然数量在增长，然而财政资金却不到位，这破坏了教学的质量，损害了高等教育系统的声誉。

为应对这一状况，政府发起重大的变革，削减80年代中期在办的高等教育机构数量。另一措施是赋予大学在管理和财务上有效的自主权。目前，几内亚的高等教育系统由2所大学和大学的3所附属专业学院组成。这2所大学是科纳克里大学（University of Conakry）和康康大学（University of Kankan）；3所专业学院是教育学院（Institute of Education），农学及兽医学院（Institute of Agronomy and Veterinary Sciences），以及矿业和地质学院（Institute of Mining and Geology）。

几内亚高等教育的目标

涵盖几内亚高等教育、科学和技术的体系有四大目标，旨在满足国家社会和经济发展的需求。首先，高等教育要瞄准将学生培养成完全合格的科学和技术专门人才的目标。其次，它要承担生产、保存、传播科学技术信息的任务。再次，高等教育要努力实现技术创新和技术转化，以满足社会的需求。最后，它要成为推动非洲国家间乃至国际上科学、技术和文化合作的工具。

1922年建立的第一家研究机构附属于法国巴斯德研究所（Pasteur Institute）。独立后，其他的一些研究机构通过国际合作建立起来。它们在农业、海洋生物、渔业、建筑材料、能源、传统医学和环境等一系列领域开展应用研究。不幸的是，因为缺少财政支持，许多研究中心的发展无法维持下去。

作为国家教育系统分支的高等教育，包括教学机构、科技研究中心，以及信息与文献机构。高等教育和科学研究部负责教育政策的协调、监管和实施。这一分支部门所面临的问题是多方面的，主要表现为机构、物质、人力和财政等方面的资源缺乏。因而，行政管理、培训监管、教育质量和科研产出都很低效。

管理与治理

1986年前，所有的高教机构都由中央政府控制与管理。作为政府自由化政策的一部分，20世纪80年代后半期，私立高等教育机构成为教育事业的一部分。

一所私立经济学校，两所经济学与计算机科学学院建立了起来。还成立了其他一些中学后院校，注重计算机科学、工商管理，和技术领域的专业培训。

尽管政府发起的改革给予了它们很大的自主权，国家仍然是公立院校主要的资助实体。已采取适当的程序确保公立院校得到更多的自治，而在院校内部鼓励参与式管理。

有两个行政部门负责实施有关高等教育事务的国家政策，即科学技术研究部和高等教育部。这些机构负责确保高等教育子部门的协调、评价以及后续活动的开展。因为缺少适当的运作资源，这些部门的工作效率仍然很低。

基础设施与设备

资源和设备的短缺、糟糕的基础设施给高等教育和科学研究带来严重问题。生师比从教育学院的28∶1，到博凯矿业和地质学院（Boké Institute of Mining and Geology）、康康大学和法拉纳农学院（Institute Agronomy Science of Faranah）的52∶1，各不相同。现有的基础设施应该得到充分利用以接纳更多的学生，因为在社会对高等教育的需求与大学实际的容纳能力之间还存在着巨大的差距。

另一方面，实验室承受着实验设备和化学药剂短缺的困扰。不过，高校为装备微型计算机，为师生提供培训所做的努力也是显而易见的。接入互联网的计划还处于起步阶段，但是人们期望它能够扩展到所有的大学和研究中心。政府参与了一些院校校舍的建造和翻修。

高校和研究机构在校内拥有图书馆和阅览室。此外，还有4座专门的文献中心，收藏了41000多册图书，9300多篇高年级学生论文和1200多份期刊。但是，高校的图书馆资源仍然不足。

教学与科研人员

1999年，所有大学雇用了325名管理人员。相对而言，高校拥有的资深教授很少。1999年，共有 717 名专职教师(其中拥有博士学位的略超过三分之一)。其中,11 名教师拥有教授或首席研究员(lead researcher)职称,68 人拥有讲师职称(Maîtres de Conference)。大学雇请了约 300 名兼职教师来弥补师资的短缺。他们中约有 60 名外籍教师签长期或短期的工作合同。这样算来,2000 年共有约 1000 名教师来对 14000 名学生进行教学,生师比大约为 14∶1。

科纳克里多科技术学院是几内亚一所主要的高校。2000 年该校招收了约 13%的几内亚学生(1021 名)。学校雇请了 85 名教职员,其中有 6 名教授(2 名几内亚人,4 名外国人),48 名讲师(6 名几内亚人,42 名外国人),31 名助理教授,50 名助理和实验室技术员,37 名兼职教师,15 名管理人员(CITEF, 2000)。

国际合作为资助教师出国接受培训提供了奖学金。有必要制定和实施教师培训的国家政策,鼓励教师与国外的同行开展知识交流。

财　政

高等教育和科学研究的经费基本上是通过国家预算由公共发展和投资基金来保证的。除了国家经费外,大学还通过提供咨询服务、收取学费(course fee),以及开展其他活动来获取资金。

整个教育部门的支出从 1970 年国家预算的 28.3%下降到了 1990 年的 8.9%。1991 年,教育调整计划启动,预算上升到了 22%。从那以后,预算就维持在 20%以上。

高等教育预算从 1990 年的 29.3%下降到了 1992 年的 22.5%。1996 年以来,它保持在 17%到 20%之间。2000 年,高等教育和科学研究事业得到了 263.3 亿几内亚法郎拨款,占全国教育部门总预算的 25.8%。其中,34 亿法郎用于发放工资。

学生奖学金的数额从 1995 年占高等教育年度预算的 34%(World Bank, 1995a)增长到了当前占大学总经费的 55%,而教学和科研经费只占高等教育预算的 7.8%。私营部门参与资助高等教育的情况还有待调查。

几乎 76%的高等教育财政资金被研究机构用于支付工资。从双边和多边援助得到的研究项目经费,约占分配给研究机构总经费的 65%。1999 年年初开始,几内亚政府和世界银行开展资助工程,将研究经费实行竞争性分配。

尽管政府鼓励高等教育机构开展创收活动,但在这一方面还没有取得重大的进展。到 2000 年,高等教育机构只能自己解决约 10%的预算。

对高等教育和科学研究的资助缺少有效的管理。主要的问题是用于奖学金和工资发放的预算与分配给教学、研究,以及教师培训和发展的资金比例失调。此外,来自发展伙伴的外部资助主要集中在科纳克里大学。在这方面,科纳克里多科技术学院通过学生实习和所提供的服务与工商业界保持了紧密的联系。它的合作伙伴参与学位评估,界定课程目标,资助某些活动,以及创建实验室。在国际层次上,科纳克里多科技术学院使其与俄罗斯的合作实现了多样化,还与科特迪瓦、马里,德国(德国技术合作公司,Gesellschaft für Technische Zusammenarbeit, GTZ)等国家,以及联合国教科文组织、国际发展研究中心(IDRC)等国际组织建立了合作关系。

几内亚高等教育经费的问题是 1995 年国家扶持战略改革的中心。当时生均单位成本每学年约为 1420 美元。尽管成本相对很高,但是开设的专业却不实用,培养的学生只有一小部分合格。奖学金和工资占了政府补助的大头,造成高等教育的低效和不公,以及间接生产成本(overhead cost)过高。因此,国家扶持战略要求采取四项措施以平衡预算:

- 筹措私人资金(收取学费、开办夜校)。
- 将大学的服务设施承包给出价最高的竞标者(与私营餐饮公司就大学自助餐厅签订合同)。
- 减少奖学金的数量(控制奖学金获得者的人数)。
- 增加教学和管理人员的工作量(削减加班费,增加教学时数)(World Bank, 1995b; 见表 36.1)。

表 36.1 1996—1999 年几内亚高校教育机构的成本节省和资源使用情况 单位:千美元

计算方法	描述	1996	1997	1998	1999	总数
教师加班费	两年来减少 80%	86	173	173	173	605
使用合同教师	两年来减少 60%	65	130	130	130	455
临时工	两年来减少 30%	38	77	77	77	269
成本回收:夜校	每年增加 100 个学生	80	160	240	320	800
成本回收:普通班	每年增加 100 个学生	40	80	120	160	400
奖学金	每年下降 5%	195	381	557	724	1857
食堂	节省了 25%	500	500	500	500	2000
总计		1004	1501	1797	2084	6386

来源:世界银行,1995a。

除了平衡高等教育预算,国家扶持战略的策略中还有另一优先考虑的重要问题——重新分配从高等教育预算中节省下来的部分资金,用以资助小学和中学的扩张(World Bank, 1995b)。

入 学

高中学历是接受高等教育最起码的要求。高中毕业生还必须参加大学入学考试。入学考试成绩是录取学生的依据。大学升学的需求非常巨大,但却无法完全得到满足。每年参加入学考试的学生中仅有三分之一被大学录取。各院校 2000 年的入学人数见表 36.2。

表 36.2 2000 年几内亚各第三级教育机构学生入学情况

机构	入学人数
科纳克里大学	8000
康康大学	2400
法拉纳农学和兽医学院	1700
博凯矿业和地质学院	700
马尼赫师范学院	1200
总计	14000

高等教育学生的毕业率从 62%到 87%不等,各校不同。各校辍学率也不同,多科技术学院为 27%,医学院(School of Medicine)为 26%,博凯矿业和地质学院为 6%。在很多高校里,大多数学生完成课程后,要花六个月到两年的时间写高年级论文。

今天,几内亚 760 万人口中有 14000 名大学生。把这一数字放在地区范围内对照一下:塞内加尔 790 万居民中有 25000 名大学生,科特迪瓦 1370 万人口中有 60000 名大学生,而突尼斯 730 万居民中有 120000 名大学生。

尽管预算的削减和强制交纳学费对入学造成了冲击,但成本分担的想法似乎是改善非洲大学高等教育状况,实现可持续发展的最佳办法。巴利、塞拉西和库内特(Barry, Selassie and Konate)指出,尽管预算的负面影响挥之不去,收取学费不外乎是缓解政府预算压力的最佳途径。类似的举措很有可能使各专业之间的竞争加剧,使教学标准得到提高并增加报考人数(Barry et al., 2001)。

专业与学位

两所大学和三所学院开设了一系列课程,从经典的哲学和历史学,到当代的计算机科学,不一而足。

科纳克里大学

科纳克里大学下设 4 个学院和 1 所多科技术学院。4 个学院是:法律、经济和商业学院;人文与新闻学院;自然科学学院(物理、数学和生物学);医学、药剂学和牙医学院。科纳克里多科技术学院开设了土木工程的 3 个专业(建筑、水电技术以及桥梁与道路)、化学工程的 3 个专业(食品技术、有机物技术和无机物技术)、电机工程的 2 个专业(电能与电机),以及机械工程的 3 个专业(热力机械、汽车与卡车和筑路设备)。

两年的大学课程学习后,颁发大学普通学业文凭(Diplôme des Etudes Universitaires Générales, DEUG);经过三年的课程学习和训练,颁发高级技师文凭(Licence);完成四年的课程学习、实习和毕业论文,授予学士学位。大学还颁发环境研究、物理学,以及其他领域的硕士学位。医学博士的授予要有五年的学习,外加一年的实习和一年的论文写作。科纳克里多科技术学院的课程教学长达十个学期,划分为实验、课程作业、毕业设计、实习和实地参访等。

在一些院校里,人们越来越关注课程与就业市场之间的关联。因此,培养工商管理、新闻、旅游等就业市场所需领域专门人才的专业应运而生。科纳克里大学建立了一个部门以帮助毕业生进入就业市场,并进一步建立了就业跟踪记录。

康康大学

康康大学(University of Kankan)有两个学院:社会科学院和自然科学院。社会科学院开设有经济学、社会学、历史学和哲学专业,而自然科学院开设有数学、物理学和生物专业。康康大学颁发四年制的理学士学位。

博凯矿业和地质学院

博凯矿业和地质学院(Boké Institute of Mining and Geology)开设基础科学专业,如数学、物理学、化学、地质学、矿业学和管理学。毕业生获得工程学、矿业学或地质学学位。

法拉纳农学和兽医学院

法拉纳农学和兽医学院(Agronomy and Veterinary Institute of Faranah)开设农学、兽医学和农村经济学的研究生学位项目。

教育科学学院

教育科学学院(Institute of Education Science)不仅开设培养小学和高中教师的项目,还设有为学校管理人员准备的继续教育项目。学院颁发两类文凭:两年制的教育学证书和四年制的教育学文凭。

性别问题

大学里女生的比例很低。例如,2000 年多科技术学院约有 47 名学生,全部为男生。20 世纪 70 年代取得了一些进展,女生占到了学生总人数的 19.4%,1990 年初下滑到了不足 6%,2000 年又回升到了 10%。1995 年,高校女生约占入学总人数的 6%,而占总人口 76%的成人文盲中女性的比例高达 87%(World Bank, 1995b)。从公平的视角来看,在潜在的生源中,农村女生仅有 2%被高等院校录取,而城市女生有 20.8%被录取。

女性在教学人员中的比例更低。以康康大学为例,100 名教师中仅 2 名女教师。女教师仅占全职教师的 4%。在科纳克里大学,学校管理层的监督管理岗位上女性的比例为 25%,法律、经济及商业学院的比例为 30%,医学院为 15%,人文科学学院为 12%,自然科学学院为 6%,而在多科技术学院中女性的比例仅为 3%。

结 语

在以商业、金融、科学与技术的扩张为标志的日益全球化的经济中,几内亚与其他的非洲国家一样,除非做好准备应对挑战,否则就将面临被边缘化的威胁。与几内亚处境相同的国家,只有具备培养技术型劳动力的能力才能应对日益严重的边缘化趋势。为此,政府必须高度重视优先发展教育。

当前高等教育的目标在于确保现有教育项目的质量,扩大高校入学人数,解决高等教育中的性别公平问题,以及与私营部门建立牢固的联系。

在可以预见的将来,教学质量的改善将会得到重视,以增强大学毕业生的能力,减少失业。为实现这一目的,大学改进了课程,启动了研究生课程以更新教职员的知识和技能。出于同样的目的,还计划采用最新信息技术设备来组建新的图书馆网络。

要有效地履行职责,高等教育和科学研究部就应当对院校的能力进行重新评估,制定或修订国家政策,集中精力发展高等教育和研究。高教与科研部还应当采取适当的方法对教育和科研项目的活动产出进行评估。

扩大高等教育入学的一些策略正被加以考虑，比如开展远程教育，在国内一些地区创办社区学院，以及支持私立大学和学院的发展。

参考文献

Annuaire de l'Université de Conakry. 2000. *Editions universitaires*. Conakry: Université de Conkry.

Barry, A. T. S. Abebayehu, and K. Adama. 2011. "The Surge for Cost Sharing in Higher Education in Africa." CCGSE Newsletter 14, no. 1 (Spring). Center for Comparative and Global Studies in Education, SUNY-Buffalo.

Ministère de l'enseignement pré-universitaire. 1999. "Données statistiques enseignement primaire Années scolaires, 1998-1999." Unpublished report.

CITEF (Conférence Internationale des Formations d'Ingénieurs et Techniciens d'Expression Française). 2000. "Enseignenent supérieur technique francophone (Asie et Afrique): Guinee." Available online at: http://francophonie.w3sites.net/guinee.html

Oliver. R., and M. Crowder. 1981. *The Cambridge Encyclopedia of Africa*. London: Cambridge University Press.

Theobald. R., ed. 1960. *The New Nation of West Africa*. New York: H. W. Wilson Company.

World Bank. 1995a. "Good Practice Example of Least Cost Analysis: Guinea Higher Education Management Support Project." Report: SAR # 14895-GUI. World Bank document.

——. 1995b. "Staff Appraisal Report: Republic of Guinea-Higher Education Management Support Project." Report # 14895-GUI. World Bank document.

37 几内亚比绍

胡列塔・蒙德斯

引 言

几内亚比绍是一个面积约36125平方公里(13948平方英里),人口约120万的小国,坐落在非洲的西海岸,北部与塞内加尔相邻,东部与南部几内亚共和国一科纳克里接壤。在几内亚和佛得角非洲独立党(African Party for the Independence of Guinea-Bissau and Cape Verde, PAIGC)的领导下坚持了11年的斗争,1974年几内亚比绍终于从葡萄牙手中赢得了独立。

几内亚比绍是世界上最贫穷的国家之一。人类发展指数(IDH)为0.343,在174个国家中位列168名(IDH/UNDP, 2000),而撒哈拉以南非洲国家的平均指数为0.456。人均国民生产总值(GNP)从20世纪80年代的240美元,降到了2000年的180美元。人类发展指数和联合国开发计划的报告显示,总人口的49%为贫困人口,而29%的人口则是绝对贫穷人口。几内亚比绍整体的文盲率为80%,女性则高达90%。经济上,该国是由非洲法语国家组成的西非经济与货币联盟(West Africa Economic and Monetary Union, UEMOA)的成员。货币为非洲金融共同体(CFA)法郎。

1974—1999年,几内亚比绍由几内亚和佛得角非洲独立党掌权。1994年举行了首次多党民主大选。1998年6月,几内亚比绍开始了持续11个月的冲突,国家陷入严重的动荡,最后以若昂・贝尔纳多・维埃拉(Joao Bernardo Vieira)总统被推翻而告终。全国团结政府(Government of National Unity)成立,准备向1999年11月举行的新一轮民主选举过渡。此次大选使社会革新党(PRS)掌权,昆巴・亚拉(Koumba Yala Kobde Nhanca)当选总统。

历史背景及沿革

葡萄牙殖民统治时期,整个学校体系都是为"选中的少数人"服务的。教育对象仅限于殖民主及其追随者的子女。中等教育仅限于在主要的大城市,而中学后教育根本就不存在。殖民地的官方语言是葡萄牙语,它过去是、现在也依然是教学语言。能够用葡萄牙语读写仍然是少数人保留的特权;按照当前的估算,只有10%的人,其葡萄牙文的读写能力达到可以应用的水平。

发展的需要(科学与技术进步以及重新强调国家认同和团结的需要)使高等教育的规划与发展成为几内亚比绍所面临的重大挑战之一。

1979年,司法部创办了一所法学院,培养司法管理的专门人才。这是几内亚比绍创立中学后教育系统的首次尝试。

几年后,几内亚比绍建立了一所教育学院,使国家摆脱了依赖葡萄牙培养中学教师的局面。这种努力持续了多年,各国家机关创办了培训中心以满足各自的需求,并且按照各自的想法来经营。

几内亚比绍的高等教育组织不善,也未进行统筹管理。教育方面的举措与战略规划脱节。该国没有人力资源政策,各层次的教育缺乏连贯性与协调性。几内亚比绍的高等教育不能被称为传统意义上的"系统"(system)。这5所高等教育中心之间,或是在这些中心和学校系统之间并不存在着互补关系。几内亚比绍的高等教育服务对象是分散在5个中心里的约1000名学生(见表37.1)。

表 37.1　1997 年几内亚比绍高等教育入学情况

学校	数量
医学	64
法律	300
教育	400
护理	120
运动	84

来源：INDE，1997.

平均而言，授予副学士层次的学位需要学习三年（就教育学院、护理学院、体育学院而言）。法学院学生学习五年，取得学士学位。算上实习医师期，医学院学生需要七年时间来获得普通医学学位（Medicina geral），相当于医学博士（M. D.）。

迄今为止，所有的研究生学习都必须在国外进行，因为几内亚比绍没有在远程教育方面做任何的安排，比如开办虚拟大学。古巴、几内亚比绍和葡萄牙三国签署了协议，相互自动承认几内亚比绍法学院和医学院及古巴和葡萄牙相应学院的学位。

20 世纪 80 年代中期，农业部意识到农业是最重要的经济部门，于是就决定创办农学院。即便现在，农业为该国的 GNP 贡献了 61.3％，雇用了超过 70％的劳动力。在瑞典政府的支持下，政府在布巴建立了奥洛夫・帕尔梅中心（Olaf Palme Center）。尽管该中心维持的时间并不长，但它留下了一些重要的相关组织，包括农业开发研究中心（Research Center for Agricultural Development，INPA）和水产研究中心（Research Center for Fisheries，CIPA）。幸运的是这些研究机构得以幸存，并且在提供数据和信息方面发挥了重要作用，因为这些数据和信息对于了解该部门至关重要。

1999 年，全国团结政府发布了一项法令，将所有与教育、培训相关的现有的中心和一切活动置于教育部的协调之下。这在中学后教育的演化中是具有里程碑意义的决定，我希望这一举动能够为高等教育的发展带来更为有效和高效率的计划。事实上，在同一年，位于比绍的国家研究院（INEP）成立了创办国家大学的筹划指导委员会。国家研究院是国内乃至国际上知名的卓越中心（center of excellence）。国家研究院建立于 1984 年，拥有全国唯一的公共图书馆。

院校能力

几内亚比绍两所最重要的高校，即法学院和医学院，在财政上几乎完全依赖国外援助，这分别通过与葡萄牙和古巴的双边合作来实现。人员也在很大程度上依赖外国技术专家。法学院大多数的高级教职员是葡萄牙人。同样，所有的高级医学教职员都来自古巴。护理学院是个例外，它雇用的大多是本国人员。依赖外国专家有时候会很流行，这是因为几内亚比绍没有从散居国外的几内亚比绍人中吸引本国专家的替代项目或计划。很少有获得了博士学位的毕业生留在国内，而少数确实留下来的人则薪酬过低，工作条件也很糟糕。

几内亚比绍在财政和技术上依赖他国，这不是没有问题。这些问题就包括了整个学年中系统性的拖延。这在医学院尤为严重，在这里，有时候因为缺少教师或是校历上自相矛盾的安排而会取消整个学年。此外，甚至还有一些外国教师并不足以胜任教职。

课程开发

就其课程而言，几内亚比绍通常是不作重大改变地借用或照抄葡萄牙和古巴母体院校的国际标准。不过，发展趋势是转向在国内开发课程。例如，护理学院和教育学院的课程就是部分借助古巴和葡萄牙的技术援助，在国家层面上开发出来的。但就总体而言，高等院校并未组织好或做好充分准备以设计或计划自己的课程。这就意味着在课程与该国的劳动力需求，或是与几内亚比绍的惯常法则以及惯例之间通常会存在矛盾。

另一问题与教学语言有关。只有 10％的人能够使用葡萄牙语，因此许多学生在进入高校时都有语言障碍。这是学生学习成绩不佳的一个背后的原因，在初等学校里尤其如此。法学院和医学院都额外增加了一整年的核心课程以解决语言和其他方面不足的问题。

学生的政治激进活动

几内亚比绍说不上有学生政治激进活动。由于高等院校缺乏自我认同,继之而来的就是学生们并不把他们自己视作一个阶层。缺乏自我意识使得学生成为各政党能够轻易进行政治操纵的对象。学生运动通常与迟发奖学金有关,但这仅仅影响到了少数人,因为大多数学生都是自费上学的。

人才流失

人才流失是几内亚比绍面临的一大紧迫的问题。因为国内经济、政治气候不稳定,一些学生完成学业后选择了留在国外而不是回到几内亚比绍。一个相关的问题是,有经验的专业人员,尤其是文职部门的人才离开本国。几内亚比绍进行能力建设的努力所面临的最大挑战,就是要留住有技能的劳动力。

几内亚比绍有限的就业前景,工作的高度不安全感,都与政府或其组成部分的频繁变动,以及工作生活的政治化有关。甚至管理层的人事安排往往更多的是凭与当权政党裙带关系而不是看能力或资历。1998 年 6 月的冲突使局势更加恶化。冲突迫使大量民众流离失所,逃往邻国或欧洲国家,沦为难民。难民中有许多专门人才都决定留在国外工作。迄今为止,尚无研究可以确切地估算出人才流失或是专家逃离几内亚比绍的严重程度。不过,很明显的一点是,整个国家,尤其是公共服务部门严重缺乏合格的工作人员。这一状况近几年来进一步恶化。

失　业

失业影响着相当数量的 15～39 岁年龄组的中学后教育毕业生。这一群体代表了总人口的 34%,以及 73.1%的适龄劳动力。这一年龄段的大多数人所接受的学术或技术训练非常有限。他们的失业率约为 12%。

越来越多的学生在仅有的几所职业技术学校或其他学术中心完成了十一年级的高中学习之后却找不到工作,试图加入劳动大军的学生人数每年都在增长。奖学金非常稀缺,尤其是东方集团国家(Eastern Bloc)的解体切断了几内亚比绍奖学金经费的主要来源。这种状况造成了许多年轻人游荡在街头,尤其是在几内亚比绍的主要城镇里,这种现象更为严重,并由此引起了该年龄组犯罪率的增长。

法学院毕业生受失业的打击最大,这与公共服务部门集中在首都比绍有关。比绍律师的就业市场已经人满为患,而司法人员在国内其他地区又寥寥无几。这种状况在不久的将来也许会得到改变,因为政府正在作出分散公共管理,尤其是司法服务与司法管理的重大努力。相比之下,比如教育学院和护理学院的毕业生很快就能找到工作。这并不是因为有更诱人的薪水或是更好的工作条件,而在于教育、卫生服务及相关组织得到了更多的发展,且更为分散。

研　究

科学研究尚未成为高等院校的一项主要活动。由于科研成果传播不够,所以一些政府部门的研究计划未产生重大影响。

社会科学方面的研究活动组织性更强,且主要由国家研究院来实施。一些主题研究类的科研活动,如关于课程开发、教学策略以及课本的制作的研究项目,也由国家教育与发展中心(National Institute for Education and Development, INDE)来进行。

国家研究院是唯一具备适当的组织、结构以从事出版的科研机构。每六个月,国家研究院出版一期几内亚研究杂志 *Soronda*,但是因为财政上的制约,杂志很少能够按时出版。除了 *Soronda*,国家研究院还在卡库・马尔特尔和拉拉・奇玛版本(Kacu Martel and Lala Quema Editions)中出版了独立作者撰写的爱情故事和小说。卡库・马尔特尔在促进科研与民族文学的发展中发挥了作用。

尽管作出了这些努力,科研成果对培训机构或政策制定的影响很小。缺少对科研的响应也对科研成果的传播与应用造成了负面的影响。形成鲜明对照的是,国际组织是国家研究院的固定客户。这些国际组织经常要求国家研究院为其提供服务,并为此支付费用。其科研成果常常被结合到几内亚比绍的开发工程与计划中。

当前与未来的挑战

在几内亚比绍国家教育改革框架内，1999 年 3 月 12 日的 6/99 号法令建立了阿米尔卡卡布拉尔大学(University of Amilcar Cabral)。几内亚比绍政府与里斯本的卢索佛纳人文与技术大学(Universidade Lusofona de Humanidade e Tecnologia)签订了协议，由其向筹划指导委员会提供技术支持以帮助建立大学。2000 年 5 月 31 日，委员会向政府提交了建议草案。该文件目前正在进行修订，2001 年 2 月将会提交定稿。

政府当前的重点似乎是要对现有的培训机构进行重组，并对某些培训中心予以加强，将其升格为完全的高等院校。另一重点是要开发与国家发展需求相关领域的课程与计划。此外，已经组建了一个委员会来制定政策，使国家能够按照国内外的发展和需求来规划其人力资源开发。然而，人力资源开发的国家计划和国家人才培训政策的缺失，使几内亚比绍迫切需要制定出策略，鼓励专业培训中心调整其课程以适应劳动力市场和个人需求。这需要有关各方真正开展合作。

几内亚比绍迫切需要在某个部门的职责范围内建立起高等教育体系，确保与中学后教育培训相关的一切活动之间的协调，促进国家在培训、科学及应用研究方面的能力建设。

大学应当为创造和保持对国家发展至关重要的东西而奋斗。作为知识中心，大学应该通过与其他公立、私立教育机构以及与市民社会合作，在改善社会各阶层的教育质量方面发挥重要的作用。短期来看，大学应该从满足社会需求和期望这样一个愿景出发，推动教育系统的重建。大学应该直接对国家发展战略的成败负责。

结　语

在目前的发展阶段，创办一所大学以应对当前和未来的挑战，这对几内亚比绍至关重要。显然，在当今的时代里，一个国家不能一直没有自己的高等教育体系。

应对优先发展事项进行重新调整。如果这个国家要应对由当前世界秩序所带来的国内、地区和国际性挑战，几内亚比绍就必须要重视这一对国家发展至关重要的部门。不过，如果离开了政府、院校和发展伙伴能为阿米尔卡卡布拉尔大学的创办与发展所提供的必要帮助，那么几内亚比绍就将无法完成这些使命。

参考文献

Análise do Ensino Básico. 1994. (1991 a 1997/98) e Previsão para horizonte 2000 — Apoio a Educação Firkidja—Men—Bissau—Maio.

Anuários Estatisticos de 1995/96 a 1998/99 Gabinete de Estrudo e Planificação.

Declaração de Politica Educativa. 1998. Men—Maio.

Documento de Estratégia Nacional de Redução de Pobreza. 1997.

Estudos Prospectivos a Longo Prazo. 1997. NLTPS—Guinea-Bissau 2025 " Djitu TEN. " INEP/MIN. PLANO.

INDE (Institut national pour le développement d'éducation). 1997. Bissau, Guinea Bissau.

Note sur la situation socio-économique en Guinea-Bissau CNUD. 1999. Septembre.

Plano de Acção. 2000. 2000-2001 Men—Julbo.

Plano Nacional de Desenvolvimento. 1998-2002.

Plano Quadro de Desenvolvimenti de Educação. 1993/94.

Relatório Nacional. 1997. De Desenvolvinenti Humano Guinea-Bissau.

United Nations Development Programme. 2000. Human Development Report 2000. New York: United Nations Development Programme.

38 肯尼亚

查尔斯·恩格美

引　言

高等教育不仅事关国家未来的发展潜力，还影响着国家当前的现实。区别发达国家与诸如肯尼亚这样的发展中国家的是专长和技术，所以对高等教育在强化充足而合适的培训方面所具有的重要性，我们再怎么强调也不为过。不幸的是，与其他非洲国家一样，肯尼亚的高等教育处于严重的危机之中。对相关数据的研究表明，用于高等教育的公共开支在减少，教师状况在恶化，大学里人浮于事，教育基础设施、设备破败，大学毕业生失业率日渐攀升，有经验有能力的讲师大批离去，成千上万寻求高等教育的年轻人得不到足够的教育机会，学术缺乏自由，大学毕业生质量在下滑。

如果高等学府能尽早地发现这些征兆并着手重建计划，引入扩大收入基础的机制，启动防止高校陷入当前困境的坚实而有效的管理系统，从而实施重组计划，那么这些院校本可以将这种不利状况最小化。力图拯救大学的一些策略与改革尽管姗姗来迟，但毕竟已经付诸实施。私立大学部门也对高等教育危机作出了回应，提供了真正的另一种选择。私立教育现在已经是肯尼亚高等教育的重要组成部分。本章从总体上讨论中学后教育机构规模、范围与性质，但主要侧重大学教育。

肯尼亚是非洲东海岸的一个国家，拥有约2870万人口(1450万女性和1420万男性)。该国人口1979年为1530万，到1989年增长到2140万，年增长率为2.9%。将近210万人生活在首都内罗毕(Republic of Kenya，2000)。该国由40多个不同的民族组成，各民族的人数从数千到上万不等。4个最大的民族是中央省的基库尤族(Kikuyu)，西部省的卢希亚族(Luhya)，裂谷省的卡伦金族(Kalenjin)和尼安萨省的卢奥族(Luo)。这四大族群再加上那些小民族构成了总人口的约98%。剩下的2%人口则由印度、欧洲和阿拉伯的移民团体所构成。移民社区的大多数儿童在赴海外大学深造之前都在国内的几所国际小学和中学就读。尽管肯尼亚是个多民族国家，广泛使用的斯瓦希里语是该国的通用语言，它与英语同为肯尼亚教育系统的教学语言和国家的官方语言。

农业是肯尼亚经济的支柱。它贡献了国内生产总值的约三分之一，占出口收入的约70%(不包括炼油)，满足了国内大多数的粮食需求，也为以农业资源为基础的工业部门提供了相当比例的原材料。由于气候条件不佳、腐败、管理不善和茶叶与咖啡(肯尼亚最主要的出口创汇产品)的国际市场价格不高，造成整个20世纪90年代肯尼亚农业部门发展缓慢。例如1999年该部门的增长率仅为1.3%，低于处于低谷的1998年1.5%的纪录。因而，拥有超过60%可耕地(约为5700万公顷国土总面积的19%)的280万家庭都很贫穷(Republic of Kenya，2000)。剩下的81%是干旱、半干旱土地，居住在这些土地上的牧民靠畜牧为生，需要频繁迁移，寻找牧场和水。因为牲畜频繁死于干旱或是被盗，大多数牧民比农民还要贫困。总的来说，52%的肯尼亚人生活在贫困线以下。肯尼亚年人均收入为280美元，农村和城市的收入差异很大：农村和城市肯尼亚人平均月收入分别为13美元和29美元。

牧民子女在各层次教育(初等、中等、中学后教育)中的就读率都很低。牧民女孩的状况一般比男孩的状况还要糟糕。相比之下，来自富饶农业区农民家庭儿童之间的不平等性要少一些，这些地区已经在小学层次上实现了性别平等。游牧人群子女受教育机会少的问题有其历史原因。像非洲其他国家那样，传教士的工作与肯尼亚学校的发展不无关系，他们关注的是富饶的农业地区。因而，半干旱、干旱地区牧民群体的入学就落伍了。1963 年独立时，东北省的博拉纳族（Borana）、仁第勒族（Rendille）和索马里族（Somali）牧民的小学入学率仅为 2%。裂谷省的土坎纳族（Turkanna）、散布鲁族（Samburu）、马赛伊族（Maasai）和各支卡伦金族（Kalenjin）牧民的入学率为 39%。这些牧民群体的就学率低于 58%的全国平均水平，更是远远低于中部和西部省那些教育上占有优势的农业地区的水平，那些地区的就学率分别为 94%和 71%（Republic of Kenya, 1964a）。

独立后，肯尼亚在提供全民教育方面取得了显著的进步。小学的毛入学率当前约为 87.1%，国民的识字程度也有了相当的提高。女性的识字率从 1960 年的 10%上升到了 1998 年的 60%，而同一时期男性的识字率则从 30%上升到了 82%（Republic of Kenya, 1998）。尽管取得了显著的进步，然而小学的毕业率却还不到 50%。通常在 43%～46%之间徘徊。这说明重读和中途退学有着相当的比例。殖民时代处于不利地位的干旱、半干旱地区的初等教育年龄段的入学率要比全国平均水平低 50%～60%。这些地区女性的入学比例也相对较低。1989—1999 年间，全国中学层次的毛入学率在 30%～18%之间摇摆。如此少的入学人数反映了小学到中学的低升学率，当前该比率为 46%。尽管中学里的生师比仅为 17∶1，中学层次容纳能力的不足意味着学校无法吸纳高达 50%完成了初等教育的学生。

高等教育的历史回顾

肯尼亚高等教育的基础是殖民时期在乌干达的麦克雷雷（Makerere）奠定的。1937 年，沃尔委员会（de la Warr Commission）建议，作为技术学院创办于 1922 年的麦克雷雷学院（Makerere College）面向东部非洲人发放文凭。1943 年，阿斯奎斯委员会（Asquith Commission）的高等教育报告发布以后，麦克雷雷学院在 1949 年成为伦敦大学的一所大学学院。

肯尼亚最早的高等教育机构是皇家东非技术学院（Royal Technical College of East Africa）。该学院于 1956 年在内罗毕开办，提供由英国颁发的国家高等教育证书（higher national certificate）课程；通过全日制学习培养被录取的学生获取大学工程学学位，该学院还开设麦克雷雷学院无法提供的商业课程。从它招收第一批学生开始，就觉得东非的高等教育模式需要得到专家的建议。这就导致了在 1958 年委派了一个专门的工作组。该工作组建议，将皇家技术学院转变为东非的第二所国际性大学学院。1961 年，皇家技术学院更名为皇家内罗毕学院（Royal College of Nairobi），并转变成了一所大学学院。它提供伦敦大学的文学士、普通理学士以及工程学理学士学位。1963 年独立后，皇家学院变成了内罗毕大学学院，并与麦克雷雷和达累斯萨拉姆学院一道组成了东非联邦大学（Federal University of East Africa）。1970 年，东非联邦大学解散后，肯尼亚、乌干达和坦桑尼亚建立了各自国家的大学。1970 年，肯尼亚根据一项议会法案建立了内罗毕大学（University of Nairobi）。1972 年，内罗毕郊区的一所教师培训机构，即肯雅塔学院（Kenyatta College），成为内罗毕大学的下属学院。从那以后，肯尼亚政府建立了另外 5 所公立大学。裂谷省埃尔多雷特（Eldoret）的莫伊大学（Moi University）是按照 1981 年总统工作小组的建议而建立起来的，而肯雅塔大学学院（Kenyatta University College）（1985 年升格为完全的大学）、埃格顿大学（Egerton University）（1987）、乔莫·肯雅塔农业技术大学（Jomo Kenyatta University of Agriculture and Technology）（JKUAT, 1994）和马西诺大学（Maseno University）（2000）则是依据总统法令开办的。

中学后教育机构规模、范围与性质概览

殖民时期高等教育发展步伐慢得让人沮丧，不过，独立后高等教育取得了巨大的发展。肯尼亚拥有 6 所公立大学、13 所私立大学，入学规模达到约 5 万人。大约 80%的学生被公立院校录取，20%的大学生在私立大学就读。13 所私立大学中，只有 5 所得到了正式认可，它们是晨星大学（Daystar University）、美国国际大学（非洲）（United States International University-Africa,

USIU-A)、斯科特神学院(Scott Theological College)、东非天主教大学(Catholic University of Eastern Africa, CUEA)以及在巴拉顿(Baraton)的东非大学(University of Eastern Africa)。这些高校除了斯科特神学院外,都开设了研究生课程。另外8所私立大学大多是小规模的宗教教育机构,由西方(主要是美国)更大一些的大学来授予学位:内罗毕国际神学院(Nairobi International School of Theology, NIST)、非洲拿撒勒大学(Africa Nazarene University)、位于凯里乔(Kericho)的肯尼亚高地圣经学院(Kenya Highlands Bible College, KHBC)、泛非基督教学院(Pan African Christian College, PAC)、东非神学院(East Africa School of Theology, EAST)、内罗毕福音神学研究生院(Nairobi Evangelical Graduate School of Theology, NEGST)、在梅鲁(Meru)的卫理公会大学(Methodist University),以及圣保罗联合神学院(St. Paul's United Theological College)。表38.1显示了公立和私立大学1996—1997学年到1999—2000学年本科在校生的情况。

表38.1 1996—1997学年至1999—2000学年肯尼亚公立和私立大学本科学生入学情况

大学	1996—1997		1997—1998		1998—1999		1999—2000	
	男生	女生	男生	女生	男生	女生	男生	女生
公立	24624	10228	27586	10940	28231	12339	28502	12773
批准的私立	2534	2676	1971	2053	2942	3090	3217	3785
其他私立	558	196	671	275	667	292	746	377
总计	27716	13100	30228	13268	13268	15721	32465	16935

来源:2000年教育、科学与技术部统计处。

尽管在规模上有了大规模的扩张,性别和地域的不平衡影响着并将继续影响肯尼亚高等教育的发展,正如在非洲其他国家所发生的那样。女性的入学比例随着教育层次的升高而降低。因此,女生只占公立大学总入学人数的约30%。表38.2显示,女生在工程和技术类专业课程计划中的人数更少。这一状况在经认证的私立大学刚好相反。性别平等在所有得到认证的私立大学里是显而易见的。在私立大学里,1999—2000学年,女生占到了入学总人数的54.5%。大部分女生被录取在私立大学,这是因为她们在肯尼亚中学毕业证书考试(Kenya Certificate of Secondary Education)中表现不佳,无法确保被公立大学录取;而且还因为私立大学开设的课程主要涉及社会科学、教育、艺术、工商管理、会计和计算机科学等领域。

表38.2 1997—1998学年肯尼亚公立大学工程和基于技术的学位项目本科生录取情况

	男生		女生		总数
	数量	占比	数量	占比	
农业	44	88.0	6	12.0	50
土木工程	86	93.5	6	6.5	92
机械工程	72	96.0	3	4.0	75
电气工程	51	87.9	7	12.1	58
计算机科学	50	78.1	14	21.9	64
总计	303	89.4	36	10.6	339

来源:2000年内罗毕大学联合招生委员会档案。

与男同学一样,这其中的大多数女生都来自富饶的农业区,这些地区历史上就受到西方教育的青睐。高等院校的录取是根据在肯尼亚中学毕业证书考试(KCSE)中的成绩来决定的。这是依照8—4—4学制来安排的:8年初等教育,4年中等教育,4年大学教育。大学录取的最低要求是肯尼亚中学毕业证书考试中平均成绩为C+。教育、科学和技术部的统计显示,每年平均有15万学生参加肯尼亚中学毕业证书考试。公立大学录取约1万人;大约有3000名学生被私立大学招收。私立大学和文凭授予机构招收那些不能确保被公立大学系统录取的学生。20世纪90年代后期，每年大约有5000名学生赴国外大学深造，大多依靠自费，东道国为美国、印度、英国、加拿大、澳大利亚、俄罗斯、南非、德国和法国等。

如果有足够的办学设施，留学海外的学生，尤其是那些已经达到了最低录取标准的学生，原本是可以留在本国上大学的。朝这一方向的发展已启动。一些公立大学与享有盛誉的中级学院(middle-level college)达成了协议，由其在公立大学的授权下开设课程。乔莫·肯雅塔农业技术大学是这方面的先驱。它与多家教育机构签署了数份合作协议，包括由肯尼亚专业学院(Kenya School of Professional Studies)、恩杨查瓦基督复临学院(Nyanchwa Adventist College)、凯伦合作学院(Karen Cooperatvie College)和姆松噶里(Msongari)的洛雷托学院(Loreto College)来提供乔莫·肯雅塔农业技术大学的信息技术和管理方面的证书、文凭和学位。此外，一些为外部学生提供教育，颁发国外大学(主要是英国和美国)文凭和学位的中级教育机构，正通过与南非的大学开展合作来拓展这类服务。肯尼亚会计学院(Kenya College of Accountancy)正与南非大学开展合作，由其作为学习中心为那些想获得南非大学学位的学生提供服务。

中级学院是肯尼亚教育系统中一个介于中等和大学教育层次之间的教育部门，共吸纳了超过6万名学生。中级学院提供各种授予证书、文凭和高级文凭的中学后职业课程。这一类机构开设多领域的培训课程，包括教学、农学、医疗、水处理与管理、民用航空、银行、公共饮食、计算机科学、商业学和旅游等。这些中级学院由政府和私营部门共有。1990年，肯尼亚约有160所中级学院(Commission for Higher Education, 1990)，但到了2000年，该国估计已有超过250所此类学院。

尽管就中级学院的数量而言，肯尼亚似乎已经具备了高度发展的院校基础，然而大多数中级学院都缺少资源来有效地发挥自身的作用。就那些依赖设备的技术培训和其他类型的培训而言，已经有许多人抱怨，因为缺少用于实训的工具、设备和材料，理论说教("说教加粉笔"的办法)已经付出了缺少实践技能训练的代价(Republic of Kenya, 1999)。私营部门经常抱怨，大多数中级学院的课程与市场需求脱节。尽管中级学院构成了该国第三级教育的一个重要层次，但在总体上它们没有得到很好的协调而被忽视。为这些中级学院制定政策的高等教育委员会(Commission for Higher Education)对造成这些院校脱离现代就业市场负有责任，因为这些院校没能为其所开设的课程提供质量保障。

行政管理结构

肯尼亚所有的公立大学都由作为名誉校长(chancellor)的总统来领导。总统任命校长(vice-chancellor)和大学下属学院的院长(principal)。接受任命的人忠诚于任命其担任该职位的国家元首。因为采用的是这种任命的方式(外部强加)，校长得不到校内同僚的尊重。总统还提名大多数的大学理事会(university council)成员。该理事会由学术人员、学生、教育部长、教育部和财政部的常务秘书组成。大学理事会负责制定政策，组织院系，批准大学的人事任命。大学评议会对大学的学术事务委员会和财政及行政管理委员会负责。评议会由校长主持，由系主任任成员，这些人都有可能成为副校长。评议会之下，由院务会和各系监督教学，管理考试。除了院长，在大学理事会中的教师和学生代表，其他所有的办公室人员都是任命的。

近来建立管理委员会(management board)以协助校长经营公立大学。这造成了大学管理结构中的交叉、重复和职责不明确。在一些大学里，管理委员会的职责和组成是由学校的章程规定的；而在另一些大学里，管理委员会并不受规章的约束，而是由校长任命的，用来批准关于大学管理的个人决定。大多数大学的管理委员会都承担评议会在大学管理方面的职责和权力(Sifuna, 1998)。

理事会通过由理事会不同成员主持的委员会来处理非学术性事务(包括招标、房屋、规章、教师纪律、学生纪律、教师任命，以及荣誉学位的授予)。这些委员会的职责由理事会确定。

尽管大学理事会应该协助大学当局者经营大学，但是大多数有关任命、晋升以及签署合约的事务都是由校长和院长一手操办，而不走相应的程序。权力和权威集中在校长手中的集权式大学治理体制造成了管理不善和滥用公共职权的问题。但另一方面,委员会制的管理又往往会滞缓决策的进程。

高等教育的当前趋势与模式转变

在这一部分里,我将论述大学教育的财政和经费类型,公立大学的师资队伍,创收活动以及私立大学。

大学教育的财政与拨款模式

成本分担的源起

直到20世纪70年代早期,肯尼亚的大学教育都是免费的。全部成本都由政府承担。70年代中期,本科生获得了可以资助其学业的政府贷款,这包括了学费、膳宿、生活费和书费。这些贷款的回收状况很糟糕,因而,最初想建立可以使更多学生受益的循环基金的想法受挫。

1991—1992学年,政府引入了成本分担计划,要求学生支付80美元(6000肯尼亚先令)的直接费用,同时提供每年约280美元(21000肯尼亚先令)的新型学生贷款。所有学生,不论经济状况如何都可以申请此项贷款。政府还引进了奖学金制度,帮助那些无力支付直接费用的学生。通过这一制度,贫困生可以得到全额或部分额度的奖学金。公立大学的学生行动起来与政府和大学当局摊牌,要求维持原先大学教育的财政资助体制。政府则以关闭这些教育机构作为回应。1995年,大学财政制度得到了修订。直接费用从每生每年80美元增长到107美元,总费用则达到667美元。学生贷款也相应增加到560美元。更为重要的是,贷款不再对全体学生开放,而要进行收入测算。除了学费,这些变化还将食宿的开支从政府身上转移到了家长和学生身上。基于收入测算的贷款制度所遭遇的最严重的挑战在于如何界定贫困的申请者。此种制度即便在工业化国家都很难开展,尽管在这些国家里大多数人每年都在税收部门有收入信息的备案。这项任务在发展中国家的开展状况让人沮丧,因为在这些国家里,许多家庭,即便是经济状况不错的家庭,都会申请贷款和奖学金,采用半自给的方式。这给查证收入和财产数据带来极大的困难。由所有人出钱但只能由少数人享受的高等教育体制造成了很消极的财政影响(Assié-Lumumba, 1994)。

单位成本制度

当前肯尼亚对公立大学资助的主要依据是单位成本。单位成本是指大学每年花费在每个学位项目中的生均费用。当前1600美元的单位成本包括了1147美元的学费和453美元的食宿及其他开支。政府拨给每所大学的经费为学生总数乘以933美元,933美元是政府每年的生均拨款。目前的单位成本制度是1995年采用1991—1992学年的大学账目审计数据计算出来的,现作为大学拨款的依据已不合时宜。这一方式未考虑到不同学位项目的成本差异。它实际上导致了政府在大学资助上的不公平。与主要开设文科课程的大学相比,那些提供较多科学技术课程的大学处于不利地位,因为所有课程所采用的单位成本是相同的,而实际上后者比前者的开销更大。

此外,培养成本最低的学位学生需要2427美元,而成本最高的则需要6207美元。因而,当前所有的公立大学都经费不足。资金不足使公立大学很难提供高质量的教育,足额发放工资,提供福利,分担退休金,履行其他合同上载明的义务,还造成了明显的人才流失。困扰肯尼亚公立大学财政危机的严重程度,从表38.3显示的长期财政赤字中可见一斑。1994—1995学年短暂的回落,阻挡不了赤字的持续扩大,因为基础性的服务必须得以维持。

表38.3 肯尼亚公立大学经常性赤字累计情况

年份	赤字额(肯尼亚先令)	赤字额(美元)
1991	222705554	2969407
1992	310858544	4144781
1993	216326145	2884348
1994	147715640	1969542
1995	135313271	1804177
1996	503280783	6710410

来源:2000年教育、科学与技术部统计处。

在计算单位成本的拨款制度中,最严重的疏

漏是研究生和食宿成本。在计算单位成本时,研究生并未被考虑在内。因此,当前政府没有直接计算研究生的培养成本。然而政策背景却是要扩大研究生入学,使之达到大学入学总人数的至少10%,并藉此增加研究产出。因为单位成本的界定是大学为每个学生花在学位项目上的资金数额,所以它并不包括食宿费用,也不包括花在学生身上的一些其他杂费。在计算可行的单位成本并以此作为肯尼亚对大学教育公共拨款的基础时,应该将上述重要问题考虑在内。

公立大学的师资队伍

拥有技能熟练的劳动力是任何组织保证生产力的关键要素。公立大学有两类人员:学术人员和辅助人员。

学生与学术和辅助人员保持适当比例,对评价任何一所大学的资源利用情况都是最基本的要求。该比例应该有利于保证大学学术人员能够有足够的与学生接触的时间。这是提高教育质量的一种手段。同样,大学也应该有足够的辅助人员来为教师和学生提供必要的辅助性服务。表38.4包含了肯尼亚所有公立大学教职员对学生的比例数据,它显示出人员完全过剩。

辅助人员对学生的比例大约是其他大学的两倍。用切合实际的1∶6的比例来衡量,内罗毕大学多雇用了2517名辅助人员。当前学术机构依据的是1994年高等教育委员会(CHE)制定的学术人员对学生的比例计算出来的全日制学生当量(Full-Time Student Equivalents, FTSE)。公立大学采用的师资配备比率低于其他国家采用的类似比例。考察这些院校师生比的情况让人不知所措。如果采用英联邦国家大学的平均比例1∶18来衡量,那么内罗毕大学有739名学术人员过剩(University of Nairobi, 1999)。内罗毕大学冗员带来的紧张局面在肯尼亚其他公立大学同样存在。

表38.4 1994—1997年肯尼亚公立大学师生比例情况

大学	学术人员与学生的比例			辅助职员与学生的比例		
	1994—1995	1995—1996	1996—1997	1994—1995	1995—1996	1996—1997
内罗毕大学	1∶9	1∶9	1∶9	1∶3	1∶3	1∶3
乔莫·肯雅塔农业技术大学	1∶9	1∶9	1∶9	1∶3	1∶3	1∶3
莫伊大学	1∶12	1∶6	1∶6	1∶4	1∶3	1∶3
埃格顿大学	1∶14	1∶14	1∶14	1∶4	1∶3	1∶3
肯雅塔大学	1∶16	1∶14	1∶14	1∶4	1∶5	1∶5
马斯内大学	1∶18	1∶12	1∶12	1∶3	1∶3	1∶3
平均	1∶13	1∶12	1∶12	1∶3	1∶3	1∶3

来源:Commission for Higher Education, 2000.

肯尼亚的公立大学再也无法承受人员过多和低产出所造成的负担和效率低下。应对这一挑战,需要大学确定恰当的员工需求,提高留任人员的待遇,此举能够削减不必要的人事开支,同时还能激励并留住有能力的人员。

创收活动

肯尼亚的公立大学当前面临着严重的财政危机,其特点是来自政府的收入缩水,人员冗余,债务与赤字攀升,替代经费来源有限,学生收费手段低效,全成本回收单位回报率低,筹款不力,以及采用有缺陷的单位成本作为预算分配的依据。面对恶化的财政环境,公立大学利用创收活动来弥补不足。这些活动主要是利用大学的设施和专家来扩大自费生入学规模,开办商业企业和组织咨询服务。

通过引入平行和外部学位项目,实现大学教育的私有化和扩大自费生招生是最为常见的两个办法。平行学位项目招收达到最低入学标准

(平均C+以上)的学生,但通常比普通项目中享受政府资助的学生的成绩等次要低。大多数热门领域,比如医疗、药剂、法学、建筑学和工程学,普通生的入学标准都要求平均成绩达到A-,而平行学位项目招收的学生成绩较低。结果,这些项目招致了公众和普通学生的批评,他们坚持认为这些项目本质上就是挣钱的项目,只要申请者能承担费用就应降低标准。尽管面对着这些批评,平行学位项目使公立大学变得更加富有吸引力,这是因为入学标准灵活,学生可以选择想要学习的项目,也可以更快地完成学业。此外,这类项目也对工人阶层开放,因为这类项目在晚上和周末上课。小学和中学教师在四月、八月和十二月学校放假期间参加住校教学培训。

这些高校中有些学院通过平行和外部学位项目创收,而另一些学院则要么亏本办学要么招不到学生。内罗毕大学招收了约3000名自费生(尽管它实际上能够容纳比3000人更多的学生),肯雅塔大学招收了约2000人。

然而,令人担忧的是有关公平的问题。这些课程所招收的大多数学生来自富裕家庭。在国家为公立大学学生提供资助和奖学金水平下降的背景下,教育成本的完全私人化很容易加剧社会的不公,贫困生和社会弱势群体被排除在高等教育之外。

为了应对扩大额外收入来源的挑战,马西诺大学从1994年开始即开办了投资与经济企业(Investments and Economic Enterprises, IEE)项目。其农场、书店和影印服务项目是亏损的,而宾馆、房产和运输服务取得了盈利。然而,将创收部门的总收入与总开支进行比较,结果显示出现了利亏。比如1998—1999财年,创收部门总的固定人员开支为78667美元,而总的纯利润为48000美元。1997—1998财年,总的人员开支达到69333美元,然而所有创收部门只创造了纯利润42667美元(Gravenir and Mbuthia, 2000)。因此,马西诺大学的创收部门能否维持下去令人怀疑。由于人浮于事,大学收入来源多样化的努力因为缺乏节约措施而受到影响。

尽管这些高校的许多教师深入参与到了为各类组织提供咨询服务之中,然而将组织咨询服务作为大学经费多样化的途径并不成功。参与咨询服务的大多数学术人员完全是为了个人利益,从时间损失和免费使用大学设施的角度来看,他们还往往损害雇主(大学)的利益。大学要在这方面取得突破,就要与教师以及接受咨询服务的组织进行巧妙的协商。即便这样,教师们还是会尽量不通过大学渠道来提供咨询服务,直到大学当局在管理大学资金方面建立问责机制并体现出某种程度的透明度。

私立大学

肯尼亚私立大学的发展受到几大因素的推动,这些因素包括:公立大学入学机会有限,国家资助的大学经常被关闭,政府管理的高校需要补充,以及一些宗教组织主要为其追随者开办高校的决心,等等。

肯尼亚是非洲少数几个具有较发达的私立大学体系的国家。裂谷地区巴拉顿的东非大学,位于内罗毕的东非天主教大学、晨星大学、美国国际大学是肯尼亚主要的私立大学。正如前文已经提到过的,该国还有另外9所招生规模不大、具有宗教背景的高校。

介于大学与政府之间的中介组织——高等教育委员会——全权负责私立大学的开办。高等教育委员会将这些院校划分为三大类:已注册的私立大学、已认证的私立大学和按照临时授权委托书(letter of interim authority)运行的私立大学。高等教育委员会制定了私立大学设置和认证的程序。例如其中一条规则是,私立大学在通过认证之前至少要拥有50英亩的土地。如果大学为了扩大招生规模而扩展校园,那么这样的一条规则就是切合实际的。然而,考虑到信息技术会改变学习方式,大学已经不再需要那么大的空间。这一要求阻碍了肯尼亚私立大学的发展,应该加以摒弃。其他大多数的要求也对大学教育提出了不切实际的高标准。如果不折不扣地付诸实施,很少有大学(包括像内罗毕大学这样更成熟的公立高校在内)可以通过认证(Mwiria and Ngome, 1998:38)。

肯尼亚的私立大学带来了诸多明显的好处。公立大学的入学竞争相当激烈,这些私立高校为中学毕业生提供了第二次受益于大学教育的机会,而且不需要占用额外的公共开支。对那些已经身在就业市场而又想要接受大学教育的人来说，私立大学是完美的选择。他们可以参加周末和晚上的课程班，他们还可以灵活地选择有能力支付费用的那几个学期入学。现在公立大学也仿效这一做法。家庭收入能够负担私立高校费用的年轻毕业生更青睐私立高校而非公立大学，因为与选择不太灵活的国立大学相比，他们可以更早地入学，用少得多的时间完成学业。一些私立大学比大多数公立大学表现得好，因为它们有更好的管理实践、规划策略和程序，而且还能更好地利用现有资源和设施。它们聘用少量的专任教师，当需要时再雇用兼职人员，它们还将餐饮与学术服务分离开来。这样的效率有助于实现一定程度的成本效益。大多数私立大学的人头管理费用保持在最低。肯尼亚公立大学中庞大的学术和管理人员队伍不是私立大学的特征。一些私立大学总体上比公立大学的经营状况更好，这得益于在其管理中几乎不受政治干扰。

在有限的程度内，一些私立大学的教育质量比相对而言规模较大的公立大学更好。美国国际大学图书馆收藏的期刊比大多数公立大学的图书馆收藏要好。公立大学已经不再订购当前各学科的许多期刊了。此外，私立大学的学生和教师比公立大学里的同伴有更多的机会接触计算机设备和相关技术。私立大学在高等教育的某些方面还发挥着引领作用。公立高校常常对现有学位课程进行重复设置，而且其中一些课程很难为学生毕业后带来就业机会。与此不同，尽管主要的私立大学的课程仍然局限于社会科学领域，但它们努力回应市场的需求。例如 1987 年巴拉顿的东非大学接受肯尼亚护理委员会(Nursing Council of Kenya)的建议，在国内率先开设了社区卫生学位。内罗毕大学仿效巴拉顿，也启动了类似的课程。

4 所最主要的私立大学(美国国际大学，天主教，巴拉顿和晨星)从学费里获得主要的收入。作为营利性的教育机构，在回收全部成本的基础上，学费的收取与市场密切相关。这些私立大学两学期的学费平均约为 1800 美元。美国国际大学是肯尼亚最为昂贵的私立高校，它对肯尼亚、乌干达、坦桑尼亚学生收取约 2800 美元的学费，而对其他国家的学生收取 4008 美元。剩下的 9 所私立大学也收取一些学费，但并不足以支撑学校的运行。因而，它们中的大多数都依赖外部捐赠。来自捐赠者的财政资助包括物质基础设施的建设，捐赠教学材料，以及提供奖学金。

尽管如此，值得一提的是，由于以下五方面的原因，大多数小型私立大学的教育水平都相对较差。第一，被这些院校录取的许多学生，其学习成绩比他们在公立大学里的同伴要差一些。第二，这些私立院校提供的课程集中在狭小的领域内，往往还带有浓重的宗教色彩。因为成本的问题，它们中没有哪所院校开设了诸如工程、物理或医学这些学科的课程。第三，即便是那些较为成功的私立高校，因为利益的驱使，成绩不好的学生也继续学业直到毕业。因此，那些较为严格的教师因坚持学生应该达到的最低标准而被这些院校排挤。第四，私立大学在科研计划中的投入很少，造成这些高校教育质量的降低。这对他们的研究生课程造成了负面的影响。第五，某些私立高校受宗教团体的影响很大，造成管理效率低下。在某些私立高校里，潜在雇员的教派归属也许比专业能力更为重要。

大学系统面临的问题与挑战

在本章的这一部分里，我将论述肯尼亚高校里学生的政治激进行为，大学遭受的政治干预，大学毕业生的失业，科研、教学和出版的不良状况，人才流失的问题，以及糟糕的物质基础设施、教学设备和教育质量问题。

学生政治激进活动

因为政府对公共事务管理不善，肯尼亚学生中的政治激进行为成了该国高等教育的一大显著特征。尽管从英国殖民宗主那里继承的是完备的自由宪法，但是肯尼亚对其作了修正，利用它来保护、扩大总统办公室的权力。这种在肯尼亚造成独裁局面的进程始于 1964 年，当时肯尼亚非洲民主联盟(Kenya African Democratic Union, KADU)自动解散，加入肯尼亚非洲民族联盟(Kenya African National Union, KANU)，使肯尼亚事实上成了一党制国家。组织新政党的努力，比如肯尼亚人民联盟(Kenya Peoples Union, KPU)(1969 年遭到了禁止)受到了强力的阻挠。为使镇压行为合法化，1966 年政府通过了公共安全法案(Public Security Act)，该法案批准可以不经起诉就进行拘捕。议会里所有坦率直言的人都受到压制,该机构被弱化成政府政策的橡皮图章。政府还采取步骤剥夺所有独立权力中心的自主权,比如中央工会组织(Central Organization of Trade Unions, COTU),并期望得到民众盲目的忠诚。这些独裁措施是随后大量腐败行为的先导。独立以来一直困扰着肯尼亚的经济衰退,再加上政府力图在经济上支持其重要盟友,使腐败达到了空前的程度。

分权制衡机制缺乏,能够制衡政府力量的民间自治团体缺位,于是学生和教师在唤起对现实的反抗中扮演了至关重要的角色。1969 年,当质疑政府腐败、专权和极度独裁的肯尼亚人民联盟的反抗领袖奥廷加(Jaramogi Oginga Odinga)被阻止在内罗毕大学发表公开演讲时,学生们举行了罢课,抗议政府干涉他们接受思想的权利。此种抗议,刻画出了肯尼亚学生与政府之间的关系。而肯尼亚的公民社会不是被禁止了,就是与现有政府机构合流,造成政治上的软弱无力。

困扰国家的经济危机恶化了大学与肯尼亚政府之间的敌对关系。公立大学受经济危机和政府新自由主义经济举措的打击最为严重。这些高校大规模的学生入学已经把大学物质基础设施和教学设备的容纳能力挤压到了难以承受的极限。令人不快的校内生活条件和糟糕的图书馆服务激起了学生暴动,震撼了大学。持续的经济低迷和 20 年来的结构调整使国家的贫困状况进一步恶化,学生对政府实现经济承诺能力的信心受到损伤。因而,大学抗议活动牵涉到的并不仅仅是大学所面对的问题,还有整个国家都必须面对的问题。

肯尼亚的学生激进活动受活跃在校园里的社团推动。学生社团提供了一个平台,在这里学生们可以无所畏惧地表达群体的不平,组织示威游行抗议政府。为阻止学生的激进活动,政府往往禁止学生结社。内罗毕大学学生组织(Students' Organization of Nairobi University, SONU),内罗毕大学学生会(Nairobi University Students' Union, NUSU),肯尼亚学生全国联盟(National Union of Kenya Students, NUKS)都被社团登记处(Registrar of Societies)非法注销。组织覆盖了肯尼亚多科技术学院、教师学院和大学学生的肯尼亚全国学生联盟(National Union of Students of Kenya, NUSKE)的努力也被社团登记处阻挠。学生报纸也没有被宽容对待。它们被禁止批评政府,禁止吹捧诸如善治、公平的土地分配,以及公共资源的妥善管理。被禁止的报纸包括 *Sauti ya Kamukunji*, *Campus Mirror*, *Azimio* 和 *Mzalendo* 等。尽管学生激进活动遭到了强烈的压制,肯尼亚的学生仍然保持了相当程度的弹性,现有的学生社团一旦遭到禁止或是被当局收编,他们就重新组织或重建自己的社团。

自从建立以来,公立大学就因为学生激进活动而被关闭多次。频繁地被关闭对大学的学术水准造成了不利影响。公立大学的校历有一整个学年,分为两个学期,每学期 17 周。大学经常被关停,使得原有安排难以得到执行。不幸的是,大多数大学从来没有试图延长学期来弥补损失掉的时间。部分是因为学校经常被关闭,已认证了超过 145 所前英国殖民地学校的英联邦建筑师协会(Commonwealth Association of Architects),撤销了内罗毕大学建筑学院的注册。因此,内罗毕大学学建筑的学生为了获得作为合格建造师的国际认可,还必须努力获得额外的资格。

尽管肯尼亚法律和建立肯尼亚公立大学的议会法案都没有授权地方行政官员(称作主管)对大学生进行考勤,然而一旦大学被关闭,学生被遣送回家,大学生就被强迫每周两次向地方政府官员报到。

在当前多党时代的肯尼亚,依据部族政治萌生的学生组织的趋势将大学生分化为相互竞争的阵营,他们支持基于种族利益的政党,而不是保持自治并为拯救国家的终极目标而客观地进行批判。

尽管当前肯尼亚民主化的政治浪潮在很大程度上得益于学生激进活动所发挥的关键作用,然而这一成果的取得也付出了巨大代价。因为激进活动而被开除、入狱、驱逐、杀害、毕业后无法就业、正常学习年限被延长的大学生人数非常多。有时候学生无故毁坏了人民的财产,对大学里的设施造成了极大的破坏。此类激进活动滥用大学的资源,对大学提供高质量教育造成了消极影响。

大学里的政治干预

存在于肯尼亚广大社会的高压独裁政治文化在大学里也同样可以看到。对公立大学加以管制的各种法令,使政府得以直接控制这些教育机构。大学章程规定,肯尼亚总统自动成为公立大学的名誉校长(chancellor),除非总统认为任命其他人更为合适。作为名誉校长,总统指定大学理事会的主席、副主席、名誉财务总管以及各大学理事会里的另外十名代表政府的成员。所有这些被任命的人员都效忠于总统,而不是对他们所服务的大学的愿景和使命负责。

总统还任命校长。再由校长用自己的人选来填补系主任和院长的职位。虽然原则上各学院都应该进行公开的院长选举,然而大多数学院因为校长的干预,已经很久没有体现任何形式的民主了。

这种行政控制让政府对肯尼亚公立高校的顺利运行进行不适当的干涉。政治派系,而非能力和业绩,成为大多数高级人事任命、晋级及一切决策过程的特征。政府利用这些控制机制来压制、开除持不同政见的教师和学生,而对支持者给予回报。不称职的人身居要职,大多数部门的诚信因此受到损害。肯尼亚的公立大学就这样被与反复无常的政治和政府捆绑到了一起。

院校变革的努力仍然遭到政府和校长的阻挠。1993 年,所有公立大学的教职员工试图利用肯尼亚多党民主的新时期来寻求注册大学学术联盟(Universities' Academic Union, UASU),但是政府拒绝赋予其结社的权利。1993—1994 年间造成大学系统瘫痪的一场长时间的罢课之后,联盟的领导者被解雇,驱逐出大学。

总统对大学系统的控制还延伸到了教学与科研中。尽管现在已经是多党民主政治,然而教师和研究生的所有研究课题都必须得到总统办公室的批准。出国参加研讨会或是工作坊,教师也必须得到总统办公室的特别许可。显然在公立大学里,传播观点和信仰自由都受到了严重的威胁。政府的不正当干涉和对学术自由的滥用侵蚀了高校的自治与质量。这种状况是整个国家的不幸,因为它影响了国内大学培养出来的专业人员的质量。

大学毕业生的失业

1963 年肯尼亚获得独立时,国家对各层次的正规教育进行了大规模的扩张,以应对非洲化进程中严重的人力资源短缺。扩张后,人们达成了广泛的共识,教育与经济增长之间存在着直接的关联。肯尼亚人普遍认为,如果教育能够培养出发展中国家急需的熟练劳动力,那么经济发展的步伐可以加快。

1970 年,东非大学解散后,原本是其下属学院的内罗毕大学通过一项议会法案,成为一所自治的大学。从那以后,肯尼亚建立起了 5 所公立大学和 13 所私立大学,学生总数达到约 5 万人。正如已经提到过的那样,大学系统扩张的依据是要满足对技术劳动力的需求。然而,已有的证据表明,大学毕业生的劳动力市场已经超过了经济能够提供相应就业的能力。20 世纪 70 年代中期,学生们就是为满足这些岗位的需求而培养的。除了少数领域,为劳动力发展需求而教育的目标在独立后的几年里就已经实现,如表 38.5 所示。

表 38.5 1964—1970 年肯尼亚大学毕业生需求和供给估算

	需求	供给	短缺或盈余
理科职位(医生、工程师、研究生科学教师、地理学家等)	3108	1773	−1335
其他需要特殊训练的职位(研究生文科教师、图书馆员、律师等)	1667	803	−864
非专业学位职位(政府管理、企业管理等)	836	2061	1225

来源:Republic of Kenya, 1964b.

随着更多大学的设立,毕业生数量也随之增长。1986—1988 年度全国人力资源调查(National Manpower Survey)显示,即便是专门的学位,毕业生也已经超过了劳动力市场的需求。肯尼亚大学教育的大规模扩张与其说是为了满足劳动力需求,还不如说是为了满足个人的求学愿望。肯尼亚政府屈从于个人的愿望而追求民粹主义政策。

肯尼亚大学扩张的另一个特征是,办学集中于少数学科。1985—1993 年,超过 69% 的毕业生攻读的是 4 种学位:教育学学士、文学士、理学士和商学士(Delloite and Touche，1995)。

过去的20年里,经济增长的限制和大学教育的大规模扩张,造成了就业机会跟不上大学毕业生增长的步伐。文科课程的招生加剧了这一局面的恶化。如果当前的经济形势得不到扭转,肯尼亚毕业生的失业问题很可能还会进一步恶化。

科研、教学和出版的不良状况

在肯尼亚区分大学与其他高校的主要依据是工作的范围和科研的产出,尤其是发表的期刊文章。20世纪70年代到80年代早期,肯尼亚历史最久、规模最大的公立大学内罗毕大学是非洲科研量最多的高校之一。不幸的是,这已经成为历史。肯尼亚公立大学现在的科研状况是:财政紧张、人员缺乏、资料不足、利用程度低、研究成果传播范围极小。

阻碍肯尼亚大学科研发展的一大关键问题是缺乏足够的研究资金(University of Nairobi，1999)。80年代中期到90年代,大学教育大规模扩张,大学可用物质资源却没有相应增长。人均经费的减少迫使大学控制其在教职员发展、设备和科研方面的开销。研究生与教职员培训以及科研工作的很大一部分支持(尽管也不充分)来自捐赠者和国际组织,包括德意志学术交流中心(German Academic Exchange Services，DAAD),笹川基金会(Sasakawa Foundation),国际发展研究中心(International Development Research Center，IDRC),福特基金会(Ford Foundation),卡内基基金会(Carnegie Foundation),加拿大国际发展署(Canada International Development Agency，CIDA),甘地基金(Gandhi Smarak Nidhi Fund),德国国际发展基金会(German Foundation for International Development，DSE)以及国际昆虫生理学及生态学中心(International Center for Insect Physiology and Ecology，ICIPE)。国际昆虫生理学及生态学中心的例子足以说明国际组织对肯尼亚科研和出版活动带来的积极影响。该中心1970年创办于肯尼亚内罗毕,是在全世界日益关注误用、滥用合成杀虫剂的背景下,作为高级研究机构建立起来的。该中心积极与遍布世界各地的80多家机构建立了合作关系,包括肯尼亚的内罗毕大学、肯雅塔大学、莫伊大学、埃格顿大学。通过该中心推出的非洲地区昆虫科学研究生计划(African Regional Postgraduate Programs in Insect Science)和学位论文科研实习计划(Dissertation Research Internship Program),1983到1999年间,来自4所肯尼亚大学的56名教师成功地拿到了博士学位。一些肯尼亚教师还受益于国际昆虫生理学及生态学中心的专业发展计划(尤其是其博士后奖学金和访问科学家及研究助理安排)。这些专业发展计划使有一定影响力的科学家能在在研项目中承担短期任务,并且提高了国际昆虫生理学及生态学中心的科研规划和评价能力。通过国际昆虫生理学及生态学中心开展研究活动的教师和研究生,在昆虫学和农作物保护方面的国际期刊上发表研究成果。

缺少足够数量的合格研究人员是研究发展的第二大制约因素。肯尼亚目前的经济危机造成了多数大学的工作环境欠佳。教师得到的报酬待遇甚至不能保证满足他们最基本的生活要求。因此,大多数学术人员的士气受到了严重挫伤。一些能力强的教师和研究人员被迫放弃大学,去国外寻找条件更好的工作或是加盟私营部门。最优秀人才大批离开大学,意味着只有少数教师能够有效地上好科研方法的课程。大学教育的急剧扩张加重了现有教师,包括高级研究人员的工作量,他们要教育本科生,要指导研究生,从而也造成科研产出减少。

物质资料、学术文献和科研设备供应不足是主要的欠缺。大学图书馆没有资金来定期采购任何研究期刊或是研究论文的副本。接触学科数据库的机会都极有限。

设备对于自然科学领域的院系来讲绝对是研究活动的首要必备条件。然而,在大多数院系里,设备要么根本没有,要么就是已经陈旧荒废。在需要消耗品(比如化学药品)的学科工作的人常常会面对消耗品的短缺。学生实验室的大多数建筑都残破不堪。

研究成果应用不多、传播不广也制约了研究活动的开展。研究活动对肯尼亚的政策制定影响甚微,因而政府忽视了它的重要性。科研成果难以传播,部分原因是肯尼亚和非洲缺乏研究期刊。1977年,东非共同体解体后,负责出版学术书籍、期刊的东非文献局也随之关闭。文献局关停后，还没有哪家可相提并论的出版公司对学术书籍、期刊的出版表现出兴趣，因为这被认为是亏钱的投资。大学当局提拔不太合格但是屈从于行政管理、忠于上司、忠于政府的教师，这使上述局面进一步恶化。结果，人们从事研究的动力严重不足，因为大多数的晋升都不鼓励科研和出版。

人才流失

与大多数其他的非洲国家一样，肯尼亚合格专业人才的储备也不充足。20 世纪 80 年代中期开始，大批受过高层次教育的肯尼亚人离开祖国，这一状况在 90 年代达到顶峰。大多数肯尼亚移民前往美国、加拿大、澳大利亚、欧洲以及南部非洲国家（博茨瓦纳、莱索托、斯威士兰、纳米比亚和南非）。尽管人才流失的数据很难掌握，卡林顿和德特拉贾凯（Carrington & Detragiache）1998 年的一项调查（引自 Downes，2000）显示，1990 年有 6912 名受过第三级教育的人移居美国。人力资源的损失严重地影响了大学师资的质量。除了高技能的工作人员从这些院校流向国外，大学普遍没有能力吸引高素质的教师并留住他们。由于各种原因，教师酬劳很低。大多数教师的税前收入每月在 250 美元到 300 美元之间。这样的工资甚至还不够支撑教师在食品、子女教育、家庭的二手服装和电费上的最基本生活需求。依然留在肯尼亚大学里的学术人员靠从事第二职业来弥补大学收入的不足。从事第二职业有多种形式。最受欢迎的是在私立大学兼职上课和从事咨询工作，但教师们也从事销售、经营食品摊点及从事其他的工作。从事第二职业的明显后果是教师们不得不忽视专业职责。

肯尼亚高校里带有抑制性质的环境使这一状况雪上加霜。这种环境制约了开展严肃学术活动所需的空间。这反映在经常性地对大学说关就关，对那些表现出独立主张的师生进行胁迫，基于政治标准提拔学术人员，以及屈从于政治压力招收不合格学生。正如本章其他地方已经指出的，肯尼亚大学体系遭到的破坏，一定程度上与政府在校长位置上安插亲信所造成的高压政治文化有关。这些校长破坏了对大学事务进行民主管理的大学精神和传统，因为他们更多的是对大学外部而不是大学内部的压力和要求负责。校长把大学的自主权让渡给了政府，他们接受政府的指示而纵容了对大学章程的践踏。作为对弥漫在大学里的专制氛围和每况愈下的收入状况的回应，大多数有能力的教师放弃了大学，出国寻找收入更高的工作。

肯尼亚的大学的人才流失对这些高校的教育质量造成了不利影响，因为那些移居国外的都是在本学科受过最好训练、最富有经验、学术成果最丰富的学者。结果，肯尼亚拥有博士学位的教师数量在减少。内罗毕大学仅有 40％的教学人员拥有博士学位，肯雅塔大学的教师中博士占 33％，莫伊大学为 32％，埃格顿大学为 19％。拥有博士学位通常是国际上大多数大学教师的基本要求，然而肯尼亚的情形却相反。正因如此，在国际上一度为人所称道的高校，比如在 20 世纪 60、70 年代被作为严肃的学术和教学中心的内罗毕大学，现在多少只是存在于过去的光环里。国内其他公立大学的状况比内罗毕大学的情况有过之而无不及。

对有限资源管理乏善

对原本就已贫乏的资源的不当分配加重了公立大学的财政危机。一方面学生仍在糟糕的环境里生活、学习，而另一方面大学的最高行政管理者每年都受到审计总署（Auditor General Office）指责，认为他们对经费管理不善，本末倒置。1995—1996 财年，马西诺大学的损失超过 666667 美元，大多数都是因为盗窃和乱发津贴造成的。正是这种腐败文化在一定程度上造成了多数大学始于 80 年代中期的工程陷于停顿。那些由捐赠者直接监督和执行的工程建设都按计划完成。例如在埃格顿大学，由美国国际开发署为国际研究学者建造的一流的尤塔费迪招待所（Utafiti Hostel Complex）和农业资源中心（Agriculture Resource Center）都按时竣工。但是，由大学自己管理的农业资源中心扩建工程就在很大程度上因为经费分配不当而陷于停顿之中（The Standard，October 12，1996）。

尽管腐败如此猖獗，审计总署也有现成的证据在手，校长、大学下属学院的院长以及其他政府高级工作人员（一般指那些“政治上正确的人”）从来没有因其明目张胆地盗窃政府和公共资源而遭到逮捕或起诉。

物质基础设施不足

公立大学经费不足已经严重影响了肯尼亚教育的各个方面,降低了教育质量。尽管对任何大学完成其使命而言,拥有的设施都具有决定性的重要意义,然而在肯尼亚的公立高校里,设备和物质基础设施在规划中最不受重视。高校大规模的入学已经把现有图书馆、教学大楼、科学实验室、宿舍和食堂的容纳能力撑到了极限。

招收约8000名文凭生和本科生的埃格顿大学,使用的设施几乎就完全是这所原先的农业学院的老底。这是该校1987年依据议会法案转变为大学之前为1600名文凭生准备的。在肯雅塔大学,因为缺少足够多的教师,教育学院的教师不得不向多达三四群学生重复同样的上课内容;而在另一些情况下则是许多学生在窗外旁听自己的课程(Hughes and Mwiria, 1990:228)。在这样的条件下,学生无法专心学业。正是这种糟糕的学习环境造成了肯尼亚公立大学里的教学缺乏本应有的交互活动,而在很大程度上变成了大多数教师拿着泛黄的备课笔记单调乏味地照本宣科。

本身设备就很缺乏,再加上现有设备又缺少维护,加速了其折损。公立大学及其下属学院的大多数建筑都急需修缮。科学实验室和工程训练工场景况凄凉。资金不足再加上不负责任的计划,造成这些实验室和训练工场设备荒废,缺少化学药剂,缺乏足够的现代设备。理科课程里,60多人的班级共用20台显微镜的情况司空见惯,这意味着只有少数人能够完全掌握这种基本科学设备的使用。由于这种景况,教师不再怎么认真对待学生在实验室的操作实践,而是由他们示范给学生看。比如在工程学院里,技术人员进行操作,而学生在一旁观看。这种教学方式无法使学生领会那些支配着相关领域实验的原理,而学生恰恰要掌握这些专业领域的原理,或者说要掌握这些领域的技能,以便毕业后能够用来解决每天都要碰到的问题。

肯尼亚公立大学图书馆的服务也已恶化。现有的图书不够充足而且都已过时。此外,大多数这类图书馆没有期刊的收藏目录,而且图书目录和架上的藏书对不上号。造成书籍排列混乱的,除了馆员的松懈和人员不足,还因为有些自私的学生把不同学科的教科书混杂在一起,这样就只有他们能找得到这些书了。学生相关参考资料的缺乏,造成了图书馆里故意破坏行为的增加。因无法影印参考书的所需章节或页面,一些学生就直接把它们撕下来,以便能够在对少数有用书籍的激烈争夺中抢得先手。1997年对非洲大学图书馆的调查显示,肯雅塔大学和莫伊大学教师使用的文献资料都是50年代的。这就意味着他们所教授的课程内容已经过时(Rosenberg, 1997)。

这种令人遗憾的景况,再加上最优秀的教师离开肯尼亚高校,造成大学教育质量下滑。学生在大学考试中的不通过率也在上升。劳动力市场经常对国立大学毕业生质量之差表现出忧虑。水平的下降进一步体现在大学生英语水平欠佳上,而英语是肯尼亚教育系统的教学语言(Mwiria, 1993)。

结　语

本章的基本论点是肯尼亚的大学系统处在危机中,这种危机影响了其履行自身社会角色的能力。大学面临危机的主要标志就是人才流失,这严重损害了教职员工的质量。物质基础设施破损,设备紧缺,现有稀缺资源分配不当,政治干预,大学频繁被关闭,这些都是这场危机的表现,造成了所提供教育质量相当程度的下滑。如果从商业的角度来看待这些公立大学,那么它们在多年前就已应该进入破产管理了。

尽管大学试图通过多样化的创收活动、提升师资层次和提高效率效益来应对这场危机,然而这些院校的债务越滚越大。这表明无论它们如何努力去提升院校能力,以开辟其他的经费来源渠道,期望肯尼亚大学能够在财政上自给自足是不现实的。

参考文献

Abagi, O. 1999. "Resource Utilization in Public Universities in Kenya: Enhancing Efficiency and Cost-Recovery Measures." Research Report. Nairobi: Institute of Policy and Analysis Research.

Assié-Lumumba, N. D. 1994. "Demand, Access and

Equity Issues in African Higher Education: Best Policies. Current Practices and Readiness for the 21st Country." Paper prepared for the Donors to African Education Working Group in Higher Education.

British Council. 1996. "Report on Socio-economic Study of Access to University Education, Performance, Equity and Gender Issues." Unpublished research report. Nairobi.

Commission for Higher Education. 1990. "The Directory of Postsecondary Institutions and Courses(Excluding Universities) in Kenya." Nairobi Commission for Higher Education.

Delloite and Touche. 1995. "Graduate Labour Market Study for the Commission of Higher Education (2nd draft). " Unpublished research report . Nairobi.

Downes, A. 2000. "University Graduates and Development." In R. Bourne, ed. , *Universities and Development*. London: Association of Commonwealth Universities.

Gravenir, F. V. , and E. K. Mbuthia. 2000. "Generating Supplemental Sources of Income by Universities in Kenya: A Case Study of Maseno University." Unpublished paper prepared for conference on higher education, Kenyatta University, Nairobi.

Hughes, R. 1987. "Revisiting the Fortunate Few: University Graduates in the Kenyan Labour Market." *Comparative Education Review* 33: 583-601.

Hughes, R. , and K. Mwiria. 1989. "Kenyan Woman, Higher Education and the Labour Market." *Comparative Education* 25:177-193.

——. 1990. "An Essay on the Implication of University Expansion in Kenya." *Higher Education* 19: 215-237.

Irungu , M. "The Struggle for Faculty Unionism in a Stalled Democracy: Lessons from Kenya's Public University."*Journal of Third World Studies XIV*, no. 1: 91-114.

Mwiria, K. 1993. " University Education in East Africa: The Quality Crisis" Unpublished paper. Bureau of Educational Research, Kenyatta University, Nairobi.

Mwiria, K, and C. K. Ngome. 1998. "The World of Private Universities: The Experience of Kenya." Northern Policy Research Review and Advisory Network on Education and Training (NORRAG). University of Edinburg , London.

Republic of Kenya. 1964a. Report of the Kenya Education Commission. Nairobi: English Press.

——. 1964b. High-Level Manpower Requirements and Resources, 1964-1970. Nairobi: Government Printer.

——. 1998. National Primary Education Baseline Report. Nairobi.

——. 2000. Economic Survey 2000. Nairobi: Government Printer.

Rosenberg, D. , ed. 1997. University Libraries in Africa: A Review of Their Current State and Future Potential. London: International Africa Institute.

Sifuna, D. N. 1997. "Crisis in the Public Universities in Kenya. In K. Waston. C. Modigil, and S. Modigil, eds. , *Reforms in Higher Education*. London: Cassell.

——. 1998. "The Governance of Kenyan Public Universities." *Research in Post-compulsory Education* 3, no. 2:175-211.

Sifuna, D. N. , and K. Mwiria. 1993. "Key Obstacles to the Development of African Universities." *Journal of Third World Studies* X, no. 2: 199-227.

University of Nairobi. 1999. "Report on Rationalization of Functions and Staff Rightsizing. "Unpublished report prepared to guide management and planning for the University of Nairobi resources.

39 莱索托

马托拉·恩提莫—马卡拉

引　言

莱索托王国曾是英国的保护国，是一个四周被南非共和国环绕着的小国，面积为 30355 平方公里（11720 平方英里）。境内主要是高地和山区。全境海拔都超过 1500 米。全国仅 9%的土地适宜耕种。莱索托气候温和。

1996 年人口普查显示，莱索托人口约为 196 万。按照年增长 2.6%的比例，莱索托当前的人口估计刚超过 200 万。女性与男性的比例为 51%与 49%。81%的人口生活在农村地区，19%生活在城市。平均的家庭规模为 5.2 人。莱索托 15 岁及以上人口的识字率为 83%；女性的识字率最高（93%）。

经济与就业

莱索托的经济基本是实体经济；农业是大多数人从事的主要活动，尤其在农村地区更是如此。国家的自然资源基础总体薄弱。莱索托最主要的自然资源是高地上的水。莱索托高地水利计划（Lesotho Highlands Water Project）是一项水资源出口计划，通过该计划，多余的水资源利用管道输送到南非共和国的工业心脏地带——法尔河蓄水区。

1997 年，人均收入估计为 650 美元，年通货膨胀率为 7.8%左右（Kimane，NtimoMakara，and Molise，1999：3）。经济的缓慢增长和迅速的人口攀升带来了高失业。据估计，工作年龄的人口中仅有 45%被雇用；被雇用人口中的 30%在南非工作，主要从事矿业。莱索托公共服务雇用了 28.7%的正规部门的员工，余下的人都在制造企业工作。私营部门非常小。因为地理位置的缘故，莱索托的经济与在经济上更为强大的邻国南非有着密切的联系。因此，对南非经济施加的任何外部力量都会影响到莱索托，有时候对其有利，有时候则是不利的。

教　育

19 世纪 30 年代早期，传教士把西方教育引入了莱索托。教育体系仿造英国，分为三个主要的层次——初等、中等和第三级/高等教育。

重要的高等教育机构主要由政府掌握。2000 年，莱索托引进了免费初等教育，但是只针对初等教育的前两年。

莱索托高等教育的范围、规模和本质

莱索托的高等教育广义来讲包括大学和第三级层次的教育。换句话说，它涵括了所有高中以后持续至少两学年的教育。

莱索托拥有 1 所大学，莱索托国立大学（National University of Lesotho，NUL）。此外，还有近 20 所第三级层次的院校，最重要的是国立教师培训学院（National Teachers' Training College，NTTC）、国家卫生培训中心（National Health Training Center，NHTC）、莱索托农学院（Lesotho Agricultural College，LAC）、莱索托公共管理学院（Lesotho Institute for Public Administration and Management，LIPAM）、马查本学院（Machabeng College）和莱罗托利多科技术学院（Lerotholi Polytechnic，LP）。这些院校或者为莱索托政府所有，或者主要依赖政府资助。莱索托还有一个私立第三级教育机构的网络，办学定位涵盖了从商业（7 所），到技术/职业（4 所），再到宗教（4 所）等范围。办学者包括商人、教会以及其他的民间组织。此外，莱索托涌现了一批外国教育机构，在不同的领域提供第三级和高等教育。

莱索托国立大学(NUL)

莱索托国立大学脱胎于1945年4月由南部非洲罗马天主教团(Roman Catholic Hierarchy of Southern Africa)创办的小型天主教大学学院(后来称其为庇护十二世大学学院，Pius XII University College)。在此之前，巴苏陀族(Basotho)学生往往去南非的教育机构接受大多数的中学后和高等教育。庇护十二世大学学院在南非大学(University of South Africa，UNISA)的支持下向学生提供校外学位教育。因此，学院课程的授权(validation)以及其他与办学有关的后勤活动都由外部力量来承担，以努力确保质量。1954年，南非大学赋予该学院附属学院(associate college)的地位，给了它在学费和考试方面更多的责任。学生则来自莱索托(巴苏陀兰)，博茨瓦纳(贝专纳)，赞比亚(北罗得西亚)，津巴布韦(南罗得西亚)，马拉维(尼亚萨兰)，南非和纳米比亚(西南非洲)。20世纪50年代后期一直到60年代早期，学院经历了非常严重的财政困难，这主要是其宗教特征所造成的。正因为这一特点，国际援助机构和其他基金会很难给予它任何资助。60年代早期，天主教会，学院当局，福特基金会(Ford Foundation)，前英国巴苏陀兰、贝专纳保护地、斯威士兰特派使团领地政府，以及大不列颠联合王国五方进行了认真的谈判，将庇护十二世学院转变成了独立的、非宗教性质的巴苏陀兰、贝专纳保护地与斯威士兰大学(University of Basutoland, Bechuanaland Protectosate, and Swaziland，UBBS)。

经济方面的考虑也是促成这项安排的一个原因。以一所高等教育机构服务博茨瓦纳、莱索托和斯威士兰，显然比让它们各自拥有一所高等教育机构更为节省。这与英国对待麦克雷雷大学的办法如出一辙，该大学服务于三个东非的英国领地。

巴苏陀兰、贝专纳保护地与斯威士兰大学在1964年成为现实。此时，学生数已经增加到大约190名，近20%为女生。随着三个特派使团领地在1966年赢得独立，该大学成为博茨瓦纳、莱索托与斯威士兰大学(University of Botswana，Lesotho，and Swaziland，UBLS)。该大学在1967年授予了首批学位和文凭。

随着国家利益在这一伙伴关系中成为日益突出的因素，这类区域性院校经常出现政治上的紧张，使得其再也无法承受这一困扰，博茨瓦纳、莱索托与斯威士兰大学三国共有的特性解体了。同样的事情也发生在东非大学和为北罗得西亚、南罗得西亚以及马拉维服务的大学身上。直到此时，该大学都是通过其位于莱索托罗马(Roma)的主校区来运行的。通过莱索托国民议会，1975年10月20日在博茨瓦纳、莱索托与斯威士兰大学莱索托校区成立了作为独立实体的莱索托国立大学。

莱索托国立大学的愿景与使命

莱索托国立大学最初主要侧重提供基本的训练，为发展中的文职和教育部门所需的熟练劳动者。但随着时间的推移，需求变得多样化了，现在莱索托国立大学涵盖的领域已经包括：卫生、农业、工商和计算机技术。

该校采用了开办全日制和部分时间制课程的策略，采用远程教学模式，尽可能多地使需要接受高等教育的人得到机会。通过校外进修学院(Institute of Extra-Mural Studies)，莱索托国立大学还提供强大的校外进修计划和社区服务计划。

行政管理与治理

在这一部分里，我将探讨莱索托第三级教育机构的行政管理和治理模式。莱索托主要的院校(国立教师培训学院、国家卫生培训中心、莱索托公共管理学院和莱索托农学院)分别直接在教育部、卫生部、公共服务部和农业部等政府相关部门的管理下运行，接受政府的管制。学术人员由公共服务委员会(Public Service Commission)任命。这往往会造成严重的问题：教学与管理低效，教育机构内部总体不稳定。官僚式的(办事)程序阻碍了这些院校良好地运行。1998年莱索托教育学院法案(Lesotho College of Education

Act of, 1998)尝试给予学院某种程度的自治,尤其是在诸如课程、考试以及合格人员招聘这一类的学术事务方面。这些院校通过相关学院与莱索托国立大学保持附属关系。附属的机制强调莱索托国立大学对确保这些院校学术项目的质量负有责任。这些院校仍然利用自己的学术委员会和其他委员会来处理内部事务。

莱索托国立大学是一所自治的高等教育机构,颁发自己的学位。它由理事会(council)进行管理。理事会由国家元首(同时也是名誉校长,chancellor)指定的人员、评议会(senate)、教职员全体会议(congregation)、学生会、非学术人员代表以及国外大学有着丰富经验的外部成员组成。理事会负责总体政策事务。

大学的日常管理由最高管理层处理。它包括校长(vice-chancellor)、副校长(pro-vice-chancellor)、教务长、大学财务主管和大学图书馆员。他们按照法令和章程的规定管理大学。

大学评议会负责学术政策和所有学术事务。评议会里还有来自于从属的第三级院校的代表。

在学院和研究所层次,院长和主任管理各自的单位。他们是按照轮流担任的原则被推举到这些岗位上担任职务的,由系主任和学院辅导员协助开展工作。

学生事务主任及其由学监、顾问、护士、运动教练以及一名医生组成的团队,在工作中与管理层和学生代表紧密合作。

学生治理:学生会

学生会是依照莱索托国立大学1976年的法令建立起来的。莱索托国立大学令第27(2)节载明,“学生会不应成为理事会或大学的仆从或代理。”大学所有的学生都是学生会的成员。学生会的运行得到大学的经费支持。它每年都接受审计,审计报告将由理事会批准。学生会接受选举出来的学生代表委员会(Student Representative Council, SRC)的全面领导。该委员会的成员在大学所有重要的委员会里代表学生,包括评议会和理事会。其他第三级教育层次的院校里多少也存在着类似的安排,尽管对于不太正规的院校而言要建立像学生代表委员会这样的组织结构有些困难。

校内外的学生激进活动已经不像20世纪60到80年代那样活跃了,当时是莱索托乃至整个地区争取独立的政治斗争最为活跃的时期。莱索托处在南非的中间,很方便就可以近距离观察南非的经济发展。学生们参与了示威和各种民主运动。他们热切地希望能够亲手把持国家和地区的政治脉搏,影响并塑造未来。

当前,学生激进活动趋向于关注所在院校的行政管理及其内部事务(包括学术和非学术事务)的管理上。因为中央政府有时候会作出一些有关学生个人津贴和图书补贴方面不受欢迎的决策,学生们就会示威抗议政府。

院校结构与能力

莱索托国立大学由7个学院(faculty)、4个研究机构(institute)、学生事务处和图书馆组成。这7个学院是:

- 农学院:开设农业经济学、乡村社会学、动物科学、种植科学、土壤科学、资源保护等方面的大学本科和研究生课程。作为扩展项目的一部分,该学院计划引进林学、农业教育、食品科学和技术/家政等学位课程。
- 教育学院:利用大学和研究生课程为教育系统培养专业人员。
- 人文学院:开设人文学科的课程。
- 法学院:目前提供文学士、法学士学位和法学硕士学位。
- 理学院:仅提供普通理学士和理科硕士学位。该学院最近开始开设了两个新的课程计划:电子与计算机技术方面的技术学士和计算机系统方面的技术学士。该学院被期望能够与莱罗托利多科技术学院建立更紧密的工作关系,而后者至今还是与南非理工学院(technikons)的合作更为密切。
- 社会科学学院:开设了全系列的社会科学课程,在若干领域里还开设了研究生课程。
- 健康学院:该学院是作为国家卫生培训中心(NHTC)刚刚创办的。目前,它提供普通护理、医学实验科学、药剂学、公共卫生、麻醉、精神病学的副学士项目(subdegree program)。该学院还承担了领导和协调其他卫生教育机构如三所护理教育学院)的责任。

大学还拥有4个主要从事科学研究的研究机构。它们是教育研究所(Institute of Education),校外进修学院(Institute of Extra-Mural Studies)(同时也提供校外课程项目),南部非洲研究所(Institute of Southern African Studies),以及劳动研究所(Institute of Labor Studies)。

招生条件及入学

就政策而言,不论年龄、性别、种族、国籍或者宗教背景,莱索托国立大学对所有合格的申请者开放。学位项目的新生必须至少通过剑桥海外学校证书(Cambridge Overseas School Certificate)第一级或第二级,并拿到英语的学分,且总学分不超过34个。

因为很少有高中毕业生能够获得数学和理科科目普通水平(O-level)所需要的学分,多年来莱索托国立大学面临着理科课程招生不足的问题。为解决这一问题,大学启动了入学前理科课程计划(Pre-Entry Science Program, PESP)。该计划让那些有希望被录取为理科专业的学生在第一学期开始前三个月左右到大学里来,接受专门的数学和基础科学的强化培训。课程结束后通过测试的人获得注册,开始理学士课程第一年的学习。

1999—2000学年,大学总入学人数超过2800人。这一数字包括了全日制学生和主要来自于校外进修学院的部分时间制学生。其中,大约80%为全日制学生,20%为部分时间制学生。

莱索托本国的学生构成了大学本科生总数的94%,主要来自其他非洲国家的非本国学生数占总人数的约6%。

表39.1显示,在教育、社会科学和人文(文科)项目中,招收的莱索托女生比男生多。法学课程中男女生比例平衡,而在纯科学的项目里,男生多于女生。总体而言,女生在莱索托国立大学入学总人数中占56%,男生占44%。这一倾向在本科生和研究生项目中都是常见的。

表39.1 1997—1998年莱索托国立大学全日制莱索托学生按学院、性别分布情况

学院	证书文凭		第一学位		研究生课程		所有课程		
	男生	女生	男生	女生	男生	女生	男生	女生	总数
教育	20	18	151	335	9	11	180	364	544
社会科学	22	10	271	321	2	—	295	331	626
人文	6	20	96	158		1	102	179	281
法律	—	—	104	105	—	—	104	105	209
科学	—	—	174	113	—	—	173	113	286
农业	—	—	37	28	1	1	38	29	67
总数	48	48	833	1060	12	13	892	1121	2013

来源:National University of Lesotho education statistics, 1997.

造成各类课程中性别不平衡的原因既可能有历史的、文化的和习俗的,也有态度方面的。这些因素意味着一些女性对非数学和非科学的学科感觉更拿手。

按照1999年莱索托人口数据表,当年,国立教师培训学院的入学总人数为948,女性占73%;而技术和职业学校的入学人数为1509人,其中女性占43%。

研究生项目

研究生项目的入学人数仍然很少。1998—1999学年,入学人数为34人。其中,23人注册的是教育学项目(7人读教育学研究生证书,16人攻读硕士学位)。女性占研究生人数的61%。

研究生人数少的主要原因是缺少合格的教师,尤其是缺少能够指导学位论文写作的导师。

也正因如此,大学至今不敢贸然将这些项目对部分时间制学生开放。另一重要原因在于,政府作为莱索托主要的正规部门的用人单位,在政策上并没有鼓励第一级学位以上的高学历人员。这使得更多的人不愿意辛辛苦苦地去追求高学历。也是因为这样的政策,造成了潜在的学生很难与雇主协商请假去上课,这迫使他们要辞职才能继续学业。然而,在一个失业人数如此众多的国家,人们不愿意冒险辞职丢掉工作。对大多数大学学生而言,确保得到国家人力开发秘书处(National Manpower Development Secretariat, NMDS)的贷款,是资助其学业的唯一途径。按照国家人力开发秘书处的政策,学生在完成某一项目后,必须先清偿该项目的贷款,才能获准为继续深造另一项目申请贷款。相对较低的薪水,学生们往往需要很长一段时间才能偿清贷款,而有时候他们也就丧失了继续深造的兴趣。

部分时制学习项目

莱索托国立大学和少数地方性的第三级教育机构为学生提供部分时间制的学习项目,因为这样或那样的原因,它们无法承担全日制学习费用。原因包括如下几方面:

- 莱索托贫困度高,使得大多数的报考者很难承受日益增长的教育费用(学费、书费、设备费用,等等)。
- 莱索托失业率高,意味着已经参加工作的人不愿意冒险辞职,尤其是(担心)深造后很有可能难以再次就业。
- 现有高等教育机构难以容纳所有符合条件的学生。大多数第三级院校,包括莱索托国立大学,其学生宿舍容不下许多全日制学生。

莱索托国立大学开办了数量有限的商业、教育和媒体方面的部分时间制证书、文凭和学位项目。这些项目是通过研究所和相关学院的合作开设的:前者负责管理而后者负责项目的学术方面。

项目是结合多种授课模式完成的,包括远程教育、集中住校授课(学生在校园集中接受一至两个月的面授)以及直接与教师交流。莱索托国立大学目前部分时间制项目的入学学生约有1000人。

国立教师培训学院也为需要资格证书的教师提供在职培训项目。其他的地区性第三级教育机构不提供部分时间制项目。

在莱索托,因为缺少合适的技术与通信网络,远程教育只能借助印刷媒体。而邮递系统还会遭遇延误,尤其是在国内比较偏远的地区更为严重,这造成了作业上交和反馈的迟滞。这些原因再加上其他的相关因素,阻碍了许多潜在的有能力的学生参与到这些项目中来,因为他们负担不起往返设有教育中心的最近城镇的费用。

教学语言

除了法语和塞索托语(Sesotho-language)课程,英语是莱索托的教学语言。在法语和塞索托语课程里,英语与之一并使用。这一政策适用于所有的第三级和高等教育机构,不论是公立还是私立机构。许多学生就因为没有拿到英语通过的学分而被学校拒收。

师　资

莱索托国立大学拥有约216名教学人员。非莱索托人员占总人数26%,这其中多数拥有教授或高级讲师职称。他们大多来自其他的非洲国家。

尽管大学制定了雄心勃勃的教师发展计划,但该校却面临着无法留住大多数完成了培训的教师这一严重问题。人员更替率很高,因为原有的教师辞职去私营部门和南非寻找薪酬更丰厚、更好的工作了。甚至那些非本国的教师也仅在莱索托停留数月或几年,然后就转投南非了。

莱索托国立大学一个奇特的情况是:其非学术辅助人员是学术人员数量的两倍。因而大学的财政经费也主要用在了非教学人员的支出上。该校超过60%的补助金花在了人员开销上。这限制了新的教学岗位的设立,以增强其学术计划。正如前文提到过的那样,一些研究生课程之所以被搁置,就是因为缺少学术人员。学术人员与学生的比例在某些系里达到了1比120。

为保障自身利益和综合福利,大学雇员自发组织起了3个联盟:

- 学术人员组织了莱索托大学教师联盟(Lesotho University Staff Union, LUTARU),包括教学、科研、图书馆和推广教师。
- 大学高级行政管理人员组织了大学高级行政人员联盟(Senior University Staff Union, SUSU),包括行政助理、助理教务长和高级助理教务长。
- 所有其他的辅助人员组成了非学术工作人员联盟。(Non-Academic Workers Union, NAWU)

经历了多年严重而又往往是对抗性的冲突,管理层和这些联盟协商之后同意安排定期的正式排入日程的协商会议。问题可以在这些会议上研究解决,从而避免出现干扰学校正常运作的危机状况。

财政和拨款模式

莱索托的高等教育几乎都依靠政府资助。大学所需经费的约 90%来自国家。1999 年,莱索托国立大学预算达到 104008240 马洛蒂(maloti, 1 莱索托马洛蒂=约 0.10 美元)。约 78%用在了人员开支上,剩下很少的数额用于发展。政府资助重大工程的建设,通过国家人力开发秘书处管理的贷款计划对学生提供财政支持。学生一旦完成学业找到工作就要清偿贷款。在国外就业的人必须偿还 100%的本金,在私营部门就业的人必须偿付贷款总额的 65%,而在公立部门就业的人只需偿还本金的 50%。大学创造的收入很大一部分来自学费。

与南非的高等教育机构相比,莱索托国立大学的收费是很低的,前者约是后者的 7 倍。例如,莱索托本国学生的学费为文科生每年 3500 马洛蒂,理科生 3960 马洛蒂,而对外国学生的收费为文科生每年 11665 马洛蒂,理科生每年 12250 马洛蒂。尽管莱索托国立大学设施、设备的质量远比不上南非的高等教育机构,大学正与政府进行协商,以期把学费至少提高到原来的 5 倍。这与国家人力开发秘书处准备用于支付国外教育的数额相比还是非常适中的。

在针对莱索托高等教育子部门财政状况的研究中,几乎所有的研究都对财政管理的缺陷表示担忧,尤其是对当前正面临着空前财政危机的莱索托国立大学。问题包括预算外项目的实施。在政府及其发展伙伴的支持下,另一些咨询人员对公立第三级教育院校开展了类似的研究。这些院校同样面临类似的财政管理缺陷。这些委员会都建议引进高效的财政管理策略,采取认真负责的节约开支的措施。然而,这一局面并没有得到很大的改观。尽管大多数院校都作出了努力,试图改变现状,但它们仍然陷于财政危机之中。

私营部门对莱索托国立大学的财政资助非常有限。大学正在制定策略,推动与私营部门建立伙伴关系,办法是让私营部门参与课程评价,以便大学开设能够得到私营部门支持的课程。

为了摆脱对政府补助的完全依赖,大学设立了莱索托国立大学咨询处(NUL Consultancy Unit),替大学教职员工与政府和非政府机构谈判咨询事宜。咨询费的一部分(40%)上交大学财政,提供咨询者本人保留所参与项目报酬的 60%。

国际援助团体提供了一些现金或者诸如此类的捐赠。这些捐赠者中最主要的是英国政府、世界银行和荷兰政府。

外国高等教育机构提供的第三级和高等教育

过去的 5 年里,莱索托经历了国外高等教育机构在莱索托开办第三级和高等教育的快速增长。政府不得不出面干预,以抑制这一特殊的发展势头,强调此类机构必须至少进行合法的注册,同时,政府努力制定明确的政策,以促使它们能够得到专业的审查。目前对这类院校管理的缺失加剧了本土高等教育机构与此类新组织之间的竞争。这类新机构大多是主要以南非为基地的远程教育机构。这方面的例子包括开放学习组织(Open Learning Group, OLG)。这其实并不是一所学校而是一个组织,它为南非的大学和理工学院在南非之外的国家开展远程教育提供了渠道。这些高等教育机构包括波彻斯卓姆大学(University of Potchefstroom)、伊丽莎白港大学(University of Port Elizabeth)、南非大学(University of South Africa)和兰德阿非利卡大学(Rand Afrikaans University)。2000 年,这些机构招生约700人。在莱索托办学的其他一些院校则来自非洲大陆之外。纽波特大学(Newport University)是一所在(美国)加利福尼亚州正式注册的高等教育机构。它在莱索托设有一个实体基地,作为其以南非为基地的业务的扩展。该校目前招收了约400名学生。英国高等教育机构也在莱索托开设远程教育课程。这方面的例子包括专注于教师教育的师范学院(College of Preceptors)和主要提供技术培训的伦敦城市行业协会(City and Guilds of London)。津巴布韦开放大学(Zimbabwe Open University)负责英联邦青年计划的地区协调。该计划在莱索托当地则由得到津巴布韦大学(Zimbabwean University)授权的莱索托国立大学校外进修学院来负责协调。爱尔兰建立了会计教育中心(Center for Accounting Studies),并对其办学进行持续的监控以作为质量保障的途径。

第二类情况则包括了这样一些南非的高等教育结构,它们并没有在莱索托设立代理机构,但与学生直接建立联系。这些学生以部分时间制的方式学习,并且在南非的主校区有一段时间集中住校学习(数周到一个月)。这类大学包括奥兰治自由州大学(University of Orange Free State)、西开普大学(University of Western Cape)、纳塔尔德班-威斯特维尔大学(University of Natal Durban-Westville)和南非大学。

这些机构填补了空白,满足了莱索托国立大学和国内第三级教育机构无法满足的需求。莱索托现有高等教育机构的容纳能力有限,很难接纳所有的学生。此外,莱索托国立大学往往比较保守,开放不够,吸纳不了更多的学生。莱索托国立大学的扩张面临一些制约,包括:

- 莱索托国立大学严格的入学标准:不论申请就读何种课程,都要求拿到英语和/或数学的学分。
- 缺乏过渡项目(bridging programs)。为基于理科项目的潜在入学者提供为期六个月的入学前理科课程(Pre-Entry Science program, PESP)来提高其知识和技能,但是其他学科却没有设立过渡性课程。因此普通水平(O-level)仍然是筛选入学者的唯一标准。
- 大学,尤其是莱索托国立大学,在课程多样化和扩展传统大学学术项目方面行动迟缓(往往受制于物质和人力资源短缺,而且也缺少必要的设备)。

与之相反,与莱索托建立了联系的国际教育机构中,有许多院校表现出了某种灵活性,不论是入学标准,还是学生注册入学,从而消除了截止日期的概念。即便是学生的课业负担,也由学生在教师的指导下决定。例如:纽波特大学对学生工作实习、参加专题讨论会和短期培训课程都计算学分。这在总体上缩短了学习年限。

这些院校吸引学生的另一个原因在于,它们开设了许多本国学校不能完全提供的课程,包括人力资源开发与管理、注册会计师、市场营销、决策安全研究、惩教服务、交通安全、计算机技术和高级管理,等等。

授课模式

面授课在全国各地展开,由生活在莱索托的学术指导教师在选定的就近(教学)中心完成对学生学业的指导和激励。传递(教学)信息的另一途径是通过函授项目,辅之以详尽的教学材料和定期的专题研讨会。另一些教育机构则全天排课,学生们制定自己的时间表,选择最合适的时间上课。这些机构所面临的一大挑战是要开发出学生买得起的合适的教学材料。

国际教育机构的不足

1998年,教育部委派赛特沙比(Setsabi)和马特西拉(Matsela)开展了一项研究,对纽波特大学在莱索托的办学进行了评价。委员会对纽波特总体上作出了积极的评判。类似的院校可能也会得到类似的结果,但是这些必要的研究却从来没有开展过。

尽管纽波特在评价中拿到了高分,国内的专业圈普遍认为,这些机构不关心教育质量,而是在用高昂的学费和学习材料敲巴苏陀的竹杠。许多人认为,入学标准的灵活性预示着这些学校愿意牺牲质量。另外一些人还认为,这类课程招收的大部分学生从来就达不到南非主校区的入学标准,尽管学生的试卷是由授权院校的教师出的。

国家人力开发秘书处不愿向这类机构招收的莱索托学生提供财政资助，其学生基本上要靠自费。因而，学费、书费以及其他的相关费用导致学生中途退学的几率很高。与海外教育机构打交道的学生往往会发现外汇汇率对他们来说太高了。

诸如开放学习组织这样的机构通过教育贷款组织(Edu-loan)提供一项贷款计划。教育贷款组织是一家在莱索托注册的公司，致力于解决学生深造所需的费用。对那些将来要当教师的学生，教育部会资助他们，鼓励其继续学业。

莱索托学生流入南非高等教育机构

1994 年，南非实现了民主，原先大多数黑人享受不到的机会，现在对他们开放了。这包括了在传统的白人大学和理工学院接受高等教育的机会。邻国的黑人学生只要符合录取要求，也有机会入学。这推动了莱索托学生流入南非的高等教育机构，尤其是因为莱索托国内的高等教育机构无法接纳所有的合格学生。此外，原先的南非白人高等教育机构拥有更好的课程、资财、设施和人员，对学生产生了吸引力。

为资助莱索托学生的学业，莱索托政府支付给南非的高等教育机构数百万马洛蒂。按照目前国家人力开发秘书处的统计，当前约有 2400 名莱索托学生被录取在南非的大学和理工学院里。政府每年为每位学生支付的学费至少为 2 万马洛蒂。这一数额还不包括生活津贴。与之相对照的是，莱索托国立大学的收费只有这一数额的约七分之一。南非常常辩称，外国学生在其高等教育机构里得到了很高的补助，所以理应收费更高。

校际联系

莱索托国立大学具有与世界范围内的其他大学建立和保持联系的传统。与海外高等教育机构建立的联系主要集中在如教师培训之类的学术事务上。

与次区域内的大学和其他高等教育机构建立联系，对莱索托国立大学提高和确保学术优秀和办学质量助益最大。与莱索托国立大学建立了联系的高等教育机构包括博茨瓦纳大学、斯威士兰大学(这两所大学与莱索托国立大学有着历史渊源和共同的文化)，开普敦大学，福特哈尔大学，金山大学，纳塔尔大学，西开普大学，奥兰治自由州大学以及南非大学。莱索托国立大学是诸如英联邦大学协会(Association of Commonwealth Universities, ACU)、非洲大学协会(Association of African Universities, AAU)以及东部和南部非洲大学协会(Association of Eastern and Southern African Universities, AESAU)这类国际协会的会员，并从中受益颇丰。这一层次的合作促进教师和学生的交换，建立外部测试员制度(external examinerships)以及开展合作科研项目。当地的第三级教育机构与南非、博茨瓦纳和斯威士兰的对应院校之间也建立了类似的合作。地区性的行动，如南部非洲发展共同体教育与培训协议，旨在为促进地区高等教育机构之间的合作提供总体框架。该协议的一项重要规定就是专业中心(center of specialization)的概念，它要求高等教育机构专攻各自特定的领域，并将其作为整个地区的共享资源。这样的安排将能够使各国有限的资源和设施得到最充分的利用。

研究与出版状况

与教学和社会服务一样，研究是任何学术人员都应当承担的三大职责之一。人们对工作在全日制科研院所(教育研究院、劳动研究所、南部非洲研究所)里的人员在这方面的期望最高，因为他们的教学任务相对较轻。除了科研活动外，校外进修学院还在全国各地的社区开展延伸教育活动。它还提供商业和成人教育的部分时间制课程。莱索托国立大学的大多数研究成果都来自于这些研究所。研究领域包括社会科学、教育、法学、人文和科学。研究活动基本上是以发展为取向，寻求解决困扰莱索托的相关问题。

一部分资金通过预算落实，以促进这些机构开展科研活动。但是，这些机构还需要向援助机构、产业界和政府推销研究课题来寻求资助。大学预算内的科研经费由副校长(pro-vice-chancellor)主持的科研与会务委员会(Research and Conferences Committee)负责分配。教师都可以通过申报实质性的课题来申请这笔经费。所有课题申报都要通过该委员会的筛选。但是,这笔经费还从没有在哪一年被用尽过,这就意味着教师们并没有尽可能多地承担研究工作。

大学的各个单位也在从事委托研究活动。莱索托政府和国际机构是大学研究服务的主要客户。莱索托非政府组织委员会(Lesotho Council of Non-Governmental Organizations, LCN)的民间社会组织已经在需求评估和评价研究方面得到了帮助。莱索托国立大学的咨询处(NUL Consultancy Unit)促进并协调教师的咨询服务。该部门将大学的科研能力推销给潜在的客户,再由客户通过该部门与大学教师签约开展研究活动。

教师个人自己也寻求研究资助,但是这类情况在第三级教育机构中很少见,除非是委托外部人员,利用捐赠资金,为课程评价和其他改革进程提供建议而开展的研究。

研究与开发是地区及以上层次的院校合作的重要方面。但是莱索托只有建立起国家科研委员会来规范、协调、监督研究活动的开展,才能有针对性地参与到科研合作中去。莱索托遇到的问题之一是,国外研究人员到国内来从事科研活动,但在离去时甚至连研究成果的副本都不会留下来备案。这些客座研究人员还可以让国内的研究人员参与到他们的研究活动之中,帮助莱索托提高科研能力。这一切都可以通过建立研究委员会来推进。建立研究委员会的想法已经讨论了20年,但是政府和教育机构内部官僚主义的藩篱阻碍了该计划的进程。

出 版

为鼓励教师发表文章,莱索托国立大学帮助建立了数份期刊,其中有学系办的,有学院办得,也有大学综合办的,包括《莱索托国立大学学报》(*NUL Journal*)、法学系办的《法学期刊》(*Law Journal*)以及历史系办的 *Mohlomi Journal*。国立教师培训学院也推出了自己的期刊,即《莱索托教师教育期刊》(*Lesotho Journal of Teacher Education*),鼓励国立教师培训学院教师和其他的教育工作者发表文章。

南部非洲研究所(ISAS)设立了文献和出版部门。教师或是任何感兴趣的人都可以通过该研究所发表自己的成果。教师们还继续在全球的著名期刊上发表文章,而且近年来他们的产出有了显著的增加。

高等教育政策

莱索托没有明晰的高等教育与培训方面的总体政策。这包括了第三级层次的教育。这种状况造成了这一子部门无序且不系统的发展。由于缺乏管理第三级和高等教育的法律框架,教育部很难有效地控制和监管这一子部门。政府最近决定,应该启动建立高等教育理事会或委员会(council or commission)的进程,专门负责与第三级和高等教育相关的所有事务。莱索托政府作出的一项积极的决策是,最近在教育部里设立了第三级和高等教育局(Department of Tertiary and Higher Education)。其主要职责是协调和推动第三级教育和培训政策的制定。

历史上,莱索托政府垄断了高等教育的供给。但是,私人在提供教育方面的努力越来越多。这就引发了一些问题,需要公开的政策来指导和规范。这是政府面临的最紧迫的挑战,因为当前开办的私立教育缺乏规范。

莱索托高等教育面临的问题与挑战

莱索托的高等教育子部门面临着严重的问题,迫切需要得到关注。这些问题包括:

- 缺少治理高等教育的政策。莱索托需要建立全国性的高等教育委员会来协调与这一子部门相关的所有事务。
- 缺少一份指导培训优先事项的国家发展规划。
- 缺少合适的认证系统。目前,莱索托没有全国性的评价工具对国际/国外证书进行认证,而是依靠南非的人文科学研究委员会(Human Science Research Council, HSRC)来进行评价。
- 国内高等教育机构分布不均衡。高等教育机构集中在首都马塞卢以及低地少数地区首府。农村山区的人口处于非常不利的地位。因而,这些地区潜在的学生事实上都无法很轻易地接受高等教育。

- 人口过多，再加上人口的高速增长(年增长率2.6%)，造成了整个教育部门人满为患。对高等教育的需求一直在增长，而现有的高等教育机构已无法满足这种需求。高等教育机构的另一些局限在于它们无法开设全系列的专业，以供人们选择。在某种程度上这是经济原因造成的，因为提供必需的设施、设备、教学材料开销很大。因而，学生往往选择在南非的高等教育机构注册入学，从而转移走了奖学金以支持他们在南非接受教育。
- 人才流失，因为该国受过高层次教育和高素质人才的保持率很低。南非的就业市场提供了慷慨的薪金，而就莱索托的经济状况是难以与之抗衡的。因此，高等教育机构的实力持续遭到削弱。即使是那些在南非高等教育机构求学并达到了要求的人，他们也很少在完成学业后回国，因为他们已经被南非的就业市场吸收了。
- 高等教育中性别不平等。应该在各学科的入学中促进性别平衡。这需要高等教育机构自身和所有的利益相关方有意识地去努力。莱索托的许多人仍然还认为，技术与理科课程适合男性，而女性适合所谓的软学科。
- 中等学校和高中子部门的质量不过关，没能为高等教育培养出符合要求的学生。许多考生通过英语有困难，而英语是主要的教学语言，因而他们中的大多数都未能符合高等教育入学要求。进入第三级或高等教育院校之前需要过渡课程(Bridging program)。这些必定成本昂贵。
- 艾滋病(HIV/AIDS)的流行，缩减了可进入高等教育机构的潜在生源。莱索托需要在这一层次及更低层次的现有课程中加入一项教育内容，使学生能够意识到这种疾病会给整个国家带来灾难性后果。
- 缺少质量保障和控制。这一问题还没有得到充分应对。在这方面，新招聘教师的导向课程(induction program)和教师素质的持续提升是至关重要的。
- 莱索托的大学依赖政府的补助金。过去已经提出了一些建议，鼓励高等教育机构制定可行的策略，通过产业和私营部门以及从事推销自身服务的创收活动来保障经费的安全稳定。
- 莱索托高等教育机构与南非及以外的高等教育机构之间缺乏学分转移机制。这要求课程的标准化。南部非洲发展共同体教育与培训协议的实施将有助于确保学分转移的实现。

全球化现象对诸如莱索托这样的小而穷的国家带来了特殊的挑战，在某种意义上说是威胁。这些国家的第三级和高等教育子部门规模很有限。但是，全球化打破了国家间的壁垒，使得学生可以跨越国界在全球各地接受教育。这对教育机构来说既有好处又富有挑战。它们得确保不辜负全球大舞台上的人们对其寄予的厚望。

结　语

莱索托仅有1所大学，但拥有由20多所第三级教育机构组成的网络。部分院校由政府主办，其余的则由私人组织(包括教会)运行。在这里要特别提出的是，这些教育机构或者附属于莱索托国立大学，或者就是与该大学建立了特殊的工作关系。

另一个值得特别关注的重要因素是，在莱索托境内不断涌现的外国教育机构的办学，这些机构是南非大学和理工学院的延伸，但是当前尚未得到规制。这一实践引发了对莱索托教育质量的质疑。与此同时，也有许多人对这种发展持肯定的态度，他们认为这些学校填补了空白，并相信现有的国内高教机构有能力满足对高等教育的需求。

莱索托国立大学有一批发展项目。该校需要寻求其他的资金来源，减少对政府资助的完全依赖。将大学私营化的前景尚未得到充分的探讨，但这也许是一个可行的选择。

参考文献

Fielden, J., A. Schofield, D. Berube, R. Blair, A. Crompton, M. Mofolo, and D. Tarpeh. 1995. *Cost Containment Study at the National University of Lesotho*. London: Commonwealth Higher Education Management Service.

Kimane I., M. Ntimo-Makara, and M. Molise. 1999.

Socio-Cultural Phenomena Related to Population and Development in Lesotho. Maseru: Ministry of Economic and Planning.

Lerotholi Polytechnic. 1999. Calendar.

Lesotho College of Education Act. 1998.

Lesotho Institute of Public Administration. 1989-1990. Prospectus.

Makoa, F. K. 2000. "Divestiture and Dependence: Reflections on Lesotho's Privatization Programme." In K. K. Prah and A. G. M. Ahmed, eds., *Africa in Transition: Political and Economic Transformation and Socio-political Responses in Africa*, 119-138. Addis Ababa: OSSREA.

Malie, E. M., N. Gebre-ab, A. S. Hartwvell, V. P. Machai, S. M. Mokete, I. L. Monese, M. R. Montsi, A. Motanyane, M. Motselebane, A. P. Nyenye, M. M. Tiheli, M. T. Motsoene, W. L. Perry, and E. M. Sebatane. 1982. *The Education Sector Survey: Report of the Task Force*. Maseru: Ministry of Education.

Matsela, Z. A., 1986. *Case Study of Lesotho's Higher Education Institutions*. Maseru: UNESCO.

Matsela, Z. A., O. M. Seheri, S. Baholo, G. M. Bohloko, M. M. Maloba, and W. M. Buku. 1978. *Report on the Views and Recommendations Regarding the Future of Education in Lesotho*. Maseru: Lesotho Government Ministry of Education.

Ministry of Education. 1999. Report of Stakeholders Workshop on Higher/Tertiary Education, August 31, Lesotho Sun-Maseru.

National Teachers Training College. 1997. Calendar.

National University of Lesotho. 1992. Order no. 19.

——. 1994-1995. *Faculty of Agriculture Student's Handbook*.

——. 1997-2000. Calendar.

——. 1999-2000. "Creating Effective Educational Opportunities for Basotho." Vice-Chancellor's Annual Report to Council. Volume I and II.

——. 2000a. "National University of Lesotho: A Brief Profile." Roma: Development and Planning Office.

——. 2000b. *Newsletter Information Flash*, vol. 7, no. 1 (April 1).

——. 2000c. Vision 2000 Plus. Roma: Development and Planning Office.

Ntimo-Maikara, M. 1999. "Academic Quality: Critical Issues for the National University of Lesotho," Paper presented at the Lesotho National Commission/NUL Faculty of Social Sciences Regional Workshop on Relevance and Quality in the Formulation and Implementation of Socially Sustainable Development Programmes, Maseru Sun Hotel, Maseru, August 24-26.

O' Neil, M. 1990. *Effective Teaching and Learning at NUL*. A Report on a British Council Consultancy, Maseru: British Council.

SADC (South African Development Community). 1977. "Protocol on Education and Training."

——. 1993-2003. "Long Term Strategy for the Human Resources Development Sector." Mbabane: SADC Human Resources Sector.

Setsabi, A. M., and Z. A. Matsela. 1998. *Report of the Newport University Study Commission*. Maseru: Ministry of Education.

Sims, G. D., E. S. Baholo, N. S. Ndebele, M. Shattock, and A. Wandira. 1989. "Report of a Review Commission for NUL."

UNFPA (United Nations Population Fund) and Government of Lesotho. 1996. *Programme Review and Strategy Development Report*. Maseru: Ministry of Development Planning.

40 利比里亚

帕特里克·L·N·塞约恩

概况与背景

1822年,美国殖民协会创建了利比里亚,以安置被解放了的美国黑奴。自那以后,从穿行在西非海岸的奴隶船上解救出来的黑人奴隶也陆续来到了这个地方。1847年,利比里亚宣布独立,成为非洲现代史上最早成立的共和国。然而,作为非洲仅有的两个从未被任何一个欧洲列强直接殖民统治过的国家之一的利比里亚却一直处在美国移民的控制之下,这种局面直到1980年土著军士长萨缪尔·K·多伊(Samuel K. Doe)发动军事政变夺取权力后才被打破。他是利比里亚16个民族之一的克兰族(Krahn)的成员。克兰族人约占利比里亚人口的90%。利比里亚以3.3%的人口增长率,位列非洲人口年均增长率最高的国家之一,全国人口据不同估计约在250万~300万之间。利比里亚人的平均寿命在50~56岁之间。

利比里亚的二元经济包括主要满足自给需要的农业(也包括一些经济作物的种植),和主要围绕着原材料出口的现代金融业。主要的外汇来源是铁矿石和橡胶的出口。此外,木材、咖啡、可可、黄金和钻石也是利比里亚重要的出口产品。利比里亚的人均国内生产总值(GDP)据不同估计约在386~500美元之间。利比里亚实行双重币制:1980年之前即已采用的美元,与利比里亚元并行,两种货币之间的汇率在45利比里亚元兑1美元与75利比里亚元兑1美元之间浮动。政府是最大的雇主,但是自内战以来(1989—1997),失业率飙升至50%,不充分就业人数激增。

英语是利比里亚的官方语言。从初等到高等教育均采用英语作为教学语言。据联合国教科文组织(UNESCO, 1999)的数据,利比里亚的识字率是46.6%。利比里亚有4个主要的本土语群,其中克佩勒(Kpelle)语的使用最为广泛,有22%的利比里亚人使用这种语言。

尽管在战前利比里亚最新的教育计划,“1978—1990国家教育计划”中提出了扩大正规教育规模的要求,但是1988年,适龄儿童的入学率还只有36%。初等教育的入学已经开始减少。1984—1987年间,初等教育的入学减少了27%(IEES, 1988)。战争期间,公立学校系统关闭,只有在首都蒙罗维亚(Monrovia)尚有几所教会学校还在运行。1997年战争结束以来,初等和中等教育的入学还没能恢复到战前的水平。学校、师资和经费的不足是造成利比里亚入学率低的原因。20世纪80年代中期,作为利比里亚政府的主要教育经费来源的教育援助急剧减少,战争爆发后,这种援助几乎完全枯竭。世界银行、非洲开发银行和国际货币基金组织是利比里亚主要的教育援助来源。

局势的变化直接或间接地影响了利比里亚的高等教育。在20世纪80年代末,利比里亚还有所谓的高等教育“系统”。但是,撕裂利比里亚的战争摧毁了教育体系,造成了“混乱”和“一系列的问题”(Ackoff, Finnel, and Gharajedaghi, 1984:21)。本章以在过去的一个半世纪里深刻影响了利比里亚中等后教育的各种历史、经济、社会和政治力量为背景对“混乱的局面”进行分析。采取上述研究路径得益于以下的认识,“(发展中国家)当前高等教育政策中的许多问题都根源于历史惯例、社会传统与价值,以及政治需要”(Ransom, Khoo, and Selvaratnam, 1993:3)。

进入21世纪,非洲,尤其是利比里亚可持续发展的关键在于人力资源的开发与机构建设。而在这当中,大学是最为关键的机构。大学在人力资源能力建设中的中心地位是众所周知的。它不仅仅是托马斯·赫胥黎(Thomas Huxley)所谓的“新知识工厂”(1900)。它也是驱动现代、后现代世界的引擎。正如雅罗斯拉夫·帕利坎(Jaroslave Pelikan)指出的那样,“一个没有大学的现代社会是难以想象的”(1992: 13)。世界银行非洲区技术部主任伊斯梅尔·萨瓦格丁(Ismail Serageldin)认为,“强盛的大学对于提升非洲国家规划和管理国内事务的能力至关重要”。他进一步指出,“如果没有在学术上和财政上得以维持的大学,那么非洲就会失去未来”(1992: vii)。

这些观点激发了一系列有关利比里亚及其高等教育体系的值得思考的问题。利比里亚是因为缺少“在学术和财政上能够支撑下去”的大学教育体系而崩溃的吗?或者还有其他的因素可以用来解释利比里亚的局面?又或者,假如利比里亚的大学“在学术和财政上是能够支撑下去的”,但是仍然缺少有利的社会、政治环境,以及为大学的计划,或者是“大学的理想”提供的政治承诺和支持,局面又会怎样?(Jaspers, 1959; Newman, 1976; Pelikan, 1992)它仍能履行提供处理利比里亚国家事务所需要的“规划和管理能力”的使命吗?如果利比里亚的大学体系事实上是在一个压迫、独裁的环境中发展的,那么它是否能够通过阿尔特巴赫(Altbach)(1998)诸如“拥护学术自由”和包含学术自由在内的更为广泛的自由框架的考验吗?最后,但同样重要的是,如果人们误将大学视为一个机构而不是一种理念,那么又会怎样呢?(Pelikan, 1992)大学对利比里亚的使命会否被以能否提供“规划和管理利比里亚国家事务的能力”为标准得到正确的理解和评价?

在这些问题的引导下,对利比里亚大学的研究将从对教育发展的社会背景的分析开始。正如帕利坎(Pelikan, 1992:137)所指出的,无法“忽视(大学)所处的社会背景,离开了这一背景,大学就不复存在”。在背景分析之后是简单的历史回顾,这将说明由外部力量来资助和实施大学项目给利比里亚带来的巨大问题。即便在非洲国家纷纷努力创建“非洲的大学”(Yesufu, 1973)并使之成为非洲社会经济和政治发展引擎的时候,利比里亚的大学仍然缺少来自统治精英的政治支持以使之成为利比里亚“发展的大学”(Seyon, 1973)。在此之后,将会对当前的现状加以描述,并继之以对政策改革、课程、财政经费、管理、研究和将来的挑战等问题进行讨论。

背 景

利比里亚的双重背景——非洲和全球化,影响着利比里亚的大学教育。利比里亚中等后教育所面临着的挑战也应该在这样的背景中进行考察。利比里亚向世界呈现了相互矛盾的形象。这个国家同时既是非洲最早的共和国,也是非洲最早的一党制国家。它拥有非洲最早的现代大学之一,然而从所有的实际目的上看它又完全不是非洲人的大学。1997年,名义上的民主选举将权力交给了一位军阀,而没有民主的利比里亚陷入了倒退一个多世纪的危机的泥沼之中。这一背景的各个方面都与利比里亚的大学教育相关,以下将作简要的分析。

19世纪后半叶以来,利比里亚的统治阶层对“大学的理想”几乎毫无兴趣。与之相反的是诸如学院计划的首倡者,哈佛大学的西蒙·格林里德(Simon Greenlead)教授这样的局外人,他“认为(利比里亚)迫切需要的是一所文理学院”(Allen, 1923:15)。对高等教育缺乏热情的部分原因与拒绝将这种教育给予原本居住在美国,后定居于利比里亚的获得解放的奴隶有关。例如,出生于荷属西印度,后来成为利比里亚学院院长的爱德华·威尔莫特·布莱登(Edward Wilmot Blyden)就“因为肤色”被拉特格斯大学(Rutgers University)和其他的一些大学拒绝”(Ajayi, Goma, and Johnson, 1996:17)。在利比里亚,由外部力量决定和提供的高等教育无法融合进利比里亚人对此类教育功能的理解。这种外部的支持在很早的时候就造成了利比里亚对外部力量的依赖,这不仅体现在对财政资源和其他相关支持的依赖上,而且同样重要地,体现在课程的制定和教师的雇用上。19世纪80、90年代和20世纪20、30年代,利比里亚学院(Liberia College)和卡廷顿学院(Cuttington College)都因为海外援助的暂停而暂时关闭。(20世纪80年代,世界银行、非洲开发银行、国际货币基金组织对利比里亚教育援助的急剧减少,导致了政府对各级教育经费投入同样急剧地减少。)

此外,利比里亚的统治精英们没有将高等教育与国家的发展联系起来。而在19世纪下半叶和20世纪上半叶,公众对高等教育也没有产生强烈的需求。正如霍夫分析的那样,"19世纪上半叶利比里亚的环境,不可避免地延缓了开明的领导人所秉持的高等教育对国家发展具有必要性的观念的传播……民众对高等教育事业的同情几乎是空白的"(Hoff, 1962:52)。

尽管如此,在利比里亚,围绕着高等教育的课程,内部和外部力量之间还是发生了冲突。在1862年(利比里亚学院创建)和1890年间,就是否建立一所没有宗派色彩的西非大学(West African University)爆发了激烈的争论。利比里亚的爱德华·威尔莫特·布莱登是在当年的争论中有影响的参与者之一。布莱登主张要建立这样的一所大学,在这里,非洲的教师们"将拥有足够的影响力来揭露和纠正外籍教师出于对非洲特点全然的误解或是轻视所造成的谬误"(Ajayi, Goma, and Johnson, 1996:19-20)。

在其1881年在利比里亚学院所作的题为"非洲人自由教育的目标与方法"的就职演讲中,布莱登反对将现代欧洲文明纳入西非大学的课程中。这是因为这一时期正是跨大西洋奴隶贸易的年代,也是"那些贬低、剥夺黑人权利的理论——神学的、社会学的以及政治学的"被炮制出来的时期。他选择经典,因为它们"能够提供理智的养料……且没有……种族主义的毒汁"。在经典当中,他还要加入阿拉伯语、数学和主要的非洲语言(Ajayi, Goma, and Johnson, 1996)。遗憾的是,布莱登没能在利比里亚学院院长的位置上停留足够长的时间来实施他的计划。他于1884年离任。但是,他对古典课程和自由教育的支持伴随着学院的发展直到1951年成为大学。

尽管利比里亚在形式上是一个独立的国家,它的公立高等教育在19世纪的后半期还是受到了欧洲人对非洲征服和殖民的影响。利比里亚采用欧洲人对非洲领地的殖民管理模式(Liebenow, 1986),并将这种模式应用到它的高等教育管理中。在这种背景下,国家要求"被殖民者"的绝对服从,并无情地惩罚那些被认为是挑战权威的人。相似地,"利比里亚学院法"规定学生入学前要签署同意以下的誓言:"我承诺,一旦成为利比里亚学院的一员,……将遵守学院的一切规章制度;我将切实地避免……对教师的不敬行为和任何反抗他们权威的团体。"(Hoff, 1962:113)那些拒绝签署的人将不被录取。

利比里亚学院制定了详细的规章和条例,全面控制学生生活的各个方面,甚至包括他们离校之后。学生仅仅因为"使用谩骂或责难的语言"来对待任何一项法令和规章,"或因为冒犯权威"就可能会被开除(Hoff, 1962:115)。学院里学生的处境与在这个国家里被殖民者的处境没有什么区别。

缺少民众对高等教育的支持和需求,教授古典课程,采用专制的管理结构,意味着诸如像美国的赠地学院这样的创新的高等教育系统难以出现。相反地,这所学院或大学向其顺从的学生传递古老的"真理",而难以成为赫胥黎所谓的挑战现有秩序和传统,探索真理的新边疆,形成新的世界观的"新知识的工厂"。而这些功能才是面向未来的。

全球化带来了现代化的需要,利比里亚被融入了世界资本主义体系。这是个典型的原材料(主要是橡胶和铁矿石)和廉价劳动力(50美分一天)的输出国,同时也是进口工业制成品的销售市场。美国对利比里亚的第一笔投资来自于1926年的费尔斯通公司(Firestone),到1980年,投资额增长到了5亿美元。然而,如同大多数被剥削的国家一样,利比里亚的增长是"没有发展"的(Clower, Dalton, and Harwitz, 1966)。社会不公随处可见。识字率从曾经最高的80%下降到46.6%;婴儿死亡率上升;平均寿命从56岁降低到46岁(UNESCO, 1999)。

现代化激发了利比里亚人的民族主义情绪和对基本人权的要求。这为大多数被压迫的土著民众在20世纪60、70年代争取公民自由的斗争提供了精神上、社会政治上和法律上的基础,也正是在这样的背景下,利比里亚在1980年发生了第一次军事政变。人们对现代化能够带给利比里亚人幸福生活的希望破灭了,利比里亚的社会、经济和政治状况在军事政变后迅速恶化。人权、公民自由和民主被弃置一边,从属于冷战时代的大国利益。利比里亚成为美国中央情报局和美国之音非洲及近东地区分部的总部所在地。利比里亚在美国的外交政策和冷战中具有了战略性的和军事意义的地位(Schraeder, 1994)。出于这一目的,美国政府支持了萨缪尔·K·多伊残暴的军事独裁,这为1989—1997年的内战铺平了道路。

20世纪80年代,利比里亚从一党制国家变成军事独裁国家。80年代在非洲是一个危机的时代,这已经成为普遍的共识。而利比里亚持续8年导致25万人死亡和250万人口中的三分之二流离失所的派系战争就是这场非洲危机的缩影(Seyon, 1998; World Bank, 1989; Davidson, 1992; Hawk, 1996; Ayittey, 1999; Roberg, 2000)。在集权和专制、种族暴行和内战,以及超级大国对抗的背景下,利比里亚的大学持续地遭受来自国家的暴力冲击,而这,有时是得到了超级大国的挑唆或支持的。1979年和1984年,利比里亚最重要的高等教育机构——利比里亚大学,由于学生抗议而两度被政府关闭。1984年的一次突然袭击造成至少两名学生死亡,数人被强奸和数百人受伤。学生领袖被捕,并遭到就地处死的威胁。这正是发生在冷战的全盛时期。大学被超级大国视为仅次于国家的重要机构,并试图通过它来推销特定的意识形态,实现社会化和思想控制,以及争取非洲青年和未来的领导人。因此在非洲,对大学控制权的争夺就如同19世纪后期列强对非洲的争夺那样激烈。在非洲的政治精英(有些是半文盲的军事独裁者)和作为后台的超级大国眼中,大学不仅仅是煽动民众叛乱的"权力"争夺者,而且还是罗纳德·里根总统所谓的苏联"邪恶帝国"的延伸。在扩张主义学说里,学校里教师和学生任何的反压迫和反暴政的言论,无论是否出于正当的理由,均遭到怀疑和无情的镇压。民主和人权被视作脏词,被作为政治错误的社会主义或共产主义的代名词。

这种环境造成了对知识分子和大学的轻视,尤其是那些倡导社会变革、经济平等、民主和人权的知识分子受到蔑视。这种反智主义,再加上那种认为高等教育的发展无法带来比初、中等教育的发展更高回报的观念,导致利比里亚放弃了发展大学。

与此同时,全球化的大背景催生了大学现代化的使命,而这并不是没有矛盾的(Schraeder, 2000)。这一使命要求:(1)促成非洲本土文化的变革和现代化;(2)促进理性的、不带个人色彩的现代民族国家的形成;(3)为先前受到殖民、剥削的大众参与世界资本主义经济提供帮助;(4)发展管理新国家和实现工业化所需要的高水平管理和专门技能。然而,这一使命的完成即便不是完全不可能的,至少也是极端困难的。本土的非洲文化和大学自身也许就太过弱小,难以抵御全球化带来的冲击,如果不是被毁灭,至少也被边缘化了(Sklair, 1991; Schugurensky, 1999)。有三大基本因素使得现代化的使命几乎无法实现。首先,非洲的统治精英缺乏推动现代化的政治意愿和承诺。其次,大学不具备完成这一使命的能力和资源(Castells, 1993)。再次,外部力量,尤其是世界银行,破坏了非洲的发展与大学的发展(Assie-Lumumba, 1993; Ajayi, Goma, and Johson, 1996)。

在利比里亚和非洲,所有的这一切将"大学的理想"置于何处?在这样的背景下,赋予大学的现代化的使命能够实现吗,大学又该怎样前行?部分的答案在于大学应该从事其最擅长的工作。也就是要专注于现代化使命中最为核心的目标:为高效率的国家管理,更高层次的生产力和科学研究,培养掌握科学知识、技术技能的高层次人才。这些将会成为启动经济快速发展和现代化的引擎。雅克·霍拉克(Jacques Hallak)写道:

> 有五大人力资源开发的"激发器":教育,卫生与营养,环境,就业,以及政治和经济的自由。这些激发器相互联系、彼此相依,而教育是其他四个激发器的基础,它是改善卫生与营养状况、保持高质量的环境、增加和改善劳动力储备、维系政治和经济责任的基础性因素。(Hallak, 1990:1)

利比里亚的大学是否能够跳过现代性,直接进入后现代,成为克拉克·克尔(Clark Kerr)所说的"多元大学"(multiversity)(Kerr, 1963)还有待观察。它又是否将会能够不受阻挠地享有实现其使命所必需的自由与自治,得到政治上的承诺与财政支持?

历史背景

从1862年到20世纪80年代中期,利比里亚的高等教育集中在3所院校。作为利比里亚大学(University of Liberia)前身的利比里亚学院(Liberia College),是利比里亚最早的公立高等教育机构。作为卡廷顿大学学院(Cuttington University College)前身的卡廷顿学院(Cuttington Collegiate College),是一所受美国圣公会传教团资助的私立学院。以及在1978年通过合并1971年成立的原哈珀技术学院(Harper Technical College)的基础上建立起来的利比里亚的第二所公立中等后教育机构威廉·V·S·塔博曼技术学院。20世纪80年代中期,四所私立学校声称具有初级学院地位,它们是:瑞克斯学院(Ricks Institute)(现已不存在)、锡安学院(Zion Academy)(现锡安社区学院,Zion Community College)、蒙罗维亚学院(Monrovia College)和西非学院(College of West Africa)(IEES, 1988)。此外,还有两所公立的农村教师培训学校(Rural Teacher Training Institutes, RTTIs):卡卡塔农村教师培训学校(Kakata Rural Teacher Training Institute, KRTTI)和佐佐农村教师培训学校(Zorzor Rural Teacher Training Institute, ZRTTI)。这两所学校应当是中等后教育层次的,但是实际上并没有达到这一水平。另外两所中等后培训机构是马诺河联合林业培训学校(Mano River Union Forestry Training Institute)和塔博曼国家医学院(Tubman National Institute of Medical Arts)。20世纪90年代中期以来,蒙罗维亚学院已经升格为一所四年制的文理学院,并更名为非洲人美以美大学(A. M. E. University)(它现在得到了美国的非洲人美以美会的财政资助),同一时期,一所新的学院——东博斯科技术学院(Don Bosco Technical College)建立起来,这同样是一所私立的教育机构,受到天主教会的资助。

利比里亚学院/利比里亚大学

利比里亚的高等教育始于1862年利比里亚学院的建立。这所学院是由一群代表马萨诸塞州波士顿市的麻省殖民协会(Massachusetts Colonization Society, MCS)的慈善家以利比里亚教育捐赠托管人的名义建立的。麻省殖民协会是美国殖民协会(American Colonization Society, ACS)在马萨诸塞州的分会。

尽管利比里亚的立法机关通过一个法案建立了利比里亚学院,但是一直到1878年,该校的校舍建设、设备添置、图书资料采办和教师薪水发放都要仰赖捐赠信托来提供(Hoff, 1962)。正如前文所述,该校提供古典的文科教育。直到该校在1951年升格为大学,该校的课程中除了包含进了阿拉伯语外,没有任何内容与利比里亚和非洲的社会、经济、政治与历史相关,即便在学校升格后在这一方面也鲜有改观。

在这所学院里,这些捐赠托管人发现,非洲人能够向这个充满疑惑的世界证明他们也能够从事理智的探索,而这在当时的西方世界里被认为是一件可笑的事情。因此,毫无疑问,正像这些捐赠托管人所设想的那样,该校明确的使命是向“相当数量的学生,提供全面的文化、科学和专业教育”(Allen, 1923,5)。最终,这个学院的毕业生们将会成为利比里亚国家和教会的领导人。这个使命已经得到了实现,从利比里亚学院里走出了6位利比里亚的总统和一大批的国家和教会的高级官员。

学院如何满足利比里亚人的需要是1880—1885年间捐赠托管人关注的问题。他们做了一项研究,准备采用弗吉尼亚的汉普顿学院(Hampton Institute)的模式,增设一个师范系和一个农学、工业系。1884年,将学院重组为基础部、科学部和古典部,三个部系的提议得到了采纳。这些捐赠托管人认为,“如此的安排能够影响众多的青年人,培养出富有才智的劳动者、合格的教师,并让少数的一些人能够满足从事专业工作的要求”(Allen, 1923:55)。他们认为利比里亚学院能够像汉普顿学院为弗吉尼亚的美国土著所做的那样,服务利比里亚的非洲人。尽管利比里亚大学所需要的财政资源已经远远超出了所能得到的资助水平,支持利比里亚高等教育发展的经费仍然要仰赖捐赠托管人的慷慨。

1951年,作为利比里亚学院继承者的利比里亚大学在首都蒙罗维亚开办。在它的章程中陈述的大学使命包括:创建一所向所有人,利比亚人与非利比亚人一视同仁,提供各学科专业教育的高等学府;形成一种在学术自由的氛围下以获取知识自身为目的地探索新知,并能利用知识消除阻碍利比里亚社会全面发展的大环境(Hoff,

1962:120)。

利比里亚大学在其5个本科学院中开设了32类学位课程,此外还有4类研究生课程。这5个本科学院是利比里亚学院(社会科学与人文学院)(Liberia College)、威廉·V·S·塔博曼教师教育学院(William V. S. Tubman Teachers College)、T·J·R·福克纳科学技术学院(T. J. K. Faulkner College of Science and Technology)、商业与公共管理学院(College of Business and Public Administration)和W·R·T·Jr.农林学院(W. R. T. Jr. College of Agriculture and Forestry)。研究生学位则由以下院系授予:A·M·道格里奥提医学院(A. M. Dogliotti College of Medicine)、路易斯·亚瑟·葛莱姆斯法学院(Louis Arthur Grimes School of Law)、药学院(School of Pharmacy)和区域规划课程(Regional Planning Program)。

1989—1997年的内战给利比里亚大学留下了一片废墟。1991年开始了恢复大学院系的工作。根据1991年所作的测算,完成必要的维修和更新需要花费2000多万美元。1997年上台的现政府很少关注利比里亚大学重建的需要,没有为它提供必要的资金。战争的破坏使大学的发展倒退了至少50年。许多因战争而逃离的资深学者现在已不太可能重返这个国家。现有工作人员的薪资则往往拖欠6～8个月才能发放,而一个月的薪酬还不到50美元。

卡廷顿学院及神学院/卡廷顿大学学院

1888年,美国圣公会传教团在马里兰县(Maryland County)哈珀市(Harper City)创办了霍夫曼学院(Hoffman Institute)。一年后,又增设了一所神学学校,学院更名为卡廷顿学院及神学院,以纪念传教团的司库R·富尔顿·卡廷(R. Fulton Cutting),是他拿出了办校的第一笔5000美元的资金。与利比里亚学院一样,卡廷顿学院及神学院开设古典文科课程。1926年到1948年,学院主要是因为财务困难的原因而关闭。1949年,它迁至利比里亚中部位于苏瓦克克(Suacoco)的现在的校园,它位于蒙罗维亚西北方向120英里。该校的使命在于:创办一所培养学生"坚强的基督徒品格",并使他们能够参与市场竞争或继续深造的文科学院。

目前,该校在教育学、人文学、社会科学、护理学、科学和神学等领域开设了12种学士学位课程。它的农村发展学院提供植物与动物科学专业的一个与农学相关的副学士学位课程(Snyder and Nagel, 1985)。

卡廷顿大学学院也没能在战争中幸免,大量的设施遭到了破坏。在战争期间,学校无法经营。在战争爆发之前,学校主要的经费来源于政府的资助。但是开战后,它得到的只是来自政府的一个又一个无法兑现的承诺,而没有资金的流入。

哈珀技术学院/威廉·V·S·塔博曼技术学院

20世纪60年代末,利比里亚的经济经历了异常的"没有发展的增长"(Clower, Dalton, and Harwitz, 1966),人们开始注意到需要建立一所培养中级技术人员和中小学技术教育教师的学校。这种对技术人才的需求被看做是对国家的发展至关重要的,而现有的两所高等教育机构却无法满足这种需要。这导致了1971年哈珀技术学院(Harper Technical College, HTC)的建立。该校在后来的1978年通过合并成为了威廉·V·S·塔博曼技术学院(William V. S. Tubman College of Technology)。在政治干预下,该校选址在一个偏远地区,远离原本可以建立合作关系并提供就业市场的工业区。此外,学院设施简陋,配套服务差,缺少合格的教师、技术实验设备、图书资料、足够的电力供应和电信服务(Snyder and Nagel, 1985: 99-100)。

该校的专业包括土木工程、电气工程、工业管理工程、机械工程和技术教师培训。除了前面提到过的问题外,该校的未来也不确定,因为政府还在指望依靠世界银行的一笔尚未兑现的贷款来资助学校的发展。该校撑到了1989—1997年内战的开始。战争结束后,学校没有重新开放。

当前的趋势和模式转变

当前,在利比里亚,尚没有全国性的机构来

制定国家的高等教育政策，或是对高等教育机构的活动进行指导和评估。高等教育的运行多多少少是基于自由市场的模式：由需求来驱动高等教育机构的设立，而国家只进行极其有限的管理。这是系统性的现象。即便是在国家为私立初、中等和中等后教育机构提供资助的 1970—1984 年间，，政府经营的学校也只占到总共 1084 所学校中的 66%，覆盖 32%的适龄儿童（Snyder and Nagel，1985：48）。到了 1987 年，政府经营的学校所占的比例下降到了 60%，而随着大多数公立学校的关停，在 90 年代的战争期间，这一比例更是急剧下滑。这就为教会和个人创办学校留下了相当大的空间，但其中不少学校的质量水平却是很成问题的。

1984 年，教育部召集了全国教育与培训政策会议。会上形成的政策之一是要建立一个高等教育委员会（Ministry of Education，1984）。该委员会在 1985 年得到了法律上的授权，但是直到 2000 年才建立起来。委员会的职能包括：充当学院与大学的认证委员会，负责向通过认证的院校分配政府的资助，为入学和跨校学分转换制定统一的标准。

当前，利比里亚大学和卡廷顿大学学院都在教育部的控制之外独立运营，并且制定自己的政策。它们组织自己的入学考试，协商出了相互之间学分转换的方案。合格的应试者必须持有中学毕业证书，并已通过国家考试。利比里亚大学考查数学和英语，而卡廷顿大学学院考查的科目更多。卡廷顿大学学院是一所私立学校，它只录取那些通过它的入学考试的学生，而利比里亚大学迫于政治和公众的压力，也有条件地接受那些通过了一个科目的考试，另一科目虽未通过，但分数也已达到补习线的考生。威廉·V·S·塔博曼技术学院只招收那些满足其入学要求的学生。

因为没有全国性的协调机构，利比里亚大学和卡廷顿大学学院都实施了雄心勃勃的扩张计划。在利比里亚大学的十年长期规划（1976—1987）中，计划将学校迁至距离城市 18 英里外的新校址，那里将会有足够的土地用于学校的扩充。1983 年，农林学院已迁至新址，其设施是依靠世界银行提供的一笔贷款来完成的。科技学院也已开始搬迁。3 个研究生学院：医学、法学和药学将留在蒙罗维亚校区。但是到了 80 年代末再来看，这 2 所学校雄心勃勃的发展计划能否实现就令人怀疑了。斯奈德（Snyder）和内格尔（Nagel）这样说：

> 这些学校都有扩张的意图，但是都面临窘迫的财政制约。它们现有的专业都受制于设施欠维护、教学资料有限和运行经费的不稳定与不充足。研究活动少之又少，图书馆藏书有限，而且还在流失。因为利比里亚的第三级教育机构之间鲜有相互的协调，因此这些学校都得独自面临各种问题。（Snyder and Nagel，1985：96）

尽管国家迫切需要训练有素的劳动力来推动重建与发展，但是战争已经阻碍了利比里亚主要的高等院校在近期实施发展计划的任何努力。

还有三个问题需要得到解决，那就是：内部效率、外部效率和入学与公平。就利比里亚而言，IEES（Improving the Efficiency of Education）所定义的内部效率和外部效率的概念如下：

> 如果教育与培训能够为可持续的经济和社会发展作出贡献，发展的知识和技能能够满足专门化的就业市场的需求，而且产出的类型与数量合理，那么这个教育与人力资源系统（education and human resource，EHR）就是外部效率高的。如果一个系统能够为提高教育质量，增加教育产出，合理配置和使用现有的资源，那么就是内部效率高的。（IEES，1988：9）

首先应该注意的一点就是，在像利比里亚这样的一个文盲率高的国家里，其国民所能接受到的任何一点高等教育都是有益于社会发展的，即便接受了高等教育的人并没有直接从事经济活动。现有数据和系统记录的缺失使得对利比里亚高等教育进行内部和外部效率的评估非常困难。在利比里亚，对具体的高等教育计划与劳动力市场需求之间联系的清晰的分析也是没有的。在这方面少数的例外也许就是对利比里亚教师培训与国内对合格教师的需求、医学教育与国内对医生的需求之间关联程度的分析。

20 世纪 80 年代末，利比里亚大学的一些课程表现出了缺乏内部和外部效率的迹象。因为有条件入学所造成的学生的高补习率（高达 70%）、高辍学率（某些专业达到 60%）以及四年内毕业的低毕业率，都表明了内部效率的问题。例如，1983—1987 年间，利比里亚大学教师教育学院的学生中，只有 15%的人毕业，同一时期，该院的研究生比例下降了 40%(IEES, 1988)。教师则被薪酬更高的其他工作所吸引，离开了学校。教师因为待遇问题离开学校，这不是教育机构自身的问题。而与此同时，所有的教师培训机构每年总共培养出来的 253 名新教师不足以满足教育系统对合格教师的大量需求。合格教师、教学材料、实验设备与后勤供给的不足，再加上教室的日渐破败，都加剧了利比里亚大学内部效率的缺陷。

从表面上看，入学与公平或许不见得是一个问题。例如，在形式上就没有任何一条规定限制任何一个社会群体入学。公立的初等和中等教育实行免费。但是，家长必须要每年花费 157 美元来购买校服、书籍和日常用品。这对于一个战前人均国内生产总值据不同估计只有 386～500 美元的国家来说，就是一个严重的问题。同样的，形式上在利比里亚也没有限制女性接受高等教育的规定。然而，完成中等教育的女性人数有限，制约了女性参与中等后教育的人数。例如，在 1981—1987 年间，政府经营的中学吸纳了学生总数的 60%，女生只占到了 38%(Snyder and Nagel, 1985)。而又只有更少的一部分女生完成了中学教育，并试图升入大学。教会在农村地区创办的中学，比公立学校有着更好的设备和师资。教会学校对信徒的子女开放，仅少量收费或免交学费。结果就是，这些学校的学生在大学的入学考试中的表现要优于公立学校的学生，更容易被大学录取。这就造成了接受高等教育的机会更倾向于广大生活在农村地区的民众，这起到了社会杠杆的作用。

治　理

高等教育的管理在利比里亚是分权的。每一所高等教育机构都是按照国定的章程实行自主经营。由各自的理事会依据章程进行管理。教育部长在各校的理事会中代表国家，但是不具有否决权。利比里亚大学的管理结构是复杂的。在负有全面政策责任的理事会之下，设有行政委员会。该委员会由全体学术和行政官员以及两名选举产生的教师代表和两名选举产生的学生代表组成。委员会充当大学校长的顾问机构，并监管学校的日常运营。此外，利比里亚大学还设有教师评议会以处理学术事务。评议会由各专业的负责人、教授、副教授组成。有权处理教师晋职、新专业审批、学位授予等事务。最后，利比里亚大学还设有一个教职工大会，每年召开 2～3 次，负责处理各种一般的有关教职员方面的问题。这样的架构确保了该校实行全员的、民主的管理。理事会对各种管理机构的政策决定保留了否决权。这成为理事会与师生之间产生矛盾的根源。卡廷顿大学学院的管理架构也与此类似。

院校能力与结构

在战争爆发的 1989 年底，全国所有的大学、学院和培训机构的入学总人数加在一起接近1 万人。其中的大部分，约 7000 人，被利比里亚大学和卡廷顿大学学院吸纳，余下的分散在各所技术学校和农村培训学校里。到了 1999 年，尽管大多数专业因为师资短缺，实验设备、空间不足导致接纳能力仍未恢复到战前水平，但是利比里亚大学的在校生人数已经膨胀到了 1 万人。卡廷顿大学学院的生源规模没能恢复到战前的 1000 人的水平，而其他的大多数院校都已关门。到了 1998 年，从这个高等教育体系里走出了 800 多名研究生，这一数字是 1988 年 400 余人的 1 倍。在这个高等教育体系顶端的是公、私立大学，之后是各个学院和培训机构。

财政与筹资模式

由于缺少 20 世纪 90 年代的数据，因此在对模式进行分析时只能采用 80 年代的资料。当前，国家不太可能再像战前那样来资助高等教育。这在一方面是因为根本就没有资金可用于资助，而在另一方面则是因为国家也没有延续原有资助模式的承诺和意愿。在 1962 年之前，利比里亚大学的运营经费是纳入教育部预算的，支出要得到教育部长的批准。1962 年之后情况发生了变化，国家拨付给高等教育机构的补助直接划拨给了各校的管理机构。只不过出于预算的目的，这笔资金还是被记在教育部的预算中。例如，1986—1987 财年，在教育部的 3620 万美元的预算中，利比里亚大学得到了 532 万（占 14.7%）；威廉·V·S·塔博曼技术学院得到了 87.3 万（占 2.4%）。在拨付给私立和教会资助院校的总共为 196 万美元中，卡廷顿大学学院得到了 65 万，或者说是总额的 33%。这笔来自国家的资金占到了该校经常性预算的 75%。

如前文提到的，国家也向私立的和教会开办的中等后教育机构提供资助。此外，它还向在这些学校里就读的学生提供财政支援，负担一半的学费和书本费。但是，此项政策出于前文已经提到过的原因，已经不太可能再延续下去了。

利比里亚大学自 1951 年成立时起就已经采取了学生及家长分担高等教育成本的模式，只不过当时的学费和杂费不高且在能够负担的范围以内。即便在战后，来自学生和家长对学校经常性预算的贡献也不过 10%。由于政府压缩经费，在可以预见的将来，越来越多的教育成本将会被转嫁到学生和家长身上。有一些分析家建议，“应该要提高学费，将投资高等教育的责任更多地从政府转移到学生和家庭”（IEES，1988:43）。这或许将会抵消 20 世纪 70、80 年代在入学公平方面所取得的成绩，造成可怕的社会经济与政治后果。

教学语言及其影响

如前文所述，英语是利比里亚的官方语言，它也被用作从小学直到研究生教育的教学语言。大多数入学的儿童来自于讲某种利比里亚本土语言的地区。他们接受 2～3 年的学前教育，其主要的内容就是英语的学习（Leinhardt，1985）。尽管还有待系统的研究，但已有迹象表明，国家考试和大学入学考试的高失败率很可能与英语能力的缺陷有关。尽管常常会归咎于教师素质不高和教学材料缺乏，但整个教育系统中出现的高复读率和高辍学率也可能与语言障碍是有关的。

特定问题

20 世纪 70、80 年代在利比里亚独裁与人治的海洋中，大学校园是仅存的民主的孤岛，就同今天的情形一样。大学里学生们建立起了多党参与的民主制度和民主结构来实行学生的管理。校园报纸对中央政府的内政外交评头论足。在一个将反对意见视作叛国的一党制国家，学生们成为事实上的反对派。学生们诸如此类的活动在政府看来是颠覆性的，也并非没有引起政府的警觉。正如前文所言，在 1979 年和 1984 年，利比里亚大学曾两度被政府关闭。

政府与大学之间存在着根本性的政策分歧。每一任总统或国家领导人都认为自己是国家和高等教育机构的最高统治者。因此，他们会对在教师们看来纯粹属于学术性的事务横加干涉，比如学术职称的晋升。对政府在这些事务或政策上的批评都被视作是对总统的直接冒犯。因之，此类的活动都构成了对冒犯者进行整治的理由，无论他们是校园学生报纸的编辑，还是撰写、发表文章或发表演讲的教授。国家为学校提供了经费，因此也有人认为教师和学生没有权利恩将仇报，批评政府。学院和大学校园成为居于统治地位的政治精英和师生之间意识形态的战场。争论的焦点在于国家要求大学，尤其在人文与社会科学领域传授“国家规定的知识和真理”。20 世纪 80 年代和 90 年代早期，不少师生都在非洲国家对大学持续不断的暴力攻击中失去了生命（Atteh，1996）。

由于本国的经济在全球性的大萧条中表现不佳，而不得不削减大学的经费时，政府的日子也并不好过。1970—1980 年间，利比里亚因为国际市场对其初级产品，主要是铁矿石和橡胶的需求的减少，丧失了 40%的购买力（Atteh，1996）。而学生们则将这种经济的下滑视作是对政府的政治行动的惩罚。

在世界银行施加的外部压力下，政府高等教育经费政策的调整也是导致政府与师生关系紧张的一个原因。来自世界银行的经济学家们告诉利比里亚和其他的非洲国家，投资初、中等教育比投资高等教育能带来更高的回报。高等教育被视作是精英主义的，因为它只面向一小部分的学生，而且成本高昂。因此，政策的选择是显然的：利比里亚如果要实现快速的经济增长与发展，那么必然应该将有限的资源投向初、中等教育。由于世界银行是利比里亚教育经费投入的主要来源,所以忽视它提出的政策建议对国家而言没有好处。1972年,在世界银行发放给利比里亚的教育投资贷款中,第三级教育所获得的资金最少(14%);到了1984年,经费比例急剧下降到仅剩4%。在世界银行的误导下,利比里亚忽视了联合国教科文组织的研究报告:"高等教育投资与社会、经济和文化发展水平之间的相关性是得到充分证实的。"(Snyder and Nagel, 1995:18)

中等后教育体系在当前和未来所面临的挑战

20世纪80年代中后期的不少研究提出了改革利比里亚教育的建议,但是这些建议都因为1989年战争的爆发而未能付诸实践。当时就已经发现的问题自那以后愈演愈烈达到了引发危机的程度。这些研究包括:《走向二十一世纪》(*Towards the Twenty-First Century*)(Gongar, Snyder, Mintah, and Bropleh, 1984),《走向21世纪:利比里亚大学长期规划的补充》(*Towards the 21st Century: An Extension of the University of Liberia's Long-Range Plan*)(University of Liberia, 1984),《教育与培训部门评估》(*Education and Training Sector Assessment*)(USAID, 1985),《继续奋斗! 世界银行与非洲开发银行对利比里亚教育发展的投资(1971—1985)》(*The Struggle Continues! World Bank and African Development Bank Invest ment in Liberian Educational Development* (1971—1985))(Snyder and Nagel, 1986),以及《教育与人力资源部门评估》(*Education and Human Resources Sector Assessment*)(IEES, 1988)。这些研究都强调利比里亚对教育问题应该采取系统的方法来解决。高等教育机构所遇到的一些问题,诸如学生基础差、额外补习、高退学率和高复读率等都与中小学的师资水平低、教学材料不足,以及设施落后有关。显然,要有效地解决这些问题就需要采取系统的方法。系统的方法也将能够解决辛德(Snyder)和内格尔(Nagel)所指出的"松散的双重体系"(loosely coupled system)的问题:各要素松散地调和在一起(有时根本就没有任何协调),各单位彼此独立地运作,生产与需求脱节,产出过剩且质量低下。

采用系统方法之后,接下来的问题就是要重新定义大学的使命,使大学成为克尔所谓的"多元大学",和赫胥黎所说的"新知识的工厂"。但是,知识的探索与创造不应该仅仅是出于寻求知识本身的目的。它应该有助于解决利比里亚社会的贫困、疾病和无知的问题,在利比里亚从战争走向和平、从专制走向民主、从不发达转向现代化的大变革中发挥积极的作用。大学里的学者们、利比里亚的统治精英们以及国际社会,尤其是学术界,应该携起手来一起努力。

第三,大学使命的重新定义使得国家与大学的关系以及大学自治这一重要问题凸显了出来。大学在利比里亚国家发展中不可或缺的重要性,要求利比里亚的统治精英们为了大学的有效运行应该允许大学享有必要的自主权,提供必要的财政和其他方面的支持。但是,利比里亚缺少民主的传统和氛围,使得这一变革尤其具有挑战性。大学不能借口自治以逃避对资助其发展的民众和国家所应承担的责任。但是,国家也不能抱有不允许大学对其政策进行批评的态度。大学不能披着"学术自由"的外衣将自己政治化,以至于无法履行教学与研究的职能。在学术自由、责任与政治干预之间应该要有明确的界线。这条界线应该得到大学相关各方的承认和尊重。

第四,利比里亚大学面临经费上的挑战。如雅克·哈拉克(Jacques Hallak, 1990)指出的那样,如果说投资人力资源开发是在投资国家的未来,那么,利比里亚应该将投资教育,尤其是高等教育,作为国家的优先政策。这不是在初、中等教育与高等教育之间的一个二选一的问题。两者都是需要的,应该在这两个水平的教育中做到平衡。国家发展所需要的科学家、工程师、医生、农学家以及其他的高层次技术和管理人才无法依靠初、中等教育来培养,但是,如果离开了坚实的基础,那么大学也将无力培养这些人才。

必须要找到富于想象力、创造力的方式为高等教育的发展提供经费,因为这是为了全社会的共同利益。向学生及其父母转移更多的教育成本的建议只会造成入学公平的问题,给那些无力承担学费的人造成障碍。可以尝试各种财政援助和学生贷款的方法来解决问题。例如,战前,医学院的毕业生因为享受国家大量的补助,被要求在获得文凭和成绩单之前须在农村地区服务一年。结果是学生热衷于这种实习，而农村里的民众则享受到了通过别的途径无法享受到的医疗服务。教师教育也可以采取相类似的方案。在利比里亚，可以采用类似美国和平队（Peace Corps）和就业工作团（Job Corps）的方案来为高等教育提供经费。

科研、出版与教学的现状

在利比里亚，政府和其他高等教育的外部资助者都鲜有兴趣资助大学的科研活动。此外，合格教师数量的不足，也造成了在职教师教学负担沉重，使他们很少有时间从事科研活动，甚至根本就没有时间。战前，利比里亚大学发行过两份期刊，一份是法学的，另一份是社会和人文学科的。但是战争爆发后，两份刊物的出版就都中断了。这就提出了一个涉及适切性的根本性的问题，这是一把双刃剑。20 世纪 70、80 年代衡量适切性的标准在于大学是否回应了普通非洲人所需要解决的问题。由于人们普遍认为大学没能完成这一使命，因此要解决适切性问题的方法就是大学的“本土化”（Yesufu，1973）。而今天，人们衡量非洲大学在适切性方面表现的标准在于大学所开展的活动是否有价值，且在大学之外找不到更为有效、成本更为低廉的解决方案，大学以此来表明其自身存在的合理性（Schugurensky，1999）。这包括三方面问题：

- 利比里亚和非洲的大学是否仅仅只是发达资本主义世界所生产和行销的知识的消费者或传送带？
- 大学里的知识与普通非洲人所面临的社会、政治和经济问题的解决之间到底有着多大的相关性？
- 大学是否能够发挥赫胥黎所说的“新知识的工厂”职能？

讨论利比里亚和非洲的大学的适切性，最为核心的是最后一个问题。例如，在战前的利比里亚，草药医生的疗法在治疗疟疾、高血压以及其他疾病方面比西方的疗法更为有效，但是却没有人去支持他们对所利用的草药的化学成分进行分析。本土的农学家知道哪一些作物具有抗病性，什么样的土壤最适合这些作物生长，但是西方大学里培养出来的植物和土壤科学家们却忽视这些知识，把它们看做是“原始的”，不能带来更好的结果。在全球的知识经济中（Altbach，1998），大学如果不能开展这些基础研究以表明自身存在的价值和寻求支持的合理性，那么它就很有可能会沦为“无关紧要的”（Schugurensky，1999）。利比里亚和其他的一些非洲国家或许还没有看见基础研究、开发与国民经济增长之间的关系，但是它们确实应该好好关注一下像美国和日本这样的先进的工业化国家，这些国家都在研究与开发上投入巨资以刺激经济的增长。

结　语

本研究回顾了利比里亚过去一个世纪里高等教育的发展，尤其对利比里亚大学、卡廷顿大学学院和威廉・V・S・塔博曼技术学院进行了更多的讨论。在这一时期里，利比里亚在满足发展所需的人力资源方面取得了显著的进步。这表现在学位课程数量、学生人数和高等教育机构数量的增加上。但是，数量的增加并没有随之带来相应的质量的提高。经费问题、科研问题，以及当前和未来所面临着的挑战都需要进行反思，以便改进整个的高等教育体系。

遗憾的是，本研究确证了《1988 年提高教育系统效率报告：教育与人力资源部门评估》（*Improving the Efficiency of Educational Systems* 1988 *report*，*Education and Human Resources Sector Assessment*）的结论。该报告提到：

> 目前，教育与人力资源（EHR）活动没能发挥其本应起到的，且本来就以之为目的的促进社会与经济发展的作用。实际上，正规的教育与培训体系正处在危机当中，因为内部效率的降低，以及无法培养出利比里亚发展所需要的类型与质量的毕业生，它正变成影响发展的负面因素。在政府责任方面，造成教育与培训活动处在危机中的原因则在于日益明显的偏重于公务员和教师的收入转移计划，而非投资于提高国民的知识、技能水平。（1988：51-52）

2001 年提供给高等教育的资源比 20 世纪 70、80 年代的时候更少，尽管自 80 年代中期就已经开始削减对高等教育的资助。在战争中遭到破坏的设施没有得到恢复，政府既没有兴趣也没有承诺要改变这一现实。最后要说的是，利比里亚的“乱象”已经进一步恶化，“大学的理想”正濒临死亡，利比里亚没能剩下任何一所起作用的大学，利比里亚人民无法依靠利比里亚的高等教育机构来建设自己的未来。

参考文献

Ackoff, R. L., E. V. Finnel, and J. Gharajedaghi. 1984. *A Guide to Controlling Your Corporation's Future*. New York: Wiley.

Ajayi, J. F. A., L. K. H. Coma, and G. A. Johnson. 1996. *The African Experience with Higher Education*. Accra: The Association of Afri—can Universities.

Allen, G. W. 1923. *The Trustees of Donations for Education in Liberia*. Boston: Thomas Todd Company.

Altbach, P. G. 1998. *Comparative Higher Education: Knowledge, the University and Development*. Greenwich, Conn.: Ablex.

Assie-Lumumba, N'D. T. 1993. "Higher Education in Francophone Africa: Assessment of the Potential of the Traditional Universities and Alternatives for Development." AFTHR Technical Note No. 5. The World Bank.

Atteh, S. O. 1996. "The Crisis in Higher Education in Africa." *Issues* 24, no. 1: 468-477.

Ayittey, G. 1999. Africa in Chaos. New York: St. Martin Griffin. Carnoy, M. 1995. "Rates of Return to Education." In M. Carnoy, ed., *International Encyclopedia of the Economics of Education*. 2nd ed. Oxford: Pergamon.

Castells, M. 1993. "The Informational Economy and the New Interna—tional Division of Labor." In M. Cary, ed., *The New Global Economy in the Information Age*. University Park: Pennsylvania State University Press.

Glower, R. D., G. Dalton, and M. Harwitz. 1966. *Growth Without Development: An Economic Survey of Liberia*. Evanston, Northwestern University Press.

Davidson, B. 1992. *The Black Man's Burden*. New York: Times Books.

DeMars, W., S. Talbott, and J. M. Weinstein. 2000. "The Crisis in Africa." *World Policy Journal* 27, no. 2 (Summer): 1-25.

Domatob, J. K. 1996. "Policy Issues for African Universities." *Issues* 24 (Winter/Spring).

Gongar, E. O., C. W. Snyder, Jr., S. Mintah, and A. Bropleh. 1984. *Towards the 21st Century: Development-Oriented Policies and Activities in the Liberian Education System*. McLean, Va.: Institute for International Research.

Gray, J. 1998. *False Dawn: The Delusion of Global Capitalism*. New York: New Press.

Hallak, J. 1990. *Investing in the Future*. Paris: International Institute for Educational Planning.

Hawk, B. 1996. "African Universities in Crisis." *Issues* 24 (Winter/Spring).

Hoff, A. A. 1962. *A Short History of Liberia College and the University of Liberia*. Monrovia: Consolidated Publication Incorporated.

Huxley, L. 1900. *Life and Letters of Thomas Henry Huxley*. 2 vols. London: Macmillan.

LEES (Improving the Efficiency of Educational Systems). 1988. *Education and Human Resources Sector Assessment*. Tallahassee, Fla.: Learning Systems Institute.

Jameson, F. 2000. "Globalization and Political Strategy." *New Left Review* (July/August): 49-68.

Jaspers, K. 1959. *The Idea of the University*. Translated by H. A. T. Reiche and H. F. Vanderschmidt. Boston: Beacon.

Kerr, C. 1963. *The Uses of the University*. Cambridge, Mass.: Harvard University Press.

Liebenow, J. G. 1986. *African Politics: Crises and Challenges*. Bloomington: Indiana University Press.

Leinhardt, G. 1985. "Liberia." In *The International Encyclopedia of Education*. Oxford: Pergamon.

Newman, J. H. 1976. *Idea of the University Defined and Illustrated*. Edited by I. T. Ker. Oxford: Clarendon.

Pelikan, J. 1992. *The Idea of the University*. New Haven, Conn.: Yale University Press.

Ransom, A., S. Khoo, and V. Selvaratnarn. 1993. *Improving Higher Education in Developing Countries*. Washington, D. C.: World Bank.

Roberg, R. I. 2000. "Africa's Mess, Mugabe's Mayhew." *Foreign Affairs* 79. no. 5 (September/October): 47-61.

Saint, W. S. 1992. *Universities in Africa: Strategies*

for Stabilization and Revitalization. Washington, D. C. : World Bank.

Schraeder, P. J. 1994. *United States Foreign Policy toward Africa: Incrementalism, Crisis and Change*. Cambridge: Cambridge University Press.

——. 2000. *African Politics and Society*. Boston: Bedford/St. Martin's.

Schugurensky, D. 1999. "Higher Education Restructuring in the Era of Globalization: Toward a Heteronomous Model?" In Robert F. Arnove and Carlos Alberto Torres, eds. , *Comparative Education*. Lanham, Md. Rowman & Littlefield.

Secretariat of Education and Scientific Research (Libya). 1995. *Statistical Reports on Universities and Higher Technical Institutions*. Tripoli: Secretariat of Education and Scientific Research.

Serageldin, I. 1992. "Foreword." In W. S. Saint, *Universities in Africa: Strategies for Stabilization and Revitalization*. Washington, D. C. : World Bank.

Seyon, P. L. N. 1973. "The University of Liberia." In T. M. Yesufu, ed. , *Creating the African University*. Ibadan: Oxford University Press.

——. 1977. "Education, National Integration, and Nation-Building in Liberia." Ph. D. diss. , Stanford University, California.

——. 1997. "Rebuilding the University of Liberia in the Midst of War." *International Higher Education* 8 (Summer): 2.

——. 1998. *Quick Fixing the State in Africa: The Liberian Case*. Working Paper no. 217. Boston: Boston University, African Studies Center.

Sherman, Mary A. B. 1990. "The University in Modern Africa: Toward the Twenty-first Century." *Journal of Higher Education* 61, no. 4: 363-385.

Simpson, E. 2000. "Knowledge in the Postmodern University." *Educational Theory* 50 (Spring): 157-177.

Sklair, L. 1991. *Sociology of the Global System*. Baltimore: Johns Hopkins University Press.

Smith, A. , and F. Webster, eds. 1997. *The Postmodern University? Contested Visions of Higher Education in Society*. Buckingham: Society for Research into Higher Education Open University Press.

Snyder, C. W. , and J. Nagel. 1985. *The Struggle Continues! World Bank and African Development Bank Investments in Liberian Educational Development*. McLean, Va. : Institute for International Research.

UNESCO. 1998. *World Education Report* 1998. Paris: UNESCO.

——. 1999. *Statistical Yearbook*. Paris: UNESCO.

University of Liberia. 1984. *Towards the 21st Century: An Extension of the University of Liberia's Long-Range Plan*. Monrovia: University of Liberia.

USAID. 1985. *Education and Training Sector Assessment*. Monrovia: Ministry of Planning and Economic Affairs/USAID in Liberia.

Whitehead, A. N. 1929. *The Aims of Education and Other Essays*. New York: Macmillan.

World Bank. 1988. *Education in Sub-Saharan Africa: Policies for Adjustment, Revitalization and Expansion*. Washington, D. C. : World Bank.

——. 1989. *Sub-Saharan Africa: From Crisis to Sustainable Growth*. Washington, D. C. : World Bank.

——. 1991. *The African Capacity Building Initiative toward Improved Policy Analysis and Development Management in Sub-Saharan Africa*. Washington, D. C. : World Bank.

——. 1997. *World Development Report 1997: The State in a Changing World*. Washington, D. C. : World Bank.

——. 1998. *World Development Report 1998/99: Knowledge for Development*. Washington, D. C. : World Bank.

Yesutu, T. M. , ed. 1973. *Creating the African University*. Ibadan: Oxford University Press.

41 利比亚

阿里·哈瓦特

引　言

位于北非的利比亚，是一个拥有500多万人口的国家。利比亚的经济主要来自石油收入。利比亚是非洲人均国内生产总值最高的国家之一，达到了近9000美元。利比亚的高等教育包括三个主要部分：(1)大学教育，完成4～7年的学习之后，学生按照各个不同的知识领域毕业；(2)大学职业和技术教育，3～5年学成之后，毕业的技术人员被分配到与国家发展有关的各个岗位上去工作；(3)高级的研究生教育，学成颁发文、理科硕士，人文学科与自然科学的博士，以及其他各种各样的专业文凭。

高等教育的主要目标可以概括为以下几个方面：满足社会对各个专业和知识领域合格劳动者的需求；开展基础和应用研究与实验，推动科学、艺术和技术的发展；发展作为利比亚的政治哲学的第三世界理论；发展构成利比亚的传统和历史的阿拉伯—伊斯兰文化；举办会议、研讨和座谈，保持与海外的研究中心、大学之间密切的学术联系。

大学教育涉及广泛的领域，诸如基础科学、人文、语言与文学、工程、工业、医药与农业科学、经济与商业、环境研究，以及伊斯兰与世界文明研究等。

毫无疑问，利比亚的高等教育无论在质上还是在量上都达到了很高的成就，并为现代利比亚社会的形成作出了贡献。利比亚的大学和高等教育机构是为了教育和培养现代利比亚社会各行各业所需要的雇员和专家而建立起来的。

此外，包括高等教育在内的现代教育，以及为此所花费的所有金钱和努力都是，也始终应该是国家在道义上和社会责任上所必须承担的。因为，教育是建立现代国家和社会，实现社会与经济发展所必需的。

尽管已经取得了很大的成就，但是由于社会和经济条件的限制，利比亚的高等教育发展也面临着许多挑战。这些挑战和困难影响了高等教育的内部和外部效率。此外，利比亚的高等教育还需适应由于21世纪的全球风云变化而产生的新角色和新职能。其中最重要的角色和职能也许是以下这些：寻找利比亚未来的需要；发展关乎人类发展与福祉的知识；为提升智力、文化和公民参与的能力作出贡献；推动有利于文化创新和丰富情感的学术界（大学圈）的形成；为国家的减贫事业作出贡献，并且帮助社会的边缘群体融入到国家的发展进程中来；以及为实现世界各民族、各种文化之间，尤其是年轻一代之间的和平与文化对话搭建桥梁。

大学教育简史及其发展

1951年，利比亚独立后，在班加西(Benghazi)建立了第一所大学，这所大学也就是后来的利比亚大学(Libyan University)的前身。这所大学被称作文科和教育学院(Faculty of Arts and Education)，在此之后，1957年在的黎波里(Tripoli)又建立了科学学院(Faculty of Science)。当时，大学的主要目标不过是为中等教育培养教师或是为政府的各个部门培养职员而已。

唯一的这所规模不大的大学逐渐发展壮大。1957年，经济与商业学院(Faculty of Economics and Commerce)在班加西建立，随后在1962年建立了法学院(Faculty of Law)。1966年，在的黎波里建立了农学院(Faculty of Agriculture)。1967年，利比亚大学实现了大扩张，的黎波里的高等技术学院(Faculty of Higher Technical

Studies)和高等教师培训学院(Higher Teachers Training College)都被合并了进来。这两所学院都是利比亚政府与联合国教科文组织达成协议合作建立的。合并后,这两所学院分别成为工程学院(Faculty of Engineering)和教育学院(Faculty of Education)。

1970年,在班加西建立了医学院(Faculty of Medicine)。同年,另外一所原本就有的,名为贝达伊斯兰大学(Islamic University in Al-Bayda)的独立的学院以阿拉伯语言和伊斯兰研究学院(Faculty of Arabic Language and Islamic Studies)的名义并入了利比亚大学。1987年,这个学院解散,各系被整合进班加西的加尔尤尼斯大学(Gar-Yunis University)的文学院(Faculty of Arts)和法学院(Faculty of Law)。1972年,石油和矿业工程学院(Faculty of Oil and Mining Engineering)在的黎波里建立,70年代后期,该校迁往布雷加(Brega)地区的布雷加石油港区(Brega Oil Terminal Complex)。

1973年,利比亚大学拆分为两所彼此独立的大学。分别是的黎波里大学(Univeristy of Tripoli)和班加西大学(University of Benghazi)。之后,两校又各自更名为的黎波里的法塔赫大学(University of El-Fateh)和班加西的加尔尤尼斯大学。在的黎波里的所有学院都成了法塔赫大学的组成部分,而在班加西的所有学院也都成了加尔尤尼斯大学的组成部分。

利比亚大学的这次拆分是为了应对院系数量和学生数量的增长。两所大学加在一起共有超过15个学院,覆盖各个学科分支。而1974年以来,在此基础上又有了增加,关于这一点后文将作介绍。

由于1981年以来高校学生数量的增长,大学进行了改组,大学的数量也在1995年达到了13所,囊括76个专门的学院和344个专门的系。在这些大学中,有3所是针对专门的学科的,它们是班加西的阿拉伯医科大学(Arab Medical University),的黎波里的大法塔赫医科大学(Great El-Fateh for Medical Sciences)和布雷加的纳杰姆萨塔大学(El-Najm El-Sata)(这是一所专门的石油与矿业大学)。表41.1罗列了这些大学的名称,它们下设的学院数量、学校所在地以及1994—1995学年学生人数。

表41.1 1994—1995学年利比亚的大学及下设学院的数量,学校所在地和学生人数

大学	学院	学生	所在地
法塔赫大学 University of El-Fateh	11	51561	的黎波里 Tripoli
阿拉伯医科大学 Arab Medical University	3	1716	班加西 Benghazi
加尔尤尼斯大学 University of Gar-Yunis	6	24453	班加西 Benghazi
大法塔赫医科大学 The Great El-Fateh University for Medical Sciences	4	4712	的黎波里—米苏拉塔 Tripoli-Misrata
奥马尔·穆赫塔尔大学 Omar El-Mukhtar University	5	4072	贝达 Bayda
纳赛尔大学 Naser University	5	5823	胡姆斯—兹利坦—泰尔胡奈 Khoms-Zlaitin-Tarhuna
贾伯加尔比大学 El-Jabal El-Gharbi University	6	6118	纳鲁特—津坦—耶夫兰—盖尔扬 Nalut-Zintan-Yefren-Gheryan
四月七日大学 Seventh of April University	6	11135	扎维耶—祖瓦拉—阿吉拉特—萨布拉塔 Zawia-Zawara-Ajeelat-Subrata
塞卜哈大学 University of Sabha	7	6041	塞卜哈—奥巴里—比拉克—戈哈特—迈尔祖格 Sabha-Obari-Brak-Ghat-Merzeq
塔赫迪大学 El-Tahadi University	10	5032	苏尔特—侯恩—拜尼沃利德—米苏拉塔 Sirt-Hoon-BaniWalid-Misrata
德尔纳大学 University of Darna	6	4490	德尔纳—图卜鲁格 Darna-Tubrok

续 表

大学	学院	学生	所在地
开放大学 Open University	3	15067	的黎波里以及全国的其他地方
纳杰姆萨塔大学 El-Najim El-Sata University	专门的石油大学	1101	布雷加石油港 Brega Oil Terminal
合计	72	141321	

资料来源:Secretariat of Education and Scientific Research, 1995.

有些人认为,对于像利比亚这样的一个人口小国而言(按照1995年的人口普查统计达500万人),如此多的大学已经过量了。此外,13所大学需要耗费大量的财政资源。由于石油价格的下跌和国际性的通货膨胀,利比亚已经无法再承担如此庞大的财政支出了。20世纪90年代初以来的私有化措施和政策使得大学的数量从13所减少为9所。

由于大学生人数的不断增长及其对公共财政造成的压力,在利比亚的高等教育政策里允许地方行政当局(区,Shabiat)和私营部门创办大学学院和高等教育机构。需要注意的是,地方当局需为其举办的高等教育机构从当地筹措资金,而对于私营部门举办的高等教育而言,国家不承担任何的财政义务。私立高等教育机构必须完全由私人投资者或是集体投资人出资。

尽管这项政策被认为是高等教育领域中的创新,但是它在决策者和利比亚社会中引发了广泛的争论。主要的反对意见认为:一个像利比亚这样富裕而又人口稀少的国家,政府应该承担包括高等教育在内的一切的社会服务。此外,高等教育也应该由政府来控制,不应该允许富人、市场、逐利者控制私营的高等教育。

实际上,问题不在于国家是否真有能力来承担高等教育的开支。真正成问题的是:在三年的时间里(1997—2000),地方行政当局新建了至少5所私立大学。这些私立大学是否配备了必要的技术条件、师资和教材?令人担心的是这些新的大学只不过是提供低质量教育的高中而已。允许地方和私营部门创办高等教育是迈向高等教育普及的正确的一步,但是这一过程应该是深思熟虑并且符合大学的高等教育标准的。

职业和技术高等教育

1980年,利比亚对整个的教育系统进行评估后发现,大学生中的相当大部分选择了纯学术性的学科,诸如:社会科学、文学、法学和艺术。而在另一方面,选择基础科学、技术和工程学科的学生很少。这种不平衡不利于利比亚的工业化发展。利比亚要跻身世界强国,需要一支专业化的劳动力大军和一批技术专家。作为对失衡现状的应对,1980年利比亚提出了所谓的高等教育的新教育结构(New Educational Structural for higher education)。新教育结构要求发展大学层次的技术和职业教育,这也就是后来在利比亚所谓的高等技术和职业学校(Higher Technical and Vocational Institution)。这类院校也是高等教育的主要类型之一。学制3～5年。这些院校的毕业生将会走上工农业生产和服务的技术岗位。此外,在利比亚,还有一批被称作中等技术学校(Secondary Technical Insitution)的中等教育层次的技术院校(LNC, 1998)。

1995—1996学年,利比亚约有54所高等技术和职业学校,到了1999—2000学年,这一数字已增加到了84所,如表41.2所示。

表41.2 1999—2000学年利比亚高等技术和职业学校

院校类型	数量	学生人数
多科技术学院 Polytechnic	23	13432
高等专科学院 Specialized Higher Institutes	25	17938
高级培训师学校 Higher Institutes for Trainers	9	6714
高等教师培训学院 Higher Teachers Training Insitutes	27	26886
合计	84	64970

资料来源:Secretariat of Education 1999.

1973年以来,大学和各类高等职业和技术学校都得到了扩张。1999—2000学年,大学的在校生人数增至204332人,高等技术学校的在校生人数增至64970人，两项相加达到了269302人。同年，大学教师人数达到了4907人，高等技术学校的教师人数达到了4898人。在高等技术学校里，有不少承担教学任务的实际上是培训师而不是学术意义上的教师。但是在数据统计中，他们也被归入了教师一类。

大学与高等技术学校的院系散布在全国各地。这种分布情况有利于学生在当地获得教育与职业培训机会。在利比亚，学生们没有必要为求学而进入大城市。此外，这样的高等教育的中心成为当地社会变革和文化发展的中心。

研究生教育

10多年来，研究生教育已经成为利比亚的大学里的一项重要的活动。在各个知识领域里开设了文科硕士、理科硕士和博士课程。研究生课程大多集中在规模大的大学里，尤其是加尔尤尼斯大学和法塔赫大学。1973年以来，已经有1992名学生从利比亚的大学里获得了文/理科的硕士学位，其中的大多数是在加尔尤尼斯大学和法塔赫大学里获得的。但是，同期却只有大约100名学生获得了博士学位，且他们的专业集中在阿拉伯语言和伊斯兰研究，以及人文学科。利比亚的大学里仍未开设科学、技术和工程学方面的博士学位课程。表41.3显示了1999—2000学年，在利比亚的大学里的文/理科硕士生以及博士生人数。分析表中的数据可以得出这样的结论，利比亚毫无疑问已经成功地建立起了研究生教育；各类研究生课程的学生人数已经达到了6587人。

表41.3 1999—2000学年在利比亚的大学里的文/理科硕士生以及博士生人数

大学	高级文凭	硕士	博士	利比亚医学委员会文凭(Libyan Board of Medicine)	合计	百分比
法塔赫	—	1260	16	—	1276	19.4
加尔尤尼斯	158	1183	73	—	1414	21.5
奥马尔·穆赫塔尔	—	18	—	—	18	0.3
纳赛尔	—	328	—	—	328	5.0
塞卜哈	—	50	—	—	50	0.8
四月七日	—	752	11	—	763	11.6
塔赫迪	—	13	—	—	13	0.2
经济学研究生院	—	1225	—	—	1225	18.6
专门的医科类教育	—	—	—	1500	1500	22.4
合计	158	4829	100	1500	6587	
百分比	2.3	73.31	1.52	22.77		

来源：Libyan National Center for Educational Planning 2000.

请注意：专门的医科类教育并非研究生教育，而是为参加利比亚医学考试委员会的考试，或是为了获得医学类文凭而专攻某些疾病的课程。

在利比亚的大学里，开设研究生教育的专业不少，但都集中在阿拉伯语、伊斯兰研究、社会科学和人文学科领域。

约有10%的文/理科硕士研究生来自阿拉伯、亚洲和非洲的其他国家。这些学生学成后将回到各自的国家，为各自国家的发展和繁荣效力。利比亚为能够在国际教育中发挥这样的作用，为带头增进国际理解与合作而自豪。

大学生与专业

近20年来，大学教育发展迅猛，扩展迅速。1975—1976学年，大学生人数只有13418人。到了1999—2000学年，这一数字上升到了269302人。表41.4显示了学生人数的增长。

表 41.4 1975—2000 年利比亚高等教育的学生人数变化

年份	大学在校生人数	高等技术学校在校生人数	合计
1975—1976	13418	—	13418
1980—1981	19315	1130	20445
1984—1985	32770	3080	35850
1989—1990	50475	3916	54391
1992—1993	101093	12921	114014
1993—1994	116473	16912	133385
1995—1996	160000	28106	188106
1996—1997	160112	54080	214192
1997—1998	168123	58512	226635
1998—1999	165447	58877	224324
1999—2000	204332	64970	269302

来源:Secretairat of Education and Scientific Research 1995; Abdull-Wahab 1996; National Center for Educational Planning, 2000.

高等教育中女生人数的增加是利比亚教育政策所带来的积极的影响。女生人数的增长非常迅猛。1980—1981 学年,大学里只有 4,056(此处原文是 405,但按照下文表格中的数据,应为 4056。——译者注)名女生,占学生总人数的 21%。到了 1999—2000 学年,女生所占的比例达到了 51%,这还没有算上在高等技术学校里求学的女生人数。女生人数的增长情况见表 41.5。

表 41.5 1980—2000 年间利比亚的大学女生人数

年份	学生数		合计	女生所占百分比
	男生	女生		
1980—1981	15259	4056	19315	21
1984—1985	40094	32805	72899	45
1989—1990	52568	48525	101093	48
1992—1993	64069	52413	116482	45
1993—1994	—	—	160000	NA
1995—1996	66775	60499	127274	47
1996—1997	90112	70000	160112	44
1997—1998	—	—	168123	NA
1998—1999	81807	83640	165447	51
1999—2000	—	—	204332	NA

来源:General Secretariat of Education and Scientific Research, 1996:8; Libya National Center for Educational Planning, 1999:201-213; El-Hawat, 1997; Secretariat of Education, 2000:1-5.

学科专家还没有对利比亚大学生的学科分布情况做过调研。不过,在人文与艺术,基础科学与技术这两大学科类别中的学生分布情况显然是不平衡的。在 18～24 岁年龄段的青年人中,有 35.4%升入大学和高等职业学校,也就是说每 10 万人中有 4270 人接受高等教育。联合国教科文组织认为这个比例在阿拉伯国家中是最高的。在接受高等教育的学生中,有 15%的人在非大学的高校中就读,85%的人在大学中就读。这表明了理论性、学术性的大学生人数与职业性、技术性的大学生人数之间不平衡。基于此,教育与科学研究秘书处(general secretariat of education and scientific research)采取了措施要增加高等职业学校的招生。计划在 2010 年时要使这一比例达到 70%。1996 年,利比亚所有教育阶段的学生人数总和达到了 1786270 人,增长了 24%。这一数字是全国人口总数的 40.3%。

数据显示,65.8%的学生在学习文学、艺术和人文专业。只有 21.7%的学生攻读的是基础科学与工程学类专业。基础科学与工程学类学科招收的学生占学生总数的比例减少到了 17.9%,而文学、艺术和人文专业的学生数增加到了占学生总人数的 70.4%。科学与工程学类专业招收的学生人数低于其他一些阿拉伯国家的水平,诸如约旦(25.2%)和伊拉克(23.7%)(UNESCO, 1994)。1995—1996 学年的招生人数达到了 9301 人,但是只有其中的 30%被科学和技术类专业录取。高等职业学校的学生人数从 1993—1994 学年的 16912 人增加到了 1995—1996 学年的 28106 人。高校的招生人数预计仍会持续增长,到 2010 年时将达 10 万人。

1996 年创办的 51 所高等职业学校按照专业类别可分为以下几组:第一组包括 11 所从事教师教育的高职学校;第二组包括 8 所培养技术员和培训师的高校;第三组包括 12 所技术和工业科学专业的高校;第四组包括 20 所专门的高校。

1995—1996 学年,这几类学校的招生情况如下:23.4%的人进入了教师教育学校,9.4%的人进入了培养技术员和培训师的学校,21.1%的人进入了技术和工业科学类的学校(多科技术学院),余下的人则进入了专门领域的高校。约占招生总人数 38.8%的学生在技术和工业相关的专业中学习(Abdull-Wahab, 1996)。

高等教育体系的管理与拨款

大学是由大学的人民委员会(university's People's Committee)管理的。委员会由一名总干事领导,总干事则是在众位委员中产生的。各学院的管理与此相似(即,在学院这一级也设立人民委员会,委员会由一名在委员中产生的总干事领导)。各系的负责人是院级人民委员会的成员,而各院级人民委员会的总干事也是校级人民委员会的成员。学生在人民委员会中也有席位。他们处理与学生的生活、大学里的社团有关的事务。

高等教育体系由国家负责,但是大学拥有独立的行政和委员会,独立的预算和财政。与世界上的许多发展中国家一样,利比亚的教育也是由公共预算资助的。1998 年,教育预算占到了国家总预算的 38.2%(National Authority for Information and Documentation, 1999)。

1996 年,利比亚是发展中国家里教育投资最大的国家之一。尽管没有高等教育在国家预算中占比的资料,但是阿拉伯国家科学与技术地区办公室(Regional Office for Science and Technology for the Arab States, ROSTAS)1995 年的资料显示,1992 年的时候,高等教育经费约占国民生产总值(GNP)的 0.2%,总支出约为 4200 万美元(Abdull-Wahab, 1996)。

就大学和高等技术类学校学生人数增长和大学院系与高等技术类学校数量的增加而言,高等教育的扩张是非常迅速的。这种扩张和增长造成了财政上的压力,尤其是 20 世纪 80 年代初以来油价的下跌和国际通胀的恶化更是雪上加霜。高等教育的持续扩张要求预算开支的增加,而除非靠牺牲掉其他部门的利益,要增加高等教育预算是难以实现的。因此,利比亚已经在研究高等教育财政分担的办法。

在利比亚高等教育体系中,开放大学(Open University)是唯一的一所在一定程度上依靠学生支付学费来运行的高校;它还从书籍和科学材料的销售中获得一些收入。其他的大学和高等教育机构完全要依赖国家预算。因此,利比亚的教育当局已经在认真地考虑引入替代性的财政资源了。为此,利比亚的教育决策者们已经以一种教育合作社(education cooperatives)的形式对私立高校放行。同时,他们也在寻找公立和私营部门合作资助高等教育的最佳的形式。在利比亚,考虑得比较多的一条途径就是与非政府组织进行合作。

如本章之前已经提到过的,利比亚社会对高等教育的财政问题开展了激烈的争论。不少人认为,国家应该承担各级教育的一切费用。如果要动用私财就意味着许多低收入家庭的子女将无缘大学,利比亚的高等教育也就成了精英教育。这还将会导致贫富差距的扩大。一旦此事成真,高等教育就背离了公平入学和大众教育的原则,而这条原则是 20 世纪 70 年代以来利比亚总体社会政策中的重要组成部分。

与这种观点相反,也有一些人认为私人应为高等教育出资,这样的政策措施有助于提高高等教育的质量,减少学非所用,最后无法就业的大学生。无论站在争论的哪一方的立场上,有一点是确定无疑的,那就是利比亚的高等教育体系需要在组织、课程、经费来源上进行重新安排,从而将国家预算的压力减到最小。同样还需要做的是要进行大量的研究和分析以便对利比亚未来十年里的社会和经济需求作出预测。

1975 年以来,计算机在利比亚高等教育体系的管理和现代化中发挥了重要的作用。计算机的介入简化了许多任务,其中包括:快速地向中学毕业生发布高校的录取结果。得益于计算机辅助的工作还包括:学生的注册和招生考试,学生人数的统计,考试成绩的记录,以及与高校有关的报告的撰写和预测学校未来发展的研究。

大学教育绩效的评价措施

1980 年以来,利比亚就试图对其高等教育体系进行一系列思路和结构上的调整,也就是所谓的建立新的教育体制(New Education System)。这些调整包括重新安排高等教育的目标以服务社会,满足 21 世纪社会、经济和人的发展的需求,并与就业市场的要求相适应。结构调整还要求在中学课程与大学有关科学的专业之间建立起更多科学而又实实在在的联系。按照这个思路,利比亚创设了专门化的中学(specialized secondary schools),随着这种学校逐渐取代传统的中学,中学的学习将能够与大学和高等技术学校里的具体专业建立起更为直接的联系。

通过对大学课程持续不断的评估,利比亚在各个科学和技术领域建立起了一系列新的专业。新专业的涌现是通过大学的专业学院,高等技术学校,以及科学领域的相关系部的扩充得以实现的。利比亚利用各个专门委员会周期性地对大学的课程进行调整,以满足利比亚社会和应对21世纪挑战的需求。

在利比亚没有特定的办法来提高大学教职员的水平,不论是在职培训还是继续教育,都没有相关的规定要求教职员必须参加。不过,大学通过与国内、地区性或是国际组织合作,时不时地也会提供一些有关高等教育、管理、计算机科学,以及教育技术与服务方面的培训。这些合作的伙伴包括:技术和职业教育阿拉伯联盟(Arab Union for Technical and Vocational Education),联合国教科文组织(UNESCO),阿拉伯教育、文化和科学组织联盟(Arab League Educational, Cultural, and Scientific, and Cultural Organization, ALECSO)、伊斯兰教科文组织(Islamic Educational, Scientific, and Cultural Organization, ISESCO)。这类培训的目的是要为行政人员提供现代化的、最新的高等教育管理的能力。没有为教师准备的培训课程或是在职培训项目,他们要接受再教育就只能参加利比亚国内外的研讨或是相关的会议。

利比亚高的教育体系已经成为一个非常复杂的组织,需要通过开展下面的这些研究来推动大学实现多方面的现代化:

- 有关高等教育诸系统内部和外部效率的研究。
- 为创建新的院系开展的研究。
- 在大学的院、系里就大学的适当性、规模、选址,以及未来的发展这些问题进行检查和评估。

利比亚的大学在高等教育管理的以下这些方面也需要建立起相关的机制:

- 对高等教育的质量进行持续的评估。
- 逐步将高等教育体系从传统的模式转变为更为现代的模式。
- 为高等教育持续地提供资助。在不影响教育机会平等的原则下,与私营部门发展各种合作关系。
- 为新任教师提供培训,特别是要加强教学法、教育技术和学生评价方面的培训。

利比亚的高等教育:成就与挑战

利比亚的高等教育机构不论在数量上还是在质量上都得到了显著发展,并且为利比亚国家的现代化作出了贡献。大学和高等院校为现代利比亚社会培养、教育了一代又一代的公务员和专业人才。这些毕业生逐渐取代了过去管理着这个国家的外籍雇员和专家。此外,高等教育对于公民概念的形成也发挥了重要的作用。它还拓宽了利比亚公民的视野,让人们不仅关心利比亚,也关心全世界。

尽管取得了这些成就,利比亚的高等教育仍然面临着社会和经济环境带来的问题、挑战和批评。正如一名阿拉伯专家所指出的,这些问题都是由于下面的原因所造成的,"数量上的显著增长没有带来质的提高。此外,阿拉伯高等教育所经历的数不尽的教育改革都是传统倾向的,都是在复制或者说移植外国的模式。这些改革没有创新、创造,也没有适应当代利比亚环境下的社会和经济需求"(Nofal and Kmal, 1990)。

尽管如此,利比亚高等教育所面临着的最大的问题是其毕业生的质量,以及毕业生的数量及所学专业与社会、经济发展,以及劳动力市场的需求相脱节。这个问题在多方面的社会因素和压力下变得更加复杂,尤其是在社会对大学教育的需求日益增长的情况下。上大学被认为无论如何都是有价值的,而不论是否适合上大学,上大学对生活会产生怎样的影响,也不论毕业生拿到的文凭含金量如何。此外,对于技术劳动力的社会需求也未有过准确的评估。由此而来的就是某些专业毕业生过剩,难以就业,比如:人文学科、艺术、法学和经济学;而另外一些专业,比如:技术类专业,则毕业生紧缺。同时,这也造成了许多经济部门,尤其是石油产业、建筑业和高科技产业需要依赖人才的进口(Nofal and Kmal, 1990:20)。

利比亚高等教育与社会发展之间的关系源于科学研究在发展中所起的作用。有的人也许会说，科学研究与发展进程之间的联系依然是细微、脆弱的。大多数的开发项目都要依靠跨国公司和外国专家的研究成果。这些项目完全要依赖外国的产品。

许多工业和农业项目的设计和实施很少或根本没有利比亚专家参与。这或者是因为在这些领域中缺乏经验，或者是由于实施符合外国利益的政策。如果利比亚的专家们能够参与到一些项目中去，比如当地生产线的建设，或是为当地提供咨询和设计服务，那么本土产业投资和经验紧缺的局面就能得到缓解。

尽管如此，大多数的项目采用的是全面的合同，合同中很少涉及来自利比亚的大学、研究中心和科学家的参与。这种安排造成了利比亚社会处处需要进口，发展依赖于国外的资源。这样的方式压制了本国创造性活动的开展，不利于本土技术的开发。

一些研究者将高等教育与发展之间缺少联系的问题归结于以下几方面的原因：

- 缺少能够运用现代技术的合格的人才。
- 有助于推动研究活动的开展以及必要的技能更新的专门性的学校数量不足。
- 缺少相关的信息和专业技术来增进对国家战略优先领域的技术需求的了解。
- 缺少应用领域的专才，缺少教育与产业等发展领域融合科学与技术的专才。
- 大学与相应的研究中心之间，产业与政府机构之间缺少协调与合作。
- 利比亚与其他国家，尤其是阿拉伯国家，在有关知识与技术的转移和应用方面缺少集体的协调与管理。

大学教师开展的绝大部分的研究都与本土的发展没有多大的联系。这些研究的主要目的都是为了在大学里获得晋升。由于一直都依赖国外智力，尤其在工业和高技术项目上高度依赖外国，利比亚的研究者对于国家的发展以及发展中的问题似乎并没有多少兴趣。

社会挑战

高等教育机构面对着不断增长的社会需求。这种局面既与由于人口的快速增长，尤其是18～23岁年龄段的人口膨胀有关，同时也与人们不论其实际的有用性和质量如何，普遍盲目地推崇大学教育的观念有关。与其他的阿拉伯国家一样，利比亚的高等教育体系在这场危机面前是软弱无力的。为了限制社会对高等教育的需求，大学制定了入学标准和规则，但是这些措施往往都没有什么效果。在大多数的阿拉伯国家里，每个学年，都有越来越多的符合招生条件的新生涌进大学的各个院系。尽管招生的人数已经有了很大的扩张，但是大学生与人口的比例，以及大学生在相应年龄段中的比例依然非常低。除非阿拉伯国家调整招生政策，使之与国家发展和就业市场的需求挂钩，否则阿拉伯的大学，也包括利比亚的大学，还将培养出大量找不到工作的毕业生。这些学生积聚在本就拥挤不堪的行政部门中，成为变相的失业人群。

雪上加霜的是，阿拉伯国家的高等教育集中在首都和大城市里，这就削弱了其促进农村地区和农业发展的能力，同时又刺激了人口从农村地区向城市转移，严重损害了机会的平等。尽管也有包括利比亚在内的许多阿拉伯国家，正着手在农村地区和小城镇开办大学和高等教育机构，但是这一举措如果没有经过深思熟虑、精心计划的话，反而会对高等教育造成损害。实际上，这类大学往往在社会的压力下，还没来得及对大学的活动尤其是科研工作的需求进行充分考虑，就匆匆地建立起来了。这些大学、学院和学校培养出来的毕业生往往没能得到充分的教育，由此对社会造成的影响往往也是负面而非正面的。尽管如此，在许多的情况下，这是唯一的选择，这也是利比亚以及与之相似的阿拉伯国家得以让高等教育深入农村的唯一的途径。

经济挑战

由于要应对大学各方面的扩张和学生人数的增加，高等教育对经费的需求在不断地增长。而在另一方面，由于财政资源的紧张，开支的合理化，以及节流措施，分配给高等教育的年度预算和发展经费又遭到削减。高等教育持续地面临着财政和经济上的压力。这导致了近年来在总体的学术和非学术活动方面形成了恶性循环。整个的高等教育体系已经不再能够培养出高质量的学生。开展各种与社会、经济发展有关的科学研究活动的能力也被削弱了。在这样的困境中,利比亚必须要为高等教育的发展寻找新的资助方式;否则,它就仍然无法适应日益增长的社会需求,无法满足由高质量的人力资源来支撑的发展的需要。同样可以预见到的是高等教育的支出还将持续增长,直到利比亚穷尽一切也仍然不能满足需求。所有有关教育经济学,尤其是高等教育经济学的研究都强调要对主导利比亚高等教育的规划与管理的传统模式进行反思。这或许会需要对整个的高等教育体系进行重建,引入对于利比亚社会而言并不熟悉的新的现代模式。

规划挑战

利比亚的高等教育在专业分布上明显失衡,人文学科、艺术和法学等专业的学生数量增长迅猛,而基础科学、工程、技术和高级技术等专业的招生下滑。造成这种现象的原因要追溯到20世纪60年代,在利比亚独立初期形成的有关教育体系的最初的哲学思想。这种哲学将物质与精神区分开来。因此,课程是按照对应于不同的精神元素来进行归类的,而没有将个性或是精神作为全面的、统一的整体来进行考量。在经典的欧洲教育传统,也就是教育史上所说的拉丁教育模式的影响下,60年代的教学理论接受了这种思想倾向。这种思想给利比亚的教育所造成的后果就表现在,大学与中学的课程中,学生的思想和个性上的分裂和矛盾。这也就是在阿拉伯国家的大学中所说的理论学院和科学学院之间的区别。

纠正这种区分很有必要,唯有如此才能利用文理兼顾,精神和技术并重的完整和全面的课程来培养学生,使之为生活做好准备。而要获得这些所需的能力,大学就应该开设全面、完整的课程,鼓励清晰的思维和创造力,促使学生能够同时应对本土与全球,简单与复杂。

如前所述,瓦哈比博士(Dr. H. Abdull-Wahab)的数据表明,基础和技术科学领域的人数只是勉强占到了入学比例的三分之一,而人文学科的人数却占了入学比例的三分之二。这正是在利比亚的大学里学科专业结构失衡的体现。此外,这种失衡也背离了劳动力市场和国家发展过程中对基础科学、技术,和工程领域的专业骨干的需求。事实上,利比亚的大学缺少科学资源,这对那些希望学习基础科学、医学、工程和电子的学生造成了障碍。要解决理科专业分布不平衡的问题需要创造性思维。

利比亚教育系统所面临着的最为重大的挑战,同时也是制约其适应经济发展的重大挑战在于如何处理好教育规划与经济之间的关系。为此,在过去的几年里,利比亚试图将高等教育政策与发展、经济和社会政策联系起来。至少在理论上,政策制定者们试图将高等教育囊括到其教育规划中,并使之能够成为总体的发展规划的一部分(El-Hawat, 1997)。然而,尽管在理论上有如此的承诺,但在教育规划者与经济规划者之间仍然存在观点上的分歧。例如,规划教育的人把教育视作一项综合性的文化工程,在行为、专业和文化上促进人的发展,而做经济规划的人则常常只是把教育,尤其是高等教育,当成投资项目,关心开支和损益。

总之,在整合教育规划与经济规划的框架内须要解决的是下面的这些问题:

- 缺少教育统计和相关数据。
- 缺少有关劳动力市场的需求的信息。
- 经济学家与财务专家之间彼此互不理解。
- 缺少促进教育规划与经济规划互补的立法。

信息、技术与全球化

利比亚的大学拥有巨大的建筑,先进的机械和技术。尽管在这些方面取得了相对的发展,但是现代的信息技术和全球化显然在教育领域,尤其是高等教育领域造就了新的形势。为了迎接21世纪,利比亚社会必须改变原有的哲学思维、课程设置和教育技术。

传统的教育机构、教师和学生们现在已经感受到了由现代技术和全球化所带来的一些变化。教育和学习可以在大学的边界之外进行,传统的大学的观念即便不被彻底颠覆,也必将得到发展和更新。

利比亚的高等教育:替代方案、选择与未来

阿拉伯高等教育所面临着的一些挑战与障碍在本研究中并未涉及。但是所有的这些都指

向同一个问题:领导利比亚高等教育的那些人,应该怎样做才能使这个系统适应国家新的社会和经济现状?尤其是他们应该怎样来应对这样的现实:学生,或是公民,又或是劳动力市场上的工人,人与人之间在地理上和社会上的差距由于便捷的通信和全球化已经消弭?要回答这样的问题,就需要为高等教育制定新的规划和战略。并且需要采用创新的思路,在新观念的指导下发起彻底的教育改革。高等教育并非必然地只能按照利比亚当前盛行的传统模式来组织,也并非必然地只能由政府来管理并完全依赖国家的拨款。相反,高等教育及相关的院校应该受益于非政府组织的赞助,以及国家直接主办和监管的项目的资助。新的教育战略须得建立在这样的一种信念的基础上:即社会和经济的发展取决于各层次教育质量的提高,以及在教育与劳动力市场之间建立起联系。受过教育的人应该拥有广博的知识,富有创造力,并且能够为自己和其他公民创造工作机会。也就是说,教育的任务是要培养能够探知未来,勇于冒险,为自己和国家的发展不懈奋斗的富有自信的人。这样的公民在现有的传统教育体制下是培养不出来的,因为这种体制重视自我复制,强调权威,教育技术落后,依靠死记硬背,而且思想、行为老套。

培养21世纪的人才需要建立这样的教育体系:它摆脱传统主义,具有现代性、灵活性和未来视野,它足够地重视不同的学生、不同的团体,以及各个不同的社会群体的个别差异。国家有责任推进和支持所有层次教育的发展,并为它们提供经费(即便只能提供部分的经费)。教育,好的教育,是利比亚社会能够在21世纪生存下去的希望。这种立场反对一切鼓吹国家放弃高等教育,限制入学机会的观点。因为如果真如这些观点所言,那么高等教育就只能服务某些经济上强势的阶层和精英群体了。这在根本上违背了民主教育的原则,以及将教育视作促进社会流动工具的社会公正原则。

21世纪的发展需要一个有文化、受过教育的社会,需要一批富有创造力、创新精神,能够在复杂的高技术机构中工作的专业人才。这是个非常重要的问题,尤其是我们已经意识到了利比亚正在建设的是一个现代化的工业社会,这个社会需要依赖拥有科学知识,受过良好教育的工人。如果高等教育不能适应劳动力发展的需求,以及从整体上来说人的需求,那么科学、技术和信息基础上的现代经济所需要的技能型劳动力就无从获得。这要求利比亚对其高等教育体系进行结构上的、根本性的变革,使之更为高效,能够更好地适应21世纪发展的要求。为解决这些问题,需做多方面的规划,需要相关的机构、团队、专家和科学家们的共同努力。不过,最为迫切的是要实现高等教育机构和课程的多样化。而下面的这些事实表明了改革的必要性:

- 高等教育是应对当前挑战的关键之一。
- 高等教育机构以及其他的学术和专业机构对于国家的发展以及发展战略、政策的实施是至关重要的。
- 高等教育需要形成新的愿景,将教育全球化与教育服务社会的需求相结合。新愿景重视学术生活的丰富,特别重视从事社会服务的大学的相对独立性。(UNESCO, 1995:19-20)

应该在以下领域中开展必要的高校与课程的多样化:

第一,大学应该进行重组,以便提供与基础科学、应用研究相关的高级专业课程。天资高的学生,还有那些在中学的最后一年里表现优异的学生将能够进入这样的大学,此类大学应该由国家资助。

第二,应该开办一些以培养劳动力为目的的大学和大学学院。这类大学并不需要关心先进的科学研究,相反,它们关注的应该是与就业市场的密切联系。学术能力强的学生和资质一般的学生都应该被这些大学招收进来。在这种趋势下,需要设立相关的办公室来指导学生进入与自身能力水平相适应的大学。招生不能像利比亚和大多数阿拉伯国家现在的情形那样,只看学生的平均成绩。这些大学可以是政府和非政府部门合办的,也可以采取私立教育机构的形式,将资产转化为公私营机构乃至个人的投资。

第三,要开办一所综合性的大学,这所大学是由学术型教育机构和技术型教育机构合并而来的,既开设短期课程也举办长期课程。综合性大学的目标是要通过将技术教育与科学研究相联系;将科学研究与发展的需求,与劳动力市场的需求,以及生产的过程相联系,从而发展技术教育并提高技术教育的有效性。德国是这方面成功的范例(Nofal and Kmal, 1990)。

第四,应该将服务社会,参与社会摆在高校发展的优先位置上。在一个科学技术日新月异的世界里,科学服务于发展和社会,因而也得到了政府、融资机构,以及技术部门的重视。在严峻的财政状况下,提供经费资助的部门或许会发现下面所说的两难局面,是优先考虑那些从长远来看社会回报很高的领域,还是要优先满足当前社会对高等教育的需求。有的政府是通过建立开放学院和远程教育机构来解决这个问题的,在世界上的许多国家,开放和远程教育的回报是相当优厚的。而另一项措施则是要争取私营部门的支持,但是单靠这一措施是不够的。国家须得充当推动者。而大学必须承担起调动财政、技术和人力资源的责任,为培养所需的技术、研究和操作骨干建立必要的结构。大学还应开设一些易被忽视的冷门学科和专业,为各个不同的经济部门提供所需的知识和专业技术。

第五,(公共或政府的)关键的投资领域之一是建立激励机制(包括有效地传播有关高校成本效益的信息)。在这种机制的协调下,既能够实现某种程度上的效率,又能够避免任何可能造成反作用的干预,诸如压制创新机构的发展,压制私营部门提供的教育服务。

第六,在特定的情况下,必须优先考虑高等教育的其他形式。比如,要满足对掌握某种特殊技能的人才的需求,就可以在技术学校、开放大学学院,以及其他的开放大学里开设二至三年制而非五至七年制的短期高层次教育项目。这类课程的可行性已经得到了证实,尤其是如果开设的课程对应于需求旺盛的领域,那么毕业生在就业市场上的出路就根本不成问题。

第七,像农村学生、弱势群体中的学生这样的一些在高等教育中比例偏低的群体应该得到更多的教育投入。国家应该承担起责任,因为这是促进平等与社会公正的途径。国家应该拿出相当一部分的资金用来资助这些群体,以便实现平衡,并促使全社会都能够投入进来。国家统一与社会公正精神同属利比亚社会的最高目标。

第八,应该优先支持在中学里强化专业指导。这样的指导能够帮助学生及其家长熟悉高等教育在教育和职业上的范围。通过在选择高等教育的过程中介入,国家能够有效地加强高等教育与就业机会之间的协调一致。

第九,应该建立合作的高等教育课程,这种课程基于学习与工作的结合,鼓励教育机构与生产性机构之间开展合作。这种教育的优势在于多重目标的实现,诸如减少利比亚高校的课程中充斥着的大量的抽象的理论性的内容。同时,加强教育与劳动力市场之间的联系,为那些若非如此,根本就无缘高等教育的劳动者提供受教育的机会。

第十,应该鼓励在经济上有能力创办此类教育的公民创设非政府的大学、学院,或是其他的高等教育机构。国家也可以与之合作。由国家提供土地、校舍和设备,由私营机构或是个人来资助教育项目或支付教师的薪酬。此类大学可以以合作教育机构的形式建立。也就是说,其资本构成采取的是可出售股份的形式。大学向学生征收学费,并从公私营部门获得投资。

第十一,应该设立国家高等教育基金,其资本构成来源于国家投入,公私营机构以及个人的捐款。基金可用来建立大学、学院和其他类型的高校,可以用来向有天赋的学生和贫困生发放贷款,也可以用来资助与利比亚的经济、社会发展需求相关的学术研究活动。

第十二,大学试图回应社会对高等教育的需求,因此,大学应该完善课程评价的技术和管理措施,对教育的质量和水平给予足够的重视。

学生们应该学会在一个与国际世界有着多方面复杂联系,又彼此相互影响的社会里生活和工作。学生们应该能够在全球化的环境里,面对信息的涌入,以及在借助现代化的大众传媒传播进来的思想、价值和文化观念的面前,保持令人自豪的文化认同。教育领域的革新与变革要求修正原有的高等教育哲学,要在鼓励创造,鼓励自由思想,以及真正的科学研究的同时,支持和丰富大学的生活。损害利比亚高等教育的不是全球化或者大众传媒,而是智力的停滞、隔绝,以及对创新的恐惧。高等教育的指导思想应该着眼于拓宽学生的视野,发展学生各方面的能力,在身份认同,以及文化和历史的积淀中注入信心。如若果真如此,学生们就能够带着自信与民族自豪感面对全球化、科学,以及整个的世界。但是,这一切唯有放弃传统的大学规划的方法,将大学变成巨大的实验室才有实现的可能。大学必须营造这样一种氛围，使之既能激发对于民族文化身份的自信与自豪感，同时又能以各种形式与全球文化以开放的态度进行交流。

最后要说的是，停滞与孤立意味着慢性死亡，而教育与知识对于所有的人来说都意味着美好而兴旺的生活，使人们能够为社会的发展作出贡献，最终在人类的全球文明中占据一席之地并发挥作用。

结论与建议

利比亚的现代高等教育产生于20世纪中期，当时只有1所学院。而现在已经拥有了50多所学院，270多个系部，80多所高等技术学校，和20多万名学生。这个高等教育体系不论在内部还是外部效率上都既获得了成功，也面临着挑战。

通过对高等教育与包括人的发展和文化发展在内的21世纪的发展需求之间的关系进行分析和评价，我们可以清楚地看到，利比亚的高等教育体制，乃至整个的教育体制，都应该进行改革。如此方能满足国家未来发展的需要，才能应对全球情势的本质变化。很显然，利比亚的高等教育必须对其理论假设进行进一步的检讨，并深化课程、教学技术、科学项目和专业分类方面的改革。以上的结论基于以下的事实：

- 进入21世纪，与许多别的发展中的阿拉伯国家一样，利比亚高等教育的发展面临着一系列的阻碍、问题和争议。其中的一些问题是本土的（社会对高等教育的需求，高等教育的发展与扩大所需的经费资助，毕业生的质量，新兴的利比亚工业劳动力市场的需求）。而别的一些障碍和挑战则是国际性的（全球化、结构调整、环境、全球不同人群之间的文化对话）。
- 高等教育已经无法在理论和实践方面保持传统。为满足学生、国民社会和全球文化的需求，高等教育必须改变其科学方面的教育与培训。
- 利比亚的高等教育不应该继续维持单一的公立高等教育的模式；相反，它必须转变为合作模式。国家是负责高等教育的首要方面，但是高等教育不能仅仅依靠国家的支持与资助，还应该获得私营部门和非政府组织的支持与资助。

值得注意的还包括21世纪全球形势的变化迫使利比亚的高等教育必须要适应许多新的职能和角色。本研究收集到的资料表明，其中最为重要的职能和角色如下：

- 对未来的需求进行预测；
- 促进智力、文化和公民参与方面的能力建设；
- 促进能够带来文化创新和情感丰富的知识分子社群或“大学圈子”的形成；
- 为国家的社会经济计划，尤其是即将付诸实施的（2001—2005）计划作出贡献；
- 为跨民族，跨文化之间的和平与文化对话作出贡献，尤其是要促进21世纪真正的主人，也就是年轻人之间的这种对话和交流。

在本研究分析和评价的基础上，我们得出的结论如下：利比亚的高等教育若要承担起任何促进未来发展的使命，首先就必须对其管理进行改革，优化学习的过程，尤其要注意以下几点：

- 必须制定长期的计划，保障大学和高级技术学院能够获得足够的教师和教授。如果学生的入学率维持在当前的水平上，那么在未来的25年里，利比亚至少需要1万名大学教师。
- 着眼利比亚未来经济社会的发展，必须制定大学教职员培训的计划，培训应该涉及高等教育的方方面面，尤其是要开展关于规划、行政管理和教育经济方面的培训。
- 必须开展侧重教育管理方面的培训，充分考虑参与高等教育规划和行政管理全过程的教职员的教育和监管职能。
- 地方性高等教育政策的制定、管理和实施，必须得到草根组织、家长、公共团体领袖、投资方和志愿者组织的有效合作。当前，这一点是非常重要的。因为利比亚为了推动高等教育的大众化，现在已经允许在地方的社区、小城镇和村庄建立私立的高等教育机构。（Hallak and Gothman DURET，1990：10-12）

注：本研究的观点、结论和判断，在任何方面都不代表利比亚官方的观点、结论和判断。也不对利比亚政府构成任何法律上、道德上，或是财政上的责任。

参考文献

Abdull-Wahab, H. 1996. "An Overall Evaluation of Higher Education System in Libya." Unpublished UNESCO technical report, Paris, February (in English).

AEGEE (Association des Etats Généraux des Etudiants de l'Europe). Europe. 1998. *The Future of Higher Education: A Student's Vision*. Brussels: AEGEE Europe.

Al-Seed, M., K. E. Shaw, and A. Wakelam. 2000. "Issues of Educational Administration in the Arab Gulf Region." *Middle Eastern Studies* 326, no. 4 (October) (in English).

Delors, J. 1996. "Learning: The Treasure Within." Report presented to UNESCO by the Chairman of the International Commission on Education for the 21st Century, Paris.

El-Hawat, A. 1995. *Higher Education in Libya: Reality and Future Perspectives*. Tripoli: Tripoli's Scientific Library (in Arabic).

——. 1996. "Postgraduate Studies in Libyan Universities." Working paper presented to a consultation committee at the National Center for Educational Planning, Tripoli (in Arabic).

——. 1997. "The Situation of Higher Education in Libya and Its Relationship to Development and the Labor Market: A Case Study." Study prepared for the Arab League Educational, Cultural and Scientific Organization (ALECSO), Tunis (in Arabic).

——. 1990-2000. Fieldwork on Libyan Higher Education. Author's personal collection.

——. 2000. "Higher Education and Human Development." Study prepared for the Arab League Educational, Cultural and Scientific Organization (ALECSO), Tunis (in Arabic).

——. ed. 2000. "Postgraduate Studies in Libya and Abroad: The Current Situation and Future Prospects." Report prepared by a team from the University of Alfatah (in Arabic).

El-Khawas, E. 1998. "Quality Assurance in Higher Education: Recent Programs—Challenges Ahead." Paper presented to the conference Higher Education in the 21st Century: Vision and Action, UNESCO-Paris, October 5-9.

Hallak, J., and Gothman-DURET. 1990. *Development of National Capacities for Training in Educational Planning and Administration: The Training Design and Policy of the IIEP*. S113. Appendix 4. Paris: IIEP (in English).

Khater, A. 1998. "UNESCO Mission to Evaluate Libya's Scientific Research Activities and Post-Graduate Programs during the Period 14-27 Executive Summary." June. Unpublished report (in English).

National Authority for Information and Documentation (Libya). 1999. *Libya: Report of Human Development* 1999. Tripoli: National Authority for Informátion and Documentation Publishing (in Arabic).

National Center for Educational Planning (Libya). 1999. *Development of Education and Vocational Training in the Great Jamahiriya* (1969-1999). Tripoli: Secretariat of Education Publication (in Arabic).

——. 2000. "Financing Higher Education in Libya." In author's possession (in Arabic).

National Commission for Education, Culture and Science (Libya). 1998. *Higher Education and Prospects of Development for the 21st Century*. Libya's National Report, presented at the conference Higher Education in the 21st Century: Vision and Action, UNESCO-Paris, October 5-9 (in English).

Nofal, M. N., and M. R. Kmal. 1990. "Higher Education in the Arab World: Future Vision." *Arab Journal for Education* 10, nos. 1 and 2 (December) (in Arabic).

Rex, N. 1998. "Mobilizing the Power of Culture in Higher Education." Paper presented to a Free Roundtable at the conference Higher Education in the 21st Century: Vision and Action, UNESCO-Paris, October 5-9 (in English).

Secretariat of Education (Libya). 1999. "Higher Education and Scientific Research in the Great Jamahiriya." Report presented at the First Islamic Conference of Ministries of Higher Education and Scientific Research, Toward a Strategy to Develop Science and Technology in Islamic Countries, Riyadh, Saudi Arabia, October (in Arabic).

Secretariat of Education and Scientific Research (Libya). 1995. *Statistical Reports on Universities and Higher Technical Institutions*. Tripoli: Secretariat of Education (in Arabic).

Srkiz, F. 1998. "UNESCO Mission to Evaluate Libya's Postgraduate Programs in Social Sciences during the Period 22-27 June 1998: Executive Summary."

Technical report (in Arabic).

UNESCO. 1991. *The Role of Higher Education in Society, Quality and Pertinence, UNESCO, Non-governmental Organizations, Collective Consultation on Higher Education*. New Papers on Higher Education (1) Meeting Documents, Paris, April 8-11, UNESCO-Paris.

——. 1995. *Research in Changing and Developing Higher Education*. Paris: UNESCO Publishing (in Arabic).

——. 1998a. *Higher Education in Africa: Achievements, Challenges and Prospects*. Dakar: Regional Office for Education in Africa (in English).

——. 1998b. *Higher Education in the 21st Century: Vision and Action*. Proceedings of the World Conference on Higher Education. Paris: UNESCO Publi-shing.

UNESCO and the University of Tokyo. 1997. "Report of the Roundtable on the Relationship among Research, Policy and Practice in Higher Education." Tokyo, September 3-5 (in English).

UNESCO Regional Office for Arab States. 1998. *Preparatory Conference on Higher Education in the 21st Century*. Beirut: UNESCO Regional Office for Arab States.

42 马达加斯加

詹姆斯·斯泰尔斯

引　言

马达加斯加是世界第四大岛屿，也是人类涉足的最后一片重要的陆域(Dewar，1997)。这个国家是多种独特动植物的家园，这也部分解释了为什么马达加斯加4个世纪以来都激起了探险者、自然学家和科学研究团体的遐想。马达加斯加位于莫桑比克和南非以东250英里的印度洋上，代表了非洲文化的东部边缘和南岛文化的西部边缘。2000年该国的人口超过1500万，是非洲大陆出生率最高的国家之一(每年3.3%)。绝大部分人口(75%)住在相对孤立的小村庄里，以农业为生。

马达加斯加的多种气候带使它可以种植的农业产品种类繁多，它出口水稻、咖啡、香草和可可。近几年，伴随着民众的良好教育和政府的相对稳定，国外资本的注入使工业和服务业有所发展。马达加斯加人均国民生产总值(GNP)为250美元，四分之三的人口生活在贫困线以下。

在非洲统一组织(Organization of African Unity，OAU)形成之际，马达加斯加曾游说将其命名为非洲和马尔加什统一组织。这一提议表明了该国领土与非洲大陆的分离感。这是一个相差悬殊的地方，诸多文化的融合形成了一个独特的文化混合体。马达加斯加人深受外部世界的影响，但是却仍然维持着世世代代沿袭下来的生活。教育制度的历史与国家的整体发展历程是同步的。要理解马达加斯加高等教育面临的挑战和机遇，必须了解它的民族、历史和语言的背景。

民族和文化

公元7世纪以前，马达加斯加是个荒芜人烟的地方。据了解，它的最早的居民很可能是马来—印尼的水手，他们或直接从东面或从临近的非洲海岸的殖民地迁移而来。后来非洲移民和奴隶的浪潮造成了丰富的文化类别，最终演化成大约18种文化：包括北部的萨卡拉瓦族(Sakalava)，中部高地的麦利那(Merina)和贝希略(Betsiléo)族，东部的贝希米扎拉卡(Betsimsaraka)族和西南部的马哈法里(Mahafaly)族。地理位置的分离，亚洲和非洲血统的混合，以及与阿拉伯和欧洲文化的接触，使它的人民形成了强烈的团结感。值得注意的是，马达加斯加语这一共同的语言，始终将人民联系在一起。南岛语是从与今天婆罗洲(Borneo)岛(即今天的加里曼丹Kalimantan)所讲的语言类似的语言根系演化而来的。

尽管这个岛屿具有独特的文化，《人种史》(*Ethnohistory*)杂志近期提出的一个问题警告人们，不要带着预想的种族划分和差异的想法看待马达加斯加文化。中部高地的麦利那(Merina)和贝希略(Betsiléo)文化与早期的印度—马来移民十分相像，而其他文化与非洲民族的更为接近，但这些文化概念都不能逃脱与该国首先被麦利那统治，然后又被法国殖民者统治之间的联系(Lambeck，2001；Bloch，2001)。但是，正如莫里斯·布洛克(Maurice Bloch)所说，这并不意味着文化的差异完全是创造出来的。这些文化的一致性并不是基于明确描绘的种族或起源划分，而必须在马达加斯加环境中根据一个人是如何生活，如何与其祖先相关联来理解(Bloch，2001)。与祖先和家庭的关系是理解当前马达加斯加文化的关键，甚至西化的基督教知识分子阶层也不例外。规模较小的家庭组织对当代人产生了更重大的影响，它将当代马达加斯加人与更大的“文化群”相结合，如麦利那（Merina）、卡拉瓦（Sakalava）等。

历 史

早在 14 世纪，马达加斯加就成为阿拉伯商人和其他被其战略位置和丰富的农产品吸引的人的重要关口。在 18 世纪末 19 世纪初，在女王安德里阿娜姆珀丽尼美丽娜（Andrianampoinimerina）及其儿子拉达马一世（Radama Ⅰ）（1810—1828）统治（1787—1810）时期，中央高地麦利那（Merina）开始统一全国。大不列颠急于结束马达加斯加繁荣的奴隶贸易，就承认拉达马为“马达加斯加国王”，并向其提供军事技术。虽然外部和内部的奴隶贸易都没有结束，但拉达马凭借着军事技术和被承认的头衔，征服了大部分文化部落，建立了一个统一的麦利那（Merina）国家，定都中央高地城市塔那那利佛（Antananarivo）。作为报答，他允许大不列颠使用马达加斯加印度洋港口，从伦敦会（London Missionary Society，LMS）派遣传教士。

伦敦会教师、传教士和技工的到来对国家的技术和教育发展产生了重要的影响。尽管伦敦会的主要目标是福音传道，但它也带来了技工，引进了石材切割的工艺、造砖、大面积灌溉、印刷和其他技术。出于用马达加斯加语言教育其人民的目标，他们请求拉达马国王同意创造一个完全书面的语言版本，说服他将马达加斯加人罗马化。用马达加斯加语而不是英语教学和传道使得传教士学校和教堂能覆盖更大范围的人群，也转移了对外国基督教出现和逐渐突显的某些抵制（Brown，1995）。更高年级的马达加斯加学生成为初始学生的监管者，然后成为有实力的资深教师。通过这种方法，伦敦会和麦利那（Merina）贵族创造了一个受到过良好教育的马达加斯加阶层，他们将成为传教士、教师和法庭官员。

在经历拉达马的继承人腊纳瓦洛娜一世（Ranavalona I）的统治，即国家恢复到隔离状态并驱逐外国人的一段短暂时期后，西方人重新受到欢迎。1866 年，腊纳瓦洛娜二世（Ranavalona II）上台后，基督教成为官方宗教。这个时期，其他欧洲传教群体也十分活跃，英国和法国政府同时利用东部和北部港口做贸易。

伦敦会返回后，建立了三所高校，一所培养教师的男子师范学院（1862），一所培养牧师和法庭官员的伦敦会学院（1870）和一所女子师范学院（1872）（Koerner，1999）。这一时期，路德教会、英国国教和罗马天主教也开始建立宗教培训机构（Brown，1995）。LMS 学院是一幢给人深刻印象的砖砌建筑，有三个巨大的侧厅，讲课大厅可以容纳 100 名学生。

到 1880 年，从三所伦敦会学院毕业的 400 多名毕业生组成了马达加斯加的教育和宗教领导人网络（Koerner，1999）。所有新教使团学校的学生注册人数从 1880 年的 40000 名增长到 1894 年的 134000 名以上。后者加上天主教学校的 34000 名学生，意味着到世纪末，“（中央高地）人口的大部分至少拥有一些基础教育的背景”（Brown，1995）。与其他非洲国家相比，这一高水平的识字率是惊人的，也是伦敦会将领导学校和教堂的责任移交给马达加斯加人民的实践证明（Raison-Jourde，1991）。

1885 年，马达加斯加成为法国的保护国。1895 年，一个英法条约在分割了彼此在印度洋的利益后，它完全成为法国的殖民地。曾征服印度支那大部分地区的约瑟夫・加利埃尼上将（Joseph Gallieni）成为马达加斯加的统治者。他是个激烈的反传教者，因此并不倾向于支持法国耶稣会的利益优于新教，而是同时允许两者继续它们的教育、医疗和宗教工作。尽管加利埃尼允许在学校继续使用马达加斯加语，他也颁布法令规定必须教授法语。在新殖民化的国家，法语迅速成为一个重要的力量，能说法语成为备受嘉奖的品质。

加利埃尼的下一任统治者，维克多・奥加尼厄（Victor Augagneur）因担心马达加斯加人控制的学校的力量，通过一系列法律削减它们的力量和声誉。他严格限制来自殖民学校的学生进入殖民地职业学院（Colonial Professional College）（培养政府官员的地方），要求增加法语的使用，禁止在教堂内教学。这些行动迫使许多教会学校关闭，使马达加斯加的教育倒退了几十年。直到 20 世纪 30 年代，教育水平才恢复到殖民前的水平(Koerner, 1999)。

殖民时期的高等教育包括宗教神学院、殖民地职业学院(Colonial Professional College)和百法拉塔纳纳医学院(Medical School of Béfalatánana),后者建立于1896年,培养的医疗人员将在法国培养的医师手下工作。此外,也有一些学生继续到欧洲接受高等教育,这一行为始于1821年,当时受外国政府、传教组织和私人资金支持。大批学生留学国外,如在1961年独立前,共有576名马达加斯加学生在法国学习,一半人依赖政府颁发的奖学金(Koerner, 1999)。在二战时期,进入欧洲大学是不可能的。考虑到对法律职员和律师的需求,马达加斯加法理学家组织了法律课程,建立了法律考试中心。1945年从法国殖民统治下解放后,这个中心隶属埃克斯—马赛第一大学(University of Aix-Marseilles)法律系,随后10年中,它转变成了法律学院(1995)。与之相伴的科学学院(1954—1957)和文学学院(1959)也是这一时期建立的。

战争的结束导致独立呼声的高涨,一个武装反对派的组织性逐渐增强。法国设想与马达加斯加建立半自治关系,但最后屈从于马达加斯加完全独立的要求。1960年6月26日,马达加斯加恢复了独立,但这并不能结束法国的干涉。作为议定的独立条约,法国继续对一些部门如教育产生重大影响。与法国的紧密关系和许多法国人士对国家事务的干涉是齐拉纳纳(Tsiránana)总统时期第一共和国(1960—1972)历史的显著特征。

独立后一年,通过将独立的法律系、文学系、科学技术系和原先独立的医学院合并后,正式成立了第一所真正的大学。这个大学第一年就招收了1130名学生(国家事务秘书处Secretariat d'Eat aux Affaires, 1972)。校园坐落在首都塔那那利佛(Antananarivo)边缘,而医学院仍位于一个独立校区。法国教育部任命了校长和所有新大学的教职员工,但却忽略了许多本可以胜任的符合资格的马达加斯加学者。

医学院课程的重新设置帮助学生可以获得一个完整的医学学位。最初,学生第一年和最后一年在塔那那利佛学习,而中间四年在法国度过。随着时间的推移,马达加斯加的设施和人员已经升级,可以在塔那那利佛开展全部医学教育(Burgess and Study Committee on Manpower Needs and Educational Capabilities in Africa, 1965)。同时,政府还建立了其他四所学习和研究机构:国家公共行政大学、国家公共事物大学、国家应用农业科学大学和社会进步学院)(Koerner, 1999)。

所有大学的学生构成反映了中央高地文化相对于其他群体的霸权地位。中央高地文化(麦利那Merina和贝希略Betsiléo)共占总人口的38%,却构成了学生总体的95%。只有5%的学生来自其他占总人口62%的文化。中央高地文化和其他文化(它们被称为海岸人côtiers,或沿海人民)的分歧是这个国家的重要特征,它影响了社会的各个领域。高地和沿海文化接受教育的差异促使了1978年第二共和国形成之后开始的大学分权化。

在某种意义上,对法国的继续依赖为马达加斯加独立后前十年的稳定铺平了道路,但也导致了激进爱国者的持续愤恨。20世纪70年代的爱国情感和经济困难导致了学生罢课和一场全民暴动,宣告拉马南楚阿总理(Ramanantsoa)(1972—1975)任职(曾是一位上将)的临时政府的开始。临时政府宣扬反法情感,用马达加斯加人代替了法国人在大学教育、政府和人民社会中的位置。3年后,新选举的总统被暗杀后,迪迪埃·拉齐拉卡(Didier Ratsiraka)上将创立了马达加斯加第二社会主义共和国(1975—1989)。

马达加斯加第二共和国立法会议通过了78040法案(1978年7月)。它要求分权,使政府和教育系统民主化,马达加斯加化。尽管高等教育和外交保留了法语,但马达加斯加语被作为政府和教育的官方语言。使用马达加斯加语顺应了反对法国和法语的具体目标,它也加快了马达加斯加文化的概念化,有利于更深的爱国情感和支持。几十年来他们被明确地灌输着他们自己的语言,文学和历史低劣于法国,许多马达加斯加人开始明白,使用他们自己的语言是重塑马达加斯加人意味着什么这一概念的重要一环。

该法律对高等教育产生了深远的影响。它要求将大学分成6所地区大学中心,每个省各有1所。最初分校只是名义上的,可是最终导致了6所独立大学目前的体系形成(Rambeloson-Rapiera, 1992)。马达加斯加化运动要求用马达加斯加教授代替法国侨民。不是所有的外国人都被迫离开,但越来越多的职位移交给马达加斯加学者,使权力平衡得到转移。法语仍然是大学教学的主要语言,但马达加斯加语获得了新的显著地位,因为在塔那那利佛新增了马达加斯加文学系,历史系和文化系。认识到学生的行动主义帮助创造了马达加斯加第二共和国后,大学领导们让教师和学生群体参与讨论,大学应该怎样为新国家的需求提供服务(Rajaoson, 1995)。

在拉齐拉卡(Ratsiraka)担任总统期间,政府与法国和西方国家化的工业分道扬镳,试图鼓励马达加斯加文化。但是1989年,随着苏联瓦解,大米这一首要资源出口的收入的减少所带来的日益增长的经济不确定性和失业率的上升,引发了新一轮的学生罢课和全面动荡。这些压力和事件导致了一部新的宪法和第三共和国的诞生。1991年,阿尔贝·扎菲(Albert Zafy)这个医学教授当选为总统。扎菲总统的政府试图使政府联邦化,从首都分权,创立一个六省政府联邦。宪法对扎菲总统免职导致了1996年的大选,而最后的两位候选人又是扎菲和拉齐拉卡。大选使拉齐拉卡重新掌权,他成为一名私人化和分权的倡导者。

近10年来,马达加斯加经历了经济重建,扩大私有部门,对许多外部力量开放。过去10年,政府相当稳定,马达加斯加正在准备全国大选。学生和教师的激进活动今天仍在继续,其证明是1998年发生在对政府进一步分权的全民公决前的学生罢课和1999年6月教师的最近一次罢工。跨文化差异继续在危机时刻显露出来,如1995年对先前皇家宫殿群的纵火案,但通常是潜伏在表面之下。

教学语言

语言是马达加斯加教育历史和目前教学语境中的核心问题。在19世纪国家统一的时候,麦利那(Merina)方言成为标准的马达加斯加语。虽然仍存在一些地区方言,但如果一个人会说一口标准的马达加斯加语,那他就可以在全国交流。这是一种有着丰富的书面和口头传统的语言(Dumont, 1996)。

在殖民时期,在除官方场景外的所有场景中,人们仍讲马达加斯加语,除非说法语被用来显示一个人的教育和阶层。殖民时期法语成为进步的和"无异议的富于声望的语言"(Dumont, 1996:22)。

1976年,马达加斯加语成为小学和低等公立中学的教学语言,而法语成为必修的第二语言(Rakotondrazaka, 1994)。高等中学和大学课程中法语是教学和考试的语言,马达加斯加语和第三语言则是必修的。但是,因为马达加斯加语是所有教师和学生的家乡语言,课堂对话陷入混合语也就十分寻常了。这种双语教学的结果可能是十分强大的。最擅长的学生至少精通两门语言,但也可能造成能力较差的学生的脱节,他们带着两门不同语言的片面知识成长,但却没有能真正掌握其中任何一门。

多米尼克·狄芒(Dominique Dumout, 1996)阐述了马达加斯加文化中不同的参与者如何对教学语言提供不同的话语,以及这些多元角度是如何形成教育现实和进步的。狄芒(Dumout)推测麦利可能提倡用马达加斯加语实行教育,因为知道他们拥有资源和传统来确保他们的孩子得到双语教学。而在接受和发展高等教育方面,沿海人民(Côtiers)希望通过使用法语来挑战麦利那,拒绝使用等同于麦利那的权力的标准马达加斯加语。后殖民法国极力地投身于在法语社区保留法语,作为维持其世界强国历史地位的一种手段。最后,狄芒提出,美国可能通过鼓励使用马达加斯加语来平衡马达加斯加对法国的附属关系。不管政治观点如何,教学语言和由此带来的民众的双语能力将是可预见的未来中的强大因素。

高等教育体系结构

马达加斯加的高等教育由一位单独的高等教育部部长指挥。高等教育部部长由共和国的总统任命的总理来任命。高等教育部对6所公立大学和众多公立学院和研究中心负责,并与其他部长一起负责11所其他高等教育学校。1992年,它开始对私立高等教育机构颁发合格证书,其中16所得到批准。这些高等教育机构为马达加斯加大众提供了多样化的教育选择。

公立高等教育

新马达加斯加共和国的第一所公立大学于独立后不久在首都成立。到20世纪70年代,塔那那利佛大学的位置,这个麦利那权力的传统中心,成为争论的焦点(Rajaoson, 1985)。其他五省的人民不满于中央高地的霸权,要求从70年代中期开始分散高等教育。原来的塔那那利佛大学仍然是规模最大、最多样化的高校,而其他五所地方大学相对较小,提供具有本地优势和机会的课程(表42.1)。

地方大学历史短,财政资源少,地理位置与首都相隔甚远。每个省会城市都有国家航线服务,但是每所城市的人口比塔那那利佛少很多,也缺乏它那样的多元知识生活。这些因素使得吸引和保留教学和行政人员更为困难。尽管宪法分权计划旨在将权力转交到六省,但国家的大部分活动依然源于或必须通过首都城市。大学分权增加了其他地方的入学,但是地方大学缺乏资源来作这样的真正划分。在厄伊文·达儿的跨文化交际研究《马达加斯加的意义》(*Meaning in Madagascar*)(Øyvind Dahl, 1999)一书中,他提到这个解决高等教育入学问题的办法表明了马达加斯加保持相互和谐的愿望,它是马达加斯加生活中重要的中心概念。尽管不存在创立地区中心的资源,但地区中心也因部分不惜一切代价避免冲突的愿望而建立起来了。

表42.1 1999年马达加斯加公立大学提供的学术项目

学校	法律、经济和社会学	文学及人文科学	科学	教师教育	多科技术	其他
塔那那利佛	4	9	3	8	9	医学和农学
安其拉纳纳	0	1	1	3*	4	—
菲亚纳蓝楚阿	1	0	2	3	0	—
马哈赞加	—	—	1	—	—	医学和牙科学
图阿马西纳	2	4	0	0	0	海关
图利亚拉	0	5	2	1	0	海洋科学

注:* 为教育技术职位提供的教师教育。
来源:MCU, 1999; MINESUP, 1999.

地方大学往往只提供已有学科领域的初级课程。希望追求更高层次知识的学生只能到首都城市。所有想获得博士学位的大学生必须在塔那那利佛大学就学,除了医学和牙科医学这两个专业。这两个专业的博士学位在马任加大学(University of Mahajanga)也可以获得。

马达加斯加教育的层次和学位遵循法国模式,大学教育有三个层次。第一层次要求修学艺术、科学、法律、和技术的学生至少完成两年学习才能授予大学文凭(大学基础文凭等)。学生必须通过一系列固定的课程和学年考试才能进入下一年或下个层次的学习。大学教育的第二层次要求在大学基础文凭(或同等学习)之外加一年专业学习,给予许可(满修两年课程之肄业证书),另加一年学习后可授予硕士学位(学士学位)。第三个层次的博士学习在硕士后至少延续三年。攻读博士学位的第一年和第二博士年末将分别授予两个研究生学位:深入研究文凭(DEA)和高等教育文凭(DES)。不早于第三年论文上交者,可获得博士头衔,三年制博士。医学和牙医分别要求至少8年和5年时间的学习(UNESCO, 1999)。

直到1992年,学生可以重复某一课程的特定学年六次以下,而且可以继续拿奖学金。现在一个学生只能重复同样的学年两次,若第三次尝试失败则意味着政府补贴和学术生涯的结束。

大学治理

高等教育部(MINESUP)任命一位校长,他或她和两个委托委员会共同管理每所大学,委员会之一负责行政,另一个负责学术事宜。行政委员会和校长一起审查和批准大学预算,制定大学的规章制度,确保商业事宜的有效运行。连同学术委员会和校长一起，确定大学的主要活动，计划教职员工的教育和培训，以及有关新学术项目提议的规定。

学术委员会主要关心教学和研究问题。它负责入学条件，并对监督、检查课程和保证研究和教学活动的质量负有主要责任。学术委员会包括来自各学科的教师，他们为学术事业的全面管理提供指导(UNESCO，1986)。

公立研究所和研究中心

其他隶属高等教育部的机构包括授予和不授予学位的高等教育机构和其他研究组织的混合体。

马达加斯加有两所高等技术学院(IST)，一所在塔那那利佛，另一所在安齐拉纳纳(Antsiranana)。这些学院提供土木和工业工程的课程，塔那那利佛高等技术学院还提供管理、市场和会计课程，而且正在开发运输管理和后勤方面的新课程。职业技术学院被认为是这个发展中国家增长的发动机，吸引对应用教育感兴趣的学生。它们与当地工业保持密切联系来为实习集资，并为学生提供工作联系和职业信息。两所学校的注册人数从1993年的大约175人增长到1995年的550人。

马达加斯加是远程教育的早期支持者，也是撒哈拉以南非洲唯一一个开发有组织的第三级教育课程的法语国家。课程的历史可追溯到独立之前，当时是通过埃克斯－马赛大学(University of Aix-Marseilles)的远程安排，推出了法律方面的初级课程(Saint，1999)。1992年，政府重新组织了课程，将其纳入马达加斯加国家电教中心(National Center of Tele-Teaching in Madagascar，CNTEMAD)。现在它向20个地区的学习中心的学生提供授予和不授予学位的课程，包括为有学士学位的学生提供两年制的大学学前水平的课程，还包括法律和管理的五年制大学课程。马达加斯加国家电教中心侧重提供与商业有关的实用技巧课程，它鼓励学生组成学习小组，提供当地企业的短期实习机会。教学使用当地制定的教科书、盒式录音磁带和无线电课程。1997年，约8000名学生注册了大学课程，当然，60%是男性学生，而70%注册了塔那那利佛的课程(MINESUP，1997)。第一和第二水平都授予学位，但更高的学位与大学中的同等学位相比更以职业为导向。至此为止，马达加斯加国家电教中心已经授予3900多个学位，1997—1998年的考试通过率超过50%。该课程得到了联合国教科文组织和法国政府的支持，有些马达加斯加国家电教中心的毕业生已被法国第三级水平的大学项目所接受(Saint，1999)。

其他直接隶属高等教育部的中心包括国家英语教学中心(CNELA)，它提供英语学习的非学位课程；两大研究中心，国家原子能科学和技术研究所(INSTN)和狄马巴匝匝(Tsimbazaza)的植物园和动物园；两个为更广的高等教育社区提供服务的新机构，国家评价局(AGENATE)和大学交流办公室(MCU)。其中几个中心已经开始尝试盈利业务，如提供短期的英语课程或专门的商业课程。

与其他部委的合作

高等教育部与其他政府部门合作支持11个教育机构，包括国家会计与企业管理学院(INSCAE)、国家行政与司法学院(ENAM)、军事学院及培养警察、海关官员、法庭官员、地理学者和其他人员的学院和中心。其中，国家会计与企业管理学院的课程与公立大学系统的课程最为接近。

1981年，马达加斯加和世界银行创立了国家会计与企业管理学院，向学生提供金融管理领域最前沿的教育。在高等教育部与经济和财政部的联合监督下，它演变成一所专攻金融、企业家和综合管理的学校。它是一所半私立学校，只从政府获得10%～15%的运营资金，而其余的收入来自于学费，外销商业的特殊课程，教师和学生开展的咨询合同，以及国际机构给予的直接支持。许多人认为国家会计与企业管理学院提供的教育课程是全国最好的其中之一，但也是最昂贵的。设施现代而整洁，装备精良，有现成的电脑和语言实验室。但是，过高的费用和高入学要求将大部分学生拒之门外。在组织设置上，由一位管理学教授担任国家会计与企业管理学院的总负责人。它的行政管理委员会包括来自经济和财政两个部门的代表，也包括教师和私立企业的代表。

私立高等教育机构

私立教育在马达加斯加由来已久。根据联合国和马达加斯加最新的人类发展报告，6 万名复读中学的学生中大约有半数人就读私立学院。罗马天主教和至少 4 个不同的新教派别运营宗教神学院培养神职人员。

鼓励私立高等教育的增长是第三共和国成立之初推进的高等教育改革措施之一。20 世纪 60 年代以来，私立高校已经着手普通高等教育，尽管与公立系统相比规模小得多。新政府出台方针，向私立高校提供教育目的的公立证明和所需的资源。方针旨在确保这些学校提供正当的教育课程。此外，这些措施还试图在私立部门以及高等教育部和公立大学之间展开对话，提供跨部门合作的机会。

16 所私立高校与高等教育部签署了协议，也加入了 1995 年成立的马达加斯加私立高等教育协会(Association of Private Establishments of Higher Education in Madagascar，AEESPM)。高等教育部颁发的证明允许私立高校参与部门的某些活动(实习、授予课程和一些奖学金资助)。目前没有一所学校注册人数超过 500 人，但它们代表的是一整个高等教育系统中不断发展和活跃的组成部分。这些学院在所授课程和课程长短都有区别，如从为期 8 周的在比费拉拉(Bevalala)的专业农业研究院(EPSA)到通信公关管理高等研究所(ISCAM)提供的为期 4 年的管理和商业课程(MCU，1999)。通信公关管理高等研究所提供的课程和在国家会计与企业管理学院和职业技术学院提供的课程有所重复，但其没有国家会计与企业管理学院资源丰富，也没有职业技术学院成本那么低。通信公关管理高等研究所真正提供的是为所有付得起学费的学生提供求学机会。

在管理和组织方面，部分学校模仿大学的组织设置，也有学校参照商业模式，设置一位首席执行官(CEO)进行管理。大多数学校都与特定的某工业组织维持着紧密联系，它们将重点放在使学生与他们将来的雇佣者联系起来。

学生入学

同其他非洲国家一样，马达加斯加曾和超出经济所能支持范围的教育需求做斗争。20 世纪 90 年代早期，公立大学系统一片混乱。到处都是不安的学生，生产力下降，享有奖学金的学生可以重复同样的课程 6 次之多(Koerner，1999；Viens and Lynch，2000)。1993 年，这些问题导致了由新政府扎菲(Zafy)总统发起并由国际货币组织支持的一系列系统改革。正如表 42.2 所示的细节那样，公立大学系统的招生数从 1993 年的大约 33000 人减少到 4 年后的 19000 人以下。后来，引入了一个更具选择性的招生程序，将一个学生可以重复同样学年的次数减少为两次(Viens and Lynch，2000)。除了两所最小的大学，其他所有大学的招生数都在下降。马任加大学在这一时期实际上得到了发展，因为它引入了一个成功的牙外科课程并增加了主要来自科摩罗(Comoros)的外国学生的招收。

表 42.2　1987—1997 马达加斯加公立大学学生入学人数变化

大学	1987 年	1990 年	1993 年	1994 年	1997 年	1987—1997 年百分比变化
塔那那利佛	25592	27680	24038	19865	12431	−53
安其拉纳纳	867	882	783	887	865	0
菲亚纳蓝楚阿	1845	2022	2066	1518	1628	−12
马哈赞加	1038	1257	1560	1526	1463	+41
图阿马西纳	3081	3472	2603	1719	1411	−54
图利亚拉	1683	1733	2152	1422	1147	−32
总计	35106	37046	33202	26937	18945	−46

来源：MINESUP，1997；Banque des Données de l'Etat，1992.

表 42.3　1997 年各省人口及马达加斯加大学入学人数

省	省人口		大学入学人数	
	人口数(千人)	占百分比	入学人数	占百分比
塔那那利佛	4163	30	12431	66
安其拉纳纳	1063	8	1411	7
菲亚纳蓝楚阿	2931	21	1147	6
马哈赞加	1583	11	1628	9
图阿马西纳	2276	16	1463	8
图利亚拉	1986	14	865	5
总计	14002		18945	

来源:INSTAT, 1999.

据估计,2.5%的传统大学适龄人口注册入学了高等教育,但是其在国内分布不均(INSTAT, 1999)。在包括首都塔那那利佛在内的省份,高等教育注册率接近学龄总人口的 6%,而该国的其他地方徘徊在 1%左右。表 42.3 表明了 1997 年 6 个省的人口以及他们占国家总人口的百分比,还有注册上学的学生人口和他们占该省大学总注册学生数的百分比。这张表格应该仔细阅读,因为不是所有的塔那那利佛大学的学生都来自那个省,但是它的确表明了不同省份人口中存在的规模上的某些差异。殖民时期,人口普查的数据根据国家的不同文化群体收集。独立后,人口数据只根据省份进行收集。

马达加斯加自 19 世纪引入正规教育以来,女童和男童一起接受教育。虽然文化障碍仍然存在,但 1996—1997 年注册的大学生中女性占了 46%,这反映了马达加斯加社会中妇女的重要地位。马达加斯加高等教育中男女比例几乎相当,与联合国教科文组织 1999 年对撒哈拉以南地区注册上学的女性平均人数的评估形成了鲜明对比,后者只占 18%(Mulli, 1995)。纵观学科领域的学生注册人数,男女性别的平衡是一致的。但工程学和农业除外,这些专业的学生中只有 30%是女性(UNESCO, 20000)。

目前私立高等教育的总招生数更难确定。大部分学院招生规模很小,约为 100～400 人。1997 年高等教育部年度报告估计,私立学校招生 1500 名学生,但是没能提供任何具体细节。实际数目很可能接近 4000～5000 人。

高等教育录取、学费和奖学金资助

公立大学和大部分私立高校的录取条件要求学生在中学结束时通过高中毕业会考(baccalaureate)。所有通过高中毕业会考的学生可以确保上某所大学,但是最具竞争的学科(如法律、管理、医学和科学)也有入学考试,要求申请者必须通过。尽管年轻人的经济和教育选择增加了,但 80%的学生通过高中毕业会考后继续上大学(Rakotondrazaka, 1994)。高中毕业会考的通过率依年而定,而且可以作为控制大学入学的方法。1996 年,通过率为 25%,1997 年为 32%,1998 年为 30%。表 42.4 展示了 1997 年国家 6 个地区通过率的差异。

表 42.4　1997 年马达加斯加大学地区高中毕业会考通过率

地区	参加人数	通过人数	通过百分比
塔那那利佛	18612	6641	36
安其拉纳纳	2519	744	30
菲亚纳蓝楚阿	4633	1065	23
马哈赞加	2478	746	30
图阿马西纳	3596	918	26
图利亚拉	2344	803	34
总计	34182	10917	32

来源:高等教育部 1996—1997 年数据。

6 所公立大学一直收取学费,但就美国的标准而言,这并不算太高。马达加斯加学生只需为每门课支付 4～8 美元,但是他们缺乏其他国家有的许多学生补助服务。不能住在家里的学生必须既要找房子,又要找工作养活自己。私立和半私立高校(如国家会计与企业管理学院或职业技术学院)的学费因不受制于政府的规定,因此高得多。学费的不同范围反映了市场中存在的私立高校的不同,但每门课的学费可高达100美元。一个学生如果修满全日制的四门或五门课,这样的收费比率就给考试通过带来了巨大的障碍。因此,好的私立高校的学生大都来自富裕的家庭。

大学和职业技术学院(IST)的学生具有享受高等教育部管理的公共奖学金的资格。只要学生符合要求并且继续进取以获得学位,他们就可以获得助学金。1993年以来总招生数的减少使助学金分布更广。获得助学金支持的学生比例从1994年的51%上升到1997年的74%。助学金被列为占资助的1/3,1/2或全部,但是有资料列出最高的助学金只有每月9美元。这一比率可以覆盖学费和直接花费,而用做生活费的钱则微乎其微了。

教学和管理人员

大学学生数量的减少和教师数量的增加发生在同一时期。1993—1997年,教师职业总增长率为26%,拥有最大校园的大学增长率最低,增长率在其他5所学校则较高。学生和教师反比增长的模式导致生师比急剧下降。1993年,平均生师比为47∶1,到1996年这一比例下降到22∶1。这一比例仍然高得令人担忧,有学生称这是他们选择私立高等教育的原因之一。

大学教师中马达加斯加公民占主导地位,尽管1997年外籍教师约占10%,其中约有一半是法国人,其他的则来自德国、英国、俄罗斯、中国和其他地区(Rambeloson-Rapiera, 1992)。女性人数在教师职位中极大地增加了,占所有教职员工的31%。

所有教师都由高等教育部任命和提升,因为他们是政府官僚机构的一部分,因此得服从部门的外部审查,单凭资格是很难获得晋升的(Rambeloson-Rapiera, 1992)。作为联邦官僚机构一部分的教师报告给学术文化添加了困难。工资和工作条件由部长而非学术官员设定。一个校长很难或不可能改变某系的学术优先顺序和程序,而解雇一个表现差劲的教师几乎是不可能的。

教师与政治及政治系统有密切联系。三位当选的共和国总统中有两位曾是大学教授(Tsiránana and Zafy),许多教授现在或曾在议会工作。尽管教授是薪酬最高的公务员之一,但报酬比率(每月150～360美元)远没有国家提议的平均年收入那么高。首都的一个小单间公寓每月要花费400美元。不满于低薪和短缺的资源,有才能的教授离开大学去私立工业创业。私立高等教育让大学教师在他们学校授课,这也给大学教师提供了增加工资的机会。在作者所到的每一所私立高校中都有大学教授在上课。有学生抱怨这些课程意味着教师对大学课程投入的时间和精力变得更少。尽管90年代以来教师群体在上升,管理人员的数量却下降了5%,学生和行政人员的比例(6∶1)与其他国家相比仍相对较高。

学术文化和人才流失

从学生和教师骚乱的历史以及马达加斯加言说(称为*Kabary*“卡巴瑞”)的传统来看,教师将学术氛围描述为总体不受行政或政府制约的不正当影响。大学教师协会捍卫教师权利和特权,但有时也可以阻止部门领导或其他人的变动。首都有五份日报,其中就有对政府的公开批判。但是在这些比较正式的反对机会之外,表达的文化规范倾向于间接而不是直接的面对面的批判(Dahl, 1999)。

人才流失经常困扰着发展中国家,但马达加斯加文化中强烈的家庭联系和一个强大的中产阶级的出现弥补了这一情况。一位美国州部门官员说,马达加斯加留学生的回国率是最高的。尽管有个别马达加斯加人在欧洲、美国和其他国家结婚和定居,但大部分人学习结束后都会回国。法国政府十分支持与马达加斯加频繁的短期智力交换。这些交换也吸引着马达加斯加人在完成大学学业后回国。

财 政

1997 年，高等教育预算接近 1100 万美元，这一数据几乎是 1992 年 560 万预算的两倍 (INSTAT，1999；Koerner，1999)。马达加斯加开始由半社会主义经济向开放式市场经济转变，因此，这是一个经济高速增长期。联邦预算中高等教育的份额从 1994 年的 1.3%增长到 1997 年的 1.8%。同期，联邦预算中小学和中学教育的总预算百分比也从 1.4%增长到 4.8%。

1999 年年度报告中，高等教育部称其计划研究目前的支出分配是否与国家的长期目标相一致。目前直接的教育费用占预算的 38%，其次是行政和技术人员的工资，占 21%，学生资助占 20%，总体管理占 11%。到 2005 年，高等教育部希望项目和开支计划得到合理化，并为此研究阶段所设立的目标服务。

研 究

马达加斯加研究人员缺乏足够的设备、资金、时间和文献资料来开展研究(Rambeloson-Rapiera，1992)。在第二共和国的后几年，大学设施被严重忽视，陷入失修状态。政府已经开始重新装修研究实验室和图书馆，利用捐赠国(日本、法国和美国)的支持提供更好的研究空间，但是简陋的设施、有限的资源和地理位置的隔离继续限制着研究机遇。尽管存在这些不足，但由于长期的研究历史，与捐赠国的联系(尤其是法国)和岛上丰富的天然环境，研究事业仍十分强大。

当前的研究事业得益于法国、英国和马达加斯加自 19 世纪以来积极研究的历史。伦敦会(LMS)发表了 1875—1900 年塔那那利佛年鉴，详细描述了他们的传教活动，也包括有关自然历史、地理、人口普查统计、气象、马达加斯加文化、民间传说和传统的文章。马达加斯加作者始终可以在这份特别的杂志上找到代表。1902 年，法国政府组建马达加斯加科学院作为法国科学院模式的科学和研究中心。学院的报告继续发表涉及广泛主题和学科的文章，成为学术研究的主要杂志。2002 年 9 月，一个国际研讨会曾计划庆祝百年纪念。

过去研究历史的努力与以下理念产生了冲突，即发展中国家的大学应该把有限的研究资金仅仅集中在那些可以创造就业和发展市场，对国家发展产生直接影响的项目上。1998 年，在联合国教科文组织在巴黎召开的高等教育会议上，高等教育部部长约瑟夫·西德松(Joseph Sydson)提出了捍卫以学术为导向的研究项目："对我们而言，大学必须继续致力于最初的教学和核心学术主题的基础研究。虽然致力于私立部门和满足雇主的需求也很重要，但高等教育的目的绝不能完全服从于市场的需求。"(Sydson，1998)

环境和生物研究工作的经历也许平衡了那些有时相互竞争的利益。马达加斯加在生物、自然历史和环境等领域的研究人员与外国研究人员一起工作。外国学者渴望探索马达加斯加丰富多彩的生态系统，有时也为了获取经济利益。自 70 年代开始，美国和欧洲研究人员与马达加斯加人结成伙伴关系，保护并研究该国正在消失的热带雨林。在此过程中，许多马达加斯加研究人员在赞助发起国接受高等教育后，回国继续研究这个独特的环境。美国的大学，如杜克大学(Duke)，纽约州立大学石溪分校(State University of New York at Stonybrook)，康奈尔大学(Cornell)和密西根大学(University of Michigan)已经有长期的合作和培养历史。日本人发起了虾和大米培育领域的研究，而法国在许多领域与马达加斯加研究人员保持着密切联系。

现代学术研究事业中一个不为大部分马达加斯加学者所熟悉的方面是英国、法国和美国很普遍存在的竞争性同行评价建议过程。1992 年，作为第二个教育部门发展项目的一部分(CRESSED Ⅱ)，政府和世界银行承担了一个革新项目来改进高等教育的研究现状，提供马达加斯加学者经历这种同行评价的环境。银行向马达加斯加政府提供 500 万美元的贷款作为一个高等教育新基金会的种子基金。这些钱由一个独立组织管理，逐渐被称为高等教育发展基金(FDES)。高等教育部任命执行主管，为高等教育发展基金办公室提供运行资金。主管对执行委员会负责，它由来自政府、工业和高等教育所有部门的代表组成。尽管计划意图使高等教育发展基金的主管从高等教育部的控制中独立出来，但现实是高等教育群体是一个小团体，实现真正的独立还需要时间。

高等教育发展基金资助三种提议:课程发展、应用研究和学校发展。来自任何一所高校(公立或私立)的教师或行政人员都可能利用基于欧洲和美国使用的竞争性批准过程的现有公共方针提议几个项目。高校提出建议,高等教育发展基金员工和独立科学专家小组评价这些提议,然后交到委员会批准或驳回。执行委员会(EC)决定所有批准。

一个国际学者小组一年两次到马达加斯加评估项目的程序和执行情况。由各自政府派出的参与者,包括来自法国、德国、英国、意大利、毛里求斯和美国的代表。他们的地位是确保执行公布的项目方针,而且它的管理遵照国际科学团体的标准。国际小组向高等教育发展基金、执行委员会和高等教育部工作人员和相应的大使报告项目的管理,有待改进的领域和已经取得的进步。

提议的标准十分严格,为马达加斯加学术界提供了更高层次的详细程度和复杂性。高等教育发展基金人员召开一系列公开会议和培训会议。当教师对盲目的同行评价过程的复杂性表示沮丧时,这些会议就充满了争辩。提议的项目可从高等教育发展基金寻求多达 10 万美元的资金,但必须与工业、商业和/或国外高校合作。这个特定的规定曾是造成大学团体冲突的一个原因。世界银行的规定是为了使这些合作鼓励学术和商业团体为社会的改进服务,但是高等教育发展基金似乎更支持某些学科或某些类型的项目。

在第一轮提议中(1999 年 9 月批准),35 个提议的项目中有 9 个获得资金。大多数成功的项目成为课程发展的典范,包括在国家会计与企业管理学院的国际银行专业创立一个新课程,调整塔那那利佛大学的通信课程来反映商业需求的变化和媒体的变化本质。

看起来通过这种机制资助的项目将继续关注经济的发展,但是在将来可能会放宽对其他领域研究的支持。

新举措

1999 年 6 月,高等教育部发布了上一年成就和未来计划的年度报告。突出的成就(高等教育提供的多样化,研究支持的重新组织,部门管理的现代化和大学设施的更新)实际上是完成未来目标的前几步,而不是具体的成就。没有这前几步,教学和研究的机会将无法实现。目前已经制定了改进高等教育部的计划,包括一些必需的系统改革,但是 2005 年这个计划阶段末期,高等教育是否会变样还不明朗。其中一些既定目标包括:

- 发展职业教育和远程教育机会。1999 年,新印度洋大学成立(毛里求斯、留尼旺和马达加斯加政府共同努力的产物)。高等教育部计划在将来增加其他的联合努力。在职业教育领域,大学和马达加斯加国家电教中心将努力为特殊的经济部门(如卫生保健和交通)发展特殊的管理和金融课程,职业技术学院(IST)将继续扩大提供指定的工程和技术课程。这些努力很可能给学校带来额外的收入,因为它们瞄准了发展中的需要技术人员的经济部门。
- 改进人力资源管理。为满足学生日益增长的需求,将资源从行政和技术人员转移到教学人员将是必要的,通过自愿辞职、退休、教育或现有行政和技术人员的职业再培训等方式实现。这一转变势必十分困难。同大部分官僚机构一样,行政地位的权力感根深蒂固,要改变它十分缓慢。再培训或再教育大量技术人员,然后让他们承担教学责任是不太现实的。
- 加强文献、信息和交流。大学交流办公室(MCU)的创立就是为了增加高等教育教学和研究工作的知识并增进相应交流。最近,搬到市区的一个大型中央办公室后,它开始发布公立和私立教育机会指南,出版有限的教师研究的作品。它为学者们提供会议和讲座空间以鼓励跨学科交流,而且在当地商会发起了一个新的实习课程。
- 使高等教育部开支合理化。适时的新计划制定后,高等教育部称目前资金支持的优先发展有可能改变。
- 创造针对项目、教学质量、管理、预算表现和总体评价的内部和外部评价机制。高等教育部已经要求所有的项目和高校制定一个内部评价计划,并设立了国家评价局(AGENATE)开始外部评价的过程。国家评价局于1998年在与法国合作组织和世界银行的帮助下设立，它突出了高等教育新环境的复杂性。第一年运行期，它的工作人员赴法国学习，在法国评价系统中受训。尽管马达加斯加的高等教育系统建立在法国的系统之上，它的成熟方式不同，目前两者的现实不尽相同。工作人员也对其他形式的评价感兴趣，他们调查了美国的认可制度(最终)来决定将组合两个系统的哪些因素形成一个最大限度地满足马达加斯加需求的系统。最大的障碍也许发生在当国家评价局开始在那些原先一片空白的地区试着实施评价系统的时候。执行主管和她的团队正试图创造一种评价模式，它既反映了国家的事实，又可以让发达国家觉得有效而可靠。

私立部门继续发展和改变。因为个体学校规模小，私立和半私立高校都十分机敏，更容易吸收新思想和潮流。国家的经济基础多样化，私立高等教育部门表现出扩展的种种迹象。在马达加斯加，少数私立高校已经比公立高校拥有更高的学术声望。很多人认为政府对它们的支持表明同意这个部门继续增长和发展。半私立高校，如国家会计与企业管理学院和职业技术学院，吸引着绝大部分外部资金和关注。由于与商业团体联系密切，它们可以得到公立部门无法获得的资源。

结　语

马达加斯加的高等教育系统建立其有力知识史和文化根基之上。这个国家历来重视教育和文化融合，就是这种文化融合造就了马达加斯加今天的地位，也给它给它带来了最大的希望和最大的危险。

对国家和家庭的责任感往往促使年轻的马达加斯加人在国外完成大学学业后纷纷回国。马达加斯加吸收外部影响(非洲、亚洲、阿拉伯和欧洲)和将其转变成新事物的能力使这个国家超越了大社会中各种文化之间已经存在和继续存在的差异。这个文化多样化的国家正挣扎着解决这样一个问题，即怎样才能最好地凝聚成一个国家，为所有人提供同等机会。

马达加斯加的经济对外开放为未来提供了巨大希望。受教育的人民将受市场上赚钱信息所吸引从事商业。3年前，政府开放了电信和因特网市场，允许私人竞争。这些行业的成功或许会为信息时代的新服务型经济行业铺平道路。沿袭过去的传统，这个国家正加快吸引外资，发展外贸，普及因特网，重申英语教育的重要性，所有这些都将影响对高等教育部门日益增长的支持。关于社会主义的旧政府能否迅速改变以支持这些新的行业和组织，还有待时间检验。

马达加斯加依然是个充满希望的地方，它开放地迎接新思想，自愿地将国外思想融合到国家结构中。而高等教育的问题是，这些希望能否实现，这个国家能否带动所有人前进，或旧的等级制度和关系是否会延续到未来。

致　谢

作者诚挚感谢哈佛大学的兰德尔·D·伯德(Randall D. Bird)先生为本章写作过程中所作的诸多贡献。此外，我还衷心感谢许多马达加斯加研究者、学生和行政人员，感谢他们在我逗留的10个月中与我分享他们的经验。尤其感谢我的支持单位大学交流办公室及其执行主管维奥莱特·拉马南卡西纳(Violette Ramanankasina)。这篇文章中的任何错误与他们的教学无关，而是作者的理解问题。

参考文献

Banque des Données de l'Etat. 1992. "Madagascar en Chiffres." Statistical report. Antananarivo: Republic of Madagascar, 40-41.

Bloch, M. 2001. "The Ethnohistory of Madagascar." *Ethnohistory* 48, no. 1-2: 239-299.

Brown, M, 1995. *A History of Madagascar*. London: Ipswich Book Company.

Burgess, E. W., and Study Committee on Manpower Needs and Educational Capabilities in Africa. 1965. *French Education Policy in Sub-Saharan Africa and Madagascar*. New York: Education and World Affairs.

Dahl, ø. 1999. *Meanings in Madagascar: Cases of Intercultural Communication*. Westport, Conn.: Bergen and Garvey.

Dewar, R. F, 1997 "Madagascar." In J. Middleton, ed., *Encyclopedia of Africa South of the Sahara*. New York: Charles Scribner & Sons.

Dumont, D. 1996. "Le problèm de la langue d'enseignement." In F. Deleris, ed., *Madagascar 1995: le Maraism*, 115. Paris: L'Harmattan.

Secretariat d'Etat aux Affairs, Etrangéres, France. 1972. "Structures et statistiques dans quatorze états Africains et Malgache." Paris: Secretariat d'Etat aux Affairs, Etrangéres.

Hagstrom, S., and A. Steen. 1995. *The University in Africa in the 1990's and Beyond: The Changing Role of the University*. Stockholm: Universitets kanslern.

INSTAT (Institute National de la Statistique). 1999. *Second Report on Human Development in Madagascar*. Antanana-rivo: INSTAT and PNUD.

Koerner, F. 1999. *Histoire de l'enseignemwnt privé et officiel à Madagascar* (1820-1995): *les implications religieuses et politiques dans la formation d'un peuple*. Paris: Harmattan.

Lambeck, M. 2001. "Reflections on the 'Ethno-' in Malagasy Ethnohistory." *Ethnohistory* 48, no. 1-2: 301-307.

MCU (Maison de la Communication des Universities). 1998. *Monde Universitaire Malagache*. Antananarivo: Ministère de L'Enseignement Superieur.

——. 1999. *Etablissements d'enseignment superieur privés agrees par l'etat*. Antananarivo: Ministère deL'Enseignement Supérieur.

Mulli, V. 1995. "Enhancing Women's Participation in Teaching, Research and Madagascar of Higher Education: The Case of Nairobi University, Kenya." In Dyenaba Barry, ed., *Women in Higher Education in Africa*, 69-81. Dakar: UNESCO-BREDA.

MINESUP. 1997. *Annuaire statistique de l'année* 1996-1997. Antananarivo: Ministry of Higher Education.

——. 1999. *Rapport d'activités*. Antananarivo: Ministry of Higher Education.

——. 2001. Ministry of Higher Education Web Site. Department of Math and Information Technology. Available online at: www. refer. mg/edu/minesup. Accessed 2001.

Raison-Jourde, F. 1991. *Bible et pouvoir a Madagascar au XIXe siècle: invention d'une identité chrétienne et construction de l'etat*, 1780-1880. Paris: Karthala.

Rajaoson, F. 1985, *L'enseignment supérieur et le devenir de la société Malgache*. Antananarivo: Université de Madagascar,

Rakotondrazaka, R. 1994, "Madagascar." In T. Husén and T. N. Postlethwaite, eds., *The International Encyclopedia of Higher Education*, 3550-3556. Oxford: Pergamon.

Rambeloson, J. 1995. "Women in Antananarivo University." In Dyenaba Barry, ed., *Women in Higher Education in Africa*, 82-94. Dakar: UNESCO-BREDA.

Rambeloson-Rapiera, J. 1992. "Madagascar." In W. Wickermasinghe, ed., *Handbook of World Education: A Comparative Guide to Higher Education and Educational Systems of the World*. Houston, Tex.: American Collegiate Service.

Razafindrakoto, A. 1980. "Madagascar: A Case Study." In UNESCO, ed., *Educational Reforms: Experiences and Prospects*. Paris: Unipub.

Saint, W. 1999. "Distance Education: The Solution to African Tertiary Education Problems?" *Association of African Universities Newsletter* 5, no. 3: 1-2.

Sydson, J. 1998. Remarks by the Minister of Higher Education, Madagascar. In *L'ensiegnement supérieur au XXIe siècle: Vision et actions*. Proceedings of the UNESCO World Conference on Higher Education. Paris: UNESCO. Available online at: unesdoc. unesco. org/images0011001172/117228f. pdf. Accessed 2001.

Tarpeh, D. N. 1994. *Study on Cost Effectiveness and Efficiency in African Universities: Phase II-An Overview*. Accra: Association of African Universities.

UNESCO. 1986. *EDUCAFRICA: Case Studies on Higher Education in Africa*. Dakar: UNESCO.

——. 1999. "Madagascar Education System." Available online at: www. unesco. org/iau/cd-data/mg. rtf. Accessed 2001.

——. 2000. *The Right of Education: Towards Education for All*. Paris: UNESCO.

Viens, D., and J. Lynch. 2000. *Madagascar: A Decade of Reform and Innovation in Higher Education*. Washington, D.C.: The World Bank.

43 马拉维

约瑟夫·P·A·奇莫姆博

引　言

本章中的“高等教育”一词是指马拉维所有中学后教育学校，包括师范学院、技术学院、护理和农业学院以及该国的两所大学：马拉维大学(University of Malawi, UNIMA)和姆祖祖大学(Mzuzu University)。尽管本章也提到其他中学后教育学校，但其重心是大学教育，因为大学招收了绝大部分高等教育学生，并涵盖所有中学后教育学校的全部学科。由于姆祖祖大学建校不久，本章集中介绍马拉维大学，它是马拉维历史最久、规模最大的高等学府。

社会经济背景

马拉维是非洲南部的一个内陆国家，东北连坦桑尼亚，西毗赞比亚，西南、南部和东部与莫桑比克相邻。曾为英国保护国的马拉维于1964年在海斯廷斯·卡穆祖·班达博士(Hastings Kamuzu Banda)的带领下取得独立。据1998年人口普查，马拉维居住人口980万，其中52%为女性。国内生产总值(GDP)比重最大的是农业(35.2%)，其次是政府服务(14.5%)，制造业(13.2%)，销售(11.6%)。农业(主要是烟草、茶、花生和棉花)创造了92%的国家出口收入，80%以上的人口居住在农村，其中73.3%的人口从事与农业相关的工作。

一项全面的劳动力调查(Malawi Government, 1997)表明，大部分马拉维大学毕业生就职于政府和半国营组织。全国共有52%的专业人员和79%的次专业人员在政府部门工作。在这部分劳动力中，女性所占职位仅有16.6%。该研究还表明，70%的医生，50%的标准测量员，33%的建筑师，31.5%的会计师，23%的工程师以及22%的农场管理者都是非马拉维人。因此，尽管马拉维大学的建立是为了响应对接受过职业培训的工人的需求，这一目标的实现远不是那么理想，该国仍然面临着人力资源发展的危机。较近的一份行政部门人口普查(Malawi Government, 1995)表明，具有中学后教育资格的公务员比例只占112975名公务员的5%，而17%的公务员只有小学水平，19%根本没有正规教育资格。

教育历史背景

马拉维的教育可以追溯到殖民时期和早期传教士的工作。随着利文斯敦布道团(Livingstonia Mission)的苏格兰自由教会(Free Church of Scotland)来到麦克莱尔角(Cape Maclear)，第一所小学在1875年被建立起来。但是，直到1926年第一个政府教育部门成立时，殖民政府仅在教育中发挥了边缘作用，它允许每个传教组织自行设计本校课程和考核学生，而没有在各组织间形成任何标准化。政府对教育部门的忽视一直延续到独立后，造成了马拉维当前的许多教育问题。缓慢的教育供给使得1964年马拉维宣布独立时没有足够数量的接受过充分教育培训的人来胜任行政部门的职位。

虽然马拉维大学是独立后才出现的，但对大学的需求早在罗伯特·劳斯博士(Robert Laws)梦想把利文斯敦布道团发展成大学时业已存在，但多年后这一梦想才变成现实。1959年，当班达博士被囚禁时，他把建立大学纳入独立后马拉维的优先发展之一。1963年，马拉维议会采纳美国教育委员会的建议(American Council on Education, 1964)，于当年10月通过了马拉维大学法案。1965年9月在奇奇利(Chichiri)校园开始了新大学的教学。

从一开始,支撑马拉维高等教育的政策目标就是建立一个将满足国家经济和文化需求的大学。因此,马拉维大学的目标是教育、培训和造就当地劳动力来满足政府和私有部门中中等和高等水平的管理职位。此外,马拉维大学还将提供质量教育及相关的大学教育,发起教育和产业研究,以利于整个教育系统和工作领域,促进大学和公共部门的对话和信息交流。

马拉维大学(UNIMA)创办之初有5个学院:邦达农学院(Bunda College of Agriculture),大臣学院(Chancellor College),公共管理学院(Institute of Public Administration),索契山教育学院(Soche Hill College of Education)和马拉维多科技术学院(Malawi Polytechnic)。1973年大臣学院搬到松巴(Zomba)后,教育学院和公共管理学院合并。随着时间的推移,3个学院——邦达学院、大臣学院和理工学院——都扩大了课程和基础设施的规模。1979年,新建了第四个学院——卡穆佐护理学院(Kamuzu College of Nursing)培养护士。1995年,马拉维大学又增加了医学院(College of Medicine)进行医生培训。在此之前,马拉维政府派遣学生到英国学习临床前医学。医学院的建立意味着学生可以在马拉维大学进行临床前期和临床医学的学习,而再没有必要派到国外。

入　学

因每年向符合条件的学生提供的名额十分有限,马拉维大学教育的竞争依然十分激烈。这是因为大学的物质设施和财政资源并没有随着高等教育合格候选人的增加而扩大。高等教育也只招收很小比例的合格入学人口。如马拉维大学的5个学院每年只提供1000个名额。世界银行(1995)表明,所有高等院校提供的7500个名额只占所有水平教育的入学总人数的0.3%。真正的毛入学率仅停留在适龄人群的0.5%。

与中等教育招生的增长相比,大学招生的增长可以说是微不足道的,马拉维的高等教育承受着由迅速增长的中等教育而带来的需求的巨大压力。因此,大学继续坚持十分严苛的选拔制度,选拔依据是马拉维学校教育考试证书(MSCE)的成绩。但是由于存在大量的试卷泄露,马拉维学校教育考试证书成绩的信任度在逐步降低。确实,试卷的泄露导致了2000年马拉维学校教育考试证书的取消。因此,大学入学考试与学校教育考试证书成绩并用作为过去四年的选拔依据。

虽然速度缓慢,但国家的产业基础正逐步扩大,加之因死亡和其他因素致使国家失去了越来越多接受过大学培养的毕业生,扩大大学教育势在必行。最近建成的姆祖祖大学(Mzuzu University)也被寄予了能够适当缓解有限入学这个问题的期望。姆祖祖大学也希望通过远程学习提高大学教育的入学率。马拉维大学不提供远程教育,因此远程教育尚未成为马拉维高等教育教育输送的既定系统。

受限制的大学教育造成的一个重大瓶颈是中学教师的培养。虽然大臣学院的许多项目旨在扩大教育学生的数量,但在现有的框架下创造足够空间培养教师是不可能的。为克服这个问题,松巴市(Zomba)的多马西(Domasi)建立了一个专门培养中学教师的独立学院。

多马西教育学院(Domasi College of Education)建立于1993年,帮助缓解了中学教育教师短缺的问题。1992年教师缺口为700名,1997年上升到2000名,而1998年猛增至8000名。自1995年以来,多马西在自然科学、社会科学、语言三个领域平均培养250名持文凭教师。然而,基于两个原因学院还必须增加其毕业生数量:政府已计划为社区资助的日校提供符合资格的教师,而且教育部门也正得到迅速的扩展。

公　平

另一个受关注的领域是有限的大学名额在地域、行政区域、两性之间、富人和穷人、农村和城镇社区之间的分配不均。目前,可以接受大学教育的女性只有25%(Ministry of Education,1997a)。现有的选拔政策不采用配额制度,至少不适用于各行政区,而只考虑学业成绩,主要是学校教育考试证书成绩。这就可能导致这些名额的分配不均。这个政策可能倾向于支持某些学生群体。尽管存在积极选拔女性学生的政策,但接受大学教育的女性如此之少,对该政策的效果有待考察。最近倡议增加女性的比例是一个积极的进步。有特殊需要的人群也应从政策中获益,如通过积极的选拔政策。必须指出的是,大学入学中对男性的偏向也反映了小学和中学教育的情况。若要加强女性在高等教育中的参与,就必须解决教育部门潜在的根本的文化和经济方面的因素(Chimombo and Chonzi, 2000)。

鉴于马拉维的产业需求,有争论说政府应为优秀学生设立奖学金制度。由财政机构恰当运行的奖学金方案和贷款设施既可以确保贫困学生有能力上大学,又可保证高等教育对质量的要求。管理奖学金的一种方法是宣布授予奖学金的领域让学生竞争,尽管这不一定是以许多人所期望的方式解决公正问题。

当前的趋势

近期高等教育的主要发展是 1998 年姆祖祖大学的建立。姆祖祖大学可以说是 20 世纪 90 年代中期马拉维在新政府领导下扩大民主的产物。姆祖祖大学的重点是培养中学教师。该大学希望有一个全新的开始,从而可以避免马拉维大学存在的一些问题。存在的另一个期待是姆祖祖大学可以通过与现有的大学竞争,从而鼓励和促进更优秀的高等教育。

评价新大学是否已实现这些目标为时尚早。尽管姆祖祖大学的建立对高校入学问题的不足稍稍有所缓解,但是这所新大学面临的主要批评是它恰恰是在政府无力处理现有大学的诸多问题的情况下建立起来的。对许多人来说,姆祖祖大学可能是又一个政治上的徒劳之举。讽刺的是一个全新大学提供的学科早已在马拉维大学开设。而且事实上大臣学院的许多讲师被雇用到新大学教书,因此造成了大臣学院更多的师资问题。

马拉维大学也做着别的努力来实现权力下放的过程,从而使得它的 5 个组成学院成为独立的大学。松巴中央办公室存在的主要问题是工作的重复性,这也是其他学院存在的问题。教育者希望一旦分权,学院能够根据市场需求自主制定扩展课程的计划,通过产业赞助吸引资金,从而扩展招生规模。

马拉维的高等院校在信息和 CD-ROM 能力方面取得了进展。它们的大部分管理职能都实行了计算机化,包括学生档案和大学薪水册。邦达农学院(Bunda College of Agriculture)、大臣学院(Chancellor College)、医学院(College of Medicine)、卡穆佐护理学院(Kamuzu College of Nursing)和多科技术学院(Polytechnic)的图书馆最近都已开始使用信息技术,如 CD-ROM 搜索和因特网,供信息需求、研究、教学和学习之用。图书馆还使用 CDS/ISIS 软件建立了本地数据库。这些数据库可以从所有大学图书馆和大学研究中心登录。研究和环境部门的国家文件中心提供了数据库结构以促进信息资源的网络化。1994 年,马拉维大学建立了一个独立于国家其他因特网服务供应商的电子邮件网络。现在这个电子邮件工程被全面连通的因特网取代,这是由联合国发展项目赞助的可持续发展网络工程的帮助下建立的。尽管近几年信息技术扩展迅速,但是学校管理这一过程的能力仍然很弱。在马拉维连接如因特网的服务速度极其缓慢,而且还存在着这些服务的持续性问题。尽管成本降低,订阅 CD-ROM 及其他期刊需要外汇。要使这些措施不局限于项目水平,就必须付出巨大的投入。

很明显,马拉维大学在信息技术使用上取得了进展。大学用尽一切努力引入和促进信息技术的应用。大学电脑网络小组由所有马拉维学院的代表组成,试图协调网络工作。但是,由于大学的所有院系独立发挥职能,各个院系拥有的计算机硬件经常是自己领域之外、学生或其他老师无法获得的,所以信息技术资源的共享十分有限。

能力和结构

上文已经提到,马拉维大学内部组织的特色是由 5 个下属学院组成的联合结构。每所学院由一名校长领导,各有一名副校长、教务长、财务主管、院长和图书管理员辅助校长工作。

大臣学院是马拉维大学最大的组成部分,它拥有最多的学生和教职员工。新的护理学院和医学院的学生数量相对较少。

中央行政机构(俗称大学办公室)位于松巴,由一名副校长领导,下设高级职员如:大学教务长、大学图书管理员、财务主管、资产发展员、大学研究协调员。学院的教务长、财务主管和图书管理员分别是大学教务长、财务主管和大学图书管理员的代表。这种安排造成了双重负责的问题,因为这些官员在业务上对他们各自的校长负责,但却同时期望大学办公室给予提升和调任(MIM, 1997)。最高机构是大学理事会,它向马拉维大学提供总体的政策指导。

马拉维大学雇用了大量非教学人员,尤其是从事行政和学生福利服务及校园的维护。1998—1999学年教职人员与学生比从大臣学院法语和古典文学系的1∶3到多科技术学院数学和科学系的1∶44不等。除了多科技术学院的会计学和商务学师生比分别高达1∶21和1∶23,马拉维大学其他系的师生比总体上很低,其中大臣学院最低。大臣学院拥有1550名学生,145名教师和358名辅助人员,每三个学生由一个教职人员负责。注册记录表明有112名员工从事日常维护,而餐厅和保卫处各有41人和96人。在马拉维大学的日常运行中,各学院和各系之间差距悬殊,这主要是由于政府缺乏对马拉维发展大学教育的实质性指导。

高等教育财政

用于学生奖学金的资金占马拉维高等教育公共支出的12.3%,仅次于工资支出(37.7%),这说明减少这样的公共支出的范围十分广泛。这个统计表明了马拉维大学开始实行体制改革措施是当务之急,包括减少寄宿学生的比例,非传统职能私有化和减少非教学人员。扩展到传统职能之外的支持性职能,既导致公共服务不实用和中央行政机构膨胀(MIM, 1997),又导致大学奖励员工能力的下降。

可以清楚地看到,虽然与其他层次相比,小学教育阶段获得的公共教育资金(1999年它获得教育预算的60.2%)比例最高,但是小学真正的单位成本是最低的。如1996—1997年,培养一名中学生的费用是培养一名小学生的6倍,而培养大学生则是小学生的153倍。因此虽然最近小学教育的资金有所增长,公共教育财政依然倾向中等和高等教育。在马拉维,不同群体之间教育不均的事实意味着穷人并没有从马拉维高等教育中获益多少。

在一份有关谁从公共教育支出中获益的报告中,卡斯特罗—李尔(Castro-Leal, 1996)注意到,最穷的群体(quintile)只获得9%的中等教育支出和只有1%的高等教育支出。与此相反,最富的群体获得39%的中等教育支出和58%的高等教育支出。很明显,在马拉维教育体系中,不同教育层次之间的资源分配严重不平等。因此公立大学学生的高额补贴不仅是低效率的教育投资,也是倒退的做法。这是因为从高等教育支出中获益的家庭既是最富裕的也是政治上最有权力的,教育资助巩固了他们的经济和社会优势。昂贵的教学人员和设备没有得到最有效的利用又扩大了单位成本,体现在:教学负担轻,班级和实验室利用时间的限制,整体设备和人员一年中有三个月的闲置。

课　程

马拉维大学提供许多学科领域的本科和研究生学习:社会学、科学、人文科学的普通学位和农业、教育、医学、护理和工程学专门学位。马拉维大学的教学语言是英语。事实上,英语从马拉维公立学校五年级开始作为教学手段,一年级开始则作为一门学科教学。

马拉维大学的11个系提供文凭和学位水平的课程,并提供读研究生的机会。商业和护理学文凭分别要求三年和四年学习。农业、人文、社会学、教育和护理学士学位要求四年学习。马拉维高等教育的最初构想倾向于自由教育,但是20世纪80年代明确转向了专门化教育。多科技术学院引入了工程学学位课程,大臣学院的一些学科引入了荣誉学位,全面增加获得高等学位的机会。

这一时期应教育部、科学部和技术部的要求更强调了中学教师的培训。有些研究领域也向合格的人选提供硕士和博士课程,时间分别为二至四年和三至五年。尽管马拉维大学实行自我裁定,其也出于专业和学术声誉的考虑,通过外部考核者和学术顾问以保持最高的标准。

3所政府技术学院和2所由政府资助的技术学院向学生提供一些学科的技术教育。3所学院提供四年学徒课程,继而进行三年公共机构或工业培训。5所师范学院培训小学教师，马拉维大学的教育系则培训中学教师，最近多马西教育学院(Domasi College of Education)和姆祖祖大学也培训中学教师。

越来越多的人担心许多马拉维大学提供的学位和大部分雇主的需求之间相关性甚小这一事实(Moyo, 2000)。在中学阐述清晰的咨询课程的缺乏似乎意味着许多进入大学开始学习的学生很少或几乎没有思考最终资格的相关性。可以有把握地说，这是由整个教育系统标准恶化和教育系统以考试为主要导向引起的。马拉维的学校教育考试成绩呈下降趋势，1996通过率为33%，1997年为28%，1998年为16%，1999年则降到13%。但是高等院校的目标应该是培养不仅会考试的学生，还应该培养成熟、有能力、有思想的专业人才。这意味着我们不仅要思考合理的教育和学习风格，而且还应该思考课程本质和如何对其评价。随着职业需求的变化，随着新技术和方法论的出现，大学课程结构和教学大纲也需要作相应的改变。对马拉维大学毕业生就业率的下降可以解释为是高等教育与雇主的需求缺乏相关性，以及培养的毕业生素质低下。

我们的教学方向应该强调在实际工作环境中发现解决问题的方法。作为对一份追踪研究的回答，马拉维大学的毕业生对课程本质提出了两条批评意见。第一条是职业教学太学术化，没有足够重视行业合理的智力需求。第二条是毕业生缺乏文化和审美发展(Dubbey, 1989)。毕业生的建议指出的是除了知识和学术及分析能力的培养，毕业生也需要培养更强的文化意识。因此，大学教育必须不仅要设法为追求非职业课程的学生提供更好的前景，而且不管他们的专业如何，都要寻找改进所有学生文化教育的方法。

不幸的是，与产业和其他重要团体建立联系来促进大学发展，仍未成为马拉维的优先考虑。尽管可以承认大学的不良状态部分归因为不利的经济危机，但社会重要团体对大学潜在的作用缺乏一个清晰的认识也是原因之一。马拉维教育的不同利益相关方需要互动，架起连接大学课程和就业界的桥梁。可以理解一些人担心“许多学生找到的工作与大学学习的专业完全不对口”(Nation, 2000)。这里必须谨慎地注意到发展瓶颈存在于马拉维从小学到大学这样的应试教育系统中。如果我们要改善毕业生的就业前景，就必须消除这些瓶颈。

研究和出版

卡尔和凯米斯(Carr and Kemis, 1986)认为高等教育研究分三种类型：旨在提高教育实践和专业发展效能和效率的技术研究；转变意识的实用研究；促进改革的解放性研究。根据这一模式，马拉维大学的大量研究都是实际研究，即设法转变教学内容的研究。可以用作改革用途的解放性研究比较缺乏。对为什么马拉维高等教育中缺少解放性研究这个问题，德茨马茨(Dzimadzi,2000)给出了三个主要解释：其一，他所描述的高等教育的精英教育的本质。他注意到尽管高等院校存在于各种社区，但它们仍然被认为是远离它们所服务的社区的象牙塔。这个问题在马拉维这样一个受大学教育的人员比例较低的国家更加明显。其二，德茨马茨指出马拉维高等院校理论基础不足。因为相对较新，教育领域专家不多，尤其是在发展领域。因此，高等教育研究在很大程度上并不源于研究者个人的学术兴趣而是基于国家、地区和关注具体研究的国际机构网。理论基础的缺乏和自由探索的限制在很大程度上导致了该领域研究的严重匮乏。最后一个存在的问题是马拉维研究生课程发展的不足。马拉维大学主要是一个本科院校，研究生教育的发展不得不与顽固的机构模式相抗衡。尽管教育系迫于压力设置了诸如大学教育证书课程和培养研究生的教育荣誉课程，这些课程还未发展成熟以吸引大规模资金。

最近研究拨款收缩严重。如1999年，马拉维大学的研究和出版的预算百分比只有0.7%。因为培养研究生很大一部分要求学生作为学徒参与教师研究并最终承担学位论文，研究生教育大受阻碍。而且与发达国家的大学不同，获得终身教授并不取决于研究产出能力(Dzimadzi, 2000)。因此在缺乏支持研究的环境中，学者们毫无动力参与艰辛的研究活动。虽然如此，也不能否认马拉维和其他地方的高等教育，是分析社会问题及其解决途径的观点来源，这些观点独立于政治和宗教权威机构之外，经常是它们的有用的多元对应物。高等教育同时也提供机制实现本土的自我表达,帮助保存和适应当地的传统和价值,是国家声誉和成就的重要标志。但是在马拉维没有足够的研究经费,这些贡献是不可能实现的。

缺乏研究支持也损害了马拉维利用世界科学和技术知识进步的长期能力。这个国家需要大量吸收和利用新知识的能力。这种能力在很大程度上通过本国研究生教学和研究项目的运行来发展。关键的是没有掌握这种发展的潜在科学和利用知识解决当地问题和条件的能力,这些知识的进步对国家的发展多半会失去其潜在的利益,至少一定会推迟到来的时间。大学的基础和应用研究项目,以及研究生教育是掌握科学和技术的关键。据德洛尔等(Delors et al., 1996)观察,它们是人类吸收复杂的、爆炸式的知识和技术库的关键,它们也是非洲摆脱智力依赖的必要条件。

其他社会问题

据德茨马茨(Dzimadzi, 2000)观察,马拉维大学起初受到了审慎周到的对待。这种方法虽有缺陷,但具有保护大学初期发展的优点。马拉维存在的重大问题是这一方法最终退化为一党独裁下的政治对学术的压制。1975年年中以后,马拉维政治形势动荡,马拉维大学也深受其害。政治干预大学事务成为常规。大学的一批从海外移居的教师和本地教师被迫放弃工作。许多马拉维讲师,如杰克·马帕尼(Jack Mapanje)未经审讯就被长期囚禁,更多的人则从岗位上失踪了。任何设法从事"革命"研究的学者都会被贴上"混乱者"的标签并承担严重后果。结果是马拉维大学一直不愿意提供唤起意识和对当局批判的课程。即使像哲学和心理学这样中性的学科也要通过一个编造的名为"人类行为学"的学科引入大学(COMESUN, 1995)。因此,从马拉维大学建立一直到民主政治产生,马拉维学生激进活动几乎闻所未闻也就不足为怪了。几个试图表达自己观点的学生很快被锁定,大部分被囚禁了。只有到近期,学生才有机会争取自己的权利或享受言论自由。

压制的环境破坏了大学的批判思想,而这对于培养个体的精神极其不利。知识分子若想为知识的增长作贡献就需要支持性的宽松氛围,但是过去30年这在马拉维都没有出现。尽管政治环境发生变化,马拉维在很多方面仍然缺乏学术自由。面对这一状况和拨款危机,许多资深的学术人员已移居别的地方或正在考虑移居别的地方,以寻找更好的工作条件,因而损害了马拉维教学和研究的关键力量。另外,工资的减少和工作条件的恶化迫使那些留任的学者从事业余活动赚取额外收入,这导致与学生接触时间减少。因为教师另谋出路,马拉维大学已经失去了大约四分之一的教师。具讽刺意义的是,国家的大部分高层管理工作依然依靠外国移民,而大学竟然还在流失人员。

然而随着国家多党政治和民主化的伊始,大学教师和学生对管理透明度和更优越的工作条件的要求变得越来越强烈。但是马拉维经历了长达30多年的严厉的独裁统治意味着马拉维人民能完全享受民主政治的果实还需要一段时间。

财政和拨款模式

为大学教育筹措资金是马拉维大学目前面临的重要问题之一。因为大学被委托提供更多的培训课程,在很大程度上,大学的原始资金主要来自政府经费。建立之初,政府就严重干预课程的选择。因此,马拉维大学没有独立的收入来源,更不用说如何管理财政事务的自主权。正如中等教育以提供宿舍和教室为基础,大学也不能把学生的学术和住宿要求分离开来。因此,即使是政府提供高等教育也负担沉重。而造成的结果是最大比例的资金用于支付工资,大学提供的其他服务就相应减少了。大学目前面临的状况是政府拨款已经不够满足办学成本。

长期以来,在马拉维初级教育享有最大比例的教育预算,然而尽管大学学生数量少,大学预算的比例一直比中学和师范学院的比例高。

优先发展从高等教育转向初等和中等教育加剧了对不断减少的资源的竞争。姆祖祖大学(Mzuzu University)开放后,这一竞争变得更加激烈。教学相关度的减少和教学及研究质量的下降都体现了高等教育面临的财政危机。教学和研究资源不足还导致了教师、学生和大学管理者之间关系更加紧张。鉴于目前的经济问题,大学越来越难以实施其课程。关于学生教室和住宿的冲突尤其棘手。不幸的是，学生甚至是教师间的误解以及学生罢课、教师罢工时常干扰大学的课程。这是一个严重的忧患因为它最终将影响大学教育的质量。事实上，频繁的干扰是马拉维大学选择学期方法的原因之一，因为它无法遵守传统的大学学期的校历。

教育部最近制定了财政策略，减少和恢复成本，同时增加学费。如此，政府政策就存在一个问题，一方面力求增加国家总体学生数量，另一方面却同时减少生均拨款。

1985 年，马拉维决定与学生分摊高等教育成本，作为世界银行以学费作为教育贷款条件的回应和作为教育部门更大的成本补偿倡议的一部分。中等教育的学费也上调了。1985 年之前，马拉维大学生不但不交钱，而且除了享受免费膳食和住宿外还有杂费补助(Dzimadzi，2000)。1985 年最初的学费约为 50 美元。正如期望的那样，随着运行成本的提高和通货膨胀，几年来学费日益上升。面对财政危机，大学一直在寻找其他筹措资金的途径，同时提高活动效率。这是委托马拉维管理学院于 1997 年研究大学改进财政状况方法的主要原因。这个研究的其中一个重要的建议是马拉维大学每学期应该向每个学生收取 2700 美元左右的大学教育费用。

因此，2001 学年开始，马拉维大学和政府将学费从 40 美元提高到 575 美元，增长率为 1500%。这引起了广泛的学生动乱和公众呼吁。即使这数字减少到 310 美元，学生仍然不满学费的大幅增长。人们觉得这次调整忽视了普通马拉维人的经济承受能力。尽管政府提供学生贷款的机会，总体感觉是这一决策没有经过广泛咨询和辩论，或没有考虑为不断提高的马拉维高等教育成本进行筹措资金的更公正的方法。

必须指出的是，要求学生和家庭分摊高等教育成本并不意味着政府应该减少对高等教育的财政支持。相反，促进更广泛的资金参与应该被视为帮助政府用以确保流向高等教育的资金增长的一种方法，而这对于高等教育的复兴和最终的扩展是必需的。

政策、计划和改革

2000—2012 年马拉维投资政策框架(PIF)确定了七个高等教育政策和计划的主要领域：招生、公正、质量、相关、管理、规划和财政(Ministry of Education，1997b)。招生的主要目标是将高等院校相关年龄(18～23 岁)群体的参与率从目前的 0.3%提高到 1%。实现这一政策预想的策略是最大限度地利用物质和人力资源，增加设置远程教育使远程教育学生到 2012 年占高等教育总人数的 15%，以及鼓励私有化倡议，到 2012 年在私立高校就读的学生达到 15%。

公正的目标是到 2012 年将女学生比例从目前的 25%提到 50%，同期将非传统领域的女学生比例从 28%提高到 40%。高等院校还希望将弱势群体学生的参与率提高到总招生数的 15%。这些目标将通过向贫困学生提供奖学金，引入性别敏感课程，以及到 2007 年向有特殊教育需求的学生提供可获得的物质设备来实现。为提高质量，高校应该和政府合作通过提高真实工资提升教学和研究人员的动力，2002 年在 1997 年基础上提高 70%，其后在接下来的两个五年期中，以实际条件提高 50%。其他提高质量的策略包括加强教师发展，增加非工资支出拨款，改进评价程序，扩大研究生课程数量使 10%的全日制学生在 2002 年成为研究生，增加研究和出版拨款，从 1997 年的 2%提高到 2012 年的 10%。

就高等教育部门的管理、计划和财政而言，政府需要发起专门立法，争取到 2001 年促进公立大学行政分权化和加强学校管理。还应要求高等院校采取适当措施加强它们的机构规划能力，促进大学与教育部在高等教育领域的合作。这些计划和战略要求到 2002 年建立起有效的管理信息系统。

根据马拉维投资政策框架，高校应被采取妥当行动促使现有资源的有效利用。这就必须修改策略来加强收入来源多样化的能力和引入适当的成本分担措施减少政府对高等教育支出。要实现这些目标就应该把讲师与学生之比从 1997 年的 1∶10 提高到 2002 年的 1∶25，辅助人员与学生之比从 1997 年的 1∶4 提高到 2012 年的 1∶15。高校还应将福利服务私有化，到 2002

年让学生承担全部住宿费。到2002,20%的全日制学生将交全额费用,50%的学生交一半费用。其他策略包括为没有住房的教师引入一个住房计划。这里必须指出的是,到2002年7月为止,大部分的策略都没有实现。福利服务没有私有化,住房计划没有被引入,尽管学生数量增加(尤其是教育系),无一名学生交全额费用。

总之,国际社会最近呼吁马拉维调整公共资金,鼓励发展基本的社会服务,强调大学有必要更多地关注维持标准,与此同时限制难以为继的预算膨胀,这些已经迫使马拉维大学不得不实行创新改革。但是一些政策倡议还不足以确保大学提供的高等教育具有社会相关性,也不足以确保参与教育的能力公平且公正。如覆盖1%的适龄人群的规定不能保证高等教育足以为国家发展作贡献。而且,这些政策指令信奉的前景似乎不是基于对第三级教育部门的恰当理解之上。如尽管有人抱怨大学教职员工规模太大(MIM,1997),马拉维投资政策框架规定将辅助人员和学生之比从1∶4提高到1∶15,而这是否包括非传统职能的私有化也还不清楚。另外,马拉维投资政策框架缺乏必要的细节说明来促进所提议的策略的合理实施。

当前的挑战

当工资以外的高等教育投入减少时,最直接的后果是研究停滞不前,教学也简化为书面理论和板书的学习。结果,学生没有掌握那些与发展最相关的技能,也就是当理论与现实世界的迫切需求相冲突时才学会的技能所需的技能。因此尽管毕业生人数增加,马拉维在知识的创造和创新能力方面却远远落后。

本章表明,就目前的构想和管理而言,马拉维大学在发展方向、内部组织、资源和相关性等方面正面临着危机,而且它似乎在一个矛盾情景中运作。尽管师生比显现了扩大招生的空间,但是教学和其他学习设备投资不增加,招生就不能扩大。而且,各大学发展水平不一。一方面,大学不能招聘和保留合格的讲师,所以一些院系采用不合格的讲师进行教学。另一方面,少数合格的讲师从事不正式的咨询,这对大学并不受益。这些因素和许多其他内部效能问题引起了关于马拉维大学所提供的学习的质(就内容和相关性而言)和量(就数量和分布而言)的严重担忧(MIM,1997)。这些就是大学未来可能面临的挑战。

一份对高等教育文献的审查表明了本章所确定的问题并不是马拉维高等教育所独有的。据圣(Saint1992)观察,全球市场的出现创造了一个竞争性的世界经济体系,其特色是迅速的知识生产和技术革新,它改变了本国的劳动力市场和毕业生所需的技能。在非洲,人口增长率和入学率的增加推进了社会对高等教育的要求,导致大学招生的提升(Saint,1992)。非洲大学(马拉维也不例外)面临的挑战是对如下日益高涨的要求作出回应,即高等教育应在保持或改进其标准的同时,保持公共支出不增加或少量增加。

实施上文提议的许多改革引起的主要挑战是在马拉维特殊的环境中如何平衡经济考虑和教育计划。这需要分析和计划的能力,而这些能力目前非常匮乏。我们对其实现的可能性十分乐观,但是这只有在我们开始将大学看作是通过研究和其他国家需要的合作形式制定永久改革方案的主要合作者。确保研究资金对政府和大学而言都是一个挑战。

出　路

马拉维大学已经为马拉维人力资源的发展做出了许多贡献,认识到这一点十分重要。大部分处于领导职位的马拉维人都曾是该大学的学生。可以肯定的是,马拉维肯定不能没有这所大学。不管马拉维将经历什么样的政治或社会剧变,马拉维大学将继续为国家的经济发展作出重要贡献。要让这个大学继续为国家服务,它需要的不仅仅是普通大众的支持,而且它还需要忠诚的员工(COMESUN,1995)。

马拉维高等教育的主要缺陷之一是研究生课程数量较少。如果非洲国家要解决其问题,提供研究生课程将不可避免。而且与培养留学生相比,在非洲提供研究生课程应该更具相关性和更高的成本效益。许多研究生可以辅助全职教师提供指导,因此研究生课程也可以缓解大学的师资问题。

除了成本分担的方式,大学还可以通过其他

两种途径筹措资金。要么大学应该继续作为非营利实体运行，其财政管理的目标是平衡每所大学的年预算；要么高度企业化，以创收为导向。鉴于目前大多数政府实行的强硬的节俭措施，如果我们的大学要继续成为杰出的学术中心，似乎成为后者的可能性更大，只要这一改变不危害教育质量和研究。大学也必须从事基于马拉维和非洲需求的教学和研究，集中于对它推进知识和促进理解的任务至关重要的那些活动。我们必须寻求其他途径来分担占大学预算很大比例的非学术职能，如学生膳宿和保卫。现在我们不应刻意为学生提供寄宿，该是摆脱只有提供寄宿设施才能提供高质量教育的观念的时候了。中学提供寄宿设施是限制中等教育扩展的主要原因。而提供这些服务最好的方法是让私有部门提供或让学生自己负担。尽管意识到大部分马拉维人生活在贫困线以下，但通过精心的筹划，仍可以制定并实施符合实际水平的成本分担办法。

特别是由计算机带来的通信新可能，总体上创造了使研究和学术合作国际化的潜能。尽管有人怀疑前文提及的在教学和学习的风格和方法方面是否真已发生了变革，但是互动的在线研究、文献资料和教学的可能性将会带来教育过程的巨大变革，尤其是在更高的教育阶段。非洲的大学不能承受落后于这些发展的后果。

德洛尔(Delors, 1996)认为，大学具有四个关键功能：为研究和教学培养学生；提供适应经济和社会需求的高度专业化的培养课程；对所有人开放，在最广泛的意义上满足终身教育的许多方面和国际合作的需求；作为一个完全独立和全权负责的机构，能够在种族和社会问题上大胆发声，在社会需要帮助它反映、理解和行动上发挥其智力权威。高等教育必须继续在最高水平上发挥创造、保存和传递知识的功能。鉴于目前马拉维教育部门的问题，马拉维大学将发挥特别重要的作用。尽管高等教育的入学人数在任何地方都有限制，高等教育将公平和卓越结合起来十分重要。大学必须带头尝试教育新的学生群体的新方法，认识到学生背景的多样性，理解正规教育系统以外所需的各种技能，通过培养教师和教师培训者传播新的学习方法。马拉维教育系统正在尝试的许多创新方法需要一项系统的大学研究项目来进行服务。

越来越多的人以自己的好奇心寻找赋予其生命意义的途径，而大学必须继续作为这样的源头来满足人们对知识的渴望。本章支持德洛尔等人(Delors et al., 1996)的观点，将大学称为对所有人开放的文化和学习场所。大学的主要任务应是，参与事关社会方向和未来的重要论辩之中。

参考文献

American Council on Education. 1964. *Education for Development: Report of the Survey Team on Education in Malawi*. Zomba, Malawi; American Council on Education.

Carr, W., and S. Kemmis. 1986, *Becoming Critical: Education Knowledge and Action Research*. Philadelphia, Pa.: Falmer Press.

Castrol-Leal, F. 1996. *Who Benefits from Public Education Spending in Malawi? Results from the Recent Education Reform*. World Bank Discussion Paper no. 350. Washington, D. C.: The World Bank.

Chimombo, J., and R. Chonzi. 2000. *School Dropout and Teenage Pregnancy: Its Causes and Magnitude*. Report Prepared for the Rockefeller Foundation. Zomba, Malawi: CERT.

COMESUN (Commission for the Establishment of the University in the North). 1995. *Report on the Establishment of a University in the North*. Submitted to His Excellency The President Mr. E. Bakili Muluzi. Lilongwe, Malawi: The Commission for the Establishment of the University in the North.

Delors, J., I. Amagi, R. Careris, F. Chung, and M. Manely. 1996. *Learning: The Treasure Within*. Report to UNESCO of the International Commission on Education for the Twenty-first Century. Paris: UNESCO.

Dubbey, J. 1989. "The Purpose of the University." Address by Dr. John. M. Dubbey, Vice-Chancellor of the University of Malawi, to the Congregation held in Zomba on November 4.

Dzimadzi, C. 2000. "The Status Educational Research and Its Role in Facilitating Institutional Reform: The Case of the University of Malawi." Paper presented at the Joint Review of the Malawi Educational Sector at the Malawi Institute of Management, 2-15 October. Zomba, Malawi: CERT.

Malawi Government. 1995. *Civil Service Census*. Reports on census results. Lilongwe: Government of Malawi Census.

——. 1997. *Manpower Survey of Malawi*. Lilongwe: Government of Malawi Census.

Ministry of Education. 1997a. *Education Statistics for Malawi*. Lilongwe: Ministry of Education.

——. 1997b. *Education Sector: Policy Investment Framework*. Lilongwe: Ministry of Education.

MIM(Malawi Institute of Management). 1997. *University of Malawi Reform Study: Problems and Opportunities Identification and Operations Assessment*. Lilongwe: MIM.

Moyo, E. H. 2000. "Of Graduates and Their Degrees." *The Nation Newspaper*, 7 June, p. 7.

Saint, W. 1992. *Universities in Africa: Strategies for Stabilization and Revitalization*. World Bank Working Paper 194. Washington, D. C.: The World Bank.

Thomas H., J. Chimonbo, D. Hall, and R. Mwanditt. 2001. "Skills for Development - Skills for Employment: Links between Higher Education and Employers and Recognition of Educational Qualifications in Malawi." Report submitted to Department for International Development (DFID), U. K.

World Bank, 1995. *Malawi Human Resources and Poverty: Profile and Priority for Action*. Washington, D. C.: World Bank, Southern African Department.

44 马　里

迪奥拉·巴加约科
毛萨·M·迪亚瓦拉

引　言

根据世界银行 2000 年 9 月关于马里共和国的报告，马里占地 1240190 平方公里（478840 平方英里），是撒哈拉沙漠南缘的一个内陆国，60% 的领土被沙漠覆盖。它易受干旱侵袭、土壤肥力下降、森林采伐和荒漠化等问题困扰。1999 年，马里的人口约为 1090 万，年增长率为 2.8%。其社会指标很低：70% 的人口生活在贫困线以下，人口平均寿命为 50 岁，总文盲率达 68%。在马里，80% 的劳动力从事农业或与务农有关的活动。棉花、黄金和牲畜构成其主要出口品。该国的主要贸易伙伴是象牙海岸（Ivory Coast）、法国、塞内加尔和比利时。

美国政府每年出版的《各国国情基本收集》（*World Fact Book*）提供了对马里的全面描述（CIA, 2001）。根据这份报告，1999 年 14 岁以下的儿童占马里总人口的 47%，这对马里的整个教育过程产生了重大影响。马里 500 万人口中，男性略超过一半。

对政治和教育总体背景的历史回顾

从 12 世纪到 16 世纪末，马里存在着一些大帝国，包括马里帝国（Empire of Mali）和桑海帝国（Songhoi Empire）。特别是，马里帝国建立了前廷巴克图大学（Universtiy of Timbuktu），它是几所大学的通称，其中最著名的是桑克尔城区（Sankore）。在桑海帝国（Songhoi Empire）统治下的 16 世纪是大学最辉煌的时期。这所国际大学的教师和学生里包括了来自世界各地的代表。当时的两位著名教师是艾哈迈德·巴加尤科（Ahmed Bagayoko）和他的弟子艾哈迈德·巴巴（Ahmed Baba），他们都来自马里。根据约瑟夫·基一泽尔博（Joseph Ki-Zerbo, 1978）的报告，巴巴的作品多达 700 部，其中一些留存到了今天。廷巴克图的教学语言是阿拉伯语。马里驻华盛顿大使馆网站（Embassy of Mali in Washington, 2001）简要介绍了马里的地理、历史、经济、文化和人民。

虽然从 13 世纪到 16 世纪，马里高等教育十分繁荣，但是 1591 年摩洛哥的入侵破坏了廷巴克图大学（Universtiy of Timbuktu）及其图书馆。从 17 世纪到被法国殖民的 19 世纪末，教育内容仅剩下阿拉伯语教授的宗教教育。宗教教育主要采用学徒形式，在大部分城市开展，尤其是在北部的捷内（Djenne）、廷巴克图（Timbuktu）、加奥（Gao），南部的莫普提（Mopti）、塞古（Ségou）、巴马科（Bamako）和西部的卡伊（Kayes）。

19 世纪末到 20 世纪 60 年代的这段殖民统治时期，马里没有高等教育。少数学生接受用法语教授的正规小学和中学教育，教育范围受到故意的限制。在殖民时期，为数不多的人到马里之外的地区接受中学后教育，大多数在塞内加尔（达喀尔大学 University of Dakar，后称为谢克·安塔·迪奥普大学 Cheikh Anta Diop University）和法国。

1960 年取得独立后，马里开始了一系列教育改革，一直延续至今。1962—1968 年，独立后的首个政府发动了一场大规模的涉及所有教育水平的学校运动。建立了更多的学校，为普通大众提供小学和中学教育。在高等教育阶段，建立了几所高等专科院校：包括国家工程学院（National School of Engineering, ENI），高等师范学院（Ecole Normal Suprérieure, ENSup，培养中学教师和其他专业人才），国家行政学院（National School of Adminictration, ENA），医药学院

(School of Medicine and Pharmacy)和农村多科技术学院(Rural Polytechnic Institute)。

其他院校培养技术员、艺术家、会计师、小学教师等。教学语言仍为法语。培养基础性人才(如技术员、艺术家和小学教师)的学校其任务一般不包括研究。尽管这些学校的毕业生接受的是中学后教育,一些基础培训学院也录取没有高中毕业会考文凭(baccalaureate)的学生。在独立之后,马里的高等教育严重依赖法国、前苏联、加拿大、比利时和几个东方国家。

充分的证据证明,从1962年到80年代末,马里高等院校履行了它们的培养使命。但是80年代末大学生的低就业率表明军事政权不民主的强权统治加剧了马里的总体经济困难。

1968—1991年期间,军事政权主宰着马里。在诸多报道和国际及其他外部组织(如美国国务院、国际特赦组织、世界银行和联合国)的研究中,可以见到有关这个政权的深远负面影响的描述。教育受到严重阻碍。这一时期入学持续快速增长,超出了政府满足教育需求的能力。如在这23年中,这个军事政权没有建立一所中学。世界教育数据库(Global Education Database)(USAID, 2000)显示,1975年小学的数量为1063所,到1991年仅增长到1514所。而1992—1997年的增长率超过它的两倍,新建学校922所。

1991年,迫于人民运动的压力,独裁专政被推翻,但是几十年不负责任的忽视严重损害了教育质量。学校教师和高校教授害怕遭到迫害,80年代学校经常不能支付教师和教授的工资,这些都是极其严重的问题。只要考虑这些年总的高失业率,就会清楚地明白为什么马里的许多年轻教师和教授会流失。

1992年以来,马里建立了多党制度,保障个人自由、市场经济自由和言论自由。美国国务院(1998—2000)因马里最近几年模范实施民主政府形式而将它排在前列。个人自由和出版言论自由有了保障,行政机构有效而持续分权,这样的经济和法律环境有利于实行自由市场经济。抛开上文那些令人沮丧的数据,这些都是预示着马里美好未来的积极信号。这一民主制度正释放着其创造力和潜力,而这将使马里向一个更美好的未来稳步迈进。

应该在更宏观环境中,理解小学和中学入学率的迅速增长。1989—1996年,小学入学率低于50%,只有一半以下的适龄小学生真正入学。1990年和1991年净入学率分别为21.8%和23%,而这两年的毛入学率分别为26.7%和28.8%(净入学率是小学适龄人口与小学在校学生数之比,再乘以100%)。与军事政权衰弱那几年小学的低入学率相比照,1996年净入学率与毛入学率分别为38.2%和46.7%。

从1996年至今马里的高等教育

以上对20世纪80年代末马里总体的、政治与经济条件进行了描述,这些描述可以部分解释马里教育中的激进主义的来源和持续性。尤其是大学生和中学生每年定期罢课。学生激进活动激起了人民起义。1991年,军事政权的屠杀手段被披露,更使人民抗议升级。作为对学生、工人和其他群体持续抗议的响应,1991年的军事政变推翻了长达23年的军事政权。在国际团体帮助下,政变领导即刻行动,为1992年民主大选做准备。冷战的结束使世界经济政治强国改变了优先发展选择,并因此取消了对许多独裁政权的无条件支持。1992年,马里建立民主制度,选举了总统和议会。虽然过渡军事小组满足了学生的一些财政要求,但罢课依然困扰着新的民主政府。一些学年因长期不上课而荒废。不仅高等教育部门存在这些情况,中等教育部门也不例外。

巴马科大学(University of Bamako, UB)位于首都巴马科(Bamako),2002年5月改名为马里大学(University of Mali)。它是1962年以来马里教育系统连续改革的最新典范。目前它的学生达到25000名(表44.1)。20世纪90年代早期,一个研究小组开始计划建立这所大学。由此引发的高等教育重组,合并了现有的高等院校,其中几所已有几十年历史。在这一过程中,大学内部建立了几所新的学院。虽然巴马科大学(后来的马里大学)于1993年正式建立,但直到1996年秋季才开放。大学合并已有学院是一个逐步的过程,到2001年合并几近完成。

表 44.1 1996—2001 年马里大学生师比

学年	学生数量	教师数量	生师比
1996—1997	10775	433	25 : 1
1997—1998	13900	471	30 : 1
1998—1999	18682	534	35 : 1
1999—2000	19714	538	37 : 1
2000—2001	25000	—	—

来源：Diawara and Bagayoko，2000.

巴马科大学及其组成学院是马里独立以来唯一的高等教育机构，但是目前建立几所私立高校的尝试已经起步。蒙特利尔市的魁北克大学(University of Quebec)的企业管理硕士学位(始于2000年9月)和曼德中心大学(Centre Universitaire Mande)(建于2000年)和巴马科大学签署了合作协议，但现在评价这些私立高校的长期影响还为时尚早。

巴马科大学的治理和结构

巴马科大学是一所在教育部监督下享有财政自主权的公立大学。大学由一个称为大学理事会(University Council)的政策制定委员会管理。行政事务由一名首席执行官(校长)负责。大学中负责教学、研究和服务三大使命的主要学术结构是学院(colleges)、专业学院(schools)和专科学院(institutes)。这里的“institutes”一词更接近“学院或专业学院”的意思，而不是“中心(centers)”。这一层面的管理由一个大会(assembly)(决策实体)和由院长领导的执行办公室共同负责。在某种程度上与美国的高校类似的是，学院(colleges)、专业学院(schools)和专科学院(institutes)里的教师实质性地参与决策，尤其是在他们自己的学术部门当中。

巴马科大学由下列主要学术结构组成(缩略词为学术结构的法语名称)：四个学院(医学与口腔学院，FMPOS；科学技术学院，FAST；法律与经济学院，FSJE；文学、语言、艺术与人文学学院，FLASH)；三个专科学院(管理专科学院，IUG；高等培训与应用研究专科学院，ISFRA；萨赫勒地区(Sahel region)综合发展培训与应用研究的农村多科技术学院，IPR/IFRA)；三个专业学院，等同于专科学校或学院(高等师范学院，ENSup，培养中学教师和其他人才；国家工程学院，ENI；国家行政学院，ENA，与法律与经济学院类似)和中心图书馆。图书馆没有配备信息通信技术(ICT)资源、书籍或杂志。它的建设资金是2000年12月马里政府向世界银行贷款所得。2001年以来，计划已经起步。

巴马科大学的使命和发展

巴马科大学的使命是提供教学、研究和服务。其学院、专业学院和专科学院的名称即体现了它被赋予成为国家发展的中流砥柱的期望。这一使命包括：

- 培养基本的技术人才(持有修满二年课程之肄业证书)。
- 为公立和私立各部门培养学士学位获得者。
- 为创造新知识和培养研究学者而提供研究生教育。
- 向马里人民、地区性和国际团体提供广泛的服务，明确关注社会经济发展需求。

巴马科大学在发展中起的动力作用在它的组织和运行中可见一斑。下文将举例说明教学、研究和服务的使命怎样被明智地结合起来：

- 各部门(学院、专业学院和专科学院)的学习和生产单元也是做研究和为社区服务的中心。
- 巴马科大学理事会中包含企业代表，许多培训和职业发展课程在企业内部开展。
- 一些研究项目直接与寻找发展问题的解决方法相联系。如尼日尔河的研究和通过改善基因开发一些高产和气候适应性强的谷类。

学生入学及其相关问题

巴马科大学的学生增长迅速，但是各级职称的教师数量却没有得到同步的增长，导致生师比上升(表44.1)。

与生师比上升直接相关的困难包括：现有设施的压力，教师的教学和评分的负担加重，研究时间和研究成果减少，社区服务和合作减少。2000年秋，约5000名中学毕业新生进入巴马科大学(后来的马里大学)学习,以上情况更加糟糕。一些学院生师比之高令人惊愕,如法律与经济学院和文学、语言、艺术与人文学院的生师比超过100∶1。表44.2中的各学院招生数说明了这一点。

表44.2 1999—2000年马里大学生师数普查

机构	学生数量	女学生占比	国际学生数	教师数量
法律与经济学院(FSJE)	6607	28	106	45
文学、语言、艺术与人文学院(FLASH)	5530	27	17	54
医学与口腔学院(FMPOS)	3329	27	493	105
科学技术学院(FAST)	2004	9	130	51
管理专科学院(IUG)	796	57	36	29
国家工程学院(ENI)	664	5	130	73
农村多科技术学院IPR/IFRA	440	10	64	85
高等师范学院(ENSup)	264	5	0	83
高等培训与应用研究专科学院(ISFRA)	80	4	0	13
总数	19714	19	976	538

来源:Diawara and Bagayoko, 2000.

经济法律学院和文学、语言、艺术与人文学院招生比例不当,人数过多可追究到中学的导向问题。马里中学向十年级学生提供三条途径:纯科学(例如:数学、化学和物理);生物科学;文学和人文科学。这三种供选择的高中课程截然不同。如纯科学方向必须学习微积分等极具挑战性的数学科目,还要学几年物理和化学。因此,一旦一个十年级学生选择文学和人文科学这条路,他或她在大学里基本上脱离了科学、数学、工程学和技术(SMET)的轨道。人们认为对法律与经济学院和文学、语言、艺术与人文学院的许多毕业生就业前景不佳的严重忧虑是引起马里高等教育的冲突包括罢课的原因之一。任何长期的解决方法都要求高中采取行动,包括鼓励大力增加纯科学和生物科学入学数。

以上招生压力掩盖了马里教育系统中女生招收不足的问题。1999—2000年,巴马科大学女生与男生之比不到1∶3(Diawara and Bagayoko, 2000)。因此,女生占大学总学生数的比例不到25%(表44.3)。很自然,这一状况反映了小学和中学教育中的性别不平等。虽然篇幅有限,我们不再深入探讨这一问题,但我们应该强调这对马里社会的经济、政治、社会和文化等活动的负面影响。

表44.3 1970—1990年马里高校学生总数以及女学生所占比例

	1970年	1975年	1985年	1991年	1994年	1996年
学生总数	731	2936	6768	6273	8249	13674
女学生比例	—	—	13	14	15	19

来源:国际教育数据库,美国国际开发署和联合国教科文组织。

马里高等教育问题概述

巴马科大学面临的困难源于财政和其他资源的严重限制,以及简陋的设施和设备。马里发展中的巨大教育需求使这些限制更加突出。20多年的军事政权没有对社会经济和政治条件产生积极的影响。实现民主后,马里期望赢得世界伙伴支持,实现其发展任务。

巴马科大学学生爆炸式入学的数量难以预料。1999年世界银行出版的《撒哈拉以南非洲的高等远程教育和技术》(Tertiary Distance Education and Technology in Sub-Saharan Africa)估计到2010年该大学学生将达到23694名,但2000年秋已超过25000名。入学问题的一个方面,即非科学、数学、工程学和技术专业学生比例的完全失调,这是由于政策失误引起的。全球市场的基本发展需求,以及科学和技术的日益进步本应该足以发现和解决毕业生过度培养,但这些毕业生在马里国内或国外的公私有部门中得到妥善就业的前途微乎其微甚至毫无前途。

到2000年为止,马里实行十分慷慨的奖学金制度,资助中学生和大学生。一些国际机构认为,这些奖学金占有限的教育拨款的比例过大。整个20世纪90年代后期,这些国际机构一致忽视发展中国家的高等教育,而强调初等教育(Bollag, 1998),他们所持的观点也就不难理解。因此,有些机构将这些支出称为不当分配。在一些发展资助机构,包括世界银行的敦促下,2000年马里调整了它的奖学金制度。现在推测这一改变的长期结果还太早。期望将奖学金节省而来的资金用于投资提高高等教育的质量(World Bank, 2000a)。

1997年,穆罕默德·迪亚拉(Mohamed Diarra)以马里为案例全面评估了"发展中国家的教育成本和成本回收"。他的研究表明,出于宏观经济的考虑,需要减少或控制奖学金的增长。对马里利益相关方的广泛调查表明,如果分阶段逐步实行,10%的生均成本可能得以回收。《高等教育纪事》(Chronicle of Higher Education)2000年5月5日刊,邀请国际专家讨论了"世界学费的普遍上涨"问题(Woodward, 2000)。他们的结论是鉴于立法机关拨款的局限性和高等教育成本,除非牺牲教育质量,否则在实践上提高学费就不可避免。他们指出美国和其他一些地方的高校通过奖学金计划确保持续入学这一点十分重要。许多明智的高校和国家在分配奖学金时考虑需求和奖励优异。2000年,马里进行的奖学金计划调整将奖学金严重限制在中等教育阶段,而在大学阶段则更强调学习成绩。

马里缺乏合格的教师和研究人员有多重原因。一个主要原因是23年军事统治时期,尤其是最后10年,大批教师流失。大批人逃离是出于对遭到迫害的普遍恐惧,80年代军事政权经常克扣月薪,并且与非洲和世界其他国家相比,马里总体工作和生活水平落后。此外,1994年国家货币贬值使得保留或招聘合格的大学教师和研究人员变得异常困难(Guedegbe, 1996)。

另一个发展中国家相对普遍存在的困难是大学在管理或政策制定方面过度依赖立法或政府法令。这些立法和法令自然没有及时适应地区和全球趋势的变化。尽管马里正进行有效的分权,但大学依然必须与大量限制其自主权的政府法令、法律和官僚机构博弈。例如,目前马里盛行高等教育"等级化"现象,采用"等级化"规定教师的各种职称,这种方式使人事事务公平问题无法得到应有的关注。公平不是平等。公平必须比较个人的成果,一个教师的成果可以通过以下指标来衡量:教学、评分、研究和相关作品发表的数量和质量;在委员会任职;相关学术报告;为开展教学、研究和基础设施而申请的资助;以及不定期为社区提供的专业服务。如1992年高等教育"等级化"法令详细说明了不同职称所需的教学时数。一个涉及教师利益的附带法案将教师为学习或研究目的而出行的时间限制在三个月以内,这甚至没有给管理者作决定的选择。

在美国的学术制度中,教师的职称分为助教、副教授和教授。巴马科大学的等级如下:助教(assistant)、讲师(maître de assistant)、高级讲师(maître de conférence)、教授(professeur)(Diawara and Bagayoko, 2000)。大学现行的政策强制新教师不仅要直接向各自系主任汇报,还要向老教师汇报。这一制度具有两层含义。首先,大学的老教师很少从事实验室研究。有时候正处在科学发现前沿的年轻教师却因此被要求向那些对其研究领域或学术扩展贡献不大的人汇报。这种情况使能够作出卓越贡献的新教师被置于政治的角落,这会对他们的动机和自尊心造成不利影响。此外,马里教育系统中的高级官员和大学管理人员尚未完全解决文凭互认的难题。因此,就学术自由和成功而言,巴马科大学教师终身教职和晋升的标准必须加以改进,才能从中获益。

处境孤立,行政制度相对严格,设施,尤其是设备的短缺,研究时间不足,盛行的评价系统看不起院校和教师的研究成果的价值,等等,所有这些说明了为什么在巴马科大学期望做研究的人依然面临着许多挑战的原因。正如大学的使命所呼吁的那样,少数教师继续为创造新知识作贡献。在名为马里观察(MaliWatch)的非政治组织支持下,在联合国开发计划署(UNDP)的通过海外侨民实现知识转移(Transfer of Knowledge through Expatriate Nationals, TOKTEN)项目赞助下,科学技术学院于2000年秋主办了第一届马里应用科学研讨会(MSAS)。研讨会出版的论文集(Fad, 2000)是对马里国内学者和它的海外侨民研究创造潜力的一个证明。

马里教育的独特问题

年轻人想离开马里,在许多情况下不打算回国,这种现象十分普遍。虽然这一移民行为的原因是多方面的,但其中两个重要的原因是:一是每年几乎习惯性地打断学习过程的学生罢课(和最近教师罢工),与其他国家相比这给学生造成损失;二是大学毕业生就业率下降。

这类移民加重了早已有之的高素质学者的

流失。不管马里教育中持续罢课的原因是什么,很明显的是马里人必须选择其一,要么结束罢课,要么冒险进一步危害这个被沙漠化和贫穷所困扰,并与随之而来的疾病作斗争的内陆国家的前途。

因为罢课,马里的学生自1991年以来并不是整个学年都待在学校,这导致标准化考试管理的延迟,从而延误了马里学生被国外学院和大学录取的潜在可能性。而且,马里目前大学前的教育不符合联合国教科文组织一学年至少学习780个小时的提议(World Bank, 2000a)。在这样的情形下,罢课加剧了原本糟糕的状况。在教育和研究的过程中,没有什么可以代替完成任务所需的足够时间(Bagayoko and Kelley, 1994)。为寻找解决危机的可行方法和一条最终能立即结束这些罢课的途径,马里政府、政治和劳工组织的领导、家长、学校管理者和学生必须履行各自的责任,这一点怎么强调也不过分。如果没有一个解决方法,正如高素质人才的流失一样,适龄学生人群的流失很可能增加。马里的未来危机重重。

国家教育计划和实施

1996年以来,马里开始着手实施国家教育发展十年计划(PRODEC)。该计划(Ministry of Education, 2000)是对教育,包括高等教育,在马里的优先发展地位的再次肯定。至今这一国家计划和实施工作遵循了成功所需的所有步骤。尤其是最初对马里国内外利益相关方的咨询彻底而透明。对优势、缺点、机遇和威胁的分析比较彻底,考虑到了内外因素和趋势。由这些努力带来的设想、使命和目标与马里作为一个发展中国家的优先发展方向十分吻合,所选的"优先发展方向"也符合马里的实际,以及地区和世界的趋势。

一个由教育部领导的部际小组的连续行动部分表现出国家教育发展十年计划的动态性,这个部际小组受委托实施并更新该计划。此外,相当数量的国家资源继续分配过来用于确保实施的成功。基于这一方法的严肃性和彻底性,国家教育发展十年计划强调了教育是马里的重中之重。国家教育发展十年计划报告的几个部分聚焦在高等教育上。它十分支持建设或加强马里高等教育基础设施和质量,这几项活动通常由外部资源资助。

一个大学范围内的改革项目:通过侨民实现知识迁移/人才工程

合格的教学和研究人员的极度缺乏,尤其是在学生人数迅速增长的时期,这是引发巴马科大学许多其他困难的关键问题。自1998年开始,联合国开发计划署(UNDP)资助通过海外侨民实现知识转移项目来帮助大学。1999年,联合国教科文组织与联合国开发计划署一同资助马里人才工程(Talents of Mali, TALMALI),监督在遴选的大学开展研究。

尤其,通过海外侨民实现知识转移/马里人才工程的第一个阶段开展了80多项任务,包括教学、研究指导和项目发展研究等。这些任务的持续时间从一星期到一个月不等。TOKTEN info(该项目定期出版的综合小册子)2000年6月刊提供了有关这些任务和受益的学术单位的全面详情。全世界符合资格的侨民顾问执行这些任务,几千学生直接从中受益。

根据2000年9月独立的外部评估(Diawara and Bagayoko, 2000)显示,通过海外侨民实现知识转移/马里人才工程联合项目至今堪称模范,并有望在头三年内实现其目标。评价报告建议,设法争取到直接且充分的资金使该项目再持续四年,以期将工程前三年的收获制度化。虽然联合国开发计划署(超过310000美元)和联合国教科文组织(超过65000美元)提供的大量资金允许维持和加强教学、学习和所选的研究项目的质量,仍有许多任务有待完成。

例如,在科学研究领域,通过海外侨民实现知识转移项目正努力加强巴马科大学和几个政府研究所的联系与合作,包括国家科学技术研究中心,农村经济研究所和国家公共卫生研究所。通过与侨民机构和其他机构建立联系来促进研究,这是通过海外侨民实现知识转移项目/马里人才工程的一个关键目标。

尽管通过海外侨民实现知识转移项目现在成功了,但除非一系列尚未解决的问题尽快得到解决,否则它的未来就值得怀疑。这些问题包括：部分教师对这一观点的反对，对本国教师的超额负担和外出时间的管理以及相关的工资问题，罢课引起的教学和研究活动的中断等（Diawara and Bagayoko，2000）。

广泛而集中的技术融合：美国国际开发署和美国科学促进会(AAAS)工程

马里是通过美国国际开发署的“米奇·利兰倡议”（Mickey Leland Initiative）而连通因特网的21个非洲国家之一。利兰倡议的相关目标包括“创造一个有利的政策环境”，“提供可持续的因特网服务”，“加强利用因特网而实现可持续发展”（USAID，1995）。该倡议始于1995至1996年。马里最近的一个影响深远的发展包括在巴马科大学的所有设施中建立起局域网（LAN），将这些局域网连接成大学内部互联网，并使这一基础设施与因特网相连。2000年底，美国国际开发署提供了90多部电脑用以支持这一重要的信息技术基础设施的功能运行。建设巴马科大学内部网时，采用无线方法避开了与目前马里电话系统相关联的困难。

因为大学的各个学院、专业学院和专科学院位于巴马科城市的不同地方，所以过分强调以上基础设施的重要性十分困难。比如农村多科技术学院甚至位于另一个城市。互联网对巴马科大学的管理、规划、教学、研究和服务等功能存在的潜在益处是巨大的。

作为实施通过海外侨民实现知识转移项目的一部分，巴马科大学在2000年后期与美国开展了一项任务。与美国科学促进会（AAAS）建立联系，将巴马科大学纳入了美国科学促进会正在进行的试点研究中，与一些非洲大学一道参加试点研究。同步或异步获得期刊、研究和其他学习资源对于大学教职员工和研究生至关重要。不将方便且全面的电子搜索与手动的文献搜索相比较，就很难认识到电子搜索的重要性。主要期刊和杂志，如著名的《科学》（*Science*）、《自然》（*Nature*）和《新物理学期刊》（*New Journal in Physics*）等均可在线获得。

政府加强基础设施作出的努力

马里政府和教育部似乎认识到了巴马科大学总体上对资金，尤其对加强和扩建基础设施的迫切需求。为实施国家教育发展十年计划，2000年马里从世界银行贷款4500万美元。贷款的条款不仅反映了国家十年计划的总目标和实施战略，而且直接涉及大学的具体目标和通过海外侨民实现知识转移/马里人才工程项目的优先发展。例如，这些条款要求分阶段中止中学奖学金，将高等教育奖学金的结余资金用于投资加强物质、人力和规划建设，提高和维持高等教育质量。这些条款也呼吁更大、更透明的问责，将加强学习成果评价作为问责的重要部分，并采取有效行动减少目前马里教育中普遍存在的性别不平等。根据参考条款，“该项目将全面重申对高等教育的支持，建设一个中心图书馆，支持科学教育和研究”。图书馆将充分利用信息和远程通信技术（World Bank，2000a）。

总体看法

1999年，世界银行（World Bank，1999）的“教育部门战略”称：“不管一个国家的教育情况和需求如何，获得高质量教学和学习必须成为首要关注。”非洲大学协会（AAU）前秘书长纳尔西佐·马杜斯博士（Matos，1999）全面阐述了非洲高等教育的问题和重要地位。他强有力的论述表明，除了学生频繁罢课，巴马科大学的其他问题也是发展中国家其他大学的普遍问题。其他国际教育报告也提供了许多综合策略，如实施得当可以满足非洲高等教育的需求。马里目前的发展可以为其他国家提供有益的教训。

联合国大学（UNU）2000年7月在日本东京的出版物强调制定国家计划并加以实施的紧迫性，强调次区域、区域乃至全球合作将会使与“信息经济中的非洲机遇”相关的利益最大化。事实上，1997年以来，世界银行、非洲大学协会和其他组织一直提倡“非洲大学必须将战略规划作为重新获得主动权和开创未来的最重要的第一步”。威廉·圣（Saint，1999）也强调了这一要求。通过使用信息通信技术（ICT）全面探索巴马科大学可利用的各种可能,必须考虑它与其他非洲大学、联合国大学、非洲虚拟大学(African Virtual University)(Saint, 1999)、法语国家虚拟大学(Francophone Virtual University)(Saint, 2000),侨民及其机构的大力合作。

财政和其他资源的限制——加上学生入学、提高教学质量和改进研究生产力等方面日益增长的需求——强烈预示着需要大胆和创新地采用信息通信技术。尽管存在资源分配不当而被纠正的例子,但财政的限制不容忽视。信息通信技术革新要求适当的规划,也要求对规划进行专业的、透明的和负责任的实施。必须对这一点加以强调,以此驳斥某些结论,那些结论是由于随便采用技术导致技术不奏效而得出的。基于这些非专业方法所得出的结论不能成为未来的阻碍,采用信息技术可能是通向一个更加美好和可持续的未来的最有希望和最可行的途径。

结 语

教师罢工和学生罢课似乎延误了马里教育富有希望的未来。正如其他发展中国家的一些大学的普遍状况一样,一方面马里高等教育的迫切需求日益增长,另一方面财政、人力和基础设施资源受到限制。然而,部分由于国家教育发展十年计划和联合国开发计划署、联合国教科文组织、美国国际开发署、世界银行和其他组织的外部资助的原因——如果人民和政府停止破坏性的罢工和罢课,这一看似悲观的状况可能产生一个更加繁荣的未来。年轻的巴马科大学凭着通过海外侨民实现知识转移项目、美国国际开发署项目建设的无线网络和世界银行提供的现代图书馆,的确走在利用信息通信技术解决旧问题的前列,特别是如果国际筹资机构能克服早期对资助发展中国家,尤其是非洲高等教育的保守态度的话。2000 年 4 月,美国四大慈善基金会宣布发起一个 1 亿美元的项目来资助这样的目标(Carnegie Corporation, 2000),这或许是有必要重视高等教育的前奏。

参考文献

Bagayoko, D., and E. L. Kelley. 1994. "The Dynamics of Student Retention: A Review and a Prescription." *Education* 115, no. 1: 31-39.

Bollag, Burton. 1998. "International Aid Groups Shift Focus to Higher Education in Developing Nations." Global Higher Education Exchange Web site. Avaible online at http://www.ghee.org/Resources/Inst-Stud% 20Fin/Fin-Chronlarticles/fin-chron-10-30-98-1.htm

Carnegie Corporation. 2000. "Four Foundations Launch $100 Million Initiative in Support of Higher Education in African Countries." Available online at: http://www.camegie.org/subnewspartnership.html

CIA (Central Intelligence Agency, United States). 2001. "World Fact Book: Mali." http://www.cia.gov/cia/publications/factbookgeosml.html

Cogburn, D. L., and C. N. Adeya, eds. 2000. "Exploring the Challlenges and Opportunities for Africa in the Information Economy." The United Nations University (UNU), Tokyo, Japan.

Diarra, M. C. 1997. "Educational Costs and Cost Recovery in Developing Countries: The Case of Mali." Ph. D. diss., Louisiana State University.

Diawara, M. M., and D. Bagayoko. 2000. "Evaluation of TOKTEN/TALMALI." Report submitted to UNDP, UNESCO, and the University of Mali. In author's possession.

Embassy of Mali, Wahington, D. C. 2000. Mali Embassy Web site. Available online at: http://www.maliembassy-usa.org/

Fad, S., ed. 2001. *Proceedings of the First Mali Symposium of Applied Sciences* (*MSAS* 2000). Held at the University of Mali, Bamako, Mali, Oulu, Finland: Oulu University Press.

Guedegbe, C. M. 1996. "Currency and Crisis: Higher Education in Francophone Africa." *International Higher Education* 3 (January): 3. Available online at http://www.bc.edu/bc_org/avp/soecihenewsletter/News03/textcy2.html

Ki-Zerbo, J. 1978. Historie de l'Afrique Noire, D'Hier à Demain. Paris: Hatier.

Matos, N. 1999. "North-South Cooperation to Strengthen Universities in Africa." Available online at: http://www.aau.org/english/documents/nscoop.htm

Programme Décennal de Développement de l'Education-PRODEC. 2000. Ministry of Education, Bamako, Mali, Summary available online at: http://www.

anaisbko. org. ml/reformes/educ. html

Saint, W. , ed. 1999. *Tertiary Distance Education and Technology in Sub-Saharan Africa*. Washington, D. C. : Association for the Development of Education in Africa.

USAID (U. S. Agency for International Development). 1995. The Leland Initiative: Africa Global Information Infrastructure Project. Available online at: http://www. usaid. gov/leland/project/htm#Q. %20Exactly

——. 2000. Global Education Database published by UNESCO. Available online at: http://www. usaid. gov/educ_training/ged/html

U. S. Department of State. 1998-2000. Annual Country Reports: Mali. Available from the U. S. Department of State, Washington, D. C.

Woodward, C. 2000. "Worldwide Tuition Increases Send Students Into the Streets." *Chronicle of Higher Education* (May 5), A54.

World Bank, 1999. *Education Sector Strategy: The International Bank for Reconstruction and Development*. Washington, D. C. : The World Bank.

——. 2000a. Report no. PID2864. "Mali-Education Sector Investment. Reference Terms for a $45 Million Loan for Educational Reforms, in General, and the Construction of the Central Library of the University of Mali, in Particular." Available from the Ministry of Education, Bamako, Mali. Contact person: Barthelemy Togo. Also available online at: http://www-wds. worldbank. org/servlet/WDS

——. 2000b. Mali Country Office Site. Available online at: http://lnweb18. worldbank. org/AFR/afr. nsf/

45 毛里塔尼亚

艾哈迈德·卡奇

引 言

毛里塔尼亚伊斯兰共和国(Islamic Republic of Mauritania)是一个广阔的沙漠国家,占地面积1031700平方公里(398341平方英里),人口略超过250万。钢铁工业曾经是国家最大的收入来源,因国际市场需求减少和价格竞争激烈于20世纪80年代中期已经消失。渔业代替钢铁成为毛里塔尼亚最主要的经济活动,1995年占出口收入的57%。畜牧业十分普及,占国内生产总值(GDP)的1/4。农业是毛里塔尼亚南部,塞内加尔流域的主要经济活动。外国发展援助占毛里塔尼亚国内生产总值的1/4。

毛里塔尼亚人均寿命53.5岁,人均收入410美元,与其他不发达国家相比,毛里塔尼亚相对比较富裕。过去20年该国遭受的干旱对农村地区产生了严重影响,迫使大量人迁移到城市。城市居民的迅速增加加剧了城市的失业和贫困问题,而城市原本的生活水平就普遍很低。毛里塔尼亚的长期发展前景在很大程度上依赖它的人力资本。调动这一资本必须为教育部门提供资金,建立以发展为导向的课程和计划。

毛里塔尼亚教育制度

毛里塔尼亚教育系统由国民教育部(Ministère de l'Education Nationale, MEN)主管,共有四个层次的教育:基础教育、中等教育、技术教育和高等教育。国民教育部负责各个层次的国家教育政策:制定课程、组织考试、制定其管辖下教育项目的入学标准,授予、恢复或搁置奖学金。传统教育和一些专科高等院校不在其职责范围内。

传统教育

传统教育在毛里塔尼亚已有几百年的历史,由一种叫马哈德拉(Mahadras)的学校提供。这些学校或位于旧城市,或随着游牧民族的营地迁移。马哈德拉学校主要由学生家长提供资金,用阿拉伯语教授,教育内容包括语言教学、伊斯兰神学、文学和语言学。

主管拼音化(alphabetization)和原始教育(original education)的国务大臣负责监督马哈德拉学校。该办公室的一次调查显示,注册的马哈德拉学校共1728所,学生88920名(MEN, 2000)。

基础和中等教育

基础教育为六年,学生必须通过入学考试才能进入中学学习。政府当局重视入学率的迅速增长。由于得到该政策关注,小学总毛入学率从1985年的41%增长到1995年的85%。这导致中学阶段的学生数量大幅增长,中学入学率从1985年的11.5%增长到1998年的13.7%。中学由两个层次组成:初级中学(四年)和高级中学(三年)。中学结束后,学生必须参加高中毕业会考(baccalauréat)才能进入大学。

1999年,毛里塔尼亚政府改革了教育体系。改革的目标是逐步建立一个统一的双语教育体系代替现存的教育体系。现存教育系统分为两个子系统:一个完全是阿拉伯语;另一个为双语(阿拉伯语和法语)。

相反,技术教育部门发展缓慢,估计只有1%的增长。这个部分由初级中学和高级职业学院组成。1998—1999年这一部门的学生约1677名,其中30.5%为女生。

高等教育

历史回顾

毛里塔尼亚高等教育起源于1966年建立的一所专业学院，即国家行政学院(Ecole Nationale d'Administration, ENA)。国家行政学院为公共行政培养高层和中层官员。1970年又建立了一所新的专业学校——师范学院(Teacher Training School, ENS)，师范学院培养中学教师。

几年后，另外两所学院成立，即建于1979年的高等伊斯兰研究学院(Institut Supérieur d'Etudes et de Recherches Islamiques, ISERI)和建于1980年的高等技术教育中心(Centre Supérieur d'Enseignement for Technique, CSET)。作为对学生数量增长和留学助学金减少的回应，政府于1981年创建努瓦克肖特大学(Nouakchott University, NU)。努瓦克肖特大学有两个学院：法律与经济学院和人文学院。最初该大学暂时借用国家行政学院和师范学院的教学楼。它招生的对象主要是高中主修文学的毕业生。1986年建立了高等科学学院(Advanced Scientific Institute)，开设科学专业。

国家行政学院(ENA)的主要任务作出重大调整后，成为公共行政人员的继续教育中心，并将设施转让给努瓦克肖特大学。师范学院(ENS)也随之效仿，1995年它的教学楼改作技术科学学院(Faculté des Sciences Techniques, FST)。

最近几年建立了更多教学和研究兼备的学院，包括1974年建立的毛里塔尼亚科学研究院(Mauritanian Institute for Scientific Research)，1979年建立的阿拉伯与伊斯兰科学学院(Arab and Islamic Sciences Institute)，1997年建立的国立医科学院(National Institute for Medical Specialties)。

高等教育状况

毛里塔尼亚高等教育有三重任务：

- 维持、发展和传播深受伊斯兰精神价值启发的毛里塔尼亚文化。
- 通过不断调整教学方法适应新科学技术的发展，以及社会生活的转型，培养高层领导并确保他们的高效。
- 促进科学研究的发展。

国民教育部(MEN)的高等教育办公室(Office of Higher Education)负责制定教育目标，组织和发展高等教育，监督教学评价，控制公立高校。它还负责实施留学计划，且实施留学计划将成为其一项主要任务。

毛里塔尼亚目前的大学体系包括六所中学后教育机构：努瓦克肖特大学、师范学院(Teacher School)、国立医科学院、阿拉伯与伊斯兰科学学院、高等伊斯兰研究学院、高等技术教育中心。国民教育部和其他部委分别负责这些学院。还有专门从事研究的机构，如毛里塔尼亚科学研究院。

就人力资源(学生和教职员工)和基础设施而言，努瓦克肖特大学是该国唯一的一所大学，是毛里塔尼亚主要的高等学府。努瓦克肖特大学建于1981年，是一所拥有司法和财政自主权的公立高校。努瓦克肖特大学的任务包括培养行政管理者，为科学研究做贡献，与其他大学合作促进并发展阿拉伯和非洲文化价值。

大学组织

大学议会(University Assembly)成员包括来自大学各院系的人员和学生机构、外部立法机构、国民教育部和财政部的代表，成员任期三年。大学议会是校长领导下的一个审议机构，其职能是确定大学的主要方向，包括组织课程和项目，制定规章制度和预算管理。如有需要，大学议会有权吸收额外的临时成员。教育部保留批准、授权、暂缓或废除大学议会决议的权力。

努瓦克肖特大学的校长办公室是主要管理机构，管理包括大学图书馆办公室、信息和技术中心、社会服务中心、强化第二语言教学中心(Centre pour le Renforcement de l'Enseignement des Languages Secondes, CRELS)和中心服务处(人力资源，会计、外部联系、供应和设备)。校长由部门委员会任命，大学议会和一名常任秘书辅助其职责。

努瓦克肖特大学的每一所学院——法律与经济学院(FSJE),人文学院(FLSH)和技术科学学院(FST)——均由一名院长、副院长和常任秘书管理,每所学院都有一个院长领导下审议机构。

人文学院设有7个系(阿拉伯系、法语系、英语文学系、历史系、地理系、哲学系和翻译系)、4个行政机构、2个研究实验室(地理和历史)、1个文献中心和1个图书馆。历史、地理和哲学专业采用法语和阿拉伯语双语教学。法律与经济学院有4个系、1个研究中心、1个图书馆和4个行政机构。法律与经济学院的学士学位分成两年普通学习和两年专业学习,如公共经济、私有经济、公共法律和私法。这些专业用阿拉伯语和法语教授。表45.1显示了1993—1998年努瓦克肖特大学授予的学位数量。

表45.1 1993—1998年由毛里塔尼亚国民教育部监管的院校授予的学位数

	1993年	1994年	1995年	1996年	1997年	1998年
人文学院(FLSH)	165	196	224	235	185	199
法律与经济学院(FSJE)	356	364	469	484	512	556
技术科学学院(FST)	—	—	—	—	—	10
努瓦克肖特大学累计	521	560	693	719	697	765
师范学院(ENS)	58	29	45	76	102	210
高等技术教育中心(CSET)	46	33	48	49	52	76
总计	625	622	786	844	851	1051

来源:MEN, 2000.

高等专修学院(ISEP)

高等专修学院(Institut Supérieur d'Etudes Professionnelles)1991年成立后,成为法律与经济学院的附属部门。高等专修学院录取要求学生通过入学考试。该学院提供三种专业:会计管理、商务和财务管理、律师专业(律师受训合格证书 Certificat d'Aptitude à la Profession d'Avocat, CAPA)。管理专业面向拥有高中理科毕业会考文凭(baccalauréat)的学生。学制两年,毕业获得技术大学学位(Diplôme Universitaire de Technologie, DUT)。法律学院的入学考试对法律学士或经过一年学习的同等学力的人开放。

技术科学学院(FST)

技术科学学院建于1995年,有5个系(生物、化学、地质学、数学和计算机、物理)、6个行政机构、几个研究单位和1个图书馆。与其他学院不同,技术科学学院只招收那些获得高中理科毕业会考文凭的学生。第三学年,学生开始专业学习,如采矿、地质学、物理—化学、商务管理中的信息应用技术、水利管理、营养科学和技术。

师范学院(ENS)

师范学院建于1970年,培养中学教师。1987年和1995年,该校经历了两次重组。师范学院是一所为初级和高级中学培养教师、督导员,为教育部培养官员的公立大学。该校招收拥有两年和四年毕业文凭的学生。1999—2000年,师范学院注册入学学生185名。它由一个执行委员会领导下的商议机构管理,该委员会由院长、院长助理和主管会计师组成。

高等技术教育中心(CSET)

高等技术教育中心的使命包括为工业和商业培养高级和中级技术员,为技术和职业教育部门培养教授和教师。学生必须完成两年学业,他们都有奖学金。该校的管理结构和入学构成与师范学院类似，招收获得技术专业高中毕业会考文凭的学生。1999—2000 学年，高等技术教育中心的学生数为 116 名。

高等伊斯兰研究学院(ISERI)

成立于 1979 年 11 月的高等伊斯兰研究学院，由文化与伊斯兰指导部(Ministère de la Culture et de l'Orientation Islamique，MCOI)负责。这个学院的使命是提供现代阿拉伯和伊斯兰教育，在伊斯兰科学领域开展基础研究。

学院由一名院长、院长助理和一个永久委员会领导。学院教师必须通过文化和伊斯兰指导部的考试，与学院签订合同后才能聘用。新教师开始教学之前必须在文化与伊斯兰指导部接受培训。高等伊斯兰研究学院学制四年，专修一个专业。它面向所有获得高中毕业会考文凭的学生招生，但是马哈德拉学校的学生必须通过入学考试。1999—2000 学年，高等伊斯兰研究学院有学生 845 名。

国立医科学院(INSM)

国立医科学院创办于 1997 年，由卫生部负责。该学院委托培养医学专业学生，如外科和小儿科。顺利通过入学考试和符合资历标准的学生可被录取，学制四年。

阿拉伯与伊斯兰科学学院(ISIA)

阿拉伯与伊斯兰科学学院建于 1979 年，是沙特阿拉伯的伊玛目·穆罕默德·本·沙乌德大学(Imam Mohammed Ben Saoud University)的分校。1980 年，学院开设一门伊斯兰教教法学专业课程，并提供与沙特阿拉伯的合作学校相同的其他课程。马哈德拉学校的毕业生必须通过入学考试才能进入该校。所有成功的申请人都可获得助学金。

毛里塔尼亚科学研究院(IMRS)

毛里塔尼亚科学研究院建于 1974 年，其目的是鼓励人文科学领域的研究和监管毛里塔尼亚文化遗产的保护。该学院由文化与伊斯兰指导部负责。一个审议和执行机构负责学院的行政事务，一个科学委员会负责研究项目的科学导向和开发。根据学院的需求和考试招聘研究人员。

人力资源

学生

1990—2000 年学生数量大增，三个主要原因如下：

- 1990—1998 年，高中毕业会考文凭(b)accalauréat 获得者的数量从 1737 增长到 3137。
- 留学助学金逐渐减少，导致本国高等教育的需求增长。
- 大学学习效率低下，加上大学执行毕业最终期限的制度不力，促使学生延长学期，导致学生数量膨胀。

表 45.2 清楚地表明，各学科学生分布十分不规则。学生主要集中在法律、经济和文学等学科。1999—2000 年，法律和经济专业的学生占注册学生总数的 59.5%，而主修科学和技术的学生只占 10%。

表 45.2 1992—2000 年高等教育学生入学人数

机构	1992—1993	1993—1994	1994—1995	1995—1996	1996—1997	1997—1998	1998—1999	1999—2000
法律与经济学院	4774	4637	4886	5248	5731	5656	6452	5697
人文学院	2232	2170	2376	2558	2664	2467	2896	2998
技术科学学院	—	—	—	—	708	718	820	886
大学累计	7006	6807	7262	7806	9103	8841	10168	9581

续 表

机构	1992—1993	1993—1994	1994—1995	1995—1996	1996—1997	1997—1998	1998—1999	1999—2000
师范学院	143	138	112	111	101	132	230	185
高等技术教育中心	127	101	99	105	115	122	113	116
高等伊斯兰研究学院	—	—	—	—	—	—	—	845
总计	7276	7046	7473	8022	9319	9095	10511	10,727

注:1999—2000 学年,外国学生占大学入学学生总数的 6%。
来源:MEN, 2000.

人事

师资

教师主体包括全职和兼职教师。终身教授是高等教育部任命的公务员,兼职教师接管终身教授不能教授的课程。

努瓦克肖特大学(除了技术科学学院)和高等伊斯兰研究学院中学生与终身教师之比特别高,分别约为 42∶1 和 60∶1。师范学院和高等技术教育中心的学生与终身教师之比分别为 5∶1和 7∶1。

虽然学生数量大大增长——从 1993 年的 7046 名增长到 2000 年的 10227 名——但教师数量增长不大,仅从 1993 年的 249 名增长到 1999 年的 304 名。

由于招聘不到足够的终身教师和从事特殊学科教学的教师,兼职教师的数量增长较大。在某些系,如阿拉伯文学和法律系,由于助教的数量较大,全职教师的工作量大大低于平均水平。

招聘要求

通过考试后,教授经筛选并根据其文凭和资历分配到三个层次(A1,A2,A3)。只有凭资历才有可能达到 A4 层次,尚未有一名教师达到这一层次(表 45.3)。

表 45.3 各层次教学人员的聘用条件

层次	聘用条件
A1	拥有研究生学位或同等学力
A2	拥有法律或经济学博士 拥有工程学博士或同等学力 或拥有研究生学位或同等学力
A3	有四年 A2 层次工作经历 法律、经济学或相似学科研究生 文学、科学博士或同等学力
A4	符合 A3 的学位条件,并至少有四年高校工作经历

任期

教师一经录用便开始两年试用期。试用期将满时,如果教师符合高等教育委员会设定的条件,大学理事会会推荐其为终身聘用。高等教育委员会由 22 个成员组成(13 名为 A3 层次,9 名为 A2 层次)。

行政和技术人员

努瓦克肖特大学拥有 280 名行政和技术人员(是毛里塔尼亚高校中最多的),其次是师范学院,有 42 名行政人员,再次是高等技术教育中心(CSET),拥有 18 名。规定了国家公务员和政府管辖下的合同制人员的基本地位的法律适用于高等院校的行政和技术人员(Law 93.09, 1993)。似乎应该为这些特殊的领域起草独立的法律。其他管理法规定了公务员纪律委员会的组织和功能(August 17, 1994),规定了国家考试委员会的构成和职能(March 19, 1996),以及有关行政和职业考试的一般制度(April 19, 1998)。

行政和技术人员类别

目前行政和技术人员分为三类:国家招聘的派到大学或学院的人员、大学自己招聘的员工、兼职人员。

努瓦克肖特大学兼职人员占较大比例。但

是由于随着高校需求上下波动，其数量难以确定。

学位和就业市场

毛里塔尼亚目前没有关于高校毕业生就业情况的可靠数据。教育部没有开展这种调查的机构。

人权和减贫委员会(Commission for Human Rights and its Eradication of Poverty)是一个负责失业大学生社会融入的公共机构，1999 年该机构就大学就业问题开展了一次调查。结果表明，共有 2952 毕业生没有找到工作，其中 85.6%为男性。这些毕业生中，77.6%在毛里塔尼亚完成学业，95.3 拥有学士学位或同等学力。大多数(50.8%)未就业的毕业生拥有管理学学位，而 17.2%拥有法律学位。其他未就业大学生分别拥有文学(16.2%)、史地(7.5%)和科学(11.4%)学位。该调查指出，1993 年以来未就业的毕业生数量一直在上升。主修文学的毕业生中，未就业率从 1993 年的 13.3%上升到 1998 年的 40%。法律和经济学院也有类似趋势，1997 年未就业率达到 48%。这两个学科的毕业生在就业市场上似乎已经饱和(表 45.4)。

表 45.4　1993—1998 年努瓦克肖特大学失业的毕业生

类别	1993 年	1994 年	1995 年	1996 年	1997 年	1998 年
人文学院						
毕业生数	165	196	224	235	185	199
失业学生数	22	34	50	67	68	82
失业学生百分比	13.3	17.4	22.3	28.5	36.8	41.2
法律经济学院						
毕业生数	356	364	469	484	512	556
失业学生数	81	103	137	203	247	195
失业学生百分比	22.8	28.3	29.2	41.9	48.2	35.1

来源：MEN, 2000.

财　政

毛里塔尼亚高等教育是公立免费的。学生只是象征意义付点费用，只需付 2.5 美元注册费。就运行成本而言，政府补贴是内部财政的主要来源。投资支出主要通过国际合作合同来分配。

运行资本

教育部通过高等教育办公室(Direction de l'Enseignement Supérieur, DES)为毛里塔尼亚学生提供留学项目助学金并负担海外留学经费。高等院校是享有法律地位和财政自主权的公立实体。政府资助高校全部运行成本。高校可以从预算增加中得益，这对大学而言至关重要，高等教育预算是从国家总预算中拨付的(表 45.5)。

表 45.5　1991—1998 年毛里塔尼亚高等教育运行成本

年份	国内生产总值百分比		国家预算百分比	
	所有教育	高等教育	所有教育	高等教育
1991	4.4	1.3	27.1	7.9
1992	4.4	1.3	26.5	7.7
1993	4.1	1.2	23.6	6.8
1994	4.3	1.2	28.9	8.2
1995	4.0	1.2	27.6	8.1
1996	4.0	1.3	28.0	8.8
1997	4.1	1.2	28.6	8.5
1998	4.3	1.2	29.2	8.4

来源：MEN, 2000.

预算分配

高校财政有三个主要来源：财政部、国家投资预算和外部援助。通常召开会议与财政部当局协商年度预算分配。财政部习惯上采取每年增加 10%预算的政策。初次预算分配后，再次进行协商增加部分预算的分配，将这部分预算用于社会援助和食物等方面的支出(表 45.6)。

表 45.6　1991—1998 年毛里塔尼亚高等教育筹资趋势

年份	总支出(UM*)	政府预算(UM*)	外部资助(UM*)	外部资助百分比
1991	180	0	180	100
1992	183	15	168	91.8
1993	158	0	158	100.0
1994	318	150	168	52.8
1995	235.8	9.5	226	96.0

续 表

年份	总支出(UM*)	政府预算(UM*)	外部资助(UM*)	外部资助百分比
1996	451.8	120.8	331	73.3
1997	70	0	70	100.0
1998	360	10	350	97.2

注:*UM=毛里塔尼亚乌吉亚(国家货币,US$1=230乌吉亚),单位:百万。

来源:MEN2000.

外部资金主要来自世界银行、法国合作组织(French Cooperation)、国内和国际组织、基金会、大使馆和校际合作项目。

努瓦克肖特大学的年度投资资金达120万美元,大部分资金通过援助普通教育项目(Education V)获得,由世界银行通过国际发展协会(IDA)提供资金。国际发展协会资助的投资项目旨在通过建设和改造一块5000平方米的地区增加大学容量,其中3000平方米将用于建造新建筑。投资的目标还包括加强图书馆资源,尤其是参考资料和设备;培训和提高行政人员;建立一个试点项目重新调整高等教育系统的结构。

在另一层面上,法国合作组织领导的项目也于1998年开始,计划为期四年。该项目旨在援助三大领域:科学和技术学院,第二语言教学和信息技术中心。

由于毛里塔尼亚总体预算信息的保密性,很难从高校获得关于运行预算的精确和确切的信息。

外部资金

通过与国际组织签署双边和多边协议,毛里塔尼亚高等教育从外部贷款中获益匪浅。这些国际组织包括世界银行、非洲发展银行(African Development Bank)、联合国儿童基金会(UNICEF)、世界粮食计划署(Programme Alimentaire Mondiale, World Food Program)和石油输出国组织(Organization of Petroleum Exporting Countries, OPEC)等。法国、比利时、日本和德国等也援助了毛里塔尼亚高等教育部门。20世纪90年代高等教育投资主要由外国贷款提供。

大学财政状况

1997年,大学补助金达3029611美元。学生注册费不到努瓦克肖特大学运行预算的1%。

合作倡议

高等院校与本国或外国合作伙伴联合组织了各种研讨会和座谈会。如1988年召开的国际信息经济研讨会,这次会议吸引了来自许多国家的学者;1992年,与本国企业和法国合作组织合作举办了合作伙伴论坛;1995年,在联合国教科文组织帮助下组织召开关于阿拉伯人对拉美贡献的国际座谈会。大学也定期举办一些由本国机构组织的科学活动。

毛里塔尼亚的高等院校与阿尔及利亚、比利时、加拿大、中国、法国、摩洛哥、沙特阿拉伯、塞内加尔、西班牙和突尼斯等国的大学、院系和研究所签订了许多协议。这些协议促进了与这些国家的研究人员和学生的互换交流。

学生动乱

周边国家的高等教育机构通常由于内部政治冲突而陷于瘫痪。这些政治冲突经常导致学校连续关门。但是毛里塔尼亚的高校没有受到这种问题的影响。最长的一次学校关门发生在1992年,历时四个月。事实上,每年都有示威和罢课发生。学生的要求总体上具有社会性,绝大多数要求与助学金的性质、社会援助、食品服务和医疗保健有关。

高等教育系统的挑战

毛里塔尼亚高等教育的发展没有足够的优先计划。虽然预算极度紧张,毛里塔尼亚选择为每一名中学毕业生提供高等教育,却毫不考虑毕业生的将来或他们与就业市场的融合。

毛里塔尼亚高等教育面临众多困难,阻碍了其履行自己的使命。学院和国家研究所对不同的部门负责,它们从各部获得的自主权十分有限。

这种情况导致这些院校的管理和监督不协调。此外,负责高等教育的一些部门的议程凌驾于教学和研究活动之上。官僚机构经常阻碍教学和研究工作,教学和研究需要灵活性和高度主动权来克服这些障碍。大部分高等院校要忠于两个分开的部门，一是他们所属的部，另一个是分配年度补助的财政部。

因为政府任命高校的所有行政管理者、院长和系主任，所以高校需要进行结构性调整，使大学与其所属的部形成更加自主的关系，这种调整将会使重要职位的任命更加民主。例如，根据资历、等级制定客观标准来选举，以及根据每个职位的要求来确定人选。

毛里塔尼亚高校没有为新录取的学生提供指导。首次注册的学生对所提供的专业或课程知之甚少。专业目录很少出版，即使出版了，也只在小范围内公开。这样，学生专业注册时既不知道所教授的课程，也不了解专业的未来导向是什么。这导致许多学生了解事实后辍学或改变专业。

因为缺乏中间机构协调，毛里塔尼亚很多高校提供几乎相同的课程。法律和经济学院、伊斯兰高等学习和研究学院、文学和人文学院和师范学院也都存在这种情况。人才培养和就业市场不协调成了一个重大问题。一些专业的发展丝毫不考虑国家的需求。通常培养效率低下，不符合顾主的要求。私营部门的发展非常显著，但却被完全忽略了。设立适应市场需求的专业是当务之急。

很少传授新近的信息是教学方法的基本特色。教授参与被严格限定，采用视听技术也受到限制。因为课堂中学生人数增加，大部分教学倾向采取讲座形式。讲座模式的增加减少了实验教学机会。

研究活动直到最近才出现。一些团队和实验室开始进行一些研究活动，如历史研究和学习的实验室，科学和技术学院研究湿地的研究小组，法律和经济学院、文学和人文学院的研究中心。但是研究活动仍处于萌芽阶段，大部分教职员工没有参与到科研活动中来，因为尚缺乏协调统一的国家研究政策和资源。因此，大学没有科研成果，对重要经济部门，如渔业、农业和畜牧业关注较少。

研究的条件与文献紧密相关。高校严重缺乏最新的出版物和专业化的资源，而且文献拨款稀少。

许多教师离开高校去公立或私立部门任职。此外，很多教授被聘到其他国家机构或部门，他们在继续享有工作特权所带来的利益同时，教学责任却做得马马虎虎。毛里塔尼亚需要鼓励学术界的忠诚，鼓励教授们不要放弃教育者的职业。

行政和技术人员没有接受过管理高校的训练。大学和其他类似机构一样聘用了各种各样专业的毕业生作为其员工，从法律和经济到文学。现在兼职教师十分普遍。

鉴于国家有很多其他的优先发展领域，政府对高等教育的补助已经相当多，因此，不可能再增加。

提供给各所高校的资源不仅不足，而且没有得到有效的利用。1997 年，分配给补贴、社会援助和饮食服务的预算占大学总预算的 37%。

1999 年以来，大学预算增加很明显，涵盖了助学金、论文经费、餐饮和住宿，但却忽略了教学质量和文献资源等最核心的需求。工资预算也在增加，占 1997 年总预算的 43%，这表明教师和其他员工有冗余。

许多终身教授的工作量低于平均水平，这个问题是由教师冗余引起的。另一个问题是教师承担多种责任，如一个人既要教学，又要做系领导，又是顾问。行政人员中也存在同样的问题，许多人没有明确的职责。

在没有政府和大学当局政治意愿的情况下，要想减少例如助学金、社会援助、餐饮等费钱服务的预算分配很难实现。由于担心这些措施所产生的后果，这些倡议被搁置。

师范学院和高等技术教育中心是唯一两所拥有充足的教学楼和设备的高校。建校初期，大学没有自己的场所，而是在临时教学楼办学。但是学生数量的增长与大学基础设施的发展不匹配。图书馆和文献中心已经不能容纳数量如此庞大的学生。目前，毛里塔尼亚高等教育官方和外国资助机构正在制定扩大大学设施的计划。

目前的筹资方法必须多样化。政府补贴越来越难以获得。与公共当局的协商紧张化，拨款的数量总是低于预期。此外，必须记住很重要的一点，国外资金并不总是确保的。

高校应该设法创收，利用与政府机构的研究合作，通过私营部门、合作倡议和咨询服务等各种方式。合理开支也是部分解决方法，包括在考虑学生学业成绩和社会地位的情况下,尽量减少助学金和社会服务的费用。应根据对学生社会状况和学校需求的考量,重新修改注册费用。

未来的道路

高校相互隔离又缺乏协调,负责部门多样化,课程冗余,缺乏合理开支是毛里塔尼亚面临的主要挑战。教育部在努力重整高等教育,1995年6月,成立了一个指导委员会,委托它制定重新调整高等教育的主要框架。该指导委员会由高等教育主要参与者和教师代表组成,在毛里塔尼亚和国外专家的一系列报告和研究的基础上开展工作。委员会从世界银行获得资金支持。委员会报告提出以下几点要求:

- 以信息为导向使高等教育课程适应经济和社会环境。
- 加强高等院校的教学能力,尤其是科学和技术学科。
- 建立激励和充分利用人力资源专长的机制,优化教职员工管理。
- 在合理开支和确定优先发展部门方面,重新考虑资金问题。
- 协调高等教育各部分之间的内部关系及与所属部门之间的关系。
- 推进科学研究,以国家优先发展为导向。

期望这些建议的实施将缓解毛里塔尼亚高等教育面临的挑战。

参考文献

Bailleul, André, et al. 1996. *Mission sur l'enseignement mauritanien.*

Banque Internationale d'Information sur les Etats Francophones. 2000. *Etude relative à la restructur-ation du secteur de l'Enseignement supérieur Mauritanien.*

Flacher, Jacques. 1994. " Rapport d' évaluation du systéme d'organisation de I'Université de Nouakchott. "

Groupe de réflexion technique. 1989. " L'énseignement supérieur mauritanien: analyse critique et recommandations. "

Groupe de travail sur la resructuration de l'enseignement supérieur. 1993. " Propositions pour uneréforme de l'enseignement supérieur . "

Liot, Colette. 1994. " Statut des enseignants de l'enseignement supérieur en mauritanie . "

MEN(Ministére de l'Education Nationale), Direction de la Planification et de la Cooperation. 2000. Novakchott: Statistiques scolaires.

Niewiadowski, Didier. 1992. *L'enseignement supérieur en Mauritanie*. Bilan économique et social 1999-2000. supplément du journal Le Monde.

46 毛里求斯

R·拜楚
S·K·A·帕拉胡
I·法谷尼

引　言

本国别研究是对毛里求斯高等教育状况的回顾。本文很大篇幅论述了毛里求斯大学，因为这是直到2000年9月毛里求斯唯一一所高等教育机构。

毛里求斯大学是相对比较年轻的机构。直到1999年，它一直享有在第三级教育层面提供课程的垄断权，这种特权使之有着独特的发展路径。

背　景

20世纪60年代，毛里求斯基本以农业经济为主。它的经济命脉与制糖业密切相关，制糖业占国民生产总值约34%，占总出口收益的95%还多，解决了全国超过50%的就业。当时经济前景暗淡。由于毛里求斯陷于了马尔萨斯的人口激增的困局之中，毛里求斯约30%人口处于贫困线以下，基本看不到经济可持续增长和人民生活水平提高的前景。

30年后，毛里求斯经济获得巨大发展，被看做“成功典范”。由于经济年度增长率超过5%，人均收入超过3500美元，毛里求斯进入上中等收入国家的行列。经济活动已经达到了相当多样化程度，农业、制造业和旅游业已经成为经济的三大支柱。一个新的经济支柱，即第四部门占到全部产出的12%。第四部门的扩展将使毛里求斯成为区域性的金融中心。信息通信技术是正在迅速兴起的第五大支柱产业。

毛里求斯中学后教育：回顾

毛里求斯的第三级教育由处于不同层级的一批公立和私立部门的机构提供。尽管公立部门内的第三级教育基本由毛里求斯大学提供，但毛里求斯教育学院（Mauritius Institute of Education），毛里求斯广播学院（Mauritius College of the Air），圣雄甘地学院（Mahatma Gandhi Institute）也独立提供或与毛里求斯大学合作提供第三级教育课程，毛里求斯大学是目前该国唯一提供学位教育的机构。这四所高校在高等教育委员会领导下运行，高等教育委员会负责规划中学后教育和培训，分配公共资金，促进不同高校之间的合作。2000年初，国家议会通过了一个毛里求斯理工大学法案，但该校尚未投入运行。

除了公立高校外，一批私立机构也开设第三级教育课程，它们通常采取与海外高校合作办学。此外，相当数量的毛里求斯人通过在国外大学注册完成第三级教育，或赴国外留学或使用远程教育，目前已有几所高校向学生开放远程教育。

毛里求斯大学

毛里求斯大学（Univesity of Mautitius，UM）建立于1965年，起初为农学院，它是本国唯一的，也是最大的第三级教育提供者。起初它包括农业、行政和工业技术3个学院，现在已经扩大为农业、工程学、法律和管理、科学、社会研究和人文5个学院，而且创立了5个中心：医学研究和学习中心、远程学习中心、信息技术和系统中心(该中心是咨询中心),以及最近刚建立的应用社会研究中心和创新学习技术虚拟中心。

为响应国家人力资源发展需求,大学逐渐从强调证书和文凭水平的课程转到学位和研究生课程上。1999—2000 年,学生总数为 4748 名,比上一年增长 20%以上。尽管总注册人数表明性别分布大致持平(女性占 47%),但应注意到性别分布因学院而异,在工程学院男生占主导(76%)而社会研究和人文学院女生占主导(68%)。在所有学生中,28%的学生学习工程学课程,接下来分别是法律和管理学院(196%),社会研究和人文学院(18%),科学学院(15%),农业学院(10%)。现行政策向学位和研究生课程倾斜:1999—2000 年,证书和文凭课程的学生只占总招生数的 9%,81%的学生注册了学位课程,7%不到的学生注册了研究生课程。

毛里求斯教育学院

毛里求斯教育学院(Mautirius Institute of Education,MIE)成立于 1973 年,起初负责教师课程的开发,课程研究和开发,以及国家考试制度改革。现在,该学院主要集中于教师教育,包含应用科学、教育、科学和数学、艺术和人文四个学院。它承担着高教师质量、能力和资格的责任,这些教师包括从学前教师到中学教师。

1999 年,该校总学生数达到 2309 名,接受培训的新教师 706 名。只有 8%的学生攻读教育学学士学位(B. Ed. degree),这个学位课程是和毛力求斯大学联办提供的,另有 8%的学生注册研究生证书课程。大部分学生(54%)注册了证书和/或高级证书课程,其余 702 名学生注册了文凭课程。注册人数的性别分布基本持平。

圣雄甘地学院

本着促进印度文化和传统的目的,毛里求斯和印度政府于 1970 年联合建立了圣雄甘地学院。它设有四个学院——印度音乐和舞蹈,美术,印度研究,毛里求斯、非洲和亚洲研究——负责提供印度研究、表演艺术、美术、中国和毛里求斯研究等方面的第三级教育课程。圣雄甘地学院和毛里求斯大学联合提供少数学位课程。

1999 年,圣雄甘地学院的学生数为 436 名,其中 73%为女性。语言系人数最多,占到 55%。接下来分别是美术系(30%),梵语、印度哲学和印度教神学系(11%);印度音乐和舞蹈系(4%)。

毛里求斯广播学院

1971 年,为通过大众传媒促进教育、艺术和科学,毛里求斯广播学院(Mautitius College of the Air,MCA)成立。1985 年,随着毛里求斯广播学院地位的重新定位,远程教育成为该学院的主要目标。1986 年,该学院与教育和科学部的视听中心合并,到现在为止一直参与制作面向小学和中学的无线广播和电视教育课程。但是该学院最近评估了第三级教育层面对教学工具的重要需求后,尝试与毛里求斯的不同学院开展合作,开发了基于毛里求斯本土环境的教学材料,这个合作开发活动反过来促进了学生对他们所学课程的熟悉,实现了更有效的教与学。

新的第三级教育院校

过去几年中,毛里求斯公立和私立的第三级教育提供者急剧增长。它们分别是毛里求斯理工大学(University of Technology of Mauritius/Univresité de Technologie, Mautitius, UTM 公立),德夏莎尔杜美工商管理学院(De Chazal du Mée Management Business School,私立),法语商学院(French-Speaking Entrepreneurial Institute/Institute d'Entrepreneuriat, IFE),印度洋大学(Indian Ocean University,公立),工业和职业培训所(Industiral and Vocational Traning Board,公立),多科技术学院(Polytechnics,公立)。

毛里求斯理工大学是最近才开始运作的一所新学院。它计划开设三个学院——软件工程、公共政策和管理、旅游和酒店管理——招收学生 800 名。它将提供的七类课程分别是公共部门行政和管理的文凭,人力资源管理文凭,信息系统理学士 B. Sc.(荣誉学位),软件工程理学士 B. Sc.(荣誉学位),旅游和酒店管理理学士 B. Sc.(荣誉学位),公共部门政策和管理理学士 B. Sc.(荣誉学位),公共管理硕士。

高等教育趋势与模式:出现的问题

最近几年在教育领域出现的两个主要趋势是对远程教育的依赖和质量保障机制的引入。

远程教育

全球政治图景不断变化,政府对公众的教育需求和渴望所担负责任激增,对教育是确保个人和社会的社会经济安康的重要手段的认识的加深,这些都给教育系统带来了前所未有的挑战。这些挑战的领域包括:

- 大量学生出现,在各个教育层面寻求多样化教育。
- 认识到教育和学习应该为社会经济服务,应与社会相关联。
- 现行教育相对滞后,造成较大比例的时间拖后,认识到这个事实,就需要在较短时间内取得大的进步来弥补。
- 既然传统教育方法不能满足新的需求,就要开发技术支持下的创新的教育体系。

远程教育:毛里求斯教育部门

毛里求斯最早出现的远程教育是1971年建立的毛里求斯广播学院(MCA)。但是集中利用远程教育的工作似乎是受两份报告的启发:罗德·杨(Lord Young)写的《开放学习及其在毛里求斯的潜力》(*Open Learning and Its Potential in Mauritius*)和约翰·丹尼尔教授(John Daniel)写的《服务于毛里求斯人力资源开发的远程教育:出路》(*Distance Education for Human Resource Development in Mauritius: The Way Forward*)。这两份报告发布于1989年。教育总体规划(Master Plan for Education)认识到远程教育是"教育发展的主要策略",并详细陈述远程教育的目的如下:

> 毛里求斯将广泛应用远程教育,建立一个合适的改革系统;提高新群体的教育机会和技能,这些新群体包括工人、家庭主妇、辍学者或者那些希望继续学习的人;提高学生和教师的教育质量;在合理的时间框架内以相对经济的方式实施具体的培训项目。

到目前为止,毛里求斯远程教育提供者包括毛里求斯广播学院,面向小学生和中学生;毛里求斯大学,利用其远程学习中心提供学习模块吸引了大批学生;毛里求斯教育学院,满足教师需求;其他以营利为目的与国外大学联合提供学位课程的高校。

毛里求斯大学及其远程教育中心

为扩大教育机会,1993年毛里求斯大学与联邦学习联盟(Commonwealth of Learning)合作成立了校际学习中心。被视为远程教育的推动者,1996年,该中心改名为远程教育中心(CDL),开展了课程审查活动来确定学习模块,吸引大批学生。在各个学院支持下,学习模块得以开发,采用混合传授模式来讲授。

中心的特色

功能:首先,通过与各学院合作,中心确定要开发的课程。然后与教授签订合同,以开发学习单元,建立课程开发小组,向开发小组提供教学设计辅助,完成草稿和终稿,打印手册。中心将学生分成几个部分,就每一部分学生的管理与指导教师签订合同,为各辅导教师采用一致的方法提供导向课程,并且以确保考试内容安全的方式安排和开展期末考试。

培训:在国外机构的帮助下,如联邦学习联盟和加拿大国际发展署(Canadian International Development Agency,CIDA),向全体教师提供关于远程教育基本原理和课程开发必需的基本技能方面的集中研讨会。毛里求斯学者与国外同行结对子,手把手接受有关课程开发的指导,这已经收到不错的效果。

培训定在三个主要方面:面向毛里求斯大学整个社区的培训;中心校长的特殊培训;面向参与发展新课程的学者的十分特殊的培训。每一个接受此培训的人都有潜力成为大学的资源。远程学习中心已经作为一个资源发挥着功能,它为学者们制定了自己的培训课程。

面临的基本问题

毛里求斯的远程教育要完全发挥功能,所需要的不仅仅是在毛里求斯大学内设立一个远程教育单元,还需建立远程教育所需的学术基础设施。因此,有必要将传统学年划分成学期,将课程组织成模块,每一模块都有学分,建立一个复杂的计算机化学生登记和名单系统,改变课程和课程结构,允许学生学习本专业之外的课程。

人力:阻力

毛里求斯大学曾是一所非常传统的英式大学,当远程教育被引入时,遭到抵制也是很自然的。事实上,在远程教育项目早期阶段,鉴于大学的组织文化,毛里求斯大学不得不全力解释远程教育的运行方式。实际上,毛里求斯大学的员工感觉他们被驱赶到远程教育项目上,被驱使着违背自己的意愿实施变革。

适当的培训,高层的坚定支持,负责远程教育的副校长(pro-vice-chancellor)所表现出来的战略性领导风格都有利于文化变革的发生。

教学模式

毛里求斯教与学的混合方法或许在世界上是独一无二的,这种方式的演变和确立值得关注。远程教育课程根据以学生为中心的教与学的原则而制定,每门课程的常规部分都配有一名合格的指导教师。这些课程是常规课程的一部分,提供给学校的全日制和非全日制学生。学生不需要参加常规的课程教学。相反,学生靠一个精心设计的课程指南和其他学习材料来学习,这些材料所有学生都可以买到。指导以周为单位,每门课每周一个小时。尽管每门课有很多指导小组,学生也要依照现行大学政策,参加统一的期末考试。

这种混合模式允许保留一些传统的教育价值,同时又引入了独立学习的理念,并在教学设计上采用了有技术发展水平的方法。

1994—1995 年,混合模式在校园开始实行时,学生总注册人数为 646 名;6 年中,注册人数达到 4772 名。迄今为止,已经教授了 15 个远程教育模块。

远程教育的挑战

到目前为止,因远程教育中心最初的“推动者”的概念,它的地位一直在范围上受到限制。高等教育某些总体发展已经预示着前所未有挑战的到来。一些教育家希望远程教育是解决这些挑战的一个方法。经过工业化的过程,教育的范式转变已十分清晰。接受一次培训而后终身只做一份工作的观念已经让位于一个人可以在一生中做几种工作的观念——因而可接受多元培训。再培训在毛里求斯已经成为家庭产业。

一些教育家认为,可以通过远程教育(最近的技术发展已使它成为可能)满足这样的需求。现在在毛里求斯大学,与国际机构的音频会议已成为现实;视频会议将很快实现。毛里求斯大学正在开发基于万维网的课程,以充分利用远程教育的潜能。

质量保障

毛里求斯第三级教育部门

教育系统质量保障的全球趋势是,提供满足规定标准的高质量教育和培训的责任在教育机构自身。然而,一旦标准得到实施,外部审查者的鉴定是监督教育机构自我监管框架、机制和过程的重要手段。

质量的概念在毛里求斯教育中并不是新现象。所有利益相关方都需确保毛里求斯所提供的第三级教育课程的标准、相关性、精确和认可。实际上,20 世纪 90 年代早期,起草教育总规划时,工作小组已经注意到迫切需要制定具体可行的方法来确保第三级教育的质量和标准。

理想的状况是,每一个第三级教育机构都应该实施自己的质量保障机制以此证明和捍卫其所提供教育的质量。然而,直到现在,毛里求斯院校个体所采取的行动在某种程度上受到阻碍。大部分止于讨论阶段。至今,只有毛里求斯大学采取大胆而积极步骤开发院校和学术审查的计划和策略。在这一方面,质量审查、质量评估、资格认证是必不可少,这不仅证实院校正在恰当地履行责任,而且将增强公众对毛里求斯第三级教育的信心。

第三级教育委员会(Tertiary Education Commission, TEC)设立了质量保证委员会来履行指导公立第三级教育机构实施质量保障体系和程序的任务。这些公立高校包括毛里求斯大学、毛里求斯广播学院、圣雄甘地学院和毛里求斯教育学院。建立质量保证体系,以及开展内部评估和外部质量审查的计划表明,第一轮质量评估应到 2005 年结束,此后每五年再评估一次。

毛里求斯大学

毛里求斯大学已经制定了自己的质量保证框架,该框架与第三级教育委员会的方针保持一致。这一框架是预计 2000—2001 年开展质量审查的行动蓝图。已经制定了评价大学课程的机制。学生反馈问卷已经开发,该问卷从 2000 年 1 月起使用期为一年。一旦反应良好,该评价将不但有助于课程的不断改进,而且有助于教学技巧和未来课程开发的改善。一些人已经提出建议,应该利用反馈机制来促进和奖励教师的优秀教学。此外,还为本科生和研究生课程学习开发了一个标准模式,并设计了确定不同层面的课程协调员的责任和义务的组织图。

此外,大学质量保障小组(University Quality Assurance Team,UQAT)的成立有利于开发一系列跨系课程,如信息数学理学士 B. Sc.(荣誉学位),金融经济理学士 B. Sc.(荣誉学位),化学和商务管理 B. Sc.(荣誉学位)。大学质量保障小组也使研究生课程委员会的成立成为可能,借此提高所有研究生课程的效率。

作为教师发展规划的部分内容,尽管预算受到严格限制,仍举行一些研讨会,以此促进高质量的教与学,提高学术实践。关于社会学研究方法的研讨会已经开始筹备,研讨会为学术人员提供必要的研究技能,来推进大学的科研文化并在本科生和研究生层面提供更好的论文指导。这些能力建设的研讨会由著名的国外专家发动,并将在现行基础上继续下去,这样所有学术人员都有机会参与讨论。教师发展规划还包括高等教育教与学入门项目,入门项目通常附带反思档案,这些都是为一个非强制性水平证书(Proficiency Certificate)做准备的。

创新方法

根据其战略规划,毛里求斯大学开始吸引新的客户,打破校内教育与校外教育的界限。在前沿技术辅助下,毛里求斯大学计划利用万维网既作为现成的截图又作为在线互动系统,因为万维网允许将文本、音频、视频整合起来。因特网还提供基于文本的互动及获得无以限量的教育资源。

在不远的将来,毛里求斯大学将处于这样的地位,可以提供增加教育机会的在线课程,引入灵活的教学方式,改进学习,提高成本效益,创造一个更好的多媒体学习环境。

创新学习技术虚拟中心(Virtual Center for Innovative Learning Technologies, VCILT)的建立将利用现有资源,与信息技术中心(Centre for Information Technology)一起发挥远程教育中心的潜力。

私立第三级教育提供者

国外教育机构通过远程教育提供第三级教育课程的潮流,以及本国私营企业通过特许协议提供课程的不断增加,意味着需要适当的立法和必需的监管框架来确保这些教育的质量和标准。1996 年,毛里求斯建立了国家认证和等值委员会(National Accreditation and Equivalence Council, NAEC)来监管私立第三级教育部门,包括课程认证和院校注册。遗憾的是,至今该委员会的活动仅局限于确认本国和海外院校授予资格的等值及对资格的承认。引入适当的立法后,所有私立的、区域的和海外高校提供的第三级教育课程必须经过国家认证和等值委员会的课程方面和院校方面的认证,因而确保毛里求斯所有第三级教育提供者遵循质量保障机制。

可以从不同层面和不同路径加强院校的能力建设。常规的教与学战略研讨会有助于维持已改进的标准,质量保障研讨会确保大学教育符合高质量标准。

在另一层面,非洲法语国家加强院校技术项目(Programme de Renforement institutionnelle en Matière Technologique en Afrique Francophone，PRIMRAF)和远程教育应用、研究和资源中心(Centre d'application，d'étude et de resources en apprentissage à distance，CAERENAD)正在向学术人员提供创新教与学策略的连续培训。

院校能力和结构

高等教育需求剧增和增加入学的压力迫使毛里求斯大学高层寻找方法和途径最大限度地扩大现有资源。1992 年，录取学生数为 943 名，而总学生数为 1658 名；1998—1999 年，录取学生上升到 1451 名，而总学生数为 3667 名；1999—2000 年，录取 1816 名，总学生数为 4748 名；最后，2000—2001 年，录取 1679 名，总学生数为 5406 名。

为解决高等教育需求的增加，政府向毛里求斯大学提供了额外的场地和人力资源。大学也已采取措施更有效地利用它的资源。它采用混合模式教学系统，包括面向大批学生的学习模块。还开设了灵活的学习课程，允许晚上和周末充分利用校园设施。

应大学评议会(University Senate)的要求，1997 年开展了一次院校场地审查，审查结果显示场地得到了高效率、高效能的使用。但是在组织层面，毛里求斯大学发现所有事务集中化导致不必要的延误。因此，采取了分权措施，在每个学院都设置了教务长代表(即行政助理)。这一安排缓解了集权管理的巨大压力。考试和教师日常管理现委托给行政助理，它代表教务长工作。此外，许多行政决策现由教师委员会决定，他们向大学评议会报告其行为。

财政和筹资方式

面向中学辍学生提供的全日制课程是免费的，但是向已经就业的人提供的非全日制课程是收费的。

当大学试图适应学生注册人数的迅速增长造成的需求增加时，它不得不面对办学成本的上升。虽然经常性教育资金，占总资金的 85%(主要来自政府)，但这部分资金往往用作办学成本，剩下相对较少部分用于学术改进和发展。政府拨款只占国家 GDP 的 0.5%，很多人认为这一数字应该上升。但是，第三级教育增加投入的成本是否应由政府单独承担也是有争议的。

现在，大学主要通过咨询、学费、出租房产的方式，自筹了总资金的 15%。几乎 3/4 的学生注册全日制课程，而全日制课程是免费提供的，从这些学生获得的收入局限于注册、考试、图书馆等费用。另外，学费的主体来自在职学生，他们学习在职课程、业余课程及最新引入的灵活学习课程。

挑战在于如何创造额外的资金来源以维持并最终改进所授课程的质量和水准，它是大学力量的主要支柱。表 46.1 提供了筹资方式。

表 46.1 毛里求斯大学的资金来源(1997—1999)

资金来源	1997—1998（百分比）	1998—1999（百分比）
政府拨款	83.6	83.1
学生收入[1]	12.6	13.1
其他来源[2]	3.8	3.6

注：[1]包括实验室费用、注册费等。[2]来自咨询和研究。

来源：毛里求斯大学 1998—1999 年度报告。

表 46.1 清楚地表明政府拨款相对减少而来自学生的收入相应增加。这是毛里求斯大学满足在职人群的培训和再培训需求，提供非传统和收费课程的积极努力的结果。

咨询和研究获得的资金减少了 0.2%。毛里求斯大学任命了一位全职咨询经理，希望这类资金会增加。但是许多公司喜欢联系学者个人而不是通过毛里求斯大学的咨询中心。但这一领域代表了巨大的资金潜力，应该探索更有效的方法。

学术和行政人员的工资占毛里求斯大学支出的主要部分。学术和基础设施发展的成本由高等技术教育项目基金(Higher Technical Education Project Funds，HTEP)和投资基金提供。高等技术教育项目基金是世界银行的一个贷款项目，它资助学术人员提高学历水平。但是该项目已经结束，毛里求斯大学现在还肩负为学术人员的研究筹款的额外负担。

对毛里求斯的高等教育成本的关注越来越

多。事实上，普遍存在对毛里求斯大学财政危机的担忧。总运行成本随着注册人数的增加而上升，人们十分担忧毛里求斯大学的教育和服务质量将下降。此外，毛里求斯大学必须与毛里求斯其他社会服务竞争资金，后者在过去 20 年中的扩展另人注目。

课程开发

课程与社会需求和人民的合法愿望相关联是所有教育任务中的关键概念，尤其在第三级教育层面。课程不仅与社会相关，而且具有最高标准，这是极为重要的。毛里求斯大学通过课程开发委员会(Curriculum Development Committee)达到了这一要求。该委员会本质上是一个质量保障委员会，它仔细审查所有学院的课程计划，以确保它们符合大学本身和国际规范的质量保障标准。委员会严谨而系统的审查，以及委员会为使本国课程与享有国际声誉国外高校的课程一致所作的贡献，增加了学生流动，使学分兑现、学分累积和转换成为现实。

课程开发委员会也提出许多供各学院实施的课程建议。以下就是其中被相应的学院采纳的几条建议：

- 加强学生就业力的创新跨学科课程；如农业和管理学理学士 B. Sc.(荣誉学位)。
- 开放、灵活的课程，满足就业人群的培训和再培训需求。这些课程通常在业余时间开展，使人们同一时间"学习和赚钱"两不误。
- 普通教育选修课(General Education Electives, GEEs)，让课程的学术内容更人性化。
- 可迁移的延伸技能课程(TOSP)，通过拓展学生校园所学的学术经验加强学生的就业能力，这种课程通常以 10 个小时为段，目的是培养全面发展的人。

特殊问题

失业是毛里求斯大学生特别关切的事。高等教育大众化、飞速的技术革新和新自由政治和经济议程都导致了失业危机。

对过去学生的追踪研究往往证实毕业生就业的全球趋势，这个趋势导致了不稳定的就业状况、某些领域不充分就业，以及某些学习领域对毕业生需求之间普通存在的不匹配。另一方面，在某些领域，如当教师，许多毕业生能找到工作。

毛里求斯大学已经认识到这些问题，重新调整了许多课程，引进了其他一些旨在培养这类毕业生的课程：

- 灵活而有能力，愿意为创新作贡献。
- 准备终身学习，能在团队中工作。
- 能适应劳动力市场的国际化。
- 学识超越他们的专业领域，理解跨学科应用。

用更实用的术语来说，毛里求斯大学已引入跨学科课程。

学生、教师和员工管理与治理

作为一个自主机构，毛里求斯大学拥有自身特殊的组织结构。尽管最初设计了一个典型的等级结构，毛里求斯大学已对社会需求的变化作出回应。它的结构更具促进性而非限制性。

大学的大部分活动通过委员会来开展，这些委员会可以是法定的也可以是非法定的。

法定委员会如下：

- 大学评议会(Senate)：这是最高学术机构。它作出重大决策，批准向学生教授的课程。它还负责维持教学、考试、评估的标准。它可以任命子委员会，考虑任何提交上来的事务。
- 教师委员会(Faculty Board)：每个学院设有一个教师委员会，目前共有五个。教师委员会协调教师的教学和研究工作，批准学习课程，并在考试和评估过程中发挥积极作用。他们还通过副校长和/或评议会对提交上来的所有事务发挥影响。
- 管理委员会(Court)：这是另一个重要的委员会，举办一次年度总会，在会上大学向公众展示其成就和未来的计划。
- 理事会(Council)：这是高层委员会，处理所有与行政、财政和总政策相关的事务。

其他重要的委员会包括预算和基础设施委员会，它考虑所有财政事务；教工委员会，管理员工的招聘和选拔。非法定委员会通常十分特别。

权力结构的基本特征

自　治

毛里求斯大学享有的自主权的含义是它作为一个法人实体相对不受外部机构的干涉。毛里求斯大学有权在既定的社会责任框架内制定自己的政策,自我决策。

虽然毛里求斯大学从政府获得所有资本和经常性资金,但它坚决排斥任何对它的自主权的威胁。正如毛里求斯大学法案中明确说明的那样,毛里求斯大学理事会和参议会在任何影响大学的事务中总是有最终发言权。

与大学的外部环境有关的自主权通过一系列机构得到保证(表 46.2)。

表 46.2　毛里求斯大学运作程序

运作领域	标准	机制
招生制度	凭优	招生办公室通过电脑罗列人选
员工的录用与晋升	资格证书	员工委员会
员工的解雇	严重不当行为	员工委员会
学习项目	质量保障	顾问委员会、学院委员会、课程发展与远程教育委员会、评议会
质量保障	由英国质量保障机构设立	大学质量保障团队和教师质量保障团队
授课形式	指导方针中的核对清单	大学质量保障团队、学生反馈问卷
审查员	统一标准、校准	调解人、外部审查员
学生事务	视情况而定	学生顾问、辅导员
总的大学事务	视情况而定	大校管理委员会

这些不同的内置机制使毛里求斯大学在外部环境的运作上享有完全的自主权:通过充分酝酿和辩论进行集体决策,没人可以对决策施加不正当的影响。

毛里求斯大学实施了一个检查与平衡系统,它或通过学生对学术课程的常规反馈,或通过与学术同行和雇主的互动交流限制内部自主权。运行这样一个检查与平衡系统是因为在学术领域自治必须与绩效相互补充。许多机制,如内部和外部审查、参议会、委员会和理事会上的问责,确保学者虽然被赋予充分的自主权,仍然要对他们的行为或不作为负责。

民　主

毛里求斯大学的民主决策过程的含义是所有决策都是集体作出的。学术关系的组织性质使它成为可能。权力代表制、通过委员会商议作出决策、选举学者和学生代表参与重要的管理机构、决策分权、内部辩论、讨论长期政策是毛里求斯大学管理的重要特征。

问责与公开审计

毛里求斯大学享受自主权的事实并不意味着它对自己的行为不负责任。因为毛里求斯大学是一个公立高校,它使用政府拨付的资源。就这点而言,它要对后者报告它是如何在其所授予的社会授权框架内高效率、高效能地运作。

研究和咨询

虽然毛里求斯大学总体师生比约为 1∶8,但也有一些学院的比例特别高,如目前法律和管理系达到 1∶30。这对教师的研究活动显然带来了负面影响。不过,毛里求斯大学采取了几项鼓励研究的措施,包括聘用研究助理,为经常性和资本性支出提供研究资金,为参加会议提供部分资助,为海外合作研究提供经费支持。在毛里求斯研究委员会的支持下,教师可申请科研资助计划。这些激励措施已经见到成效,大学的研究成果持续提高,68 名教师正在毛里求斯大学攻读硕士和博士。

学者们拥有绝好的机会在毛里求斯大学研究期刊(*University of Mauritius Research Journal*)上发表高质量的文章。第一期的三卷于 1999 年 3 月出版,汇集了 26 篇国际引文的文章。这份期刊包括科学和技术研究,法律和管理,社会科学等内容。第二期将于 2000 年出版。

此外,1998 年 8 月,毛里求斯大学设立了大学咨询中心推动咨询过程,鼓励学术人员与企业建立联系,加强大学与社区的联系。1998—1999 财政年,66 个涉及 63 名大学教职员工的项目得到实施。这些项目包括培训项目、研究和报告,一般由公共部门半国营机构、私立机构、非政府组织和国际组织委托。工程学院的项目数量最多(41%),社会研究和人文学院的项目值最高(30.5%)。

学术联系

建校初期,毛里求斯大学就已经同许多国家的著名大学建立并保持联系。大部分毛里求斯人使用双语,有利于毛里求斯大学与英语和法语国家合作。大学既是英联邦大学协会(ACU)也是部分或全法语大学协会(Association Francophone des Universités Partiellement où Entièrement de Langue Française, AUPELF)的成员。

除了近期与澳大利亚、印度和南非大学的合作,毛里求斯大学与英国大学(包括兰开斯特、诺丁汉、纽卡斯尔、曼彻斯特、帝国理工学院、雷丁大学)及法国大学(包括巴黎大学、埃克斯一马赛第一大学、普罗旺斯埃克斯、波尔多)保持了密切联系。去年,毛里求斯大学与马来西亚博特拉大学(Universiti Putra)和新加坡淡马锡理工学院(Temasek Polytechnic of Singapore)签署了合作协议。

毛里求斯大学开设双语课程,包括由印度洋大学(l'Université de l'Océan Indien)支持的区域工商管理硕士课程。这一合作是印度洋委员会(Commission de l' Océan Indien)提出的,由欧洲发展基金资助。大学招收来自科摩罗岛、留尼汪岛、塞舌尔群岛和马达加斯加共和国的学生。

毛里求斯大学也向莫桑比克、南非夸祖鲁纳塔尔省(Wazulu-Natal)和塞舌尔学生提供奖学金。实际上,毛里求斯大学现在集中发展与南部非洲发展共同体(SADC)成员的区域合作。目前,该大学正热衷于南部非洲发展共同体跨地区技能发展项目的讨论,以增加合作高等院校的数量。

当前和未来的挑战

目前,毛里求斯大学面临着许多挑战。世界高等教育产业国际化意味着大学在不远的将来将面临更多挑战。

大学面临的首要挑战是如何有效地满足毛里求斯的教育需求。因为机构能力低下,大学难以满足目前的高等教育需求。有限招生(大约录取符合资格的申请人的45%)把毛里求斯人推向提供国际大学的函授课程的教育机构。因此,增加入学成为一个主要挑战。

那些比毛里求斯大学提供更有竞争性和更高回报的一揽子课程的第三级教育机构正在迅速增加,这些教育机构不仅对学生而且对那些大学有经验的学术人员都是好去处。在这一点上,学术人员发展对留住员工而言变得越来越重要。世界银行高等技术教育项目基金曾是教职工攻读哲学硕士/博士的主要资金来源,已于2000年6月逐渐停止。因此,毛里求斯大学必须寻求替代的资金来源以提高教职工的资格和技能。缺乏教职工发展资金加上目前的就业条件,使吸引和留住高才能的学术人员困难重重。

高等教育是走向大众化还是保持高等教育的精英系统,这个世界性的两难问题已经对毛里求斯产生了影响,在毛里求斯产生了相互冲突的高等教育概念和哲学。有人认为,高等教育应演变成市场驱动并不断简化的事业,能以创业的方式不断自我调整。另一些人则认为高等教育应该是以学生为中心的、可负担的、互动的、合作式的、多样化的,应集中于终身学习。

毛里求斯大学的起初构想是一个发展大学,承担着1967年独立后培养治理国家的精英的任务。国家愿意资助高等教育,因为它被视为一种基本服务,旨在满足公共部门的劳动力需求。由于办学规模不大,所以高等教育成本并不是公共预算的重大负担。

过去20年中毛里求斯工业化对毛里求斯大学的原有模式造成挑战。现在大学尤其重视满足生产系统的特殊需求和社会的基本需求。这一改变表明政府不再是高等教育系统的主要使用者,这也反映在它不愿独立资助高等教育上。

对未来发展的思考

至今毛里求斯经济的增长依赖有限的几个部门,如制糖业、纺织和服饰、休闲和旅游业。随着蔗糖贸易协定(Sugar Protocol)和洛美协定(Lomé Convention)的签订,毛里求斯能够在农业和纺织部门获得大量资本和知识累积。但是贸易同盟的形成、洛美协定的逐渐终止、多种纤维协议(Multi Fibre Agreement)的解体,加上高质量低成本的亚洲竞争者的出现等,这些全球性的挑战仅仅预示着只依靠这些部门来获得增长,其危险将与日俱增。

为维持竞争力和经济增长,毛里求斯的经济结构正在经历根本性变革。凭着繁荣的旅游业和稳步增长的海外和银行部门的国际金融服务,毛里求斯希望在服务上更进一步。这一结构变革,要求发展现有的服务部门,并发挥农业和加工业的现有知识资本的杠杆作用。

就这点而言,人力资源的开发对毛里求斯过渡到知识经济是至关重要的。教育被视为创造高度发达的人力资本的主导手段,能使国家在由资源短缺的开放型小经济体过渡到一个区域性的大玩家的过程中推动资本形成。

毛里求斯高校面临的挑战十分严峻,但是凭着联合众力、方向正确的机构框架,毛里求斯离成为一个区域性的知识中心已不再遥远。

致 谢

作者感谢富恩德姆(N. Foondum)辛苦地打印我们潦草的手写笔记。本章表达的观点并不反映毛里求斯大学官方的观点。

参考文献

1999. "Mauritius Examinations Syndicate: Developmentsin Exams." *Mauritius Examinations Bulletin*, *SpecialIssue*(December).

ADEA Stocktaking Reviewin Mauritius. 1999. *Country Case Study on Access to Education and Training in Mauritius*. Tertiary Education Commission.

ADEA. 1998. "The Financing and Cost of Education in Mauritius." ADEA Working Group on Finance.

Indian Ocean University. 2000a. *Bulletin of Indian Ocean University*. 8 (January/February).

——. 2000b. *Bulletin of Indian Ocean University*. 9 (March/April).

CIDA (Canadian International Development Agency). 1999. "Open Learning: A Canada/ Mauritius Link (CIDA Project) — Final Report on Education." Hull, Quebec: CIDA.

International Labour Office Task Force on Country Studies on Globalisation. 1999. "Studies on Social Dimensions of Globalisation: Mauritius." Geneva: International Labour Office.

Tertiary Education Commission. 1994. "An Integrated View of the Institutional Development and a Strategy for Implementation."

——. 1996. "University of Mauritius Graduate Survey: Main Findings."

——. 1997a. *Development of an Information Technology Strategic Plan for the Tertiary Education Sector 1997-2000*.

——. 1997b. "Annual Report and Accounts 1996-1997."

——. 1998. "Strategic Plan for the Tertiary Education Commission, 1998-2003."

——. 1999a. "Biennial Report on Tertiary Education 1997-1998."

——. 1999b. "A Framework for Quality Assurance for the Tertiary Education Sector."

——. 1999c. "Participation in Tertiary Education."

University of Mauritius. 1999a. *Annual Report*: 1998-1999.

——. 1999b. *University of Mauritius Strategic Plan* (1999-2004).

47 摩洛哥

穆罕默德·奥阿克里姆

引言

2001年，摩洛哥人口刚过3000万，预计出生率为25.78‰。这个国家遭受了发展中国家的所有问题，如文盲(45%以上)；失业(16%以上)；周期性干旱，干旱对经济增长造成严重负面影响；欠外债20亿美元(1998年估计)(MPEP，1998；MPEP，1999)。摩洛哥将大约26.5%的总预算用于教育，这样它就面临一个巨大的挑战：必须证实教育系统的发展能有效地促进经济的必要增长，那些参与教育的人能对社会文化和经济发展有所贡献，尤其呼吁高校要设立有可能促进知识发展、研究进步和劳动力培养的教育和培训课程。

摩洛哥的高等教育历史悠久，始于公元9世纪(A.D. 859)在菲斯(Fez)建立的卡鲁因大学(Qarawyin University)。但是，与其他非洲国家的大学一样，摩洛哥的大学正处于发展的危机时期，这些危机的中期和长期后果很难预见。20世纪70年代以来实施的改革尝试微不足道，并且所有关注高等教育的政党开始怀疑大学作为教学和科研机构所能实现其所设立目标的能力。这些使得大学的危机更加剧了。近期影响国家的政治变革引起了全国关于教育的大辩论；由新制定的教育规章所带来的变革也将对摩洛哥大学产生长远的影响。

历史背景

摩洛哥的高等教育历史似乎与发展中国家的大学，尤其与非洲大学的普遍发展模式是相一致的(Court，1980；Reddy，1999)。这一模式总是以模仿殖民模式开始。直到20世纪60年代末，摩洛哥的大学也还仅仅是法国波尔多大学(French Bordeaux University)的附属机构。除卡鲁因大学之外，其他大学的组织结构参照法国的系统模式，使用一样的课程，一样的评价系统，一样将法语作为主要教学语言。60年代末70年代早期，摩洛哥化和阿拉伯化的总教育政策制定后，一系列改革得到实施，促进了所谓的混合双语(阿拉伯语和法语)系统(带有殖民模式的遗迹)的发展，并试图为摩洛哥大学形成一个特殊身份。教学和行政人员在摩洛哥化方面也发生了极大变化，很多大学使用阿拉伯语作为教学语言，尤其在艺术学院、人文学院和法学院的一些学科中。这些变化导致一个新的摩洛哥大学的出现，尽管仍存在殖民模式的残余，但这对摩洛哥高等教育组织结构的全面影响依然令人瞩目。

高等教育使命的变化

独立后，摩洛哥大学的第一个使命是满足国家对培训专业人员的迫切需求(包括教师、工程师、医生和公务员)，这些专业人员将取代离开的法国移民。直到70年代末，高校一直将此作为主要功能，这在某种意义上说明了系统的发展方式：对国家需求的解读和根据劳动力现状制定培训方案是不同政府部门公务员的责任。这也可以解释之后的系统发展变得高度集权化和官僚化，使得影响高校组织和管理的政策决策成为高等教育部当局的特权(Ouakrime，1985)。

到20世纪70年代末，教育、行政和其他政府部门实现了全面摩洛哥化，毕业生就业越来越难，而之前就业是有保障的。因此，大学的最初使命几乎变得过时，尤其是艺术与人文学院，法律与经济学院，科学学院这样的学院被视为专为接收越来越多的中学毕业生而设计，但其毕业生好者只找到二流工作,差者则无法就业。尽管这不是摩洛哥大学特有的情况,但它在很大程度上的确解释了公众群体中蔓延的怀疑,即高等教育已不能实现自身使命,这也是毕业生就业率低的主要原因。

入学政策

1956年独立后立即实行的高等教育全民开放入学政策后来调整为向相对少数中学毕业生开放。开放入学政策起初制定了两个目标。正如上文所述,第一个目标是尽可能培养大量本国人接替不同公共和私有部门中前法国殖民者的职位。第二个目标是和所有新独立的国家一样,适应最重要的社会公平原则之一——即教育普及。因此,大部分高校实行开放入学政策,某些院系(如医学系和工程学院)的资格要求是获得中学科学或数学毕业文凭。艺术与人文学院、法律与经济学院采取更加自由的政策,只要学生通过一次特殊的公开考试,没有毕业文凭的学生也可入学。

但是不久后,入学人数的压力证明了引入更严格的选拔程序是正确的(如所谓的主科如数学、科学、物理、化学的公开考试的最低分数要求)。艺术与人文学院,法律与经济学院,科学学院要求学生在申请注册那年获得一个"新"毕业文凭。这一政策的一个直接结果是使所有因某些原因不得不终止学习的学生被排除在外。1998—1999年曾经尝试在一些学校废除"新"毕业文凭要求,对非传统学生更加开放。但是相关学校管理部门不愿意实施这一决策,因为这对已经不利的师生比和匮乏的师资造成了更大的压力。

这一入学政策导致双重制度的发展,第一批高校("专科高等教育")拥有高师生比(达到1∶10)和充足的教育/学习设施,而第二批高校("普通高等教育")被视为专门接收大量艺术和科学类毕业生的学校,办学条件艰苦。

高等教育概况

如上所述,摩洛哥高等教育系统中不同高校采取的入学政策大大决定了它们的规模、范围和设想的功能(见表47.1)。双重制度包括专科院校和普通高校,分别为选择性入学政策的院校和相对开放政策的高校,双重制的发展影响了利益相关方的理解,以及在摩洛哥大学系统中对这些院校的功能和重要性的基本态度。

表47.1 1998—1999年摩洛哥大学入学学生数量和教师规模(按性别)

大学	机构数量	学生入学数量		教师数量	
		总数	女生	总数	女教师
穆罕默德五世·索西大学 Mohamed V Soussi (拉巴特)	5	14155	6584	902	268
穆罕默德五世·阿加德拉 Mohamed V Agdal (拉巴特)	5	23944	11458	1184	325
希迪·穆罕默德·本·阿卜杜拉大学 Sidi Mohamed Ben Abdallah (菲斯)	7	26701	10328	1021	201
卡鲁因大学 Qarawyin (菲斯)	4	5968	2057	126	12
穆罕默德一世大学 Mohamed I (乌杰达)	4	19246	8432	589	76
卡迪·伊亚德大学 Qadi Ayiad (马拉喀什)	8	32414	11955	1251	232
哈桑二世·阿因库索科 Hassan II Ain Chock (卡萨布兰卡)	7	29202	14526	1203	362
哈桑二世大学 Hassan II (穆罕默迪耶)	5	16312	7967	721	213
伊本·道法伊大学 Ibn Tofail (盖尼特拉)	2	7894	3658	402	127
阿卜杜勒马立克·萨迪大学 Abdelmalek Saadi (特图安)	6	9929	4683	550	101
穆莱·伊斯梅尔大学 Moulay Ismail (梅克内斯)	6	22003	8412	651	118

续 表

大学	机构数量	学生入学数量		教师数量	
		总数	女生	总数	女教师
伊本·卓尔大学 Ibn Zohr (阿加迪尔)	4	11205	3982	451	87
周艾伯·杜卡利大学 Chouaib Doukkali (艾尔杰迪代)	2	7796	3562	440	97
哈桑一世大学 Hassan I (塞塔特)	3	3135	1278	176	55
总计	68	229904	98882	9667	2274

来源：MPEP，1998:367-368，373.

高等教育机构的本质

三个主要因素影响了摩洛哥高校的发展：历史上，它的殖民传统是最初建立刻板的官僚机构模式的原因；政治上，教育系统摩洛哥化和阿拉伯化隐含了爱国主义的倾向；经济上，高等教育预想使命发生变化，它强调大学在社会经济现实中为国家发展需求服务的必要性。

卡鲁因大学被视为悠久的阿拉伯一伊斯兰文化传统的宝库，在它之外还建立了三类大学，每一类对应摩洛哥高等教育发展的特定阶段。第一类是已经建立的公立高校，它建立于独立后不久或20世纪70年代早期和中期，作为发展过程的一部分，它为大学最初赋予的培养劳动力的使命作出了贡献。而后，这些学校关注自身的内部发展，通过部门重组，培训自己的员工，发展新课程和评估特定的程序，建立了一个与国外教育实践模式相对应的相对独立的模式。

第二类是新公立高校，建立于20世纪80年代中期，目的是吸收数量日益增长的学生和实施相对分权的政策，它将最终扩大高校自主权。虽然这些高校还处于确立其作为学习和科研中心身份的过程中，却可能构成使摩洛哥高校高质量办学的驱动因素。

第三类是私立非营利院校，阿卡韦恩大学(Al Akhawayn University)是私立高校中唯一的一所。阿卡韦恩大学于1993年开办，设想成为“一所摩洛哥大学，它采用古老的组织方法和教育方法，使用现代方式传播阿拉伯一伊斯兰文化和非洲文化、大学知识、科学和先进技术”(Al Akhawayn University，1993:13)。

因为组织和课程带有浓厚的美国味，这所大学在摩洛哥上层和中层阶级中享有前所未有的声望，很可能成为未来其他学校的模板，尤其是它似乎“代表大多数家长的理想：美国的知识，美国的学位，避免在美国停留过久造成文化同化的危险”(Coffman，1996:4)。

摩洛哥私立高等教育部门的代表是一批新建的营利性高校(高等学院和学校)，最早追溯到20世纪80年代早期。1997—1998学年，8500名(高等教育总注册人数的3.38%)学生在79所私立高校注册入学，其中50%位于首都拉巴特和摩洛哥最大的城市卡萨布兰卡。正如已经提到的其他高等教育的情形一样(如中欧的情况，参见Giesecke，1999)，这一部门的建立是为了缓解公共部门中成千上万的中学毕业生所带来的负担，其特征是不稳定和高度依赖市场力量的波动。私立部门能够与公立部门竞争、获得可信度从而使私立高校能与公立高校享有平等地位的能力尚未表现出来。

高等教育规模和范围

20世纪70年代以来，学生人数迅猛增长和高校数量增加已成为摩洛哥高等教育的持续性特点，并使公众普遍确信高等教育对社会经济发展和个人福祉的益处。虽然许多人怀疑高校是否达到受益人所期望的能力——尤其是过去20年中，大学学位更多被视为“失业毕业生协会的会员卡”而不是“饭票”——但对高等教育的需求并没有减少。

1997—1998学年，242929名(1998—1999年为255907名)学生分布在68所公立高等教育机构，其中60601名学生为新注册的学生(占高等教育总学生数的24.94%)。这类机构比例最高的是艺术与人文学院(14所，占20.6%)，其次是科学学院(11所，占16.2%)。法律和经济学院录取的学生比例最高(109299 人,占 45%),其次为艺术与人文学院(65149 人,占 26.2%)。法律和经济学院学生比例偏高或许是出于这样的理解,这些学院的学位尤其是经济学学位对就业十分有利。但是,这种理解经常被就业市场的现实以及各个专业的毕业生失业率越来越高所否定。这些数据还强调了这样一个事实,入学条件最低的学校招收的学生比例最高(超过 71%)。因此,这些学校可以理解成是专门为接收成千上万的中学毕业生而设计的,大部分学生辍学(超过 70%)或用六年时间完成四年本科学士学位。这一情况造成学生的挫败感和失望感,并在很大程度上解释了相关高等教育机构中普遍存在的学生激进活动造成的持续紧张状态。

表 47.2 1997—1998 年摩洛哥大学学生入学情况(按学科、国籍、性别以及学籍)

学科	非摩洛哥籍	女性	新生	研究生	本科生
原生教育*	46	2120	1485	266	5968
法律与经济	643	45205	29291	2734	106565
艺术与人文	386	33968	15569	4644	60485
科学	546	13274	10261	4644	37748
科学技术学科	160	2093	1454	119	7054
医学与药剂学	387	3697	822	—	6499
牙科	59	619	178	—	926
工程学	36	370	80	416	1205
贸易与工商管理	71	645	409	—	1422
技术学	66	762	1052	—	1957
教育学	30	43	—	182	13
翻译	01	21	—	—	62
总计	2431	102817	60601	13025	229904

注:* 宗教及阿拉伯研究。
来源:MPEP, 1998:367-368, 373.

表 47.2 的数据证实摩洛哥双重制度的存在,其中"专科高等教育"(高等专业学院;专科学院,如工程学、技术、工商和管理;医学、药剂学和牙科)实行严格的选拔入学政策,师生比较高,可以获得开展教学任务必需的设施。这些学校占高等院校的 29.41%(68 所中的 20 所),招收学生 19598 名(1998—1999 学年占总学生数的 8.06%)。因为政府对高等院校的财政拨款取决于当局对一些特定领域研究之于国家战略发展目标的用途的理解,所以专科高等教育机构和其他高等教育机构相比它们的单位成本之间的巨大差距显而易见。例如法律和经济学院,艺术和人文学院,科学学院 1997—1998 学年共招收学生 216840 名(占总人数的 89.26%)。

值得注意的另一个趋势是过去 10 年中,学生注册人数的增长率大大降低,1997—2000 年的数据清楚地说明了这一点。1997—1998 年注册人数为 243000,1998—1999 年为 249000,1999—2000 年为 251000。

与 70 年代每年超过 100%的增长率相比,这次停滞的原因是人们对高等教育决定个人的经济和社会福祉的观念产生了消极变化。除了少数(专科高等教育机构,医学、药学和牙科等院校)例外,高等院校现在被视为失业毕业生的产地。因此,对于成千上万的中学毕业生而言,上大学只是别无他法的选择。

20 世纪 70 年代和 80 年代早期,与专科高等教育机构相比,大学生急剧增长的一个重要后果是对高等教育机构造成越来越大的压力。专科高等教育机构依然享有有利的教/学条件,而普通高等教育机构已经产生非洲发展中国家和世界其他地方高等教育机构报道的危机。这种危机体现在不同寻常的高生师比和基础设施、图书资源和研究资金的缺乏上。

与摩洛哥大学学生群体有关的另一个值得一提的特点是，不同学科注册研究生课程的学生比例小得惊人（法律与经济学为2.5%，人文和社会科学为7.15%，科学为10.95%）。研究生和本科生比例最高的领域是教育学（182/195，即93.3%）和工程学（416/1621，即25.6%）。但是，因为这两门学科的学生数占总学生数的比例不到0.25%，我们可以认为教育学和工程学的研究生不能作为摩洛哥高等教育中研究生的代表。事实上，1997—1998学年研究生的数量只占本科生数量的5.36%，在这个将7.5%的总预算用于高等教育的国家，这个比率没有值得骄傲之处。但是，新改革项目提供资金设立研发单位，让许多学科有望设立更多的研究生项目，也有望实施一个特殊财政计划为这些研究单位申请的研究项目提供最低资金支持。因为研究生的比例是任何高等教育制度中衡量研究的相关性和价值性的重要指标，1997—1998学年记录的5.36%的研究生比例并不能说明这是一个重视科研的系统。

就摩洛哥高等教育中的女性而言，1997—1998年的数据整体较为平均，约为43%。各学科女性的最高比例不等：法律与经济（41.35%），艺术与人文（52.13%），医学与药剂学（56.88%），牙科（66.84%），贸易与工商管理（45.35%）。法律与经济学院、艺术与人文学院、科学学院（31.31%）的学科中女性比例最高。这些是摩洛哥的大学中历来对女性比较有吸引力的学科。鉴于其他学科女性人数较少，我们可以推断女性在非传统专业的高比例，如医学与药剂学、牙科、贸易与工商管理，并不是摩洛哥女性参与高等教育的代表模式。更真实的数据介于52.13%（艺术与人文）和31.31%（科学）之间，这似乎预示着与非洲和阿拉伯国家相比，摩洛哥的女性高等教育将得到积极发展（Mazawi，1999）。越来越多的人关注女性对摩洛哥发展的贡献，目前社会各界正在讨论一份关于将妇女融入发展过程的国家文件。这一积极的趋势很可能进一步加强妇女参与高等教育和女性就业，尤其是传统上由男性占主导的领域。尽管没有统计资料证实这一点，印象上与西方国家的女性相比，极少数摩洛哥女性接受研究生教育。

过去20年，中学后教育中私立院校得到发展，其特征是不稳定。这些学校位于主要的大城市，尤其是卡萨布兰卡和拉巴特。1997—1998学年，79所运行中的私立院校有49所（占62%）位于这些大城市。它们提供非传统课程，如计算机科学、商务管理、经营，强调市场的需求。

学生注册遵循同样的模式：8500名学生中，位于卡萨布兰卡和拉巴特的私立院校招收学生6134名（占71.12%）。尽管学校数量相对较多，私立高等教育的学生占国家大学生总数的比例还是低于3.5%。可以这样解释这个比例：这些私立高等教育机构相对较新，状态不稳，也许最重要的是，大部分摩洛哥家庭难以承担这些学校收取的费用。

当前的趋势和预料的改革

过去的改革

在摩洛哥历史上，在有必要实施改革，以通过改革促进大学发展或解决教育系统问题的不同危机时期，摩洛哥高等教育都经历了变革。尽管在某些情况下，这些改革可能缓减了问题的严重性，但它们实际上强化了一个普遍的看法，即高等教育总体上不能满足学生、家长以及提供者的期望。

1975年，摩洛哥开始第一次高等教育改革尝试，颁布了一系列法律文件，旨在构建一个摩洛哥大学发展框架。这次改革的主要目标是使高等教育系统摆脱殖民时期遗留的刻板而不民主的官僚模式，构建一个更分权和更有代表性的模式。它还希望为高等教育设定与国家社会、经济和文化需求更为一致的新任务，尤其是原本委托给大学的培养劳动力的任务到那个时候已经开始过时。

1975年的改革文件提供了一个框架，规定高等教育机构可以通过建立管理机构，如教师委员会和大学理事会享有一定程度的自主权，这些委员会由教师、学生、行政人员和社区人员的代表组成。但是，因为一系列因素——如对委员会角色的限制，管理人员代表对改革的抵制，以及致使拒不承认学生运动并拒绝学生代表真正参与这些委员会的安全考虑——这些机构的角色充其量只是咨询机构，最坏的情况下则是纪律机构。

改革缺乏计划性且受到教师及学生的抵制,这阻碍了任何组织结构和课程的有效变革。如原本计划实施的课程内容和评估的改革,具体而言只是改了课程名称。尽管没有对1975年改革的影响作系统评价,但它的实施局限于改变课程名称和评价程序,它的负面影响多于正面影响;机构管理中引入民主的刺激导致了两个与之相关的群体——学生和教师中更大的挫败感。

第二次改革发生在1981年:它强调改革教学课程和评价制度的必要性,使学生的知识与预想的国家发展需求更为一致。但是,无独有偶,没有参与起草改革的教师和学生的强烈抵制使教学和评价的变革遭到失败。

第三次改革摩洛哥高等教育制度的尝试始于1992年高等教育部递交的草议和国家高等教育教师工会(SNE-Sup)向政府递交的相应提议。最近8年中,高等教育的使命和如何使大学成为提高个人的社会和经济需求和国家发展需求的民主机构是引起激烈辩论的主题。具体而言,辩论主要在于为整个教育系统起草一个国家教育宪章(National Education Charter),它已经得到皇室赞成,现正由摩洛哥议会激烈讨论中(COSEF, 1999; MESFCRS, 1999)。

国家教育宪章的改革

国家教育宪章中涉及高等教育的内容是1995—2001年起草的改革文本的产物。高等教育部委托的大学教师和来自国家委员会的教师工会的代表分别直接或间接地参与起草宪章。这次改革的最重要的目的是建立一个高等教育制度,它足够灵活地适应全球化过程带来的急剧变化,更好地融入社会经济环境,接纳别的部门的贡献,足够有效地满足个人和社区的需求,而且为了评价其效率和效益,如此规划的高等教育机构需接受严格的控制和监管机制(如内部和外部评估,质量评价程序等)。言下之意,目前的高等教育制度缺乏这些特质,因此有必要迅速改革之,以发展一个展示上述期望的特点的制度。

为了实现这个总目标,宪章起草者倡导一种新的、更理性和更协调的高等教育机构管理方法,建立新学校,它们将承担与知识、经济和社会发展过程的需求相一致的教育和培训角色。这也意味着要设计一个以竞争力、多样性、监管为基础的系统和机构框架,这个机构框架允许私立部门参与进来,成为大学系统发展的贡献者。

宪章保证了三类公立和私立高等教育机构:公立大学,由私立部门建立并管理的私立营利性大学,非营利性的经费来源于学生学费、私人赞助、咨询和房产租赁的完全自治的大学的合作需求。出于功能考虑,提议建立两类机构:(a)高等基础教育学院(ISEF)和高等技术教育学院(ISET);(b)大学。

高等基础教育学院(ISEF)和高等技术教育学院(ISET)是为直接招收中学毕业生而建立的,它们提供两年制兼教学和培训的普通教育公共核心课程,并向学生提供应付就业市场潜在需求的基础的智力、科学和技术知识。高等基础教育学院的学生有三种专业选择:数学、计算机科学、物理;生物、化学、地理;人文、社会科学、法律和经济。高等技术教育学院的课程将强调专业和职业技能,目的是培养满足就业市场的短期和长期需求,以及适应技术革新的熟练劳动力。两年后,高等基础教育学院学生的成绩将使他们有资格作为中层人员进入就业市场或在大学注册,攻读与其中学后教育前两年的学习领域关系最密切的专业的学士学位。

将建立三类大学:

- 公立大学,开展教学和研究任务,在高等教育发展中担任更积极的角色。
- 私立非营利性大学,激发高等教育机构之间的竞争和显示可能吸引赞助和私人资金的高质量标准。
- 私立营利性大学,缓解公立大学的压力,提供更多样化的学习和培训机会,为高等教育和国家社会经济的发展作贡献。

科学研究,包括基础研究和应用研究构成了国家宪章中高等教育部分的重要内容。它的基本目标是促进吸收、掌握和采用科学和技术,鼓励知识进步,提高科学和文化。科学研究的结构组织被委派给一些国家机构,如科学研究高等委员会、国家研究基金会,它们有足够的自主权制定一个将经济优先发展和国家的总体发展战略考虑在内的国家研究政策(MESFCRS, 1997: 20)。

鉴于对高等教育机构的自主和分权特点的新强调，国家宪章高等教育部分的一项重要创新就是引入了监管机构，它们负责通过一个评估和认证过程建立和确保质量标准和公平竞争。其中一个管理机构名为国家评估和认证委员会(National Commission for Evaluation and Accreditation)。最近两年，该委员会被委托评估为成立研究生研究和发展单位而提议的培训和研究项目。虽然没有对该机构实施的评估和认证的影响开展系统研究，但总体印象是那些提议没有得到认可的教师依然对改革保持沉默。这表明当新改革的各个方面都予以实施后，一些利益相关方很可能做出潜在的负面反应。

高等教育治理和筹资

摩洛哥高等教育的管理和财政的行政方面总是构成争议的问题，它严重影响了至今尝试的各项改革的成功实施。在这一方面，国家教育宪章包含了一系列改革，已经引起了激烈的辩论，尤其是关于大学管理层成员的提名和推选，以及将部分学费用作高等教育财政等问题。

高等教育管理

摩洛哥高等教育制度建立之初，大学校长和院长由高等教育部推荐皇家委任状来任命。尽管学术专业对这一程序构成持续挑战，校长和院长仍只对高等教育部代表的政府负责，政治环境对任命或解雇这些大学官员起作用。新起草的国家宪章的高等教育部分在处理这个问题时含糊其辞。这一争议近来充斥着媒体的文章，它将可能带来更加激烈的争论，有必要对涉及这个问题的相对相反的观点加以调和。尽管没有公开各方的意见，高等教育部的官员和亲政府的党派似乎倾向这样一个程序，即大学校长、院长和副院长应从一批符合每一职位标准的候选人中选拔。与之相反，学术专业的代表追求一个更民主、更透明的程序，其中大学行政人员由同行来推选，并首先对学术团体负责。关于这个问题的辩论很可能继续下去，直到实现一定形式的妥协。

其他参与高等教育治理的机构(如大学理事会，教师委员会和教师科学委员会，前者由校长主管，后两个由院长主管)，其成员大多数由同行选举产生，但是这些机构目前能发挥的参谋作用有限，在拟议中的国家教育宪章的最终决定作出之前，这还是一个在国家层面需要讨论的重要问题。此外，这些机构中学生代表的形式和范围也可能成为学生运动和重视民主的高等教育利益相关方议程上的热点问题。

高等教育财政

为了理解当局对高等教育采用更加民主的方式的反对，很重要的一点是牢记在摩洛哥大学历史上大学财政一直是国家的责任。因此，政府官员认为这正表明了他们是大学可利用资金唯一管理者的正当性。在这一方面，学术团体对改革的抵制更多的是出于害怕其威胁到工作的安全性——历史上教师的工作是必保的，他们作为公务员享有成为终身教授的自动权。政府已表现出不能为所有高等教育机构提供适当的资金，这可能导致它放弃部分职责，为引入合同性招聘和终身制政策打下基础。因为工作保障是大学教师最重视的特权之一，这一点可能导致学术团体反对高等教育财政制度的改革。

摩洛哥的教育，尤其是高等教育一直是免费的。只有在最近10年左右实施了走读生拨款限制，在国家教育宪章草案前的许多改革项目中提到了学生付费学习的想法。鉴于大部分摩洛哥家庭不能负担孩子的教育费用，引入高等教育学费的决定很可能遭遇来自利益最相关方的坚决反对，即学生和他们的家庭。虽然国家宪章没有提供此问题的详细情况，但它规定有经济能力的家庭将被要求交费和引入某些形式的学生贷款制度。

因为国家无法维持高等教育财政支持的所需水平，自摩洛哥大学开始以来流行的财政政策似乎无法再维持下去。因此，如果高等教育机构欲享有其渴望的独立权，它们就需要寻求其他筹资机会，使财政收入来源多样化。塔费拉(Teferra，1999)提出的一些关于非洲高等教育创收方法的建议已经在摩洛哥高等教育环境中实施(咨询和技术服务，与私营企业合作，有效的资源分担机制，其他创收项目)。这使促进机构自主和学术自由的新文化和新思想的发展显得十分必要。

学术专业

地位感知

尽管具有摩洛哥当地环境的特殊性,摩洛哥学术人员的状况与世界其他地方的学术人员的情况大同小异。恩德斯(Enders, 1999:14)在报告中称,欧盟学术人员"与众多职业相比,地位……[和]名声迅速降低[和]收入相对减少"的情况也代表了摩洛哥学术人员自我理解的方式,并在很大程度上解释了为什么他们对待职业的态度缺乏动机。此外,公众认为大学教师对标准下滑,高等教育不能有效地培养学生进入就业市场负有责任。一些教师参与非法交易,导致公众将高等教育危机归咎于学术人员。

与世界上许多地方一样,大学教师是公务员的事实使他们的地位易受政治和社会经济环境的影响,这些影响决定了该职位的总体地位和在公众心目中的名望。尽管大学教师的工作因有提升和终身制保障而相对稳定,他们的工资远比其他行业同等资格的人的工资低得多,尤其是在私立部门。因此,在私立高等教育机构兼职和为私立部门咨询成为收支相抵的额外途径。这就是为什么改善物质条件一直是大学教师议程的重点,有时甚至牺牲学术考虑。

政府的高等教育资金日益受到限制,加之改进学术人员物质状况的机会渺茫,导致学校寻求替代财政来源,开展对学校和教师都有利的提高收入的活动。这类活动包括远程教学,咨询工作,由大学规划并由其教师在私立高等教育机构实施的课程教学(比如私立教学),私立机构委托并资助的研究工作,使用大学的文字处理和印刷设施出版的研究成果。这样,参与这些活动的教师不会在校外寻找兼职机会;因此,这些措施有利于保持大部分教授依然认为的光荣职业。

研究和教学

研　究

在新的"轮替"政府,设立了一个隶属高等教育部的主管科学研究的国务局(Department of State)。因此,1998—1999 年的高等教育预算包括单独用作科研的补贴(4500 万摩洛哥迪拉姆,或 450 万美元;CERSS, 1999:338)。此外,负责科研的国务秘书在议会宣布,决策者同意科研的发展要求,成立一个咨询代表机构,为如下几个方面作贡献 (a)规划科研,确定优先发展和国家项目;(b)协调和确保国家科研政策被执行;(c)建立负责协调各个研究项目的机构(CERSS, 1999)。

在学校层面,研究的地位和研究活动的本质视机构类型而定。在专科高等院校,与教学相比,研究被赋予了应有的重要性,它们通过项目和与私立部门、国际发展机构或国外大学,尤其是法国、美国和德国的大学签订研究合同,可以获得相对充足的资金。与之相反,传统高等教育机构(如科学学院、法律与经济学院、人文与社会科学院)的研究总体上属于学位获取的类型,个别教师为获得高等学习文凭(Diplome d'Etudes Supérieures, DES,约等同于 M. A.)或国家博士学位(Doctorate d'Etat, Ph. D.)来实现晋升而从事研究。直到最近 5 年,这些学校的教师才更积极地从事研究工作而不是获取学位,尤其是,高等教育新改革要求当决定晋升时,必须对教学和科研同时进行评估。进一步激励这些教师参与研究的是为研究生项目所设立的研发单位,其中 550 个已经在 1998—1999 年通过认证(CERSS, 1999)。国家认证和评估委员会(National Commission for Accreditation and Evaluation)是隶属国家科研部的一个机构,它的任务就是基于学术"专家"递交的评估报告作出认证决定,而专家们的评估报告主要参考机构自己确定的一系列标准。该机构由政府提供资金,随着新改革的引入强调评估和认证过程,它的角色可能变得越来越重要。但是,总体上高等教育机构中研究的次要地位表现在人文与社会科学领域所递交的并获得新成立的科研辅助项目(Program for Assistance to Scientific Research, PARS)认证的科研项目数量较少。

正如绝大部分发展中国家所报道的那样,科研成果发表难也是摩洛哥高等教育系统的障碍。总体而言,那些不在"老朋友"发表关系网中享有特权的摩洛哥研究者发现很难,有时甚至不可能发表自己的研究成果。由于国内出版设施缺乏,不允许预期的科研成果发布，开展科研的动机就相当低。正如前文所述，科研通常被局限在获取学位的研究上。

教　学

自摩洛哥的大学建立之初起，尽管绝大部分第一批聘用的大学教师都曾在中学任教，但教师的招聘一直以学位为基础，很少或根本不考虑已经证实的教学奉献或教学绩效。一个"培训者培训"项目实现了几乎全部教师摩洛哥化，它导致在一个职业生涯发展相当缓慢的系统中低级教学人员占大多数(1997—1998 年占 71.13%)。这说明了为什么不到 30%的摩洛哥大学教师达到资历和获得教授职位，因为在大多数情况下这一过程取决于在他或她的个人生涯中获得博士学位的迟早和相应的教龄。

教师晋升制度依然是政府和教师工会讨论的作为新改革的一部分的重要问题。虽然同级晋升在两年或三年后自动实现，不同级晋升取决于规定学位的获得(助教获得硕士同等学力，讲师获得博士同等学力)，新的改革文本规定两类晋升都必须取决于候选人被证实的对学校的奉献(承担行政任务，为学校形象做贡献等)，教学绩效和发表的成果。科学委员会决定同级或不同级晋升的速度时将参考这些标准。

摩洛哥高等教育的另一个特点是教师发展对学术人员而言是一个陌生概念；直到 1997—1998 年才引入了晋升程序并将教学奉献作为标准之一。尽管教师对于提高学科专业知识和发展教学和评价方法的需求得到了口惠，但对这些问题的关注属个人行为，行政人员实施任何教师发展活动的尝试都被认为是对学术自由的破坏。

尽管没有开展系统研究调查研究和教学的关系，在高等教育机构科学委员会引入教学和研究作为提升教师的两条重要标准之前，盛行以下两个对立的观点：第一群人认为"那些知道如何教学的，就去教学，反之就做研究"，而第二群人认为"那些能够做研究的，就做研究，反之就去教学"。这导致学术界和对抗力量中两种亚文化的发展，如果负责推荐教师晋升的科学委员会不足够重视高等教育机构中研究和教学的同等重要性，这两种文化的对抗很可能会加剧。

高等教育的特殊问题

治理和财政

20 世纪 90 年代初以来起草的一系列改革项目催生了国家教育宪章的制定，目前所有利益相关方正讨论其中的高等教育部分。尤其是一系列法律文本正在立法过程中，将于 2000 年 10 月开始实施改革。许多与管理相关的改革实际上是在 2001 年至 2002 年年初实施。例如 9 位新任命的校长经历了一个选拔过程，选拔委员会认为最重要的标准是每所大学候选人所提出的大学计划的质量。

这次高等教育改革的重要创新是新的大学校长和院长任命制度，特殊委员会在决定每个职位的最后提名之前将挑选 3 位候选人。在旧制度下，大学校长和院长由高等教育部推荐的皇家特许提名。虽然变化不大，但与旧制度相比，这一改革被认为是一个相对民主的程序。

第二个高等教育管理创新是大学管理成为校长和管理委员会的责任，后者的成员包括同事和同学选举的教师和学生代表。校长和管理委员会享有重要的决策权，其特点是高等教育的自治和分权制度。

高等教育财政与管理紧密相关，因为大学管理的民主形式至少依赖于某种程度的财政自主权。因为政府几乎总是高等教育机构资金的唯一提供者，不难理解为什么高等教育制度高度集权和官僚化，其特征表现在关于不同支出类别的预算分配使用均有严格的法律规定。摩洛哥高等教育环境中值得注意的一个矛盾是既然教师是公务员，工资由政府支付，教师代表却往往忽视对政府的财政依靠，认为政府的职责是理所当然的，同时宣布大学享有自主权。因此，当局在新宪章中相对减少财政依靠很可能遭到教师工会的强烈反对，尤其是在易受影响的学院，如人文与社会科学学院，它吸引私有资金的可能性有限，而且缺乏准备筹资提议的专门技术。

新宪章还提出了这样的改革，它意味着原本想当然的政府对大学的财政支持将采取"预算"而不是"补贴"的形式。它强调了高等教育机构通过如吸引潜在的私有资本，设立咨询服务，出租设施，培养控制财政资本的能力（Teferra，1999:8）等途径寻找其他资金来源的需要。它还指出了解决非常敏感的收费问题的需要，同时通过某种“与家庭支付能力相关的学费政策”保证公平（Hauptman，1999:6），尤其在这个刮起民主风的国家，公平成为越来越受到重视的原则。

学生流失和失业

很多因素造成了摩洛哥高等教育的高流失率（一些高等教育机构达到75%）。例如学生在大学的专业选择和他/她的学术表现证实的真实能力不一致、不能适应学术生活的严格要求、家庭和资金问题，以及最令人吃惊的行政人员和教师对于维持标准的态度。事实上，在某些情况下，行政人员和教师对他们学校的高不及格率引以为傲，认为这是他们实行“严肃”的评价程序和采用严格的评价标准的标志。因此，70%的不通过率在摩洛哥的大学已成为常事，尤其是非专业部门，如果它们的通过率超过30%，反而经常受到行政人员甚至是教师的怀疑。对学生而言，重修已经成为他们大学生涯的普遍特点。据估计，一个学生完成四年学士学位的平均时间为8年。这导致留级一年或甚至再留级的学生数急剧上升，给原本计划仅容纳目前学生数的20%的高等教育机构造成了严重负担。这一情况也导致学生产生挫败感，认为系统的主要目的就是尽可能多地放弃他们。

正如对学生流失及其相关问题，如辍学和保留率的研究所证实的那样，学生的高等教育经历在很大程度上取决于他们通过以下方式适应学术环境的能力，即采用与主流文化最相符的学习策略，发展应付当前评价制度要求的能力。因为没有有组织的机构建议或帮助五年制学生适应新的环境，他们中的许多人选择了与他们的能力和兴趣完全不符的专业，结果他们或复读一个年级两三次，或当他们意识到选择其他专业已经太迟的时候只能辍学。因为关于高等教育问题的研究对摩洛哥的大学而言几乎是陌生的领域，所以这个环境中人员流失的真正原因和影响依然不明，而且尚未形成降低令人震惊的不通过率和随之带来的辍学率的潜在策略。

如上所述，国家独立后分配给高等教育的任务是培养国人接管公共部门的行政和其他领域的职位。那个时候所有毕业生的工作都是确保的。但是，从20世纪70年代末开始，尤其是80年代早期，这个劳动力培养的任务已经过时了，因为就业市场的需求在新的国际社会经济秩序下完全改变了。这个情况导致大学提供的教育和培养课程与就业市场的需求越来越不一致。结果大学毕业生发现要成功地融入他们的社会经济环境越来越难。因此，大学毕业生的失业问题是历届政府试图解决的一个关键问题——但即使是取得一些进展，成效却不大。这明显造成学生的不满和高度挫败感，他们曾经满怀希望地以为大学可以帮助他们实现原本与大学学位相联系的社会经济和文化地位。失业毕业生协会组织的全国性的几乎每日发生的静坐、示威，甚至绝食罢课，证明了问题的紧迫性，也证明高等教育决策机构必须引入改革，使学生的教育和培训更加符合就业市场的真正需求。

评价制度

除了专科高等院校实行相对连续的评价方式，高等教育机构盛行一种年终累积性评价。该系统不允许向学生提供任何形式的反馈评价他们学业的所长和所短，也不允许向教师提供任何形式的反馈建议他们在教学内容、教学方法或评价过程方面的改变。在绝大多数高等教育机构，评价学生表现的标准只有出卷人才知道，通过与否取决于严格的量化标准。因此，学生有可能一年复读两三次，却不知道不通过的具体原因或他们应该如何改进学业成绩。摩洛哥大学高不及格率这一显著特征是构成上文提到的流失率的原因，也是学生将大学时代视作精神创伤和挫败经历的重要决定因素。

令人惊奇的是，改革评价制度和引入形成性成分的尝试遭到了反对，尤其是学生，他们往往认为连续评价是强制学生到课的间接手段，是对自由的破坏。而且，虽然教师和行政人员口头上同意大力改革目前高等教育机构盛行的评价程序的需要，但他们对某些制度改革很可能表现出至少与学生同等的反对程度。原因是这对教师而言意味着更重的工作和评分负担，对行政人员而言则意味着更多的投入，以提供实施新评价制度所必需的设施。鉴于这些限制，似乎只有整个系统的改革——包括内容、教学方法、学校组织——才有可能减少所有相关方的反对。这样的改革有利于改善学生表现,减少流失率,使大学生时代成为一段更愉快和更有价值的经历。

以形成性为导向的评价制度的一些优点是它不仅向学生提供必要的反馈,而且鼓励教师关心引入教学内容、教学方法和评价程序的改革。这意味着他们将会参与教师发展活动,并很可能提高高等教育机构的教育和培训质量,这些活动旨在"扩大知识,改进技能和改善大学或学院教职员工的态度"(Brew, 1995:1)。

教学语言

依照国家独立后立即启用的教育阿拉伯化政策,曾用法语教授的许多学科,如数学、物理、化学、自然科学,在中学使用阿拉伯语教授。在高等教育中,阿拉伯语成为人文和社会科学的大部分学科的教学语言。法律和经济学院的学科实行阿拉伯语和法语双语教学模式。与科学和技术相关的学科仅用法语教学。中学科学相关学科的完全阿拉伯化和大学的法语教学对注册科学系学生的命运造成了负面影响。尽管已经想出了部分解决方法,如中学翻译课程和大学加强法语课,学生的消极反应使科学学院的注册率下降;许多学生选择经济、人文或社会科学。

新的国家教育宪章规定引入一个灵活的系统,从中学的最后阶段开始,学生可以选择教学语言,包括阿拉伯语、法语,甚至英语。这将允许他们在大学选择同样的教学语言,这样就可解决科学学院学生的普遍问题。但是因为语言问题对政治高度敏感,在达成一致意见之前必须经过认真讨论。

学生运动

自摩洛哥的大学建立开始,学生运动一直是形成摩洛哥高等教育模式的最重要的决定因素之一。直到20世纪80年代中期,摩洛哥高等教育历史上不同阶段的学生运动的高度共产主义和社会主义政治倾向影响了国家政治事件的进展。学生总是走在政治行动的最前线,他们往往是反对党派中的青年成员,也是摩洛哥全国学生联盟的成员。

最近摩洛哥政治形势的发展,尤其是反对派的掌权和伊斯兰党派的上升,导致大学校园出现新的情况,其特点是附属伊斯兰党派的学生激进活动更加明显。因此,与20世纪70年代、80年代和90年代早期学生运动的领袖提出带政治动机的要求相比,今天学生的要求更可能局限于更好的校园生活条件、学习设施、学生助学金的提高,以及学生更积极地参与高等教育机构管理的权利。另一个结果是早期典型的学生暴力示威现在不再那么频繁,即使有人被捕,摩洛哥监狱里的学生领袖也仅有几个。

因为学生运动中相矛盾的意识形态方向的存在(主要是伊斯兰分子与左翼分子之间),组织学生运动并在理所当然的政治诉求下动员大多数学生产生了严重困难,尽管学生运动构成了直到20世纪90年代早期学生机构的主要力量。然而,随着新教育改革的出现,学生领袖强烈批判它的明显的政治动机,学生运动有可能拥有一个团结人心的共同目标。这一发展可以重新赋予学生运动作为国家政治、社会和文化变革中的一个利益相关方似乎已经失去了的力量。

人才流失问题

正如其他发展中国家一样,摩洛哥的不同层面也受到"人才流失"现象的影响。国内学者和专业人才流失的这种倾向始于1956年国家独立后不久,当时许多到国外大学留学的摩洛哥人选择留在宗主国,尤其是在殖民强国法国。后来,越来越多摩洛哥培养的高水平学术人员和专业人才,尤其是医生和工程师,决定移民到欧洲和北美,寻求他们认为较好的就业环境,某些情况是为了寻找政治避难所。

尽管没有可靠的统计数据来估算摩洛哥人才流失的程度,而且时下政治条件支持摩洛哥侨民回国,但到国外就业和寻找更好的工作环境的大学毕业生却持续增长。

摩洛哥人才流失的一个更令人担忧的趋势是久负盛名的成功学者和专业人才决定移居国外(又是医生、工程师、药剂师)。他们移民美国和加拿大,不是为自己,而是希望为孩子确保更好的教育和就业机会。因为尚未找到解决毕业生失业问题的真正方法,人才流失现象对国家的社会经济发展造成负面影响的风险很高。

挑战和启示

同世界上其他大学一样,“学术机构和系统面临着学生增加和人口变化,绩效要求,高等教育的社会和经济地位的重新考虑等压力”(Altbach and Davis, 1999:2)。摩洛哥的大学也处在危机中,面临着巨大压力,如果它要有效地完成任务就必须解决之。为与民主政治转变和国家人权发展保持一致,必须形成一个足以有效地提高高等教育研究、教学和学习质量的灵活、民主、负责任的管理系统。该系统必须努力满足利益相关方,包括提供者、参与者和社区的需求、兴趣和期望。

在大学层面,学校必须引入改革,改革的潜力在于使学生在大学度过的时光成为一段积极的经历,是一段学生投入其中,学习如何学习,愉快而有回报的经历。课程必须经过重大改革,更积极地响应国家发展和全球化挑战的社会经济和文化需求。引入形成性导向的评价系统不仅旨在评价学生的表现,而且在于向教师、学生和行政人员提供教学、学习和程序过程的反馈。这种评价的最重要的目的是促进引入变革来改善高等教育实践。这样的系统可能减少所有相关方的不满和挫败感,培养对减少学生的高不及格率的更积极的态度。评价程序的改革和有组织的机构的建立将有利于解决一直困扰摩洛哥高等教育的学生流失问题,该机构试图帮助学生明智地选择与他们的能力和兴趣相符的专业。因此相关性和公平这两个被高度强调的作为有效高等教育制度的标准将得到提高,而且学生也会感觉到要对自己的学习和学习成果负责。

同世界上其他大学一样,摩洛哥的大学必须有能力应对全球化挑战。除了引入技术作为教学和研究的必要组成部分,摩洛哥高等教育必须通过改变沿用至今的欧洲模式,努力寻找不同的合作伙伴,更多地支持区域或国际合作。尤其是,必须加强与非洲和其他阿拉伯大学的合作,特别是因为摩洛哥在组织学生和教师交流,参与科研和技术分享方面正处于有利的地位。

摩洛哥大学的悠久历史和目前的政治改革是对高等教育有利的因素,将帮助它转变成一个更有效的系统,一个有能力实现质量、公平、相关性等目标的系统。这一切能否实现,多久实现在很大程度上取决于重视改革的力量(行政人员、教师和学生),建立灵活、有效的学校机构的能力,以消除那些认为高等教育已经成为“失业护照”的人的疑虑。

参考文献

Al Akhawayn University. 1999. "Mission Statement." In *Al Akhawayn University in Ifrane 1999-2000 Catalog*. Ifrane, Morocco: Al Akhawayn University.

Altbach, P. G., and M. D. Todd. 1999. "Global Challenge and National Response: Notes for an International Dialogue on Higher Education." *International Higher Education* 14:2-5.

Belghazi, T., ed. 1996. *The Idea of the University*. Series Conferences and Colloquia no. 72. Rabat: Publications of the Faculty of Letters.

Brew, A., ed. 1995. "Trends and Influences." In A. Brew, ed., *Directions in Staff Development*, 1-16. Buckingham, U. K.: The Society for Research into Higher Education and Open University Press.

CERSS (Centre d'Edudes et de Recherche en Sciences Sociales). 1999. Rapport stratégique du Maroc 1998/1999. Rabat: Abhath.

Coffman, J. 1996. "Current Issues in Higher Education in the Arab World." *International Higher Education* 4 (Spring). Available online at: www.bc.edu/bc_org/avp/soecihenewsletter/News04/textcy5.html

COSEF (Commission Spéciale de l'Enseignement et la Formation). 1999. *Projet de charte nationale pour l'education et la formation*. Morocco: Ministère de l'Education Nationale.

Court, D. 1980. "The Development Ideal in Higher Education: The Experience of Kenya and Tanzania." *Higher Education* 9:650-680.

El Maslout, A. 1995. "La réforme de l'enseignement supérieur: Un processus continu d'adaptation et de restructuration." In *La réforme de l'enseignement au Maroc*, 21-58. Rabat: Association des Economistes Marocains.

Emran, A. 1997. *L'enseignement et la formation universitaire au Maroc*. Mohammedia: Imprimerie de Fedala.

——. 1999. *Atta'limu bi lmaghrib wa rihanatu al islah: Al jami'a al maghribia wa rihanatu addimuqratia*.

Manshurat al Mawja.

Enders, J. 1999. "Working Conditions of Academic Staff in Western Europe." *International Higher Education* 16: 14-15.

Giesecke, H. C. 1999. "Private Higher Education in East Central Europe." *International Higher Education* 16 (Summer): 2-4.

Hauptman, A. M. 1999. "Stuednt-Based Higher Education Financing Policies." *International Higher Education* 17 (Fall): 5-6.

Mazawi, A. E. 1999. "Gender and Higher Education in the Arab States." *International Higher Education*, no. 17 (Fall): 18-19.

Merrouni, M. 1996. "L'université et le paradigme de l'efficacité." In T. Belghazi, ed., *The Idea of the University*, 85-99. Series Conferences and Colloquia no. 72. Rabat: Publications of the Faculty of Letters.

MESFCRS (Ministère de l'Enseignement Supérieur, de la Formation des Cadres et de la Recherche Scientifique). 1997. *Projet de réforme de l'enseignement supérieur et de la recherche scientifique*. Rabat: Arabian Al Hilal.

——. 1999. Ihsayiat Jami'iya 1997-1998 [Higher Education Statistics]. Rabat: Department of Evaluation and Future Perspectives.

MPEP (Ministère de la Prévision Economique et du Plan). 1998. *Annuaire Statistique du Maroc* 1998. Rabat: Direction de la Statistique.

——. 1999. Le Maroc en Chiffres. Rabat: Direction de la Statistique. Available online at: http://www.statistic.gov.ma

Ouakrime, M. 1985. "English Language Teaching in Higher Education in Morocco: An Evaluation of the Fez Experience." Ph. D. thesis, University of London.

——. 1996. "What Is High about Higher Education?" In T. Belghazi, ed., *The Idea of the University*, 355-367. Series Conferences and Colloquia no. 72. Rabat: Publications of the Faculty of Letters.

Reddy, J. 1999. "African Realities and Global Challenges." *International Higher Education* 17 (Fall): 10-11.

Teferra, D. 1999. "Ideas for Financing in Higher Education." *International Higher Education* 17 (Fall): 7-8.

48 莫桑比克

阿林多·齐伦多

引 言

莫桑比克位于非洲东南海岸，1975年取得独立，享受了短暂的和平时光。宣布独立仅6个月后，发生了南罗德西亚动乱。20世纪80年代早期，南非种族隔离政权加剧了对莫桑比克的破坏。

80年代早期之后，莫桑比克面临着长期的经济危机、政治和军事动乱以及战争。直到1992年，政府和莫桑比克全国抵抗运动(Mozambique National Resistance, RENAMO)①在罗马签署了和平协议后，战争才结束。随后1994年举行了第一次多党大选。

国家的许多基础设施在战争中遭到破坏，包括学校、医院和农村诊所。战争还引起了大规模人口流动、安置和人口迁移。1992年和平协议签署后，莫桑比克开始大规模重建经济和社会基础设施，此时被列为世界上最贫穷的国家。但是20世纪90年代下半叶，莫桑比克却成为非洲经济增长速度最快的国家。在1994年到2000年间，莫桑比克实际年产值的平均增长率超过8%(World Bank and IMF, 1999)。从1997年到2000年，即2000年大洪灾之前，莫桑比克平均年增长率超过10%。经济增长的良好情势在农业也可见一斑，它维持着90%以上的人口，同期记录的实际产量平均增长率约为9%。与之相应，政府坚持合理的宏观经济政策，因此财政赤字较低(约为2.5%)，通货膨胀由1988年约46%，减少到1997年至2000年初期间的低于7%(World Bank and IMF, 1999)。

但是莫桑比克仍然是一个极度贫穷的国家。人均国内生产总值(GDP)平均每年只有218美元，70%的人口生活在贫困线以下，他们每月最低工资仅有25美元。经济依然很脆弱，贸易逆差较大，进出口的比例为3∶1。该国严重依赖外部发展援助。最近几年，外部资金支持占政府年度总预算的40%。如果没有这些资金支持，该国财政会出现危机、赤字将达到两位数。在过去三年中，该国财政赤字尚未超过2.6%。货币和财政稳定依然严重依赖高额的外部援助。

虽然近期莫桑比克的经济出现稳定和增长势头，它依然是世界上最贫穷的国家之一。根据莫桑比克脱贫计划，贫困的指标如下：

- 人均中等月消费额约为160780梅蒂卡尔，约为11美元。
- 69.4%的莫桑比克人(约1090万人口)生活在绝对贫困线以下。农村地区聚集了80%的人口，农村贫困率为71.2%，城市地区为62%。
- 婴儿死亡率为147‰。(Republic of Mozambique, 1995)

2000年的洪水和飓风是史上最具破坏力的自然灾害，它毁坏了价值超过449500000美元的基础设施。这次灾难致使莫桑比克经济发展速度放缓。

1997年的人口普查表明莫桑比克人口共计1650万，女性占大多数(52%)，尤其是农村地区。每户家庭的平均人口为4.1人，自然寿命只有44.4岁。这是一个年轻的民族：总人口的46%在15岁以下，其中18%在5岁以下，经济活跃人口(15岁及15岁以上)只占总人口的36.7%(INE, 1999a)。

尽管最近的人口普查表明葡萄牙语为第一语

① 简称抵运，系莫桑比克第二大党，主要反对党。——译者注

言的人数不到总人口的 2%，但葡萄牙语不仅是莫桑比克的官方语言，而且是各级学校的教学语言。除葡萄牙语外，莫桑比克大约还有 13 种语言。在中学阶段，英语和法语被列为教学科目。

莫桑比克高等教育历史

莫桑比克高等教育最早由葡萄牙人在 1962 年创办。当时，葡萄牙人引入了莫桑比克普通大学学科（General University Studies of Mozambique, EGUM）。这些学科是葡萄牙大学的分支，主要是为葡萄牙定居者的孩子设置的。课程共分 9 种，分别是教育学、医学和外科、土木工程、机械工程、电子技术工程、化学工程、农艺学、林学、兽医学。

1965—1968 年，普通大学学科扩展，引入了新专业、新课程，如：中学教师培训（1965），理论和应用数学、物理、化学、生物（1967），地质学（1968）。

1968 年，普通大学学科升级为大学，即后来的洛伦索·马贵斯大学（University of Lourenço Marques, ULM）。该大学歧视莫桑比克黑人，事实上，直到 1974 年为止，莫桑比克学生所占比例还不到总学生数的 0.1%（UEM, 1999a）。

虽然洛伦索·马贵斯大学歧视黑人，但它扩大了开设课程的范围。到 1974 年为止，大学共开设了 17 门课程，包括拉丁言语学/罗马文字学（Romanicphilology）、历史、地理、经济、冶金工程、采矿工程和数学等新课程。

1975 年，莫桑比克获得政治独立，标志着洛伦索·马贵斯大学歧视性结束。1976 年，洛伦索·马贵斯大学改名为爱德华多·蒙德拉内大学（Eduardo Mondlane University, UEM），成为莫桑比克第一所国立大学。

1976 年，爱德华多·蒙德拉内大学建校时，学生数为 2400 名。自 1977 年后，学生数急剧下降，直到 1989 年才趋于稳定，此时学生数达到了 1974—1975 年间的规模，1990 年以后学生数量逐渐增长（UEM, 1999a）。

此后，大学进行了一系列改革，旨在满足社会对人才的需求，应对新兴国家社会、经济、文化和科学发展对大学毕业生的挑战。

1976—1983 年间，爱德华多·蒙德拉内大学实施了一些发展的创举，包括改革大学结构并使其民主化、开设新阶段必需的新课程、招聘和培训莫桑比克教职员工（1975 年仅有 5 个莫桑比克教职工）、调整课程结构使之适应劳动力市场的需求，尤其是开设准学士文凭课程（准学士文凭要求三年制学位课程）。这一时期，爱德华多·蒙德拉内大学还被呼吁应对一些特殊任务，如大学前速成培训（所谓的预备课程）和教师培训课程，为此，爱德华多·蒙德拉内大学于 1981 年建立了教育大学。

这一时期莫桑比克的大学进行了全面的课程改革，并取得进展。20 世纪 80 年代初引入五年制本科课程，当地人称之为学士学位（Licenciatura）课程。因为，大学自独立后一直依赖外籍教师，所以采取了招聘、培训和保留莫桑比克教职员工的新策略，同时还设立了新大学集体管理机构。

大学还为企业员工提供管理培训，使他们为工作做好准备，并为那些符合首要必备条件的人提供高等教育课程。为了满足上述需求，80 年代大学设立了奋斗者和先锋工人学院（Faculty of Fighter and Vanguard Workers, FACOTRAV）。

1985 年，政府在爱德华多·蒙德拉内大学之外建立了高等教育学院（Higher Pedagogical Institute, ISP）。高等教育学院主要是为了适应社会对教师需求的日益增长。在高等教育学院建立之前，爱德华多·蒙德拉内大学的教育学院招收了 50%的新生。

1985 年，高等教育部建立了高等教育学院。它的建立宣告了莫桑比克高等教育新时代和多元时代的到来。爱德华多·蒙德拉内大学不再是国家唯一的高等院校。一年后，莫桑比克又建立了高等国际关系学院（Higher Institute for International Relations, ISRI）。

高校不断增设要求建立一个协调整个系统的机构。1991 年，高等教育部引入了高等教育入学考试。1993 年，议会通过高等教育法，建立了国家高等教育委员会。这为新高校设立的准入奠定了法律基础。

1995 年，高等教育学院升格为教育大学，成为国家第二所公立大学。它很快在贝拉（Beira）省和楠普拉（Nampula）省建立分校。

1985 年建立的莫桑比克航海学校（Nautical School of Mozambique, ENM）是一所中等职业

学校。1991年,它升格为一所具有提供高等教育课程资格的高校。最新的公立高校是1999年建立的警察学院(Academy of Police Science, ACIPOL),目标是培养具有高学位的警官。

与此同时,1987年的市场经济转型在社会、经济、文化环境中引入了新的组成部分——私立部门和公民社会。法律为私有部门进入高等教育部门提供了空间。私立高校在这样的背景下建立起来,如:高等多科技术与大学学院(Higher Polytechnic and University Institute, ISPU),莫桑比克天主教大学(Catholic University of Mozambique, UCM),这两所院校都是1996年8月开始办学。莫桑比克高等科学和技术学院(Higher Institute of Science and Technology of Mozambique, ISCTEM)建立于1996年11月,1997年开始办学。

社会对高等教育的需求远远超过已有高校的容纳能力,因此越来越多的私立高校建立起来。1998年,在楠普拉(Nampula)建立了穆萨·宾·比克大学(Mussa Bin Bique University, UMBB);1999年,建立了高等运输和通信学院(Higher Institute for Transport and Communication, ISUTC)。

在目前的私立高校中,天主教大学是唯一的一所非营利性高校。它在莫桑比克第二大城市贝拉(Beira)、莫桑比克第三大城市楠普拉(Nampula)和最不发达地区之一的库安巴(Cuamba)(尼亚萨省)设有分校。教育大学在贝拉和楠普拉设有分校。天主教大学(第三所高校)以及高等多科技术与大学学院,在克利马内(Quelimane)(赞比西亚省)也建立了分校。

如今,莫桑比克共有10所高校,表48.1汇总了它们的主要特征。

表 48.1 1999年莫桑比克高等教育机构

大学名称	建立/升格为高等教育机构的年份	所在地	开设的课程数量	学生数量
公立学校				
爱德华多·蒙德拉内大学(UEM)	1962年(1976年改校名)	马普托	22	6800
教育学院(UP)	1985年(1995年改校名)	马普托,并在索法拉和楠普拉设有分校	12	1987
高等国际关系学院(ISRI)	1986年	马普托	1	234
莫桑比克航海学校(ENM)	1991年升格	马普托	3	1999年无学生
警察学院(ACIPOL)	1999年	马普托	2	1999年无学生
私立学校				
高等多科技术与大学学院(ISPU)	1995年	马普托,并在克利马内和赞比西亚省设有分校	8	919
莫桑比克天主教大学(UCM)	1995年	贝拉,并在楠普拉和尼亚萨省设有分校	9	1035
莫桑比克高等科学和技术学院(ISCTEM)	1996年	马普托	7	644
穆萨·宾·比克大学(UMBB)	1998年	楠普拉	3	1999年无学生
高等运输和通信学院(ISUTC)	1999年	马普托	3	1999年无学生

公立学校满足不了不断增长的社会需求,于是私立高校便应运而生了。尽管私立高校收费高昂,但其却填补了教育系统的重要空白。近几年,私立高校的迅速兴起和发展,表明了私立高校深受社会的欢迎。但当毕业生劳动力市场稳定、竞争加剧时,私立学校在教育质量及其认证相关方面的问题终将显现出来。

治理和管理

到 1999 年为止，教育部负责监管高等院校，通过由教育部长任主席的国家高等教育委员会实施。委员会只是一个咨询机构，没有审议权。2000 年初成立了一个新的高等教育、科学和技术部（Ministry of Higher Education, Science and Technology, MECT）。新部门负责监督整个国家的高等教育系统；制定关于高等教育、科学和技术的一般政策与科学研究的一般方针；提议新的教育制度立法；监控高等教育的质量；协调和保证高等教育整个系统的认证机制，包括公立和私立高校。

虽然创建了高等教育、科学和技术部，但自高等教育法 1/93 颁布以来，高校一直享有自主权。法律规定建立国家高等教育委员会（National Council for Higher Education, CNES），高等教育委员会是一个由所有运行的公立和私立高校的校长组成的顾问机构。

尽管高等教育法规定高等院校享有自主权，但自治的具体程度经常成为争议的焦点。就爱德华多·蒙德拉内大学而言，1999 年 12 月爱德华多·蒙德拉内大学与政府（分别以校长、规划和财政部长为代表）签署了一份项目协议，其财政自主权得到加强。协议赋予大学空前的自主权，例如，现在它与其他公立高校一样，按季度，而不是按月提前接受拨款，而且拥有更多的自由来支配资金。反过来，协议也详细规定了大学的责任和绩效要求。尽管公立高校的总体学术自主权受到法律保护，在其他很多方面，高校的自主权受到限制。

尽管在管理高等教育的法律框架下，公立高校的大部分财政资源来自国家，但爱德华多·蒙德拉内大学与其他公立高校可以自由地引入或结束某一学术项目。即使在一党专政时期，教师和行政人员始终享有学术自由。新的高等教育、科学和技术部的成立没有影响学术自由，因为它仅仅是一个协调机构。

公立高校的管理

公立高校的组织结构和职能总体上相类似，仅仅存在着细微的差异。如教育大学在贝拉和楠普拉设有两个分校（或“下属机构”），教育大学需要特殊的行政结构来领导这些下属机构。（校长是大学的高级官员或首席执行委员，任命分校院长，下设两个副院长。）尽管还存在着别的细微差异，但管理和行政系统大都相同，因此分校的管理主要以爱德华多·蒙德拉内大学的管理制度为基础。

大学理事会（University Council, UC）是公立高校的最高决策机构，由校长担任主席。这个机构是公立高校的延伸，尽管校长由总统担任，对其决策有一定的限制，但大学理事会仍然会使决策过程更加民主化。大学理事会由以下人员组成：

- 负责资源和管理的副校长
- 负责学术事务的副校长
- 各学院院长的代表
- 不同水平的教师代表（助教和教授）
- 学生会代表
- 非教学人员协会代表
- 行政人员代表
- 公民社会代表
- 政府代表

在爱德华多·蒙德拉内大学，大学理事会还包括国家历史博物馆馆长和国家历史档案管理处主管。

校长是大学的学术和行政领导，对大学理事会负责，由学术委员会、负责资源和管理的副校长、负责学术事务的副校长辅佐之。校长和副校长均由各部门（科学、规划、财政、公共关系、注册、资产和人力资源）的主管委员会和学院院长辅助。

公立高校的运行和管理面临的一个主要问题是官僚化和集权化的程度。长期以来，人们一直对过于官僚化的行政结构和高度集权的中央批评不断，批评者敦促学校向学院和系下放更多的权力。在爱德华多·蒙德拉内大学，学术委员会（Academic Council, AC）负责处理学术事务（如研究、课程发展、研究生培养计划、学术人员晋升等）。但是政府需要阐明并修正学术委员会的作用，公立高校行政管理的一个主要问题就是分清学术委员会和学院的责任所在。

在学院的层面上,爱德华多·蒙德拉内大学的最高决策是由学院学术委员会和各系领导班子组建的学院委员会作出,学院委员会由学院院长领导,由负责教学的副院长和负责研究和发展的副院长辅助。就系而言,系教师委员会和系委员会辅助系领导,一个系的基本管理单位是处。

私立高校

高等多科技术与大学学院与莫桑比克高等科学和技术学院拥有相似的组织结构:校长负责决策,由负责学术事务的科学委员会辅助,类似于公立高校的学术委员会。高等多科技术与大学学院有两个学院:一个是管理和技术学院,有9个专业;另一个是法律和社会科学学院,有7个专业。由两个院长分管。

莫桑比克天主教大学受制于天主教教育圣会(Catholic Education Congregation)和莫桑比克主教会议(Episcopal Conference of Mozambique)。莫桑比克天主教大学由名誉校长、校长和一名或多名副校长管理。名誉校长由当地主教担任,作为大学社区的精神领袖弘扬宗教。尽管在天主教的范围内,莫桑比克天主教大学校长拥有同公立高校的校长一样的权力。莫桑比克天主教大学校长由莫桑比克主教会议任命,校长对名誉校长领导的大学理事会负责,由校长委员会和财务管理委员会辅助;校长委员会辅助校长管理学校事务、评判大学及其单位的规章制度。校长委员会还是大学理事会的执行秘书。

莫桑比克天主教大学分校或地区中心由一名代表校长的主管领导,下设行政委员会、执行秘书和学术委员会各一个。地区中心的学术委员会由中心校长担任主席,成员包括基本单位的主任、系主任、课程负责人、每门课程的一名教师代表、学生会主席、每门课程的一名学生代表、社会服务部主任和中心秘书。

大学人数统计

在这一部分,我们将简要提供一些关于莫桑比克高等教育人口的统计资料。莫桑比克缺乏可靠的高等教育信息,主要是因为国家没有可靠的高等教育数据库。大部分高等教育信息分散,数据收集十分困难。本章的大部分资料是1999年制定高等教育战略规划的过程中收集的。

表 48.2 1999—2000 学年莫桑比克大学人数统计

大学	总人数			所占比例			比率		
	学生数	全时当量教师(FTE)	非学术人员	学生数	全时当量教师	非学术人员	学生与教师	学生与非学术人员	非学术人员与教师
爱德华多·蒙德拉内大学(UEM)	6800	631	1833	73.4	6.8	19.8	11∶1	4∶1	3∶1
教育大学(UP)	1987	214	71	87.5	9.4	3.1	9∶1	28∶1	0.3∶1
高等国际关系学院(ISRI)	234	50	23	76.2	16.3	7.5	5∶1	10∶1	0.5∶1
公立学校	9021	895	1927	76.2	7.6	16.3	10∶1	5∶1	2∶1
莫桑比克高等科学和技术学院(ISCTEM)	644	57	53	86.9	8.0	5.0	11∶1	17∶1	0.6∶1
高等多科技术与大学学院(ISPU)	919	85	53	85.4	7.6	7.0	11∶1		
莫桑比克天主教大学(UCM)	1035	52	67	89.7	4.5	5.8	20∶1	15∶1	1∶1
私立学校	2598	194	173	87.6	6.5	5.8	13∶1	15∶1	1∶1
总计	11619	1089	2100	78.5	7.4	14.2	11∶1	6∶1	2∶1

表48.2列出了1999—2000学年,6所莫桑比克高校的总人数,包括学生、教学人员和非学术人员(技术人员、行政人员、辅助人员)。教学人员的人数包括全职和兼职教师,表格中所列为

全时当量教师(full-time equivalent, FTE)的人数,其中两个兼职教师相当于一个全职教师。表格中还显示了师生比和非学术人员与学生的比。高校中非学术人员平均几乎是教师的两倍,而在爱德华多·蒙德拉内大学,这一比率接近 3∶1,主要原因是目前爱德华多·蒙德拉内大学在教学和研究之外提供了过多的社会和辅助服务。平均师生比为 1∶11,但是高等国际关系学院的比率特别低(1∶5),而莫桑比克天主教大学的比率特别高(20∶1)。学生与非学术人员的比率差别更大,爱德华多·蒙德拉内大学比率为 4∶1,而教育大学却为 28∶1。

学生人数

这一部分描述的是 1990—1999 年的学生入学趋势。图 48.1 显示了 1990 年以来的学生入学趋势,在 1990—1999 年期间学生数量大幅度增长。1990 年,莫桑比克只有 3 所高校。但接下来 10 年中,新建了 5 所私立高校,其中 3 所(高等多科技术与大学学院,莫桑比克高等科学和技术学院,天主教大学)的学生入学人数接近高等教育学生入学总人数的 1/4。1999 年总入学学生数为 11619 人,其中 77.6% 就读于公立高校,22.4%就读于私立高校。

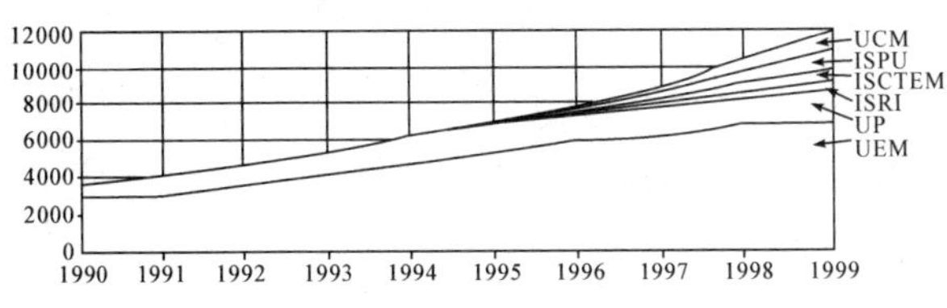

图 48.1 1990—1999 年莫桑比克高等教育入学情况

1990—1996 年,学生人数稳步增长。随着私立高校的发展,学生数增长更加迅速。1996 年第一所私立高校招生 262 人,而 1999 年私立高校入学学生为 2598 人,前后增长了 10 倍。高等多科技术与大学学院、莫桑比克天主教大学的学生数增长尤为迅速。私立高校的学生增长并未导致公立高校学生数的缩减,事实上公立高校的学生数从 1999 年的 3750 人增加到 1999 年的 9021 人,增长了两倍多。

1992 年以来,女学生的比例逐渐增加,首次打破了性别垄断。1990—1996 年男女生比例仍然很高(介于 2.79～3.06 之间),但 1998 年和 1999 年,分别下降到 2.45 和 2.59。部分原因是私立高校的创建,私立高校的女生比例高于公立高校(1999 年私立高校女生的平均比例为 43%,而公立高校却只有 25%)。

尽管情况正在改善,高等教育中的女生比例仍然远远低于男生。总体上,过去三年中男女比有下降的趋势(从 1997 年的 6∶2 到 1999 年的 8∶1),但是男生录取的比率几乎是女生的两倍。有趣的是,私立高校中女生的比例高于公立高校的比例。如果将大学生人数作为整体来看的话,男生占其中的 72%,而女生仅占 28%。

鉴于莫桑比克的近期历史,学生的地理来源是分析学生人数的另一个重要模式,它为高等教育入学的区域平等提供了重要证据。区域入学机会不均等在莫桑比克尤为明显,大部分学生主要来自马普托市(Maputo City)。

莫桑比克是一个交通不便且交通费昂贵的国家,但是其几乎整个高等教育系统都坐落于马普托市,这是非常值得关注的事实。大约 60%的大学生来自南部三省,25%来自中部四省,15%来自占总人口 1/3 的其他三个北部省份,(UEM, 1999a; UP, 1999; ISRI, n. d.)。

私立高校的建立在某种程度上改善了地区不平衡的状况。私立高校中来自北部和中部的学生比例略高于公立高校的比例,表明了私立高校为这些地区的学生带来了诸多好处。除了教育大学在楠普拉(Nampula)和索法拉(Sofala)设有规模小的分校,所有公立高校都在马普托市,而私立高校则分布更广,莫桑比克天主教大学的总部在贝拉(Beira),在楠普拉和尼亚萨(Niassa)设有分校,而高等多科技术与大学学院也在赞比西亚建立了课堂。

随着学生数量的增加,学生的权利意识也在逐渐增强。20 世纪 80 年代,大学生建立了大学生协会,是各个院校学生协会的联合体。为改善住宿和餐饮条件,自莫桑比克独立以来,爱德华多·蒙德拉内大学的学生已经进行了三次罢课,前两次发生在 80 年代末和 90 年代初,最近一次发生在 1996 年初。此外,学生积极参与抗艾滋运动。

教学人员

1999—2000 年,整个高等教育系统包括1357名教学人员,其中539名(39.7%)为兼职人员。公立高校主要聘用全职教师,而私立高校主要依靠兼职教师,莫桑比克天主教大学除外。莫桑比克天主教大学中的全职和兼职教师各占一半。在莫桑比克高等科学和技术学院、高等多科技术与大学学院,全职教师的比例分别只有3.6%和9.0%。应当强调的一点是,许多私立高校(尤其是莫桑比克高等科学和技术学院、高等多科技术与大学学院)的兼职教师是公立高校的全职教师。这些教师利用私立高校的工作补充公立高校付给他们的低廉工资。在短期内,兼职对国家似乎是有利的,但从长期来看,则可能导致整个系统的教育质量下降。私立高校建立前,公立高校的教师花更多的时间做研究。但是,教学人员从公立高校流入私立高校正危害着公立高校的研究工作。因为研究工作确保大学教育的长期质量,兼职会导致研究的缺乏,可能会降低公立高校的教育质量和私立高校的质量。

分析教学人员的另一个十分重要的分类是教师的国籍。此问题在莫桑比克显得十分重要,因为国家独立后,高等教育教师的主体是移居海外的教师。25年后的一项战略投资转变了公立高校的这一情况。公立高校主要雇佣莫桑比克教职人员,而私立高校主要依赖于移居海外的教师。图48.2显示了莫桑比克和外籍全职教学人员的比例。

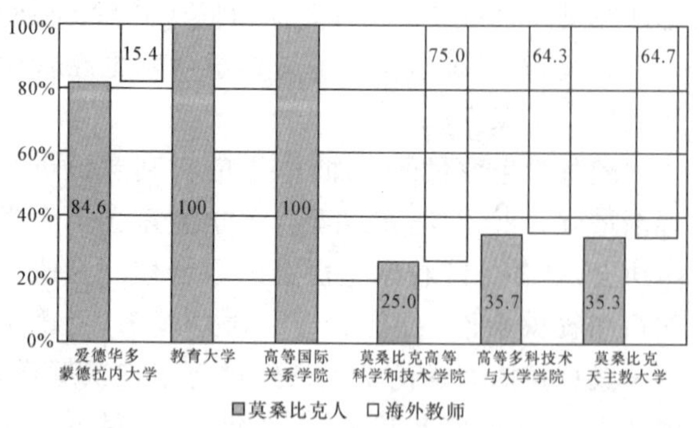

图 48.2 莫桑比克和海外全职教师

莫桑比克教学人员主要由获得学士学位(Licenciatura)(五年制文理学士学位,略低于荣誉学位)的专业人员组成。如上所述,过去10年中,公立高校一直在开展提高教职人员的学术和科学水平的计划,在图48.3中显而易见。图48.3表明了1990—1999年爱德华多·蒙德拉内大学和教育大学中莫桑比克教职人员的学术资格的变化。必须强调的是,国际合作对莫桑比克人员的研究生培养工作作出了巨大贡献。

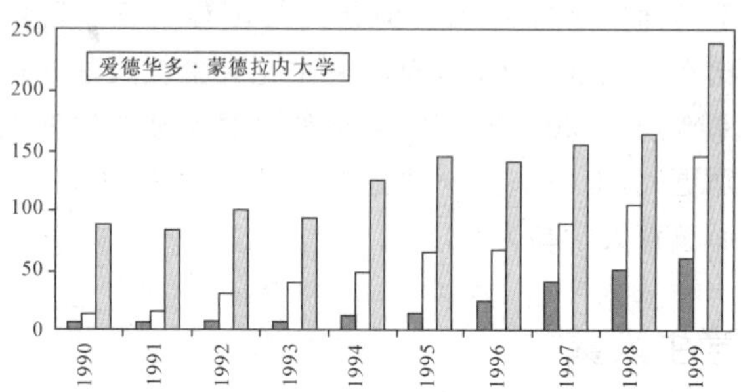

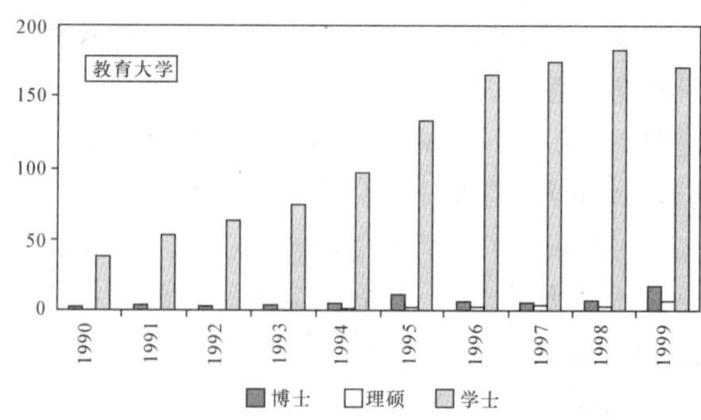

图 48.3 1990—1999 年爱德华多·蒙德拉内大学(UEM)和教育大学(UP)中莫桑比克教学人员学位情况的演变

如1990年,爱德华多·蒙德拉内大学的115名莫桑比克讲师中,一半以上(88人)获得学士学位,只有22人获得理科硕士(15人)和博士学位(7人)。总体上,移居海外的教师的学历资格更高些。

这一情况在爱德华多·蒙德拉内大学、教育大学、高等国际关系学院变化尤为明显。1999年共有247名全职莫桑比克教职员工拥有研究生学位,占全职教师总数的36%。私立高校的出现并没有改变这一模式,因为高等多科技术与大学学院、莫桑比克高等科学和技术学院基本上依赖兼职教师,这些兼职教师主要来自爱德华多·蒙德拉内大学、教育大学和当地人才市场。另一方面,1999年莫桑比克天主教大学中获得博士学位和理科硕士学位的教职员工与获得学士学位的教职员工之比为1:40。爱德华多·蒙德拉内大学和教育大学在10年中培养了230名获得理科硕士(152人)和博士学位(78人)的教职员工,这些人都是在国外培养的。培养出的教职员工同时在公立高校和私立高校(作为兼职)工作。因此,私立高校也间接地从对教职员工培训的巨大公共投资中获益。

高等教育过程:教与学

莫桑比克的高等教育制度最早由葡萄牙政府创立,所以与葡萄牙语和西班牙语国家的制度十分相似。完整的大学课程通常为五年制,最终会授予学士学位(Licenciatura),约介于英国的理科学士和理科硕士之间。一些特殊的学科在三年后授予终结学位(terminal degree)。但是几乎所有的项目在三年后都授予证书,尽管该证书被认为是一个不完全的学术或职业资格,但雇主认为它等同于准学士学位(baccalauréate)①。

1986年以来,爱德华多·蒙德拉内大学还为工程学、科学、农业学和林业学等学科提供了一学期预备课程,在不延长课程时间的情况下弥补学生入学时的技能差异和不足。尽管学生必须完成五年学习,包括预备课程,导致上述专业实际上是四年半时间。目前,爱德华多·蒙德拉内大学主要提供五年制学士学位课程(医学为七年制,建筑学为六年制),只有社会科学设有三年制准学士学位课程;教育大学提供12种学士学位(五年制)和1种准学士学位。高等国际关系学院只提供1种学士学位(五年制)。私立高校高等多科技术与大学学院、莫桑比克高等科学和技术学院、莫桑比克天主教大学提供四年制或五年制学士学位(视专业而定)和三年制结业准学士学位。

准学士学位课程只有特殊科目或学科设置,通常每学期6门,而学士学位要求完成9个学期不同科目或学科的学习加上1个学期的学士学位课程,它引入一个研究专题,要求学生完成一篇论文或学位论文。

最近,一些高校引入了完成学士学位的其他方法,包括国家考试代替论文。爱德华多·蒙德拉内大学的医学和兽医学专业的毕业生必须通过一年在职实习。不同大学的学士学位论文的质量有所差异,从勉强合格到优秀,有些甚至达到了硕士论文水平。

教学方法

大部分高校的教学方法通常为讲授型,教师是教学过程的中心。视听设备并未在莫桑比克高校中普及,其他教学方法也面临教学材料的获得和分发的问题,因为用于学生研究的材料少之又少(包括书本和手册,电脑,影像等)。

随着越来越多的教师到国外进行研究生学习深造并吸收新的教学方法,教室开始非系统地引入新教学方法,如视听设备的应用、问题导向型学习、学生研究或基于实际经验的课程等都在增加。

考虑到一些教师的教学技能低下,1986年爱德华多·蒙德拉内大学引入了面向年轻教师的临时教学法培训课程,1990年又启动了荷兰政府资助的成熟的教师发展计划(STADEP),旨在发展教学、表达和交流、学生评价、辅助材料编写和交互计算机技术使用等方面的技能。

教学语言

莫桑比克整个教育系统的教学语言都是葡萄牙语,但是小学和中学的语言理解能力都十分低下,导致大学前准备不足。小学正在进行课程改革,例如,小学前几年引入莫桑比克语言,这样可以更好地满足大部分第一语言非葡萄牙语的儿童的需求。英语或法语教学仅仅局限在教育大学的英语和法语课或语言专业。

莫桑比克大部分教学采用葡萄牙语,这种状况造成了两方面的问题:第一,它使高等教育国际化和英语主导地区的学生交换更加困难。第二,因为更多的书本用英语而不是葡萄牙语编写,因此学生很难获得手册和书本。由于这些担忧,研究生教学,尤其是科学和技术专业,可能将用英语教授一些科目。

考 试

除了极少数情况,考试和测试通常采取书面

① baccalauréate,葡萄牙语为bacharelato,经过三年学习授予的第一级学位。——译者注

形式。每门科目或学科通常要求每学期完成48～64个课时(某些为96课时，甚至126课时)，要求学生通过2个或4个小测试(对50%或20分制考试中获得10分)。通常允许平均分在9.5分以上的学生参加书面考试，每学期两次，两次都未通过的学生必须在下一学年重修该课程。在某些情况下，尤其是艺术和人文学科，考试采用口头形式，要求学生向评委团陈述或答辩准备好的作业。

如果一个学生重修后未能通过一个规定考试，他(她)必须至少休学一年。这一制度导致了莫桑比克的严重的高辍学率。

毕业率、复读率和辍学率

尽管学生注册总人数迅猛增长，但毕业生人数增长相对缓慢。公立高校的毕业生人数从1990—1991年的85人增长到1991—1992年的约200人，此后每年保持在250人左右，1995—1996年接近400人。每年毕业生人数一直在500人以下(1998—1999年为483人)。几年前刚创建的私立高校，除了1998—1999年高等多科技术与大学学院授予63名学生文科和理科学士学位，其他尚未培养出毕业生。

基于上述情况，目前即使有可能，也很难估计关于升学、毕业、复读和辍学的有意义的比例和指数。由于最低课程时限不一，学生复读率高，再加上学生考试不合格或永久辍学而被学校暂时休学或除名，因而问题很多。不幸的是，几乎没有有关这些问题的严重程度和影响的可靠信息。这一情况并不局限于高等教育，莫桑比克中学复读率和辍学率也相当高。

1995—1997年，爱德华多·蒙德拉内大学和教育大学的毕业率的计算方法是将每年的毕业生人数比上五年前学生总数，得到数据如下：1995年，爱德华多·蒙德拉内大学的毕业率为6.68，教育大学为15.6；1996年，爱德华多·蒙德拉内大学为7.75，教育大学为14.9；1997年，爱德华多·蒙德拉内大学为6.64，教育大学为11.33(MESCT，2000)。总体而言，毕业率较低，但爱德华多·蒙德拉内大学和教育大学的显著差异需要进一步调查。

因为课程时间长以及复读和辍学盛行，实际的毕业率很低，但是计算毕业率时，这些学生是被计算进去的。值得强调的是，目前没有关于复读和辍学的程度和原因的精确资料。爱德华多·蒙德拉内大学战略计划将此界定为一个有待解决的严重问题。如果低毕业率盛行，五年之内，学生总人数将超过高校13000人的自然容纳能力，进而影响到新生的招收(UEM，1999a)。

高等教育财政

规划和财政部为公立高校提供资金。每一所公立高校的高层管理者(校长和其他主要人员)和规划财政部单独进行协商。公立高校直接从规划和财政部，而不是通过教育部获得资金。

政府的总体预算相对较少。政府的总教育支出只占国民生产总值的12%(肯尼亚为26%，肯尼亚与莫桑比克有相似的农业经济)，反映了莫桑比克经济不发达，严重依赖传统农业和非正规部门。近几年，经济的高速增长使政府收入稳步提高，但是50%的政府支出是由以投资为目的的外部资金和贷款提供的。

1999年，教育部门预算占政府总预算(包括外部发展援助)的14%。高等教育子部门占教育部门预算的26%(见表48.3)，相当于政府总预算的3.8%。外部援助占政府总教育投资的60%，因为许多国外资金直接拨给学校而不是通过政府预算途径，外部援助的比例实际上更高。

表48.3　1999年莫桑比克高等教育重点院校的教育部门预算

<table>
<tr><th>大学名称</th><th>总支出
(百万梅蒂卡尔)</th><th colspan="2">占总数的比例</th></tr>
<tr><td>教育部</td><td>1170573</td><td colspan="2">74</td></tr>
<tr><td>爱德华多·蒙德拉内大学</td><td>364661</td><td>23</td><td rowspan="3">26</td></tr>
<tr><td>教育大学</td><td>37357</td><td>2</td></tr>
<tr><td>高等国际关系学院</td><td>14597</td><td>1</td></tr>
<tr><td>总计</td><td>1587188</td><td colspan="2">100</td></tr>
</table>

注：梅蒂卡尔，莫桑比克货币。1999年，1美元等于12000梅蒂卡尔。

来源：财政与规划部。

根据重债贫穷国(HIPC)倡议,最近莫桑比克达到了债务免除资格,这大大增加了政府对教育和其他社会项目的支付能力。正如国际货币基金组织预计,债务免除使1998—2001年政府对教育和卫生的年支出的增加超过了50%(即1.2亿美元到1.75亿美元)。

1990年,国家教育政策和实施战略颁布前,政府没有给出欢迎私立部门投资高校的信号,因此高校财政主要是公立部门的职责。

1999年,3所主要公立高校(爱德华多·蒙德拉内大学、教育大学、高等国际关系学院)的份额占所有公共教育支出的26%。爱德华多·蒙德拉内大学独占鳌头(23%),教育大学和高等国际关系学院分别占2%和1%。

公立高校的财政

莫桑比克政府必须大力提高用于高校的预算比例。根据目前的计划,2001年将提高到22.8%,2003年提高到25%,2004年略降到24%。这期间拨给爱德华多·蒙德拉内大学、教育大学、高等国际关系学院的公共资源保持不变,分别为20%、3%和2.5%。

高校计划投资分配将逐年增长,2002年教育大学和2004年高等国际关系学院的情况除外。但是在爱德华多·蒙德拉内大学,计划投资的增长远远低于高校战略计划的目标。因此,虽然爱德华多·蒙德拉内大学计划2002—2003年总投资123300000美元,而规划和财政部只计划拨给50100000美元。

政府预算当然是公立高校的主要收入来源。过去三年中,主要来自国内资源的直接政府拨款占爱德华多·蒙德拉内大学收入的38.1%~51.7%,同时期,高等国际关系学院88.5%的预算依靠政府预算,而教育大学完全依靠政府预算。总体上,政府资助公立高校的空缺由外部捐赠资金弥补,包括多边金融政机构的贷款(主要是世界银行),在爱德华多·蒙德拉内大学外部资金占总收入的比例超过50%。

对爱德华多·蒙德拉内大学和更低级别教育部门的学校而言,捐赠是资金的主要来源。尽管爱德华多·蒙德拉内大学只获得13%的用于教育支出(投资)的国内公共收入,但它获得的外部资源高达39%,这对教育部门而言是十分显著的。

除了政府直接拨款(国内)和外部捐赠资金,公立高校的学费和创收的收入甚微。目前,在爱德华多·蒙德拉内大学和高等国际关系学院,学费只是象征性的资金来源。在爱德华多·蒙德拉内大学,学费不到总预算的1%,甚至在高等国际关系学院(几乎一半学生是自费生),过去三年中,学费占总收入的平均比例约为0.2%。政府和高校都没有认真采纳通过学费或其他用户收费方式分担成本的政策。

在3所公立高校中,只有爱德华多·蒙德拉内大学发起创收以补充政府拨款和捐赠资金,但是结果并不显著。1997年、1998年、1999年创收占爱德华多·蒙德拉内大学总收入的比例分别为2.7%、1.8%和3.1%。爱德华多·蒙德拉内大学的战略计划要求提高这一比例,但没有设定具体的目标。在创收成为公立高校的主要收入来源之前,高校仍需付出更有针对性和更艰苦的努力。

私立高校的财政

私立高校是莫桑比克的新事物。这些学校的大部分财政以学费为基础,除莫桑比克天主教大学外。例如,莫桑比克高等科学和技术学院、高等多科技术与大学学院提供的资料表明,学费是私立高校的一个主要财政来源。在高等多科技术与大学学院,学费是唯一的、迅速增长的收入来源。1996年,该校共收取学费243000美元,1997年几乎增长了3倍,达到662000美元,1998年达到1224000美元。1997年,莫桑比克高等科学和技术学院收取学费35730美元,1998年提高到75195美元,1999年为139550美元。

1998年,莫桑比克天主教大学收取的学费占当年总收入的31%(260212美元),捐赠资金占68.5%。除了学费和捐赠资金,创收项目占莫桑比克天主教大学总收入的比例还不到0.5%。

单位成本

就单个学生的平均年支出而言,不同学校的单位成本相差甚大。就经常性开支而言,单位成本从教育大学的909美元到高等国际关系学院的4677美元不等。

表 48.4 1999 年莫桑比克若干高校学生单位成本(生均单位成本,以美元计)

每个学生开支分类	爱德华多·蒙德拉内大学	教育大学	高等国际关系学院1997—1999 年(平均值)	莫桑比克天主教大学	高等多科技术与大学学院
复读开支	1778	909	4677	1210	1251
总开支	4960	—	6058	—	1801
学生人数	6772	1564	201	605	680

表 48.4 代表了平均每个学生每年的单位成本估计。计算每个毕业生的单位成本时,需要将这些数据乘以毕业前的平均学习时间,原因是高复读率和辍学率(下文将详细讨论)使得相当多的人的学习时间超过五年(获得学士学位 Licenciatura 的最低学习年限)。1998 年,爱德华多·蒙德拉内大学只有 312 个毕业生,而学生总数为 6772 人。如果爱德华多·蒙德拉内大学的总开支除以毕业生人数而不是学生数,平均每个毕业生的开支将高达 100000 美元。这当然是计算单位成本的错误方法,但是我们可以由此看出莫桑比克高复读率和高辍学率的高成本。

学生财政资助

尽管公立高校的学费很低,学生依然面临着许多私人开支,如生活费、书费和其他必需费用。学校向来自低收入家庭的学生提供极少量的经济资助,公立高校中只有 10%的学生获得全额或部分奖学金,这些学生依靠膳宿费补贴和书费补贴生活。

总体而言,虽然学生可以获得某些奖学金,私立高校的学生除了负担每年共约 300～400 美元的生活费和书费,还要交纳高额学费(约为每月 250 美元)。据估计,按 1999 年的物价计算,一个公立和私立高校学生的典型开支,包括学费、书费、基本生活费和其他基本开支共为 9367 美元。

奖学金或助学金的数量十分有限,而且没有学生贷款制度。1999 年,政府只向所有高校的 11619 名学生提供了 979 份奖学金,其中公立高校的学生数为 9021 人。奖学金主要是根据学习情况而不是经济需求授予。全额奖学金包括学费、膳宿费补贴和书费补贴;学生也可以获得部分奖学金,不包括膳宿费,可能会减免学费。

爱德华多·蒙德拉内大学的社会服务事务部(Social Service Directorate, DSS)以补贴膳宿的形式向学生提供资助。1999 年,社会服务事务部获得(从大学预算)23814 美元膳食费和 11000 美元经常性开支。社会服务事务部管理 6 个学生公寓,共能容纳 855 人,其中大部分分配给奖学金获得者,共 737 名学生,其中 642 名为男生,只有 95 名女生。

战略规划和改革

战略规划对莫桑比克高校而言是一个新鲜事物。该国历史最悠久的大学爱德华多·蒙德拉内大学在 20 世纪 90 年代早期首次认真地进行战略规划,最终制定出名为《现状与远景》(Present and Perspectives)的规划。该规划后来部分被转换成一个呈交世界银行申请经费的项目,之后又发展成为一个能力建设项目(Capacity Building Project),目前已接近尾声。

作为《现状与远景》项目的自然后续,1997 年爱德华多·蒙德拉内大学校长组建了一个委员会,这一委员会为大学制定了一个五年战略规划。该规划源自更具参与性的方式,涉及整个大学社区和利益相关方。曾经有人分析研究了大学必须面对的优势、弱势和/或威胁。这次规划后,国家拟定了相关的愿景和使命,经过大学社区和利益相关方的广泛讨论,确定了一些指导性的原则和关键战略问题(目标和行动)。经过一系列大学内部研讨会协商,大学理事会于 1998 年 10 月批准了 12 项战略目标。

改革的最重要的目标围绕着改革大学的学术、行政、管理结构和职能,实现下列具体目标:

- 内部和外部学术效率(提高教育质量,提高毕业率和入学率，确保高等教育入学的地区、社会和性别平等，改善大学设施以适应高等教育规模扩大的挑战）。

- 行政和管理效率（克服大学在学术、行政和财务管理上的过度集权和官僚化；改进人力资源管理；确保从政府获得更多的自主权，中央向学院和系下放某些活动的权力）。
- 国内和国际合作的更高效率（在大学日常管理中逐渐灌输战略规划的文化）。

这一战略规划随后付诸实施，部分规划转变为目前莫桑比克政府与世界银行协商的项目。

同时，其他公立高校相继效仿，也开始制定战略规划。该势头在1999年10月达到了新的高潮。教育部成立了一个委员会来起草国家高等教育战略规划。2000年，该战略规划定稿。

课程开发和改革

经过一个时期的稳定和民主思想的引入，当前的经济增长给莫桑比克高等教育制度带来了新的挑战，包括：

- 提高毕业生人数，满足社区和劳动力市场的需求。
- 改革课程体系，使之与市场需求相符合。
- 增加系统灵活性，允许制定符合学生自身发展需求的学习计划。
- 增强课程多样性，以满足不断扩大的市场。
- 使课程国际化，以满足政治需求，以及现行的区域一体化和全球化的需要。

考虑到以下因素，如：毕业生状况；课程目标；教学和评估方法；现代化和新教学方法的采用；灵活的学习计划，包括给予学生更多自主学习的机会；地区化；国际化，等等，莫桑比克高校的课程体系迫切需要改革。这项工作需要大量专业知识（不幸的是莫桑比克不具备），以及向所有利益相关方进行系统咨询。

爱德华多·蒙德拉内大学的课程开发和改革经验

随着五年计划的实施，爱德华多·蒙德拉内大学开始了课程改革，其设想包括：

- 将学士学位课程年限从五年减少到四年。
- 引入学分制。
- 增强课程与市场需求的相关度。
- 通过效仿国际知名大学的做法实现课程国际化。
- 引入新教学方法。
- 开展研究生教育。（UEM，1999c）

爱德华多·蒙德拉内大学历来是所有学术运动的发起者，其课程改革很可能将遍及莫桑比克的其他高校。

研究和社会服务

研究是加强管理和制定政策的基础。在高校内部，研究可以融合当地知识来丰富教学，保证高校与社会保持联系。研究的经验可以更好地培养学生的分析和组织能力。此外，由研究所获得的知识和经验可以通过合同和咨询推向市场，从而也可以帮助高校提高财政独立性，以及高校自我维持的能力。

只有3所历史最长的莫桑比克大学在从事研究。因为没有足够的资金直接投资于研究活动，私立高校则更易受利益驱使，因此没有涉足研究。爱德华多·蒙德拉内大学、教育大学和高等国际关系学院试图将校园研究活动组织化、制度化。莫桑比克鼓励教职员工在国外完成研究生学习后开始从事研究，同样的，本科学位要求引入基于研究的学士学位论文。目前，爱德华多·蒙德拉内大学正启动300多个不同的研究项目，教育大学和高等国际关系学院也正逐步增加国家和地区科学网络内的研究。值得注意的是，尤其是社会科学、农业和环境、工程学、自然科学方面，研究团队开始出现。研究课题在大多数情况下由系确定，学校和国家没有研究的政策指导。研究能力的培养得益于各种捐赠机构的长期支持。

虽然做了以上努力，但是莫桑比克高校仍不能有效地完成委托的研究任务。大部分研究仍然是个人主动努力的结果，这些研究大多与莫桑比克教职员工到国外攻读研究生的论文或学位论文要求有关。高校研究的焦点主要集中于以下领域：人文科学，包括：爱德华多·蒙德拉内大学的非洲研究中心、人口研究中心、土地产权和使用权研究中心、莫桑比克语言中心，以及高等国际关系学院的战略和国际研究中心；工程学和技术，包括：包括水资源、有机物燃烧、食物技术研究小组；自然科学，包括一个跨学科环境研究小组，涉及生物、化学、物理、地质学、地下水、海洋学、矿产和自然产品；农业和渔业，如社区资源管理、生物多样性、玉米改良和储存研究小组；医学。在某些情况下，研究活动仍然只是刚起步，并且全靠一两个人。

在其他领域，研究活动及其成果数量有限而且传播不广。某些学科，如经济和法律学科的研究活动刚刚起步。尽管目前莫桑比克经济稳定，民主制度增强，并从内战中恢复，这种社会经济和政治环境可能从以研究为基础的指导中获益，但是研究才刚刚兴起。总体而言，新兴的研究方向缺乏与国家发展挑战的联系，由于学科间界限僵硬，某些科学领域缺乏多学科研究，研究成果的需求不强。

由上，我们不难理解莫桑比克高校研究状况之所以不景气，原因如下：

- 超过35%的莫桑比克教职员工的教龄不到5年，爱德华多·蒙德拉内大学中12%和教育大学中不到10%的教学人员获得博士学位，给年轻教师树立的典范不多。
- 研究活动没有直接的补偿：晋升的标准是工作时间而不是发表的研究成果，所以研究带来的额外收入比兼职少。
- 签约的移居海外的教师滞留的时间不长，不能开始任何有意义的研究活动。
- 没有研究实验室或设备过时。
- 学校的科学文献和通信技术十分有限。
- 教师通常被迫提供咨询赚取额外收入。

爱德华多·蒙德拉内大学设立了一项开放研究基金（Research Open Fund），主要由瑞典研究合作局（Swedish Agency for Research Cooperation, SAREC）和瑞典国际开发署（Swedish International Development Agency, SIDA）赞助，目的主要是资助小规模的需求驱动的学校研究项目。这一基金为确定优先发展和加强某些研究管理技能提供了可能性，可能会成为开发和实施国家研究政策的起点。

莫桑比克几乎没有同行评审的学术杂志，因此其大部分研究成果的论文发表在国内的小杂志或小册子上。爱德华多·蒙德拉内大学出版社正兴起一个宏大的倡议，几年前它在能力建设项目的资助下开始出版图书、教科书和其他印刷材料。这极其有利于推广一些研究成果。就出版物（国内的学术杂志和图书）而言，人文和社会学是目前最领先的。

莫桑比克高校向国家社区提供的服务主要集中在两个活动上：非正式专家建议和合同咨询。专家建议是由教师向政府机构、捐赠机构、非政府组织、教堂、私有企业、地区决策机构提供的，是最典型的活动，因为它被认为是补充教师薪水的最简便的方法。通过高校签约的咨询占少数，但是正在发展中，尤其是经济学和工程学。爱德华多·蒙德拉内大学和高等国际关系学院已经建立了提供不同服务的中心，包括爱德华多·蒙德拉内大学的莫桑比克研究、信息学、工程学、生活环境研究和发展、人口研究、土地使用研究、产业工程和环境安全、电子和设备、莫桑比克语言、自然资源、生物多样性等中心，以及高等国际关系学院的战略和国际研究中心。1999年，爱德华多·蒙德拉内大学通过这个方法创收1010000美元，占总预算的3.1%。

结　语

自25年前莫桑比克独立以来，高等教育的质和量均有稳步提高。独立时莫桑比克只有1所高校，几百个学生，现在它拥有5所公立和5所私立高校，学生总数超过11000人。

社会对教育的需求依然十分高涨，这是私立高校迅速增长的原因所在。但是，因为大部分莫桑比克人民生活极度贫困，高等教育面临着严重的挑战。为了确保高等教育入学公平，公立部门必须扩大招收只有少数资源的学生规模。

快速实现这一神圣目的的方法是投资远程教育，并在各省建立社区技术学院。除了继续培训学术人员外，信息技术可以在质量保证的努力中发挥非常重要的作用。课程改革迫切需要保证关联性，并快速应对不断扩大的劳动力市场的需求。

致 谢

本章的信息来自高等教育战略规划委员会的报告,我在1999年至2000年间担任该委员会的主席。该委员会成员包括齐伦多(Chilundo,协调员),艾丽拉·马图(Elias Matos),劳堡·宛克赛罗(Lopo Vasconcelos),罗杰·维维(Rogério Uiui),瑞·埃威·皮瑞尔(Rui Alves Pereira),温特·芬达(Valter Fainda),威罗尼卡·乔斯(Verónica José),塞方萨·姆惠特(Zefanisa Muhate),兹达·悠斯达(Zita Ustá),阿尔伯特·斯缪(Alberto Simão)。三位国外顾问也作出了无价的贡献,分别为莫润·伍德(Maureen Woodhall),阿德闰·兹得曼(Adrian Ziderman)和克丁基·基拉古(Kithinji Kiragu)。

参考文献

Farrant, J., and J. Fielden. 1996. *Strategic Planning in African Universities*. New Papers on Higher Education, no. 12. Paris: UNESCO.

Fry, P., and R. Utui. 1999. *Promoting Access, Quality and Capacity Building in African Higher Eduacation: The Strategic Planning Experience at the Eduardo Mondlane University*. Washingtong, D. C.: ADEA Working Group on Higher Education.

IMF (International Monetary Fund). 1999. News Brief no. 93/95 of June 30, 1999 (on Web site).

INE (Instituto Nacional de Estatística). n. d. Homepage of Instituto Nacional de Estatística. Available online at: http://www. ine. gov. mz.

——. 1999a. *II Recenseamento Gerald a Populacao e Habitacao* [Second General Ceneral Census of Population and Housing). Maputo, Mocambique: Instituto Nacional de Estatística].

——. 1999b. Mocambique em Números—1998 (Mozambique in Figures—1998). Maputo, Mocambique: Instituto Nacional de Estatística).

ISRI (Higher Institute for International Relations). n. d. *Plano Estratégico para o Reforco Institucional do ISRI* [Stategic Plan for Institutional Strengthening of ISRI]. Maputo, Mocambique: Instituto Superior de Relacoes Internacionais.

MESCT. 2000. *Mocambique: Higher Education Strategic Plan*.

MINED. 1998a. *Estatística da Educacao. Levantamento Escolar—1998* [Education Statistics. Schools Survey—1998]. Julho. Maputo, Mocambique: Ministério da Educacao, Direccao de Planificacao.

——. 1998b. *Plano Estatística da Educacao* 1999-2003. "*Combater a Exclusao, Renovar a Escola*"[Strategic Plan of Education 1999-2003. "Reviving Schools, Fighting Exclusion"]. Outubro. Maputo, Mocambique: Ministério da Educacao.

Psacharopoulos, G., and M. Woodhall. 1991. *Education for Development: An Analysis for Investment Choices*. World Bank Publication. Oxford: Oxford University Press.

Republic of Mozambique. 1995. National Education Policy and Strategies for Implementation. August, Maputo, Mozambique: Ministry of Education.

República de Mocambique. n. d. *Reflexoes sobre a Expansao do Ensino Superior em Mocambique* [Thoughts about the Expansion of Higher Education in Mozamboque]. Maputo, Mocambique.

Robbins Committee on Higher Education (UK). 1963. *Higher Education: Report of the Committee under the Chairmanship of Lord Robbins*. London: Her Majesty's Stationery Office.

UEM. 1999a. *Plano Estratégico da UEM para a Quinquénio* 1999-2003 [UEM Strategic Plan for the Quinquennium 1999-2003]. Maputo, Mocambique: Universidade Eduardo Mondlane.

——. 1999b. "Plano Operational do Plano Estratégico 1999-2003" [UEM Operational Strategic Plan 1999-2003]. Mimeograph. Maputo, Mocambique: Univesidade Eduardo Mondlane.

——. 1999c. *Projecto da Reforma Curricular* [Curricular Reform Project]. Maputo, Mocambique: Univeridade Eduardo Mondlane.

UNDP. 1998. *Report on Human Development*. Maputo: UNDP.

UNESCO. 1998. *Higher Education in the Twenty-First Century: Vision and Action*. Paris: UNESCO.

UP (University Pedagógica). 1999. *Plano Estratégicao de Desemmdmento Institucional da Universidade Pedagógica* (Documento de Trabalho) [UP Strategic Plan for Institutional Development]. Maic. Maptuo, Mocambique: Universidade Pedagógica.

Woodhall, M. 1987. *Lending for Learning: Designing a Student Learn Programme for Developing Coun-*

tries. Maputo, Mozambique: Commonwealth Secretariat.

——. 1991. *Student Loans in Higher Education. Vol. 3: English Speaking Africa*. Educational Forum Series no. 3. Paris: International Institute for Educational Planning (IIEP) Dissemination Programme.

World Bank. 1994. *Higher Education: The Lessons of Experience*. Washington, D. C.: The World Bank.

World Bank and IMF. 1999. "Republic of Mozambique Policy Framework Paper, April 1999-March 2002." June.

Ziderman, A. 1997. "Tracing Graduates through Reunion Parties: Secondary Technical Education in Mozambique." *Comparative Education Review* (May 1997):142-160.

Ziderman, A., and D. Albrecht. 1995. *Financing Universities in Developing Countries*. Washington, D. C., and London: Falmer Press.

49 纳米比亚

巴纳巴斯·奥塔拉

引 言

纳米比亚人口 166 万,纳米比亚大学(University of Namibia, UNAM)是境内唯一一所大学。一个国家的历史、经济、政治影响其教育,因此,我首先简要介绍纳米比亚的历史背景,这个国家 1990 年才独立;然后描述纳米比亚大学的使命及其在第一个五年发展计划(1995—1999)期间取得的成就;最后提出纳米比亚大学面临的挑战和制约,以及下一个发展规划(2000—2004)的方向。在这一章中我还将简要地提及纳米比亚第三级教育的历史背景和教育学院(Colleges of Education)、纳米比亚多科技术学院(Polytechnic of Namibia)等其他高等院校。

纳米比亚的历史

经过艰苦的奋斗,纳米比亚于 1990 年 3 月摆脱殖民统治获得独立——它先是受德国殖民统治,被称为西南非洲(South West Africa),后来作为种族隔离体系的一部分,受南非共和国统治。

两个殖民政府主要用暴力统治西南非洲(当时的称呼)。纳米比亚的独立斗争采取了多种形式包括武装斗争,最终,联合国过渡时期支援小组(UN Transitional Assistance Group, UNTAG)抵达,在联合国协调下纳米比亚于 1989 年 4 月开始向独立过渡。

今天,独立的纳米比亚是一个统一的共和国,实行总统执政,两院制立法机关,独立的司法部,还有一部宪法确保法治和公民个人的基本权利和自由。国家分为 13 个政治区域:卡拉斯(Karas)、哈达普(Hardap)、霍马斯(Khomas)、奥马赫科(Omaheke)、埃龙戈(Erongo)、奥乔宗蒂约巴(Otjozondjupa),库内内(Kunene)、奥姆沙蒂(Omusati)、奥沙纳(Oshana)、奥汉圭纳(Ohangwena)、奥希科托(Otjikoto)、奥卡万戈(Okavango)和卡普里维(Caprivi)。出于教育的行政目的,该国又划分为 7 个地区:卡蒂马·穆利洛市(Katima Mulilo)、基特曼斯胡普(Keetmanshoop)、克里卡斯(Khorixas)、东翁丹瓜(Ondangua East)、西翁丹瓜(Ondangua West)和温得和克(Windhoek)。

人口状况

据估计,纳米比亚人口只有 166 万(1997),是非洲人口较稀少的国家之一,也是撒哈拉沙漠以南最贫瘠的国家。占地面积 824292 平方公里(318261 平方英里)。在这片广袤的土地上,人口密度每平方公里不到一人。只有在北部一些地区,人口密度在每平方公里 5 人以上。

经济状况

1997 年,纳米比亚国内生产总值(GDP)估计为 33 亿美元,人均收入 1939 美元,这使它符合"中等收入"国家的国际标准。独立的纳米比亚承袭了世界上最极化的经济之一,社会上最富裕的 10%的人口占有 65%收入,而其余 90%的人口仅占国家收入的 35%(UNDP and UNAIDS, 1997:3)。

独立以来的政府战略

纳米比亚经济规模小却极其开放,其特征是极度依赖主要产品的出口。经济分化:现代经济和自然经济并存。纳米比亚大部分人口生活在自然经济条件下:他们的经济活动局限于季节性劳动。独立后,纳米比亚共和国政府为回应对国家有限资源的竞争性需求,确定了以下几个优先发展的部门:教育、卫生、住房和农业。政府拨给这些部门的资源占政府支出的份额持续不断增长。前三个部门组成了整个社会部门的一部分。为解决创造就业,减少贫困和收入不均,提高总体生活水平等燃眉之急,政府确定,需要通过提高先前弱势群体的技能来保障他们的权利;此外还须确保增加住房和卫生设施。

纳米比亚既认识到一支受过教育的、健康的劳动力大军会直接提高生产力,也认识到教育是一项基本的权利。自1990年独立以来,纳米比亚就致力于一项全面的教育和课程改革。政府通过制定新的教育政策,设计、实施创新的教学方法和学习策略来鼓励这一举措。这项改革的一个主要目标就是使教育过程民主化——强调可支付能力和可持续能力的——以及引入机制来改进质量、效率,提高相关性(Angula, 1994)。这些独立时发起的改革正开始对基础教育和大学教育产生显著的影响。就此,2000年4月,在纳米比亚大学授予芬兰总统马尔蒂·阿赫蒂萨里(Martti Ahtisaari)荣誉博士学位之际,纳米比亚总统提到了学生入学数的提高:

> 1989年,我们的适龄孩子只有70%在上学,但是今天这个数字已经超过了90%。1989年只有13159名教师,今天我们拥有的教师数量大于那时的两倍。我必须补充说,1990—1998年我们国家共新建教室2452间。(Nujoma, 2000)

在高等教育方面,1993年成立了一个总统委员会,该委员会递交了一份报告。在委员会的建议下,纳米比亚建立了各类高等院校,包括纳米比亚多科技术学院、教育学院和纳米比亚大学。

纳米比亚多科技术学院提供中学后职业教育,授予多学科证书和文凭,包括商业管理、通信、法律和秘书学、工程和信息技术、自然资源和旅游。多科技术学院在一个管理委员会的领导下运行。

教育学院颁发中学后基础教育文凭(Basic Education Diploma),毕业生有资格在基础教育低年级和高年级中任教。教育学院由国家教育发展研究院(National Institute for Educational Development, NIED)管理,国家教育发展研究院又隶属于高等教育、培训和就业部(Ministry of Higher Education, Training, and Employment Creation)。

纳米比亚大学提供基本学位资格、研究生文凭的教育,近期还开始提供硕士学位课程。和纳米比亚多科技术学院一样,它有一个大学理事会监督它的活动。

简要背景

纳米比亚高等教育约始于1980年。在这之前,学生都到国外深造。

1980年,根据第13号法案,第三级教育学院(Academy for Tertiary Education)成立,当时主要提供教师和秘书培训方面的课程。1985年,根据第9号法案,当局对该学院进行了改组,使之分成三部分:大学部分(继续负责培养教师);纳米比亚理工学院(Technikon of Namibia);校外培训学院(College for Out-of-School Training, COST)。独立后不久,国家决定将三个部分组合成两类独立高校,第一类是多科技术学院和大学,其中大学负责培养十一年级和十二年级的教师;第二类是教育学院,由国家教育发展研究院(NIED)管理,负责培养一年级到十年级的教师。下文中,我们将在介绍纳米比亚大学之前简要提及各教育学院和纳米比亚多科技术学院的情况。

教育学院

纳米比亚有四所教育学院,负责培养基础教育的教师(一年级到十年级)。持有由剑桥大学入学考试委员会颁发的国际普通中等教育证书(IGCSE)的学生,被大学录取后接受三年培训课程,获得基础教育教学文凭(Basic Education Teaching Diploma, BETD)。这些学院坐落在卡普里维(Caprivi)、昂外迪瓦(Ongwediva)、伦杜(Rundu)、温得和克(Windhoek)等地。表49.1至表49.3分别列出了1998年各教育学院的学生入学人数、任课教师数和毕业人数。

表 49.1 1998 年各教育学院学生入学人数

（按照学院、年级和性别统计）

教育学院	年级	女生数	总数
卡普里维(Caprivi)	1	52	130
	2	37	101
	3	55	119
小计		144	350
昂外迪瓦(Ongwediva)	1	175	300
	2	124	298
	3	159	300
小计		458	898
伦杜(Rundu)	1	65	120
	2	51	100
	3	50	128
小计		166	348
温得和克(Windhoek)	1	69	147
	2	100	192
	3	85	176
小计		254	515
总数	1	361	697
	2	312	691
	3	349	723
小计		1022	
总计			2111

来源：高等教育、培训和就业部。

表 49.2 1998 年各教育学院任课教师数

（按照学院和性别统计）

学院	女教师数	总数
卡普里维(Caprivi)	6	26
昂外迪瓦(Ongwediva)	9	25
伦杜(Rundu)	25	56
温得和克(Windhoek)	35	54
总计	75	161

来源：高等教育、培训和就业部。

表 49.3 1998 年各教育学院毕业人数

（按照学院和性别统计）

学院	女教师数	总数
卡普里维(Caprivi)	51	109
昂外迪瓦(Ongwediva)	120	234
伦杜(Rundu)	51	116
温得和克(Windhoek)	72	143
总计	294	602

来源：高等教育、培训和就业部。

纳米比亚多科技术学院

1994 年，纳米比亚多科技术学院第 33 号法案制定后，纳米比亚理工学院和校外培训学院合并成纳米比亚多科技术学院。多科技术学院主要提供职业培训课程，授予各类文凭和证书。

该法案规定，多科技术学院渐进退出职业培训课程，可以授予学位。

纳米比亚大学

非洲的现代大学是在殖民时期建立的。即使是那些独立后建立的大学，其特征也深受先前宗主国大学的影响。

纳米比亚大学也不例外。它由一个总统委员会组建，该委员会由那些信奉英国大学传统和小部分信奉美国大学传统的成员所主导。纳米比亚大学还继承了学院制，学院制的大学部分很小，这是由于南非的关系而深受英国传统的影响。因此，纳米比亚大学采用并继承了英国模式及其主要元素，包括大学的理念、自治和学术自由的观念（它被载入宪法和纳米比亚大学法案）、学术结构和各种大学程序和过程。

同发展中世界的许多大学一样，纳米比亚大学充分认识到只为知识而知识的追求是它不能承受的奢侈品。实现了独立，废除了种族隔离，纳米比亚大学被赋予新的、更进取的需求，这种需求根植于纳米比亚新的现实。建立之初，纳米比亚大学就意识到它在纳米比亚的发展中将发挥或被期望发挥更积极和更有意义的作用。最近，世界银行和非洲大学协会（Association of African University）强调了大学在国家发展中的核心地位。它们指出：

> 大学在非洲比在其他地区发挥着更重要的作用。它们是非洲国家中潜在的最有能力的机构。大学通常是唯一的拥有技术、设备的国家机构，国家让大学通过研究拓展知识疆域。大学所发挥的研究、评估、信息交流和技术开发的角色是国家社会进步和经济增长的关键。简而言之，大学能够而且应该是国家发展中的关键角色。(World Bank，1997)

为社会经济和政治各个部门输送高技术的劳动力(教师、科学家、医生、经济学家、工程师、律师、农业和渔业专家、工业企业家、技术革新者、环境管理专家、研究者等)是任何国家发展的关键。大学和整个高等教育体系被委以培养人才的重任,这些人才能对发展作出有效的贡献。大学经历所提供的智力培训是人类探索中必不可少的组成部分。发展要求人们(男人和女人)成为思想家和产生思想的人。学术自由和大学环境总体上提供了一种氛围,其中进行着,用著名的美国法官小奥利弗·温德尔·福尔摩斯(Oliver Wendell Holmes, Jr.)的话来说,"思想的自由贸易"。

大学必须在研究上起带头作用。对于纳米比亚大学而言(和对于发展中国家的大学一样),必须十分强调在不放弃基础研究的情况下,偏向应用性研究,应用性研究直接解决那些影响普通纳米比亚人的问题。大学必须在辨识、调查和寻求解决有关发展问题的方法方面发挥更积极的作用。

纳米比亚大学第一个五年发展计划的核心目标

我认为纳米比亚大学是高等学习的中心,有乐于奉献的高素质人才为之服务,培养有决心提高我们人民生活水平的毕业生。我认为纳米比亚大学找到了在全世界、全非洲,尤其是南部非洲的正确定位,为知识主体的每一个领域做出自己的贡献。

——萨姆·努乔马博士(Sam Nujoma),纳米比亚共和国总统和纳米比亚大学名誉校长,发表于1993年4月23日的名誉校长就职演说

为了迎接挑战,克服独立前的政权造成的各种问题并为社会发展作出贡献,新的大学需要在政府和私有部门的协同下制定一个五年发展计划(1995—1999)。这个计划是根据政府的第一个国家规划(NDP1)的总目标和具体目标量身定做的。这个计划还必须与大学的校训"教育、服务、发展"一致。由来自教育与文化部(Ministry of Education and Culture)和校长任命办公室(Office of the Vice-Chancellor-Designate)的人员组成的联合技术委员会对1991年总统委员会报告进行了彻底的评估。

纳米比亚大学的学院

纳米比亚大学共有7个院系和5个职能中心来履行其具体职能。其院系包括:

- 农业与自然资源学院。这个学院提供如下学术课程:科学和农业学士,自然资源科学学士,硕士和博士研究生水平的课程。1998年,该学院拥有103名学生和32名教师。
- 经济与管理科学学院。这个学院提供如下学术课程:商业学士,管理学士,会计学士,经济学士,管理学、政治学和经济学的硕士和博士研究生水平的课程和经济学的研究生文凭。1998年,该学院拥有703名学生和25名教师。
- 教育学院。这个学院提供如下学术课程:教育学士(普通和成人教育),特殊教育专业文凭,教育学研究生文凭,教育学硕士M. A(普通和成人教育)和博士学位(成人教育)。1998年,该学院拥有688名学生和32名教师。
- 人文与社会科学学院。这个学院提供如下学术课程:文科学士(普通),文科学士(社会工作),文科学士(媒体研究),文科学士(神学),文科学士(视觉艺术)。该学院还提供宗教和神学文学硕士学位和心理学博士学位课程。1998年,该学院拥有403名学生和74名教师。
- 法学院。这个学院有如下学术课程:司法学士学位(B. Juris)和法学士(LL. B)。此外,它还开始提供法学硕士(LLM)学位。1998年,该学院拥有105名学生和33名教师。
- 医学和健康科学学院。这个学院授予医学专业的如下学位:护理学学士,护理学硕士和护理学博士。该系还培养卫生部门的各种辅助专职人员并授予文凭。1998年,该学院拥有439名学生和38名教师。
- 理学院。这个学院培养下述专业的科学家:生物学、计算机、数学、化学、物理、统计和地质学的理科学士(B. Sc)学位课程。该学院还提供一些硕士和博士研究生水平的课程。1998年,该学院拥有383名学生和47名教师。

纳米比亚大学的中心

除了各个学院，纳米比亚大学还拥有如下中心为大学社区和更大的纳米比亚社区提供各种服务：外部研究中心，计算机中心，语言中心，多学科研究中心和纳米比亚大学主图书馆。

北部校区

为了使更多的人接受大学教育、服务和课程，纳米比亚大学在纳米比亚北部城市奥沙卡蒂(Oshakati)建立了一个分校为该地区的弱势人口服务。该校区提供几门大学的课程。校区发展迅速，大学当局完全支持它在未来几年中发展壮大。

根据大学的使命声明，纳米比亚大学在五年发展计划中扩大了各个学院和中心的学生入学。表 49.4 列出了 1992—2000 年纳米比亚大学的学生入学数。

纳米比亚大学还在五年计划中确定了如下几个优先发展的方面：

- 改进大学管理；
- 促进大学系统产出的平衡；
- 优先发展培训课程；
- 加强教师发展；
- 解决一些殖民政府的遗留问题；
- 加强与各政府部门和私有部门的联系；
- 减少单位成本；
- 监督教师表现；
- 制定吸引和留住有才能的教师的激励政策；
- 发展设施优良和师资强大的学科的研究生课程；
- 改善大学图书馆；
- 加强学生资助和实习项目建设；
- 财政来源多样化。

表 49.4 1992—2000 年纳米比亚大学学生入学数(按照学院/中心统计)

学院/中心	1992 年	1993 年	1994 年	1995 年	1996 年	1997 年	1998 年	1999 年	2000 年
农业、自然资源与保护	—	—	—	—	28	69	103	141	165
经济与管理科学	268	324	364	477	566	651	703	768	861
教育	347	396	472	597	775	780	688	683	699
人文与社会科学	271	356	392	436	409	390	403	423	477
法学	—	—	22	45	66	89	105	113	153
医学和健康科学	635	690	758	724	628	533	439	386	334
科学	119	144	161	165	241	298	383	365	478
外部研究中心	1994	1705	1408	1769	847	726	965	1403	308
总数	3634	3615	3577	4213	3560	3536	3789	4282	3475

来源：战略规划与院校研究。

改进大学治理

管理是高校建设的关键因素，因此通过实施战略领导、课程管理和过程管理来加强管理被确认为纳米比亚大学五年计划中的一个优先发展的方面。

战略领导通常与风险、愿景和观念联系在一起。它必须设立清晰的组织目标，带领教师和利益相关方努力完成组织的具体目标。战略领导必须开发获取必要资源的途径，激发学校职员和利益相关方更好地完成院校的使命(Digolo, 1995)。纳米比亚大学的主要目标之一就是提高效率，重组、改进大学管理——改进管理效能，包括改进信息流动；发展因特网系统；加强员工培训，尤其是行政人员的培训；权力下放，精简官僚机构。纳米比亚大学按照规划的描述改进了管理结构，增加了两个副校长职位(一个负责学术和研究,另一个负责行政和财政),并设立负责战略规划和国际关系的职位。通过自我定位,纳米比亚大学为满足纳米比亚和纳米比亚人民的发展需求作出了贡献。

促进大学系统产出的平衡

独立前,教育和培训项目严重偏向人文科学,各个层面的自然科学和技术科学的教学工作的推进都未能取得令人满意的结果。于是,大部分来自设备简略的中学,尤其是来自农村地区的黑人学生几乎毫无例外地注册了人文学科和相关职业取向的专业,包括政策研究、圣经研究、心理学和社会工作。现在纳米比亚大学正努力通过引入新学科,扩大自然科学和技术相关领域的学生入学,建立新的农业和自然资源学院来实现毕业生更好的平衡。该大学正在增加理学的实验室设备,为新的农学院建造新的实验室。

教育和科学学院正与高等教育部密切合作,计划改进中小学和大学的科学和数学教学。此外,各学院成立了新的中心为纳米比亚大学的各个部门和私有部门的人员提供特殊的培训项目。这些中心包括经济与管理学院的公共服务培训中心,它向公共管理者提供管理和财政的短期在职培训课程;在新的法学院所设的司法培训中心,它旨在提高诸如地方法官等司法人员的技能。该大学的职业法律培训项目为有志在纳米比亚从事法律行业的律师提供强化在职课程,独立前这些律师原本在不同国家接受培训。

加强纳米比亚大学的研究和咨询

在《通向全民教育》(Towards Education for All)中,教育和文化部讨论了纳米比亚大学在发展中的地位问题,其中指出:

> 在一定程度上,(纳米比亚大学)是我们教育系统的中流砥柱,因为它在培养我们的高级教育家和课程开发专家方面发挥了核心作用。同时它承担和统筹研究,旨在帮助我们理解、评价和改进教育系统……在一定程度上,我们的国家大学必须成为学习的灯塔。它必须珍视教学和研究中的发现、探索和理解。它必须乐于系统地、彻底地、持续地解决难题,提出不同寻常的问题。它必须坚持使它的学者,不管是新手还是老手,以让专家和普通听众都能理解和受益的方式呈现他们的分析和理解。(MEC, 1993:113)

独立之前,研发活动受南非控制。现在纳米比亚需要规划和实行自己的研究项目,那么纳米比亚大学必须发挥领导作用。纳米比亚大学正努力鼓励学术人员从事研究,并正在试图通过与相关政府机构和私有部门的合作加强研究。该大学还成立了一个多学科研究中心(Multidisciplinary Research Center, MRC),试图促进多科学研究活动和项目的开展。法学院新成立的人权档案中心也通过召开一系列公共会议、研讨会和讨论会试图把研究发现应用于社区;它的主要目标是促进纳米比亚民主文化的发展。

加强教师发展

在讨论第三级教育的就业政策时,高等教育委员会的报告(即特纳报告 Turner Report)援引纳米比亚宪法第 23 条,其中强调了以下需要:

> 由于过去歧视性的法律或做法,纳米比亚境内的一些人在社会、经济和教育上处于劣势地位。为了这些人的进步,需要推行一些政策和项目,以此矫正纳米比亚社会经济或教育的不均衡,摆脱过去歧视性法律或做法,达到公共服务的结构平衡。(GRN, 1991:203)

《特纳报告》还指出,“有必要采取肯定行动,这不仅仅是为了以学术表现为基础平等地对待每一个职位申请人,而且通过积极的教师发展规划来培养申请人”。该报告建议高校实施当地教师认证和发展政策。具体而言,它建议“必须采用教师发展政策,在毕业学年发现有能力的学生,并为把他们培养成大学未来的教师做准备……且应该尝试超量培养这样的候选人,用以替代那些转行的人”(GRN, 1991:247)。

继报告之后,教育部对纳米比亚本土教师的发展有如下说法:

> 现在和不远的将来,能完成高等教育的纳米比亚人数量十分有限,这使我们不得不严重依赖其他国家的学者和研究者。作为一个优秀的大

学，我们的大学将始终聘请外籍学者担任教师。但是为了形成和实施我们自己的议程，我们必须把目标定在建立一支纳米比亚人占多数的大学教师队伍……接受过高质量本科课程的毕业生将得到现成的研究生教育，准备成为我们国家大学的教职人员。(MEC，1993:111)

整个非洲的殖民政权并不重视向当地人民提供高质量的高等教育。最近，纳米比亚大学启动了一个教师发展项目，试图通过促进培养年轻的纳米比亚学术和行政人员来使国家得以依靠自己的技术人才。教师发展就是纳米比亚大学五年发展计划的一个高度优先项目。事实上，考虑到《特纳报告》和教育部的文件《通向全民教育》中所表达的关切，早就提出要实施教师发展项目。

加强与非洲高校和国外高校的联系

纳米比亚大学正努力增进与其他许多大学的联系，试图通过共享外部考试人员、学生、教师、出版物和信息，鼓励专门知识的交流。这些联系确保以下几个方面作用：通过教师互换增强能力建设，通过学生交换显露和加强领导素质，通过联合研究和创作培养研究和发表文化。通过与世界姐妹大学建立这种正式网络，纳米比亚大学将赢得了国际上的认可、学术信誉和声望。

这样的联系包括纳米比亚大学与非洲大学以及大陆之外的姐妹大学之间建立的姐妹学校项目(UNITWIN)。南部非洲乌得勒支姐妹学校网络(Utrecht-UNITWIN network)包括温得和克的纳米比亚大学和荷兰的乌得勒支大学(University of Utrecht)的合作，它是大学校际合作的模版。合作的内容包括研究、教师互换和教材开发，涉及数学和科学教育、人权、免疫学和传染性疾病、环境研究等领域。纳米比亚大学还与非洲、欧洲和美国的一流大学签订了几个双边合作协议，这些大学正在帮助纳米比亚大学提升如下领域的能力，如教学、研究和管理。此外，纳米比亚大学还与东京的联合国大学(United Nations University)建立了合作关系。

出台措施吸引并留住有才华的教师

在第一个五年发展计划(1995—1999)中，纳米比亚大学将“开发激励政策吸引和留住教师”作为第一个五年的主要目标。纳米比亚大学正努力成为一所高标准的国家高等教育机构。为了实现这个目标，该大学必须提供有足够吸引力和竞争力的工资和服务条件来吸引高素质的教师。但是目前因为服务条件差，纳米比亚大学难以吸引足够数量的高素质纳米比亚人。许多拒绝在该大学就职的纳米比亚人称，低廉的薪酬和收入是主要原因。要建设一支严谨的纳米比亚学者队伍并吸引著名的国际学者，就必须改变这些条件。纳米比亚大学要履行它的使命，为社会变革作出有意义的贡献，必须具备高标准，拥有良好动机又有能力的行政和学术人员。

改善大学图书馆

纳米比亚大学认识到这样的事实，即拥有一所好的图书馆是任何大学建设的一个先决条件。从以前的学院继承下来的图书馆(资源)十分有限。目前，纳米比亚大学正在研究方法，加强图书馆为大学团体和普通大众更有效的服务。其中一步就是建立人力资源开发工程(Human Resources Development Project)，包括建设一个信息和教育资源中心(IIRC)。这个中心将配备现代信息技术使纳米比亚的所有地区都有可能使用它的资源。现有的技术已经使图书馆与世界范围的其他信息资源中心建立了联系。此外，该图书馆正在开发一个战略，通过培养信息专业人才、一般培训人员和用户来管理和有效地使用信息和教育资源中心的资源以及信息技术系统。将从一些优先领域挑选培训项目的受益者，这些领域包括基础教育教师培训、职业技术培训、非正规教育、公共服务培训、工业培训、农业和渔业培训、科学和技术教育。

建立一个馆藏丰富多样的图书馆迫在眉睫，因为它是实现全部人力资源发展最经济的方法。知识和信息的获得、组织和传播对学习、教学、研究和发展至关重要。图书馆帮助学生、教师和其他使用者发挥创造力和促进个人发展。人力资源开发工程最终应该改进纳米比亚劳动力的质量并提高其就业能力。

纳米比亚大学正在建立与因特网的联系。互联网的开通将使大学及其地区中心和其他地方教育机构获得研究和发展的关键信息。

财政和财政来源多样化

同绝大多数大学一样,纳米比亚大学的资金主要来自政府。考虑到纳米比亚刚刚脱离殖民统治,国家新近建立,仍处于婴儿期,因此在可预见的将来它的财政仍然主要来自政府。政府有望进一步扩大,而不是按比例缩小拨给纳米比亚大学的预算。不管发生任何事,大学将努力从私有部门和国际捐赠团体等外部来源筹集补充资金。大学还在努力促进成本效益,合理预算,有效管理,提高绩效,形成对资产维持和控制的健康文化。

纳米比亚大学还认识到多科技术学院和其他高等院校,包括教育学院和职业技术学院等的重要地位。

大学相信,应该采取最佳的、最具成本效益的模式。在这种模式下,不同的机构各就各位,在高等教育系统的整体中发挥各自作用。这一方法已被其他发展中国家的经验证实。

纳米比亚大学自1992年建立以来已经取得了重大进步。但是,在它实行下一个五年计划(2000—2004)之际,我们可以准确地说,它仍面临着很大的制约和挑战。

纳米比亚大学面临的制约和挑战

今天,国家的富裕——或贫穷——比人类历史上任何时候都更依赖高等教育的质量。那些拥有更广的技术范围和更强大的学习能力的国家可以期待前所未有的经济成就。但是在未来的几十年,教育落后国家所面对的沉闷前景不过是默默绝望而已。

——马尔科姆·吉利斯(Malcolm Gillis),莱斯大学校长,1999年2月12日

在第一个五年发展计划中,纳米比亚大学在几个前沿领域取得了重大成就。它的管理结构得以确立,新课程取代了学院时代延续下来的课程,并向学生提供学术支持,研究、教学和社区拓展都取得一些成功,这些可以从外部考核者的报告和外部评估者的审核中得到证实。在大学着手准备第二个五年发展计划之际,强调扩大入学、公正、平等和民主的国家教育目标将与大学立志实现卓越的目标发生冲突。尤其是在教学领域,大学面临着多重限制和挑战。

许多学生从农村学校升到通常坐落在大城镇和大城市的高等院校,包括大学。学生需要时间适应新环境并有效地学习。此外,许多学生在教学语言上存在困难,教学语言通常是他们的第二或第三语言。因此,至少刚开始时他们在上课、做笔记和参与讨论方面都困难重重。学生的学习态度也可能造成问题。比如,学生选择学习什么专业或许更多的是受学生对该专业的看法和地位的影响。此外,学术缺陷或社会经济问题也有可能使学生分心。

教师、教材和设施

许多非洲大学的教师没有接触过正规的教学方法或学习策略,这妨碍了他们有效地教学,也严重制约了他们传授知识的效果。

在教材方面,许多教科书没有包含与当地相关的或情景化的问题或说明。此外,如果教科书用学生的第二或第三语言撰写,将造成相当大的难度。此外,在许多非洲大学,包括纳米比亚大学,由于招生不断增加,包括图书馆和实验室在内等设施的空间正受到严重制约。

评价过程

在许多非洲大学,包括纳米比亚大学,尽管已经认同连续性评价的作用,但实际上最终的考试仍是评价的决定性因素。这可以从几个方面加以解释。教师的课堂规模大,教学和行政负担沉重,或在田野或实践情形中很难用书面形式开展连续性评价。

其他一些与学生评价相关的问题也需得到解决。有时,同一门课程由不同教师讲授,但却采用不同的评价程序。在某些情况下,一些教师对各种评价程序不够熟悉,不知如何将考试结果作为一种反馈,以此来改进教学过程。

整体学习环境

许多非洲大学,包括纳米比亚大学,在很大程度上由政府供给经费,而政府本身的财政也十分紧张。因此,越来越难获得所需的材料和设施,尽管这些材料和设施是为教学、学习和研究提供理想条件所必需的。

所有这些教学和学习问题,同研究的需求一样,对大学构成了新的、持续的挑战。

研究的必要性

1992 年,在纳米比亚举行的“发展及其对研究的启示”研讨会上,来自康涅狄格(Connecticut)国际教育发展委员会的菲利普·库姆斯博士(Dr. Philip Coombes)告诫说,如果纳米比亚想要促进有意义的发展,就必须摒弃“赶时髦的”研究和“案头”研究。他断言,发展中国家过去大部分研究工作,尤其是教育领域,“在很大程度上都是徒劳的”,因为它没有架起研究者与实践者之间的桥梁,因而有理由说这些研究没有针对性。

在同一次发言中,库姆斯警告“大学人员和政府人员”之间存在的不安和不信任,因为这只会阻碍发展的努力,尽管他已经承认这样的不信任在发展中国家似乎很难避免。他指出,在许多发展中国家各个机构意见不一,毫无共同点,且很少尝试恰当的对话。

纳米比亚制定了一个宏大的研究议程。这个国家不仅需要基础研究,而且更迫切需要应用性研究,它可以创造知识和信息供政策制定者采纳,以应付一个年轻的发展中国家面临的许多问题。在这一方面,所有利益相关方都必须鼓励政策制定者与研究者之间的对话。同其他地方一样,发展中国家的政策制定者,经常在不充分的信息和知识基础上,顶着压力大胆采取主动行为,但是因为社会研究并不总是回答决策者们的疑问,这些政策制定者可能产生不满,所以学者与决策者之间往往就社会研究的本质产生争议,包括教育研究及其对教育的影响。我认为教育可以通过研究来改进,但是在我看来,似乎相关各方之间的合作、对话和咨询是必要条件。

在第二个五年计划中,大学需继续满足如下需求:巩固现有的项目、程序和实践,并确定优先发展领域。

纳米比亚大学的未来之路

纳米比亚大学是这个人口稀少、国民收入微薄的国家中唯一的一所大学,这个唯一性使它处境艰难。在这种情形下,人们期望大学能满足广泛的人类发展需求。有限的资金和狭小的经济规模使许多项目花费昂贵,但是如果纳米比亚大学不满足这些需求,就会如同殖民主义和种族隔离时期一样,国家的技能发展项目将继续倾斜。

鉴于经济的有限增长,国家拨给纳米比亚大学的资金不可能有较大增长。为了填补这个资金缺口,大学正在积极向国际发展合作者、当地私有部门和在创收活动中筹措资金。

要成功地回应国家发展需求,几个主要新举措(下文将作简要介绍)对大学至关重要。

随着下个五年对人力资源发展的大力投资,计划者希望造就持续的经济增长。经济增长不仅将为这样的工程持续提供资金,而且将大大提高纳米比亚人民的生活水平。

奥沙卡蒂的北部校区

1998 年,大学在向广大社区利益相关方咨询之后,在北部主要城镇奥沙卡蒂(Oshakati)建立了第二个校区。这个校区的远景是作为地区经济和教育发展的主要协调者和推动者。

北部校园的发展渗透着社区参与模式,这是美国社区学院和其他院校,以及南非高等教育拓展和开放计划所采用的模式。1999 年召开了一系列广泛的参与计划研讨会,目的就是制定一个综合性的校园和地区发展计划。

现在,大学需要实施这个计划的细则,提供正规教育项目、短期课程、咨询和应用研究、商业课程和信息。

大学形成了一种“强化的开放学习”传递模式,它混合使用视听和信息技术,对教师进行辅导、授课,以及提供其他学习材料来进行具有成本效益的高质量教育。此外,还对进一步建设进行了规划,包括提供社区发展单元、增加额外教室、实验室、办公室和其他有利于学生的设施。

纳米比亚商学院

大学认识到需要深化与商业社区的密切合作,将管理教育、咨询和研究的重心转移到私有部门,尤其是中小型企业。

经济与管理学院除授予现有的会计学学士和经济学学士学位外,2000 年将开始授予企业管理学士和企业管理合作硕士。此外,还为教师成立了工业咨询委员会。纳米比亚大学计划合并并深化企业导向的部门和课程,成立一个商学院,即纳米比亚商学院(Namibia Business School),部分参照美国和欧洲商学院的模式但又具有独特的纳米比亚定位。

除提供全部范围的正规课程之外,商学院将为私有客户承担应用性研究和咨询,与相关部门和私有部门合作者密切合作,提供短期课程培训和咨询服务。

温得和克校区设想建立一幢全新教学楼,拥有信息通信技术设施,以及举办高质量研讨的会议室和演讲室。它需要商业导向的学者来充实目前的管理学、会计学和经济学教职员工队伍。

技术学院

纳米比亚大学理学院发展迅速,最近在咨询了相关工业团体后开设了新的应用科学和工程学课程。目前,因设施和人员的限制,这些应用课程,包括地质学,引入不多。

大学计划合并目前的地质和工程课程,与已建立的计算科学系,组成技术学院。这个新学院的特色是:增加学生数量、开设新的应用型和多学科课程,以及通过实习和行业学徒强调职业事务。

学生和社区发展中心

纳米比亚大学早已认识到,当学生在纳米比亚开始接受高等教育时,面临一些特殊的学习需求。学校建立了语言中心,主要是为了发展英语和交流技能,以使学生达到课程的要求。现在发现学生还需要核心数学的培训。大学计划将语言教学和其他基本技能的教学如数学、信息技术合并到一个中心。除了为大学内部学生提供重要的课程外,该中心还将对社区开放,帮助其他人为进一步学习或改进他们的受雇就业能力,发展他们的核心教育技能。

除了这些教育课程外,大学还需要满足更大的社区需求。大学筹划了范围更聚焦的社区服务,包括提供与全国蔓延的艾滋病和其他社会问题的现有研究相关的建议和咨询;利用高年级学生和教师提供法律咨询;与商学院合作为小型企业提供建议和信息。

因此温得和克校区设想了一个设备完善的综合性学生和社区发展中心。来自几个学院的教师和学生利用业余时间组成一个高素质的核心教师团队,这些教师具有第二语言为英语、当地语言、信息技术和数学等专业背景。

技术发展和应用中心

纳米比亚的经济由几个主要产业主导,如矿物提炼、农业和水产业。这个国家制造业基础薄弱。尽管它拥有丰富的太阳能和广阔的沿海海洋环境,但它面临着严重的土地和水资源的可持续利用问题。国家的经济发展和人民的生活质量很大程度上取决于国家发展和利用科学途径来解决这些复杂问题的能力。

认识到这些忧虑后,纳米比亚大学建立了一个多学科研究中心,内设一个小的技术转移单元。研究工作在如下领域开展:太阳能、海洋资源、可持续农业,以及同理学院、农业与自然资源学院合作的农业管理。大学计划将这些活动合并到一个国家中心并加以扩展,即位于楚梅布(Tsumeb)的技术发展和应用中心。楚梅布曾是一个主要的采矿城镇,现已严重破败。它地理位置优越,处在人口稠密贫穷的北部中心地区,与西北地区和首都温得和克(Windhoek)联系密切。楚梅布还具有额外优势,有现成可用的剩余的教育和居住设施,以及相对有技能的当地劳动力。

应用研究和教师发展

纳米比亚大学的目标之一是提高与国家发展关注相关的应用研究的质和量。这些研究可以部分由提议中的技术发展和应用中心完成,同时也需要大学所有学院来承担。新生的研究文化需要大大加强,与当地私有和公共部门,以及与国际(尤其是地区性)院校的合作也需要扩大和加强。

过去五年实行了一项主要教职员工发展驱

动项目，这已经使纳米比亚籍教师的比例大大增加(2000 年达到 67%)。现在需要对这些相对年轻的教师进行指导和发展，尤其是针对其研究能力和产出。因此，应用研究与教师发展是密切关联的关键问题，影响大学实现其战略目标的能力。

小 结

1990 年以来，在纳米比亚渐趋成型的种族隔离后高等教育体系中，纳米比亚大学的重要性引起了许多作者和机构的兴趣和关注。审视和确定它的地位十分有必要而且仍在进行中。为了使大学的使命、结构和功能能迎接国家未来政治、经济、社会和文化发展中出现的变化无常的挑战，这一过程是至关重要的。

对大学在教育、服务和发展方面的成就进行不间断监控，虽然需要第三级教育所有相关各方的努力，但这通常是大学自身的使命，需要步调一致，以未来为导向，并能找到解决问题的方法。W·S·圣(W. S. Saint)的关键问题——"一个国家已经/可以拥有、需要和能够担负什么样的大学?"——这个问题目前被认为是调查以需求为中心的高等教育体系的可持续能力的一个适用的"分析三角"。

纳米比亚多样的地理和历史特殊性——由于干旱、周边地带和分散甚至隔离的居住体系造成——似乎要求额外的分析理念，即时空理念。纳米比亚国家大学位于国家首都地区的中心，远离人口稠密的北部——这一地带从西部的鲁阿卡纳(Ruacana)一直延伸到东部的卡蒂马·穆利洛(Katima Mulilo)，以及人口不太稠密，更干旱的南部地区雷霍博特(Rehoboth)。

1992 年以来，从瓦解的种族隔离政权继承下来的学院已经成功转型为教育演进和革新的学术舞台。在可获得的机构和人力资源的范围内，纳米比亚大学正自信地寻求为国家全面发展的一系列目标作出自己的贡献。

为了完成大学使命中包含的不计其数的任务，纳米比亚大学巩固或逐步淘汰了旧课程，引入了三学期学年制和四年制学士学位课程，并建立了新的学院，如法学院、农业与自然资源学院。纳米比亚大学正使在 1995 年年度报告中得以确立的大学使命焕发出勃勃生机，该使命是对满足教育和研究的发展需求的跨越式伙伴关系的大力响应。

这一任务数量众多，必须与教育领域的所有支持群体进行合作。很明显，进入下个千年我们面临的挑战将会更多。

结 语

非洲教育发展协会(Association for the Development of African Education)在最近的一份文件中指出，非洲教育改革能否成功，取决于其背后的教育政策的质量——包括政策的内容以及政策制定的过程。在对非洲国家的政策制定进行案例研究后，该文件指出，"在所有案例中，有两个中心主题贯穿始终:公开教育政策的必要性，使之得到政府和公民社会的理解和支持;受教育政策影响的社会各界广泛参与的重要性"(ADEA, 1995:27)。我们相信，高等教育、职业培训和科技部，以及纳米比亚大学已经进行了广泛的咨询，并在制定影响纳米比亚第三级教育和高等教育的政策时仍会继续这样做。

参考文献

Ajayi, J. F. Ade, K. H. Goma Lameck, and G. Ampah Johnson. 1996. *The African Experience with Higher Education*. Athens Ohio: Ohio University Press.

Angula, N. 1994. "Development of Tertiary Education in Namibia and Future Prospects." Address to the Annual Meeting of the Namibian Educational Management and Administration Society (NEMAS), Windhoek, Namibia, July.

Coombes, P. 1992. "Namibia to Guard against Fashionable and Desk Research." Paper presented at Academy on the Theme Development and Its Implications for Research in Namibia, Windhoek, Namibia, July.

ADEA. 1995. *Formulating Education Policy: Lessons and Experience from Sub-Saharan Africa*. Paris: International Institute for Educational Planning.

Digolo, M. A. 1995. "Management Issues in African Universities." Paper presented at the BOLESWA Biannual Educational Research Symposium, Gaborone, Botswana, August.

GRN (Government of the Republic of Namibia). 1991. *Higher Education in Namibia: Report of a Presidential Commission*. Windhoek: Government of the Republic of Namibia.

——. 1996. *First Draft of National Human Resources Plan* 1997-2010. Windhoek: National Planning Commission.

MEC (Ministry of Basic Education and Culture). 1993. *Towards Education for All: A Development Brief for Education, Culture Training*. Windhoek: Gamsberg Macmillan.

Ministry of Higher Education, Vocational Training, Science and Technology. 1999. *Investing in People, Developing a Country*. Windhoek: Gamsberg Macmillan.

Obanya, P. 1999. *The Dilemma of Education in Africa*. Dakar: UNESCO Regional Office.

Saint, W. 1992. *Universities in Africa: Strategies for Stabilization and Revitalization*. World Bank Technical Paper no. 194. Africa Technical Department Series. Washington, D.C.: The World Bank.

Task Force on Higher Education and Society. 2000. *Higher Education in Developing Countries: Peril and Promise*. Washington, D.C.: The World Bank.

UNDP and UNAIDS. 1997. *Namibia Human Development Report* 1997. Windhoek: UNDP.

University of Namibia, 1993-1998. Annual Reports.

——. 1995. *First Five Year Development Plan*, 1995-1999. Compiled by Keto E. Mshigeni, Andre du Pisani, and Geoff E. Kiangi. Windhoek: UNAM.

World Bank. 1994. *Higher Education: The Lessons of Experience*. Washington, D.C.: The World Bank.

——. 1995. *Priorities and Strategies for Education*. Washington, D.C.: The World Bank.

——. 1997. *Revitalizing Universities in Africa: Strategy and Guidelines*. Washington, D.C.: The World Bank.

——. 1998. *Education in Sub-Saharan Africa: Policies for Adjustment, Revitalization, and Expansion*. Washington, D.C.: The World Bank.

50 尼日尔

阿卜杜拉耶·尼安多·苏莱

引 言

阿卜杜·穆穆尼大学（Université Abdou Moumouni，UAM）是尼日尔最重要的高等教育机构，包括 5 个学院，1 所师范学院（Ecole Normale Supérieure，ENS）和 3 个研究所（人文科学研究所，IRSH；数学研究所，IREM；放射同位素研究所，IRI）。其他高等教育机构包括萨伊伊斯兰大学（Islamic University of Say）和几所专科性质的学院，如国家行政学院（Ecole Nationale d'Administration，ENA）；矿业、工业与地质学院（Ecole des Mines，d'Industrie et de Géologie，EMIG）；信息科学和技术学院（Institut de Formation aux Science et Techniques de l'Infor-mation，IFTIC）。

阿卜杜·穆穆尼大学教育项目种类多，而且入学学生数量多，因此，其大部分的活动集中于教学，仅有的几个研究项目虽然得到跟教学一样的重视，但并没有从中受益。

简要历史回顾

尼亚美高等教育中心（Centre d' Enseignement Supérieure，CES）始建于 1971 年，1973 年升格为大学，其使命围绕三个目标展开：提供高等教育；开展科学研究、基础研究和应用研究活动；培养行政管理人员。

引用阿希姆·拉马（Joachim Lama）的说法，“人们对其期望的主要社会收益包括：与国外大学教育相比，降低教育成本；增加尼日尔高等教育入学人数；最后就是使课程能满足国家的实际需求。为了确保这些收益并使之最大化，1978 年成立了高等教育、研究和技术部”（Lama，1999：4）。高等教育、研究和技术部的使命包括五大任务：精心制定并实施与政府的定位相一致的高等教育和研究政策；协调学生和对受教育人员的定位；集中管理，并控制中等和高等教育奖学金；促进并协调研究活动；与其他部门合作，组织国家公共事务。

20 世纪 80 年代初之前，教育系统的运行一直令人满意。从这一时间开始，尼亚美高等教育中心的运行已经出现一些恶化，其办学使命因出现了许多问题和功能失常而受到损害。如：高等教育预算不断缩减；有资格获取奖学金的学生人数增加；中央机构，即教育部自身弱化；缺乏清晰的高等教育和研究的政策。大学的职能失灵在许多方面表现都十分明显。如：对学生监督指导不力，整个大学（学生、教师和员工）的生活水平下降。许多教师和研究人员决定到更有前途的学校（提供更好工资和更好工作条件的学校）发挥专长，就业市场的需求与大学课程之间的差距越来越大，研究项目与国家发展需求毫无联系。不过，1985 年出现了一线转机，高等学院成为大学的组成部分而获得了完全的地位。1993 年，为纪念著名的物理学家阿卜杜·穆穆尼（Abdou Moumouni），尼亚美大学（Niamey University）更名为阿卜杜·穆穆尼大学（Abdou Moumouni University，AMU）。阿卜杜·穆穆尼曾是国家太阳能办公室（Office National de l'Energie Solaire，ONERSOL）主任、尼亚美大学校长、理学院的高级教授。

约阿希姆·拉马（Joachim Lama）认为：

> 尼亚美大学面临的困难主要源自两个方面：组织问题和财政资源不足。将开支最小化成为管理的箴言，但这一逻辑持续不了多久。为了应对这一局面，尼日尔政府决定实施高等教育发展

战略,一个有可能会为其高等教育和科研面临的困境提供可持续的解决方案的战略。当然,要实现如此全面的目标,有必要动员一切可以动员的力量。(Lama, 1999)

学生入学、学院、高等学院和研究所

坐落于尼亚美的阿卜杜·穆穆尼大学由学院(school)、高等学院(advanced school)和研究所(institute)组成。学院领导称为院长,高等学院和研究所则由主任负责。现在大学设有5个学院:理学院(Faculté des Sciences, FS)、健康科学学院(Faculté des Sciences de la Santé, FSS)、农学院(Faculté d'Agronomie, FA)、人文学院(Faculté des letters et des Sciences Humaines, FLSH)、法律和经济学院(Faculté des Sciences Economiques et Juridiques,);3个研究所:放射性同位素研究所、数学研究所、人文科学研究所;最后,大学拥有1所高等学院,即高等师范学院(Ecole Normale Supérieur, ENS)。

由于多方面的原因,尼日尔大学入学人数猛增。1971年高等教育中心成立,1973年升格为大学,这意味着高中毕业生不再不得不到科特迪瓦、塞内加尔、喀麦隆、多哥、摩洛哥、阿尔及利亚或突尼斯等次区域国家上大学。正如教学中心的负责人穆恩凯拉所说,"如果我们不能改进目前的教育结构来应对现代化、信息技术和全球化挑战,我们就无法满足学生的需要"(Mounkaila,与作者本人的交流)。穆恩凯拉认为,解决问题的关键是控制学生的入学(Ministère, 1996)。当然,阿卜杜·穆穆尼大学的学生容量十分有限,这就引发了一个政治哲学问题,即是否应该控制入学人数,还是应该推进高等教育入学的民主化?这个问题引发了两派纷争。一方坚持认为开放政策应惠及每个人,否则作为大学跳板的高中毕业会考文凭就没有存在的理由。另一方则认为大学基础设施不足,有必要挑选最优秀的学生入学。这场争论没有提出任何有意义的解决方案,入学人数依然在增加。除研究所外,最近的统计数据证实了入学人数也在增长(Ministère, 1997a)。

人文学院

人文学院由8个系组成:社会学系、心理学系、哲学系、英语系、地理系、文学系、历史系和语言学系,学生2858名(其中女生687名),是阿卜杜·穆穆尼大学人数最多的一个学院。学生总数按照学系分布情况表明,社会学系、地理系和英语系的学生最多:社会学系在册学生839名(273名女生),地理系为556名(70名女生),英语系为437名(153名女生)。

健康科学学院

健康科学学院的学生入学总数为1119人(345名女生),由4个系组成:医学、外科辅助、放射医学、麻醉医学(表50.1)。

表50.1 2000年阿卜杜·穆穆尼大学健康科学学院不同性别学生的入学情况

系别	男学生	女学生	总计
医学	732	333	1065
外科辅助	16	2	18
放射医学	15	0	15
麻醉医学	11	10	21
总计	774	345	1119

来源:尼日尔尼亚美阿卜杜·穆穆尼大学学术服务中心。

理学院

理学院是农学院的预备学校,学生的分布尤为复杂。

1973年,当高等教育中心(CES)升格为大学时,决策者的优先选择是设立一所教授数学和物理的理学院和一所教育学院(Ghali)。农学预备学院(隶属农学院)共有463名学生,其中女生63名。学生可先在理学院学习两年,然后转入农学院(表50.2)。

化学系、生物系和地质系共有239名学生,其中女生27名。这些学科的学生既可以在原来的系继续本专业学习,也可以在第二学年末转到其他系。

数学和物理系被认为是理学院的基础部分，这些学科的重要性体现在它们是创建理学院的动因所在。理学院招收 1195 名学生，女生占 9.37%。

表 50.2　2000 年阿卜杜·穆穆尼大学理学院不同性别学生的入学情况

系别	男学生	女学生	总计
农艺学预科学院(理学院)	400	63	463
数学/物理学	252	9	261
物理学/化学	219	13	232
化学/生物学/地质学	212	27	239
总计	1083	112	1195

来源：尼日尔尼亚美阿卜杜·穆穆尼大学学术服务中心。

农学院

农学院培养农学技术工程师(Ingénieur des Techniques Agricoles, ITA)。学生在尼亚美开始学习，而后去法国蒙比利艾大学(Université Montpellier)继续深造。部分毕业生从事研究工作，其他人则注重专业知识的应用，选择成为专业人士。学院有 250 名学生，女生占 19.6%。农学院同时也是萨赫勒地区农学研究中心(Centre-Régional d'Etudes Sahéliennes en Agronomie, CRESA)的所在地。

师范学院

师范学院与理学院是尼亚美大学创办之初就设立的学院。学院的最初目标是培养初中教师，后来高等教育学院放弃“高等”一词成为师范学院，目标是为高中培养教学督察，为初中培养教学顾问，并培养中学教师证书获得者(Certificat d'Aptitude Professionnelle à l'Enseignement du Second Degré, CAPES)。师范学院在册学生共 156 名学生，其中女生占 8.9%。

法律和经济学院

法律和经济学院是尼亚美阿卜杜·穆穆尼大学最近创办的学院。这就解释了为何其分校分布于尼日尔河两岸。学院包括多种服务机构，如中央图书馆、同等学位服务、中学毕业会考证书办公室、教学中心服务部和供理学院使用的实验室。学院各个层次共招收 2370 名学生，其中女生占 20.17%。

尽管最近几年招生方式较以往更加灵活，但是，由于缺乏足够的基础设施，招生人数的控制不足依然是严重的隐患。目前，尼日尔已经设计了许多解决方法来控制招生，并进行大学基础设施的建设。表 50.3 列出了阿卜杜·穆穆尼大学目前各个学院的学生总体分布情况。

表 50.3　2000 年阿卜杜·穆穆尼大学各个学院不同性别学生的入学情况

学院	男学生	女学生	总计
人文学院	2171	687	2858
法律和经济学院	1892	478	2370
理学院	1083	112	1195
健康科学学院	774	345	1119
农学院	201	49	250
师范学院	142	14	156
总计	6263	1685	7948

来源：尼日尔尼亚美阿卜杜·穆穆尼大学学术服务中心。

当前高等教育机构的趋势和变化

阿卜杜·穆穆尼大学是一所相对较年轻的大学，因此，它在不同的层面依然在发生变化。大学的各组成单位(学院、研究所、高等学院)都面临一系列的挑战。对现代化、全球化和适应能力的需求，需要大学的整个基础设施实现全面计算机化。

希望在科学期刊上发表论文或通过联名发表科研成果的研究型教授，能够借助现代技术(如电脑)投递其成果。技术和行政管理人员也有必要掌握用信息技术实现管理转型。

阿卜杜·穆穆尼大学各学院还面临着其他两大挑战：其一，使课程适应当前环境；其二，建立毕业生循环，尤其是在数学系和地质系。法律和经济系的教师也关心新专业的设立和学位的授予，如公共管理专业方面的证书和硕士学位。

为赶上全球化的趋势,未来规划还包括设立计算机研究生学位(深入研究文凭, DES)。对全球化的关注还反映在研究型教授对出版与研究的全身心投入。

师范学院出现了两大新变化:一方面,设立新专业,培养了生物、物理、数学、英语、历史和地理等学科的教学督察;另一方面,学院正在建立特殊的互联网接口,教师、学生和技术/行政人员将可以从中受益。

高等教育机构一致认为,改革高等教育的决策应来自大学内部。大学理事会是大学认可的唯一的决策机构,大学可以抵制来自大学理事会之外的任何措施。

由于缺乏历届政府的财政支持,每年大学提出的新策略和计划都得不到实施,政府改进大学的计划也难逃此运。

目前,私有化还不是大学发展计划的组成部分。作为尼日尔主要的大学,尼亚美大学是一所由政府拨款维持其办学的公立高校。大学内部已就获取民间资金的可能性展开讨论,但不会提私有化。学校成立了一个"反思委员会",寻求阿卜杜·穆穆尼大学获取非公共资金的新途径。

学习项目

学院间和学院内的学习项目互不相同。指导学习项目设计的原则受制于国家的发展诉求(Banque Mondiale, 1996)。一些学院的评价体系采用学分制(如人文学院)(Foulani, 1994),而其他学院的评价体系则是以主修课和辅修课的形式组织的(如法律和经济学院)。在后一种情况下,主修课占 76 学时,辅修课占 38 学时。

教学语言及其影响

受殖民主义的影响,法语是尼日尔的教学语言,我们很难衡量法语作为教学语言对尼日尔学生学习的影响。本国语言是精英和大众、统治阶层和被统治阶层通用的,用其来组织教学显然更易为人接受。某些概念(尤其是经济学领域)由法语转换为本国语言有很大困难。政治和经济话语的转换也面临同样的问题,这些话语很难用当地语言表达。为了使学习不仅仅局限于某种被压缩了的交流,萨伊伊斯兰大学采用阿拉伯语、法语和英语开展学习和研究(Bergmann et al. 1999)。

不过,值得注意的是,法语并不是绝大多数尼日尔人的教学和交流语言,因为仅有 29%的尼日尔人上学(Mingat, Jarousse, and Hamidon, 1988)。这造成了受教育的精英与普通民众之间的一道实实在在的鸿沟。

具体问题

许多问题困扰着尼日尔高等教育,包括学生激进活动、政治干预、毕业生就业难和人才流失。尼日尔的人才流失现象较其他非洲国家略好些。尼日尔教育体系确保为每位毕业生提供一个政府职位,这一举措使尼日尔人不那么轻易地被国外提供的经历所诱惑。而且,不管是在欧洲还是在美国,尼日尔的学生完成学业后大多都回国。尽管如此,随着国家补助的减少,最初的规划努力大打折扣,尼日尔失业问题达到与其他国家(如科特迪瓦、塞内加尔、喀麦隆、贝宁、多哥和阿尔及利亚)相同的水平(Charfani, Fatimata, Saley, and Mariama, 1996)。

大学中的政治干预确实存在,但是难以提供其存在的确切证据。历届政府都曾设法控制大学,而不是与之建立健康的关系。为了实现对大学的控制,政府采用了许多手段和各种政治工具。事实上,对这些问题的实证调查证实了学生运动的背后总有其政治动因,使得人们开始对学生运动本身的合法性产生疑问。尽管学生是政治积极分子,但他们并不独立行动,他们的行为或依附经济操控者(如大学社会服务的提供者),或通过秘密渠道听从某些政治领袖的指示。

上述情况导致的结果是学生群体失去内部民主。这就解释了学生之间诉诸内部暴力并对当局采取外部暴力(通过示威、罢课或静坐)的原因。

阿卜杜·穆穆尼大学的管理

大学校长由教职员工选举产生,一届任期三年,可连任一次。两个副校长辅佐校长管理大学事务。校长和副校长是在同一天从候选人名单中选举产生的。

院长主管学院事务，一届任期三年，可连任一次。若没有副院长，系主任和教师在职责范围内辅佐院长，系主任由同行选举产生，任期两年，可连任一次。其他辅佐院长的职员有以下岗位：总秘书、财务结算员和后勤管理员。

学生有一个特设机构来满足其需求，即全国大学社会服务中心（Centre National des Euvres Sociales，CNOU）。它原先是大学的一个机构，现在由高等教育、研究和科技部负责管理。全国大学社会服务中心负责学生的住宿、交通和奖学金。2001 年，国家奖学金授予机构（Agence Nationale d'Attribution des Bourses，ANAB）成立，取代了国家就业指导和奖学金授予委员会（Commission Nationale d'Orientation et d'Attribution des Bourses，CNOAB），独立于高等教育部运行（Cabinet du Premier Ministre，1996）。

技术和行政人员由大学秘书长管理，这些人员分布在大学的各个学院、研究所和高等学院，他们承担一般的管理任务，从邮件和保卫服务到行政助理。在理学院、健康科学学院和农学院，他们还担任秘书或实验室助理。

研究、出版和教学

尽管研究型教授试图通过与他人合作建立工作团队，但阿卜杜·穆穆尼大学的研究和出版并未得到充分支持。通过研究型教授的努力，一本由人文学院历史系教授金巴·伊得瑞萨（Kimba Idrissa）指导的关于尼日尔的参考书才得以出版发行。

农学院和健康科学学院的其他研究团队也十分活跃，但最基本的问题是缺乏研究成果可以传播的交流网络。

在研究与教学之间保持平衡，这也是研究型教师的主要关注点。因为国家缺乏教授，这意味着一些拥有研究职位的人不得不放弃研究工作而去从事教学活动。财政资源的短缺也阻碍了研究活动的开展，因为大学在研究方面只有两个经费来源：外部财政援助（这需要去寻找和协商）和与发达国家的同事建立伙伴关系。总体上，尼日尔的研究经费来自于外部渠道。

当前尼日尔高等教育面临的挑战

阿卜杜·穆穆尼大学需要改进基础设施，以赶上席卷高等教育界的全球化和国际化的趋势。整个大学系统需要计算机化，技术和行政人员需要接受专门培训，以更新其自身技能和实践。最后，为了有足够的全职教师替代压倒多数的兼职人员，大学还需要鼓励博士生完成论文。

将来面临的主要问题是基础设施。学生人数每年都在增长，这就使学校有必要建立大实验室、小教室和阶梯教室。最后但也是同样重要的一点，所有大学设施都应谨防偷窃行为和火灾的发生。

参考文献

ADEA (Association pour le Développément de l'Education en Afrique). 1995. *Formulation d'une politique educative: enseignement et experiences d'Afrique Sub-Saharienne*. Paris: Institut International pour la Planification de l' education(IIPE).

Banque Mondiale. 1996. Niger, *evaluation de la pauvreté: un people resistant dans un environment hostile*. Washington, D. G.: Banque Mondiale.

Bergmann, H., T. Bittmer, M. Hovens, H. Kamayé, M. G. Mallam, and J. Saley. 1999. *Évaluation de l' école experimentale, esquisse d'un bilan de 25 ans d'experimentation de l'enseignement en langues nationales au Niger*. Niamey: Deutsche Gesellschaft für Technische Zusammenarbeit (GTZ).

Cabinet du Premier Ministre, Niger. 1996. "Rapport du Comité ad'hoc de réflexion sur la gestion des bourses." Niamey.

Charfani, L., M. Fatimata, A. Saley, and T. Mariama. 1996. "Examens des possibilities de mobilization des resources additionnelles en faveur des services sociaux essentiels: l'initiative 20 percent-20 percent." Niamey: UNICEF.

Chau, T. N., and F. Caillads. 1967. *Financement et Politique d' education: le cas du Sénegal*. Paris: IIPE and UNESCO.

Farid, A., R. Abdou, H. Kip, and A. Tchambou. 1998. *Cout et financement de l' education de base au Niger: Enquete auprès des ménages et des établissements scolaires*. Washington, D. C. : World Bank.

Foulani, P. 1994. *Amélioration de l' éfficacité de l'Université de Niamey: remplacement de l'enseignement bloqué par un système d'unités de valeurs*. Paris: IIPE and UNESCO.

Ghali, A. n. d. Personal communication with Abdoulkader Ghali, a staff member at Ecole Normale Supérieure and former secretary-general of SNECS (Sundicat National des Enseignants et Chercheurs du Supérieur).

Hamissou, O. 1994. "Modèle de simulation du financement de l' education: reduction des couts publics dans l'enseignement post-obligatoire au profit du développement de base au Niger." Thesis. University of Benin, Lomé.

Lama, J. 1999. "Economie de l'Education dans le système d'Enseignement Supérieur au Niger: Etude Sectorielle pour la preparation d'une stratégie de développement de l'enseignement supérieur." Final special document for the Ministry of Education. July. Consultancy report for the Ministry of Higher Education (University Abdou Moumouni) and the Ministry of National Education (Office of Education Projects).

Mingat, A., J. P. Jarousse, and L. H. Ko. 1998. *Cout, financements et politique de l'education au Niger*. Washington, D. C. : World Bank.

Ministère de L'Education Nationale. 1995. *Financement de l'education au Niger*. Niamey: Direction des Etudes et de la Programmation.

——. 1996. *L' education Nationale: repères quantitatifs* 1995-1996. Niamey: Direction des Etudes et de la Programmation.

——. 1997a. *Annuaire des statistiques scolaires*. Niamey: Direction des Etudes et de la Programmation.

——. 1997b. *Présentation et diagnostic du système éducatif Nigerien*. Niamey: Direction des Etudes et de la Programmation.

——. 1998a. *Enseignement secondaire et technique: elements de diagonostic*. Niamey: Direction des Etudes et de la Programmation.

——. 1998b. *Etude documentaire sur les couts et financement de l'éducation au Niger*. Niamey: Direction des Etudes et de la Programmation.

Mounkaila, M. n. d. Personal communication with Modi Mounkaila, head of Service Central de la Scolarisation de l'UAM.

51 尼日利亚

蒙扎利·贾布里勒

引 言

尼日利亚是一个多民族、多宗教的西非国家,人口1.15亿。它是所有非洲国家中人口最多,也是世界上最大的黑人国家,国土面积923768平方公里(356669平方英里)。尽管它基本上属于一个农业国,54%的人口从事农业,但是石油收入占到这个国家外汇总收入的96%(但是这一经济部门雇用的劳动力还不到0.5%)。1999年,该国的人均国内生产总值是1300美元(Federal Ministry of Finance)。该国仍然在出口的主要经济作物是可可。尼日利亚的识字率为57%,但是男女之间(差距在15%)和城乡居民之间的差异非常大。

尼日利亚是一个还在艰难行进中的发展中国家。在全国的所有家庭中,只有34%能用上电,40%能用上清洁的水,只有50%的学龄儿童在学校里学习(UNDP, 1997)。

在尼日利亚,高等教育指的是所有中等后教育,包括大学、多科技术学院、教育学院和单科技术教育(monotechnic education)。在尼日利亚,约有100万学生在全国的200多所此类院校中就读。1998年,尼日利亚的63所教育学院的在校生为105817人;45所多科技术学院的在校生为216782人;36所大学的在校生为411347人。此外,还有约120000人在尼日利亚的87所单科技术学院(monotechnic)、约100所护理与助产学校和其他的一些职业培训学校里就读(Isyaku, 2000)。尼日利亚的高等教育系统容纳了853946名在校生,将这一数字与尼日利亚当前的人口数量进行比较后可以得出这样的结论,在该国平均每10万人中有740人在接受高等教育。这一比例接近于发展中国家的平均水平(1995年为824人),而高于撒哈拉以南非洲国家1995年的平均水平(328人)。但是,18~25岁年龄组(2000年,该年龄组的人口约为1700万)的高等教育入学率只有5%(UNESCO, 1998a,, 1998c)。尽管这些比例仍然不高,但是自从1960年独立以来,这些比例实现了稳步的增长。以大学教育为例,1965年的总入学人数不过6707人,1998年的入学人数增长到了411347人,在33年的时间里增长了6000%。(见表51.1)。

表51.1 1965—1998年尼日利亚大学在校生人数的增长*

年份	在校生人数
1965	6707
1970	9695
1975	26448
1980	57742
1985	126285
1990	172911
1995	236261
1998	411347

注:* 统计未包括3所私立大学、1所州立大学(全部共有12所)和5个跨大学中心的数据。

来源:阿布贾全国大学委员会。

在从1960年到1990年的30年里,入学人数每四五年就翻一番。在1990—2000年的10年间,入学人数的年均增长率达到了12%,因此到这10年结束的时候,累计的入学增长率与这10年刚开始的时候相比翻了一番(Hartnett, 2000)。未能获得有关多科技术学院和教育学院的相关数据,但是已经了解到的是,在20世纪70年代到90年代间,不论是这类学校的数量还是这类学校的在校生人数都出现了急剧的增长。

尼日利亚的政治环境在几个方面影响了高

等教育系统的扩张。首先,所有的高等教育机构直到1960年国家独立之后才得以转变为完全自治的学院或大学。其次,在1970—1979年间,尼日利亚经历了10年的军人统治,但这也是内战后石油经济繁荣的10年,在同一时期,先前(不稳定)的4个地区被整合巩固为联邦的州级行政区。每建立一个州,往往会建立一所联邦大学、教育学院和/或多科技术学院。如果联邦政府没有行动起来,那么州政府往往就会自己来建立这些高校,尤其是在民选的文官政府执政之后更是如此。这种趋势仍在继续。在民主统治的最后两年里,不少于5个州都建立了自己的大学。总而言之,除了60年代第一批建立的6所大学,和80年代第二共和国时期建立的7所专门学科的农业和技术大学外,其他所有的联邦大学都是在军政府时期建立的。

总的来说,与州立高等教育机构相比,联邦的高等教育机构享有更充足的经费和更大的自主权。州立高等教育机构经费严重不足,实际上要么听命于州长办公室,要么听命于教育部。

在多科技术学院,完成三年的中等后教育,可以获得普通国家文凭(Ordinary National Diploma)证书,如再学习两年则可获得高级国家文凭(Higher National Diploma)证书。这类学校也提供短期的课程项目,发放低于普通国家文凭的证书。在教育学院接受完三年全日制的中等后教育可以获得尼日利亚教育证书(Nigeria Certificate in Education)。有几所附属于大学的学院也为学生获得所属大学的教育学学士学位(Bachelor of Education degrees)提供帮助。专门的学院和单科技术学院发放与多科技术学院相同类型的文凭证书,或是某些职业入职所需的资格证书,例如:护理证书。大学提供学士、硕士、博士学位以及更低层次的其他文凭和证书。

尼日利亚高等教育的起源可以追溯到1934年,当时殖民地政府在拉各斯(Lagos)创办了雅巴高等学院(Yaba Higher College),培养中等技术水平的劳动者,以满足殖民地行政当局的需要。非洲人通过这条途径获得的上升空间是有限的。这所学院,辍学率极高,无法满足尼日利亚人对真正的高等教育的期望。为此,殖民地政府于1943年召集了埃利奥特委员会(Elliot Commission),就英属西非的高等教育需求问题向当局提供建议。作为委员会建议的成果,1948年在伊巴丹(Ibadan)建立了一所大学学院,就读该校可获得伦敦大学的学位。一直到1960年,这所大学学院是尼日利亚唯一的一所高校。

1959年4月,尼日利亚政府委托以埃里克·阿什比爵士(Sir Eric Ashby)为主席的委员会就新国家最初20年内的高等教育需求向其提供建议。在赴全国各地广泛调研,广泛征求意见的基础上,委员会于1960年,也就是在尼日利亚独立的当年提交了报告,建议设立4所自治的大学,4校的在校生人数在1970年时预计要达到7500人。不过,在阿什比提交他的报告之前,东部地区(Eastern Region)的一个地方政府,早在1955年就已经开始在恩苏卡(Nsukka)筹办自己的大学了。在伊巴丹的大学学院也在1962年脱离了伦敦大学成为一所完全自治的大学。联邦政府在当时的首都——拉各斯创办了一所新的大学。1962年,北部地区(Northern Region)的政府在扎里亚(Zaria)建立了一所新的大学,实现了阿什比建议中的第四所大学。西部地区(Western Region)尽管已有两所联邦大学,但是此地政府仍然于1962年在伊莱一伊费(Ile-Ife)建立了自己的大学。因此,在阿什比报告出炉两年后的1962年,大学的数量就已经超出了建议中提到的数量。在大学及其他高校的创设过程中,政治考量甚于科学规划的模式成为持续困扰尼日利亚高等教育管理的严重问题之一。

阿什比委员会在高等教育规划方面进行了第一次认真的探索,但它很快就被首个国家发展规划(First National Development Plan)所取代。规划由尼日利亚独立后的首届政府于1962年提出,涉及之后的5个财年。这份规划吸收了阿什比委员会的许多真知灼见,例如:在学额分配上,70%投向理论和应用科学,30%留给人文学科。尽管如此,这份国家规划设想在规划期末,尼日利亚各所大学的在校生总人数将达到10000人,比阿什比委员会的估计多出30%。然而实际上,直到1968年,尼日利亚当时存在的5所大学的入学总人数至多也只有8800人。

1968—1970年的内战,中断了制定国家规划的进程,第二份国家发展规划直到1970年才完成。这份规划适用于直到1974年的这段时期。这正是内战后的初期,因此,这份规划基本上是强调国家重建与基础设施的恢复，其中也包括了大学和其他的高等教育机构。

1970 年，4 个地区中最新的 1 个区（该区已被重新划分为 12 个州）要求建立自己的大学，这所大学就是现在所知的贝宁大学（University of Benin）。这所大学的建立标志着尼日利亚大学发展的第一个阶段已经结束。1960—1970 年建立的这 6 所大学，被认为是尼日利亚的第一批大学。

第三个国家发展规划涉及 1975—1980 财年。这一时期，由于石油产业的兴旺和政治上回归民主，经济处于相对繁荣的状态。这份规划的重点是扩大经济发展的生产力基础，培养经济规模扩大所需的熟练劳动力。毫不奇怪，在 1975—1977 年间政府新建了 7 所大学，并在 1975 年接管了 4 所地区性的大学。在这一规划期内，至少还建立了 16 所州立的或是联邦的多科技术学院（National Board for Technical Education，1999）。1977 年，尼日利亚采纳了“国家教育政策”（National Policy on Education），这份文件设置了各级教育的目标，阐明了实现目标的途径。在这一时期，政府取消了所有联邦大学全日制大学课程的学费，并规定了固定的住宿费。由于货币贬值，住宿费现在只相当于每年约 60 美分。

第四个国家发展规划（1981—1985）之后，政府决定采取更为灵活的三年滚动计划的模式来代替被认为过于僵硬的五年计划。新模式允许任何一年中任何未被执行的项目滚入下一年。现在也仍然还是采取这种模式。

1979—1983 年间，尼日利亚又新建了 7 所公立大学，其中的 5 所是联邦的技术大学，2 所是联邦的农业大学。1984 年，新的军政府认为有必要规范高等教育体系的扩张，随后，2 所技术大学和 2 所农业大学被降格为校区，并入了原有的大学。而另一个军政府却又花费了 4 年多的时间将这 4 所大学重新独立出来。在 1975 年，联邦政府已经接管了之前所有的地区性大学，但是州政府却又开始建立起新的州立大学。这种趋势仍在继续。截至 2001 年 8 月，尼日利亚共有 45 所大学，其中 25 所属于联邦（包括 1 所军事学院）、16 所属于州，另有 4 所是私立大学。

阿什比委员会还提议要建立 4 所高等教师学院和多科技术学院。这些类型的高校不论机构数量还是招生规模都在持续增加。在现有的 62 所教育学院中，20 所为联邦所有，38 所为州政府所有，4 所为私立。与之相似，在现有的 51 所多科技术学院中，17 所为联邦所有，27 所为州政府所有，7 所为私立。87 所专门学院（Specialized colleges）中的大部分为联邦和州政府所有（National Universities Commission，1998，1999）。

结构与治理

联邦政府拥有的大学、多科技术学院和教育学院的学生规模往往比州立的同类高校要大。但就管理结构和治理模式来看，两类所有权不同的高校之间几无差别，倒是不同的机构类型之间存在些许差异。在所有的这三类高等教育机构里都有一个由举办的政府任命的理事会或委员会，在这个管理机构中还包括了高校内部产生的一些代表，这些代表或者由选举产生，或者凭借其职位而成为当然的代表。这些委员会代表举办的政府来管理学校的事务。直到最近，大学的管理委员会还须向政府推荐三名校长（vice-chancellor）候选人由总统从中选择。至今，这仍然是任命多科技术学院的院长（rector）和教育学院的院长（provost）的标准程序。在当前讨论中的改革计划里，大学的管理委员会将有权自行任免大学校长，而无须政府介入。在当前的过渡期里，本着新的大学自治的理念，管理委员会只需向政府报批已被其选定的人选。

每一所高校的管理都由一名首席执行官领导；在大学就是校长，在多科技术学院就是院长，在教育学院也是院长。在这名首席执行官的身后，是一整个的高层管理团队，包括：1～2 名副手，1 名教务长，1 名财务主管，1 名图书馆馆长，以及负责基建与维护、学术规划、医疗保健和其他相关事务的多名处长。大学的评议会、多科技术学院和教育学院的学术委员会负责学术事务，诸如：课程、入学标准和考试。

联邦政府为每一类型的高等教育机构建立了相应的监管和协调机构：全国大学委员会（National Universities Commission）负责大学，全国技术教育委员会（National Board for Technical Education）负责多科技术学院，全国教育学院委员会（National Commission for Colleges of Education)负责教育学院。在政府政策的指导下,拨款通过这些机构源源流向各所学校。这些机构还负责质量控制与保障。既作为拨款机构又作为监管机构的多重角色造成了这些委员会与其监管下的学校之间的紧张局面。它们成为政府控制和干预这些教育机构的象征。

作为对大学主张在管理方面享有更大的自治与自由的回应,联邦政府发表了一项政策声明,推动在联邦大学内重建管理与学术自治,同时承诺给予大学更多的拨款,允许大学在经费的管理上享有更大的自由。依据这份文件,校长的任免、约束权很快将被全权授予大学的治理委员会(governing council)。但是,此类的自主权并未打算要授予联邦所有的多科技术学院和教育学院,而州政府也无意追随联邦政府的改革步伐,即便州立大学也无此幸运。让人意外的是,强大的大学学术人员联合会(Academic Staff Union of Universities, ASUU)也极力反对这项新政策,这或许是因为自治将导致整个系统的分权和放开,而这将会削弱工会通过罢工致使高等教育系统瘫痪的能力。

教　师

高等教育机构中的教师是尼日利亚社会中最有组织、最为有序的群体之一。他们往往也比其他行业的人接受过更好的教育(不论是就受教育层次而言,还是就所受的教育的质量而言,大学教师往往有过海外求学经历)。他们在政治观点上较为激进,与其他有组织的群体相比,他们更有能力挑战专制政体。大学学术人员联合会是高等教育工会中最富战斗性的。它总是让历届政府注意到被忽视了的大学,而工会本身也多次被历届军政府禁止。该工会的领导人也常常因为工会的活动而遭到拘禁。

总体而言,教师们首先,也是最主要关心的是的工作待遇,尤其是薪酬。同时,他们也关心教师数量不足的问题,他们认为,这同样是待遇水平低造成的。为全国大学委员会收集的统计数据表明,事实上,尼日利亚大学里的教师人数只及所需数量的三分之一(需要 36134 名教师,但是实际只有 12398 名教师)。

近年来,尽管当前的民主政府已经提高了教师的待遇,但是提高后,一名教授每月能够拿回家的收入也只有 1000 美元,这样的薪资水平即便是按照非洲的标准来看都是偏低的。显然,这也就解释了为什么有那么多的尼日利亚学者和其他的专业人员移居海外,尤其是美国、南非、博茨瓦纳、沙特阿拉伯和欧共体成员国。据估计,单单在美国,就至少有 10000 名尼日利亚学者和 21000 名尼日利亚医生。

尽管尼日利亚的这些高等教育工会关注的不少问题是合理合法的,但是,这些工会往往滥用罢工这一武器。只要稍有不满,几个强有力的工会就可以随意地威胁国家,这在全世界都是不多见的,而尼日利亚就是其中之一。大学里的学者工会(在多科技术学院和教育学院里这种情形也在增加)一有什么不满,需要政府出面解决的,就召集成员举行罢工。当前的改革旨在提高教师及相关职员的薪资待遇,促进薪酬更加公平地分配,并且促使高等教育体系更加的分权化和开放。在新的环境里,工会的诉求随之也将会更加的地方化,其对高等教育体系稳定性的影响也将会减弱。

学生激进活动

将尼日利亚高校里的学生们组织在一起的只有一个单一的全国性联盟,尼日利亚全国学生联盟(National Union of Nigerian Students, NANS)。该联盟与大学学术人员联合会等几个工会一起,构成了军政府时期有组织地反抗尼日利亚专制统治的少数的几个基地。有一些学生在反抗不得人心的政府政策的活动中失去了生命。当前,该联盟极力反对的是大学自治的政策和接受依靠世界银行贷款的设施来提升尼日利亚的大学创新能力的计划。联盟对这两个问题的反对是因为不论这两个问题中的哪一个都会导致大学重新开始征收学费并使教育商业化。

经　费

经费是制约尼日利亚高等教育发展的主要因素之一。联邦和州政府是高等教育机构主要的举办者,也是高校大部分经费的提供者。1977 年,联邦政府取消了联邦大学里所有大学课程的学费，并规定收取的住宿费每个床位每学期相当于当时的100美元。这两项政策执行至今，然而本国的货币——奈拉，却已急剧贬值，以至于现在的住宿费仅相当于60美分。州立大学甚至向本州的学生收取学费，州外的学生则往往被征收更高的费用。多科技术学院，不论是联邦的还是州立的都要收取学费，而所有的教育学院则都免收学费。

政府对收费进行规定的后果就是政府必须要承担高等教育系统产生的巨额费用，而进一步的后果则是整个高等教育系统的经费需求都得不到充分的满足。1996年，联邦政府的补贴标准是：多科技术学院生均251美元，教育学院生均394美元，大学生均300美元。而州政府则通常还不如联邦政府慷慨。

不过，在2000年，第三级教育机构，尤其是联邦政府的高校的经费情况有了大的改观，这在很大程度上得益于公共部门工作人员的普遍涨薪。在联邦大学，单位成本从370美元增加到了932美元，增长了252%。同时，按照最近大学学术人员联合会与联邦和州政府之间达成的协议，生均成本有望提高到至少1300美元，至多3365美元。具体会提高到怎样的水平取决于这份协议能够在多大程度上得到实施。联邦的多科技术学院的生均经费在2000年也有了显著的提高，达到了777美元，而在1996年这个数字仅为251美元。

正如人们所认识到的，由于当前的拨款水平太低，导致了学者的报酬也不高。而这也是造成教师兼职，人才流向国外或是尼日利亚的其他经济部门的原因。所有这一切牺牲掉的就是教育的质量。从根本上说，除了成本分担，就没有别的方案能够很好地解决高等教育经费紧张的问题了。

认　证

在全国大学委员会组织的最新的一次针对大学系统的课程认证中，只有11.4%的课程通过了完全的认证，而绝大多数的课程（72.5%）只能得到临时认证。剩下的15.1%的课程没能通过认证。一个高等教育体系只能发挥11.4%的最佳效能，这显然是需要进行全面反思的。技术教育全国委员会负责对多科技术学院的认证，而全国教育学院委员会负责对教育学院的认证。这两个机构的认证结果比对大学的认证结果要稍好一些。主要原因是多科技术学院和教育学院可以选择对其进行认证的时间，并提前做好更为充分的准备以满足要求。而全国大学委员会一旦确定了认证的时间表，大学就没有任何的选择余地了。

毫无例外，为了准备即将到来的认证，高校往往都能从其举办者（尤其是州政府，平时在资助高校方面是吝啬出名的）那里争取到一笔额外的或者说是特殊的经费。就联邦大学而言，全国大学委员会通常会开列一份清单，指明为获完全的认证，需要联邦政府加以改进的地方。这就是说，借认证的东风，高校倒是能够改善一下经费状况。

在尼日利亚的大学系统中，很难对认证的有效性进行评估。第一次的认证是在1990—1991学年开展的，在此之后计划要在两年内进行回访，但是后续的行动由于国内的政治变动和大学校园里的工运而被中断了。因此，第二次的全面评估直到1999—2000学年才得以开展。多科技术学院和教育学院的局势较为稳定，因此对这两类院校的评估，就质量控制方面而言，显然比全国大学委员会开展的认证更为有效。

语言与课程

英语是尼日利亚的官方语言和小学三年级以后各级教育的教学语言。但是，在各级教育中，英语的熟练程度都在降低，而糟糕的交流能力是中等和高等教育统考中考试失败的一个主要的原因。例如，在西部非洲考试委员会（West African Examinations Council）组织的1999年的学校结业证书考试（School Certificate Examination）中，只有约10%的学生在英语考试中达到了及格线，而这是升入大学的最低要求。但是，由于大学一般平均的录取比例为17%（尽管并不是所有的中学毕业生都是想要进入大学的），所以有理由认为招收的学生中有一部分是没有达到最低要求的，这就进一步降低了大学招生的质量。由于英语当前在世界范围内的流行，把英语作为官方语言是有利的。但是如果尼日利亚人要继续将英语作为一种有用的交流工具,那么就必须在英语的教学上投入更多的精力和资源。

尼日利亚的教育体系采用6-3-3-4制。在第三级教育阶段,课程的结构和内容在相当程度上是统一的,这在很大程度上是因为尼日利亚有一个非常详细的最低学术标准(Minimum Academic Standards)。这份标准明确了要授予某项文凭或学位就必须教授哪些课程。作为民主的文官政府所实施的新的改革的一部分,有一些措施被用来替代原先大学里课程的统一。有一些标准被提供给课程的设计者,指导他们来决定哪些技能是某个专业的毕业生所应该具备的。

研究生教育

在尼日利亚大多数的大学里,研究生教育还在起步阶段。1989—1990学年,在所有的联邦大学中,研究生只占在校生的8.7%,而大学生占到了84.3%。剩余的7%是学历层次更低一级的学生。不过,在有一些老大学里,特别是伊巴丹大学(University of Ibadan),研究生的比例已经上升到了30%左右。总体上,研究生集中在人文、社会科学和教育学领域,而科学、工程学和医学领域的研究生数量就要相对少许多。有迹象表明,政府正在考虑建立一所研究生大学(graduate university)或是将现有的某所大学转变为一所研究生大学的可行性。

研究现状

尼日利亚高校中的科研活动集中在大学里。在学术人员的合同中就写明了开展研究活动并发表研究成果是职业晋升的先决条件。但是,面对资金的紧张,大学糟糕的科研经费管理,科研设施的缺乏,以及地方上私营部门对资助大学开展研究活动和利用研究成果的毫无热情,在尼日利亚的大学里开展研究活动不过是在“不出版就走人”(publish-or-perish)的生死线上挣扎罢了。在国家层面上,尼日利亚应该要制定国家的科研战略。就占国民生产总值的比例而言,尼日利亚位列全世界研发经费最少的国家之一。由于多科技术学院和教育学院并不重视科研,因此在这两类高校中的研究活动就更少了。

在全国大学委员会的拨款方案里,拨给每所大学的循环经费中的5%是用于科研的。然而,由于大学未能令人满意地证明其利用先前所获拨款的有效性,因此,实际上大学任意一年得到的科研拨款都没能超过应发科研拨款总额的三分之一。就是因为这个原因,有几所大学被全国大学委员会扣下了相当于三年应发科研拨款总额的科研经费也就不足为奇了。

即便学者们做出了高质量的研究,在尼日利亚发表研究成果的途径也非常有限。学术出版目前还不是一个可以自我维持的行业,而要保持住一份新的学术刊物则完全是一个挑战。这一切所造成的后果就是尼日利亚最高水平的研究报告只能去国外寻求发表。

尼日利亚的公司和在尼日利亚运营的外国跨国公司似乎对推进大学的研发活动不感兴趣。它们更青睐直接应用来自西方工业化国家已经经过充分检验的技术。在工业化国家里,大学研究经费中的很大一部分来自于私营部门和商业基金;而在尼日利亚,缺少私营部门的资助是大学全面开展研究活动的一个主要障碍。

毕业生失业问题

根据年度统计摘要(Federal Office of Statistics, 1998),在1997年,尼日利亚失业人口中的21.5%是接受过中等后教育的人。不过,大学毕业生仅占失业人口的6.5%。由于高校毕业生通常还不到总人口的5%,因此这个比例还是非常高的。高校毕业生高失业率的原因是显而易见的:生产性部门不只是发展停滞,而是有所衰退;而在服务性行业中,白领已经饱和。经济的结构性失调需要政府来解决。但同时,尼日利亚的高等教育机构,尤其是大学必须将创业教育纳入它们的课程,以便毕业生能够利用所学自我就业或是为他人创造就业机会。

私营部门参与高等教育供给

尼日利亚高等教育体系的另一个特征是私营部门的参与。目前,尼日利亚有7所私立多科技术学院,4所私立教育学院和3所私立大学。而且私营部门办校的趋势可能还会延续下去。

但是与此同时，在当前的尼日利亚，公立高等教育机构的私有化，与重新在大学里征收学费一样，在政治上仍然是无法被接受的。尽管大多数的中等学校，尤其是南部地区的学校是由社区和个人举办的，但是由私人部门提供的高等教育还是非常有限的。私立大学和教育学院只占大学和教育学院总数的6%，而私立多科技术学院也仅占多科技术学院总数的15%。而且这些学校的学生规模在整个高等教育学生规模中所占的比例更低，这是因为这些学校办学的时间还很短，且收费又高，这在某种程度上限制了入学的人数。

人们通常认为私立收费的小学和中学的教育质量要比同类型的公立学校好。但是迄今为止，私立高等教育机构的声誉还有待提高。当前公众对私立高等教育的态度还是不无怀疑的。不过，在招生危机中，私立高等教育机构在尼日利亚还是有希望能够得到一个光明的未来的，尤其是如果它们能够像在初中等教育中所做的那样赢得高质量的声誉的话。

远程教育

尼日利亚的远程教育还处在起步阶段。尽管有许多的教育学院，位于卡杜纳(Kaduna)的国家教师教育学院(National Teachers' Institute)，以及相当一部分的大学确实在向教师们提供传统的以印刷品为媒介的远程教育，帮助他们获得尼日利亚教育证书(Nigeria Certificate in Education)或教育学学士学位。但是这种做法还没有推广到其他学科。尼日利亚还没有专门的高等教育机构来从事远程教育。此外，由于缺少必要的基础设施，尼日利亚也还没有以电子技术为依托的远程教育。

为了满足对更为灵活的教学服务的需求，尼日利亚的大学开始在离主校区1000多公里以外的地方建立卫星校区和校外中心，并常常使用外聘的教师。大多数的此类卫星校区和校外中心实际上是由商界的专业人士代表大学来经营的，采取各方成本和收益分担的经营模式。在大多数的情况下，大学很少监督这些机构的学术水准，因而其教育质量也是令人担忧的。因此，政府只好下令关停所有达不到最低认证标准的卫星校区。这项政令很有可能会遭到州立大学的抵制，但是联邦政府已经颁布了一项短期的远程教育战略，旨在既要满足对高等教育的需求又不至于牺牲质量。这项政策允许每所大学在离主校区200公里以内的地区建立至多5个学习中心，而只有本校的全职教师才可以在这些学习中心里执教。不过，政府的长期目标是要在电力供应得到保障，且计算机和电话线已经得到普及的情况下发展有质量保障的在线远程教育。

高等教育系统中的扭曲问题

尼日利亚的高等教育体系面临着几个方面的扭曲问题。旨在培养科学和技术领域中等层次劳动力的多科技术学院本应有70%的学生就读与工程和科学相关的专业，但是实际上有60%的学生在学习与商业有关的课程。1998—1999学年的学生人数统计表明，联邦大学60%的学生攻读科学相关专业的目标还没有实现，只有58.8%的学生在这一类别中，而有41.2%的学生在学习人文学科的相关课程。这种情况扭曲了尼日利亚的劳动力结构。

如表51.2中所显示的那样，高等教育系统中另一个被扭曲的问题在于多科技术学院和教育学院与大学之间的比例问题。原本多科技术学院和教育学院的规模应比大学的规模要大，但在尼日利亚实际情况却正好相反。

表51.2 1998—1999年尼日利亚高等教育机构的院校类型、院校数量与在校生人数

院校类型	院校数量	在校生人数
教师教育	63(44%)	105817(14%)
技术教育	45(31%)	216782(30%)
大学教育	36(25%)	411347(56%)
总计	144	733946

来源：阿布贾全国大学委员会。

大学的在校生人数约占到了尼日利亚高等教育在校生总人数的56%。考生一般是在无望升入大学的情况下，才会选择多科技术学院和教育学院的。为解决这种失衡的状况，奖励制度必须要到位，且各类高校毕业生的就业预期必须要合理化。目前，尤其是初、中等学校的师资队伍已经因为申请就读教育学院的人数和在校生规模的下降而受到威胁。

当前与未来的挑战

尼日利亚的高等教育体系面临着四个方面的挑战。这些挑战是入学、质量、适切性以及信息通信技术。

入学方面的挑战更准确地说应该是危机,具体情况参见表51.3。据联合招生与入学考试委员会(Joint Admissions and Matriculation Board, 2000)的统计,1997—1998年度大学的录取率只有17%;同一学年,多科技术学院和教育学院的录取率分别是20.5%和33.7%。在本章的开篇部分我就已经指出,尼日利亚高等教育的毛入学率仅有5%,这与最发达国家40%~60%的毛入学率相比是不成比例的。既然人力资源开发仍然是实现发展最快捷的途径,而对于人力资本开发而言最重要的教育层次又依然是高等教育,那么高等教育的扩张仍然是尼日利亚面临着的一大重要的挑战。据全国人口委员会(National Population Commission)测算,到2010年时,尼日利亚将有2200万人处在18~25岁之间,他们是高等教育的适龄人口。即便按照比较中性的目标,即30%的适龄青年进入高校就读来测算,这也将带来660万的在校生。

表51.3　1965—2014年尼日利亚高等教育机构的在校生人数

年份	在校生人数
1965	6707
1970	9695
1975	26448
1980	57742
1985	126285
1990	172911
1995	236261
1998	411347
2004	958476*
2009	1763084*
2014	3243136*

注:*预测。
来源:阿布贾全国大学委员会。

男女比例失衡也是尼日利亚高等教育面临着的一大问题,这种不平衡不仅仅表现在学生群体中,也体现在教师群体中。在小学阶段性别差异仅为5.3%,在中学阶段也仅为5%。然而,在大学阶段性别差异就上升到了15%,女性只占大学在校生人数的35%。对女性的专业分布进行进一步的分析后发现,在工程和技术类专业中,女性比例严重偏低,而在文科和教育类专业中的比例则偏高。在教育学院中,女生占在校生总人数的55%。女性在大学以下的教学岗位上的微弱优势,并没有在大学层次上得到再现。在大学层次上,只有12.4%的学术人员是女性。由于女性占到尼日利亚总人口的51%,因此应该采取更多的激进措施来纠正女性在高等教育师、生群体中比例失衡的问题。

既要扩大招生规模,又要保持和提高教、学、研究的质量,这是非常艰巨的挑战。而主要的质量指标,即对大学课程的认证结果已经表明,这个教育体系质量低下,效率不高。类似地,最近的一项有关尼日利亚的大学的外部效能的研究(Dabalen and Oni, 2000)显示,尼日利亚的雇主们认为大学毕业生在沟通、概念建构和分析技能方面存在缺陷,在所学专业领域也技艺不精。一家大型的石油公司声称,它要为招募的每一名从尼日利亚的大学里毕业的员工花费12000美元用于再培训。除非高等教育的经费数量能够得到实质性的显著增加,经费来源能够实现多样化,那么质量的提高其实是无从谈起的。

适切性的问题也是一项重要的挑战。上面提到的雇主的意见就反映出了尼日利亚高等教育的课程与实际工作之间相脱节的问题。因此,一项重要的任务就是要明确哪些能力是毕业生需要的,据此才能够保证教育机构付出的努力能够满足就业市场的需求,并符合知识经济的现实。

信息通信技术对于尼日利亚的高等教育而言是非常重要的。为了与时俱进,所有的高校都必须联上互联网,并确保师生能够随时上网。当前,约有25所大学和跨校中心,以及若干所多科技术学院和教育学院提供了电子邮件服务。现有最大的学术网络是尼日利亚大学网(Nigerian Universities Network, NUNet)。现在已经在着手创建一个更大的学术、教育和研究网络,该网络将会把尼日利亚大学网、多科技术学院子网络系统以及其他一些机构的网络系统整合到一起。

这个网络将被称作尼日利亚教育、学术与科研网(Nigerian Educational, Academic, and Research Network, NEARNet)。通过信息通信技术的合理部署,低成本、高质量的教育机会将会得到显著的增加,因为到那个时候,时间与空间的限制都将不再是大的问题。

结　语

尼日利亚的高等教育需要在未来的10年里扩充到当前规模的10倍,如此才能满足可以预见到的高等教育适龄人口的增长。然而,即便是现在,高等教育的质量就已经显示出了下滑的趋势,而这主要是因为在经费上过于依赖政府。在新千年的第一个10年里,这个高等教育体系所面临着的挑战在于如何在提高质量的同时扩大规模,且在不引发社会和政治动荡的前提下实现经费来源的多样化。

如果决策者和系统的管理者们能够富有想象力地解决这个系统所面临着的诸多挑战,尤其是解决拨款、入学机会、质量、适切性、信息通信技术等方面的问题,那么尼日利亚高等教育的明天一定是光明的。有了当前民主文官政府推进高等教育发展的坚定决心和国际援助机构的良好愿望,相信成功的曙光已经在地平线上显现。

参考文献

Dabalen, A., and B. Oni. 2000. *Labour Market Prospects for University Graduates in Nigeria*. Washington, D. C.: The World Bank.

Federal Office of Statistics, Nigeria. 1998. Annual Abstract of Statistics. Abuja.

Federal Ministry of Finance, Nigeria. 2000. "Quarterly Performance Report of the Economy: October - December, 1999."

Hartnett, T. 2000. *Financing Trends and Expenditure Patterns in Nigerian Federal Universities: An Update*. Washington, D. C.: The World Bank.

Isyaku, K. 2000. "Teacher Education in the 21st Century Nigeria: Vision and Action." Mimeographed Report. Kaduna: National Commission for Colleges of Education.

Joint Admissions and Matriculation Board. 2000. Annual reports 1997, 1998 and 1999. Abuja: Joint Admissions and Matriculation Board.

National Board for Technical Education. 1999. "Polytechnics and Monotechnics under NBTE Supervision." Pamphlet. Kaduna: National Board for Technical Education.

National Population Commission. 1999. "Nigeria at a Glance: Census' 91." Pamphlet. Abuja: National Population Commission. National Universities Commission. 1998. Annual Report. Abuja: National Universities Commission.

——. 1999. *Annual Report*. Abuja: National Universities Commission.

UNDP. 1997. *Nigeria Human Development Report* 1996. Lagos: UNDP.

UNESCO. 1998a. *Development of Education in Africa: A Statistical Review*. Durban: UNESCO.

——. 1998b. *The State of Education in Nigeria*. Lagos: UNESCO.

——. 1998c. *World Statistical Outlook on Higher Education*, 1980-1995. Paris: UNESCO.

52 卢旺达

乔利·马齐姆哈卡
G·F·丹尼尔

引 言

卢旺达是大湖地区(Great Lakes Region)的一个内陆国家,国土面积26338平方公里(10169平方英里),被山地地形分割,与布隆迪、刚果民主共和国、坦桑尼亚和乌干达四国接壤。卢旺达的人口约为765万,其中90%为农村居民,57%为女性,60%在20岁以下。卢旺达的识字率为52.7%(Republic of Rwanda, 1997)。根据财政部信息,卢旺达国内生产总值是18亿美元。卢旺达农业食品生产自给自足,出口收入为6000万美元,主要来自茶叶和咖啡。2000年消费进口达到2.4亿美元。人均收入为230美元,低于撒哈拉以南非洲国家350美元的平均水平,而最低日工资少于1美元。

卢旺达是非洲仅有的几个国内拥有共同文化的国家之一,卢旺达大部分人操同一语言,有相似的习俗和传统,这是国家团结和发展的重要因素。但是,自从1961年卢旺达摆脱比利时统治获得独立后,其历史就一直充斥着内部冲突,1990—1994年的战争达到最为严重的程度。1994年可怕的大屠杀悲剧是冲突高潮,约100万人被夺走生命。技术人员和专业人才不是被杀害就是被流放,造成劳动力的巨大空缺,这一现象严重影响了卢旺达国家发展的方方面面。即使在1994年以前,国家经济的许多部门仍严重缺乏专业人员和管理人员;战争和屠杀加剧了人才的不足。

作为重建计划的组成部分,1998年5月,政府为整个教育部门发表了一份政策声明,确定了主要目标,包括如下:

- 通过发动一场针对家长的运动,促进学前教育。
- 到2000年,将小学入学率提高到80%,到2005年提高到100%。
- 到2000年,使30%的小学毕业学生进入中学,到2005年将这一比例提高到40%。
- 高等教育入学人数翻一翻。
- 为残疾儿童提供更多机会。
- 为成人教育和校外青年教育提供设施。

对卢旺达教育部门的一项研究(Rwandese Republic, 1997)以及对教育的一项部门咨询(Republic of Rwanda, 1998b)确定了如下高等教育的具体目标:

- 提供高质量高等教育教学并不断加以改进,适应国家需求。
- 培养有能力的专业人才,能够预见并引领社会、政治、经济和文化发展。
- 实现教育多样化,尤其加强科学和技术培训,并最终创建新的教育机构。
- 考虑劳动力市场吸收新毕业生的需求和能力,同时扩大高等教育招生能力,提高入学率。
- 促进科学和技术研究,响应社会需求。
- 重新启动并加强普通研究活动。
- 促进优先学科领域的高等教育入学。
- 促进人文教育及科学文化走向卓越。
- 夯实院校结构。

作为教育部对整个教育部门的评议项目的一部分,1998年5月,教育部任命了一个高等教育评议委员会(Higher Education Review Committee),负责为制定实现上述目标的高等教育政策提出建议。委员会由卢旺达国立大学(L'Universite Nationale du Rwanda-UNR)校长埃米尔·卢瓦马斯拉博(Emile Rwamasirabo)博士担任主席,由来自所有公立和私立高等教育机构的代表和教育部的代表组成。委员会于 1998 年成立,2000 年完成了任务,2000 年 7 月向教育部递交了最终报告。由于国家近期遭受的惨重损失包括文献资料流失,本文的研究虽然借鉴了委员会提出的建议,但基本上是依靠仅有的几份政府出版资料和卢旺达国立大学的资料。虽然委员会的建议最终命运如何还不得而知,但表 52.1 和表 52.2 还是列举了高等教育评议委员会的研究结果。

表 52.1 1999—2000 年卢旺达高等教育机构的办学主体、专业、最高学位、费用、住宿状况

机构 (创办时间)	办学主体	专业侧重	最高学位	费用	学生宿舍
卢旺达国立大学(NUR, 1963)	政府	综合	文科学士、理科学士、医科理学硕士	18 美元 (7300 卢旺达法郎)	有
基加利科学技术与管理学院(KIST, 1997)	政府	科学、技术、管理、双语、继续教育	证书、文凭、理科学士、工商管理学士	18 美元 (7300 卢旺达法郎)	有
基加利自由大学(ULK, 1996)	私人	经济、管理、法律、社会科学	学士	247 美元 (100000 卢旺达法郎)	无
基加利非教会基督复临大学(UNILAK, 1997)	宗教基金会	管理、法律、教育	文科学士	370 美元 (150000 卢旺达法郎)	无
中部非洲基督复临大学(UAAC, 1988)	第七日复临教会	管理、教育、神学	文科学士	393 美元 (159240 卢旺达法郎)	无
基加利卫生学院(KHI, 1997)	政府	护理、护士	高级文凭	18 美元 (7300 卢旺达法郎)	是
农业与畜牧业学院(ISAE, 1989)	政府	动物技术、农学、农业工程师	高级文凭	18 美元 (7300 卢旺达法郎)	有
公共金融学院(ISEP, 1986)	政府	金融	文凭	18 美元 (7300 卢旺达法郎)	有
神学院(1936)	天主教会	神学	准学士学位	0	有
新教神学院(FPT, 1996)	宗教团体	神学	—	—	无
基加利教育学院(KIE,1998)	政府	教师教育、教师培训	证书、文凭、文科学士、理科学士	18 美元 (7300 卢旺达法郎)	有
吉特威教育学院(ISPG, 无日期)	政府	神学	文凭	18 美元 (7300 卢旺达法郎)	—

来源:Ministry of Education, 2000.

表 52.2 1999—2000 年卢旺达高等教育机构的学院数、学生数、教师人数

机构	学院数	学生数	教师人数
卢旺达国立大学	10	4550	250(外加 300 名客座人员)
基加利科学技术与管理学院	5	1220	130(外加 15 名客座作人员)
基加利自由大学	3	2313	11(外加 28 名客座人员)
基加利非教会基督复临大学	3	100	5(外加 31 名客座人员)
中部非洲基督复临大学	4	237	14(外加 18 名客座人员)
基加利卫生学院	7	445	31(外加 66 名客座人员)
农业与畜牧业学院	4	365	28(外加 15 名客座人员)

续 表

机构	学院数	学生数	教师人数
公共金融学院	2	98	42(外加 26 名客座人员)
神学院	1	150	13(外加 5 名客座人员)
新教神学院	2	107	未知
基加利教育学院	3	700	60
吉特威教育学院	2	无数据	无数据

来源:Ministry of Education, 2000.

高等教育状况

沿　革

同非洲大部分地区一样,教会是最早在卢旺达开展正规教育的机构,尤其是殖民统治时期,教会开办教育的目的是服务其自身。教会提供教育的努力主要是建设了几所中小学,还创办了纳其班达神学院(Grand Séminaire de Nyakibanda)。该神学院于 1914 年在卡布加义(Kabgayi)建立,1936 年搬至纳其班达。神学院现仍提供学制至少两年的哲学和神学方面的中学后教育课程,仅培养天主教高级教士。约 30 年后,直到 1963 年,国家才建立卢旺达国立大学。自此以后,在教会、国家和私营部门的共同努力下,卢旺达又建成了 11 个高等教育机构,大部分建校时间为 20 世纪 80 年代和 90 年代后期。

规　模

卢旺达的 12 所高等学校中,有 6 所由政府创办,包括:卢旺达国立大学,公共金融学院(Institut Supérieur des Finances Publiques,ISFP,创办于 1986 年),农业与畜牧业学院(Institut Supérieur d'Agriculture et d'Elevage, ISAE, 1989),基加利科学技术与管理学院(Kigali Institute of Science, Technology, Management, KIST, 1997),基加利卫生学院(Kigali Health Institute, KHI, 1997),基加利教育学院(Kigali Institute of Education, KIE, 1998)。4 所由宗教基金会创办,包括:纳其班达神学院(Grand Séminaire de Nyakibanda, 1936),布塔雷的新教神学院(Faculté de Théologie Protestante, FTP, 1996 正式开办),中部非洲基督复临大学(L'Universite Adventiste d'Afrique Centrale, UAAC, 1998),基加利非教会基督复临大学(Université Laique Adventiste de Kigali, UNILAK, 1997)。另外还有 2 所大学由世俗机构创办:基加利自由大学(Université Libre de Kigali, ULK, 1996)和吉特威高等教育学院(Institut Supérieur Pedagogique de Gitwe, ISPG)。排在 12 所院校名单之外的还有 2 个机构,它们是位于库姆巴(Nkumba)的天主教高等应用教育学院(Institut Supérieur Catholique de Pédagogie Appliquée, ISCPA, 1986)和位于吉塞尼(Gisenyi)的管理与信息学院(L'Institut Supérieur De Gestion et d'Informatique, ISGI, 1985)——即圣·费德勒管理和信息学院。这两所学院已在战后和 1994 年大屠杀后停办。卢旺达有两个国家研究中心开展研究项目,分别是科学和技术研究所(Institut de Rercherche Scientifique et Technologie, IRST),它负责基础和应用研究以及培养人才;农学研究所(Institut des Sciences Agronomique au Rwanda, ISAR),它是为促进农业和畜牧业的科学和技术发展而建立的。教育部设立了科学技术研究规划与促进秘书处(Secretariat of Planning and Promotion of Scientific and Technological Research, SPPSTR),来改进研究活动,并协调国家层面的研究。尽管目前这两个研究所仍在运行中,但条件差,缺乏必需的工具,而且高水平的研究人员和技术人员目前十分缺乏。

录　取

从卢旺达国立大学(UNR, 1990)对 1984 年至 1990 年间有关卢旺达高等教育改革的研究总结来看,1994 年之前从未设定高校录取标准。1985 年 3 月,卢旺达国立大学卢旺达高等教育改革委员会的一份报告(La Commission de l'Université Nationale du Rwanda pour la Réforme de l'Enseignement Supérieur au Rwanda)注意到以下几点：

- 教育部单独负责为公立高等教育机构招生，尤其是为卢旺达国立大学。
- 政府选拔学生进入大学，应当考虑大学对各个学院的各个学科和专业录取学生的要求。
- 大学，特别是卢旺达国立大学，必须制定录取要求(考虑中学毕业生各门选修课的成绩和大学层次教育的要求)，并作为录取标准呈交教育部。
- 报告完稿时(1990)，大学尚未制定这些标准。(République Rwandaise，1985:21)

1990年7月，卢旺达公布高等教育改革研究报告。在此之前，除了以下建议，没有制定任何具体的录取政策。这些建议包括：

- 确定并明确公开的录取标准和程序。
- 采取卓越原则。
- 组织竞争性的入学考试。
- 把考试的组织工作委托给一个集体机构或委员会。
- 引导学生根据中学学习状况选择课程。
- 为各学院或单位制订入学要求及获取毕业资格的要求。
- 在中学雇佣职业生涯顾问并组织信息通报会议。
- 卢旺达国立大学参与选拔入学学生。
- 为一年级学生设定一年的时间，减少由于不同中学学习背景造成的学术水平的差异，从而确保更好地定位。
- 选拔和录取报考者时考虑种族、区域、社会平衡因素。(République Rwandaise，1990a；L'Université Nationale du Rwanda，1990:25)

在20世纪70年代至1994年期间，卢旺达一直在使用的录取标准是基于种族和区域考量的配额制。但现在，录取时考量的因素扩大了，这些因素包括：持有完成6年中学课程而获得的文科高中毕业文凭(Diplôme d'Humanité)或与高级水平考试(A-level)相当的资质；顺利通过卢旺达国家考试委员会组织的卢旺达国家考试(这两者都是在1994年后引入的)；符合特定学校的招生条件和具体的基本要求。

项　目

人文和社会科学主导卢旺达的高等教育课程，尽管为了弥补这一失衡现象，1997—1998年创办了3所新的学校：即：基加利卫生学院，培养中等水平的护理人员和护士；基加利科学技术与管理学院，培养中等技术人员、管理者以及工程、食品学、计算机、商务管理方面的毕业生；基加利教育学院，主要培养中学教师。教育学院还与小学教师培训中心联合培养小学教师，开展职前和在职培训，并培养小学教师的培训人员。国家期望各级教育机构提供英语和法语教学(1994年以来两者均为教学语言)，推进双语制，为卢旺达国立大学毕业生提供更广阔的就业机会。

各校的专业侧重因校而异。卢旺达国立大学提供综合的学习项目，包括：农学、法律、人文、社会科学、医学、理论和应用科学、教育学、公共卫生学和营养学。其他学校则重点集中在某个特殊职业或某个专门领域。现有项目的年限分别为1年，2～3年和3～5年不等，毕业后授予证书、文凭、高级文凭、学士学位(目前有3所公立高校和3所私立高校拥有授予权)和硕士学位(只有卢旺达国立大学的医学专业有资格授予)。尽管这些院校很少提供远程教育课程，但还是有3所高校在夜间提供继续教育课程。目前，只有一名学生在一所院校攻读函授硕士课程，而这所院校和另一所院校通过非洲虚拟大学(世界银行项目，基地位于华盛顿哥伦比亚特区)远程课程提供终身学习。这2所院校都是公立机构。

学生入学

1963—1964年，卢旺达国立大学最初的注册人数为49人，1980—1981年上升到921人。1981年与国家教育学院(IPN)合并后，1985—1986年的学生数为1572(Rwandese Republic，1995:23)，目前有学生4550人。卢旺达国立大学每年的招生人数为600人，从大约4000人中选拔(约1/6)。根据表52.2，其他高校1999—2000年共招收5715名学生。12所高校的总学生人数超过10000人，但只有1/4为女生。

学 费

如表 52.1 所示，年均学费从公立高校的 18 美元到私立高校的约 250～400 美元不等。高等神学院不收费。

住 宿

在调查中有数据的 12 所高校中，只有 6 所拥有住宿设施，即便如此，学生宿舍也人满为患，难以容纳所有需要住宿的学生。如果学校离家太远，反而使满足录取资格的学生无法接受录取通知，除非学生可以找到其他的住宿，但这些安排可能无法提供有益的学习环境。例如，目前，卢旺达国立大学只能为 4550 名学生中的 1580 名提供住宿，而基加利科学技术与管理学院只能为 1200 名学生中的 450 名解决住宿。

教职员工

所有高等教育机构的教职员工中总共只有 100 名博士，包括卢旺达国立大学的 74 位博士，和其他高校不及其一半的博士。大部分院校严重依赖兼职教师。1149 名教职员工中，585 名是全职的，564 名是兼职的。根据获得的报酬信息，月工资从助教的 210 美元(85000 卢郎)到教授的 350 美元(140000 卢郎)不等。此外还有交通、设备和住房补贴。卢旺达国立大学依照个人工资比例承担部分养老金，新办的院校——基加利教育学院、基加利卫生学院、基加利科学技术与管理学院——则不提供养老金，只按特定的工资比例提供退休补贴。

总体情况

卢旺达高等教育的总体情况也许可以从卢旺达国立大学的状况得到最好的反映。卢旺达国立大学是一所公办学校，历史最长，资源更好，相对稳定，是该国最知名的高校。除了人文、社会科学、管理、教育和法律，卢旺达国立大学其他专业入学人数有限：理学(3.9%)，农学(3.6%)，应用科学(6.2%)。尽管当初计划要在不远的将来开展研究生教育，但这些领域至今尚无研究生课程，目前只有卢旺达国立大学医学专业提供硕士学位层次的教育。2000 年，麦克雷雷大学商学院(Makerere University Business School)和卢旺达国立大学签署一份协议，打算很快引进一个合作办学项目。卢旺达国立大学拥有 251 名正式教职员工和 300 名兼职或访问讲师(见表 52.2)。《卢旺达教育部门研究》(*Study of the Education Sector in Rwanda*)(Rwandese Republic, 1997)的信息记载了学生的高复读率(1994—1995 年，2820 名学生中有 701 名复读，约占 1/4)和高辍学率(1994—1995 年，2820 名学生中有 451 名辍学，占 1/7)。实验室和设备的状况仍有待改善。科学研究主要在大学校园之外的国家研究中心开展。因为缺乏合格的教师和经费，开展的研究数量极少。

质量控制

从对卢旺达现有高等教育机构的调查所报告的不足中，我们可以推断这些院校缺乏院校和项目认证机制，其他信息来源也证实，对教师的职称评审以及对学生考试的外部测评员制度也还未启动。卢旺达的高校还缺乏足够的资金、装备良好的实验室及馆藏丰富和计算机化的图书馆，也缺乏足够的教室与体育设施以及适当的研究基础设施，为学生提供的就业指导和咨询服务也不够，而所有这一切是一个教育系统要繁荣所必须具备的要素。

高等教育缺少一个支持其发展的坚实基础结构，这是导致卢旺达高等教育不良状态的另一个因素。《卢旺达教育部门咨询》(*Sectoral Consultation of Education in Rwanda*)(Republic of Rwanda, 1998b)指出，卢旺达只有 24 所政府办的学校，86 所接受私人资助的学校和 6 所私立学校。私立学校收取高额学费，所以其基础设施较好些，但也不是所有的学校都拥有可用于科学教育的设施(Republic of Rwanda, 1998b:20)。高等教育机构中人文学科占据优势，这当然是中学课程设置的结果，因为人文学科办学成本低，中学课程常常重人文轻科学和技术教育。在公立或私立学校，报酬并不足以吸引最优秀的教师，结果，68%的教职员工的受教育层次达不到中学以上。

改 革

卢旺达的国家结构和基础设施遭战争摧毁。

作为一个刚刚从战争和种族灭绝中幸存下来的国家,卢旺达迫切需要重建并培养受教育的人才以维持发展。今天,高等教育应该成为重建议程的中心,但是卢旺达还没有制定国家高等教育政策。过去,非洲的教育政策是由移植和输入所依附的欧洲国家的教育制度而形成的。国家主权的获得带来了选择的自由。当然,并不是每一项在一国成功的政策在另一个国家也一定会奏效。这在很大程度上取决于所处的社会经济环境、当时的政治以及公民的素养。一个教育系统要指望与全球学术圈开展合作并获得援助,主流政策意识很有助益。

从全球范围而言,基本的问题与以下几个因素有关:入学(男女比例平衡、机会均等);课程(回应国家发展和学生自我实现的需求);经费(通过奖学金、拨款、贷款或政府、家长或其他资助者、学生之间分担成本,使尽可能多的学生受益);决策机构(满足尽可能广泛的入学)。高等教育评议委员会(Higher Education Review Committee)所提出的建议试图在卢旺达宣扬已就卢旺达高等教育发展方向这样的问题上达成共识。其建议包括:

- 愿景:克服对院校的调查所发现的不足,创立一个类似于高等教育委员会这样的机构,下设认证、资金分配、奖学金和助学金等方面的子委员会,其目的都是为使高等教育能有效地回应国家发展问题。
- 共同使命:培养有教养的一代公民,具备较高的道德标准,尊重人权,乐于为创造一个宽容和民主的社会作贡献。这一使命也应包括在实现高等教育愿景目标的项目之间(即培训、教学和科研)避免不必要的重复和不适当的费用。
- 总目标:开展研究、教学和社区服务等核心活动,提供不同种类及不同层次的培训,服务于卢旺达当前和长远的需求。为使非传统学生受益,这些项目不应仅局限在高校的围墙之内,对其中的许多人来说,职业培训特别有帮助。
- 具体目标:对院校进行分工,使院校在职业性、专业性或学术性方面各有侧重。这应该是建立各院校的法律章程在短期内应具备的功能。到 2010 年,所有的院校都应该以培养大量的中层人才为目标。

院校能力

硬件设施

与许多发达国家,包括东南亚国家所报告的大学适龄人群的两位数入学率相比(UNESCO, 2000),像卢旺达这样只有 1%或更低的入学率确实让人高兴不起来(Republic of Rwanda, 2000)。卢旺达已经制定了目标,到 2010 年使入学人数翻一番,但是即使是这样缓慢的进展也涉及难以承担的费用。毫无疑问,认识到入学人数的增加和课程多样化的需求,政府从 1990—1994 年战争结束时起就兴办了新院校,包括基加利卫生学院、基加利教育学院和基加利科学技术与管理学院。建立更多新的高校也许并不可行,但是增加或扩大现有的设施应该是可能的。卢旺达国立大学拟将位于布塔雷(Butare)的某些院系转移到位于基加利(Kigali)的学院,以便为至少 1000 多名学生腾出空间。大学还希望为访问教师建造一栋客房公寓。作为对诸如减税这样的激励措施的反应,私立部门可能被吸引来投资办学。但是,为了防止低质量高校的迅速发展,委员会还建议成立一个国家监管机构,如国家高等教育委员会,在批准设立新学校之前评估办学申请是否合适。无论如何,办学的标准应明确。

住　宿

在公共交通便利可靠的情况下,花费在校园住宿上的支出看似是一个错误的选择。但对非洲大多数地区而言,学生在家住宿不能确保大学生高效学习所需的私人空间。非洲某些地区应对住宿需求的最初办法是采取了牛津剑桥模式的学生宿舍,即单人间,有完善的用餐设施,其特征是教师在特设餐桌就餐,高级和普通公共休息室,到处都有家政服务人员。这不仅费用昂贵而且多年来饱受批评,致使这类住宿事实上已销声匿迹。牛津剑桥模式被新建的、设施一般的多人宿舍所代替。对于住在城外的学生,多人宿舍设施是促进高等教育入学的关键。高等教育评议委员会希望宿舍由私立部门提供。

性　别

同非洲其他地方一样，在卢旺达依然延续着这样的观念，即对男孩的教育投资回报率更高，这在男女之间依然是普遍的传统性别观念。高等教育男女生比率为 4∶1。为了帮助女性充分利用高等教育，起点是实现校园内男女生比例平等。为此，只要不平衡继续存在，高等教育评议委员会提议，凡女性符合入学资格，且能够在课程中保持可接受的成绩，就可以在所有学科为女性提供自动入学、住宿和奖学金。

课　程

入学数据是课程的一大机能。由于人文学科占主导而且几乎没有研究生教育，所以卢旺达提供的教育项目吸引力有限。一个提供上至博士学位的多样化课程将对学生更具有挑战性和吸引力。高等教育评议委员会将设置有目的的课程确定为进一步的挑战。因此，不管院校的存在基础或重点是什么，卢旺达的课程现在应该提供以下内容：

- 信息通信技术，借以获得原本无法获得的材料，并为与更广范围的人群和机构保持沟通。
- 课程与学校办学目标的一致性，课程对知识社会的贡献，课程对教育部门面临的需求的反应。
- 平衡，院校在为实施全面教育的多样化课程和性别方面具有包容性，确保对所有人机会均等。
- 用法语和英语双语开设(除流利的卢旺达语之外。卢旺达语是所有卢旺达人讲的共同语言)，对个人及整个社会有明显的和潜在的好处。
- 国家团结和凝聚力，减少种族相互对峙。
- 批判性思维，自身的价值。
- 特殊教育，为弱势和易受伤害群体创造更多机会。
- 终身学习，加强工人的技能，确保其知识与社会的需求相关。
- 社区服务，使院校及其课程贴近社区。

教学语言

能力的发挥与教学语言有很大的关系。最初，由于卢旺达是比利时的殖民地，法语被用作卢旺达教育机构的教学语言和商务贸易用语。自 1994 年以来，卢旺达的人口中包括来自乌干达、布隆迪、刚果、坦桑尼亚、南非、西非法语区、肯尼亚和其他国家的讲英语和法语的前难民。许多难民在这些国家流亡了 30 年或更长时间。这一语言背景的差异影响了卢旺达的新语言政策。卢旺达要求各阶段的教育教授英语和法语，并将其中一种作为教学语言。但是卢旺达语教育，尤其是在初等教育层次也是提供的。作为该国唯一一门通用的本土语言，卢旺达语是一个值得考虑的统一因素，但是也不应夸大其重要性。该地区另一个具有通用语言的国家热衷于用通用语言代替英语作为教学语言，但后来发现，因为英语能力下降，利用英语文献的能力和机会受到限制，而使用本国语言的文献尚不能自足。过早放弃一门主要的国际语言，这不仅轻率鲁莽而且代价惨重。

入学要求

卢旺达国家考试委员会(RNEC)授予的高中文凭涵盖 10 多门课，按总分计，从最高分的 11.0 分到最低及格分 2.0 分不等。中学后学校的入学总体上对所有拥有最低及格分的学生开放。分数较高的学生可能入选更富声望的课程，如医学和工程学。不足之处是他们可能不具备医学或工程学这些核心学科的足够背景，但是因为成绩单无任何地方显示学生单科的成绩，所以事先没有办法知道谁是成功者，这是被总分掩盖的一个缺憾。卢旺达国家考试委员会通过咨询将授予能显示学生除总分之外的每门学科能力水平的证书。

流　动

学生能否从一所高校转学到另一高校，以便利用特定场地的设施，这是另一个挑战，也是有效挖掘学生容量的一个重要保障。如果入学政策差异明显，转学的可能性就不大。入学要求应说明所有院校普遍接受的具体细节，包括可接受的交流能力(法语或英语)，数理能力或计算能力，对一门理学学科和一门人文学科课程的掌握情况，等等。

拨 款

自1996年开始实施，教育部门获得国家预算的15％。教育部将支出的65.1％用于初等教育，15.5％用于中等教育，9.5％用于高等教育，9.9％用于服务。55％的高等教育资金用于学生住宿、餐饮、交通、健康、零用钱。只有公立高校的学生可以获得生活补贴，但即便如此，也并非所有学生都可以获得。

教育的预算份额从1996年的15％增加到现在的30％，但不可能再高。现在高等教育的份额也有望增长。据乐观估计，私营部门将不仅增加对现有设施的投入，而且将被说服提供额外经费，因为其生产和经营总体上依赖受教育的人才。人们表示相信，在成本分担的精神下，如果家长可以承担学生的生活费(据称占高等教育预算的55％)，即使预算不变，高等教育入学人数也可以翻一番。的确，高等教育评议委员会已经提议，除向成绩优异的学生或就读于缺人才的学科的学生提供奖学金之外，为所有人提供免费高等教育。通过奖学金秘书处为符合条件的学生颁发奖学金和助学金，这将是设想中的国家高等教育委员会的职能之一。

教职员工招聘

虽然卢旺达所有的高等教育机构中博士不多(只有100名，包括兼职教师)，但是真正的危机在于解决博士以下学历的人员的聘用。就晋升而言，外部评价还未成为员工晋升机制的一部分。这就产生一种危险，即那些工作时间长但学历不够，而且工作表现令人怀疑的教师可以凭借资历而非研究成果，占据高级学术职位。这将严重损害国家高等教育体系的声誉。尽管高等教育评议委员会认识到这个危险，但没有对聘用或晋升作具体规定，强调授课教师的资格条件是必须拥有高于该课程拟授予的学位。委员会希望相关管理委员会来确定适合每所学校的具体标准。委员会建议由跨学校代表参与各校理事会，将来可能制定统一的聘用和晋升标准。

报 酬

正如其他发展中国家一样，卢旺达高等教育的雇员工资水平在大部分情况下普遍较低。卢旺达教师的最低日工资仅仅1美元。包括津贴在内，一个教授的月收入加起来也不足800美元。这限制了高水平高级教师的招聘。高等教育评议委员会并没有把报酬作为一个特别的问题来看待，这或许是担心将高等教育区别对待有可能引起其他公共部门员工的不满。

前 景

困 境

鉴于卢旺达近期的悲惨历史，是将资金用于国家安全建设，还是将其运用到其他同等迫切的方面，这成了一个两难问题。团结与调解协调委员会(Commission for Unity and Reconciliation)在卢旺达组织了一个长达6周的团结训练营的讨论课程。参加人员包括社区领导、年轻人、大学预备生、大学生等。具体包括围绕卢旺达历史、种族灭绝、治理、领导力、经济、人权、当前事务和减轻贫困等事关国家和民生的重大问题展开讨论，旨在向公民灌输爱国精神。这些科目也融入了实际技能的传授，包括军事训练与武器操作，以强化纪律并掌握自我保护的基本方法。该项培训在12个辖区或行政单位展开。除了团结训练营，卢旺达现在还特别设立了地方防卫训练中心，旨在加强当地公众的自我防卫和保护。

无论是为国家和地方防卫，还是为国家重建和调解，卢旺达进行的资本密集型训练都是同等紧迫的。虽然高等教育评议委员会没有在其建议中提到这其中的任何一点，但是高等教育共通的一些课程，如英语、法语、计算机技术入门、综合基础科学和数学入门，可以轻易纳入训练营课程中。这可以使院校在辅助课程上少花费时间。若要加入这方面的内容，就需要将院校的资源集中，更公平地加以利用。第一年既参加团结训练营又参加公共学术课程，这不仅成本效益高，而且可以成为卢旺达高等教育体系的一个特色。

高等教育入学是另一个难题。成本分担的建议遭到西非(加纳)和东非(肯尼亚、乌干达)部分地区学生的强烈抵制。这表明,除非学生自愿分担成本,否则不是每个人都希望入学。但是,在日工资只有1美元,而且大部分人口生活在农村的情况下,我们可以对个人承担的费用作何期望呢？而且,学生又能读到几年级呢？把手头的经费用于短期课程,这具有经济吸引力。的确,有人称,卢旺达需要中级技术熟练人员,以及贸易学校和职业学校毕业生,而不是大学毕业生。在看了对高校的调查结果后,一些人建议,对一所高校进行合理配置,让其开办大学类型的课程,而其他高校应该将其工作限制在适合其自身的中等培训上。按照一些人的说法,这才是这些院校该扮演的角色。但是世界其他地区的迹象显示,越来越多的年轻人渴望接受高等教育,这种压力使大学和其他类型高等教育机构的界限模糊化。为培养大学毕业生、专业人员和中级技术熟练人员而改造多科技术学院的设施,从长期来看确实将更为经济。当然,多科技术学院的教学重点更多的是相对实用的学习领域,但这并不排斥学士学位或更高水平的教学。

值得肯定的是,高等教育评议委员会建议,只要高校拥有资源(包括最好的教师、图书馆和实验室),而且可以说服国家监督机构拟开设的课程有很大用处,那么不管高校的使命是什么,就必须以尽可能高的水平办学。委员会建议,不仅要为公立系统的学生免除学费,也要为私立院校的学生免除学费。换言之,如果学生学习国家优先发展的课程,不管是就读公立院校还是私立院校,他们都应有权享受政府资助。

未来政府资助将支持三大特定领域:学术成就、优先发展学科、迫切需求领域。由于缺乏资金,只有30%符合高等教育入学资格的学生可以获得资助。对于希望扩大招生的人而言,这个结果表明入学仍有限。

教育经费短缺把一个尚未解决的矛盾清楚地摆在了我们面前,即:何时投资于教育？即使在经济困难的情况下,一些个人和家庭依然可以承担各层次的教育,这些人很可能愿意交费上学。遗憾的是,有足够支付能力的人数量很少,并不能对国家经济造成任何影响。当经济不景气时,高明的投资有助于经济复苏。卢旺达没有足够的耕地可以使出口农产品的收入平衡国家开支。但是,农产品通过加工获得了附加值。卢旺达的一所新办公立高校(基加利科学技术与管理学院)已经开设了一个新的食品科学和加工系,培养学生如何延长农作物如马铃薯、香蕉、豆类、木薯等的生命周期,从而增加这些出口产品的附加值。日本和一些东南亚国家的共同经验表明,即使是在自然资源缺乏的地区,通过引进知识或技术,实现经济复苏依然是可行的。经济实力强大的国家,也是大力投资教育的国家,这绝非偶然。这些国家保证初等和中等学校100%的入学率,实现中学后教育的两位数入学率。在一些发达国家,大学适龄人群占中学后教育的比例确实可以高达50%。很多国家都在寻求从对教育,尤其是对高等教育的明智投资中获益,卢旺达应该有可能进入这样的国家行列之中。

毕业生使用

鉴于许多国家毕业生的高失业率,毕业生的过度培养让人感到实实在在的担心。但是卢旺达的一所新高校,即基加利科学技术与管理学院,所推出的课程使人们看到了希望。该校设有技术、理学、管理、语言和继续教育等多个学院。课程包括经营和工商管理、土木工程和环境技术、电子机械工程、食品科学和技术、物理、化学、生物、数学、英语和法语,还有各种继续教育课程。所有被录取的学生首先要学习2～3年的普通和高级文凭课程。有志继续攻读学士学位的学生可以在成功完成文凭课程并达到特定要求后继续学习。由于经费等方面的多种原因,对大多数人而言,在获得文凭后先就业或当学徒,以获得足够的实用技能,这是明智之举。这些学生之后可以再回到校园,修足学分,获得高级文凭或学士学位。如果他们不能取得新进展,只取得文凭,这也是一个受人欢迎的创新,而且在一个忙于基础设施重建的国家,那些掌握了实用技能的学生有足够的机遇自主创业。

治　理

初等、中等和第三级教育曾经分属三个政府部门领导,自1997年以来,它们被统一纳入教育部集中管理。教育部为每个子部门设置了管理部门,相关主管领导对教育部长负责。在学校层面,卢旺达国立大学设有一个管理理事会,由教育部长担任主席,成员均由政府任命。政府负责重要的人事任命，包括校长和副校长的任命。新办院校还没有设立管理理事会。尽管有些院校建立了委员会，但它们是非正式的，没有章程的授权。

高等教育评议委员会认为有必要建立集中领导，但并不是由教育部来承担此任，而应由代表所有利益相关方的机构来承担。有人提议成立国家高等教育委员会，由执行秘书处负责运行。为了防止倒退到中央控制和发布指令的局面，委员会的功能必须限制在认证、质量控制和奖学金及助学金的分配等方面。为避免培养单一文化，并促进实践和程序的多样化，学校应选择适合每所大学情况的不同类型的管理员工，而不是使用强制性的单一模式。

管　理

同时，由谁来管理学校，是专业人员（如在英国那样）还是学学术人员兼管理者（如在美国那样），这一问题在校园里依然争论不休。各学校往往遵循过去的殖民传统，但如果一所学校的法律条文已规定教务长任理事会秘书或行政主管，而由其他人（包括财务主管）负责其他行政事务，那么，关于变革的争论就纯粹停留在学术层面。例如，在没有明确规定秘书人选的情况下，基加利科学技术与管理学院的建校章程要求作为主要执行官的校长为大学理事会和其他行政事务设立秘书处，当然，这要经过理事会的批准。

教　师

由政府任命人员自上而下运行的管理结构并不陌生，但也并不盛行。非洲和其他地方的许多大学校园里的教师希望可以选自己的系主任、院长和副校长，并且至少可以部分参与校长人选的确定。其他地方的教师靠近工会组织，寻求管理理事会的代表权，而且当然希望参与任何关于教职员工报酬的咨询。卢旺达没有全国性教师协会，而且未曾广泛表达对教师更多参与角色的关注。不知为什么国家评论委员会在其建议中对教师在教室之外扮演的角色甚至只字未提。从委员会成员的构成情况（包括许多战后流亡归来的人）来看，委员会是不可能不知道世界其他地方在此方面的进展的。在大部分教师看来，认为国家重建很可能先于院校自主。博士本应成为学校的自然领导，但因为他们人数少，光教学任务就已使其不堪重负了。

为增加教师数量，如果可以说服捐赠组织提供财政激励，移居国外（如北美和欧洲）的卢旺达人就可能被吸引回国。国内的低生活成本可以使他们拥有合理的生活方式，而且他们还拥有一种为国家重建作贡献的成就感。由于缺少有利的工资和其他有吸引力的激励措施，人才流失和难以由高水平的卢旺达国民填补职位空缺，这很有可能仍将是一种趋势。

学　生

学生参与治理的情况在卢旺达并不多见。在非洲的其他地方，学生已经在治理理事会里获得一席之地或正在争取代表权（Ajayi, Lameck, and Johnson, 1996:124）。学生还得更充分地利用空余时间，参与社区工作营，参加或举办国际学生会议，包机组织国外假期旅行，为学业筹措足够的费用，包括参与国家政治进程。例如，20世纪70年代，加纳全国学生会（NUGS）定期组织包机去英国。作为学生参与政治的一个标志，加纳全国学生会的代表参加了起草第三和第四共和国宪法的制宪会议。

如果学生组织发展成为一个全国性的联盟，学生所显示的破坏力很大，一旦有立场就会受到认真对待。在卢旺达，1994年前学生要建立严肃阵线的尝试往往被扼杀在摇篮里。但是1994年后，学生时常显现出坚持立场的潜力。1999年，卢旺达国立大学的大约40名讲英语的学生举行游行示威，抗议政府的双语政策，导致学生被流放到乌干达，这是具有启发意义的。普通卢旺达学生仍对战争和种族灭绝的回忆心有余悸，他们或许认为接受不受干扰的教育是当务之急。这和其他非洲国家的情况相反，可能因为其他国家的学生没有受过心理创伤，也没有个人刻不容缓的关切。其他非洲国家的学生要从事社区工作，参与国际学生会议和旅行，为完成学业挣钱。

遗憾的是，教师和学生激进活动有时具有破坏性。在西非和东非部分地区，因激进活动而引起的校园关闭导致校历混乱和新生积压，使其入学被一而再地拖延。1970—1980年，在加纳第三和第四共和国之前的军事政权统治下，由于激进活动的影响，学校工作无法按原计划开展。这一地区另一众所周知的情况是,20 世纪 80 年代和 90 年代,肯尼亚内罗毕大学因学生暴动迫使学校几次关闭,经常导致考试延期,结果是学生入学积压。另一方面,校园激进活动引起了人们对那些被正式委员会所忽视的问题的关注。激进活动现在在全球是一个如此普遍的现象,以至于没有激进活动反而令人担忧。更重要的是,这样或那样的激进活动是院校自信的表现。它是自治和学术自由的基础,而自治和学术自由对高等教育至关重要。

研 究

卢旺达的研究并不总是处于如此低迷的状态。1979—1980 年建立的卢旺达国立大学农学院,曾在学校附近的曼巴(Mamba)设有一个研究站,为学生提供实用培训。其他位于 Gihindamuyaga(畜牧业)和 Rwasave(鱼类繁殖)的研究站为教师提供改善工作技能和获得高级学位的机会。为补充卢旺达国立大学的工作,高等农业与畜牧业研究所以及科学和技术研究所曾开办切实的研究项目,其中包括一些培训农场经营者的项目。1994 年遭到破坏后,恢复这些院校的成本预计在 2000 万美元以上(Republic of Rwanda, 1998)。卢旺达缺乏设施良好的现代图书馆,也减慢了研究的进程,这依然是大学校园里令人担忧的一个重要问题。此外,卢旺达不仅缺乏必要的资金,而且还缺乏足量的训练有素的当地教职员工。但是另一方面,在政府的资助下在印度接受培训的卢旺达国民约有 40 人,其他卢旺达人在南非、英国和美国接受培训。被委以教学和研究使命的卢旺达高等教育机构希望从这些受训人员完成学业后的回国服务中获益。

捐赠资金

友好国家为卢旺达近期发生的悲剧所震惊,纷纷展现出人道主义姿态,从而使卢旺达的重建成为可能。但是,捐赠者通常有自己非常狭隘的立场。这些立场隐含在附加条件中,受援国只能心存感激,对其默认,不敢质疑。1999 年,卢旺达高等教育评议委员会仍在运行。教育部 1999 年 12 月 5 日的一份备忘录显示,一个捐赠国为卢旺达提供了一笔研究经费,用于解决如下问题:为什么卢旺达政府培养大学生的费用是培养小学生费用的好几倍,而许多贫穷家庭的孩子被剥夺了接受基础教育的人权。资助协议宣布,通过将费用分配转向扩大初中等教育的入学和提高质量,卢旺达削减贫困的目标就有可能会取得重大进展。至于高等教育,协议规定了将更多比例的费用转向主要受益人(即学生或家长)或私营部门。研究项目由卢旺达之外的学者承担,从而失去了一个促进当地学者研究的机会。

由于战争、种族灭绝和流亡,卢旺达流失了绝大部分人才,而现在又容纳了过多回国侨民。对这样一个国家而言,让基础教育和高等教育相互竞争没有任何帮助,因为基础教育是基本的权利,高等教育则是特权,是那些有支付能力的人可以享受的奢侈品。非洲的大学建立较晚,原因是殖民时期总是有时机不成熟的诸多理由。或者因为入学率较低而无法实现成本效益;或者没有吸纳毕业生的工作岗位(Ajayi, Lameck, and Johnson, 1996:51)。人们想当然地认为,工作岗位先于接受高等教育而存在,或认为高等教育,尤其是大学教育是找不到工作情况下的奢侈品。加利福尼亚硅谷的历史是一个很有说服力的例子,硅谷的高技术产业在很大程度上是由附近大学的毕业生所创立的。同样有说服力的是,在北美,只有大学毕业生才有可能获得从事教育工作的资格,即使是小学教育也不例外。这项政策在某种程度上说明了北美之所以在不同领域强盛不衰的原因。很明显,接受良好教育的公民是可用于生产的资本。卢旺达没有足够的这样的国家资本,更不用说过剩了。基加利科学技术与管理学院的校长兼国家工程师协会会长在 2000 年 11 月出席该学院的一个捐赠会议时透露,即便把工程、建筑、勘察和其他建筑行业专业领域的专业人员和准专业人员计算在内,卢旺达也只有区区 100 人符合协会的注册资格。

同时,由于种种原因,其他人希望赴欧洲接受高等教育的势头不减。让人好奇的是,卢旺达所在的地区突然成为国外高校争相招收学生的广告对象,随之而来的是现场"招生官员",希望吸引和招收学生去国外高校学习,那里所需的学费并不便宜。如果将这类投资用于国内高校,就会带来更持久的回报。

结 语

增加男女学生的入学机会，设置更有针对性的课程，提供更加完备的基础设施，提高教师工资，让师生更多地参与管理，这些因素固然至关重要，但更关键的是国家对研究的投入。的确，国家如果能够支持研究工作，研究计划的勃勃生机就会被激发出来，从而使得高等教育研究状况空前高涨。目前的状况并不乐观。重建卢旺达教育和研究的基础设施需要大量的资金，但目前不能马上获得这些资金。同时，如果只是为了刺激本国能力建设，卢旺达就可以让卢旺达国立大学和其他高等教育机构的研究人员从事有经费资助的生产性研究工作，而不是将这些工作交给外国人(情况有时即是如此)。

一些非洲大学在初创时是作为殖民宗主国的移植产物，它们依然行驶在并不是由自己设定的航线上，还没有特别的压力对自己的航向作出调整。但是卢旺达所遭遇的悲剧使人们有必要重新思考教育和国家的优先发展事项。通过把高等教育纳入正确的航向，这个过程就会转变成优势。从这个意义上来看，高等教育评议委员会的建议是鼓舞人心的。但卢旺达还远不能将这些建议付诸实施，有许多障碍还横在眼前，包括政府采纳委员会所建议的各项政策。这方面的认可需体现在政府白皮书中，然后提交议会辩论。在制定每所学校的特定法律之前，议会必须通过一项总的高等教育法案。委员会的建议有多少能在这一过程中被采纳，这取决于舆论氛围，而舆论氛围又在很大程度上受到外部力量的影响。从目前改革卢旺达整个教育体系的努力来看，不断改进高等教育的前景仍然充满希望。

参考文献

Ajjayi, J. F. A., K. H. G. Lameck, and A. G. Johnson. 1996. *The African Experience with Higher Education*. Accra: Association of African Universities.

Collis, B., I. Nikolava, and K. Martcheva, eds. 1995. *Information Technologies in Teacher Education: Issues and Experiences for Countries in Transition*. Proceedings of a Workshop at University of Twente, Enschede, the Netherlands, February 20-23, 1994. Enschede: UNESCO.

Hawes, H., T. Coombe, C. Coombe, and K. Lillis, eds. 1986. *Education Priorities and Aid Responses in Sub-Saharan Africa*. Report of a Conference at Cumberland Lodge, Windsor, December 4-7, 1984. London: University of London Institute of Education, Overseas Development Administration.

Lwakabamba, S., and P. Murray. 1998. "Technical and Vocational Training in Rwanda: The Current Status and Future Reforms." Unpublished paper. In author's possession.

Mazimhaka, J., and G. F. Daniel. 2000. *Post-Cenocide Restructuring of Higher Education in Rwanda: An Overview*. Occasional Paper Series no. 4 of the Association of African Universities. Accra: Association of African Universities.

Ministry of Education. 2000. "Survey of Higher Education Institutions." Reported in the Higher Education Subsector Policy for Rwanda proposed by the Higher Education Review Committee. June. Unpublished report.

Republic of Rwanda. 1997. *Study of the Education Sector in Rwanda*. Kigali: Ministry of Education.

——. 1998a. *Plan of Action for Education in Rwanda (1998-2000): Recovery and Development*. Kigali: Ministry of Education.

——. 1998b. *Sectoral Consultation on Education in Rwanda*. Vol. 1 Kigali: Ministry of Education.

——. 2000. "Higher Education Sub-sector Policy." Unpublished Report. In author's possession.

République Rwandaise 1985. *Rapport de la Commission de l'Université Nationale du Rwanda pour la réforme de l'enseignement supéieur au Rwanda*. Butare: Université Nationale du Rwanda.

——. 1986. *Project de réforme de l'enseignement supéieur au Rwanda*. Kigali: Ministère de l'Enseignement Supérieur et de la Recherche Scientifique.

——. 1990a. *L'université nationale du Rwanda en* 1990. Kigali: Université l'Enseignement Supérieur et de la Recherche Scientifique.

——. 1990b. *Rationalisation des resources a l'Université Nationale de Rwanda et perspectives de financement de l'Enseignement Supérieur au Rwanda: Rapport d'une Commission d'Etude*. Kigali: L'lmprimerie de Kigali.

——. 1991. *La problèmatique de la mise en place de la réforme dux les establissements de l' enseignement supérieur au Rwanda*. Kigali: Ministère de l'Enseignement Supérieur et de la Recherche Scientifique.

——. 1995. *La politique et la planification de l'education au Rwanda: Document final provisire*. Kigali: Ministère de l'Enseignement Primaire et Secondaire et Ministère de l'Enseignement Supérieur de la Recherche Scientifique et de la Culture.

UNESCO. 1996. *Studies of African Education*. Paris: UNESCO Publishing.

——. 1998a. "Higher Education for a New Africa: A Student's Vision." Paper presented at the Forum of Student Associations in Africa on Higher Education in the 21st Century. Accra, Ghana, March 23-25.

——. 1998b. *Higher Education in Africa: Achievements, Challenges and Prospects*. Dakar: UNESCO Regional Office.

Woodhall, M. 1991. *Student Loans in Higher Education*. Vol. 3: English Speaking Africa. International Institute for Educational Planning Dissemination Programme, Education Forum Series, no. 3. Paris: International Institute for Education Planning.

53 圣多美和普林西比

玛利亚·德劳德斯·马肖多—泰勒
卢西奥·利玛·韦加斯·品托
詹姆斯·S·泰勒

概述与历史背景

圣多美和普林西比两岛位于几内亚湾内，距非洲大陆西海岸约150英里。这两个面积为963平方公里(372平方英里)的小岛组成了世界上最小的国家之一。15世纪末，葡萄牙航海家发现了这个地方。从那时起，直到1975年独立，圣多美和普林西比一直是葡萄牙的属地。

发现这些岛屿后不久，葡萄牙人就在这里建立了种植园体系。最初的种植园主要生产甘蔗。这种状况一直持续到17世纪中期。后来，又引入了可可和咖啡种植园。起初，种植园最主要的劳动力是从非洲大陆劫掠来的奴隶。后来，当地白人和黑奴的通婚形成了一个重要的群体——克利奥尔人。总体而言，岛上种族和民族众多。尤其是在20世纪，大量移民从安哥拉、莫桑比克和佛得角涌入圣多美和普林西比。

1975年，在葡萄牙爆发“康乃馨革命”之后，圣多美和普林西比赢得了独立。随后，执政党引入了社会主义的一党制。然而这套制度完全不成功。因此，1990年建立了多党制和民主政体。自那以后，就有了总统和议会选举。

圣多美和普林西比主要是一个农业国。虽有商业存在，但是十分有限。为繁荣经济，国家与以北美为基地的美孚石油公司合作勘探石油。

圣多美和普林西比现有人口约13万。有趣的是，它是全非所有国家中成人识字率最高的国家之一。当前，已达70%。这是该国独立后不久实施的全国性扫盲运动的成果。该国的主要语言是葡萄牙语。

圣多美和普林西比的高等教育

当前，圣多美和普林西比已经把高等教育提到了优先发展地位。政府和教育领导都将高等教育视作推动社会进步和经济发展的重要途径。不难理解，像圣多美和普林西比这样一个面积小，经济贫弱，而又相对隔离的国家，在推进高等教育发展这一战略目标时，将会面临特殊的问题与挑战。

在1975年独立以前，该国小学寥寥无几，中学仅有一所。识字率只有约20%。因此，独立后，政府面临的一项主要的挑战就是要提升教育水平。付出的努力得到了满意的回报。几年来，入学人数在初等教育阶段增长了60%，而在中等教育阶段则增长了300%。前文所提到的识字率，也从20%急剧提高到了70%。但是在高等教育阶段，在国内实际上几乎是没有学历教育的机会的。赴海外求学是唯一的选择，但是绝大多数的国人都没有经济实力这么做。仅有的少数留学生则大多前往葡萄牙接受高等教育。此后，有不少国家的高校开始向圣多美和普林西比的学生提供奖学金，尤其是东欧。得益于此，数以百计的圣多美人得以在苏联、东德、古巴、保加利亚、法国、意大利、西班牙、巴西、中国、美国，当然还有葡萄牙等国深造。在圣多美和普林西比接受高等教育的唯一机会是一个小学教师的培训项目，而同样的培训也可以在葡萄牙接受。这个国家大多数的教师都是葡萄牙人。因为升入中学的圣多美人很少，因此葡萄牙的教育官员们并不打算在圣多美和普林西比开设培训中学教师的课程。不过，在20世纪80年代，这些课程最终还是办了起来。此后,圣多美和普林西比就成了撒哈拉以南非洲地区公立学校入学率最高的国家。但是,学校开设的课程的质量是存在疑问的。

圣多美和普林西比缺少高等教育的问题从独立前开始一直延续到了 1996 年。因为前述的国外的一些高校向该国的学生提供了出国留学的奖学金,因而导致了政府忽视本国高等教育的发展。但是,东欧剧变以后奖学金的来源急剧减少。主要是由于这方面的原因,当然也包括存在着许多留学欧洲的圣多美人学成不归的问题,促使人们认识到了发展高等教育必须成为圣多美和普林西比的战略优先。

教育部门和政府的领导人已经提出了发展国内高等教育的一系列目标,包括推动科学研究,鼓励国际交流与合作,提高劳动力的知识和技能水平,以及保护民族文化。

高等教育机构

利用 1993 年开始举办的培训项目的经验,教育部在圣多美和普林西比设立了两所高等教育机构。第一所建于 1994 年,为私立性质;第二所建于 1997 年,为公立性质。

第一所学校是位于圣多美首都的会计、工商管理和信息科学大学学院(University Institute of Accounting, Business Administration, and Informatics, IUCAI)。该校的第一批学生在 1999 年毕业。它的主要使命是提高国内劳动力的水平。会计、工商管理和信息科学大学学院与葡萄牙合作举办培训课程。

该校大部分的学生是该国已经就业的年轻雇员。他们的职业生涯才刚刚起步,而且又希望能够通过接受高等教育得到自我提升。大学的课程设置与圣多美和普林西比的银行业及其他的商业企业的需求联系密切。

会计、工商管理和信息科学大学学院由一名校长和一个管理委员会管理。该校的设施十分有限,仅能容纳约 100 名学生。学校颁发学士学位,通常的学制为四年制和五年制。

后建的圣多美和普林西比多科技术学院(Polytechnic Institute of Sao Tomé and Principe, ISPSTP)拥有包括 11 座建筑在内的更大的校园。校长对教育部负责。教育部的战略优先是教师培训,因此教师教育是该校课程中首要的和最为重要的组成部分。除教师教育的学士学位课程外,该校广泛开设非学历的教师培训课程。教师教育课程采用一种被称为"*formacao bivalente*"的模式,从葡萄牙语翻译过来的大意是"两种学科"。按照这一模式的要求,学生在毕业时须具备在两个学科领域从事教学的资格。

近年来,圣多美和普林西比多科技术学院扩大了课程领域的范围,增加了诸如工商管理、语言、文学和技术等。攻读学士学位课程的学生需要具有高中毕业文凭,接受非学历教育的学生则不受此限。因为在该校的第一年是预科性质的,因此要获得学士学位一般需要五年。

建立圣多美和普林西比多科技术学院的最初计划是通过教育部与两所葡萄牙大学,波尔图大学(University of Porto)和布拉干萨多科技术学院(Polytechnic Institute of Braganca)的合作来完成的。圣多美和普林西比缺少举办高等教育的经验,因而寻求外部的帮助和建议是必然的。1994 年,各方签署了合作协议,1997 年学校开学。按照协议,两所葡萄牙高校在圣多美和普林西比多科技术学院运行的最初几年里还将继续提供帮助。

在如此紧凑的时间表中将学校的构想变成现实(三年),这要归功于与两所葡萄牙高校的合作。它们提供的顾问与指导涉及设立高校所需的最初的法律文件的制定,管理与组织机构的设立,课程的设计,评估政策和程序的制定,以及教学、研究和财务计划的编制。最后,三所高校各派代表组成了科学和教学委员会。委员会一年召集两次,发挥顾问作用。总之,合作带来了许多正面的影响,不仅有助于学校总体的发展,还有助于绩效、学术信誉和声望方面的提升。

课程规划与结构

圣多美和普林西比的课程规划和发展主要参照葡萄牙高校的模式。具体而言,学校采用的许多课程结构都与波尔图大学和布拉干萨多科技术学院相同。当然,这些模式也必须依照圣多美和普林西比特殊的现实和需要进行调整和修改。科学与教学委员会对总体的规划负主要责任。其他的管理机构也参与其中,处理一些系统性的后续问题,并对规划活动和整体进程进行评估。

一个学年分为两个学期。大多数的课程都是按照一个学期来安排的;但是也有一些延长到整个学年。正式的教学语言是葡萄牙语。实际上,在圣多美和普林西比全境,所有的学校,在所有的教育层次上使用的教学语言都是葡萄牙语。只不过,从事高等教育的教师们(除葡萄牙语外)几乎还都擅长英语和/或法语。

财政和拨款模式

圣多美和普林西比的两所高校都严重缺乏资金和预算资源。教学经费有限,而研究经费和其他的学术活动经费几乎就没有。也许有人会认为,财务困难问题的出现是因为学校成立时间短,基础建设尚在进行,财政基础有待夯实。不幸的是,这个问题实际上是系统性的,是由圣多美和普林西比整体的经济状况所决定的。在可以预见的未来,任何的一所高校都没有希望能够摆脱财务的困境。

会计、工商管理和信息科学大学学院是一所私立高校。因此经费主要来自于学费收入。但是仅靠不到100名学生贡献的学费,收入显然是很少的。圣多美和普林西比多科技术学院是一所公立高校,90%的预算由国家承担。但是,国家预算并不足以为该校提供充足的经费。有时,政府也向两所高校提供紧急财政援助。但是,通常都不及时也不充足。

教师和学生

两所高校中绝大多数的教师都是在之前提到过的那许多国家中接受了高等教育的圣多美人。一小部分的教师则来自葡萄牙和法国。本土教师的数量是不够的,而要从其他国家吸引教师又非常的困难。因此,对师资的需求非常迫切。

学生大多是刚从中学毕业的年轻人。同时,也有相当一部分的学生年纪较大,他们是已经就业的成年人,出于职业晋升的目的希望进一步接受正规教育。这两类学生中的绝大多数都采取边工作边学习的方式。尽管半工半读会给学生带来挑战,但这在圣多美和普林西比却是很普遍的。学生协会的建立为学生提供各种各样的帮助,其中也包括主要以奖学金的形式体现的财政援助。

特有的挑战

圣多美和普林西比是世界上最小的国家之一,这对其举办高质量的高等教育造成了一系列的额外压力。这个国家的整体实力非常有限,要在任何一个方面取得发展都不容易。这种状态使得圣多美和普林西比在迅速的变革和全球性事件中显得异常脆弱。推动发展与生产力提升所需要的自然资源、财政资源、人力资源和其他的各种资源在这个国家里都不充足。高等教育,以及随之而来的高额开销很容易被看做是这个国家难以承受的一种奢侈,毕竟还有其他许多迫切的需求尚未得到满足。幸运的是,政府和教育部门的领导人已经将高等教育列为优先发展的领域,并承诺要解决这些长期困扰的难题。有人认为,投资高等教育,以及高等教育所能带来的人力资源的能力和技能的提高,将会是解决困扰这个国家的其他种种问题的关键。

高等教育的发展必须作为国家整体复兴的一部分来处理。圣多美和普林西比的经济发展非常缓慢,甚至几乎陷于停滞。近年来,高薪的工作岗位很少,就业市场几近饱和更是造成了现实的威胁。而人口的稀少使得健康、可持续的招生规模难以得到保证。当前圣多美和普林西比的高等教育体系还处在发展的初级阶段,其所面临的挑战在于要使自身颁发的学位具有足够的学术信誉并能获得各方的认可。

将来教育发展所要解决的一些具体的问题也被提了出来。领导者们认为第一步是要提高初等和中等教育的质量,以确保学生具有接受高等教育所需的能力和学业准备。他们希望本国的高等教育能够成为国内外学生正确合理的选择。此外,他们还希望增加课程的广度和深度以吸引到更多的学生。最后,他们希望能够找到足够的资金来支撑研究活动的开展,使之成为高校服务社会的重要内容。

国际合作

面对着这些特殊的挑战,很显然,如果教育家们希望实现他们的目标,那么对于圣多美和普林西比来说国际合作与支持是极为重要的。事实上,政府对能够获得此类国际合作的自信,也是促使其下定决心要发展国内高等教育的主要原因。

多个合作项目已经取得了成功,并产生了积极的影响。圣多美和普林西比多科技术学院与两所学校建立了合作网络,一所在佛得角,一所在葡萄牙。合作涉及师生的交换。圣多美和普林西比多科技术学院还是葡语国家大学联盟(Association of Universities of Portuguese-Speaking Countries, AULP)的成员。联盟提供了多种支持的渠道,其中也包括交换项目。

圣多美和普林西比在地理上的相对孤立,凸显了发展远程高等教育的重要性。葡语国家共同体(Community of Portuguese-Speaking Countries, CPLP)和联合国教科文组织在这一方面提供了帮助。而与葡萄牙高校合作的几个远程学习项目也正在实施中。发展远程教育的努力能否获得成功,以及能否跨越国界建立起联系是圣多美和普林西比整个高等教育体系能否获得成功的关键。

结　语

在建设高等教育体系方面,圣多美和普林西比已经展现了出了伟大的远见和十足的勇气。这个国家的领导者们将高等教育视作发展经济、教育,实现社会繁荣的途径,而不仅仅只是发展高等教育自身而已。这不是一个具有十足的吸引力能够自动地引进人才、知识或教育系统的国家。它必须自己为国民提供教育以创造一个更好的将来,而要实现这一目标又必须争取到国际的援助与支持。圣多美和普林西比的那些主导高等教育发展的富有远见的领导者们充分地理解了这些基本的关系。圣多美和普林西比高等教育的未来面临着重重的挑战,但又同时充满着希望,人们有理由对此感到乐观。

参考文献

CPLP (Comunidade dos Paises de Lingua Portuguesa). 1997a. "Bases para uma Cooperacao no Ambito da Politica Educativa. Conferencia dos Ministros da Educacao da CPLP" (November).

——. 1997b. *Declaracao de Lisboa*.

Estatutos do Instituto Superior Politecnico de Sao Tome e Principe. 1996. "Diario da Republica." 18-31 (December).

Irvine, D., and J. Maraj. 1994. *Higher Education in Small Island States: Challenges and Responses*.

Lillis, K. M. 1994. *Providing Tertiary Education in Small Island States*. International Experts Meeting, Higher Education in Small Island States. Praia, Cape Verde (March).

Mayor, F. 1997. "Allocution a la Conference Régionalle sur l'Enseignement Superieur." Tokyo (July).

Pinto, L. L. V. 1994. "Ralatorio de encontro de peritos em ensino superior em pequenos estados insulares." Sao Tome (April).

UNESCO. 1993. "Strategies for Changes and Development in Higher Education." Policy Paper on Higher Education prepared by the Division of Higher Education (October).

——. 1994. "Final Report." International Experts Meeting on Higher Education in Small Island States. Praia, Cape Verde (March).

——. 1996. "Estrategia a Medio Prazo, 1996-2001."

United Nations. 1983. "Development Problems and Policy Needs of Small Island Economies." Kingstown, Saint Vincent, and Grenadines (November).

54 塞内加尔

奥诺尔—乔治·恩迪亚

引　言

塞内加尔有985万居民，其中42%的人生活在城区。法语既是官方语言，也是教学语言。塞内加尔的教育体系由小学（六年）和中学（七年，包括初中和高中）组成，通向普通教育或是技术教育。1997年的失业率达到了职业年龄人口的24%。

在塞内加尔，高等教育由达喀尔的谢赫安塔迪奥普大学（Universite Cheikh Anta Diop de Dakar，UCAD），圣路易斯（Saint Louis）的加斯顿伯杰大学（Universite Gaston Berger，UGB），高等国立职业学校（Advanced National Professional Schools）和一些私立院校来提供。

塞内加尔高等教育的特点是根据教育目标的不同而在机构类型、组织形式和入学要求方面的多样化。塞内加尔有学生1293402名，其中的2.47%在接受高等教育：约32000名高校的学生分布在谢赫安塔迪奥普大学（23660人），加斯顿伯杰大学（2157人），高等国立职业学校（1000人）和私立高等学院（4500人）中（Ministère de l'Education Nationale，1998）。

未来，塞内加尔将会在全国各地建立起一批地区性的大学中心，用以满足国家整合新的教育技术，提供更为灵活、有效的教学、科研机会，以及在课程方面实现分权和多样化的需要。

塞内加尔1993年的高等教育改革，是由全国高等教育咨询委员会（Concertation Nationale sur l'Enseignement Superieur）推动的，该委员会的前身是1981年的教育议会（States General on Education）。改革包括了两项计划，分别是高等教育改革计划（Projet d'Amelioration de l'Enseignement Superieur，PAES）和谢赫安塔迪奥普大学改革支持计划（Project for the Support of Reform at Cheikh Anta Diop University，PARU）。目前，这些改革计划得到了世界银行和法国合作组织（French Cooperation）的资助。

从1993年到2000年，得益于改革的深入，高等教育的诸项指标有了明显的改善，学业成功率显著提高、专业更加多样化、科研产出的质量明显提高。这种进步也在非洲和马尔加什高等教育委员会（Conseil Africain et Malgache pour l'Enseignement Superieur，CAMES）的能力排名榜单上体现出来。

塞内加尔的大学发展也曾经历过几次中断。因为社会需求没能得到满足，激起过学生社团和工会（教师、技术人员、管理人员）的罢课和罢工。

本章将会讨论五个方面的问题：院校能力、高等教育改革、对高等教育和改革支持项目的拨款、大学的研究活动，以及大学的管理。

院校能力

从1960年开始，高等教育的政策制定就围绕着扩大入学、大学专业多样化、提高教学和研究人员的资格标准、增加研究人员的数量、开展研发活动以及推进国际化等几个方面。

大学和地区性的大学中心

塞内加尔有两所公立大学：谢赫安塔迪奥普大学和加斯顿伯杰大学。持有高中毕业会考文凭（baccalaureat）或具有同等学力的学生可以攻读短期学习的学位（高中毕业会考文凭+2或+3）或长期学习的学位（高中毕业会考文凭+4）。在招生的时候要对学生进行排名，然后以现有的名额为限择优录取。大学提供的教育种类多样,囊括基础的教育和专业的教育。学生们通过在各个学院里,以及在各地的各项研究活动中,年复一年地学习逐渐专业化的课程从而释放了潜能,得到了发展。

达喀尔的谢赫安塔迪奥普大学

达喀尔大学创建于 1957 年 2 月 24 日,在最初的几个学院里共有在校生 575 名。1968 年多科技术学院(最初称作 ENSUT,后改称 ESP)建立,带来了一流的学生管理的条件,由此学生规模扩大到了 3000 人。1981 年,这所大学在校生规模达到了所能承载的最大值 13000 人,而指导率也降低到了 3.2%(420 名教师)。1987 年,达喀尔大学改名为谢赫安塔迪奥普大学(UCAD)。到了 1994 年,学生规模已经超过了大学的承载能力,达到了 25000 多人,而从事研究工作的教师人数也上升到了 1000 人。在 2000—2001 学年,学生人数为 23198 人。

承袭而来的双轨制传统的崩塌为大学创建校内的九大类新机构创造了条件。这九类机构囊括 39 个不同的单位,其中包括了 5 所学院(人文、科学技术、经济/管理、法律/政治科学、医学/药学/口腔外科),一个研究所(谢赫安塔迪奥普 IFAN),6 所国家高级职业学校(ESP, CESTI, EBAD, INSEPS, ENS, ENSETP)和含工程所(地球科学所)和环境科学所在内的 10 个培训/研究机构。

自改革启动以来,达喀尔大学服务中心(Centre des Œuvres Universitaires de Dakar, COUD)在一项紧急计划的支持下对学校的宿舍和食堂进行了修缮。得益于世界银行的财政资助,这项计划从 1992 年持续到了 1996 年。这些改革是在高等教育改革计划(PAES)和未来达喀尔大学服务中心(COUD de demain)的名义下开展的。后者是一项旨在为大学的发展寻求额外资助的重要计划。

1997 年 4 月,在政府与相应的达喀尔学生会之间的协议获批后,社会服务设施的修缮计划就开始正式运作了。

达喀尔大学服务中心的目标是要促使教育项目符合学生的需求,安排食宿和学生活动。为实现其使命,大学服务中心设立了多个部门,包括餐饮服务、医疗保健、学生活动、物资设备、会计办公室、人力资源部和审计小组。

1999 年,大学服务中心已经配备了 5682 张床位。1998 年,由其提供的社会服务惠及 16603 人。自 2001 年 2 月以来,每一名报到的学生都自动地成为由其提供的社会服务的受益者。

圣路易斯的加斯顿伯杰大学

经过 10 年(1990—2000)的发展,加斯顿伯杰大学(UGB)现已拥有 2300 名在校生。该校的任务是要培养能服务于国内各类经济和社会部门的毕业生。为此,加斯顿伯杰大学在其四个教学与科研单位(Unites de Formation et de Recherche, UFR)里开设了一系列的新专业:应用数学与计算机科学、经济与管理(农业企业管理和计算机化管理)、法律与政治科学(私法、公法和政治科学)和人文学科(英语、法语、地理学、应用外语和社会学)。加斯顿伯杰大学还拥有一个图书馆和一个计算机中心。

将专业培养方案纳入学位教育的轨道既是为了减缓毕业生就业的压力,也是为了能够更好地培养所需要的能力。应用外语专业就是加斯顿伯杰大学课程改革计划中已经成功地实现了专业化的一个很好的例子。

该校的教育分为三个阶段,越往上专门化的倾向越明显,最终通向的是博士学位的专业生涯。学校的扩张与日益增多的高中毕业会考文凭的持有者造成了大学与学术管理层面临着的一大挑战。

圣路易斯大学社会服务区域中心

圣路易斯大学社会服务区域中心(Regional Center for University Social Services at Saint-Louis, CROUS)拥有 2191 名在校生,且教学与生活区集中于一地。但在过去的四年里,该中心遭遇了严重的预算和财政困难,并深受由此造成的许多问题的困扰,其中也包括生源的减少。

依照与该组织相关的法令的规定,该中心负责改善大学生或大学附属机构中的学生的学习和生活条件。该中心有责任去了解学生的需求,提供服务去满足这些需求,并确保对校区内各项服务设施的有效管理。

得益于国家拨款建设的学生村,在近年来的改革中,床位数量是圣路易斯大学社会服务区域中心提供的诸项服务中唯一显著增长的方面。除了容纳244张床位的“G”村(“G”village,建于1998年)外,国家又新建了一座拥有130个房间的宿舍。1999—2000学年,学生的住宿不会再是个大问题了(MEN, 1999a)。

地区性大学中心

当前正在各地建设的地区性大学中心(Regional University Centers, CUR),是高等教育多样化政策,以及在全国范围内分散分布学术和技术专业的相关政策的核心内容。这些分散开来的专业都与发掘地方经济的潜力有关。这些地区性大学中心的主要使命是提供第一阶段的高等教育(无论这些课程是否为获得职业资格做准备),为学生继续开展专业学习做准备,向学生提供相关的学业指导,并且从各中心的专业领域出发来推动经济的发展。

这些中心的第二项使命包括:开展继续教育,组织学生活动,以及开展与学术和专业无直接联系的社区服务。这项使命兑现的是服务周边社区的教育需求的承诺。故此,这些中心须得保持一定的灵活性,并在当地拥有足够的声望。

作为大学中心,地区性大学中心通常具有一般教育的使命(学术性专业)和职业教育的使命(职业性专业),且尤为倚重后者。

即将在班贝(Bambey)建立的第一个地区性大学中心,将会接纳200名新生。按照分散化和专业多样化的政策,该中心将服务于阿卡德尔北部盆地地区(Archadier north basin zone)。

国家高级培训学校

国家高级培训学校(National Advanced Training Schools)的任务是培养中级官员和工程师,以此满足某些技术性的政府部委的需要。总共15所国家高级培训学校中的3所由高等教育部负责。在班贝的国立高级农村干部学校(Ecole Nationale des Cadres Ruraux, ENCR)培养农学、畜牧学、林学和水资源领域的应用工程师。1999年,该校共有学生158名,既有塞内加尔本国的学生,也有来自其他20个国家的学生。1998—1999学年,国立高级农业学校(Ecole Nationale Superieur d'Agriculture, ENSA)招收了115名工程学专业的学生。2000—2001学年,该校招收了来自次大陆超过30个国家的150名学生。开设的专业包括:畜牧生产、农业生产、农村工程、社会与农村经济,以及教育学。1999年,国立高级应用经济学校(Ecole Nationale d'Economie Appliquee, ENEA)招收了272名学生。该校开设的专业包括:国家与地区发展、环境与城市管理、教育/学生活动、经济规划与组织管理、统计/人口学。

另外的12所学校则由其他的相关部委负责,涉及艺术、医药、国家安全和军事。这些学校负责培训诸如刑罚管理、海关、渔政、文化产业、旅游和医疗保健等领域的高级官员。

私立高等教育机构

私立高等教育机构(EPES)是教育体系的重要组成部分。1991年2月16日颁布的法律与国家教育发展的导向有关,其中就包含了鼓励个人或合伙参与高等教育的条款(第三款)。而1994年12月23日颁布的另一项法律则明确地提出了支持私立高等教育的发展,它确认了私立高等教育机构的地位。

国家高等教育咨询会议(National Consultation Forum on Higher Education)强调了私立/公立职业性专业教育的重要性,这些专业都应当建立在所谓的“能力课程”的基础之上。会议纪要强调了“为达此目的,私立高校应该分担大学的重任,并在职业导向的专业设置上实现(多样化)”(Assane, 1993:25)。塞内加尔共有私立高等教育机构41所,其中包括3所大学。在私立高校就读的共有6000人。

此类院校满足了日益增长的对职业和技术教育的需求。在此类高校中共设有25个职业性的专业。其中最为重要的是管理、会计、市场营销和技术类专业。它们占到了所有专业的90%。

私营教育培训

达喀尔的谢赫安塔迪奥普同时也向在职的雇员和学生提供私营的继续教育。在过去的几年里,参加这些培训项目,不论是读普通班还是夜班的人数都在稳步地增加。学生总数已达2000人。

私立学校也向学生和在职的雇员们提供职业类专业的学习机会。第三级教育层次主要包括：管理学、会计学、市场营销，以及技术类的诸如土木工程、机械工程、电气工程、电信，计算机科学、化学和应用生物学这样的专业。

完成这些专业的学习，可以获得两类学位。一类是如高等多科技术学院(ESP)和高等教育学院(ISG)这类学校颁发的高等学校文凭；另一类是行政与创业培训学院(IFACE)颁发的大学学位。行政与创业培训学院是最早提供私营教育培训的机构之一。行政与创业培训学院的活动是依照部长的政令进行管理的。

圣路易斯的加斯顿伯杰大学也向高中毕业生提供诸如网络和计算机科学专业的私营教育培训项目，学成后，学生可获得网络与信息教育大学文凭(Diplome Universitaire en Reseau et Informatique de Gestion，DURIG)。攻读这一专业的学生可以参加计算机科学与管理的高级技术人员证书(Brevet de Technicien Superieur，BTS)考试。在1999学年，加斯顿伯杰大学招收了该专业的第二批共计15名学生。

高等教育政策

1981年和1993年的改革引发了一系列高等教育政策议程的出台。

高等教育改革计划政策议程

有关高等教育和研究的政策议程可以追溯到1996年，它是在“高等教育改革计划”的基础文件上形成的。该议程主要针对的是谢赫安塔迪奥普大学，但是对圣路易斯的加斯顿伯杰大学也有一些影响。

对高等教育部门采取结构调整的措施是为了改善整个高等教育系统的质量、延续性、效率和生存能力，并使之能够更好地满足社会的需求。结构调整的根本是要提高大学的学术自由和管理自治的程度，重组学术和教学体系，重组大学的行政和财务管理以提高效率，并且改善社会服务和学术管理。

教育和培训十年计划的政策议程

教育和培训十年计划(Programme Decennal de l'Education et de la Formation，PDEF)项目的主要战略包括以下几个方面：

- 围绕质量提升和扩大入学对整个的高等教育界进行动员。
- 在设有高级学位的相关专业中推动科研活动的开展。对整个学术界进行动员，推动研究活动的开展，并且促进研究成果的实际应用。
- 采取开展评估的措施来推动着眼持续发展的新的管理模式的形成；在企业、地方政府和大学之间建立伙伴关系；可持续发展；为图书馆充实文献资源；开展营销。
- 添置、应用新的媒体技术。

教育和培训十年计划旨在巩固高等教育改革计划的成果，并将国家高级职业学校(national advanced professional schools)、私立高等教育，以及在大学和地区性大学中心里开展的研究活动整合到一起。

在高等教育改革计划的框架内，这些重组措施的作用是多方面的，它们有助于改进教学和研究，打造高质量的普通和技术教育，推动科研的发展。提升和发展高水平的私立教育，在国家和地方的发展规划中推动各个社会和经济部门的发展，实施充分考虑了就业市场需求的就业政策，通过为所有有能力和有意愿的男女提供接受高层次文化和研究的机会以弥合不同社会文化层次之间的差距。

改革更为长远的目标则是要建设一个与塞内加尔的经济发展关系更为密切的，高产出、高效率的大学系统。为此，谢赫安塔迪奥普大学和加斯顿伯杰大学的活动将会更加集中在教学活动和有助于保障管理质量的能力提升方面。私立高等教育也将围绕着这些目标进行调整。

这一政策是通过行动计划来实现的。经费从高等教育预算中划拨。此外，从事社会服务的收入，奖学金资源，以及发展伙伴的资助都将被投入到这项计划中来以满足运行经费的需要。

高等教育领域主要的改革

2000年，高等教育改革计划的第一阶段结束，评估随即开始。这一阶段包括了自1981年以来所有设想的和实施了的高等教育改革。以下是各项改革计划及其执行情况的总结。

1981 年的改革

1981 年 1 月，教育议会(States General on Education)的成立是塞内加尔教育事业中的一件大事。这是有史以来第一次，人们不分男女、不分背景聚集在一起讨论“学校教育”的未来。在这些会议上展开了全面、开放、民主的讨论。会后建立起来的全国教育改革委员会(Commission Nationale de la Reforme de l'Education，CNREF)则负责会议决议的落实。但是，由于意外的政策决定以及缺少必要的措施手段，1981 年改革的高等教育部分未能得到实施。

1993 年的改革

由于 20 世纪 80 年代持续的大学危机，政府考虑要营造新的稳定清晰的大学的发展环境，为此政府在 1992 年组织了全国高等教育咨询委员会(CNES)。一年后，经过广泛充分的讨论后，委员会提交了最终报告。在此过程中，教师、学生、工会的代表，以及来自国会、经济与社会委员会、政党、社会团体和所有的相关部委的代表都参加了讨论。

全国高等教育咨询委员会提出的 23 条建议在 1993 年 12 月 9 日被递交给了一个由总理牵头的部际委员会。

被采纳的 21 条措施在 1994—1995 学年初被付诸实施。这些建议都与改善大学的学术自由和管理自治，优化学术和教学组织，完善财政管理，以及更新社会服务有关。

在委员会的所有建议中只有两条未被采纳。其一，是有关校长提名的问题；其二，是有关设立教育公署(Chancellery)的问题。大学的校长不是由大学的代表大会(General Assembly)选举产生而是由国家总统直接任命的。高等教育部(Departement de l'Enseignement Superieur，DES)在经过重组之后暂领教育公署的职能直至 2001 年 3 月高等教育与科学研究部(Ministry of Higher Education and Scientific Research)成立，之后该项职能将由后者接手。

实施：1993 年改革的目标

1993 年高等教育改革的长期目标包括：提高高等教育的入学率，促进性别平等，实现更佳的成本/收益率，以及更好地服务经济发展。要实现这些目标，高等教育体系中的这两所大学就得在教学使命的完成和学校的管理、控制能力的优化方面做出努力。

为此，此次改革强调了下面的这些具体目标：增强图书馆服务，改进教学和研究，建立设施维护机制，强化高等教育的管理能力并提供经费支持，以及学生服务机构的重组。这次改革试图全面地涉及招生、毕业，新专业的设置，以及新的培训项目和科研项目的设立。此外，还将建立一个委员会来实时跟进改革的进程，提供建议，并推动财政和行政管理结构的现代化。

对 1993 年改革的评价

谢赫安塔迪奥普大学改革的第一阶段采取了一系列根本性的措施，如新的基础设施的建设。这将有助于大学的复兴，大学教学与行政机构的革新，以及中心和地区科研机构的发展。这些措施中还包括了建立大学招生委员会，该委员会将依据大学的承载能力制定招生控制的策略。该委员会的目标是要依据一个专为大学设计的方案，在六年的时间里，将学生人数从 24000 人减少到 17500 人。高等学院(advanced schools)将被允许按照最大的承载能力招生。不过，实际上，由于 1997 年政府与达喀尔学生协调协会之间达成了协议，对招生人数的严格控制在 1997—1998 学年就已经停止，学生人数也并没有像先前预计的那样减少。

1993—2000 年改革中采取的其他措施还包括将学习的最长年限设定为四年，这是为了确保在大学教育的前两年中，任何一年的学习都不可能重修超过两次(这项措施解决了高等教育第一阶段人满为患的问题)。最后，这次改革还促使谢赫安塔迪奥普大学建立了一个计算机化的管理中心，推动了高等教育机构走向国际化。

高等教育改革计划第一阶段结束的另一个标志是塞内加尔政府作出了从计划导向策略转向项目导向策略的决定，这项决策与其在教育发展上的合作伙伴的意见是一致的。这也就是说，塞内加尔政府要承担起教育系统的完全的责任。根据这一决定，教育与培训十年规划将关注与入学、质量和管理有关的问题，并巩固高等教育的子系统在高等教育改革计划第二阶段(2003—2010)中取得的成果。

高等教育的经费

塞内加尔的公立高等教育受惠于一整套的财政资助机制。一直到最近,由这套机制所提供的经费仍占高校预算的96%。因为教育成本高昂,而学费收入又非常有限,因此征收学费并不足以有效地补偿开支。

改革的配套计划要求政府执行高等教育与培训政策。1997年,拨给教育和培训的预算估计超过933亿法郎,占政府全部预算的33%,而其中的24.7%划拨给了高等教育(占政府预算的7%)。

向塞内加尔提供经费援助的主要包括:法国、加拿大、比利时、瑞士、意大利、美国国际开发署、欧盟和世界银行。其他的一些合作伙伴则为特定的研究项目提供资助。当前,改革的实施得到了多边和双边合作协议的支持。

家长对高等教育财政的贡献也是很重要的。学校教育的支出及其他的辅助性开支(书本或其他必需品)约达到了30亿西非金融共同体法郎的规模(约合4.64亿美元)。

世界银行

高等教育改革计划得到了世界银行2650万美元贷款的资助(加上预先没有考虑到的税率的问题,总计达到了3090万美元的规模)。

受惠于此,科学类和教学相关的图书资料的采购计划,以及包括行政和财务管理现代化在内的教育体系的现代化都有了实现的可能。贷款的各项用途见表54.1。

表54.1 世界银行贷款在高等教育改革计划中的分配

Ⅰ.加强图书馆服务(1560万美元)	
达喀尔谢赫安塔迪奥普大学中心图书馆的修缮与扩建	1120万美元
图书馆管理	440万美元
Ⅱ.改善教学和研究(940万美元)	
强化应用科学的教学	400万美元
发展认证体系	30万美元
大学研究基金	290万美元
教学和筹资模式的研究	30万美元
计算机化系统的安装	180万美元
Ⅲ.强化管理能力(410万美元)	
重组学生服务	220万美元
建立维护体系	130万美元

高等教育改革计划的各个部分都得到了令人满意的执行。谢赫安塔迪奥普大学修建了一座新的土木工程专业的图书馆,学校的其他图书馆也都得到了修缮和扩建。教学服务设施得到了更新。配备了实验室,参考文献和期刊这类新设备、新资料后,研究和教学工作得到了提升。在达喀尔大学服务中心,校内的宿舍进行了翻修,餐厅和食堂进行了私有化。为了更好地提供社会服务,奖学金办公室和高等教育部制定了新的服务标准(要求服务工作电脑化,并组织职员接受新技术使用方面的培训)。

1997年的大学危机减缓了与谢赫安塔迪奥普大学有关的教学方面的改革。1996年,该校的财务目标尚且能够实现。到了1997年,相比于1996年,学校就连经常性的开支都无法满足了。而这些财务缺口原本是想依靠社会部门的经营利润来填补的。

由于学生人数的激增,大学面临着两个方面的问题。一方面是要招收最优秀的学生,而在另一方面则是要保持和提高大学所提供的产品和服务的质量。但这两个问题都与是否能够获得信息与交流的工具紧密相关。

在撒哈拉以南非洲地区,远程或虚拟教育是面对学生人数增长时的可选方案之一。非洲虚拟大学(African Virtual University, AVU)就是这方面的一个例子。非洲虚拟大学在谢赫安塔迪奥普大学和加斯顿伯杰大学设有两个节点。应该利用非洲虚拟大学项目、部分或全法语大学协会(AUPELF/UREF)和计算机中心的互联网网站三者之间的合作,设立互补和协作的课程。对于国家行政与司法学院(Ecole Nationale d'Administration et de Magistrature, ENAM)的远程教育网点来说,同样也是如此。

与法国的合作

大学改革支持计划(PARU)是通过与法国合作组织的合作发起的。该计划的提出是为了支持支持塞内加尔政府实现最初由国家高等教育咨询会议提出的现代化的目标。

该计划旨在重建管理制度,并实现管理的电脑化。它涉及学生服务、人力资源,以及大学内各个单位的财务管理。

法国合作与文化行动会(Mission Francaise de Cooperation et d'Action Culturelle)积极支持谢赫安塔迪奥普大学开展的行政、财务,和教学管理改革。目标是要实现管理体系的标准化,提高人员素质。该计划 36 个月的财务成本达到了 165000 美元(120 万法国法郎)。1997—1998 年,计划的实施进入第二阶段。这一阶段主要解决三方面的问题:提高人员素质;对财务、教学和管理流程进行分析,以便为将来开发管理应用软件确立基本框架;针对在谢赫安塔迪奥普大学建立计算机中心展开调研。

与加拿大的合作

在蒂斯多科技术学院(Polytechnic School of Thies)的基础上发展起来的高等多科技术学院(Advanced Polytechnic School)是由加拿大国际发展署(ACDI)提供资金的。学校的任务包括仿照蒙特利尔多科技术学院(Montreal Polytechnic School)的北美模式培养从事工程设计的设计工程师、培训教师(培训者),将教育与培训从达喀尔分散到蒂斯(Thies),装备蒂斯多科技术学院,为开展工业研究建立基础设施,并开展此类的研究。

从该校毕业的 800 名土木工程、机械工程、机电工程和电气工程领域的工程师已经遍布整个法语西非地区。

与加拿大合作的目标是要通过向教师提供博士和硕士层次的教育从而促进学校实力的提升,推动与拉瓦尔大学(University of Laval)的师生互换,为学校配备计算机设备以建立一个计算机中心,以及向学校供应教学工具(文献)和设备。

与意大利的合作

商品援助(Commodity Aid)是意大利介入的一种方式,其目的是通过科学设备的供应,以及研究人员的培养来改善教学和科研的条件。该计划为科学、技术和医学院系的实验室提供了设备,并为科学和技术学院培训了 15 名高级研究员,为医学、药学和口腔医学的院系培训了 10 名研究员。

加斯顿伯杰大学从商品援助中获益不少。意大利商品援助提供了教学、科学和技术设备。而法国合作组织则提供了文献资料。

国立高级应用经济学校在机构发展和教学发展方面的双边项目

对国立高级应用经济学校(ENEA)的援助得益于华盛顿的美国国际开发署。在后者经费的支持下,康涅狄格大学启动了一项包括师资培训(包括长期的和永久的)、教师交流、后勤支持(教学设备和计算机)和研究支持在内的援助计划。该计划持续了四年(1994—1998),经费总额达到了约 40 万美元。

与欧盟的合作

欧盟对国立高级应用经济学校的支持始于 1994 年,与援助对口的是统计与人口统计学系。该计划旨在通过国立高级应用经济学校为非洲的法语国家,科摩罗群岛和马达加斯加,培养应用统计工程师。

与瑞士的合作

瑞士对国立高级农村干部学校(ENCR)的援助始于 1981 年。该项目培训水资源开发领域的工程师和森林保护方面的专家。其目标是要在济金绍尔(Ziguinchor)的森林中建立一所重要的设施。1982 年,瑞士同意通过组织课程改革、师资培训(最初是在第戎进行培训的)和提供基建设备的方式承担对国立高级农村干部学校的改造任务。援助方利用小型项目的建设对学生和教师提供指导。改造后的国立高级农村干部学校的教学偏重应用。与此相似,在圣路易斯围绕着一座大坝也建立了一个中心,该中心的设立是为了满足对灌溉水利方面的工程师的需求。

在10年的时间里,该计划带来了60多亿非洲金融共同体法郎(927589215美元)的援助,建立了一套模块化的课程。1997年,该计划转变成为与国立高级农村干部学校的建设有关的一个辅助项目。实际上,瑞士方面是通过一个全球性的农业发展计划来寻找适宜的项目的。该项目涉及持续地开展面向农民、技术人员、工程师,和教师的培训。该项目在1999年完成时共耗资8000亿非洲金融共同体法郎(123685933148美元)。

与次区域的合作

当前,按照与非洲再适应中心的合作协议次区域层次上的合作正在开展中。此项合作的目的是要培养主管科技研发的高级官员(三年内将拨款2.5亿非洲金融共同体法郎)。

研究活动

全国超过90%的研究人员都正在提高自身的科研能力。他们开展的研究活动涉及几乎每一个领域(自然资源与环境、发展研究、材料、化学、营养、生物技术、技术与能源生产、信息和通信网络、医药研究、人文与社会科学)。这些领域涵盖50多个博士专业,35个职业性专业,涉及2500多名学生(约占大学生总人数的10%)。

毫无疑问,1993年改革所带来的变化在2000年后仍将产生影响。等到2010年的时候,大学科研活动的性质及其与塞内加尔社会之间的联系一定会与现在的情况很不相同。此外,随着教育和培训十年计划的推进,高等教育需要采取行动来证明其与经济发展之间的紧密联系。这种证明体现在三个方面:增强国家的研发能力,为国家的经济发展作出重大贡献,以及促进人民生活质量的改善(Oussaynou, 1999a, 1999b, 2000)。

大学的研究活动当前正面临着许多挑战。教育和研究需要进行调整才能适应毕业生广泛的就业选择。而在另一个方面,随着学生数量的不断增加,时间和资源利用的有效性又变得至关重要。在传统上,大学的高段总是比较容易受到重视的,尤其是学位论文选题的原创性和研究意义得到了大量的关注。但是,现在需要优先考虑的却是大学低段的教育,要重视大学低段的教学方法和教学内容。在这个方面,教师教育学院里来自联合国教科文组织的教席,和谢赫安塔迪奥普大学的地理系作出了创造性的贡献。

另一个问题则与下面这几个方面有关:学位的日益专业化及其对学生流动性的影响,学位的标准化,以及开展研究活动的资格。大学正在考虑废止"短期"和"长期"论文的做法,要求所有的博士生都采用单一的博士学位论文的方式。这项措施也将适用于非洲和马尔加什高等教育委员会的其他成员大学。

大学正在积极地推进一种新的、重心下移的机构配置模式,即建立私营的地区性大学中心(CUR)。政府向大学提供科研经费将越来越多地采用合同研究的模式,即要明确设定任务、绩效标准和清晰的目标。同时,政府还将鼓励大学与其他的研究机构、企业和公共实验室建立伙伴关系。开展合作的目的是要发展研究网络,推动国家创新体系内的交流和区域整合。在这一方面,由通信和信息网络体系支撑的全球化,对开展研究活动的方式产生了重要的影响。

科研训练的性质和模式也正在发生变化。然而,在原有的教学、研究团队正在逐渐老化的同时,年轻的接班人们却又对科学探索缺乏兴趣。这就造成了严重的问题(MEN, 1999d)。

大学及其他的高校都非常地清楚自身在人口、工业和商业问题的诊断与评估中所能发挥的重要作用,因而纷纷将科研作为其主要的发展战略之一。大学生在三、四年级时选择的研究课题都与产业和商业伙伴的需求有关。这些研究课题又都与更为长期的研究计划——学位论文有关,而学位论文的研究成果将能够供大学的合作伙伴查阅或是直接加以应用。

大学的研究活动受惠于大学研究基金(Fonds de Recherche Universitaires, FRU)。根据高等教育改革计划,该基金的资助占到了大学研发经费的50%。该基金也对私立高校的研究项目开放。

高等教育的管理

如前所述,1993年12月9日跨部委员会宣布的高等教育改革要实现的目标有很多。其中包括：全面地对招生情况进行监督，全面地重组科研和发展战略，实现行政和财务管理的现代化，营造尊重学术及各方面自由的积极的环境。

大学应该通过严格的管理与治理将民主融入教育的过程中。而首要的是要在各个层面上改善管理以提高效率。

大学在治理方面的变革体现在，通过允许所有的利益群体共同参与工作条件的确定，共同地履行大学的使命，共同地使用现有的资源，从而改进参与机制，提高共同的责任感。

1981年的改革缺少实现上述进展所需要的政治意愿和手段，而1993年的改革虽然具备了这两个方面的条件，但是大学却缺少相应管理能力的支撑。1993年的改革在谢赫安塔迪奥普大学和加斯顿伯杰大学里体现得并不明显。关注的焦点总是围绕着强化治理体系以满足各个相关团体的需求，推动大学里各类人群之间正式和非正式的对话，以及保障管理层、教师、职员和学生之间的良好沟通。

不论是1999年12月3—4日，在谢赫安塔迪奥普大学举办的教学发展日上，还是在2000年1月由谢赫安塔迪奥普大学和加斯顿伯杰大学两校联办的大学管理研讨会上提出来的建议，总结出来的结论都指出了同一个问题，那就是先前的改革计划缺少领导层的主动性。尽管先前提出来的建议被认为对大学的发展会是有益的，但是学术管理层也只是勉强地将其付诸实施。这些建议涉及教学管理（招生、信息通信技术的利用、拖堂问题的解决、教学工作量的增加、认证的获得、专业的多样化、继续教育的开展，以及公私立大学之间的交流）、行政与财务管理，以及社会服务的管理（向学生提供校内的工作机会，以及校园的全天候运作）。

全国高等教育咨询委员会的主席曾经这样说：

> 高等教育是一个重要的部门，它的好坏关系到经济长远的竞争力与适应能力。同时这个体系也是周期性危机的受害者，这些危机对整个的教育体系，乃至整个社会和经济造成深远的影响。在这个系统中扮演主角的各个相关群体（行政人员、学生团体、教师工会）在处理彼此之间的关系时采用的是冲突与权力制衡的逻辑，但是实际上他们彼此追求的根本目标却是一致的。因此，公民社会（学生家长、私营部门、援助方、各社会团体）既无力又焦虑，只能眼睁睁地看着教育体系不断地恶化。然而这种局面的形成，是由被高等教育体系内各方之间的关系的性质所决定了的协商模式所造成的。（Assane，1993：25）

高中毕业会考文凭考试的改革

作为塞内加尔高等教育改革的一部分，国家高等教育咨询会议建议对高中毕业会考进行改革。负责此事的委员会将高中毕业会考文凭考试分成三类：语言与社会科学（L1，L2）、科学与技术（S1，S2，S3，T1，T2），以及管理与经济（G）。中学的课程也进行了相应的重组。新课程自1995—1996学年开始实施，1998年7月，第一批参加新的高中毕业会考的中学生毕业。

中学毕业生的升学

申请者能否被大学录取，要视具体的录取标准和大学的学额而定。完成大学的第一阶段，学生们最多可以花费四年的时间，也就是说在这两个年级中，每个年级可以复读一次。

1997—1998学年高中毕业生人数的减少引发了许多的问题：十一、十二年级学生的流失；考试体系出现的问题；尽管已经取消了被认为选拔性过强的两阶段的考试形式，但是高中毕业会考中依然存在着的低通过率的问题；教育的有效性问题，即教育是否适应就业市场需求的问题。2000年，学生的人数稳定在10800人左右。

申请谢赫安塔迪奥普大学的学生占中学毕业生总数的75.2%，而申请加斯顿伯杰大学的比例为13.99%。大多数的申请者来自于达喀尔、蒂斯地区、考拉克、圣路易斯和济金绍尔的公立中学和部分的高中。

数据统计

塞内加尔的学生人数从1988年的15759人增加到1992年的21747人，再到1999年的23198人（与1988年相比，增加了47.2%）。平均每10万人中有252名学生。尽管学生的人数在增加，但是仍然低于世界的平均水平。

如表54.2所示，从1998年到1999年，注册的学生人数减少了 1.95%,即从 23660 人减少到了 23198 人。而在 2000 年,又录得了 189 人的小幅增加。

表 54.2 1988—2000 年达喀尔谢赫安塔迪奥普大学的学生人数

年份	学生人数
1988	15759
1989	14950
1990	16582
1991	17810
1992	21747
1993	21939
1994	23938
1995	22948
1996	21410
1997	21243
1998	23660
1999	23198
2000	23387

由于招生条件的不合理、专业结构不够多样化,以及学生的学业失败率居高不下,导致了大学的第一阶段人满为患。学生数量的过于庞大造成了实验室活动的组织,学生评价,食宿安排,以及教学指导等方面都出现了问题。

被谢赫安塔迪奥普大学招录的高中毕业生人数占到了大一新生总人数的 62.55%。

学生们总是延长他们在大学里的学习年限,科学和技术类专业的学生尤其如此。实际上,完成大学第二阶段学习的毕业生,也就是那些学士学位的获得者们,为了找到更好的工作或是为了参与研究活动,大多也愿意选择继续攻读研究生。

女性的入学情况

女性参与高等教育的程度是一个令人困惑的问题。第一届国际高等教育大会提出了两性接受高等教育机会平等的问题,并且提出了只有通过相互的理解才能达到观念的转变。女生在学生群体中所占的比例从 1980 年的 44%增加到了 1995 年的 47%。在 1995 年底,北美和欧洲达到了男女生性别比例的平衡,而在撒哈拉以南的非洲、南亚以及几乎所有的欠发达国家,男生的数量仍然超过女生。这些地区的女生比例分别为 35%、34%和 27%。尽管如此,自 1980 年以来,这些地区在增加女性接受高等教育的机会方面已经作出了巨大的努力。

在塞内加尔,1998 年的数据显示,女生只占谢赫安塔迪奥普大学学生总人数的 26%。在这所大学里,当年女生比例超过学校平均数的学院只有医学院(36%)、法律与政治科学学院(31%)和 EBAD(30%)。这几个学院的比例接近非洲的平均水平——35%。女生比例最低的学院是:科学与技术学院(Faculte des Sciences et Techniques, FST)(13%)、国家高等体育与运动学院(Institut National Superieur d'Education Physique et Sportive, INSEPS)(12%),以及教师教育学院(18%)(MEN, 1999b)。

在培养教师的学校里,塞内加尔的女生比例要低于发展中国家类似机构中的女生比例。在那些国家里,女性占到了教师队伍的三分之二。

在塞内加尔,接受高等教育的女生比例偏低,这既与女性在整个教育系统中整体的入学率低有关,也与升入高校的女生数量少有关。

学业成功率

1998 年,谢赫安塔迪奥普大学招收了 23660 名学生,其中 21959 人在其下属的 5 个学院里就读。到年底时,只有 18933 人参加了两个学期的考试,约占学生总数的 80%。也就是说,辍学率达到了约 20%。

1998 年,谢赫安塔迪奥普大学全校学生的学业成功率约为 43%,而在 1997 年则为 37.5%。大学学院(university schools)的平均学业成功率为 40%,高等学院(advanced schools)和中心(institutes)则为 84%。医学、药学和口腔医学院的成功率最高,为 61%,科学与技术学院次之,为 43%。与此相反,法律和政治科学学院的学业成功率还不到 30%。

尽管从 1997 年到 1998 年,学生的学业成功率有了显著的提高(从 38%提高到 43%),但是这一比例仍然低于预期(59%)。但是,只要除去大学一年级,那么各个学院学生的学业成功率就都能够达到60%以上。从入学到拿到学士学位需要四年，但是在谢赫安塔迪奥普大学，要有30%～40%的人能够升入大二就已属不易了。

此外，在招生与选拔的标准，学业指导，教学方法与测验方式，以及学习环境的营造方面也都存在着不少的问题。而各院系生源的不平衡，则说明了学生缺少有关专业选择方面的有效的指导(见表54.3)。

表54.3 塞内加尔各高校的学生人数(1997和1998年)

机构	1997年	1998年
文法与人文科学	1984	2181
科学与技术	1424	995
医药	506	500
法律与政治科学	1643	1579
经济与管理	1055	987
CESTI	25	21
ENS	7	13
ESP	328	236
INSEPS	44	44
EBAD	86	94
小计	7102	6650
圣路易斯的加斯顿伯杰大学	450	450
总计	7551	7100

协会与联盟

学生社团

塞内加尔的学生组织有两个：达喀尔学生会(Student Union of Dakar，UED)和圣路易斯学生会(Student Union of Saint-Louis)。这两大协会分别设在谢赫安塔迪奥普大学和加斯顿伯杰大学。国家高等职业学校和私立高校并无代表参加。两大协会组织的学生罢课行动打乱了正常的教学秩序，损害了各自学校文凭的含金量。

最近的一次罢课行动发生在2000—2001学年，学生的诉求包括：重新安置在大学的第一阶段中失败的学生(也包括那些已经用完大学第一阶段的重修限额的学生)，增加各个学院大学第三阶段的学额，永久开放大学和学院的图书馆，更新馆藏，改善教职员对学生的比例，发放大学的文凭及对教师进行评价，在每年的12月底前向新生发放资助，修改补助发放的资格标准且提高补助发放的透明度，针对大学第三阶段发放的补助应该普遍化(约6万西非金融共同体法郎)，取消大学第二阶段的半额补助，改善伙食质量，重新设立食堂检查机构，改变食堂餐券的销售方式，每两周清扫宿舍一次，营造健康的环境，将学生宿舍前的酒吧移往别处，提供安全保卫，以及提供全年的医疗服务。

尽管在1993年开展了社会服务的改革，且在达喀尔和圣路易斯提供的社会服务也得到了改善，但是仍有一些学生提出的要求没能得到满足。不过，近年来，学生们提出的要求也越来越积极向上了，对教学的关注与日俱增。

达喀尔的学生协会被许多与政治活动相关的潮流所裹挟。政治上的多元化在协会内部大行其道，因为学生是很大的一个票仓，因而政党斗争在协会内部也反映得非常激烈。学生们参与到了塞内加尔的政治变革之中，他们也越来越擅长将大学的问题包装成选战中的问题，要求立即得到解决。

研究教授联盟

全国约有1000名教师和研究人员参加了教职员联盟(Federation des Syndicats d'Enseignants，FEDER)，塞内加尔教师独一民主联盟(Syndicat Unique de l'Enseignement Superieur，SUDES)和高等教育教师工会(Syndicat des Professeurs de l'Enseignement Superieur，SYPROS)。他们的要求基本上围绕着改善工作条件、提高薪水和改善住房。

行政和技术人员

有1200名行政和技术人员参加了学校和大学工会(Syndicat des Travailleurs des Etablissements Scolaires et Universitaires，STESU)。他们的要求集中在非教学人员的地位，由学校以外提供的那部分社会福利，以及职务晋升的问题。

结 语

国际高等教育大会为所有的参会国家提供了一个绝好的机会，在这里，各个国家展现了自身对高等教育的重视，宣扬了各自国家对于推动高等教育的深度改革与发展所作的承诺。

改革应该面向未来的社会。这就要求在平等和择优的基础上，让接受高等教育的机会惠及所有的人，尤其是女性和少数族群。高等教育在开展智慧与道德教育，继续与终身教育；在传播经济、科学与技术的研究成果；在通过国际合作传播科学技术信息的时候，必须适应社会现实。

要适应社会现实，就得不断地开展教学创新，强化高等教育、科研及与就业市场之间的联系。

在塞内加尔，高等教育的主要目标都来自于发展高质量教育的战略计划。而发展高质量的教育是负责国民教育的政府部门的主要目标。该计划关注高质量高等教育机会的增加，制定研究活动的议程，改善大学的财务系统，以及改进高等教育的管理。

教育和培训十年计划着眼于财务管理的制度，以及高等教育改革计划中所取得的成果的巩固。

尽管学生人数的增加造成了一些危机，经济状况不佳造成了一些困难，但是高等教育部门在整体上所取得的进步是可喜的。在高等教育政策的一些基本的方面都取得了显著的进步，其中包括：入学机会的增加、专业的多样化和职业化、教学与研究人员的质量的提高、研究与发展的推进，以及国际化。

教育和培训十年计划的前景是要改善高等教育的适切性，提高教育质量，改善管理和财务；再现改革的成功；以及最最重要的，要找到一套切实的解决方案来应对伴随着塞内加尔高等教育体系的扩大而引发的种种危机。

参考文献

Assane, S., ed. 1993. *Rapport de la Concertation nationale sur l'Enseignement superieur*. Dakar: Ministère de]'Education Nationale.

Banque Mondiale. 1995. *L'Enseignement Supérieur lee icons de l'expérience*. Washington, D. C.: World Bank.

Diallo, M. 1999. "La formation a distance Enjeux et Perspectives." *EchoSup: Bulletin d'information de la Direction de l'Enseignement Superieur—Ministere de l'Enseignement Superieur et de la Recherche Scientifique* 2 (August): 9.

Ministère de l'Education Nationale. 1998. "Document de politique sectorielle de l'enseignement supérieur." Available at the Direction de l'Enseignement Supérieur of the Ministère de l'Education Nationale.

——. 1999a. "Conseil interministériel sur l'Enseignement Supérieur: rentrée universitaire 1999/2000." October. Available at Direction de l'Enseignement Supérieur.

——. 1999b. "Les statistiques de l'UCAD: annee universitaire 1998/ 1999."

——. 1999c. "Rapport de la revue a mi-parcours du PAES."

——. 1999d. *Rapport general des Journees Pedagogiques de l'UCAD*. Dakar: Rectorat UCAD.

Oussaynou, D. 1999a. "Reforme de l'enseignement supérieur: Les pro. jets d'appui: P. A. E. S., P. D. E. F." *EchoSup: Bulletin d'information de la Direction de l'Enseignement Superieur—Ministere de l'Enseignement Superieur et de la Recherche Scientifique* 1 (April): 5-11.

——. 1999b. "Du Management des Universités." *EchoSup: Bulletin d'information de la Direction de l'Enseignement Superieur-Ministere de l'Enseignement Supérieur et de la Recherche Scientifique* 2 (August): 2-3.

——. 2000. "Perspectives de la recherche universitaire au XXIème Siècle." *EchoSup: special sur La Recherche scientifique et Technique au Senegal, Bulletin d'information de la Direction de l'Enseignement Superieur—Ministere de l'Enseignement Superieur et de la Recherche Scientifique* 3 (July): 3-5.

55 塞拉利昂

约瑟夫·B·A·坎德
托马斯·M·多格巴
约瑟夫·L·佩西马

引　言

塞拉利昂是西非的一个小国，国土面积72000平方公里(27799平方英里)，人口540万，人口的年均增长率为2.67%(2000年预测)。这个国家的出口经济包括：钻石、黄金、铝土矿、金红石、咖啡、棕榈仁、纤维榈、姜和海产品。2000年，塞拉利昂的人均国内生产总值为121美元，人均收入106美元，这要低于1983—1984年间383美元的人均收入。人均收入减少的原因是经济状况的恶化，2.67%的人口高增长率以及内战。该国的文盲率为70%，其中女性的文盲率为80%，男性为60%。2000—2001年度，预计的小学入学人数为729640人，其中男生占58.7%，女生占41.3%。预计中学的入学人数为695058人，其中男生占62.5%，女生占37.5%(Central Statistic Office, 2000)。

第三级教育的历史背景

在塞拉利昂，大学教育最早起源于1814年莱斯特山村(mountain village of Leicester)的基督教学院。1827年，它搬迁到最东边的弗里敦(Freetown)后，成为了一所教师教育学院——福拉湾学院(Fourah Bay College, FBC)。学院是由英国圣公会传教会(Church Missionary Society of Britain)建立的，在1876年它成为英国达勒姆大学(Durham University)的附属学院，并开始提供学位教育。1879年，该校颁授了第一个学位。

恩加拉大学学院(Njala University College, NUC)的起源可以追溯到1912年，那时，政府在恩加拉(Njala)建立了一个农业种植园，刚开始是为了做推广工作，之后则是供享受政府奖学金的全日制的农学专业的学生使用。后来，该校还增设了小学教师教育专业。得益于美国伊利诺伊大学在学术和财政上的鼎力支持，该校于1964年升格为大学学院，在1967年与福拉湾学院联合，共同组建了塞拉利昂大学。现在的这所塞拉利昂大学是依据1972年的塞拉利昂大学(University of Sierra Leone, USL)法建立的，学校由一名全职的校长(vice-chancellor)来领导。1988—1989学年，塞拉利昂大学的第三所学院，即医学与相关健康科学学院(College of Medicine and Allied Health Sciences, COMAHS)建立。1960年，福拉湾学院的教师教育系被迁至弗里敦的塔山(Tower Hill)上，之后更名为弥尔顿马盖教师教育学院(Milton Margai Teachers College, MMTC)。1996年，这所教师教育学院成为塞拉利昂大学的一个附属学院，并再次更名为弥尔顿马盖教育学院(Milton Margain College of Education)(MOE, 1996:277)。

传教士和塞拉利昂政府建立了各种低于第三级教育层次的教师教育学院。包括：布奴姆布(Bunumbu)(1931)、恩加拉培训学院(Njala Training College)(1936)、位于波的天主教培训学院(Catholic Training College at Bo)(1942)、马格布拉卡政府培训学院(Magburaka Government Training)又名马格布拉卡学院(College of Magburaka)(1951)、位于凯内马的天主教女子培训学院(Catholic Girls Training College at Kenema)(1955)、在马可尼的圣奥古斯丁教师学院(St. Augustine Teachers College at Makeni)

(1963)、在波的波教师培训学院(Bo Teacher Training College at Bo)(1963)、在洛科港的洛科港女子教师学院(Port Loko Women Teachers College at Port Loko)(1965),以及在弗里敦的弗里敦教师学院(Freetown Teachers College at Freetown)(1965)。1970 年,这 9 所小型的小学教师培训学院被整合成了 5 所教师教育学院,分别是:波教师学院(Bo Teachers College)、布奴姆布教师学院(Bunumbu Teachers College)、弗里敦教师学院(Freetown Teachers College)、马可尼教师学院(Makeni Teachers College)和洛科港教师学院(Port Loko Teachers College)。

实际上,在凯内马的天主教女子培训学院被关闭了,而先前的波教师培训学院和天主教培训学院合并成为波教师学院。马格布拉卡政府培训学院和圣奥古斯丁教师学院也进行了整合,组成了马可尼教师学院。1982 年,依照政府的合理化政策,即教师学院法,这 5 所小学教师学院成为与弥尔顿马盖教师教育学院一样的第三级教育机构(MOE, 1982)。

长久以来,技术与职业教育就是由一些教师培训学院、技术学校、职业类中等学校以及一些非政府的机构提供的。此种类型的教育并没有得到应有的重视,因为它被认为是为学习成绩不好的学生准备的。而在今天,一部分成绩优秀的学生也已经接受此类教育了。

在塞拉利昂,首次提出要重视技术和职业教育的是 1970 年的教育政策白皮书。文件指出,技术、职业、农业和商业教育对于塞拉利昂的国家发展至关重要。1993 年引入的"6－3－3－4"新学制就非常重视加强技术和职业学校。1996—2005 年国家教育发展规划(National Education Master Plan)"建议 55%的初中毕业生应该升入较低层次的技术学校,而高级中学的部分毕业生则进入较高层次的多科技术学院或职业技术学校。但是当前的学校配置、师资配备、设备或材料的充足率尚不足以接纳所有的初、高中毕业生"(MOE, 1996:84)。

20 世纪 80 年代,诸如:护理学院(School of Nursing),酒店与旅游培训中心(Hotel and Tourism Training Center),图书馆、档案和信息科学学院(Institute of Library, Archive, and Information Science, IPAM),公共行政与管理学院(Institute of Public Administration and Management),以及法学院(Law School)这样的一些职业学校被作为第三级教育机构建立起来。

第三级教育的规模、职能和性质

塞拉利昂的第三级教育包括:完成高中教育以后,在塞拉利昂大学及其下属院系,在教师学院、职业技术学院以及专业学院(professional schools)里获得的各种形式的教育。

塞拉利昂大学有学生 3003 名,教职员 1584 名(287 名学术人员,1287 名行政及辅助人员)(见表 55.1 和表 55.2)。这种情况意味着学术产出的单位成本非常高。塞拉利昂大学被人们批评的一点就是,其培养的毕业生中从事国家最为迫切需要的基础和应用科学领域的人太少。

以下的这 5 所小学教师学院提供职前的教师教育,它们是:波教师学院、布奴姆布教师学院、马可尼教师学院、洛科港教师学院和弗里敦教师学院。1996 年,每所学校平均有约 500 名学生,50 名教师,这同样也意味着毕业生的培养成本较高。好在,这些数字近年来或许已经有了变化。

教育部已经将涉及总共约 10000 名学生的 15 所技术和职业学校升格为第三级教育机构。专业学院,尤其是与健康有关的专业学院的招生能力是非常有限的。造成这类学校招生规模小的原因来自多个方面。比如,报读的学生成绩不合格,或是有的学生虽然成绩达标了,但是得不到经济上必要的支持。专业学院学生的总体规模约为 500 人。

表 55.1 1999—2000 年塞拉利昂大学各学院男、女生人数

学院	女生	男生
福拉湾学院	299	1568
恩加拉大学学院	98	820
医学与相关健康科学学院	42	169
公共行政与管理学院	124	446
合计	563	3003

来源:Ministry of Education, Government of Sierra Leone, June, 2000.

表 55.2 1999—2000 年塞拉利昂大学各学院男、女教职员人数

学院	女性	男性
福拉湾学院	135	713
恩加拉学院	96	532
医学与相关健康科学学院	40	161
公共行政与管理学院	NA	80
教育学院	8	38
文秘	NA	60
合计	279	1584

注：NA 表示无数据。

来源：Planning Office, University of Sierra Leone, July, 2000.

第三级教育的职能包括教学、研究和社会服务。这三大职能是由在 1996—2005 年国家教育发展规划中规定的第三级教育的政策目标所决定的(MOE, 1996)。这些目标包括，延续学生们已经获得的教育，并进行拓展；开展一个或多个知识与技能领域的专业化；推动学生持续的全方面知识的发展(情感、认知、心理)；为学术人员提供开展科研的机会，尤其要支持他们开展与社会经济有关的，国家迫切需要的，以及针对塞拉利昂特有的问题开展的研究活动；知识的传播。塞拉利昂第三级教育机构中所有的学术类项目，都不外乎追求上述这些目标。

在第三级教育系统中，每一所院校各自的人力资源发展计划，决定了塞拉利昂第三级教育的性质。在塞拉利昂大学里，福拉湾学院侧重人文、社会与经济、工程以及理论与应用科学；恩加拉大学学院侧重农学、教育学和环境科学；医学与相关健康科学学院则提供医学、药学和相关的健康科学方面的教育，并提供基础医疗保健服务。公共行政与管理学院向公、私营部门提供管理学方面的培训；而其他的一些服务性部门，比如：教育学院(Institute of Education)、海洋生物与海洋学中心(Institute of Marine Biology and Oceanography)，则提供旨在促进其他形式的教育方面的服务。

教师学院为中、小学培养师资；技术与职业学校提供有关劳动技术、技能发展的教育与培训；专业学院则为各个专门领域培养专业人才。

当前的趋势与模式变化

在 1961 年获得独立以前，塞内加尔的教育政策是根据殖民宗主国的要求制定的。在殖民统治的最后几年里，接受过中学后教育与培训的人已经能够获得一些白领的工作。事实上，当时存在着师资短缺的问题，这迫使学校不得不雇佣不合格的教师，然后再向这些人提供适当的在职培训。但是随着时间的推移，人口的增长，越来越多合格的毕业生从第三级教育机构中学成毕业，问题就变成了就业机会的日渐不足。得益于各个产业的发展，实际上就业机会在总量上是增加了的，但是问题在于就业机会的增长速度赶不上第三级教育机构毕业生的增长速度。

一些有商业头脑的人选择了自主创业，他们拓宽了就业渠道，为他人创造了就业机会。而在某些岗位上，合格的人才仍然供不应求。技能型人才的缺口将教育家们的注意力转移到了职业与技术教育的需求上来了。此外，公、私营部门许多岗位的薪酬都很低，而雪上加霜的是，多位数的通胀率导致了本国货币遭受了持续的贬值。因此，近几十年来，在塞拉利昂的一些大城镇里出现了一批职业技术学校(见表 55.3)，比如，圣约瑟夫职业学校(St. Joseph Vocational Institute)、弗里敦的国家电力局贸易培训中心(National Power Authority Trade Training Center in Freetown)、马格布拉卡的政府贸易学校(Government Trade Institute in Magburaka)和凯内马的政府技术学校(Government Technical Institute in Kenema)都已投入运转。而参加过内战的退役人员、青少年和年轻的成年人表现出来的对技术培训的需求，则进一步地对职业和技术学校的发展推波助澜。一大批的此类学校都迅速地发展了起来。即便如此，技术、职业和教师培训学校却都还并不足以满足国内对劳动力的需求(MOE, 1998:ix)。

此类各式学校的发展取决于多方面的因素，其中包括：国内的就业环境，国内对高等教育的需求，资源的可获得性与充足程度，政治环境，以及实施渐进式的教育政策所需要的行政能力是否具备。以上的，以及其他的一些条件现在在塞拉利昂依然不够理想。好在国外的援助推动现

有第三级教育机构取得了某些发展。

建立塞拉利昂大学所依据的1972年第22号法,即塞拉利昂大学法,造成了单一的行政机构,即大学秘书处,垄断了有关塞拉利昂大学的所有政策,且只允许在塞拉利昂大学下面增设成员学院。多年来,秘书处集权式的行政体制进一步泛化。这种单一的结构和运作模式遭到了克瓦米委员会(Kwami Commission)(1993年成立)的批评。该委员会曾提出过许多的改革建议,但是至今仍有不少的问题有待解决(GSL, 1994)。例如,秘书处的运作模式仍然被批评者们视作是脱离大学的成员学院和相关系所的。

表55.3 1997—2000年技术与职业院校的学生人数

院校	1997—1998	1998—1999	1999—2000
弗里敦教师学校(刚果克罗斯)	820	1000	1120
邦特技术学院(邦特)	320	336	348
政府技术学校(凯内马)	302	320	380
政府贸易学校(基思)	1168	1244	1482
政府贸易学校(马布拉卡)	240	266	300
高级管理与技术学校(基思)	600	613	620
商业学院(威灵顿)	750	820	880
穆里亚尔多职业学校(基思)	520	538	540
Y. W. C. A. 职业学校(布鲁克菲尔德斯)	552	560	670
酒店与旅游培训中心(布鲁克菲尔德斯)	210	204	185
塞拉利昂工业化培育中心	2433	2500	2550
工商管理发展培训中心	NA	NA	NA
国家讲习班(克莱敦)	NA	NA	NA
圣约瑟夫职业学校(隆萨)	300	342	260
曼加玛农业学校(波)	220	342	240
国家电力局(NPA)贸易培训中心(弗里敦)	60	NA	NA
政府道路交通培训学校(弗里敦)	50	NA	NA

注:NA表示无数据。
来源:Ministry of Education, Government of Sierra Leone, June, 2000.

1996年,教育部成立了一个委员会来审查1972年的大学法和1982年的教师培训学院法,并就第三级教育的发展提出建议。在此期间,尽管遭受了叛乱战争的干扰,并且受到了战争所造成的经济破坏的影响,受命修订1972年大学法及1982年教师学院法的技术委员会最终还是提出了重组塞拉利昂第三级教育机构的建议。新计划要将大学,大学的附属机构,以及其他的一些第三级教育机构重组为两所彼此在管理上独立的大学。对塞拉利昂大学的拆解尚未开始,既得利益集团就已经开始他们的抵制行动了。与此同时,非大学的第三级教育机构的重组已经开始。

结构重组的整体设计,包括要对塞拉利昂现有的高校进行合并和区域化重组。此项改革的另一个目标是要通过行政体制的改组,促进教育资源的共享,以此提高效率和效益。在这一方面,潜在的目标还可以进一步地扩大到要使整个的从小学一直到第三级教育的教育体系变得更加顺畅和集中。此外,改革的目的还包括:增加学术类、职业类和技术类院校的高等教育学额,以便培养国家发展所需要的各式人才。

技术、职业及其他学衔全国委员会(National Council for Technical, Vocational, and Other Academic Awards)是一个独立的实体,它的任务是维护教育的高标准,并向成功地完成了学业的人颁授相应的证书、文凭和学位。

教师学院是由一个19人的学院理事会(College Council)管理的，每位理事任期三年(MOE, 1982)，可以连任。理事会中，6名成员由教育部任命，4人由宗教团体(塞拉利昂穆斯林大会、最高伊斯兰委员会、基督教联合会、罗马天主教会)委派，1人由中学校长会议(Conference of Secondary School Principals)任命。校长和教职员的薪资待遇问题就是通过一个学院理事会委员会(College Council Committee)来协调的。委员会还有权向教育部提出针对相关法案的修改意见。学院理事会具有人员的聘用权，其中也包括向教育部报批校长和副校长的任命。校长是教师学院主要的行政、财务和学术官员，同时也是负责制定课程和教学大纲的专业官员。学院的紧急事务由学院理事会的常务委员会负责，常务委员会的成员包括：行政事务的主要负责人、学院理事会的主席、校长，以及另外的4人。

很显然，政治动机影响了学院理事会成员的任命，造成了决策权力分布的不平衡。1982年的法案造成了学院理事会委员会功能上的局限，它原本还应该充当所有学院在学术问题上的权威。在紧急事务上，校长的提议比常务委员会的指示更容易得到执行。教育部已经通过直接任命6名理事会成员的办法对学院施加了政治影响，但是政府通过1982年的法案还要进一步地将学院的决策机制政治化。法案规定学院理事会通过任何的新的重大决策都必须报送教育部审批。学院里其他的一些职位，诸如：教务长和财务长的作用得不到重视。而教师学院的办学目标和权力都未能得到明确的界定。

克瓦米委员会(GSL, 1994)认识到塞拉利昂第三级教育体系所面临着的经济困难已经使其无力保障国家在全球竞争中发展本国工业所需要的劳动力的供应。而接受过第三级教育的高技能人才的流失进一步加剧了劳动力供应的困难。在20世纪80年代中期以来的经济危机和政治困难中，劳动力流失问题一直在持续。

塞拉利昂大学的校长E·H·赖特(E. H. Wright)是这样说的：

> 我们处在持久的危机中——经费不足，实验室、图书馆和各种现代设备等都很缺乏；人员流失严重，许多部门中充斥着低素质的人员，工作条件差，缺少合理的退休金计划；人员士气低落(无士气)的比例很高，行政与管理结构繁缛，向学生提供的教育与培训往往不能满足实际工作的需要，因而教育也是不充分的。最为要命的是，这个国家的第三级教育体系结构不合理，政策不清晰。(USL, 1998)

近年来的高等教育政策追求高等教育部门的扩张。参加1999年世界高等教育大会(1999 World Conference on Higher Education)的塞拉利昂的代表们建议政府落实大会提出的以下政策：

- 实施国家学生贷款计划来解决学生经济困难的问题。
- 建立一个全国委员会来维护第三级教育机构的标准。
- 建立全国性的教育委员会来监督第三级教育的运行。
- 为了实现有效的管理，与其他组织一起分担成本。
- 建立一个不带种族、性别、民族身份和贫富歧视的，鼓励增加入学的第三级教育体制。(USL, 1999)

塞拉利昂的全国人民大会党(All People's Congress, APC)政府施行了24年的不民主政策阻碍了教育的发展。总而言之，雄心勃勃的创业者远比受过良好教育的人更受重视。在塞拉利昂，成为政客，远比接受较低层次的学院教育或是较高层次的博士教育更有利于谋生。

如何提供高质量的教育从来不是塞拉利昂的那些不民主的政府所关心的主要的事情。相反，他们采取反动的冲突管理的办法来满足其政治上的需要。

第三级教育机构的改革也同样不是他们考虑的优先事项。任命管理人员的策略就是基于政治方面的考虑。国家的教育政策取决于掌权的政府。在殖民统治时期，第三级教育机构控制在基督教传教士的手中。1961年独立后，执政的塞拉利昂人民党(Sierra Leone People's Party, SLPP)在一段时期内沿用了殖民者留下来的教育政策。全国人民大会党掌权并建立了一党制后，政府试图通过控制教师的薪水，干预学校行政管理者的任用，从而加强对学校的控制。当前，重新回到了多党制轨道上的塞拉利昂人民党政府鼓励高校寻求其他途径的经费来源。而经费类型的差别则取决于对学校最高行政管理岗位的政治任命,以及这些管理者与当局之间的关系。近年来,塞拉利昂人民党政府增加了拨款,但是也受到战争形势的制约。

院校能力与结构

塞拉利昂第三级教育机构任何方面的能力都是有缺陷的,其中包括:基础设施、设备、装备、相关材料,以及人力资源。在腐败和非民主统治的年月里,能力建设停滞不前。而反叛战争更是加剧了这些问题。今天,想要入学的学生人数远远超过了第三级教育机构的承载能力。

第三级教育体系的顶层是塞拉利昂大学,在底部则是一系列的多科技术学院和私立的职业与技术学校。

在作为大学名誉校长(chancellor)的国家元首之下,依次是名誉副校长(pro-chancellor)、校长(vice-chancellor)、秘书处(secretariat)、监事会(Board of Trustees)、下属学院(constituent colleges)、审计员(auditors)、管理委员会(court)、大学评议会、学院、院长、系主任和教职员。这种结构体现出了等级性,而政府居于权力的顶层。在技术学院里,管理委员会(board of governors)的总共12名成员中有7人是政府的代表。而教师学院则由学院理事会(College Council)管理(MOE, 1964)。这种安排便于对第三级教育机构各方面的管理施加强大的政治影响。

课 程

塞拉利昂大学的重要作用既包括要满足国家发展对科学、数学、技术、艺术、文化和大众传播方面的需求,也包括要为其他的第三级教育机构开发课程。第三级教育部门在传统学科方面的课程非常丰富,针对专门领域也开发了不少的课程。塞拉利昂大学各下属学院开设的专业几乎覆盖了中小学校、教师学院,以及其他的私立第三级教育机构所开设的所有的学科专业。

福拉湾学院开设有常规的学术类课程,包括语言;土木、机械、电气工程;图书馆学;海洋生物、宗教、通信和法学。

除了那些在中学和其他的第三级教育机构中也都教授的学科之外,恩加拉大学学院还为各级教育机构培养教师。此外,该校还开设有农学、环境科学和经济学的课程。

医学与相关健康科学学院为国家培养医生、药剂师、护士,以及其他的医疗保健方面的高层次人才。该校的课程在传统上重视政府、教会,以及科研机构中白领雇员的能力发展。不过,改变也已经出现。例如,《2000—2001年塞拉利昂大学简介》(*Sierra Leone University Prospectus, 2000—2001*)(USL, 2000b)宣称:“现在已经到了该由大学来引领人们日常生活中最起码所需的食品和药品的生产的时候了。”医学与相关健康科学学院下设11个系,58个专业。11个系包括艺术、工程、理论与应用科学、临床医学、基础医学、药学、社会科学与法学、教育学、农学、环境科学,以及公共行政与管理学院(IPAM)。

大学里的教学单位还包括恩加拉大学学院的证书培训中心(Certificate Training Center of NUC, CTC)、海洋生物与海洋学中心、非洲研究中心(Institute of African Studies)、图书馆、档案和信息科学学院(INSLIBS)、成人教育与校外进修学院(Institute of Adult Education and Extra-Mural Studies, INSTADEX),以及福拉湾学院人口研究中心(Institute of Population Studies of FBC)。这些机构开设的都是短期的文凭、许可和证书课程。

总体而言,塞拉利昂的课程体系遵循的是传统的英国模式。近几十年来,塞拉利昂大学越来越重视专业领域的细分。例如,农学系被拆分为土壤学、农作物科学和植物保护三个系。由此,高中毕业生就可以在塞拉利昂的第三级教育机构中找到所选专业继续深造的机会,就如同那些在英国、美国和开设了类似专业的其他非洲国家的高中毕业生一样。但是,及时更新的教材、期刊、杂志、教学设备和教学材料的缺乏给许多现代学科专业课程的开设造成了困难。

塞拉利昂其他类型的第三级教育机构还包括新近获得学位授予权的多科技术学院。教师学院和其他的技术培训机构是没有学位授予权的。但是它们颁发证书和文凭。这些学校的课程设置与塞拉利昂大学的情况类似,也是充分多样化的,足以胜任培养中等层次劳动力的职责。

这些学校开设的课程尤其关注职业与技术型劳动力的需求。在当代全球教育发展的趋势下，塞拉利昂在第三级教育的课程方面显然还需要得到国际教育界的更大帮助，以便提升教育机构的国际竞争力。

教学语言及其影响

塞拉利昂被英国殖民统治了 150 年。在此期间，英语是正式的商务用语和所有第三级教育机构中使用的主要的教学语言。今天的情况依然如此。

塞拉利昂有超过 12 种不同的本土语言，其中包括克里奥尔语、弗拉语、加林语、基西语、科诺语、库兰克语、罗克语、马丁哥语、曼德语、歇尔布罗语、苏苏语、塞姆语、瓦伊语和雅伦卡语(Creole, Fulla, Gallines, Kissi, Kono, Kuranko, Lokko, Madingo, Mende, Sherbro, Susu, Themne, Vai, and Yalunka)(USL, 2000a)。塞拉利昂的塞拉利昂新教育政策(1995 年)是这样说的：

> 在包括教师教育学院和大学在内的整个的学校系统中都应该教授本国的语言。英语是整个学校系统中的教学语言。小学和初中阶段必须教授法语，但在高中阶段，法语是选修的。(MOE, 1995)

实施这项语言政策不仅非常重要而且非常困难。教授英语这门语言，并且使用英语来教授各门学科，处理各种教育事务，要比使用本土语言便利得多。有不少受过教育的塞拉利昂人都接受过适当的培训，有能力教授英语，并使用英语来教授语言学、戏剧和英语文学。但是，一名本身就讲本土语言的教师却很有可能没有接受过任何有关如何教授这门本土语言的正式的培训，因此在教课的时候也缺乏适当的教学方法。除了缺少适当的培训和充分的理解外，能够升入第三级教育机构深造以便在初中等学校、多科技术学院和各类院校中任教的掌握读写能力的本土语的使用者也很缺少。因此，学校只能教授那些教师能教的语言。

英语对于塞拉利昂的教育和生活的诸多方面影响甚大。二战后，提倡学校要重视本土语言。但是由于除了曼德语和塞姆语外，受过教育、具备本族语读写能力的人才很少，对本土语言的重视也就不了了之了。然而，英语的影响还远远不只是充当正式的教学和交流语言，它已经渗透进了大多数的本土语言之中，创造出了融合本土语言和常用的英语词汇的新的混合语。因为广泛地使用混合了英语词汇和遍及西非的各种本土语言的克里奥尔语(Krio，混合语)，生活在弗里敦大都会的许多年轻人都已经不会说自己的本族语了。而有一些塞拉利昂人则只是喜欢把英语词汇掺和到自己的语言里说，好以此将自己与西方世界联系起来。

那些讲一口流利的克里奥尔语而又没有机会在课堂以外的地方练习英语的学生，要达到学校里要求的基本的英语水平面临着重重困难。许多学生就是因为这方面的问题而未能升入第三级教育机构的。也有不少人是多次重新参加英语科目的校外考试后才获得第三级教育的入学机会。

研究、出版和教学

学术人员的两大主要职能是教学和研究。所有学科领域的研究活动都是为了创造知识，提供信息以利社会问题的解决，推动决策和政策制定。

在塞拉利昂大学，教师晋升的主要依据就是研究和成果的发表，而非教学。事实上，大学里的教学活动如果没有研究活动来作为补充的话，或许也是没有意义的。近几十年来，在包括塞拉利昂大学在内的各个第三级教育机构中开展了相当数量的研究活动。大量的书籍、专著、学位论文、小册子、期刊文章和会议论文就是明证。但是，至今在塞拉利昂大学里开展的研究活动仍然是缺乏组织的，取决于研究者个人的兴致。

1985 年 1 月，塞拉利昂大学建立了大学科研与发展服务处(the University Research and Development Service, URDS)。该部门的总体目标是要协调大学里所有的研发和咨询活动以利国家。具体的目标包括：推动、促进、引导和协调研究和开发活动；加强大学与国内外其他机构的联系，鼓励教职员通过研究和咨询工作为国内问题的解决提供方案。

大学科研与发展服务处下设8个部门：技术、研究和发展咨询部(Advisory Services in Technology, Research, and Development, ASTRAD)，经济、社会和文化研究部，教育、食品和农业部，语言研究部，医疗、卫生研究部，理论与应用科学部，农村发展部和科技政策部。每个部管理若干个专门小组，每个小组管理其职责范围内的项目。每个部由其负责人协调部内的工作，而主管则分管下面的专门小组，并向部负责人汇报。

大学科研与发展服务处的管理由一名处长，两名副处长，若干项目官员，研究员与研究助理，以及各类的辅助性职员来完成。该机构从大学的学术人员中汲取专家意见。其活动受到大学科研与发展服务处委员会(URDS Board)的控制。委员会的成员由校长聘任，包括大学的高级学术和行政人员，以及来自其他研究机构、教育部和经济规划与发展部的代表。

大学科研与发展服务部还参与项目的开发、采购、研究与开发经费的分配、咨询服务、一份季刊的出版，以及对当前的活动进行汇报。此外，该部门还举办短期的课程，向一些学习者提供支持。该部门还拥有数据处理与分析设备和一个科研用的图书馆和资料中心。

为了保证教与学的高质量，塞拉利昂大学对学生有一套持续的评价体系(MOE,1996:228)。学术人员的教学活动并不能直接地获得晋职的奖励。但是，一项针对教学绩效和学术人员晋职的全面的评价体系已经准备启动。在教学中运用现代技术，特别是信息技术和其他的教学辅助手段是另一个重点。大学正在努力地争取利用计算机和视频设备来推动各个学院的教学。

教师学院，技术、职业学院和专业学院里的研究活动是零散的。在这些学校里，学术人员晋职的主要依据是资格和教学经验。

要从塞拉利昂大学获得研究经费是很困难的。即便有一点经费，往往也是杯水车薪。而要想争取国际资金也不容易。即便国际组织已经通过学校来资助研究活动，在获取经费过程中所要经历的官僚体制也足以令那些从事科研活动的教师们视之为畏途。阻碍教师开展研究活动的另一个问题是，教师们不得不在校外花费大量的时间从事兼职以补贴家用。塞拉利昂大学给教师们开出的薪酬也许是本地区乃至全世界最低的了。

具有国际学术视野的本土学术杂志和期刊少之又少。而如果要把准备发表的材料送到国外去的话，费用会是个问题。此外，战争也阻碍了国内把研究成果送往国外。高等教育机构里缺乏经验的教师们得不到指导，因为大多数有经验的研究人员和教师都已经另谋高就。这些问题都对塞拉利昂第三级教育机构的科研和学术出版活动造成了损害。

财政和筹资的类型

塞拉利昂第三级教育机构90%以上的经费来自政府。余下的则来自学费和援助机构的捐赠。私立第三级教育机构的经费主要依赖学费而不是捐助。

表55.4　1995—1996学年政府对第三级教育的拨款

院校	人事预算(%)	非人事预算(%)	总预算(%)
塞拉利昂大学	45.3	15.4	60.7
弥尔顿马盖教师教育学院	5.9	2.6	8.5
布努姆布教师学院	2.6	3.5	6.1
波教师学院	3.4	2.8	6.2
马可尼教师学院	3.1	3.3	6.4
洛克港教师学院	1.9	4.2	5.9
弗里敦教师学院	3.4	2.5	5.9
合计	65.6 (21.4亿利昂)	34.4 (11.2亿利昂)	100 (32.6亿利昂)

来源：Ministry of Education, Finance Department, 1996.

有关塞拉利昂第三级教育最新的经费情况见表55.4(最近几年的数据因为内战而无法获得)。1998年以来，政府拨款占到了第三级教育可用经费的95%。预算是通过教育部报送给财政部的。拨给第三级教育机构的经费仍然相当不足。

表55.4显示，1995—1996学年，政府拨给第

三级教育的经费约为160万美元(32.6亿利昂)。塞拉利昂大学得到了其中的60.7%,弥尔顿马盖教师教育学院得到了8.5%,其他的5所教师学院每校获得了约6%。薪酬占到了当年实际总支出的66%,除布努姆布和洛克港教师学院外,其他院校在薪酬上的支出都要大于其他方面的开支。

教育部拨给第三级教育的经费占教育拨款总额的13%。由此,8%的教育拨款流向了塞拉利昂大学,其中的25%流向了福拉湾学院、恩加拉大学学院和弥尔顿马盖教师教育学院(MOE,1996)。

这种经费模式是不理想的,这也就解释了塞拉利昂教育环境之所以糟糕的原因。物质设施多年得不到更新。世界上的许多大学都已经用计算机换下了打字机,而古旧的打字机在塞拉利昂大学里却仍然还是最主要的书写工具。好在战争已经结束,教育部正在积极地修缮学校,添置设施。现在,管理者们最为关心的是各个院校的现代化。

学生激进活动

一切文明的标志都是尊重人的尊严和自由。一切的宗教和文化传统都是推崇这些理念(UNDP, 2000)。我们期待彼此尊重、和平、效率的氛围能够主导大学和其他第三级教育机构。这需要教育机构中的所有人相互尊重、享受自由和彼此信任。总体而言,塞拉利昂的教育界还是比较热忱和学院派的。但是这并不意味着学生、管理者和国家政府之间从没有过冲突。好在意见的分歧从来没有造成学术机构被关停超过一个月的。

1972年,学生在大学的毕业典礼上向总统西亚卡·史蒂文斯(Siaka Stevens)喝倒彩。还有一次,学生发起罢课行动,把校长强行推到总统西亚卡·史蒂文斯面前,迫使他提案要求增加学生的津贴,并且要求对学生提出的其他的一些迫切的要求作出回应。

1997年8月,在抗议革命武装力量委员会(Armed Forces Revolutionary Council)和革命联合阵线(Revolutionary United Front alliance)统治的全国浪潮中,学生们举行了游行示威,期间有学生被杀。也有一些学生在帕得姆巴路中心监狱(Pademba Road Central Prisons)里被关押了超过三个星期。这是塞拉利昂大学,也是其他所有的第三级教育机构因为学生运动而被关闭的时间最长的一次。

进入第三级教育机构的大多数学生都是成年人,他们已经达到了选民的年龄标准,有权参加地方和全国性的选举。他们中的不少人已为人父、为人母,有的可能已经在为政府,或是其他知名的组织或个人工作。有的学生已经投身于他们所选择的政党,成为这些政治团体的代理人。有些政治成熟、经验丰富的学生成为学生政治的强有力的推动者,学生政府职位的强有力的竞争者。毫无疑问,也有学生因为公开地支持某个失势的政党而遭受打击和一时的监禁。

学生激进活动有的时候对于国家政府的行为起到了制动阀的作用。1973—1978年间,学生们反对西亚卡·史蒂文斯的一党制政府。当时贫困和腐败蔓延。在遭遇政治对手镇压时,学生当中出现了流血牺牲。例如,在1997年学生反抗革命武装力量委员会政府的游行示威中,就有学生被杀。1998年,在学生与大多数的塞拉利昂人共同施加的压力下,民选政府最终得以恢复。

政府除了阻止大学和其他的第三级教育机构上涨学费以外,并没有不恰当地干预第三级教育机构的事务。政府向这些机构提供了90%以上的运营经费。除了承担材料费,设备、新建筑的费用,以及维护修缮的费用外,政府还提供工资、津贴和其他的各种待遇。由于这个国家提倡民主政治,因此各个政党都极力试图影响第三级教育机构的运行和经费,期望能够得到第三级教育机构,尤其是大学的政治支持。

只要越来越多的人能够从中受益,那么政客们对教育所表现出来的浓厚的兴趣也就不能说是件坏事。但是最近的几次,当局雇用年轻人来施加野蛮的暴力和镇压则造成了灾难性的后果。

毕业生的就业和人才流失

在相当长的时期里,教育机构和政府部门的用人需求仅限于替代离职或是退休造成的岗位缺额。因此,恩加拉大学学院毕业的很多农学专业的学生和福拉湾学院毕业的不少工程专业的学生只能去中学里教书，而不能从事所学专业领域内的工作。其他的第三级教育机构的不少毕业生则在非政府组织或是邻国，尤其是冈比亚、几内亚和利比里亚，找到了工作。叛乱战争加剧了塞拉利昂的失业危机。一方面，学校里充斥着未受过充分训练、不合格的教师，尤其是科学、职业和技术方面的教师；而在另一方面则是大量的毕业生找不到工作。缺少工作机会给刚毕业的学生造成了紧张的形势。这种形势迫使毕业生从事与所学专业不相关的工作，造成了毕业生劳动力资源的严重浪费。

过去的十多年来，造成塞拉利昂人才流失的主要原因是叛乱活动造成的国内局势的动荡，尤其是引发了大规模流离失所的杀人放火行为。有的时候，在攻击行动过后，家园、城镇、乡村在数分钟内就被清空了。

战争之前，人们离职主要是迫于工作条件的艰苦和薪水被拖欠。一名讲师的初始工资相当于现在的大约 3081 美元一年。也有一些人放弃原有的工作则是出于个人的原因，比如：不被认同或是遭到歧视。

塞拉利昂有两种类型的人才流失：一种是为了找到更好的工作，流向塞拉利昂国内的其他地方；另一种则是去国外就业。国内的人才流动会造成一些不利的影响，但是与人才流失海外相比，其对国民经济的损害要小得多。后者则会严重地消耗本国的劳动力资源。

好在人才流失的情况现在已经有所改观。生活逐渐恢复了正常，也有不少原本流失的人才，尤其是医生、大学教师和学校里的高级教师正在回流。

当前和未来的挑战

学业因为政治动荡而中断的学生们面对着塞拉利昂昏暗的前景依然深陷困境。有一些学生因为家长或资助人受到战争的影响已经无力继续学业。有许多原本可以升学的学生眼看着自己的生活变得支离破碎，也已无心向学。显而易见的一大挑战是要向那些战争的受害者们提供援助和替代的办法，包括提供临时性的或是起步阶段的工作机会。政府应该结束战争，完全控制产矿区，并用这笔财富来资助高等教育的发展。

当前的一大重要任务是要在财务管理上消除腐败，并确保任何一个教育体系的透明和责任。塞拉利昂少一些贪腐就能更好地分配政府的收入，更好地利用自然资源，并且增加给教育机构的拨款。这不仅需要有一个可持续的反腐败计划，还需要建立有效的司法体系，显著地增加学术人员和教师的薪资和各种福利。

另一项重大的挑战则是要应对日益增长的中学毕业生对高等教育的需求。任何一年，塞拉利昂大学都只能接收半数的合格申请者。同样的还有满足对研究生教育的需求的问题，塞内加尔大学对此还没有做好准备。

在任命公立第三级教育机构的主要管理者的时候，应该去除政治上的因素，以此减少政治对高等教育管理的干扰。这将会对保留下来的教职员的规模和质量产生积极的影响。政治性的任命只会鼓励对政府官员的忠诚，而不会带来对教育机构各利益相关方的忠诚，也不会带来对教职员工与学生需求的关心。这样的忠诚可能会助长那些无能、未经培训、不专业和腐败的管理者作出糟糕的决策，以政府不充足的拨款计划危害学校的发展大计。

高校雇员的工作条件仍然不具有吸引力。欠薪极为平常。有时教职员的抗议能够让他们按时拿到本该拿到的酬劳。近来，政府已经做出了一些努力试图改善这种状况，但是要做的事情还有很多。随着和平的恢复，有理由相信塞拉利昂的教育体系能够重塑在本地区的良好形象。

塞拉利昂人希望能够得到最好的教育机会。为了取得进步，关键的是第三级教育机构的管理者们得要提高自身的专业管理能力，并且把关注的焦点放在如何促进国家教育的发展上，而不是那些会将国家引向灭亡的裙带关系和腐败行为上。

良好的治理体制对于塞拉利昂教育的发展是至关重要的。对于第三级教育未来的发展，需要考虑的问题既包括要建立起一套创造性的拨款体系，也包括要完善第三级教育机构的治理，以便改善教育供给。

参考文献

Central Statistics Office, Government of Sierra Leone. 2000. Statistical Records. Freetown.

GSL (Government of Sierra Leone). 1970. *The White Paper on Education* 1970. Freetown: Government of Sierra Leone.

——. 1974. National Development Plan 74/75-78/79.

——. 1994. "Report of The Professor Kwami Investigating Committee on the University of Sierra Leone and Government Statement Thereon." Freetown: Government Printing Department.

MOE (Ministry of Education, Government of Sierra Leone). 1964. *The Education Act* 1964. Freetown: Government Printer.

——. 1970. White Paper on Educational Policy.

——. 1972. *The University of Sierra Leone Act*, 1972. Freetown: Government Printing Department.

——. 1975. *New Education Policy for Sierra Leone*. Freetown: Government Printers.

——. 1982. *The Teachers' Colleges Act* 1982. Freetown: Government Printers.

——. 1995. *The Teachers' Colleges Act*, 1982. Freetown: The Government Printer.

——. 1996. *National Education Master Plan*, 1996-2005. Freetown: Ministry of Education.

——. 1998. *Report on the Technical Committee on Revising the University Act*, 1972 *and the Teachers' Colleges Act*, 1982. Vol. I. Freetown: Educational Services Center, Ministry of Education.

UNDP (United Nations Development Project). 2000. *Human Development Report Overview*. New York: Oxford University Press.

USL (University of Sierra Leone). 1998. Versity Update P. 3. Freetown: University of Sierra Leone.

——. 1999. Versity Update. Freetown: University of Sierra Leone.

——. 2000a. Planning Office Records (July).

——. 2000b. Senate Paper. Freetown: University of Sierra Leone.

——. 2000c. *University of Sierra Leone Prospectus* 2000-2002. Freetown: University of Sierra Leone.

56 索马里和索马里兰

穆罕默德·努尔阿瓦里

引 言

据联合国统计,1991 年索马里的人口为 770 万。由于 1991 年以来延续至今的内战,索马里没有可靠的人口普查数据。索马里语是索马里和索马里兰的通用语言。索马里有 13 种不同的语言。除生活在索马里南部沿海地区的一些人群说的是斯瓦西里语(Swahili)和阿拉伯语之外,生活在内陆河畔地区的索马里人还说一种被称作马阿语(Maay)的不同的语言。这是一种混合了地方口语、斯瓦西里语和索马里语的混合语。索马里的平均识字率在内战前是 24%(Metz, 1993)。大多数的索马里人是逊尼派穆斯林,只有不到 1%的索马里人是基督教徒。

在 1991 年国家政权崩溃之前,索马里的社会主义式的经济正在进行以市场为导向的结构调整。事实上,索马里的经济严重依赖外国援助。该国经济的基础是农业、畜牧业、林业和渔业,这些加在一起占到了国内生产总值(GDP)的大部分。规模不大的制造业主要涉及诸如糖、奶、皮革等农产品的加工。制造业只占索马里国内生产总值的 5%。在国家的经济活动被内战打断之前,索马里主要的出口产品是牲畜和香蕉(Metz, 1993)。

1990 年 1 月,巴雷(Barre)的独裁统治崩溃之后,1991 年 5 月,作为前英国殖民地的索马里兰在索马里民族运动(Somali National Movement, SNM)的领导下,宣布独立。由于巴雷时代糟糕的统治,教育与政府部门中充斥着系统性的歧视。此外,该政权严重地侵犯人权(Africa Watch, 1990; Ahmed, 1999)。当前的索马里兰共和国(Republic of Somaliland)设立了一个由各部落代表,总统和副总统组成的议会。但是,多党制的建立还在进行中。政党只有在获得了共和国全部的 6 个地区的支持后才能得到注册。

索马里兰出口牲畜,并从散居海外的索马里人那里获得汇款;索马里兰 80%的收入来自于向沙特阿拉伯和阿拉伯联合酋长国出口绵羊、山羊、骆驼和牛的时候所征收的税款。

索马里兰的人口是 250 万。索马里兰共和国正在和平地走向繁荣。但是,共和国在争取国际社会的承认方面遇到了巨大的困难。事实上,缺乏国际承认,给索马里兰的经济发展造成了许多的挑战。

传统教育与伊斯兰教育

有关索马里社会最大的误解之一是认为索马里人在欧洲人到来之前是没有教育的。尽管世俗教育是在殖民地时代才被引进的,但是正规和非正规的教育在欧洲人到来之前早就已经存在了。

最为普遍的教育形式是儿童在他们所生活的游牧和农耕的环境里进行观察和探索的非正规的学习活动。他们是在玩耍的过程中,或是在野外,在田间,在家里帮助父母和长辈劳作的过程中学习的。与长辈一起劳动,给他们带来了大量的言传身教的学习机会。

传统上,索马里社会的传统、信仰、价值和信息是通过口口相传的方式一代又一代地传承下来的。诗歌、故事、歌谣和谚语被用来传递基本的道德观念。谜语被用来测试大脑的灵活性以及想象力。索马里社会的正规教育是融合在部落和社群的仪式、信仰和习俗中的,例如,成人仪式。

和许多其他的穆斯林社会一样,索马里传统的教育显然也仅限于对古兰经的学习。除了其他的一些内容外，这样的学习还包括了对阿拉伯语的学习，记诵古兰经，以及阅读有关伊斯兰信仰和实践的书籍。

从殖民者的角度来看，索马里的传统伊斯兰教育似乎主要是对古兰经进行记忆。然而，这是一种过于简单化的认识。索马里的学者和酋长们在知识的传播过程中发挥了领导性的作用，他们在索马里的社会中享有很高的声望。学校教育从很小的孩提时代就开始了，经过初等教育阶段，一直延伸至高等教育。这套教育体系是非常有效的。从6岁到10岁，儿童们不仅已经学习了阿拉伯语，而且能够熟记由114章组成的整部的古兰经。怎么看这都不只是小小的成绩（Abdullahi，1992；Kitchen，1962）。

几乎所有的学龄男童都去古兰经学校学习，他们中的许多人成为受过良好教育的、令人尊敬的、富有的公民。后来，女孩也获得了去古兰经学校学习的机会。不过，女孩接受的传统伊斯兰教育要比男孩少得多。而且，社会文化的因素也限制了女孩在索马里接受教育的机会。

组织与建立伊斯兰学校是社区的事情。父母不仅要为子女的教育支付费用，还要承担公共劳动，为教师提供服务。教师的收入则并非完全依靠学校。他们也经营自己的生意，收取以口粮、骆驼、牛、羊和布匹等形式的费用。他们还接受慈善捐赠，承担其他的社会和宗教任务来补贴家用（Abdullahi，1992）。

索马里的伊斯兰传统教育的突出特点就是分散和自给自足。有能力的伊斯兰教师建立自己的学校，并且独立于任何等级制度中的权威。殖民政府没有对此提供任何帮助，不过有许多学生从社区的成员或是宗教中心那里得到了资助（Abdullahi，1992）。

1953年，伊斯兰学院（Institute of Islamic Studies）的开张，标志着索马里有了第一所高等教育机构。学术人员主要由来自埃及的爱资哈尔大学（Al-Azhar University）的学者们构成。建立这所学校的目的之一是要培养法官、律师，以及阿拉伯语和伊斯兰教的教师。此后，依照埃及的模式，参照埃及的课程，1954年在索马里又新建了一批伊斯兰学校。随之而来的是众多伊斯兰院校的繁荣发展，这些教育机构为索马里的毕业生赴埃及和沙特阿拉伯接受大学教育打开了大门（Abdullahi，1992：104）。

不久，受过教育的索马里精英们就像精通阿拉伯语那样学会了意大利语和英语。他们占据了所有的行政岗位，包括教育、宗教事务和军事部门。

殖民地时代教育发展简述

1885年，意大利人进入索马里，试图将其殖民地化。在这个时期，教育很少受到关注。首府摩加迪沙（Mogadishu）也只有一所由三一修会（Trinitarian Order）举办的学校（学校里只有少量的神父和学生）。意大利人认为，索马里人是低等的，不值得对其进行教育。在1922年之前，没有实施过任何与索马里人的教育有关的政策（Yahya，1984；Hess，1966：169）。

1924年，根据殖民地总督的命令，三一学校进行了重组，开始为欧洲人的子女提供初等教育。由此，殖民地政府开始为殖民地内的教会教育提供资助。大约也是在这个时期，意大利的殖民地领事馆也开始为意大利儿童，混血“孤儿”，以及少数的索马里与阿拉伯儿童组织初等学校。1925—1928年间，这些学校都还只是局限在摩加迪沙，而传教团为“本土人”开办的初等学校则已经深入到了殖民地的其他地方，其中包括：梅尔卡（Merca）、布拉瓦（Brava）、阿夫戈耶（Afgoye）、拜多阿（Baidoa）和基思马尤（Kismayo）（Yahya，1984：72-73）。意大利的儿童最初是与索马里儿童在一起上课的，但是1929年新任的法西斯总督圭多·科尼（Guido Corni）却以主仆之间的关系不能僭越为由，命令意大利学生与索马里学生必须分开（Lewis，1998：97）。这么做的潜台词仍然是认为索马里人是低等的。不过，也是在这一时期，索马里逐渐形成了学校体系。1930年，第一所中级学校（intermediate school）建立起来，学校采用宗主国的课程，教师则由殖民地政府的官员充任（Hess，1966：169-170）。到了1935年，若干年前设立的学校管理办公室（office of the superintendent of schools）已经辖有10所公办学校（分布在8个主要城镇里的9所初级学校和1所中级学校）和5个孤儿院。当时，整个殖民地的学生人数约为1500人。意大利学生占总数的10%，但是在全部的46所中等学校里的学生全都是意大利人(Yahya, 1984:74; Hess, 1966: 169-170)。

简而言之,在意大利直接对索马里进行殖民统治的时期,教育的发展非常有限。正如罗伯特·赫斯(Robert Hess)所言:"在所有的意大利殖民地中,索马里所得到的学校方面的帮助是最少的。"(1966, 187)此外,索马里人所能获得的工作通常都是体力劳动、地方职员或是殖民地行政部门中的低级行政人员。因此,索马里的教育是非常有限的。按照加斯塔格诺(Gastagno)的说法:"这样的教育主要是为了(被设计好用来)培养行政管理体系的扩大所需要的索马里职员和半技术人员,而这样的教育几乎都是由教会学校来承担的。"(1959:343)

这就是在二战中,当英国人把意大利人从这块土地上驱逐出去时的现状。英国人发现这里的教育状况是令人震惊的,并断言"土著人"的教育被意大利人有意地忽略了。"解放"摩加迪沙的时候,他们还报告说,在这座城市里他们只找到了一所服务索马里人的中级学校和一所男女合校的中等学校(Yahya, 1984:76; Hess, 1966: 343-344)。1945 年,英国人占领了北索马里兰,制定了以拨款和增加医疗服务为基础的"新殖民地发展和福利"(New Colonial Development and Welfare)计划。1944 年,第一位掌握索马里语的殖民地教育家 C.·R·贝尔(C. R. Bell)被任命为教育总长(superintendent of education),他有效地消除了一贯以来对教育的反对。世俗教育被引入了北索马里兰,1945—1947 年间,小学招收了超过 400 名男生。英国还向 19 所教授阿拉伯语和算术的私立古兰经学校提供了一些资助。在英国占领的初期,建立了 29 所小学,服务 1600 名学生(Dawson, 1964:199)。

英国对教育的"开明"是别有用心的,为的是能够赢得舆论,维持对这里的托管。不过,通过对教育需求的满足,英国人帮助索马里人在政治上变得更加觉醒,能够更好地表达自己的诉求(Yahya, 1984)。

1950 年 4 月 1 日,意大利的托管取代了英国的管理。在意大利一联合国托管协议中言明的迫切的目标是必须要达成的。在这份协议中描绘了教育发展的框架,协议的实施带来了初等和中等学校的快速发展。在联合国教科文组织(UNESCO)的帮助下,托管统治当局执行了一个从 1952 年到 1957 年的五年计划,之后又延长到了 1959 年(Lewis, 1988)。这项措施的目的是为了提高识字率水平,改善这个国家的社会和经济条件。教会学校不久就被提供自由教育的公办学校所取代了。

1952 年,第一位索马里人教育长就职,这是一名由意大利培养出来的索马里人。第二年,高等法学与经济学院(Higher Institute of Law and Economics)建立(是之后的索马里的大学学院的前身),该校提供罗马大学(Rome University)的两年制文凭课程(Castagno, 1959)。1953 年,第一所公办的女子学校在布劳(Burao)设立,同年,还建立了一所四年制的中学。

20 世纪 50 年代后期和 60 年代初,学生的学业失败率很高。1959—1960 学年,小学招收了 1500 名学生,初中招收了略超 900 人,高中则为 700 人(Kitchen, 1962:88-90)。但是只有半数的学生完成了五年的课程。

1960 年 6 月 26 日,英属索马里兰独立,随后与相邻的南部的意属索马里兰合并,并于 1960 年 7 月 1 日宣布成立独立的索马里共和国(Somali Republic)。从那时起,意式和英式的教育体系就融合在了一起。独立后,索马里兰拥有 90 所小学,5000 名小学生,其中的 25%是女生。小学的辍学率为 15%(Kitchen, 1962; Lewis, 1988)。

在受到意大利影响的南部地区,共有 175 所五年制学校,学生数超过 1600 人。一、二年级用阿拉伯语授课,进入三年级就用意大利语授课。在这些学校里,男生是女生人数的 4 倍。两套教育体系融合后,所有的小学都改成了四年制,英语取代了意大利语,而辍学率则飙升到了 76%。但是,法律、经济和政治学院却没有进行整合。缺少一种共同的语言,进一步地激化了索马里存在的问题。

1969 年,军队掌握了权力,军政府确定了以下的目标:整理出一套书面的索马里语,用以取代意大利语和英语,并且要整合索马里的各类学校。1972 年奥斯曼·优素福·凯纳迪德(Osman Yusuf Kenadid)整理出了索马里的字母表和书面语言,完成了政府编制书面语言的目标。这使得索马里得以实施民众的扫盲运动。1979 年,中小学的索马里语化完成。20 世纪 70 年代后期，在所有的中小学推广作为教学语言的索马里语所需的印刷材料也都已经准备充足(Nelson, 1982: 119-120)。

没过多久，为了支撑 1977—1978 年的奥戈登战争(Ogaden War)，政府对教育系统的投资减少了。教育设施和教职员难以维持。20 世纪 80 年代初期的教育质量显著下滑。此外，索马里还缺少能够有效利用稀缺资源的训练有素的教育管理者(IEES, 1984)。到了 1984 年，中学毕业生的数量超过了 5000 人，但是由于大学办学能力所限，大学无法接纳所有的人。在这些毕业生中，只有不到 20%的人被政府机构雇用，其余的都失业了(World Bank, 1988a)。

不久，像最高革命委员会(Supreme Revolutionary Council, SRC)那样的变革的倡导者们登上了舞台。20 世纪 70 年代后期，最高革命委员提出了多个教育计划，其中包括，扩大教育体系以迎接面向 6～14 岁的所有儿童的义务教育，开设符合国家的社会和经济需求的课程，在正规教育的一切方面渗透科学社会主义原则的教育，以及在索马里建立一个高等教育体系。这些提议在索马里代表着一种“文化革命”。最高革命委员会还坚持认为，尤其是女孩，要使其能够接受初等以上层次的教育(Nelson, 1982; Adam, 1980:100-102)。但是直到 1984 年，面对这些目标，索马里很少取得过成功。政府没能扩大对教育体系的投资就是证明。1989 年，教育体系效率提升组织(Improving the Efficiency of Educational Systems, IEES)是这样总结的：

> 人均收入约为 190 美元的索马里是世界上最为贫穷的国家之一。极其脆弱的经济，再加上政府对生产部门的重视，导致了近十年来教育投资的急剧减少。单就 1984—1988 年间，教育部在一般(经常性)预算中所占的份额就从 8%降到了 1.5%。(IEES, 1989:77)

1990 年内战前的高等教育发展

索马里的高等教育始于 1954 年，当时，意大利政府创建了法学院、经济学院和社会学科学院。这些学校都是罗马大学的卫星校区，由罗马大学提供所有的教学材料、师资，并负责行政管理。1964 年，学生们在索马里的这些学院里接受两年课程的学习，之后赴意大利完成后两年的课程。1969 年军事政变后，所有的外国机构都被收归国有，其中也包括大学，该校被改名为索马里国立大学(National University of Somalia, NUS)(Nelson, 1982:123)。

从此，索马里的高等教育就由索马里国立大学及其 6 所学院提供。此外，在索马里还有 7 所公立的中等后专科学校。尽管各校使用意大利语、英语和阿拉伯语教学的都有，索马里国立大学最主要的教学语言还是意大利语。但是，这样的教学语言的选择给那些在索马里国内接受完初等和中等教育的索马里学生造成了障碍，这样做是毫无意义的，就如梅博拉图(Mebrahtu)所言：

> 将意大利语作为许多学科的教学语言，将英语作为一个学科(教育系)的教学语言，将索马里语(政治学系)作为另一个学科的教学语言，这样做不论有什么样的好处，都使得基本的教育政策面临风险。要指望学生仅仅通过一个学期的专门的意大利语的培训就能够接受用意大利语教授的学位课程看起来似乎并不现实。(Mebrahtu, 1992:634)

在索马里，要进入高等教育机构，需持中学毕业证书(secondary school learning certificate)。完成 12 年的学习后，还要通过专门的入学考试才能获得该证书。中等后教育通常依学校和专业不同，学制为 2～5 年不等。许多课程都是专业性的。

索马里的学院和学校有：工业学校(School of Industrial Studies)，公共卫生学校(School of Public Health)，兽医学院(Veterinary College)，以及位于布罗(Buro)的技术学院(Technical College)(Nelson, 1982:123)。内战前，索马里有 6 所中学后的学校。它们是：

- 摩加迪沙的民航学院(Civil Aviation Institute)。该校开设一、二年制的空中交通管理和无线电通信课程。
- 摩加迪沙的技术教师培训学院(Technical Teacher Training College, TTTC)。该校是由联合国教科文组织资助创建的。该校开设两年制的课程,培养技术和职业中等教育的教师。开设的课程包括:通用机械、汽车机械、电子、土建、海运工程,和商学。

- 摩加迪沙的索马里电信学院(Somali Institute of Telecommunications)。该校开设学制为三年半的课程。
- 1963年建立的拉弗教育学院(LaFole College of Education)。该校是索马里国立大学的组成部分,学校的使命是要培养更多的中学教师。拉弗学院大部分的教学使用英语,即便学生在毕业以后将要使用索马里语进行教学也是如此。最新的数据显示,拉弗学院的学生人数达到了近1000人。师生比约为1比8,这在非洲是最低的之一。(World Bank, 1988a; UNESCO, 1991)
- 索马里发展行政与管理学院(Somali Institute of Development Administration and Management, SIDAM)。该校的任务是要通过教育,提高索马里政府的公共服务水平,改进管理技能,培养训练有素的专业干部队伍(Bullaleh, 1993)。该校开设硕士学位课程,也是少数的几所使用英语作为教学语言的教育机构之一。学校的教师是在美国或是英国接受教育的美国人和索马里人。学校完全依赖美国国际开发署(USAID)和联合国教科文组织的资助。每年有近150人从该校毕业。(Mebrahtu, 1992:631)
- 索马里国立大学。该校的创建有两个目的:一是要增加高等教育的机会;二是要满足索马里政府对专业人才和劳动力的需求。有了这样的打算,索马里政府启动了一个强调高等教育的作用的五年计划(1980—1985)。该计划的目标之一是要扩大这所大学的规模,促进入学人数的增长。但是由于政府缺少必要的承诺,也无力给大学调拨更多的资源,这一目标从来都没有实现过。(IEES, 1985)

索马里国立大学的入学要求是持有中学毕业证书,通过入学考试,并且具有一年的全国青年计划(Youth Service)的经历。全国青年计划的目的是要教会农村学生阅读索马里语的文稿。此外,大学的入学考试被用来评定学生的能力。考试综合考虑了国家对劳动力的需求,以及学校是否具备相应的学科专业。大学的入学考试给学生们提供了一个选择专业的机会(Mebrahtu, 1992:632)。

索马里国立大学由高等教育部管理。由于索马里政府既是高等教育“成果”的主要受益者,又是高等教育经费的主要来源,因此政府对大学的管理,包括行政管理,奖学金计划和学科研究,具有相当大的影响力。实际上,国家元首(前独裁者西亚德·巴雷)也是这所大学的名誉校长(chancellor),尽管这只不过是名义上的(Bullaleh, 1993)。

校长(rector)是索马里国立大学的首席执行官,他由分别主管学术和行政事务的两名副校长协助。无论是校长还是副校长都是由国家的执政党任命的(Mebrahtu, 1992: 632; IEES, 1984)。

索马里国立大学另外还有两个行政管理机构:大学理事会(university council)和大学评议会(university senate)。理事会主席是高等教育部的部长。不同于学生团体,执政党在委员会中也有自己的代表。评议会则由校长主持,成员中包括两名学术人员(由相关学院的院长挑选)。各学院的学术人员负责本学院学生的课程计划的制定和实施(IEES, 1984)。学院由院长领导,院长是学院的首席学术和行政官员。院长对副校长和校长负责,并负责领导本院制定研究活动、招生、学生注册和考试方面的规章制度。

在西亚德·巴雷统治时期(1969—1990),索马里高等教育机构的自主性很小,依附于政府。政府则以提供补助的形式,尤其是通过免除学生学费的办法,来介入高等教育。政府主张免费教育的理由是基于这样的假设:教育有助于将边缘群体和个人整合到经济生活和社会中来,从而显示出社会和文化上的优势(World Bank, 1988a; IEES, 1984)。持有这样的观点的人还辩称以往对于教育回报率的估计是不充分的。他们还抛出了另一个极具煽动性的论调:既然政府可以资助烟草产业,那么为什么就不能资助高等教育呢?(Samoff, 1993:182)

政府对高等教育提供补助能够使贫穷、农村地区的索马里人获得接受高等教育的机会。但是,免费的公立高等教育的主要受益者通常仍然主要是政治和社会精英。这最终导致了与国内其他群体的冲突，以及粗暴的政治行为。

索马里高等教育的现状

内战对索马里造成的主要的灾难性影响之一就是索马里国立大学和其他的中等后教育机构惨遭破坏。在索马里政权崩溃之前，索马里国立大学招收了 15，672 名学生，下设 12 个学科：法学、经济学、农学、教育、医学、工业化学、语言、工程学、新闻学、地质学、兽医学，和政治科学(Saint，1992；International Association of Universities，1993)。

1995 年，记者威廉·芬尼根(William Finnegan)是这样描述索马里国立大学，尤其是前教育学院的：

> 楼层低，但是外观现代化的前教育学院大楼现在已经成了难民营。教室和寝室里都住满了一个个家庭，墙壁已经被炊烟熏黑……图书馆满地灰尘。书籍堆得到处都是，散落在摇摇欲坠的书架上，或是堆在一起随时会坍倒。有一些书已经被污蚀了，有一些已经残破，但是大多数的书都是从未翻动过的……一头奶牛在什么地方哞哞地叫着。积灰如此地厚重，就好像是沙漠穿过了墙，把书本都埋在了细沙里。(Finegan，1995：76)

在如此凄凉的局面下，索马里人，国内、国际上的一些非政府组织为了恢复一些教学点付出了真心的努力，产生了惊人的效果。例如，索马里兰(前英属索马里兰)，在过去十年稳定的政治环境里，通过真心的努力，大部分的学校都已经实现了重建和恢复。

现在摆在索马里和索马里兰的许多教育决策者面前的问题是要如何为中学毕业生提供高等教育。

摩加迪沙大学(索马里)

在索马里的摩加迪沙建立一所高等教育机构的提议可以追溯到 1993 年 6 月，当时“一批前索马里国立大学的教授和其他的一些杰出的索马里知识分子”聚集在摩加迪沙，讨论现已被摧毁的索马里国立大学的学生该怎么办的问题。这批人决定要在摩加迪沙的南部地区建立“东非大学(University of Eastern Africa)”。但是，战火蔓延到了预先选定的校址上，校产被侵占。因此，出于安全的考虑，该计划被无限期地停止(Mogadishu University，2001)。

1995 年 7 月 20 日，这批人再次聚会，并在 1996 年 8 月 9 日投票决定要建立“一所完全成熟的私立大学”。1997 年 9 月 22 日目标达成，摩加迪沙大学(Mogadishu University，MU)被认可成为一所私立大学，并且开始招收索马里学生。

摩加迪沙大学的八大目标包括：缩小教育差距，培养受过教育的人力资源，发展科学知识，实施社区教育计划，用更好的技能武装学生，保护民族文化遗产，传播社会价值，和推动语言的学习。

由于这是索马里南部地区的第一所私立大学，而摩加迪沙又处于无政府状态，摩加迪沙大学通过两大机构来管理：理事会和学术委员会。学术委员会监管大学的日常运营，由校长，副校长，四个学院和护理中心的院长，研究与出版事务主任，招生与学生事务主任，和继续教育主任组成。理事会由大学的七位创建者组成。

目前，摩加迪沙大学的经费来自于三个方面：学生的学费、一家信托基金，和捐赠。由于索马里的内战，尤其是受战争影响最大的南部地区，社会非常贫困，家庭平均收入很低。由于平均生活水平低，大多数申请入学的人也都来自于低收入的家庭。摩加迪沙大学的学生享受学费的高比例折扣，每学年实际须支付的学费为 300—400 美元。因此，学费只占到大学运行经费中的很小的一部分。缺口就要靠国内和国际上的捐助来弥补了。

摩加迪沙大学正着手建立一个高等教育信托基金(Higher Education Trust，HET)，以便为大学奠定一个可靠的经济基础，并使得大学能够在更大的程度上实现自给。

海外的索马里人，国内的非政府组织，国际组织，以及慈善家的捐助对于摩加迪沙大学的平稳运行是至关重要的。这些捐助包括了对教师、学生的资助等。此外，友好大学和其他的各类机构还以实物的形式捐赠了书籍和设备。(Mogadishu University Catalog，2001)

摩加迪沙大学现有 4 个学院，一个设有三年制文凭课程的护理中心,一个继续教育部,和一个公共服务中心。4个学院开设的是四年制的本科课程。这4个学院分别是:伊斯兰教法学院、教育学院、经济与管理学院,以及艺术与人文学院。经济与管理学院和护理中心的教学语言是英语。另外3个学院的教学语言是阿拉伯语。熟练掌握这两种语言是学生入学的要求之一。

当前,摩加迪沙大学有学生318名。摩加迪沙大学的入学标准有很多条,其中包括要通过书面的入学考试。

索马里兰共和国的高等教育现状

索马里兰的高等教育主要是由阿茂德大学(Amoud University, AU)和哈尔格萨大学(Hargeisa University, HU)提供的。阿茂德大学位于博拉马(Borama)阿乌达尔地区(Awdal region)阿茂德(阿茂德是阿乌达尔地区最大的城市)一个原先的中学校址上。而哈尔格萨大学则位于索马里兰共和国的首府哈尔格萨。

阿乌达尔地区和索马里兰其他地区的学生从来都没有在附近获得过接受高等教育的机会。来自于这一地区的原阿茂德中学和其他的中学的毕业生要接受高等教育就得跑到摩加迪沙。博拉马的董事会主席很好地描述了索马里兰高等教育的困境:

> 索马里国立大学的所有院系都分布在摩加迪沙及其周边地区,很显然,首都的学生能够享受到其他地区的学生享受不到的高等教育机会……前政府没有采取任何的措施来弥补北部和南部之间在高等教育方面如此明显的不平衡……在此期间,人们想当然地认为高等教育完全是南部的特权,任何将其扩展到北部的建议都被视作政治错误。回想起来这真让人感到遗憾。(Elmi, 2000:2)

阿茂德大学(索马里兰)

索马里兰共和国的再生,以及这个年轻的国家所享受到的长期的和平与繁荣,使得阿茂德大学在索马里兰的建立成为一种必然。内战不仅摧毁了这个社会的经济和社会结构,而且给成千上万的索马里兰年轻人造成了一个昏暗的未来,他们面对着破败的教育体系,缺少接受高等教育的机会,面临着高失业率。因此,有人指出,"阿茂德大学或许是为那些无望的失业青年指明方向的最有力的工具"(Elmi, 2000:2)。

当前,一些数据显示了教育设施与相关的社会发展需求之间的关系。高等教育迫切地需要去满足这些需求,并且使教育服务人民。本就缺少技术和专业人才的索马里兰还存在人才流失海外的问题。许多索马里兰人离开祖国的主要理由是为了要让子女能够接受教育,尤其是高等教育。因此,在国内建立一所国立大学将有助于吸引海外的索马里兰人回国,并且使得尚未出国的索马里兰人能够留在国内(Elmi, 2000:2)。

阿茂德大学有4个本科学院:农学与环境科学学院、商业与公共管理学院、教育学院,以及医学与相关医务学院。此外,阿茂德大学还设有3个分别围绕着和平与冲突解决、家庭与性别问题,以及研究与发展问题,组织培训和研讨的中心。表56.1显示了2000—2001学年阿茂德大学各专业的学制。

表56.1 2000—2001学年阿茂德大学各个学院的学制

学院	学制
农学与环境科学学院	四年制,每年两个学期
商业与公共管理学院	四年制,每年两个学期
教育学院	四年制,每年两个学期
医学与相关医务学院	六年制,每年两个学期

农学与环境科学学院是阿茂德大学的主要项目之一。它开展教学、科研,和社会服务三方面的工作。学院在行政上由11个系组成,每个系由一名系主任负责。这些系包括:农业经济与农技推广、农业工程、水产养殖、化学与植物学、作物与饲料、食品与乳制品技术、家政(面向女性)、园艺、植物保护、家禽与畜牧,以及土壤与水源(Amound University, 1999—2000)。

在西亚德·巴雷时期的战争年代里,索马里兰遭受打击最为沉重的两个经济部门是农业和畜牧业。农学与环境科学学院对于这两个经济部门的发展将会起到关键的作用。

教育学院还没有完全地发展出教育管理系,因而仍未开设研究生课程。不过,这个学院的主要任务是培养合格的教师。

商业与公共管理学院的主要任务是要推动大学的使命的实现，并且为快速变化着的世界提供高质量的专业教育。学院开设会计、营销、金融学、经济学和商业管理专业的学士学位课程。此外，学院还开设了针对商业和社会需要的延伸课程(outreach program)。自建立时起，学院就专注于其本科课程的推广。当前，学院正在考虑与国外的大学合作举办公共管理专业的联合硕士学位课程。

医学与相关医务学院的主要使命是培养有能力的医生，并且培育学术和服务的终身的习惯。学院开设六年制的医学课程，课程学习结束后学生还要完成至少12个月的实习之后才能得到医学与外科学的学士学位。此外，学院还在21个不同的学科领域里提供医学和健康教育。

与索马里国立大学不同，阿茂德大学是非常独立的，它与索马里兰的高等教育部之间的联系非常有限。大学的行政管理架构包括：最高委员会、科学委员会、校长、3位副校长、4位院长、3位主任、1位图书馆长和1位技术保障负责人。

最高委员会监管财务和行政管理，校长是大学的学术和行政主管，负责大学的日常运营。3位副校长协助校长开展工作，各自分管学术与学生事务，规划与注册，以及外部事务。在学院层面上，院长是学术和行政的负责人，就维护和提升本学院的有效管理对副校长负责。在学院内部，由学科或中心来协调教学活动。学科内按照专业分为各个不同的系。由系来负责教学、课程开发，以及学生评价。

有关阿茂德大学教师数量的统计显示，1999—2000学年该校仅有12名教师。全校仅有1名女教师。没有资料能够说明阿茂德大学教师的专职或兼职状态、级别、年龄，以及教育背景情况。

1999—2000学年，阿茂德大学共有在校生103名，其中女生15名。参照非洲各国高等教育的生师比，阿茂德大学的教职员并没有得到充分的利用；当前的生师比可被理解成是暂时的现象。在阿茂德大学的学生中，71%来自阿乌达尔地区。在为阿乌达尔地区以外的学生提供大学的教育机会方面，阿茂德大学没能在很大程度上消除地区差异。

哈尔格萨大学

哈尔格萨大学是由继任索马里兰共和国总统的穆罕默德·哈吉·易卜拉辛·埃加勒(Mohamed Haji Ibrahim Egal)在2000年10月23日创建的。2000年11月1日，该校首次开课，全校学生共有152人。这些学生是2000—2001学年招收的第一批一年级新生。由于索马里的战争，索马里兰地区的公共设施，也包括学校，都遭到了破坏，这中断了索马里兰年轻人的高等教育。因此，新成立的哈尔格萨大学还为中断了学业的学生开设了为期6个月的预科课程(University of Hargeisa, 2001)。

哈尔格萨大学的主要任务是要培育未来的公民，培养未来的劳动者并使之社会化，以及为索马里兰的社会、政治和经济问题的解决提供一个适宜的平台(Gaas, 2002)。

哈尔格萨大学现有4个系：商业管理(11名学生)、自然科学(21名学生)、阿拉伯与伊斯兰研究(20名学生)，以及继续教育。以上的学生人数反映的是2000年首批招生的情况。暂无有关当前学生人数，全职或兼职教师的资料。毕竟，哈尔格萨大学还处在发展的初期。学校的发展规划分为三个阶段：第一阶段1998—2000年是筹建期；第二阶段2000—2005年是第一发展期；第三阶段2005—2010年是第二发展期。在第一发展期，大学计划要建立10个系：

- 语言与传播系
- 自然科学与数学系
- 医学与公共卫生系
- 贫瘠土地研究
- 渔业与海洋科学系
- 金融与银行学系
- 管理与发展系
- 法学系
- 工程学系
- 性别与政策研究中心

在第二发展期，大学的目标是要建立化学工程系、地质学系，以及社会科学与宗教研究系。除提供学位课程外，大学还计划要开设两年制的专业文凭课程(University of Hargeisa, 2001)。

2001年9月，哈尔格萨大学共有14名专职教师（全部是男教师）。有关他们的薪水、级别、年龄和教育背景的情况均无从获得。目前，哈尔格萨大学正在针对2002—2003学年预期的学生入学人数招聘更多的教师（University of Hargeisa, 2001）。

哈尔格萨大学图书馆拥有15000册藏书，其中的大多数都来自北美的志愿者、英国的索马里兰社区以及和国际图书援助组织（Book Aid International）。学校里还有一座计算机实验室，配备了20台计算机（University of Hargeisa home page, 2001）。

结　语

殖民统治者很少关注索马里人的教育需求。在那个时候，高等教育被视作促进殖民管理，为殖民地经济培养半技术人员的工具。不过，殖民统治者却给索马里带来了高等教育的种子，这大多依靠的是来自意大利的资金。1960年赢得独立后，高等教育体系得到了继续的发展，只不过它完全要依靠政府的资助。

在过去的40年里，索马里/索马里兰的高等教育机构没能满足这个国家对技术劳动力的需求。尤其是这些教育机构没能培养出足够的合格的中学教师、校长、政策研究者、经济学家，以及高等教育的规划者。索马里/索马里兰高等教育的核心问题包括以下这些：

- 各层次教育中多种语言的同时使用造成了各层次教育的混乱和缺乏协调。除非这个问题得到解决，否则高校学生的处境将极为不利，他们的发展潜力将会受到严重的削弱。（Yahya, 1984:118）
- 索马里语的教学材料是在20世纪70年代教育大扩张时期被匆匆忙忙地制作出来的。这导致了教学材料缺乏系统的设计、生产和分配。这都是需要大量的资金投入的，而教育部却从来都没有这笔钱。（World Bank, 1985）
- 这个国家的课程重视艺术与人文，未能满足国家对科学与技术的需要。
- 高等教育的产出不能满足劳动力市场的需求（这是许多第三世界国家都面临的重要问题）。
- 女性及偏远地区学生的公平问题。尽管在内战期间，有越来越多的女性进入了高等教育机构，但是对女性的歧视依然存在。据联合国教科文组织的统计，1983年，在索马里的高等教育机构中共有15672名学生，其中女生只有3093人。（仅占19.7%）（UNESCO, 1991）
- 索马里/索马里兰有三分之一的小学教师是不合格的，或者根本就没有接受过与所承担的任务相关的培训。（IEES, 1985）
- 索马里社会难以承受缺少教育进行投资所造成的后果。将近22年对教育的忽视，在今天已经造成了明显的恶果。索马里年轻人的暴力和犯罪水平与头脑发展和受教育机会的欠缺是密切相关的。所有的研究都表明，在低教育投资与犯罪之间有着紧密的相关性。随着家庭收入的增加，犯罪率就会相应地下降。（Doughtery and Hammack, 1990）
- 索马里高等教育中的教育管理的特点是在学校与管理机构之间缺少协调。着眼于今后的建议是要使整个高等教育体系分权化，削弱长期存在的索马里的大学对于国家政府的依赖性。（Bullaleh, 1993）
- 索马里的高等教育发展受制于对国家高等教育需求情况的不了解。正如大卫·查普曼（David Chapman）所说的，"索马里的教育规划者最头疼的问题之一是要得到制定政策所需的相关、及时和准确的数据"。（Chapman, 1990:269）
- 在许多的专家眼里，索马里/索马里兰的高等教育体系最严重的问题之一是缺少受过充分培训的人才。（IEES, 1984, 1985, 1989; World Bank, 1985; Mubarak, 1996）
- 人才流失对于索马里/索马里兰的高等教育和研究来说是灾难性的。由于内战，糟糕的培训与设施，权力的高度集中，就业和晋职机会的有限、几十年来不合理的结构计划，糟糕的工作条件、前索马里的独裁者（西亚德·巴雷）几十年来形成的积弊，造成了自然科学、高等教育、法律、工程、建筑、医学、教育管理与规划、商业与公共管理、政治学、历史学等领域最优秀、最杰出的人才都已经移居海外，留下了一个衰败的高等教育体系。

阿茂德大学、摩加迪沙大学和哈尔格萨大学在招募和维持索马里教师方面都存在着极大的困难。索马里/索马里兰长期的经济困难导致大学的薪酬制度是没有吸引力的。教授的薪水是如此的令人气馁,以至于要招募新的人才非常困难。少数的那些富有使命感,决定留下来接受挑战的教师则面临着两难选择,是全身心地投入教学和科研工作,还是要在除了教学以外,分出一部分精力来从事其他的个人创收活动以便维持生计和补贴家用。因此,索马里/索马里兰的高等教育注定还将继续走下坡路,直到这个国家的政治和经济形势得到扭转(Carrington and Detragiache, 1999)。

参考文献

Abdulla, A. D. 1992. "Somalia's Reconstruction: An Opportunity to Create a Responsive Information Infrastructure." *International Information Library Review* 28: 39-57.

Abdullahi, A. 1992. "Tribalism, Nationalism and Islam: The Crisis of Political Loyalty in Somalia." Master's Thesis, McGill University.

Adam, H. 1980. "Somali Policies toward Education: Training and Manpower." In T. L. Maliyamkona, ed., *Policy Developments in Overseas Training*. Dar Es Salam, Tanzania: Black Star Agencies.

——. 1993. *Somalia: A Country Study*. Edited by Helen Chapin Metz. Washington, D. C.: Federal Research Division, Library of Congress. Available online at: http://memory.loc.gov/frd/cs/sotoc.html

Ahmed, I. 1999. "Understanding Somali Conflict in Somalia and Somaliland." In Adebayo Adedeji, ed., *Comprehending and Mastering African Conflicts: The Search for Sustainable Peace and Good Governance*. London and New York: Zed Books.

Africa Watch. 1990. *A Government at War with Its Own People*. New York and London: Africa Watch.

Amoud University. 1999-2000. Amoud University Web site. Available online at http://www.amoud-university.borama.ac.so

Bullaleh, M. 1993. "What Should Be Done for Post-Donor Secondary Education and Donor Programs in Somalia?" Paper presented at Symposium on Somalia and Education, University at Albany, State University of New York.

Carrington, W. J., and E. Detragiache. 1999. "How Extensive Is the Brain Drain?" *Finance and Development*, June 6, p. 36.

Castagno, A. 1959. *Somalia*. New York: Carnegie Endowment for International Peace.

Chapman, D. 1990. "Education Data Flow in Somalia." *International Journal of Educational Development* 10, no. 4: 269-289.

Dawson, G. A. 1964. "Education in Somalia." *Comparative Education Review* no. 10 (October): 199-214.

Doughtery, K. J., and F. M. Hammack. 1990. *Education and Society: A Reader*. New York: Harcourt Brace Jovanovich.

Elmi, H. J. U. 2000. "A Breakthrough for Education in Somaliland: Amoud University." Available online at: http://fibonacci.dm.unipi.it/~jama/education/sl_edu_rf.html.

Finnegan, W. 1995. "Letter from Mogadishu." *The New Yorker*, March 20, pp. 64-77.

Gaas, A. 2002. Interview with author, May 16, New Jersey. Mr. Gaas is a senior member of Somaliland Forum Group.

Hess, R. 1966. *Italian Colonialism in Somalia*. Chicago: University of Chicago Press.

IEES (Improving the Efficiency of Educational Systems). 1984. *Somalia: Education and Human Resources Sector Assessment*. Tallahassee: Florida State University, Educational Efficiency Clearing House.

——. 1985. *Somali Management Training and Development Project: Design Paper*. Tallahassee: Florida State University, Educational Efficiency Clearing House.

——. 1989. *Somalia: Education Management Information Systems*. Final Report. Tallahassee: Florida State University, Educational Efficiency Clearing House.

International Association of Universities. 1993. *International Handbook of Universities*. 13th ed. Paris: International Association of Universities.

Kitchen, H. 1962. *The Educated African*. New York: Praeger.

Lewis, I. M. 1988. *Modem History of' Somalia: Nation and State in the Horn of Africa*. Boulder, Colo.: Westview Press.

——. 1994. *Blood and Bone: The Call of Kinship in Somali Society*. Lawrenceville, N. J.: Red Sea

Press.

Mebrahtu, T. 1992. "Somalia: National Systems of Higher Education." In Burton R. Clark and Guy R. Neave, eds., *The Encyclopedia of Higher Education*, 1: 630-635. New York: Pergamon.

Metz, H. C. 1993. *Somalia: A Country Study*. Washington, D. C.: Federal Research Division, Library of Congress.

Mogadishu University. 2001. Mogadishu University Web site. Mubarak, J. A. 1996. *From Bad Policy to Chaos: How an Economy Fell Apart*. Westport, Conn.: Praeger.

Nelson, H. D., ed. 1982. *Somalia-A Country Study. Foreign Area Studies, American University*. Washington, D. C: U. S. Government Printing Office.

Saint, W. 1992. *Universities in Africa: Strategies for Stabilization and Revitalization*. Washington, D. C.: The World Bank.

Samoff, J. 1993. "The Reconstruction of Education in Africa." *Comparative Education Review* 37, no. 2: 182-222.

UNESCO. 1991. *Statistical Yearbook*, 1990—1991. Paris: UNESCO.

University of Hargeisa. 2000. University of Hargeisa Web site. Available online at: http://www.universityofhargeisa.org/

World Bank. 1985. *Somalia: Education Sector*. Washington, D. C.: World Bank.

——. 1988a. *Education in Sub-Saharan Africa: Polices of Adjustment, Revitalization, and Expansion*. Washington, D. C.: World Bank.

——. 1988b. *World Bank Annual Report*, 1988. Washington, D. C.: The World Bank.

Yahya, M. M. 1984. "Management Education and Training in Somalia: The Case of the Somali Institute of Development Administration and Management (SIDAM)." Ph. D. diss., University of California at Los Angeles.

57 南　非

乔治·苏博斯基

引　言

当前南非高等教育体系独特的本质性的特征就是作为废除种族隔离制度之后社会重建重要组成部分的教育体制的根本性变革。此次变革的规模和范围在非洲大陆上，甚至在全球范围内，都是罕见的。

急剧的政治变革在1994年通过举行首次民主大选达到高潮，大量后种族隔离时代的公共政策随后由新政府相继推出。高等教育变革的宏观政策框架就是其中的一部分。因为种族隔离时代所造成的各种缺陷和不公平，对高等教育进行根本性的变革势在必行。在旧有的体制下，教育与培训是割裂的，大学(university)和理工学院(technikon)之间泾渭分明。学生的入学情况是扭曲的，高等教育系统没法为国家的发展提供所需领域，数量充足、质量可靠的毕业生。更为根本性的是，高等教育体系继承了种族隔离时代遗留下来的严重的种族、性别和机构上的不平等。

本章通篇所指的"种族"包括：非洲人(African)、有色人(混合人种)(Colored，"mixed-race")、印度人(Indian)和白人这几大族群。在南非争取平等的过程中，有必要收集和分析有关这些族群的数据，以便认识先前的不平等，审视消除不平等的进展。这样做，并非是赞同这种带有歧视的种族划分。我用"黑人"这个集体性的名词涵括非洲人、有色人和印度人。

在出台一系列报告和立法文件(后详)后，1998年初出台了高等教育变革的宏观政策框架。当前的挑战在于必要的能力建设，以便在当前主流的国内和国际政治、经济条件的制约与机遇中，使变革的目标变为现实。

有两大关键性的因素决定了这一政策框架的制定及其实施。首先是南非的民主改革，以及与此同时，在20世纪90年代日益强化的全球化大潮中南非迅速地融入国际舞台。出于融入新的全球经济的需要，也许还有对经济孤立的恐惧，新政府在宏观经济方面的选择出人意料的温和，尤其是其放弃了激进的反种族隔离进程。为了创造有利于吸引外国直接投资和提高国际竞争力的条件，后种族隔离政府已经通过自觉的结构调整，自愿遵循了新自由主义学说的要求，这包括了财政紧缩、削减赤字、贸易自由化和私有化。南非赢得民主，重返全球化的世界秩序，与新政府的宏观经济路线的历史性共振，尤其是通过紧缩的财政分配，以及采用全球市场的话语与实践，对高等教育产生了直接的影响。

第二，南非是一个中等收入，社会结构复杂且两极分化的发展中国家。它是世界上贫富差距最大的国家之一。在其约4400万人口中，70%为非洲人，16%为白人，10%为有色人种，还有4%为印度人。约34%的人口在15岁以下。1998年的人均国内生产总值(GDP)约为2900美元。经济仍然严重地依赖原材料的出口，黄金是其最大的出口创汇来源，其次是煤炭。总体的识字率为76%，20岁以上人口中的约760万(36%)所接受的正规学校教育少于7年。略超一半的人口(54%)居住在城市。南非也是世界上艾滋病感染率最高的国家之一。因此，近年来，南非人的平均寿命从65岁降低到了56岁。

在这些笼统的数字背后，隐藏着显著的种族、性别、阶层与地理区域上的差异。城市的白人人口不成比例地更为富裕，他们享有更好的社会服务，接受过更为优质的教育，具备更为高级的技术，因此与印度人、有色人和非洲人相比拥有更多的就业机会。农村人口，主要是非洲人，尤其是生活在这些地区的妇女是最为贫穷的。

官方统计的失业率为35%左右,但是在一些地区的非洲人中,失业率高达50%~60%。1994年以来,正规的非农失业率上升,从1989—1993年的年均1.3%上升到了1994—1998年的年均1.6%。

由于社会经济显著的二元性,南非发展的重点也是两个方面的。一方面,南非寻求自身发展的全球性竞争力和创新性,挖掘自身相对复杂的发展层次,开发人力资源和基础设施。但在另一方面,它又必须照顾占人口大多数的穷人的基本需求,这些人虽然在政治上赢得了自由,但是依然缺少住房、饮用水、卫生设施、电力供应和基本的社会服务。而这些发展重点在新近制定的高等教育政策目标中都得到了体现。一方面,高校被要求通过培养经过充分训练的毕业生和从事社会所需的知识生产,来推动国家以更富有竞争力的姿态参与到新的高科技的全球知识经济中去。在另一方面,高校也被寄予厚望,希冀能够为有利于大多数穷人的南非社会的重建与发展作出贡献。而在与此同时,高校自身正面临着来自高等教育的全球化、国际化,新的信息技术的兴起,以及高等教育的迅速私有化的多重挑战。

南非高等教育大规模的根本性重建正是在国际和国内彼此联系又错综复杂的环境中展开的。这就使得南非的个案分析显得尤为有趣和内容丰富。

南非高等教育的历史回顾

南非历史的显著特征是激烈的政治冲突和种族、阶层间严酷的社会文化区隔。因此,毫无疑问,南非的高等教育体系是由各个历史时期的社会和政治力量对比的变化所直接决定的。这一体系最初的形态是由这个国家的殖民历史及其背后英国殖民者与布尔民族主义者(Afrikaner nationalism)之间的矛盾所决定的。之后各个阶段的经济发展和资本主义工业化,借由特定的劳动力市场的需求,以及对主要的矿藏及制造业进行研究的需要,进一步地塑造了南非的高等教育体系。最终,南非的高等教育被纳入到了以臭名昭著的种族隔离政策为名,依靠以镇压为手段的社会工程机制来维持的,严苛的种族与阶层区隔的体制下。而今天,它正在从根本上被南非社会去种族隔离的社会变革所重塑。

与非洲大多数的被殖民国家不同,在南非这个人口相对稀少的国家里,有两大历史性的因素造成了其高等教育机构数量非正常地达到了36所。首先,英国殖民者和布尔阿非利卡人这两大主要的政治和文化集团的激烈斗争造成了统一的国立大学的难产,以及历史上白人大学(HWUs)的重复增设。其次,在之后种族隔离意识形态的影响下,产生了更多的历史上的白人大学,10所历史上的黑人大学(HBUs),以及15所理工学院(其中7所为历史上白人的理工学院,7所为历史上黑人的理工学院,只有1所提供远程教育的理工学院)。

历史上白人大学的发展

南非的高等教育最初是基于英国的殖民地模式建立的,即采用公开考试的办法来为英国本土和殖民地遴选未来的公务人员。为此,19世纪50年代在开普殖民地成立了公务员选拔考试委员会(Board of Examiners of Candidates for Government Service)。1873年,自治的开普殖民地政府仿照伦敦大学的模式建立了作为单纯的校外考试机构与学位授予机构的好望角大学(University of the Cape of Good Hope, UCGH)。该机构对来自于各所大学学院的考生提供考试和颁证服务,这些大学学院分布在作为殖民地中心的开普敦(Cape Town),包括格雷厄姆斯敦(Grahamstown)和德班(Durban)在内的周边城镇,以及两个布尔人共和国的首都,德兰士瓦(Transvaal)共和国的比勒陀利亚(Pretoria)和奥兰治(Orange Free State)自由邦的布隆方丹(Bloemfontein)。

早在世纪之交爆发英布战争(Anglo-Boer War)之前,两个布尔人共和国就已经试图通过与荷兰的大学建立联系,培养学生进入荷兰的高等教育体系,以抵消受英国和英语主导的好望角大学的影响。1899年,将两所布尔人共和国的学院合并为讲阿非利卡语的"北方大学(University of the North)"的努力因为战争的失败而成为了泡影。

1900年,伦敦大学扩展为一个教学机构,它下属的许多学院也都变身为独立的大学。在南非，针对“大学问题”，掀起了激烈的讨论，各种委员会相继开展活动，各种相关草案相继出台。1910年，成立南非联邦(Union of South Africa)后，这一问题的讨论就显得尤为迫切了。一战之前，有一个委员会提议建立两所联邦大学：整合了好望角大学和其他在南方的大学学院的“南方大学”(University of the South)，该校在现今属于开普敦大学(University of Cape Town)的校址上建立新的寄宿制校区；以及整合了在德兰士瓦、纳塔尔(Natal)和奥兰治自由邦的各所大学学院的“北方大学”(University of the North)。罗德斯大学学院(University College of Rhodes)将自主决定加入任何一所大学，南非矿业技术学院(South African School of Mines and Technology)(1903年成立于约翰内斯堡)将作为一个技术学院同时隶属于两所联邦大学。

这些建议的命运，以及之后南非高等教育的特征，被英国殖民主义者与阿非利卡民主主义者之间持续的尖锐的政治和文化冲突所决定。一战的爆发使得这些建议无法付诸实施，同时也为斯坦凌布什的阿非利卡语大学学院(一个强烈的阿非利卡民主主义的中心)创造了机会来抵制这样的计划。这所学院募集到了足够的资金，使自身成为一所独立的大学。经过多次的秘密协商，1916年大学法(University Act of, 1916)宣布建立3所独立的大学：开普敦大学(University of Cape Town)、斯坦凌布什大学(University of Stellenbosch)和位于比勒陀利亚的南非大学(University of South Africa, UNISA)。南非大学取代好望角大学成为全国性的校外考试机构，南非其他所有的大学学院都成为它的附属机构。

该法案引起了类似的一系列的变化。1923年，位于约翰内斯堡(Johannesburg)的南非矿业技术学院被授予大学地位，成为金山大学(University of Witwatersrand)。1930年，德兰士瓦大学学院照此成为比勒陀利亚大学(University of Pretoria)。1946年，随着联邦体系的瓦解，南非大学重组为一所远程教育机构。二战后，又有两所英语大学相继建立：建于1949年的纳塔尔大学(University of Natal)(附设了一所最初专为印裔设置的黑人医学院)和建于1951年的罗得斯大学(Rodes University)。传统上的白人大学的大扩张出现在20世纪的50、60年代，当时种族隔离政府建立了多所阿非利卡语大学，包括：1950年在布隆方丹建立的奥兰治自由州大学(University of the Orange Free State)，1951年在西德兰士瓦建立的波彻斯卓姆大学(University of Potchefstroom)，1964年在东开普建立的阿非利卡、英语双语的伊丽莎白港大学(University of Port Elizabeth)，以及1967年在约翰内斯堡建立的兰德阿非利卡大学(Rand Afrikaans University)。该校旨在培养阿非利卡语的大学毕业生，使之进军国家的工业和金融高地。

历史上黑人大学的出现

1948年，国民党掌权后，种族隔离正式进入立法。南非二元的社会结构被复制到一个由种族决定的大学制度上。按照种族隔离的要求，不同的学校服务于不同的种族。一批极度不平等且职能相异的高校出现了，其中传统上的黑人大学在诸多至关重要的方面处于完全的劣势地位。

需要指出的是，实际上在1948年以前，南非的高等教育在很大的程度上就已经是种族隔离的了。直到1916年，好望角大学(UCGH)及各所大学学院完全是白人男性师生的天下。未能被各个学院招收的黑人和女性学生被允许参加校外考试。第一所向女性开放的高校是在惠灵顿西开普敦(Western Cape Town of Wellington)的胡格诺教师培训学院(Huguenot teacher training college)。

1910年南非的统一促成了1915年面向非洲人的南非土著学院(South African Native College)(后来的福特哈尔大学)的建立。该校是在设于东开普(Eastern Cape)的小村庄爱丽丝(Alice)的教会学校勒弗戴尔教师教育学院(Lovedale Institute for teacher training)的基础上形成的。尽管南非土著学院培养学生参加南非大学组织的校外考试，但它却从未被列为南非大学正式的附属院校。随着联邦式大学体制的消亡和二战后南非大学迅即展开重组，当罗德斯学院在1951年升格为大学时，福特哈尔学院成为罗德斯大学(University of Rhodes)的附属院校。

种族隔离政策直接决定了1950年以后高等教育体系的形式和特点。这些政策旨在利用家园(homeland)或班图斯坦(Bantustan)的独立发展,以图在政治和经济上实现对非洲人的控制。作为这些政策的一部分,为黑人安排的班图教育是只占人口少数的白人口中所说的,为满足占人口多数的黑人的需要且针对班图斯坦的优先发展领域而集中设计的,但在历史上从来都不是那么回事情。种族隔离教育政策赤裸裸的意图就是要确保严格地维护并不断地复制种族分裂的社会和职业结构,使黑人在南非的社会中被置于从属的和地理上被隔离的地位。下面的这些目标,清楚地解释了早在1954年就已经由时任土著事务部长的维沃尔德(H. F. Verwoerd)提出的臭名昭著的种族隔离的构想。维沃尔德是种族隔离制度的主要设计者之一。

> 要有意地使高等教育机构(面向非洲人的)远离城市环境,要把它们尽可能地建在边远的土著保留地……要在各个方面引导班图人为自己所属的社区服务……除了作为某种类型的劳动力,在欧洲人社区(即白人社区)中没有他们的位置。但在他们自己所属的社区中,所有职业都是开放的……一直到现在,他们都还在受到(传教士)学校体系的影响,这类学校使他们远离了自己的社区,错误地向他们展现了属于欧洲人社会的绿草地,而这里是不允许他们进来放牧的。(引自 Christie and Collins, 1984:173)

在这一严苛的种族歧视政策下,黑人大学的发展经历了两个不同的阶段。第一个阶段是在1959年的大学扩展法颁布之后。该法案限制了黑人进入白人大学,同时又为每一个黑人"种族"和"文化"群落建立相应的高等教育机构,最初叫做"部落"学院,之后成为完全的大学。传统上的黑人大学的建立是出于两方面的目的:首先,为新建立的班图斯坦的官僚体系培养人才,以便班图斯坦的行政管理和经济发展能够正常运转;其次,确保新兴的黑人中产阶级能够融入到黑人家园的计划中来,并与之合作。

1960—1961年间,在农村和城市地区各建立了两所传统的黑人大学。在位于约翰内斯堡以北约200英里的特夫卢普(Turfloop)的农村地区建立的服务于索托人(Sotho)、文达人(Venda),和聪加人(Tsonga)的北方大学(University of the North)。在德班以北约125英里的地方建立的祖鲁兰德大学(University of Zululand),服务于祖鲁人(Zulu)和斯威士人(Swazi)。两所城市里的大学分别是:在德班近郊建立的,服务于印裔的德班—维斯特维尔大学(University of Durban-Westville);在开普敦镇区建立的,服务于有色人的西开普大学(University of the Western Cape)。《1959年福特哈尔转制法》规定福特哈尔学院仅允许招收科萨族学生,从而迫使该校也转向了新建立的种族隔离的传统黑人大学模式。许多的非洲人领袖(包括纳尔逊·曼德拉、奥立佛·坦博、罗伯特·穆加贝)与知识精英都毕业于福特哈尔,但是控制传统黑人大学的高压措施侵蚀了这所学校传统的活力。

建立传统黑人大学的第二次高潮是对历史条件的改变,以及庞大的种族隔离计划中不断增长的矛盾的回应。其中包括:

> 白人统治集团的"机体"(经济、政治和意识形态同时发生)危机,技术劳动力短缺,大规模群众性的反种族隔离组织和斗争的再次涌现,白人社会内部的矛盾、冲突和政治分裂,以国家接受在"白人"地区永久性地存在城市非洲人为内容的镇压性改良主义进程,黑人工会的立法以及工种保留制度受到冲击等等。(Badat et al., 1994:12)

在此期间,3所黑人家园大学得以设立,并间接地得到了种族隔离政府的拨款。它们是特兰斯凯大学(University of Transkei, 1977),博普塔茨瓦纳大学(University of Bophuthatswana, 1980;近来更名为西北大学, University of the North West)和文达大学(University of Venda, 1982)。前两所学校都位于面积不大的农村"独立"家园城镇,文达大学则位于一个称作"自治的"文达人家园(Venda homeland)的北方偏远地区的农村小镇。此外,1982年建立了作为北方大学分校的夸夸大学(University of Qwa Qwa)。该校位于北方大学以南约400英里农村地区的,"自治的"夸夸人家园(Qwa Qwa homeland)。与那些所谓的"国际"机场,"独立"体育馆,以及在新建立的"首都"设立的政府和议会综合设施一样,这些新建立的家园大学基本上只是作为名义上的独立国家用来宣示国家独立地位的象征。其学术上的功能就是为黑人家园的官僚体系和弱小的新兴黑人中产阶级输送受过大学教育的人才。尽管起初在这些大学里有更多的非洲人担任高级学术和行政职务，尽管直到20世纪80年代之前，这些大学打开了反抗种族隔离斗争的一扇小小的窗口，但是借由作为代理人的家园当局之手，这些大学都间接地，但却牢牢地受到种族隔离政府的控制。黑人家园当局往往采用严厉的极权措施确保大学服从于自己的利益和政策。后来，随着西斯凯（Ciskei）黑人家园在80年代取得了名义上的独立，福特哈尔大学也加入了新的黑人家园大学的行列。

种族隔离制度下黑人大学的发展随着另外两所专门用途高校的创办而宣告结束。一所是1978年建立的南部非洲医科大学（Medical University of Southern Africa，MEDUNSA）。另一所是1982年，为了向城市黑人提供受政府控制的高等教育，并在意识形态方面转移城镇青年的精力以削弱反抗文化的影响，而建立的混合了寄宿制和远程教育的多校区的威斯特大学（Vista University）。随着这些学校的建立，10所传统的白人大学再加上11所传统的黑人大学，构成了南非高等教育体系中的21所大学。

理工学院的建立

种族隔离的高等教育政策的特征之一是学术教育和职业培训的割裂。这造成了大学和理工学院系统上的严苛区分，以及人员流动和入学方面的障碍。这种区分与种族隔离制度下的种族、社会阶层区分，以及职业结构保持一致的。

南非技术培训的演化经历了两个阶段，第一个阶段是一战后的十年，与南非的工业资本主义发展相一致；第二个阶段则与二战后更为先进的工业发展平行（Cooper and Subotzky，2001：6ff.）。1910年南非统一后，高级技术培训被纳入大学或大学学院的工程系，而低层次的技术培训则由一个包括120所技术学院（technical colleges）的教育系统承担。

随着二战时期工业的扩张，位于大的城市中心区的技术学院开设了工程领域的第三级教育阶段的课程，教授诸如无线电系统和采矿设备等的前沿科技。因此，1967年建立了4所多科技术学院类型的高等技术教育学院（College of Advanced Technical Education，CATEs），颁发三年制的国家文凭作为其主要的资格证书。1979年，这些学院改名为“理工学院”（Technikon）：开普敦的开普理工学院（Cape Technikon）、德班的纳塔尔理工学院（Natal Technikon）、比勒陀利亚理工学院（Technikon Pretoria），以及在约翰内斯堡（Johannesburg）的金山理工学院（Witwatersrand Technikon）。80年代初，又有3所高等技术教育学院设立，它们是：设在约翰内斯堡以南的范德拜尔帕克（Vanderbijlpark）的瓦尔三角洲理工学院（Vaal Triangle Technikon），培养当地钢铁重工业所需的技术人员；伊丽莎白港理工学院（Port Elizabeth Technikon）；以及设在布隆方丹（Bloemfontein）的自由州理工学院（Free State Technikon）。此外，南非理工学院（Technikon South Africa）从1980年的金山理工学院的校外学习部转变为一所远程教育的理工学院。

作为各自发展（separate development）方案的内容之一，除了这7所历史上的白人理工学院（HWTs）外，另建有7所传统上的黑人理工学院（HBTs）。后者包括：在德班为印裔建立的M. L. 苏尔坦理工学院（M. L. Sultan Technikon）（20世纪20年代初创时是技术服务机构，1969年成为一所高等技术教育学院）和开普敦的半岛理工学院（Peninsula Technikon）（该校也初创于20世纪20年代，在1972年成为高等技术教育学院）。70年代后期，5所面向非洲人的传统上的黑人理工学院在非洲人聚居的农村地区建立了起来。这些学校是：1979年建于德班郊外的马古苏托理工学院（Mangosuthu Technikon）；1980年建于比勒陀利亚以北的北德兰士瓦理工学院（Technikon Northern Transvaal）（现更名为北豪登理工学院，Northern Gauteng Technikon）；其余三所都与“独立的”黑人家园有着直接的联系，它们是1976年建于距比勒陀利亚数公里之遥的博普塔茨瓦纳黑人家园内的塞特罗格罗理工学院（Setlogelo Technikon）（后更名为西北理工学院，North West Technikon）；1987年建于东开普小镇巴特沃斯（Butterworth）的特兰斯凯理工学院（Transkei Technikon）（后更名为东开普理工学院，Eastern Cape Technikon），以及1988年在西斯凯（Ciskei）“首都”比肖（Bisho）附近建立的西斯凯理工学院（Ciskei Technikon）（后更名为博德理工学院，Border Technikon）。

此外,还兴起了一批单一目的的护理学院、教师培训学院和农学院。在政府的高等教育变革白皮书(DOE, 1997a)和1997年高等教育法(DOE, 1997b)中,规定要将这些学院分阶段地并入到高等教育机构中去,首先从教育学院开始,现在这些教育学院都已经分别与某所高校建立了联系。

当前的高等院校全景

从1916年建立开普敦大学、斯坦凌布什大学和南非大学开始,一直到20世纪80年代后期最后一批种族隔离制度下的"黑人家园"理工学院建立,一个囊括了36所高校的体系业已形成,其中包括了21所大学和15所理工学院,共拥有约550000名学生。

在南非,围绕着高校建立的历史、政治、结构条件所造成的不同的机构文化与师生构成,形成了高校极其多样化的院校概貌。在种族隔离制度下,职能的差别意味着劣势和不平等。尽管当前的官方政策旨在消除不平等,但是当前的高等教育体系中居于优势地位的传统白人高校与居于劣势地位的传统黑人高校之间依然差异明显。

传统白人大学和传统黑人大学的作用就是要维持并延续割裂的社会秩序。种族隔离下传统黑人大学的产生及其被赋予的差异化的功能造成了持续的后果。首先,暂且抛开这些学校之间的内部差异,其共同的显著特征在于都是大学层次的教学机构。其次,与传统白人大学相比,传统黑人大学在许多的方面都处于劣势(EPU, 1997:52ff.)。传统黑人大学只开设范围有限的,主要是人文与社会科学方面的,与教师教育有关的一系列课程,课程所对应的资格层次也较低。

20世纪80年代中期,以弱势群体生源为主的入学规模的不断扩大,造成了传统黑人大学资源的紧张,并在很多情况下造成了难以承受的教学负担,开展额外的正式或非正式的学业补偿教育的压力,以及科研产量的低下。黑人大学的教师,总体上水平较次、资历较浅,他们往往游离于学术界外,采用过时的教学方法,而且在很多情况下,常常因为各种不利的条件而士气低落。偏远的地理位置造成了开展学术生活,吸引和保留高水平的师资、高质量的学生的一大障碍。由于远离政府机关、私营部门和非政府组织的运营中心,这些大学也很难赢得合同,开展咨询服务和合作项目。黑人大学在资源分配上所受到的歧视,削弱了其吸引政府和第三方资助的能力。正因为如此,这些大学除了管理和组织上的问题外,其设备、基础设施和行政能力都相对较差,有些学校的图书馆看起来甚至是完全没有希望的。

尽管存在着种种不利的条件,部分黑人大学在某些领域的研究能力和研究生教育水平还是得到了提高。这在那些反映了传统黑人大学与弱势社区的紧密的历史与地理联系的研究项目中,在那些以促进公平为出发点,以促进本社区发展为目标的教学与研究项目中,表现得尤为明显。在这些例子当中,地域上的劣势反倒转变成了相对优势,因而更接近于其所服务的发展中的社区,有利于开展更有针对性的教学、科研活动,获得更多的社会服务的机会。这成为传统黑人大学寻找和发展自己适合的领域的战略机会。

除了这些大的共同点之外,黑人大学内部以及学校之间也存在着明显的差异。造成这些差异的主要根源在于大学所处的位置,服务对象的社会经济和政治背景,与黑人家园和中央政府的不同关系,以及建校时所处的历史阶段。据此,10所黑人大学可以分为以下三类:

- 6所历史上属于非洲人的农村大学:西北大学、福特哈尔大学、北方大学(及其在夸夸的分校)、特兰斯凯大学、文达大学和祖鲁兰德大学。这些学校和前面描述的黑人大学的一般特征最为符合。福特哈尔大学由于其独特的起源,作为最古老的黑人大学的悠久历史和传统,以及在培养出大量的非洲人学者和领袖人物方面所发挥的作用,因而是独特的。
- 两所历史上不属于非洲人的城市大学:德班·威斯特维尔大学和西开普大学。区位上地处城市,再加上服务对象是相对于黑人处境要好一些的印裔和有色人,因而这两所学校具有明显的比较优势。两校开设的课程,开展的研究活动(尤其是研究生层次的研究活动)范围更广，拥有的卓越中心(centers of excellence)也更多。

- 两所专门用途的大学：南部非洲医科大学和维斯塔大学。

11 所传统白人大学之间的主要差别表现在由于历史原因造成的以语言差异分界的政治和文化特征。它们可作如下划分：

- 4 所英语自由大学：开普敦大学、纳塔尔大学、罗德斯大学、金山大学。它们反对种族隔离，但同时也对分裂的社会秩序的维持和延续负有责任。
- 6 所阿非利卡语大学：自由州大学、伊丽莎白港大学、波特斯卓姆大学(Potchefstroom)、比勒陀利亚大学、兰德阿非利卡大学(Rand Afrikaans)、斯坦凌布什大学。在历史上，总体而言这些大学更趋保守，倾向于支持种族隔离，往往与政府合作。
- 远程教育大学：南非大学。(UNISA)

与这些大学一样，传统上的优势理工学院与劣势理工学院之间也存在着类似的差别。但是就语言而言，白人理工大学之间的区别并不明显。这些学校是种族隔离制度下的新生事物，教职员多为讲阿非利卡语的白人。因此，15 所理工学院可以这样进行归类：

- 7 所传统黑人理工学院：博德理工学院、东开普理工学院、M. L. 苏尔坦理工学院、马古苏托理工学院(Mangosuthu)、西北理工学院、北豪登理工学院(Northern Gauteng)和半岛理工学院。
- 7 所传统白人理工学院：开普理工学院、自由州理工学院、纳塔尔理工学院、伊丽莎白港理工学院、比勒陀利亚理工学院、瓦尔三角洲理工学院和金山理工学院。
- 远程教育理工学院：南非理工学院。

20 世纪 80、90 年代，随着反种族隔离斗争白热化并最终赢得胜利，一系列新的社会力量和新的政策获得了优势，并进一步地塑造了南非的高等教育。在近年来大变革的背景下，尤其是传统白人大学学生构成的迅速非洲化，以及各校对政策和规划环境变化所作出的不同反应，前文所述的对大学的历史划分已经不再完全成立，一套新的分类正在形成(见 Cloete and Bunting，2000；the CHE，1999)。

当前的政策发展：争论与挑战

近年来南非高等教育政策的发展可以清晰地划分为两个阶段：1994 年大选之前的协商阶段；以及新成立的非国大(African National Congress，ANC)政府的执政阶段。第二个阶段又可以进一步地分为两个时期。一开始的宏观政策形成期。在此期间，1997 年出台了详细的高等教育系统重建的政策框架。以及在此之后，在主流的全球化和宏观经济条件下开展的政策框架的实施阶段。

第一阶段的分水岭是纳尔逊·曼德拉及其他的政治犯被释放后，1990 年非洲国民大会和其他解放运动获得合法地位。这开启了 1994 年大选前有关过渡性安排的政治协商时代。与此同时，多边和双边的援助机构、基金会以及高等教育组织和机构结束了对南非的经济和学术抵制。一系列的政策研究相继开展，对种族隔离制度下整个体系的不公平、分裂以及功能障碍进行了第一次系统性的量化。国家教育政策倡议(National Education Policy Initiative)是一个为期两年的研究项目，该研究提出了针对包括中等后教育在内的各层次教育的一系列的政策选项。在此基础上，非国大的教育与培训政策及规划框架(Education and Training Policy and Planning Framework)成为了该党的教育纲领。此后，教育与培训实施计划(Implementation Plan for Education and Training)为新任教育大臣提供了直接的行动方案。

变革的新政策框架

1994 年后，首要的事项是要成立全国高等教育委员会(National Commission on Higher Education，NCHE)，及随后在国家教育部(Department of Education，DOE)内创建并充实高等教育处。全国高等教育委员会展开了针对以高等教育的系统性改造为目的的新政策框架的全方面调研，调研涉及除课程外的所有问题。委员会在 1996 年 4 月公布了一份讨论稿，在向相关方广泛征求意见和充分讨论的基础上,1996年底,题为"变革框架"(A framework for Transformation)的最终报告出炉(NCHE,1996)。在南非向民主过渡的大背景下,针对现存的系统性的不平等与低效率,委员会的报告规划了南非高等教育的新图景。该报告同时也明确了变革的原则与目标。

继全国高等教育委员会报告之后,1997年教育部相继发布了高等教育绿皮书(Green Paper on higher education),以及之后三版题为"高等教育变革计划"(A Program for the Transformation of Higher Education)的白皮书草案。同时发布的还有高等教育法草案,该法案于1998年生效。这些文件尽管在侧重点方面,尤其是在治理结构方面存在着一些差异,但是三大彼此联系的有关公平与发展的政策诉求,不论在白皮书,还是在高等教育法的有关变革议程的部分里都居于核心位置。

- 通过改革高等教育,解决院校间不平等的问题,促使内部更加公平,并推动更为一般意义上的社会的公平。
- 服务于1994年重建和发展计划(Reconstruction and Development Program)中提出的民主南非发展的需求。其要求包括:满足人民的基本需求,以人为本地开发人力资源,发展经济,实现社会的民主化。
- 在全球化不断深入发展,知识、信息在经济发展中的重要性与日俱增的环境下,通过合适的科学研究与教师教育项目,创造所需要的知识,培养足够胜任的劳动力,使国家在竞争激烈的全球经济中获益。

白皮书和高等教育法共同为南非高等教育的改革提供了框架。白皮书确定了以下这些政策目标:

- 整合、规划和协调以项目为经费拨款基础的,单一的全国性的高等教育体系。
- 通过增加和扩大高等教育的入学,满足劳动力市场的需求,推动社会公平。
- 在政府和学校间,以及在学校内部实现合作治理(cooperative governance)。校内的合作治理涉及治理结构的民主化,这就包括了要建立代表所有利益相关方的法定的院校论坛(institutional forums)。
- 通过相关的课程改革和知识创造来满足南非的需求和利益。
- 通过评估和推进高质量教育项目的认证来确保质量。
- 将高等教育的资格与课程纳入国家资格框架(National Qualification Framework),以促进教育系统内的相互衔接、流动与迁移。
- 更有效地服务于国家的发展重点。
- 国家层面上与院校层面上制定相互协调的三年滚动计划,并使之与修正后的,以目标为导向的国家拨款公式挂钩,以便在财政紧缩的条件下提高效率。

尽管非常强调要建立一个单一的相互协调的高等教育体系以纠正先前的分裂与扭曲,新的政策框架支持多样化的学校使命、职能、规划与课程。这些资格条件、结构、教学模式和组织形式都是实现社会目标和平等所需要的。但是,后种族隔离时代里的多样化必然区别于种族隔离时期基于种族的差别化不利地位。

随着这一宏大的政策框架的出台,接下来的问题就是如何实施了。应对这一挑战的关键是要解决学校层面和政府层面上严重的能力缺陷。在当前的高等教育环境下,学校领导和管理者面临着管理方面的一系列的挑战。人们早就认识到,南非实施这样的战略管理和规划的能力是非常有限的,这对于那些传统上的弱势学校而言更是如此。在一些情况下,领导危机和管理失当所造成的管理能力上的问题更加剧了形势的严重性。

在宏观政策的形成过程中有两个特点是值得注意的:受邀的外国顾问发挥了很大的推动作用;在政策话语和政策实践中,对国外的政策模式不加批判地采纳。

教育部高等教育处及其优先考虑的事项

具体的政策制定和实施由教育部的高等教育处(Higher Education Branch, HEB)负责。1996年底,高教处成立后的主要任务是对高等教育系统进行规划、协调、监督和管理。但是仅有30人的高等教育处要履行以上的职责却力量有限。

高等教育处最初的首要任务是要在全国高等教育委员会报告之外，通过起草高等教育绿皮书、白皮书，以及高等教育法来推动宏观政策的制定。此后，则要由其来负责推动在这些文件中形成的政策框架的逐步实施（Ministry of Education，1999）。

国家和学校规划框架

如前文所述，全国高等教育委员会和白皮书中所提建议的核心是在国家层面及学校层面上的基于项目的三年滚动计划制度。该制度与目标导向的财政拨款，以及质量保障体系相互联系，合力推动高等教育体系的重组。滚动计划要求学校阐明其自身的使命和愿景，各专业、各层次的招生计划，以及一揽子的计划，涉及教职员群体和学生群体之中的平等与发展、教育质量的提升、科研的发展，以及基础设施的建设。

首轮三年滚动计划的准备工作从1998年的年中开始，计划的内容涵盖1999—2002年。与此同时，有关整个高等教育体系的信息收集工作，以及建立全面的高等教育管理信息系统（higher education management information system）的工作也已铺开。回顾这一阶段的工作，教育部在总结报告中指出，1999年的预期入学人数与实际入学人数之间存在着差距，尤其是传统黑人高校的预期入学人数远远高于实际的招生规模。报告也指出"严重地缺少成熟可行的制定计划的方法和工具"（DOE，2000：S3）。只有少数院校采用了统计学模式，对学校自身、对本地区和国家的发展趋势作了详细的分析。这凸显了提高规划能力的迫切性。按照设想，到2003年的时候，三年滚动计划制度将要全面地铺开并与新的拨款公式挂钩。

私立高等教育

南非高等教育近年来的显著发展之一是私立高等教育的快速增长。来自国内外的私立高等教育的提供者迅速增多，主要的提供者来自英国、美国和澳大利亚。在举办方式上往往涉及国内外公私立高校各种形式的合作。私立高等教育的增多是由一系列的因素引起的。私立和国际高等教育的扩张是全球性的现象，信息技术的快速发展革命性地改变了远程教育的面貌，这一切都推动了这种趋势的发展。在另一方面，国内对所谓更高质量、更具弹性的以市场为导向的课程，尤其是那些面向非传统学生的课程的需求不断增多。在这样的情况下，私立高等教育的提供者们钻了国内监管相对不健全的漏洞，毋需遵守注册、认证的规定即可开办项目。尽管有一些私立高等教育的提供方是历史悠久，享有盛誉的国内外教育机构，但是近年来大量出现，并在当地媒体上占据大量版面的却是一些毫无信誉的本土教育机构。

因此，教育大臣（Education minister）紧急呼吁对私立高等教育加以规范。目的是要确保这些教育机构的学术质量、财政稳定性，使其在整个教育系统中成为有益的补充，并以此捍卫公众的利益。因此，教育部（DOE）立即就展开了相关的调研，涉及的问题包括：私立高等教育的规模与配置，潜在的作用与影响，以及为了建立起合理充分的管理框架，需要在哪些方面进行立法上的调整。

按照迅速出台的初步管理规定的要求，现在所有提供私立高等教育的机构都须向南非资格局（South African Qualification Authority）申请注册，且其开办的课程项目均须通过该局的认证。这一认证的过程当前尚在进行中。不论是公众还是私营部门，现在这已经成为相关各方关注的焦点。大家都在迫切地等待教育部的调研结果，以及预计将在2001年7月出台的管理框架。在一些注册申请遭拒，或者仅获有条件通过的案例中，教育部还碰到了一些法律上的麻烦。白皮书认同私立高等教育在整个系统中的补充地位。但是，是否能够形成一个管理框架，建立起平衡公众利益与市场利益的工作关系，尚有待观察。

国家学生资助计划

与许多发展中国家不同，南非的高等教育体系牢固地建立在通过学费回收成本的基础上。在财富分配严重不均的条件下，一个严峻的挑战就是如何确保经济条件不好的黑人学生能够获得入学机会。这是缩小不平等，维持所期待的入学率的关键。显然,传统弱势高校近年来入学人数的减少,在很大的程度上是由于财政上的困难,以及在政府抽紧银根的环境下被迫加强学费征缴所造成的。因此,必须从公共和私人部门中抽取出更多的经费来。近年来,政府已经增加了拨款,但是仍不足以满足当前的需求。

在新的拨款框架内,补偿性的拨款主要采取学生资助的形式。2000—2001 财年,约有 55% 的专项拨款投入了 1996 年成为法人实体的国家学生资助计划(National Student Financial Aid Scheme)。约 80000 名学生获得了奖学金资助,或以优惠的利率获得了贷款。2001—2002 财年发放的资助经费总额约达 5500 万美元,其中 4000 万来自预算,1500 万来自助学贷款的偿还,贷款的循环是令人鼓舞的。尽管学生资助能够发挥一些作用,但是经济困难仍然是许多人接受高等教育的障碍。如何扩大国家学生资助计划的覆盖面,以帮助更多的、有需要的人群将会是一大挑战。

院校治理,能力建设及危机管理

高等教育处的职责之一是要帮助高校改革治理结构,以满足高等教育法及其后各个修正案的要求。为体现新的民主制度所要求的扩大入学、增加透明度的价值观念,白皮书提出了"合作治理"(cooperative governance)的概念用来处理高校与政府之间的关系,以及高校内部的关系。高等教育法案规定各校要依法建立院校论坛(institutional forums)。论坛要集聚各相关方的代表,享有建议权。所有的重要决策,例如高级职位的任命等,都须经过论坛的讨论。

每一所公立高校的建立,议会都会发布专门的法案。这些法案在细节上略有不同。南非高等院校典型的内部管理架构包括理事会(council)、评议会(senate)、行政管理团队(executive management teams)和院校论坛(institutional forums)。理事会的组成包括教育大臣代表;地方政府、商界和其他高校的代表;学校的行政管理层,以及学校的利益相关方代表。理事会是最高的决策机构,对总体政策负责。评议会由高级学者、行政管理人员和利益相关方代表组成,对学术事务负责。行政管理团队包括校长,副校长(主管学术和学生事务),院长,财务、人事等重要职能部门的负责人,和顾问。在管理主义盛行的今天,行政管理团队在校内治理中的影响力日盛,越来越居于主导地位。

迄今,改革的重点集中在理事会和评议会的改组上,力求使之更具有代表性。但是,各校取得的进展参差不齐。教育部疲于各种各样的危机干预,以便推动一些传统弱势高校解决财务管理不善,管理和领导能力存在严重缺陷的问题。几项独立的财务审计工作已经展开。在一些极端的案例中,尤其是在涉及腐败和欺诈行为的情况下,校长和管理高层被停职或勒令辞职。

领导这样的高校需要面对巨大的挑战,因而应聘这些学校空缺的高级管理职位的人很少。在岗的官员们则在不确定性和岗位的暂时性中挣扎。近年来,许多高校的校长频繁更替。到 2001 年,在全部 21 所大学中只有 5 所大学的领导层在近几年里保持了稳定。有 9 所大学新近换了领导,其中的 7 所,变故就发生在数月前。还有 4 所即将更换领导,其中的 2 所当前处在教育大臣任命的管理者的管理之下,另有 1 所大学,校长的任期将尽,且不太可能获得续聘。

教育大臣行使高等教育法赋予的权力,任命独立审查员对管理失灵,领导层公信力严重受损的 4 所高校里所发生的危机展开调查。尽管也有 2 所理工学院正在接受评估,有一名校长因为管理不善而遭到调查,但是总的来说,理工学院的管理和领导层似乎要更为稳定一些。

近年来,学生政治活动的焦点及其在教育变革中的作用发生了变化。在历史上,学生们活跃在反种族隔离斗争的最前线(Badat, 1999)。近年来他们也被吸纳进了新的治理结构中去,但其开展政策分析的能力却很有限,而只有具备了这种能力,参与管理才是有意义的(Cele and Koen, 2001)。

新任教育大臣

种族隔离制度废除后的首任教育大臣,西布西索·本古(Sibusiso Bengu)教授主持了整合原本种族分裂的教育体系以及制定新的宏观教育政策框架的任务。尽管取得了明显的进展,但他因为没能制定出明确的实施策略而饱受批评。

第二任教育大臣卡德尔·阿斯马尔(Kader Asmal)教授受命于1999年大选后从曼德拉(Mandela)手中接掌总统大权的塔博·姆贝基(Thabo Mbeki)。曾是法学教授的阿斯马尔在其曼德拉内阁的水务部长任上赢得了行动主义和强调速度的声誉。

在广泛听取了教育部(DOE)官员和利益相关方的意见,在对教育发展的现状和政策制定的核心问题有了直接的了解之后,他提出了九条优先发展的重点和一份明确了目标与业绩指标的实施计划。该计划中涉及高等教育的部分要求建立"紧跟南非人在21世纪所面临的智力和职业方面的挑战的,合理化的、持续的高等教育体系"(DOE, 1999:13)。当前的资助水平将会得到保持,各校对其智力、设施和财政资金的使用将享有更大的自主权。在很大的程度上由种族隔离制度的设计师们的地理一政治臆想所造成的旧有的院校布局,迫切地需要加以检讨(DOE, 1999:9)。按照白皮书的要求,这将通过一份明确了总的增长与入学率的国家计划来实现。

高等教育委员会及"规模与形态"的大讨论

1999年初,教育大臣授意高等教育委员会(Council on Higher Education, CHE)在2000年年中的时候就重新配置南非教育体系的规模与形式提出全面的建议。部长如此迫切地提出这个要求,表明政府对一些传统弱势高校的财务状况,管理和学术能力,以及教学质量深表担忧。

高等教育委员会(CHE)作为独立法人是在1998年成立的。其职责是就高等教育的任何方面向部长提供建议,其中也包括了高等教育体系优化的规模与形式、质量保障、新的拨款方案,以及语言政策的问题。该委员会每年须向议会提交一份高等教育状况的报告,并召开一次年度高等教育相关方的咨询会议。此外,高等教育委员会还通过其下2001年建立的常设的高等教育质量委员会(Higher Education Quality Committee, HEQC)执行认证、质量保障和晋级评定职能。全面运作以后,该委员会将对高校内部的质量保障机制进行审计,执行外部管理,对公私立的课程项目进行认证。

为回应教育部的要求,高等教育委员会于2000年5月通过专门的工作组公布了一份讨论文件。这份激起很大争议的文件专门讨论了设想中的五个类别的院校分类方案,以及与之相应的四年制的本科资格结构。这将导致非常机械的学校类型的区分,非常僵硬的入学条件,并将限制学生在不同类型的高校中流动。反馈的意见大多对文件体现出来的狭隘的纯技术性框架,以及毫无理由地偏离白皮书所划定的规划框架持严厉的批评态度。

根据批评意见修订后的文件于2000年7月提交给了教育大臣。这份更为全面的文件严格遵循了白皮书中确立的原则和框架。它提议采取一种与之前的方案相比略不严苛的三分法的院校分类,包括"基础高校"(主要是教学为主的高校);普遍开设硕士研究生教育,有选择地开设博士生教育的高校;有选择地开设研究生课程,开展研究活动的"综合性"高校。文件还建议进行院校合并,意图同时消除部分(主要是传统弱势高校)高校的生存危机和种族隔离"规划"所造成的资源重复浪费。公平问题和弱势高校的补偿问题被摆在了突出的位置上。此次得到的反馈总体上好评居多,但是也有一些瑕疵和不够清晰的地方受到批评。尽管灵活性有所提高,但是提议的高校分类被认为将会加剧现有的种族和阶级不平等。文件没有说明一些核心关切(最为典型的就是公平问题)将会如何得到解决。改革的成本、实施、所需的能力等问题也都没有得到解释。在批评者看来,这份文件没能为教育大臣带来具体充分的建议,留给他的依然只是又一份框架文件。

教育大臣要求在2000年9月中旬以前就新的文件展开讨论。参考了各方意见后,一份国家计划草案提交给了执政的非国大及其政治盟友,之后又上呈内阁以争取最大程度的政治支持。

国家高等教育计划和拟议的拨款框架

2001年3月,教育部(Ministry of Education, MOE)发布了期待已久的国家高等教育计划(National Plan for Higher Education)。遵循白皮书中所阐明的愿景(vision)、目标与原则,该文件提出了高等教育变革的框架与机制。这份文件的重要性在于它标志着从全国高等教育委员会(NCHE)时起，并在高等教育委员会(CHE)出台讨论稿时达到顶峰的广泛的协商进程宣告结束。这份文件明确了战略目的、目标、实现机制，以及时间框架，它体现了不需再进行协商的政府的政策意图。该计划与拨款和质量保障管理机制挂钩，建立了国家层面上和院校层面上的三年滚动计划的实施程序。通过一种协商式的计划制定的程序，多样化的高等教育体系的总体规模和形式将会与国家发展的重点，以及对公平和效率的要求相协调。这份计划首次参照了内阁批准的新的国家人力资源开发战略(National Human Resource Development Strategy)。这将使高等教育计划能够更好地服务于国家的发展重点。

国家高等教育计划的要点如下：

- 有关高等教育系统的规模和形式的目标。包括：入学率从15%提高到20%的长期目标；设定毕业率基准以确保更多的入学机会，以及更高的学业成功率；将人文、工商、工程技术专业的学生比例从现在的48：26：26调整为40：30：30；设置师生各自群体中的有关公平性的目标。
- 采取各种措施促进学校使命的差别化和课程项目的多样性。高校的课程组合取决于现有的状况，学校职能与国家发展重点之间的关系，以及是否具有足够的能力来开办计划中的新课程。大学与理工学院之间既有的区分至少还将再维持五年。
- 高校的布局将重新进行调整，应该减少教育机构的数量，但是不削减教学点。近期已经开展的院校合并是受(教育部)欢迎的，进一步的高校合并与区域性合作将在一个专门的国家工作组(National Working Group)的指导下开展。这个工作组目前已经开始运行，许多经济学家的参与表明了对高校效率提升的强烈诉求。

在设计这些机制的过程中，国家高等教育计划采纳了高等教育委员会的大部分建议。但是，它没有接受高等教育委员会提出的，意在实现差异化的，高等院校的三重分类。教育大臣认为这种分类过于死板。该计划采取了一种更为灵活的发展性的措施来实现差异化。在尊重高校现有的课程项目与长处的基础上，允许在受到规范的前提下，发展各自新的教育领域。

这份计划所体现的政府控制的特征非常明显，清晰地表达了政府推动系统性变革的强烈意图，也展示了教育部推进变革政策框架付诸实施的坚定决心。尽管该计划总体上得到了积极的反应，但是其较为明显的干涉主义的措施引发了一些人对大学自治和学术自由的担忧。另外的一些担忧则是针对方案中透露出来的将要从对教育机构进行补偿，转向“社会”或“个人”补偿的意图。而后者指的也就是通过国家学生资助计划对弱势学生提供财政上的支持。这一转变背后的逻辑在于，随着近年来黑人学生的数量在传统白人高校中(HWIs)迅速增长，传统优势高校和传统弱势高校的观念已经过时了。但是政府坚持，强调社会补偿并不意味着放弃对弱势学校进行补偿或是忽视由于历史的原因造成的部分高校的弱势地位。政府所反对的是以种族隔离制度的受害者自居，而期望自然而然地得到补偿的想法。从国家计划出发，政府坚持认为，用于补偿的那部分专项经费须作为三年滚动计划的一部分，且要针对明确得到证实的切实的需求，且依据问责机制来分配。这将使传统弱势高校在机构重组的大环境里，被迫放弃其原本已经被批准的学校发展计划。因而，补偿必然与当前在新的院校布局中，高校使命的重新确定相联系。

尽管政府表态社会补偿和机构补偿两个方面的问题都要解决，但是让人担心的是用于后者的实际经费数量非常少。一方面，政府承认结构上的问题对传统弱势高校具有负面的影响；但在另一方面，政府又强调高校作为中介应对其当前在管理和规划上的问题承担责任。而在另一边，高校则认为结构不合理、种族隔离制度造成的历史性缺陷，是当前困境的根源，而要纠正不公平竞争，除非政府施加干预。政府的立场被理解为，不加批判地全盘接受新自由主义的全球秩序，背弃了先前承诺的对不公平的状况，无条件地加以补偿的承诺。

国家高等教育计划对高校和政府是否有能力制定复杂的发展计划表示担忧。例如，高校的发展计划如何与汇总起来的国家发展目标对接就是不明确的。与此相关的是，国家高等教育计划乐观地假定,在计划与有意义的变革之间存在紧密的联系。但是高校的现实却并非如此,尤其是高等教育机构是以权力的多中心和变革的动态复杂性为特点的。变革发生的动因有着自身的逻辑,往往并非与发展计划和管理战略有关。国家高教计划在这一个重要的方面保持了沉默,并且也没有写入正式的评估和审查程序。国家高等教育计划强调目标驱动的方法,这也是其潜在的重大的缺陷。如果要把实际发生的变革的复杂性,与变革的计划放在一起进行对照,重要的不仅仅是要去监控哪些目标已经达到,哪些没有达到,还要去分析其背后的原因。尽管有这些方面的局限,国家高等教育计划仍然是一份至关重要的文件,它将影响南非高等教育体系今后的发展道路。

拟议的新拨款框架

国家高等教育计划出台后不久,2001 年 4 月,一份有关修正拨款框架的讨论文件面世。它是管理框架的重要组成部分,毫无疑问会对政策进程的结果产生重大的影响。

文件提议采用整笔拨款(block grants)和专项拨款(earmarked funds)相结合的双重拨款机制。获得批准后,整笔拨款将分教学投入(教职员工及其他成本),教学产出(毕业生),研究产出(出版和硕士、博士毕业生),与学校建设、运转、发展相关的费用,以及基础课程项目(学业补偿教育)这几大块进行分配。以分项目的学校发展计划获批后就将自动得到上述拨款。按学生数发放的拨款额,将在达成共识的计算公式的基础上,按照不同的专业和层次进行加权调整。专项拨款将用于国家学生资助计划;机构补偿和发展,其中也包括研究能力发展;已获批准的资本项目,以及在高等教育国家计划中确定的其他的一些发展重点。

这一新框架对高校的意义非常重大。尤其是取消了当前暗含在薪水里(占薪水的五分之一)给予教师的"隐性"的研究资助,这将会对那些研究活动少、研究生课程不多的高校产生明显的负面影响。因此,新框架将会在几年内分阶段实施,以便抵消短期的负面影响。此外,专项拨款也将有助于缓和此类影响。在财政普遍紧缩的条件下,高等教育难获额外的追加拨款。与院校发展计划相联系的新拨款框架,将起到在高等教育体系内资金再分配的作用。与质量保障机制相配合,新拨款框架将成为影响高校布局、结构以满足质量、公平、适切性、效率方面的政策目标的主要杠杆。

高校对政策环境变化的应对模式

当前的政策环境有三个显著的特征:第一,白皮书设想的新的宏观政策框架的实施进展缓慢,这造成了一定程度管理上的真空。这种现象是由三方面的原因造成的:能力缺陷、教育大臣的更替,以及广泛的咨询推迟了高等教育国家计划的出台。第二,在一个竞争更为激烈的高等教育环境中,因为财政紧缩的影响,市场话语和战略管理变得越来越举足轻重。现阶段的特征是管理框架得到了部分的实施,但同时伴随着的是相对不受约束但却充满竞争的市场条件。第三,传统的白人大学(尤其是阿非利卡语的传统白人大学)在招生方面迅速地,但是有选择性地非洲化。

竞争性的市场强而规划管理弱,导致了毫无计划的教育项目的盲目增加;有的学校抓住了市场和战略机遇,但是那些没有能力来实施此类战略的高校就被抛在后面了。传统上的弱势高校受制于当前的领导危机和能力危机,往往较难制定战略性地规划,也难以迅速地进行重组,以便对市场作出回应。高校在应对市场和政策环境方面的差异在很大的程度上是由种族隔离时代形成的优势和劣势所造成的。在缺乏相应的管理机制来补偿种族隔离和市场竞争造成的不平等的情况下,高校间的差距正在进一步地扩大。尽管在许多先前的白人高校里,非洲学生的数量有了显著的增加,但是这些学生大多集中在几个领域里,且接受的高等教育的层次较低,这些学生往往是成绩比较好的,有能力支付学费或是有资格获得财政资助的(Cooper and Subotzky, 2001)。结果,为成绩差的穷学生提供高等教育的负担就被压到了最没有能力完成这一任务的传统黑人高校身上。

鉴于各所学校历史不同,它们对新政策和市场条件作出的反应本质上有着很大的差异

(CHE, 1999:4)。这些正在显现出来的不同的应对模式,尤其是传统白人高校学生群体的迅速非洲人化,导致了一种新的院校分类模式的出现。按照这种模式进行分类的结果,与按照传统强势高校和传统弱势高校来分类的结果有一些相关性,但并不完全相同。根据各校应对环境变化的行为差异,在1999年的高等教育委员会报告中提出了包括四个大类的新的高校分类。

- 创业型高校:依靠精明的战略规划和管理专家,这些学校从新环境,发现的新领域中获益颇丰,例如为非传统学生提供依靠技术支撑的远程教育。在许多的情况下,这是通过与私立教育机构、跨国机构,或是在较小一些的中心地区建立的卫星校区开展合作来进行的。这导致了教育项目的大量重复建设。为此,教育部已经叫停了此类卫星校区的进一步快速增加。得益于经费来源的多样化(诸如:合同研究,企业合作,来自非传统学生的学费收入),与有效的财务管理,此类高校的财务情况稳定。此类院校最为典型的代表就是传统的阿非利卡语大学和一些理工学院。
- 重组型高校:此类院校对自身的专业、课程和学术结构进行了重组以推进学科融合,更有效地培养掌握相应知识、技能,能够适应变化了的就业市场和全新的知识经济的毕业生。通过这样的重组,进一步巩固了其作为高质量的寄宿制高等教育机构的地位,加强了其优异的研究生教育和科学研究方面的声誉。此类高校还通过压缩成本和实现更大的公平来达到提高效率的目的。这些学校吸引并资助学术水平高,且类型更为多样化的学生群体。这一类别的学校以传统的英语高校最为典型。
- 巩固型高校:此一类别的高校得益于强有力的领导层和人员的稳定而保持了机构的稳定。他们对新的使命和战略地位达成了共识。尽管这一类别中的大部分学校没有改变原有的领域,但是也有一些学校扩大了招生,尝试新专业、新的教学模式和管理方式。
- 停滞和不稳定型高校:由于各种各样的制约因素,有一些高校没能有效地对环境的变化作出应变。直到最近,这些学校都还很少或者根本就没有进行过战略规划,这一类型中的很多学校都遭遇了招生人数的急剧减少。这些学校的不稳定根源于内部治理、管理、财务上的问题以及缺少稳定的权力中心和领导层。其中一些学校的管理已经崩溃。尽管在这类学校里,也能在某些方面找到一些创新与对环境变化的应对措施,但这只是个人行为。这一类别的高校,囊括了大多数历史上的弱势高校。

在当前的政策环境下,以上大多数的变化都与政策和政府的规划无关,而是高校自身出于对预期的政策变化,以及在当前的宏观经济条件下造就的类似于市场化的氛围所进行的应变(或是缺少应变)。

南非高等教育体系变革概况

研究南非当前高等教育的概况,既揭示了学生群体的巨大变化,也揭示了高等教育体系很强的延续性。对现状快照式的粗略了解,是不足以把握其复杂性的。在概况这一部分里,本文将对近年来的招生与毕业,师资构成,财政,科研方面的趋势进行简要的概述。

1999年,在南非的高等教育系统中共有564000名学生,其中372000(66%)人就读于大学,192000(34%)人就读于理工学院(见表57.1)。

表57.1　南非的大学和理工学院中的学生人数(1993—1999年)

	1993年		1995年		1997年		1998年		1999年	
	学生数	%	学生数	%	学生数	%	学生数	%	学生数	%
大学	340000	72	384000	67	394000	66	397000	66	372000	66
理工学院	133000	28	185000	33	202000	34	208000	34	192000	34

续 表

	1993		1995		1997		1998		1999	
	学生数	%	学生数	%	学生数	%	学生数	%	学生数	%
合计	473000	100	569000	100	596000	100	605000	100	564000	100

注:以上数据经取整。
来源:DOE, 1999.

表 57.1 显示,学生人数从 1993 年的 473000 人稳步上升到了 1999 年的 564000 人,总人数增长了 20%,年平均增长 3%。1993—1998 年间,理工学院(56%)的学生人数增长比大学快(17%)。大学和理工学院的学生人数之比从 1993 年的 72∶28 变为 1999 年的 66∶34。学生人数在 1998 年达到顶峰,达 605000 人,之后,在 1999 年减少了 40000 人(7%)。学生人数的减少与先前两项政策和规划的预测结果相悖:全国高等教育委员会报告预测 1999 年的学生人数将达 680,000 人,而各校在三年滚动计划中提交给教育部(D)OE 的 1999 年的预测数字也与实际情况不符。

表 57.2 南非各类高等院校的学生人数(1993—1999 年)

学校类型	1993 年		1995 年		1997 年		1999 年	
	学生数	%	学生数	%	学生数	%	学生数	%
大学								
传统上的黑人大学	92000	27	111000	29	99000	25	79000	21
传统上的白人阿非利卡语大学	73000	21	92000	24	116000	29	128000	34
传统上的白人英语大学	52000	15	53000	14	56000	14	56000	14
南非大学	123000	36	128000	33	124000	32	108000	30
合计	340000	100	384000	100	394000	100	372000	100
理工学院								
传统上的黑人理工学院	24000	17	32000	17	43000	22	44000	23
传统上的白人理工学院	58000	36	68000	37	81000	40	82000	43
南非理工学院	50000	47	85000	46	77000	38	66000	34
合计	133000	100	185000	100	202000	100	192000	100

注:以上数据经取整。
来源:DOE, 1999, 表 25.1, 表 26, 表 27.2 和表 28。

表 57.2 显示,传统上的黑人大学(主要招收的是非洲人学生)和远程教育机构中(南非大学和南非理工学院)的学生人数减少最为明显。传统黑人大学的学生人数在 1995 年达到顶峰,占全部在校大学生人数的 29%,之后逐步下降到了 1999 年的仅占 21%。1997—1999 年,学生人数骤降 20000 人,仅在 1998—1999 学年就少掉了 13000(14%)人。最新的数据显示,这一下降趋势一直延续到了 2000 年,有迹象表明在 2001 年,大部分(并非全部)黑人大学的学生人数将在最低点企稳。类似的情况在南非大学和南非理工学院也很明显,在 1995 年学生人数达到最高值,但此后两校分别少掉了约 20000 人。与此对比明显的是,阿非利卡语的传统白人大学的在校生人数却稳步增加了 55000 人,从 1993 年的 73000 人增加到了 1999 年的 128000 人。讲英语的传统白人大学的学生人数则保持了相对的稳定。

在理工学院当中,不论是传统的黑人理工学院还是传统的白人理工学院,学生人数都有了稳步的增加,前者增长了 80%,从 1993 年的 24000 人上升到了 1999 年的 44000 人;同期,后者增长了 40%,从 58000 人增加到了 82000 人。这两类学校学生人数的显著增长在 1997 年基本到顶,1998—1999 年间开始不增反减。

造成这些变化的原因尚未完全判明。对于传统黑人大学来说,一个主要的原因无疑是学生的经济困难。其他可能的原因包括:可以想见的课程质量差和缺少适切性,行政低效、管理危机、混乱和停工(主要是由于财政上得不到支持),及由此造成的形象的恶化。与此相反,传统上的优势高校被认为能够提供质量更好、更为稳定的教学条件,课程也更具适切性,尤其是那些由理工学院和私立机构提供的市场导向的短期职业课程在这方面表现得更为明显。传统优势高校和私立院校能够为在本校学习的人提供学业上和经济上的帮助,这可能也是对招生情况的变化造成影响的一个方面的原因。艾滋病问题可能也已经对学生人数造成了影响,尽管目前还不清楚它的影响到底有多大。当前各校普遍正在制定有关艾滋病问题的政策,已经有一些研究在试图评估该问题对高校的影响了。尽管两大主要的远程教育机构近年来的学生人数在减少,但在整个的高等教育系统中,远程教育的学生人数和所占比例都在稳步上升。从 1993 年到 1999 年,普通面授的(contact)学生人数增长了 16%,远程教育的(distance)学生人数增长了 24%。

如前所述,在日益激烈的竞争环境中,一些阿非利卡语大学表现出精明的创业进取心和敏锐的求生本能,它们与私立学院合作,依托高科技的远程教育手段开办教师教育和其他一些职业类的课程。但是,这种合作是有争议的。在计算学生人数的时候,很有可能存在着相当程度的"重复计算"问题。也就是说,公立高校尽管往往只是提供认证,但在计算学生人数的时候会把这部分学生也算作是本校的,以便从政府那里得到补贴。因此,这些私立学校的学生也分到了公共资源。再则,一些私立院校的课程质量也让人担忧。考虑到阿非利卡语传统白人大学在种族隔离制度下形成的文化和意识形态背景,如果只是看到在这些高校中非洲人学生数量的迅速增长,那么就会认为这是南非高等教育体系中最为急剧的变化。但是,如果同时还注意到大部分新增的非洲人学生接受的是与私立院校合办的非全日制的远程教育,且专业面狭窄的话,那么就很难拿非洲人学生数量的增加来证明此类高校在本质上发生了变化。种种迹象表明,在这些学校里,许多的学生公寓和校园内的社会活动仍然自发地保持着隔离的状态,学校的文化与氛围在很大程度上并没有发生足够的变化以适应日益多样化的学生群体。当然,也有一部分阿非利卡语高校作出了根本性的努力来吸引和支持非洲人学生,尤其是在研究生教育层次,而其采取的措施也包括改变教学语言。

近年来,在高等教育中,不同种族的学生数量及其在高校学生总人数中所占的比例发生了显著的变化,这是当前南非高等教育体系中唯一最引人瞩目的改变。表 57.3 显示,从 1993 年到 1999 年,在整个高教系统中,非洲人学生的总数从 191000 人增加到了 332000 人,增长了 75%,在学生总数中所占的比例从 40%上升到了 59%。而白人学生的总数却相应地从 223000 人减少到了 163000 人,减少了 60000 人,在学生总数中所占的比例从 47%下降到 29%。1993—1999 年,大学里的非洲人学生数量增加了 71000(48%),同期,理工学院的非洲人学生人数翻了一倍还多,增加了 90000 人(104%)。相反,同一时期,在大学里的白人学生人数减少了 26000 人(17%),在理工学院里则几乎减半,少了 34000 人(48%)。与此同时,有色人学生的人数基本保持稳定,而印裔学生的人数略有增加。

表 57.3 按种族分类统计的南非高等教育学生人数(1993、1995、1997、1999 年)

	1993 年		1995 年		1997 年		1999 年	
	学生数	%	学生数	%	学生数	%	学生数	%
非洲人	191000	40	287000	50	345000	58	332000	59
白人	223000	47	213000	37	182000	30	163000	29
印裔	30000	7	37000	7	38000	7	40000	7

续 表

	1993 年		1995 年		1997 年		1999 年	
	学生数	%	学生数	%	学生数	%	学生数	%
有色人	29000	6	32000	6	31000	5	29000	5
合计	473000	100	569000	100	596000	100	564000	100

来源:DOE，1999，表 14—17 及表 19。

造成白人学生人数持续地急剧减少的原因尚未判明。据推测,这可能是多方面因素综合作用的结果,可能的原因包括:白人担心课程质量和教育的适切性降低;私立高校更具吸引力;更多的人移居国外或是海外留学;白人更快速更直接地进入劳动力市场中具有创业性质的缝隙市场,尤其是信息技术和商业领域;对传统白人大学非洲人化的消极抵制;以及白人出生率的降低。

学生入学情况的改变造成了在主要的学校类型中各族学生分布情况的变化。在 1993 年,41%的非洲人学生就读于传统的黑人大学,但到了 1999 年,这一比例几乎减少了一半,仅为 21%。与此相反,传统白人大学中的非洲人学生数量从 16000 人猛增至 80000 人,所占比例从 8%扩大了 3 倍,达到 24%。这在阿非利卡语的传统白人大学中表现得尤为明显。在那里,非洲人学生的数量增长了 10 倍,从 6000 人惊人地增至 60000 人,所占比例从 3%提高到 18%。但是,不得不再次重申的是,新增的大部分的非洲人学生都是在与私立学校相联系的远程教育项目里接受教师教育培训和某些商学课程。1993—1999 年间,阿非利卡语高等院校中人文学科比重的大幅增加(121%)也证实了这一点。这就意味着,许多进入了传统白人大学的非洲人学生所涉及的专业领域和教育层次与在传统黑人大学里求学相比并没有太大的差别。除非这种情况得到改变,否则非洲人学生进入传统白人大学学习也并不能必然地带来更大的公平。因为传统上被白人主导的专业领域和教育层次并没有真正地向非洲人开放。南非大学长期以来是接受远程教育的非洲人的大本营,1993—1999 年,那里的非洲人学生人数减少了一半,从占比 28%下降到 14%。非洲人学生的数量在理工学院增长迅猛,从 44000 人增加到了 136000 人。因此,在这一时期,大学与理工学院里的非洲人学生数量之比 77∶23 变成了 59∶41。非洲人学生明显地认为获得理工学院的文凭更便于就业。

表 57.4 清楚地显示,在同一时期,白人大学生的人数减少了 25000 人,而理工学院中白人学生的减幅更大,达到了 35000 人。这种现象在除传统黑人高校以外的所有类型的高校中普遍存在。传统黑人高校中的白人学生数量一直都很少。因此,随着大学与理工学院里的非洲人学生数量之比从 1993 年的 77∶23 变为 1999 年的 59∶41,同期白人学生的人数在两类高校中的对比由 68∶32 变为 76∶24。这些比例的变化可以被视作教育不公的一种表现;现在非洲人学生集中在职业倾向的理工学院中,而白人学生则集中分布在层次更高的大学的专业领域中。

表 57.4 南非各类高等院校中非洲人学生和白人学生人数(1993 年和 1999 年)

	非洲人学生				白人学生			
	1993 年		1999 年		1993 年		1999 年	
	学生数	%	学生数	%	学生数	%	学生数	%
传统上的黑人大学	78000	41	70000	21	790	<1	640	<
传统上的白人阿非利卡语大学	6000	3	60000	18	64000	29	59000	36
传统上的白人英语大学	10000	5	20000	18	33000	15	23000	14
远程(南非大学)	53000	28	46000	14	53000	24	43000	26

续 表

	非洲人学生				白人学生			
	1993 年		1999 年		1993 年		1999 年	
	学生数	%	学生数	%	学生数	%	学生数	%
大学合计	147000	77	196000	59	151000	68	126000	76
传统上的黑人理工学院	15000	8	40000	12	720	<1	425	<1
传统上的白人理工学院	10000	5	50000	15	44000	20	24000	15
远程(南非理工学院)	19000	10	46000	14	27000	12	13000	9
理工学院合计	44000	23	136000	41	72000	32	37000	24
总计	191000	100	332000	100	223000	100	163000	100

来源:DOE,表 39.1. 数据精确到千位数。

通过国际比较可以发现,南非高等教育中的性别平等情况似乎异于寻常。入学总人数绝对数量上的男女平等在 1997 年就已实现。1999 年,女生人数已经占到了多数。在大学里,女生人数在 1995 年就已占多数。尽管在理工学院中女生仍占少数,但在 1993—1999 年间,理工学院中的女生人数已经显示出急剧的增加,从 42000 人增加到 86000 人,增长了一倍多。这意味着女性正大规模地进军职业领域。但是这些总体上的数据掩盖了女性在某些领域,尤其是科学和技术领域,在较高学历层次上,尤其是硕士和博士层次上,人数仍然不足的事实。在某些领域,例如商科,女性往往集中在"层次较低"的专业中,比如公共管理,而不是"层次较高"的工商管理。同样的,女生还倾向于集中在传统上与女性相关的领域中,如教育、社会工作、"较低层次"的卫生与法学专业。在所有的学科领域中,女生都集中在较低的学历、资格层次上。

在南非的社会中,种族与性别问题之间的关系错综复杂,因此把种族和性别问题结合起来研究是非常重要的(Cooper and Subotsky, 2001)。在前文描述的迅速变化了的学生构成中,还存在着内部的显著差异。例如:非洲人男性和女性的学生构成类型就不相同,而这种差异需要通过对数据进行分解,并开展相应的分析才能揭示。

不同类型的高校中,硕士和博士生的分布情况大相径庭,这表明了在南非,大学和理工学院之间的区隔,以及由于种族隔离制度的功能区分所造成的根深蒂固的高校间的不平等。1999 年,传统黑人大学的硕士和博士生人数仅占总数的 11%。尽管相对于 1993 年的 9%来说已经有所提高,但是差距依然巨大。在硕士和博士生群体中,男性、白人依然占据主体地位。

学业成功率和毕业率

南非高等教育的另一大挑战是要在出口端提高学生培养的效率和公平性。这一点应该尤其得到重视,因为一提及促进公平,关注点往往集中在入学机会方面,而容易忽视要使学生平等地获得学业成功的机会。给那些先前处于弱势境地的学生提供了更多的接受高等教育的机会,却不能提高他们的学业成功率和毕业率,这只会造成旋转门综合征。基于此,除了实施新的招生政策外,至关重要的一点是要为弱势学生提供有效的能够促进其学业发展的帮助措施,确保使其具备基本的语言能力和学术能力,以此来弥补其先前所接受的低质量的初、中等教育的不足。

通过率(throughput rate,毕业生数占入学总人数之比)和学业成功率(success rate)在总体上依然偏低,尤其是对于那些受教育程度不充分(主要是黑人学生),学业准备不足的学生来说更是如此。尽管一直在通过学业发展计划(academic development programs)来对这部分学生进行帮助,但是白人学生的通过率依然明显地要高出许多。这一问题增加了毕业生培养的成本,消耗了原本就有限的人力和财力资源。尽管在绝对数量上黑人毕业生的总量有所增加,但是占比仍然偏低,尤其在研究生教育层次上更是如此。1991—1998 年间,在全部的毕业生中白人占了

68%,而黑人仅占21%。

不同专业的毕业生产出,仍然严重地受到种族隔离模式的影响。糟糕的初、中等教育,不理想的大学入学考试成绩,以及受到限制的专业选择都对这一结果的产生造成了负面的影响。1991—1998年间,在下列重要的专业领域中,黑人(包括非洲人、有色人和印裔)毕业生所占的比例如下:医学和高级工程学,9%;自然科学,12%;法学,13%;社会科学,20%;人文和艺术,28%;教育学,32%;普通工程领域,35%;文学和语言,39%。这种扭曲的毕业生产出模式在在商学领域表现得尤为明显,在1991—1998年间,该领域只有11%的毕业生是非洲人,而又仅有2%的非洲人毕业于会计学专业。与之形成鲜明对照的是,同一时期,非洲人在公共管理专业的毕业生中的占比达到了55%。非洲人的入学人数虽然有了增加,但是毕业率低,这就意味着学业的成功率和通过率也低。而白人学生的通过率(1997年约为25%)明显要比非洲人(8%)、有色人(9%)和印裔(6%)高出许多。

师资构成

与近年来学生群体的急遽非洲化形成鲜明对比的是,教职员工,尤其是师资队伍的构成在很大程度上并未发生改变。这一点在传统的白人大学里表现尤甚,在这些学校里,非洲学生的数量倒是有了急剧的增加。尽管在南非的高校,尤其是传统弱势高校中,非洲人教师的数量有所增长,但是种族隔离造成的种族、性别,学校之间的不平等在南非高校的教职员构成中仍然留下了深深的印记。

表57.5显示了白人教师在高等教育体系内的绝对主导地位。尽管在1993—1998年间,非洲人教师的数量和占比均翻了一番,从720人增加到了1555人(从6%上升到12%),但是这一增长主要局限在传统弱势高校中。与此相对应,白人教师所占的比例从87%下降到79%,绝对数量也略有减少(从10901人减少到10587人)。这种增减的趋势在传统黑人理工学院中表现得尤为明显,在这些学校里,非洲人教师的占比从17%增加到49%,而白人教师的占比从80%下降到41%。

表57.5 南非高等院校中不同种族的教师人数
(1993年和1998年)

	1993年	1998年
非洲人	720	1555
有色人	408	457
印裔	515	752
白人	10901	10587

来源:CHE, 1999, 表13与表14.

在南非的高校中,下面描述的教师结构已经形成:传统白人高校的师资队伍由白人占主导,在传统黑人高校中白人占一半,另一半则根据各校原本的种族属性分别是非洲人,或有色人,或印裔。师资队伍中的种族不平等在阿非利卡语的传统白人大学中表现得尤为明显,1998年时,黑人教师仅占教师总人数的不到3%,1993—1998年间,在这一方面几乎没有发生变化。在讲英语的传统白人大学中,黑人教师所占比例的增幅有限,仅从1993年的4%上升到1998年的7%,白人教师的占比则从1993年的91%下降到1998年的87%。

女性在师资队伍中的占比从1993年的约30%,上升到了1998年的约36%。尽管这一趋势令人鼓舞,但在较高的职位、较高的学历水平以及在传统上与女性相关的学科之外,女教师的数量仍然不足。

表57.6表明了男性在高级职务上的主导地位,而女性则集中在较低层次的岗位上。1997年,男性仍占教授总人数的67%,副教授的78%,高级讲师的67%,但是仅占初级职称人数中的47%。

表57.6 1997年南非的大学教师分布
(按职称和性别统计)

	男性	女性
教授	1713	841
副教授	841	244
高级讲师	1872	910
讲师	1747	1702
初级讲师及以下	460	571

来源:CHE, 1999, 表15.

南非社会中广泛存在的种族、性别和阶级差

异在高等教育系统中的其他职业类别中也得到了清晰的再现,例如在管理岗位中,男性又占据了主导。现在,在各种族属性的传统黑人高等教育机构中,领导和高级行政管理岗位已经各自主要由非洲人、有色人和印裔占据主导。但在这一层次的岗位上,性别不平等仍很突出。职业结构的较低层次,例如:服务岗和非专业性的行政人员,绝大多数都由黑人女性充任。

很显然,教职员工,尤其是师资队伍的转变会是一个重大的挑战。新近出台的"公平就业法"(Employment Equity Act)已经为此提出了明确的法律要求和程序框架。所有的机构,包括私营企业都适用该法,并须向劳工部(Department of Labor)提交本机构制定的公平就业计划。该计划须对本机构从质和量两个方面进行自我剖析;从种族、性别、是否残疾这几个方面对本单位当前各类岗位的用人情况进行总结;对用人程序和政策进行检讨以找到阻碍边缘群体获得职位的障碍所在;对员工的感受与经历进行调查。在前述调查研究的基础上,各机构须制定详细的计划,其中包括要提出切实可行的公平性方面的目标,以及为实现目标所采取的可行的措施。在整个计划制定的过程中,与利益相关方的协商是必需的。

在岗位上推进公平的一个主要的障碍在于潜在的适合这些岗位的黑人、女性以及残疾人雇员仍然很少,尤其在那些本来就缺少这几类人的领域和高层次岗位上更是如此。这毫无疑问会激起公营部门和私营部门之间激烈的竞争,雇主们会愿意提供具有吸引力的福利待遇来争取这几类人到本单位就业,以便平衡本单位的公平状况。因此,要改变高校教职员的构成,必须要找到创造性的解决方案,要建立一系列的机制来实现这一目标。例如:提供提早退休的方案,鼓励学生走上高校的工作岗位,提供发展和上升的通道以便吸引和挽留优秀的教职员。在这一方面,那些资金充裕、声名显赫、研究型的,且居于城市中的高校比那些位于农村地区、经费紧张、教学型的高校要有利许多。尽管人们一直在努力地要推动公平的实现,但这种局面恰恰又是种族隔离制度给高等教育体系留下的又一深刻的印记。

财 政

南非高等教育的经费主要来自政府拨款和学费收入,但是也有来自私营部门和政府的合同收入、捐赠收入和校友资助,以及投资收益作为补充。政府的拨款视入学人数(偏重于自然科学和研究生教育)、学生的学业成功率和研究活动而定。政府拨款当前占高校实际开支的三分之二。

表 57.7 表明,分配给高等教育的经费占比总的教育经费投入和总体的政府预算均有增长。去除通货膨胀的影响,1995—1999 年间,政府对高等教育的投入实际年均增长 5%。发放给理工学院的拨款正在缓慢但是稳步地增加。此外,政府拨款还被用于三个重要的方面:

- 专项拨款(Earmarked funding):当前,专项拨款主要用于贷款本息的偿还,新校舍的建设,地方税收,一部分数量有限的用于补偿的经费,以及对国家学生资助计划的投入。专项拨款的数额从 1995 年的 7100 万美元,发展到了 1999 年的 1.06 亿美元。但是此项拨款在高等教育总投入中的占比在过去几年中并没有增加,徘徊在 12%~13%之间。
- 补偿性拨款:1998—1999 年度,有 390 万美元(在总的高等教育拨款中占比 0.45%)按照一定的比例发放给了三所高校(福特哈尔,特兰斯凯,和南部非洲医科大学)以维持其正常运转,1999—2000 年度又有 860 万美元用于此项。2000—2001 年度,补偿性拨款在各校提交申请的基础上发放,用于学术能力的发展。此项拨款的数额不足以支持整个高等教育系统实质性的机构补偿。
- 国家学生资助计划:从 1996 年开始,政府每年向该计划拨款 2900 万~4300 万美元不等。1999 年,该项投入增加到 5500 万美元。由于贫困学生数量众多,这样的拨款数额显然仍捉襟见肘。

表 57.7 政府的高等教育投入在教育总预算和政府总预算中的占比情况
(1995—1999 年)

单位:百万美元

年份	大学		理工学院		合计		在教育总预算中的占比	在政府总预算中的占比
	数额	%	数额	%	数额	%	%	%
1995	438	75	144	25	582	100	12.2	2.6
1997	568	73	208	27	776	100	12.2	2.7
1999	664	71	271	29	935	100	14.1	3.0

注:近年来兰特贬值严重。以上及之后提供的数据均以 7 兰特兑 1 美元的汇率计算。
来源:CHE, 1999, 表 22、表 24 和表 25。

高等教育的拨款水平与总的教育预算和政府预算密切相关,因此很难再有大的提升,而用于以上这三个在战略上和政治上都很重要的方面的经费投入仍然不足。这将会造成严重的后果,尤其是不利于机构平等的实现。

许多传统的弱势高校所面临的财政危机是双重的。首先,学生人数的减少直接导致了政府拨款的减少,从而对未来的财政稳定造成了严重威胁。以当前学生人数为基础对 2000—2002 年政府拨款所作的预测显示,政府拨给传统黑人大学的经费将从 18500 万美元下降到 14000 万美元,降幅堪忧。而恰恰是这些高校与其他高校相比更加依赖政府的拨款和学生缴纳的学费,因为它们没有相应的能力从其他途径获得收入。

大幅度提高学费在政治上依然是敏感的问题,因为贫困学生恰恰是传统弱势高校历来的学生主体。为了弥补财政上的不足,有一些传统弱势高校成功地吸引到了国内的外捐款以及来自企业的资助。与之相比,传统优势高校的收入来源则要丰富许多,包括:(在大多数情况下)凭借强大的科研实力获得来自政府和产业界回报丰厚的研究合同,得到有钱有势的校友的支持与捐助,普遍较为富裕的学生群体,与国际援助机构和学术网络畅通的联系,以及历年积累下来的可用作投资以获得回报的财务余额。

传统黑人高校本就处于劣势,而当前政府拨款的分配显然进一步恶化了其当前的处境。不仅仅是入学总人数,在当前拨款框架所看重的其他几个方面,传统黑人大学的表现也是最糟糕的,包括:学业成功率,研究生人数,以及科研活动。最为不利的是,出于方便审计的目的,拨款公式套用近两年的统计数据。对于那些在 20 世纪 80 年代末经历了入学人数强劲增长的传统弱势高校而言,这拉开了迅即飙升的成本和拨款资助水平之间的差距。也就是说,得到的拨款所能补偿的成本支出的比例在减少。

对于许多传统弱势高校而言,财务危机的第二个方面与财政管理能力和欠缺有效的战略规划有关。有 6 所被指控管理不善,可能存在财务违规的此类高校已被介入调查,其中有一些案例已经遭到了曝光。

当前学生数量的减少无疑会对整个高等教育系统和相关高校造成严重的后果。当前的预测显示,学生人数的下降可能导致 1999—2000 年间政府对高等教育的拨款减少 6%。不过,从最新的 2001 年的初步统计结果来看,下降的趋势可能会得到扭转。

研究与知识生产

南非高等院校的研究产出较为零散,缺少规划,缺少完善的科研产出的统计数据。南非高等教育中的研发支出占总支出的比例按照国际标准来看是偏低的,且科研投入依然集中在狭隘的五大领域:农业、健康、教育、社区和社会服务,以及制造业。而能源、环境、通信、旅游等重要的领域没能得到充分的支持。

对科研活动适切性的关注直接根源于高等教育须回应南非社会发展的需求这一在白皮书中就已经确定了的核心的政策原则。近年来政策讨论的焦点在于科研活动的重心从学科知识的生产,向由战略性的科学发展或是应用导向所驱动的,跨学科的,异质的,团队合作的,且往往涉及校外合作的知识生产转移的趋势。在一些人看来,这种从事所谓的模式 2 的知识生产的新型的社会组织,需要擅长迅速地将现有的知识进行重新组合以解决具体问题的新型的知识生产者。吉本斯等人(Gibbons et al., 1994)和吉本斯(Gibbons, 1999)指出,在南非,以之为目标的发展,在近年来的核心政策文件和重大讨论中得到了特别的重视。吉本斯指出,高等教育机构,尤其是发展中国家的高等教育机构所面临的一大挑战就是要使组织自身能够适应这种新的知识生产模式,如此,高校中产出的知识方能体现社会发展的重点,并具有适用性。而将解决社会发展的一系列优先问题作为重大的政策目标,以及科研模式向应用型倾向的转变,都已经成为人们的共识。但是也有一些批评者表达了对不加批判地接受这一观念的担忧,认为如此,则有可能会掩盖对高质量的学科知识的需要,影响研究生教育的质量,而这些同样也是发展中国家实现发展所必需的(Ravjee, 1999;Kraak, 2000)。

当前,教育部(DOE)正在对一个在现有数据的基础上进行分析的科研评估框架进行研究。指标显示,大规模的科研活动集中在少数的几所高校里(主要是白人高校)。发表的研究成果中的约 65%和高等教育中 61%的研发经费都集中在 5 所白人大学(开普敦大学、纳塔尔大学、比勒陀利亚大学、斯坦凌布什大学和金山大学)。与此形成对照的是,10 所传统黑人大学的研究产出总和仅占总产出的 10%,而其中的大部分又是出自 2 所传统上服务于非非洲人的城市地区的大学,西开普大学和德班一威斯特维尔大学(CHE, 1999:24)。各所理工学院的科研活动相差很大,但是总体上数量都很有限。因此,总体上来看,研究能力、科研产出以及研究生教育,在各类院校中分布不均。同样的,影响各校研究能力差异的主要因素仍然是种族隔离制度造成的功能上的差别。一系列相互联系的,历史性的,外部的和制度性的条件结合在一起,共同阻碍了传统黑人大学科研文化的形成(EPU, 1997)。尽管法定的科学委员会(statutory science councils)和各类捐赠者一直在努力试图要解决这个问题,但是收效甚微。

在所谓的规模和形式的大讨论中,有一个核心的政策议题是要明确科研活动在新的,差异化的机构框架内的角色和地位。在高等教育中,教学与科研之间的联系是固有的,因而不可能简单地建立起一套取而代之的标准来控制最终构成新的高校体系的各类院校和各类课程所涉及的研究活动的范围和重点。但是显而易见的是,新的拨款框架将会拉大研究型高校与教学型高校之间的差别。

结 语

南非的高等教育深受南非社会尖锐的种族、政治、文化和语言差异的影响。当前,南非的高等教育体系正在经历动态的根本性的重建。它同时面临着补偿种族隔离制度所造成的不公平,以及满足一个在加速全球化的国际秩序中寻求发展的发展中国家的需求这两大挑战。

尽管改革的总体政策和计划框架已经就位,但是由于在国家和机构层面上都存在着能力不足的问题,因此变革的实施还非常有限。在随之而来的政策真空条件下,部分有实力的高校抓住机遇,实行了战略重组和扩张,开拓了新的教育市场,尤其是与当地和跨国机构合作开展了远程教育。为了实现追求公平、效率,和质量的政策目标,在政府管理和市场驱动之间必须谨慎地达成平衡。包含了实施框架的新的国家高等教育计划体现了浓郁的强化管理的色彩。而在接下来的几年里,国家高等教育计划的实施能够在多大的程度上实现白皮书中确定的各种政策目标,非常令人期待。

高度分层的南非社会所面临着的种种鲜明的问题与挑战,使得对其高等教育体系的研究能够成为激起国际比较研究兴趣的富有吸引力和启发意义的典型案例。

参考文献

Badat, S. 1999. *Black Student Politics, Higher Education and Apartheid: From SASO to SANSCO, 1968-1990*. Pretoria: Human Sciences Research Council Publishers.

Badat, S., G. Fisher, F. Barron, and H. Wolpe. 1994. *Differentiation and Disadvantage: The Historically Black Universities in South Africa*. Report to the Desmond Tutu Educational Trust. Bellville: Education Policy Unit, University of the Western Cape.

Cele, G., and C. Koen. 2001. "Student Politics and Higher Education in South Africa." Paper presented at the conference Globalisation and Higher Education Views from the South. Cape Town, March 27-29.

Christie, P., and C Collins. 1984 "Bantu Education: Apartheid Ideology and Labour Reproduction." In P. Kallaway, ed., *Education and Apartheid: The Education of Black South Africans*. Braamfontein: Ravan Press.

Cloete, N., and I. Bunting. 2000. *Higher Education Transformation: Assessing Performance in South Africa*. Pretoria: Center for Higher Education Transformation.

Cooper, D., and G. Subotzky. 2001. *The Skewed Revolution: Trends in South African Higher Education*, 1988-1998. Bellville: Education Policy Unit, University of the Western Cape.

CHE (Council on Higher Education). 1999. *Annual Report* 1998/99. Pretoria: CHE.

DOE (Department of Education). 1993-1999. South African Post-Secondary Education Financial and Related Statements. Pretoria: Department of Education.

——. 1997a. *Education White Paper* 3: *A Program for the Transformation of Higher Education. Pretoria: Government Gazette Notice* 1196 *of* 1997, vol. 386, no. 18207.

——. 1997b. *The Higher Education Act* (No. 101). Pretoria: Department of Education.

——. 1999. *Higher Education Planning Statistics—Report* 1: *Students in Universities and Technikons* 1993-1999. Pretoria: Department of Education.

——. 2000. *Annual Report* 1999. Pretoria: Department of Education.

EPU (Education Policy Unit). 1997. *Research Report: The Enhancement of Graduate Programs and Research Capacity at the Historically Black Universities*. Bellville: Education Policy Unit, University of the Western Cape.

Gibbons M. 1999. *Higher Education Relevance in the* 21*st Century*. Washington, D.C.: The World Bank.

Gibbons, M., C. Limoges, H. Nowotny, S. Schwartzman, P. Scott, and M. Trove. 1994. *The New Production of Knowledge*. London: Sage Publications.

Kraak, A., ed. 2000. *Changing Modes: New Knowledge Production and Its Implications for Higher Education in South Africa*. Pretoria: Human Sciences Research Council Publishers.

Ministry of Education. 1999. *Status Report for the Ministry of Education*. Pretoria: Ministry of Education. Available online at: http://education.pwv.gov.za/Archives/StatusReport.htm

NCHE (National Commission on Higher Education). 1996. *A Framework for Transformation*. Report of the National Commission on Higher Education. Pretoria: NCHE.

Ravjee, N. 1999. "New Modes of Knowledge Production: A Review of the Literature." Unpublished paper. In author's possession.

58 苏　丹

M·E·A·汤姆

引　言

苏丹的国土面积为 250 万平方公里(96 万平方英里),是非洲面积最大的国家,也是世界上国土面积第十大的国家。苏丹的人口从 1956 年独立时的 1020 万增长到了 2000 年的 2950 万,2025 年预计将达到 4630 万(United Nations, 1999)。迅速增长的人口涉及多种族、多宗教、多语言和多文化。而且,人口中的大多数来自农村(1998 年为 66%),未接受学校教育(2000 年的文盲率预计在 42.9%),而且贫穷(1998 年的人均收入为 290 美元)(World Bank, 2000)

苏丹教育发展的特点包括:社会对教育的需求不断增长(表 58.1),而教育拨款在国民生产总值(GNP)中所占的比例不断减少(从 1974 年 5.5%的高点,减少到 1995 年的 0.8%)。

表 58.1　苏丹初等、中等和第三级教育的毛入学率:1960—1995 年间总的毛入学率及女生的毛入学率

	1960 年		1970 年		1980 年		1990 年		1995 年	
	女生	总	女生	总	女生	总	女生	总	女生	总
初等	20	11	38	29	50	41	53	45	50	46
中等	3	1	7	4	16	12	24	21	21	19
第三级	0.4	*	1.2	0.3	1.8	0.9	3	3	NA	NA

注:* 不到 0.1;NA 无数据。

来源:World Bank, 1988; UNESCO, 1999.

2000 年,苏丹共有 26 所公立大学,21 所私立大学和学院。1999—2000 学年,高等教育系统共招收学生 38623 人,录取率为 68.8%。其中 60.9%的学生为女性,私立高校的学生人数占 16.5%(Ministry of Higher Education and Scientific Research, 1999)。

1954 年独立以来,国内冲突不断,给苏丹罩上了重重阴影。从那时以来的 46 年里,有 34 年,苏丹处于内战中(1972—1983 年有一个短暂的战争间歇)。内战的显著特点是,从 1983 年起,战火从传统的南部地区向西部、东部和东南部蔓延。有两个可怕的数据足以说明战争所造成的无法估量的损失:1983 年以来,战争造成的死亡和流离失所的人口分别达到了 200 万和 400 万。

独立以来,苏丹的经济发展一直非常迟缓。世界银行的数据显示(1984,2000),1960—1982 年,1965—1998 年苏丹的国内生产总值年均增长率分别为 −0.4% 和 −0.2%。巴罗(Barro, 1997)预测,1996—2000 年,苏丹的实际人均国内生产总值的年均增长率将为 −2.7%。苏丹经济的一个突出的特点是其外债规模庞大。外债的数额从 1998 年的 168 亿美元增长到 1999 年底的 240 亿美元,苏丹成为世界上债务负担最重的国家之一(Economist Intelligence Unit, 2000)。

尽管近年来石油部门的发展既没有带来经济结构的改善,也没有减轻大众的疾苦,但却毫无疑问地增强了实际国内生产总值的提升。伦敦经济学人智库(Economist Intelligence Unit,

2000)预言,苏丹2000年实际国内生产总值的增长将达7%,2001年将为5.8%,2002年为5.3%。2000年,石油取代芝麻、棉花、牲畜,成为苏丹最主要的创汇产品(2000年石油创汇达2.76亿美元,占比35.4%;其次为芝麻,创汇1.27亿美元,占比16.3%)。尽管石油为纸面上的GDP增长作出了贡献,但是原油收入却被用于战争。最近在喀土穆(Khartoum)以南新落成的耗资4.5亿美元的武器工厂,以及从1998年的1.66亿美元,增加到1999年的2.42亿美元,再到2000年预计将达到3.27亿美元的军事预算都是证明(Boustany, 2000; Economist Intelligence Unit, 2000)。

苏丹政治发展的特点是民主政治与军事统治交替出现,其间是不断涌现的以工会、专业团体和学生为重要力量的暴动。独立以来,苏丹仅有过三次时间不算长的议会制民主,分别是1956—1958年、1965—1969年和1986—1989年。虽然第一次军事政变(1958年11月)与意识形态无关,但是第二次政变(1969年5月)被公认为是阿拉伯民族主义者的杰作,第三次(1989年6月)则是由全国伊斯兰阵线(National Islamic Front, NIF)的穆斯林原教旨主义者操纵的。

全国伊斯兰阵线政权不止在一个方面加深了国家的危机。首先,它在一个多宗教信仰的国家建立了一个宗教国家。其次,它把争夺政治权力、重新分配财富的战争转变成了宗教战争(圣战)。最后,它实行的经济政策,造成了1992年94%的人口陷于绝对贫困,并将1997年的生活成本指数推高到了1990年水平的近190倍(Europe Publications Staff, 1999)。

在一个经济变革已经催生了新的国际劳动分工的世界里,苏丹显现出了身份认同、治理,和社会经济发展的多重危机。在新的知识经济中,第三世界已经消失,苏丹与大多数的非洲国家一起降到了第四世界(Castells, 1993)。

这些变化对高等教育所造成的巨大的挑战,再怎么强调都不为过。

高等教育体系

苏丹的高等教育发展可以划分为三个阶段。第一个阶段是形成期,从20世纪上半期开始一直到60年代。第二个阶段是有限的扩张、重组,和民主化时期,从1970年到1989年。最后的一个阶段是被全国伊斯兰阵线政权称作"高等教育革命"的时期,这一阶段从1990年开始,高等教育经历了空前的扩张、政治化和高等教育微观管理的集权化。

形成阶段:1956—1969年

苏丹高等教育的基础是由英国在20世纪上半期奠定的。戈登纪念学院(Gorden Memorial College, GMC)在1902年成立的时候是一所小学。后来逐渐扩大、升格,从1939年起,它的高中部就已经开始提供艺术、科学、法学、农学、兽医学、工程学和公共管理专业的中学后课程。1945年,伦敦大学与戈登纪念学院建立了特殊的联系,从此攻读艺术、科学、法学、农学和工程学专业的学生可获得伦敦大学的学位。

1924年,基奇纳医学院(Kitchener School of Medicine, KSM)建立。1940年,由英国皇家内科医学院(Royal College of Physicians)和皇家外科医学院(Royal College of Surgeons)指派的一名巡视员监督了最终的职业资格考试(final professional exam)。值得注意的是,从此以后,苏丹的医疗职业就一直与其英国的同行维持着密切的联系。直至今日,苏丹医生职业发展的最高追求仍然是加入英国的某个皇家医学会。

戈登纪念学院和基奇纳医学院于1951年并入了喀土穆大学学院(University College of Khartoum)。喀土穆大学(University of Khartoum, UK/"U" of "K")是在1956年依照议会的法案建立的。从那时起,喀土穆大学就一直是苏丹最重要、最具声望的高等教育机构。

喀土穆技术学院(Khartoum Technical Institute, KTI)是在1950年创建的,下设3个主要的分校(工程,商业,和美术及应用美术),1所女子文秘学校和1个继续教育部。英国兰开郡和赤郡技术学院联合会(Lancashire and Cheshire Association of Technical Colleges of the United Kingdom)承认其技术学院的地位。喀土穆技术学院负责全苏丹的技术教育(该校于1990/1991年转变为苏丹科技大学(Sudan University of Science and Technology))。

为满足日益增长的对中学教师的需求,在苏

丹政府和联合国专项基金的共同努力下，在1961—1962学年开始的时候成立了高等教师培训学院（Higher Teachers Training Institute, HTTI）。高等教师培训学院提供四年制的中学后教师教育和在职的教师培训。一直独立经营直到1973年的高等教师培训学院，由于向学生提供月薪，且毕业后包就业，因此能够吸引到优秀的生源，其毕业生也享有优秀教师的声誉。

在苏丹的教育体系中，还有一套与普通教育平行的系统。宗教中学的学生通常会申请恩图曼宗教学院（Omdurman Religious Institute, ORI）。该校教授阿拉伯语和伊斯兰法。恩图曼伊斯兰学院（Omdurman Islamic Studies College）成立于1965年，该校是在作为恩图曼宗教学院的分支的伊斯兰学院（Islamic Studies College）的基础上发展起来的。

为满足居住在苏丹的埃及公民的需要，1955年在喀土穆建立了开罗大学（Cairo University）的分校，设有艺术、法学和商科的院系。1959年，这些院系都取得了独立的地位。这所分校完全由埃及政府出资。由于建校很多年以后，还有不少学生是非全日制的，因此该校仍在继续提供夜校服务。

在高等教育体系的形成阶段，苏丹的企业对此并没有什么兴趣。因此，自喀土穆大学建校以来的30多年时间里，建于1966年的阿法德女子大学学院（Ahfad University College for Women）一直是全国唯一的一所非政府的高等教育机构。

在此阶段提供中等后专业培训的其他的教育机构还有，高等护理学院（Higher Nursing College）、卫生官员学校（Health Officers' School）、林业专家学院（Forests Experts' College）、苏丹警察学院（Sudan Police College）、监狱警官学院（Prison Officers' College）、军事学院（Military College）和夏姆巴特农学院（Shambat Agricultural Institute）。这些公立学校都是由各个相关的政府部门管理的。

1955—1956学年，喀土穆大学学院拥有全职教师104名、兼职教师16名，学生约600名。同年，基奇纳医学院的学生数量为176名。在这样的低起点上，实现了稳步的发展。1957—1958学年，高等教育机构里的学生总人数为1704人。其中，喀土穆大学的学生人数为839人，含女生25人。1965年，学生总人数达到了8108人，其中女生占8%；而到了1970年，学生总人数更是达到了14308人，女生占12%。

对这些数字进行分析会发现，在1957—1958学年到1965—1966学年期间和1965—1966学年到1969—1970学年期间的学生人数年均增长率分别为21.5%，和15%。且1969—1970学年的学生人数占适龄人口的1%，也就是相当于每1000居民中有1人接受第三级教育。（以上各数据来自UNESCO，1961，1966，1978—1979）

这一发展阶段有四个特点值得一提。第一个特点是喀土穆大学与政府之间的关系。尽管政权从议会制民主，在1958年变为军政府，又在1964年恢复民主，国家对于苏丹的这所大学一直是非常慷慨的。在民主时期，政府尊重大学的自治和学术自由，而1958年的军事独裁政府则企图将大学置于其控制之下，只不过未能成功。但是军政府还是设法修改了大学法，在学生的反对声中，国家元首成为大学的名誉校长（chancellor）。

这一时期的第二个特点是缺少战略规划。各校自行其是，没有一所院校有自己的发展战略。就喀土穆大学而言，它与政府部门一样，在整个的这一时期都致力于苏丹化的进程。1958年，苏丹人在教师队伍中只占10%，而到了1967—1968学年，这一比例就令人吃惊地上升到了50%（Thompson, Fogel, and Danner, 1977）。

第三个特点是喀土穆大学占据着优势地位。喀土穆大学是第一所全国性的综合性大学。苏丹社会和政府都对其寄予厚望，希望它能够推动社会流动、经济发展和国家建设。它是整个教育体系中的王冠，大多数的苏丹人都将之视作通向政治权力和财富的大门。通过英国教师，英式课程，学者的培养，以及英国主导的外部考试制度，喀土穆大学与英国保持着紧密的联系，而这也为喀土穆大学的水准和声誉增加了砝码。

第四个特点在于这套“体系”是高度选择性的。20世纪60年代末，适龄人口中只有1%的人进入了高校。

重组、有限扩张、控制以及民主化：1970—1989年

掌权才刚刚一年，1969年的布雷格迪尔・尼

迈里军政府就掀起了一场雄心勃勃的教育改革。在教育体系的前两个阶段，"4＋4＋4"学制被"6＋3＋3"学制所取代。而在第三级教育方面，有一个部级委员会提议要设立高等教育与科学研究部(Ministry of Higher Education and Scientific Research)，全国高等教育委员会(National Council for Higher Education, NCHE)，并要对大学的课程进行审查。此外，它还建议将原先由政府各个部门分别管理的高等教育机构统一归口到高等教育与科学研究部。最为重要的是，1973年，高等教师培训学院变成了喀土穆大学的教育学院，这具有两个方面的重要影响。首先，在当时只有少数的高等教师培训学院的教师达到了在大学里任职的最低标准(高级的二类荣誉学位)。其次，作为原先招生政策的重要组成部分的对学生提供物质激励的政策被取消。

1975年，《高等教育组织法》(Higher Education Organization Act)出台。根据该法的规定，高等教育机构不仅应当继续承担传统的教育与研究的职能，还应当响应在相关的国家政策中阐明了的国家短期与长期的需求，培养相关的劳动力。通过重组，高等教育机构在独立后第一次几乎被置于直接的国家控制之下。全国高等教育委员会和大学理事会的主席、校长(vice-chancellor)、学院的院长、系主任，以及高级行政管理岗位都是由相关的上级部门，最终与国家元首协商后任命的。在英国专家的建议下，新成立了一个拨款委员会来负责经费的发放和开支的控制。

此外，在这一时期还新建了两所大学：在南部地区的朱巴大学(Juba University)和中部地区的杰济拉大学(University of Gezira)。前一所大学的建立是为了响应1971年南部的政治精英与政府对话时所提出的要求，这次对话带来了《亚的斯亚贝巴协议》(Addis Ababa Agreement)的签署，以及南方战事的结束。推动第二所大学建立的主要原因则是为了满足对于劳动力的需求，尤其是对工程、管理，和农业方面的专业人才的需求。20世纪70年代末和80年代的经济衰退通常被用来解释该政权为什么没有进一步地扩大高等教育体系。

在尼迈里统治时期，学生人数从1970年的14308人增加到了1985年的37367人，年均增长率约为6.6%。这一时期的一个值得关注的特点是女生人数的急剧增加：从1970—1971学年占学生总数的13%提高到1985—1986学年的37%。但是，女教师数量的增长却很缓慢。从1975—1976学年的7%提高到了1985—1986学年的10%。对造成这一现象的社会经济因素进行反思将会是非常有意义的。至少有一个伊斯兰国家，即卡塔尔，女生的人数已经超过了男生，达到了2比1。

毛入学率从1970年的1%提高到了1986年的2.1%。而每10万居民中接受第三级教育的人数则从1970年的103人增加到了1985年的174人，也就是说，年均增长率为3.6%。

1985年4月，苏丹恢复了民主政治。1986年，有关高等教育的组织和喀土穆大学的新法案出台。1986年的喀土穆大学法恢复了大学的自主权和学术自由，并且规定，所有的行政岗位都必须通过直接的选举产生，且就任者必须具备相应的学术方面的资历(例如，校长及其副手必须都是教授)。

无节制扩张、政治化与微观管理的集权化：1989年至今

1989年12月，全国伊斯兰阵线政变后仅6个月，军事委员会主席(现任共和国总统)在对全国的讲话中发布了该政权的第一个重要的政策公告。大多数的苏丹人都以为这必定是有关经济和/或政治的，但是实际上却完全只是关于高等教育的(参见Abbas, 1999)对于这一异常现象，以及对于伊斯兰世界中的穆斯林原教旨主义者对教育的重视的讨论)。

公告分为两个部分：首先罗列了高等教育中存在的一系列的主要问题，之后又提出了许多的"矫正"措施。公告强调了高等教育体系存在的五大主要问题：

- 精英式教育，狭义上每年招收的中学毕业生只有不超过6%。
- 高校集中分布在首都地区，这就意味着农村地区无缘接触这一丰富的文化资源。
- 有太多的苏丹人留学海外(大多数在欧洲)，他们占用了这个国家本就不多的硬通货中的相当一部分。
- 高等教育体系的经费需求给公共财政造成了

巨大的压力。

- 该体系是倾向于“西方”的,因此这样的高等教育体系对于这个国家的年轻人疏离自己的文化传统是负有重大责任的。

“矫正”的措施稍后被整合进了 1990 年 3 月部长委员会声明的“高等教育革命”中。这次革命的核心内容如下:

- 要确立新的目标,将教育建立在这个社会的非洲一阿拉伯一伊斯兰信仰和传统的基础上。
- 阿拉伯语而不是英语,将成为所有高等教育机构中的教学语言。
- 在 1990—1991 学年入学人数的基础上,入学人数要翻一番。
- 改革招生政策。
- 取消学生膳宿和津贴计划。
- 在农村地区建立新的大学。
- 所有在海外留学的苏丹学生必须立即向高等教育与科学研究部报告,由其安排进入苏丹的高等教育机构就读。苏丹的中央银行被要求停止向这些学生汇出资金。

在两项法案公布之后,这些政策被付诸实施,其中的一项针对高等教育机构的组织,而另外一项则针对具体的大学。这两项法案出台得非常仓促,没有考虑到各校不同的特点。例如,在有的条款中涉及的院系只在部分的大学里才有。但是,这两个法案体现了政府在高等教育体系的管理和学校的治理中的角色发生了根本性的转变。

校长(president)和大学理事会的大部分成员都是由身为共和国总统的名誉校长(chancellor)任命的。各高校的招生和录取政策,新学术单位的建立,所有的学术和高级行政管理岗位的任命,都要由高等教育与科学研究部部长决定或批准。先前,学术成就是获得学术岗位任命的唯一标准,而现在意识形态和政治考量变得非常重要。在高级行政岗位的任命中,政治承诺变得至关重要。因此,有几所大学的校长(vice-chancellor)的学术级别只是讲师,而按照法案的规定,本该只有教授才能担当此任。

在学校的规模上,入学人数从 1989 年的 6080 人增加到了 1990—1991 学年的 13210 人,再到 1999—2000 学年的 38623 人。到 1995 年,女生在入学人数中的比例上升到了 40%。但是,女学生比例的持续增长并没有伴随着相应的女教师比例的提高:1995 年女教师只占教师队伍的 13%。

公立高等教育机构的数量从 1989 年的 5 所大学和 1 所多科技术学院,增加到了 1996 年的 26 所大学(曾经的多科技术学院,喀土穆技术学院被升格为大学)。私立高等教育机构的学生人数在 4 年间增加了近 9 倍:从 1990—1991 学年的 2686 人,增加到 1994—1995 学年的 23476 人(El Tom, 1999; Ministry of Higher Education and Scientific Research, 1996b,1999)。

大学的科研:一项被忽视的职能

在苏丹,一系列的大学法案,以及那些有关高等教育组织的法案都明确地指出发展知识和开展科学研究是大学的重要职能。但是,实际上开展的研究活动却与声明并不一致。首先,在苏丹,不论是在系统层面上,还是在院校层面上,都没有任何的科研政策。其次,不论是对于研究活动的激励,还是开展研究活动所需的条件都严重不足。教师的待遇已经如此的糟糕,以至于甚至是教授都不得不从事兼职来补贴家用。高等教育的政治化将科研在教师晋升方面的作用降低到了次要的位置。在过去的 10 年里,科研预算实际上已经从大学的预算中消失了。公休假、旅行和访问学者的经费根本就不存在。再次,最近的一份官方报告指出,所有新设立的大学都完全放弃了科研活动(Ministry of Higher Education and Scientific Research, 1996b)。最后,私立高等教育机构并不把科研作为其职能之一。

大学中的科研活动

为了深入了解高等教育机构的科研情况,我分析了在国际数据库中有记录的发表了的研究成果。这些数据引自美国宾夕法尼亚州费城的科学信息研究所(Institute for Scientific Information, ISI)发布的艺术与人文科学引文索引(A&HCI)、社会科学引文索引(SSCI)和科学引文索引(SCI)。

尽管对出版的研究成果进行计数是通常采用的一种用来衡量科研活动表现的措施,但是这一方式是存在着缺陷的。研究产出有多种不同的形式,例如在报纸上发表一篇文章、出一本著作、写一份研究报告、完成一项课程开发,以及在学术期刊上发表一篇文章。简单地进行计数忽视了出版成果的质量差异。而ISI尽管覆盖面广,涵盖了全球科学与学术通信网络中的核心期刊,但也绝非面面俱到。

苏丹的研究活动,遵从了全球各地的大学大多遵循的一般的科研活动的规律(法国是个例外)。因此,在1973—1999年的这26年间,苏丹发表的全部3339件研究成果中,有76.3%来自于苏丹的大学。但是,与20世纪80年代相比,90年代苏丹的研究产出减少了22%,喀土穆大学减少了30%。

将苏丹的数据与另外的两个非洲国家:肯尼亚和摩洛哥的数据进行比较将会是有益的。1998年,这三个国家的人口规模都差不多,均为2800万左右。肯尼亚与苏丹的教育体系都受过英国的影响,而摩洛哥与苏丹则都受到阿拉伯世界的影响。就经济规模而言,在1960—1998年间摩洛哥一直较为发达,而苏丹在20世纪60年代到80年代早期排名第二,但是进入90年代后被肯尼亚反超。

在20世纪的最后10年里,ISI学术出版的数量从1990年的875310件增加到了1999年的1176333件,年均增长3%。肯尼亚、摩洛哥和苏丹三国同期的增长率则分别为3.3%、15.5%和-0.76%。显然,苏丹的学术界没能赶上肯尼亚和摩洛哥的学者们的出版速度。

我们将这三个国家20世纪90年代的学术出版数量与各自国家的大学教师(潜在的研究者)的数量进行了一个比较。例如,在一方面,1995年,肯尼亚、摩洛哥和苏丹三国的大学教师数量分别为2951人、8562人和2558人(UNESCO,1999; World of Learning,1999)。其中,苏丹的教师人数是根据1985—1990年间,年均4.6%的增长率来推算的。在另一方面,1995年,肯尼亚、摩洛哥和苏丹三国的ISI学术出版的数量分别为369件、532件和75件。经过简单的计算就可以发现,在肯尼亚,50%的教师平均每4年发表1篇文章,而相应的教师在摩洛哥和苏丹则分别是平均每8年发表1篇和每17年发表1篇。

苏丹科学研究的一个特点在于,大学所开展的研究活动基本上是由喀土穆大学主导的。1973—1990年间,喀土穆大学的学术出版占到了所有大学的学术出版总量的90%。这种由一所大学在如此大的程度上主导科研产出的情况是世所罕见的。显然工业化国家的情况是不会如此的。1990—1999年间,在肯尼亚,由大学完成的ISI学术发表有3493件。其中,该国历史最悠久、最为领先的内罗毕大学(University of Nairobi)所占的份额为49%。

数据进一步地表明,这些年来,喀土穆大学在苏丹所有大学的学术出版总量中所占的比重之所以略有降低,主要是由于杰济拉大学开展的研究活动。

与表58.2中显示出来的各校的教师人数相比,几乎所有大学的研究产出水平都低到令人紧张。该表还进一步地揭示出,有几所苏丹的大学尽管研究产出水平很低,但是却也在培养博士生。这显然令人怀疑这些博士生课程的质量。

表58.2 1995—1996学年几所苏丹大学中的教师与研究生人数

	教师	研究生		
		博士生	硕士生	文凭生(Diploma)
喀土穆大学	583	496	2333	502
恩图曼伊斯兰大学	173	90	355	909
苏丹科技大学	232	25	55	208
杰济拉大学	291	128	627	87
朱巴大学	61	5	11	0
古兰经卡里姆大学(Quran Kareem University)	70	141	77	20
总计	1410	885	3458	1726

来源:Ministry of Higher Education and Scientific Research, 1996a and 1996b.

喀土穆大学的科研

对喀土穆大学教师的科研情况作进一步的调查就可以发现其在结构上的缺陷。表58.3显示,在过去的30年(1970—1999)里,在喀土穆大学所有ISI学术出版当中,有超过三分之一是医学类的。这与该学科的教师在师资队伍中的占比大致相当(20世纪90年代,教师的总人数平均为580人,而医学类的教师就占了约200人)。这清楚地表明,大学将资源集中在了医学领域(尤其是治疗医学,这一点通过对数据的进一步分析很容易得到证明)。

表58.3 喀土穆大学的科研情况:1970—1999年间按学科领域分布的ISI学术发表情况*

	1970—1979年	1980—1989年	1990—1999年	总计
医学	271	333	353	957
兽医学	131	256	135	522
农学	76	104	76	256
工程学	39	38	21	98
科学	196	211	87	494
社会科学	23	35	23	81
艺术与人文学科	18	23	6	47
总计	754	1000	701	2455

注:*医学包括:医学、药剂学、公共健康、牙医与营养;兽医学包括:兽医和畜牧科;农学包括:农学和林学科;科学包括:植物学、化学、地质学、微生物、物理,和动物学系;水生生物研究所;环境研究所;和数学系;社会科学包括:经济与社会研究、教育、法学;以及管理与工商管理系。

来源:ISI, 2000a、2000b, and 2000c.

有五个因素或许有助于解释这一现象。首先是历史因素。1924年创立的基奇纳医学院与其他专业相比早出现了至少20年。其次,在20世纪40年代,殖民当局建立了实验室来提高殖民者,当地劳工,以及农牧产品的健康水平(有一些这样的设施现在仍在运转)。1972—1973学年,喀土穆大学全部的12位苏丹人教授中的6位就是医学院的(Thompson, Fogel and Danner1977)。第三,医学职业是这个国家最强势的职业之一。第四,医学专业一直都是所有的高等教育专业中最受欢迎的。第五,与卫生部的密切关系,使得医学专业能够得到其他专业往往缺少的丰富的资源。

同一张表格还显示出,工程学、社会科学,以及艺术与人文学科的科研水平几可忽略,20世纪90年代,合在一起的学术出版的数量始终徘徊在ISI总量的9%,尽管这一时期这三类学科总的教师数量平均占教师总人数的比例已超过35%。对ISI数据库的进一步分析则显示了以下这些情况:

- 数据库中没有一篇教育领域的文章。
- 大学的研究者们没有参加诸如:殖民主义与文化、依附、自立、脱离,以及科学、技术,与社会等有关的发展问题的学术讨论。
- 喀土穆大学的学术出版中只有少量的文章涉及了与技术革命有关的大发展,诸如:生物技术、信息技术和材料科学。
- 医学类研究主要集中在治疗医学方面,很少涉及社区医疗。

这种状况应该引起负责高等教育的人,以及在大学的领导岗位上的人的警觉,因为这些专业中的任何一个都在国家的社会、经济、政治和文化的发展中具有关键的作用。

高等教育的延续与变革

从1990年前后的苏丹高等教育的状态中,已经可以觉察出质的变化。事实上,1990年之前的诸多变革从未涉及高等教育体系的根本,但是全国伊斯兰阵线政权带来的变革则是如此的深刻,以至于这标志着与先前的高等教育体系的决裂。

危机之中的高等教育体系

苏丹人从殖民主义者那里继承下来的中学后教育机构很少,最主要的就是喀土穆大学了。在1956—1969年间,无论是国家政府还是大学的管理层都把苏丹化视作大学的主要目标。在1956—1966年间,喀土穆大学全部的25名教授中只有2名苏丹人,一人教阿拉伯语,另一人教历史。而往后到了1970—1971学年,在喀土穆大学全部的28名教授中也只有7名苏丹人(World of learning, 1971)。当时自身也正在开展公务员苏丹化的政府意识到了大学所面临着的挑战,因而为推动大学的苏丹化也表现得非常慷慨。尤其是政府对大学自治和学术自由的充分尊重。唯一小小的例外发生在20世纪60年代初,这是一次警察与学生之间的冲突所造成的余波,学生们当时正在抗议埃及与苏丹政府之间签订的1959年协议。

总体而言,当时全国性的政党,包括共产党和穆斯林兄弟会都团结在一起,反对第一次军政府的统治。结果学生运动也被团结了进来。因此，挑战学生就有可能会激起更大的冲突，而任何明智的政权都会选择避免这样的事情发生。

在尼迈里独裁时期（1969—1985年）则呈现出了完全不同的局面。在其执政的前两年，该政权推行了一个自诩为左翼的计划，该计划得到了城市各界的广泛支持，包括：工人、工会、专业协会，以及一部分的大学生。但是穆斯林兄弟却会反对这个政权。该政权对大学采取的第一个动作便是开除了12名被其定性为右翼的教师。在这一事件里，学术人员被泾渭分明地分了派，更为直白的说法则是按照对于现政权的立场不同而被分了类。

1971年7月，在经受了受共产主义影响的一次短命的政变后，该政权调转枪口，尽其所能地镇压左翼，尤其是共产党。这一次，另外的一拨被定性为左翼分子的教师又被开除出喀土穆大学和喀土穆技术学院。在1971—1975年间，针对现政权的政治反抗和学生运动都相对式微。这也就解释了为什么当局能够相对成功地实施它们的政策来限制大学原先享有的机构自治和学术自由。

1976年，两个主要的全国性政党和穆斯林原教旨主义者的联合军事力量从利比亚的基地出发对在喀土穆的尼迈里政权的军队发起了全面的进攻。这次所谓的利比亚侵略的失败同时削弱了现政权和反对派的力量。现政权与右翼反对派之间的和解在1977年达成。1977年到1985年间，穆斯林原教旨主义者与尼迈里政权结盟，而在结盟的条件里要求原教旨主义者对学生运动进行约束。

经济的滑坡，以及由此造成的生活条件的恶化，再加上现政权的压迫本性以及现政权与反对派之间的政治恶斗，这一切叠加在一起，造成了尼迈里政权，以及所有的全国性政党在不少人（包括大多数的学生）眼中完全丧失了口碑。新的学生组织，包括地区性的协会、学术协会，以及政治团体在各个校园里遍地开花。其中，最重要的是独立派（Elmostaquili）和不结盟派（Elmohaidi）。在1980年和1989年，一个广泛的学生联盟（包括左翼，地区性协会和学术性协会）先由独立派领导，后由不结盟派领导，成功地从原教旨主义者手中夺取了拥有巨大影响力的喀土穆大学学生会（Khartoum University Students Union，KUSU）的领导权。同样的，教师们也在1979年组织起来，在苏丹的高等教育史上首次成立了教职员工会（Academic Staff Trade Union Association，ASTUA），该工会反对现政权的统治。

教师工会在改善其成员的工作条件，捍卫学术自由，呼吁大学的民主化，阻止当局进一步加强对大学的控制方面发挥了重要的作用。事实上，它在1985年4月推翻尼迈里政权的民众起义中发挥了领导作用。

教师工会发起并最终以《1986年喀土穆大学法》（University of Khartoum Act of，1986）的形式实现了大学的民主治理进程。1986年法把任命制改成了所有学术行政岗位的选举制。各类教职员工会、喀土穆大学学生会、大学评议会和委员会，以及所有的教师代表均有权参加规定的选举。尽管取得了这一历史性的胜利，但是经历了尼迈里时代的大学已经伤痕累累，深陷危机之中。除了前面已经讨论过的大学科研的低水平，以及科研结构上的缺陷，这场危机还造成了四个方面的问题。

使命的缺失：具体的高等教育机构（包括喀土穆大学），以及整个的高等教育体系都缺少清晰的使命来引导前进的方向，并作为对其进行评估的依据。不管是整个的高等教育系统，还是组成这个系统的各个院校都没有开展过全面的评估。校长（vice-chancellor）向大学理事会提交年度报告的做法也在1961—1962学年停止了。各个时期的政权出台的政策都不是为了要复兴大学，而是要对大学进行控制。校长和大学理事会的首要职责就是要维护校园的安宁。这也就解释了在尼迈里统治的16年里喀土穆大学为什么会有7位不同的校长了。很显然，在这样的政策下，大学的领导者在政治上极不稳定，以至于很难发挥作用。

财政制约：由于缺少人力资源可持续发展的有效战略，在经济持续下滑的环境下，高等教育机构不可避免地受到财政上的制约。尤其是在1978年货币贬值之后，财政状况进一步恶化。自那以来，资本支出、科研预算、助教奖学金、图书馆经费和公休假补贴都触及了令人难以忍受的低水平。1980—1981学年，大学停发了公休假补贴，大学图书馆大规模地削减了订购的国际期刊的数量,大多数的助教都得依靠自己或是所在的院系来获得国外的奖学金资助,科学实验室则完全依赖国外(主要是德国、英国和荷兰)的援助来获得进口的仪器设备和消耗品。

移民:由于20世纪70年代初出现的石油繁荣,以及苏丹国内生活条件的显著恶化,大量的苏丹学者移居输出石油的阿拉伯国家。托姆(El Tom)指出,在1968—1979年间,共有148名学术人员,占1978—1979学年教师总数的24%,离开了喀土穆大学移居海湾地区的阿拉伯国家。其中的110人(占74.3%)是在这一时期的头四年里移民的。这种趋势在整个的80年代都没有减弱,这对师资队伍的士气和年龄结构都造成了严重的影响。年轻教师往往是最先离开的。

校园暴力:在1968年之前,大学校园里的暴力行为几乎是没有的。在那一年,有一位学生拿椅子砸向了正在大学的考试大厅里表演舞蹈的同学,这段舞蹈是文化节的内容之一。随之而来的暴力造成了一名学生的死亡,这成为大学校园生活的转折点。

在尼迈里时代,穆斯林原教旨主义者要求当局不要插手他们的行动,以便他们履行与政府之间达成的协议,协议的内容也就是所谓的要平息其他学生的异见。为达此目的,原教旨主义者无所不用其极:恐吓,殴打,动用铁棍、刀具和燃烧瓶,操纵学生选举(每年一次),破坏大学的校产,撕毁考卷,逮捕,驱逐,所有的这一切,还有更多的没有被观察家们所发现的暴力行为成了大学校园生活里的很大一部分,这种情形就如同去上课那般稀松平常。而对大学造成更大的伤害的是行政管理者竟然根本就没有打算要让校园恢复一点点理性。不过,大学行政管理层的表现,至少在这一方面,是完全在意料之中的:因为它的任务是维护政权而非大学的利益。

因此,当局与穆斯林原教旨主义者勾结在一起所造成的第一个受害者就是大学领导者的正直与学术价值。大学的领导者们有意、无意地鼓励了暴力的发生,而不是为发展理性创造条件,而理性正是学术的基本价值。

相当令人惊讶的是,在长期危机的重压之下,大学竟然没有崩溃。而之所以能够有这样的幸运,要归结于以下五方面因素:

- 招生政策:自从建校以来,大学就一直坚持高度选拔性的招生政策以确保招收到的是最优秀的学生。事实上,在20世纪80年代,每年的招生人数从未超过1700人。
- 教师任命:大学始终坚持了以能力作为学术职位任命的唯一标准。最低要求是要有喀土穆大学的高级二类荣誉学位(upper second honors degree),或同等资格。这一传统保证了大学拥有一流的师资。
- 教师晋升:明确的一套晋升规则是大学能够维持较高的学术质量的第三大支柱,这套规则重视经过外部评审的科研成果.
- 教师工会的建立:通过教师工会这一民主的组织,教师们不仅能在争取工作条件方面,而且能在包括决策参与和应对校园暴力在内的学校事务上坚持同样的立场。可以毫不夸张地说,教师工会的存在增强了对传统的尊重,鼓舞了日益遭受来自政府和同学双重暴力威胁的大学生们,同时也抑制了政权对大学事务的干涉。
- 系统的崩溃:全国伊斯兰阵线发动政变时,苏丹面临着两大似曾相识的根本性的问题:持续的战乱和萎靡不振的经济。新政权无心解决这些问题,但却疯狂地想办法要巩固脆弱的政权,这个政权被视作建立一个伊斯兰国家的根本。

政府出台推动高等教育史无前例的扩张的政策,部分的目的是要为政权争取更大的支持。许多人都认为这一政策将会给现政权带来其急需的来自学生及其家庭的支持,也能够极大地扩充穆斯林原教旨主义者传统上的干部蓄水池。同时,地区性大学的建立也有助于帮助现政权削弱传统的党派在其势力范围内的影响力。

该政策的另一个目的是要防止学生去海外接受高等教育,因为在海外他们将会受到其他的文化和意识形态的影响。阿巴斯(Abbas,1999)认为,这一政策的主要目标是要培养一批新的精英来取代旧的精英。在原教旨主义者眼里,旧精英是殖民教育体系的产物,他们已经远离了阿拉伯—伊斯兰的传统。

尽管并没有直接地反对新政策,但是各高校,特别是喀土穆大学,要求政府向其提供实现高等教育扩张和高等教育阿拉伯化的政策所必需的资源。绝大多数的学生不是全国伊斯兰阵线的支持者,他们则反对新的政策,尤其反对取消传统的食宿补贴计划的政策。高校要求获得资源,这被当局视作蓄意制造的阻挠"革命"的障碍。当局对此的回应就是向高校派出支持新政策,支持,或者至少是同情全国伊斯兰阵线的管理者。而学生的反抗则遭到了暴力、开除和恐怖活动的压制(要了解更多的情况,更具体的分析请参考 Abbas, 1999)。

客观地看,新政策的实施将会带来的戏剧性后果是很容易就能够预见到的。但是,当局却花了将近5年的时间才意识到有的地方出了问题。新的高等教育体系有以下的几个特点:

机构自治和学术自由方面:如果不能享有充分的自治和学术自由,高等教育机构,尤其是大学是难以正常运转的。而现在,大学的财权、高级行政人员的任命、教职员的招聘、课程事务,以及校历,都是由教育部集中控制的。

根据《1990年喀土穆大学法》(University of Khartoum Act of 1990)的规定,学术自由是得到保证的,但是得在国内法允许的范围内(也即,神权国家的法律)。最近,一名兽医学教授就因为在一份苏丹的日报上发表了一篇题为《裂谷热与肉类及牲畜出口前景》的文章而遭到逮捕(Alsahafa, no 2697, dated October 10, 2000)。更为不妙的是,14位重要的穆斯林原教旨主义者,其中也包括两名喀土穆大学的教师,作出了一项伊斯兰教法裁决(fatwa),判令左翼的学生组织民主阵线(Democratic Front)是叛教者。发出这项裁决的原因是学生们找到了一张有辱其信仰的墙报文章(Alshark Alawsat, November 15, 2000)。

学生的质量:众所周知,20世纪70年代以来,苏丹普通教育的质量就已经恶化。普通教育体系资源严重匮乏。例如,在许多中学里找不到一名合格的数学教师。没有一所公立学校配备有图书馆或实验室。课程是以考试为目的的,这个体系的主要特点就是死记硬背。1992—1993学年,学制从12年减少到11年更是进一步降低了教育的质量。

由于招生人数翻翻,并且招生政策偏向于在阿拉伯语和宗教这两门更加强调死记硬背的科目中得高分的学生,因而大学新生的学术水准降低了。

教师的质量:学术能力已经不再是教师和助教任职的唯一标准。由于经费的问题和意识形态方面的原因,未来教师的教育和培训大多被放在了国内,或者是在那些学术上并不出众的特定的几个发展中国家的大学里。20世纪80年代以来,公休假就已经被取消。用作研究活动和国际旅费的经费尤其紧张。

教师的任命和晋升无章可循,尤其在新建的大学里更是如此。例如,就有一批刚刚获得博士学位、科学硕士和文科学士学位的人被任命为副教授、助理教授和讲师(Ministry of Higher Education and Scientific Research, 1996a)。

基础设施的质量:高校需要得到资本投资来改善硬件条件,并使之现代化(包括校舍、道路、图书馆、计算机网络和数据处理中心等)。而高等教育体系的扩张则更加突显出了这方面的需求。然而,自20世纪70年代中期发生经济危机以来,资本支出已被大幅削减。

1988—1989学年,4所已有的大学和喀土穆技术学院获批的发展预算一共还不到700万美元。1994—1995学年,26所大学获批的相应预算为900万美元。从1989—1990学年到1994—1995学年,获批的发展预算在提交的预算申请的6%~18.5%之间波动(Ministry of Higher Education and Scientific Research, 1995)。

"图书馆"一词近来已经有了新的含义,但是在苏丹,它的词义所指的仍然是通常所谓的对印刷材料进行收集、分类和保存的地方。然而由于财政上的困难,即便这一已经过时的图书馆的定义在苏丹都名不符实。例如,喀土穆大学图书馆获批的预算(444444美元)占整个大学预算申请(130万美元,含用于期刊征订的936美元)的34.3%。现有资料表明,1992—1998年间,图书馆的预算全被用在了薪酬发放上。此外,图书馆从1987年开始就已经无法正常收到学术期刊了,从1993年开始很多期刊已经不再续订(涉及工程学、教育学和法学的各460种、200种和170种期刊)。

课程的质量:课程的质量首先要取决于教师和相关基础设施的质量。这两者质量的下滑必然引起课程质量的下滑。

历史上,喀土穆大学只在1973年对课程进行过评估。按照评估的结果形成了一系列的建议,但是却很少引起各学术单位的注意。苏丹其他的高等教育机构则从未开展过类似的工作。

由于包括教师被解职和移民在内的一系列原因,师生比逐渐恶化。联合国教科文组织(UNESCO, 1999)的数据显示,苏丹所有大学及类似的教育机构的师生比在1970—1971学年约为1∶16,在1980—1981学年约为1∶25,在1990—1991学年则达到了约1∶29。穆罕默德和吉哈的报告(Mohamed and Giha, 1999)指出,1998年的这一比值达到了1∶67。就喀土穆大学而言,1957—1958学年的师生比为1∶6,在1975—1986年间从未超出过1∶15,但是1994—1995学年达到了1∶24(UNESCO, 1969;ISSA, 1999;University of Khartoum, 1996)。1994—1995学年的师生比在不同的学科专业里差别很大,医学专业为1∶12,工程学为1∶33,法学为1∶53,管理学则高达1∶100。

在普通和专业教育中,数学都日益占据着越来越重要的地位。但在师生比的恶化方面,数学这个学科就是个非常不幸的例子。在喀土穆大学,数学系的教师负责全校的数学教学,其中也包括了学校里非数学专业的数学课的教学。在1985—1986学年,全校共有数学教师29人,其中的21人是拥有博士学位的苏丹人。而今,全校数学教师含系主任在内仅剩5人。除了这5人之外,全国的苏丹籍数学博士还有一人,此人在尼勒因大学(El Nilein University)供职。

学术人员的严重短缺迫使许多的大学不得不严重地依赖刚毕业的学士和硕士。一些新大学里的学科甚至完全要依靠短期受聘的访问学者来支撑。私立高等教育机构则严重依赖兼职教师。1994—1995学年,它们总共聘用了71位全职的博士(Ministry of Higher Education and Scientific Research, 1996b)。

实验课和田野工作的条件常常得不到满足。例如,林学专业要求做五次的实地考察,每次至少一个月。而现在,由于缺少经费,只能安排两次,且每次只能持续两周。1999年,药剂学专业的学生占领了教学楼两天,抗议连续8个月没有安排过实验课,而一个学期才只有9个月。此外,还有一些实验室,比如工程学专业的材料强度实验室,足有30年没有更新过设备。

大多数的医学院系都设在了没有陈尸所的市镇。据说,在喀土穆大区以外,只有3个陈尸所,却有24个医学院系。喀土穆教学医院的陈尸所则由10家医学院共享,其中包括2家私立的医学院。

校园环境的质量:学生们从来没有像现在这样的基于政治和意识形态立场而彼此对立。有全国伊斯兰阵线的学生,及其同情者,也有广泛的反全国伊斯兰阵线联盟的学生,此外还有一些则是骑墙派。前两派之间毫无有效的沟通可言。实际上,暴力成了解决政治和意识形态分歧的主要手段。

校园环境的第二个显著特征是校园里半永久性地驻扎着武装安保部队。显然,这是为了先期介入任何的反抗运动,并对师生进行恐吓。

教师与学生之间的接触已经被减到最少,实际上已经仅限于课堂交流。主要的原因是教师薪酬的明显减少,以及随之而来的教师兼职的盛行。20世纪70年代,助教的月薪约为460美元。而在工作了30年之后,现在他/她作为副教授的月薪却只剩下了约110美元。

学校领导的素质:政治与意识形态方面的考虑已经取代了能力作为任命大学理事会主席,校长、副校长,院、系负责人的主要标准。

在前文提及的有关新建的大学的报告指出,这些学校里大多数的学术和行政领导都缺少必要的学术资格和经历。有些人是副教授,有些是助理教授,许多人之前从来都没有担任过行政职务,或者从来都没有在大学理事会、评议会,或者各种委员会里任过职(Ministry of Higher Education and Scientific Research, 1996b)。

过去的10年里所发生的事情充分地表明了,作为构成高等教育的领导力的根本要素的正直与道德权威已经几乎完全丧失。在过去的10年里,没有一名大学理事会的主席或是成员,也没有一名校长、院长,和系主任,站出来抗议对持不同政见的学生的屠杀(校内外的)、虐待、殴打,以及不经审判的逮捕。这些悲惨的事件常常见诸国内、地区、国际媒体和非政府组织的报道。

在一封写给全国伊斯兰阵线政权的领导人,并抄送给喀土穆大学校长和大学评议会的令人悲伤的信中,大学的一位生物学家控诉了1989

年11月到1990年2月期间他所遭受的逮捕和折磨。折磨他的人(其中还包括了一名大学讲师)告诉他,折磨他的原因之一是他讲授了达尔文的进化论。这封信在同行中广为传播,并激起了国际上的统一行动(包括《新科学》上的一篇社论和《科学》期刊上一批科学家的联名信,促成了他的释放。但是,至今都没人知道当时抄送给校长的那封信的下落(EL Tom, 1999)。

私立高等教育的目的:按照教育部的设想,私立高等教育机构应该着眼于补充公立高等教育,以及满足劳动力市场对中级劳动力的需求。然而,有悖于教育部的要求,在其自身市场逻辑以及利益最大化的驱动下,1994—1995学年,私立高校84%的学生学习的都是理论课程。

毫无理由地滥用高等教育体系本就有限的资源;剥夺大学履行传统的职能所必需的自治与学术自由;强行安插在很多时候是不合格的,在学术能力和正直方面有缺陷的领导者;以及助长学生之间的暴力行为,在校园里散布恐怖,毫无疑问,危机之中的高等教育体系必将在全国伊斯兰阵线高等教育政策的重压之下崩溃。

未 来

自从1956年喀土穆大学作为独立的全国性的大学建立以来,苏丹的高等教育体系已经风雨飘摇了30多年。将高等教育机构用作达成狭隘、反动的意识形态和政治目的的工具,全国伊斯兰阵线的原教旨主义者实际上摧毁了这个体系。而现在,正是重拾碎片,尽可能地在一个更为坚实的基础上建立起一个新的高等教育体系的时候了。废墟中的系统是无法进行改革的,它应该从根本上进行重新构建。

苏丹学者联合会(Association of Sudanese Academics)组织的会议为讨论包括结构和财政问题在内的,有关高等教育未来发展的核心议题提供了机会。但是,大会没有讨论为达此目的所应当采取的全面的战略。这是一项仍然有待完成的任务。

脱离政治、经济和社会背景,就无法充分地认识高等教育,乃至整个的教育。苏丹一直以来,并且还将继续由少数的,并且大多是城市里的精英们所统治。自独立以来,以及整个的20世纪80年代,这个国家的各个统治集团的基本特点就是缺乏远见。结果,国家陷入了危机。

很自然地,这些统治集团想要维持的是一个高度选拔性的高等教育体系,其唯一的目标就是要培养统治精英。20世纪70年代的经济衰退,以及尼迈里对高等教育体系的政治化和控制,进一步地恶化了这个体系的处境:高等教育陷于危机之中。

与之前的任何一个政权都不同,全国伊斯兰阵线的穆斯林原教旨主义政权有一个宏大的使命:在苏丹建立一个原教旨主义的伊斯兰国家。在经济领域,它们采取了结构调整计划的范式。新发现的大部分的石油财富都被用作了战争的消耗。在政治领域,该政权的特点是强烈的压制。

全国伊斯兰阵线政权将高等教育用作实现政治和意识形态目的的手段。为此目的实施的政策,已经导致了高等教育的崩溃。更为严重的是,为了追求其宏大的使命,该政权已经基本上毁掉了繁荣高等教育的主要基础之一:中产阶级。

实际上,苏丹要建设一个能够迎接国内、地区和国际发展所带来的挑战的高等教育体系,只剩下了最后的一个希望:那就是,苏丹仍然是一个"发展中"的国家。为争取一个"新苏丹"而广泛结盟的各方力量最终是否能够如愿建立起这样的一个国家还将拭目以待。而无论如何,苏丹这个国家及其高等教育体系的命运将会交织在一起。

参考文献

Abbas, A. A. 1999. "The Political and Ideological Underpinnings of the Policies of the National Islamic Front in Higher Education in Sudan." In M. E. A. El Tom, ed., *Proceedings of the Conference on the State and Future of Higher Education in Sudan*. Cairo: Armis Co. (in Arabic).

Ali, A. G. A. 1994. *Structural Adjustment Programs and Poverty in the Sudan*. Cairo: Centre for Arab Studies (in Arabic).

Barro, R. J. 1997. *Determinants of Economic Growth: A Cross-Country Empirical Study*. Cambridge, Mass.: MIT Press.

Boustany, N. 2000. "An Appeal to the 'Conscience of the International Community' on Sudan." *Washington Post*, November 17, A38.

Castells, M. 1993. "The Informational Economy." In Martin Camoy, Manuel Castells, Stephen S. Cohen, and Fernando Henrique Cardoso, eds., *The New Global Economy in the Information Age: Reflections on Our Changing World*. University Park: Pennsylvania State University Press.

Economist Intelligence Unit. 2000. "Country Report Sudan. Alerts & Updates: Don't Expect Too Much From Oil." 16 June. Available online at: http://www.eiu.com. Accessed June 2000.

El Tom, M. E. A. 1980. "The Role of the Educational System in the Emigration of High-Level Manpower." In A. B. Zahalan, ed., *The Arab Brain Drain*. London: Ithaca Press.

——. 1999. *Proceedings of the Conference on the State and Future of Higher Education in Sudan*. Cairo: Armis Co.

Europa Publications Staff. 1999. *Africa South of the Sahara*. London: Europa Publications.

Issa, S. I. 1999. "Expansion Policies of Higher Education: Pros and Cons." In M. E. A. El Tom, ed., *Proceedings of the Conference on the State and Future of Higher Education in Sudan*. Cairo: Armis Co. (in Arabic).

Institute for Scientific Information (ISI). 2000a. *Arts & Humanities Citation Index*. Philadelphia, Pa.: ISI.

——. 2000b. *Science Citation Index*. Philadelphia, Pa.: ISI.

——. 2000c. *Social Sciences Citation Index*. Philadelphia, Pa.: ISI.

Ministry of Higher Education and Scientific Research. 1995. "Financing of Higher Education and Scientific Research: Development of Higher Education and Scientific Research Budgets, 1985/86-1994/95." Khartoum.

——. 1996a. "Report of the Committee on New Universities." Khartoum.

——. 1996b. "Report of the Committee on Non-Government Higher Education." Khartoum.

——. 1999. "Admission Results for Public and Private Higher Education Institutions, 1999/2000." Khartoum: General Department of Admission.

Mohamed, A. B., and M. A. Nawal Giha. "Emigration of University Teachers: Reasons and Motivations." In M. E. A. El Tom, ed., *Proceedings of the Conference on the State and Future of Higher Education in Sudan*. Cairo: Armis Co. (in Arabic).

Thompson, K. W., B. R. Fogel, and Helen E. Danner, eds. 1977. *Higher Education and Social Change: Promising Experiments in Developing Countries*. Vol. 2: *Case Studies*, 155-169. New York: Praeger Publishers. (Chapter 9: The University of Khartoum, Sudan: Staff Development in an African University.)

UNESCO. 1961. *World Survey of Education*. Paris: UNESCO.

——. 1966. *World Survey of Education*. Paris: UNESCO.

——. 1969. *World Survey of Education*. Paris: UNESCO.

——. 1978-1979. *Statistical Yearbook*. Paris: UNESCO.

——. 1995. *Statistical Yearbook*. Paris: UNESCO.

——. 1999. *Statistical Yearbook*. Paris: UNESCO.

United Nations. 1999. *World Population Prospects: The 1998 Revision. Vol. 1: Comprehensive Tables*. New York: United Nations.

World Bank. 1984. *World Bank Report*. New York: Oxford University Press.

——. 1988. *Education in Sub-Saharan Africa: Policies for Adjustment, Revitalization and Expansion*. Washington, D.C.: World Bank.

——. 2000. *World Development Indicators*. New York: World Bank.

World of Learning. 1971. *World of Learning*. London: Europa Publications Ltd.

59 斯威士兰

玛格丽特·佐勒·布斯

任何的高等教育体系都是无法独立地运行的。它需要与所在国家的所有的其他的社会机构相互影响。据一些学者的观点，高等教育的发展依赖于三种要素构成的“三角平衡”：国家、市场和学术寡头（Neave and van Vught，1994）。这三个要素共同推动了高等教育体系的发展，而一旦这种三角权力结构失去平衡，那么教育发展的性质就会发生转向。

在由外部力量设计和建立高等教育机构的地方，如殖民地时期的非洲，在发展问题上，传统机构与西式机构存在着冲突。而其中，最明显的例子就是斯威士兰王国的高等教育体系。它现在的形式与功能既受到英国统治历史的影响，又取决于它在斯威士兰王国整个的教育体系中的定位。英国殖民者对斯威士人教育的态度严重地影响了该国高等教育的发展（或由此而造成的不发达）。而当前斯威士兰的政治现状，又展现出了一个西方化与非洲本土化相融合的独特的案例。

斯威士兰是位于南部非洲地区的一个小王国，东部为南非和莫桑比克所环绕，是撒哈拉以南非洲唯一的一个王国，自独立以来，它一直是一个主权君主国。当前人口近100万，国土面积17364平方公里（6704平方英里）。斯威士人讲斯瓦蒂语（Siswati），英语是广泛使用的第二语言。货币为里兰吉尼（Lilangeni，复数称埃马兰吉尼Emalangeni），1里兰吉尼约相当于6美元。与撒哈拉以南的其他非洲国家相比，斯威士兰是一个较为富裕的国家，人均收入880美元（Africa Business Network，1997）。它的主要外贸伙伴是南非，主要的出口商品是食糖、柑橘、木浆和煤炭（EIU，1999）。

斯威士兰既是一个斯威士人的民族国家，在政治上又是一个由国王姆斯瓦蒂三世（King Mswati III）领导的国家。1969年，斯威士兰摆脱英国的殖民统治后，姆斯瓦蒂三世的父亲，索布扎二世（King Sobhuza II）成为一名强势的领袖（Booth，2000）。君主的强势在解决政治争端中发挥了重要的作用，然而它也阻挠了变革。对于斯威士兰，要理解政府对高等教育的影响就必须认识到，在这里，王室拥有对一切机构的绝对权威。

今日斯威士兰的正规教育

实现了全面普及初等教育的目标后，斯威士兰政府发展规划（1997—1998至1999—2000）强调要提升教育的质量（Ministry of Economic Planning and Development，1997：153）。然而，政府报告并未考虑到初等和中等教育的复读率（repetition rate）和辍学率（drop-out rate），而这是造成教育体系类似金字塔式的结构，使得大多数人无缘高等教育的原因。仅就1996年一年，4.6%的一年级学生，15.7%的七年级学生，1.4%的I类生（Form I pupils）辍学。表59.1说明了斯威士兰教育系统的整体情况。

表59.1　斯威士兰各类教育机构的入学人数（1996年）

	小学	中学	大学	职业学院	教师教育学院
入学人数	202439	54873	2533	1300	881
学校数	529	170	1	2	3
教师人数	5975	3036	219	106	—

来源：Swaziland Government，1996；Ministry of Economic Planning and Development，1997.

历史上，升学取决于学生在初等学校考试(Primary School Examination)，初级毕业证书考试(Junior Certificate Examination, JCE)，以及最后在剑桥普通水平考试(Cambridge O-Level Examination)中的成绩。成功地通过上述考试者方能在斯威士兰接受高等教育。除了严苛的考试制度，各级学校收取的学费也是造成高辍学率和高复读率的原因。因此，学业成绩上的筛选和社会结构上的原因造成了斯威士兰高等教育入学规模有限(M. Booth, 1996)。尽管当前斯威士兰高等教育的入学人数依然不多，但与独立前相比，已经大为改观。

中等后教育的历史背景

根据菲利普·阿尔特巴赫(Philip Altbach)的观点，得益于大量公共经费的慷慨资助，在"大学除了传播知识外还应创造知识"的观念，和"学术机构应当被允许相当程度的自治"的信条的影响下，大学在20世纪迎来了大扩张(Altbach, 1998:5)。在这个世纪里，在撒哈拉以南的非洲地区，随着政治气候的变化，高校原先的创立者被取代了，而经济困难又造成了公共教育经费被削减，由此，影响高等教育发展的三大因素之间的关系发生了变化。简言之，在上述各种变化的影响下，三种力量之间的三角平衡发生了改变。

在对斯威士兰进行殖民统治的初期，英国行政当局在1920年义务教育公告(Compulsory Education Proclamation of, 1920)中表达了对欧洲移民子女教育的忧虑(High Commissioner's Office, 1920)。这份公告针对的是欧洲人后裔，而在殖民制度下也只有这些欧洲人的后裔能够在南非或是欧洲继续接受第三级教育。20世纪上半叶，为斯威士人提供教育的主要是传教士，而他们并不认为需要开办高等教育。当时主要的传教士们认为斯威士人所需要的教育只需达到标准4(Standard 4)——"养成日常的习惯，并能遵守纪律"，就足够了(Watts, 1924:2)。如果这真的就是斯威士人所需要的一切，那么显然发展第三级教育是毫无必要的。

但是，人们也认识到了需要培训教师来教授年轻的斯威士儿童。因而，最早出现的第三级教育机构是教师教育学院。在布雷莫斯多普(Bremersdorp)(今曼齐尼，Manzini)的拿撒勒(Nazarene)，传教士开办了最早的教师培训课程。取得标准6证书的斯威士学生可以参加这一有限的培训课程的学习，完成学业后就有资格执教最高不超过标准2水平的所谓本土初等教育的各个年级的课程。而要接受除此之外的任何培训都只能去南非联邦(Union of South Africa)，那里的教师教育学院的入学要求是拥有标准7证书(Hynd, 1945)。

20世纪30年代晚期一直到40年代，在殖民当局和传教士学校之间关于是否有必要为斯威士人提供高等教育的争论浮出了水面。在其1939年对土著人教育顾问委员会(Native Education Board of Advice)成员所作的演讲中，常驻专员查尔斯·L·布鲁顿(Charles L. Bruton)对斯威士人缺少高等教育机会的问题表示了担忧。他不赞同有些人认为的"为这么少的人花费这么多的钱不具有合理性"的观点(Times of Swaziland, 1939:1)。但是，教育部(Department of Education)的文件为高等教育设施的欠缺辩解称，"那些希望接受中等后教育的人，可以去南非联邦接受教育，那里有现成的设施和更高级的课程"。当局并没有为中等后教育安排经费或贷款(Department of Education, 1938:18)。

50年代，随着高等教育在英国更大块的殖民地(罗得西亚和肯尼亚)(Rhodesia and Kenya)得到发展，在领地非洲人教育顾问委员会(Territorial Advisory Board on African Education)内开始讨论在高级专员领地(High Commission Territories, HCTs)——巴苏陀兰(Basutoland)、贝专纳(Bechuanaland)和斯威士兰(Swaziland)建立一所面向非洲人的中央高等教育机构。而1957年不再允许斯威士学生进入南非联邦接受高等教育的一份公告也加快了上述决策的进程(Times of Swaziland, 1957)。

在英国筹划高级专员领地最终独立的进程中，斯威士兰的高等教育在60年代早期得到了迅速的发展。1962年，在布雷默斯多普开办了第一所同时培养中小学教师的培训机构：威廉佩切教师教育学院(William Pitcher Teacher Training College)(Department of Education, 1963)。同年，殖民地当局将斯威士兰各种族的教育体系整合到了一起，斯威士学生从此得以进入欧洲人的学校，而这些学校能够使他们更好地为接受第三级教育做准备（Department of Education，1962）。

更为重要的是，1964年，英国政府在位于巴苏陀兰罗马（Roma）的原庇护十二世天主教大学学院（Pius XII Catholic University College）的基础上组建了巴苏陀兰、贝专纳和斯威士兰大学（University of Basutoland，Bechuanaland，and Swaziland，UBBS）。尽管这所新大学是一所政府办的学校，但是创办原庇护十二世天主教大学学院的天主教兄弟会仍对学校具有相当的影响力，他们的影响力涉及大学的目标与使命，使得在其中包括了道德的和“神圣学说”的内容（Times of Swaziland，1963b）。与非洲的其他大学一样，这所大学的建设者们也认识到了要为即将到来的国家独立培养领导精英的迫切需要。因而，他们声称大学最重要的使命是要培养合格的“能够为这片土地创造物质资源的男男女女”（Times of Swaziland，1963b）。

1966年，莱索托、博茨瓦纳独立后，巴苏陀兰、贝专纳和斯威士兰大学更名为博茨瓦纳、莱索托、斯威士兰大学（University of Botswana，Lesotho，and Swaziland，UBLS）。尽管校址位于莱索托，这所大学由三个国家的政府共同出资，主要但并非仅仅招收来自这三个国家的学生（Grotpeter，1975；University of Swaziland，1991）。在庆祝大学落成的致辞中，有这样的声明，这所大学将会“在政治的风云变幻中保持自治”（Magagula，1978）。然而，这与政治力量介入创办和维持这样一所跨国大学的现实并不相符，而当时的南部非洲国家正经历着重要而又日益加剧的政治变革。此外，在这所新大学里明显表现出来的欧洲教育传统和残存的宗教的影子，与共建博茨瓦纳、莱索托、斯威士兰大学的这些新独立国家主流的反殖民主义的精神格格不入。

三个国家都实现独立后（1968年斯威士兰独立），UBLS的发展规划转变为在三个国家各建校区，并保留原来的大学作为协调机构。1964年，在斯威士兰的鲁恩格（Luyengo）创办了农学系，随后，在70年代初，在斯威士兰的克瓦鲁塞尼（Kwaluseni）和博茨瓦纳的哈博罗内（Gaborone）又分别建立了学院级别的校区（University of Swaziland，1991）。一些学者将这种转变视作UBLS终结的开始，因为最初筹建UBLS时的那些外来的设计者们之所以在非洲各地设立分校区是出于地区性目标的考虑，而且他们对学校的期望与独立后人们对学校的期望大相径庭（Magagula，1978）。尽管分布在各地的各个校区有着类似的殖民地的历史，并因此承袭了相似的西方文化的传统，诸如采用相同的教学语言，沿用英式的学校结构，但是独立后的各国奉行的是民族主义而非地区主义。因此，在追求新目标的过程中，国民教育制度，包括第三级教育阶段的课程将会起到非常重要的作用。

在这样的大趋势下，在这所大学里求学的学生们也表现出了民族主义的倾向。1974年起，围绕学校新的扩张计划的争吵导致各国学生之间的摩擦不断，UBLS的教职员和管理层也被裹挟其中。1975年1月的一次学生罢课反映出了学生们不同的民族立场，激起了一系列的校园抗议活动，这使得罗马（Roma）校区的大学管理层与其他校区之间的关系非常紧张（Magagula，1978）。并最终导致了罗马校区从UBLS中脱离出来并于1975年10月20日成立了国立莱索托大学（National University of Lesotho，NUL）（University of Swaziland，1991）。1976—1982年间，博茨瓦纳和斯威士兰仍然利用各自在克瓦鲁塞尼和哈博罗内的两个校区以博茨瓦纳和斯威士兰大学（University of Botswana and Swaziland）的形式联合办学。然而，将这所大学最终一分为二的计划也正是在这一时期酝酿形成了。斯威士兰大学（University of Swaziland，UNISWA）最终于1982年6月成为一所独立的教育机构（University of Swaziland，1991）。

1969年国家独立以来，一直到斯威士兰大学时代的早期，在政府的教育政策里重视的不是高等教育而是小学入学率的增加（Swaziland Government，1969，1983）。然而，高等教育的目标却是要满足该国对劳动力的需求。大学是围绕五大学科组建的，分别是：农学、教育、人文、科学和社会科学。学生如果想要学习专业性的学科，比如工程学和医学，就得去国外深造（Swaziland Government，1983）。

各校区走向独立的这一段过渡时期见证了影响高等教育的三要素之间的平衡所发生的变化，即从强力的国家主导到学术强势的转变。罗马校区的学术管理层掌握了相当程度的权力，并试图使这所新大学朝着主校区集权的方向发展，但是这最终却导致了三个南部非洲国家合作办学的终结。

斯威士兰高等教育的现状

在独立 30 余年之后，斯威士兰的教育目标发生了转向，高等教育在教育政策中占据了更为中心的地位。要对斯威士兰高等教育的现状进行令人满意的分析，就需要对 1982 年斯威士兰大学独立发展以来，斯威士兰的第三级教育的发展与前进的方向进行回顾。在这一时期，已经在斯威士兰扎根的高等教育，面临着三大主题：国内高级技术人才供求之间脆弱的平衡；斯威士民族与南部非洲地区之间一直存在的复杂关系；常常因为缺乏沟通而造成的大学与斯威士君权之间的紧张关系。这三大主题在 1986 年斯威士兰大学规划委员会(University of Swaziland Commission on Planning)的报告中得到了强烈的回应。报告声称"斯威士兰大学的历史、它在南部非洲地区所处的地位，以及当前王国的政治环境，赋予大学特殊的使命。大学的使命并不是学术共同体脱离这种历史、地域或环境而另外赋予大学的东西"(Ping, Turner, and Kamba, 1986:5)。

大学使命的核心在于满足国内对劳动力的需求。1985 年，斯威士兰大学规划委员会"受命对斯威士兰大学当前的发展规划以及规划的程序进行审查"(规划报告第 1 页)。其目的有三：明确与《1985—1990 大学发展规划》相关的政策问题；提出建议；与大学的管理层和教职员一起对规划进行审查。Ping 委员会报告(The Ping Commission)对当时国内的需求以及将来可能的需求进行了分析。报告指出，高中毕业生人数的增加对斯威士兰大学、教师教育学院和技术学院造成的招生压力在不断地加大。报告同时也指出，如果高等教育机构要培养出足够数量的能够满足社会需求的中高层人才，就需要加强大学和公私立机构之间的沟通。Ping 委员会担心如果缺乏沟通和精确规划的话，大学可能会迫于家长希望子女接受高等教育的压力而过快地膨胀。报告也提出了警告，认为如果"存在大量未就业或未完全就业的大学毕业生同样会危及王国的幸福"(Ping, Turner, and Kamba, 1986:11)。

1986 年，委员会报告由其预测的大学入学人数要高于第四次国家发展规划中的预测数字(1983—1984 to, 1987—1988)。委员会的预测是年均增长 8.5%，按照这一趋势，1990 年的入学人数将会增至 1783 人。委员会计算的增长率与政府的预测结果之间的差异让委员会感觉到斯威士兰政府与大学管理层之间存在沟通的障碍。在委员会看来，政府和大学管理层正在为斯威士兰大学的发展设计两种不同的发展模式。如表 59.2 所示，委员会对 1990 年时的情况所作的预测是准确的。

表 59.2 1982—2000 年斯威士兰大学各类教学项目的招生情况

课程	1982—1983	1985—1986	1990—1991	1996—1997	1999—2000
文科学士课程	223	335	629	—	—
理科学士课程	304	337	382	—	—
其他学位课程	208	363	359	—	—
商学类证书课程	93	80	133	—	—
农学证书课程	178	118	213	—	—
家政学证书课程	47	54	—	—	—
合计	1053	1287	1716	2533	2904[1]

注：[1] University of Swaziland, 1999—2000. 这一数据仅包括全日制学生。表中的其他数据包括一些在职学生。

在大学与政府沟通不畅的情况下，最令人担心的问题是政府能否基于对大学的发展所作的正确预测划拨足够的经费。尽管斯威士兰政府预测的大学发展速度不如规划委员会预测的那么快，但是政府给予大学发展的财政支持还是非常稳定的。实际上，在斯威士兰大学独立后的第二年，政府对大学的生均投入就达到了 23142 美元，同期对中学的生均投入仅为 2112 美元，而小学的生均支出只有 720 美元（Swaziland Government，1983）。此外，在 1994—1997 年间，计划内全部的生均教育支出的 18%投向了斯威士兰大学。而在这一时期，大学生人数却只占到大中小学学生总人数的 0.9%（Swaziland Government，1994，1997）。从这个角度来看，自从大学独立后，政府的预算就明显地倾向于第三级教育机构。

最近，斯威士兰政府承认了这种对中学后教育的倾斜；按照 1997 年发展规划中的表达，这是“由需求驱动的增长”所造成的。不过，这份规划同时也提出财政资源应该从第三级教育向初等教育转移（Swaziland Government，1997）。这一建议所暗示的是高等教育公共支出的削减，而这一趋势与许多发展中国家在当前的经济困难中的表现是一致的。与此同时，与许多的发展中国家一样，斯威士兰接受中学后教育的学生人数却增长迅猛。按照阿尔特巴赫的观点，这导致了“学术水平的显著降低”（Altbach，1998:6）。

自独立以来，为满足这个发展中国家的需求，除斯威士兰大学外，又有一批其他的第三级教育机构建立起来。师范生可以在位于恩赫兰加塔（Nhlengano）的恩戈瓦尼教师教育学院（Ngwane Teacher Training College）和位于曼齐尼（Manzini）的拿撒勒教师教育学院（Nazarene Teacher Training College）接受执教初等教育的职前培训，两校除开设一般的基础课程外，还提供农学和家政学的专业课程。中学教师主要由曼齐尼的威廉佩切教师教育学院（William Pitcher Teacher Training College）培养。而技术性更强的职业教育课程则须由斯威士兰大学的鲁央格校区（Luyengo campus）和位于姆巴巴内（Mbabane）的斯威士兰技术学院（Swaziland College of Technology，SCOT）提供。此外，马特萨法（Matsapha）的格瓦米尔职业与商业培训学校（Gwamile Vocational and Commercial Training Institution，VOCTIM）也提供一些职业培训课程（Swaziland Government，1997）。1982 年以来，各个层次的高等教育的发展情况请参见表 59.2。

技术类院校的发展

独立后，为满足这个发展中国家的需要，除斯威士兰大学外，还有一批其他的第三级教育机构也建立起来。教师教育学院包括：服务小学教育的恩戈瓦尼教师教育学院和拿撒勒教师教育学院，以及服务中等教育的威廉佩切教师教育学院。职业教育则由斯威士兰大学的鲁央格校区，斯威士兰技术学院，以及马特萨法的格瓦米尔职业与商业培训学校承担（Swaziland Government，1997）。

尽管大学和技术学院的发展比较稳定，教师教育学院却没能如此。部分的原因要归结到对国内教师需求量的争议上。一方面，斯威士兰的政府报告认为，独立后国内师资短缺的情况已经得到缓解，而在另一方面，Ping 委员会提出的证据所表明的情况却正好相反。委员会报告注意到了每年都有不少招聘教师的广告，有大量的外籍教师活跃在本国的校园里，而且师生比也过高（Ping，Turner，and Kamba，1986）。此外，另有数据表明，国内培养的斯威士教师却不断地流向南非的那些待遇更好的学校。仅 1990 年 3 月的一个月里就有 90 名教师“因为政府拒绝支付更为合理的薪水，为了改善工作条件”而辞职赴南非谋求更好的教学职位。

大学使命的缺失

斯威士兰大学的首任校长（vice-chancellor）山姆·古玛博士（Dr. Sam Guma）表达了确立大学使命的愿望，大学的使命应该在培育高质量的技能型人才与追求学术知识、发展科学研究之间取得平衡。在成为校长之前，他曾公开表示他“不相信教育只是出于教育自身的目的……尤其是在像我们这样的发展中国家”。他希望大学开设“旨在解决发展中所遇到的问题的课程”，同时他也重视学术研究对于大学的意义。他设想通过“开展服务于斯威士兰发展与需求的研究”以使这双重的使命结合起来（Times of Swaziland，1979:4）。

在斯威士兰大学独立后的五年里，新任的代理校长（acting vice-chancellor）莉迪亚·马克胡布博士(Dr. Lydia Makhubu)为大学的未来制定了规划。1987 年，在克瓦鲁塞尼(Kwaluseni)举行的毕业典礼上，她说现在不仅是突破现有的五大专业的时候，也是“(大学)真正地在自身的活动中以促进(国家)发展为取向”，“使学术活动聚焦于满足斯威士国家需求”的时候了(Times of Swaziland, 1987:4)。这些声明反映了大学要满足国家发展的需求这一持续不变的目标。

在 1987 年毕业典礼上的校长讲话与新即位的国王姆斯瓦蒂三世的讲话中所传达出来的信息很显然并不一致。这预示了 20 世纪 90 年代大学与君权之间的冲突。在讲话中，马克胡布博士指出了另外两个当前所面临的问题：区域主义与国家主义，以及大学与斯威士兰政府的合作。斯威士兰大学与博茨瓦纳的正式联盟关系刚刚结束五年，这位校长就提出了要在高等教育机构间进行地区合作。她指出，“大学间的合作非常重要，因为这能够为思想、经验的交流，以及为制定应对共同挑战的联合战略提供平台”。她说，这些问题是“非洲所有的大学所面临着的共同的挑战”(Times of Swaziland, 1987:4)。

然而，年轻国王的讲话回避了任何有关区域合作的表达。相反，他在讲话中强调了国家主义而非区域主义，他声称“斯威士兰大学应当始终致力于与它所服务的人民融为一体”(Swazi Observer, 1987:4)。他同样也不认同斯威士兰大学是一个“在学术上，思想不受限制的天堂”，他认为这所大学应该服务于唯一的目标，那就是培育忠诚于王室，“全身心服务国家”的公民(Swazi Observer, 1987:1)。这番话出自于一位不仅拥有至高无上的权力，而且兼任着大学名誉校长的国王。

在其首次利用斯威士兰大学这一平台所作的公开讲话中，这位国王也表达了王室与受过教育的未来精英们——大学生之间的互不信任。他在讲话中一开始就提醒学生，国家每年为使他们能够获得接受高等教育的权利而作出的巨大的财政牺牲。因此，作为回报，国家希望的是“谦逊且努力地为国家服务，而不是高傲与自负”(Swazi Observer, 1987:1)。显然，这位未及完成学业即加冕的国王与大学的关系从一开始就不无敌意。20 世纪 90 年代，斯威士兰高等教育的主要特征之一就是大学的日益政治化，一如它对国家政治、经济的影响也急剧增强。

高等教育对斯威士兰政治和经济影响

按照萨缪尔·阿泰(Samuel Atteh)的观点，“非洲正在经历着教育危机，而其中问题的很大一部分存在于高等教育之中”(Atteh, 1998:468)。在阿泰看来，这场危机的复杂性是由于许多与政治、经济不稳定相关的问题所造成的。在过去的 20 年里，高等教育与斯威士兰政府之间糟糕的关系，经济的不稳定，与南部非洲邻国之间的竞争(尤其是南非)，以及未曾消除的西方影响，所有的这一切都意味着斯威士兰无法在地区性的危机之中幸免。

在斯威士兰，大笔的公共财政补助投向了大学教育，这引起了大学与政府之间关系的紧张。这种紧张关系的显著表现之一，用校长马克胡布的话来说，就是大学的管理层完全没有感受到“思想的解放”。其中部分的原因在于阿尔特巴赫(Altbach, 1998)所指出的全世界的高等教育体系都面临的自治与问责之间的结构性的冲突。而就斯威士兰而言，涉及矛盾冲突的不仅有大学的教职员工与政府，而且还有大学生。这些学生一方面享受政府提供的学费和生活费补助，而在另一方面又要求享有一定程度的不受政府干预的学术自治。在斯威士兰，只有第三级教育的学生能够获得财政资助。相反，初、中等教育需要家长支付学费、制服费和其他学校用品的费用。这种体系使得原本享有特权的人群更加受惠，而原本被边缘化的人群则非常难以享受到接受高等教育的机会(Psacharopoulos, 1998; Neave and van Vught, 1994)，这强化、维系了现有的斯威士精英阶层。

而在另一方面，优质高等教育机构的发展还需要更大量的公共经费的投入。在 Ping 委员会报告中讨论过，但仍未得到彻底解决的一个问题就是没有足够的经费来提高教职员的薪资水平，这非常不利于大学教职员的招募与队伍的稳定。与大学质量有关的问题往往成为大学界人士与政府之间争议的焦点。随着大学走向成熟，学生对这些方面的抱怨也越来越直接。20 世纪 80、90 年代的学生抗议活动经历了类似于苏纳尔和哈斯(Sunal and Haas, 1998)所描述的路线，二人声称整个非洲大陆的学生都在抗议一系列的问题,从食物的质量、生活条件到学费成本分担,再到政治行动主义和抗议。

第一次严重的学生抗议活动发生在1984年。当时,大学生们表达了他们对于林可可(Liqoqo)试图非法篡夺宪法赋予王室的权力的抗议(林可可传统上是对国王最有影响力的咨询委员会;它由王室德高望重的高级成员组成。在1982年老国王索布扎去世到1986年新国王姆斯瓦蒂三世即位之前,按照传统应由皇太后摄政。然而,在1983年发生了林可可高级成员密谋篡权但终被保皇派精英挫败的事件)(A. Booth 2000)。当时,大学生的示威活动是由人民联合民主运动(People's United Democratic Movement, PUDEMO)的创立者和领导者领导的,这是一个以争取广泛的民主为旗号的最主要的反对斯威士兰君主制的组织。1984年的学生抗议主要是反对林可可解散现有的学生组织,并在其中安插"傀儡"企图破坏大学(Levin, 1997:197)。大、中学生的抗议游行持续了一整年,遭到了警察的暴力镇压,并有不少的学生在冲突中受伤。1984年12月,斯威士兰大学被关闭,政府的后续调查将矛头指向了"外部势力",认为许多问题是由包括外籍教师和那些与非洲国民大会(African National Congress, ANC)有联系的学生在内的外部力量煽动的。报告公布后,斯威士兰大学的两位外教即遭解聘,同时被开除的还有21名学生,而这标志着大学生与斯威士兰政府之间一系列持续的矛盾冲突的开始(Levin, 1997)。

最初的这次学生抗议活动反映了几个层面上的矛盾,而其中最重要的矛盾持续至今。首先是学生群体政治意识的不断增强。他们希望对他们认为的错误集体发出声音,包括对政府镇压的反对。第二个矛盾与先前提到过的国家主义与区域主义之间的冲突有关。也就是说,尽管斯威士兰看到了与邻国合作对于自身发展的必要性,但是王室对其强邻——南非的态度是复杂矛盾的。在南非实行种族隔离的年代里,斯威士兰大学的学生团体中就活跃着不少来自南非的流亡者,他们因为在政治上的活跃而无法见容于本国的教育系统,而只能去他国寻求大学教育(Levin, 1997)。因此,当斯威士兰实际上在为政治流亡者提供庇护的同时,政府却不得不为此承担政治风险。这造成了斯威士兰政府与南非之间的关系紧张。而与此同时,斯威士兰政府也日益惧怕这些政治流亡者代表非国大,或是代表斯威士兰大学的学生团体开展的政治活动所造成的后果。

在20世纪80、90年代剩下的岁月里,学生们不断地针对大学内部和整个国家存在的问题发起抗议活动。最严重的暴力骚乱之一发生在1990年年底,并以"黑色星期三"之名为人所熟知。这次抗议活动从11月12日,星期一开始。学生罢课、在校内举行游行示威活动所针对的问题包括以下几个:食堂伙食质量低劣,学生津贴水平低,还有一名学生和一名讲师因遭政府叛国罪指控而被开除(Dempster, 1995)。11月14日,星期三,武装军警开进校园,要求参与抗议的学生在30分钟内离开。紧接着就是空前的警察暴力,数百名学生受伤,部分重伤,一人被报死亡。这些事件迫使学校在当年被关闭数月。1994年,矛盾再次激化,学生们违背当局的意志组织纪念"黑色星期三"的活动,由此引发了新一轮的学生开除和停学潮(Dempster, 1995; Mbuli, 1990a:1)。

20世纪90年代政治抗议不断升级,大学生的抗议活动也呈现出新的特点。工会和当时的斯威士兰全国教师联合会(Swaziland National Association of Teahcers, SNAT)为薪酬和工作条件罢工罢课,而大学和教师教育学院的学生则公开游行示威声援他们的斗争。教师教育学院的学生在他们的抗议行动中开始支持斯威士兰大学的学生,由此,反抗政府官员的一道强大的联合阵线已经形成(参考1996年1月《斯威士兰时报》对这次空前的大罢工一整个月的报道)。这种行动主义所造成的特别值得我们注意的后果是,随着斯威士兰大学学生、教职员和管理者的日益政治化,影响大学的三要素之间的三角平衡关系出现了重大的变化,与其他的两个要素相比,国家的权力得到了强化。

中等后教育体系面临的挑战

除了与非洲其他国家的高等教育体系一样面临周期性的挑战之外,斯威士兰的高等教育还须独自面对一些特殊的当代的问题,这些问题给原本就脆弱的公立高等教育机构造成了额外的压力。这些问题包括:高等教育中的性别差异,艾滋病对大学人群的影响,以及日益严重的人才流失对第三级教育和对国家发展所造成的影响。

在性别差异方面,与其他的发展中地区相比,斯威士兰高等教育中的女性比例在非洲地区更低(Sunal and Haas, 1998)。在斯威士兰,男孩、女孩接受小学教育的机会是均等的,但到了大学阶段,女生已经大多被剔除出了教育系统,造成了性别不平等的问题(参见表 59.3)。尽管第三级教育阶段的性别差异问题近年来已经有所改观,但是要让女性获得真正平等的高等教育的机会仍然是个问题。除了人权方面的考量外,占人口总数 53%的女性所拥有的劳动技能,对国家的发展也是至关重要的(Swaziland Government, 1995:9)。尤其重要的是,随着大量男性劳动力持续地流入南非务工,更大比例的女性需要接受高层次的教育以填补国内劳动力的缺口(M. Booth, 1996; 2000)。

表 59.3 1982—2000 年斯威士兰大学、教师教育学院和技术培训学院的男女生人数

	1982—1983	1985—1986	1990—1991	1996—1997	1999—2000
斯威士兰大学					
男生	—	—	—	—	1514
女生	—	—	—	—	1390
教师培训学院					
男生	374	329	285	—	—
女生	846	606	376	—	—
合计	1220	935	661	881[1]	—
技术培训学院					
男生	—	290	769	—	—
女生	—	220	204	—	—
合计	527	510	973	1300[2]	—

注:[1] Swaziland Government, 1996;[2] Swaziland Government, 1997.
来源:Swaziland Government, 1983, 1988, 1991, 1995.

近年来,艾滋病在斯威士兰人口中日益严重的恶性扩散所造成的悲剧性后果已经严重影响到了人口的增长率,枯竭了青壮年劳动力,而受影响最大的也许正是大学生、大学毕业生以及学校的教师。例如,1998 年的联合国报告显示,在斯威士兰15～49 岁的人口中有 20%～26%的人与艾滋病有关(Hall, 1999)。1999 年,形势急剧恶化,斯威士兰名列全球艾滋病毒感染率最高的国家之一;居民预期平均寿命从 58 岁下降到 39 岁(CNN, 1999)。1999 年 3 月的一项由联合国儿童基金会资助的调查发现,该国约 30%的人口感染了艾滋病病毒。报告同时指出,最容易感染艾滋病病毒的正是在经济活动上最为活跃的15～29岁年龄段的人群(Hall, 1999)。

斯威士兰大学以及其他的一些高等教育机构特别容易受到这种流行性疾病的侵扰,因为这些机构中的易感人群比例很高。用阿兰·布斯(Alan Booth)的话来说,正是"受过教育的中产阶级受到了最大的冲击,它夺走了这个国家大量的未来的人才和智囊"(A. Booth, 2000:23)。例如,在 1999 年,教育部报告指出,在每周与艾滋病相关的死亡报告中,有四分之三来自于该国为数 8000 人的学校教师队伍。最终,一改官方先前对此种病毒的沉默态度,国王姆斯瓦蒂三世在 1999 年斯威士兰大学的毕业典礼上警告大学的师生"是艾滋病毒的易感者",因而"应该采取预防措施以避免不幸发生"(Swazi Observer, 1999c:1)。

当代斯威士兰面临着的第三大问题是大量的斯威士专业人才移居海外,或是借用人们谈及在非洲发生的此类现象时常用的名词来概括的话，就是所谓的智力外流(brain drain)。教师的流失对学校的教育产生了消极的影响，而大批教授奔赴他国，尤其是南非，以寻求更好的职位也使得斯威士兰大学饱受困扰。1999年9月，在斯威士兰大学的毕业典礼上，执行副校长，巴纳巴斯·德拉米尼(Barnabas Dlamini)教授要求"对教职员的工作条件进行调查，以遏制教师因为待遇问题而大批流失的势头"(Swazi Observer, 1999a:1)。直到2000年8月，2000—2001学年的教职仍有12个岗位空缺(University of Swaziland, 2000a)。尽管斯威士兰大学招募了不少外籍教师，但是仍有这样或那样的岗位因为薪水和教学负担的问题而空置。教职员本应积极地开展科研活动，但是学生数量的庞大所造成的教学负担制约了教师科研活动的开展。

斯威士兰大学当前的科研活动主要集中在满足国家发展的需要上，比如：农科技术和小企业行为(University of Swaziland, 2000b)。但是很难说斯威士兰大学对科研活动到底有多重视。斯威士兰大学已经关闭了两个致力于在本国开展科研活动的大学研究中心。主要集中在20世纪80年代，社会科学研究所(Social Science Research Unit)和斯威士兰教育研究中心(Swaziland Institute for Educational Research)在国内开展了一系列有关本国问题的研究，这些研究在很大程度上影响了我们对斯威士兰及其人民的认识，对于国家的发展也具有重大的意义。在这两所机构被关闭后，尽管还有一些学者仍在从事科研活动，但是他们在学术追求过程中所能得到的系统的支持就大为减少了。

离开这个国家的专业人才并非只有教师和教授。刚离开大学的毕业生因为担心凭借所学专业难以在国内就业，也选择远赴他国求职。斯菲韦·德拉米尼(Siphiwe Dlamini)指出，1999年的毕业生对于自己的就业机会"表现出了怀疑主义"。近年来，法学、电气工程和教育学的毕业生都在抱怨国内缺少就业机会(Swazi Observer, 1999b:1)。这些沮丧的毕业生也许不久就会去别国寻找工作。萨缪尔·阿泰(Samuel Atteh)认为，部分地归咎于这一现象，撒哈拉以南非洲地区的高等教育在独立后所取得的进步，遭到了破坏(1998)。

对未来发展的建议

如果斯威士兰要建立起健康、可持续的，且能为这个国家及其人民的发展作出贡献的高等教育体系，那么就需要对影响高等教育的三大基本要素之间的关系进行调整，以使之更加平衡。我们已经看到，在斯威士兰，国家权力、市场力量和学术寡头这三大要素是怎样地此消彼长的。而在当今斯威士兰迫切的教育需求下，各层次教育的健康发展需要上述这三大要素之间形成更为合作与协调的关系。

近来，世界银行为改进非洲的高等教育提出了四点建议：鼓励教育机构的差异化，包括私有化；高等教育经费来源的多样化；政府在高等教育中的角色的重新定位；提高第三级教育的质量而非数量(Sunal and Haas, 1998)。但是，这四点建议能在多大的程度上对斯威士兰高等教育的改善发挥作用，还得取决于这四条建议付诸实施之后能够在多大程度上加强大学的自治，提高学术质量，以及推动国家的发展。第三级教育高昂的成本使得采取一些成本分担的措施变得十分必要，唯此才更有助于提高自治的程度、学术的质量，以及课程项目的适切性。成本分担的措施应该适用于享受高等教育的学生、受惠于高质量的大学毕业生的私营企业，以及在南部非洲地区推动高等教育课程项目地区性合作的机构。

此外，任何高等教育的进一步发展都仰赖初等和中等教育的普及和质量的提高。每个阶段的教育目的、目标应该相互衔接。斯威士兰政府如果脱离整个的学校系统，就难以充分地讨论高等教育所涉及的教育财政、私有化、课程，以及入学资格方面的变化。

最后一点，殖民地时代高等教育的文化遗留仍然在影响着当今斯威士兰的第三级教育。大学的学生构成仍然具有精英主义性质，而这种精英主义对于造成今天斯威士兰社会中西方化的中产阶级与更为传统的斯威士人之间的割裂亦负有这样或那样的责任。如果大学要为国家的建设作出贡献，那就势必要革除自身不利于社会团结的精英主义的态度，就必须就其在社会中的地位与政府达成更为广泛的共识。

参考文献

Africa Business Network. 1997. "Country Information Center: Swaziland Profile." Available online at: http://www. ifc. org/abn/cic/swaziland/english/prof. htm

Altbach, P. G. 1998. "Patterns in Higher Education Development: Towards the Year 2000." *Review of Higher Education* 14 (Spring 1991): 293-316.

Atteh, S. O. 1998. "The Crisis in Higher Education in Africa." In K. Kempner, M. Mollis, and W. G. Tierney, eds., *Comparative Education*. Needham Heights, Mass.: Simon and Schuster Custom Publishing.

Booth, A. R. 2000. *Historical Dictionary of Swaziland*. 2nd ed. Lanham, Md.: Scarecrow Press.

Booth, M. Z. 1996. "Parental Availability and Academic Achievement among Swazi Rural Primary School Children." *Comparative Education Review* 40 (August): 250-263.

——. 2000. "The Home Environment and School Achievement: A Longitudinal Study of Primary School Children in Swaziland." Paper presented at the annual conference of the Comparative and International Education Society, San Antonio, Texas, March 12.

CNN (Cable News Network). 1998. "UN: Number of AIDS Cases Up by 60 Million," November 24. Available online at: http:// www. cnn. com/HEALTH 頑 24/global. aids/

——. 1999. "Life Expectancy in Africa Cut Short by AIDS." March 19. Available online at: http://www. cnn. com/HEALTH 餃 18/ aids. africa. 02/

Dempster, C. 1995. "Student Unrest Rocks Swaziland Royal Rulers." *Times Higher Education Supplement*, March 24:11.

Department of Education. 1938. *The Annual Report on Education in Swaziland for the Year* 1937-1938. Mbabane, Swaziland: Department of Education.

——. 1962. *Swaziland Annual Report Summary for* 1962. Mbabane, Swaziland: Department of Education.

——. 1963. *Swaziland Annual Report*, by the Director of Education for the Year 1963. Mbabane, Swaziland: Department of Education. EIU (Economist Intelligence Unit). 1999. Country Profile: Namibia Swaziland, 1999-2000. London: EIU.

Grotpeter, J. J. 1975. *Historical Dictionary of Swaziland*. Lanham, Md.: Scarecrow Press.

Hall, J. 1999. "AIDS Poses Serious Crisis for Swaziland." Swazi News, March 29. Available online at: http://www. swazinews. co. sz/stories/29mar299. htm

High Commissioner's Office. 1920. "Compulsory Education (Swaziland) Proclamation, 1920." Swaziland Archives, Lobamba, Swaziland (File RCS 621/17).

Hynd, D. 1945. "Swaziland in the Making." *Times of Swaziland*, April 12.

Levin, R. 1997. *When the Sleeping Grass Awakens: Land and Power in Swaziland*. Johannesburg: Witwatersrand University Press.

Magagula, C. M. 1978. "The Multi-national University in Africa: An Analysis of the Development and Demise of the University of Botswana, Lesotho, and Swaziland." Ph. D. dissertation. University of Maryland.

Mbuli, G. 1990a. "Closed! Cops Moved in on Students with Truncheons." *Times of Swaziland*, November 15.

——. 1990b. "Government Sends Teachers Away." Times of Swaziland, March 13.

Ministry of Economic Planning and Development. 1997. *Development Plan* 1997/98-1999/00. Mbabane: Government of Swaziland. Economic Planning Office.

Neave, G., and F. van Vught. 1994. "Government and Higher Education in Developing Nations: A Conceptual Framework." In *Government and Higher Education: Relationships across Three Continents*. New York: Pergamon Press.

Ping, C. J., I. D. Turner, and W. J. Kamba. 1986. "University of Swaziland, Commission on Planning, 1986." Unpublished report. Kwaluseni, Swaziland: University of Swaziland.

Psacharopoulos, G. 1998. "Higher Education in Developing Countries: The Scenario of the Future." In K. Kempner, M. Mollis, and W. G. Tierney, eds., *Comparative Education*. Needham Heights, Mass.: Simon and Schuster Custom Publishing.

Sunal, D. W., and M. E. Haas. 1998. "Issues for Higher Education in Sub-Saharan Africa." In C. Szymanski Sunal, ed., *Schooling in Sub-Saharan Africa*. New York: Garland Publishing.

Swazi Observer. 1987. "'Guard against Conceit,' His

Majesty Urges Students." September 14.

——. 1999a. "Exodus of Lecturers a Concern for UNISWA." September 20.

——. 1999b. "Graduates Worried about Employment." September 20.

——. 1999c. "His Majesty Warns UNISWA Graduates on AIDS Threat." September 20.

Swaziland Government. 1969. *Development Plan*, 1969/70-1972/73. Mbabane, Swaziland: Economic Planning Office. Ministry of Economic Planning and Development.

——. 1983. *Development Plan*, 1983/84-1987/88. Mbabane, Swaziland: Economic Planning Office, Ministry of Economic Planning and Development.

——. 1994. *Development Plan*, 1994/95-1996/97. Mbabane, Swaziland: Economic Planning Office, Ministry of Economic Planning and Development.

——. 1995. *Annual Statistical Bulletin*, 1995. Mbabane, Swaziland: Central Statistics Office, Ministry of Economic Planning and Development.

——. 1996. *Education Statistics*. Central Statistical Office.

——. 1997. *Development Plan*, 1997/98-1999/00. Mbabane, Swaziland: Economic Planning Office, Ministry of Economic Planning and Development.

Times of Swaziland. 1939. "Native Education Board of Advisers. Opening Address by His Honour the Resident Commissioner." April 20.

——. 1957. "Higher Education for Africans in High Commission Territories." March 30.

——. 1963a. "Roma to Be University at Beginning of 1964." June 21.

——. 1963b. "New Roma Offers Big Opportunities for Territories' Students." June 28.

——. 1979. "University's Top Man Talks of Learning, and Life." June 28.

——. 1987. "UNISWA Appeals for Clear Mandate." September 14. University of Swaziland.

——. 1991. University of Swaziland Calendar for 1991-1992. Kwaluseni: Publications and Information Office, University of Swaziland.

——. 2000a. Vacancies at UNISWA. Available online at: http:// www. uniswa. sz/ vacan-cies/ vacancies. html

——. 2000b. Research at UNISWA. Available online at: http://www. uniswa. sz/research

Watts, C. C. 1924. Enclosure to Resident Commissioner's Despatch Swaziland no. 357 of November 15, 1924. Mbabane, Swaziland, Saint Marks Coloured School.

60 坦桑尼亚

丹尼尔·姆库德
布莱恩·库克赛

引 言

坦桑尼亚的国土面积近 100 万平方公里(386000 平方英里),东临印度洋,与 8 个东、中部的非洲国家接壤。坦桑尼亚的人口从 20 世纪 70 年代的 1800 万增加到了现在的 3000 多万。坦桑尼亚的人均国内生产总值为 490 美元,农业部门吸收了贡献一半 GDP 的 85%的人口。近 3%的年均人口增长率给坦桑尼亚带来了年轻的人口结构,全国近一半的人的年龄在 15 岁以下。经历了 20 多年的一党政治后,在 1995 年,坦桑尼亚开启了多党政治体制。

坦桑尼亚的"中学后教育"体系包括全国各类机构开办的课程和项目。这些机构在水平、地位和定位上各有不同。在坦桑尼亚,这些机构的区别涉及招生的标准、课程的学习年限和深度、发放的文凭,以及教师的任教资格。根据这些方面的区别,习惯上把这些机构分为开设真正的高等教育课程的高等教育机构和没有开设真正的高等教育课程的教育机构这两类。在高等教育机构中,又通常按照开设的课程是否达到大学层次区分为两类。基于以上的分析,坦桑尼亚的中学后教育机构可以分为三个大类:不提供高等教育的中学后教育机构;非大学层次的高等教育机构;大学层次的高等教育机构。

在坦桑尼亚,不提供高等教育的中学后教育机构包括:护理培训学校(nursing training schools)、教师培训学院(teacher training colleges)、农业畜牧培训中心(agricultural and livestock training institutes)、文秘学院(secretarial colleges),以及其他一些通常招收通过普通水平考试(O-level)成绩良好,或是通过高级水平考试(A-level)成绩合格的学生的学院。这些机构开设的课程通常学制 1—3 年,学成后可获得文凭或证书。

不提供大学层次教育的高等教育机构包括那些开设了三年制课程的院校。修完课程,最高可以获得"高级文凭"(advanced diploma)。这些教育机构实质上是中级的高等进修学院,致力于培养在国家的职业体系中胜任中级或中等层次岗位的专业人才。近年来,有两所此类的教育机构,即位于达累斯萨拉姆的财政管理学院(Institute of Financial Management)和位于莫罗戈罗(Morogoro)的发展管理学院(Institute of Development Management)与国外的大学合作开设了硕士研究生层次的学位课程。这两所学校之所以采取这种措施,是因为它们认识到本校培养的,获得了高级文凭的毕业生无法直接升入坦桑尼亚公立大学开设的硕士研究生课程。大学层次的高等教育机构则指的是那些开设了学士学位及更高学位层次的课程的高校。

历史背景

1961 年独立时,坦桑尼亚值得一提的中学后教育机构寥寥无几。少数的几所教师培训学校招收普通水平考试(第四类)的学生。该国的第一所高等教育机构是在 1961 年作为伦敦大学的一个学院建立起来的。当时它被称作坦噶尼喀大学学院(University College of Tanganyika),最初只有一个法学系。学院的校舍是向执政党坦噶尼喀非洲民族联盟(Tanganyika African National Union)租借的。大学被视作消除贫困、无知和疾病的强大的战略性武器,因而政府在 1960 年作出了建立大学的决定。执政党为大学提供办学的场所并不仅仅体现了政治上的支持,同时也表明了为大学教育提供资源的意愿。1964 年,通过在国内外大规模地筹集资金,学院终于搬迁到了在瞭望山上(Observation Hill)属于自己的校址,也就是今天的达累斯萨拉姆大学(University of Dar es Salaam)的所在地。1963年,与麦克雷雷学院(Makerere College)和内罗毕大学学院(University College of Nairobi)一起,这所学校成为东非大学(University of East Africa)的下属学院。当时该校被称作达累斯萨拉姆大学学院(University College Dar es Salaam)。1970年,东非大学解散,各国按照各自国家的利益控制和发展自己的大学。于是在1970年7月1日,达累斯萨拉姆大学学院成为一所独立的国立大学。国家元首出任该校的名誉校长(chancellor)。

自那时起,这所大学就成为政治争论和政府关注的焦点。政治领袖坚信大学是反贫困、反无知和反疾病斗争中的战略伙伴,所以他们极力地将大学纳入政府的中心计划和意识形态。执政党通过不同的形式,试图将对大学事务的党派控制制度化。首先,1970年,执政党的前执行秘书(executive secretary)被任命为大学的校长(vice-chancellor)。这是向大学界传递出了明确的信息:大学要沿着执政党所期望的方向进行改变。

其次,党在1974年通过了穆索马决议(Musoma Resolution)。决议规定只有服满一年义务兵役,工作至少两年,表现良好,且得到雇主积极推荐的人才有资格接受高等教育。这些条件意味着要把那些离经叛道者从高等教育的申请者中剔除出去。

第三,建立发展研究中心,且规定大学一、二年级的学生都必须接受必修的发展研究的公共课程。按照大学的介绍,开设这门公共课程的目的有以下几个方面:

- 向学生介绍第三世界,尤其是非洲和坦桑尼亚社会发展的理论和问题。
- 引导学生认识国家和国际层面上各种不同的发展战略。
- 促使学生形成分析和解决与本专业相关的发展问题的合适的工具。

政府与公立大学之间的关系向来紧张。政府试图将大学纳入其中央计划,而大学则出于担心失去西方大学所享有的自治与学术自由而对此进行无声的抵制。

坦桑尼亚高等教育的历史发展可分为四个阶段。第一阶段是1961—1974年。在这一阶段,随着坦噶尼喀大学学院的建立,本土的高等教育开始出现了。尽管最初只有一个法学系和11名学生,但是到了1974年,学生人数已经增加到了1852人,系部的数量也增加到了6个,即人文与社会科学系(建于1964年)、科学系(1965年)、医学系(1968年)、农学系(1969年)和工程学系(1973年)。在同一时期,还有6所非大学的高等教育机构被建立了起来。它们是:达累斯萨拉姆教师培训学院(Dar es Salaam Teacher Training College)(1966年)、达累斯萨拉姆技术学院(Dar es Salaam Technical College)(1971年)、发展管理学院(Institute of Development Management)(1972年)、财政管理学院(Institute of Finance Management)(1972年)、国家社会保障培训中心(National Social Welfare Training Institute)(1974年)和国家交通学院(National Institute of Transport)(1974年)。除发展管理学院设在姆祖姆贝(Mzumbe)外,其他几所学校都设在达累斯萨拉姆。

高等教育发展的第二个阶段是1974—1983年。在这一阶段里出台了许多对国家整个的教育体系产生重大影响的重大决策。1974年,执政党通过的几项决议对国家的教育产生了根本性的影响。这些决议规定,到1977年要在全国普及初等教育,各级教育都要将理论与实践结合起来,接受高等教育的前提是要在服完一年的义务兵役后还要有两年的工作经历。最后的这一项规定造成了许多负面影响。首先,在这项政策实施的10年里,接受高等教育的公民数量减少了25%。其次,在通过高级水平考试之后到允许升入高校之前的这三年时间里,有不少符合入学条件的学生已经肩负各种责任而放弃了追求大学文凭的理想。在这一方面,女性所受到的影响最大。第三,由于这三年的延迟,不少学生的学业已经荒疏,这对学业成绩也造成了负面的影响。

教师和学生都对“穆索马决议”感到担忧。这项政策的实施对坦桑尼亚高等教育体系造成的损害是难以估量的。其中尤以科学类的学位课程受到的影响最大。为了改变这一政策,人们进行了不懈的努力,花费了10年的时间执政党才被说服此项政策弊大于利。

第三个阶段是1984—1993年。这一阶段有三个方面的重大发展。第一,执政党在1984年推翻了原来的大学招生政策。一时间,符合录取条件的学生数量大大超出了招生的能力。由于高校的容量有限,因此不得不提高最低录取标准以便各校能够招收足够数量的学生。例如,达累斯萨拉姆大学只能招收达到该校最低录取标准的申请者中的三分之一。

这一阶段第二个方面的发展是建立了坦桑尼亚的第二所公立大学,索科伊内农业大学(Sokoine University of Agriculture)。该校是在达累斯萨拉姆大学的农、林、兽医科学系的基础上发展起来的。尽管一开始的时候只开设了3种授予学位的专业,但到了1993年,它已经设有8个专业了,包括农业工程、食品科学与技术、园艺学、动物科学、家政学和人类营养学。这个阶段的另一项重大发展是建立了第三所公立大学,坦桑尼亚开放大学(Open University of Tanzania, OU)(1992)。该校开设法学、科学、教育学、人文与社会科学的学位课程。开放大学的学生规模增长迅猛。也是在这个阶段,达累斯萨拉姆大学实现了一系列的发展,其中包括教育系的设立(1989年),医学系升格为学院(1991年成为莫西比利健康科学大学学院,Muhimbili University College of Health Sciences),增设了信息学专业(1990年)、体育运动与文化专业(1993年),和通信与电子科学专业(1993年)。

高等教育发展的第四个阶段是从1994年至今。这一阶段的特点是高等教育供应的自由化。1994年,个人或团体被允许合法地开设私立高等教育机构,并收取学费。到1999年,已经有6所高校登记为不同层次的私立大学,有5所高校登记为不同层次的私立大学学院。也是在这一时期,坦桑尼亚的第一所高等教育机构开始了名为达累斯萨拉姆大学机构改革计划(University of Dar es Salaam's Institutional Transformation Program)的系统性的自我评估和改革。其他的高等教育机构也迫切地仿效了这一做法的某些成功的经验,受到了政府和资助者的广泛好评。独立以来,实际上每一个政府部门或是准国营机构都竭力创建自己的第三级教育机构以满足本部门的人力资源需求。据估计,坦桑尼亚在1961—1985年间建立的第三级教育机构超过了140家。

1990年之前,坦桑尼亚并没有真正试图对高等教育进行过协调和监管。但在20世纪90年代,随着1990年科学、技术和高等教育部(Ministry of Science, Technology, and Higher Education)的成立,以及随后高等教育认证委员会(Higher Education Accreditation Council)于1995年成立,坦桑尼亚建立协调的高等教育体系的努力才真正开始得到落实。

要理解第三级教育机构迅猛发展的作用和重要性,就非常有必要去了解造成这一现象,并且这些教育机构在其中运行的社会政治环境。独立时,坦桑尼亚继承下来的教育体系由4年的小学教育,4年的普通水平(O-level)教育("中学")和2年的高级水平(A-level)教育组成。除新成立的坦噶尼喀大学学院外,没有其他的高等教育机构。全国仅有的少数大学毕业生都是在其他国家接受的教育,大部分是在乌干达的麦克雷雷学院。由于本国的大学毕业生数量太少,行政部门的高级职位只能依赖在坦桑尼亚的外国人。正如国家的首任总统承认的那样:

> 由于提供教育很少,1961年12月的时候,拥有必要学历的人非常少,充实政府的行政队伍尚且存在困难,能够承担至关重要的经济和社会发展重任的人才就更少了。1961年的学生人数也不足以使这一局面得以迅速改观。(Nyerere, 1967:4)

1966年,政府启动了一项充满雄心的公务员非洲化的计划。一年以后,政府宣布国家走社会主义的自力更生的发展道路。伴随着其他方面的一些变化,这要求对经济和服务机构实行集中的国家控制。这两项举措的实施都需要有足够的受过充分教育的忠诚的国民。由于拥有所需知识和技能的坦桑尼亚人数量很少,政府决定举办速成班来培养能够承担政府向自己提出的那些任务的人才。要依靠外籍人士来完成这些任务是不可能的。因此,在推进非洲化和实现对经济和服务部门进行国家控制的压力下,第三级教育机构蓬勃发展。科学、技术和高等教育部在其"国家高等教育政策"(National Higher Education Policy)的前言中承认了这一点:

> 无论是公共还是私营部门,对拥有更高教育

背景的人才的需求都在增长。因此，主要是为了满足政府部门和准国营部门需求的培训中心和机构得到了迅猛的发展。此类中心和机构的增殖（得到鼓励）似乎是杂乱、缺乏协调的，以至于某些专业的重复建设是司空见惯的。（MSTHE，1999）

当前的趋势

有关非高等教育层次的学校的可靠资料难以获得。这是因为没有一个统一的单位能够回答这样的问题。各校所属的政府部门和准国营部门负责其下所属的各校的档案、监管和评估工作。得益于1990年以来开展的协调高等教育机构的工作，有关高等教育机构的资料要更容易获得一些。表60.1显示了由高等教育认证委员会整理的各所高等教育机构的所有权和注册情况。这份资料主要是从三份重要文件中整理出来的："坦桑尼亚高等教育指南"（Guide to Higher Education in Tanzania）（Higher Education Accreditation Council，2000）、"国家高等教育政策"（MSTHE，1999）以及"1995/6－1999/2000年度坦桑尼亚高等教育机构部分基本统计数据"（Some Basic Statistics on Higher Learning Institutions in Tanzania 1995/6－1999/2000）（MSTHE，2000）。

表60.1 坦桑尼亚高等教育机构的所有权及注册情况

机构	建校年份	所有权归属	截至2000年7月的注册情况
大学			
达累斯萨拉姆大学	1961	公立	政府认可 （Government Recognized）
索科伊内农业大学	1984	公立	政府认可
坦桑尼亚开放大学	1994	公立	政府认可
休伯特·凯鲁基纪念大学 （Hubert Kairuki Memorial University）	1996	私立	认证证书 （Certificate of Accreditation）
国际医学与技术大学 （International Medical and Technological University）	1996	私立	临时注册证书（Certificate of Provisional Registration）
坦桑尼亚圣奥古斯丁大学 （St. Augustine University of Tanzania）	1996	私立	正式注册证书（Certificate of Full Registration）
桑给巴尔大学（Zanzibar University）	1998	私立	正式注册证书
图迈尼大学（筹）（Proposed Tumaini University）	1999	私立	临时注册证书
布科巴大学（筹）（Proposed University of Bukoba）	1999	私立	临时授权证明 （Letter of Interim Authority）
大学学院			
土地与建筑学大学学院 （University College of Land and Architectural Studies）	1972	公立	政府认可
莫西比利医药科学大学学院 （Muhimbili University College of Medical Sciences）	1991	公立	政府认可
伊林加大学学院（Iringa University College）	1996	私立	临时注册证书
乞力马扎罗基督教医学院 （Kilimanjaro Christian Medical College）	1996	私立	临时注册证书
马库米拉大学学院（Makumira University College）	1996	私立	临时注册证书
沃尔多夫学院DSM校区（Waldorf College DSM Campus）	1997	私立	临时授权证明
桑给巴尔教育学院（College of Education Zanzibar）	1998	私立	临时注册证书

续 表

机构	建校年份	所有权归属	截至 2000 年 7 月的注册情况
非大学公立院校			
莫西合作学院(Cooperative College of Moshi)	1963	公立	政府认可
商业教育学院(College of Business Education)	1965	公立	政府认可
社区发展学院(坦格鲁)(Institute of Community Development, Tengeru)	1966	公立	政府认可
达累斯萨拉姆技术学院(Dar es Salaam Institute of Technology)	1971	公立	政府认可
发展管理学院 *(Institute of Development Management)	1972	公立	政府认可
财政管理学院 *(Institute of Finance Management)	1972	公立	政府认可
达累斯萨拉姆会计学校(Dar es Salaam School of Accountancy)	1974	公立	政府认可
国家交通学院(National Institute of Transport)	1974	公立	政府认可
国家社会保障培训中心	1974	公立	政府认可
坦桑尼亚新闻学校(Tanzania School of Journalism)	1975	公立	政府认可
农村发展规划学院(Institute of Rural Development Planning)	1980	公立	政府认可
会计学院(阿鲁沙)(Institute of Accountancy, Arusha)	1987	公立	政府认可

注:* 这两所学校正准备升格为大学。

注意:本章付梓之时,有些学校的注册状态可能已经提升。

当前,中学后教育体系正在经历着一场以合理化、自由化、成本分担、扩张和标准化为特点的重大的改革。以上特点中的任何一点都意味着坦桑尼亚对高等教育的认识和实践的重大转变。因此,很有必要对以上提到的这些趋势进行一些描述。

合理化

合理化指的是要对这个国家的第三级教育机构的数量、地位和功能进行评价。过去,这类院校的无序增长不仅令人厌烦,而且也造成了浪费。因此,国家决定要对这个领域进行一些整顿:

> 要设法遏制当前国内不规范、无序地创办第三级教育机构的趋势。要采取行动使现有的非大学高等教育机构的数量合理化,并要精简它们开设的课程,以期拥有数量更少但是装备更好、经费更充足的院校。(MSTHE, 1999:6)

为此已经成立了一个委员会来研究这个问题并提出适当的建议。该委员会与世界银行合作开展工作。

自由化

20 世纪 80 年代,坦桑尼亚放宽了对经济的限制,放弃了 1967 年以来的社会主义政策。久而久之,自由化的原则扩展到了公共生活的各个方面,其中也包括教育。个人和私人团体只要遵守相关的法律规定就可以设立和经营私立学校,因此各级教育的开设已经实现了自由化。公众对这些变化是感到非常惊讶的。许多新的高等教育机构已经建立,还有更多的正在筹建。1996—1999 年间,高等教育认证委员会向 11 所新的私立大学和学院颁发了注册证书。但是,要判断这些学校是否都能够存活下来,现在还为时过早。决定这些学校生存机会大小的因素之一是政府是否愿意提供资助,或者说是否愿意将学生贷款计划扩展到那些在私立高等教育机构就读的公民身上。当前,这项优惠仍然仅限于在公立院校就读的学生。

成本分担

坦桑尼亚高等教育的单位成本很高。原因

在于不理想的师生比,以及给学生提供生活费方面的资助,诸如:食宿和交通的资助。“国家高等教育政策”的文本里提到,“不论是向学生提供免费的食宿还是发放津贴,都是占用了公共教育预算的很大一部分用来支付学生的生活开销,这严重地增加了坦桑尼亚高等教育中由公共承担的单位成本”(MSTHE, 1999)。新的趋势是要采用能够降低单位成本,并且能够确保在政府与教育的受益者之间公平地分担教育成本的政策。政府应该仅限于提供直接的教育成本,而将剩下的那些开销留给受益者及其监护人。

该计划将分三步实施。当前已经进行到了第二阶段。主要内容包括政府向学生提供贷款以资助学生在生活上的开销。不幸的是,此类贷款的回收机制还非常薄弱。该计划一公布并付诸实施,就遭到了学生和家长的强烈反对。政府被迫软化立场,推迟收紧贷款回收的程序。

自费的私立高等教育机构的建立,以及公立高校里自费生的增多,极大地减少了对成本分担政策的反对。当前,政府已经在考虑将贷款回收程序法制化。

扩　张

坦桑尼亚当前的人口已经达到了3200万。2000年,在本国的高等教育机构中学习的学生总人数是20916人。接受高等教育的人口比例如此之低,显然这个国家仍然没有足够的受过充分教育的人口来引领和维持发展。因此,国家高等教育政策的重要内容之一就是要在2005年实现学生人数500%的增长,“长期的培训与科研发展的目标应该包括到2005年实现高校学生人数5倍的增长,以及要增加科学与技术领域的招生,以便在2005年能够达到每100万人口中拥有600名科学家与工程师的目标”(MSTHE, 1999: 7)。不幸的是,这样的声明看起来似乎只是一厢情愿。坦桑尼亚的物质和人力资源基础决定了利用常规的手段是不可能实现这一目标的。高等教育的扩张一定,也必然会发生,但是不太可能达到所期望的程度。

标准化

1996年,高等教育认证委员会成立以后,对公私立高校的注册、认证,以及总体的质量保障和监控就成了该委员会的责任。委员会不时地出台有关高等教育各个方面的指导纲要。迄今,委员会严密地监督了新的私立大学和学院的设立。公立大学尚未受此影响。认证分为四个不同的阶段,达到标准的学校将获得相应的证书。达到第一阶段标准的学校可获颁临时授权证明。之后可以申请临时注册证书、正式注册证书和认证证书。目前,只有一所学校获得了认证证书。

财政与筹资模式

私立教育机构需要完全自筹经费。它们主要的经费来源是学生的学费、捐赠、捐助以及创收。由于大多数坦桑尼亚家庭的收入微薄,因此这些私立教育机构的学生大多来自于国内外的富裕家庭。这种状况引起了一些人的不满。他们希望看到更多的坦桑尼亚人进入这些学校学习。

相反,公立教育机构则主要依靠政府提供经费。这里有必要对大学和非大学的教育机构进行一下区分。因为许多非大学教育机构所征收的学费并不是直接由学生支付的,而是由资助这些学生的部门来支付,这通常是某个政府部门,或者准国营部门。大学里的研究生也是这样的情况。大多数非大学层次的高等教育机构充当的是各类专业的在职培训中心。收费使得这些学校在财政上比招收学生的大学享有更多的自主权。而这些学生无需交纳学费的原因是因为有政府提供的资助。

除收费外,这些高校还能得到政府的补助。补助的数额则往往取决于上级主管部门或是上级准国营部门的谈判技巧,因为政府对大学的拨款没有任何明确的、一贯的方案。每年各校都要上报下一年度的预算方案。提交的预算通常包括四个部分:资本发展基金、教职员报酬、运营成本和有关学生的直接开销。

经验告诉我们,实际上只有教职员的报酬和有关学生的直接开销这两项是被认真对待的。另外的两项则往往会被砍掉很多。因此,政府的拨款并不取决于实际的需要,而取决于那一年政府的拨款能力。换句话说,拨款是随意的,临时性的。坦桑尼亚高等教育财政稳定工作组的报告很好地说明了这个问题:

很典型,财政策略集中在了预算项目上,只有有关教职员报酬的预算在数量上保持了稳定,但是在支付时间上却不确定,有关直接的学生开销方面的预算则经历了波动、取消、延迟支付和缩水等情况。其他的[运行]开支项目则要看主管的慈悲了,预算严重地向基建和房产倾斜,而诸如教材和[图书馆]这些直接的教育费用则遭到了严重的削减。总体上,高校只能得到申报预算总额的35%。这导致了课程被压缩,尤其是减少了实际操作、实习和创新环节,从而影响了教育的质量。(MSTHE, 1998:vii)

出于对这种拨款方式的不满,大学向政府提交了一份建议,要求改变拨款模式,要考虑各校的单位成本和规模。政府没有直接地拒绝这一建议,而是将其交给一个专门的委员会进行研究,并提出适当的建议。1998年,财政稳定工作组提出了四点具体的建议,对此,政府似乎作出了回应。这些建议包括:对某些消费品征收教育税;采取强化成本效率的措施以减少单位成本;将年度高等教育预算从18%提高到30%;调整高等教育的成本分布,由政府支付82%,受益者承担12%,其余则通过其他的途径解决,包括争取捐赠或者学校创收。

多年来,高等教育机构的基本建设发展严重依赖捐赠。有的年份此项预算的政府拨款为零。在这一方面,有迹象表明,随着高等教育拨款合理化的推进,政府将能够更好地调动资源以便更为经常性地为基本建设发展提供资助。

课 程

各所高等教育机构开设的课程的内容和形式往往因为各校使命和目标的不同而各有不同。传统上,非大学高等教育机构的课程相当明确和严格。这是因为它们的课程是按照如何满足上级政府部门或准国营部门的具体目标和需求而设计的。在这一方面,这些学校的课程近年来已经相对更多地反映了国家发展的需求和期望。但是尚未能做到定期地对这些需求进行反思,并据此相应地对课程进行调整。过去15年里坦桑尼亚及全世界在社会、政治与经济方面的剧变还没有在课程中反映出来,许多学校的课程已经脱离了现实。这些学校的课程迫切地需要进行彻底的检查。

有些学校可能会利用学术人员的创造力,设计和实施与当前本国的社会经济变革相联系的课程以便与时俱进,让自身始终不脱离现实。但是绝大多数的学校都是怠惰的、麻木的,它们需要上级部门来推动。

有关大学课程的话题往往会激起尖锐的争议。这个国家的第一所大学在建立之初不过是一所学院。很自然地,这所大学套用的是原先那所学院的课程模式。在成为一所独立的大学之后,围绕着课程对于坦桑尼亚人的相关性和有用性展开了激烈的争论。这场讨论所牵涉的问题的实质在于大学是应该与国家的发展道路密切联系呢,还是应该独立于政治之外,成为全球学术界的一分子。

好在这场讨论仍在继续,因为无论在哪方的观点中都有非常宝贵、值得推广的元素。大学对于资助者的责任感是非常重要的。但是,机构的自治和自由对于一所真正的大学的健康发展也是至关重要的。

教学语言

英语和斯瓦西里语(Kiswahili)同为坦桑尼亚的官方语言。就其本身而言,两者应该互为补充。教育系统就是一个很好的例子。斯瓦西里语是7年初等教育的教学语言,而英语是中等和中学后教育的教学语言。不过,值得注意的是,斯瓦西里语同时还是民族语言,它是促进坦桑尼亚社会纵向和横向融合的工具。

坦桑尼亚走上社会主义的发展道路之后,斯瓦西里语作为民族语言的作用凸显出来。尽管英语和斯瓦西里语最初在职能范围上是互补的,但是之后的发展表明,斯瓦西里语显然已经进入了原先英语主导的领域。正如一位研究者所说的,"一出教室,坦桑尼亚人就很少说英语了,除非是在与外国人交谈"(Tetlow, 1988; quoted in Ishumi, 1994:140)。

20世纪70年代后期以来的研究(Roy-campbell and Qorro, 1997)不断地指出,英语正在逐渐地被挤出公共生活领域,人们对英语的熟练程度也在降低。中学里的教师也反映,尽管英语是官方的教学语言，但是他们经常感觉到得要借助斯瓦西里语才能与学生进行有意义的互动。升入高等教育机构的学生是这项模糊的语言政策的受害者。大多数学生的英语口语不过关，英语写作也只是勉强可读。教师和校外主考一再地抱怨糟糕的英语水平对学生的学业进步有消极的影响。

这个国家似乎陷入了两难的境地。应该出于学术的目的，开展大规模的英语教学的计划，使学生能够掌握足够的语言技能以便充分地从自身的学业中受益？还是应该实施一项宏大的计划，发展斯瓦西里语的术语，并将大量的书籍翻译成斯瓦西里语，以便学生能够利用一种与他们的思维和行为习惯更为接近的语言来获取知识？

答案绝对不会是简单的。但是，继续推迟作出决定将会造成巨大的危害，这不仅会危及那些作为模糊的语言政策的受害者的学生，还会危及整个国家。尽管课程是用英语教授的，学生的作业也要求用英语完成，但是一旦走出教室，讨论中所使用的就主要是斯瓦西里语了，即便在大学里也是如此。学生们用斯瓦西里语开展讨论似乎并没有遇到什么大的困难。因此，也不可能让他们认为斯瓦西里语是有缺陷的，是劣等的。因为，如果真是如此的话，他们使用这门语言来讨论问题也就不会是那么轻松的了。在年轻人的眼里，斯瓦西里语是最能反映他们的根基和文化的语言，如果不被认为是以牺牲斯瓦西里语为代价的话，那么提高英语熟练程度的机会或许还会大些。

不应该忘记的是，大多数坦桑尼亚的年轻人只会说一点点，或者说并不能熟练地使用他们自己所谓的母语了，这些语言已经到了消失的边缘。他们感到最为亲切，用起来也最为舒适的语言似乎就是斯瓦西里语了，他们在同伴之间倾诉理想、寻求安慰用的往往就是这种语言。

治理问题

公立高等教育机构的活动都在其主要的资助者，也就是国家的直接监督与控制之下，因此其享有的自由与自治是有限的。这类学校的主要行政人员及其他高层领导通常都是由国家任命的，此类任命有时会向其他的相关方征求意见，有时候也不会。政府与这些学校之间的关系的主要模式是政府控制与干预。按照社会主义的思维框架，这是完全可以理解的，因为一切的计划通常都出自中央。但是既然这个国家已经选择了市场化的发展道路，那么国家就应该逐渐地放松控制，与高等教育机构形成一种监管与被监管的关系。在监管模式下，政府应该制定总体的政策目标，通过采取激励措施的办法来监督大学的发展。这些激励措施能够用来引导相关的行动者去追求那些既定的目标。

近年来，有些学校已经尝试了在院长、主任、系部负责人的任命上采取各种广泛参与的形式。有的学校还在继续采用这种分权的措施，但是也有一些学校在看到了这种做法所引发的各种权力滥用和失职的问题之后放弃了继续进行尝试。最为理想的模式是要建立起一套内置了协商程序的任命机制。那些被任命到最高领导岗位上的人，不仅要能够被大家所接受的，而且要真正具有能力。例如，国家高等教育政策提出，“高等教育机构的主要负责人应该是在开放的制度下，按照业绩的好坏来任命的，这样就可以激发信心，确保(任命的)公正，(被任命者)胜任工作，且能被接受”(MSTHE，1999:13)。

尽管每所学校都制定了有关教职员任命、评价、晋升甚至解雇的规章制度，但是这些制度都是仿照政府处理相关问题的规章制度来制定的。因此，可以毫不夸张地说，这些学校的管理模式与政府的行政部门大同小异。

为了试图改变这种状况，国家高等教育政策提出，“应该敦促公立高等教育机构提出自己的一套教职员的管理制度，以及骨干职员的工作和待遇的相关规定；但是这些都需要得到政府的批准”(MSTHE，1999:13)。最后的一句话值得引起特别的注意。只要在财政上依然严重地依赖政府，那么这些学校就难以获得足够的自主权。对于一所追求独立思想的学校来说，过分地依赖很难说是一种健康的状态。因此，对于这些学校来说，很重要的一点就是要找到一种有利于增强其独立性的经费模式。

与治理有关的另一个问题是利益相关方参与决策的问题。工人参与公共机构的管理，在坦桑尼亚约定俗成。这是这个国家社会主义遗产的一部分。工人,甚至学生,都把参与管理的权利视作基本权利的内在组成部分。任何削弱这种权利的图谋都会引发劳工的骚乱。因此,许多的高等教育机构对于决策机构中的代表性问题都显得非常的大度。在达累斯萨拉姆大学,学生代表甚至进入了一些敏感的部门,比如考试委员会,该委员会有时候要处理对于考试结果的申诉。有人也许会认为,在这样的一个委员会中出现学生的代表可能会妨碍其职能的正常运行。但是经验告诉我们,只要规范委员会行为的规章制度是合理、明确的,且所有的委员会成员都保证是照章办事的话,所担心的问题就不会发生。广泛的代表性能够培育出一种集体负责的文化,而且不会免除高层领导者的职责与提供指导的责任。

院校能力与结构

建立一个机构的法案或章程通常会详细阐明这个机构所要承担的职责。大型教育机构的架构通常是这样的,一名最高主管,后面还有一两名辅助他工作的行政官员。就大学而言,这两名助手的任务通常是互补的,例如学术和行政职能。一人就学术事务对最高主管负责,而另一人就行政事务对最高主管负责。在助手的下面是负责系部、学术中心和部门的院长和处长们。在不提供大学层次教育的机构中,最高主管通常被称作校长。他会有一两位助手。助手之下是部门协调员或部门的主管。

在大多数的高等教育机构里,权力是高度集中的,且被小心翼翼地守护着。尽管如此,这些机构的行政结构仍然是相当薄弱和松散的。原因之一就是缺少训练有素、能够对机构进行系统经营和管理的人员。坦桑尼亚的高等教育机构都相对比较年轻,因而管理者也没有什么传统可以遵循。

许多学校的建筑和设施条件都很有限。现有的不少建筑都是依靠捐助方的资助建立起来的,有不少都已经破败了。这不仅仅是因为缺少资金,还因为缺少重视维护的风气。在预算中维护费总是不被重视。

不论是学校数量的增加,还是开设的专业的数量的增加都受到了资源紧缺的制约。拥有这些资源才能营造出更多的空间,培养出能够胜任教学工作的人才,以及能够专业地处理规划事务、行政管理和财务管理的人才。由于政府设定的薪资标准太低,学校很难吸引到具备所需技能、达到相应标准的人才。而如果学校自己设法来培养这些人才,也会因为同样的原因最终难以把人才留住。尽管对高素质人才的需求非常旺盛,但是可用的人才储备规模却很小。原因就在于高层次的教育未能得到足够的重视。这个国家还没有能力培养出高质量的行政管理者、规划师和财务管理人员。

每所学校设计和教授学术课程的能力不尽相同。有的学校拥有一支相当数量的高水平学术队伍。达累斯萨拉姆大学是独特的,该校78%的学术人员拥有博士学位。撒哈拉以南地区的大学很少有接近这一水平的。而开放大学就得严重地依赖达累斯萨拉姆大学的教师来帮助其制作学习手册。此外,开放大学的多数教职员也都曾是达累斯萨拉姆大学的教职员。

为了充分地利用其新安装的信息通信技术设施,也为了对现有的寄宿制课程进行补充,达累斯萨拉姆大学也在计划要启动自己的远程教育项目。许多人都认为教职员的潜力没有得到充分的发掘。糟糕的设施,没有吸引力的薪酬,使得大学很难对其雇员提出更多的要求。为了弥补收入的不足,他们不得不从事兼职。

大多数公立大学的师生比非常宽松。在医学院是1∶4,在法学和商学院是1∶12。不提供大学层次教育的高校,情况则略有不同。在这些学校里,大多数教职员只有硕士学位。少数人只有学士学位,更少的人拥有博士学位。大多数的此类学校都不具备以高效、低成本的方式,专业化地开展对主营业务进行计划和管理的能力,尤其是在激烈的竞争和严苛的社会经济条件下就更加如此了。许多的学校都遭遇了挫折,感到无奈。

教职员工问题

全世界的高校所关注的有关教职员的问题都非常相似。这些问题包括服务的条件、薪资报酬、培训与职业发展机会、工作与生活条件,以及在与个人生活有重大关系的决策中的参与机会。

通常政府会制定出服务条件，只是偶尔的，有关的学校会在此基础上再作一些表面上的调整。薪酬也是由政府，或是由政府专门指派的机构来决定和管理的。直到 1996 年，坦桑尼亚准国营部门的服务条件和薪资标准都是由准国营部门常务委员会（Standing Committee for Parastatal Organizations，SCOPO）制定和管理的。高等教育机构也被归入准国营部门一类，因此其薪资标准也是由该委员会制定和管理的。

20 世纪 80 年代到 90 年代初，薪资标准是极低的。为缓解由此造成的对雇员的负面影响，政府引入了一系列的津贴，诸如：燃料津贴、住房津贴、在岗津贴等。发放这些津贴的条件往往是模糊、不明确的。这就纵容了滥用、欺诈和腐败。在津贴制度下，尽管薪资很低，但是实际收入可能会超过薪资标准的 400%。但不幸的是，在养老金的计算中，津贴并不被计入基数，因此养老金的标准与作为基数的薪酬标准一样也很低。

1996 年，政府实行了新的薪酬制度，一部分津贴得到了保留，一部分津贴被取消。新制度在高校中推行后，大部分人发现自己的实际收入急剧减少。发现教职员队伍出现不稳定的迹象后，高校的管理层与政府进行了协商，成功地争取到了更为合理的安排。1998 年，薪资有了实质性的增长。这项被用来阻遏坦桑尼亚人才流失的举措不仅对高等教育机构产生了作用，对政府也产生了影响。针对人才流失现象的一项研究表明，在这样的一种人才迁移现象背后的两个主要的原因是薪酬水平低和工作条件差。

培训与职业发展的机会取决于是否有相应的经费。在有经费的时候，优先权往往会留给学术人员。培训期间，教职员可以保留薪酬的 90%，且仍然能够继续享受诸如住房和医疗等方面的特权。获得进修机会的教职员事先是有约定的，但是学成之后，不少人并没有信守约定。他们为了更好的发展空间离开原单位，也不打算偿还政府为他们的进修所投入的经费。高等教育机构已经遇到过许多类似的情况了。而诉诸法律也没有多大的用处，因为法院并不承认此类约定。

教职员的工作和生活条件各校有所相同。但是，办公区通常是共享的。高达 70% 的教职员住在学校所有的校内住宅里。他们仅需支付补贴后的剩余租金，而如果是有具有相应资格的官员的话也可以分文不付。住宅得不到经常性的维护，因为收取的租金根本不敷此用。

参与决策是通过代表制来实现的。教职员被组织在工会或者其他的团体里。他们的意见是通过这些组织来表达的。因此，有权向处理政策问题的各种委员会提名代表的是工会和相关的团体。尽管研究者、学者以及相关工作者联盟（Researchers，Academics，and Allied Workers Union，RAAWU）是全国性的工会组织，理论上讲高校的所有教职员都应该归属于此，但是实际上参与的主要只是行政管理者，技术和辅助岗位上的工作人员。学术人员往往回避或者忽视这个全国性的工会。他们建立了自己的协会，诸如：达累斯萨拉姆大学教职员协会（University of Dar es Salaam Staff Association，UDASA）、索科伊内农业大学教职员协会（Sokoine Univrersity of Agriculture Staff Association，SUASA）和坦桑尼亚开放大学教职员协会（Open University of Tanzania Staff Association，OUTASA）。学术人员是否应该争取建立并注册自己的工会组织，以便在议价的过程中能够拥有正式的独立的立场，这仍然存在着激烈的争论。这个问题到目前为止仍然没有得到解决。

学生问题

在坦桑尼亚的大学里，学生的平均年龄约为 24 岁。这是因为坦桑尼亚的儿童上学相对较晚（7 岁），许多儿童上学的年龄甚至比这还晚。小学 7 年，初中 4 年，高中 2 年。而由于高级水平考试的时间与大学的开学时间不协调的问题，高中毕业后，学生还得再等一年才能上大学。因此与其他国家的大学生相比，这些学生的年龄要相对大一些。

由于他们是享有特权的少数人，这些学校里的学生在眼界和期望上都是精英主义倾向的。有一项研究（Materu，Mbwette，and Sauer 1996:4）表明，在坦桑尼亚，升入大学的学生只占适龄人口的 0.3%。而其中，女性的比例尤其低，她们平均只占入学人数的 25%～30%。表 60.2 显示了 1997—2000 年坦桑尼亚高等教育机构中的男女生比例。大多数的学校都已经在采取措施要提高女生的比例,但是障碍来自于根深蒂固的文化和心理因素。2000—2001学年,在达累斯萨拉姆大学的文学和社会科学系招收的一年级新生中有49%是女生。为使更多的女生能够达到录取标准,在划定录取分数线的时候,对女生的高级水平考试的成绩要求降低了一个单位。至于理科专业,每年都会举办预备课程来帮助女生弥补不足。在这个为期八周的课程结束的时候,会举行一次考试。那些在考试中成绩好的就被大学的相关专业录取。平均每年都会有60~80名女生能够从这项计划中受益。在一些校园里,过去常常会发生男女生之间公开的敌对或是粗野的行为。但是,自从实施了由学生事务部(Department of Student Welfare)和大学范围内的性别问题特别工作组(Gender Dimension Task Force)组织的,得到了大学领导高层实质性支持的提示性别敏感度运动(gender sensitization campaigns)以来,情况已经大有好转。

表60.2 1997—2000年坦桑尼亚高等教育机构中按不同性别统计的学生人数

	1997—1998			1998—1999			1999—2000		
	女	男	合计	女	男	合计	女	男	合计
达累斯萨拉姆大学	744	3387	4131	932	3240	4172	1209	3556	4765
莫西比利健康科学大学学院	122	299	421	141	407	548	180	440	620
土地与建筑学大学学院	47	329	376	64	437	501	82	606	688
坦桑尼亚索科伊内大学(Sokoine University of Tanzania)	251	793	1044	257	902	1159	318	1114	1432
坦桑尼亚开放大学	558	4251	4809	682	5007	5689	813	4347	5160
达累斯萨拉姆大学一研究生院	58	140	198	51	141	192	66	142	208
莫西比利健康科学大学学院一研究生院	6	22	28	3	23	26	6	21	27
索科伊内农业大学一研究生院	22	135	175	24	84	108	56	186	242
达累斯萨拉姆技术学院	38	763	801	55	864	919	89	1046	1135
科技学院(阿鲁沙)(Technical College)	57	418	475	63	381	444	46	394	440
姆贝亚技术学院(Mbeya Technical College)	20	563	583	17	453	470	8	466	474
发展管理学院	227	828	1055	245	734	979	310	751	1061
财政管理学院	422	968	1390	378	690	1068	282	553	835
莫西合作学院	66	196	262	36	86	122	45	69	114
会计学院(阿鲁沙)	37	123	160	38	145	183	36	99	135
国家交通学院	3	88	91	2	45	47	1	57	58
社区发展学院(坦格鲁)	96	61	157	92	59	151	86	68	154
姆韦卡野生动物学院(Mweka Wildlife College)	29	139	168	29	135	164	67	151	218
达累斯萨拉姆会计学校	60	185	245	109	277	386	122	263	385
国家社会保障培训中心	154	130	284	166	108	274	110	73	183
卡鲁梅技术学院(桑给巴尔)(Karume Technical College)	57	146	203	51	161	212	66	161	227

续 表

	1997—1998			1998—1999			1999—2000		
	女	男	合计	女	男	合计	女	男	合计
坦桑尼亚新闻学校	9	25	34	40	38	78	25	36	61
农村发展规划学院(多多马)	14	39	53	21	36	57	27	38	65
商业教育学院	223	444	667	315	462	777	460	62	1058
圣奥古斯丁大学	93	192	285	102	201	303	117	175	292
图迈尼大学－乞力马扎罗基督教医学院	6	10	16	48	57	105	25	34	59
马库米拉校区	—	—	—	11	133	144	9	131	140
伊林加校区	—	—	—	40	73	113	74	132	206
坦桑尼亚基督复临会学院(Tanzania Adventist College)	55	88	143	37	78	115	35	83	118
沃尔多夫学院	23	49	72	75	109	184	76	88	164
休伯特·凯鲁基纪念大学	—	—	—	4	6	10	11	15	26
国际医学与技术大学	—	—	—	7	27	34	19	39	58
桑给巴尔大学	11	18	29	26	66	92	37	67	104
总计	3508	14847	18335	4161	15665	19826	4919	16003	20912

由于扩招,已经不可能在校内给所有的学生提供住宿条件了。因此不少学校不得不修改入学通知书,将享有校内住宿的权利这一条删去。有助于缓解学生与管理部门之间紧张关系的一项重要的改进是将福利事务与学术事务分离。学生被告知,只有后面这一项才是学校的责任,剩下的其他事情都是学生及其赞助人的责任。因此学生就得直接与其赞助人打交道来解决福利问题。

在过去,抵制、抗议和示威活动主要针对的是国内和国际上的问题。而现在,学生们往往关注的是他们自己的福利。凡涉及钱的问题就很容易刺激到他们。如果他们怀疑钱被克扣了,就有可能会迅速爆发。最近的一次大规模的抗议活动是在2000年10月。涉及的学生来自所有的公立大学和公立的大学学院以及城里的两所非大学的学院。为迫使政府增加他们的食宿津贴,学生们采取了罢课行动。这次行动被安排在大选前的最后几天。(对于这次行动)政府没有妥协。为使学生冷静下来,当局将相关院校关闭了两个月。

每所学校都有学生会,旨在争取和维护学生的福利。学生会的组织结构与政府非常相似。每个学生会都有一名主席、一名副主席、一个内阁以及一批部长。学生们还有一个代表会议、学生大会以及一部学生宪法。遗憾的是,学生“政府”很少能够正常、顺畅地运转。这是因为学生政府一年一届,缺少持续性和稳定性。学生政府的官员们刚刚熟悉情况,准备开展工作,就到了离任的时候了。这种交接往往也是草率、粗糙的。

在学生政治中,任何一个问题往往都被当作是急迫的。学生们吵吵嚷嚷地催促,有时甚至是胁迫学生领袖立即采取行动,而他们的决策又往往给自己造成麻烦。他们的会议气氛常常是紧张的,到处都有人指责。资金的挪用是此类会议上最热门的话题;民主是很少得到尊重的。一旦作出的某项决策是存在分歧的,学生“政府”就会采取一切措施来执行它,甚至包括采取强制的手段迫使那些持不同意见的学生就范。大多数的抵制和抗议行动都伴随着动用暴力和排斥的威胁。要说服学生以民主的方式来处理他们自己的事务,还需很长的一段时间。

达累斯萨拉姆大学的改革

坦桑尼亚高等教育发展第四个阶段的显著特征之一是这个国家最古老的那所高等教育机构启动了改革。这项计划在1991年最初启动的时候采取的是自我评估这样的一种非正式的形式。推动这一计划的动机是要想办法解决人们对这所学校普遍感到不满的问题。斯夫杰(Shivji)概括了这所大学所面临着的危机:

> 在各种报告和著述中,不同的评述者对大学当前的这种病态作了各种各样的描述。然而有一点他们都是认同的:问题必然存在,大学共同体的各个方面都怨气重重、情绪不满,并且普遍性地士气低沉,精神萎靡。(1993:64)

涉及面广而又耗费时间的自我评估,最终作出了对整个机构进行彻底变革的重大决定。人们意识到痼疾已经深入大学机构的内部,零敲碎打式的优化无法带来令人满意的效果。1993年,整体战略计划(Corporate Strategic Plan)的发布与实施宣告了大学改革计划正式启动。这份战略计划的准备耗时超过18个月。战略计划的制定先是闭门制定,再经广泛的讨论和修改。计划的第十稿终于得到了委员会和其他相关机构的批准。这是指导改革的基本文件。改革的理由和改革的精神在计划管理部门(Program Management Unit)的一份手册上得到了最好的体现:

> 自成立以来,不论是1961年最初作为一所大学学院,还是之后到了1970年成为一所自治的全国性的大学,达累斯萨拉姆大学从未对其使命的一致性与适切性进行过系统的反思;然而,(至今)已经发生了这么多的变化,而又有如此多的变化传递出了清晰而又明确的信息:1961年和70年代对大学职能和角色的认识已经与90年代的现实,以及21世纪的未来有了非常巨大的差别。(Programme Management Unit, 1998:3)

在改革计划中,大学的每一个方面都进行了仔细的检讨,以确定其是否能够最大限度地服务大学的教学、科研和咨询服务。坚定的领导、缜密的计划,以及来自校内外支持者的支持是改革计划得以实施和取得成功的主要因素。改革计划启动五年之后,有一组参与评估的专家说了这样的话:

> 1993年启动机构改革计划也许是达累斯萨拉姆大学自1970年成为完全意义上的大学以来最为重要的发展。它恰好发生在这所曾经一度知名,所获评价甚高,在20世纪70、80年代刚刚在国际上赢得多方赞誉的国立高等学府正面临着严重衰退的时候。不说别的,多年来财政资源的萎缩,学生规模过小,学术人员士气低落,再加上快速的人才外流,糟糕的国内外形象,这些既是造成可悲现状的原因,也是其特征。启动机构改革计划的五年来,情况发生了转变,这一阶段的计划和目标都在很大程度上取得了成功。(Mgaya, Kundi, Mwshack, and Shija,2000:i)

其他的高等教育机构已经表现出了进一步了解《高等教育纪事》(Bollag, 2001)的记者所说的"一个非洲的成功故事"的兴趣。

在坦桑尼亚大学校长委员会(Committee of Vice-Chancellors and Principals)的大旗下,达累斯萨拉姆大学还在积极地推动高等教育机构间的合作。这样的例子包括:公立大学的联合广播课程;在国家制定预算期间,在多多马(Dodoma)的议会大厦外举办联合展览;以及开展一项有关在教育自由化的环境下公立大学如何保持竞争力的研究。听从了达累斯萨拉姆大学指派的一组研究现行养老金计划的缺陷的专家的建议,覆盖所有高校的联邦养老金计划已经开始了初步的讨论。促进发展的另一个创想是要将所有高校的图书馆联系起来,推动资源的共享。去年,达累斯萨拉姆大学组织了一场研讨,邀请了所有的高校参加。研讨会的目的是要交流各校使用信息通信技术的情况,推动在开发信息与通信设施的过程中彼此合作与互助。

未来展望

坦桑尼亚的高等教育仍然处于不发达的状态。政策的制定者们仍然没有意识到这种局面会对将来的经济发展造成怎样的危害。1998年,达累斯萨拉姆大学的一个两人小组向议员们作了演说,并热切地请求他们想一想高等教育对于坦桑尼亚未来的重要性。陈情者明确地指出,除非尽快地采取措施改变现状，否则坦桑尼亚很有可能会在现代世界里被边缘化。

坦桑尼亚缺少一个能够促进和维持理性发展的关键群体。20 世纪 70、80 年代第三级教育机构的兴起是为了要培养中等层次的专业人才。大学教育的发展停滞了相当长的一个时期，却鲜有人注意到这一异常的现象。因此，在坦桑尼亚，各个领域中能够设计、批判性地评估，以及承担监管职责的高层次人才很少。没有足够数量的这样的一群人，这个国家就无法形成切实的、建设性的远景。当前高等教育发展的这种随意性，是无法带来持久的效果的。因此，有必要对这个国家高等教育的原则和目标进行系统的梳理。现有的高等教育政策看起来更像是一张许愿单，而不像是一份表达清晰、具有连续性的议程。

现有第三级教育机构的合理化进程还不够迅速。许多第三级教育机构已经因为其所归属的上级准国营部门被注销而关闭了。这些都是可以被用来推动高等教育发展的宝贵的国有资产。私营部门对教育自由化的热情回应并不能满足增加入学机会和实现高等教育多样化的需求。政府必须重拾当年坦桑尼亚的建国者们在独立后为创建第一所大学而不惜付出巨大牺牲的精神来迎接这一挑战。

参考文献

Bollag, B. 2001. "An African Success Story at the U. of Dar es Salaam." *The Chronicle of Higher Education*, April 6, A53.

Higher Education Accreditation Council. 2000. *Guide to Higher Education in Tanzania*. Dar es Salaam: Higher Education Accreditation Council.

Ishumi, A. G. M. 1994. *Thirty Years of Learning: Educational Development in Eastern and Southern Africa from Independence to* 1990. Ottawa, Canada: International Development Research Centre.

Luhanga, M. L., and T. S. A. Mbwette. 1998. "University Education in Tanzania: A Perspective for the Twenty-First Century: UDSM Experiences" Paper presented to Members of Parliament.

Materu, P. N., T. S. A. Mbwette, and R. Sauer. 1996. "The 'UDSM 2000' Institutional Transformation Programme at the University of Dar es Salaam: Concept, Status, Experiences and Perspectives for the Future." Paper presented to the annual conference of the Association for the Development of African Education, Working Group on Higher Education, Durban, South Africa, October.

Mgaya, Y. D., B. A. T. Kundi, M. V. Meshack, and J. K. Shija. 2000. *Five Years of the UDSM Transformation Programme* 1994/95-1998/99. Dar es Salaam: United Republic of Tanzania.

MSTHE (Ministry of Science, Technology and Higher Education), 1998. "Financial Sustainability of Higher Education in Tanzania: An Executive Summary." Dar es Salaam: United Republic of Tanzania.

——. 1999. *National Higher Education Policy*. Dar es Salaam: United Republic of Tanzania.

——. 2000. *Some Basic Statistics on Higher Learning Institutions in Tanzania* 1995/6-1999/2000. Dar es Salaam: United Republic of Tanzania.

Nyerere, J. K. 1967. *Education for Self-Reliance*. Dar es Salaam: Government Printer.

Programme Management Unit. 1998. "About the Institutional Transformation Programme." Dar es Salaam: University of Dar es Salaam.

Roy-Campbell, Z., and M. Qorro. 1997. *Language Crisis in Tanzania: The Myth of English versus Education*. Dar es Salaam: Mkuki na Nyota Publishers.

Shivji, I. G. 1993. *Intellectuals at the Hill: Essays and Talks* 1969-1993. Dar es Salaam: Dar es Salaam University Press.

Tetlow, J. G. 1988. "The English Language Support Project: A Personal Perspective." Seminar paper presented at the University of Dar es Salaam, September 1998. In author's possession.

61 多　哥

伊曼纽尔·A·B·K·M·艾迪

引　言

1960年，多哥独立。尽管其经济的主要来源是农业，但是以磷酸盐、大理石、金属矿砂等矿产的采掘为基础的经济正在不断地壮大。该国其他的经济产业还包括纺织业和食品加工业。多哥的国土面积为56785平方公里(21925平方英里)。人口500余万，人口年增长率为2.7%。

自1965年以来，在法国政府的帮助下，多哥和贝宁政府联合创办了一所具有大学雏形的教育机构，名为贝宁高等学院(Institut Supérieur de Bénin)。该校由两部分组成：贝宁波多诺伏(Porto-Novo)的科学部和多哥洛美(Lomé)的文学部。1970年，两国决定建立各自的大学，该校便不复存在了。1970年9月，依据总统令，贝宁大学(University of Benin)建立起来。

贝宁大学的使命是要培养合格的专业人士，以充实国家的社会、经济和文化组织，并开展国家发展所需的各类研究。

该校在1970年成立时，由散布在洛美不同地区的四个学校(文学、法学、科学和医学)组成。四校后经合并，整合进了距离洛美1.24英里处的唯一的校区。

贝宁大学成立之初便注重校际合作，校领导热衷于与世界各地的大学建立合作关系。建校初期，便签订了约30份合作协议，且协议的数量还在不断地增加。

多哥的高等教育

多哥的高等教育致力于促进学生在各个方面个体能量的释放。教育的目标是要推动个体批判性思维能力的发展，并由此学会创新和创造。学习是学生获得能力和专业技能的手段，而这些素质对于国家的发展而言都是非常重要的。为实现这样的目标，学生必须考虑周围的社会文化环境，密切关注就业市场，以便使所学能够切合国家发展的需要。为了实现高质量的教学，多哥的高等教育试图通过改良教育方法，鼓励科学研究，推进专业化和课程的多样化，以及在不危及大学自治的前提下，与一再妨碍大学职能发挥的政治权威维持良好的关系。此外，高等教育系统还力图推动更为有效的财政管理，加强国际化的发展。

多哥的高等教育机构包括两类：一类是国家的公立教育机构，如各类专业学院(schools)、大学校(Grandes Ecoles)、专科学院(institute)、研究中心(research center)，以及如非洲马达加斯加建筑和城市研究高等学院(Ecole Africaine et Malgache d'Architecture et d'Urbanisme，EAMAU)这样的国立跨国教育机构；而另一类是私立高校。多哥的大学有两所，一所建校已有30年，而另外一所位于内陆城市卡拉(Kara)的大学尚在建设之中。

学生一旦被大学录取，即享有学校章程规定的权利，并适用校规的惩戒。上课出勤和完成实验是基本的要求。而学生一旦犯了严重的错误，就要接受纪律委员会的处罚。招生的过程客观公正，依据学生的禀赋和倾向进行选拔。在招生的时候，会兼顾学生的禀赋与政府制定的发展规划中确定的职业需求的类型。学生人数从1970—1971学年的845人增至1998—1999学年的16263人。727名教师组成的教学团队总共已经培养了30000名毕业生。

当前的改革

自建立以来，多哥的高等教育就与经济的现

实和国家的需求脱节。1972年10月，启动了新一轮的改革。

多哥高等教育发展的优先领域是教师教育，以及大、中、小学校所需的各种专业人才的专业发展。为了对文理科学生进行教育，国家教育科学学院（Institut National des Sciences de l'Education，INSE）提供了两种类型的理论课程和教学法指导：针对教学方法问题的启蒙教育，增强对此类问题的敏感性；以及培养教育学学士和国民教育的督查。

1988年9月28日的总统令将文法、科学、医学、法学、经济学和管理学的高级学校（advanced schools）转变为专业学院（schools）。当前，该体系包括了5所专业学院、1所专科学院、3所高级学校和1个中心。

近年来，为了应对就业市场的饱和，满足当前的国家需求，贝宁大学扩充了职业培训，增加了技术培训机构的数量，开设了新的职业教育门类，加强了原有的培训机构，诸如：吉斯顿管理学院（Institut Universitaire de Technologie de Gestion，IUT）、高等行政学院（Ecole Superieur de Secretariat de Direction，ESSD）、高等工程学院（Ecole Superieure d'Ingenieurs，ENSI），以及非洲微型计算机设备维护培训中心（Centre Africain de Formation a la Maintenance des Equipements Micro-Informatiques，CAFMICRO）。

为了增加接受技术职业培训的机会，国家鼓励创建私立的高等教育机构。目前，全国共有22所此类院校。其中的18所建于1998到2000年间。这些院校开办了16个专业的速成技术员课程，与其他的院校一样也享受国家的资助。

其他的一些机构也被归入到高等教育体系中。这些机构包括：高等师范学院（Ecole Normale Superieure，ENS）、国家行政管理学校（Ecole Nationale d'Administration，ENA）、人口研究所（Unite de Recherche Demographique，URD）、法语出版与信息传播集团（Systeme Francais d'Edition et de Diffusion，SYFED），以及远程教育中心（Centre de Formation a Distance，CFAD）。研究者之间开展国际合作是通过在联合国教科文组织中的远程教育席位（Chaire UNESCO de Formation a Distance，CUFAD）推动的。

要加强高校的管理，就有必要把来自社会和经济领域的代表也吸收进来参与管理（第97－14号法令）。大学的董事会以及院、系、所的议事会的三分之一的成员是来自社会和经济领域的代表。这些代表三年一任，可以连任。

这种在大学董事会和议事会层面上的创新，意在解决许多与学生有关的问题。例如：失业问题，这是所有的毕业生最为关心的问题之一。大学与私营机构之间的良好关系，有助于为毕业生进入就业市场打开新的通道。而产业界的代表进入大学董事会，将有助于推动大学与社会之间更为良性的互动。此外，这还将有助于使高校的管理更加透明和高效。政府以这种方式全力地支持大学，使它们能够利用尽可能好的条件来实践办学宗旨，并且更好地服务于科学界的成员。

能力与院校结构

在多哥，不论是公立还是私立的高校都承载着科学与文化两方面的使命，既要提供知识又要保护文化遗产。它们接受主管高等教育的部门的管理，即国家教育研究部（Ministere de l'Education Nationale et de la Recherche，MENR）和技术教育、职业培训和手工艺部（Ministere de l'Enseignement Technique，de la Formation Professionnelle et de l'Artisanat，MET-FPA）。多哥高等教育的目标分为四类：一是提供高层次的基础教育和继续教育；二是负责科学研究、技术开发，并使研究成果实现市场化；三是传播和普及文化、技术和科学信息；四是，高等教育要提供培训和研究所需的服务。

每所高校都有权颁授所开设专业的学位和荣誉学位。高校办教育免受政治、经济、宗教和意识形态的影响。高等教育强调在学习和学术活动中对不同观点的宽容。

中央管理与院校管理

高等教育机构是围绕着中央管理机构设置的。中央管理机构主要由三部分组成：高等教育委员会（Council of Higher Education）、大学的名誉校长（chancellor of universities）和中央服务机构（central services）。高等教育委员会的职责主要是确定高等教育总的科学和教学发展方向，以使之满足国家的经济、社会和文化的需要。委员会还负责制定高等教育的长期发展战略,并每年对实施情况进行评估。委员会的职能是由部长的政令规定的。第二个中央管理机构是大学的名誉校长,他是依照政令被任命的。对于高等教育来说,名誉校长代表中央权力履行管理大学的职责。最后,中央服务机构包括所有对名誉校长负责的机构,管理从学术事务到停车设施的广泛的事宜。

校级管理机构包括大学理事会(University Council)、大学的校长(president of the university)、副校长、院长、主任、各个系部的代表以及学生代表。大学理事会根据国家发展计划的要求决定本校的招生标准。在与主管高等教育的部门协商之后,它还有权决定留学生的招生指标。多哥所有的高等教育机构都受重新授权章程(reauthorization statutes)的管控,而最新的一项重新授权章程是在1997年9月10日颁布的。

财 政

划拨给高校的财政预算是在与大学大委员会(Grand Conseil des Universites)协商的基础上确定的。高校的经营和投资预算基本上依靠国家资助。而其他的收入则来自学费(约占5%)、贷款、捐献、捐赠,以及其他的一些途径。大学经费的90%来自国家拨款,而拨款中的65%～70%用于薪资发放。大学经营预算的相当一部分则用在了大学活动的开展上。

多哥高等教育的发展长期受到大学课程专业少、成本高的困扰。此外,长期的社会政治危机继续对高等教育带来严重的影响,而衰弱的国民经济也无力继续足额承担学术和科学活动的经常性开支。政府甚至无力发放补助,无力对学生提供财政资助,以及支付管理人员的薪水。

因此,高等教育经费来源的多元化就成为必然的要求。在私营部门、发展伙伴以及基金会那里存在着多种获取资金的可能性。而对本国学生和留学生征收更高的学费也成了内部的增收渠道。而另外的一种解决方案则要求强化科研,使高等教育系统充当中小型企业的咨询工具。

私营部门也可以通过提出其对毕业生的要求,建立针对重点专业的资助制度从而施加影响。企业可以在学生接受培训的时候向其提供资助。此外,私营部门还可以与大学共同开展研究项目。

学 位

多哥的高等教育招收持有高中毕业会考文凭(baccalaureat)或具备同等资格的学生。一些院校在资格审查和性向测试之后还要求入学考试。

大学提供两年制的大学基础文凭(Diplome des Etudes Universitaires Generales, DEUG)和一系列的四年制文凭:文科学士学位(B. A.)、律师职业资格证书(Certificat d'Atitude a la Profession d'Avocat, CAPA)、工商管理资格证书(Certificat d'Aptitude a l'Administration des Entreprises, CAAE)、高级专业研究文凭(Diplome des Etudes Specialises, DESS)、深入研究文凭(Diplome des Etudes Approfondies, DEA)、博士学位,以及专业学习证书(Certificat d'Etudes Specialisees, CES)。院、所和中心则提供诸如技术员大学文凭(Diplome Universitaire de Technicien, DUT)、执行工程师文凭(Diplome d'Ingenieur d'Execution, DIE)、设计工程师文凭(Diplome d'Ingenieur de Conception, DIC)和农艺工程师文凭(Diplome d'Ingenieur Agronome, DIA)等。

教学语言

法语是多哥的教学语言,也就是说在高等教育中所使用的语言并不是该国的母语。显然,使用一种外语总会造成课程理解和消化上的障碍。

有一些人认为,本土的语言和文化价值并不会阻碍社会经济的发展,应该得到恢复。因此将本国的语言和文化融入到教育中迟早会成为一种迫切的需求。多哥文化中所有的积极的哲学观念,以及多哥人所有的表达方式,包括口头文学、艺术、音乐和本土技艺,都应该融合到学校的课程中去。多哥已经开始采取积极的措施来着手解决这个问题,诸如逐步将当地语言引入幼儿园和小学。

国家语言中心(National Linguistic Institute)计划要对多哥所有的语言进行研究。(教学语言本土化的计划)将分两步实施。在第一阶段,法语仍然是教学语言,民族语言将被引入课程。在第二阶段，法语将被作为一门外语来进行教学。显然，这要在高等教育中得到实施还有待时日。

教学和研究

除了要承担150～360学时(约30个教学周)不等(取决于级别)的教学工作量之外，为了得到职称晋升，教师还需把剩余的时间都投入到研究和科研成果的发表中。科学研究是学校发展、档次提升，获得认可的关键。研究活动也是个人跻身大学理事会认可的晋升榜单的基础。这种榜单的一个例子就是非洲和马尔加什高等教育委员会(Conseil African et Malgache pour l'Enseignement Superieur, CAMES)的榜单。贝宁大学负责协调科研活动和科研服务的是科研处(Scientific Research Division)，该处是依照1994年的部长命令建立起来的，下设四个部门：语言和人文科学分部与基础和应用科学分部负责协调和开展相关领域的科研活动；服务部是为研究人员提供服务的；出版部则负责管理和在国内期刊上发表个人或团队完成的科研成果。

在多哥，科研活动主要有两个方向：技术转移，以及基础和应用研究。

从组织的观点来看，研究活动是由团队在实验室里，或是研究小组在某个学科成员的带领下开展的。在多哥，研究团队正在努力朝着跨学科的方向发展，以便取得更好的研究成果。同时，研究者与区域或次区域经济部门之间的合作关系也受到了重视。为此要建立起可被称为技术转让办公室(technology transfer unit)的机构，由它来充当大学与商业界之间沟通的平台。它也可以将大学作为研究机构向市场推销它的能力与专长。如果能够满足饱受技术问题困扰的商业部门的需求，那么预期中的合作就会成为非常有用的一种工具。它既有助于改善实验室里的研究，也有利于促进产业的发展。在贝宁大学的院、系、所的内部也将建立起科研处的分支机构。

科研成果的发表要通过贝宁大学的出版物的途径，或是同属于这所大学的《科学研究期刊》(*Scientific Research Journal*)。整个出版系统每年刊载涵盖各个学科的约100篇论文。

研究活动主要集中在国家有需求的领域。诸如：农学、自然资源转化、手工艺、药用植物、药学、社会发展，以及应用科学。其他的研究领域还包括城市发展、教育、营养学、应用化学、食品加工、环境、水力和医学。

科研经费来源于政府和一些组织机构。这些组织包括：法国合作组织(French Cooperation)、国际发展研究中心(Research Center for International Development)、文化与技术合作局(Cultural and Technical Cooperation Agency)、来自德国的咨询机构德意志技术合作公司(Deutsche Gesellschaft fur Technische Zusammenarbeit, GTZ)、联合国开发计划署、世界卫生组织、部分法语及全法语大学协会(Association des Universites Partiellement ou Entierement de Langue Francaise, AUPELF)和联合国教科文组织。

特定的趋势与问题

失业：独立以来的40年里，多哥的高等教育发展似乎只是为失业大军输送了一批学士学位的拥有者和工程师。

毕业生的失业问题是当前要面对的现实。通过分析可以发现，很显然，造成这种现象的原因是高等教育机构所开设的课程与劳动力市场的需求相脱节。而要解决这个问题，就应该考虑毕业生的需求，为他们的前途着想，开设新的课程和专业。当然，要做到这一点，就必须建立和加强私营经济部门与大学之间的联系。而这也是当前大学和执政当局正在考虑的事情。

学生激进活动：一方面是由于社会生活的自由化，另一方面是因为学生协会的活动与频繁的社会、学术，和政治运动缺乏协调。多哥高等教育中的学生社团数量的增加非常明显，16000余名学生分属于不同的学生社团和协会。在社会层面上，学生们关注的焦点总是围绕着补助和财政资助。在学生内部不团结，且那些无缘国家资助的学生情绪不满的情况下，有这样的诉求是很显然的。此外，学生社团还关心居住设施和医疗服务的不充足。在学术层面上，学生社团所牵涉到的一系列的问题涵盖从抗议教材、手册数量的不足，到质疑考试的成绩。在政治方面，学生社团主要的活动与政党的意识形态渗透进校园的趋势有关。学生持有不同政党的立场，从而使得政治问题从社会的大舞台进入了校园。

大学理事会里的两名学生代表是由学校、高级学校和学院的代表大会里的学生代表们选举产生的。大学理事会里的学生代表们也表现出了结成联盟的趋势,并据此,集体发声质疑大学管理层的决策。

总而言之,校园里的情形的特点就表现为各个学生组织、大学管理者,以及政府之间的矛盾冲突。

教师、学术自由和人才外流

高等教育的师资队伍由超过 700 名教师组成。他们中有教授、讲师、助理教授和助教。在所有的教师中,其中的 391 人拥有固定的教职,或者说是有劳动合同的,而另外的 336 人是兼职的。高级学校、学院和中心的教师的地位与他们在大学的其他院系中的同行的地位是相同的。大学教师可以在高级学校、学院和中心任教,而高级学校、学院和中心的教师也去大学任教。这表明所有的教师都有机会执教。

在政府的宏观政策范围内,教授享有传统上赋予大学教师的特权,包括:学术自由、教学方法的选择,以及开展科研和寻求职业发展。

为了获得职业上的晋升,教师们热衷于大学理事会认可的各种职业晋升的排名榜单,比如:非洲和马尔加什高等教育委员会(CAMES)榜单。教师的团体由多哥高等教育联合会(Syndicat de l'Enseignement Superieur du Togo, SEST)来组织,但是后者有时会因为受政治上的操纵和渗透而遭到破坏。此外,联合会还组织研讨会和协商大会来讨论不稳定的工作待遇。如果他们的活动能够采取学术性的方式来反思政治环境,并且营造一种有利于思想碰撞的氛围的话,那么这些会议也许会更富有建设性。如此,便能为世界上的其他地方,树立起一个民主讨论的样板。教师们是通过其在大学理事会,以及学校、高级学校,或是院系代表大会中的代表权来参与各自机构的决策的。

在多哥,问题的根本,实际上在于政治当局和学术界的互不信任。掌权者是否能够容忍高等教育界对各种问题和各项事务发表自己的观点,这是存在疑问的。教师作为知识的拥有者的权利来自于理智独立的基本原则。而政府又在多大的程度上已经准备好了要尊重这种独立性?为了国家的福祉,现在正是需要这两种力量达到平衡的时候了。

使情况变得更富戏剧性的是,政府拒绝与本国的知识分子对话,却在合作的框架下与国外的团体保持着一致。这种做法的目的就是要寻求顺从的合作伙伴。外国人是不会对现有的体制造成内在的威胁的。政府应该停止用高薪公职来引诱学者以此达到控制学术界的目的。相反,政府应该与知识分子展开合作,尤其是高等教育界的知识分子。

当局应该对高等教育形成新的认识。要采取新的对话形式,要清楚地认识到高校教师完全可以成为革命性的力量。

由于政治不稳定所造成的不安全感、薪资水平低,以及工作条件差迫使多哥的知识分子和科学精英赴国外寻求发展。在高等教育的许多层面上都存在着政治干涉的问题。政治的不稳定性还表现在政府的高等教育处(General Division of Higher Education)的层面上,它造成了国家缺少高等教育发展的政策。多哥政府应该提供令人满意的工作条件和较高的薪资,应该鼓励和激励高校的教师,以此来吸引知识分子,不论是否流亡海外,都能够回到多哥,并且定居下来。

在多哥从事高等教育的管理和技术人员共有 1136 人。高等教育的工作人员被视作政府公务员,高等教育的人事管理与其他的公职人员的管理是一样的,并且遵从劳动法规的规定。在人事方面存在着的问题包括冗员,缺乏各服务部门与学生之间的沟通,大学校园内缺少社会生活和社会文化活动,缺少开展免受任何个人或机构影响的公平无偏见的思考环境。尽管管理人员和技术人员都被编入了工会,但是没有为他们提供培训和新技能学习的机会。行政力量渗透到了高校的各个管理层级。行政力量的代表不仅出现在大学理事会中,还出现在院系,甚至包括教师代表大会中。

未来之路

世界银行对非洲大学低效率的警告促使非洲的领导者们认识到了高等教育的目标与现实之间的鸿沟。20 世纪 90 年代以来,有不少的研究对非洲的大学所出现的问题进行了诊断,并且提出了一些消除，至少是减少，由于发展停滞所造成的影响的办法。对这样的处境有了认识之后，多哥的高等教育正在准备迎接发展中的挑战。

多哥的高等教育发展正处在一个重要的关口上，一方面面临着全球化与科技进步的浪潮，而在另一方面又要考虑1998年召开的国际高等教育会议(Conférence Mondiale sur l'Enseignment Supérieur，CMES)所提出的建议。要认识多哥的大学教育体系，就需要对与使命、质量、课程专业化、多样化、财政，以及国际合作有关的一些方面的问题进行反思。

使 命

大学应该强化其借由技术诀窍、技能和知识的传播来实现的作为国家发展的发动机的作用。这种职能可以通过落实更加有力的科研政策，以及对科学和技术信息进行评估和传播来实现。为达此目标，多哥的高等教育系统应该区分治理和领导问题中的优先顺序。领导层应该建立在一个相关的、契约式的、参与型的环境里，把高等教育事业的相关各方，也就是学生、教师、职员、家长、政府和贷款方等等，都召集起来。女性的参与也应该得到支持和重视。

此外，建立培训与研究机构或是教学与研究机构也是高等教育的重大贡献。

质 量

改善高等教育应该被视作目标，并且得到重视。在这方面需要考虑的问题包括：教学法、教师测试(teacher testing)、学生招录程序和新的信息通信技术。所有这些都与内部效能的提高有关。要重点扶持卓越中心(centers of excellence)和领先的研究领域的发展。要加大对这些方面的投资，允许它们优先利用国家和地方上可用的资源。表彰学业成就的奖学金可以授予那些攻读国家优先扶持的专业的学生中的佼佼者。

专业化

课程的专业化和多样化对于多哥高等教育的发展是至关重要的。在这方面可以采取一系列的措施。第一，应该增加与飞速的科技发展有关的课程。第二，要将具有专业性质的课程引入到诸如文学、社会科学和人文这样的学科中。第三，要降低转专业和换学科的成本，至少要解决可用教室的问题。最后，要有一个机构来负责公私立大学继续和远程教育的认证和评估。

财 政

由于国家对高等教育的资助减少，因此非常有必要说服贷款方和私营部门增加投资以弥补资金缺口。资金来源应该多样化，尤其重要的是要挖掘内部的资源。此类资金的预算应该重视成本效率比，并有明确的使用资金的目标。此外，围绕国家的发展重点，要召集高等教育的各相关方面一起来制定总揽全局的战略性的内部规划。在这份规划中，要想方设法地向各方说明高等教育成本回收的原则，即要向学生提供财政资助，以平衡政府财政投入不足和照顾经济困难家庭之间的矛盾。

国际合作

科学和技术既无肤色差别也无国界限制。合作是必需的。因此，基于互补的南南合作和基于需求的北南合作是应该得到鼓励的。北南合作的焦点应该放在能力建设，而不是简单的教师交换上。在更为一般的意义上，多哥需要建立起永久性的大学之间的合作关系。而最为重要的一点是要将双边的和多边的援助者召集起来，请他们开展一系列有关改革政策实施的技术调研，以利于高等教育内部结构调整的推进。

结 语

本章所描述的高等教育的社会功能，都只有在一个更为广泛的民主化的进程之中才有实现的可能；这一民主化进程就是要使所有的人，使各个部门都有进入高等教育的可能。换言之，关注的焦点不应该仅仅局限在学习机会和学历获取的机会上，同样应该重视的还有知识生产过程的提升，以及如何更好地将知识转化为社会的福祉。唯有如此，高等教育机构才能平衡公共服务的逻辑和就业市场的需求这两大彼此对立的趋势。这样，高等教育才能在我们的社会中重拾它在智力方面和社会方面的使命，并承担起捍卫普适价值和文化传统的责任。

参考文献

Amah, E. , and N. Gayibor. 1996. *Annuaire statistique scolaire de l'Université du Bénin*. Lomé: Presses de l'Université du Bénin.

Delors, J. 1996. "L'Education: Une trésor est cache dedans." Rapport de la Commission Internationale sur L'Education pour le XXIème siècle. Paris: UNESCO.

——. 1998. "Alliance for a Responsible and United World — Our Message about Higher Education for the 21st Century." Paper presented at Conference Mondiale sur l'Enseignement Supérieur au XXI siècle — Visions et Actions, 5-9 Octobre, Paris.

——. 1998. "L'Enseignement Supérieur au XXI siècle — Paris." Contribution de M. Gibbons, Secrétaire General Association des Universités du commonwealth. Paper presented at Conference Mondiale sur l'Enseignement Supérieur au XXI siècle — Visions et Actions, 5-9 Octobre, Paris.

Edee, M. K. A. 1997. "Université ou Enseignement Supérieur: Defi et Perspective." Paper presented at the conference Consultation de la Region Afrique préparatoire a la conference sur l'Enseignement Supérieur, avril 1-7, Dakar-Senegal.

——. 1998. "Role de Enseignement Supérieur." Paper presented at Conference of Ministers of Education of African Member States (MINIDAF VII), 20-24 avril, Durban, UNESCO.

——. 1999a. "La Gestion du Savoir dans l'Enseignement Supérieur en Afrique au service du developpement socio-économique." Paper presented at Conference Mondiale sur l'Enseignement Supérieur: Vision et Action. [World Conference on Higher Education: Vision and Action.] 5-9 Octobre 1998, Paris, UNESCO.

——. 1999b. "Un nouvel engagement." Conference Mondiale sur la Science pour le XXIè siècle, 26 juin-ler juillet, Budapest, UNESCO-ICSU.

Edee, M. K. A. , and Gbeassor. 1999. "Point de vue au Togo." ["Point of View on Togo."] Paper presented at the Conference Mondiale sur la Science: La Science pour le XXIème siècle — Un nouvel engagement at Budapest-Hongrie, 26 juin-ler juillet, Paris, UNESCO.

Haut Comite Education Economie. 1992. "La professionnalisation des Enseignements Supérieurs." Report. Paris: UNESCO.

Gayibor, N. 1994. *Textes fondamentaux de l'Université du Bénin*. Lomé: Direction des Affaires Academiques et Scolaires (D)AAS and Presses de l'UB.

IAUP, IAU, AUGM, IDRC, CSUCA, UDUAL, UNAMAZ, UNICA, WUS. 1997. *Towards a New Higher Education*. Proceedings of the Regional Conference Policies and Strategies for the Transformation of Higher Education in Latin America and the Caribbean, 18-22 November 1996, Havana, Cuba. Caracas: CRESAL/UNESCO.

Johnson, G. A. , and K. F. Seddoh. 1996. "De 1970 à 1995: Rapport d'activite." Lomé: Presses de l'Université du Bénin.

Kanataway, G. , and C. de Moura Castro. 1990. "Pour une politique de Formation orientée vers Un Programme d'Action." Paper presented at Conference a Paris, Septembre, UNESCO.

L'Enseignement Supérieur pour une nouvelle Afrique. 1998. "La vision des etudiants." Forum des Associations d'Etudiants en Afrique, 23-25 mars, Accra-Ghana.

MEN (Ministry of National Education). 1975. "La Reforme de l'Enseignement au Togo." Lomé: MEN.

Organisation of African Unity. 1985. *Lagos Plan of Action for Economic Development of Africa* 1980-2000. Lagos: OAU.

Shabani, J. 1996. "La Gestion de la Recherche Scientifique dans les Universités Africaines." Paper presented at the conference aux Vie Journées Scientifiques de l'Université du Bénin, mai, Lomé.

62 突尼斯

伯努瓦·米洛特
杰弗里·威特
赫迪·扎伊姆

引　言

1957年突尼斯独立以来，教育在塑造鲜明而富有活力的民族身份的过程中发挥了重要的作用。高等教育通过培养受过教育的本土精英而为国家作出了贡献。事实上，先前的法国殖民地政府几乎没有为突尼斯人在地方机构中任职而对其进行培养，而第一批受过大学教育的领导者大多是在法国获得学位的。逐渐地，随着基础教育基本实现了普及，中等教育取得了巨大的进步，强烈的需求和持续的政治意愿推动了高等教育的发展。现在，高等教育已成为一个发达而又多样化的教育部门，它正朝着面向大众的教育体系的发展方向而进行不断的变革。突尼斯当前在推行的变革，以及突尼斯对藉以发挥积极作用的新的国际环境的适应，给突尼斯的高等教育带来了巨大的挑战。

本章将在简短地回顾历史之后，从量的视角来讨论学生的规模和学生流动，回顾学术的组织与管理，尤其是教师的地位；从质的角度来深入观察教学情况，剖析公立高等教育的适切性，并分析突尼斯第三级教育的经费来源。

历史背景

突尼斯的教育，以及高等教育，都受到了这个国家历史上所有主要的政治和文化潮流的影响，包括腓尼基人的基础、罗马的统治、基督教的影响、阿拉伯—伊斯兰征服，奥斯曼帝国(Ottoman)的控制，以及殖民地时代。但是，最剧烈的变化发生在国家独立以后，至今还不到半个世纪。

从公元前814年开始，迦太基(Carthage)就企图在所有的领域都扩大影响，尤其是文化。迦太基语在今天被称作突尼斯的这个地区的传播要得益于负责教授语言的学校的存在，这些学校大多是寺庙。而对于腓尼基时代之前的努米底亚(Numid)(柏柏尔)时期的情况人们所知甚少。

在罗马时期，正规教育是在隶属于总督管辖的城市里开展的，其中也包括迦太基。作为文化和知识的中心，迦太基是最重要的学问之城。许多著名的教师和大多数的学校都聚集在这里，来自这块大陆上的学生们还可以在这里的一所大学里学习一系列的课程。

在基督教时代，教育是家庭的责任，这与从圣经中抽取出普遍原则的天主教的教条是一致的。基督教赢得了许多著名非洲学者的心，其中包括圣奥古斯丁(Saint Augustine)、特塔利安(Tertullian)、圣西普里安(Saint Cyprian)。

公元7世纪的阿拉伯征服和伊斯兰教的传入，给教育带来的剧变，也在教学上留下了印记。当时的第一所学校，昆它布(Kouttab)，重视书面语言的学习，尤其是古兰经的记诵。清真寺既是敬神的地方，又是学习的处所，人们在这里研习古兰经、圣训(hadith)、书写，以及后来又增加的科学、历史和文学。学生的年龄层次不同，社会背景也不同。

这一时期的教学内容和教学方法还没有标准化。回教纪元5世纪的后半叶，出现了一种名为梅德萨(medersas)的新型学校，这似乎是对原有教育体系的一种改进。哈夫斯王朝(Hafsids)时期，在突尼斯的几个城市里建立了许多的梅德萨。其中，在突尼斯和开尔瓦的这些梅德萨以其教师的高质量而闻名。

14—18世纪，古兰经学校的科目和教学方法仍然没有发生变化。教学在很大程度上还是宗教性的，留给严谨的科学的空间很小，也不重视发展学生的创造性。只有最具天赋的学生才能够进一步升入齐图纳学院（Zitouna Institute）或是相关的学校接受第二阶段的教育。

1574年奥斯曼征服后，土耳其人并没有好好地对待齐图纳学院这个马勒凯特思想（Malekite thought）的中心。由于奥斯曼帝国的地方长官（beys）急于要接触本地的精英，于是他们特别重视大清真寺，并实施了新的法规，如：颁布了重新组织齐图纳学院的教学活动的1840年法令。1875—1876年，大臣凯尔雷丁（Minister Kheirredine）以他的名字命名了一场旨在实现宗教教育现代化的重大的高等教育改革。到19世纪中期的时候，还只有15000名学生（占总人口的1.5%）接受过正规教育。

在此之前，1818年欧洲的入侵，给突尼斯带来了重大的变化。欧洲强权建立了"摄政"（regency），开始推行它们的教育体系。在建立军校和工程学校方面，艾哈迈德·贝伊学校（Ahmed Bey）最早向西方教育方式开放。此后，1855年，在巴杜（Bardo）建立了军事学校。这些学校提供现代的、世俗的教育，培养了一小批掌握了现代科学的突尼斯人。

在穆罕默德·萨多克（Mohamed Sadok）统治时期，欧洲的教育体系（主要是法国和意大利）在这里站稳了脚跟。这些教育体系是以宗教为基础的，吸引的大多是欧洲人和犹太人学生。在这一时期，1875年萨迪基学院（Sadiki College）建立。学校的课程以世俗的科学为基础，巩固了欧洲文化对突尼斯教育体系的影响。即便在突尼斯独立后，萨迪基学院依然是一所重要的学校。

在1881年法国宣布突尼斯为其保护国时，一种不同的、富有活力的欧洲教育体系已经在传统的古兰经教育体系之外扎下根来。在法国保护的最初几年里，教育并没有发生太大的变化。不同的教育体系并存，各个族群和语言团体拥有自己的学校，这也是"摄政"时代政治制度多样化的体现。

殖民当局系统地建立了一套现代的法语教育体系。法国文化在萨迪基学院的学生中产生了影响。进入以法语作为教学语言的学校（以下简称法语学校）学习的突尼斯人的数量从1890年的约2500人上升到了1897年的4600多人。

突尼斯人对教育的渴求在1896年哈勒敦学校（Khaldounia）的建立中再一次地表露无遗。该校的建立是作为对现代的欧洲文化通过萨迪基学院入侵突尼斯的一种回应。学校以著名的历史学家和哲学家伊本·哈勒敦（Ibn Khaldoun）（1332—1406）的名字命名，是一所在课程中牢固地树立了现代科学的地位的新型的古兰经学校。由于当地人们对欧洲教育的需求非常旺盛，相关的法国殖民者就敦促行政当局减少在法语学校中就读的穆斯林学生的数量。因此，在20世纪初的时候，学生的人数减少到了不过3000多人，而与此同时，行政当局鼓励增加传统学校的数量。

二战后，高等教育的发展遭受了挫折（Sraïeb，1974）。全国只有1945年成立的突尼斯高等学院（Institut des hautes études de Tunis，IHET）仍在提供这一层次的教育。在巴黎大学的羽翼下，突尼斯高等学院致力于推动科学研究，通过公开的研讨和学术出版，发展读写与科学文化，并帮助学生备考以便获得与巴黎学院（Académie de Paris）合作授予的资格。直到1953年，约有1500名学生入学接受高等教育，但是其中只有不到700人是突尼斯人。这种种族不平衡的现象在各级教育中比比皆是。

独立后不久，新政府就开始为新的高等教育体系奠立基础。政府建立了高等师范学院（Ecole normale supérieure）来培养中学教师，国家行政学院（Ecole nationale d'administration）来培养未来的高级公务员，高等法学院（Ecole supérieure du droit）来培育法律职业。1960年，期待已久的突尼斯大学（University of Tunisia，UT）终于建立，除高等师范学院外，大学设立了文学系、社会科学系、数学系、物理与自然科学系、法学系、政治科学与经济系，以及神学系。1964年增加了医学系，1969年则又增设了国家工程师学院（Ecole nationale des ingénieurs）。

这一时期有关学生人数的统计资料很难收集，即便有也往往是彼此矛盾的。1960—1961学年，突尼斯学生约有3400人，其中在海外留学的有1500人。1962—1963学年，这两项数字分别上升到了6300人和3000人（Secrétariat d'Etat à l'Education Nationale，1962—1967)。教师人数则从1960—1961学年的110人，增加到了1964—1965学年的156人(包括76名突尼斯教师)。

1969年通过的新的高等教育法将所有受教育部管辖的高等教育和科学研究机构都置于突尼斯大学之下。1986年，突尼斯大学一分为三：突尼斯大学(Tunis)、中部大学(Center)和斯法克斯南方大学(Sfax-South)。1987年，突尼斯大学自身又按照学科的不同分裂为四所大学。最终，在2000年的时候，这四所大学中的三所又重组为五所按地域划分的多科性大学。

今日的突尼斯拥有约940万居民，人口密度为每平方公里60人。2000年，国内生产总值(GDP)约为185亿美元，人均1960美元。在生产总值中，农业占16%，工业占38%，服务业占46%。突尼斯的外债占GDP的45%，其偿还债务与经常性收入之比为18.5%。

突尼斯的国教是逊尼派的伊斯兰教，国民中的绝大多数人都是逊尼派的穆斯林。首都突尼斯拥有人口100万(不包括郊区人口)，其中的近2/3居住在市区。15岁以下的人口占总人口的32.7%，15～59岁的人口占60%。人口增长率为1.15%，家庭成员的数量平均为5.2人。突尼斯的平均寿命为72岁。

义务教育覆盖6～16岁。1999—2000学年在公立教育机构中学习的学生人数达到230万以上。1998—1999年，6岁儿童的入学率超99%，6～12岁儿童的净入学率为92.3%。2000年，成人的文盲率为25.6%。

入学和学生流动

在突尼斯独立后的10年里都一直非常弱小的高等教育，现在的发展简直是爆炸式的，而且在未来的10年里有望继续保持稳定的增长。高等教育机构最初只不过是培养行政管理精英和教师的机构，但是现在正面向大众。突尼斯对高等教育的入学人数进行控制的空间很小。由于政治上的原因(依据宪法的要求)，所有持有中学毕业证书的学生都被保证获得升学的机会，对入学人数进行控制的想法是无法进入公众视野的；但是就业市场却越来越难以吸收日益增多的大学毕业生。面对这样的挑战，有两种应对的方式，但是都不尽如人意，也都是难以持久的。第一种措施是采取一种透明的、看似公正的前置的分流制度，但是这种措施过于死板。第二种措施则是在学生学习的过程中进行筛选。这造成了高(尽管已经在下降)复读率和辍学率。

学生的人数从1970年的10000人上升到了1980年的32000人；在2000年，则达到了207000人，在过去的20年里增长了6倍。尽管在20世纪80年代，学生的人数翻了一番，但是因为政治和社会的不稳定，增长的势头在某种程度上受到了抑制(见表62.1)。

表62.1　突尼斯高等教育机构中的学生人数(1970—2001年间的若干学年)

	1970—1971	1980—1981	1990—1991	1995—1996	2000—2001
总人数	10129	31827	68535	112634	207388
年均增长率(%)	—	12.1	8.0	9.7	15.2
女生比例(%)	21.1	29.7	39.4	43.7	51.9

来源：Ministère de L'enseignment supérieur，2001.

20世纪90年代，高等教育的学生入学人数翻了三番。其中，有两大主要的原因发挥了作用。第一个原因是人口的高增长(现已下降)。第二个原因则与学校系统内部效率的提升有关，这也就意味着有越来越多的学生通过了中学毕业考试，具备了法律赋予的升入大学的权利。1987—1988学年，大学生中女性的比例为21.1%，而到了1999—2000学年，这一比例上升到了50.4%，大学女生的人数首次超过了男生。在20～24岁年龄段的人群中，毛入学率从1987—1999年的5.5%上升到了1995年的12.3%，再到1999—2000年的近19.0%。

通过对过去20年里学生的学科分布情况进行分析，可以发现基础科学领域的学生人数实质性地减少了，而医学专业的学生人数更是剧减。这方面学生人数的减少被法学、经济学和管理学专业的学生人数的增加所抵消。在这一时期,工程和技术类专业依旧相当弱小,这两类专业的学生人数只占学生总数的15.4%。经历了1980—1990年的强劲增长之后,文学、艺术,和社会科学专业的学生人数在接下来的5年里急剧地减少(见表62.2)。

表62.2　按学年和专业领域统计的突尼斯高等教育机构中的学生人数比例(按百分比计)

学科领域	1980—1981年	1990—1991年	2000—2001年
基础科学	18.7	13.6	13.7
文学、艺术,与社会科学	21.2	34.2	28.8
医学	16.3	10.9	6.1
法律、经济,与管理	27.2	28.5	36.0
工程与技术	16.6	12.8	15.4
总计	100.0	100.0	100.0

来源:Ministère de l'enseignment supérieur, 2001.

短期课程从20世纪80年代初开始减少,但是近年来又重新开始增加。当前,有超过12%的学生参加了短期课程的学习。这体现了政府试图培养更多的技术人员的政策。1992年,为了解决中等层次技术人员缺乏的问题,新一类型的学校,高等技术学院(Instituts supérieur d'Ètudes Technologiques, ISETs)建立起来。现在已经建立了11所高等技术学院,拥有学生15000人。教育部试图要逐渐增加此类学校的学生人数,并最终将学生总数的20%分流到此类学校中去。

突尼斯大都会区吸引了超过半数的学生,但是随着新的大学中心的兴起,这个首都区所占的学生人数的比例正在缓慢地减少。

高等教育的入学通过国家大学导向体系(système national d'orientation universitaire)实现集中控制。符合要求的学生被告知选拔规则中的一切细节。填报志愿是基于学生自己的偏好,所取得的成绩,以及针对所属类别的中学毕业生的招生指标数自动进行的。申请者如果在第一轮的选择中没有被任何一个自己选择的专业录取,那么他就可以进行第二轮,甚至第三轮的申请,但是每申请一次,选择的余地都会缩小。

这套制度不仅为未来的大学生指明了方向,而且匹配了高等教育部门的供需关系。多年来,通过将学生们引导到从他们的成绩上来看最为合适的专业上,这套制度已经显示出了自身的价值。然而,尽管近年来为了减少学生对选择结果不满意的情况,这套制度已经进行了一些改良,但是制度本身的潜力已经被挖掘到了极限,因而变得越来越受到争议。人们批评制度的高度集权(人们曾经认为为了保证公平和透明这是必需的)和僵硬死板。在这套制度下,在学习的中途想要改变专业,即便不是完全不可能,至少也是非常困难的。

近几年来,学生已经可以在第一学年结束后,通过参加具体科目的考试来转专业了。允许转专业的比例起初很少,但是现在已经扩大到了总学额的15%。此外,从2000—2001学年开始,已经被录取的学生可以再次参加入学考试,如果考试成功的话,还可以被再次录取。

已经进入大学一年级学习的学生未必都能坚持到毕业。尽管高校内部的效能已经有了显著的提高,但是在突尼斯的高等教育系统中仍然有大量的学生因为没有达到合格标准而遭淘汰(见表62.3)。在1995—1996学年,十名学生中有三名是复读生,具体的情况因专业和学校的不同而有所不同。在有的学校里这个比例是十分之一,但是在突尼斯大学和斯法克斯南方大学的人文专业里,这个比例高达十分之五。多次的复读直接导致了辍学。1997年,共有5600名学生辍学或遭退学,占到了学生总人数的5%。1999年,这个数字上升到了7600人,或者说是5.6%。高校学生总体的通过率未能超过65%,即便如此,这与1996—1997学年的情况相比也已经是有所进步的了。学生的损失和淘汰率在开放的、非选拔性入学的本科的院系里尤其高:高达43%的大一学生根本毕不了业。但是在精英学院里,绝大多数的一年级学生都能顺利地升入二年级。

表 62.3 2000 年突尼斯部分高等教育机构学生的通过率

专业	第一年	第二年	第三年	第四年	所有年级
法学	37.4	47.3	60.1	74.1	48.9
科学	45.8	70.1	67.6	90.8	61.8
人文	46.2	62.0	60.2	78.9	57.3
工程学院	93.6	97.6	96.6	—	95.7
商学院	55.3	80.0	84.4	91.6	72.6
高等技术学院*	77.8	85.1	78.2	96.3	85.4

注：* 对于高等技术学院，各列代表的是学期。

来源：Ministère de l'enseignment supérieur，2001.

尽管初等和中等教育阶段的选拔性和淘汰率也不低，但是在解释高等教育的高失败率的时候往往还是会提及中等学校毕业生质量的下滑。语言，尤其是法语的熟练程度不高，也被认为是影响学生在高等教育中的表现的原因之一。但是，把所有的问题都归咎于外部原因是不合理的。过分拥挤的班级，新任教师教学技能的欠缺，以及过于机械的学生选拔机制或许都与问题的产生有关。然而，一直到最近，这些漏洞都还被认为是追求学术卓越过程中的正常代价，而非一个社会排斥的问题。复读生的大量存在减少了生均可用资源，对教育质量的下滑造成了影响。

院校背景

一直到近年来，突尼斯的高等教育体系依然是高度集权且缺乏问责。学校自身既无管理权，也无财政权；大多数的高等教育机构都被组建成了大学，但是大学也不过是在国家元首任命的校长的领导下的一个人为形成的实体，校长除了行政命令外，既无资源也无责任。2000 年，新的法律赋予了大学新的权力和新的法律地位。新法给予大学在预算使用上一定的灵活性，并减少了前置的预算控制，以此激励高校开展创收活动。教育部正在小心翼翼地从当前的管理职能中退出，并把精力集中在质量控制和政策制定上。

《1989 年高等教育法》(1989 Higher Education Act)确定了三个机构层次：高等教育部、大学和专业学院。在全部的 108 所高等教育机构中，有 75 所在高等教育部的控制之下，其余的则接受高等教育部和相关的技术部门(如农业部、卫生部，或文化部)的共同管理。有 90 所院校被组合成了 7 所大学；此外还有 11 所高等技术学院(ISETs)和 6 所教师培训学院(ISFMs)。每所院校都由一名主管领导，如果是院校的话，这名主管是由中央政府任命的，如果是系主任的话则由教师选举产生。每所院校都有一个学术委员会，成员由系主任、教师和学生的代表组成。学术委员会的任务是就管理、课程、教职员培训、科研，和预算及其实施等方面的问题为行政管理提供建议。理论上，每所院校还设有一个由社会和经济界的利益相关群体的代表们组成的顾问委员会，但是，实际上，这样的委员会很少有活跃的。

根据 1989 年法案，大学由校长领导，校长是由中央政府任命的一位教授。此外，大学还拥有一个理事会，成员包括院长、系主任，教师、行政人员与学生的代表，以及重要的相关社会和经济界的代表。

大学和院校的法律地位都允许其拥有自己的预算和有限的财政自主权。但是在制定和实施预算方面的自主空间实际上很小，因为对计划所作的任何变动都须得到中央政府的批准，任何的开支项目都要预先报批。尤其是大学，抱怨自己不过成了中央政府和院系之间的传声筒。比如，固定岗位教师的招募和晋职只能通过国家的选拔机构来实施；而大学自己能够招募的则只有短期的教师。

院校的情况不尽相同。像突尼斯科学学院(Faculté des Sciences de Tunis)这样一所最古老的、曾经一度最富声望的学院，见证过学生人数的暴涨，但是现在，光环已经褪去。别的那些远离首都的学院拥有新的设施、新的教师队伍和少量的学生。而那些竞争性很强的学校(很大程度上受法国体系的影响)则拥有更丰富的资源,更少的学生和更高的学术水准。20世纪90年代初建立的高等技术学院是对高等教育体系的一大创新,创新不仅体现在结构上,也体现在运作模式上。这类学校的教师的地位也是非常独特的。

2000年7月,议会通过了一项法律,给予大学在行政管理和财政上更大的自主权。大学现在可以直接得到拨款,然后分配给下面的院系,而不必再按历史惯性和政治上的影响力来进行面对面的谈判。支出预先报批的程序被简化了,学校对于筹集和使用通过对外服务获得的经费拥有了更大的灵活性。进一步的分权和合理化还在通过一项计划持续推进。该计划致力于在每一所大学里建立合同式的管理,将资源的水平与投入和产出的指标挂钩。

教　师

直到20世纪70年代初,教师一直是年轻的突尼斯的骄傲,但是随着教师数量的增多,教师自身的地位却在不断地下降。尤其要命的是,一方面,国家不得不培养出越来越多的年轻教师,但在另一方面,维持教师较高的培训和技能水平的机制却每况愈下。此外,以牺牲教学技能为代价的对科研的重视,不仅与科研设施的低水平不相适应,也与本科生规模扩大所带来的巨大的教学负担不相适应。而另一个值得担忧的问题则是师生比的恶化。

教师的数量从1980年的2300人增加到了2000年的10300人(见表62.4),但是这样的增长却仍然没能赶上学生人数增长的步伐。结果就造成了平均生师比的上升,在20世纪90年代,从15∶1扩大到了20∶1。不过,在不同的地区和不同类型的高校间存在着明显的差异。最高端的医学院、高等专业学校和高等技术学院的生师比为10∶1,但是法学系和经济系就要高达48∶1了。为了避免生师比的进一步扩大,在下一个十年里,每年都需至少新增1000名教师。而与此同时,教师队伍中的教授和副教授的比例却下降了,这很有可能会对教育质量造成损害。

表62.4　突尼斯高等教育机构中的师资分布
(1990—2001年间的若干学年)

	1990—1991年	1994—1995年	2000—2001年
教授与副教授	614	636	855
助理教授与指导教师	2372	3310	5999
医院教师	758	821	1320
其他*	806	1177	2119
专职教师总数	4550	5944	10293
女教师的比例(%)	21.4	25.6	33.3
生师比	15∶1	17∶3	20∶1

注:* 主要是中等教育的教师。
来源:Ministère de l'enseignment supérieur 2001.

在教师队伍中,女性所占的比例有了明显的提高。

1993年通过的法律不仅重视教师的学术素养,还强调他们的经验和教学技能。这项法律确立了两类研究型的教职员:固定岗位的教师(分为四个等级,教授、副教授、助理教授和指导教师)和短期教师。此外,为了满足高等技术学院的特殊需要,高等教育部又设立了第三类岗位,技术教师,这类教师有自己的培训、招聘和晋职标准。

为了增强在教师招聘和晋职过程中的透明度,1997年进行了改革。除高等技术学院外,教师的招聘和晋升仍然严重地依赖科研活动和成果的发表。此外,大学的师资培训很少关心教学技能的培养。由于大多数的新教师都是持有博士以下学位就直接参加工作的,这显然就是一个问题。高等教育部正在开发一项新的培训计划,试图帮助教师在课堂教学中更好地利用新技术。

教师们组建了这个国家最为强大、最为独立的工会之一。尽管高等教育工会(Syndicat de l'Enseignement Supérieur)并没有在具体的问题上,系统性地拒绝与高等教育部合作,但它坚持不与任何的政治权力结构有瓜葛。但是现在,与执政党有着更多联系的第二个工会也已经建立了。教师们依然位列收入最高的公务员行列,助理教授的平均薪资是人均GDP的4.5倍,而教授的平均薪资是人均GDP的8倍。

教学组织与评估

过去的10年里，在高等教育领域发生了许多的变革。改革的矛头从总体上都指向对原本纵向、横向都很僵硬的高等教育体系进行重组。从本科到博士，也包括技术教育，现在每一个层次的教育都已经进行了革新。各层次的教育都整合了学习模块，实现了现代化，给学生的学习增加了灵活性。新技术，尤其是互联网技术，正迅速地成为在突尼斯的高校里，在学术生活中不可或缺的一部分，但是要对这些趋势的真实影响进行评估还为时过早。当前的评估体系，不论是针对学校的还是针对教职员的，都还停留在表层，未能影响课程和教学的组织形式。不过，对评估的潜在价值的认识正在迅速地加深。

学术改革

近年来，突尼斯的高等教育在学术方面正经历着一系列的改革，这一系列的改革波及学术金字塔的各个层面。

本科与研究生教育

就入学人数和毕业生人数而言，硕士学位项目的改革是全部的改革中最为关键的。改革从1993年开始，引入了教学模块和考试学分制度，改革的目的是要：

- 通过在一年级开设通识课程，提供包括计算机、英语、管理和人权在内的多样化的课程，强化实习和在商业界的在职培训，确保课程能够满足国家社会和经济发展的需求。
- 通过向学生提供课程内容的信息，以及将课程按照学期进行编排，实现课程的现代化。
- 更新教学方法，强调交流、团队合作和新技术的应用。
- 变更评估策略，强调对批判性思维和问题解决能力的衡量而非记忆能力。
- 允许学生在主修专业之外选修其他的课程模块，促进跨学科性。

研究生教育

1993年的改革建立了涵盖所有的博士生教育的单一体制，并且将突尼斯的学历资格与海外的学位协调了起来。突尼斯设有两年制的博士预科文凭和允许竞争副教授岗位的博士学位。1995年，突尼斯增设了一个能够更好地将教育与劳动力市场联系起来的新的资格。最后，在1997年，突尼斯引入了联合培养的方式，并且在国外的学历与本国的学历之间建立起了对应，这就便于更多的在海外接受教育的突尼斯人服务本国的高等教育的发展。

工程教育

工程学专业的改革是在1992年开始的，为此还成立了一个委员会，其中包括工程学专业的教师、专业人员和其他的相关专家。基于法国的教育制度，当前的工程师教育分为两个阶段：首先在专业学院里进行两年的预备教育，之后在工程师学校里接受三年的教育。现在，专业学院招收了5000名学生，而工程师学校招收了3500人。

高等技术学院

高等技术学院(ISETs)的建立是为了填补生产部门对管理和技术人才巨大的需求缺口。高等技术学院的课程分五个学期完成，非常强调应用，课程结束前要经历半工半读，提交设计作业。班级的规模和生师比得到了严格的控制，高等技术学院与地方上的工商业界有着广泛的互动，既对商业界的需求作出回应，又反过来影响商业活动的开展。高等技术学院还招募非学术型的教师。这是为了课程的多样化，更好地向大学以外开放，以及通过与专业人士建立的联系为毕业生的就业拓宽渠道。招募非学术型教师的措施将在2002年启动。

信息通信技术

突尼斯政府很快地就意识到了新技术的挑战，尤其是高等教育机构已经向新技术张开了怀抱。但是新的信息通信技术作为一种教学手段还没有得到很好的利用，而且常常被误以为这指的就是要增加与信息通信技术有关的学术课程。

好在培养信息通信技术领域的专业人才的速度正在加快，这将有助于恢复教学目标的首要地位。

如今每一所大学机构都已经连上了互联网，但是学生上网仍然受到建筑之间缺少线缆连接，网速低，以及支持服务欠缺的限制。在近年来的硕士教育改革中，所有的专业都加入了必修的信息通信技术的教学模块。

各大学一共招募了约 380 名信息通信技术的教师。要在大学这个层次上执教，教师须具有博士学位，而这一点也就突出了该领域高层次教育的重要性。1994 年，国家信息科学学院（Ecole Nationale des Sciences Informatiques）和突尼斯科学学院（Faculté des Sciences de Tunis）共同设立了一个信息通信技术的博士生专业。

信息通信技术的研究力量集中在三个实验室和两个研究所里，一共包括约 220 名研究人员。科研力量通过合作得到了法国的研究设施的支持。

高等教育部已经提出了一项雄心勃勃的计划，要在未来的 10 年里培养超过 50000 名的信息通信技术的专业人才。该计划要求在经常性预算之外，公立高等教育体系每年还要在信息通信技术的培训上投入 1000 万～1100 万美元。

高等教育部还提出了一项旨在强化大学应用信息通信技术的计划。该计划涉及三个方面：培养教师制作依托信息通信技术的教学工具的能力；建立 16 个配备相关硬件和多媒体专业人才的信息通信技术制作中心；邀请教师团队参加到多媒体工具开发的具体项目中。

绩效监控

在 1995 年建立国家评估委员会（National Evaluation Committee，NEC）之前，突尼斯的大学是缺少绩效监督的。委员会由高等教育部任命的 14 位成员组成。第一次对教学情况进行监督是在 1995—1996 学年，当时鼓励所有的教师都要填写一份有关他们上一年度的教学和研究情况的问卷。这项措施遭到了教师和工会相当程度的抵制，尽管最后，问卷的回收率达到了 75%左右，但是没有人对结果进行过任何深入的分析，也没有任何的报告在此之后发表。与此同时，国家评估委员会针对每所高等教育机构也设计了问卷，但是这种密集的问卷调查也只进行了一次，而且也没有后续对结果进行过分析。高等教育部目前正在推行依靠财政激励措施来推动的学校自我监控。目前正在制定有关真正的评估体系的行动计划。该体系将会覆盖内部和外部效率，教学创新、教师培训、学术产出，以及国内外的合作。

研　究

对研究活动的监管是高等教育部和主管研究与技术的国务秘书（secretary of state for research and technology）的共同责任。高等教育部负责监管大学的研究活动和科研训练，而国务秘书则负责研究与开发。实际上，由于研究队伍的主体是大学的教师，因此，大部分的应用研究也是在高等教育部门中进行的，且往往是通过与校外单位的合作开展的。

研究活动通常是与博士生培养相结合的。1998—1999 学年，有 5600 人在攻读博士预科，有 655 篇博士预科的学位论文参加了答辩。同年，约有 2700 篇博士论文正在进行中，其中有 250 篇进行了答辩。这些数字掩盖了学科间严重的不平衡，明显地偏离了国际标准。为了弥合差距，高等教育部采取了一系列的措施，其中包括：

- 扩大硕士后层次教育的规模并使之多样化，以期增加博士预科的学生人数，并使得博士生的人数能够增加到 3 倍。
- 集中多个机构的人力和物力资源设立博士生院，确保对博士生教育进行有效和高质量的监管。
- 让非学术型的专家也参与到教学和指导中来。
- 通过聘用外籍教授和一套激励海外的突尼斯研究人员归国服务的机制来增强国际合作。

适切性和外部效能

突尼斯的高等教育最初几乎只是一个孤立的部门，按照自己的规则行事，只服务于高级官员的培养和自身再生产的需要。但是现在，它得适应在不断变化的经济环境中所要扮演的角色。

的确，要放弃精英文化，并转而去拥抱经济变革，这并非易事。

高等教育对于突尼斯的社会而言到底有多大的相关性？近年来出现的毕业生的失业现象已经把外部效能的问题凸显了出来（主要是由于公共服务，尤其是学校的教学岗位上吸纳的毕业生的人数减少所致）。官方登记的15000名求职者中的大多数都持有文学、社会科学、经济学，或是法学专业的学位证书。政府正在采取一系列的措施以帮助接受完高等教育的毕业生就业。最新的一项举措是一个480小时的信息通信技术的培训计划，该计划在2000年已经吸引了超过2000名大学毕业生参加。

要了解高等教育的效能问题，首先就得看一看高等教育部门的产出。2000年，突尼斯的大学共培养出了21442名毕业生（见表62.5）。经历了长期的停滞之后，20世纪80年代中期以来，随着入学人数的增加以及高等教育体系内部效能的提高，毕业生的人数也开始急剧增多。

表62.5 1980—2000年间若干年份按专业统计的突尼斯中学后教育的毕业生人数

	1980—1981年	1990—1991年	1999—2000年
毕业生总人数	4525	6915	21442
基础科学(%)	8.5	9.0	12.5
文学、社会科学，与宗教学(%)	20.4	18.1	25.1
医学(%)	22.2	17.7	7.8
法学、经济学，与管理学(%)	21.6	33.4	34.5
技术科学(%)	19.2	16.4	15.2
农业科学(%)	8.0	5.4	2.7
教师培训(%)	0.0	0.0	2.1

来源：Ministère de L'enseignment supérieur，1989.

对毕业生人数进行的分析，揭示出了法学、经济学和管理学的强势。文学和社会科学在高等教育体系中仍然占据了重要的位置，这在很大程度上是因为这些学科在高中毕业生中的优势地位。尽管经济部门对于掌握技术的毕业生的需求非常旺盛，但是相当大数量的毕业生获得的是硕士学位，而只有少部分人拿的是技术员的资格。曾经一度占据入学人数比例36%的短期课程，在整个20世纪80年代所占的比例都在缩小。90年代初，引入了小学教师培训计划后，短期课程又开始逐渐流行。但到了90年代中期，随着对小学教师需求的减少，短期课程的学生人数又开始减少了。不过，近年来由于政府的着意发展，以及高等技术学院的建立，短期课程中的学生人数又开始增加了。

当前，11所高等技术学院招收了超过15000名学生，占高等教育入学总人数的7.3%。高等技术学院是成功的，此类学校的就业率非常高。现在已经有大量的高素质的高中毕业生在申请高等技术学院的入学机会。在今后的几年里，高等技术学院的数量还会迅速增多。到2006年，每个省都将会有自己的高等技术学院。

由于担心毕业生的就业问题，同时又受到高等技术学院的成功经验的刺激，高等教育部决定所有的学科专业，尤其是文学专业，都要开发短期课程。此类新课程的设计都与高等技术学院的课程类似，是针对新兴的就业市场的需求而设计的，诸如：多媒体的技术人才。

另一个特别值得注意的方面是信息通信技术的潮流。突尼斯当前拥有约10000名信息通信技术的专业人员，其中略超一半的人在公共部门工作。平均一名专业人员要服务1000名居民，突尼斯在这个方面远远地落后于它的欧洲邻国（1998年，法国和英国每1000名居民中分别有6名和12名专业人员）。

高等教育系统正在培养出越来越多的信息通信技术专业的毕业生。2000年，约有800名主修信息通信技术的学生毕业。此类毕业生在全部的高等教育毕业生中占3.5%，这一比例可与经合组织(OECD)的平均数相比。（突尼斯19～24岁年龄段的入学率只及OECD入学率的一半。）

突尼斯已经选择了将自己的经济与欧盟捆绑在一起。预期能够带来长远收益的这一大胆的决定意味着企业管理的方式将要产生剧变；尤其是这将会要求生产力有实质性的提高。为此，全面的经济提升计划已经启动。在此间，高等教育应该发挥核心的作用。要做到这一点，就必须要营造出一种新的文化，以便建立起真正的（校企）合作关系(Zouari, 1998b)。大学及其院系必须真正地向外部的经济环境敞开怀抱，而商业界也必须要转变态度，迎接这种对技术型人才的需求。现在仍然时常可以听到小企业主们抱怨年轻的毕业生的傲慢和无用，大多数情况下这都是出于对竞争的恐惧。但是听听大公司的主管们对于雇员的要求也是能够说明问题的。其中的一个人列举了雇员的三项最重要的素质：严谨、良好的语言技能，好奇心，以及适应能力。这些素质在很大的程度上与经合组织国家的那些大公司的主管们嘴里所说的是一致的（Souissi，1998）。大学真正的挑战在于要适应一个持续变化的环境，培养能够用自己所掌握的技术满足新的需求的毕业生。

迄今为止，接受过高等教育的毕业生在就业市场上远比那些只受过较少的正规教育的人顺利得多。在高等教育的毕业生中，失业率为8.2%；而对于那些中学毕业生而言，失业率达到了16%。在80%的只有初等教育背景的求职者长期失业的时候，只有20%的拥有高等教育学历的求职者面临着同样的处境。但是，平均失业率正在缓步地上升，而大学的毕业生也未能幸免。

最后一点，从劳动力市场上获取的信息仍然往往是不及时、不全面和不准确的。缺少可靠的人才供求的信息系统不利于有效的劳动力市场的适应机制的发展。就此而言，刚刚建立的就业观测体系是迈出的积极的一步。

财　政

学生人数的激增，尤其是这种爆炸式的增长，预期还将持续10多年，这对突尼斯政府带来了巨大的挑战。此项经济负担很快就将超过国家预算的承受极限。不过从某种意义上来说，这场危机也可以成为积极的因素，它已经激起了各类决策者的警觉，并很有可能会触发大胆的措施而非例行公事般的行动。但是要应对财政上的困难，在教育的各相关方之间必须要达成某种共识。

突尼斯高等教育的经费主要来自于国家预算。在过去的10年里，国家将其预算的1.2%～5%划给了高等教育。这一比例在经历了20世纪80年代的下滑之后，在90年代又有所增加。

对高等教育的公共支出进行分析可以发现，略超三分之二的经营预算被用于薪金的发放（教师薪水占了40%）。需求型财政（demand-side financing）几乎占到了经营性预算的20%。奖学金的发放仍然是一项重要的支出，发放的依据是父母的收入情况。而有资格享受奖学金的收入门槛和最低工资的门槛是一样低的。此外，这一得到巨额资助的财政体制是无法进行再分配的，而且也无助于建立更加公平的入学模式。分配给当前的学生贷款计划的份额正在减少，这是因为学生贷款计划的管理已经从国家的手上转移到了社会保障和银行系统中。

突尼斯要信守增加高等教育入学机会的承诺，就得要解决长期的财政保障机制的问题。财政状态的稳定，有赖于内部效能的提高，现代化进程中新技术的整合，高校新业务的拓展，高等教育中由用户承担的费用比例的增加，以及私营部门在高等教育活动中参与程度的提高。

这些方面的改变已经出现。学术课程的改革带来了内部效能的提高。2000年7月通过的一项法律赋予了高校更大的灵活性和管理自主权，增加了其获得额外收入的机会。同时，高校向外部世界开放，为商业界提供培训、服务，以及自主地开展科研活动也都受到了鼓励。

尽管在1995年和1997年两次提高了学费，但是在突尼斯，学生家庭对教育成本的贡献还是非常有限的。因此，这一点对于整个的高等教育预算影响尚且不大。为使学费不至于成为入学的障碍，政府正着手研究各种选项，要找出一种在经济上高效，在社会上又能够被接受的方案。毕竟，在突尼斯这样的一个国家，政府的影响还是无处不在的。最有可能的选择是扩大现有的学生贷款计划，使之不仅覆盖学生的生活费，还要覆盖学费。为使这项计划更具持续性，贷款项目的经费应该由包括政府、社会保障机构和私人银行在内的联合财团来提供。

私立高校

尽管事实上私立高等教育机构本就存在，但是一直到最近，这些机构都还没有得到法律上的认可。直到2000年7月通过立法确定了私立高等教育机构的设立和经营的规则，这些机构才终于得到了承认。建立的法律框架虽不完美，但是立法本身就是一大进步，因为在这个以“免费教育"为政治口号的国家里，承认私立高等教育的存在是需要很大的政治勇气的。此后，高等教育部也第一次完成了对全部的12所申请正式认证的私立高校中的6所的认证。在这一阶段中，私立高等教育机构共招收了约3500名学生，收费在2000～5500美元之间。

要推动私立教育的发展，使之能够提供高质量的课程，既满足学生兴趣的需要，又充当公立教育的补充，那么建立法律框架还只是第一步。观察家们认为，私立教育的发展还将受到需求不旺的制约。人们认为与公立教育相比，私立教育质次价高。私立高等教育的规模要得以扩大的话，国家就得要提供一系列的金融和财政上的激励，其中包括给予投资者的支持，给教师在薪水上的补贴，以及新的学生贷款计划。高等教育部试图要推动公私立教育部门之间的合作，以便把后者整合进整个的国家高等教育体系中来。合作可以采取的形式包括共享课程和资格，教师交换，甚至包括项目的转包。

政府正在撤出诸如学生宿舍和餐饮等非学术性的服务领域。政府通过大幅度的减税，鼓励工商业者投资这些领域，尤其在学生宿舍方面改革已经取得了成功。此外，高等教育部也已经启动了餐饮外包的试点计划，正寻求在这一方面也取得进一步的发展。

现在所面临着的主要的挑战是要以社会能够接受的形式来实施这些各种各样的措施。通过模拟可以发现，在当前的单位成本条件下，单靠公共经费是难以支撑预期将要增加的学生人数的。通过投资来提高资源的利用率，提升内部效能，增加成本回收，以及更多地依靠私人的主动性，这些都是至关重要的。

结　语

在过去的10年里，突尼斯的高等教育体系发生了深刻的变革。从最初的一个为了国家，尤其是为了从殖民统治者手中接管公共部门而培养精英的高度选拔性的教育体系，逐步演化成了一个尽管仍然是英才式的，但已经更加开放了的教育体系。它现在招收的学生人数已经占到了适龄人口的近20%。有许多的改革已经启动，并且已经完成。2000年的第三级教育，不论在质上，还是在量上，都已经与40年前大不相同了。

那么，这是否已经足以支持突尼斯应对眼前的挑战了呢？答案并不是简单直白的。全球化、知识驱动下的发展、新经济，以及信息革命，这些挑战无一不把第三级教育和科研活动推向了最前线。突尼斯并没有在这些挑战面前退缩，它已经选择了开放自己的经济来迎接挑战，并且要实现社会的现代化。这样的选择在本地区几乎是独一无二的。为了要取得成功，高等教育体系就必须经历更为彻底的变革。

但是，如果高等教育体系仍然是中央集权式的，仍然被纯粹公共的运行模式"保护"起来的话，这些变革就难以获得成功。所有的利益相关方都应当真正地负起责任。高等教育部应该为变革铺平道路，在整个系统的层面上进行一些调整，其中包括给予大学更大的财政和管理的自主权，给予院系在教学上更大的决定权，以及与相关各方建立起契约式的关系。必须建立透明和有效的机制来确保行政和教学人员能够负起责任，也要确保能够对学校的表现作出客观的评价。同样的，还应该增强学生在所就读的学校的管理和评估中，以及在成本分担过程中所发挥的作用。如此，高等教育部便能够将精力集中在质量控制和其他的战略性的问题上了。发展强大的私立高等教育显然有助于应对以上的这些挑战。

教育，对于当前突尼斯作为一个国家所取得的成就作出了重大的贡献。突尼斯希望能够在这个正在形成中的，以知识为基础的新世界中拥有一片天地。而只有拥有一批由高级技能武装起来的人才，突尼斯才能在这个世界舞台上发挥积极的作用。

注：本章中的观点和解读均为作者的观点和解读，并不代表突尼斯高等教育部、世界银行及其成员的观点。

参考文献

Banque mondiale. 1995. *Republique Tunisienne. Role du secteur prive dans la production et le financement des services d'éducation et de formation*. Rapport No. 14736. Washington, D.C.: Banque mondiale.

——. 1998. *L'enseignement supérieur tunisien. Enjeux et avenir*. Washington, D. C.: Rapports économiques de la Banque mondiale.

Ben Yahmed, S. 1998. "Repartition et evolution des effectifs dans l'enseignement superieur tunisien." In Plassard et Ben Sedrine, ed., *Enseignement supérieur et insertion professionnelle en Tunisie*. Toulouse: Université des sciences sociales.

Gargouri, M. 1996. *Analysis of Education Reform in Tunisia*. Mimeograph. Washington, D. C.

Horchani, S. 1998. "Pour un autre projet du système éducatif, en general. et des facuttes des sciences, en particulier." Mimeograph. Tunis.

Ministère de l'enseignement supérieur. 2001. *Enseignement supérieur situation et perspectives* (in Arabic). Tunis: Ed. CPU.

Secretariat d'Etat a l'Education Nationale. 1962-1967. *Rapport sur le mouvement educatif en Tunisie* (published annually). Tunis: Secretariat d'Etat a l'Education Nationale.

Soussi, M. A. 1988. "L'ecole et l'environnement économique et social: Point de vue du monde des affaires." In Ministère de l'Education de Tunisie and Banque mondiale, eds., *Actes des journées d'étude sur l'école de demain*. Tunis and Washington, D. C.: Banque mondiale.

Sraieb, N. 1974. *Colonisation, décolonisation et enseignement: l'exemple tunisien*. Tunis: Institut national des sciences de l'éducation.

Zouari, A. 1991. *Le financement public de l'éducation en Tunisie: problèmes et perspectives*. Tunis: Institut Arabe des Chefs d'Entreprise (LACE).

——. 1998a. "L'école et l'environnement economique et social en Tunisie." In Ministère de l'Education de Tunisie and Banque mondiale, eds., *Actes des journées d'étude sur l'école de demain*. Tunis: Ministère de l'Education de Tunisie.

——. 1998b. "L'enseignement supérieur en Tunisie: les enjeux." In Plassard et Ben Sedrine, ed., *Enseignement supérieur et insertion professionnelle en Tunisie*. Toulouse: Université des sciences sociales.

63 乌干达

纳坎伊克·B·姆西西

背 景

乌干达是东部非洲的一个内陆小国，国土面积241139平方公里（93104平方英里）。目前，乌干达的人口达到了2100万，并且仍在以年均2.5%的速度增长。按照人口趋势进行预测，并且计入艾滋病造成的负面影响，乌干达的人口在2011年预计将增至2600万，到2021年将增至3500万（National Population Policy and Sustainable Development，1995）。乌干达的人口比较年轻，1～15岁年龄段的人口占到了超过全国总人口的50%。该国的人均寿命为51岁（Uganda Human Development Report，1998）。人口情况对乌干达高等教育发展及未来规划具有重大意义。

1987年，乌干达开始了一个时期的经济调整，实现了微观经济广泛的增长和稳定。在过去的10年里，乌干达国内生产总值（GDP）的实际年增长率超过了6%，年通货膨胀率保持在5%以下，人均国内生产总值以每年3.4%的速度增长。这些都要归功于有效的经济政策。1995年，乌干达位列非洲经济增长最快的国家。尽管在过去的10年里，乌干达的经济取得了显著的增长，但它仍然是世界上最为贫困的国家之一，在全球175个国家中排名第158位（Human Development Report，1999:260）。人均年收入为320美元（Republic of Uganda，2000b:2）。

乌干达超过80%的人口在农村从事农业，大多人仅能维持生计。农业仍然是这个国家的经济支柱，产值占国内生产总值的50%左右。农业部门创造了85%出口收益，吸收了88%的劳动力（Vision 2025）。由于教育在国家整体发展中的重要地位，教育是中央政府财政预算中的一个重要组成部分。

引 言

1999年快近年末的时候，洛克菲勒基金会、福特基金会和麦克阿瑟基金会与卡内基基金会发起了一项旨在增强部分非洲大学有效服务国家社会、经济和政治发展能力的联合行动。此项行动缘起于这几家慈善组织都认为撒哈拉以南的非洲地区已经迎来了复兴大学的有利环境。早在2000年1月，它们就已经委托对几个国家进行研究，试图弄清这几个国家的大学发生变化的原因、性质和结果。个案研究还要达到两个重要的目的：首先是要促进这些大学对院校发展进行战略思考。其次，是要直接或间接地寻找外部力量介入，以促进改革的可能性。这些个案研究还意在鼓励捐赠者提供资助，包括外部和内部来源（校友）；寻求战略投资；并为大学开辟其他的财政资源。

在介绍麦克雷雷大学（Makerere University）个案研究的发现时，听众中有一位观察者注意到麦克雷雷大学的变化非常迅速且彻底，令人印象深刻。他赞同大卫·考特（David Court）关于麦克雷雷大学转变迅速的评论。考特将改变大学的难度与搬迁一所大教堂的难度相提并论（Court，1999）。这名观察者惊叹于麦克雷雷大学的变化的规模与速度。他提出了一个重要的问题："麦克雷雷大学到底要转变成什么样子呢？"这个问题很难迅速地得到回答。麦克雷雷大学所发生的变化只是乌干达教育体系变革的一个缩影。在乌干达，教育的供需两端都发生了变化。这些变化是不能脱离其所处的社会政治和经济背景以及政策框架来分析的。同样值得注意的是，在乌干达的高等教育中所发生的这些变化，也正在全球范围内发生（World Bank，

1994)。

在乌干达,教育被乌干达全国抵抗运动(Uganda National Resistance Movement, NRM)政府描述成是一个重要的目标,一个基本的人权问题(Uganda Constitution, 1995),也是“经济增长、发展和减贫所需的人力资源开发的基本组成部分”(Poverty Eradication Action Plan Draft, 2000:39)。乌干达对教育发展的支持是建立在一些重要的经济学研究的基础之上的,这些研究确证了投资教育(人力资源开发)与实现经济增长之间的密切联系(World Bank Development Report, 1980;Easterlin, 1981)。这些研究表明,经济增速最快的国家与相同收入水平的其他国家相比,识字率更高。不过,世界银行的教育外部顾问专门小组(World Bank's External Advisory Panel on Education, 1978)发出了这样的警告,教育不能被贬低为与工业或农业平行的部门;相反,教育应被视作是为加快发展所采取的一切有组织的措施的核心要素。(Psacharopoulos and Woodhall, 1991)。

教育在乌干达政府宏大的经济发展蓝图中的中心地位带来了许多的问题。这些问题围绕着入学与公平,质量,财政,教育投资与其他方面的投资之间的比较,所提供的教育的适切性,教育这个部门的性质、规模与范围,以及政府的政策。

本章致力于探讨与高等教育有关的这些问题。第一部分将讨论乌干达高等教育体系形成的现实与历史背景。这一部分还将讨论乌干达政府的角色,这种角色与影响这个国家教育发展的政策有关。第二部分将描述发展的趋势,介绍乌干达高等教育机构的规模与范围。第三部分要讨论的是与投资和经费、质量、入学、公平以及适切性有关的问题。第四部分将简述乌干达的高等教育体系仍然面临的挑战。

现实与历史背景

教育部门的增长与优先领域

1997年以来,乌干达的教育发展主要围绕着普及初等教育(Universal Primary Education, UPE)政策的实施。1997年8月的人数统计显示,当年1月份上小学的人数为530万,这个数字是实施普及初等教育政策之前的2倍。2000年底,这个数字又飙升到了650万。此后,乌干达政府继续关注初等教育,特别重视教室建设、教师招募、师资培训,以及教学材料的供应(Republic of Uganda, 2000a, 2001)。目前,初等教育约占到了乌干达教育预算的70%。

尽管比不上初等教育的发展,近年来,乌干达的中等学校系统也实现了类似的令人瞩目的增长。1980年,全国共有510所政府资助的中学,在校生37000人。到1996年,中学的数量增至621所,学生人数达到了256258人。两年后的1998年,全国的中学数量达到了837所。其中33所为男子中学,53所为女子中学,剩下的751所为男女生合校的中学(MOES, 1998)。

随着当前普及初等教育政策的实施,以及随之而来的中等教育的扩张,对第三级教育的需求增强了。建立在相关院校的独特贡献和相对优势基础上的统一的第三级教育体系正在形成。2000年2月,议会讨论了有关这一体系的法律框架。同年12月,议会通过了大学及其他高等教育机构法案(Universities and Other Institutions of Higher Education Bill)。该法案旨在规范此类机构的发展。它还规定了所有第三级教育机构运营的条件。

教育部门的筹资与投入

教育事业相关的经费与投资涉及多个部门。其中包括捐赠机构、国内与国际的非政府组织、地方政府、私营部门和市民社会。如前所述,教育一直在政府的预算资金分配中享有优先地位。但是,最为重要的是,成本分担的措施扩大了社会对教育事业的参与。

1995—1998年,政府的教育支出稳步增长。但是,增长的步伐在不同的教育部门之间并不一致。初等和中等教育的学校发展得到了更多的资金。增加的支出还用于购买乌干达初等教育与改革支持计划(Support Uganda Primary Education and Reform, SUPER)和初等教育与教师发展计划(Primary Education and Teacher Development, PETD)中所需要的教材(Republic of Uganda, 2000a)。1999—2000年,政府自由支配的经常性支出中的33%投给了教育。初等教育获得了其中的62%,中等教育获得了15%,而第三级教育得到了18%。在极短的时期内,乌干达政府在教育领域取得了令人难以置信的成功。从1990—1991年度到1999—2000年度,教育预算增加了300%,占GDP的比例从1.6%升至3.8%(Republic of Uganda, 1999—2000: 10-12)。同样重要的是,教育部门的经常性支出也有了显著的增长。整个教育部门的经费从1994—1995年度占政府总支出的20%上升到了1997—1998年度的25%(MOES, 1999:10-12)。

除政府外,宗教团体为中等学校的基础设施建设投入了大量经费。在乌干达,50%以上的学校是由宗教团体创办的(MOES, 1998)。在所有的中学里,由政府创建的只占其中的11%,而由乌干达教会建立的占27%,由天主教会建立的占18%,由各伊斯兰团体建立的占5%,由家长建立的占24%。

在第三级教育层次,政府减少拨款已经有些年了。较低层次教育的空前发展,迫使政府重新安排其财政资源。政府及其发展伙伴正陷于为教育财政寻找出路的困境。利用重债贫穷国(Highly Indebted Poor Countries, HIPC)倡议的资金是政府解决这一问题的三大途径之一。另外的两项措施则包括:在政府的预算中确保教育的优先地位,因此教育与运动部(Ministry of Education and Sports)得到了政府可自由支配经常性预算的33%;以及制定《教育战略投资计划》(Education Strategic Investment Plan, ESIP)。表63.1显示了教育各部门之间经费的分配情况。

表63.1 1997—2003年乌干达分部门教育战略投资计划框架 单位:百万美元

	1997—2000	2000—2003	总计
初等教育	278	188	466
中等教育	41	59	100
中等后教育	32	35	67
高等教育	33	33	66
学校发展	6	5	11
总计	390	320	710

来源:ESIP, 1998—2003.(数字取整数)

乌干达教育事业的目标与问题概述

乌干达高等教育当前所面临的问题不仅要从高等教育发展的历史背景中来看,还必须要着眼于整个教育事业。整个教育部门中存在的问题包括:各级教育质量下滑;招生规模扩大、设施增加,但却没有合理的规划;地区间教育不均衡在加剧;实施课程改革,但是教师缺少适当的培训,教学材料的供应也不充足;教育成本增加;以及课程与国家的社会经济现实脱节。

乌干达的宏观教育目标在政府的白皮书里得到了阐述。这些目标包括:传播科学、技术和文化知识,培养建设完整、自给、自立的国民经济所需的技能和态度。其中,第三级教育的目标有:

- 培养国民生活各个领域里的高级技术、管理和专业人才。
- 通过科研活动,生产先进的知识,开展创新,并将这些知识和创新转化应用到地方和国家的具体环境中。
- 通过提供推广工作和咨询顾问,开展公共服务。
- 开发学生的智能,使他们能够客观地认识地方与国家的环境。
- 促进本土科学与技术的发展,以解决发展中遇到的问题。
- 用知识、技术和态度来武装学生,使他们为就业做好准备。(Government White Paper on Education, 1992)

政府对教育部门的参与

尽管财政有困难,但是1986年上台的全国抵抗运动政府仍然致力于通过扩大教育来推动经济与社会基础结构的恢复。在很大程度上,这个承诺构成了当前的教育政策制定和实施的背景。1989年,教育部任命了一个教育政策审议委员会(Education Policy Review Commission)。其职责是批判性地重新审查乌干达教育发展的方方面面。委员会的报告经修改后被采纳,成为了1992年的《政府教育白皮书》(Government White Paper on Education)的基础。

白皮书及其后续的《教育战略投资计划1998—2003》是乌干达教育事业中、长期发展的蓝图。涉及的问题包括入学、公平、适切性、质量以及教育经费。明确了教育各相关方的角色,包括:学生、家长、社区、地方和中央政府以及捐赠者。

乌干达政府还采取了一系列措施来指导和规范本国高等教育的发展。措施之一就是颁布了一项新的议会法案(Republic of Uganda, 1998),建立了充当高等教育机构与政府之间中介的全国高等教育委员会(National Council for Higher Education, NCHE)。委员会将承担许多的职能:第一,它要促成乌干达大学教育目标的实现;第二,它要处理政府对国立大学的发展、协调、规划、行政管理和财政管理的问题;第三,它要协调招生和国立大学的认证;最后,它将成为高等教育机构的数据中心,向政府及其他对此感兴趣的团体和个人开放(Kigozi, 2000)。

全国高等教育委员会人员构成的基础将会是广泛的。主要的利益相关方代表的产生办法还没有最终确定。不过,穆维里亚认为,全国高等教育委员会的建立、委员的构成,以及委员将由选举产生的事实,都将有助于乌干达高等教育发展的非政治化(Mwiria,1999)。

自由化、减少管制和分权化的政府公共部门改革,也为建立包括大学在内的私立高等教育机构创造了机会。

当前的全国抵抗运动政府依照基层民主的要求,将20世纪70年代被废除的学生的民主权利归还给了学生。现在,乌干达高等教育机构的学生通过学生自治会(协会)来管理自己的事务,学生自治会每年由各自学校的学生选举产生。通过学生的协会,学生们能够在与他们的学习和生活相关的事务上直接发出自己的声音(Musisi and Muwanga, 2000)。

历史背景

乌干达高等教育的历史大致可以分为以下五个阶段:1922—1950年;1951—1961年;1962—1970年;1971—1992年;1993年至今。每一个阶段都体现了国家的政治重点、发展与进步中所经历的考验与磨难。

20世纪20年代是乌干达现行教育体系的形成时期。起先,教育完全掌握在基督教传教士的手里,但是,殖民地政府在20世纪20年代承担起了教育事业发展的直接责任(Lugumba and Ssekamwa, 1973; Onyango, 1985; Furley and Watson, 1987; Macpherson, 1964; and Musisi, 1992)。也正是在这个最初的阶段,坎帕拉麦克雷雷大学(Makerere University Kampala, MUK)被作为服务英国东非殖民地的肯尼亚、坦噶尼喀和乌干达的技术学院建立起来。这所技术学院的课程特别关注殖民统治的重点与需求。学院的任务是要为殖民统治当局培养合格的各方面的助手。因此,学院只开设了有限的农学、木工、医疗护理、引擎机械、教师培训以及兽医学领域的证书课程。根据1949年的阿斯奎斯报告(Asquith Report),这所学院获得了半自治地位,附属于伦敦大学。此后,学院开始开设学位课程。

在第二阶段,教育的规划者们关注的焦点在公务员队伍的非洲化上,以此推动现代化和发展。受宾斯委员会(Binns Commission)(1951)和伯纳德·德步森委员会(Bernard de Bunsen Commission)的乌干达非洲教育报告(Report on African Education in Uganda)(1953)的影响,20世纪50年代迎来了快速发展期(Macpherson, 1964; Furley and Watson, 1978)。1953年,麦克雷雷学院的学生首次获得了伦敦大学的学位。

1956年,皇家技术学院在内罗毕建立,结束了麦克雷雷作为东非地区唯一一所高等教育机构的突出地位。在几年后的1961年,达累斯萨拉姆大学学院建立。此后,随着国家的独立,高等教育机构受到了重视,它们被视为国家威望与成就的象征,同时也是培养用以取代离开的原殖民当局的外籍职员的高层次、有技术劳动力的途径。

在第三阶段,麦克雷雷学院成了组成东非大学(University of East Africa)的三所成员学院之一。尽管在结构上进行了这样的调整,但是学院仍然强调现代化与发展,为这个新独立国家自力更生服务。这一阶段的中等和中等后教育在很大程度上受1962年的卡索委员会(Castle Commission)和世界银行的影响,其目标是培养独立后经济发展所需的掌握高级技能的劳动力。

1963年,三所学院(内罗毕的皇家技术学院、达累斯萨拉姆大学学院和麦克雷雷学院)合并成立了东非大学,各校成了东非大学的成员学院。敖培欧一奥登戈指出,"东非大学的诞生发生在肯尼亚、乌干达和坦桑尼亚获得独立以后,(这一事实）极大地影响了高等教育的发展”（Opio-Odongo，1993：13）。发展高等教育是从其有利于国家和地区发展的角度来考虑的。因此，这三所成员学院致力于增加本地区的学生与教职员的数量，致力于开发多样化的课程，这都是非常自然的了。在麦克雷雷学院，大学生的入学人数从1964—1965学年的1331人增加到了1967—1968学年的1805人（Court，1975）。到了1967—1968学年，通过有目的的选择，麦克雷雷学院实现了20%的学术人员来自东部非洲地区的目标。到了1970—1971学年，在麦克雷雷学院学习的乌干达学生增加到了2638人（Republic of Uganda，1972）。学院开设有技术、图书馆管理学、林学、商学、法学和农业教育专业的新课程，还有医学、社会工作、音乐、舞蹈、戏剧专业的研究生教育。乌干达其他学校里的学生数量也出现了增长，诸如：乌干达的技术学院、教师教育学院、农学院（Agricultural College）、兽医培训学院（Veterinary Training Institute）、法律发展中心（Law Development Center）以及公共管理学院（Institute of Public Administration）。这种增长在很大程度上得益于政府的政治和意识形态的推动，以及健康和繁荣的经济发展的支持（Republic of Uganda，1970）。1970年，在第三阶段的发展接近尾声的时候，在本地区国家主义潮流的压力下，东非大学解体成三部分，成为三所完全独立的大学：乌干达的麦克雷雷大学、肯尼亚的内罗毕大学和坦桑尼亚的达累斯萨拉姆大学。

笼罩在严酷的政治与经济现实中的第四阶段是一个危机管理的时代（Kajubi，1989；Republic of Uganda，1981）。总体而言，20世纪的70、80年代是政治动荡、教育经费不足的艰难岁月。1971年开始，随着伊迪·阿明（Idi Amin）的上台，乌干达突然陷入了历史上最为动荡的一个时期。这个时期教育财政的面貌，反映了整个国家的财政处境与状况。1972—1981年，这个国家在60年代取得的正常预算盈余变成了巨额的赤字。1972—1985年，国内生产总值下滑，人均实际收入也下跌了35%。通货膨胀的压力，再加上出口创汇的减少，给乌干达的国际收支平衡造成了难以想象的巨大压力（Kajubi，1989）。

这20年间的国内政治、经济动荡损害了贸易环境，增加了公共债务，降低了先令的币值，而所有的这一切都损害了乌干达的教育财政（Kajubi，1989；Mwiria，1999）。用于教育事业的公共支出在政府经常性支出总额中所占的比例波动很大，从1986—1987年度最少的11%到1983—1984年度最多的21%不等（Kajubi，1989）。在这一时期，用于发展的支出在政府的全部支出中所占的比例也在持续地减少。1984—1985年度，用于教育事业的发展性支出占政府支出总额的比例达到10.7%；而到了1987—1988年度，则下降到了5.9%。

另一方面，政府拨款的减少恰逢高等教育面临另外两大严峻的挑战。首先是捐赠者的兴趣转向初等和中等教育。这一随后就遭到批评的狭隘的取向，却得到了经济学分析的支持。这种分析试图说明“对大学和学院的公共投资带来的回报不如对中小学的公共投资所带来的回报，而且对高等教育进行公共投资将会加剧不平等”（World Bank，2000：10）。这种在理念上转向对初等教育的投资，是造成高等教育的外部经费在需求如此迫切之时却缩水的部分原因之一。第二项挑战则来自于人口增长造成高等教育入学人数快速增加，而且社会对高等教育需求也增加了。不幸的是，在入学人数增加的同时，财政资源却并没有得到相应的扩充。1979—1986年间的历届政府对于解决高等教育所面临的财政困难基本上鲜有作为。例如，第二届的奥博特政府（1980—1985）只不过是恢复了第一届奥博特政府（1966—1971）时期的高等教育政策而已（Kajubi，1989）。这一政策给予每一名就读于麦克雷雷大学的乌干达人全额的政府资助。这种过时的措施表明，尽管愿望是美好的，但是政府一点也不明白它已经无力承担对国民的财政责任了。

阿明执政时期（1971—1979）的动荡带来的政治和经济危机，中断了先前取得的令人印象深刻的高等教育的发展。当务之急是要解决由于人才外流和大批来自亚洲和其他地区的在乌移民被驱逐出境后所造成的急迫的财政与技能型人力资源的短缺问题。1979年，随着阿明的倒台，国家教育政策的重点发生了改变。制定高等教育的发展规划所考虑的主要问题是要恢复被战争毁坏的基础设施、设备和服务。

无论是20世纪80年代初的政权更迭，还是恢复经济的努力,都没有显著地改变高等教育的面貌。正如敖培欧－奥登戈所指出的,“20 世纪 80 年代恢复经济的尝试,是在国际货币基金组织支持的鼓吹削减财政预算,由私营部门取代政府职能的结构调整计划的背景下进行的”(Opio-Odongo, 1993:16)。在此背景下,生产部门的恢复优先于社会基础设施的恢复。相应地,经常性预算中拨给教育的份额从 1983—1984 年度的 21%下降到了 1986—1987 年度的 11%,尽管在 1987—1988 年度略微回升到了 18.2%,1988—1989 年度又跌回到了 12.2%(Republic of Uganda, 1989b)。预算的削减影响到了由政府资助的高等教育机构的财务状况。结果就导致了毕业生人数的减少。例如,到了 1987 年,这些机构培养出来的新教师的数量已经减少了 46%(1983 年为 5424 人,而相比之下,1987 年为 2495 人)(Republic of Uganda, 1989a)。与此同时,高等教育机构培养出来的毕业生仍然脱离现实与日常生活,缺乏对于创造就业机会至关重要的主动性和创新精神。而薪酬低、福利待遇差等问题则损害了大学吸引乌干达人或是外籍人士充实岗位的能力,造成了高等教育机构中大多数教职的空缺。

1986 年以后的教育政策在很大程度上受到世界银行对撒哈拉以南非洲地区的教育所作的研究的影响。这项研究提出了三点策略:第一项调整策略涉及通过经费来源的多样化,调动来自私营部门的收入,实施鼓励成本分担和私营服务的政策,严格控制公共经费,尤其是非教学的开支,来驾驭经济和人口的压力。第二项策略是要复兴教育体系,恢复质量和教育的适切性。第三也是最后的一项策略是要有选择地扩大受教育机会,尤其是要增加传统上的弱势群体的入学机会。1993 年以来,这些策略已经被付诸实施。这是一个改革与创新的时期,同时也是战略转向的时期。

20 世纪 70、80 年代对高等教育部门的影响

政治上的干涉和经费上的不足对乌干达的高等教育造成了严重的负面影响。独立时的乌干达高等教育体系是非洲最好的高教体系之一(World Bank, 1992)。但是,接下来这 20 年的经济与政治危机破坏了这个国家的高等教育体系。尤其是经费不足,突显和暴露了高等教育发展中的新问题和老问题。在麦克雷雷大学,这种情况体现在 1989 年的七起空前的师生骚乱和抗议事件中,这些事件导致了大学在同年 11 月被关闭(Makerere University Visiting Committee, 1990—1991)。将乌干达的高等教育推向崩溃边缘的危机主要发生在三个方面:财政,教育的质量与适切性,以及教育部门与政府之间的关系(Mwiria, 1999; Court, 1999)。这几个方面是彼此联系的。例如,经费短缺的直接后果就是破败的设施,空荡荡的实验室和图书馆书架,学术资料的严重缺乏,贫困而又士气低落的教学人员,以及急剧降低的学生的生活质量(Makerere University Visiting Committee, 1990—1991)。尤其在麦克雷雷大学,课外活动实际上已经不存在了,教学人员的住宿条件和薪酬都很糟糕。教育体系的最高层次所面临着的这种窘迫的处境进一步破坏了学生在学业上的努力。麦克雷雷大学教学的低水准,造成了学业上的高失败率,而在这方面最糟糕的是医学、兽医学和科学领域(Makerere University Visiting Committee, 1990—1991:19)。

乌干达高等教育的质量还受到了破旧、拥挤的基础设施的制约。由于几乎没有新建的教学场所,学生人数的快速增长完全超过了现有的可用于教学和其他必要的教育功能的场所的承载能力。更糟糕的是,许多学校、研究所和学院缺少自来水、持续的电力供应、厕所设施,以及其他的必需品。

经费不足还造成了人员配备水平的下降,加快了人才流失和士气的减弱。薪酬的问题还不仅仅只是数量少而已;有的时候薪资拖欠太久,以至于等到最终发到手的时候对于生活质量的改善已经没有任何意义了。糟糕的薪酬和工作条件使教师蒙羞,除了旷工,他们已经没有其他的选择了。许多教职员通过从事兼职来养家糊口、支付子女的学费。此外,由于旷工和士气不振,再加上教材和教参的缺乏,导致许多高等教育机构课程安排很疏松。生活和工作条件如此糟糕,这也就不难理解乌干达为什么会遭受人才流失,而教师们又为什么要在国内外寻找待遇更为优厚的去处。麦克雷雷大学学术人员协会

(Makerere University Academic Staff Association, MUASA)在向 1990—1991 年度麦克雷雷大学巡视委员会(Makerere University Visiting Committee of, 1990—1991)作证时表达了这样的观点,资金不足所造成的可怕后果"将会带来系统性的持续衰退,并有可能对国家的发展造成灾难性的乘数效应,因为培养出来的专业人才达不到标准,这实在令人失望"(MUASA, 1990—1991:2-3)。

经费不足的乘数效应在大学的行政管理,以及其他的高等教育机构中都有体现。在麦克雷雷大学,经费不足削弱了大学管理者的权威,他们发现越来越难以得到学生、职员和教师的合作。由于在财政上无力满足推动教学活动的最基本的需求,行政管理者的权力也就被削弱了。1970 年的大学法案(University Act)加剧了以上这个问题,该法案依然是麦克雷雷大学发展中的绊脚石。在整个危机时代,大学的管理仍然依据陈旧的 1970 年法案执行。该法案在 1973 年和 1975 年曾依据法令进行过修订。法案赋予政府过多的政治控制权,用以干涉大学的管理。它同时还限制了大学不经政府批准自行筹资和开支的能力(MUASA, 1990—1991; Makerere University Visiting Committee, 1990—1991)。

由于有大学法案的授权,独裁专制的无良政府得以制定政策,控制这个国家唯一的大学长达 20 年,而完全罔顾重要的利益相关方的存在。政策通常都是按照政府的指令发布的。而对政策进行调整,有的时候也是匆忙决定、匆忙实施的,既没有充分地沟通,也没有很好地协调(Makerere University Visiting Comm-ittee, 1990—1991)。决策缺少集中的思考和咨询,危及大学的目标,在大多数的情况下,也削弱了相关群体的作用和投入。此外,这种局面还无端地制造和加剧了相关各方的摩擦、对抗和不满。许多公开讨论的机会都被扼杀了,而这些讨论本来是可以帮助相关群体来理解政策改变背后所隐藏的政府经济困难的苦衷的。因此,毫不奇怪的是,在这样的一种充满敌意的环境里,与政府的关系的一个特点是充满怀疑,尤其是大学这边。在这一时期,政府想尽一切办法来阻止或是减少学生和学术人员参与有组织的合法抗议活动,或是在涉及自身待遇的讨论中发出声音。让许多分析教育的人感到惊讶的是,高等教育机构在这样的环境下仍然生存了下来。更令人吃惊的是,在这样的环境下,高等教育机构在某些方面竟然还取得了一些发展。

高等教育机构当前的趋势、规模和范围

乌干达当前的学制包括 7 年的初等教育、4 年的普通中等教育、2 年的高级中等教育,以及在此之后 2～5 年的第三级教育。本章所使用的"高等"或"第三级"教育指的是中等后教育。这个层次的教育机构分为两类:大学和非大学的第三级教育机构。大学向符合标准的学生授予学士、硕士和博士学位,以及文凭和证书。非大学的第三级教育机构则开设各专业领域的文凭和证书课程。

在过去的 7 年里,尽管未如初等教育的发展那么迅猛,高等教育也是得到了相对较快的发展。当前对高等教育的需求在乌干达的历史上前所未有。参加中学普通水平考试(O-level)和高级水平考试(A-level)的学生人数显著增加。而且,学生的成绩也令人印象深刻。例如,1994—1999 年间,达到大学入学要求的考生每年增加 12%。在这一时期,获得两门高级通过(达到大学入学要求的标志)的考生人数增加了超过 50%。实际的人数则从 1994 年的 7472 人增加到了 1999 年的 16674 人(Hyuha, 2000)。2000 年,符合标准的考生人数剧增到了 24000 人。

非大学的第三级教育机构

乌干达拥有公立和私立的非大学第三级教育机构。公立的包括克雅博格教师教育学院(Institute of Teacher Education Kyambogo, ITEK)、乌干达克雅博格多科技术学院(Uganda Polytechnic Kyambogo, UPK)、10 所国立师范学院(National Teachers'College, NTCs)、5 所乌干达商学院(UCCs)、5 所乌干达技术学院(UTCs)、国立卫生培训学院(National Health Service traning colleges)和各部门的培训机构。此外,还有几所公立的非大学第三级教育机构无法严格地归入以上的分类中。其中包括:乌干达管理学院(Uganda Management Institute, UMI)、法律发展中心(Law Development Center,

LDC)、管理培训与咨询中心(Management Training and Advisory Center, MTAC)、警察学院与培训学校(Police College and Training School)、军事学院(Army Academy)、监狱培训学校(Prisons Training School)。1999—2000学年,各所公立的非大学第三级教育机构所招收的学生人数分别为:克雅博格教师教育学院700人,国立师范学院共3981人,乌干达商学院共2078人,5所乌干达技术学院共922人,农学院共355人,乌干达国立特殊教育学院(Uganda National Institute of Special Education)121人,乌干达奇库姆巴合作学院(Uganda Cooperative College Kigumba)125人,恩德培渔业培训学院(Fisheries Training Institute Entebbe)110人,乌干达尼雅贝亚林学院(Uganda Forestry College Nyabyeya)100人,金贾酒店与旅游培训学院(Hotel and Tourism Training Institute Jinjia)125人,11所辅助医务学校780人,乌干达克雅博格多科技术学院600人。这些学校的入学总人数为9997人(Ministry of Education and Sports, 2000)。

大学教育

当前,在乌干达有两所公立大学:坎帕拉麦克雷雷大学和姆巴拉拉科技大学(Mbarara University of Science and Technology)。最近,政府宣布将再建两所公立大学:北乌干达农业大学(Northern Uganda University of Agriculture)和专注教育学、特殊教育和技术的克雅博格大学(Kyambogo University)。同时,有十数所私立大学已经建立或正在筹建。

公立大学

麦克雷雷大学:麦克雷雷大学是乌干达历史最悠久的大学,开设日间、夜间和校外课程,覆盖的专业领域包括:医学、牙科、护理学、药剂学、兽医学、农学、林学和自然保护、技术、统计和应用经济、商学、法学、艺术、工艺美术、教育学、科学、图资与信息科学、食品科学技术以及成人与继续教育。

在过去的7年里,麦克雷雷大学对各学院大多数学术项目和课程进行了广泛的课程评审,目的是要使课程更具吸引力。麦克雷雷大学在扩大入学方面取得了巨大的进步。1999—2000学年,麦克雷雷大学的入学人数为15987名学生,其中本科生14239人,研究生1748人。入学人数的增加得益于私人资助计划、夜校课程以及远程教育降低了入学门槛。麦克雷雷大学的入学人数有望年增10%,直至达到5万人的规模。该校当前的入学总人数已达21661人,其中本科生20441人,研究生1220人。全校共有学术人员911人,其中221人拥有博士学位,175人为女性(MUARO, 2000/2001b)。

需求导向的课程设置为大学提供了创收的机会。发生在麦克雷雷大学的其他的一些变化还包括用更为灵活的美式学期制(semester)来取代原先传统的学期制(term)(Hyuha, 2000; Court, 1999; Mwiria, 1999; Musisi and Muwanga, 2000)。

姆巴拉拉科技大学:该校建于1989年,致力于提供科学与技术类的大学教育,并推动科学与技术在农村发展中的应用。姆巴拉拉科技大学开设有医学类课程,提供科学教育的学士学位。1998—1999学年,该校的本科生为419人,其中男生299人,女生120人。到2003年,该校的入学总人数有望达到997人。姆巴拉拉科技大学共有学术人员84人,其中17人为女性(Ministry of Education and Sports, 1998)。毋庸置疑,学生人数的增加反映了政府为了扩大高等教育入学并加强其与就业市场之间的联系所作的努力。

私立大学

私立大学的建立有望增加乌干达的高等教育机会,并且无需增加政府的财政负担。尽管这些私立大学的学生规模还很小,但是未来的增长潜力巨大。私立大学包括:姆巴莱(Mbale)的乌干达伊斯兰大学(Islamic University of Uganda, 1988年)、乌干达烈士大学(Uganda Martyrs University, 1992年)、库姆巴大学(Nkumba University, 1996年)、布戈马大学(Bugema University, 1997年)、布索加大学(Busoga University, 1998年)、乌干达基督教大学(Uganda Christian University, 1999年)、纳马萨加利大学(Namasagali University, 1999年)和恩德杰大学(Ndejje University, 1999年)。处在各个发展阶段上的私立大学有：恩德杰大学、伊甘加(Iganga)、库米大学(Kumi University)、卡特维穆萨宝迪大学(Musa Body University of Katwe)、塞古库大学(Seguku University)、卡巴莱大学(Kabale University)、马萨卡(Masaka)的热带大学(Tropical University)、纳宾贡(Nabingo)附近的圣劳伦斯大学(St. Lawrence University)、阿迦・汗大学(Aga Khan University)、坎帕拉大学(Kampala University)，以及斯达莱弗(Starlife)、特索(Teso)和基盖济国际医科大学(Kigezi International University of Medicine)。在以上的这些私立大学中，有一些在没有得到政府许可的情况下就已经开始运营了。教育部的资料显示，这些大学在1998—1999学年约招收了3600名学生。这些大学开设有传媒、传统艺术、新闻、工商管理、表演艺术(舞蹈)、酒店管理、餐饮服务、旅游、工艺美术和设计类的学士学位课程。此外，它们还开设了各类文科的硕士学位课程、医院管理与教育类的文凭课程以及计算机科学专业的科学学士学位课程。有一些私立大学，如纳马萨加利大学，提供校外学位课程(external degree)(如伦敦大学的法学学士学位)。

毫无疑问，这些学校的发展减轻了公立大学扩招的压力。而这些大学的存在还有助于分层的高等教育体系的建立。卡朱比指出，与麦克雷雷大学的世俗性不同，许多的私立大学都是在宗教原则的基础上建立起来的(包括伊斯兰教、英国国教、天主教、基督复临安息日会等)(Kajubi, 1997)。

乌干达高等教育供给中的顽疾

新高等教育机构的协调与设立

在全国高等教育委员会开始有效地运作之前，令人担忧的主要问题包括：国家高等教育政策近乎真空；缺少及时可靠的有关在国内外求学的学生人数的统计；高等教育机构的发展缺少系统性的规划，并由此造成了发展的混乱，设施状况不良；教育质量下滑；以及缺少对第三级教育的发展与管理的规范，无法有效地满足国家不断变化的需求。

乌干达许多第三级教育机构的设立和选址缺少规划，这是需要立即引起重视的问题。新设立的高等教育机构应该证明其目的的合理性，其设施与人力资源的充足性，其对本地区的发展所能发挥的作用，其提供有质量的公平的教育机会的能力，以及最为重要的一点，其财政基础的可持续性。

高等教育机构的招生与入学

乌干达允许学生申请任何一所现有的第三级教育机构。由于初等和中等教育规模的迅速扩大，对高等教育的需求与日俱增，乌干达政府当前的工作方向是要增加高等教育的入学机会。教育审议委员会(Education Review Commission)是这样陈述的，“应该让尽可能多的符合条件的学生有机会进入第三级教育机构学习，而不能仅限于满足政府部门的用人需要”(Kajubi, 1989:76)。各校增加的入学机会是通过校外或远程教育，夜校和周末班，私人资助，以及成本分担的途径来实现的。成人入学计划面向希望在各领域接受大学教育的人。持有文凭的人，如果满足既定的入学条件也能够进入大学继续学习。

随着自由化、私有化和私营部门的相对扩大，高等教育机构的入学机会不再受到政府部门空缺职位数量的限制，而是向那些在竞争性的选拔中获胜的学生开放，其中也包括那些有能力自费上学的学生。政府则要通过向私立大学、学院和其他的高等教育机构颁发许可，营造宽松的政策环境来进一步推动高等教育机会的增加。

高等教育的财政与资源

迄今，高等教育机构的物质资源相当匮乏。过去的政治动荡、财政资源的匮乏以及普遍缺少设施维护的传统，所有的这一切合在一起造成了基础设施(包括实验室、研讨室、图书馆、研究设施、教职员办公室)的维护完全被忽视了。为了维持第三级教育机构在学术和专业上的高标准，政府将物质设施的修缮以及教学材料和人力资源的供应置于优先位置。然而，分配给第三级教育的有限经费，对任何实质性的发展都构成了障碍。高等教育机构被鼓励要尽快地修复、加固和增添硬件设施，这就迫使这些学校以牺牲其他目标为代价去寻求更多的创收。而被牺牲掉的目标就包括了诸如教育质量的提高、人力资源的增加、学校应对规模扩张的能力的增强以及为教职员提供的支持，等等。

20世纪90年代初，第三级教育机构，尤其是麦克雷雷大学的高级教职员的大批流失引起了人们极大的关注。通过某种程度地改善教职员的工作条件、薪酬、生活水平以及额外的福利待遇，来阻遏人才流失的趋势。然而，私营部门中越来越多的高薪岗位，以及政府部门中的高级职位仍然继续地从第三级教育机构中吸引走了资深的学术人员。

乌干达的高等教育机构从公共和私营部门获得经费。依靠公共经费资助的高等教育机构分为两种。第一种从教育部获得资助，而第二种则由公共部门委员会（Public Sector Commission，PSC）资助。得到教育部资助的高等教育机构包括麦克雷雷大学、姆巴拉拉科技大学、克雅博格教师教育学院，以及全国的各师范学院和技术学院。而得到公共部门委员会资助的高等教育机构则包括乌干达管理学院、乌干达法律发展中心、恩德培的土地测量学校（Land Surveying School），以及各所农业与合作学院和护理学校。由私人经费资助的高等教育机构包括所有的私立大学、特许银行学会（Chartered Institute of Bankers）和各类神学院。

直到最近，那些公立的高等教育机构都还是由政府全额资助的。但是，1992年的白皮书与教育战略投资计划建议，要通过引入成本分担、私人资助、夜校课程、远程教育等，鼓励凭借咨询和服务获得内部创收，以及为那些成绩合格但却经济困难的学生设立奖学金的办法来取消对第三级教育机构的全额资助。

高等教育只得到了当前教育预算的9%。针对非教学性支出（包括薪金、交通补贴、图书和文具补贴）的资助已经被取消了。食宿以及相关的一些间接的费用最终都落到了受益者的头上。在所有的公立第三级教育机构中，成本分担计划已经在享受政府资助的学生以及那些依靠自费或者得到私人资助的学生身上实行了。

成本分担措施在高等教育机构中的实施带来了收入的增加，弥补了乌干达政府投入的不足。从1997—1998学年到1999—2000学年，麦克雷雷大学和克雅博格教师教育学院的创收分别增长了40%和164%。毫不意外的是，在高等教育机构中实行成本分担措施遭到了学生的顽强抵制。例如，当麦克雷雷大学一开始试图采纳1986年巡视委员会提出的取消交通、书本和个人津贴的建议时，立即遭到了学生敌对的反应。学生们举行示威游行和罢课。大学的管理者不得不请求警察介入，最后以两名学生被射杀而告终。

除了成本分担外，内部筹资的途径还包括学生的私人资助以及提供咨询和服务。高等院校，尤其是大学和克雅博格教师教育学院还能从诸如洛克菲勒基金会、卡内基基金会、挪威发展合作署和丹麦发展援助署这样的捐赠者那里得到资助。非政府经费的存在使得大学得以摆脱对政府的依附，能够自主地行动、制定计划并分配资源。有一些大学还试图进一步利用这一优势，寻求修订大学法以获得更大的财政和行政管理自主权。

为了降低生均成本和改善高等教育的规划和管理，教育部发起了高等教育支持改革投资计划（Higher Education Supporting Reform Invest-ment Programs）。将来，政府计划要从学生的生产性活动、私营部门、公共服务计划和捐赠中来创收。这些资金将被用来发展物质的基础设施，购买设备和教材。同时，还将继续寻求外部的支持。

乌干达高等教育的质量

尽管在财政前景、设施和教师士气方面有了显著的改善，但是规模的空前扩大对于乌干达教育质量的长期影响仍然是个问题。有迹象表明，学生规模的扩大已经开始对许多高等教育机构的教学与研究质量、物质基础设施、教学以及管理能力造成了负面的影响。在大学里，订购的期刊和图书馆设备数量有限，实验室和车间陈旧，仪器设备过时，计算机数量不足，科研产出率低。多数高等教育机构的图书馆馆藏不足。有一些图书馆缺少内容紧跟时代的课本，而普遍都缺少或者根本就没有连接互联网的条件，而这是知识与信息的重要来源。

第三级教育机构入学人数的增加与教育质量之间日益加剧的不平衡，体现在学生的高失败率、复读率和辍学率上。大学理事会委员会1998年发布的一份有关麦克雷雷大学人文学科表现不佳的研究报告显示，一年级学习经济学101课程的学生的学业失败率为52%；到了经济学201（二年级），失败率为50%；经济学208的失败率也为50%。而雇主们也已经开始抱怨麦克雷雷大学毕业生的质量。

乌干达在教育与运动总部内设立了高等教育司(Department of Higher Education)。该部门负责对所有的高等教育机构进行监督和管理,以确保教学、书籍、期刊出版和研究报告的质量。该部门还负责准许完成高级水平考试课程学习的学生升入高等教育机构,协调大学间的学生交换项目,并征集和管理奖学金项目。

2000年12月,议会针对大学和第三级教育议案(University and Tertiary Education Bill)进行了辩论。2001年3月28日,议案获得通过,并于2001年4月6日成为议会法案("大学与其他第三级教育机构法案(Universities and Other Tertiary Institutional Act)")。法案已经全面生效,其总体的目标是要建立和发展"管理高等教育机构的体制,并且同时还要为希望接受高等教育的学生增加高质量的高等教育机构的入学机会"(Republic of Uganda, 2001:10)。法案有两个具体的目标:"规范和指导高等教育机构的设立与管理",以及"促使各校相似的专业资格或其他类型的资格,以及各校颁发的学位、文凭、证书等头衔具有相同的水平"(同上)。依据法案建立了全国高等教育委员会,其职责包括但不仅限于:1)对所有的高等教育机构进行登记注册;2)对高等教育机构进行监督、评估和管理;3)制定和协调各高等教育机构招生的国家标准;4)对于高等教育机构所开设的专业是否具有足够、可用的物质设施和所需的教职员的情况进行证明。该法案的诸多内容中还包括总统不再担任大学的名誉校长,他/她对于任何一所公立大学而言都成了"访客"。同样重要的还有,该法案确保对弱势群体实行肯定性行动。弱势群体是依据性别、残疾与否,以及接受教育的学校是否是弱势学校来界定的。法案还确认了要保证建立更具代表性的高等教育机构的评议会和理事会。总而言之,该法案表明了要减少政府/政治的干预。

公 平

性别不平等的情况在过去的10年里已经有所缓解。例如,在1990—1991学年,女性在麦克雷雷大学的学生人数中只占27%。第二年,政府采取了一项有利于增加女性入学的政策。想要进入公立大学的女生可以得到平均分数(grade point average)1.5分的加分。由此,女生在入学人数中的比例升至34%。但是,在竞争更为激烈的学院中,差异依然明显。1997年,女生的比例在医学专业中占30%,在商贸专业中占27%,在农学、兽医学和自然科学专业中占26%。女性教职员在学术岗位中只占到了19.7%(MUARO, 2000/2001b)。

在扩招策略的作用下,预计到2003年,入学人数将会有巨大的增长。在麦克雷雷大学,女生的比例将增至40%。得益于针对学生比例偏低的群体的直接补贴政策,跨地区和经济困难群体的入学人数有望增加。乌干达烈士大学和库姆巴私立大学的女生比例分别达到了50%和56%。在促进女性从商和服务国家发展方面,这两所大学有望发挥重要的作用(Kajubi, 1997)。

与公平有关的另外一些问题则涉及高等教育机构的地区分布不平衡,以及各校在不同地区的招生比例不同。过去的7年里,麦克雷雷大学在各地招生比例不均衡的问题上也只是略微有所改善(Musisi and Muwanga, 2000)。这在很大程度上是由一系列的原因造成的,诸如:中等教育不足、收入的地区性差异、政治的不稳定以及战争。因此,许多地方,尤其是北部和东部地区的学生在高等教育机构中偏少。

乌干达高等教育的适切性

乌干达的高等教育起源于殖民地时代。从那时起一直到最近,高等教育一直都是精英式的、规模有限的,并且课程体系也是狭隘的(Kajubi, 1997)。在国家独立之前,教育与培训为的是要满足在非洲大陆上需求有限的白领岗位的需要。这样的殖民教育政策使得几个独立的非洲国家都严重地缺少急需的掌握技术的蓝领工人。

现在,乌干达已经在着手解决教育与国家社会和经济条件之间脱节的问题了。课程是为了满足客户的需求而设计的,以市场为导向。各个第三级教育机构都开设了一些专门针对具体的发展问题而设计的新课程。例如,麦克雷雷大学开设了有关地方政府与社会部门规划的课程,为分权的地方政府培养职员。克雅博格教师教育学院继续强调职业教育,并在其开设的所有课程中都引入了职业教育的元素。为了满足日益增长的需求,该校针对减贫问题开设了新的学术课程,其中包括了必修的创业和发展研究的课程。

然而,当前的就业市场竞争非常激烈。人文和社会学科的大学毕业生数量已经超出了就业市场的吸纳能力,而与此同时,科学和技术岗位的学生人数却又不足。

在1977—1987年的10年里,乌干达的科研产出减少了53%。这要归咎于国家在此期间所遭受的经济与政治困难。尽管如此,当前在高等教育机构中开展的科研活动仍被作为完成文凭课程或是获得学士、硕士和博士学位的要求之一。科研活动是研究生教育的重要内容之一,研究生教育的发展是乌干达第三级教育机构中研究活动本土化的明证。但是,与科研能力(数量与技术手段)有关的问题依然存在,与科研经费的获得与分配有关的一系列问题也仍然存在。乌干达在国际学术期刊上发表的研究成果少之又少。

乌干达高等教育机构的科研潜力还没有得到全面的挖掘,原因主要有两个方面:科研经费紧张,以及不积极、不发达的科研文化。财政窘迫与科研设施不足仍然是制约科研发展的重大阻碍。例如,1999—2000财年,麦克雷雷大学的科研专项经费只有8万美元。因此,这个国家的研究活动的开展仍然严重地依赖援助资金和咨询服务。

第三级教育机构中的大多数教师都在教学任务和学生作业的批改上花费了大量的时间,因而很少有时间或者根本就没有时间从事研究活动。而大多数的高级学术人员则卷入了行政工作:出任系主任、院长和主任。他们中的一些人是国际顾问或是各个政府部门顾问的热门人选,从这些服务中他们能够得到可观的收入。此外,也有不少的资深学者已经达到了其学术生涯的顶峰,他们似乎对本土的研究活动也没有兴趣。

挑战与未竟的事业

高等教育作为国家发展基石的重要作用是毋庸置疑的,但是,高等教育的发展仍然是乌干达的教育体系中有待解决的一大挑战。社会对高等教育的需求还将持续增长,尤其是到2010年,第一批受惠于普及初等教育政策的学生将会达到接受高等教育的年龄。教育的大众化并没能伴随着基础设施的相应增加而发展,这是令人担忧的。教室面积不足、生师比过高以及设备和材料等的短缺,都将会影响到教育的质量。

为了摆脱20世纪70、80年代的影响,为了满足这个国家的教育需求,乌干达已经走过了很长的一段路。但是,眼前仍然还有许多任务尚未完成。乌干达已经成功地营造出了有利于私立高等教育机构设立与发展的环境。但是,在迅速增加的私立高等教育机构之间似乎缺少在学术领域上的差异化。这些院校中的大多数开设的都是人文和社会学科的学位和文凭课程。由于开设高等教育层次的自然科学类专业需要在物质设施、设备和教学材料上进行大量的资本投入,因此很少有企业家敢于投资科学和技术类的高等教育机构。换个角度来看,麦克雷雷大学里的那些需要使用实验室的专业,诸如:医学、工程学和自然科学,对于国家的发展而言是至关重要的,但是在吸收私营部分投资方面,这些专业却要落后于学校里的其他专业。由于学院层面筹集到的经费中的很大一部分是要用在能力建设上的,因而要解决这种学院间的不平衡,可以尝试采取交叉补贴的办法:那些能筹到相对较多资源的学院去补贴那些资源较少的学院。

乌干达在高等教育机构经费来源的多样化方面也取得了成功。总体而言,乌干达的高等教育体系所面临的最大挑战是,要在这个迅速变化的世界中能够始终保持适切性。当前,人文学科和科学与技术学科毕业生人数的比例失调将不利于乌干达保持其竞争力,也无法满足国家发展的需要。

同样重要的是,科研能力也有待提高。教学和科研相结合有助于将学术项目支撑起来,以便迎接国家发展的挑战。应该要调整政府预算中拨给公立高等教育机构的科研经费,而且这种调整应该是朝着增加此项拨款的方向发展。同样重要的是,乌干达还应当认真地对待当前学术出版机会少、科研设施不充足的问题。

在乌干达,对于教育私有化的危险性已经经过了长期的讨论。在学生贷款体系缺位的情况下,对于这种趋势的担忧与日俱增。姆斯斯和姆万加指出,以麦克雷雷大学为例,该校引入了学费制度后,扩大了入学的规模但却没能扩大招生的覆盖面(Musisi and Muwanga, 2000)。中等教育依然由私立学校主导，这一现实意味着大多数申请第三级教育的人仍然来自于富裕的家庭。而现在面临的挑战就是要将作为少数人特权的精英教育，转变为所有人都能够享受到的权利。尽管第三级教育机构已经设立了一些计划来帮助学生应付他们应当承担的那部分教育成本，但是许多的学生仍然拖欠着贷款。也有很多的学生难以筹集到资金。尽管在过去的7年里乌干达经济有了显著的增长，但是贫困依然在乌干达全国蔓延的现实意味着第三级教育机构长期的财政增长和可持续的扩张需要得到切实可行的、力度更大的学生贷款计划的支持。由于政治和财政权力正被下放到各个地区，因此各地区委员会就需要制定出一套帮助困难家庭学生的制度。布索加(Busoga)的一些地区已经在这样做了。这些得到奖学金资助的学生须在毕业后为本地区服务。

乌干达还需要建立起一套高等教育机构间学分转移的制度。这将有助于促进学生在高等教育机构间的流动，并将在很大程度上将高等教育从精英化的倾向中解放出来，使之转向大众化的高等教育(Kajubi，1997)。

在乌干达整个的教育体系中，残疾人的比例都是偏低的。一些学校在物质设施上和学术结构上都不利于残疾学生入学。而另一项重大的挑战则在于私立大学的发展和公立大学的扩张都缺少系统规划的指导或者说缺少一个协调连贯的法律框架。

保证学术质量和公平性，对于维持一个充满活力的高等教育体系而言是至关重要的。政府在维护知识生产和知识传播的公平性方面要承担核心的并且是最终的责任。放弃这一责任，将会危及质量与公平，损害这个国家未来的发展。摆在乌干达政府和高等教育机构面前的挑战是要想方设法激励高质量的教学和研究，促进超越市场局限的公共利益，而当前正是市场在推动着许多的教育创新。

结 语

全国抵抗运动政府高度重视用发展教育来抵消不发达的负面影响。因此，当前教育部门是在一个重视提高教育服务质量的政策框架下运行的。高等教育部门则试图在促进政府发展目标的实现方面发挥重要作用。但是，高等教育要发挥其潜能就得消除几大瓶颈。如果这些问题能够在开放、协商、政治上有利、财政上稳定的环境里加以解决，那么“乌干达的教育将会转变成什么样子”的问题就可以这样来回答，它将要成为“更加积极、更加公平的世界一流教育”。

这一目标要通过教育战略投资计划中所提出来的一系列战略的组合来实现。这些战略包括：优化资源的利用，改善管理和组织体系，以及通过教育战略投资计划来实现有选择性的合理化经营(Republic of Uganda，1998)。教育战略投资计划的文本体现了渐进的精神，实施效果如何，则有赖于国家短期、中期和长期目标的实现。在乌干达，有许多的挑战现在依然存在。例如，其中有一项重大的挑战就是要确保高等教育机构能够开发出针对性强的教学大纲来培养具备综合技能的毕业生。这些人是独立性强、具有创造力并富有创新性的思想家和创业者。为提高第三级教育部门的效率，政府还须继续调整生均支出和工资成本，使之达到正确的平衡。成本分担的措施在政府资助的高等教育机构里已经付诸实施。但是由于缺少政府的学生贷款计划，所以成本分担政策的负面影响，尤其是对那些最无力承担教育成本的学生所造成的负面影响必须得到解决。与此同时，通过与利益相关各方进行协商，大学和其他第三级教育机构里的治理委员会仍然要面临对学院和学系进行重组的艰巨挑战，以更好地服务国家发展。那些有助于乌干达实现发展目标的重点学院，其设施需要得到更新，其教职员能力要得到提升，并且在财政上也要得到倾斜。

高等教育机构的管理也有待加强。尽管建立全国高等教育委员会的法案已经在2000年12月获得了议会的通过，但是关键在于要将这些进步的元素付诸实施，尤其是，有效的分部门规划和管理体系，强化对高等教育公共支出的问责，公平的入学政策，以及学校管理能力和质量保障能力的增强。

新的第三级教育机构的迅速增多是另外一个需要仔细检讨的问题。在社会发展和人口增加的压力下，此类机构的发展在很大程度上是必然的，但是有关新大学设立的法律法规应该得到更加严格的执行。应该要开展全面的需求分析以便避免新大学在同一个地理区域内的重复和过度集中。设立大学的计划应该与国家的总体发展目标相一致。

政府所面临的最大挑战是,在建设新的大学之前,先把现有的第三级教育机构的设施补齐,并且加以完善和更新。质量和公平仍然是在规划中需要考虑的问题。需要对高等教育机构进行重新评估,检查其是否与国家的目标和市场的需求相一致。在这一方面,麦克雷雷大学走在了最前面,但是该校也还有许多有待改进的空间。乌干达的全国高等教育委员会应该要求所有的高等教育机构根据国家的目标和市场的信息来制定自身合理化和规模扩张的行动方案。此外,教育部和全国高等教育委员会应该更加重视制定促进弱势群体入学的更具实质性和可行性的策略。专门针对社会意义上和地理意义上的弱势群体学生的政策必须要付诸实施。如果第三级教育机构里的治理委员会能够与相关的部门(例如:地方政府)携手来甄别贫困生,在入学的时候采取肯定性行动,实施改进后的学生贷款计划,以及与成绩挂钩的、有针对性的奖学金计划,那么以上的目标就有望得到实现。

致 谢

我非常感谢麦克雷雷社会研究所(Makerere Institute of Social Research)的约瑟夫·奥沃尔(Joseph Owor),他在我为本章的写作收集数据的时候给予了研究上的帮助。

参考文献

Court, D. 1975. "The Experiences of Higher Education in East Africa: The University of Dar es Salaam as a New Model?" *Comparative Education* 11, no. 3: 193-218.

——. 1999. "Financing Higher Education at Makerere: The Quiet Revolution in Human Development." Paper commissioned by the World Bank Tertiary Education Thematic Group and the Rockefeller Foundation. Available online at: http://www. worldbank. org/afr/ findings/english/find 143. htm

Easterlin, R. 1981. "Why Isn't the Whole World Developed?" *Journal of Economic History* 41 (March): 1-19.

ESIP (Education Strategic Investment Plan). 1998-2003. "Work Plan." Kampala: Ministry of Education and Sports, Education Planning Unit Department.

Furley, O. W, and T. Watson. 1978. *A History of Education in East Africa*. Ibadan: NOK Publishers.

Government of Uganda. 1995. The Constitution of the Republic of Uganda. Kampala, Uganda.

Government of Uganda. 1997. *Vision 2025: A Participatory Process for Formulating a Long-Term Vision for Uganda*. A Document for Nu. tional Consultations. Kampala, Uganda

Government of Uganda. 1998. Act of Parliament to Establish a National Council for Higher Education (NCHE). Kampala, Uganda.

Government of Uganda. 2000. Poverty Eradication Action Plan Draft 2000. Ministry of Finance Planning and Economic Development. Kampala, Uganda.

Hyuha, M. 2000. "The Development of the Semester System over the Next Five Years." Paper presented at the Retreat to Formulate Makerere University Strategic Framework 2000-2004/5, February, Mukono.

Kajubi, S. W. 1989. "Education Policy Review Commission Report." [Also published by the Republic of Uganda, Ministry of Education.] Kampala: Ministry of Education and Sports.

——. 1997. "From Elitist Towards Mass Higher Education: The Phenomenon of Private Universities in Uganda." *Uganda Education Journal* 1, no. 1: 23-30.

Kigozi, E. 2000. "Implications of the Universities and Other Tertiary Institutions Bill." Paper presented at the Retreat to Formulate Makerere University Strategic Framework 2000-2004/5, February, Mukono.

Lugumba, S. M. E., and J. C. Ssekamwa. 1973. *Education Development and Administration in Uganda* 1900-1970. Kampala: Longman.

Macpherson, M. 1964. *They Built for the Future: A Chronicle of Makerere University College*, 1922-1962. Cambridge: Cambridge University Press.

Makerere University. 2000/2001. "Prospectus." Makerere University.

Makerere University Visiting Committee. 1990-1991. *Makerere University Visiting Committee Report*. Entebbe: Government Printer.

Ministry of Finance and Economic Planning (1995): National Population Policy for Sustainable Development. Kampala, Uganda: Population Secretariat.

MUARO (Makerere University Academic Registrar's Office). 2000/2001a. Fees Schedule for Ugandan Private Students' Files.

——. 2000/2001 b. "Prospectus 2000/2001."

——. 2000/2001c. Students' Nominal Roll.

MUASA (Makerere University Academic Staff Association). 1990-1991. Kampala, Uganda.

MOES (Ministry of Education and Sports). 1989. "Education Policy Review Commission Report." Kampala: Ministry of Education and Sports.

——. 1992. *Government White Paper*. Kampala: Ministry of Education and Sports.

——. 1999. *Educational Statistical Abstract*. Kampala: Uganda Bureau of Statistics.

——. 2000. Department of Higher Education. Kampala, Uganda.

Musisi, N. B. 1992. "Colonial and Missionary Education: Women and Domesticity in Uganda, 1900-1945." In K. Hansen Tranberg, ed., *African Encounters with Domesticity*. New Brunswick, N. J.: Rutgers University Press.

Musisi, N. B., and N. Muwanga. 2000. "When Politics Fell Apart: Underfunding, Mismanagement and Academic Inertia, Makerere University in Transition, 1993-2000." Case Study. Monograph. Makerere Institute of Social Research, Makerere University.

Mwiria, K. 1999. "Case II: Makerere University, Uganda." In S. Bjarnason and H. Lund, eds., *Government/University Relationships: Three African Case Studies*. London: Commonwealth Higher Education Management Service (CHEMS).

Onyango, B. 1985. "The Historical Development of Higher Education in Uganda." In L. Tembo and T. L. Maliyamkono. eds., *The Development of Higher Education in Eastern and Southern Africa*. Nairobi: Oxford University Press.

Opio-Odongo, J. M. A. 1993. *Higher Education and Research in Uganda*. Nairobi: African Centre for Training Studies Press.

Psacharopoulos, G., and M. Woodhall. 1991. *Education for Development: An Analysis of Investment Choices*. Washington, D. C.: Oxford University Press.

Republic of Uganda. 1970. Report of the Visitation Committee to Makerere University. Entebbe: Government Printer.

——. 1972. *Uganda's Development Plan III*, 1971/2-1975/6. Entebbe: Government Printer.

——. 1981. *A Ten Year Reconstruction and Development Plan* 1980-1990. Kampala: Ministry of Planning and Economic Development.

——. 1987. *Rehabilitation and Development Plan*, 1987/88-1990/91. Kampala: Ministry of Planning and Economic Development.

——. 1989a. *Education Policy Review Commission Report*. Kampala: Ministry of Education and Sport.

——. 1989b. "Manpower and Employment in Uganda: Report of the National Manpower Survey." Entebbe: Government Printer.

——. 1999a. *Poverty Eradication Action Plan: A National Challenge for Uganda*. Vol. 1. Kampala: Ministry of Finance, Planning and Economic Development.

——. 1999b. *Statistical Abstract*. Entebbe: Government Printer.

——. 2000a. *Background to the Budget* 1999/2000. Kampala: Ministry of Finance, Planning and Economic Development.

——. 2000b. *Uganda Participatory Poverty Assessment Report: Learning From the Poor*. Kampala: Ministry of Finance, Planning and Economic Development.

——. 2001. *Background to the Budget* 2000/2001. Kampala: Ministry of Finance, Planning and Economic Development.

Uganda Human Development Report. 1998. UNDP. Kampala, Uganda.

World Bank. 1980. *World Development Report* 1980. New York: Oxford University Press.

——. 1993. *A World Bank Country Study: Uganda Social Sector*. Washington, D. C.: The World Bank.

——. 1994. *Higher Education: The Lesson of Experience*. Washington, D. C.: The World Bank.

——. 2000. *Higher Education in Developing Countries: Peril and Promise*. Washington, D. C.: Task Force on Higher Education and Society.

64 赞比亚[①]

Y·G·—M·卢莱特

引言:背景

作为欧洲殖民者掠夺非洲大陆复杂图谋的见证,赞比亚在殖民地时期被称作北罗得西亚。赞比亚与7个国家接壤:西边是安哥拉和纳米比亚,北边是民主刚果共和国和坦桑尼亚,东边是马拉维和莫桑比克,南边是津巴布韦)。在行政区划上,该国共分为9个省:北部是卢阿普拉省(Luapula)和北方省(Northern),南部是南方省(Southern),东部是东方省(Eastern)、西部是西北省(North-Western)和西方省(Western),中部是中央省(Central)、铜带省(Copperbelt)和卢萨卡省(Lusaka)(最后3个省是城市化程度最高的省)。首都卢萨卡位于卢萨卡省,人口约100万。在1964年相对和平地从英国独立出来之前,北罗得西亚是一个1952年形成的被称作罗得西亚和尼亚萨兰联邦(Federation of Rhodesia and Nyasaland)的更大的政治实体的组成部分。

赞比亚的经济与许多的非洲同伴一样是个悲剧。这是殖民地时代的遗毒,错误的规划,独立后失败的经济政策,以及非洲大陆上经济与政治的分裂所造成的后果。除了绝大多数农村人口(占总人口的60%)保留着的前现代的自给自足的农业外,赞比亚的经济是采矿业的一统天下(主要是铜)。该产业贡献了外汇收入的80%以上。在赞比亚消费的几乎所有的现代产品也都是靠矿业收入来支付的(因为这些产品都得进口)。

赞比亚国土面积752614平方公里(290584平方英里)。这个国家约有900万人口,其中主要的是班图人(Bantu)(约占99%);其余是些欧洲人和南亚人。该国共有70多种语言;但是占主导地位的只有几种:北部和中部地区的本巴语(Bemba),南部地区的通加语(Tonga),东部地区的尼扬贾语(Nyanja)和西部地区的洛兹语(Lozi)。由于多语性,赞比亚选择英语(其前殖民统治者英国的语言)作为教育、商业,和政治的官方语言。

背景:普通和继续教育体系

赞比亚的普通教育体系采用的是4-3-2-3制,包括以下这几个阶段。初等教育通常从7岁开始,加起来一共七年,共分为两个阶段:四年的初小(一至四年级)和三年的高小(五至七年级)。念完高小,学生要参加小学毕业证书考试(Primary School Leaving Certificate Examination)。可悲的是,这项全国性的过关考试的主要目的是要减少申请中学的人数。中学的接纳能力有限。如果赞比亚能够拥有足够的教育资源的话,中学的接纳能力就会非常的不同。如果成功地通过考试,学生就可以升入中学或是进入职业培训学校。(在一些农村地区的一小部分学生在初小结束时还需要参加地区性的过关考试。)

中等教育需要五年,也分成两个阶段:初中两年(八至九年级),高中三年(十至十二年级)。(1972年到1984年间的情况是相反的:初中三年,高中两年。)在这两个阶段之间,学生必须要再一次参加全国性的过关考试,初中毕业考试(Junior Secondary School Leaving Examina-

① 本章的研究得到了位于布法罗(Buffalo)的纽约州立大学(State University of New York)比较与全球教育研究中心(Center for Comparative and Global Studies in Education)的部分资助,中心主任威廉·B·卡明斯(William B. Cummings)提供了便利。

tion)。考试通过的话,就可以继续接受第二阶段的中等教育。那些不再继续接受中等教育的人可以选择进入继续教育机构。学完高中,学生还要参加一次全国性的考试,赞比亚学校证书考试(Zambia School Certificate)(1980 年起该考试取代了由外部管理的剑桥海外学校证书考试)。考试的成功者可以升入该国的两所大学,其余的人可以选择进入中学教师培训学院以及其他的继续教育机构,或是直接进入劳动力市场。在整个的教育体系中,教学语言都是英语。

赞比亚还为那些没能升入中学的人开设了远程教育。远程教育是由 1964 年赞比亚独立时建立的国家函授学院(National Correspondence College)来提供的。学院在全国约有 5 万名学生。教学的媒介是邮寄的书面材料。学院还为约有一半的学生,大多是那些刚刚离开学校的人,开设了面授的夜校课程。

赞比亚现在的普通教育结构在很大的程度上与从殖民地时代沿袭下来的样子相比并无不同,但在 20 世纪 70 年代末的时候政府曾经为了提高全民教育的质量试图对其进行彻底的改革,只不过种种的努力最终只是停留在了言辞上(Lulat,1982; Saxby,1980)。因此,显然,能够升入两所大学中的任何一所的学生都是非常幸运的,他们与西方国家的学生不同,在升入大学之前要额外地经历两次全国性的过关考试(有些人甚至要参加三次考试)。此外,教育机会的不平等还意味着并不是每个人都有接受初等和中等教育的机会。

继续教育

在层次上介于普通教育与高等教育(大学)之间的赞比亚中等后教育就是继续教育。这些学院(数量上约为 50 所)提供了一系列诸如:农业、航空、实用艺术、商务、护理、教学和技术等职业领域的职业培训。尽管殖民定居者的政府忽视黑人的高等教育,但是它们却并不完全反对向少数的黑人提供继续教育,以便为种族割裂的劳动力市场中留给黑人的底层就业市场输送受过训练的劳动力。这类在殖民地时代开办的继续教育机构包括:过去和现在一直在提供各类职业和商贸课程(例如,文秘、商务、会计、酒店管理、餐饮服务、新闻,及印刷)的位于卢萨卡的伊夫林霍恩实用艺术与科学学院(Evelyn Hone College of Applied Arts and Sciences),奥本海默社会工作学院(Oppenheimer College of Social Work)(位于卢萨卡,后被并入赞比亚大学),位于查利姆巴纳(Chalimbana)的雅纳教师培训学院(Jeanes Teacher Training College),后更名为查利姆巴纳教师培训学院(Chalimbana Teacher Training College),该校与索尔兹伯里大学学院(University College in Salisbury)协作开展中学教师培训,以及在恩多拉(Ndola)培养机械、电气和电子技术人员的北方技术学院(Northern Technical College)(Christensen, 1972; Follis, 1990)。

独立后,继续教育的发展取得了重大的进步。因此,今天在各种各样的教育机构里开设了许多职业领域中的继续教育课程。根据类型的不同和培训时间的长短,在继续教育机构里获得的资格证书可以分为五类:成绩单(record of achievement)、技能证书(craft certificate)、证书(certificate)、高级证书(advanced certificate)和毕业文凭(diploma)。(9～12 个月的培训可以获得成绩单,成绩单是继续教育的资格证书体系中的最低一级。而毕业文凭是体系中的最高等级,通常需要培训三年。)继续教育的入学资格按照项目的不同各有不同,有的项目拥有小学毕业证书即可,有的需要初中毕业证书,还有的需要高中毕业证书。各专业的学习年限从一年(例如那些文秘和行政专业),到教师培训的两年(商务和农业的证书课程,初级的技术培训),再到三年(注册护士、会计和高级技术培训)不等。

绝大多数的继续教育机构都是由政府控制的,少数由宗教团体和私营企业经营。在财政上,政府的政策已经转向要求学校,尤其是技术培训学院,通过成本分担的措施来实现部分的自给,而主要的办法是增加学费。就地理位置而言,各校的空间分布极不平衡,绝大多数的继续教育机构集中在该国的中部地区,也就是彼此相邻的 3 个高度城市化的省份:卢萨卡、中央和铜带省。

除了前面已经提到过的学校外,下面的这些学校也是继续教育机构中的典型代表:卢萨卡的柴纳马健康科学学院(Chainama College of

Health Sciences),基特韦(Kitwe)的铜带省中等教师学院(Copperbelt Secondary Teachers' College),卢萨卡的合作学院(Cooperative College),卢萨卡的国防指挥与参谋学院(Defense Services Command and Staff College),卢萨卡的邮政总局员工培训学院(General Post Office Staff Training Institute),卢萨卡的酒店与旅游培训学院(Hotel and Tourism Training Institute),基特韦的卡姆芬萨流动教育学院(Kamfinsa Mobile Unit College),喀辅埃峡谷地区培训中心(Kafue Gorge Regional Training Center),在基特韦、卢萨卡、穆富利拉(Mufulira)、恩多拉的护理学校,基特韦的赞比亚技术学院(Zambia Institute of Technology)(现已并入铜带大学)和赞比亚电信公司学院(Zambia Telecommunications Company College)。

尽管这些学校体现了赞比亚继续教育的实质性发展,但就学生人数而言,这样的发展还是非常不充分的。继续教育机构的学生人数少则50人,多到1000人。但是平均下来只有200人左右。而且最为关键的是,全国继续教育的入学总人数只有近8500人。如果把这个数字和同样在8000人上下的全国大学的入学总人数摆在一起,就会很快地发现继续教育的发展是如此的滞后。在任何一个国家,尤其是像赞比亚这样的发展中国家,次学位层次的教育对于培养构成人力资源支柱的,受过训练的中层骨干人员来说是至关重要的,缺少这些人才,经济发展就会混乱、停滞。

困扰继续教育的一个结构性的缺陷在于:它在结构上与高等教育部门是脱离的。就继续教育的学生升入大学的可能性而言,这两个部门之间的学生流动实际上是不存在的。原因出在大学这边没有任何的规定可以承认学生在任一所继续教育机构中完成的课程。显然这是出于对质量水准会被降低的担忧。尽管这种担心并非完全没有道理,但是人们很快就会发现,这么做已经造成了意料外的后果,大学原本是可以给予继续教育机构以指导和影响,使之将学术水平提高到适合开展学生交流的程度的。发展中国家需要这种结构上的灵活性,以便最大化地利用其有限的教育资源。

在当前的经济气候下,不论是结构改革,还是通过现有的继续教育机构的扩招,或是通过新增教育机构的办法来扩大学生规模的希望都是非常渺茫的。而现有教育机构质量下滑的问题才更为紧迫。这是某种程度上财政管理失当,以及更为严重的,15年来财政资源的不断萎缩所造成的直接的后果。而给教师发放足够的薪资使他们得以保持士气,物质设施和设备的建设和维护,尤其是保证消耗品(小到最基本的粉笔、教材,大到复杂的实验室设备、化学品,以及水电的供应)的足额供应都需要这些财政资源的支持。

用一名记者的话说,鲍比·布瓦利亚委员会(Bobby Bwalya Commission)在巡视全国最好的一家技术培训学院,恩多拉的北方技术学院的时候"惊叹学生们在车间里使用的大多数的设备竟然都是过时的"。这名记者还继续说:

> 听说学生们在进餐的时候是站着的,因为餐厅里没有桌、椅,他们感到了震惊。委员会的一名成员说他还以为自己走进的是一个体育馆。汽车班的学生们是站着或坐在桌子上听课的,因为教室里没有一把椅子。这些部门里没有一辆能跑的机车,大多数从这里毕业的学生从没有发动过机车的马达。电气班的大多数设备都是20世纪30年代购置的,全都已经无法正常工作了。(African News, 1997)

在这样的环境里竟然还能够开展教学活动,这对于教师和学生而言已经是巨大的成就了。

铜带大学

铜带大学的建立可以追溯到1979年的赞比亚大学法案(University of Zambia Act),该法案要求将赞比亚大学转变为一所还包括了另外两所成员学院的联邦制大学。除大学本部外,一处要建在西北省的索卢韦齐(Solwezi),另一处建在恩多拉的铜带。这么做的原因既有地缘政治上的考虑,又有实际的目的:既可以为这个国家的其他地区提供大学层次的教育机构,又使得大学8000人的最终入学人数目标有了实现的可能(卢萨卡现有的大学校区是无论如何无法容纳所有的人的)。由于后勤和财政方面的困难,原本计划要包括农业科学、兽医学,和林学院的索卢韦齐分校一直未能建立。但是,铜带分校却建立了起来，只不过没有建在恩多拉，而是借用了在基特韦的赞比亚技术学院（Zambia Institute of Technology）的河畔校区作为临时校址。按照计划，新校区最终将会迁至恩多拉。1978 年，随着只设有唯一的一所商业与工业学院（School of Business and Industrial Studies）的大学在恩多拉建立，铜带分校的一些建设工作已经着手展开。

全面实施联邦制的计划遭到失败后，1987 年通过的赞比亚大学法案和铜带大学法案（Copperbelt University Act）宣告联邦制赞比亚大学的计划被放弃。这两项法案将赞比亚大学恢复到了原先的单一体制，并将其仍然位于基特韦的校区转变成了一所新的自治的教育机构。截至本文写作之时，铜带大学还在基特韦，但是将其迁至恩多拉的计划也未放弃。经费短缺是阻碍迁校的主要原因。铜带大学开设的课程专业将会区别于赞比亚大学：它将涉足赞比亚大学没有涉足的学科领域（诸如：会计学、建筑学，和工商管理）。至今，该校已设有四大学院：建筑环境学院、商学学院、林木科学学院和技术学院。

赞比亚大学：历史背景

创建赞比亚人的大学的想法是在 1962 年联合国教科文组织发起的塔那那利佛（Tananarive）非洲高等教育发展大会（Conference on the Development of Higher Education in Africa）期间，在一家酒店的客房里第一次秘密提出的（这样做是因为担心会遭到欧洲殖民者的反对）（Stabler，1968）。毕竟，大会赞同的是殖民者的立场，认为联邦对高等教育的需求在今后的至少 20 年内，即直到 1980 年之前，都应当由设在索尔兹伯里的大学学院来满足（UNESCO，1963：78）。尽管两年后，一个派往赞比亚的联合国教科文组织教育规划顾问团（education planning mission）建议要创建一所大学（UNESCO，1964），但是这一建议已经被 1963 年即非正式秘密任命的负责规划新大学建设的洛克伍德委员会（Lockwood Committee）抢了风头。该委员会是在美国教育委员会（American Council on Education）和英国的海外高等教育大学校际委员会（Inter-University Council for Higher Education Overseas）的建议下设立的，得到了英国政府和纽约的卡内基基金会的资助。委员会由约翰·洛克伍德爵士（Sir John Lockwood）（伦敦大学伯克贝克学院院长）任主席，他以其远见卓识，以及在高等教育规划领域对美国赠地模式的坚决支持而闻名。1964 年底，委员会公布了报告，当时刚刚成立不过两个月的赞比亚新政府接受了其主要的建议，并任命了一个临时委员会。

洛克伍德委员会指出，这份规划基于两个核心的假设："第一，大学必须能够对国家真正的需求做出响应；第二，它必需是这样的一个机构，凭借其所做出的成绩能够赢得大学界的尊重和足够的知名度"（Lockwood Committee，1964：1）。按照这种思路将要建立起来的大学将会与按照早期的规划模式建立的阿斯奎斯大学学院（Asquith university colleges）很不相同。例如，新的大学有权自己颁发学位，而不必充当颁发国外大学的学位的通道。此外，大学的入学要求被规定为逻辑上更加清楚的第五类的中学普通水平考试证书（Ordinary-level Certificate）（相当于美国的学术性向测试（Scholastic Aptitude Test）），而非第六类的中学高级水平考试证书（Advanced-level Certificate）。为了维持教育水准，本科的学位教育被拉长到了四年（与美国的高校一样），这与其他的前英国殖民地的非洲国家一般采用的三年制不同。

赞比亚没有高等教育传统的牵绊，因而赞比亚大学的建立非常顺利。整个国家都被动员起来支持洛克伍德委员会报告的落实。对于一个新生的国家而言，获得一所大学不仅是出于开发人力资源的实际考量，也因为将其视作独立的重要象征而具有特别重要的意义。因此，甚至连大学的经费（就资本支出而言）都有一部分来自于"平民百姓"（man in the street）。这项活动最远深入到了乡村，那里的人们为大学捐献了各种各样的实物（诸如牛、禽肉和玉米）。这足以证明大学在普通大众心目中作为独立的标志的重大象征意义。

赞比亚大学的结构

赞比亚大学内部结构的核心仍然是三所重要的创校学院：教育学院、人文与社会科学学院和自然科学学院。1998 年以来被定位成一所专业学院的教育学院是大学里最大的学院之一。这是由于这所学院所承担的最初的使命是推动中学教师尽快地实现赞比亚化。在独立之初,中学教师几乎全是外国人。现在,尽管中学教师赞比亚化的使命已经基本完成,但是该学院仍然继续通过其教育系、图资系、在职教育与咨询服务,以及继续教育中心在大学里占据着优势地位。

最初的三所学院之一的人文与社会科学学院从 1966 年开始开设课程。其使命是要培养能够胜任政府和商业部门中各类不同的行政管理岗位的接受过通识教育的毕业生,以及在法学和经济学领域里的专业人才。在最初的 10 年左右的时间里,这个学院是完全按照学科和专业领域来组织的。不过,在 1973—1974 学年的时候新增了跨学科的领域(如发展研究和大众传播)。与自然科学学院类似,这个学院是学生升入像法学院和教育学院这样的专业学院获得学位之前的过渡。

自然科学学院也是在 1966 年开始可设课程的,它是学生升入农业科学学院、医学院、教育学院和工程学院之前的一个过渡。由于这种过渡教育的性质,它和人文与社会科学学院一样在学生人数上存在着悖论:任何时候的学生规模都是很大的,但是毕业生人数却只是其中的很小一部分。学院给学生两种选择,要么获得通识教育的学位,要么获得专业教育的学位。

组成赞比亚大学的其他的学院还包括:农业科学学院(1971 年)、工程学院(1969 年)、法学院(1967 年)、医学院(1970 年)、采矿学院(1973 年)和兽医学院(1984 年)。

治理与大学自治

除院长和系主任外,大学还有以下的这些管理机构和实体:名誉校长(chancellor)、校长(vice-chancellor)、教务长(registrar)、财务主管(bursar)、大学理事会(university council)、学术评议会(senate)和教务委员会(boards of studies)。名誉校长是名义上的。一直到所谓的第三共和国建立,名誉校长都是由国家元首(总统)兼任的。而现在则是由总统指派的社会名流来担任。校长(vice-chancellor)则与美国大学中的校长(president)类似。直到最近,校长都还是由大学理事会任命的。但是现在,校长的任命权已经被收归教育部长。而大学理事会本身也是由教育部长任命的,其人员构成也完全由教育部长来决定。通常,大学理事会的成员包括大学的高层管理者,学术评议会和学生团体的代表,以及代表政府企业和各行各业的校外人员。教务长和财务主管由大学理事会任命。其职责分别是协助大学进行学术和财务方面的管理。

大学的学术评议会由学术类的教职员组成。其职能与美国大学里的学术评议会几乎相同:它负责大学里的学术政策,这些政策涉及诸如教学,一般的学位要求,招生,课程,以及教职员的招聘与晋升。每个学院都设有教务委员会,该委员会是由学术评议会任命的,成员包括本学院的学术人员和校内其他学院的代表。委员会由学院的院长任主席,其职能是对课程设置、课程安排的顺序、本学院学位授予的条件,以及教学大纲方面的学术事务负责。也就是说,美国的大学里一般由系出面解决的事情,被交到了教务委员会的手里,在学院的层面上来解决。

直到 1999 年大学法案通过,赞比亚大学一直享有相当程度的自治。当然,在许多的情况下,当政府正确地或是错误地察觉到大学的活动已经不仅仅是简单地对政府的政策进行批评,而是有可能会激发反抗,危及政权的话,政府就会采取行动关闭大学,驱逐学生(有时甚至还有教职员被驱逐)。但是,在相对平静的时候,在当权的政府未受威胁的情况下,大学理事会是大学实际上的最高管理者,政府对大学的影响是相当有限的,仅能利用在理事会里的少数席位发挥作用。但是新法案带来了根本性的变化。现在,教育部长对大学拥有了实质性的权力,法案给予教育部长的压倒性的权力还包括使其具有了得以随意绕过大学理事会,和/或者大学学术评议会的能力。这种改变招致了大学界的激烈反对。但是通过诉诸法律来阻止这一法案的实施最终未获成功。

招生与入学

如今,要报读大学本科的学位课程最起码要满足以下的条件:至少有五门科目在赞比亚学校证书考试(或剑桥海外学校证书考试)中达到优良水平(credit level),或者至少五门科目通过中学普通水平考试。此外,参加考试的科目还得是从大学规定的清单中选择的以确保这些考试科目在内容上彼此相异。同时选择相近的科目,如:生物学和动物学,是不被视作达到五门科目的要求的。

毫无疑问,1967 年取消了对通过第六级考试的要求确实带来了预期的学生人数激增的效果,实际上,入学人数的增加速度远远超过了洛克伍德委员会当时的预期。1966 年,在赞比亚大学初创时,全校只有 312 名学生。委员会建议在五年内学生规模应该翻倍。事实上,在 1970 年,学生数就已经超过了 1000 人。四年后,这一数字又增加了一倍多,达到了 2500 人。1980 年,学生人数略低于 4000 人,而今已达到了约 5000 人。

洛克伍德委员会建议,在赞比亚接受高等教育的学生不应该全是赞比亚人,还应该包括一小部分生活在国内外的非赞比亚人。尽管如今申请上大学的赞比亚人已经远远超过了大学所能接纳的能力,但是为非赞比亚人保留学额的这一传统还是一直保留了下来。外籍学生主要来自于讲英语的南部非洲地区。非赞比亚籍学生在学生总数中的比例约为 5%。

高等教育中的女性

与大多数的非洲地区一样,在赞比亚大学里,男性在学生群体、教职员群体和管理层中都占据了主导地位。30 年前,赞比亚大学的男女生比例为 4.5∶1。今天,这种情况有所改观,但是变化仍然不大:男女生比例大约是 3∶1。这个问题的责任并不全出在大学的身上,更确切一点地说,这个问题在整个教育体系更低的层次上就已经出现了。学生们参加赞比亚学校证书考试的时候,男女生比例就已经相当不平衡了。小学一年级入学的时候,男女生的比例基本上是相同的,但是,此后男女生比例的差距逐年朝着向有利于男生的方向扩大。而每爬上一个教育台阶,差距就进一步地扩大。从《联合国教科文组织统计年鉴》(UNESCO Statistical Yearbook)中整理出来的数据非常清楚地显示了女性在赞比亚教育体系中的比例不足(UNESCO, 1999)。独立后,尽管 15 岁及以上女性的文盲率已经有所下降,但是女性文盲率仍是男性的两倍。在已有数据资料的最近一年(1994),毛入学率统计如下:初等教育阶段,女性 88%,男性 94%;中等教育阶段,女性 21%,男性 34%;第三级教育阶段(高等教育和非大学的继续教育),女性 1%,男性 4%。

造成赞比亚男性和女性的受教育情况如此令人担忧地表现出明显差异的原因既是文化上的,也是教育上的。从文化的角度来看,正规教育从来都被看做是男性的领地,因为正规教育是为学生从事正式的、非农的工作做准备的,而这样的工作一直都被认为应该是留给男性的(尽管与过去相比,这样的观念现在已经略微淡了一些)。这样的观点来自于殖民主义。传教士与殖民当局认为女性最适合待在家里,而不是出去工作。而且在当时,提供最多的带薪工作机会的现代经济部门是采矿业,这就更加无助于改变这种观念了。这种现象进一步强化了出门工作是男性的特权的观念(当然,看护类的工作除外)。

文化的力量是如此的强大,以至于已经渗透进了学校教育之中。女生在考试中,包括全国性的考试中的成绩始终低于男生(这对她们的教育生涯造成了悲剧性的后果)。

但是,大学应该是能够为扭转性别上的不平衡做一些事情的。大学可以从四个方面针对女性实施肯定行动:在中学里公开宣传大学承诺增加女生的招生人数;降低女生的录取标准;在录取后为女生提供补偿教育;建立专为满足女生的需求而准备的设施。

然而,在殖民主义者建立了这个国家以后的几十年来所形成的高度的父权制社会的背景下(传统上,遭受殖民主义之前的赞比亚主要是,尽管并非仅仅只是,母系社会的。婚后是居住在女方家的),令人不得不怀疑现在的大学是否真的有能力来实行这些开明的政策。正如鲁德精辟地指出:“在赞比亚社会中,女性在所有的职业领域中、在政府和领导岗位上,以及在军队里,都是比例不足的。她们在教育与培训中,在获取卫生保健和资源方面,在拥有土地和经营商业方面也都是落在后面的”(Rude, 1999:11-12)。当然,在这方面,赞比亚并不是唯一如此的国家,但是这一点却与赞比亚的女性毫无关系。尤其是当她们还在遭受着经济上与教育上的歧视,以及父权制度的恶意压迫。正如鲁德所指出的,由于男人的攻击所造成的伤害似乎是女性被送进卢萨卡主要医院的重伤病室的最主要原因,而且也没有理由不相信在全国其他的市、镇里也是这样的情况。赞比亚的成文法不承认婚内强奸,更糟糕的是,地方法庭命令妻子在不情愿的情况下也要与丈夫性爱的例子屡见不鲜。即便能被带上法庭,杀害、折磨、强奸女性的男人也常常会被释放或是轻判。在工作场所对女性的性骚扰,几乎都快被当作是受宪法保护的男性的权利了(Daka-Mulwanda, 1992; Mitchell et al., 1999; Shifferraw, 1982; Siame, 1998; Swainson, 1996; Temu, 1992)。

学习项目

新生入学的第一年,按照所选择的大学生涯的路径不同,分别会进入人文与社会科学学院或是自然科学学院。之后,他们会从两条路径中选择一条:少数人会继续留在这个学院里学习相关的专业,而大多数人则会转入大学里的其他专业学院。取决于选择的路径不同,学习的年限在四年到七年之间不等。例如:教育学的学位需要四年,工程学的学位需要五年,兽医学需要六年,而医学则需要七年。

从一开始,赞比亚大学就避免了在自由教育阶段设立单一学科的荣誉学位的英式传统,而是更为青睐美国赠地大学的那种专业性更弱一些的学位设置。这样做的理由是认为拥有一个主修和一个辅修专业的本科毕业生(在开设大量课程的基础上实现)更有利于国家人力资源的发展,尤其是服务行政和管理岗位的人才。人们相信,能够胜任多种工作的人比只学会做一种工作的人更受欢迎。与此同时,同样也是出于人力资源开发的目的,大学课程的设计明显是偏重于专业训练的(Ashby, 1966)。但是对专业训练的重视已经走向了极端,否定了表演艺术(如:音乐、舞蹈、绘画,和戏剧)的合理空间。即便是发展中国家,也需要在学校里有教艺术的教师的。但是大学里既然没有了艺术类课程,也就无从培养教授艺术和音乐的教师了。艺术对于儿童大脑创造力和智力的发展是至关重要的。学校长期缺少艺术教师对于赞比亚儿童大脑创造力和智力发展的长期损害是难以估量的(Akapelwa, 1989)。

在典型的四年制学位课程里,学生每年至少要修四门全年的课,如此便可以获得基本的含16门课的学位。每门课要求每学年保证每周至少4个面授的学时。(每名学生必须至少完成128个学分。)在赞比亚大学四学分的课也有,但是这些课被称作是“半门课”。学生要在这16门课里制定出一份学习计划,这份计划既可以遵循传统的单一学科的专业化路线,也可以在保持学科一致性的同时进行跨学科规划。由系主任来审定学生选择的课程组合是否合理。未经她/他的同意,学生无法注册任何一门课。赞比亚的大学不像美国的大学那样拥有一个单独的学生学术生涯的顾问机制。

研究生教育与科研

研究生院负责协调大学的研究生教育。但是,赞比亚大学与其同伴(铜带大学)一样,是一所以本科为主的教育机构。希望继续接受研究生层次教育的学生会发现他们的选择是非常有限的。尽管现在所有的学院都提供硕士学位的教育(并非所有的专业都有),但是很少有提供博士生教育的。不论在哪个学院,硕士学位课程通常都是两年制的,第一年完成课程作业(这一阶段结束的时候须参加一个综合性的书面考试),第二年开展与学位论文有关的研究活动。在特殊的情况下,第一年的学习可以跳过。在正常的情况下,全日制学生最短可以在15个月内完成学业;最长可以是3年。

研究生教育对高校有特殊的要求,涉及从招聘研究生教师到提供包括拥有大量不断更新的馆藏的图书馆在内的科研设施。所有的这一切都需要钱,而这不幸恰恰是大学所缺少的。与此同时,一直到最近都还在实施的长期的向国外派遣攻读硕士学位的教职员进修生(staff development fellows)(这是大学招募进来的一批本科毕业生,他们被派去接受研究生教育,学成最终会被任命为本校的教职员)计划也没有对这个问题的解决起到什么作用。很少有人,甚至根本就没有人打算要把这种岗位进修生计划作为研究生教育的催化器。

假如财政资源能够得到充足的保证的话,这

所大学的发展方向应该已经转向更加重视研究生教育了。如果真的发生了这种转变,那么本科生的教育就应该已经被转移到了遍布全国的四年制的大学学院里(这些大学学院与赞比亚大学有着特殊的联系,颁发赞比亚大学的学位)。而这些大学学院将凭借自身的能力成长为颁发自己的学位的独立的大学。但是,事实上,赞比亚至今都还没有一所大学学院。

在缺少充分发展的博士生教育的前提下,大学的研究活动处在较低的发展水平上是毫不令人意外的。尽管在赞比亚大学里也开展了一些研究活动,但是教职员的科研生产力低得可怜。当前,许多由教师个人承担的研究项目都是受外部的发展援助机构的委托的。这些机构都有自己的安排。因此这些研究活动之间彼此缺乏协调;而更加糟糕的是,研究的成果也往往被锁在了援助机构的档案库里。

那些阻碍大学成为"一个富有创造力的研究中心"的不利因素用洛克伍德委员会报告的话来说(Lockwood Committee, 1964:1),包括:

- 尽管有的时候也出现过相反的观点,但是在大学的管理层和政府的脑子里,传统上一直认为大学不过是个培养人力资源的工厂。
- 从科研经费,到计算机和实验设备,再到图书馆的馆藏,科研活动所需的各类基础设施都不充足。即便是像复印机这样基本的设备,教职员都很少有机会使用。
- 没有任何已经系统地付诸实施的政策明确界定了科研活动在教职员的一系列职能中的地位。再加上终身教职的获得也不取决于科研成果的产出,因而研究活动就几乎完全成为那些雄心勃勃、热衷于学术的个人的事情。
- 教职员的教学和管理任务过重,使得那些恪尽职守的人很少有时间做别的事情。
- 教职员晚上得从事兼职以补偿薪酬的缩水(通货膨胀螺旋式上涨,而薪酬却静止不变),这进一步地压缩了本就不多的从事研究工作的时间。
- 缺少训练有素、称职的行政和秘书人员的帮助。这些人原本是可以将教师从日常杂务的压力中解脱出来,为他们从事研究活动争取时间的。
- 校内外都缺少完善的学术出版机构。这些机构的存在不仅能够额外地激发教师开展科研活动的积极性,还能够为科研成果的发表提供渠道。
- 教师队伍整体的士气正缓慢但却真实地遭受着侵蚀。

师资招聘和稳定

在独立时,赞比亚所拥有的大学毕业生的数量是整个英殖民地非洲中最少的。因此,毫无疑问,赞比亚不论是要建立新的机构或是要扩充已有的机构,都得从全世界的各个角落,尤其是英联邦国家,大规模地搜罗海外人才。在这方面,大学这种教育机构也毫不例外。在建校时,大批地引进了外籍教职员和高级管理人员。负责大学场地维护的人是个外国人,甚至连大学餐厅里的主厨也一度是个外籍人士。在这种情况下,大学启动了积极的教职员发展计划(staff development program)来推动教学和管理岗位迅速地实现本土化。该计划选择了一批有志于在大学里从事教学和管理工作的优秀大学毕业生,向他们提供奖学金,资助他们去国外接受研究生教育(硕士和博士教育),并承诺学成归国后安排工作。现在,大学的教学和管理岗位的本土化已经基本实现,这足以表明该计划已经获得了成功(Kashoki, 1994)。

不过,大学始终还是留下了一小部分的外籍教师。这既是因为某些学科(如医学)的赞比亚教师数量不足,也是因为大学执行了给外籍教师保留至少10%的教学岗位的开明的政策(为了大学能够与国际学术界保持联系)。另外,值得一提的是,教职员发展计划的成功也是大学至今仍能保持较高的学术水准的原因。当前的这些赞比亚籍的教职员们都是在以下这些极富声望的教育机构里获得研究生教育的,如:剑桥大学、圭尔夫大学(University of Guelph)、哈佛大学、赫尔辛基大学、伦敦大学、曼彻斯特大学、牛津大学、苏塞克斯大学、多伦多大学和杜兰大学(Tulane University)。

但在教职员的人事方面,大学也还面临着不少尚未解决的新老问题,诸如:性别不平衡,科研产出少,研究生教育不发达,人才外流的损失,以及教职员士气的低落。毫无疑问,学生群体中男女性别比例失衡的现象在教职员队伍和高级行政管理队伍中也出现了。在当前的教职员队伍中女性约占12%。这种现状是难以容忍的。当然,这个问题也不完全是大学造成的。那些符合资格要求,且有心要在大学里担任教职的女大学毕业生要成为教职员进修生(在大学里受聘学术岗位的第一步)是不受阻碍的。但是,问题就在于女性候选人太少。这不仅仅是因为女大学毕业生人数少,也是因为文化传统上对女性的要求阻碍了她们参加教职员发展计划。文化传统上对女性的要求中最明显的一点就是强调她们对于婚姻和家庭的责任。在一个仍然严重歧视未婚女性的社会里,迫使女性在拿到本科的学位后就立即结束教育生涯的压力是巨大的,更何况如果要参加这一计划还将涉及出国留学。那么大学为此能做些什么呢?大学至少应该采取三个方面的措施:在本科招生时采取肯定行动;教职员招募时采取肯定行动;在行政人员的招募和晋升时也要积极地采取肯定行动。

赞比亚在独立时就严重地缺少本土的人力资源,而在独立后,随着国营经济部门的广泛发展,本土人才的缺口进一步拉大。在这样的背景下,政府毫不客气地抢走了大学里最优秀的人才来满足自身的需要。高质量的人才被高薪的承诺,更丰厚的津贴,以及地位的提升所吸引,毫不犹豫地离开了大学。因此,从一开始,大学的处境就很矛盾,一方面要快速地推进教职员的本土化,而在另一方面又不得不面对人才持续地流向校外就业市场的现实。

不幸的是,这种矛盾至今没有消除;它以一种略微不同的面目继续存在着。诱惑不再来自于政府(政府现在不仅缺钱,而且在国际债权人的监督下,正在痛苦地破坏自己的国营部门),而是来自于非洲的其他地区,尤其是南部非洲地区的其他的大学。换言之,任何能够在赞比亚以外的大学里找到工作的教职员大多倾向于离开赞比亚,而许多人已经是这样做了。接收从赞比亚大学离任的教职员的国家包括博茨瓦纳、纳米比亚、南非和斯威士兰。随着国家经济形势的恶化,以及由此造成的大学自身的穷困,人才外流的威胁变得愈发严重。

除人才流失外,教职员士气低落的另一个表现是教师不同寻常地参与劳工行动(在工会的组织下),以至于有时甚至导致大学被关闭。1999年与薪资争议有关的一次教师行动导致最近的一次大学被关闭的事件,而2000年2月又发生了持续两周的教师罢课行动。削弱大学教职员士气的原因有以下几个:

- 教师的薪水跟不上通货膨胀。而赞比亚大学教师的薪酬比后建的铜带大学的教师的薪酬还要低。
- 大学长期的经费不足已经造成了从物质设施到图书馆的一系列学术基础设施和资源条件的恶化。
- 教学负担沉重,而班级规模又膨胀了。
- 不少教师认为,大学已经慢慢地被转变成了一个政府部门。所有不利于高等教育机构发展的负面影响都已经显现出来了。
- 大学的行政管理是低效,甚至腐败的。大学的高层被指责卷走、滥用了成千上万美元。

财 政

独立时,政府认为任何一名符合条件的公民都不能因为经济上的原因而失去受教育的机会。当时由于铜价较高(这个国家主要的经济支柱),预算资金充足,政府得以坚持这一昂贵的观点。因此,在独立后的近20年里,政府资助的各级学校实际上都不收费。然而,随着国际铜价崩盘引发严重的预算紧缩,政府逐渐地意识到,免费教育尽管诱人,但已经是难以承受了。经济危机开始以后,又过了10年左右的时间,从20世纪80年代中期开始,政府这才犹犹豫豫地转向了在各级教育中实行较为温和的成本分担政策。然而,直至今日,学生在成本分担中所要承担的比例仍然是很少的:在大学层次上,每年政府代表每个学生下拨给大学的学费(约3500美元)中的只有25%是需要学生来承担的。实际上,所有赞比亚籍的大学生都享受奖学金,而在政府资助的学院里就读的学生也是如此。扩大学生分担成本的比例受到三个方面因素的制约:学生及其家长在政治上的反对;无法提出一个在操作上可行的,以个人的经济状况为依据的学生贷款计划;以及这个国家所面临着的严峻的贫困的形势。那些有潜力，能够支付得起更高学费的人也许根本就不在政府举办的教育机构中就读：他们要么去了私立学校，要么去了国外。

在学校的层面上，面对着政府长期的预算困难，财政成了最为棘手的问题。下拨给大学的资金并不总能按时到位。而且，尽管近年来通胀的程度令人沮丧，但是政府在分配预算的时候却很少考虑通货膨胀造成的减值，。当然，大学（以及一些技术与商业学院）可以通过开发独立的财源来减轻对政府经费的严重依赖从而减少财政上的压力。但是，时至今日，无论是源自校友、捐赠，还是创业活动的财政资源都没有得到有效的开发。

远程教育

赞比亚大学在建立伊始就决定要在校内建立一个协调远程教育的机构（当时被称作函授教育）。直接的原因是要满足那些由于殖民主义的影响被耽误，而现在又由于年龄、对家庭的责任、工作，或是其他方面的原因无法在新建立的大学里全天在校学习的人接受高等教育的需求。此外，赞比亚人也有过在诸如速成学院（Rapid Results College）和沃尔西学堂（Wolsey Hall）这样的英国商业学院里进行函授学习的传统。函授教育部，这个自治的部门是在 1966 年建立的，仿效的是澳大利亚的新英格兰大学函授教育部的模式（依托普通的院系而非建立独立的远程教育的院系）。次年，即招收了首批学生（人数 50，大约相当于普通全日制学生人数的一半）（Siaciwena，1988）。

以下是赞比亚大学远程教育运作模式的基本特点：

- 申请者的入学标准与全日制学生相同，但是，年长的学生如能证明其具备足可替代的相关经验的话，条件可放宽。
- 教育内容的传送主要通过两种途径：书面的课程材料和在学年开始时必须参加的为期四周寄宿制面授。（电视、录像和互联网技术的利用还有待开发，主要是因为这些东西在国内尚未普及。）有人建议在省会城市发展教育技术中心以扩大远程教育的范围；但是即便如此仍然有可能无法照顾到所有学生的需求，因为有许多的人生活在远离省会城市的地方。
- 远程教育开设的专业涵盖：会计、金融、经济、农学、法学、工程学、艺术与人文，以及社会科学等，但是都只提供第一和第二年的课程。（不像过去，现在已经不可能靠远程学习获得完全的学位教育了。除非在成功地完成前两年的学业后，转为全日制的在校生。）
- 教学是由普通的教师提供的。与过去不同的是，他们现在会因为承担了远程教育的教学任务而得到额外的报酬。对于远程教育而言，由普通教师执教从一开始就是个复杂的问题：在一方面，它确保了远程教育的学位与普通全日制教育的学位含金量相同，但在另一方面，这对于远程教育学生的教与学而言却未必是件好事。（Nyirenda，1989）
- 当前远程教育项目的学生数量在 800 人左右。其中，通常每年会有约 150 人在毕业后转为全日制学习。

在大学面临着严峻的预算困难的情况下，远程教育还能够一直坚持下来，这是赞比亚大学所取得的具有代表性的成就之一。但是，多年来专业数量的大规模减少（曾一度有 6 个授予学位的专业，现在已经荡然无存了）却表明了在全世界普遍应用互联网等新技术来推动远程教育大发展的时代里，赞比亚的远程高等教育已经倒退了一大步。

社会服务

有如此多的发展问题亟待解决，而大学又通常是唯一的或主要的前沿知识和科学研究的提供者，因此社会服务必须成为大学使命的基本支柱之一。从根本上说，社会服务指的是大学将其专业能力向社会延伸，帮助人们改善生活质量。社会服务应该渗透在大学的方方面面。

但是，实际上赞比亚的大学却没能实践社会服务的这种理念。除了有限的几条传统途径之外（诸如开办教学医院，允许公众使用大学的图书馆设施），赞比亚的大学至今没有追随非洲其他地区的许多大学的脚步：它把自己建成了一座远离社会问题的象牙塔。

不过,现在赞比亚的大学参与社会服务的程度与过去相比还是有所提高的,即便所采取的举措都还是临时性的。发生这种变化的原因是多方面的。大学严重的预算困难迫使其不得不去寻找除传统途径之外的多样化的经费来源,这就意味着大学得要凭借其掌握的专业能力去参与创业活动。而由于通货膨胀造成的教师薪酬的不断缩水,则推动着一些教师从事通常以美元支付的获益日丰的个体的"发展顾问"服务。但是大学要转型成为真正的具有社会服务功能的大学则还有很长的路要走。

学生激进活动与学术自由

任何熟悉赞比亚大学历史的人都会注意到一个不变的话题:学生动乱扰乱大学的学术生活,甚至导致大学被政府关闭。由于学生激进活动造成大学被关闭 1—6 个月(如果不是更长时间的话)的情况有下面这一些(括弧中的内容是激起导致学校被关闭的学生动乱的原因):2000年8月(住宿费问题)、2000年1月(学费问题)、1999年5月(伙食津贴问题)、1997年3月(伙食与书本津贴问题)、1996年11月(国家政治问题)、1990年4月(国家政治问题)、1989年4月(学费问题)、1986年5月(行政管理方面的争议)、1984年2月(校园政治斗争)、1981年4月(国家政治问题)、1976年2月(国家政治问题)和1971年7月(国家政治问题)。尽管这些关闭学校的行动看似是大学严重缺少学术自由的表现,但是实际情况却并非完全如此。毫无疑问,政府对于学生对其政策的批评的反应是草率、严酷,有时候也是不民主的,但在其他的情况下,政府是出于学校安全的考虑而不得不介入。

学生激进活动并非赞比亚独有,但是赞比亚大学的学生激进活动是以其持久性而显得不同寻常的。即便面临军警的暴力(有时包括强奸、殴打、未经审判即监禁,甚至杀害),以及动辄驱逐学生领袖的局面,学生们依然不屈不挠。不得不承认的是,学生骚乱导致了赞比亚高等教育单位成本极大的增加,引发了各种各样的学术上的负面影响。那么,造成学生骚乱的原因到底是什么?通过1997年4月任命的一个调查委员会(鲍比·布瓦利亚委员会)的报告,政府给出的答案认为学生的动机是自私的(Government of Zambia, 1998)。这是一个不全面,过于简单化了的答案。因为它并没有解释20世纪80年代中期之前引发学生骚乱的原因,而那时候大学还没有遭受到财政危机的困扰。

更加令人信服的解释存在于以下的这些关键要素之间的相互影响之中:

- 政治的制度化(对于赞比亚)是相对较新的进程,在大学的内部和外部都缺少合理有效地处理政治冲突的渠道。
- 首都的地理位置放大了大学在国家政治中的地位。
- 发展中国家大学的三大主要职能之间存在着内在固有的矛盾:大学的内在职能(培养本土的人力资源),象征性的职能(民族独立的象征),以及促进国家团结的职能(通过保持其非政治性来促进民族团结)。
- 学生在社会结构中的地位(一个潜在的精英阶层仍然根植于较低的社会阶层之中)造成了他们自我矛盾的意识觉醒,而这一点尤其是发生在这样的一个并未如愿实现发展的发展中国家里。
- 在这个一党专政的国家里出现了部分的民主(无论是在法律意义上,还是实际意义上)。(Lulat, 1981, 1989; Burawoy, 1976)

外部援助

与大多数其他的非洲国家一样,赞比亚一直是(并将继续是)国际援助的受援国,这些援助主要用于高等和继续教育的基础设施的建设,较少的一部分也涉及教学材料的供应和师资的培训。援助的规模通常不会很大,多为短期的援助。援助方包括不同的国家、多边机构,和私人基金会。援助的形式多种多样,包括:可以自主支配的直接的现金援助,实物援助(如:提供给图书馆的书籍),指明用于某方面基础建设的专项援助(例如,修建一座建筑或是开设一个专业),促进教师发展的奖学金,在制定规划的过程中提供的技术支持,以及派遣教师帮助填补暂时的师资缺口。

一般来讲,任何形式的援助对于教育基础设

施的建设而言都是有益的，但是有的时候这些援助由于数量有限并不足以发挥作用，或是由于被滥用而并未能够达到预期的目标。

近年来，这个国家糟糕的经济困境使得另一类型的问题凸显出来：如果事先就完全认识到受援的项目建成后，赞比亚国内是没有相关的经费来维持项目运转的话，那么这个项目就是无用的。比如，在显然无法保障对实验室进行维护的情况下兴建一座昂贵的实验室，这就是无用的。在这样的情况下，援助方的动机是非常令人怀疑的：或许这样的援助项目更有可能是出于政治的目的达成的，而非无私的奉献。如果有某个教育基础设施项目真正需要得到援助方的支持的话，那么援助也必须得采取新的模式。或许不应该只是提供资金来完成一个项目的建设，还应该在项目建成后，以逐年减少的成本分担模式为经常性的支出提供支持（例如，第一年提供100%的全额援助，第二年提供90%的援助，第三年80%，以此类推）。显然，在援助方面，还需要更具想象力的措施（Sikwibele, 1989; Carlsson, 1997）。

私立高等教育

赞比亚不存在私立高等教育机构。不过，在继续教育层次上，存在着一些由基督教会、工业企业和商业机构举办的学校。造成私立高等教育缺失的原因既有历史方面的，也有现实需求方面的。从历史上看，殖民地时代继承下来的英国的高等教育模式并不包含私立高等教育的传统（基督教会学校除外），而在现实中赞比亚也没有足够旺盛的对私立高等教育的需求。不过，既然政府没有出台反对私立高等教育的政策，那么随着对私立高等教育需求的增长，将来出现一所私立的大学也不是没有可能的，而且很有可能这将会是一所具有宗教背景的学校。

结　语

至少从量的角度上来看，赞比亚的高等教育发展是个奇迹。这个国家最初没有大学，只有少量的学院，全国拥有学位的人也不过100余名。但是，仅仅过了30余年，就已经建立了两所大学，大量的学院，涌现出了成千上万拥有学位的人，很有可能已经多达2.5万人，其中还包括了数百名博士。无论要怎样去评价赞比亚独立后的这两个政权，至少有一点，它们即便在遭受严重经济困难的时候都没有忽视教育，其中也包括了高等教育。

当然，如果经费更加充足的话，在高等教育领域还有更多的任务可以去完成。例如，鲍比·布瓦利亚委员会（Government of Zambia, 1998）建议将国内的6所最大的学院升格为附属于赞比亚大学的大学学院。这样的发展将能够带来数量上巨大的增长。但是在当前严峻的财政形势下，高等教育体系的扩张毫无机会。而且更为糟糕的是，在当前的条件下，教育领域中已经取得的，不论是质还是量上的发展都面临着遭受损失的巨大威胁。

毫无疑问，赞比亚高等教育的质量水准已经不如从前了。问题主要不在于受过专业训练的人才的匮乏（尽管由于人才流失的原因，在有的专业里这也是个问题），而在于各方面资源的紧缺。缺少的教育资源包括：教材、生物与计算机实验室所需的设备、家具与设备、充足且稳定的水电供应、图书馆的书籍和期刊、办公室用品和复印机，还有行政大楼与学生的寝室。各项资源的充足率都低于维持最低教育质量和标准所需的水平。

此外，我们也看不到这个国家当前的社会经济与政治状况在短期内会有扭转的迹象。问题有以下这些：

- 这个国家现在正在遭受着外部援助者不断迫使其廉价地向国外资本家出售国有资源的经济压力，以及无情的经济全球化的冲击。
- 赞比亚沉重的国家债务负担，是撒哈拉以南非洲国家里最为巨大的之一。这样的债务规模意味着每年该国外汇收入的50%以上将会被作为利息支付给外部的债权人。
- 在过去的10年里，艾滋病在这个国家肆虐，而且仍然没有出现缓解的迹象。由于这种疾病的流行，人口中最具有生产潜力的那一部分正在以令人恐惧的规模消亡和衰竭。
- 这个国家仍然是被一个腐败的，事实上是玩弄权谋的一党专制的政权所统治着。这个政权尽管是通过和平的选举上台的，但它与被其在

1990 年所取代的前政权并没有太大的差别。

- 毫无迹象表明,作为这个国家主要的收入来源的铜的价格还会回升到 20 世纪 60 年代和 70 年代初的历史高点上去。
- 多年来,由于内部严重的管理不善和外部的负面压力,赞比亚变成了一个非常贫穷的国家,年人均国内生产总值仅为 330 美元(撒哈拉以南非洲的平均水平为 480 美元)。据估计,全国超 80%的人口目前生活在贫困线上,及以下。
- 毫不意外的是,赞比亚人的平均寿命过去曾超过 50 岁,现在只有不到 40 岁了(撒哈拉以南非洲的平均寿命为 51 岁);在艾滋病的灾难性影响下,在未来的 10 年左右的时间里预期的平均寿命还将进一步地减少到 31 岁。
- 在国际货币基金组织和世界银行监督下采取的一揽子的结构调整计划,完全没有给 GDP 的增长率带来任何一点点积极的帮助。GDP 的增长率还在下跌,而人口的增长率却仍在以每年 3%的速度飞速增长。

在这样的环境下,对这个国家的未来最为乐观的希望也不过是不要陷入大规模的恐怖主义、无政府主义,成为像利比里亚、塞拉利昂和索马里那样的盗贼统治的国家。

参考文献

Africa, H. P. 1980. "Language in Education in a Multilingual State: A Case Study of the Role of English in the Educational System of Zambia." Ph. D. thesis, University of Toronto.

Africa News. 1997. "Zambia: Nortec Shocks Bwalya Probe Team." July 4.

Akapelwa, E. 1989. "Problems of Music Education: A Comparative Study [Zambia, Great Britain]." Ph. D. thesis, Queen's University of Belfast.

Ashby, E. 1966. *Universities: British, Indian, African—A Study in the Ecology of Higher Education*. Cambridge, Mass.: Harvard University Press, and London: Weidenfeld and Nicolson.

Bikas, S. C., J. H. Case, P. S. Dow, and M. E. Jackman. 1976. *Higher Education and the Labour Market in Zambia: Expectations and Performance*. Paris: UNESCO.

Burawoy, M. 1976. "Consciousness and Contradiction: A Study of Student Protest in Zambia." *British Journal of Sociology* 27, no. 1: 78-97.

Carlsson, J. 1997. "The Effectiveness of the Aid Relationship in Zambia." In J. Carlsson, G. Somolekae, and N. van de Walle, eds., *Foreign Aid in Africa: Learning from Country Experiences*, 194-209. Uppsala: Nordiska Afrikainstitutet.

Christensen, J. E. 1972. "Occupational Education in Zambia: Obstacles to the Development of Technical and Vocational Education Programs in Zambia, 1885-1970." Ph. D. diss., University of California, Los Angeles.

Coombe, T. A. 1968. "The Origins of Secondary Education in Zambia: A Study in Colonial Policy-Making." Ph. D. diss., Harvard University.

Daka-Mulwanda, V. 1992. "Women in Development and Feminism: A Critical Analysis [Zambia]." Ph. D. diss., University of Missouri-Columbia.

Follis, B. 1990. "A Comparative Study of Vocational/Technical Education in Zambia and Zimbabwe, 1900-1987." Ph. D. diss., University of Liverpool.

Galabawa, J. C. J. 1993. *Study on Cost Effectiveness and Efficiency in African Universities: A Case Study of the University of Zambia (UNZA)*. Accra: Association of African Universities.

Government of Zambia. 1985. *Government Reaction to the Main Recommendations of the Commission of Inquiry into the Affairs of the University of Zambia*. Lusaka: Government Printer.

——. 1986. *Report of the Commission of Inquiry Appointed to Inquire into the Affairs of the University of Zambia*. Lusaka: Government Printer.

——. 1988. *Report of the Working Party Appointed by the Hon. Minister of Higher Education to Advise on the Transformation and Incorporation of the Zambia Institute of Technology into the Copperbelt University, School of Technology*. Lusaka: Government Printer.

——. 1998. *Report of the Commission of Inquiry Appointed to Inquire into Operations at the University of Zambia and the Copperbelt University*. Lusaka: Government Printer.

Grotpeter, J. J., B. V. Siegel, and J. R. Pletcher. 1998. *Historical Dictionary of Zambia*. Lanham, Md., and London: Scarecrow.

Kaplan, I., ed. 1979. *Zambia: A Country Study*. Washington, D. C.: U. S. Government Printing Office.

Kashoki, M. E. 1994. "The African University: Towards Innovative Management Strategies for the 21st Century." In J. Barnes, et al., *Higher Education Staff Development: Directions for the Twenty-First Century*, 149-62. Paris: UNESCO.

Leys, C. 1971. "The Role of the University in an Underdeveloped Country." *Journal of Eastern African Research and Development* 1, no. 1.

Lockwood Committee. 1964. *Report on the Development of a University in Northern Rhodesia*. Lusaka: Government Printer.

Lulat, Y. G.-M. 1981. "Determinants of Third World Student Activism in the Seventies: The Case of Zambia." In P. G. Altbach, ed., *Student Politics: Perspectives for the Eighties*, 234-66. Metuchen, N. J.: Scarecrow.

——. 1982. "Political Constraints on Educational Reform for Development: Lessons from an African Experience." *Comparative Education Review* 26 (June): 235-253.

——. 1989. "Zambia." In P. G. Altbach, ed., *Student Political Activism: An International Reference Handbook*, 37-56. Westport, Conn.: Greenwood.

Lungu, G. F. 1980. "The Land-Grant Model in Africa: A Study in Higher Education Transfer." Ed. D. dissertation, Harvard University.

——. 1993. "Educational Policy-making in Colonial Zambia: The Case of Higher Education for Africans from 1924 to 1964." *Journal of Negro History* 78, no. 4 (Autumn): 207-232.

Mawema, M. A. 1981. British and Portuguese Colonialism in Central African Education. Ed. D. dissertation, Columbia University Teachers College.

Metzler, J. D. 1988. "The State, Settlers, Missionaries and Rural Dwellers: A Comparative Historical Analysis of the Politics, Economics and Sociology of Education Policy-Its Formation, Its Implementation and Its Consequences in Colonial Northern Rhodesia and Southern Rhodesia." Ph. D. dissertation, University of Wisconsin-Madison.

Mitchell, C., M. Blaeser, B. Chilangwa, and I. M. Maimbolwa-Sinyangwe. 1999. "Girls' Education in Zambia: Everyone's Responsibility-A Policy Framework for Participatory Process." *International Review of Education* 45, nos. 5/6: 417-430.

Musambachime, M. 1990. "The Impact of Rapid Population Growth and Economic Decline on the Quality of Education: The Case of Zambia." *Review of African Political Economy*, no. 48: 81-92.

Mwanakatwe, J. M. 1968. *The Growth of Education in Zambia Since Independence*. Lusaka: Oxford University Press.

Nyirenda, J. 1989. "Organization of Distance Education at the University of Zambia: An Analysis of the Practice." *Distance Education* 10, no. 1: 148-156.

Ragsdale, J. P. 1986. *Protestant Mission Education in Zambia*, 1880 *to* 1954. London and Toronto: Associated University Presses.

Rude, D. 1999. "Reasonable Men and Provocative Women: An Analysis of Gendered Domestic Homicide in Zambia." *Journal of Southern African Studies* 25, no. 1: 7-28.

Saxby, J. C. 1980. "The Politics of Education in Zambia." Ph. D. diss., University of Toronto.

Shifferraw, M. 1982. "Educational Policy and Practice Affecting Females in Zambian Secondary Schools." Ph. D. diss., University of Wisconsin-Milwaukee.

Siaciwena, R. 1988. "A Study of Distance Teaching at the University of Zambia with Special Reference to the Effectiveness of Degree Courses." Ph. D. diss., University of Wales.

——. 1997. "Organizational Changes at the University of Zambia." *Open Learning* 12, no. 3: 57-61.

Siame, M., et al. 1998. *Women in Zambia: A Profile of Women in Zambia*. Lusaka: Zambia Association for Research and Development, and Harare: Southern African Research and Documentation Centre.

Sikwibele, A. L. 1989. "International Education Assistance to Higher Education Development in Zambia: Problems, Policy Implications, and Future Prospects." Ph. D. diss., University of Illinois at Urbana-Champaign.

Snelson, P. D. 1970. *Educational Development in Northern Rhodesia* 1883-1945. Lusaka: National Educational Company of Zambia, 1974.

Stabler, J. B. 1968. "The University of Zambia: Its Origin and First Year." *Journal of Higher Education* 39 (January): 32-38.

Swainson, N. 1996. *Redressing Gender Inequalities in Education: A Review of Constraints and Priorities in Malawi, Zambia, and Zimbabwe*. London: Overseas Development Administration, the British Development Division in Central Africa.

Tembo, L. P. 1973. "University of Zambia." In T. M. Yesufu, ed., *Creating the African University: Emerging Issues in the 1970s*, 226-243. Ibadan and London: Oxford University Press.

Temu, J. R. 1992. "Women and Higher Education in Selected African Nations, 1960-1980: Enrollment Analyses and Former Student Perceptions." Ph. D. diss., Kent State University.

UNESCO. 1963. *The Development of Higher Education in Africa: Report of the Conference on t he Development of Higher Education in Africa, Tananarive, 3-12 September* 1962. Paris: United Nations Educational, Scientific and Cultural Organization.

——. 1964. *Education in Northern Rhodesia: Report and Recommendations Prepared by the UNESCO Planning Mission*. Paris: United Nations Educational, Scientific and Cultural Organization.

——. 1999. *Statistical Yearbook*. Paris: United Nations Educational, Scientific and Cultural Organization.

University of Zambia. 1977. *Report on the Long-Term Development of the University of Zambia*. Lusaka: The University Printer.

——. 1986. *Report of the Vice Chancellor's Study Group on Student Affairs, Appointed to Investigate Recent Closures and Student Unrest at the University of Zambia*. Lusaka: Office of the Vice Chancellor.

——. 1993. *Strategic Plan*, 1994-1998. Lusaka: Office of the Vice Chancellor, University of Zambia.

——. 1998. *Strategic Plan*, 1999-2003. Lusaka: Office of the Vice Chancellor, University of Zambia.

——. 1999. *UNESCO Statistical Yearbook*. Paris: United Nations Educational, Scientific and Cultural Organization.

Yesufu, T. M., ed. 1973. *Creating the African University: Emerging Issues in the 1970s*. Ibadan: Oxford University Press.

65 津巴布韦

雷蒙德·蒙德

引　言

津巴布韦的国土面积比加利福尼亚略小，人口1100多万，国土面积390580平方公里(150803平方英里)。津巴布韦的人均国民生产总值(GNP)达2690美元(World Population Data Sheet, 2001)，按1999年的固定价格计算，国内生产总值达264.15亿美元(Monthly Review Reserve Bank of Zimbabwe, 2001)。1990年引入的经济结构调整计划(economic structural adjustment program, ESAP)对津巴布韦的币值和经济表现造成了负面的影响。依据中央统计局(Central Statistical Office)的信息，该国货币的币值在1985年的时候与美元一样强势。经济结构调整计划并没有给土著居民带来多大的经济上的发展。医疗、教育、就业机会没有惠及大多数的原住民。

矿业和农业是津巴布韦主要的经济领域。这个国家拥有丰富的黄金、钻石、铬、煤炭、铜、铂、钨等矿藏。玉米是大多数津巴布韦人的主食，在国内也得到了广泛的种植。在津巴布韦种植的其他作物还包括小麦、咖啡、茶、糖、棉花、烟草和木材。全国遍布养牛场和野生动物保护区。由于后者的存在，旅游和旅馆业成为这个国家创汇的主要来源。在南部非洲发展共同体(Southern Africa Development Community, SADC)中，津巴布韦是继南非之后的第二大工业国。该国主要的工业活动包括面向国内外市场的纺织制造业和制钢业。南非是津巴布韦最大的贸易伙伴，其次是英国和德国。在人口统计上，津巴布韦有两个主要的民族：占人口71%的绍纳人(Shona)，以及占人口16%的恩德贝勒人(Ndebele)。此外，还有一些人口较少的少数民族。

历史与背景

英国殖民者从一度强盛的莫诺莫塔帕帝国(Monomotapa Empire)手中割走了津巴布韦。这个中央集权的帝国位于赞比西河和林波波河之间。它在东边包括了现今的莫桑比克，东起印度洋，囊括了南非的北德兰士瓦(Northern Transvaal)的一部分，西至今天的博茨瓦纳和纳米比亚。

进入19世纪，英国对津巴布韦的殖民统治给津巴布韦的本土居民带来了一套新的社会经济、文化和政治秩序。从一开始，英国殖民者就引入了基于种族和肤色的歧视和隔离做法。读写教育和技能培训成为英国殖民者子女的特权。同样，在1980年独立之前，津巴布韦的社会经济和政治活动也都是英国殖民者的专利。英国殖民者的学龄儿童拥有无限制的接受初等和中等教育的机会。此外，英国殖民者的学生还可以在各种各样的中等后高等教育机构里接受教育。这些学生还可以在南非和英国的大学里接受无限制的高等教育。

但是，殖民政权在为本土儿童提供学校教育方面就不那么慷慨了。面向本土儿童的学校教育主要是由传教团体开办的。在相当长的一个时期内，不论是殖民政府还是传教团体都没有为他们提供任何的中等学校教育。不过，也有一些本土儿童通过自己的努力，利用远程学习的办法获得了中等教育。有少数人设法进入了南非的福特哈尔学院(Fort Hare College)。当时，福特哈尔学院是整个南部非洲地区唯一的一所接收非欧洲裔学生的学院。

1957年建立的罗得西亚和尼亚萨兰大学学院(University College of Rhodesia and Nyasaland)是殖民政府在罗得西亚和尼亚萨兰联邦(Federation of Rhodesia and Nyasaland)内首次创办的中等后学校。这所大学被建在当时的索尔兹伯里(Salisbury),也就是现在的津巴布韦首都哈拉雷(Harare)。该校是由南罗得西亚(Southern Rhodesia)、北罗得西亚(Northern Rhodesia)和尼亚萨兰(Nyasaland)共同设立的,这三地是1953—1963年存续时间短暂的联邦的组成部分。联邦解体后,南罗得西亚、北罗得西亚和尼亚萨兰分别成为津巴布韦、赞比亚和马拉维。

1890年英国人占领津巴布韦之后,殖民当局与传教团体之间逐渐形成了合作关系。殖民当局给传教士下拨土地以作传教活动之用。而传教士的任务是要向本土居民传教,使之开化,并向他们提供读写训练。传教士的工作是有报酬的。他们成了政府的代理和雇员,负责向本土居民提供基本的读写能力,传授基本的现代技术和技能。逐渐地,掌握了技能的本土人在就业市场上对殖民者造成了压力。结果,为了把就业机会留给欧洲人,殖民政权下令禁止再向本土人教授技术类的科目。这项措施成功地剥夺了本土人接受技术教育的机会,并且一直延续到最近。

除南非外,撒哈拉以南地区的非洲人大学都是在20世纪中期才开始建立的。英国政府成立了一个由西里尔·阿斯奎斯爵士(Sir Cyril Asquith)领导的调查委员会来调查在非洲和西印度群岛建立大学的可行性(Ashby, 1964)。由于第二次世界大战的影响,阿斯奎斯作出调查结果和建议的时间被拖延了。在英国的海外殖民地建立大学的应变计划也因为战争的原因而被延后了。在这项应变计划里,将由英国政府提供资金,由大学校际委员会(Inter-University Council)来负责学术事务。大学校际委员会是由英国各所大学里抽调的教师组成,委员会的建立是为了向英属殖民地筹建中的大学输送教师。

战后,伦敦大学率先实施了这个计划。伦敦大学与殖民地大学之间形成了一种特殊的联系。这些殖民地包括尼日利亚、加纳、苏丹、乌干达,西印度群岛以及罗得西亚和尼亚萨兰联邦。尽管在实体上远离伦敦大学,但是非洲和西印度群岛上的大学在特殊的安排下仍然附属于前者。与其他那些在单一校区里开展所有活动的大学不同,伦敦大学是由许多彼此独立的学院联合起来形成的一所大学。

在非洲和西印度群岛上的学生被注册成伦敦大学的学生,完成学业后,他们被授予伦敦大学的学位。入学的资格要求和实施的课程是伦敦大学制定的,伦敦大学还向非洲和西印度群岛上的大学提供师资。这些大学采用的考试是由伦敦大学设计和评定的,在非洲和西印度群岛的校区里的学生也被要求采用与伦敦大学的学生相同的生活方式。

生活在伦敦大学海外校区里的非洲和西印度群岛的学生是住在象牙塔里的。这些学生的生活方式与周围的社会经济与文化环境没有丝毫的联系。他们是少数被挑选出来作为精英培养的,一旦英国政府打算撤离,他们就要成为这个国家的管理者。

这些新大学所采用的课程是英国大学课程的翻版。包括古典文学、历史、圣经研究、地理、化学、物理、生物和数学。但是,非洲大陆和西印度群岛真正需要的却是在农学、工程学、医学、技术、科学以及文化和社会研究方面掌握技能的人力资源。

当时的英国政府和学术精英都认为,非洲和西印度殖民地要取得发展,首先就要培养出一批非洲和西印度群岛的上层官僚和领导核心。因此,一切对于英国的大学而言是好的东西,都被认为对于非洲和西印度群岛上的大学也同样是好的。

出于经济上的考虑,英国政府一直希望南罗得西亚殖民地、北罗得西亚和尼亚萨兰保护国组成一个联邦。这个联邦就是罗得西亚和尼亚萨兰联邦。尼亚萨兰是联邦中最小和最穷的一个成员,但它拥有丰富的人力资源。作为南罗得西亚的小伙伴,北罗得西亚则是世界上主要的产铜国之一。南罗得西亚是三国之中经济上较为发达的,在其境内的欧洲定居者的数量比在另外两个保护国境内的欧洲定居者人数之和还多。

1955年2月10日,罗得西亚和尼亚萨兰大学学院获得了皇家特许状。学校真正开始运行则是在1957年。当时招收了68名学生。学生人数的增长极其缓慢。10年之后,这所大学学院的全日制学生数也才717人,非全日制学生数141人。增长缓慢的原因是,大学想要在不同种族的学生之间形成凝聚力,发展友谊。由于罗得西亚和尼亚萨兰大学学院是罗得西亚和尼亚萨兰联邦中唯一一所为种族融合的社会提供社会服务的教育机构，而联邦的重要成员，南罗得西亚还在根据成文法执行种族和社会隔离的政策，因此要建设一个种族多元的社会在当时似乎还不是一件优先考虑的事情。

1965 年，至少有 1272 名南罗得西亚的欧洲裔公民进入了南非的大学学习。有 233 名欧洲裔的津巴布韦学生在英国的大学里学习；此外还有 432 名欧洲裔学生和 211 名非洲人学生在罗得西亚和尼亚萨兰大学学院学习。

罗得西亚和尼亚萨兰大学学院最初由三个系组成：教育系、文科系、理科系。1963 年，医学院建立，并且与伯明翰大学（University of Birmingham）而非伦敦大学建立了特殊的联系（Atkinson, 1972）。伯明翰大学向医学院提供课程和教学大纲，并向成功完成学业的学生颁发伯明翰大学的学位。1974 年，工程系建立，之后，在 1980 年，农学系、商学系、法学系也纷纷建立。值得一提的是，农学系是在独立之时建立的，这表明了农业对于后殖民地政府的重要性。

独立后的高等教育

独立后的政府强力地将高等教育转向了服务本土居民。在过去的殖民政权下，这些人都是被高等教育忽视的。在这个国家里，政府成了唯一提供大学教育的机构。

在独立的时候，国内只有很少的一部分本土居民接受过全系列的初等、中等和第三级教育。因此，独立后的政府在所有的三个层次上都建立了许多的教育机构。卫生和教育机构需要招募掌握技能的本土人才来确保机构的持续运转，而工业和商业部门也同样需要这一类的本土人才。为此，有更多的技术和教师学院建立起来。而津巴布韦大学（University of Zimbabwe）也通过规模的扩大填补了欧洲定居者撤离后留下的空白。技术和教师学院，以及这所大学变成了职业和学徒培训的机构。它们的任务是要在尽可能短的时间里培养出掌握技能的人力资源。

初等和中等教育部门也出现了大规模的扩张。独立时，政府开办了面向全国学龄儿童的七年制全民初等教育和四年制中等教育。根据 1978 年政府教育统计数据，殖民地政府给本土儿童开办了 2401 所初等学校和 177 所中等学校。这些殖民地小学培养了 819586 名本土儿童，中学培养了 66215 名本土学生。1944 年，小学的数量显著地增加到了 4585 所。学校数量的惊人增加，使得学生的人数达到了 2556855 名。而这又进一步地推动了中等学校的发展。政府的中等学校统计数据显示，2000 年，全国共有中学 1522 所，学生 832576 名。尽管中小学的入学人数有了显著的增加，但是整个教育系统中各个阶段的辍学率依然很高。导致学生辍学的原因包括小学高段和中学缺少硬件设施，家长无力承担学费和校服的费用等一系列问题。至于中学生，大多数的人都在完成普通水平（Ordinary-level）的课程，即四年中学后，就辍学了。通过普通水平考试的毕业生中只有一小部分人会去竞争数量有限的两年制第六阶段学院（Sixth Form College）的学额。在津巴布韦，从第六阶段学院毕业就获得了大学的入学资格，但是这并不能保证一定能进入大学。要进入大学，还有许多其他的障碍要跨越。每年都有越来越多的学生具备竞争有限的大学学额的资格，学生可以选择的专业却很有限。在这样的一种环境下，招生中的贪腐和偏私就成了特有的弊病。

津巴布韦大学

津巴布韦独立后，哈拉雷的人口一夜之间就从仅 50 万增加到了超过 100 万。人口的激增给有限的社会服务造成了巨大的压力。由政府提供的，诸如高等教育、医院和住房这样的社会服务都无法满足巨大的需求。津巴布韦大学慌乱地采取了一些措施来应对空前数量的入学申请。学生人数最多的时候曾经达到过每年近 10000 人。但是尽管如此，申请入学失败的人数还是在跳跃式地增长。大学的入学申请如此之多，以至于政府不得不认真地考虑提供更多的大学教育机会的问题。

自 1980 年津巴布韦独立以来，津巴布韦大学已经设立了 10 个学科（见表 65.1）。学生和教师的总人数每年都在增加。值得注意的是，2000 年，男生的入学人数明显减少，而女生的人数则显著地增加。

表 65.1 2000 年 11 月津巴布韦大学按性别、学科和年级分类的学生人数统计

	农学		艺术		商科		教育		英语		法学		医学		科学		社会研究		兽医学		总计	
	男	女	男	女	男	女	男	女	男	女	男	女	男	女	男	女	男	女	男	女	男	女
一年级	107	33	227	167	216	71	74	78	241	20	62	32	228	101	336	131	377	306	20	11	1888	950
二年级	113	28	269	136	173	54	200	80	161	11	63	29	245	90	256	78	334	182	21	5	1835	693
三年级	74	20	169	137	164	63	—	—	161	—	43	42	171	94	127	83	256	197	21	6	1186	642
四年级	6	—	11	—	—	—	—	—	141	9	42	28	128	55	5	2	21	14	20	6	374	114
五年级	—	—	—	—	—	—	—	—	25	—	—	—	75	27	—	—	—	—	6	6	106	33
总计	300	81	676	440	553	188	274	158	729	40	210	131	847	367	724	294	988	699	88	34	5389	2432

来源：The Registrar，University of Zimbabwe，November，2000.

1998—2000 年是津巴布韦大学的艰难时期。在这个时期里，学校遭受了持续不断的学生骚乱的影响，这场骚乱还导致了大学被关闭达 6 个多月。此外，大学引进的美式学期制(semester)也打乱了习惯上采用的年度招生。学生骚乱对男生造成的影响似乎要更大一些，他们中有不少人或被开除，或是主动退学。而(女生人数增加的)另外一方面的原因则是为了促进女生入学而降低了对女生的入学要求。这样做就限制了不少男生接受高等教育的机会。要能够不论性别，公平地为男女生提供高等教育，唯一的办法就是要新建更多的大学，为所有符合条件的津巴布韦学生创造机会。

缺少足够的高等教育机会正在成为独立后的政府的一块政治上的心病。家长和子女都越来越对大学设施的不足感到不满和沮丧。而政府在大量增加初等和中等教育方面所取得的成功也从另一个方面加剧了高等教育入学这个问题。

政府对此的回应是缺乏热情的。作为权宜之计，1985 年在哈拉雷多科技术学院(Harare Polytechnic)(建于 1926 年)，1986 年在布拉瓦约多科技术学院(Bulawayo Polytechnic)，政府分别引入了技术学士学位课程(Williams, 1989)。政府原以为津巴布韦大学会自动地把哈拉雷多科技术学院颁发的学位与大学颁发的学位同等对待。但是，津巴布韦大学却并不乐见哈拉雷多科技术学院里发生的事情。这所学院的图书设施、教学人员和教学材料的储备都远远低于大学的标准。而且大多数的教师都是不合格的。为了弥补这一令人绝望的处境所造成的遗憾，津巴布韦大学建议哈拉雷多科技术学院的学生到津巴布韦大学的欢乐山校区(Mount Pleasant)听课和学习。在欢乐山校区，哈拉雷多科技术学院的学生可以受惠于大学的设施，诸如教师、图书馆和社交活动。津巴布韦大学提供以下学科的技术学士学位：商科、会计和管理、应用科学技术、土木工程、机械工程和电机工程。津巴布韦大学对哈拉雷多科技术学院的担心也同样地针对布拉瓦约多科技术学院。就布拉瓦约多科技术学院而言，一方面学院安排学生到津巴布韦大学学习，而在另一方面津巴布韦大学也安排教师到布拉瓦约多科技术学院执教。哈拉雷多科技术学院和布拉瓦约多科技术学院对津巴布韦大学的这种附属关系是短暂的。切特桑加的报告(Chetsanga, 1994)指出，1991 年国立科学与技术大学(National University of Science and Technology, NUST)在布拉瓦约(Bulawayo)建立之后，多科技术学院附属于津巴布韦大学的这种关系就被撤销了。

技术学士学位的引进正值津巴布韦大学工程学专业的毕业生饱受批评之时。产业界的批评是认为他们所受的教育太过理论化(Williams, 1989)。技术学士学位的引入针对的就是产业界的这种担忧。技术学士学位课程更加重视实践。实际的工作经验是培训的重要组成部分。产业界对拥有技术学士学位的毕业生感到满意，而学生们也非常高兴。截至技术学士学位课程停办之时，已经培养了 986 名毕业生(Chetsabga, 1994)。

国立科学与技术大学

由于仅靠一所津巴布韦大学已经不足以满足需求了，因此，1988 年津巴布韦总统组建了一个由威廉姆斯(P. R. C. Williams)领导的委员会来评估在津巴布韦设立第二所大学或校区的可能性。英国人威廉姆斯得到了10名专业人员的协助，包括3名外国人和7名津巴布韦人。得到威廉姆斯的《建立第二所大学或第二个校区的委员会调查报告(Report of the Commission of Inquiry into the Establishment of a Second University or Campus)》(Williams，1989)后，政府最终承认国家需要建立更多的大学。第二所由政府资助的大学，国立科学与技术大学终于在1991年成立了。但是政府似乎对大学的建设并不怎么认真，不仅拨给的预算数额少，而且还是一年一拨的。国立科学与技术大学位于津巴布韦的第二大城市布拉瓦约。布拉瓦约位于哈拉雷西南约400公里处，人口近100万。它是津巴布韦的重工业基地。由加拿大政府资助的一家矿业学院也坐落在这里。

国立科学与技术大学在建校的时候没有自己的校园。教室、行政楼和图书馆，以及学生的宿舍都是临时借用的。借来的临时校产分散在市内的20多个不同的地方。1998年8月17日，国立科学与技术大学终于全部搬迁到了集中在一起的永久校址上。

按照计划，国立科学与技术大学应该在建校后的10年内全面实现正常运转。10年之后正是2001年。2001年10月20日，包括化学工程系的首批11人在内的共433名学生从国立科学与技术大学毕业。大学实现了威廉姆斯在1989年报告中所设定的目标，即在10年内建立8个院系。这些院系包括：应用科学、建筑与物料计算、商科、通信与信息科学、环境科学、工业技术、技术教师教育，和运动科学。从1991年4月建校到2001年的这一天，国立科学与技术大学一共已经培养了2142名毕业生(见表65.2)。最初估计的建校成本为10亿津巴布韦元，相当于当时的1亿美元。但是现在不论是建校周期还是项目投入，都已经分别被改成了20年和超40亿津巴布韦元，合450万美元。无法预料的形势迟缓了学校的建设。1992年，津巴布韦遭遇了人们记忆中最为严重的一次旱灾。当时，经济结构调整计划已经开始实施，并对国家的经济造成了负面的影响。建筑材料的成本飞涨。好在大学的利益相关方，即国家政府和布拉瓦约的行政当局并没有在困境中放弃。

国立科学与技术大学选址布拉瓦约是多方面考虑的结果(Williams，1989)。除布拉瓦约是继哈雷拉之后的第二大城市之外，新大学选址布拉瓦约也被视作是对与政府达成1987年团结协议(Unity Accord)的政治力量的安抚。另一个起作用的因素是布拉瓦约的航空、铁路和公路交通都很方便。此外，布拉瓦约还拥有许多的学校与社会服务设施、公园、旅店、百货公司、药店、食品杂货店、购物中心和礼堂等。医疗保健和食宿也都方便。国立科学与技术大学侧重科学与技术。从一开始，国立科学与技术大学就是独立的，不受津巴布韦大学的指导。

国立科学与技术大学的使命是要创建一种能够引领津巴布韦新一代高等教育机构的新的大学样式。人们期望国立科学与技术大学成为能培养出掌握工业与商业发展所需要的科学与技术能力的毕业生的新型的大学技术学院。一旦开始全面运作，国立科学与技术大学预期每年能够接纳1万名学生。

1980年后的教师和技术学院

津巴布韦独立后，教师学院的数量增加到了16所。其中有5所培养中学教师，剩下的11所培养小学教师。教师培训为期三年，每所教师学院平均每年都能有500名毕业生。现在，教师学院正在升格成为提供学位教育的高等教育机构。其中奇诺伊(Chinhoyi)、圭鲁(Gweru)、马斯温戈(Masvingo)教师学院已经完成了升格。

独立时，津巴布韦拥有2所多科技术学院。而现在，包括先前就有的那2所多科技术学院在内，全国一共拥有了6所技术学院。也有人强烈地建议要把技术学院和多科技术学院也转变成技术大学。

津巴布韦开放大学

威廉姆斯报告对于远程高等教育的不足深表遗憾。他发现，与其他的非洲国家相比，津巴布韦在提供校外的大学教育方面相当落后。事实上，是南非大学在为许多的津巴布韦学生提供大学层次的函授教育。

表 65.2 2000 年国立科学与技术大学按性别、学科和年级分类的学生人数统计

	应用科学			商科			工业技术			建筑学			总数		
	男	女	总计	男	女	总计	男	女	总计	男	女	总计	男	女	总计
一年级	104	43	147	165	70	235	135	18	153	17	10	27	421	141	562
二年级	127	31	158	155	48	203	105	16	121	18	1	19	405	96	501
三年级	113	13	126	166	23	189	100	5	105	0	0	0	379	41	420

1994 年 8 月,高等教育与科技部部长任命了一个 10 人的部长委员会来协助他的部门实施津巴布韦开放大学计划。津巴布韦开放大学的前身是津巴布韦大学里的一个远程教育中心,它招收了 1500 名学生。中心起初面向的是中小学的校长和高级教师。但在 1999 年 3 月揭幕为津巴布韦开放大学以后,其远程教育课程也向中小学教育系统中未达到任教资格标准的教师开放。

津巴布韦开放大学是成功的。从教师学院毕业的教师们可以利用津巴布韦开放大学来提高自身的学术和专业水平。他们不必为了获得普通大学里的教育学学士学位而花费两个整年的时间,因为他们可以在津巴布韦开放大学里获得同样的学位。

开放大学是高度分散的。它在全国设有 10 个中心。从学院和大学里招募来的教师在省级中心里给在开放大学里注册过的学生提供指导。每个省级中心都准备了一批宝贵而又重要的教材以及其他的学习资料。津巴布韦开放大学的学生规模在不断地扩大,在 2001 年年末有望达到 3 万人。

宾杜拉大学的科学教育

在 1980 年实现独立后,津巴布韦严重地依赖由欧洲、澳大利亚,和北美培养出来的科学教师。本国的教师学院主要培养的是小学的教师。中学教师则不仅短缺,而且往往受过的教育和培训都很差。

1986 年,古巴政府和津巴布韦政府达成了一项协议:持有中学普通水平考试证书的津巴布韦人可以在古巴接受中学教师的培训。每名师范生专修以下的一个学科:生物、化学、物理、数学或是地理。自津巴布韦—古巴计划启动以来,共有 1778 名津巴布韦学生在古巴接受了科学教师的培训。此外,古巴还培训学习其他专业的学生,如:医学、农艺,和勘测等。1996 年,津巴布韦—古巴计划转交给了津巴布韦,由津巴布韦大学主办,成立了宾杜拉科学教育大学(Bindura University of Science Education)。在宾杜拉科学教育大学完成基础建设之前,该计划暂时借用宾杜拉省培训中心(Bindura Provincial Training Center)的设施。

宾杜拉科学教育大学继续培养生物、化学、物理、数学和地理专业的中学专任教师。在津巴布韦大学 2001 年 8 月 17 日的毕业典礼上,来自宾杜拉科学教育大学和马斯温戈大学学院(Masvingo University College)的毕业生分别有 84 人和 120 人。这两所大学学院现在仍然还是由津巴布韦大学主办。

教育学和技术学士课程的诞生

1994 年,高等教育与科技部部长决定要增加津巴布韦高等教育机构的数量。但是从零开始建立大学机构,在财政上并不可行。因此,高等教育与科技部决定要将现有的教师和技术学院提升到大学层次。当然,在此之前,高等教育与科技部要向教育和技术专家征求专业的意见。专家们找出了一批适合在津巴布韦大学的监督下开设学位课程的学院。由此,马斯温戈大学(Masvingo University)、中部国立大学(Midlands State University)和奇诺伊科技大学(Chinhoyi University of Technology)相继成立。马斯温戈大学启动了培养初等教育师资的大学学位课程。

中部国立大学

2001 年 3 月 18 日,中部国立大学成为一所独立的大学。在成为自治的大学之前,中部国立大学在津巴布韦大学的主持下,在圭鲁大学教师

学院(Gweru University Teachers' College)培养了32名学生。在将圭鲁学院升格为独立的大学的过程中,政府许诺投入更多的资金来提升学校的基础设施以达到大学的标准。

马斯温戈大学和奇诺伊科技大学

建议将教师和技术学院升格为大学的1994年的切特桑加(Chetsanga)报告同样也促成了马斯温戈大学和奇诺伊科技大学的创立。步入正轨后,奇诺伊科技大学有望专注于食品科学与加工、农业机械、汽车工程、产品设计与制造、商业与国际贸易、计算机辅助设计和机电学领域。

津巴布韦教会所属的大学

在津巴布韦独立前,基督教会冲在向本土的非洲人提供基础教育的前列。独立后,联合循道公会、七天基督复临安息日会、罗马天主教会、耶稣会和归正宗都各自建立了一所教会大学。英国国教会和卫理公会教也承诺要建立自己的教会大学。

非洲大学

1991年,联合循道公会率先在其津巴布韦最早设立的传教站,老穆塔雷(Old Mutare)建立了第一所私立的教会大学,命名为非洲大学。这一处布道点位于穆塔雷市以北约18公里的地方。大学建立在一块教会专为大学保留下来的面积1545英亩的土地上。

1994年4月23日,津巴布韦共和国的总统正式宣布非洲大学(Africa University)成立,这是津巴布韦首座不由政府资助的大学。非洲大学是联合循道公会在非洲创办的首个大学,是其在非洲大陆上开办的全部8所大学中的典型代表,这些大学分布在:安哥拉、布隆迪、利比里亚、莫桑比克、尼日利亚、塞拉利昂、刚果民主共和国(前身是扎伊尔)和津巴布韦。来自20个国家的学生在非洲大学学习。

非洲大学在1992年3月第一次开课,招收了来自少数几个非洲国家的40名学生。起初,大学使用的是临时借用的设施。一切的伟大都起于卑微,非洲大学也不例外。该校起初只有两个系,神学系和农业与自然资源系。神学系的学生都是从有志于进入联合循道公会系统的年轻男女循道会信徒中选拔的。一些没上过大学的循道会牧师也会被招收进来帮助他们提高学术和专业能力。

教育系在设立之初就分为两个部分:一部分是四年制的学位课程,而另一部分则是为之前没有获得过大学学位的津巴布韦的中学教师准备的。他们需要花两年的时间来学习诸如教育心理学、教育社会学、教育哲学这样的基础课程,以及一门专业课程。根据2001年3月29日到4月4日的财务公报,非洲大学现有5个系:教育、农业与自然资源、神学、经营与管理,以及人文与社会科学。

非洲大学在课程开发方面与津巴布韦大学合作密切。津巴布韦大学的政策是,教师学院的毕业生如果已经在中学的相关专业中任教过五年及以上,可以在大学里深造两年。而对于同样的这一类型的学生,非洲大学的政策与津巴布韦大学如出一辙。此外,在招收高级水平(A-level)毕业生方面,两校也合作的很好。在两校良好的合作关系的示范下,津巴布韦将来很有可能还会出现更多的公私立大学之间的合作。

宗教信仰在本土的津巴布韦人的生活中是至关重要的,这不仅仅是对于个人而言的,对于整个的社会,或是社会群体而言也是如此。在人们的社会活动中,有组织的宗教的作用是不可或缺的。在非洲大学里,一定程度上的宗教宽容与迁就得到了彰显和支持。

由于非洲大学的国际性,联合循道公会的管理者规定教师和学生中的60%必须要来自津巴布韦以外。但在实际上,即便不是完全不可能,要实现这一崇高的目标也是困难重重的。事实上,大部分的学生和教师都是津巴布韦人。2001年8月,全校共有70名教师,其中52人全职,15人兼职,还有3名讲师。总体上,教师队伍的性别比例并不平衡:有52名男教师(teachers),只有18名女讲师(lecturers)。津巴布韦人是师资队伍中单个国家人数最多的,有45人。美国人其次,有6人。坦桑尼亚和尼日利亚各占3人。加纳、印度、肯尼亚和莫桑比克各有2人,安哥拉、英国、塞拉利昂、刚果民主共和国和南非各有1人。

在学生的构成中也存在着类似的不平衡的

现象。在全部的772名学生中,有527人来自津巴布韦。来自安哥拉、莫桑比克和刚果民主共和国的学生分别为60人、58人和54人。来自剩下的16个国家的学生人数分别在1～11人之间不等。

由于学校设在津巴布韦,非洲大学的运作要遵循津巴布韦的法律和规定。为了聘请外籍教师,招收留学生,大学必须遵守移民法规,并与入境管理机构密切合作。而这些工作都是难以随意地托付给外籍大学职员,由他们来负责的。为了避免产生任何可能的误解,非洲大学的重要职位均由津巴布韦人担任。津巴布韦政府与非洲大学之间的关系也是良好的。

索留西大学

索留西大学(Solusi University)是由七天基督复临安息日会举办的。该校位于布拉瓦约以西53公里处的乡村小镇菲格特里(Figtree)郊外。1980年之前,索留西传教站是南非大学的一个远程教育中心。教会一直希望把通过南非大学接受远程教育的学生召集起来。当南非大学的远程教育中心关闭之后,七天基督复临安息日会仍然没有丧失信心。1984—1994年间,随着解放战争的爆发,索留西传教站成了在美国密歇根的七天基督复临安息日会的大学,安德鲁大学(Andrew University)的附属学院。津巴布韦政府不承认这种安排,但是索留西学院的管理者们并没有气馁。他们寻求与政府达成圆满的解决方案,以便索留西学院在作为安德鲁大学的附属机构的情况下所开办的课程能够被作为大学教育得到承认。最后,政府阐述了反对的理由:在津巴布韦,大学的入学资格是要持有中学高级水平考试证书,而索留西学院只要求相当于美国的高中毕业证书的中学普通水平考试证书。此外,政府还需要确认索留西学院的办学经费是否具有可持续性。

索留西学院的硬件设施被要求须达到大学的标准。政府对索留西学院章程中有关性别和宗教方面的内容也不满意。根据政府的要求进行了调整之后,大学的办学许可最终办了下来。1994年9月,索留西大学开始在新的制度下运行。1998年,津巴布韦政府追认了原索留西学院的毕业生在旧制度下获得的学位的有效性。

与非洲大学一样,索留西大学也是一所国际性的学校,学生来自博茨瓦纳、吉布提、厄立特里亚、埃塞俄比亚、肯尼亚、马拉维、斯威士兰、坦桑尼亚、乌干达、赞比亚和津巴布韦。非洲大学有关招收外籍学生,招募外籍教师的规定也同样地适用于索留西大学。

索留西大学是七天基督复临安息日会的一个社团。大学的职员及其家属都是七天基督复临安息日会的信徒,大学的教师以及那些中小学的教师也都是七天基督复临安息日会的信徒。教职员都向教会交纳什一税。

根据高等教育与科技部的统计,2000年,索留西大学共有学生694名,其中女生334名,男生360名。迄今,索留西大学是津巴布韦唯一的一所男女生比例近乎均衡的大学。这得益于该校人文和社会学科占据优势。索留西大学开设有两个研究生专业:工商管理硕士(M. B. A)和家庭和消费科学的科学硕士(家政学)。

津巴布韦天主教大学

津巴布韦天主教大学(Catholic University of Zimbabwe)创办于1999年,当时只有一个系,商业管理与信息技术。学生构成中只包括了24名男生和17名女生。2001年,学生人数增加到了85名男生和50名女生,增设了人文系。与非洲大学和索留西大学不同,天主教大学不向师生提供校内的食宿。

阿鲁佩学院

阿鲁佩学院(Arrupe College)始建于1997年,当时是一所附属于津巴布韦大学专门招收男生的耶稣会学院。学院的教师拥有出色的学历背景,毕业于美国、英国、德国、坦桑尼亚、印度和津巴布韦等国的知名大学。1997年,学校的学生是来自英语、法语和葡萄牙语非洲的80名耶稣会信徒。自那以来,学院有过一些小的变化。目前,全校共有107名男生和2名女生。拥有12名全职男教师和2名全职女教师,另有15名兼职男教师和3名兼职女教师。学院开设四年制的津巴布韦大学的哲学与人文的荣誉学士学位课程,三年制的津巴布韦大学的哲学学士学位课程,三年制的格里高利大学(Gregorian University)(罗马)的哲学学士学位课程和一个三年制的证书课程。迄今,已经有 10 名哲学与人文的荣誉学士学位的获得者从阿鲁佩学院毕业了。

威廉姆斯报告(Williams, 1989)明确指出,津巴布韦政府以及由政府资助的大学应该引导私立大学开展活动。私立大学不论在硬件设施上还是在学术水准上都应该达到高标准。公立的和政府资助的大学所要遵循的法律法规,也同样适用于教会的和私立的大学。

私立的和教会的大学不应该是商业化的二流的高等教育机构。学生的利益,以及这个国家的国立大学的声誉都应当得到积极的维护。威廉姆斯也为私营部门参与高等教育制定了规则。大学是自治的机构,大学招生的依据是学生的学业成绩。大学的学生和教师必须享有无限制的学术自由。大学如果以劝诱改变宗教信仰为前提,或是以政治活动为目的,都是违背大学的自治与自由原则的。

大学的管理

英国给津巴布韦留下了经营、组织和管理一所大学所需要的技艺。最初创建了津巴布韦大学的是英国政府。伦敦大学的名誉校长(chancellor)是英国的国王或女王。在非洲和西印度群岛的英国海外殖民地上的大学学院是在伦敦大学的监督下建立的,因此英国的国王或女王事实上也是这些大学学院的名誉校长。英国的国王或女王不仅仅是大不列颠群岛的元首,也是英国海外殖民地的元首。在独立时,这些前英国海外殖民地的首脑们也就自动地继承了大学学院的名誉校长一职。

在英国的学术界,校长是实权的。而海外的大学学院都是新建立的,非常年轻,因而非常需要称职的,有能力的人来贡献才智,承担管理责任。但是,值得注意的是,大多数新独立国家的首脑都不是大学的毕业生。在国家独立时,大学的名誉校长职位,与国旗和国歌一样都是最有价值和意义的国家的象征,因此除了国家元首之外再没有更加合适的人来担任大学的名誉校长了。

然而,随着受政府资助的大学数量的增加,由总统来担任大学名誉校长的观念就成了问题。津巴布韦有 7 所国家资助的大学。由于总统是所有的这些大学唯一的名誉校长,因而现在每一所学校都是问题重重的。总统不仅是政府的首脑,也是政府拨款机构的首脑。就其本身而言,总统对于大学事务所具有的权力和影响力过大。因此,让每一所公立大学拥有自己单独的校长或许才是比较可取的。而在另一方面,政府也只需要支付一名校长的工资就可以了,这样也可以节省一点开支。

无论如何,总统只是国立大学名义上的名誉校长。校长(vice-chancellor)才具体负责大学的事务。与此相类似,教会大学的校长是教会的负责人,副校长才具体负责教会大学的经营。

不论公立也好,私立也罢,每所大学都有一个大学理事会(university council)。委员会的成员数量各校不同,具体要取决于学校的规模和需要。大学或许还需要一个强大而积极的校友会,校友会能够在财政方面提供建议和帮助。

为了促进大学学术生活的平稳开展,由校长来任命诸如:院长、系主任和部门负责人这些核心的岗位。其他的重要岗位则还包括财务主管、教务长、图书馆馆长和信息主管等。大学还设置了其他的一些辅助性的社会部门,这些部门由教师、学生的代表,驻校神父、食堂工作人员、医务人员、宿管人员,或是其他的一些必要的社会和物质服务的提供者来负责。

大学的经费

不幸的是,与大多数的欠发达国家一样,津巴布韦也只是从本就不多的国家预算中拿出了最少的一部分投给了高等教育和卫生事业。而高等教育经费中的最大的一部分则是学术和非学术人员的薪水(见表 65.3)。

表 65.3 截至 2001 年 12 月 31 日的高等教育和科技预算

学校	预算额	
	ZWD	USD
宾杜拉大学	224090000	4074000
中部国立大学	180550000	3282727
国立科技大学	946100000	17201000
津巴布韦大学	2238000000	40690000

续 表

学校	预算额	
	ZWD	USD
津巴布韦开放大学	2024000000	36800000
总额	5612740000	102047727

注:ZWD—津巴布韦元;USD—美元(汇率:55 津元=1 美元)

来源:Monthly Review Reserve Bank of Zimbabwe,2001.

即便对于发达国家而言,给大学拨款也并非易事。独立后,津巴布韦在普及初等和中等教育方面所取得的成功是以政府和家长的巨大牺牲为代价换来的。事实上,在高等教育机构中,每一名学生的一切费用都是得到政府资助的。当然,也有一些家长愿意花大价钱供自己的子女到私立、私营的幼稚园、初等、中等和第三级教育机构中去上学。家长实际上无需为子女接受第三级教育付出任何代价的这种不正常的历史现象是应该要进行反思的。

教会大学的经费问题

一直到现在,与国立大学的学生一样,就读于教会大学的津巴布韦学生也能以援助或补助的形式得到公共财政的资助。只不过,教会大学还要收取学费。政府对国家经营和主办的大学进行了大量的资助。教会大学则要依靠学生支付更多的学费来弥补这种差距。因此,教会大学能够吸引到的学生数量比较少,而且吸收进来的学生也大多来自富裕的家庭。不过,只要津巴布韦的经济形势好转,教会大学的学生人数一定还会增加。家长们都很看好子女获得的教会提供的教育。

人才流失与高等教育毕业生的就业问题

津巴布韦以高质量的教育而闻名。邻国的学生也会到津巴布韦来求学。津巴布韦的第三级教育机构为博茨瓦纳、南非和英国等国家培养了专业人才、技术人员和技术工人。尽管津巴布韦自己的医疗和重要的技术部门对于专业人才也有需求,但是像工程师这样的受过良好训练的津巴布韦的专业人才,却要么失业,要么无法充分就业,又或者是充任教师去了,再有剩下的则去了国外。

本土的地方语言

英语是津巴布韦高等教育中所使用的语言,但这并不是本土学生的母语。因而,语言的问题给学生造成了学习上的压力。他们发现很难用一种外语来理解概念,表达自己的观点。如果本土的地方语言能够成为教学语言的话,那么对于本土学生而言高等教育就不会那么难学了。恩德贝勒语和绍纳语是津巴布韦主要的本土语言。但是英语成绩合格却是大学入学的必要条件。因此,英语就成了控制大学入学的一种手段。不过,恩德贝勒语和绍纳语在各级学校里都是作为科目来教的。在宗教说教和传教中,恩德贝勒语和绍纳语都是传播信息的有效工具。但是要把它们转变成教学语言则是耗费不菲的。单单就是把国外的科学著作翻译成本土的语言就需要花费很大的一笔钱。而且家长、学生,还有公民领袖也都反对使用本土语言来进行教学,因为这被视作是一种分裂行为,将会危及国家的统一。

科研和出版

在 1980 年获得独立后,大部分的津巴布韦人都实现了脱盲。津巴布韦高达 85%的识字率居全非之首。但是津巴布韦的科研总量却很少,科研设施也差不多是最差的。读、写和科研文化的营造需要时间。津巴布韦出版业的规模很小,而且影响力仅限于本国。只有像曼波(Mambo Press)、朗文(Longmans)、学院出版(College Press)这样的少数几家出版社出版用英语、恩德贝勒语、绍纳语撰写小说、故事和诗歌。初等和中等学校的教材是由本国的印刷公司来承印的。而高等教育所用的书籍则一直都是直接从英国和美国进口的。

在国外接受教育的津巴布韦学生

独立后,国际社会非常慷慨地向津巴布韦的公民提供了培训和大学教育。可惜没能获得有关在海外求学的津巴布韦人的统计资料。古巴仅凭一己之力为津巴布韦培训了科学教师。此外,古巴还为津巴布韦培养了医疗、农艺、军事、航空,以及会计等方面的专业人才。

英国政府派遣了一支军事训练团来帮助津巴布韦整合过去彼此独立和相互敌对的民族自由军和殖民地军队。英国的军队和警察学校训练了津巴布韦的男女军人。而其他的西方国家,尤其是美国、加拿大、澳大利亚、德国和斯堪的纳维亚半岛上的国家则在他们各自的高等教育机构里为津巴布韦学生提供了各个领域的教育。

社会主义国家在苏联的影响下也帮助津巴布韦训练了军人和空军。培训涵盖了各个不同的技术和专业领域。

财政和问责问题

大学需要大量的经费。没有足够的资源,任何一所大学都无法运转。与学生的住宿费、交通费和伙食费一样,学费和书本费也都非常的昂贵。因此,在津巴布韦,开办高等教育,以及由此带来的开销,一直都是国家需要从全局进行考虑加以解决的难题。

我在开展研究的过程中走访了几所学院和大学。学生们对学校管理层花钱缺少监督和制衡表示不满。然而,在财务问题上缺乏透明度和问责似乎已经是全国性的通病了。在 2000 年初开始的全国性的石油危机中,总统抨击了政府和私营部门中猖獗的腐败问题。既然腐败现象是如此的普遍,那么自然而然就应该出台并且实施能够遏制这种现象的机制来保证投入到高等教育和其他重要的经济部门中的有限的经费能够得到合理的使用。

在几所大学和学院里大家都在抱怨的是,有一些权力部门在管理行为中并不坚持适度的分工、责任、问责和透明度。高等教育的管理者们并没有被培养成像建筑承包商或是商业专家那样,而是被培养成了像中小学校的管理者和教师那样。合格的高校管理者应当像承包商那样能够对高等教育机构的重要的基础设施的建设和维护承担起责任。

每一所高等教育机构都应该建立起包括外部审计在内的监督和制衡机制。监督和制衡机制的缺位将掌权者暴露在诱惑之下;要知道大多数的掌权者对于坐在办公室里的管理都是缺少或者根本就没有经验的。必须要营造、培育和实施一种讲问责、重透明、负责任和善治的文化。

另一项制约机制是要采取办公室岗位的轮换和有限任期制。如果办公室职员在履行职责的过程中表现良好,可以获得一次续聘的机会。在高等教育机构中,办公室职务的无限任期制不应该得到鼓励,甚至应该被禁止。长期任职容易滋生腐败,降低效率和效能。总之,高等教育机构中的办公室职员应该进行流动。

课程设置的平衡性

1991 年经济结构调整计划实施后,由于经济现状发生了改变,对科学与技术教育的需求大增。因此就有了国立科学与技术大学,以及其他的几所开设了应用科学,以及与工业和技术相关的课程的新的技术学院的建立。津巴布韦大学,这所国内最好的大学也不得不将重点从牛津、剑桥式的高度理论化和学术式的人才培养,转移到科学与技术型人才的培养上来。大学的教师、学生和家长都反对这种转变。但是应用科学与技术类的课程满足了年轻的学院学生(college-bound students)的需求。然而过分地强调科学与技术教育而忽视社会、人文和艺术的教育是危险的,因为后代将会失去对文明价值的认识。高等教育机构必须提供足够的空间来容纳所有的学科,而不仅仅是科学与技术,如此才能在课程设置上实现平衡。将艺术与社会类课程融入到科学与技术的课程计划中去,这将会对高等教育机构中的社会生活,乃至整个国家的社会生活起到平衡的作用。

在历史上,驱动津巴布韦经济发展的是农业。但是,希尔在其《大学远程教育的未来发展》(Future Development of University Distance Education)(Hill, 1994)中指出,在津巴布韦大学的 10000 名学生中,只有 500 人在学习农学和兽医学。在像农业这样的,对于国民经济的发展如此重要的关键学科中的学生人数如此稀少,恐怕也不是一个积极的信号。这种现状必须采取措施予以扭转。津巴布韦开放大学开设农学系是大受欢迎的。在津巴布韦开放大学的科学学士学位的课程项目中,学习农业科学的人数也有了增加。

非洲大多数欠发达的国家都曾是英国、法国、比利时和葡萄牙这些西方国家的殖民地。每一个殖民宗主国都带来了其本国城市高校的教学模式。西方高等教育机构的演变体现的是欧洲或美国的社会经济、文化与政治需要。将西方的那套教育模式整个地引入非洲，似乎并没有考虑过非洲的社会经济、文化和政治的现实。侵扰着非洲大陆的那些诸如疟疾、昏睡症、致盲病，以及近年来出现的艾滋病等疾病的问题一直都没有得到很好的解决。尽管坐拥丰富的自然资源，但是饥荒和营养不良依然肆无忌惮地折磨着非洲人民。不论是在前殖民政权的手上，还是在独立后的政府的手中，文盲和高等教育机会有限的问题，从来都没有得到过很好的解决。

高等教育的美国化

对全球化的经济市场的开放，再加上源自美国的传教组织所建立的非洲大学和索留西大学在津巴布韦的诞生，为津巴布韦带来了美国式的教育体系。津巴布韦大学放弃了原先的英国传统，转而采用了美国式的学期（semester）制。教和学也采用了课程（course）模式而非指导（tutorial）模式。课程模式下的教与学成为了津巴布韦教育体系的标志。采用美国式的教育体系（包括学期制和课程作业）是为了能够在原本英国式的古板的教育体系中注入一些灵活性。

津巴布韦开放大学建立后，教师和技术学院升格为大学的可能性就大大地增加了，因为它们也可以利用为新的远程教育所开发的基于课程的教学材料。最初，津巴布韦开放大学将会只是课程的提供者，而在之后它还会成为面向教师和技术学院学生的一个考试机构。

近几年来，美国的教材和技术也已经成功地进入了津巴布韦的学校体系中。津巴布韦引进美国的教育制度进入了高潮时期。津巴布韦面临着大量的寻求升入高校的高中毕业生。但是高等教育的硬件设施却还没有准备好。受过足够训练的教师的数量也不够。政府没有资金来建立新的高等教育机构。因此，采用美式教材和技术的远程教育似乎成了唯一的一种能够向大量的年轻男女提供高等教育的方式。

在开办高等教育机构的问题上，政府综合考虑了会对教育产生影响的政治、种族和部落等因素。出于政治和便于行政管理的目的，津巴布韦全国共分为 8 个省。按照政府的总体规划，每个省都应该要设立教师和技术学院。每个省都鼓励在本省开办私立的大学，但是政府也应当履行在各省举办公立大学的责任。这体现了国家向所有的公民提供充足的高等教育设施的承诺。

挥之不去的问题

独立后的政府曾经扩大了从殖民地时代继承下来的教学楼和学生宿舍的规模。随之，生师比不断地扩大，直到对教学造成了威胁，影响到了教育的质量。学生数量大规模地实现了增长，但是相应的硬件设施却没能得到扩充，这必然地损害到了教育的质量。而教师负担过重，工资又太低，则必然地造成了士气的低落。因此，高素质、有能力、有经验的教师自然也就愿意离开原来的学校跳槽到薪水更高、工作条件更好的单位。

津巴布韦高等教育机构中的学生骚乱显然是由于生均经费不足，学生宿舍私有化，校内餐饮服务有限，新的教学材料、书籍和计算机设备匮乏等原因所造成的。

学生们的有一些不满是具有政治性的。学生们分属于不同的政治派别。但是另外的一些问题则明显是非政治性的：比如校外的男性在校园里拜访女生所引起的大学男生的骚动。大学生们抱怨的有一些问题是关键性的，而另外也有一些是无关紧要的。那些在校园里实施暴力、纵火和流氓行为的学生忘记了他们自己是属于这个国家里有幸接受高等教育的一小部分人。这些学生应该为了那些没能幸运地升入学院或大学的同学们而加倍努力。毕竟，大多数达到了大学竞争性的入学标准的人都是无法得到接受高等教育的机会的。在津巴布韦，应该建立起更多的高等教育机构来满足那些想要接受教育的学生。

如果政府、津巴布韦大学的管理者、公民领袖，还有家长们能够更早一些下定决心建立起更多的大学和学院的话，那么今天高等教育所面临的危机原本是可以避免的。然而，那些高等教育的利益相关方却宁可自满地放任当局和津巴布韦大学排他性地垄断高等教育的供应。

监督和制衡机制几乎是不存在的。大学预算的拨付和使用全凭高等教育部和大学管理者的意愿。一些高等教育的管理者们贪恋权力。他们抵制诸如大学的重组和改革这样的变化。他们对社会经济、文化和政治现实的变化无动于衷。大学的利益相关方,尤其是政府,对于在国内建立教会的大学态度消极。非洲大学和索留西大学都是在过去了许多年之后才被获准开办。

总而言之,高等教育机构的硬件设施正在衰败,学术水准还在持续地降低和恶化。人们普遍地认为高等教育机构管理不善,其管理者缺乏管理能力。正因为持有这样的观点,学生们与管理者之间的紧张关系和互不信任态度还将持续很长的一段时间,难以得到解决。也正因此,校园里的学生骚乱时有发生。此外,津巴布韦缺少的还有开展研究生教育所需要的专家和大学后的教育机构,以及教职员专业发展所需要的设施。

致 谢

特别要感谢惠灵顿·姆博法纳(Wellington Mbofana)和吉姆·恩雅加迪(Jim Nyagadi)在研究期间所给予的文字方面的协助。还要感谢安娜·提纳沃(Anna Tinarwo)在资料收集方面所提供的帮助。

参考文献

Ashby, E. 1964. *African Universities and Western Tradition*. Cambridge, Mass.: Harvard University Press.

Askin, S. 1988. *College Crisis across Africa*. Boston: Christian Science Publishing Society.

Atkinson, N. 1972. *A History of Education Policy in Rhodesia*. London: Longman, Group.

——. 1974. *Educational Co-operation in Commonwealth*. Salisbury, Rhodesia: University of Rhodesia Press.

——. 1982. "Racial Integration in Zimbabwean Schools, 1979-1980 Year." *Comparative Education* 18, no. 1: 77-89.

Barnhardt, R. 1996. *The Domestication of the Ivory Tower: Institutional Adaptation of Cultural Distance*. Fairbanks: Center for Cross-Cultural Studies, University of Alaska-Fairbanks.

Beard, T. V. R. 1972. "Background to Student Activities at the University College of Fort Hare." In H. W. Van Der Merwe and D. Welsh, eds., *Student Perspective on South Africa*. Cape Town, South Africa: David Philip.

Bullock, C. 1928. *The Mashona: The Indigenous Natives of Southern Rhodesia*. Johannesburg, South Africa: Jutland Co.

Chetsanga, C. J. 1994. *Phase I Report of the Committee on the Devolution of B. Ed. Programs and B. Tech Degree*. Harare: Zimbabwe Government Printers.

Coles, E. K. T. 1986. *Education in Botswana* 1966, 1986, 2006. Gaborone: Botswana Government Publications.

Dachs, A. J. 1976. *The Catholic Church and Zimbabwe*. Gwelo, Zimbabwe: Mambo Press.

Frederikse, J. 1982. *None But Ourselves*. Johannesburg, South Africa: Ravan Press.

Gann, L. H. 1969. *A History of Southern Rhodesia: Early Days to* 1934. New York: Humanities Press.

Gayre, R. G. 1972. *The Origins of the Zimbabwe Civilisation*. London: Galaxie Press.

Hall, R. N. 1905. *Great Zimbabwe: Mashonaland, Rhodesia*. New York. Negro Universities Press.

Hall, R. N., and W. G. Neal. 1904. *The Ancient Ruins of Rhodesia*. New York: Negro University Press.

Hastings, A. 1977. *A History of African Christianity* 1950-1975. London: Cambridge University Press.

Hill, G. F. 1994. *Memorandum to the Cabinet by the Honorable Minister of Higher Education Comrade Ignatius Chombo on the Report of the Ministerial Committee on the Future Development of University Distance Education*. Harare: Government of Zimbabwe Press.

Keppel-Jones, A. 1983. *The White Conquest of Zimbabwe* 1884-1902. Toronto: McGill - Queen's University Press.

Martin, D., and P. Johnson. *The Struggle for Zimbabwe: The Chimurenga*. New York: Monthly Review Press.

Mazrui, A. A. 1998. *The Africans: A Triple Heritage*. New York: Little, Brown and Company.

Ministry of Higher Education and Technology. 1990. *Rationalisation of Vocational and Technical Education in Zimbabwe*. Harare, Zimbabwe: Ministry of

Higher Education and Technology.

——. 2000. *Director of Registered Vocational and Technical Training Institutions in Zimbabwe April* 2000. Harare, Zimbabwe: Ministry of Higher Education and Technology.

Monthly Review Reserve Bank of Zimbabwe. 2001. *National Accounts Report* 1985-1999. Zimbabwe: Central Statistical Office.

Murray, J. , ed. 1998. *Cultural Atlas of Africa*. New York: Facts on File.

Ngobassu, A. 1970. *The National University of Zaire (UNAZA) in Creating the African University Emerging in the* 1970*s*. London: Oxford University Press.

National University of Science and Technology. 1996. *Annual Report on National University of Science and Technology*. Bulawayo: National University of Science and Technology.

Omari, I. M. 1990. *Innovation and Change in Higher Education in Developing Countries: Experiences from Tanzania*. Vancouver: Department of Education, University of British Columbia.

Parker, F. 1957-1958. *African Development and Education in Southern Rhodesia*. Athens: Ohio State University Press.

——. 1970. " Africa Education in Rhodesia. " In B. Rose, ed. , *Education in Southern Africa*. London: Camelot Press.

Ransford, O. 1968. *Rulers of Rhodesia from Earliest Times to the Referendum*. London: Murray Press.

Stoneman, C. , ed. 1981. *Zimbabwe's Inheritance*. New York: St. Martin's Press.

Saint, W. S. 1992. *Universities in Africa: Strategies for Stabilisation and Revitalisation in African Religion*. Washington, D. C: The World Bank.

Therroux, P. 1989. "Malawi: Faces of a Quiet Land. " *National Geographic* 176, no. 3: 94-106.

University of Zimbabwe. 1992-1999. *Calendar*. Mt. Pleasant: University of Zimbabwe.

Wandira, A. 1978. *The African University in Development*. Johannesburg, South Africa: Ravan Press.

Welsh, D. 1972. "Some Political and Social Determinants of the Academic Environment. " In H. W. Van der Merwe and D. Welsh, eds. , *Student Perspective on South Africa*. Cape Town, South Africa: David Philip.

Williams, P. R. C. 1989. *Report of the Commission of Inquiry into the Establishment of a Second University or Campus*. Harare: Zimbabwe Government Printers.

Willis, A. J. 1964. *Introduction to the History of Central Africa*. London: Oxford University Press.

Zvobgo, R. J. 1994. *Colonialism and Education in Zimbabwe*. Harare: Zimbabwean Experience College Press.

Part 3

第 三 编

高等教育资源

非洲高等教育参考书目

达姆图·塔费拉
艾尔马·马尔多纳多—马尔多纳多

引 言

本参考书目全面收录了以各种形式出版的有关非洲高等教育的著述，包括书籍、期刊、专著和不定期论文。虽然我们花大力气全面收集，但是本参考书目并未收录这一领域所能获取的所有著述。由于这一领域的多学科性和强劲发展势头，所以有关非洲高等教育的材料出现在各个学科的各种论坛中，这使得我们难以跟踪这一领域的著述。专门发表非洲高等教育成果的期刊缺乏，这使得我们的挑战更大，因为这类期刊可以作为资料的主要来源和资源中心。即便如此，我们相信这个丰富资源收录了主要的、重要的、有影响力的研究成果。在本参考书目中，我们已经作过一些筛选，略去了一些不重要的著述。

我们努力收录法语材料，尽管结果远不能令人满意。我们相信，为了组织和普及有关非洲高等教育的法语文献，我们需要更多地协同努力。有关非洲高等教育的葡萄牙语文献很少，获取的范围甚至更小。

组 织

本章包括两个部分：国别目录和主题目录。国家目录按照字母顺序，提供了 50 个国家的参考书目，每一条目前加了编号。之后，我们分 9 个小部分提供了基于区域和跨区域的资源。第二部分主题目录覆盖了许多基于主题的问题，分 26 个小部分，项下的每一个编号与第一部分国别目录编号相对应。

资 源

在本参考书目中，我们收录了 914 个条目。南非、尼日利亚和肯尼亚——按照重要性排序——提供的条目最多。国家之间的差异是相当大的。南非有 126 个条目，其次是有 67 个条目的尼日利亚和有 46 个条目的肯尼亚。而与此相反，许多国家，包括中非共和国、乍得、厄立特里亚、加蓬、冈比亚、几内亚比绍和毛里塔尼亚，参考书目数量很少。研究、高等教育在国家发展中的作用、科学与技术、院校的治理与管理、教学与课程问题，在这一资源中占据突出的位置。与全球化、就业和劳动力市场、研究生教育、私立高等教育、大学校际合作等问题相关的文献处于初级阶段，有待进一步发展。

在本参考书目中，我们关注 20 世纪 80 年代至今的文献。少数 20 世纪 80 年代以前的重要的出版物和经典著作也收录其中。分析不同时期的主题，有助于读者理解研究者最为关注的话题和领域，发现高等教育研究占主导地位的国家，认识这个领域中主要的研究者——个人和机构。此外，本参考书目还可以为分析不同时期研究主题提供指南。

第一部分 国别目录

阿尔及利亚(Algeria)

1. Benachenhou, M. 1980. *Vers l'université Algerienne*. (*Toward the University*.) Alger: Office des Publications Universitaires.

2. Boubekeur, F. 1999. "Des diplômés Algeriens parlent de la formation universitaire." ("Views of Algerian Graduates on Higher Education.") *Mediterranean Journal of Educational Studies* 4, no. 2: 181-186.

3. Chitour, C. E. 2000. *L'université et la création de richesse*, *in travaux du 3ème colloque*

scientifique, *l'université et la création de l'emptoi*. (*The University and Social Welfare*: *Proceedings of the 3rd Scientific Colloquium on the University and Employment*.) Alger: El-Maarifa.

4. Djeflat, A. 1992. "Algeria." In Burton R. Clark and Guy R. Neave, eds., *The Encyclopedia of Higher Education*, 1: 12-17. New York: Pergamon.

5. Djeghloul, A. 1980. *Annuaire des enseignants chercheurs en sciences humaines de l'Université d'Oran*. Oran: Centre de documentation des sciences humaines.

6. Djeghloul, A. 1982. "Notes sur les revues universitaires Algeriennes en sciences sociales et humaines." ("Notes on University Journals of Social and Human Sciences in Algeria.") *Annuaire de l'Afrique du Nord XXI*: 881-888.

7. Farhi, M. 1982. *L'Enseignement supérieur en Algérie et le recours à la formation à l'étrang*. (*Algerian Higher Education and Student Flight to Foreign Universities*.) Paris: UNESCO.

8. Sack, R. 1991. "Algeria, Morocco, and Tunisia." In P. G, Altbach, ed., *International Higher Education*: *An Encyclopedia*, 1: 375-383. New York: Garland.

安哥拉(Angola)

9. Lopes, C. 1987. *Education, science, culture et communication en Angola, Cap-Vert, Guinée-Bissau, Mozambique et Sao Tomé et Principe*, (*Education, Science, Culture and Communication in Angola, Cape Verde, Guinea-Bissau, Mozambique and Sao Tome and Principe*.) Boulder, Colo.: Westview Press.

10. Pires, E. L. 1992. "Angola." In Burton R. Clark and Guy R. Neave, eds, *The Encyclopedia of Higher Education*, 1: 71-74, New York: Pergamon.

贝宁(Benin)

11. Agbodjan, P. 1997. *Higher Education in Benin*: *A Study Conducted in Preparation of the Donors Round Table on Education*. Cotonou, Benin: UNDP and Ministry of National Education.

12. Akoha, J. 1992. "Benin." In Burton R. Clark and Guy R, Neave, eds., *The Encyclopedia of Higher Education*, 1:71-74, New York: Pergamon.

13. Chede, A. G. L. 1989. "La fonction sociale de l'Enseignement Supérieui au Bénin." ("The Social Role of Higher Education in Benin.") *Ehuzu*(April): 3443.

14. Dahoun, M. 1997. *Le statut de la science et de to recherché au Bénin*. (*The Status of Science and Research in Bénin*.) Bérlin: Logos-Verl.

15. Gnansounou, S. C. 1998. "A Diagnostic Study of Private Higher Education in Benin." Cotonou, Benin: Ministry of National Education, USAID.

16. Guedegbe, C. M. 1999. "Higher Education Reform in Benin in a Context of Growing Privatization." *International Higher Education* 16: 11-12.

17. Lamoure, J. 1990. *L'enseignement supérieur au Bénin*: *Bilan et perspectives*. (*The Status of Science and Research in Benin*.) Cotonou, Benin: UNESCO/UNDP.

18. McIntire, S. S. 1988. "Benin." In Neville Postlethwaite, ed., *The Encyclopedia of Comparative Education and National Systems of Education*. New York: Pergamon Press.

19. Schamhart, R, and B. Wout. 1994. "Curriculum Development in Higher Agricultural Education: A Case from Benin." *Higher Education Policy* 7, no. 1: 56-62.

20. Young, A. S. 1985. "Intake Size Effect on Performance in Pre-Degree Sciences at the University of Benin." *West African Journal*

of Education 26.

博茨瓦纳(Botswana)

21. Adeyemi, M. B., and G. A. Hopkins. 1997. "University Affiliation and the Role of the University in the Moderation of Teaching Practice in Botswana." *Higher Education* 33, no. 4:415-431.

22. Colclough, C., C. Cumming, and G. Sekgoma. 1988. *Investment Options in Post-Secondary Education in Botswana*. Gaborone: University of Botswana and British Council.

23. De Vries, D. 1999. "Crossing Cultural Boundaries at the University of Botswana." *Journal of College Science Teaching* 28, no. 5: 303-306.

24. Hinchliffe, K. 1988. *The Cost Effectiveness of Technical and Vocational Education and Training in Botswana*. Gaborone: University of Botswana.

25. Hopkin, A. G. 1996. "External Examining and Moderating at the University of Botswana." In P. T. M, Marope and S. G. Weeks, eds., *Education and National Development in Southem Africa*, 85-100. Gaborone: Saches.

26. Marope, M. 1992. "Botswana." In Burton R. Clark and Guy R, Neave, eds., *The Encyclopedia of Higher Education*, 1: 12-17. New York: Pergamon.

27. Mokgwathi, G. M. G. 1992. "Financing Higher Education in Botswana." *Higher Education* 23, no. 4: 425-431.

28. Morapedi, N. T. 1987. "The Role of the National Institute for Development Research and Documentation (NIR, University of Botswana, in Improving the Research Environment in Botswana)." In R, Hitchcok, N. Parsons, and J. Taylor, eds., *Research for Development in Botswana*, 415-422. Gaborone: Botswana Society.

29. Neill, R., and T. Mokoena. 1999. *Strategic Planning, Information Systems and Organizational Development at the University of Botswana*. Paris: International Institute of Educational Planning, UNESCO.

30. Ronan, N. J., and C. H, Ronan, 1995. "One More Time: How Do You Finance Higher Education?" *Journal of the Botswana Educational Research Association* 3, no. 1-2: 55-64.

31. Setidisho, N. O. H., and B, C. Sanyal. 1988. *Higher Education and Employment in Botswana*. Paris: International Institute for Educational Planning, UNESCO.

32. Turner, J. D. 1984. "The Role of the University of Botswana in Meeting National Manpower Requirements." In M. Crowder, ed., *Education for Development in Botswana*, 225-236, Gaborone: Botswana Society and Macmillan Botswana.

33. University of Botswana. 1991. *Report of the Review Commission of the University of Botswana*. Gaborone: University of Botswana.

34. Weeks, S. G. 1998. "Raising the Quality of Teacher Preparation: Re-cent Trends in Teacher Development," In C. D. Yandila, ed., *Improving Education Quality for Effective Learning: The Teacher's Dilemma*, 57-61. Gaborone: Ministry of Education.

布基纳法索(Burkina Faso)

35. Agbangla, C., and N. Charpentier, 1999. *Role et Place de l'université dans la societé du XXIème siècle face à la mondialisation. Cinquième Colloque, Université sans frontière.* (*The Role and Position of the University in the 21st Century Society and the Challenge of Globalization, 5th Colloquium: University Without Borders.*) Ouagadougou: Université sans frontière.

36. Biervliet, W 1995. *Research Capacity Building in Bangladesh, Burkina Faso, Kenya, Tanzania*. Hague: Centre for the Study of Education in Developing Countries (C)ESO.

37. Federici, S. 2000. "Interview with Sa-

lif Yonaba, Member of the Permanent Committee on Academic Freedom in Burkina Faso." In S. Federici, G. Caffentzis, and O. Alidou, eds., *A Thousand Flowers: Social Struggles against Structural Adjustment in African Universities*, 215-220. Trenton, N. J.: African World Press.

38. Khelfaoui, H. 2000. *La recherché scientifique au Burkina-Faso.* (*Scientific Research in Burkina-Faso.*) Paris: Institut de Recherche pour le Développement, Commi- ssion Européenne.

39. Potemans, K. 1992. "Burkina Faso." In Burton R. Clark and Guy R. Neave, eds., *The Encyclopedia of Higher Education*, 1: 99-103. New York: Pergamon.

40. Tiao Luc, A. 2000. "Université de Ouagadougou: La refondation en marche, la vie reprend."("Ouagadougou University: Reestablishment and New Start.") *La Dèpêche* 33: 3-21.

41. Traore, S. A. 2000. "La refondation de l'Université de Ouagadougou." ("The Reestablishment of the Ouagadougou University.") *Wattitingol* 7: 7-13.

布隆迪(Burundi)

42. Banderembako, D., and E. Minani. 1994. *Contribution à l'étude institutionnelle et financière de l'université du Burundi, Partie III: Le système de gestion du budget et du patrimoine de l'université du Burundi.* (*Contribution to the Institutional and Financial Study of the University of Burundi. Part III: Budget and Endowment Management System of the University of Burundi.*) Bujumbura: Université du Burundi.

43. Des Lierres, T., G. Ntunaguza, and J. Ndayisaba. 1991. *Les échecs dans lénseignement supérieur: Actes du Séminaire de l'Association internationale de Pédagogie universitaire tenu à l'Université du Burundi du 2 au 6 mai* 1989. (*Student Failure in Higher Education: Seminar Proceedings of the International Association of University Pedagogy held at the University of Burundi*, 2-6 *May* 1989.) Montreal: Association Internationale de Pédagogie Universitaire.

44. Keyes, C. 1992. "Burundi." In Burton R. Clark and Guy R. Neave, eds., *The Encyclopedia of Higher Education*, 1: 103-105. New York: Pergamon.

45. Ndayisaba, J. 1994. *Contribution à l'étude institutionnelle et financière de l'université du Burundi. Partie II: Les performances pédagogiques de l'université du Burundi.* (*Contribution to the Institutional and Financial Study of the University of Burundi. Part II: Pedagogical Performance at the University of Burundi.*) Bujumbura: Univercsité du Burundi.

46. Université du Burundi. 1989. 25ème *anniversaire: Rétrospective* 1964-1989. (25th *Anniversary: Retrospective*) Bujumbura: Presses universitaires, Université du Burundi.

47. Université du Burundi. 1994. *Etude institutionnette et financière de l'univensité du Burundi.* (*Institutional and Financial Study of the University of Burundi.*)Bujumbura.

喀麦隆(Cameroon)

48. Edokat, T. 2000. "Effects of Brain Drain on Higher Education in Cameroon." In S. Tapsoba, S. Kassoum, V. Houenou, O. Bankole, M. Sethi, and J. Ngu, eds. *Brain Drain and Capacity Building in Africa*, 174-183. Dakar, Senegal: Economic Commission for Africa/International Development Research Centre/International Organization for Migration.

49. Kange, E. 1992. "Cameroon." In Burton R. Clark and Guy R. Neave, eds., *The Encyclopedia of Higher Education* 1: 107-109. New York: Pergamon.

50. Khelfaoui, H. 2000. *La recherche scientifique au Cameroun.* (*Scientific Research in Cameroon.*) Paris: Institut de Recherche pour le

Développement, Commission Européenne.

51. Kouame, A. 2000. " Exode des compétences et développement des capacités: Quelques réflexions à partir du cas Camerounais. " (" Brain Drain and Capacity Building: Some Thoughts from the Cameroonian Case. ") In S. Tapsoba, S. Kassoum, V. Houenou, O. Bankole, M. Sethi, and J. Ngu, eds. , *Brain Drain and Capacity Building in Africa*, 156-171. Dakar, Senegal: Economic Commission for Africa/International Development Research Centre/International Organization for Migration.

52. Ministry of Higher Education. 1982. *Actes du conseil de l'enseignment supérieur et de la recherche scientifique et technique. (Proceedings of the Council on Higher Education, Scientific and Technical Research.)* Yaounde: Société de Presse et d'Editions du Cameroun (SOPECAM).

53. Ministry of Higher Education. 1993. *Higher Education Reforms in Cameroon*. Yaounde: Centre d'Edition et de Production pour l'Enseignement et la Recherche.

54. Ministry of Higher Education. 1999. *Statistical Yearbook of Higher Education in Cameroon*. Yaounde: Cameroon Ministry of Higher Education.

55. Ngu, J. L. 1993. " Government and Higher Education in Cameroon. " *Higher Education Policy* 6', no. 4: 29-33.

56. Njeuma, D. L. , H. Endeley, F. Mbuntum, N. Lyonga, D. Nkweteyim, S. Musenja, and E. Elizabeth. 1999. *Reforming a National System of Higher Education: The Case of Cameroon*. Washington, D. C. : Association for the Development of Education in Africa (ADEA) Working Group on Higher Education and The World Bank.

57. Ouendji, N. N. 1996. "Cameroon: ' Mined' Campuses and Muzzled Staff. " In Council for the Development of Social Science Research in Africa (CODESRIA), ed. , *The State of Academic Freedom in Africa* 1995. Dakar: CODESRIA.

58. Pecku, N. K. 1988. *Survey of Current Status of Distance Education in Cameroon*. Vancouver, B. C. : Commonwealth of Learning.

59. Tsala, G. 1998. *Rapport de synthèse sur l'evaluation de la réforme du système de l'enseignement supérieur. (Final Evaluation Report on the Higher Education Reform.)* Yaounde: Ministère de l'Enseignement Supérieur.

60. University of Yaounde. 1985. *Annuaire de l'Université de Yaoundé*, 1984/85. (*University of Yaounde Yearbook.*) Yaounde: SOPECAM.

61. Woodhouse, H. 1997. " Tradition or Modernity? The Fallacy of Misplaced Concreteness among Women Science Educators in Cameroon. " *Interchange* 28 (April): 253-262.

中非共和国(Central African Republic)

62. Mbringa-Takama, M. F. 1992. "Central African Republic. " In Burton R. Clark and Guy R. Neave, eds. , *The Encyclopedia of Higher Education*, 1: 125-127. New York: Pergamon.

乍得(Chad)

63. Cowen, R. 1992. "Chad," In Burton R, Clark and Guy R. Neave, eds. , *The Encyclopedia of Higher Education*, 1: 127-130. New York: Pergamon.

佛得角(Cape Verde)

参见 9。

刚果(布拉柴维尔,Congo-Brazzayille)

64. Ossebi, H. 1996. "Socio-political Crises and the Educational Stakes in Congo: Is the University Institution Heading towards a Necrosis?" In Council for the Development of Social Science Research in Africa (CODESRIA), ed. , *The State of Academic Freedom in Africa* 1995. Dakar: CODESRIA.

65. Vansteenkiste, M. N. 1992. "Congo." In Burton R. Clark and Guy R. Neave, eds., *The Encyclopedia of Higher Education*, 1:158-160. New York: Pergamon.

刚果民主共和国(扎伊尔)(Democratic Republic of Congo (Zaire))

66. Magabe, M., B. Bapolisi, and K. Lokombe. 1992. "L'infoimel dans la formation des enseignants: Le cas de l'Institut Supérieur Pédagogique de Bukavu(Zaïre)." ("The Informal Aspects of Teacher Training: The Case of Advanced Pedagogical Institute of Bukavu-Zaire.") *International Review of Education* 38, no. 5: 471-488.

67. Matundu, L. 1995. "Pour de nouvelles formules d'administration universitaire, une étude prospective sur les universités du Zaïre." ("In Search of New University Administration Formulas: Prospective Study on Zairian Universities.") In Mémoire de master en gestion et administration publiques (Master's Thesis in Management and Public Administration), Université d'Anvers.

68. Matundu, L. 1997. "La coopération universitaire: support de l'université pour la réalization de ses missions en période de crise. Une étude sur l'enseignement supérieur et universitaire." ("University Cooperation: Assistance to the University in Achieving its Mission in Times of Crisis: A Study on Higher Education.") In Mémoire de D. E. S. en coopération au développément (Master's Thesis in Cooperation and Development), Republic of Congo.

69. Mugabe, M. 1992. "Zaire." In Burton R, Clark and Guy R. Neave, eds., *The Encyclopedia of Higher Education*, 1:821-825. New York: Pergamon.

70. Tshibangu-Tshishiku, T. 1998. *L'Université Congotaise: Etapes historiques, situation actuelle et défis à relever*. (*The Congolese University: Historical Development, Current Challenges*.) Kinshasa: Editions Universitaires Africaines and Agence de Coopération Culturelle et Technique.

71. UNESCO. 1986. *L'enseignement Supérieur et Universitaire du Zaïre, République du Zaïre, Départment de l'Enseignement Supérieur et Universitaire. (Higher Education in Zaire, Republic of Zaire, Higher Education Department.)* Paris: UNESCO.

科特迪瓦(Côte d'Ivoire)

72. Degni-Segui, R. 1996. "Academic Freedom and University Autonomy in Cote d'Ivoire." In Council for the Development of Social Science Research in Africa (CODESRIA), ed., *The State of Academic Freedom in Africa* 1995, Dakar: CODESRIA.

73. Diarrassouba, V. C. 1979. "*L'Université Ivoirienne et le développement de la nation.*" ("*The University in Côte d'lvoire and National Development.*") Dakar: Les nouvelles éditions Africaines.

74. Houenou, P. 2000. 'Développement des capacités et exode des compétences: le cas de l'enseignement supérieur en Côte d'lvoire." ("Capacity Building and Brain Drain: The Case of Higher Education in Côte d'lvoire.") In S. Tapsoba, S, Kassourn, V. Houenou, O. Bankole, M. Sethi, and J: Ngu, eds., *Brain Drain and Capacity Building in Africa*, 198-205. Dakar, Senegal: Economic Commission for Africa/International Development Research Centre/International Organization for Migration.

75. Khelfaoui, H. 2000. *La recherche scientifique en Côte d'Ivoire*, (*Scientific Research in Côte d'Ivoire.*) Paris: Institut de Recherche pour le Développement, Commission Européenne.

76. Tio-Toure, B. 1992. "The Ivory Coast." In Burton R. Clark and Guy R, Neave, eds., *The Encyclopedia of Higher Education*, 1: 369-371. New York: Pergamon.

77. Zolberg, A. 1975, "Political Genera-

tions in Conflict: The Ivory Coast Case," In William J, Hanna and Joel D. Barkan, *University Students and African Politics*. New York: Holmes and Meier Publisbers.

埃及(Egypt)

78. Boulos, W. A. 1992. "Egypt." In Burton R. Clark and Guy R, Neave, eds., *The Encyclopedia of Higher Education*, 1: 193-198. New York: Pergamon.

79. Cochran, J, 1992. "Western Higher Education and Identity Conflict: The Egyptian Female Professional." *Convergence* 25, no. 3: 66-77.

80. El-Sayyad, M. M. 1990, "How to Serve the Community Educational Needs through Cairo University." *Higher Education Policy* 3, no. 4: 42-46.

81. Howard-Merriam, K. 1979. "Women, Education, and the Professions in Egypt." *Comparative Education Review* 23, no. 2: 256-270.

82. Klausner, S. Z. 1986. "A Professor's-Eye View of the Egyptian Academy." *Journal of Higher Education* 57, no. 4:345-369.

83. Montasser, S. H. 1995. "A Human Capital Approach to Cost-Benefit Analysis of Higher Education in Egypt: Some Preliminary Indications." *Higher Education Policy* 8, no. 1: 33-35.

84. Murphy, L. R, 1987. *The American University in Cairo*, 1919-1987. Cairo: American University in Cairo Press.

85. Psacharopoulos, G., and B. Sanyal, 1982. "Student Expectations and Graduate Market Performance in Egypt." *Higher Education* 11, no. 1: 27-49.

86. Sanyal, B. C., A. A. El Koussey, M. K. Harby, R. Noonan, S. Balbaa, and L. Yaici, 1982. *University Education and the Labour Market in the Arab Republic of Egypt*. Paris: Pergamon Press.

87. Shann, M. H. 1992. "The Reform of Higher Education in Egypt." *Higher Education* 24, no. 2: 225-246.

厄立特里亚(Eritrea)

88. Useern, A. 1998. "Eritrea Strives to Transform a Struggling University into a Vital Institution." *The Chronicle of Higher Education*, May 29, A47.

埃塞俄比亚(Ethiopia)

89. Addis Ababa University. 1980. *Three Decades of University Education*, 1950-1980: *On the Occasion of the 30th Anniversary*. Addis Ababa: Artistic Printing Press.

90. Aemero, A. 1998. "Problems of Gender Equity in Institutions of Higher Education in Ethiopia." In Amare Asgedom, W. Cummings, D. Dufera, J. Odharo, H. Wondimu, and G. Zewdie, eds., *Quality Education in Ethiopia: Vision for the 21st Century*. Addis Ababa: Institute of Educational Research (IER) and Association of African Universities (AAU).

91. Aredo, D. 2000. "Human Capital Flight from Africa: An Assessment of Brain Drain from Ethiopia." In S, Tapsoba, S. Kassoum, V, Houenou, O, Bankole, M. Sethi, and J. Ngu, eds., *Brain Drain and Capacity Building in Africa*, 122-145. Dakar, Senegal: Economic Commission for Africa/International Development Research Centre/International Organization for Migration.

92. Aredo, D., and Y. Zelalem. 1998. "Skilled Labor Migration from Developing Countries: An Assessment of Brain Drain from Ethiopia." In Senait Seyoum and Nemayehu Seyoum, eds. *Human Resources Development in Ethiopia*. Addis Ababa: Ethiopian Economic Association.

93. Ayano, T. 1992. "Ethiopia." In Burton R. Clark and Guy R. Neave, eds., *The Encyclopedia of Higher Education*, 1: 201-207. New York: Pergamorn.

94. Balsvik, R. R. 1985. *Haile Selassie I*

Students: *The Intellectual and Social Background to Revolution*, 1952-1977. East Lansing: African Studies Center, Michigan State University and Norwegian Council of Science and the Humanities.

95. Bekele, E. 1995. *Current Status of Research and Development Problems and Management in Higher Education in Ethiopia*. Addis Ababa: Addis Ababa University.

96. Bekele, E, 1996. *Biannual AAU Research Book*: *With Highlighted Information on Twenty Years of Research Activities at AAU*. Addis Ababa: Addis Ababa University Press.

97. Tefera, S. 1992. "Brain Drain among Academics in Two Higher Education Institutions in Ethiopia." *Ethiopian Journal of Education*, 13, no. 2: 1-37.

98. Teferra, D, 2001. "Academic Dishonesty in African Universities : Trends, Challenges, and Repercussions—An Ethiopian Case Study." *International Journal of Educational Development* 22, no. 2: 71-86.

99. Tewolde-Berhan, G. E. 1987. *Research Problems and Policy at Higher Learning Institutions in Ethiopia*. Addis Ababa: Commission for Higher Education.

100. Wagaw, T. 1990. *The Development of Higher Education and Social Change*: *An Ethiopian Experience*. East Lansing: Michigan State University Press.

101. Wondimu, H. 1990. *Research and Development Priorities in Higher Education Institutions*. Addis Ababa: Higher Education Main Department.

102. Wondimu, H. 1999. *Ethiopia's Educational Policy Reform and the Trends on Human Resource Development*: *Some Observations*. Addis Ababa: Forum for Social Studies.

加蓬(Gabon)

103. Obone, J. 1992. "Gabon." In Burton R. Clark and Guy R. Neave, eds., *The Encyclopedia of Higher Education*, 1: 225-230. New York: Pergamon.

冈比亚(Gambia)

104. Smith, R. L. 1992. "Gambia." In Burton R. Clark and Guy R. Neave, eds., *The Encyclopedia of Higher Education*, 1: 230-231. New York: Pergamon.

加纳(Ghana)

105. Amonoo, R. F, 1992. "Ghana." In Burton R. Clark and Guy R, Neave, eds., *The Encyclopedia of Higher Education*, 1: 260-265. New York: Pergamon.

106. Barkan, J. 1975. *An African Dilemma*: *University Students, Development and Politics in Ghana, Tanzania and Uganda*. Nairobi: Oxford University Press.

107. Brock, A. 1996. "Budgeting Models and University Efficiency: A Ghanaian Case Study." *Higher Education* 32:113-127.

108. Budu, J. M. 1998. *A Profile of Ghanaian Universities*. London: Commonwealth Higher Education Management Service.

109. Kotey, N. 1992. "Student Loans in Ghana." *Higher Education* 23, no. 4: 451-459,

110. Sawyerr, A. 1994. "Ghana: Relations between Government and Universities." In G. Neave and F, van Vught, eds., *Government and Higher Education Relationships across Three Continents*: *The Winds of Change*. Oxford: Pergamon Press.

111. Sutherland-Addy, E. 1993. *Revival and Renewal*: *Reflections on the Creation of a System of Tertiary Education in Ghana*. Africa Region, Technical Department, Human Resources and Poverty Division (AFTHR) Note no. 10, Washington, D. C.: The World Bank.

112. Weiss, L. 1981. "The Reproduction of Social Inequality: Closure in the Ghanaian University." *Journal of Developing Areas* 16 (October).

几内亚(Guinea)

113. Diallo, A. G. 1992, "Guinea." In Burton R. Clark and Guy R. Neave, eds., *The Encyclopedia of Higher Education*, 1: 277-278. New York: Pergamon.

114. International Institute of Educational Planning—Direction Nationale de l'Enseignement Supérieure, 2000. *Vers le renforcement des capacités institutionnelles de gestion de la direction nationale de l'enseignement supérieur en Répubtique de Guinée.* (*Toward the Reinforcement of Institutional Management Capacities of the National Department of Higher Education, Republic of Guinea.*) Paris: International Institute for Educational Planning.

115. Programme d'aide au développement de l'enregistrement sonore (PADES). 1997. *Etude de l'efitcacité interne et externe des universités Guinéennes.* (*Study of the Intemal and External Efficiency of Guinean Universities.*) Conakry: PADES.

116. Sow, C., and I. Fox. 1996. "Guinea: Violations of Rights of Students and Teachers." In Council for the Development of Social Science Research in Afrin Africa (CODESRIA), ed., *The State of Academic Freedom in Africa* 1995. Dakar: CODESRIA.

117. Sylla, S. 2000. " L'experience Guinéenne en matière de renforcement des capacitès humaines de développement." ("The Guinean Experience with Capacity Building for Development.") In S. Tapsoba, S. Kassoum, V, Houenou, O. Bankole, M. Sethi, and J. Ngu, eds., *Brain Drain and Capacity Building in Africa*, 110-119. Dakar, Senegal: Economic Commission for Africa/International Development Research Centre/International Organization for Migration.

几内亚比绍(Guinea-Bissau)

参见 9。

肯尼亚(Kenya)

118. Abagi, D. 1999. *Resource Utilization in Public Universities in Kenya: Enhancing Efficiency and Cost-Recovery Measures.* Nairobi: Institute of Policy and Analysis Research.

119. Chale, E. M., and P. Michaud. 1997. *Distance Learning for Change in Africa: A Case Study of Senegal and Kenya.* Ottawa, Canada: International Development Research Centre Study/Acacia Initiative, InternationalDevelopmentResearchCenter.

120. Court, D. 1980. "The Developmental Ideal in Higher Education: The Experience of Kenya and Tanzania." *Higher Education* 9, no, 6: 657-680.

121. Court, D. 1989. *University Education.* Mombasa, Kenya: Ministry of Education.

122. Darkoh, M. B. K., and Wambari, K. 1994. "Towards Professional Excellence at Kenyatta University." *Journal of Eastern African Research and Development* 24: 78.

123. Eisemon, T. O. 1980. "African Academics: A Study of Scientists at the University of Ibadan and Nairobi." *Annals of American Association of Political and Social Science* 448: 126-139.

124. Eisemon, T. O. 1982. *The Science Profession in the Third World: Studies from India and Kenya.* New York: Praeger.

125. Eisemon, T. O. 1984. " Educational Expansion and the Development of Science in Kenya." *Science and Public Policy* 11: 70-76.

126. Eisemon, T. O. 1986. " Foreign Training and Foreign Assistance for University Development in Kenya: Too Much of a Good Thing?" *International Journal of Educational Development* 6: 1-13.

127. Eisemon, T. O. 1992. " Private Initiatives in Higher Education in Kenya." *Higher Education* 24, no. 2: 157-175.

128. Eisemon, T. O. and C. H. Davis. 1997. "Kenya: Crisis in the Scientific Communi-

ty." In V, V. Krishna, J. Gaillard, and R. Waast, eds., *Scientific Communities in the Developing World*. New Delhi: Sage.

129. Gravenir, F. U., and E. Mbuthia. 2000. *Generating Supplemental Sources of Income by Universities in Kenya: A Case Study of Maseno University*. Nairobi: Kenyatta University.

130. Gray, K. R., and S. H, Credle. 1996. "Public Policy and the Management of Higher Education in Sub-Saharan Africa: The Case of Kenya." *Journal of Marketing for Higher Education* 7, no. 4: 49-59.

131. Hughes, R. 1987. "Revisiting the Fortunate Few: University Graduates in the Kenyan Labor Market." *Comparative Education Review* 31:583-610.

132. Hughes, R., and K. Mwiria. 1989. "Kenyan Women, Higher Education, and the Labor Market." *Comparative Education* 25: 177-J93.

133. Hughes, R., and K. Mwiria. 1990. "An Essay on the Implications of University Expansion in Kenya." *Higher Education* 19, no. 2: 215-237.

134. Hughes, R., and K. Mwiria. 1991. "Kenya." In P. G. Altbach, ed., *International Higher Education: An Encyclopedia*, 1: 385-397. New York: Garland.

135. Irungu, M. 1997. "The Struggle for Faculty Unionism in a Stalled Democracy: Lessons from Kenya's Public University." *Journal of Third World Studies* 14, no. 1: 91-114.

136. Juma, M. N, 2001. *African Virtual University: The Case of Kenyatta University, Kenya*. London: Commonwealth Secretariat.

137. Kanake, L. 1997. *Gender Disparities among the Academic Staff in Kenyan Public Universities*. Nairobi: Lyceum Educational Consultants.

138. Makau, B. 1993. "The External Degree Programme at the University of Nairobi." In H. Perraton, ed., *Distance Education for Teacher Training*. London: Routledge.

139. Mazrui, A. and W. Mutunga. 2000. "The State versus the Academic Unions in Post-colonial Kenya." In S. Federici, G. Gaffentzis, and O, Alidou, eds., *A Thousand Flowers: Social Struggles against Structural Adjustment in African Universities*, 197-205. Trenton, N. J,: African World Press.

140. Migot-Adholla, S, E. 1985. "The Evolution of Higher Education: Kenya." In L. Tembo, M, Dilogassa, P. Makhurance, and P. L. Pitsoin, eds. *The Development of Higher Education in Eastern and Southern Africa*, 1-26, Nairobi: Hedaya Educational Books.

141. Mulli, V. 1995. "Enhancing Women's Participation in Teaching, Research and Management of Higher Education: The Case of Nairobi University, Kenya." In UNESCO-BREDA, ed., *Women in Higher Education*, 69-81, Dakar: UNESCO-BREDA.

142. Munene, I, 1997. "Origins and Perceptions on Universities, Students and Students' Organizations of Kenyatta University Student Leaders." In Akim Okuni and Juliet Tembe, eds., *Capacity Building in Educational Research in East Africa: Empirical Insights into Qualitative Research Methodology*, 279-298, Bonn: DSE.

143. Mutunga, W., and M. Kiai. 1996. "The State of Academic Freedom in Kenya 1992-94." In Council for the Development of Social Science Research in Africa (CODESRIA), ed., *The State of Academic Freedom in Africa 1995*. Dakar: CODESRIA.

144. Mwiria, K, 1994. "Democratizing Kenya's Public Universities." *Basic Education Forum* 4: 45-50.

145. Mwiria, K. 1996. "Democratizing Kenya's University Education Sector." In K, Mwiria, ed., *Sectoral Studies: Focusing on Kenya's Future Policy Reforms*. Nairobi: International Commission of Jurists—Kenya Section.

146. Mwiria, K., and R. Hughes. 1992.

"Kenya." In Burton R. Clark and Guy R. Neave, eds. : *The Encyclopedia of Higher Education*, 1: 391-397. New York: Pergamon.

147. Mwiria, K. , and C. Ngome. 1998. "The World of Private Universities. The Experience of Kenya." *NORRAG News* 23: 38-40.

148. Mwiria, K. , and M. S. Nyukuri. 1992. *The Management of Double Intakes: A Case Study of Kenyan University*. Document IIEP/RP/49. 13. Paris: International Institute of Educational Planning (UNESCO).

149. Nduko, J. 2000. "Students' Rights and Academic Freedom in Kenya's Public Universities." In S, Federici, G, Caffentzis, and O, Alidou, eds. , *A Thousand Flowers: Social Struggles against Structural Adjustment in African Universities*, 207-214, Trenton, N. J. : African World Press.

150. Odumbe, J. 1988. "The Establishment and the Development of the External Degree Programs of the University of Nairobi." In D. Sewart and J. S. Daniel, eds. , *Developing Distance Education*. Oslo: International Council for Distance Education.

151. Omari, I. M. 1994. "Kenya: Management of Higher Education in Developing Countries—The Relationship between the Government and Higher Education." In G. Nreave and F. van Vught, eds. , *Government and Higher Education Relationships across Three Continents: The Winds of Change*. Oxford: Pergamon Press.

152. Orodho, J. A. 1995. "Cost Recovery and Its Impact on Quality, Access and Equity: The Case of Kenyan Public Universities." *Higher Education Policy* 8, no. 1: 40-43.

153. Orson, C. M. , and B. Greenbert. 1990. "Innovations in Instructional Materials at University of Nairobi, Kenya, Africa." *International Journal of Instructional Media* 17, no. 2:163-166.

154. Rapando Murunga, G. 2001. "Private Universities in Kenyan Higher Education Experience." *CODESRIA Bulletin* 1-2: 11-14.

155. Rathgeber, E. M. 1985. "Cultural Production in Kenyan Medical Education." *Comparative Education Review* 29, no. 3: 299-316.

156. Rodrigues, A. J. , C. A. Moturi, R. J. P. Scott, and W. Okelo-Odongo. 1993. "Informatics in Higher Education: Kenya Case Study." *Higher Education Policy* 6, no. 3: 41-49.

157. Rodrigues, A. , and S. O. Wandiga. 1997. "Cost Sharing in Public Universities: A Kenyan Case Study." *Higher Education Policy* l0, no. 1: 55-80.

158. Shaeffer, S. , and J. A, Nkinyangi. 1983. "Who Conducts Research in Kenya?" *Educational Research Environments in the Developing World*. Ontario, Canada: International Development Research Center.

159. Sifuna, D. N. 1997. "Crisis in the Public Universities in Kenya." In K. Watson, C. Modgil, and S. Modgil, eds. *Reforms in Higher Education*. London: Cassell.

160. Sifuna, D. N. 1998. "The Governance of Kenyan Public Universities." *Research in Post-Compulsory Education* 32:175-211.

161. Sifuna, D N. , and K. Mwiria. 1993. "Key Obstacles to the Development of African Universities." *Journal of Third World Studies* 10, no. 2: 199-227.

162. World Bank. 1991. *The World Bank Report no.* 9824—*KE. Staff Appraisal Report, Kenya: Universities Investment Project*. Washington, D. C. : The World Bank.

参见 36。

莱索托(Lesotho)

163. Braimoh, D. , O. A. Adeola, and H. M. Lephoto. 1999. "Evaluation of Distance Education Programmes: The Case of the National University of Lesotho." *Staff and Educational Development International* 3, no. 2:151-164.

164. Fielden, J. , ed. 1995. *Cost Contain-*

ment Study at the National University of Lesotho. London: Commonwealth Higher Education Management Service.

165. Matsela, Z. A. 1986. *Case Study of Lesotho's Higher Education Institutions*. Paris: UNESCO.

166. Sebatane, E. M. 1992. "Lesotho." In Burton R. Clark and Guy R, Neave, eds., *The Encyclopedia of Higher Education*, 1: 417-420. New York: Pergamon.

167. Thomas, H. G. 1998. "Developing a Strategic Plan: A Case Study from the National University of Lesotho." *Higher Education Policy* 11, no. 2: 235-243.

利比里亚(Liberia)

168. Azango, B. B. 1992. "Liberia." In Burton R. Clark and Guy R. Neave, eds., *The Encyclopedia of Higher Education*, 1: 420-428. New York: Pergamon.

169. Hoff, A. A. 1962. *A Short History of Liberia College and the University of Liberia*. Monrovia: Consolidated Publication.

170. Seyon, P. L. N. 1973. "The University of Liberia." In T. M. Yesufu, ed., *Creating the African University*. Ibadan: Oxford University Press.

171. Seyon, P. L. N. 1997. "Rebuilding the University of Liberia in the Midst of War." *International Higher Education* 8:17-18.

172. Snyder, C. W., and J. Nagel. 1986. *The Struggle Continues! World Bank and African Development Bank Investments in Liberian Educational Development*. McLean, Va.: Institute for International Research.

173. University of Liberia. 1984. *Towards the 21st Century: An Extension of the University of Liberia's Long-Range Plan*. Monrovia: University of Liberia.

利比亚(Libya)

174. Bubtana, A. R., and M. Sarakbi. 1992. "Libya." In Burton R. Clark and Guy R. Neave, eds., *The Encyclopedia of Higher Education* 1: 428-437, New York: Pergamon.

175. El-Hawat, A. 1995. *Higher Education in Libya: Reality and Future Prospective*. Tripoli: Tripoli's Scientific Library (in Arabic).

176. Secretariat of Education and Scientific Research. 1995. *Statistical Reports on Universities and Higher Technical Institutions*. Tripoli: Secretariat of Education and Scientific Research (in Arabic).

马达加斯加(Madagascar)

177. Maison de la Communication des Universités. 1998. *Monde universitaire Malgache*. (*The University Realm in Madagascar*.) Antananarivo: Ministère de L'Enseignement Supérieur.

178. Maison de la Communication des Universités. 1999. *Etablissements d'Enseignement supérieur privés agrées par l'Etat*. (*State-Approved Private Higher Education Institutions*.) Antananarivo: Ministère de L'Enseignement Supérieur.

179. Rajaoson, F. 1985. *L'enseignement Supérieur et le devenir de la société Malgache*. Antananarivo: Université de Madagascar.

180. Rajaoson, F. 1992. "Madagascar." In Burton R. Clark and Guy R. Neave, eds., *The Encyclopedia of Higher Education*, 1: 441-443. New York: Pergamon.

181. Rambeloson, J. 1995. "Women in Antananarivo University." In UNESCO-BREDA, ed., *Women in Higher Education in Africa*, 82-94. Dakar: UNESCO-BREDA.

182. Viens, D., and J. Lynch. 2000. *Madagascar: A Decade of Reform and Innovation in Higher Education*. Washington, D.C.: The World Bank.

马拉维(Malawi)

183. Castrol-Leal, F. 1996. *Who Benefits from Public Education Spending in Malawi? Results from the Recent Education Reform*.

World Bank Discussion Paper no, 350, Washington, D. C. : The World Bank.

184. Dubbey, J. M. 1988. "Reaction from an African University." *Higher Education Policy* 1, no. 1: 30-31.

185. Dubbey, J M. 1990. *University of Malawi: Tracer Study*. Zomba, Malawi: University of Malawi.

186. Dubbey, J. M., C. C. Chipofya, J. A. K. Kandawire, Z. M. Kasomekera, O. J. Kathamalo, and G. G. Machlili. 1991. "How Effective Is Our University? A Study of the Graduates of the University of Malawi." *Higher Education Quarterly* 45, no. 3: 219-233.

187. Malawi Institute of Management. 1997. *University of Malawi Reform Study: Problems and Opportunities Identification and Operations Assessment*. Lilongwe: Malawi Institute of Management.

188. Mphande, L. 2000. "The Malawi Writers Group: Before and After Structural Adjustment Programs." In S. Federici, G. Gaffentzis, and O. Alidou, eds., *A Thousand Flowers: Social Struggles against Structural Adjustment in African Universities*, 181-195. Trenton, N. J.: African World Press.

189. Mwale, J. K. 1991. *Motivational Factors which Affect Teaching and Learning at the University of Malawi*. Bonn: German Foundation for International Development.

190. Nazombe, A. 1992. "Malawi." In Burton R. Clark and Guy R. Neave, eds., *The Encyclopedia of higher Education*, 1:443-446. New York: Pergamon.

191. Prebble, T. 1990. *Distance Education at the University of Malawi: A Report on a Consultancy on Behalf of the Commonwealth of Learning*. Vancouver: Commonwealth of Learning.

192. University of Malawi, Centre for Educational Research and Training. 1995. *Challenges Facing the University of Malawi and a Review of its Mission*. Zomba: University of Malawi, Centre for Educational Research and Training.

马里(Mali)

193. Bagayoko, D., and E, L. Kelley. 1994. "The Dynamics of Student Retention: A Review and a Prescription." *Educational Forum* 115, no. 1: 31-39.

194. Diakite, Y. 1992. "Mali." In Burton R. Clark and Guy R. Neave, eds., *The Encyclopedia of Higher Education*, 1: 452-454. New York: Pergamon.

195. Saad, E. N. 1983. *Social History of Timbuktu; The Rote of Muslim Scholars and Notables*, 1400-1900. Cambridge: Cambridge University Press.

毛里塔尼亚(Mauritania)

196. Herlant, M. 1992. "Mauritania." In Burton R. Clark and Guy R, Neave, eds., *The Encyclopedia of Higher Education*, 1: 457-460, New York: Pergamon.

毛里求斯(Mauritius)

197. Association for the Development of Education in Africa. 1999. *Country Case Study on Access to Education and Training in Mauritius*. ADEA Stocktaking Review in Mauritius. Geneva: Tertiary Education Commission.

198. Amdoyal, R. 1992. "Mauritius." In Burton R. Clark and Guy R. Neave, eds., *The Encyclopedia of Higher Education*, 1: 460-462. New York: Pergamon.

199. Tertiary Education Commission. 1999. *Studies on Social Dimensions of Globalisation: Mauritius*. Geneva: Tertiary Education Commission, Annual Report and Accounts.

摩洛哥(Morocco)

200. Belghazi, T., ed. 1996. *The Idea of the University: Series Conferences and Colloquia* 72. Rabat: Publications of the Faculty of

Letters.

201. El Maslout, A. 1995. "La réforme de l'enseignement supérieur: Un processus continu d'adaptation et de restructuration." ("Higher Education Reform: A Continuous Process of Adaptation and Resrtucturing.") In Association des Economistes marocains, *La Réforme de l'Enseignement au Maroc* (*Reform of Higher Education in Morocco*), 21-58. Rabat: Association des Economistes Marocains.

202. Emran, A, 1997. *L'enseignement et la formation Universitaire au Maroc.* (*Higher Education and Reform in Morocco.*) Mohammedia: Imprimerie de Fedala.

203. Kleiche, M, 2000. *La recherche scientifique au Maroc.* (*Scientific Research in Morocco.*) Paris: Institute de Recherche pour le Développement, Commission Européenne.

204. Mekouar, H. 1996. "University Autonomy and Academic Freedom in Morocco: Elements for a Current Debate." *Higher Education Policy* 9, no. 4: 303-308.

205. Merrouni, M. 1996. "L'université et le paradigme de l'efficacité." ("The University and the Efficiency Paradigm.") In T. Belghazi, ed., *The Idea of the University*, 85-99. Rabat: Publications of the Faculty of Letters and Human Sciences of Rabat.

206. Meziani, A. 1999. "The System of Higher Education in Morocco: A Brief Introductory Report." *Mediterranean Journal of Educational Studies* 4, no. 2: 215-219.

207. Ouakrime, M. 1996. "What Is High about Higher Education?" In T. Belghazi, ed., *The Idea of the University*, 355-367. Rabat: Publications of the Faculty of Letters and Human Sciences of Rabat.

208. Sabour, M. 1994. "Higher Education in Morocco: Between Islamization of Cultural Values and Secularization of Social Change." In T. Takala, ed., *Quality of Education in the Context of Culture in Developing Countries*, 145-157. Tampere: University of Tampere.

209. Salahdina, M. 1992. "Morocco." In Burton R Clark and Guy R. Neave, eds., *The Encyclopedia of Higher Education*, 1: 479-482. New York: Pergamon.

参见 8。

莫桑比克(Mozambique)

210. Commonwealth Secretariat. 1992. *Eduardo Mondlane University: Review of Governance, Planning and Management.* London: Commonwealth Secretariat, Special Commonwealth Fund for Mozambique.

211. Fry, P., and R. Utu. 1999. *Promoting Access, Quality, and Capacity Building in African Higher Education: The Strategic Planning Experience at the Eduardo Mondlane University.* Washington, D. C.: ADEA Working Group on Higher Education, The World Bank.

212. Matos, N. 1993. *Eduardo Mondtane University: An Experience in University Reform.* AFTHR Technical Note; no. 6. Washington, D. C.: The World Bank.

213. Pires, E. L. 1992. "Mozambique." In Burton R. Clark and Guy R. Neave, eds., *The Encyclopedia of Higher Education*, 1: 482-484. New York: Pergamon.

参见 9。

纳米比亚(Namibia)

214. Beukes, H. A. 1996. "University of Namibia's Part Time Tutors versus Universal Competencies." *South African Journal of Higher Education* 10, no. 1:164-167.

215. Government of the Republic of Namibia, 1991. *Higher Education in Namibia: Report of a Presidential Commission.* Windhoek: Government of the Republic of Namibia.

216. Ping, C. J., and B. Crowley, 1997. "Educational Ideologies and National Development Needs: The AfricanUniversity in Namibia." *Higher Education* 33, no. 4: 381-395.

no. 4: 11-15.

225. Akpan, P. A. 1987. "The Spatial Aspects of Higher Education in Nigeria." *Higher Education* 16, no. 5: 545-555.

226. Akpan, P. A. 1989. "Inequality of Access to Higher Education in Nigeria." *Higher Education Review* 22: 21-33.

227. Akpan, P. A. 1990, "The Role of Higher Education in National Integration in Nigeria." *Higher Education* 19, no. 3:293-305.

228. Amuwo, K. 1999, "Confronting the Crisis of the University in Africa: Nigerian Academics and Their Many Struggles." *African Association of Political Science*, Occasional Series 3, no. 2.

229. Anya, A. O. 1982. *Science Development at the Future: The Nigerian Case*. Nsukka: University of Nigeria Press.

230. Austin, D. 1980. "Universities and the Academic Gold Standard in Nigeria." *Minerva* 18, no. 2: 201-242.

231. Azelama. J. 1994. "University Admission by Federal Charter: Implication for Nigerian Political Development." *Studies in Education*.

232. Babaloa, J. B, 1990. "Integration of the University Manpower Production to the Work Environment in Nigeria." Educational Planner: *The Journal of the Nigerian Society for Educational Planning*. Benin City.

233. Babalola, J. B. 1998. "Cost and Financing of University Education in Nigeria." *Higher Education* 36, no. 1: 43-66.

234. Babalola, J. B. 1999. "Education under Structural Adjustment in Nigeria and Zambia." *Journal of Education* 34, no. 1: 79-98.

235. Bako, S. 1994. "Education and Adjustment in Nigeria," In M. Diouf and M. Mamdani, eds., *Academic Freedom in Africa*. Dakar: Council for the Development of Social Science Research in Africa.

236. Bangura, Y. 1994. *Intellectuals, Economic Reform and Social Change: Con-*

尼日尔(Niger)

217. Alidou, O. 2000. "Globalization and the Struggle for Education in the Niger Republic." In S. Federici, G, Caffentzis, and O. Alidou, eds., *A Thousand Flowers: Social Struggles against Structural Adjustment in African Universities*, 151-157. Trenton, N.J.: African World Press.

218. Alidou, O. 2000. On the Current State of the Student Movement in the Niger Republic: An Interview with Moctar Al Haji Hima." In S. Federici, G. Caffentzis, and O. Alidou, eds., *A Thousand Flowers: Social Struggles against Structural Adjustment in African Universities*, 221-229, Trenton N.J.: African World Press.

219. Salifou, A. 1992. "Niger." In Burton R. Clark and Guy R. Neave, eds., *The Encyclopedia of Higher Education*, 1: 513-514. New York: Pergamon.

尼日利亚(Nigeria)

220. Adesola, A. O. 1991. "The Nigerian University System: Meeting the Challenges of Growth in a Depressed Economy." *Higher Education* 21, no. 1: 121-133.

221. Adeyemi, K. 1990. "An Analysis of the Supplemental Sources of Financing Higher Education in a Developing Country: A Case of Nigerian Universities." *Educational Planner* 1, no. 3/4: 44-53.

222. Adeyemi, K. 2001. "Equality of Access and Catchment Area Factor in University Admissions in Nigeria." *Higher Education* 42, no. 3: 307-332.

223. Ahmed, A. 1989. "The Asquith Tradition, the Ashby Reform, and the Development of Higher Education in Nigeria." *Minerva* 27, no. 1: 1-20.

224. Ajayi, T. 1988. "An Analysis of Recurrent Unit Cost of Higher Education: Ogun State University." *Higher Education Policy* 1,

straints and Opportunities in the Formation of a Nigerian Technocracy. Dakar: Council for the Development of Social Science Research in Africa (CODESRIA).

237. Biobaku, S. 1985. *Have the Academics Failed the Nation*? Ibadan, Nigeria: University of Ibadan, Institute of African studies.

238. Biraimah, K. 1987. "Class, Gender, and Life Chances: A Nigerian University Case Study." *Comparative Education Review* 31, no. 4: 570-582.

239. Biraimah, K. 1991. "Nigeria." In P. G. Altbach, ed., *International Higher Education: An Encyclopedia*, 1: 399-410. New York: Garland.

240. Biraimah, K. 1994. "Class, Gender, and Societal Inequalities: A Study of Nigerian and Thai Undergraduate Students." *Higher Education* 27, no. 1: 41-58.

241. Chatelin, Y., J. Gaillard, and A, S. Keller. 1997. "The Nigerian Scientific Community: The Colossus with Feet of Clay." In V, V. Krishna, J, Gaillard, R. Waast, eds., *Scientific Communities in the Developing World*. New Delhi: Sage.

242. Chizea, C. A. ed. 1983. *20 Years of University Education in Nigeria*. Lagos: National Universities Commission.

243. Chuta, E. J. 1992. " Student Loans in Nigeria." *Higher Education* 23, no. 4: 443-449.

244. Cummings, C., and F. A. Olaloku. 1993. "The Correspondence and Open Studies Institute, University of Lagos." In H, Perraton, ed., *Distance Education for Teacher Training*. London: Routledge.

245. Dabalen, A., B. Oni, and O. Adekola. 2000. "Labor Market Prospects of University Graduates in Nigeria." *Higher Education Policy* 14, no. 2: 149-159.

246. Dele, O. T., and H. R. Hengst. 1988. "University Faculty and Administration Morale: A Case Study of Nigeria." *International Review of Education* 34, no. 4: 508-514.

247. Ehikhamenor, F. A. 1988. "Perceived State of Science in Nigerian Universities." *Scientometrics* 13: 225-238.

248. Enaohwo, J. O. 1985. "Emerging Issues in Nigerian Education: The Case of the Level and Scope of Growth of Nigerian Universities." *Higher Education* 14, no. 3: 307-319.

249. Erinosho, S. 1993. *Nigerian Women in Science and Technology*. Dakar: International Development Research Center.

250. Etuk, B. 1984. *The Nigerian Technical Teacher Training Programme in Canada*. Perceptions of Participating Nigerian Students. Manitoba.

251. Fafunwa, A. B. 1992. "Nigeria." In Burton R. Clark and Guy R. Neave, eds., *The Encyclopedia of Higher Education*, 1: 514-524. New York: Pergamon.

252. Federal Republic of Nigeria. 1987. *Views and Comments of the Federal Military Government on the Report of the Study of Higher Education Curricula and Development in Nigeria*. Lagos: Federal Republic of Nigeria.

253. Hartnett, T. 2000. *Financing Trends and Expenditure Patterns in Nigerian Federal Universities: An Update*. Washington, D. C.: The World Bank.

254. Hudu, B. 1999. "Working and Living Conditions of Academic Staff in Nigeria: Strategies for Survival at Ahmadu Bello University." In Y. Lebeau and M. Ogunsanya, eds., *The Dilemma of Post-Colonial Universities, Elite Formation and the Restructuring of Higher Education in Sub-Saharan Africa*. Ibadan: IFRA-African Book Builders.

255. Ike, V. C. 1976. *University Development in Africa: The Nigerian Experience*. Ibadan: Oxford University Press.

256. Ike, V. C. 1982. "Nigerian Universities and National Integration." In A. Baike, ed., *Higher Education and Development in the Context of the Nigerian Constitution*, 140-158.

Benin: University of Benin.

257. Jega, A. 1994. *Nigerian Academics under Military Rule*. University of Stockholm Research Report no. 3. Stockholm: University of Stockholm.

258. Jega, A. M. 2000. "Nigerian Universities and Academic Staff under Military Rule." In S. Federici, G. Caffentzis, and O. Alidou, eds., *A Thousand Flowers: Social Struggles against Structural Adjustment in African Universities*, 171-179. Trenton, N. J.: African World Press.

259. Kolinsky, M. 1985. "The Growth of Nigerian Universities 1948-1980: The British Share." *Minerva* 23, no. 1: 29-61.

260. Kolinsky, M. 1987. "Universities and the British Aid Program: The Case of Nigeria during the 1970s." *Higher Education* 16, no. 2: 199-219.

261. Kosemani, J. M. 1995. "Democratic Values and University Admissions in Nigeria." *Nigerian Journal of Professional Studies in Education*, 3:78-83.

262. Lebeau, Y. 1997. *Etudiants et Campus du Nigeria*. (*Students and Campus in Nigeria*.) Paris: Khartala.

263. Mallam, U. 1994. "A National Research Study on Factors Influencing Faculty Turnover at Selected Nigerian Colleges of Technology /Polytechnics. *Higher Education* 27, no. 2: 229-238.

264. Mbanefoh, N. 1992. *Dimension of Brain Drain in Nigeria: A Case Study of Some Critical High Level Manpower Wastage in the University College Hospital*. Ibadan: Nigerian Institute of Social Economic Research (NISER).

265. Mustapha, A. R. 1996. "The State of Academic Freedom in Nigeria." In Council for the Development of Social Science Research in Africa (CODESRIA), ed., *The State of Academic Freedom in Africa 1995*. Dakar: CODESRIA.

266. Nwaka, G. I. 2000. "Higher Education, the Social Science, and National Development in Nigeria." *Prospects* 30, no. 3:373-385.

267. Nwideeduh, S. B. 1999. "Ethnicity and the Nigerian University System." *Nigerian Journal of Professional Studies in Education* 3:91-97.

268. Obuchina, E., V. C. Ike, and J. A. Umeh. 1986. *The University of Nigeria 1960-85: An Experiment in Higher Education*. Nsukka: University of Nsukka Press.

269. Ochai, A., and B. U. Nwafor. 1990. "Publishing as a Criterion for Advancement in Nigerian Universities: A Review of Form and Content." *Higher Education Policy* 3, no. 3: 46-48.

270. Oduleye, S. O. 1985. "Decline in Nigerian Universities." *Higher Education* 14, no. 1: 17-40.

271. Ogusanwo, O. A. 1990. "Power in Academia: A Study of Nigerian University Systems." *African Journal of Educational Management* 3, no. 1: 95-102.

272. Ogunsanya, M. 2000. "Aspects of the Instrumentalisation of the University in Nigeria." In Y. Lebeau and M. Ogunsanya, eds., *The Dilemma of Post-Colonial Universities: Elite Formation and the Restructuring of Higher Education in Sub-Saharan Africa*, 147-168. Ibadan: IFRA/ABB.

273. Okudu, S, J. 1983. "The Ibadan Syndrome of Excellence and the Nigerian University System." In C. A. Chizea, ed., *Twenty Years of University Education in Nigeria*. Lagos: Nigerian University Commission.

274. Olugbade, K, 1990. "Nigerian Students and Political Mobilisation." *Journal of Social Development in Africa* 5, no. 1: 39-57.

275. Oni, B. 1987. *The Problem of Graduate Unemployment and the Demand for Postgraduate Education in Nigeria: Case Study of Ibadan and Lagos Universities*. Ibadan: Nigerian Institute of Social Economic Research (NIS-

ER).

276. Oni, B. 1999. *A Framework for Technological Capacity Building in Nigeria: Lessons from Developed Countries*. Bremen, Germany: Institute for World Economic and International Management and University of Bremen.

277. Oni, B. 1999. *The Nigerian University Today and the Challenges of the Twenty-First Century*. Bremen, Germany: Institute for World Economic and International Management and University of Bremen.

278. Oni, B. 2000. "Capacity Building Effort and Brain Drain in Nigerian Universities. In S. Tapsoba, S. Kassoum, V. Houenouo, O. Bankole, M. Sethi, and J. Ngu, eds., *Brain Drain and Capacity Building in Africa*, 208-224. Dakar, Senegal: Economic Commission for Africa/International Development Research Centre/International Organization for Migration,

279. Uchendu, P. K. 1995. *Politics and Education in Nigeria*. Enugu: Fourth Dimension Publishers.

280. Ukaegbu, C. C. 1985. "Are Nigerian Scientists and Engineers Effectively Utilized? Issues on the Development of Scientific and Technological Labor for National Development." *World Development* 13: 499-512.

281. Ukaegbu, C. C. 1985. "Educational Experiences of Nigerian Scientists and Engineers: Problems of Technological Skill-Formation for National Self-Reliance." *Comparative Education* 21, no. 2: 173-182.

282. Watkins, D., and A. Akande. 1992. "Student Evaluations of Teaching Effectiveness: A Nigerian Investigation." *Higher Education* 24, no. 4: 453-463.

283. Whawo, D. D. 1990. "Towards a Pragmatic Policy on Higher Education in Nigeria by the Year 2000." *Educational Planner* 1, no. 3/4: 104-114.

284. World Bank. 1988. *Nigeria: Costs and Financing of Universities*. Washington, D.C.: The World Bank.

285. Young, A. S. 1989. "Pre-enrollment Factors and Academic Performance of First-Year Science Students at a Nigerian University: A Multivariate Analysis." *Higher Education* 18, no. 3: 321-339.

参见 123。

卢旺达(Rwanda)

286. Commission d'Etude. 1990. *Rationalisation des Ressources à l'Université Nationale du Rwanda et Pérspectives de Financement de l'Enseignement Supérieur au Rwanda: Rapport d'une Commission d'Etude*. (*Rationalization of Resources at the National University of Rwanda and Financial Perspectives on Rwandan Higher Education: Report of a Study Commission*.) Kigali: L'Imprimerie de Kigali.

287. Keyes, C. 1992. "Rwanda." In Burton R. Clark and Guy R. Neave, eds., *The Encyclopedia of Higher Education*, 1: 604-607. New York: Pergamon.

288. Mazirnhaka, J., and G. F. Daniel. 2000. *Post-Genocide Restructuring of Higher Education in Rwanda: An Overview*. Occasional Paper Series no. 4. Accra: Association of African Universities.

289. Ministere de l'Enseignement Superieur et de la Recherche Scientifique (MINESUPRES). 1986. *Projet de Réforme de l'Enseignement Supérieur au Rwanda*. (*Higher Education Reform Project in Rwand*.) Kigali: MINESUPRES.

290. Ministère de l'Enseignement Supérieur et de la Recherche Scientifique (MINESUPRES). 1990. *L'Université Nationale du Rwanda en 1990*. (*National University of Rwanda in 1990*.) Kigali: MINESUPRES.

291. Ministère de l'Enseignement Supérieur et de la Recherche Scientifique (MINESUPRES). 1991. *La Problematique de la Mise en Place de to Réforme dans les Etablissements de*

l'Enseignement Supérieur au Rwanda. (*The Problematic of Initiating Higher Education Reform in Rwanda.*) Kigali: MINESUPRES.

292. Ministère de l'Enseignement Supérieur et de la Recherche Scientifique (MINESUPRES) 1995. *La Politique et la Planification de l'Education au Rwanda: Document Final Provisoire.* (*Education Policy and Planning in Rwanda: Provisional Final Document.*) Kigali: MINESUPRES.

293. Université Nationale du Rwanda. 1985. *Rapport de la commission de l'Universite Nationale du Rwanda pour la réforme de l'enseignement supérieur au Rwanda.* (*Report of the Commission on Higher Education Reform of the National University of Rwanda.*) Butare: Université Nationale du Rwanda.

圣多美和普林西比(São Tomé and Principe)

参见 9。

塞内加尔(Senegal)

294. Alidou, O. 2000. "On the World Bank and Education in Senegal: An Interview with Babacar Diop." In S. Federici, G. Caffentzis, and O. Alidou, eds., *A Thousand Flowers: Social Struggles against Structural Adjustment in African Universities*, 159-163. Trenton, N.J.: African World Press.

295. Alidou, O. 2000. "The World Bank, Privatization and the Fate of Education in Senegal: An Interview with Gorgui Deng." In S. Federici, G. Caffentzis, and O. Alidou, eds, *A Thousand Flowers: Social Struggles against Structural Adjustment in African Universities*, 231-237. Trenton, N.J.: African World Press

296. Bathily, A., M. Diouf, and M. Mbod. 1994. "The Senegalese Student Movement from Its Inception to 1989." In M. Mamdani and E. Wamba, eds., *African Studies in Social Movement and Democracy.* Dakar: Council for the Development of Social Science Research in Africa.

297. Davis, C. H., and M. P. Laberge. 1986. "Le transfer d'un modèle d'enseignement technique supérieur du Québec au Sénégal: Le cas de l'École Polytechnique de Thiés." ("The Transfer of the Technical Higher Education Model from Quebec to Senegal: The Case of the Polytechnic School of Thiés.") *Canadian Journal of African Studies* 20:57-71.

298. Davis, C. H., and M. P. Laberge. 1987. "Professional Rewards in a Canada-Senegal Cooperative Project in Engineering Education: The Case of the Project de I'École Polytechnique de Thiés." *Canadian Journal of Development Studies*, 8: 283-297.

299. Diouf, M. 1990. "The Life Style of Senegal's Elites and Their Macroeconomic Impact." In *The Long-Term Perspective Study of Sub-Saharan Africa: Institutional and Sociopolitical Issues*, 3: 60-72. Washington, D.C.: The World Bank.

300. Eisemon, T. O., and J. Salmi. 1993, "African Universities and the State: Prospects for Reform in Senegal and Uganda." *Higher Education* 25, no. 2: 151-168.

301. Gaillard, J., and R. Waast. 2000. "L'aide à la recherche en Afrique subsaharienne: comment sortir de la dépendence? Le cas du Sénégal et de la Tanzanie." ("Helping Research in Sub-Saharian Africa: How to Escape Dependency? The Case of Senegal and Tanzania.") *Autrepart* 13: 71-89.

302. Ministry of Education. 1997. *Using Distance Education at a Distance: International Perspectives.* Dakar: Department of Higher Education, Ministry of National Education.

303. Ministry of Education. 1997. *Using Distance Education at a Distance: International Perspectives.* Dakar: Department of Higher Education, Ministry of National Education.

304. Sada, S. 2000. Accumulation de capital humain, exode des compétences: le cas du Sénégal." ("Accumulation of Human Capital and Brain Drain: The Case of Senegal.") In S.

Tapsoba, S. Kassoum, V. Houenou, O. Bankole, M. Sethi, and J. Ngu, eds., *Brain Drain and Capacity Building in Africa*, 148-152. Dakar, Senegal: Economic Commission for Africa/International Development Research Centre/International Organization for Migration.

305. Sylla, A. 1992. "Senegal." In Burton R. Clark and Guy R. Neave, eds., *The Encyclopedia of Higher Education*, 1: 614-619. New York: Pergamon.

参见 119。

塞拉利昂(Sierra Leone)

306. Government of Sierra Leone. 1981. *Commission on Salary and Conditions of Service of University Staff*. Freetown, Sierra Leone: Government Printer.

307. Koso-Thomas, K. 1992. "Sierra Leone." In Burton R. Clark and Guy R. Neave, eds., *The Encyclopedia of Higher Education* 619-623. New York: Pergamon.

索马里(Somalia)

308. Adam, H. 1980. "Somalia Policies toward Education, Training and Manpower." In T, L, Maliyamkono, ed., *Policy Developments in Overseas Training*. Dar es Salaam: Black Star Agencies.

309. Mebrahtu, T. 1992. "Somalia." In Burton R. Clark and Guy R. Neave, eds., *The Encyclopedia of Higher Education*, 1: 630-635. New York: Pergamon.

南非(South Africa)

310. Agar, D. L., and N. Knopfmacher. 1995. "The Learning and Study Strategies Inventory: A South African Application." *Higher Education* 30, no. 1: 115-126.

311. Alt, H. 1998. "Understanding the Development of a Quality Assurance System." *South African Journal of Higher Education* 12, no. 3: 7-11.

312. Amos, T. L., and S. Fischer. 1998. "Understanding and Responding to Student Learning Difficulties within the Higher Education Context: A Theoretical Foundation for Developing Academic Literacy." *South African Journal of Higher Education* 12, no. 2: 12-16.

313. Anderson, G. M. 2002. *Building a People's University in South Africa: Race, Compensatory Education, and the Limits of Democratic Reform*. New York: Verleger.

314. Badat, S. 1999. *Black Student Politics, Higher Education and Apartheid: From SASO to SANSCO*, 1968-1990. Pretoria: Human Sciences Research Council.

315. Baclat, S., G. Fisher, F. Barron, and H. Wolpe. 1994. *Differentiation and Disadvantage: The Historically Black Universities in South Africa—Report to the Desmond Tutu Educational Trust*. Cape Town: Education Policy Unit, University of the Western Cape.

316. Barchiesi, F. 2000. "South Africa: Between Repression and 'Homegrown Structural Adjustment'." In S. Feclerici, G. Caffentzis, and O. Alidou, eds., *A Thousand Flowers: Social Struggles against Structural Adjustment in African Universities*, 165-170. Trenton, N. J.: African World Press.

317. Beckham, E. 2000. *Diversity, Democracy, and Higher Education: A View from Three Nations: India, South Africa, the United States*. Washington: Association of American Colleges and Universities.

318. Bisschoff, T., and P. Potts. 1998. "Managing Student Learning Environments: A South African Case Study." *South African Journal of Higher Education* 12, no. 2:77-125.

319. Blunt, R. J. S. 1998. "Negotiating a Policy for Affirmative Action." *South African Journal of Higher Education* 12, no. 2: 24-33.

320. Botha, M. M. 1995. "Research Trends at South African Universities." *South African Journal of Higher Education* 9, no. 1: 81-91.

321. Bothma, T., and H. Britz. 2000. "Library and Information Science Education at the University of Pretoria, South Africa: Restructuring and Curriculum Development." *Journal of Education for Library and Information Science* 41, no. 3:233-243.

322. Boughey, C. 1998. "Language and 'Disadvantage' in South African Institutions of Higher Education: Implications of Critical Challenges to Second Language Acquisition Discourses for Academic Development Practitioners." *South African Journal of Higher Education* 12, no. 1 :166-173.

323. Brown, D. M. 2000. "Swings and Roundabouts: Centralisation and Devolution in a Multicampus University in South Africa." *Higher Education* 40, no. 2: 163-181.

324. Brown, M. 2000. "Using the Intellectual Diaspora to Reverse the Brain Drain: Some Useful Examples." In S. Tapsoba, S. Kassoum, V. Houenou, O. Bankole, M. Sethi, and J. Ngu, eds., *Brain Drain and Capacity Building in Africa*, 92-106. Dakar, Senegal: Economic Commission for Africa/International Development Research Centre/International Organization for Migration.

325. Büchner, J., and D. Hay. 1998, "Staff Induction: Establishing Mentorship Programmes for Academic Staff Development." *South African Journal of Higher Education* 12, no. 3:19-26.

326. Bunting, I. A. 1994. *Legacy of Inequality: Higher Education in South Africa*. Rondebosch: University of Cape Town Press.

327. Cassimjee, R., and H. B. Brookes. 1998. "The Concerns and/or Fears of Undergraduate Students in a Problem-Based Community-Based Curriculum." *South African Journal of Higher Education* 12, no. 1: 95-102.

328. Cilliers, J. A., and E. C. Reynhardt. 1998. "Thirty Years of Physics at UNISA." *South African Journal of Higher Education* 12, no. 1: 174-183.

329. Cloete, N., and I. Bunting. 2000. *Higher Education Transformation: Assessing Performance in South Africa*. Pretoria: Center for Higher Education Transformation.

330. Cloete, N., T. Kulati, and M. Phala. 2000. *Leadership and Institutional Change in Higher Education*. Pretoria, South Africa: Centre for Higher Education Transformation.

331. Cooper, D., and G. Subotzky. 2000. *The Skewed Revolution: A Handbook of South African Higher Education*. Cape Town: Education Policy Unit, University of the Western Cape.

332. Council on Higher Education of South Africa. 2001. *Re-inserting the 'Public Good' into Higher Education Transformation*. Pretoria: Council on Higher Education.

333. Cronje, J. 1997. "Interactive Internet: Using the Internet to Facilitate Co-operative Distance Learning." *South African Journal of Higher Education* 11, no. 2: 149-156.

334. Davies, J. 1994. "The University Curriculum and the Transition in South Africa." *European Journal of Education* 29, no. 3: 255-268.

335. Davies, J. 1996. "The State and the South African University System under Apartheid." *Comparative Education Review* 32, no. 3: 319-332.

336. De Montfort University. 1996. *Governance and Decision Making for the 21st Century: The Transformation and Restructuring of South African Tertiary Institutional Management*. Leicester: De Montfort University.

337. Dlamini, C. R. M. 1995. "The Transformation of South African Universities." *South African Journal of Higher Education* 9, no. 1: 39-46.

338. Dreijmanis, J. 1988. *The Role of the South African Government in Tertiary Education*. Johannesburg: South African Institute of Race Relations.

339. Du Toit, C. M, 1996. "Transforming

and Managing the Organizational Culture of a University to Meet the Challenges of a Changing Environment." *South African Journal of Higher Education* 10, no. 1: 96-104.

340. Eckel, P. D. 2001. "A World Apart? Higher Education Transformation in the U. S. and South Africa." *Higher Education Policy* 14, no. 2: 103-115.

341. Education Policy Unit (EPU) and University of the Western Cape. 1997. *Research Report: The Enhancement of Graduate Programs and Research Capacity at the Historically Black Universities*. Cape Town: Education Policy Unit, University of the Western Cape.

342. Erasmus, A. S., and C. A. Kapp. 1998. "Capacity Building through Mentoring: A Case Study in Postgraduate Supervision." *South African Journal of Higher Education* 12, no. 3: 111-119.

343. Esteihuyse, W. P. 1992. "The Transformation of South African Universities: The Perspective of a Historically White University." In C. A. Taylor, ed., *Tertiary Education in a Changing South Africa*. Port Elizabeth: University of Port Elizabeth.

344. Fedderke, J., R. de Kadt, and J. Luiz, 2000. *Capstone or Deadweight? Inefficiency, Duplication and Inequity in South Africa's Tertiary Education System*, 1910-1993. Johannesburg: University of the Witwatersrand.

345. File, J. 1986. "The Politics of Excellence: University Education in the South African Context." *Social Dynamics* 12, no. 1: 26-42.

346. Fisher, G. 1998. "Policy, Governance, and the Reconstruction of Higher Education in South Africa." *Higher Education Policy* 11, no. 2: 121-140.

347. Fisher, M. 1979. "Showdown over South Africa: The Second Coming of Student Activism." *Change* 11, no. 1: 26-30.

348. Fourie, M. 1999. "Institutional Transformation at South African Universities: Implications for Academic Staff." *Higher Education* 38, no. 3: 275-290.

349. Fourie, M., and E. M. Bitzer. 1998. "Capacity-Building of Governance Structures: One of the Pathways to Quality Assurance?" *South African Journal of Higher Education* 12, no. 3:27-32.

350. Goduka, I. N. 1996. "Challenge to Traditionally White Universities: Affirming Diversity in the Curriculum." *South African Journal of Higher Education* 10, no. 1: 27-39.

351. Gultig, J. 2000. "The University in Post-Apartheid South Africa: New Ethos and New Divisions." *South African Journal of Higher Education* 14, no. 1: 37-52.

352. Gwele, N. S. 1998. "Gender and Race: Perceptions of Academic Staff in Selected Faculties in English Language Historically White Universities Concerning Their Working Conditions." *South African Journal of Higher Education* 12, no. 2: 69-78.

353. Henning, E. 1998. "Service Learning in the University Curriculum: Partnerships in Community Education." *South African Journal of Higher Education* 12, no. 1:44-53.

354. Herbstein, F. H. 1993. "Towards the 'New South Africa'. Equal Opportunity Policies at the University of Cape Town." *Higher Education* 26, no. 2: 183-198.

355. Herman, H. 1995. "School-Leaving Examination, Selection and Equity in Higher Education in South Africa." *Comparative Education* 31: 261-174.

356. Higgs, P. 1997. "Towards the Reconstruction of a Philosophy for Educational Discourse in South African Higher Education." *South African Journal of Higher Education* 11, no. 2: 10-20.

357. Hyde-Clarke Humphries, N. 2000. "Transforming a Segregated and Patriarchal Tertiary Education System in South Africa." *South African Journal of Higher Education*

14, no. 3:27-31.

358. Imenda, S. N. 1995. "Linking Staff and Student Development Programmes." *South African Journal of Higher Education* 9, no. 1: 178-182.

359. Irvine, D. 1998. *The Future of South African Universities: What Role for Business?* Johannesburg: Centre for Development and Enterprise.

360. Jager, K., and Y. Sayed. 1998. "Aspects of Information Literacy at Five Institutions of Higher Education in the Western Cape." *South African Journal of Higher Education* 12, no. 2:197-203.

361. James, W. G. 1990. "Apartheid, the University, and Change in South Africa." *Academe* 76, no. 3: 20-23.

362. Jansen, J. 2001. "Globalisation, Markets and the Third World University: Preliminary Notes on the Role of the State in South African Higher Education." In Y. Sayed and J. Jansen, eds., *Implementing Education Policies: The South African Experience*. Cape Town: University of Cape Town Press.

363. Jansen, J. D., ed. 1991. *Knowledge and Power in South Africa*. Johannesburg: Skotaville.

364. Jonathan, R. 2001. "Democratization, Modernization, and Equity: Confronting the Apartheid Legacy in South African Higher Education," *Equity and Excellence in Education* 34, no. 3:8-14.

365. Jordain, J. J. 1995. "Affirmative Action: Excellence versus Equity." *South African Journal of Higher Education* 9, no. 1: 53-64.

366. Kaplan, D. 1997. "Reversing the Brain Drain: The Case for Utilizing South Africa's Unique Intellectual Diaspora." *Science Technology and Society* 2, no. 2.

367. Kapp, C. A., and C. D, Cilliers. 1998. "Continuing Personal and Professional Development of University Lecturers: A Case Study." *South African Journal of Higher Education* 12, no. 1: 117-121.

368. Knoch, C. 1997. *Uninet: The South African Academic and Research Network*. Ottawa, Canada: International Development Research Centre.

369. Kotze, H. 1990. "Politics and Socialization: A Comparative Perspective at Two Afrikaans Universities." *South African Journal of Sociology* 21, no. 3:133-144.

370. Kraak, A. 2001. "Equity, Development, and New Knowledge Production: An Overview of the New Higher Education Policy Environment in Post-Apartheid South Africa." *Equity and Excellence in Education* 34, no. 3: 15-25.

371. Kraak, A., ed. 2000. *Changing Modes: New Knowledge Production and Its Implications for Higher Education in South Africa*. Pretoria: HSRC Publishers.

372. Lategan, L. O. K. 1998. "Quality Assurance and the South African University System: Defining the Impact of External and Internal Trends on the South African University System and Its Quality." *South African Journal of Higher Education* 12, no. 1: 61-69.

373. Lazenby, K. 1999. "Using WebCT at the University of Pretoria, South Africa." *International Journal of Educational Telecommunications* 5, no. 4: 293-307.

374. Lindsay, B. 1997. "Toward Conceptual, Policy and Programmatic Frameworks of Affirmative Action in South African Universities." *Journal of Negro Education* 66, no. 4: 522-538.

375. Mabizela, M., G. Subotzky, and B. Thaver. 2000. *The Emergence of Private Higher Education in South Africa: Key Issues and Challenges*. Cape Town: Education Policy Unit, University of the Western Cape.

376. Mabokela, R. O. 2000. *Voices of Conflict: Desegregating South African Universities*. New York: Routledge Falmer.

377. MacKenzie, C. G. 1994. "Black

Students in 'White' Universities: The Character and Provision of Liberal Higher Education Institutions in Post-Apartheid South Africa." *Compare* 24, no. 1: 67-78.

378. Maharasoa, M., and D. Hay. 2001. "Higher Education and Graduate Employment in South Africa." *Quality in Higher Education* 7, no. 2: 139-147.

379. Malefo, V. 2000. "Psycho-social Factors and Academic Performance among African Women Students at a Predominantly White University in South Africa." *South African Journal of Psychology* 30, no. 4: 40-45.

380. Maphai, V. T. 1989. "Affirmative Action in South Africa: A Genuine Option." *Social Dynamics* 15, no. 2: 1-24.

381. Merisotis J., and D. Gilleland. 2000. *Funding South African Higher Education: Steering Mechanisms to Meet National Goals.* Washington, D. C,: Institute for Higher Education policy.

382. Ministry of Education of the Republic of South Africa. 2001. *National Plan for Higher Education.* Pretoria: Ministry of Education.

383. Moja, T., and F. D. Hayward. 2000. "Higher Education Policy Development in Contemporary South Africa." *Higher Education Policy* 13, no. 4: 335-359.

384. Moja, T., J. Muller, and N. Cloete. 1996. "Towards New Forms of Regulation in Higher Education: The Case of South Africa." *Higher Education Policy* 32, no. 2: 129-155.

385. Mokubung, O. N. 1984. *Student Culture and Activism in Black South African Universities: The Root of Resistance.* Westport, Conn.: Greenwood Press.

386. Moodie, G. C. 1994, "The State and the Liberal Universities in South Africa, 1948-1990." *Higher Education* 27, no. 1:1-40.

387. Morrow, W. 1998. "Stakeholders and Senates: The Governance of Higher Education Institutions in South Africa." *Cambridge Journal of Education* 28, no. 3: 385-405.

388. Moulder, J. 1991. "Africanizing the Predominantly White Universities in South Africa: Some Ideas for a Debate. In J. D. Jansen, ed., *Knowledge and Power in South Africa*, 111-126. Johannesburg: Skotaville.

389. Mouton, J. 2000. *South Africa: Science in transition.* Stellenbosch: Centre for Interdisciplinary Studies and the European Commission.

390. Mouton, J., S. C. Boshoff, E. Grebe, R. Waast, E. B. Ravat, and N. Ravjee. 2000. *Science in South Africa, vol. 1: History, Institutions, and Policies.* Stellenbosch: Centre for Interdisciplinary Studies, University of Stellenbosch.

391. Muller, J. 1991. "South Africa." In P. G. Altbach, ed., *International Higher Education: An Encyclopedia*, 411-423. New York: Garland.

392. Muller, J. 1994. "South Africa." In I. A. Bunting, ed., *Legacy of Inequality: Higher Education in South Africa.* Rondebosch: University of Cape Town Press.

393. Mwamwenda, T. S. 1997. "Faculties and Academics Involvement in Research and Publication Activities." *South African Journal of Higher Education* 11, no. 1: 93-97.

394. Naidoo, R. 1998. "Levelling or Playing the Field? The Politics of Access to University Education in Post-Apartheid South Africa." *Cambridge Journal of Education* 28, no. 3: 369-383.

395. National Commission on Higher Education (NCHE). 1996. *A Framework for Transformation: Report of the National Commission on Higher Education.* Pretoria, South Africa: National Commission on Higher Education (NCHE).

396. Ndebele, N. S. 1997. "Creative Instability: The Case of the South African Higher Education System." *The Journal of Negro Education* 66, no. 4: 443-448.

397. Osberg, D., D. Pinto, S. Docherty, and C. Still. 1998, "Promoting High Quality Teaching and Learning through Sharing Academic Resources." *South African Journal of Higher Education* 12, no. 1:141-148.

398. Oosthuizen, G. C., A. A. Clifford-Vaughan, A. L. Behr, and G. A. Rauche, eds. 1981. *Challenge to a South African University: The University of Durban-Westville.* Cape Town: Oxford University Press.

399. Pavlich, G. C., F. M. Orkin, and R. Richardson. 1995. "Educational Development in Post-Apartheid Universities: Framework for Policy Analysts." *South African Journal of Higher Education* 9, no. 1: 65-72.

400. Pillay, P. 1990. "The Political Economy of Higher Education in South Africa." *Higher Education* 10, no. 2/3:211-215.

401. Pouris, A. 1995. *Science and Technology Policy in South Africa.* London: British Library.

402. Pouris, A. 1996. "The Writing on the Wall of South African Science: A Scientometric Assessment." *South African Journal of Science* 92, no. 6: 267-271.

403. Ramphele, M. 2000. *Towards a New Higher Education Landscape: Meeting the Equity, Quality and Social Development Imperatives of South Africa in the 21st Century.* Pretoria: Council on Higher Education.

404. Ruth, D. 2000. *The Stories We Tell and the Way We Tell Them: An Investigation into the Institutional Culture of the University of the North, South Africa.* Research Paper no. 6. Accra: Association of African Universities.

405. Saunders, S. 1995. *The Reconstruction and Development of Higher Education in South Africa.* National Commission on Higher Education.

406. Sayed, Y. 2000. "The Governance of the South African Higher Education System: Balancing State Control and State Supervision in Co-operative Governance?" *International Journal of Educational Development* 20, no. 6: 475-489.

407. Segal, N. 2000. "Restructuring and Refocusing Organizations for Effective Change: Strategies from the Private Sector and Higher Education in Partnership." In N. Cloete, T. Kulati, and M. Phala, eds., *Leadership and Institutional Change in Higher Education.* Pretoria, South Africa: Centre for Higher Education Transformation.

408. Singh, M. 2001. *Re-inserting the "Public Good" into Higher Education Transformation.* Pretoria: Council on Higher Education.

409. Skuy, M., S. Zolezzi, M. Mentis, P. Fridjhon, and K. Cockcroft. 1996. "Selection of Advantaged and Disadvantaged South African Students for University Admission." *South African Journal of Higher Education* 10, no. 1:110-118.

410. South African Institute for Distance Education. 1995. *Open Learning and Distance Education in South Africa: Report of an International Commission, January-April 1994.* Manzini: Macmillan.

411. Starfield, S. 1996. "The Challenge of Diversity: Staff, Student and Curriculum Development." *South African Journal of Higher Education* 10, no. 1: 155-163.

412. Steyn, H. J. 1992. "South Africa." In Burton R. Clark and Guy R. Neave, eds., *The Encyclopedia of Higher Education*, 1: 635-641. New York: Pergamon.

413. Strydorn, A. H. 1993. "Academic Standards in South African Universities and Proposals for Quality Assurance." *Higher Education* 25, no. 4: 379-393.

414. Strydom, A. H. K., and M. Fourie. 1999. "Higher Education Research in South Africa: Achievements, Conditions and New Challenges." *Higher Education* 38, no. 2:155-167.

415. Strydom, A. H., L. O. K. Lategan,

and A. Muller, eds. 1996. *Quality Assurance in South African Higher Education: National and International Perspectives*. Bloemfontein, South Africa: Unit for Research into Higher Education, University of the Orange Sate.

416. Stuart, W. 1992. *South Africa: Tertiary Education Sector Assessment*. Washington: Agency for International Development.

417. Subotzky, G. 1997. "Redefining Equity: Challenges and Opportunities Facing South Africa's Historically Black Universities Relative to Global and National Changes." *Journal of Negro Education* 66, no. 4:496-521.

418. Swattz, E., and P. Foley. 1996. "Higher Education in South Africa: The Skills Debate." *Education and Training* 38, no. 9: 34-40.

419. Taylor, R. 1990. "South Africa's Open Universities: Challenging Apartheid?" *Higher Education Review* 22, no. 3:5-17.

420. Tisani, N. 1998. "Trends in Curriculum Development at the Tertiary Level: New Beginnings at a University." *South African Journal of Higher Education* 12, no. 3: 46-51.

421. University of Cape Town. 1996. *The Transformation of the University of Cape Town 1984-1994: A Decade of Change and Development*. Rondebosch: University of Cape Town.

422. Vakalisa, N. C. G. 1998. "Doing Research in the South African Context: Is It a Sink or Swim Undertaking?" *South African Journal of Higher Education* 12, no. 3: 59-68.

423. Van der Westhuizen, L. J. 1998. "Assessment of Research in South Africa." *South African Journal of Higher Education* 12, no. 3:69-75.

424. Van-Heerden, E. 1995. "Black University Students in South Africa: The Influence of Sociocultural Factors on Study and Performance." *Anthropology and Education Quarterly* 26, no. 1:50-80.

425. Waghid, Y. 1998. "Collegial Dialogue: A Procedure Towards Conceptualizing an Inadequate Understanding of Resource-Based Learning (RBL) at Higher Education Institutions for Distance Learning in South Africa." *South African Journal of Higher Education* 12, no. 1: 78-86.

426. Walkel, M. 1998. "Academic Identities: Women on a South African Landscape." *British Journal of Sociology of Education* 19, no. 3: 335-354.

427. Walters, S. 1999. "Lifelong Learning within Higher Education in South Africa: Emancipatory Potential." In C. Soudien, P, Kallaway, and M. Breier, eds., *Education, Equity and Transformation*. Hamburg: UNESCO Institute for Education.

428. Webbstock, D. 1997. "Quality Assurance with Respect to University Teaching in South Africa: A Narrative Analysis." *Assessment and Evaluation in Higher Education* 22, no. 2:173-184.

429. Webbstock, D. 1999. "An Evaluative Look at the Model Used in the Assessment of Teaching Quality at the University of Natal, South Africa: Reflections, Rewards and Reconsiderations." *Assessment and Evaluation in Higher Education* 24, no. 2:157-179.

430. Wolpe, H. 1995. "The Debate on University Transformation in South Africa: The Case of the Western Cape." *Comparative Education* 31, no. 2. :275-292.

431. Wood, T. 1998. "Issues Relating to the Cognitive Development of Students at Historically Disadvantaged Institutions." *South African Journal of Higher Education* 12, no. 1:87-96.

432. Yeld, N., and W. Haeck. 1993. *Academic support Programs at the University of Cape Town*. Rondebosch: Academic Support Program, University of Cape Town.

433. Zaaiman, H., H. Van Der Flier, and G. D, Thijs. 1998. "Selecting South African Higher Education Students: Critical Issues and

Proposed Solutions." *South African Journal of Higher Education* 12, no. 3: 96-101.

434. Zaaiman, R. B., P. J. Roux, and J. H. Rykheer. 1988. *The Use of Libraries for the Development of South Africa: Final Report on an Investigation for the South African Institute for Librarianship and Information Science*. Pretoria: Centre for Library and Information Service, Dept. of Library and Information Science, University of South Africa.

435. Zietsman, A., and M. Gering. 1986. "Admission to University in an Academically Non-Homogeneous Society." *Higher Education* 15, no. 1/2: 25-35.

苏丹(Sudan)

436. Al-Zubeir, A. 1995. "Sudan." In j. Daniel, F. de Vlaming, N. Hartley, and N. Nowak, eds., *Academic Freedom, Education and Human Rights*. London: Zed Books and World University Service.

437. Beshir, M. O. 1992. "Sudan." In Burton R. Clark and Guy R. Neave, eds., *The Encyclopedia of Higher Education*, 1: 680-683. New York: Pergamon.

438. El-Tom, M. E. A. 1980. "The Role of the Educational System in the Emigration of High-Level Manpower." In A. B. Zahalan, ed., *The Arab Brain Drain*. London: Ithaca Press.

439. El-Tom, M. E. A. 1999. *Proceedings of the Conference on the State and Future of Higher Education in Sudan*. Cairo, August 1-5, 1998. Cairo: Association of Sudanese Academics.

440. Forojalla, S. B. 1992. "Recent Proposals for the Reform of Higher Education in the Sudan: Problems and Prospects." *Higher Education Policy* 5, no. 4: 29-32.

441. Hamad, A. 1995. "Sudan." In J. Daniel ed., *Academic Freedom*, vol. 3. London: Zed Books.

442. Sanyal, B. C., and S. Yacoub. 1975. *Higher Education and Employment in the Sudan*. Paris: International Institute of Educational Planning-UNESCO.

443. Thompson, K. W., B. R. Fogel, and H. E. Danner. 1997. "The University of Khartoum, Sudan: Staff Development in an African University." In K, W. Thompson, B. R, Fogel, and H. E. Danner, eds., *Higher Education and Social Change: Promising Experiments in Developing Countries. Vol. 2: Case Studies*, 155-169. New York: Praeger Publishers.

444. Yaici, L., and B. C. Sanyal. 1981. *Emploi des diplômes et politique d'admissions dans l'enseignement superieur: 'Version résume de quatre études de cas (Soudan, Zambie, Tanzanie, Pologne).* (*University Graduate Employment and Access Policy in Higher Education: Abridged Case Studies from Four Countries [Sudan, Zambia, Tanzania, Poland].*) Paris: International Institute of Educational Planning-UNESCO.

斯威士兰(Swaziland)

445. Ping, C. J., J. D. Turner, and W. J. Kamba, eds. 1986. *University of Swaziland, Commission on Planning*, 1986. kwaluseni, Swaziland: University of Swaziland.

446. Smith, A. G. 1992. "Swaziland." In Burton R. Clark and Guy R. Neave, eds., *The Encyclopedia of Higher Education*, 1: 684-687. New York: Pergamon.

坦桑尼亚(Tanzania)

447. Brock-Utne, B., A. Mnzava, A. Semesi, L. Strand, and A. Ødegaard. 1990. *Project Review of the Faculty of Forestry at the University of Agriculture, Morogoro, Tanzania*. Oslo: The Norwegian Forestry Society.

448. Buchert, L. 1992. "Basic and Higher Education in Tanzania 1919-1990: Quantitative Expansion for the Many or Qualitative Improvement for the Few." *Eastern Africa Social Science Research Review* 8, no. 1: 62-79.

449. Galabawa, J. C. 1985. *Efficiency in Higher Education Provision*. Dar es Salaam: Department of Education, University of Dar es Salaam.

450. Galabawa, J. C. 1991. "Funding Selected Issues and Trends in Tanzanian Higher Education." *Higher Education* 21, no. 1:49-61.

451. Hayman, J. 1994. "Report from Dar es Salaam: New Opportunities and Challenges for IAU in Africa." *Higher Education Policy* 7, no. 1, 53-55.

452. Makude, J. 1997. "Reflections on Curriculum and Institutional Reform at Dar es Salaam University." In N. Cloete, ed., *Knowledge, Identity and Curriculum Transformation in Africa*. Cape Town: Maskew Miller Longrnan.

453. Maliyamkono, T. L. 1991. "Tanzania." In P. G. Altbach, ed., *International Higher Education: An Encyclopedia*, 1: 425-435. New York: Garland.

454. Maliyamkono, T. L. 1992. "Tanzania." In Burton R. Clark and Guy R. Neave, eds., *The Encyclopedia of Higher Education*, 1:715-719. New York: Pergamon.

455. Materu, P. N., Y. S. Mbwette, and R. Sauer. 1996. *The "UDSM 2000" Institutional Transformation Programme at the University of Dar es Salaam: Concept, Status, Experiences and Perspectives for the Future*. Dar es Salaam: Development of African Education, Working Group for Higher Education.

456. Ministry of Science, Technology and Higher Education. 1998. *A Report of the Task Force on Financing Sustainability of Higher Education in Tanzania*. Dar es Salaam: Ministry of Science, Technology and Higher Education.

457. Ministry of Science, Technology and Higher Education. 1999. *National Higher Education Policy*. *Report EJ/T/3/73*. Dar es Salaam: Ministry of Science, Technology and Higher Education.

458. Ministry of Science, Technology and Higher Education. 2000. *Guide to Higher Education in Tanzania*. Dar es Salaam: Ministry of Science, Technology and Higher Education.

459. Ministry of Science, Technology and Higher Education. 2000. *Some Basic Statistics on Higher Learning Institutions in Tanzania* 1995/6-1999/2000. Dar es Salaam: Ministry of Science, Technology and Higher Education.

460. Mmari, G. 1998. "Increasing Access to Higher Education: The Experience of the Open University of Tanzania." In UNESCO Regional Office for Education in Africa, ed., *Higher Education in Africa: Achievements, Challenges and Prospects*. Dakar: UNESCO Regional Office for Education in Africa.

461. Mshigeni, K. E. 1991. "Innovative Approaches to Financing Graduate Education and Research: A Case Study of the University of Dar es Salaam." *Higher Education Policy* 5, no. 2:30-36.

462. Omari, I. M. 1991. "Innovation and Change in Higher Education in Developing Countries: Experiences from Tanzania." *Comparative Education* 27, no. 2: 181-205.

463. Sanyal, B. C., and M. J. Kinunda. 1977. *Higher Education and Self-Reliance: The Tanzanian Experience*. Paris: International Institute for Educational Planning-UNESCO.

464. Semesi, A., and D. Urassa. 1991. "Educating Female Scientists in Tanzania." In B. Brock-Utne and N. Katunzi, eds., *Women and Education in Tanzania: Twelve Papers from a Seminar*. *WED Report 3*, 124-135. Dar es Salaam: Women in Education (WED)

465. Sivalon, J. C., and B. Cooksey. 1994. "Tanzania: The State and Higher Education." In G. Neave and F. van Vught, eds., *Government and Higher Education Relationships across Three Continents: The Winds of Change*. Oxford: Pergamon press.

参见 136, 106, 120, 301, 444。

多哥(Togo)

466. Biraimah, K., and D. Ananou. 1995. "Sustaining Higher Education in Francophone West Africa: The Togolese Case." *Educational Forum* 60: 68-74.

467. Cowen, R. 1992. "Togo." In Burton R. Clark and Guy R. Neave, eds., *The Encyclopedia of Higher Education*, 1: 727-730. New York: Pergamon.

突尼斯(Tunisia)

468. Annabi, M. 1982. "North-South University Co-Operation: Tunisian Case Study." *Higher Education in Europe* 7, no. 1: 22-26.

469. Banque Mondiale. 1998. *L'enseignement supérieur tunisien. Enjeux et avenir. Rapports économisques de la Banque mondiale.* (*Tunisian Higher Education: Trends and Future. World Bank Economic Report.*) Washington, D. C.: Banque Mondiale.

470. Ben Yahmed, S. 1998. "Répartition et évolution des effectifs dans l'enseignement supérieur tunisien." ("Distribution and Evolution of Tunisian Higher Education Personnel.") In Jean-Michel Plassard and Ben Sedrine, eds., *Enseignement supérieur et insertion professionnelle en Tunisie*, (*Higher Education and Professional Integration in Tunisia.*) Toulouse: Université des sciences sociales.

471. Ministère de l'Enseignement Supérieur, 2001. *Enseignement supérieur: Situation et perspectives.* (*Higher Education: Situation and Perspectives.*) Tunis: CPU (in Arabic).

472. Neave, G. 1992. "Tunisia." In Burton R. Clark and Guy R. Neave, eds., *The Encyclopedia of Higher Education*, 1: 739-742. New York: Pergamon.

473. Zouari, S. 1998. "L'enseignement supérieur en Tunisie: les enjeux." In Jean-Michel Plassard and Ben Sedrine, eds., *Enseignement supérieur et insertion professionnelle en Tunisie.* (*Higher Education and Professional Integration in Tunisia.*) Toulouse: Université des sciences sociales.

参见 8。

乌干达(Ugandan)

474. Adipala, E. 2001. *Developing a Client-Responsive Agricultural Training, Research, and Dissemination Program for the Faculty of Agriculture and Decentralized Districts: A Strategy.* Kampala: Faculty of Agriculture, Makerere University.

475. Court, D. 1999. "Financing Higher Education at Makerere: The Quiet Revolution in Human Development." Paper commissioned by the World Bank Tertiary Education Thematic Group and the Rockefeller Foundation. Washington, D. C.: World Bark. Available online at http//www. worldbank. org/afr/findings/english/find143. htm (accessed August 2002).

476. Eisemon, T. 1994. "Uganda: Higher Education and the State." In G. Neave and F. van Vught, eds. *Government and Higher Education Relationships across Three Continents: The Winds of Change.* Oxford: Pergamon Press.

477. Kajubi, S. W. 1992. "Financing of Higher Education in Uganda." *Higher Education* 23, no. 4: 433-441.

478. Kajubi, S. W. 1997. "From Elitist towards Mass Higher Education: The Phenomenon of Private Universities in Uganda." *Uganda Education Journal* 1, no. 1: 23-30.

479. Macpherson, M. 1964. *They Built for the Future: A Chronicle of Makerere University College*, 1922-1962. Cambridge: Cambridge University Press.

480. Musisi, M. B., and N. K. Muwanga. 2001. *Makerere University in Transition* 1993-2000: *Opportunities and Challenges.* Kampala: Makerere Institute of Social Research.

481. Mwiria, K. 1999, "Case II: Makerere University, Uganda." In S. Bjarnason and H.

Lund, eds., *Government/University Relationships: Three African Case Studies*. London: Commonwealth Higher Education Management Service (CHEMS).

482. Neave, G. 1992. "Uganda." In Burton R. Clark and Guy R. Neave, eds., *The Encyclopedia of Higher Education*, 1: 753-755. New York: Pergamon.

483. Oloka-Onyango, J. 1992. "The Legal Control of Tertiary Institutions in East Africa: The Case of Makerere." *Africa Development* 17, no. 4:47-66.

484. Onyango, B. 1985. "The Historical Development f Higher Education in Uganda." In L. P. Tembo and T. L. Maliyamkono, eds., *The Development of Higher Education in Eastern and Southern Africa*. Nairobi: Oxford University Press.

485. Opio-Odongo, J. M. A. 1993. *Higher Education and Research in Uganda*. Nairobi: ACTS Press.

486. Passi, F. O. 1992. *Implementing Change to Improve the Financial Management of Makerere University, Uganda*. Document IIEP/RP/49.5. Paris: International Institute of Educational Planning (UNESCO).

487. Ssekamwa, J. C. 1997. "Prelude to Private Students: Sponsorship and Implications of Its Progress at Makerere University." *Uganda Educational Journal* 2, no. 1: 1-22.

扎伊尔(Zaire)

见刚果民主共和国(扎伊尔)。

赞比亚(Zambia)

488. Burawoy, M. 1976. "Consciousness and Contradiction: A Study of Student Protest in Zambia." *British Journal of Sociology* 27, no. 1: 78-97.

489. Galabawa, J. C. 1993. *Study on Cost Effectiveness and Efficiency in African Universities: A Case Study of the University of Zambia (UNZA)*. Accra: Association of African Universities.

490. Goma, L. K. H. 1987. "The University of Zambia and the Quest for Excellence and Relevance." *Zambia Educational Review* 7, no. 1-2.

491. Government of Zambia. 1985. *Government Reaction to the Main Recommendations of the Commission of Inquiry into the Affairs of the University of Zambia*. Lusaka: Government Printer.

492. Government of Zambia. 1986. *Report of the Commission of Inquire Appointed to Inquire into the Affairs of the University of Zambia*. Lusaka: Government Printer.

493. Kaluba, L. H. 1992. "Zambia." In Burton R. Clark and Guy R. Neave, eds., *The Encyclopedia of Higher Education*, 1: 825-830. New York: Pergamon.

494. Lulat, Y. G.-M. 1981. "Determinants of Third World Student Activism in the Seventies: The Case of Zambia." In P. G. Altbach, ed., *Student Politics: Perspectives for the Eighties*, 234-266. Metuchen, N.J.: Scarecrow.

495. Lulat, Y. G.-M. 1982. "Political Constraints on Educational Reform for Development: Lessons from an African Experience." *Comparative Education Review* 76 (June): 235-253.

496. Lulat, Y. G.-M. 1989. "Zambia." In P. G. Altbach, ed. *Student Political Activism: An International Reference Handbook*, 37-56. Westport, Conn.: Greenwood.

497. Lungu, G. F. 1988. "Hierarchical Authority vs. Collegial Structures in an African University: Lessons from the University of Zambia." *Studies in Educational Administration* 47:14-20.

498. Lungu, G. F. 1993. "Educational Policy-Making in Colonial Zambia: The Case of Higher Education for Africans from 1924 to 1964." *Journal of Negro History* 78, no. 4: 207-232.

499. Mwanalushi, M. 1995. *University and Society: The Role of the University in National Development*. Ndola, Zambia: Mission press.

500. Ng'andwe, A. 1995. "Distance Education at the University of Zambia: Problems of Quality and Management." *Higher Education Policy* 8, no. 1: 44-47.

501. Nyirenda, J. 1989. "Organization of Distance Education at the University of Zambia: An Analysis of the Practice." *Distance Education* 10, no. 1: 148-156.

502. Rothchild, D. 1971. "The Beginning of Student Unrest in Zambia." *Transition* 8 (December): 66-74.

503. Sanyal, B. C., J. H. Case, P. S. Dow, and M. E. Jackman. 1976. *Higher Education and the Labour Market in Zambia: Expectations, and Performance*. Paris: UNESCO.

504. Siaciwena, R. 1997. "Organizational Changes at the University of Zambia." *Open Learning* 12, no. 3: 57-61.

505. Stabler, J. B. 1968. "The University of Zambia: Its Origin and First Year." *Journal of Higher Education* 3 (January):32-38.

506. Tembo, L. P. 1973. "University of Zambia," In T. M. Yesufu, *Creating the African University: Emerging Issues in the 1970s*, 226-243. Ibadan and London: Oxford University Press.

507. Tembo, L. P. 1983. *Research and Curriculum Development in Zambia*. Lusaka: Educational Research Bureau, University of Zambia.

508. Tembo, L. P. 1995. *The Development of Tertiary Education in Zambia: A Report*. Lusaka: Ministry of Education Republic of Zambia and Zambia Education Rehabilitation project.

参见 234，444。

津巴布韦(Zimbabwe)

509. Blair, R. D. D. 1990. *Cost Effectiveness and Efficiency in Universities: An African (in Particular, Zimbabwean) Perspective*. Lusaka: British Council Report of a Workshop on Cost Reduction and Recovery and Alternative Funding.

510. Burton, M. G. 1994. "Zimbabwe Marks Formal Opening of Sub-Sahara's First Private University." *Black Issues in Higher Education* 11(May): 8-10.

511. Cefkin, L. 1975. "Rhodesian University Students in National Politics." In W. J. Hanna and Joel D. Barkan, eds., *University Students and African Politics*. New York: Holmes and Meier Publishers.

512. Cheater, A. P. 1991. "The University of Zimbabwe: University, National University, State University or Party University?" *African Affairs* 90: 189-205.

513. Chideya, N. 1991. "Zimbabwe." In P. G. Altbach, ed., *International Higher Education: An Encyclopedia*, 1: 437-447. New York: Garland.

514. Dorsey, B. J., R. B. Gaidzanwa, and A. C. Mupawaenda. 1989. *Factors Affecting Academic Careers for Women at Center, University of Zimbabwe*. Harare: Human Resource Research Center, University of Zimbabwe.

515. Gumbo, S. D. 1989. "Informatics and Teacher Education: Some Views from Zimbabwe." *Higher Education Policy* 2, no. 4: 55-56.

516. Maravanyika, O. E. 1992. "Zimbabwe." In Burton R. Clark and Guy R. Neave, eds., *The Encyclopedia of Higher Education*, 1: 830-836. New York: Pergamon.

517. National University of Science and Technology. 1996. *Annual Report on National University of Science and Technology*. Bulawayo: National University of Science and Technology.

非洲(基于整个大陆)(Africa (Continent-based))

518. Abagi, O. 1997. *Revitalising Univer-*

sity Education in Africa. London: Cassell.

519. Abegaz, B. M. 1994. *Universities in Africa: Challenges and Opportunities of International Cooperation*. Accra: Association of African Universities.

520. Abegaz, B. M., and L. Levey. 1996. *What Price Information? Priority Setting in African Universities*. Washington D. C.: American Association for the Advancement of Science.

521. Aboderin, A. 1995. *On the Feasibility of Inter-University Cooperation in Joint Graduate Training, and Research in Africa*. Accra: Association of African Universities.

522. Adoul, F. W. O. 1999. "Establishing Teaching Staff Requirements for University Academic Programmes." *Higher Education Policy* 12: 101-106.

523. Africa Watch. 1990. *African Universities: Case Studies of Abuses of Academic Freedom*. Kampala, Uganda: CODESRIA.

524. Africa Watch. 1991. *Academic Freedom and Abuses of Human Rights in Africa*. New York: Africa Watch.

525. African Economic Research Consortium. 1996. *An African Based Doctoral Program in Economics*. Nairobi: African Economic Research Consortium.

526. Aguessy, H. 1994. *UNESCO's Commitment to the Success of Higher Education in Africa*. Paris: UNESCO.

527. Aina, A. T. 1994. *Quality and Relevance: African Universities in the 21st Century*. Accra: Association of African Universities.

528. Ajayi, J. F. 1988. *The American Factor in the Development of Higher Education in Africa*. Los Angeles: African Studies Center.

529. Ajayi, J. F., L. K. Goma, and G. A. Johnson. 1996. *The African Experience with Higher Education*. Athens, Ohio: Ohio University Press.

530. Alele-Williams, G. 1992. "Major Constraints to Women's Access to Higher Education in Africa." In UNESCO-BREDA, ed., *Higher Education in Africa: Trends and Challenges for the 21st Century*. Dakar, Senegal: UNESCO.

531. Alemna, A. A., and V. Chifwepa. 1999. *African Journals: An Evaluation of Use Made of African-Published Journal in African Universities*. Education Research Report, Serial 36. London: Department for International Development.

532. Altbach, P. G., and D. Teferra. 1998. *Knowledge Dissemination in Africa: The Rote of Scholarly Journals*. Boston, Mass.: Bellagio Studies in Publishing.

533. Amonoo-Neizer, E. H. 1998. "Universities in Africa: The Need for Adaptation, Transformation, Reformation, and Revitalization." *Higher Education Policy* 11, no. 4: 301-310.

534. Antoinette, M., and B. Sherman. 1990. "The University in Modern Africa: Toward the Twenty-First Century." *Journal of Higher Education* 61, no. 4.

535. Apraku, K. 1991. *African Emigrés in the United States, A Missing Link in African Graduate Students in the United States*. New York: Praeger.

536. Arvanitis, R., R. Waast, and J. Gaillard. 2000. "Science in Africa: A Bibliometric Panorama Using the PASCAL Database." *Scientometrics* 47, no. 3: 457-473.

537. Ashby, E. 1964. *African Universities and Western Tradition*. Cambridge, Mass.: Harvard University Press.

538. Ashby, E. 1966. *Universities: British, Indian, African—A Study in the Ecology of Higher Education*. Cambridge, Mass.: Harvard University Press.

539. Askin, S. 1988. *College Crisis across Africa*. Boston: Christian Science Publishing Society.

540. Assié-Lumumba, N. T. 1996. "The

Role and Mission of African Higher Education: Preparing for the 21st Century and Beyond." *South African Journal of Higher Education* 10, no. 2:5-12.

541. Association for the Development of Education in Africa. 1998. *Partnership for Capacity Building and Quality Improvement in Education*. Dakar: ADEA.

542. Association of African Universities. 1988. *Directory of African Universities*. Accra, Ghana: Association of African Universities.

543. Association of African Universities. 1991. *Study Group on Cost Effectiveness and Efficiency in African Universities*. Accra: Association of African Universities.

544. Association of African Universities. 1995. *African Universities: The March to the 21st Century*. Lesotho: AAU.

545. Association of African Universities. 1995. *Report of the AAU/UNESCO/CHEMS Workshop on Strategic Planning in African Universities*. Accra: AAU.

546. Association of African Universities. 1999. *Networks for Regional Cooperation in Graduate Training and Research*. Accra: Association of African Universities.

547. Association of African Universities and International Association of Universities. 1999. *Guide to Higher Education in Africa*. London: Macmillan.

548. Association of Commonwealth Universities. 2001. *Research Management in African Universities*. Discussion Paper no. l. London: Association of Commonwealth Universities.

549. Atteh, S. O. 1998. "The Crisis in Higher Education in Africa." In K. Kempner, M. Mollis, and W, G. Tierney, eds., *Comparative Education*, 468-477. Needham Heights, Miss, Simon and Schuster Custom Publishing.

550. Ayandale, F. A. 1982. "Africa: The Challenge or Education." *Daedalus* 111: 165-177.

551. Ayeni, V. 1992. "Administrative Institutions for Postgraduate Programs in African Universities: Problems and Prospects." *Higher Education Policy* 5, no. 4:12-17.

552. Ayensu, E, S. 1997. "Human Resources Development in Africa." *UNESCO-Africa*, no. 14/15: 64-72.

553. Ayiku, M. N. B. 1991. *University-Productive Sector Linkages: Review of the State of the Art in Africa*. Ottawa: International Development Research Center.

554. Baranshamaje, E. 1996. *AVU—The African Virtual University: Knowledge Is Power*. Washington, D. C.: The World Bank.

555. Bassey, M. O. 1999. *Western Education and Political Domination in Africa: A Study in Critical and Dialogical Pedagogy*. Westport, Conn.: Bergin and Garvey.

556. Bates, R., V. Y. Mudimbe, and J. O'Barr. 1993. *Africa and the Disciplines: The Contributions of Research in Africa to the Social Sciences and Humanities*. Chicago: University of Chicago Press.

557. Bathgeber, E. M. 1988. "A Tenuous Relationship: The African University and Development Policy Making in the 1980s." *Higher Education* 17: 399-410.

558. Berendt, B. 1988. "Improving Co-operation between European and African Universities in the Fields of Teaching, Research, and Inter-university Co-operation Procedures." *Higher Education in Europe* 13, nos. 1-2: 172-175.

559. Blair, R. 1992. *Financial Diversification and Income Generation at African Universities*. Technical Note no. 2. Washington, D. C.: The World Bank.

560. Blair, R. 1992. *Progress and Potential for Financial Diversification among Selected African Universities*. Washington, D. C.: Africa Technical Department, Education and Training Division, The World Bank.

561. Blair, R. 1998. "Financing Higher

Education in Africa." In UNESCO, ed., *Higher Education in Africa: Achievements, Challenges and Prospects*, 403-456. Dakar: BREDA.

562. Blair, R., and J. Jordan. 1994. *Staff Loss and Retention at Selected African Universities: A Synthesis Report*. Washington, D.C.: The World Bank.

563. Bown, L. 1991. *African Universities and the Reality of Interdependence*. Los Angeles: International Studies and Overseas Programs. JamesS. Coleman African Studies Center, University of California-Los Angeles.

564. Boyle, P. M, 1999. *Class Formation and Civil Society: The Politics of Education in Africa*. Aldershot: Ashgate.

565. Braimoh, D. 1999. "Academic and African Academia? A Paradox of Manufacturers and Industries for Development." *Higher Education Policy* 12, no. 3: 253-260.

566. Brock-Utne, B. 1999. "African Universities and the African Heritage." *International Review of Education* 45, no. 1:87-105.

567. Brock-Utne, B. 2000. "Transforming African Universities Using Indigenous Perspectives and Local Experience." In G. R. Teasdale and Z. M. Rhea, eds., *Local Knowledge and Wisdom in Higher Education*, 153-167. New York: IAU, Pergamon, and UNESCO.

568. Brock-Utne, B. 2000. *Whose Education for All? The Recolonization of the African Mind*. New York: Flamer.

569. Bureau Régional pour L'Education en Afrique. 1998. *Enseignement supérieur en Afrique: réalisations, défies et perspectives*. (*Higher Education in Africa: Achievements, Challenges and Perspectives*.) Dakar: BREDA.

570. Caffentzis, G. 1994. "The World Bank's African Capacity Building Initiative: A Critique." *Newsletter of the Committee for Academic Freedom in Africa* 6:14-19.

571. Caffentzis, G. 2000. "The World Bank and Education in Africa." In S. Federici, G. Caffentzis, and O. Alidou, eds., *A Thousand Flowers: Social Struggles against Structural Adjustment in African Universities*, 3-23. Trenton, N.J.: African World Press.

572. Caffentzis, G. 2000. "The World Bank's African Capacity Building Initiative." In S. Federici, G. Caffentzis, and O, Alidou, eds., *A Thousand Flowers: Social Struggles against Structural Adjustment in African Universities*, 69-81. Trenton, N.J.: African World Press.

573. Carlsson, J., and L. Wohlgemuth. 1996. *Capacity Building and Networking: A Meta Evaluation of African Regional Research Networks*. Sida Evaluation 96/45. Stockholm: Sida.

574. Clideya, N. T., C. E. M. Chikombah, A. J. C. Pongweni, and L. C. Tsikirayi, eds. 1982. *The Role of the University and Its Future*. Harare, Zimbabwe: Harare Publishing House.

575. Cisse, M. K. 1992. "Managing University-Based Research and Research Institutions in Africa: Evaluating the Prospects for Improvement." *Higher Education Policy* 5, no. 2: 55-60.

576. Colclough, C. 1989. "The Higher Education Paradox in African Development Planning." *International Journal of Educational Development* 9, no. 4: 271-281.

577. Commonwealth Secretariat. 1986. *Institutional Links in Higher Education in Commonwealth Africa*. London: Commonwealth Secretariat.

578. Coombe, T. 1991. *A Consultation on Higher Education in Africa: A Report to the Ford Foundation and the Rockefeller Foundation*. New York: The Ford Foundation.

579. Council for the Development of Social Science Research in Africa (CODESRIA). 1996. *The State of Academic Freedom in Africa: 1995*. Dakar: CODESRIA.

580. Court, D. 1995. "The Challenge to

the Liberal Vision of Universities in Africa," In L. Buchert and K. King, eds., *Learning from Experience: Policy and Practice in Aid to Higher Education*, 109-121. The Hague: Centre for the Study of Education in Developing Countries.

581. Court, D. 1996. "External Support for the Social Sciences in Africa: Issues and Lessons." *AAPS Newsletter* 21, no. 1.

582. Cross, B. 1996. *Sounding Out the Silences: Narratives and Absences in African Higher Education*. Edinburgh: Center of African Studies, Edinburgh University.

583. Crossman, P., and R. R. D. Devish. 1999. *Endogenisation and African Universities. Initiatives and Issues in the Quest for Plurality in the Human Sciences. Policy Study on Development Co-operation*. Brussels: Belgian Administration for Development Co-operation.

584. Diagne, M. 2001. *Directory to Donor Assistance for African Higher Education*. Washington, D. C.: ADEA Working Group on Higher Education, The World Bank.

585. Diambomba, M. 1991. *Les stratégies de financement de l'enseignement supérieur dans certains pays industrialisés et Africans*, (*Funding Strategies for Higher Education in Specific Industrialized African Countries.*) Quebec, Canada: Université Laval.

586. Diouf, M., and M. Mamdani, eds. 1994. *Academic Freedom in Africa*. Dakar, Senegal.

587. Djangmah, J. S. 1995. "Funding of Postgraduate Training and Research in African Universities." *Higher Education Policy* 8, no. 1: 30-32.

588. Economic Commission for Africa. 1989. "Higher Education and the Future of Africa in the Twenty-First Century: The Role of the Institutions of Higher Learning in Responding to Africa's Development Needs and Priorities." *Discovery and Innovation* 1, no. 2: 25-32.

589. Eisemon, T. O. 1980. "African Scientists: From Generation to Generation." *The Bulletin of the Atomic Scientists* 36:17-23.

590. Eisemon, T. O. 1981. "Scientific Life in Indian and African Universities: A Comparative Study of Peripherality in Science." *Comparative Education Review* 25, no. 2: 164-182.

591. Eisemon, T. O., and C. H. Davis. 1991. "Can the Quality of Scientific Training and Research in Africa Be Improved by Training?" *Minerva* 24, no. 1: 1-26.

592. Eisemon, T. O., and W. D. van Balkom. 1988. "Universities and the Development of Scientific Capacity in African Countries: A Critique." *Compare* 18, no. 2: 105-116.

593. Ekong, D., and P. Plant. 1996. *Strategic Planning at Selected African Universities*. Accra: Association of African University.

594. Ekong, D., and A. Sawyerr. 1999. "Challenges Facing Higher Education in Africa." In D. Ekong and A. Sawyerr, eds., *Higher Education Leadership in Africa. A Casebook*. Cape Town: Maskew Miller Longman and Association of African Universities.

595. Ekong, D., and A. Sawyer. 1999. *Higher Education Leadership in Africa. A Casebook*. Cape Town: Maskew Miller Longman and Association of African Universities.

596. Eshiwani, G. S. 1999. "Higher Education in Africa: Challenges and Strategies for the 21st Century," In P. G. Altbach and P. M. Peterson, eds., *Higher Education in the 21st Century: Global Challenge and National Response*, 31-38. New York: Institute of International Education and the Boston College for International Higher Education.

597. Eustace, R. 1984. "The Export of the UGC Idea to Africa." *Higher Education* 13, no. 5: 595-612.

598. Fadayomi, T. O. 1996. "Brain Drain and Brain Gain in Africa: Causes, Dimensions, and Consequences." In A. Adepoju and T. Hammer, eds., *International Migration in and from Africa: Dimensions, Challenges, and*

Prospects. Stockholm: Population, Human Resources and Development in Africa, Centrum for Invandringsforskning.

599. Farida, K. 1998. "Relevance of Higher Education Policies and Practices." In UNESCO Regional Office for Education in Africa, ed., *Higher Education in Africa*. Dakar: UNESCO.

600. Farrant, J. H., and L. M. Afonso. 1997. "Strategic Planning in African Universities: How Relevant Are Northern Models?" *Higher Education Policy* 10, no. 1: 23-30.

601. Federici, S. 2000. "The Economic Roots of the Repression of Academic Freedom in Africa." In S. Federici, C. Caffentzis, and O. Alidou, eds., *A Thousand Flowers: Social Struggles against Structural Adjustment in African Universities*, 61-68. Trenton, N. J: African World Press.

602. Federici, S. 2000. "The New African Student Movement." In S. Federici, G. Caffentzis, and O. Alidou, eds., *A Thousand Flowers: Social Struggles against Structural Adjustment in African Universities*, 87-112. Trenton, N. J,: African World Press.

603. Federici, S. 2000. "The Recolonization of African Education." In S. Federici, G. Caffentzis, and O. Alidou, eds., *A Thousand Flowers: Social Struggles against Structural Adjustment in African Universities*, 19-23. Trenton, N. J.: African World Press.

604. Federici, S., G. Caffentzis, and O. Alidou, eds. 2000. *A Thousand Flowers: Social Struggles against Structural Adjustment in African Universities*. Trenton, N, J.: African World Press.

605. Fielden, J. 1991. *Management Information Systems in Universities*. Dakar, Senegal.

606. Fine, J. C. 1990. *A Strategy for Graduate Training in Economics for Africans*. Nairobi, Kenya: Initiatives Publisher.

607. Gaidzanwa, R. B. 1994. *Governance Issues in African Universities: Improving Management and Governance to Make African Universities Viable in the Nineties and Beyond*. Accra: Association of African Universities.

608. Gaillard, J., and A. Furó. 2001. *Questionnaire Survey of African Scientists. IFS Grantees and INCO Beneficiaries*. Stockholm: International Foundation for Science: Monitoring and Evaluation System for Impact Assessment (MESIA), Report no. 2.

609. Gaillard, J., and R. Waast. 1993. "The Uphill Emergence of Scientific Communities in Africa." *Journal of African and Asian Studies* 27, nos. 1-2: 41-68.

610. Gaillard, J., and R. Waast. 1998. "La recherche scientifique en Afrique." ("Scientific Research in Africa,") *Afrique contemporaine (Contemporary Africa)* 148: 3-30.

611. Girdwood, A. 1997. "The University in Africa: Evolving Roles and Responsibilities." In K. Watson, S. Modgil, and C. Modgil, eds, *Educational Dilemmas: Diversity and Debate*, 250-258. London: Cassell.

612. Goma, L. K. H. 1989. "The Crisis of Higher Education in Africa." *Discovery and Innovation* 1, no. 2: 19-25.

613. Goma, L. K. H. 1990. "The African Brain Drain: Investment in and Utilization of Human Capital." In A. A. Kwapong and B. Lesser, eds., *Capacity Building and Human Resource Development in Africa*. Halifax, Nova Scotia: Lester Pearson Institute for International Development, Dalhousie University.

614. Goma, L. K. H., and L. P. Tembo. 1984. *The African University: Issues and Perspectives, Speeches*. Lusaka: Institute for African Studies, University of Zambia.

615. Hagström, S., and S. Anitra. 1995. *The University in Africa in the 1990s and Beyond: The Changing Role of the University*. Stockholm: Universitetskanslern.

616. Hanna, W. J., and J. Barkan. 1975. *University Students and African Politics*. New

York: Holmes and Meier Publishers.

617. Harding, J. 1990. *Women in Science and Technology in Africa: A Resource Book for Counseling Girls and Young Women*. London: Commonwealth Secretariat Education Program, Human Resources Development Group.

618. Hayrnan, J. 1991. "IAU's USIT Information and Research Program: Informatics Research in Africa." *Higher Education Policy* 4, no. 3: 49-51.

619. Hayman, J. 1992. "Building Informatics Capacity in African Universities through a Network of Research and Development Centers." *Higher Education Policy* 5, no. 1: 54-56.

620. Hayman, J. 1992. *Research on the Status of Informatics in African Higher Education*. Paris: International Association of Universities.

621. Hayman, J. 1993. "Bridging Higher Education's Technology Gap in Africa." *Technological Horizons in Education Journal* 20, no. 6: 63-69.

622. Hayman, J. 1994. "Report from Dar es Salaam: New Opportunities and Challenges for IAU in Africa." *Higher Education Policy* 7, no. 1: 53-55.

623. Hayward, F. M. 1991. "The Changing African Landscape: Implications for Higher Education." *Educational Record* 72 (Fall): 34-39.

624. Heisel, D. 1998. *Ph. D, Training for Africans in Population Studies*. New York: The Population Council.

625. Hountondji, P. 1990, "Scientific Dependence in Africa Today." *Research in African Literatures* 21, no. 3: 5-15.

626. Hountodlji, P. 1998. "Producing Knowledge in Africa Today: The Second Bashorun M. K. O. Abiola Distinguished Lecture." In K. Kempner, M. Mollis, and W. G. Tierney, eds., *Comparative Education*, 156-161. Needham Heights, Mass.: Simon and Schuster Custom Publishing.

627. Hountondji, P., ed. 1994. *Les savoirs endogènes: Pistes pour une recherche. (Endogenous Learning: Paths for Research.)* Dakar: Council for the Development of Social Science Research in Africa.

628. International Center for Insect Physiology and Ecology. 1988. *Scientific Institution Building in Africa*. Nairobi: ICIPE Science Press.

629. Jackson, W. 2000. "Mondialisation, exode des compétences et développement des capacités en Afrique," ("Globalization, Brain Drain and Capacity Building in Africa.") In S. Tapsoba, S. Kassoum, V. Houenou, O. Bankole, M. Sethi, and J. Ngu, eds., *Brain Drain and Capacity Building in Africa*, 52-61. Dakar, Senegal: Economic Commission for Africa/International Development Research Centre/International Organization for Migration.

630. Jaycox, E. V. K. 1990. "Capacity Building in Africa: Challenge of the Decade." In A. A. Kwapong and B. Lesser, eds., *Capacity Building and Human Resource Development in Africa*. Nova Scotia, Canada: Dalhousie University.

631. Jenkins, J. 1989. "Some Trends in Distance Education in Africa: An Examination of the Past and Future Role of Distance Education as a Tool for National Development." *Distance Education* 10, no. 1: 41-48.

632. Kagia, R. 2000. "Financing of Higher Education in Africa." In B. Jongbloed and H. Teekens, eds., *The Financing of Higher Education in Sub-Saharan Africa*, 53-67, Utrecht, Netherlands: Uitgeverij-Lemma.

633. Kamba, W. 1985. *The Response of Institutions of Higher Learning to Africa's Rapidly Deteriorating Social and Economic Conditions*. Roma, Lesotho: Institute of Southern African Studies, National University of Lesotho.

634. Kashoki, M. E. 1994. "The African University: towards Innovative Management Strategies for the 21st Century." In Jennifer Barnes and Mary-Louise Kearney, eds., *Higher Education Staff Development: Directions for the Twenty-First Century*, 149-162, Paris: UNESCO.

635. King, K. 1984. *North-South Collaboration in Higher Education: Academic Links between Britain and the Developing World.* Edinburgh: Center of African Studies, Edinburgh University.

636. Ki-Zerbo, J. 1992. "Africanization of Higher Education Curriculum." In H. Glimm and W. Küper, eds., *Hochschule, wissenschaft und entwicklung.* Bonn: DAAD.

637. Koso-Thomas, K. 1992. "Innovative Ways of Financing Higher Education in Africa." In UNESCO-BREDA, ed., *Higher Education in Africa: Trends and Challenges for the 21st Century*, 121-133. Dakar, Senegal: UNESCO Regional Office.

638. Kwapong, A. A. 1992. "The Context of Capacity Building in Africa: An Overview." In A. A. Kwapong and B. Lesser, eds,, *Meeting the Challenge: The African Capacity Building Initiative.* Nova Scotia, Canada: Dalhousie University.

639. Kwapong, A. A., and B. Lesser. 1990. *Capacity Building and Human Resource Development in Africa.* Nova Scotia Canada: Dalhousie University.

640. Lamptey, A. S. 1992. "Promoting Women's Participation in Teaching, Research, and Management in African Universities." In UNESCO-BREDA, ed., *Higher Education in Africa: Trends and Challenges for the 21st Century*, 77-94. Dakar Senegal: UNESCO Regional Office.

641. Legum, C. 1972. "The Year of the Students: A Survey of the African University Scene." In Colin Legum, ed., *Africa Contemporary Record*, A3-A30. London: Rex Collins.

642. Liverpool, L. S., E. Eseyin, and E. Opara. 1998. "Modelling for Resource Allocation to Departments and Faculties in African Universities." *Higher Education* 36, no. 2: 139-153.

643. MacKenzie, C. G. 1986. "Prisoners of Fortune: Commonwealth African Universities and Their Political Masters." *Comparative Education* 22, no. 2:111-121.

644. Mafeje, A. 1994. "African Intellectuals: An Inquiry into Their Genesis and Social Options." In M. Diouf and M. Mamdani, eds., *Academic Freedom in Africa.* Dakar: Council for the Development of Social Science Research in Africa (CODESRIA).

645. Makany, L. 1983. *Fifteen Years of Inter-University Cooperation in Africa*, 1969-1982. Accra: Association of African University.

646. Makhubu, L. P. 1998. "The Right to Higher Education and Equal Opportunity Particularly for Women: The Major Challenge of Our Time." In UNESCO Regional Office for Education in Africa, *Higher Education in Africa: Achievements, Challenges and Prospects.* Dakar: UNESCO Regional Office for Education in Africa.

647. Mamdani, M. 1993. "University Crisis and Reform: A Reflection on the African Experience." *Review of African Political Economy* 58: 7-19.

648. Matos, N. 1998. "A Changed 'Aid Relationship': One Practical Experience." In S. Kayizzi-Mugerwa, A. O. Olukoshi, and L, Wohlgemuth, eds., *Towards a New Partnership with Africa: Challenges and Opportunities*, 195-206. Uppsala: Nordiska Afrikainstitute.

649. Matos, N. 1999. *North-South Cooperation to Strengthen Universities in Africa.* AAU Occasional Paper, no. 2. Accra-North: Association of African Universities.

650. Mazrui, A. A. 1976. "The African University as a Multinational Corporation."

Harvard Educational Review 45, no. 2: 191-210.

651. Mazrui, A. A. 1978. *Political Values and the Educated Class in Africa*. Berkeley: University of California Press.

652. Mazrui, A. 1992. "Toward Diagnosing and Treating Cultural Dependency: The Case of the African University." *International Journal of Educational Development* 12, no. 2: 95-111.

653. Mazrui, A. 2000. "The World Bank, the Language Question, and the Future of African Education." In S. Federici, G. Caffentzis, and O. Alidou, eds., *A Thousand Flowers: Social Struggles against Structural Adjustment in African Universities*, 43-59. Trenton, N. J.: African World Press.

654. Meldrum, A. 1991. "Academic Freedom in Africa." *Africa Report*, September/October.

655. Mintsa, V. 2000. " L'Exode des compétence en Afrique." ("Brain Drain in Africa.") In S. Tapsoba, S, Kassoum, V. Houenou, O. Bankole, M. Sethi, and J, Ngu, eds., *Brain Drain and Capacity Building in Africa*, 80-87. Dakar, Senegal: Economic Commission for Africa/International Development Research Centre/International Organization for Migration.

656. Mkandawire, T. 1995. "Three Generations of African Academics: A Note." *CODESRIA Bulletin* 3: 9-12.

657. Mlama, P. M. 1998. "Increasing Access and Equity in Higher Education: Gender Issues." In UNESCO Regional Office for Education in Africa, ed., *Higher Education in Africa: Achievements, Challenges and Prospects*. Dakar: UNESCO Regional Office for Education in Africa.

658. Mohamedbhai, G. T. G. 1992. "A Review of Training Activities in African Universities." In UNESCO-BREDA ed., *Higher Education in Africa: Trends and Challenges for the 21st Century*, 137-156. Dakar, Senegal: UNESCO Regional Office.

659. Moock, J. L., and P. R. Moock. 1977. *Higher Education and Rural Development in Africa: Toward a Balanced Approach for Donor Assistance*. New York: African-American Institute.

660. Mosha, H. J. 1986. "The Role of African Universities in National Developments: A Critical Analysis." *Higher Education* 15, no. 1: 113-134.

661. Mouton, J., R. Waast, and F. Ritchie. 2002. *Science in Africa. Proceedings of a Symposium held on* 17-18 *October* 2001, *Erinvale Estate Hotel, Somerset West, South Africa*. Stellenbosh: Centre for Interdisciplinary Studies, University of Stellenbosch.

662. Mugabe, R. 1988. "Higher Education, Economic Development, and National Independence." *Higher Education Policy* 1, no. 1: 17-18.

663. Muntemba, S. 1990. "The African Brain Drain: Investment in and Utilization of Human Capital." In A. A. Kwapong and B. Lesser, eds., *Capacity Building and Human Resource Development in Africa*, 103-105. Nova Scotia, Canada: Dalhousie University.

664. Mwiria, K., and S. P. Wamahui. 1995. *Issues in Educational Research in Africa*. Nairobi: East Africa Educational Publishers.

665. Namuddu, K. 1995. "Gender Perspectives in the Transformation of Africa: Challenges to the African University as a Model to Society." In UNESCO Regional Office for Education in Africa, ed., *Women in Higher Education in Africa*, 17-57. Dakar, Senegal: UNESCO.

666. Nare, Z. C. 1995. "Being a Woman Intellectual in Africa: The Persistence of a Sexist and Cultural Stereotype." UNESCO Regional Office for Education in Africa, ed., *Women in Higher Education in Africa*, 1-11, Dakar,

Senegal: UNESCO.

667. Neave, G. 2001. "Out of Africa: Planning and Policy." *Higher Education Policy* 14, no. 2: 99-101.

668. Ngara, E. 1994. *The African University and Its Mission: Strategies for Improving the Delivery of Higher Education Institutions*. Lesotho: Institute of Southern African Studies, National University of Lesotho.

669. Ngu, J. L. 1992. *The Relevance of African Higher Education*. Washington, D.C.: Africa Technical Department, The World Bank.

670. Ngu, J. L., and Y. Kwankam. 1992. *At What Price Higher Education in Africa?* Ottawa: International Development Research Centre.

671. Nkinyangi, J. A. 1991. "African Education in the Age of Student Revolt." *Higher Education Policy* 4, no. 2: 47-51.

672. Nwa, E. U., and P. Houenou. 1990. *Graduate Education and Research and Development in African Universities*. Accra, Ghana: Association of African Universities (AAU),

673. Nwauwa, A. O. 1997. *Imperialism, Academe, and Nationalism: Britain and University Education for Africans* 1860-1960. London: Frank Cass.

674. Obanya, P. 1992. "Future Prospects of Higher Education in Africa." In UNESCO-BREDA, ed., *Higher Education in Africa: Trends and Challenges for the 21st Century*, 315-322. Dakar, Senegal: UNESCO Regional Office.

675. Obanya, P., J. Shabani, and P. Okebukola. 2000. *Guide to Teaching and Learning in Higher Education*. Dakar: UNESCO-BREDA.

676. Odhiambo, T. R. 1993. "Introductory Remarks." In Project on the Management of Science and Technology for Development in Africa (MANSCI), ed., *Science-Led Development in Africa: Proceedings of the First Roundtable of Science Advisors for Science-Led Development in Africa*. Nairobi: Randforum Press.

677. Odhiambo, T. R., and T. T. Isoun. 1989. *Science for Development in Africa*. Nairobi, Kenya: ICIPE Science Press and Academy Science Publishers.

678. Omari, I. M. 1991. *Higher Education at the Crossroads in Africa*. Nairobi, Kenya: Man Graphics.

679. Oyewo, T. A. 1999. *Essays in African Diaspora*. Ibadan: Jator Publishing Company.

680. Perraton, H., ed. 1986. *Distance Education: An Economic and Educational Assessment of Its Potential for Africa*. Washington, D. C.: Education and Training Department, The World Bank.

681. Pires, M., R. Kassimir, and M. Brhane. 1999. *Investing in Return: Rates of Return of African Ph. D.'s Trained in North America*. New York: Social Science Research Council.

682. Prah, K. K. 1995. *Mother Tongue for Scientific and Technological Development in Africa*. Bonn: Deutsche Stiftung fur Internationale Entwicklung.

683. Quik, H. G. 1981. "La coopération internationale et le développement des universités Africaines." ("International Cooperation and the Development of African Universities.") *Informations Universitaires et Professionelles Internationales* 25:26-32.

684. Rasheed, S., and C. Grey-Johnson. 1987. *Higher Education in the Service of Africa's Socio-economic Recovery and Accelerated Development*. Harare: University of Zimbabwe Press.

685. Rathgeber, E. M. 1988. "A Tenuous Relationship: The African University and Development Policy Making in the 1980s." *Higher Education* 17, no. 3: 399-410.

686. Rathgeber, E. M. 1991. "Women in

Higher Education in Africa: Access and Choices." In G. P, Kelly and S. Slaughter, eds., *Women's Higher Education in Comparative Perspective*. Dordrecht: Kluwer.

687. Reddy, J. 1999. "African Realities and Global Challenges." *International Higher Education* 17:10-11.

688. Reddy, J. 2002. "Current Challenges and Future Possibilities for the Revitalization of Higher Education in Africa." In D. W. Chapman and A. E. Austin eds., *Higher Education in the Developing World: Changing Contexts and Institutional Responses*. 109-127. Westport, Conn.: Greenwood Press.

689. Rosenberg, D., ed. 1997. *University Libraries in Africa: A Review of Their Current State and Future Potential*. London: International Africa Institute.

690. Saint, W. S. 1992. *Universities in Africa: Strategies for Stabilization and Revitalization*. Washington, D. C.: The World Bank.

691. Sall, E. 2000. *Women in Academia: Gender and Academic Freedom in Africa*. Dakar Council for the Development of Social Science Research in Africa (CODESRIA).

692. Sall, E. 2001. "Academic Freedom and African Community of Scholars: The Challenges." *News from the Nordic Africa Institute (Uppsala: Nordiska Afrikainstitutet)* 1. Available online at http://www.nai.uu.se/newsfromnai/arkiv/2001/1/sall.html (accessed August 2002).

693. Sarnoff J., N. T. Assié-Lumumba, L. Jallade, M. Cohen, UNESCO, and the Working Group on Education Sector Analysis, eds. 1996. *Analyses, Agendas, and Priorities for Education in Africa: A Review of Externally Initiated, Commissioned, and Supported Studies of Education in Africa*, 1990-1994. Paris: UNESCO.

694. Sanyal, B. C. 1991. *Staff Management in African Universities*. Paris: International Institute of Educational Planning, UNESCO.

695. Sanyal, B. C., and M. Martin. 1998. *Management of Higher Education with Especial Reference to Financial Management in African Countries*. Paris: International Institute of Educational Planning, UNESCO.

696. Saunders, S. J. 1992. *Access to and Quality in Higher Education: A Comparative Study*. Cape Town: University of Cape Town.

697. Sawadago, G. 1995. *The Future Missions and Roles of the African Universities*. Accra: DAE/AAU.

698. Sawyerr, A. 1988. "Changing Development Objectives and Strategies for Self-Reliant Economies in Africa: University Responses." *Higher Education Policy* 1, no. 1: 19-23.

699. Sawyerr, A. 1996. "Academic Freedom and University Autonomy: Preliminary Thoughts from Africa." *Higher Education Policy* 19, no. 4: 281-288.

700. Sawyerr, A. 1998. "Does Africa Really Need Her Universities?" *CODESRIA Bulletin* 3-4: 23.

701. Shabani, J., ed. 1998. *Higher Education in Africa: Achievements, Challenges and Prospects*. Dakar: UNESCO-BREAD.

702. Sherman, M. A. B. 1990. "The University in Modern Africa: Toward the Twenty-First Century." *Journal of Higher Education* 61, no. 4: 363-385.

703. Ssekiboobo, A. M. N. 1995. "Toward the Improvement of Data Usage for a Healthy Education Management System in Africa." *Higher Education Policy* 8, no. 1: 52-53.

704. Subcommittee on African Affairs. United States Congress Senate, Committee on Foreign Relations. 1994. *Higher Education in Africa: Hearing before the Subcommittee on African Affairs of the Committee on Foreign Relations, United States Senate, One Hundred Third Congress, First Session, May 17, 1993.*

Washington, D. C.: United States Government Printing Office.

705. Tapsoba, S. 2000. "Création et retention du savoir en Afrique." ("Creation and Retention of Knowledge in Africa.") In S. Tapsoba, S. Kassowrn, V. Houenou, O. Bankole, M. Sethi, and J. Ngu, eds., *Brain Drain and Capacity Building in Africa*, 18-35. Dakar, Senegal: Economic Commission for Africa/International Development Research Centre/ International Organization for Migration.

706. Tapsoba, S., S. Kassoum, V. Houenou, O. Bankole, M. Sethi, and J. Ngu, eds. 2000. *Brain Drain and Capacity Building in Africa*. Dakar, Senegal: Economic Commission for Africa/International Development Research Center/International Organization for Migration.

707. Tarpeh, D., and Association of African Universities. 1994. *Study on Cost Effectiveness and Efficiency in African Universities (Phase II): An Overview*. Accra: Association of African Universities.

708. Teekens, H., and B. Jongbloed. 2000. "The Role and Mission of the University in African Society." In H. Teekens and B. Jongbloed, eds., *The Financing of Higher Education in Sub-Saharan Africa*. Utrecht, Netherlands: Uitgeverij-Lemma.

709. Teferra, D. 1997. "Brain Drain of African Scholars and the Role of Studying in the United States." *International Higher Education* 7: 4-6.

710. Teferra, D. 1999. "Ideas for Financing African Higher Education." *International Higher Ear Education* 17: 18-19.

711. Teferra, D. 2000. "Endowing African Universities: Cultivating Sustainability." *International Higher Education* 20:18-19.

712. Teferra, D. 2000. "Revisiting the Doctrine of Human Capital Mobility in the Information Age." In S. Tapsoba, S. Kassoum, V, Houenou, O. Bankole, M. Sethi, and J. Ngu, eds., *Brain Drain and Capacity Building in Africa*, 64-77 Dakar, Senegal: Economic Commission for Africa/International Development Research Centre/ International Organization for Migration.

713. Teferra, D. 2001. "The Knowledge Context in African Universities: The Neglected Link." *International Higher Education* 25 (Fall): 23-25.

714. Temu, J. R. 1992. *Women and Higher Education in Selected African Nations, 1960-1980: Enrollment Analyses and Former Student Perceptions*. Kent, Ohio: Kent State University Press.

715. Thiam, M. 1992. "An Overview of Trends and Challenges of Higher Education in Africa." In UNESCCSCO-BREDA, ed., *Higher Education in Africa: Trends and. Challenges for the 21st Century*, 19-41. Dakar, Senegal: UNESCO Regional Office.

716. Tshibangu, T. 1982. *La crise contemporaine, l'enjeu Africain et l'université de l'an 2000. (Contemporary Crisis, African Trends and the University in the Year 2000)*. Kinshasa: Presses Universitaires du Zaire.

717. Tshibangu, T. 1984. *L'Enseignement supérieur et le développement de l'Afrique d'ici l'an 2000. (Higher Education and Development in Africa: Toward the Year 2000)*. Dakar: UNESCO-BREDA.

718. UNESCO. 1963. *The Development of Higher Education in Africa*. Paris: UNESCO.

719. UNESCO. 1964. *Outline of a Plan for Scientific Research and Training in Africa*. Paris: UNESCO.

720. UNESCO. 1986. *Educafrica: Etudes de cas sur l'Enseignement Supérieur en Afrique. (Case Studies on Higher Education in Africa.)* Dakar: BREDA.

721. UNESCO. 1987. *CASTAFRICA II: Science, Technology and Endogenous Development in Africa-Trends, Problems and Prospects*. Paris: UNESCO.

722. UNESCO. 1993. *Development of Higher Education in Africa: The African University into the New Millennium*. Paris: UNESCO.

723. UNESCO. 1994. *Future Directions for Higher Education in Africa*. Paris: UNESCO.

724. UNESCO. 1994. *The Role of African Student Movements in the Political and Social Evolution of Africa from 1900 to 1995*. Paris: UNESCO.

725. UNESCO. 1995. *Women in Higher Education in Africa*. Dakar: UNESCO Regional Office for Education in Africa (BREDA).

726. UNESCO. 1998. *Higher Education in Africa: Achievements, Challenges and Prospects*. Dakar: UNESCO.

727. UNESCO-BREDA. 1987. *Amélioration et renovation de l'enseignement supérieur en Afrique*. (*Improvement and Renewal of Higher Education in Africa*.) Dakar: UNESCO-BREDA.

728. UNESCO-BREDA. 1987. "Higher Education in Africa." In UNESCO, *Educafrica*, 50-84. Dakar: BREDA.

729. UNESCO-BREDA. 1992. *Higher Education in Africa: Trends and Challenges for the 21st Century*. Dakar, Senegal: UNESCO Regional Office.

730. Van den Berghe, P. L. 1973. *Power and Privilege at an African University*. London: Routledge, Kegan Paul.

731. Waast, R. 2000. *La science en Afrique: synthèse bibliométrique*. (*Science in Africa: Bibliometric Synthesis*.) Paris: Institut de Recherche pour le Développement, Commis-sion Européenne.

732. Waast, R. 2001. *Les coopérations scientifiques en Afrique*. (*Scientific Cooperatives in Africa*.) Paris: Institut de Recherche pour le Développement, Commission Européenne.

733. Wagaw, T. 1994. "Staffing the African University: The Conflict of Political Expediency and Academic Imperatives." *Higher Education Policy* 7, no. 2:27-29.

734. Wagaw, T. G. 2001. "African Higher Education in Collaboration to Respond to Contemporary Development Imperatives." *Equity and Excellence in Education* 34, no. 3: 50-55.

735. Wallerstein, I. 1983. "The Evolving Role of the African Scholar in African Studies." *African Studies Review* 26, nos. 3-4: 155-161.

736. Wandira, A. 1977. *The African University in Development*. Johannesburg, South Africa: Ravan Press.

737. Watson, P. 2001. "The African Virtual University." *Education-Canada* 40, no. 4: 46.

738. Wield, D. 1997. "Coordination of Donors in African Universities." *Higher Education PoLicy* 10, no. 1: 41-54.

739. Weiler, H. N. 1986. "The Hot and Cold Wind of Politics: Planning Higher Education in Africa." In S. K. Gove and T. M. Stauffer, eds., *Policy Controversies in Higher Education*, 215-236. New York: Greenwood Press.

740. Wiredu, K. 1984. *Philosophical Research and Training in Africa: Some Suggestions*. Paris: UNESCO.

741. Woodhall, M. 1995. "Financial Diversification in Higher Education: A Review of International Experience and Implications for African Universities." *Higher Education Policy* 8, no. 1: 16-23.

742. World Bank. 1997. *Revitalizing Universities in Africa: Strategy and Guidelines*. Washington, D. C.: The World Bank.

743. Yesufu, T. M. 1973. *Creating the African University: Emerging Issues of the 1970s*. Ibadan, Nigeria: Oxford University Press.

744. Young, C. M. 1981. "The African University: Universalism, Development, and

Ethnicity." *Comparative Education Review* 25, no. 2: 145-163.

745. Zeleza, P. T. 1983. "Academic Freedom in the North and the South: An African Perspective." *Academe: Bulletin of the AAUP* 83, no. 6: 16-21.

746. Zeleza, P. T. 1996. "Manufacturing and Consuming Knowledge: African Libraries and Publishing." *Development in Practice* 6, no. 4: 293-303.

英语非洲(Anglophone Africa)

747. Eisemon, T. O., C. H. Davis, and E. M. Rathgeber. 1985. "The Transplantation of Science to Anglophone and Francophone Africa: Colonial Legacies and Contemporary Strategies for Science Co-operation." *Science and Public Policy* 12:191-201.

748. Emudong, C. P. 1997. "The Gold Coast Nationalist Reaction to the Controversy over Higher Education in Anglophone West Africa and Its Impact on Decision Making in the Colonial Office, 1945-47." *Journal of Negro Education* 66, no. 2: 137-146.

749. Murphy, P., and A. Zhir. 1992. *Distance Education in Anglophone Africa: Experience with Secondary Education and Teacher Training*. Washington, D. C.: The World Bank.

750. Mwiria, K. 1992. *University Governance: Problems and Prospects in Anglophone Africa*. Technical Note no. 3. Washington, D. C.: The World Bank.

751. Peil, M. 1986. "Leadership of Anglophone Tropical African Universities, 1948-1986." *International Journal of Educational Development* 6, no. 4.

752. Thiam, M. 1992. "A Comparative Survey of Postgraduate Studies in Francophone and Anglophone African Countries." In UNESCO-BREDA, ed., *Higher Education in Africa: Trends and Challenges for the 21st Century*, 295-313. Dakar, Senegal: UNESCO Regional Office.

753. Woodhall, M. 1991. *Student Loans in Higher Education: 3 English-Speaking African Countries—Report of an IIEP Educational Forum*. Paris: International Institute for Educational Planning.

东非(East Africa)

754. Acker, D. G., E. L. McBreen, and S. Taylor, 1998. "Women in Higher Education in Agriculture with Reference to Selected Countries in East and Southern Africa." *Journal of Agricultural Education and Extension* 4, no. 1: 13-21.

755. Allen, C. H. 1986. *A Review of Social Science Research in Eastern, Southern and Some West African States*. Stockholm: Swedish International Development Cooperation Agency.

756. Bollag, B. 2001. "East African Universities Will Gain Journal Access in New Online Project." *International Higher Education* 23 (Spring): 8-9.

757. Court, D. 1981. *The Idea of Social Science in East Africa: An Aspect of the Development of Higher Education*. Nairobi: Institute for Development Studies, University of Nairobi.

758. ESAURP (Eastern and Southern African Universities Research Project). 1987. *ESAURP University Capacity in Eastern and Southern African Countries*. London: James Currey and Heinemann.

759. Ishumi, A. G. M. 1992. "Mobility of Teachers, Researchers, and Students: The Case of Eastern and Southern Africa." In UNESCO-BREDA, ed., *Higher Education in Africa: Trends and Challenges for the 21st Century*, 257-280. Dakar, Senegal: UNESCO Regional Office.

760. Ishumi, A. G. M. 1994. *30 years of Learning: Educational Development in Eastern and Southern Africa from Independence to 1990*. Ottawa: International Development Re-

search Centre.

761. Katorobo, J. 1985. *The Social Sciences in Eastern Africa: An Agenda for Research*. Addis Ababa: Organization for Social Science Research in Eastern and Southern Africa (OSSREA).

762. Knight, J. B., and H. R. Sabot. 1981. *Education, Skills, and Inequality: The East Africa National Experiment*. New York: Oxford University Press.

763. Maliyamkono, T. L. 1982. *Training and Productivity in Eastern Africa: An Eastern African Universities Research Project Report on the Impact of Overseas Training on Development*. Exeter, N. H.: Heinemann.

764. Maliyamkono, T. L., and S. Well. 1980. "Effects of Overseas Training on Economic Development: Impact Surveys on Overseas Training." In T. L. Maliyamkono, ed., *Policy Development in Overseas Training*. Dar es Salaam: Eastern and Southern African Universities Research Project (ESAURP): Black Star Agencies.

765. Mwiria, K, 1990. *University Education in East Africa: Some Symptoms of Falling Standards*. Nairobi: Kenyatta University.

766. Mwiria, K. 1993. *University Education in East Africa: The Quality Crisis*. Nairobi: Kenyatta University.

767. Organization for Social Science Research in Eastern and Southern Africa. 1994. *A Register of Social Scientists in Eastern and Southern Africa*. Addis Ababa: Organization for Social Science Research in Eastern and Southern Africa.

768. Oyugi, W. O. 1989. *The Teaching and Research of Political Science in Eastern Africa*. Addis Ababa: Organization for Social Science Research in Eastern and Southern Africa.

769. Seyoum, G. S., and E. W. Kameir. 1989. *Teaching and Research in Anthropology and Sociology in Eastern African Universities*. Addis Ababa: Organization for Social Science Research in Eastern and Southern Africa (OSSREA).

770. UNESCO-BREDA. 1987. " Higher Education Trends in East Africa." In UNESCO, *Educafrica*, 137-153, Dakar: BREAD.

法语非洲(Francophone Africa)

771. Adams, M., I. Bah-Lalya, and M. Mukweso. 1991. "Francophone West Africa." In P. G. Altbach, ed., *International Higher Educational*, 349-374. New York: Garland.

772. Alidou, O. 2000. " Francophone, World Bank and the Collapse of the Francophone Africa Education System." In S. Federici, G. Caffentzis, and O. Alidou, eds., *A Thousand Flowers: Social Struggles against Structural Adjustment in African Universities*, 37-42. Trenton, N.J.: African World Press.

773. Araujo e Oliviera, J. B. 1987. "Where Is Higher Education in Francophone West Africa Heading?" *Prospects* 17, no. 4: 503-507.

774. Assié-Lumumba, N. T. 1992. *L'Enseignement supérieur en Afrique Francophone*. (*Higher Education in Francophone Africa.*) Washington, D. C.: The World Bank, Africa Technical Department, Education and Training Division.

775. Assié-Lumumba, N. T. 1993. *Higher Education in Francophone Africa: Assessment of the Potential of the Traditional Universities and Alternatives for Development*. AFTHR Technical Note no. 5. Washington, D. C.: The World Bank.

776. Cowan, L. G. 1969. *Recent Developments in Higher Education in the Francophone African Countries: Three Reports*. Washington: American Council on Education Overseas Liaison Committee.

777. Gangbo, F. 1996. *Les besoins de formation pédagogique des enseignants du supérieur d'Afrique francophone*. (*Pedagogical Training Needs for Francophone University*

Faculty.)Dakar: Regional Office for Education in Africa, UNESCO.

778. Guedegbe, C. M. 1995. "Currency and Crisis: Higher Education in Francophone Africa." *International Higher Education* 3: 11-13.

779. Ndiaye, A. L. 1996. "The Case of Francophone Africa." *Higher Education Policy* 9, no. 4: 299-302.

780. Orivel, F. 1988. *Coûts, financement et éfficacité des universités de l'Afrique Sub-Saharienne Francophone. (Costs, Funding and Efficiency of Universities in Francophone Sub-Saharan Africa.)* Washington, D. C.: The World Bank, Economic Development Institute, Division of Human Resources.

781. Orivel, F. 1996. "French-Speaking Universities in Sub-Saharan Africa: A Critical Impasse." In Z. Morsy and P. G. Altbach, eds., *Higher Education in an International Perspective: Critical Issues.* New York and London: Garland.

782. Ransom, A. 1988. *Financing Higher Education in Francophone West Africa.* Washington, D. C.: The World Bank.

783. Schraeder, P. 1995. "From Berlin 1884 to 1989: Foreign Assistance and French, American, and Japanese Competition in Francophone Africa." *Journal of Modem African Studies* 33, no. 4: 539-567.

784. Seddoh, K. F. 1989. "Foreign Student Mobility: The Case of Francophone West Africa." *Higher Education Policy* 2, no. 1:29-31.

参见 747。

北非(North Africa)

785. Al-Abed, A. B. 1986. "Educational Technology in the Arab World." *International Review of Education* 32, no. 3.

786. Bubtana, A. 1993, "Academic Mobility in the Arab Region." *Higher Education Policy* 6, no. 1: 13-14.

787. Coffman, J. 1996. "Current Issues in Higher Education in the Arab World." *International Higher Education* 4 (Spring):15-17.

788. Jones, M. T. 1981. "Allocation of Students in North African Universities." *Higher Education* 10, no. 3: 315-334.

789. Makdisi, G. 1981. *The Rise of Colleges: Institutions of Learning in Islam and the West.* Edinburgh, U. K.: Edinburg University Press.

790. Mazawi, A. E. 1999. "Gender and Higher Education in the Arab States." *International Higher Education* 17: 18-19.

791. Moris, S. 1996. "International Academic Cooperation in the Arab Region. Past, Present and Future." In P. Blumenthal, C. Goodwin, A. Smith, and U. Teichler, eds., *Academic Mobility in a Changing World*, 300-319. London: Jessica Kingsley Publishers.

792. Nabel Nofal, M., and M. Rasem Kmal. 1990. "Higher Education in the Arab World: Future Vision." *Arab Journal for Education* 10, no. l and 2 (in Arabic).

793. Sabour, M. 1999. "The Impact of Cultural and Economic Globalisation on the Planning and Function of Higher Education in North Africa and the Middle East." *Mediterranean Journal of Educational Studies* 4, no. 2: 237-241.

南部非洲(Southern Africa)

794. Ingalls, W. B. 1995. "Building Consensus for Change: Developing an Administrative and Management Structure in a Southern African University." *Higher Education* 29, no. 3:275-285.

795. Micou, A. M. 1995. *Sustaining Linkages between U. S. and Southern African Universities: An Analysis and Inventory.* Southern African Information Exchange Working Paper Number 30. New York: Institute of International Education: Southern African Information Exchange.

796. Mncube, S. S. 1988. *Key Issues in*

Library and Information Science for Southern Africa: A Handbook for Library and Information Specialists: African Library & Information Service Press.

797. Mshingeni, K. E. 1994. *Science, Technology Research for Development in the SADC Region: Status Needs, Prospects, and Challenges*. Gaborone: Southern African Development Community.

798. Murphree, M. W., and E. A. Ngara. 1984. *Interuniversity Cooperation in Eastern Europe and Southern Africa: Report of the Vice-Chancellors' Workshop on Regional Cooperation among Universities*. University of Zimbabwe, Harare: AESAU (Association of Eastern and Southern African Universities).

799. Petkov, D., G. Finnie, and V. Ram. 1995. "A Comparison of Undergraduate Programs in Information Systems in Southern African and North American Universities." *South African Journal of Higher Education* 9, no. 1: 116-121.

800. Weiss, T. 1998. "Addressing the Brain Drain." In L. Sachikonye, ed., *Labour Markets and Migration Policy in Southern Africa*. Harare: Sapes Books.

参见 754, 755, 758, 759, 760, 767。

撒哈拉以南非洲(Sub-Saharan Africa)

801. Ajeyalemi, D. 1990. *Science and Technology Education in Africa: Focus on Seven Sub-Saharan Countries*. Lagos: University of Lagos Press.

802. Amin, R. E, 2000. "Students' Sociocultural Background as a Discriminating Factor in the Evaluation of Teaching in a Bilingual University in Central Africa." *Teaching in Higher Education* 5, no. 4: 435-445.

803. Banya, K., and J. Elu. 1997. "The Crisis of Higher Education in Sub-Saharan Africa: The Continuing Search for Relevance." *Journal of Higher Education Policy and Management* 19, no. 2: 151-164.

804. Banya, K., and J. Elu. 2001. "The World Bank and Financing. Higher Education in Sub-Saharan Africa." *Higher Education*, no. 42: 1-34.

805. Banya, K. 2001. "Are Private Universities the Solution to the Higher Education Crisis in Sub-Saharan Africa?" *Higher Education Policy* 14, no. 2: 161-174.

806. Bennell, P. 1996. "Rates of Return to Education: Does the Conventional Pattern Prevail in Sub-Saharan Africa?" *World Development* 24, no. 1: 183-199.

807. Bloch, M. N., J. A. Beoku-Betts, and B. R. Tabachnick. 1998. *Women and Education in Sub-Saharan Africa: Power, Opportunities, and Constraints*. Boulder, Colo.: Rienner Publishers.

808. Brock-Utne, B. 1996. "Globalisation of Learning: The Role of the Universities in the South, With a Special Look at the Sub-Saharan Africa." *International Journal of Educational Development* 16, no. 4: 335-346.

809. Coombe, T., and H. Hawes. 1986. *Education Priorities and Aid Responses in Sub-Saharan Africa: Report of a Conference at Cumberland Lodge, Windsor, 4-7 December 1984*. London: Overseas Development Administration and University of London.

810. Costa, C. 2000. "The European Commission Perspective on Higher Education in Sub-Saharan Africa." In B. Jongbloed and H. Teekens, eds., *The Financing of Higher Education in Sub-Saharan Africa*, 69-75. Utrecht, Netherlands: Uitgeverij-Lemma. Center for Higher Education Policy Studies and Netherlands Organization for International Cooperation in Higher Education.

811. Court, D. 1991. "The Development of University Education in Sub-Saharan Africa." In P. G. Altbach, ed., *International Higher Education*, 329-347. New York: Garland.

812. Davies, J. 1994. "The University Curriculum and the Transition in South Africa."

European Journal of Education 29, no. 3: 255-268.

813. Davis, C. H. 1983. "Institutional Sectors of Mainstream Science Production in Sub-Saharan Africa, 1970-1979." *Scientometrics* 5: 163-175.

814. Domatob, J. 1998. *African Higher Education Policy: A Survey of Sub-Saharan Africa*. San Francisco: International Scholars Publications.

815. Eisemon, T. O. 1992. *Private Initiative and Traditions of State Control in Higher Education in Sub-Saharan Africa*. Washington, D. C.: The World Bank.

816. Eisemon, T. O., and C. H. Davis. 1991. "Strengthening Research and Training in Sub-Saharan African Universities." *McGuill Journal of Education* 27, no. 2:122-149.

817. Eisemon, T. O., and C. H. Davis. 1991. "University Research and the Development of Scientific Capacity in Sub-Saharan Africa and Asia." In P. G. Altbach, ed., *International Higher Education: An Encyclopedia*. New York: Garland.

818. Eisemon, T., and M. Kourouma. 1994. "Foreign Assistance for University Development in Sub-Saharan Africa and Asia." In J. Salmi and A. Verspoor, eds., *Revitalizing Higher Education*. Washington, D. C.: The World Bank.

819. Elu, J. 2000. "Human Development in Sub-Saharan Africa: Analysis and Prospects for the Future." *Journal of Third World Studies* 17, no. 2 (Fall): 53-71.

820. Fine, J. C., W. Lyakurwar, and A. G. Drabek, eds. 1994. *Ph. D. Education in Economics in Sub-Saharan Africa: Lessons and Prospects*. Nairobi: East African Publishers.

821. Girdwood, A. 1993. "Capacity Building and Higher Education in Africa: A Comment on the Capacity Building Rationale and Aid to Higher Education in Sub-Saharan Africa." *Compare* 23, no. 2: 149-158.

822. Habte, A. 1989. "Support for Higher Education in Sub-Saharan Africa: Where Does the World Bank Stand?" *Higher Education Policy* 2, no. 2:20-24.

823. Hawes, H., and T. Coombe, eds. 1986. *Education Priorities and Aid Responses in Sub-Saharan Africa*. London: Her Majesty's Stationery Office.

824. Hinchliffe, K. 1985. *Issues Related to Higher Education in Sub-Saharan Africa*. World Bank Staff Working Papers no. 780. Washington, D. C.: The World Bank.

825. Hinchliffe, K. 1987. *Higher Education in Sub-Saharan Africa*. London: Croom Helm.

826. Hoffman, A. 1995. "The Destruction of Higher Education in Sub-Saharan Africa." *Journal of Blacks in Higher Education* 10: 83-87.

827. John, M. 1996. "Distance Education in Sub-Saharan Africa: The Next Five Years." *Innovations in Education and Training International* 33, no. 1: 50-57.

828. Jongbloed, B., and H. Teekens. 2000. *The Financing of Higher Education in Sub-Saharan Africa*. Utrecht, Netherlands: Uitgeverij-Lemma.

829. Kaboret, Y. 2000. "Eviter la fuite des cerveaux en Afrique sub-Saharienne: Role des institutions sous-régionales de formation et de recherche." ("Avoiding Brain Drain in Sub-Saharan Africa: The Role of Sub-Regional Institutions for Training and Research.") In S. Tapsoba, S. Kassoum, V. Houenou, O. Bankole, M. Sethi, and J. Ngu, eds., *Brain Drain and Capacity Building in Africa*, 186-195. Dakar, Senegal: Economic Commission for Africa/International Development Research Centre/International Organization for Migration.

830. Kidd, C. V. 1991. "University Training Abroad: Sub-Saharan Africa." *Higher Education Policy* 4, no. 2: 41-46.

831. Kingsley, B. 2001, "Are Private Universities the Solution to the Higher Education

Crisis in Sub-Saharan Africa?" *Higher Education Policy* 14, no. 2:161-174.

832. Lebeau, Y., and M. Ogunsanya. 1999. *The Dilemma of Post-Colonial Universities: Elite Formation and the Restructuring of Higher Education in Sub-Saharan Africa*. Ibadan: IFRA and African Book Builders.

833. Levey, L. A. 1991. *Computer and CD-ROM Capability in Sub-Saharan African University and Research Libraries*. Washington, D. C.: American Association for the Advancement of Science.

834. Levey, L. 1995. *A Profile of Research Libraries in Sub-Saharan Africa: Acquisitions, Outreach, and Infrastructure*. Washington, D. C.: American Association for the Advancement of Science.

835. Lewinger, J. 1984. "Overseas Training and National Development Objectives in Sub-Saharan Africa." *Comparative Education Review* 28, no. 2: 221-240.

836. Logan, B. 1987. " The Reverse Transfer of Technology from Sub-Saharan Africa to the United States." *Journal of Modem African Studies* 25, no. 4: 597-612.

837. Mingat, A., and J. Tan. 1984. *Subsidization of Higher Education versus Expansion of Primary Enrollments: What Can a Shift of Resources Achieve in Sub-Saharan Africa?* Washington, D. C.: The World Bank.

838. Moock, P. R. 1987. *Education Policies for Sub-Saharan Africa: Adjustment, Revitalization, and Expansion*. Washington. D. C.: The World Bank.

839. Mwiria, K, 1991. *The Role of Good Governance and Positive University-State Relations in Promoting University-Development in Sub-Saharan Africa*. Washington, D. C.: Africa Technical Department, The World Bank.

840. Nkinyangi, J. 1991. " Student Protests in Sub-Saharan Africa." *Higher Education* 22, no. 2: 157-173.

841. Orivel, F., and F. Sergent. 1988. "Foreign Aid to Education in Sub-Saharan Africa: How Useful Is It?" *Prospects* 18, no. 4: 459-460.

842. Ridker, R. G. 1994. *The World Bank's Role in Human Resource Development in Sub-Saharan Africa: Education, Training, and Technical Assistance*. Washington, D. C.: The World Bank.

843. Robert and Associates. 1998. *Tertiary Distance Learning in Sub-Saharan Africa: Overview and Directory to Programs*. Washington, D. C.: The World Bank.

844. Saint, W. S. 1993. "Initiating University Reform: Experience from Sub-Saharan Africa." *Zimbabwe Journal of Educational Research* 5: 1-20.

845. Saint, W. 1999. *Tertiary Distance Education and Technology in Sub-Saharan Africa*. Washington, D. C.: The World Bank.

846. Shabani, J. 1995. "Higher Education in Sub-Saharan Africa: Strategies for the Improvement of the Quality of Training." *Quality in Higher Education* 1, no. 2: 173-178.

847. Smallwood, A., and T. L. Maliyamkono. 1996. " Regional Cooperation and Mobility in Higher Education: The Implications for Human Resource Development in Sub-Saharan Africa and the Relevance of Recent Initiatives to Europe." In P. Blumenthal, C. Goodwin, A. Smith, and U. Teichler, eds., *Academic Mobility in a Changing World*. Philadelphia: Jessica Kingsley Publishers.

848. Sunal, D. W., and M. E. Haas. 1998. " Issues for Higher Education in Sub-Saharan Africa." In C. S. Sunal, ed., *Schooling in Sub-Saharan Africa*. New York: Garland Publishing.

849. Van der Mer, P., B. Jongbloed, and H. Teekens. 2000. "The Role and Organization of Higher Education in Sub-Saharan Africa." In B. Jongbloed and H. Teekens, eds., *The Financing of Higher Education in Sub-Saharan Africa*. Utrecht, Netherlands: Uitgeverij-Lem-

ma.

850. World Bank. 1991. *The African Capacity Building Initiative toward Improved Policy Analysis and Development Management in Sub-Saharan Africa*. Washington, D. C.: The World Bank.

851. Zymelman, M. 1990. *Science, Education, and Development in Sub-Saharan Africa*. Washington, D. C.: The World Bank.

参见 510, 780, 781。

西非(West Africa)

852. Abagou, B., A. Perry, and A. Smith. 1983. "Crisis of Higher Education." *West Africa* (12 September): 2120-2139. London: West Africa Publishing Company.

853. Alemna, A. A. 1990. "Information Technology and Information Training in West Africa." *Information Development* 6, no. 4: 204-209.

854. Guilar, J. D. 2001. "Founding an American University Campus in West Africa: Success Factors and Challenges for Suffolk University's Dakar Campus." *International Education* 31, no. 1:24-37.

855. Ononogbo, R. U. 1990. "University Library Functions in West Africa." *International Library Review* 22, no. 4: 299-313.

856. Sacerdoti, E., S. Brunschwig, and J. Tang. 1998. *The Impact of Human Capital on Growth: Evidence from West Africa*. Washington, D. C.: International Monetary Fund, African Department.

857. Sanyal, B, C., M. Saito, and N. Kotey. 1995. *Institutional Management in Higher Education in Western Africa*. Paris: UNESCO, International Institute for Educational Planning.

858. Sharma, R. N., and J. Bess. 2000. "West Virginia to West Africa and Back: An Intercontinental Collaboration." *American Libraries* 31, no. 7: 44-46.

参见 748, 755, 771, 773, 782, 784。

次区域和跨大陆(Subregional and Transcontinental)

859. Albrecht, D., and A. Ziderman. 1991. *Deferred Cost Recovery for Higher Education: Student Loan Programs in Developing Countries*. World Bank Discussion Papers 137. Washington, D. C.: The World Bank.

860. Albrecht, D., and A. Ziderman. 1991. *Financing Universities in Developing Countries*. Washington, D. C.: Education and Employment Division, The World Bank.

861. Albrecht, D., and A. Ziderman. 1992. *Funding Mechanisms for Higher Education: Financing for Stability, Efficiency, and Responsiveness*. World Bank Discussion Papers 153. Washington, D. C.: The World Bank.

862. Anckew, D. 2000. "University Graduates and Development." In R. Bourne, ed., *Universities and Development*. London: Association of Commonwealth Universities.

863. Arger, G. 1990. "Distance Education in the Third World: Critical Analysis on the Promise and the Reality." *Open Learning* 5, no. 2:9-18.

864. Association of Commonwealth Universities. 2000. *Commonwealth Universities Yearbook 2000: A Directory to the Universities of the Commonwealth. Vols. 1 and 2*. London: Association of Commonwealth Universities.

865. Buchert, L., and K. King, eds. 1995. *Learning from Experience: Policy and Practice in Aid to Higher Education*. The Hague: Center for the Study of Education in Developing Countries.

866. Carrington, W. J., and E. Detragiache. 1999. "How Extensive Is the Brain Drain?" *Finance and Development* 36, no. 2: 46-49.

867. Colclough, C. 1995. "Diversifying the Funding of Tertiary Institutions: Is the Bank's Agenda the Right One?" In L. Buchert and K. King, eds., *Learning from Experience: Policy*

and Practice in Aid to Higher Education, 145-157. The Hague: Centre for the Study of Education in Developing Countries.

868. Coleman, J. S., and D. Court. 1993. *University Development in the Third World: The Rockefeller Foundation Experience*. New York: Pergamon.

869. De Moor, R. A. 1993. *Academic Freedom and University Autonomy: Essentials and Limitations in Academic Freedom and University Autonomy*. Paris: European Centre for Higher Education (CEPES) and UNESCO.

870. Douglas, A., and A. Ziderman. 1992. *Financing Universities in Developing Countries*. PHREE Background Paper Series. Washington, D.C.: The World Bank.

871. Eisemon, T., and L. Holm-Nielsen. 1995. *Reforming Higher Education Systems: Some Lessons to Guide Policy Implementation*. Washington, D.C.: The World Bank.

872. Erik, T. 1992. *Improving the Quality of Research in Developing Country Universities*. PHREE Background paper Series 92/52. Washington, D.C.: The World Bank.

873. Gaillard, J. 1991. *Scientists in the Third World*. Lexington: The University of Kentucky.

874. Gaillard, J., V. V. Krishna, and R. Waast. *Scientific Communities in the Developing World*. New Delhi: Sage Publications.

875. Houphouet-Boigny, D., and F. K. Mansilla. 1999. *Femme et éducation scientifique: cas de l'enseignement supérieur*. (*Women and Scientific Education: The Case of Higher Education*.) Ouagadougou: UNESCO.

876. International Association of Universities (IAU). 1997. *World, List of Universities*. Paris: International Association of Universities and UNESCO Information Centre on Higher Education.

877. James, E. 1991. *Private Finance and Management of Education in Developing Countries: Major Policy and Research Issues*. Paris: International Institute for Educational Planning (UNESCO).

878. Kamba, W. 1993. "University Autonomy." In R. A. DeMoor, ed., *Academic Freedom and University Autonomy*. Paris: European Centre for Higher Education (CEPES) and UNESCO.

879. King, K. 1991. *Aid and Education in the Developing World: The Role of the Donor Agencies in Educational Analysis*. Harlow: Longman.

880. King, K. 1995. "World Bank Traditions of Support to Higher Education and Capacity-Building: Reflections on Higher Education: The Lessons of Experience." In L. Buchert and K. King, eds., *Learning from Experience: Policy and Practice in Aid to Higher Education*, 19-41. The Hague: Centre for the Study of Education in Developing Countries.

881. King, K. 1997. *Aid and Higher Education in the Developing World*. Edinburgh: Center of African Studies, EdinburghUniversity.

882. Kirkland, J. 2000. "Bridging the Knowledge Gap: The Changing Face of the Commonwealth Scholarships and Fellowships Plan." *Round Table*, no. 356: 471-479.

883. Lulat, Y. G.-M. 1988. "Education and National Development: The Continuing Problem of Misdiagnosis and Irrelevant Prescriptions." *International Journal of Educational Development* 8, no. 4: 315-328.

884. Lund, H. 1998. *Bridging the Gap? Internet and E-Mail Access within Universities in Developing Commonwealth Countries*. London: Commonwealth of Higher Education Management Service.

885. Maliyamkono, T. L. 1984. "Research Collaboration: South-South Perspectives—Some Crucial Problems." *Scandinavian Journal of Development Alternatives* 3.

886. Mayor, F. 1993. "Academic Freedom and University Autonomy." In R. A. DeMoor, ed., *Academic Freedom and University Auton-*

omy: *Papers on Higher Education*. Paris: European Centre for Higher Education (CEPES) and UNESCO.

887. Mbipom, G. 1995. "Returns to Tertiary Education in a Developing Economy: A Specific Case Study." *Higher Education Policy* 8, no. 1: 36-39.

888. Mingat, A., and J.-P. Tan. 1986. "Who Profits from the Public Funding of Education? A Comparison of World Regions." *Comparative Education Review* 30, no. 2: 260-270.

889. Musa, B. M. 1994. "Extension Education and the Role of University Extension Departments." *International Review of Education* 40, no. 2: 177-179.

890. Nakabo, S. 1999. "Statistical Data: The Underestimated Tool for Higher Education Management". *Higher Education* 37, no. 3: 259-279.

891. Neave, G., and F. van Vught. 1994. "Government and Higher Education in Developing Nations: A Conceptual Framework." In G. Neave and F. van Vught, eds., *Government arid Higher Education Relationships across Three Continents*: *The Winds of Change*. Oxford: Elsevier.

892. Perraton, H. 2000. *Open and Distance Learning in Developing Countries*. New York: Routledge.

893. Psacharopoulos, G. 1980. *Higher Education in Development Countries*: *A Cost Benefit Analysis*. World Bank Staff Working Paper 440. Washington, D. C.: The World Bank.

894. Psacharopoulos, G. 1985. "Returns to Education: A Further International Update and Implications." *Journal of Human Resources* XV (Fall): 583-604.

895. Psacharopoulos, G. 1998. "Higher Education in Developing Countries: The Scenario of the Future." In K, Kempner, M. Mollis, and W. G. Tierney, eds., *Comparative Education*, 55-59. Needham Heights, Mass.: Simon and Schuster Custom Publishing.

896. Psacharopoulos, G., and M. Woodhall. 1985. *Education for Development*. New York: Oxford University Press.

897. Ransom, A. 1993. *Improving Higher Education in Developing Countries*. Economic Development Inst. Seminar Series. Washington, D. C.: The World Bank.

898. Regel, O. 1992. *The Academic Credit System in Higher Education*: *Effectiveness and Relevance in Developing Countries*. Washington: D. C.: The World Bank.

899. Ruijter, C. T., and J. H. Van Weeren. 1989. "Computer-Assisted Learning in Higher Education in Developing Countries." In H. Oosthoek and T. Vroeijenstijn, eds., *Higher Education and New Technologies*, 461-472. New York: Pergamon Press.

900. Rumble, G. 1992. *The Management of Distance Leaning Systems*. Paris: UNESCO, International Institute for Educational Planning.

901. Salmi, J. 1991. *The Higher Education Crisis in Developing Countries*. PHREE Background Paper Series PHREE/91/37. Washington, D. C.: The World Bank.

902. Schofield, A. 1996. *Private Post-Secondary Education in Four Commonwealth Countries*. Paris: UNESCO.

903. Task Force on Higher Education and Society. 2000. *Higher Education in Developing Countries*: *Peril and Promise*. Washington, D. C.: The World Bank.

904. Thulstrup, E. W. 1992. *Improving the Quality of Research in Developing Country Universities*. Washington, D. C.: Population and Human Resources Department, The World Bank.

905. UNESCO. 1982. *World Guide to Higher Education*: *Comparative Survey of Systems*, *Degrees and Qualifications*. Paris: UNESCO.

906. UNESCO. 1995. *Policy Paper for Change and Development in Higher Education*.

Paris: UNESCO.

907. UNESCO. 1995. *Research in Changing and Developing Higher Education*. Paris: UNESCO (in Arabic).

908. Woodhall, M. 1987. *Lending for Learning: Designing a Student Loan Programme for Developing Countries*. London: Commonwealth Secretariat.

909. Woodhall, M. 1988. "Designing a Student Loan Program for a Developing Country: The Relevance of International Experience." *Economics of Education Review* 7, no. 1: 153-161 .

910. Woodhall, M. 1992. "Student Loans in Developing Countries: Feasibility, Experience, and Prospects for Reform." *Higher Education* 23, no. 4: 347-356.

911. World Bank. 1986. *Financing Education in Developing Countries*. Washington, D. C. : The World Bank.

912. World Bank. 1994. *Higher Education: The Lessons of Experience*. Washington, D. C. : The World Bank.

913. World Bank. 1995. *Priorities and Strategies for Education*. Washington, D. C. : The World Bank.

914. Youngman, F. 1994. "The Role of the University in Developing Educational Research Capacity and Influencing Educational Decisions." In S. Burchfield, ed. , *Research for Educational Policy and Planning*, 195-235. Gaborone: Macmillan Botswana.

第二部分　主题目录

非洲高等教育博士学位论文

达姆图·塔费拉
艾尔马·马尔多纳多—马尔多纳多

引　言

本汇编提供了未出版的有关非洲高等教育的博士学位论文目录。汇编利用了许多原始资料、出版物和数据库，特别是在线论文摘要。我们为求穷尽，竭尽所能。

本汇编收集的主要是英文学位论文。大多数论文出自美国的大学。尽管我们试图查阅法语资料，但是我们无法找到很多材料。

组　织

本章包括两个部分：国家目录和主题目录。国家目录按字母顺序，提供了许多论文目录，每一条目前加了编号。这些论文覆盖的主题涉及35个国家。国家目录之后，我们分8个小部分提供了基于区域和跨区域的资源。第二部分主题目录覆盖了许多论题，分29个小部分，项下的每一个编号与第一部分国别目录编号相对应。

资　源

本目录包含301篇论文。尼日利亚和南非最多，分别为85篇和49篇。实际上，有关尼日利亚高等教育的论文数量占总数的28%，有关南非高等教育的论文数量占16%。肯尼亚、埃及和埃塞俄比亚(数量差不多)加起来占总数的13%。

学生的态度、角色和成绩，教学过程，国家发展中的高等教育问题，是论文最常见的主题。比较研究、规划与政策、与学术专业相关的问题，这类论文数量也比较多。学术自由、能力建设、私立高等教育等方面的论文数量最少。

将本数据库与其他按主题、频率和时间段编写的一般性参考书目进行比较，就可以说明问题。一些在参考书目中不显著的主题，例如学生态度、角色和成绩，课程，技术与职业教育等，在博士论文中却多见。其他主题，如研究、财政与筹款等，在这个数据库中为数较少，而与全球化、学术自由和自主相关的主题几乎没有。

第一部分　国别目录

阿尔及利亚(Algeria)

1. Meziane, M. 1987. "Toward Computing in Algerian Higher Education: Assessment, Perceptions and Alternatives." Ed. D. dissertation, United States International University.

贝宁(Benin)

2. Guedegbe, C. M. 1994. "The Professorate and Academic Life in Africa: A Case Study of the Academic Profession at Benin National University." Ph. D. dissertation, State University of New York at Buffalo.

3. Houme, K. P. 1998. "Admission des étudiants à l'entrée et efficacité en première année à l'université du Benin: facteur de réussite et d'echec." ("Admission of Freshmen and Their Performance during the Freshman Year at the University of Benin.") Ph. D. dissertation, University du Benin, Benin.

博茨瓦纳(Botswana)

4. Magagula, C. M. 1978. "The Multi-national University in Africa: An Analysis of the Development and Demise of the University of Botswana, Lesotho and Swaziland." Ph. D. dissertation, University of Maryland-College Park.

5. Mazile, J. G. P. 1984. "Categorical Scholarships, Subject Matter Specialty, Career Interest at High School and Their Impact on Subsequent Employment of Botswana University Graduates." Ed. D. dissertation, University of Cincinnati.

6. Odirile, L. W. 2000. "2000 HIV/AIDS: Knowledge, Attitudes and Beliefs among University of Botswana Undergraduate Students." Ph. D. dissertation, Ohio University.

7. Siphambe, H. K. 1997. "Earnings Differentials and Rates of Return to Education in Botswana." Ph. D. dissertation, University of Manitoba (Canada).

布基纳法索(Burkina Faso)

8. Sanou, F. 1982. "African Universities in Search of Their Identities: A Study of the Culture of Careerism at the University of Ouagadougou (Upper Volta)." Ph. D. dissertation, University of Southern California.

9. Somda, P. 1995. "The Irrelevance of an African University's Curriculum to the National Labor Market: The Case of the Faculty of Economics and Management (Faseg) at the University of Ouagadougou, Burkina Faso." Ph. D. dissertation, State University of New York at Buffalo.

10. Tapsoba, S. 1988. "Factors Associated with the Research Involvement of the Burkinabe Professoriate at the University of Ouagadougou in Burkina Faso." Ph. D. dissertation, State University of New York at Buffalo.

喀麦隆(Cameroon)

11. Ade-Mobufor, M. I. 1989. "The Mission of Higher Education in Cameroon: A Case Study of Yaounde University from 1962 to 1975." Ph. D, dissertation, Northwestern University.

12. Gwei, S. N. 1975. "Education in Cameroon: Western Pre-colonial and Colonial Antecedents and the Development of Higher Education." Ph. D, dissertation, University of Michigan.

13. Nnane, P. E. 1988. "Equity in Access to and Costs of Higher Education in Cameroon: The Case of the University of Yaounde." Ed. D. dissertation, State University of New York at Albany.

中非共和国(Central African Republic)

14. Ngoulo, N. 1996. "Conception et mise à l'essai d'un programme d'enseignement de la cohésion et de la cohérence textuelles à l'Univeisité de Bangui." ("Design and Trial of a Program Study on Textual Cohesion and Coherence at the University of Bangui.") Ed. D. dissertation, Universite de Montreal (Canada).

刚果民主共和国(扎伊尔)[Democratic Republic of Congo (Zaire)]

15. Chizungu, R. 1979. "University Education and Alienation: The Dilemma of the Université Nationale du Zaire and National Development." Ph. D. dissertation, Stanford University.

16. Diawaku, N. 1973. "The Community College Concept: Implications for the Republic of Zaire." Ed. D, dissertation, University of California, Los Angeles.

17. Hull, G. S. 1974. "Nationalization of the University in the Republic of Zaire." Ph. D. dissertation, Northwestern University.

18. Payanzo, N. 1974. "Education and University Students in a New Nation: The Case of the Republic of Zaire." Ph. D. dissertation, Northwestern University.

19. Shandungo, K. 1981. "Higher Institutes of Pedagogy and Universities in Zaire: The Development of the Relationships after the Reorganization of Higher Education in 1971." Ph. D. dissertation, Vanderbilt University.

科特迪瓦(Côte d'Ivoire)

20. Martin, C. W. 1998. "A Comparison

of the Effects of Interventions for Increasing Stress-Coping Resources of Students Attending Universities Located in Côte d'Ivoire, West Africa." Ph. D. dissertation, Georgia State University.

21. Medjomo, C. 1984. "Ivorian Higher Education Institutions and National Development Strategy: Problems of Dependence and Identity—A Case Study of Ensa and Inset." Ph. D. dissertation, Stanford University.

埃及(Egypt)

22. Abdel-Aal, S. E. E. 1980. "Establishing a Non-Print Educational Media Service at the University of Helwan: A Feasibility Study." Ph. D. dissertation, Ohio State University.

23. Abou-Helwa, A. E. 1984. "Macro-Planning of Postsecondary Education: A Strategic Plan for Egypt's Human Resource Development in a Period of Transition." Ph. D. dissertation, Kansas State University.

24. Bin Salamon, A. S. 1980. "Reform of Al-azhar in the 20th Century." Ph. D. dissertation, New York University.

25. Cook, B. J. 1999. "Egyptian Higher Education: Inconsistent Cognitions." D. Phil. dissertation, University of Oxford (United Kingdom).

26. Deif-Ayoub, A. A. 1997. "A Perspective of Technology Transfer from the University of North Carolina System Associated with Training and Development Strategies in Egypt." Ed. D. dissertation, North Carolina State University.

27. Eccel, A. C. 1978. "Rapidly Increasing Societal Scale and Secularization: A Century of Higher Muslim Education and the Professions in Egypt." Ph. D. dissertation, University of Chicago.

28. El-Kaffass, I. S. 1999. "A Case Study of a New Private University in Egypt." Ph. D dissertation, Bowling Green State University.

29. El-Sharkawy, S. I. 1983. "The Status of Educational Media and Technology in University Level Nursing Programs in the Arab Republic of Egypt." Ed. D. dissertation, Boston University.

30. Hassan, B. A. H. 1988. "Field Dependence/Independence Cognitive Style and EFL Proficiency among Egyptian College Students." Ph. D. dissertation, University of New Mexico

31. Russell, M. E. 1994. "Cultural Reproduction in Egypt's Private University." Ph. D. dissertation, University of Kentucky.

32. Sallam, A. M. A. 1980. "The Return to the Veil among Undergraduate Females at Minya University, Egypt." Ph. D. dissertation, Purdue University.

33. Sanders, J. A. 1997. "Combining Expectancy-Value and Uses and Gratifications Theory to Predict Consumption Attitudes and Behaviors among Egyptian Faculty Members." Ph. D. dissertation, Florida State University.

34. Sheha, A. A. 1981. "The Relationship of Faculty Perceptions of the Nature and Bases of Power to Faculty Satisfaction and Productivity in an Egyptian University," D. Ed. dissertation, Pennsylvania State University.

35. Youssef, M. A. M. 1984. "Factors Affecting Career Choice and Labor Market et Success for Egyptian University Graduates." Ph. D. dissertation, Ohio State University.

埃塞俄比亚(Ethiopia)

36. Abdul-Kadir, N. H. 1986. "The Role of Higher Education in Development with a Special Reference to Ethiopia." Ph. D. dissertation, University of Manchester (United Kingdom).

37. Abdullahi, I. H. A. 1989. "A Study of Cooperative Programs among University and Special Libraries in Ethiopia, Kenya, and Tanzania." Ph. D. dissertation, University of Pittsburgh.

38. Amblbatchew, A. 1962. "The Influence of Higher Education on the American Soci-

ety and Its Implications for the Role of Higher Education in Ethiopia." Ph. D. dissertation, Ohio State University.

39. Belay, H. S. 1964. "A Comparative Analysis of Higher Education in Agriculture and a Proposed Plan for Further Developing the System in Ethiopia." Ph. D. dissertation, Cornell University.

40. Betru, T. 1994. "A Study of the Organization and Operational Strategies to Link Research and Extension in the Agricultural Higher Education Institutions in Ethiopia." Ed. D. dissertation, Oklahoma State University.

41. Ghedai, A. 1977. "Some Characteristics and Motivational Patterns of University Continuing Education Participation in Ethiopia." Ed. D. dissertation, Syracuse University.

42. Haile, F. 1984. "A Study of Institutionality: Addis Ababa University, 1961-1981 (Ethiopia)." Ed. D. dissertation, Indiana University.

43. Legesse, K. 1978. "A Study of Objectives and the Curriculum of Teacher Education in the Faculty of Education, Addis Ababa University, Ethiopia." Ph. D. dessertation, Indiana University.

44. Savard, G. C. 1973. "The People of Ethiopia: Draft of a Text for the Freshmen of Haile Selassie I University." Ed. D. dissertation, Columbia University.

45. Tadesse, T. 1988. "The Development of Addis Ababa University Library in the Prerevolutionary Ethiopia, 1950-1974: A Historical Study." Ph. D. dissertation, University of Pittsburgh.

46. Trudeau, E. 1968. "A Survey of Higher Education in Ethiopia with Implications for Future Planning and Development." Ed. D. dissertation, Columbia University.

47. Wako, S. 1984. "Public Universities and Societal Development: Application of the Ideal Type Methodology in the Case Studies of Addis Ababa University and MichiganState University." Ph. D. dissertation, Western Michigan University.

冈比亚(Gambia)

48. Aibangbee, C, 1985. "Higher Education in the British Commonwealth Nations of West Africa: Survey and Analysis of Events in Gambia, Ghana, Nigeria, and Sierra Leone." Ed. D. dissertation, Vanderbilt University.

加纳(Ghana)

49. Aboagye, E. F. 1996. "The Development of Student Financing Schemes in Universities in Ghana." Ph. D. dissertation, University of Toronto (Canada).

50. Adinku, W. O. 1988. "Towards the National Theatre Concept: A Model for the Development of Dance Education within the Ghanaian University System." Ph. D. dissertation. University of Surrey(United Kingdom)

51. Attakora, K. K.-B. 1991. "An Analysis of Factors Affecting Implementation of the Policy to Africanize Faculty at University of Ghana (1961-1966)." Ph. D. dissertation, Florida State University.

52. Barkan, J. D. 1970. "African University Students and Social Change: An Analysis of Student Opinion in Ghana, Tanzania, and Uganda." Ph. D. dissertation, University of California, Los Angeles.

53. Cordor, S. M. 1996. "A Comparative Analysis of the Changing Sociopolitical Role and Status of Western-Educated Intellectuals in Modern Africa with Particular Reference to Liberia and Ghana: A Study of the Role of Writers, Journalists, Educators, and Other Literary and Intellectual Groups in Contemporary African Societies." Ph. D. dissertation, Pennsylvania State University.

54. Crowell, G. L. O. 1996. "The Evolution of Higher Education in Ghana." Ph. D. dissertation, Johns Hopkins University.

55. Darko, S. F. 1985, "An Historical In-

quiry into the Development of Higher Education in Ghana, 1948-1984: A Study of the Major Factors That Have Controlled and Inhibited the Development of the Universities of Ghana." Ph. D. dissertation, University of North Texas.

56. Dowuona, G. M. 1991. "Family Background and Education in Ghana: A Look at a Selected Group of Male and Female University Entrants." Ph. D. dissertation, University of Maryland-College Park.

参见 48。

几内亚(Guinea)

57. Dieng, S. 2000. "Les conceptions de l'apprentissage de la profession enseignante chez les apprentis enseignants en formation initiale à l'institut supérieur des sciences de l'éducation de Guinée (ISSEG)." ("The Conceptions of Teacher Training among Teachers Enrolled at the Advanced Institute for the Sciences of Education in Guinea."). Ph. D, dissertation, Ecole Normale Superieure, Dakar.

几内亚比绍(Guinee-Bissau)

58. Mendes-Barbosa, J. 1990. "Framework for Educational Reform in Guinea-Bissau: The Choice of Language of Instruction." Ed. D. dissertation, University of Massachusetts.

肯尼亚(Kenya)

59. Day, L. J. 1987. "Academic Motivation for Participation in Kenyan University-Level Education." Ph. D. dissertation, Michigan State University.

60. D'Souza, A. 2001. "Reforming University Finance in Sub-Saharan Africa: A Case Study of Kenya." Ph. D. dissertation, Stanford University, Palo Alto.

61. Gaffney, M. J. 1973. "Decision-Making Potential among University Students in Kenya: A Social-Psychological Analysis of High-Level Manpower Development." Ph. D. dissertation, University of California, Los Angeles.

62. Hughes, R. R. 1986. "An Examination of Some Equity and Efficiency Implications of the Post-Graduation Employment Experiences of a Sample of Graduates from the University of Nairobi, Kenya." Ph. D. dissertation, University of Washington.

63. Kilasi, E. F.-J. 1980. "A Proposal for Modification of the Curriculums of Kenya's Colleges and Schools." Ed. D. dissertation Indiana University.

64. Kilonzo, G. K. 1986. "An Exploratory Study of University Counseling Center Models Adaptable to Education in Kenya." Ed. D. dissertation, University of South Dakota.

65. Kirubi, G. M. M. 1983. "Turmoil in a University: An Analytical Study of the Conflicts, Confrontations, and Strikes in the University of Nairobi and Kenyatta University College in the Republic of Kenya—1960-1978." Ph. D, dissertation, Ohio University.

66. Kiugu, R. K. 1999. "Faculty Job Satisfaction: University of Nairobi in Kenya." Ed. D. dissertation, State University of New York at Albany.

67. Maronga, G. B. 1993. "Perceptions of the Leadership Role of Deans of Students in the Public Universities of Kenya." Ph. D. dissertation, University of North Texas.

68. Munywoki, B. M. 1988. "An Historical Review of Higher Education in Kenya since 1975, with an Emphasis on Curriculum Development." Ph. D. dissertation, University of North Texas.

69. Mutunga, S. N. 1974. "A Study of the Post-Secondary Technical Institutes in Kenya." Ph. D. dissertation, Claremont Graduate School.

70. Ngayai, B. K. 1991. "Job Satisfaction of Faculty at Kenyatta University, Nairobi, Kenya." Ph. D. dissertation, University of North Texas.

71. Otieno, T. N. 1995. "A Study of Kenyan University and Post-Secondary Women

Students: Challenges and Strategies to Their Educational Advancement." Ph. D. dissertation, OhioUniversity.

72. Tembe, E. O. A. 1985. "Higher Education in Two Developing Nations: A Case Study of Kenya and Sri Lanka." Ed. D. dissertation, University of Arizona.

参见 37。

莱索托(Lesotho)

参见 4。

利比里亚(Liberia)

73. Barclay, D. E. 1982. "Foundations of Education in Higher Educational Institutions in Liberia." Ph. D. dissertation, Southern Illinois University at Carbondale.

74. Cooper, S. F. 1991. "The Selection and Organization of Curricular Knowledge at the University of Liberia during 1951-1985." Ph. D. dissertation, University of Pittsburgh.

75. Hoff, A. A. 1959. "Higher Education for a Changing Liberia: An Analysis of Emerging Needs, with Proposals for an Expanded, Strengthened Program." Ph. D. dissertation, Columbia University.

76. Hoff, W. S. Jr. 1987. "The Role of the University of Liberia in National Development, 1960-1980." Ph. D. dissertation, University of Illinois at Urbana-Champaign.

77. Jones, W. S. 1986. "Analysis of Faculty Development in Higher Education in the United States of America and Implications for Faculty Development in Liberal Arts Colleges in Liberia." Ed. D. dissertation, Columbia University.

78. Mehaffey, C. A. 1980. "Teacher Education in Liberia." Ph. D. dissertation, Bowling Green State University.

参见 53。

利比亚(Libya)

79. Bubtana, A. R. 1976. "A Comparative Study of the Perceptions of Students, Faculty Members, Administrators, and Government Authorities of the Role of University System in the National Development of Libya." Ed. D. dissertation, George Washington University.

80. Mogassbi, M. M. 1984. "Perceptions of the Higher Education System and Manpower Development in Libya." Ed. D. dissertation, George Washington University.

81. Mohsen, A. D. 1980. "An Evaluation of the Educational Psychology Program at Alfateh University, Tripoli, Libya." Ph. D. dissertation, University of New Mexico.

82. Muftah, H. A. 1982. "Analysis of the Development of a Higher-Education System in Libya and Its Impact on the Libyan Students." Ph. D. dissertation, University of Kansas.

马拉维(Malawi)

83. Lange, H. M. 1973. "The Development of Higher Education in an Emergent Country: Malawi, Africa, 1960-1967." Ed. D. dissertation, University of Southern California.

84. Powers, M. H. 1994. "Factors That Influence the Educational Attainment Levels of Women Students at the University of Malawi, Africa." Ph. D. dissertation, Indiana University.

马里(Mali)

85. Bane, M. C. 1994. "An Analysis of Educational Reforms in Mali, 1962-1992." Ph. D. dissertation, University of Kansas.

86. Al-Ghamdi, S. Z. M. 1985. "Educational Research in the University: A Comparative Study of Saudi Arabia and Morocco." Ph. D. dissertation, Vanderbilt University.

87. Fahy, M. A. 1998. "Marginalized Modernity: An Ethnographic Approach to Higher Education and Social Identity at a Moroccan University." Ph. D. dissertation, University of Michigan.

88. Nedelcovych, M. S. 1980. "Determi-

nants of Political Participation: A Survey Analysis of Moroccan University Students." Ph. D. dissertation, Florida State University.

89. Ouakrime, M. 1985. "English Language Teaching in Higher Education in Morocco: An Evaluation of the Fez Experience." Ph. D. dissertation, University of London (United Kingdom).

90. Saadia, A. B. 1994. "Approche d'une pédagogie de l'enseignement du français au niveau supérieur au maroc, suivant des besoins et des objectifs spécifiques." ("An Approach to a Teaching Pedagogy for French in Higher Education in Morocco According to Specific Needs and Objectives.") Ph. D. dissertation, Paris 3, Paris.

莫桑比克(Mozambique)

91. Mario, M. 1997. "Professional Socialization of University Lecturers in Mozambique." Ph. D. dissertation, University of Pittsburgh.

尼日利亚(Nigeria)

92. Achebo, N. K. 1990. "The Learning Resource Center: A Model for Nigerian Universities." Ph. D. dissertation, Southern Illinois University at Carbondale.

93. Adeniji, O. O. 1987. "The Development and Contributions of the Department of Adult Education, University of Ibadan, Nigeria, to Adult Education in Nigeria: 1945-1980." Ph. D. dissertation, University of North Texas.

94. Adiele, M. C. 1964. "The History and Appraisal of Higher Education in an Independent Nigeria: A Ten-Year Perspective, 1953-1963." Ph. D. dissertation, University of Ottawa (Canada).

95. Agbobu, G. N. 1981. "Employment of Higher Education Graduates in Nigeria." Ph. D. dissertation, University of Pittsburgh.

96. Akinfeleye, R. A. 1978. "University Education in Nigeria Before and After Independence." Ph. D. dissertation, Southern Illinois University at Carbondale.

97. Akinola, J. A. 1977. "Faculty Participation in the Governance of Higher Education: With a Study of Applicability to Nigeria." Ph. D. dissertation, Northwestern University.

98. Alfa, L. C. 1993. "The Nigerian National Universities Commission's Assessment of the Functioning of an Organization." Ed. D. dissertation, Columbia University,

99. Anita, U. J. 1980. "Analysis of Problems of Technical Education in Nigeria as Identified by Administrators of Polytechnics and Colleges of Technology." Ph. D. dissertation, Kansas State University.

100. Asagba, J. O. 1993. "A Historical Review of the Development of Federal Universities of Technology in Nigeria (Technological Education)." Ph. D. dissertation, University of North Texas.

101. Anyanechi-Okpara, U. E. 1983. "The Role of Universities in the National Development of Nigeria." Ed. D. dissertation, Columbia University.

102. Asuquo, A. O. 1982. "Linkages in Higher Education Between Developed and Developing Nations: A Review of the Links between American and Nigerian Universities." Ph. D. dissertation, University of Oregon.

103. Azeke, F. 1985. "A Model for Higher Education Planning in Nigeria, Based on the Ohio Higher Education Planning System." Ed. D. dissertation, Temple University.

104. Babalola, F. K. 1993. "The Role of the Nigerian Higher Education Institutions in Preparation of Christian Religious Studies Teachers." Ed. D. dissertation, Southern Baptist Theological Seminary.

105. Barikot, C. N. 1980. "The Public Service Oriented Philosophy of Higher Education with Implications for Nigerian Rural Development." Ph. D. dissertation, Michigan State University.

106. Belay, L. 1972. "An Examination of

the Nature of Higher Education in Nigeria." Ph. D. dissertation, University of Missouri-Columbia.

107. Book, J. F. D. 1980. "The Development of a Model Plan for Evaluating Higher Education Planning in Nigeria." Ph. D. dissertation, University of North Texas.

108. Choudhri, S. U. R. 1988. "Planning and Management of Academic Staff in Nigerian Universities." Ph. D. dissertation, University of Manchester (United Kingdom).

109. Dueppen, K. A. 1974. "A Study of Selected Programs and Graduates at University of Nigeria, Nsukka." Ed. D. dissertation, University of Southern California.

110. Duru, I. C. 1987 . "Teaching Effectiveness of Teacher Training College Teachers and University Graduate Teachers in Selected Secondary Schools in Imo State, Nigeria." Ed. D. dissertation, Texas Southern University.

111. Edem, C. U. 1993. "Use of the Health Belief Model to Predict Safer Sex Intentions and Practices among University Students in Nigeria." Ph. D. dissertation, University of Oregon.

112. Egbuna, B. G. 1990. "An Investigation of the Crisis in Higher Education in the Two Universities of Anambra State, Nigeria." Ed. D. dissertation, George Washington University.

113. Ejembi, E. P. 1988. "Perceptions of Agriculture in Nigeria by Students of the Division of Agricultural Colleges, Ahmadu Bello University." Ph. D. dissertation, Iowa State University.

114. Elimimian, J. U. 1984. "Students' Perception of the Relevance of Graduate Education in Business: Dimensionality and Assessment of' MBA Programs among Selected Nigerian Universities." Ed. D. dissertation, Atlanta University.

115. Enin-Okut, A. A. 1983. "An Examination of Higher Education in the Process of Economic Development and Social Change in Nigeria." Ph. D. dissertation, University of North Texas.

116. Enwemnwa, M. O. N, 1993. "Women's Access to Higher Education in Nigeria: The Case of (Former) Bendel State." Ph. D. dissertation, University of Wisconsin-Madison.

117. Enyia, D. O. 1975. "Higher Education in Nigeria from the Earliest Times to 1972." Ph. D. dissertation, University of Michigan.

118. Essien, R. A. 1981. "Perceptions of Nigerian College Students toward the Role of Women in Nigerian Development." Ed. D. dissertation, University of Southern California.

119. Ettang, D. A. U. 1977. "An Historical Analysis of Higher Education in Nigeria." Ph. D. dissertation, University of Alabama.

120. Evans, E. E. 1962. "A Study of Higher Education in Nigeria and Its Relationship to National Goals." Ed. D. dissertation, Indiana University.

121. Fafunwa, A. B. 1955. "An Historical Analysis of the Development of Higher Education in Nigeria." Ph. D. dissertation, New York University.

122. Godonoo, P. 1994. "Educational Policy Making in Nigeria: A Case Study of the Impact of Foreign Funding on Nigerian Universities." Ph. D. dissertation, University of California, Los Angeles.

123. Ibegbu, C. U. 1989. "Regional Disparities and Social Inequalities in Nigerian Universities: A Study of Educational Expansion and Selection." Ph. D. dissertation, State University of New York at Buffalo.

124. Ibida, E. Y. 1990. "A Study of Tourism Education at University Level in Nigeria as Viewed by Experts in the Government, Higher Education, and the Tourism Industry." Ed. D. dissertation, George Washington University.

125. Igboegwu, C. E. 1980. "The Impact

of the Nigerian Manpower Project on Students in Selected U. S. Junior and Community Colleges." Ph. D. dissertation, University of Illinois at Urbana-Champaign.

126. Ikoyo-Eweto, I. P. 1983. "Legal Aspects of Job Security in Nigerian Universities." Ed. D, dissertation, Temple University.

127. Ikpah-Aziaruh, M. L. 1980. "The Community College Concept: Its Implications for Higher Educational Development in the Federal Republic of Nigeria." Ed. D. dissertation, University of Houston,

128. Imogie, A. I. 1979. "Instructional Media Use by Faculty Members in Ahmadu Bello University, Zaria: A Study of Factors Related to Educational Innovations in a Nigerian University Context." Ph. D. dissertation, Michigan State University.

129. Inuwa, A. R. 1991. "A Plan for Expanding the Use of Educational Television in Northern Nigerian Universities." Ed. D. dissertation, West Virginia University.

130. Iruka, A. A. 1980. "Student, Faculty, Academic Administrator, and Government Educational Official Perceptions of and Preferences for the Goals of Higher Education in Imo State, Nigeria." Ph. D. dissertation, University of North Texas.

131. Isyaku, K. 1983. "Academic Performance of Direct and Preliminary Students of Bayero University, Kano-Nigeria." Ed. D. dissertation, Indiana University.

132. Kparevzua, B. A. 1983. "Development of a Textile Curriculum Model for Nigerian Higher Education Institutions." Ed. D. dissertation, Indiana University.

133. Mailafiya, M. G. 1986. "Nigeria and the Open University System." Ph. D. dissertation, University of Glasgow (United Kingdom).

134. Meier, W. R. R. 1970. "Issues and Problems of University Education in Nigeria." Ph. D. dissertation, University of Southern California.

135. Nnamah-Okoye, C. C. 1996. "Women Leaders in Nigerian Higher Education." Ph. D. dissertation, Fordham University.

136. Nwacukwu, C. C. 1972. "Adjusting Higher Education to National Needs: The Interrelationship of Economics, Politics, and Society. A Case Study of Nigeria." Ph. D. dissertation, University of California, Los Angeles.

137. Nwaeke, L. I. 1983. "The Empirical Examination of Classified Staff Participation in Decision-Making with Regard to Policy Determination, Administrative Practices, and Influence on Working Conditions in Nigerian Universities." Ph. D. dissertation, University of North Texas.

138. Nwamadi, F. E. 1985. "The Role of Postsecondary Education (Technical and Vocational Training) in Human Resource Development and Economic Growth in Nigeria (Brazil, Mexico, Venezuela)." Ed. D. dissertation, Texas Tech University

139. Nwosu, S. U. 1981. "Establishment of the Need for a Two-Year Community College System in Nigeria." Ed. D, dissertation, George Washington University.

140. Obayan, F. O. B. 1982. "A Model for Funding. Higher Education in Nigeria." Ph. D. dissertation, Ohio University

141. Oblong, S. S. 1980. "A Study of Higher Education Policies and Their Implementation by the Nigerian Military Regimes, 1966-1978." Ph. D. dissertation, Atlanta University

142. Ochai, A. 1984. "Management Development Needs of Lower and Middle Managers in University Libraries in Nigeria." Ph. D. dissertation, University of Pittsburgh.

143. Odueze, S. A. 1990. "An Historical Review of Higher Education in Nigeria from 1960-1985 with Emphasis on Curriculum Development." Ph. D. dissertation, University of North Texas.

144. Ogieva, P. N. 1984. "Recommended Guidelines for Establishing a Non-Traditional Collegiate Program in Nigeria." Ed. D. dissertation, Columbia University.

145. Ogunmilade, C. A. 1978. "Television in Higher Education: The Application of Instructional Television to General Studies Courses, University of Ife, Nigeria—A Case Study." Ph. D. dissertation, Indiana University.

146. Ogwumike, A. C. 1986. "Nigerian College-Graduate Unemployment: Higher Education and Economic Trends." Ph. D. dissertation, University of Denver.

147. Ojeleye, F. M. 1984. "The Importance of Home Economics as Perceived by Faculty Members and Students of Colleges of Education in Kwara State, Nigeria." Ed. D. dissertation, University of Northern Colorado.

148. Ojiaka, S. I. 1984. "A Historical Review of the Influences of the Federal Government of Nigeria in National Higher Education, 1954-1982." Ph. D. dissertation, University of North Texas.

149. Ojiaku, M. O. 1968. "The Impact of the American Academic Tradition on the Development of Higher Education in Eastern Nigeria." Ph. D. dissertation, University of California, Berkeley.

150. Okeke, P. E. 1994. "Patriarchal Continuities and Contradictions in African Women's Education and Socio-Economic Status: An Ethnographic Study of Currently Employed University Educated Igbo Women in Nigeria." Ph. D. dissertation, Dalhousie University (Canada).

151. Okezie. C. E. 1992. "Nigerian Students' Perceptions of Factors That Are Related to Their Decision to Return or Not to Return to Nigeria after Completion of Their Graduate Studies in the United State." Ph. D. dissertation, University of Pittsburgh.

152. Onu, C. H. 1988. "Higher Education and the Regulatory Process: The Case of Petroleum Products in Nigeria." Ed. D. dissertation, University of Massachusetts.

153. Onwuka, S. O. 1988. "International Survey of Independent Study Programs and Development of a Model for Nigerian Higher Education." Ed. D, dissertation, Texas Tech University.

154. Onwunli, A. U. 1994. "Governance Dimensions and Faculty Perceptions of Their Participation in the Governance of Nigerian Federal Universities." Ed. D. dissertation, Florida State University.

155. Onyeji, V. A. A. J992. "Student Unrest in Nigerian Universities: A Study of Student Services in the Campuses." Ph. D. dissertation, University of Denver

156. Oraemesi, C. J. 1982. "An Organizational Systems Model to Assist the National Universities Commission of Nigeria in Dealing with the Critical Problems of Concern to the Universities." Ph. D. dissertation, American University.

157. Pekene, C. J. 1984. "Student Protests and University Response in Nigeria, 1962-1982: A Case Study of Three Federal Universities." Ph. D. dissertation, State University of New York at Buffalo.

158. Pirsel, C. K. 1988. "Pedagogical Preparation of Selected Faculty in Postsecondary Education in a Nigerian University." Ed. D. dissertation, Wayne State University.

159. Rishante, J. S. 1985. "An Investigation into the Attitudes of Nigerian Academics toward a Distance Education Innovation." Ph. D. dissertation, Syracuse University.

160. Rooks, C. S. 1968. "Politics and Public Policy in a New Nation: Higher Education in Nigeria." Ph. D. dissertation, Duke University.

161. Salisu, T. M. 1980. "New Media and the Library in Higher Education: A Study of Nigerian University Libraries." Ph. D. dissertation, University of Pittsburgh.

162. Samaila, I. W. 1985. "The Influence of Federal Administrative Trends on the Budgetary Processes of Nigeria's Federal Universities." Ed. D. dissertation, Texas Southern University.

163. Sanyaolu, O. 1984. "The Paradox of Meeting Higher Level Manpower Shortages and Graduate Unemployment: A Case Study of Nigeria." Ph. D. dissertation, University of Michigan.

164. Shinkut, M. B. 1998. "Job Satisfaction of Full-Time Business Faculty of Higher Education Institutions in Kaduna State, Nigeria." Ph. D. dissertation, University of Missouri-Columbia.

165. Sogbesan, E. 1973. "The Problems of Financing Higher Education in Nigeria." Ed. D. dissertation, Indiana University.

166. Tahir, G. M. 1981. "Federalization and Change in a Nigerian University: Ahmadu Bello University as a Case Study." Ed. D. dissertation, Indiana University.

167. Tamun, C. A. 1986. "The Roles of the Rockefeller Foundation, Ford Foundation, and Carnegie Corporation in the Development of the University of Ibadan, 1962-1978(Nigeria)." Ph. D. dissertation, University of Pittsburgh.

168. Tayjor, G. O. 1981. "The Public Financing of Higher Education in Nigeria." Ed. D. dissertation, Western Michigan University.

169. Trevelyan, E. N. 1998. "Federalism and Preferential Policy in the Mediation of Ethnic Conflict: A Decision-Making Analysis of Higher Education in India and Nigeria." Ph. D. dissertation, University of California, Santa Barbara.

170. Ukariwe, U. K. 1984. "The Establishment and Development of University of Nigeria, Nsukka, 1960-1970." Ph. D. dissertation, Southern Illinois University at Carbondale.

171. Umachi, U. N. 1986. "Higher Education in Nigeria from 1960 to 1980." Ph. D. dissertation, Wayne State University.

172. Umoh, O. D. 1976. "A Survey of Higher Education in Nigeria with Implications for Future Planning and Development." Ed. D. dissertation, Washington State University.

173. Umoren, J. A. 1989. "A Study of Factors Related to the Educational Decisions and Career Plans of Secondary School Seniors in One Nigerian State to Pursue or Not to Pursue Higher Education." Ph. D. dissertation, American University.

174. Uzoigwe, C. N. 1982. "A Model for Establishing a Higher Education Administration Degree Program at a Nigerian University." Ph. D. dissertation, University of Toledo.

175. Yesufu, J. T. 1978. "Evolution of Higher Education in Nigeria (With Emphasis from 1948-1978)." Ph. D. dissertation, University of Wyoming.

参见 48。

卢旺达(Rwanda)

176. Bahimba, P. 1984. "Potential Goals of the National University of Rwanda as Perceived by Senate Members, Faculty, and Students, with Implications for the Adventist University of Central Africa." Ph. D. dissertation, Andrews University.

177. Munger, P. W. 1995. "Comparative Study of Needs-Assessment Methodologies as They Apply to the Development of a University Computer Science Curriculum in a Central African Country (Adventist University, Rwanda)." Ph. D. dissertation, Andrews University.

塞内加尔(Senegal)

178. Johnson, R. C. 1976. "Higher Education Development in Senegal." Ph. D. dissertation, Washington University.

179. Sall, H. N. 1996. "Efficacité et équité de l'enseignement supérieur: quels étudiants réussissent à l'Université de Dakar." ("Efficieny and Equity in Higher Education: Which Students Succeed in the University of

Dakar.") Ph. D. dissertation, Universite Cheikh Anta-Diop, Dakar.

塞拉利昂(Sierra Leone)

180. Hinton, S. B. 1981. "An Analysis of the Connection between Role Concept and Political Participation among Preliminary Year Students at Fourah Bay College, University of Sierra Leone," Ed. D. dissertation, University of Virginia.

181. Kamara-Kay, P. S. 1978. "Restructuring Post-Secondary Education for Middle-Level Manpower Development in the Republic of Sierra Leone, West Africa: An Attempt to Redefine Education as a Tool for National Development." Ed. D. dissertation, University of Southern California.

182. Kargbo, S. A. M. 1985. "A Study of the Training of Secondary School Teachers at Njala University College in Sierra Leone." Ph. D. dissertation, Syracuse University.

183. Parker, C. I. 1986. "The University of Sierra Leone (Fourah Bay College): An Examination of Student Perspectives about Its Role in Meeting Educational and Occupational Needs, 1984." Ph. D. dissertation, New York University.

184. Roth, J. M. 1973. "Employment and Suitability of Training Graduates from Njala University College, Sierra Leone, 1966-1970." Ed. D. dissertation, University of Illinois at Urbana-Champaign.

185. Sannoh, K. B. 1974. "An Evaluation of Teacher Education Programs for Secondary School Teachers at Fourah Bay College, Njala University College, and Milton Margai Teachers College in Sierra Leone." Ph. D dissertation, University of Illinois at Urbana-Champaign.

参见 48。

南非(South Africa)

186. Anderson, G. M. 1999. "Building a People's University in South Africa: Race, Compensatory Education and the Structural Limits of Democratic Reform at the University of the Western Cape." Ph. D. dissertation, City University of New York

187. Baker, M.-F. L. 1995. "Khanya College: A Historical Case Study: 1981-1994." Ph. D. dissertation, Pennsylvania State University.

188. Beekman (née Alberts), A. W. 1997. "The Development of B. Ed. Students' Potential at the University of Pretoria." (Afrikaans text). Ph. D. dissertation, University of Pretoria (South Africa).

189. Bell, D. I. 2001. "An Inquiry into the Emergence of Transformative Leadership in Higher Education in South Africa: A Phenomenographic Study." Ed. D. dissertation, University of Massachusetts, Amherst.

190. Blignaut, A. S. 1997. "An Instructional Model for the Integration of Computer and Research Skills on the Higher Educational Level." (Afrikaans text) Ph. D. dissertation, University of Pretoria (South Africa).

191. Bopape, M. M. 1997. "Library Services at Colleges of Education in the Former Republic of Bophuthatswana (South Africa)." Ph. D. dissertation, University of South Africa.

192. Brownlee, E. B. I. 1982. "The Nursing Student at the University of South Africa." D. Litt. dissertation, University of South Africa.

193. Brynard, P. A. 1988. "The Administrative Development of the Faculty of Economic and Political Sciences at the University of Pretoria" (Afrikaans text). D. Phil. dissertation, University of Pretoria (South Africa).

194. Clark, W. A. 1993. "Identification of Factors for Reducing Attrition of First-Time Entering Undergraduates at the University of Pretoria (South Africa)." Ph. D. dissertation, University of Pretoria (South Africa).

195. Coetzee, S. A. 1997. "Africanisation and University Education: An Historical-Educational Explication and Evaluation." D. Ed. dis-

sertation, University of South Africa.

196. Dlamini, C. R. M. 1997. "University Autonomy and Academic Freedom in South Africa." L. L. D. dissertation, University of South Africa.

197. Dyasi, M. M. 1999. "Beyond Apartheid: Public Higher Education Policy Reform in South Africa (1978-1998)." Ph. D. dissertation, University of Kentucky.

198. Hadebe, J. M. B. 1983. "A Multivariate Analysis of Variance of the Effect of Selected Factors on the Effectives of Leadership Styles of Teaching Staff in South African Universities." Ph. D. dissertation, Michigan State University.

199. Haricombe, L. J. 1992. "The Effect of an Academic Boycott on Academics in South Africa." Ph. D. dissertation, University of Illinois at Urbana-Champaign.

200. Hurlin, D. C. R. 1986. "The Management of Technology Developed at South African Universities." D. Eng. dissertation, University of Pretoria (South Africa).

201. Jones, B. J. 1997. "A Critical Interpretation of Higher Education Governing Policy in South Africa Mediating the Legacy of the Past to the Present for a New Future." Ed. D. dissertation, University of San Francisco.

202. Khotseng, B. M. M. 1990. "The Polytechnic University and Its Contribution to Education for the Development of High Level Manpower in South Africa." Ph. D, dissertation, University of Natal (South Africa).

203. King, K. L. 1998. "From Exclusion to Inclusion: A Case Study of Black South Africans at the University of Witwatersrand." Ph. D. dissertation, Indiana University.

204. Le Roux, A. L. 1980. "Autonomy and Colleges of Education: An Historico-Comparative Study." D. Ed. dissertation, University of South Africa.

205. Lotter, I. J. 1991. "An Educational Model for a University Satellite Campus" (Afrikaans text). Ph. D. dissertation, University of Pretoria (South Africa).

206. Louw, J. B. Z. 1979. "Government Policy and Administration in Respect of Universities in South Africa" (Afrikaans text). D. Phil. dissertation, University of Pretoria (South Africa).

207. Malookela, R. O. 1998. "Black Students on White Campuses: Responses to Increasing Black Enrollment at Two South African Universities." Ph. D. dissertation, University of Illinois at Urbana-Champaign.

208. Mabunda, G. T. 1996. "The Perception of the Social Climate of American Universities by South African Students." Ph. D. dissertation, Saint Louis University.

209. Makosana, I. N. Z. 1997. "Social Factors in the Positioning of Black Women in South African Universities." Ed. D. dissertation, Columbia University.

210. Mashinini, M. T. 2000. "The Role of Non-Governmental Organizations in Helping African Students Gain Access to Tertiary Education in South Africa." Ph. D. dissertation, Michigan State University.

211. Mehl, M. C. 1985. "The Cognitive Difficulties of First Year Physics Students at the University of the Western Cape and Various Compensatory Programmes." Ph. D. dissertation, University of Cape Town (South Africa).

212. Menell-Kinberg, M. E. 1991. "United States Scholarships for Black South Africans, 1976-1990: The Politicization of Education." Ph. D. dissertation, University of California, Los Angeles.

213. Minnaar, P. C. 1998. "A Knowledge-Based System for Quality Assurance Support in a University." Ph. D. dissertation, University of Pretoria (South Africa).

214. Mokaba, A. M. B. 1993. "I Want to Be an Engineer: Determinants of Occupational Aspiration among Black Students in South Africa." Ph. D. dissertation, Brandeis University.

215. Molestsane, R. 1995. "Black South African Students' Success in Predominantly White United States Universities." Ph. D. dissertation, Indiana University.

216. Moller, J. J. 1997. "Evaluation of Basic Literacy Programmes at the University of Pretoria: A Career Orientation Perspective." (Afrikaans text). Ph. D. dissertation, University of Pretoria (South Africa).

217. Mphahlele, S. E. 1992. "Student Unrest at Black Universities in Southern Africa, with Special Reference to the University of the North, 1960-1990." Ph. D. dissertation, University of the North, Sovenga.

218. Mullldller, C. H. 1982. "The Teaching of English Literature to African University Students: Developing a Strategy for Personalized Instruction." Ed. D. dissertation, University of South Africa.

219. Murphy, J. J. 1981. "Evaluating Planning and the Supporting Systems in South African Universities with Special Reference to a Planning, Programming, Budgeting System." D. B. L. dissertation, University of South Africa.

220. Ngwane, Z. P. 2001. "The Politics of Campus and Community in South Africa: An Historical Historiography of the University of Fort Hare." Ph. D. dissertation, The University of Chicago, Chicago.

221. Nkomo, M. 1983. "Student Culture in Black South African Universities: Some Factors Contributing to Student Activism, 1960-1980." Ed. D. dissertation, University of Massachusetts.

222. Noethe, A. J. 1993. "Learning Support Programmes for First-Year Students at the University of Pretoria" (Afrikaans text). Ph. D. dissertation, University of Pretoria (South Africa).

223. Pratt, M. J. 1986. "Computerized Support for Financial Planning in South African Universities." D. Com. dissertation, University of South Africa.

224. Ramasar, P. 1987. "Preferences of Teaching Styles and Strategies as Related to Conceptual System Variables, Educational Qualifications, and Experiential Backgrounds (A Study among Social Work Educators in South African Universities)." Ph. D. dissertation, Case Western Reserve University.

225. Roos, P. 1995. "An Analysis of the Cognitive Styles of Students at the University of Pretoria" (Afrikaans text). D. Phil. dissertation, University of Pretoria (South Africa)

226. Singh, G. 1996. "A Model for the Provision of Career Education within Community Colleges with Special Reference to Kwazulu-Natal (South Africa)." Ph. D. dissertation, University of Pretoria (South Africa).

227. Van Den Berg, O. C. 1994. "Innovation under Apartheid: Collaborative Action Research in a South African University." Ph. D. dissertation, Washington University.

228. Van Der Morwe, H. M, 2000. "The Management of the Transformation of Higher Education Institutions in the Gauteng Province: A Postmodern Perspective" (Afrikaans text), Ph. D. dissertation, University of Pretoria (South Africa).

229. Van Harte, S. G. 1992. "Black South African Students' Expectations and Perceptions of the Roles of Black and White University Presidents." Ed. D. dissertation, Columbia University.

230. Von Horsten, P. L. O. 1994. "Guidance Support for Undergraduate Students." Ph. D. dissertation, University of Pretoria (South Africa).

231. White, C. W. 1996. "Towards Meaningful Teaching and Learning at the University of the North (South Africa)." D. Ed. dissertation, University of South Africa.

232. Winter, C. 1988. "Post, Secondary School Technical Training in South Africa: External Efficiency and Policy Issues." Ph. D. dissertation, University of Southern California.

233. Wyatt, J. 1. 1993. "The Role of Universities and Nongovernment Organizations in Educational Restructuring in South Africa: The Case of Training Black School Leaders." Ph. D. dissertation, University of North Carolina.

234. Zaaiman, H. 1998. " Selecting Students for Mathematics and Science: The Challenge Facing Higher Education in South Africa." Ph. D. dissertation, Vrije Universiteit, Amsterdam.

苏丹(Sudan)

235. Adelrasoul, O. M. 1976. " The Teaching of English in the Sudan with Special Reference to Senior Secondary and University Teaching." Ph. D. dissertation, Duke University.

236. Ahmad, M. I. 1982. "Factors influencing University Students' Choice of Teaching as a Career in Sudan." Ph. D. dissertation, Pennsylvania State University.

237. Elbushra, O. E. 1989. "Management Model for the Food Services at the University of Khartoum, Sudan." Ph. D. dissertation, University of Wisconsin-Madison.

238. Elsiddig, M. O. 1990. "Expanding Higher Education and the Open University: The Case of Sudan as an Example for Developing Countries." Ph. D. dissertation, University of Bath (United Kingdom).

239. Ismail, O. H. 1991. "Understanding Educational Policies in Developing Countries: The Case of the New Higher Education Policy in Sudan." Ph. D. dissertation, Pennsylvania State University.

240. Kardman, B. E.-H. E. F. 1975. "Higher Education in the Sudan." Ph. D. dissertation, University of Kansas.

241. Kheir, A. I. M. 1986. "Government Policy on Higher Education in the Sudan, 1970-1985." Ed. D. dissertation, University of Houston.

242. Louise, C. C. 1980. "Effectiveness of an Agricultural Instructional Model of Basic Vegetable Production at Ahfad University College for Women in Omdurman, Sudan." Ph. D. dissertation, Iowa State University.

243. Taha T. A.-m. 1989. "The Arabicisation of Higher Education: The Case of Khartoum University." Ph. D. dissertation, University of Lancaster (United Kingdom).

斯威士兰(Swaziland)

244. Habedi, M. K. 1988. "Perceptions of Home Economics Teachers and Teacher Educators Regarding the Home Economics Student Teaching Program at the University of Swaziland." Ph. D. dissertation, Ohio State University.

245. Simpson, A. G. 1990. "Aptitude for School Grades, Cambridge Examination Results, and University Performance: The Swaziland Case." Ph. D. dissertation, Ball State University.

参见 4。

坦桑尼亚(Tanzania)

246. Block, L. S. 1982. "National Development Policies and Higher Education in Tanzania: National Leadership Interaction with the University of Dar Es Salaam, 1967-1977." Ph. D. dissertation, University of Pittsburgh.

247. Kanduru, A. I. 1997. "The Implementation of the National Manpower Policy by Tanzanian Universities from 1962 to 1994." Ph. D. dissertation, University of Toronto (Canada).

参见 37, 52。

多哥(Togo)

248. Baba, N. K. 1991. "Les Sources du déséquilibre entre les filières d'etudes universitaires au Togo."("The Roots of the Lack of Balance Between University Disciplines in Togo.") Ph. D. dissertation, Université Leval (Canada).

突尼斯(Tunisia)

249. Siino, F. 1999. "Science et pouvoir dans la Tunisie contemporaine." ("Science and Authority in Contemporary Tunisia.") University of Aix-Marseille, Marseille.

乌干达(Uganda)

250. Nyonyintono, R. M. N. 1972. "National Interests and International Exchange in Higher Education: Uganda and the United States, 1945-1970." Ph. D. dissertation, State University of New York at Buffalo.

251. Oluku, S. O. 1997. "Towards Eco-science: Environmental and Sociocultural Perspectives in Science—Some Insights from Uganda, and Implications for Higher Education." Ph. D. dissertation, University of Alberta (Canada).

252. Olupot, E. 1995. "Intellectual Dependency: A Critique of the Agricultural Science Program at Makerere University, Uganda." Ph. D. dissertation, University of Alberta (Canada).

参见 52。

赞比亚(Zambia)

253. Follis, B. 1990. "A Comparative Study of Vocational/Technical Education in Zambia and Zimbabwe, 1900-1987." Ph. D. dissertation, University of Liverpool (United Kingdom).

254. Idoye, E. P. 1981. "Popular Theatre and Politics in Zambia: A Case Study of the University of Zambia (Chikwaka) Theatre." Ph. D. dissertation, Florida State University.

255. Kapaale, R. S. 1981. "The Foundations of Education Program at the University of Zambia: A Critical Examination." Ed. D. dissertation, Columbia University.

256. Mwila, A. B. 1993. "The Uses of the University of Zambia Library by Social Science, Humanities and Science Faculties." Ph. D. dissertation, University of Michigan.

257. Siaciwena, R. 1988. "A Study of Distance Teaching at the University of Zambia with Special Reference to the Effectiveness of Degree Courses." Ph. D. dissertation, University of Wales (United Kingdom).

258. Sikwibele, A. I. 1989. "International Education Assistance to Higher Education Development in Zambia: Problems, Policy Implications, and Future Prospects." Ph. D. dissertation, University of Illinois at Urbana-Champaign.

津巴布韦(Zimbabwe)

259. Kavtrewe, S. M. 1985. "Planning for Higher Education for Social Development in Zimbabwe: An Assessment of the University of Zimbabwe's Students and Lectures Concerning Their Perception of the University's Curriculum in Terms of Providing Skills Necessary to Carry out National Reconstruction Tasks." Ph. D. dissertation, Saint Louis University.

260. Maunde, R. Z. 2000. "The Evolution of Higher Education in Zimbabwe." Ph. D. dissertation, University of Alaskaca-Fairbanks.

261. Mvududu, M. J. 1987. "Attitudes and Opinions of Zimbabwe University Faculty and Administrators toward Enrollment of All First Year Students in Personal and Family Living Subjects." Ph. D. dissertation, Oklahoma State University.

参见 253。

非洲(基于整个大陆)(Africa (Continent-based))

262. Adwere-Boamah, J. 1970. "African Intellectuals Abroad: Concerns and Commitments—A Study of Prospective Elite Perceptions and Commitments to Educational Change in Africa." Ph. D. dissertation, University of California, Berkeley.

263. Buaful, M. A. 1984. "Planning and Educational Media Programs in Colleges and Universities of Africa: Mainland and the

Islands." Ph. D. dissertation, Kansas State University.

264. Chideya, N. T. 1976. "An American Approach to African Higher Education: An Exploratory Assessment." Ph. D. dissertation, State University of New York at Buffalo.

265. Da Silva, P. V. 1974. "African and Latin American Graduate Students' Assessment of Situations Related to Their Academic Life in the United States." Ph. D. dissertation, University of Southern California.

266. El-Hassan, K. M. 2000. "Educational Development in Process: A Study of African Graduate Students' Learning Experiences in the Ohio University College of Education." Ph. D. dissertation, Ohio University.

267. Gitau, P. N. 2000. "Exploring the Relationship between African and African American Undergraduates on a Midwestern University." Ph. D. dissertation, University of Kansas.

268. Kamau, O. N. 1995. "Education as a Weapon of Culture: An Africalogical Analysis of the Originating and Contemporary Philosophies of Historically Black Colleges and Universities." Ph. D. dissertation, Temple University.

269. Kilmer, J. R. 1988. "Relationship of Caning to Internal-External Locus-of-Control among Selected African Secondary and College Students." Ph. D. dissertation, Andrews University.

270. Laryea, E. A. 1990. "The Role of Higher Education in Africa: A Study of the Attitude of African Educators toward the Tananarive Recommendations." Ph. D. dissertation, University of North Texas.

271. Lungu, G. F. 1980. "The Land-Grant Model in Africa: A Study in Higher Education Transfer." Ed. D. dissertation, Harvard University.

272. Lusweti, V. 1997. "Cross-Cultural Perceptions of Gender Differentiation among African, Asian, and Latin American Female College Students in the United States." Ph. D. dissertation, University of Maryland-College Park.

273. Manyika, S. 2001. "Negotiating Identities: African Students in British and American Universities." Ph. D. dissertation, University of California, Berkeley.

274. Mattocks, D. M. 1990. "Beyond Institution Building: A Comparative Analysis of Institution Building Assistance and the Development of Designated Agricultural Institutions of Higher Education in Africa, Asia, and Latin America." Ph. D. dissertation, University of Wisconsin-Madison.

275. Mtebe, W. L. 1984. "Hierarchy of Adjustment Problems as Perceived by African Students and International Student Advisors." Ed. D. dissertation. Ball State University.

276. Mushambi, R. 1994. "Utilization of Academic Support Programs by African Students." Ph. D. dissertation, Iowa State University.

277. Mwerinde, P. F. 1993. "Needs, Uses, and Training Facilities for Statistical Personnel in Three African Nations." Ed. D. dissertation, Columbia University.

278. Nwauwa, A. O. 1993. "Britain and the Politics of the Establishment of Universities in Africa, 1860-1948." Ph. D. dissertation, Dalhousie University (Canada).

279. Sibanda, R. I. 1972. "A Comparative Study of the British and the United States Systems of Agricultural Education at the University Level as a Basis for the Development of Agricultural Education Model for Colleges and Universities of Africa." Ph. D. dissertation, University of Minnesota.

280. Slawon, M. 1998. "The Factors Influencing Non-Return of African Graduate Students in the United States: The Study of Reverse Transfer of Human Capital." Ed. D. dissertation, North Carolina State University.

281. Temu, J. R. M. 1992. "Women and Higher Education in Selected African Nations,

1960-1980: Enrollment Analyses and Former Student Perceptions." Ph. D. dissertation, Kent State University.

282. Tuso, H. 1981. "The Academic Experience of African Graduate Students at Michigan State University." Ph. D. dissertation, Michigan State University.

东非(East Africa)

283. Dakar, K. 1986. "The Motives of Eastern African Students for Seeking Graduate Degrees at Andrews and Michigan State Universities." Ph. D. dissertation, Michigan State University.

284. Kibuuka, H. E. 1998. "Mission Statement and Management of Private Tertiary Religious Institutions in Eastern and Southern Africa." D. Ed. dissertation, University of South Africa.

285. Mbirika, A. V. E. P. 1970. "An Examination of the Functions of the University of East Africa in Relation to the Needs of the People." Ph. D. dissertation, New York University.

286. Nanka-Bruce, S. 1988. "Teachers College Projects in East Africa: A History of Educational Cooperation, 1961-1971." Ed. D. dissertation, Columbia University.

287. Nzwilli, P. V. 1981. "The Development of Higher Education in East Africa from 1925 to 1981." Ed. D. dissertation, University of Kansas.

法语非洲(Francophone Africa)

288. Evans, G. C. 1970. "Politics and Higher Education: Relations between Governments and Institutions of Higher Education in Francophone Africa." Ph. D. dissertation, Columbia University.

北非(North Africa)

289. Janus, C. G. 1980. "The Establishment and Adaptation of Primarily British-Influenced Universities in West and North Africa." Ph. D. dissertation, University of Oxford, Oxford.

南部非洲(Southern Africa)

参见 284。

撒哈拉以南非洲(Sub-Saharan Africa)

290. Appiah-Padi, S. K. 1999. "Study Abroad and Global Citizenship: Sub-Saharan African Students at the University of Alberta." Ph. D. dissertation, University of Alberta (Canada).

291. Boakye, J. 1995. "Human Resource Development and Economic Growth in Sub-Saharan Africa." Ph. D. dissertation, University of Illinois at Urbana-Champaign.

292. Johnson, A. E. 1966. "Discovering Generalizations Regarding Africa South of the Sahara Held by Certain Sixth Grade Students and by Certain University Seniors, and Determining the Significance of These Generalizations for the Content of the Social Studies Curriculum." Ed. D. dissertation Wayne State University.

293. Nxumalo, N. N. 1991. "Determinants of Repatriation among African Professionals as Perceived by Pre- and Post-Graduated Scholars from Sub-Saharan Africa: An Empirical Analysis." Ph. D. dissertation, Ohio State University.

294. Reidy, G. H. 1995. "The Status of Informatics at Seventeen Universities in Sub-Saharan Africa." Ed. D. dissertation, George Washington University.

西非(West Africa)

295. Bestman, L. S. 1976. "A Comparative Analysis of the Missions, Organizational Structures, Governance, and Personnel Policies of Selected Universities in West Africa." Ph. D. dissertation, University of Pittsburgh.

296. Onyemenem, C. A. 1988. "The Im-

pact of Communication Problems on West African Students at Texas Southern University." Ed. D. dissertation, Texas Southern University.

参见 48, 289。

洲际(Intercontinental)

297. Dill, G. A. 1987. "Institutional Governance in Higher Education: An Analysis of the Ethical Agenda." Ph. D. dissertation, University of Texas at Austin.

298. Gillespie, S. 1999. "South-South Transfer: A Study of Sino-African Exchange." Ph. D. dissertation, University of Toronto (Canada).

299. Koehnen, T. L. 1986. "A Comparative Analysis of Instructional Resources at Intermediate Agricultural Schools in Developing Nations." Ph. D. dissertation, University of Illinois at Urbana-Champaign.

300. Mathews-Sharp, K. 1986. "Historically Black Colleges and Universities' Involvement with the Training of International Students." Ph. D. dissertation, Iowa State University.

301. Negash, W. 1988. "Determinants of Non-Return within the International Student Community in the United States." Ph. D. dissertation, Stanford University.

参见 84, 208, 255, 262, 263, 265, 271。

第二部分 主题目录

作者简介

穆罕默德—阿哈默德·哈伯(Mahamat-Ahmad Al Habo) 乍得恩贾梅纳大学自然与应用科学学院高级研究员。

菲利普·G·阿尔特巴赫(Philip G. Altbach) 非洲高等教育项目共同主管。他是美国马塞诸塞州栗山波士顿学院唐纳德·莫南(J. Donald Monan SJ)高等教育教授和国际高等教育中心主任。他曾任教于美国纽约州立大学布法罗分校和威斯康辛大学。

阿曼·阿蒂耶(Aman Attieh) 美国得克萨斯州奥斯汀市莱斯大学教师。她在贝鲁特的美国大学获得文科硕士学位,在奥斯汀市得克萨斯大学获得哲学博士学位。她任教于沙特阿拉伯利雅得市的萨乌德国王大学和奥斯汀市的得克萨斯大学。她的研究兴趣集中在阿拉伯教育、语言和文化水平。

迪奥拉·巴加约科(Diola Bagayoko) 美国路易斯安那州巴吞鲁日市南方大学的南方大学系统杰出物理学教授和校长研究员。他是南方大学廷巴克图研究院院长和创建人。1996年,他荣获科学、数学与工程学顾问美国总统杰出奖章。

R·拜楚(R. Baichoo) 毛里求斯大学法律与管理学院的一名讲师,她在该学院讲授营销管理与国际营销。

马格里特·佐勒·布斯(Margaret Zoller Booth) 美国俄亥俄州鲍灵格林市鲍灵格林州立大学的一名教育心理学与比较教育学助理教授。她在俄亥俄大学获得了两个哲学博士学位。她曾在肯尼亚担任和平队教师,并在斯威士兰从事教育研究。

保罗·德·卡瓦略(Paul de Carvalho) 拥有华沙大学授予的社会学文科硕士学位,目前正在里斯本大学社会与商业研究学院的葡萄牙高级工商管理学院攻读哲学博士学位。他是内托奥古斯丁大学的一名社会学讲师。在过去十年,他一直在安哥拉从事社会分层、社会排斥和种族关系研究。

阿林多·齐伦多(Arlindo Chilundo) 莫桑比克爱德华多·蒙德拉内大学历史学助理教授。他也是这所大学土地研究所的规划主管与协调员。他出版了许多有关莫桑比克社会与经济史方面的著述。

约瑟夫·P·A·奇莫姆博(Joseph P. A. Chimombo) 马拉维大学教育研究与培训中心的主任与研究员。他获得了英国苏塞克斯大学授予的博士学位。他的研究兴趣是教育政策规划与评估。

卡巴·E·科雷(Kabba E. Colley) 目前是纽约城市大学女王学院科学与技术教育助理教授。他拥有哈佛大学的教育学博士学位。作为一名农业科学教育工作者,他在冈比亚工作过十年。他还是纽约市纽约技术研究所和马塞诸塞州的马萨诸塞海湾社区学院的教师。

布莱恩·库克赛(Brian Cooksey) 拥有英国伯明翰大学西非研究中心授予的哲学博士学位。他曾在尼日利亚乔斯大学和坦桑尼亚达累斯萨拉姆大学讲授社会学。

G·F·丹尼尔(G. F. Daniel) 目前是基加利科学技术与管理学院的管理顾问。他拥有加纳大学授予的历史学文科学士学位和美国斯坦福大学授予的高等教育管理与政策分析文科硕士学位。他曾担任加纳大学的教务长和注册主任。

毛萨·M·迪亚瓦拉(Moussa M. Diawara) 美国科罗拉多州南科罗拉多大学生物学副教授和应用自然科学理科硕士学位项目主任。

托马斯·M·多格巴(Thomas M. Dugba)

塞拉利昂恩加拉大学学院教育系教员。他拥有华盛顿特区美国天主教大学授予的教育学文科硕士学位和美国费城天普大学授予的教育学博士学位。

伊曼纽尔·A·B·K·M·艾迪(Emmanuel A. B. K. M. Edee) 多哥洛美大学应用物理学系教授。他曾担任这所大学的科学研究主管和多哥高等教育局局长。

保罗·埃法(Paul Effah) 目前是加纳全国第三级教育委员会的执行秘书。他分别获得海岸角大学和加纳大学(莱贡)授予的文科学士学位(荣誉学位)和公共管理硕士学位。他曾担任一所大学的注册主任和校长委员会秘书等职。他的兴趣与专长是高等教育管理。

M·E·A·汤姆(M. E. A. El Tom) 拥有英国牛津大学授予的数学博士学位。他曾在苏丹、英国、美国、卡塔尔等国的大学任教。

阿里·哈瓦特(Ali El-Hawat) 利比亚法塔赫大学的社会学教授。

哈桑·埃兹—赞姆(Hassan Ez-zaïm) 美国波士顿学院林奇教育学院高等教育管理博士生和研究助理。他拥有波士顿学院授予的高等教育管理文科硕士学位和摩洛哥丹吉尔市法赫德国王高级翻译学院授予的翻译学文科硕士学位。他曾任教于摩洛哥伊夫兰市的阿卡韦恩大学。

I·法谷尼(I. Fagoonee) 毛里求斯大学前校长,他在应用生物学方面拥有超过25年的教学与研究经历。他在被任命为毛里求斯大学校长之前是理学院院长。

理查德·费内尔(Richard Fehnel) 最近从福特基金会退休的教育顾问。在基金会,他作为项目官员负责南非的高等教育。他拥有华盛顿大学文科硕士学位和美国康奈尔大学公共与发展管理学哲学博士学位。

科宾·米歇尔·基戴格比(Corbin Michel Guedegbe) 专门研究比较教育、教育政策与管理。他曾任教于贝宁国立大学和罗马约翰·保罗学院的一个分校——西非天主教学院。他曾在贝宁教育部门担任过多个高级职位,并在多个国际组织工作过,包括美国国际开发署、联合国开发计划署、联合国儿童基金会和非洲开发银行。

温登欧迪·吉恩达(Wendengoudi Guenda) 布基纳法索瓦加杜古大学大学合作部对外关系办公室官员。

弗朗兹—威廉·海默(Franz-Wilhelm Heimer) 非洲研究中心的名誉教授、创始成员和现任主席。他是德国阿诺德·伯格斯特拉瑟研究所高级研究员,曾在里斯本大学社会与商业研究学院的葡萄牙高级工商管理学院讲授发展社会学和非洲学,专攻葡萄牙语非洲。

帕斯卡·瓦伦丁·韦努(Pascal Valentin Houenou) 科特迪瓦阿波波—阿贾梅大学环境与管理部主任。他也是该大学校长的国际事务顾问。

伊薇琳·豪恩—艾格博(Yveline Houenou-Agbo) 科特迪瓦可可迪大学母亲与儿童系医学培训与研究所的一名教授。

林恩·伊隆(Lynn Ilon) 教育经济学家,美国佛罗里达州迈阿密市佛罗里达国际大学副教授。她的研究侧重于由世界经济全球化引发的教育政策和规划问题。

蒙扎利·贾布里勒(Munzali Jibril) 尼日利亚全国大学委员会的执行秘书。他拥有英国利兹大学授予的现代英语文科硕士学位和英国兰卡斯特大学授予的语言学哲学博士学位。他曾担任尼日利亚巴耶罗大学副校长和尼日利亚国防学院院长。

维克托·卡基班加(Victor Kajibanga) 拥有俄罗斯莫斯科市罗莫诺索夫大学授予的社会学文科硕士学位和哲学博士学位。自1992年起,他一直在安哥拉卢安达的阿戈斯蒂纽·内图大学讲授社会学,现是该大学的全职教授和副院长。他也曾在安哥拉让·皮亚杰授课,并与葡萄牙的波尔图大学以及俄罗斯的罗莫诺索夫大学保持着研究关系。

约瑟夫·B·A·坎德(Joseph B. A. Kandeh) 塞拉利昂的塞拉利昂大学恩加拉大学学院农业教育系的教师。他拥有美国俄亥俄州立大学授予的农业教育理科硕士学位。他的博士学位专业方向是农业推广教育、高等教育管理、研究与评估。

艾哈迈德·卡奇(Ahmed Kharchi) 毛里塔尼亚努瓦克肖特大学员工。他在该大学负责学校与外国伙伴的合作。他积极参与毛里塔尼亚规划部向双边和多边组织提交的研究报告的撰写工作。

理查德·利瑞(Richard Leary)　拥有东北大学授予的电机工程文科学士学位。他是一名信息系统设计师。他创建并管理着受人欢迎的佛得角网站——佛得角非官方主页。

马吞杜·莱洛(Matundu Lelo)　目前是刚果大学管理委员会合作协调员。他拥有布鲁塞尔大学授予的发展合作研究专业硕士学位。他还拥有法国昂维尔大学授予的公共管理文科硕士学位和扎伊尔国立大学授予的毕业文凭。

小理查德·A·洛班(Richard A. Lobban, Jr.)　拥有西北大学授予的人类学哲学博士学位。他是罗德岛学院人类学与非洲学教授。他是罗德岛学院佛得角研究特殊收藏中心的奠基人,也是与罗德岛大学共同开展的佛得角研究海外计划的一名成员。

Y·G·－M·卢莱特(Y. G. － M. Lulat)　拥有美国纽约州立大学布法罗分校授予的比较教育与高等教育哲学博士学位。目前,他从事非洲高等教育批评史的研究。

玛利亚·德劳德斯·马肖多－泰勒(Maria de Lourdes Machado-Taylor)　葡萄牙布拉干萨理工学院校长的高级顾问,曾担任过该学院的行政官员。

阿尔玛·马尔多纳多－马尔多纳多(Alma Maldonado-Maldonado)　美国波士顿学院林奇教育学院高等教育管理专业的博士生,也是该学院的研究助理。她任职于墨西哥国家独立大学的大学研究中心,从事本科生和研究生教育。

雷蒙德·蒙德(Raymund Maunde)　拥有纽约大学授予的国际教育和教学论方向的两个硕士学位,以及阿拉斯加－费尔班克斯大学授予的高等教育博士学位。目前,他正以牧师的身份,在津巴布韦圣约瑟夫的哈特菲尔德和埃普沃思教区(属于罗马天主教哈拉雷大主教区)引入能力建设。

乔利·马齐姆哈卡(Jolly Mazimhaka)　基加利科学技术与管理学院语言学系主任,同时领导着该学院的性别资源团队。她拥有文科硕士学位和性别与种族关系哲学博士学位。她现在正协助高等教育委员会起草卢旺达高等教育部门政策。

加斯帕德·姆贝姆巴(Gaspard Mbemba)　曾在刚果和法国学习,拥有材料学博士学位。他是刚果布拉柴维尔的教师学院的校长和固态物理学研究教授。他还是刚果联合国教科文组织科学教育教席的行政管理者和刚果教育部的顾问。

胡列塔·蒙德斯(Julieta Mendes)　目前是几内亚比绍国会的技术顾问。她拥有领导与管理哲学博士学位、教育政策硕士学位和社会学与经济学学士学位。她曾担任总理的特别顾问。

伯努瓦·米洛特(Benoît Millot)　世界银行非洲地区首席教育专家。他在许多非洲国家工作过。他拥有法国第戎－勃艮第大学授予的经济学哲学博士学位。他是法国国家科学研究中心的一名教育经济学高级研究员。

文森特·明特萨·米伊亚(Vincent Mintsa mi-Eya)　目前是加蓬高等教育与技术创新部长内阁顾问。他曾担任弗朗斯维尔市的马苏库科技大学校长和非洲大学协会的副主席。

丹尼尔·姆库德(Daniel Mkude)　达累斯萨拉姆大学语言学教授。他拥有英国伦敦大学学院授予的语言学博士学位。他曾担任达累斯萨拉姆大学的系主任、学院院长和首席行政官员。

纳比尔·穆罕默德(Nabil Mohammed)　任职于吉布提高等科学与技术学院。

艾伦谷·穆内内(Irungu Munene)　纽约州立大学桥梁项目研究基金会项目助理。他拥有肯尼亚肯雅塔大学授予的教育学文科硕士学位和美国纽约州立大学奥尔巴尼分校授予的教育管理与政策研究哲学博士学位。

纳坎伊克·B·姆西西(Nakanyike B. Musisi)　乌干达麦克雷雷大学麦克雷雷社会研究所所长。她拥有英国伯明翰大学的文学硕士学位和文科硕士学位,以及加拿大多伦多大学授予的哲学博士学位。她任教于多伦多大学,是该校一名享有终身职位的历史学与妇女研究副教授。

基勒米·穆维利亚(Kilemi Mwiria)　教育顾问。他在内罗毕大学、芝加哥大学和斯坦福大学接受过教育。他曾是肯雅塔大学的一名高级研究员,担任过肯尼亚全国教师工会的秘书长。

加斯顿·M·恩基雷卡塔(Gaston M. N'Guerekata)　美国马里兰州摩根州立大学副教授。他拥有加拿大蒙特利尔大学授予的数学哲学博士学位,曾担任中非共和国班吉大学的副校长。他还在中非共和国的政府部门中担任过几个职务。

奥诺尔一乔治·恩迪亚(Honore-Georges Ndiaye) 目前正在协调塞内加尔的高等教育改革。他曾是塞内加尔遥感部首席研究员和国家卫星图像应用协调员。

查尔斯·恩格美(Charles Ngome) 肯尼亚肯雅塔大学教育学院博士生和讲师。他就当代教育问题做过广泛的研究。

多罗西·L·恩基乌玛(Dorothy L. Njeuma) 喀麦隆比亚大学校长。她也是非洲大学协会的副主席。

马托拉·恩提莫一马卡拉(Matora Ntimo-Makara) 莱索托教育基础部的高级讲师。她的研究专长是课程、教学、教育管理与经营。

穆罕默德·努尔阿瓦里(Mohamed Nur-Awaleh) 美国伊利诺斯州诺默尔市伊利诺斯州立大学教育管理与基础系助理教授。他拥有美国纽约州立大学奥尔巴尼分校授予的文科硕士学位和哲学博士学位。

巴纳巴斯·奥塔拉(Barnabas Otaala) 纳米比亚大学和非洲虚拟大学教学改进部门的协调员。他拥有美国哥伦比亚大学教师学院授予的发展心理学文科硕士学位和教育学博士学位。他曾是纳米比亚大学的教育心理学教授和教育学院院长。他在乌干达的麦克雷雷大学、肯尼亚的肯雅塔大学和莱索托的国立教师学院担任不同的职务。

穆罕默德·奥阿克里姆(Mohamed Ouakrime) 摩洛哥希迪·穆罕默德·本·阿卜杜拉大学文学院英语与语言学教授。他也是高等教育团队和研究与发展博士团队的研究协调员。

S·K·A·帕拉胡(S. K. A. Parahoo) 毛里求斯大学助理注册主任。他在教育部门工作了30多年。其工作的一部分是在课程开发、远程教育、终身教育和质量保障等方面协助前校长的工作。

约瑟夫·L·佩西马(Joseph L. Pessima) 塞拉利昂大学恩贾拉大学学院教育学院的工作人员。他曾担任塞拉利昂教育部的处长。他拥有尼日利亚阿哈马杜·贝洛大学授予的教育管理与规划文科硕士学位和美国宾夕法尼亚匹兹堡大学授予的行政管理与政策研究教育学博士学位。

卢西奥·利玛·韦加斯·品托(Lucio Lima Viegas Pinto) 圣多美和普林西比理工学院的校长。

黛博拉·波默罗伊(Deborah Pomeroy) 美国宾夕法尼亚州格伦塞德市阿卡迪亚大学(前比福学院)教育学助理教授。她拥有阿拉斯加一费尔班克斯大学授予的教育学硕士学位和哈佛大学授予的教育学博士学位。她与同事的合作促进了赤道几内亚阿卡迪亚伙伴项目的实施。

爱娃·M·拉特格贝尔(Eva M. Rathgeber) 曾担任肯尼亚内罗毕国际发展研究中心办公室主任。目前,她任教于加拿大多伦多市的约克大学。她拥有美国纽约州立大学布法罗分校授予的比较教育哲学博士学位。

谢丽尔·斯特曼·鲁尔(Cheryl Sternman Rule) 哈佛大学教职员工任命项目的研究分析人员。拥有哈佛大学授予的教育硕士学位。她曾作为一名和平队志愿者在厄立特里亚工作过。

穆森·艾尔马蒂·萨义德(Mohsen Elmahdy Said) 埃及开罗大学工程学院机械设计与生产系教授和应用机械小组组长。他曾担任高等教育部项目实施部门的主任,并且曾是米斯尔国际大学董事会和大学委员会的成员。他还是国家高等教育提升计划委员会秘书和执行委员会成员之一。

威廉·圣(William Saint) 世界银行非洲高等教育高级专家。

帕特里克·L·N·塞约恩(Patrick L. N. Seyon) 美国马萨诸塞州波士顿市波士顿大学非洲研究中心研究员。他拥有斯坦福大学授予的文科硕士学位和哲学博士学位,专门从事高等教育管理研究与政策分析研究。他曾担任利比里亚大学校长。作为一名利比里亚人,他在利比里亚从事教学与研究多年,曾在哈佛大学、东北大学和莱斯利大学讲学。

朱玛·沙巴尼(Juma Shabani) 位于塞内加尔达喀尔的联合国教科文组织地区办公室的非洲高等教育高级专家。他是非洲大学协会的副秘书长,布隆迪大学副院长。

阿卜杜拉耶·尼安多·苏莱(Abdoulaye Niandou Souley) 阿卜杜·摩莫尼大学法律学院副

教授和系主任。他拥有政治学哲学博士学位。

詹姆斯·斯泰尔斯(James Stiles) 目前正在哈佛大学教育研究生院完成他的高等教育博士论文。作为一名卸任的大学管理人员,他的研究兴趣是非营利组织的绩效测量与评估以及发展中国家的高等教育历史与现实背景。

乔治·苏博斯基(George Subotzky) 南非贝勒维尔市西开普大学教育政策部门的主任。他最近与人合著了一本书——《扭曲的革命:南非高等教育趋势,1988—1998》。

索里巴·塞拉(Soriba Sylla) 几内亚科纳克里大学社会学系教授。他拥有政治学哲学博士学位。他是科学研究与高等教育发展计划的协调员。

詹姆斯·S·泰勒(James S. Taylor) 美国堪萨斯州匹兹堡州立大学教授,也是该大学的副校长。

达姆图·塔费拉(Damtew Teferra) 美国波士顿学院国际高等教育中心非洲高等教育项目的协调员和首席研究员。他拥有英国斯特灵大学授予的出版学文科硕士学位和波士顿学院授予的高等教育管理哲学博士学位。他就包括非洲高等教育与出版在内的各种问题出版过几本著作,发表过多篇文章。

贝弗·塔福(Bev Thaver) 南非西开普大学教育政策部门高等教育高级研究员。她拥有英国约克大学授予的南部非洲史文科硕士学位和西开普大学授予的成人教育哲学博士学位。

杰弗里·威特(Jeffery Waite) 世界银行中东和北非地区高级教育专家。他拥有蒙特利尔大学授予的语言学哲学博士学位。他是新西兰政府财政部、教育部和毛利语委员会的政策顾问。

谢尔顿·G·威克斯(Sheldon G. Weeks) 拥有哈佛大学授予的教育学博士学位。他曾在哈佛大学、麦克雷雷大学、达累斯萨拉姆大学、巴布亚新几内亚大学、博茨瓦纳大学任教。目前,他是博茨瓦纳大学研究生院的院长。在此之前,他是巴布亚新几内亚的教育研究主管,并曾在东非工作过。他是南部非洲比较教育与教育史协会的会长。

哈布塔姆·温迪姆(Habtamu Wondimu) 埃塞俄比亚斯亚贝巴大学教育学院心理学副教授。他拥有美国俄亥俄州辛辛那提大学授予的普通心理学学士学位和文科硕士学位,以及社会心理学哲学博士学位。他曾担任这所大学多个学系的主任,目前是该大学理事会的理事。

莫林·伍德霍尔(Maureen Woodhall) 威尔士大学教育系的高级研究员,英国伦敦大学教育研究所教育财政方面的荣誉高级讲师。她出版过很多有关教育经济学与教育财政,特别是高等教育财政方面的文章和论著。

赫迪·扎伊姆(Hedi Zaïem) 突尼斯马努巴大学经济学与统计学教师。他曾就读于巴黎的国立经济管理与统计学校,拥有突尼斯大学授予的经济学哲学博士学位。他也是突尼斯高等教育部的顾问,并担任该部的规划局局长。现在,他负责协调高等教育改革支持项目。

主题与国别索引*

academic freedom 学术自由 4, 10—11, 27—29, 32—34, 37, 40, 144, 146, 158, 202, 217, 267—268, 322, 329, 359, 367, 388, 419, 427, 446, 456—457, 465, 478, 523, 554, 598, 632—633; and autonomy ～与自主 75, 179, 211, 222, 346, 478, 509, 565, 566, 569, 571, 572, 584, 627, 644; in a global context 全球背景下的～ 143; and national development ～与国家发展 32—33; in private higher education 私立高等教育中的～ 57, 58—59; and student activism ～与学生激进活动 120—122

academic profession 学术专业 6, 37—38, 133, 177—178, 382, 385, 455—457; underrepresentation of women in ～中女性代表性不足 9; working conditions 工作条件 34, 37, 41, 130. 参见 faculty 教员

access 入学机会 3, 4—5, 618; in Algeria 阿尔及利亚 153; in Angola 安哥拉 168; in Burundi 布隆迪 213; in Cameroon 喀麦隆 219; in Congo—Brazzaville 刚果(布) 254; in Ghana 加纳 340—342; in Lesotho 莱索托 374—375; in Malawi 马拉维 415; in Morocco 摩洛哥 450; and admission, in Uganda 乌干达 ～与录取 618; demand absorption by private higher education 私立高等教育对需求的消化 54; diversification of, in Benin 贝宁～多样化 180; urban versus rural 城市与农村 8, 45. 参见 admission 录取; enrollment 入学

accountability 问责: in Egypt 埃及 295; in Mauritius 毛里求斯 47; and block grants ～与整笔拨款 41; of distance education 远程教育的～ 107—108; finance and, in Zimbabwe 津巴布韦财政与～, 645—646; lack of 缺少～ 83; of private higher education 私立高等教育的～ 60. 参见 academic freedom 学术自由; governance 治理; public good 公共产品

accreditation 认证: by buffer bodies 中介机构的～ 39; and globalization ～与全球化 145; of private higher education 私立高等教育的～ 7, 47, 57—58

administration 行政管理 35; in Ethiopia 埃塞俄比亚 319; in Guinea 几内亚 351; in Lesotho 莱索托 373—374; in Morocco 摩洛哥 455; in Niger 尼日尔 490—491; in Zimbabwe 津巴布韦 644; and governance in Benin 贝宁的～与治理 179—180; and institutional structure in Burkina Faso 布基纳法索～与院校结构 198—199; institutional structure, governance and, in Ghana 加纳院校结构,治理与～ 345—346; overburdening of ～负担过重 36; and technical staff in Mauritania 毛里塔尼亚的～与技术教职员工 435; underfunding of ～资金不足 34—35. 参见 governance 治理; leadership 领导; management 管理; organization 组织

administrative staff 行政管理人员 40; in Angola 安哥拉 168—169; Burundi 布隆迪 211; in Egypt 埃及 295; in Ethiopia 埃塞俄比亚 321—322; in Kenya 肯尼亚 363—364; in Lesotho 莱索托 376; in Mauritania 毛里塔尼亚 434—435; in Mauritius 毛里求斯 446; in Rwanda 卢旺达 504, 506—07; in Tanzania 坦桑尼亚 591—592; compared to teaching/research staff ～与教学/研究人员的比较 6—7; and effects on research ～及其对研究的影响 7; overstaffing 冗员 7; political appointments of ～的政治任命 33—34

admission 录取: in Rwanda 卢旺达 501, 506; in Senegal 塞内加尔 23; and access, in Uganda 乌干达～与入学机会 618; and enrollment, in Zambia 赞比亚～与入学 628; tuition and scholarship assistance, in Madagascar 马达加斯加～,学费与奖学金资助 409—410. 参见 access 入学机会

affirmative action 肯定性行动, 8—9, 83, 91; in Kenya and Tanzania, 肯尼亚和坦桑尼亚的～ 85; in science fields, 科学领域的～ 88; in South Africa, 南非的～ 24

Afrikaans, 南非荷兰语(南非白人) 12—13, 111, 546, 547, 549, 555, 556, 557—558, 559

aid 援助 见 donors 捐赠者

Algeria 阿尔及利亚 151—161; academic freedom 学

* 本索引页码为原著页码。

术自由 158；access 入学机会 153；decentralization 分权 156—157；education and unemployment 教育与失业 158；educational research 教育研究 158；68；faculty 教职人员 153—154；financing 筹措资金 157；gender，性别 159—160；historical background 历史背景 151—152；language 语言 157；type of institutions，院校类型 154—155

Amharic 阿姆哈拉语 114

Angola 安哥拉 162—175；access 入学机会 168；financing and management 筹措资金与管理 166—167；higher education institutions，高等教育机构 167—168；historical background 历史 背景 163—164；human resources 人力资源 172—173；political interference 政治干预 170—171；quality 质量 171—172；scientific research 科学研究 173；staff 教职员工 168—169；student associations 学生社团 170

apartheid 种族隔离政策 23—24，59，70，546，547，5;48，549,50，552，553，554，555，557，558，559,561；and faculty ～与教职人员 559；post-apartheid South Africa 后种族隔离时代的南非 545，546，551，552，560，562；and student activism ～与学生激进活动 117—118，119

Arab Africa 阿拉伯非洲 15，17—18

Arabic 阿拉伯语 13，111，112，J 13，114，115；usage of script 手稿的使用 114—115

Attrition 退学：and language ～与语言 112；sub-Saharan Africa 撒哈拉以南非洲 46. 参见 enrollment 入学

autonomy 自治. 见 academic freedom 学术自由；accountability 问责

Belgian Africa 比利时统治过的非洲 20；and language ～与语言 112

Benin 贝宁 176—181；academics 学术人员 177—178；administration and governance 行政管理与治理 179—180；diversification of access 入学机会的多样化 180；efficiency 效能 178—179；financing 筹措资金 178；historical background 历史背景 176—177；reform 改革 180；students 学生 177

Botswana 博茨瓦纳 182，194；cooperation 合作 183—184；development of higher education 高等 教育的发展 182—183；lifelong learning 终身学习 192；private sector 私营部门 191；research capacity 研究能力 191；strategic planning 战略规划 184—185；student power 学生力量 191

brain drain 人才流失 130；in Cameroon 喀麦隆 221；in Cape Verde 佛得角 226；in Côte d'Ivoire 科特迪瓦 279；in Ghana 加纳 348；in Guinea—Bissau 几内亚比绍 356—357；in Kenya 肯尼亚 369；in Madagascar 马达加斯加 410；in Morocco 摩洛哥 459；in Sierra Leone 塞拉利昂 534；South Africa 南非 24；and academic culture ～与学术文化 410；capacity building 能力建设 11—12；complexity of ～的复杂性 146；diaspora 侨民 146；effects on research and publishing 对研究与出版的影响 10；and employment in Zimbabwe 津巴布韦的～与就业 645；and mobility ～与流动 129—130；using communication technology to alleviate effects 使用通信技术降低影响 12. 参见 capacity building 能力建设；diaspora 侨民

brain hemorrhage 人才外流. 见 brain drain 人才流失

British colonial Africa 英国非洲殖民地 18—19

Burkina Faso 布基纳法索 195—203；capacity in institutions 院校的能力 196—197；enrollment 入学 197；faculty 教职人员 202—203；financing 筹措资金 200；governance 治理 199—200；graduate employment 毕业生就业 200—201；historical background 历史背景 195—196；language 语言 201；political influence on campus 政治对校园的影响 201—202；research and publication 研究与出版 201；structure 结构 198—199；student activism 学生激进活动 202

Burundi 布隆迪 204—214；academic freedom 学术自由 211—212；academic programs 学术项目 206；administration 行政管理 205—206；bilateral cooperation 双边合作 207—208；development of higher education 高等教育合作 204—205；enrollment trends 入学趋势 208—09；faculty 教职人员 210—211；funding 拨款 212—213；institutional autonomy 院校自治 211—212；internal efficiency 内部效能 209—210；international cooperation 国际合作 207—208；research programs 研究项目 206—207；support services 支持服务 207

Cameroon 喀麦隆 215—223；achievements 成就 19—20；funding 拨款 217；governance 治理 216—217；historical background 历史背景 215—216；private higher education 私立高等教育 220—221；students 学生 217；teaching staff 教师队伍 217

capacity building 能力建设 77—78；and administrative staff ～与行政管理人员 79—80；and brain drain ～与人才流失 11—12；and fees ～与费用 78；and financial diversification ～与财政多样化 50；and generating revenue ～与创收 78—79；institutional governance and crisis management in South Africa 南非的院校治理与危机管理 552；and private higher education ～与私立高等教育 79；and research，in Djibouti 吉布提～与研究 282—283. 参见 brain drain 人才流失；human capital 人力资本

Cape Verde 佛得角 224—228；creating a university 创办大学 226—228；diaspora 侨民 226；educational re-

院校索引*

* 本索引页码为原著页码。

译后记

本书英语版在国外出版发行之际，正逢我在德国柏林洪堡大学访学。那是2003年，由于当时正在协助徐辉教授筹划出版一套非洲教育译丛，所以第一次在洪堡大学图书馆看到这本著作，便如获至宝。

然而，本著作翻译版权的获得却费了一番周折。因著作篇目多，涉及的作者多，出版社最初表示翻译授权需征得每位作者同意，本书的翻译出版事宜只好暂时搁置了。直到一次偶然的机会，我试着与本著作的编者之一阿尔特巴赫教授联系。他很快与出版社联系，并且最终帮助解决了翻译授权问题。在本书的翻译和校对过程中，阿尔特巴赫教授也时刻关心着译稿的进展，让人十分感动。在此，谨对他的理解和帮助表示深深的感谢！

本书的翻译和校对主要由郑崧、王琳璞、张屹、何曙荣、牛长松和我承担，孙小丽、周红霞、洪健峰、郭靖、郑超、王发龙等也承担了部分章节的翻译工作。我最后负责对译著进行了统校。因本书篇幅大，翻译和校对花费了我们大量的时间和精力。在此，谨对各位译校人员的辛勤付出表示感谢！

本书的出版得到浙江省高校人文社会科学重点研究基地——浙江师范大学高等教育学重点研究基地和浙江大学出版社的大力支持。浙江大学出版社的田华和陈晓菲两位老师为本书的编辑和出版付出了大量的心血，在此一并致谢！

《非洲高等教育：国际参考手册》是一部非洲高等教育的鸿篇巨制，涉及国别多，内容系统全面，出版后产生了广泛的学术影响。虽然出版至今已有十年，非洲各国的高等教育也发生了不少的变化，但书中所描述的基本事实和主要观点依然具有很高的学术参考价值，仍不失为有关非洲高等教育的一本百科全书式的参考书。

因译者水平所限，译文难免有不足和疏漏之处，还望读者诸君指正。

顾建新

2013年3月1日

图书在版编目(CIP)数据

非洲高等教育:国际参考手册 / (美)塔费拉,(美)阿尔特巴赫编;郑崧等译. —杭州:浙江大学出版社,2014.3

书名原文:African higher education: an international reference handbook

ISBN 978-7-308-12560-4

Ⅰ.①非... Ⅱ.①塔… ②阿… ③郑… Ⅲ.①高等教育—研究—非洲 Ⅳ.①G649.4

中国版本图书馆 CIP 数据核字(2013)第 282762 号

浙江省版权局著作权合同登记图字:11-2014-80 号

African Higher Education: An International Reference Handbook

Edited by Damtew Teferra and Philip G. Altbach

非洲高等教育:国际参考手册

[美]达姆图·塔费拉 [美]菲利普·G·阿尔特巴赫 编

郑 崧 王琳璞 张 屹 等译

顾建新 何曙荣 牛长松 等校

责任编辑 田 华

封面设计 刘依群

出版发行 浙江大学出版社

(杭州市天目山路 148 号 邮政编码 310007)

(网址:http://www.zjupress.com)

排 版 浙江时代出版服务有限公司

印 刷 杭州丰源印刷有限公司

开 本 889mm×1194mm 1/16

印 张 53.5

字 数 1656 千

版 印 次 2014 年 3 月第 1 版 2014 年 3 月第 1 次印刷

书 号 ISBN 978-7-308-12560-4

定 价 140.00 元
